한 번에 합격, 자격증은 이기적

이렇게 기막힌 적중률

오직 스터디 카페 멤버에게만
주어지는 특별 혜택!

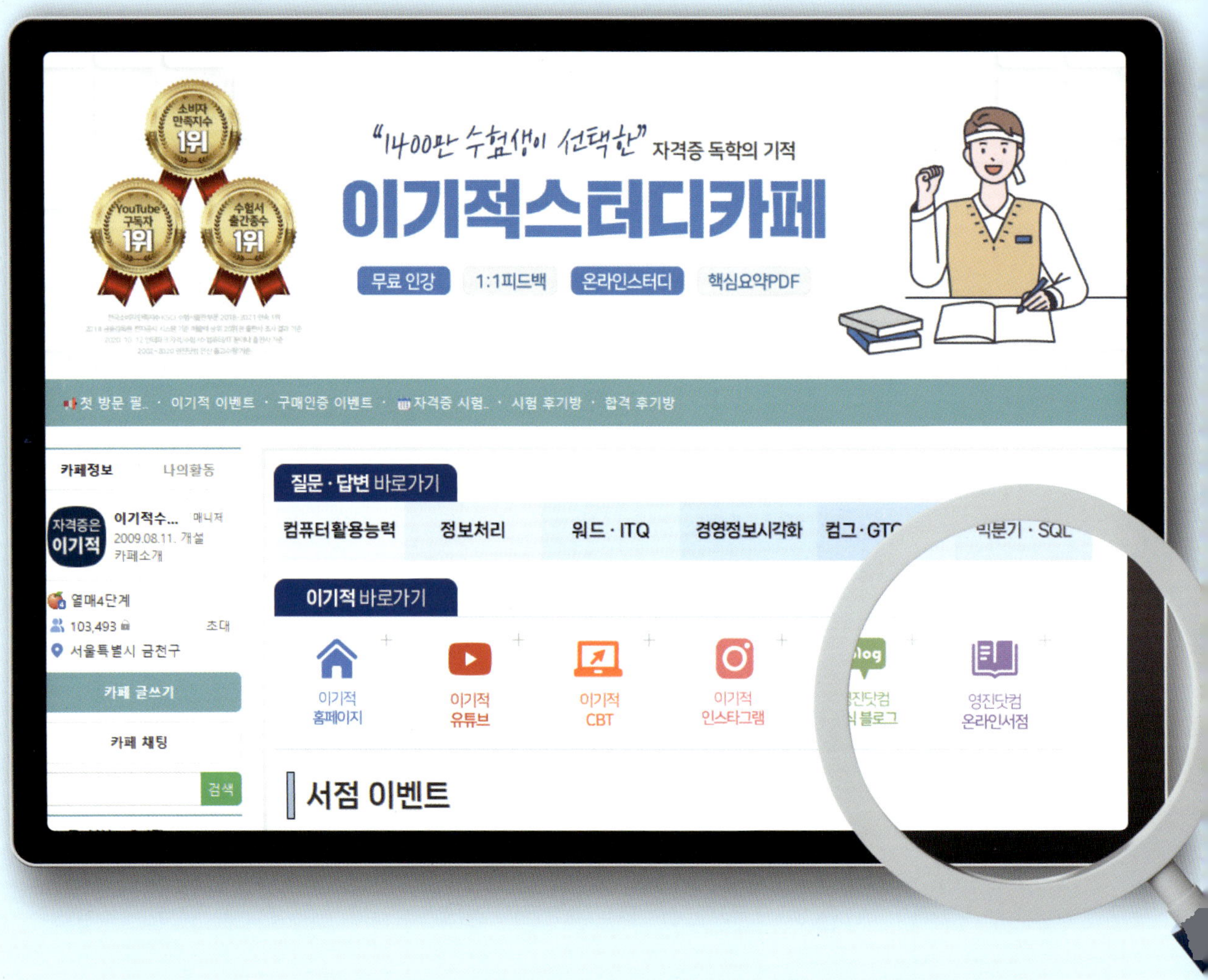

이기적 스터디 카페

합격을 위한 기적 같은 선물
또기적 합격자료집

혼자 공부하기 외롭다면?
온라인 스터디 참여

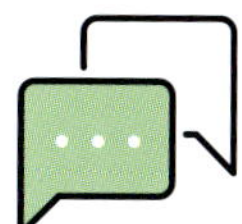

모든 궁금증 바로 해결!
전문가와 1:1 질문답변

1년 내내 진행되는
이기적 365 이벤트

도서 증정 & 상품까지!
우수 서평단 도전

간편하게 한눈에
시험 일정 확인

모두에게 당신의 합격 스토리를 들려주세요

합격 후기 EVENT

합격하고 마음껏 자랑하세요.
후기를 남기면 네이버페이 포인트를 선물로 드려요.

블로그에 자랑 남기기

개인 블로그에
합격 후기 작성하고 20,000원 받기!

20,000원
네이버페이 포인트 지급

▲ 자세히 보기

카페에 자랑 남기기

이기적 스터디 카페에
합격 후기 작성하고 5,000원 받기!

5,000원
네이버페이 포인트 지급

▲ 자세히 보기

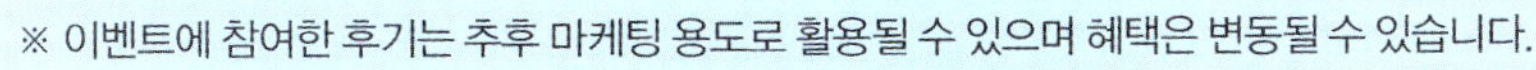

※ 자세한 참여 방법은 QR코드 또는 이기적 스터디 카페 '이기적 이벤트' 게시판을 확인해 주세요.
※ 이벤트에 참여한 후기는 추후 마케팅 용도로 활용될 수 있으며 혜택은 변동될 수 있습니다.

도서 인증하면 고퀄리티 강의가 따라온다!

100% 무료 강의

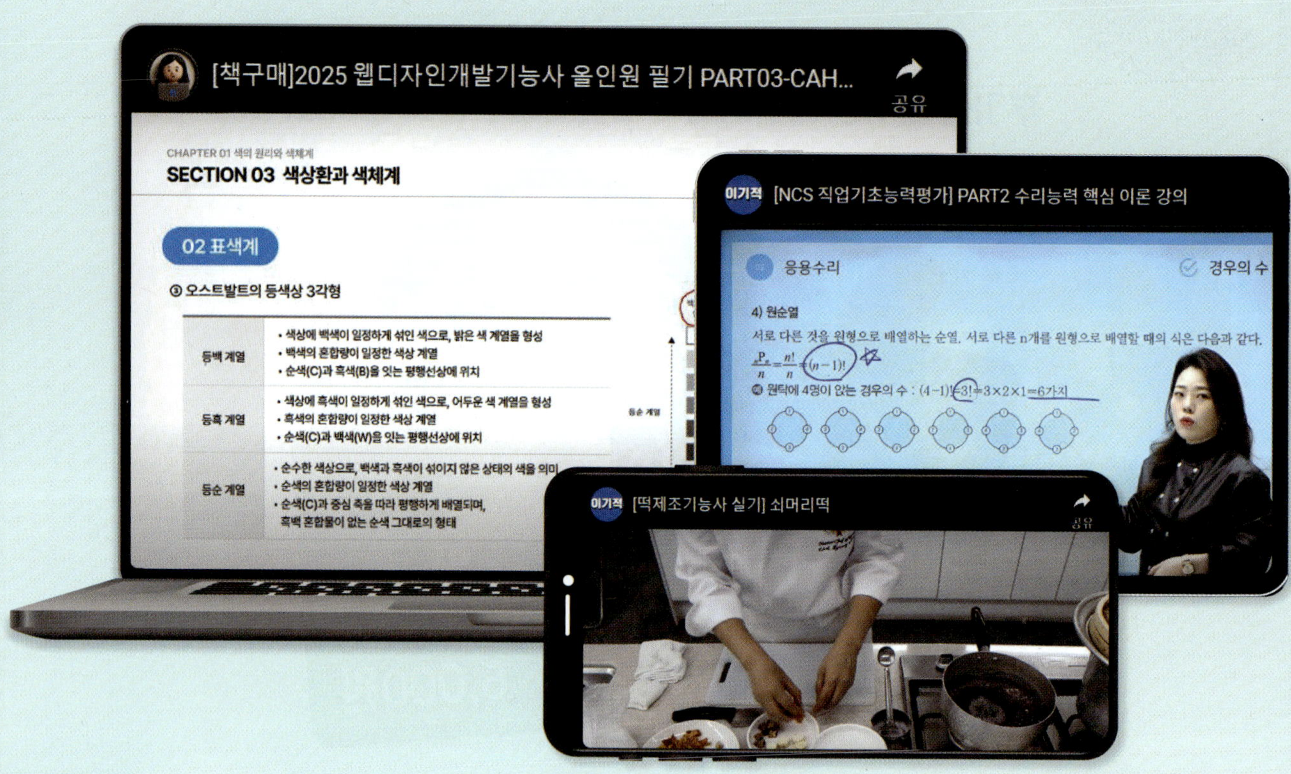

이용방법

STEP 1

이기적 홈페이지
(https://license.
youngjin.com/) 접속

STEP 2

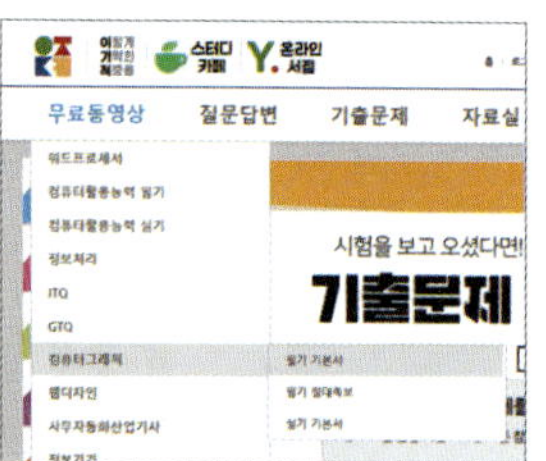

무료 동영상
게시판에서 도서와
동일한 메뉴 선택

STEP 3

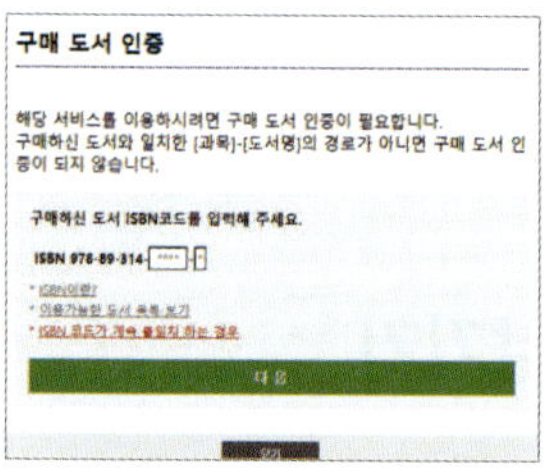

책 바코드 아래의
ISBN 코드와
도서 인증 정답 입력

STEP 4

이기적 수험서와
동영상 강의로
학습 효율 UP!

※ 도서별 동영상 제공 범위는 상이하며, 도서 내 차례에서 확인할 수 있습니다

◀ 이기적 홈페이지 바로가기

영진닷컴 이기적

합격을 위해 모두 드려요. 이기적 합격 솔루션!

이기적이 여러분을 위해 준비했어요

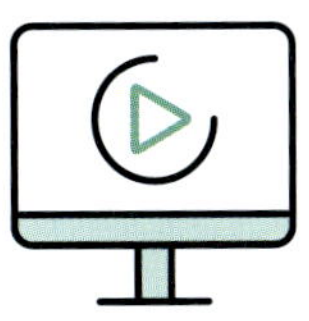

전문 선생님이 직접 알려주는, 무료 동영상 강의

자격증 독학 어렵지 않아요. 혼자 공부하지 마세요.
이론 학습과 문제 풀이 모두 선생님과 함께 해요.

시험 출제 경향 완벽 반영, 또기적 합격자료집

어디서도 볼 수 없는 꿀팁부터 실전에서 자주 묻는 질문까지!
이기적과 함께라면 시험 날까지도 걱정 없어요.

무엇이든 물어보세요, 1:1 질문답변

공부하다 궁금한 게 생기셨나요? 무엇이든 물어보세요.
이기적이 빠르게 답해 드릴게요.

채점도 이기적으로, 자동 채점 서비스

가입, 설치 필요 없이 빠르고 간편하게!
온라인으로 정답과 나의 답을 바로 비교할 수 있어요.

※ 〈2026 이기적 ITQ 도서〉를 구매하고 인증한 회원에게만 드리는 자료입니다.

ITQ 엑셀 빈출 함수 정리

01 날짜/텍스트

함수	예문	설명
DATE	=DATE(년,월,일)	년, 월, 일에 해당하는 날짜를 구함
WEEKDAY	=WEEKDAY(날짜,[옵션])	날짜에 해당하는 요일의 번호를 구함 – 옵션 1 또는 생략 시 : 일요일이 '1' – 옵션 2 : 월요일이 '1'
YEAR	=YEAR(날짜)	날짜에서 연도를 추출
TODAY	=TODAY()	시스템에 설정된 오늘의 날짜를 반환
LEFT	=LEFT(문자열,개수)	문자열의 왼쪽에서 개수만큼 문자를 추출
MID	=MID(문자열,시작 위치,개수)	문자열의 시작 위치에서 개수만큼 문자를 추출
RIGHT	=RIGHT(문자열,개수)	문자열의 오른쪽에서 개수만큼 추출
REPT	=REPT(문자열,반복수)	문자열을 반복수만큼 표시함

02 수학

함수	예문	설명
SUM	=SUM(인수1,인수2,…)	인수들의 합계를 구함
SUMIF	=SUMIF(조건 범위,조건,합계 범위)	조건 범위에서 조건에 맞는 자료의 합계를 구함
ROUND	=ROUND(인수,자릿수)	인수를 지정한 자릿수까지 반올림
ROUNDUP	=ROUNDUP(인수,자릿수)	인수를 지정한 자릿수까지 올림
ROUNDDOWN	=ROUNDDOWN(인수,자릿수)	인수를 지정한 자릿수까지 내림
SUMPRODUCT	=SUMPRODUCT(배열1,배열2,…)	배열1과 배열2를 곱한 값들의 합계를 구함
MOD	=MOD(인수1,인수2)	인수1을 인수2로 나눈 나머지를 구함

03 데이터베이스

함수	예문	설명
DSUM	=DSUM(범위,열 번호,조건 범위)	범위에서 조건에 맞는 자료를 대상으로 지정된 열의 합계
DAVFRAGE	=DAVERAGE(범위,열 번호,조건 범위)	범위에서 조건에 맞는 자료를 대상으로 지정된 열의 평균
DCOUNTA	=DCOUNTA(범위,열 번호,조건 범위)	범위에서 조건에 맞는 자료를 대상으로 지정된 열의 비어 있지 않은 셀 개수
DCOUNT	=DCOUNT(범위,열 번호,조건 범위)	범위에서 조건에 맞는 자료를 대상으로 지정된 열의 숫자가 있는 셀 개수

04 통계

함수	예문	설명
MAX	=MAX(인수1,인수2,…)	인수들 중 가장 큰 값을 표시
RANK.EQ	=RANK.EQ(인수1,범위,옵션)	범위에서 셀이 몇 번째 순위인지 구함 옵션이 0이거나 생략 시 내림차순 옵션이 1이면 오름차순
AVERAGE	=AVERAGE(인수1,인수2,…)	인수들의 평균을 구함
COUNTIF	=COUNTIF(범위,조건)	범위에서 조건을 만족하는 셀의 개수를 구함
COUNTA	=COUNTA(인수1,인수2,…)	인수들 중 비어 있지 않은 셀의 개수를 구함
COUNT	=COUNT(인수1,인수2,…)	인수들 중 숫자가 들어 있는 셀의 개수를 구함
COUNTBLANK	=COUNTBLANK(인수1,인수2,…)	인수들 중 비어 있는 셀의 개수를 구함
MIN	=MIN(인수1,인수2,…)	인수들 중 가장 작은 값을 구함
MEDIAN	=MEDIAN(인수1,인수2,…)	인수들 중 중간 값을 구함
LARGE	=LARGE(인수,숫자)	인수에서 숫자 번째로 큰 값을 구함

05 찾기/참조

함수	예문	설명
INDEX	=INDEX(범위,행 번호, 열 번호)	범위에서 행 번호와 열 번호에 위치한 데이터를 표시
MATCH	=MATCH(찾을 값,범위,옵션)	범위에서 찾을 값과 같은 데이터를 찾아 그 위치를 번호로 표시
CHOOSE	=CHOOSE(인수,첫 번째,두 번째,…)	인수가 1일 때 첫 번째, 2일 때 두 번째를 출력
VLOOKUP	=VLOOKUP(찾을 값,범위,열 번호)	범위의 첫 번째 열에서 찾을 값과 같은 데이터를 찾은 후 지정된 열 번호에서 동일한 행에 있는 데이터를 표시

06 논리값

함수	예문	설명
IF	=IF(조건,참,거짓)	조건이 참(TRUE)이면 참 내용을 표시, 거짓(FALSE)이면 거짓 내용을 표시
AND	=AND(조건1,조건2,…)	조건이 모두 참(TRUE)일 때만 TRUE를 표시
OR	=OR(조건1,조건2,…)	조건 중에 하나라도 참(TRUE)이면 TRUE를 표시

※ 이기적 스터디 카페(cafe.naver.com/yjbooks)에서 구매인증하고 "ITQ 엑셀 주요 함수 총정리" PDF를 받아보세요.

ITQ 엑셀은 엑셀 스프레드시트 프로그램의 주요 기능을 두루 이해하고, 활용할 수 있는지를 평가하는 시험입니다. 타 과목에 비해서 학습 난도가 높은 편이지만 실무적인 활용도도 가장 높은 과목입니다. 60분 동안 4개의 작업시트를 작성해야 합니다.

제1작업 표 서식 작성 및 값 계산   배점 240점

✅ 체크포인트

- 셀 서식 기능과 유효성 검사
- 셀 병합 기능과 열 너비 조정
- 서식 도구 모음의 활용과 다양한 함수의 활용
- 그림 복사 기능과 조건부 서식 지정
- 그리기 도구 활용과 그림자 스타일 적용

▶ 평가기능

조건에 따른 서식과 다양한 함수 사용 능력 등을 종합적으로 평가

제2작업 목표값 찾기 및 필터/필터 및 서식   배점 80점

전시코드	전시명	전시구분	전시장소	전시 시작일	관람인원 (단위:명)	전시기간
A2314	메소포타미아	상설	1전시실	2023-07-08	18,020	61일
B3242	분청사기	외부	시립박물관	2023-06-02	15,480	30일
S4372	거장의 시선	특별	특별전시실	2023-05-10	45,820	25일
B3247	외규장각 의궤	외부	역사박물관	2023-05-12	27,500	30일
A2344	반가사유상	상설	2전시실	2023-07-05	28,000	92일
A2313	목칠공예	상설	3전시실	2023-06-05	48,000	57일
S2314	부처의 뜰	특별	특별전시실	2023-07-01	52,400	80일
S4325	근대 문예인	특별	특별전시실	2023-07-10	36,780	20일
관람인원 전체 평균						34,000

전시코드	관람인원 (단위:명)
B+	
	>=50000

전시코드	전시구분	관람인원 (단위:명)	전시기간
B3242	외부	15,480	30일
B3247	외부	27,500	30일
S2314	특별	52,400	80일

✅ 체크포인트

- 셀의 복사와 간단한 함수 이용
- 중복 데이터 제거와 자동 필터
- 선택하여 붙여넣기
- 고급 필터, 표 서식
- 목표값 찾기

▶ 평가기능

- 제1작업의 데이터를 이용하여 고급 필터 능력과 서식 적용 능력, 중복 데이터 제거 능력, 자동 필터 능력을 평가
- '목표값 찾기 및 필터'와 '필터 및 서식' 중 한 가지가 출제됨

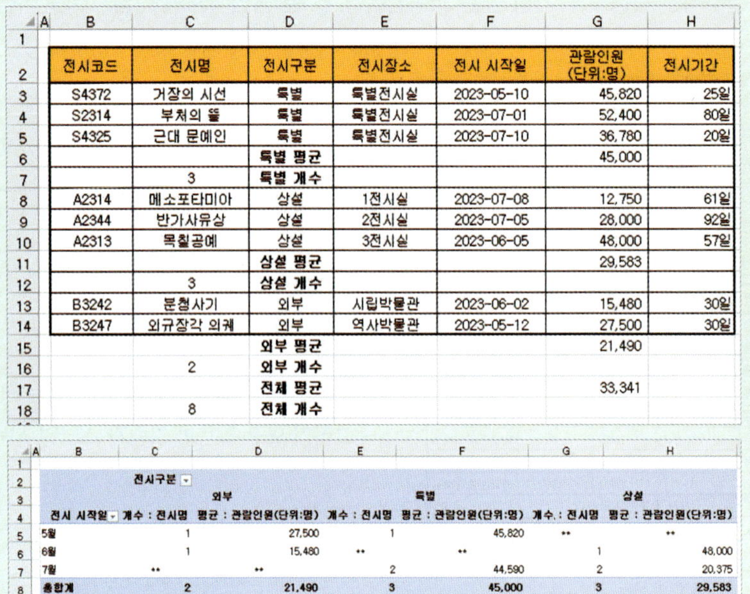

체크포인트

- 셀의 복사와 정렬
- 개요 지우기
- 선택하여 붙여넣기
- 부분합과 피벗 테이블의 자세한 기능

▶ 평가기능

- 필드별 분류, 계산 능력과 특정 항목의 요약 · 분석 능력 평가
- '정렬 및 부분합', '피벗 테이블' 중 한 가지가 출제됨

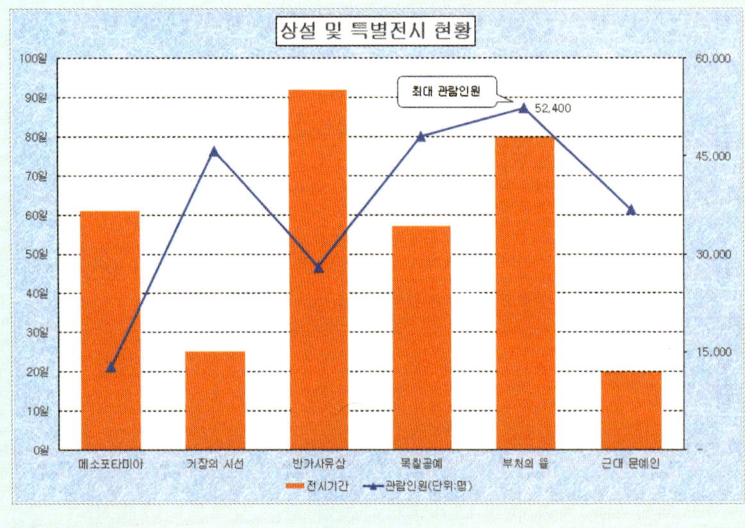

체크포인트

- 차트 종류와 데이터 범위 파악
- 차트 제목의 글꼴과 채우기
- 범례의 위치 및 수정
- 차트 영역 글꼴과 채우기 설정
- 축 최소값, 최대값, 기본 단위 설정
- 그림 영역 채우기
- 데이터 계열 표식과 레이블 설정
- 도형 삽입

▶ 평가기능

차트 작성 능력 평가

ITQ OA Master

올인원

1권·엑셀 ver.2021

"이" 한 권으로 합격의 "기적"을 경험하세요!

차례

난이도에 따라 분류하였습니다.

- 상 : 반드시 반복 연습해야 하는 기능
- 중 : 여러 차례 풀어보아야 하는 기능
- 하 : 수월하게 익힐 수 있는 기능

합격 강의

동영상 강의가 제공되는 부분을 표시했습니다.
이기적 수험서 사이트(license.youngjin.com)에 접속하여 시청하세요.

▶ 본 도서에서 제공하는 동영상은 1판 1쇄 기준 2년간 유효합니다. 단, 출제기준안에 따라 내용은 변경될 수 있습니다.

BONUS 부록 또기적 합격자료집 PDF

- 시험장 스케치 & 꿀팁 & 질문
- 스터디 플래너
- 비공개 구매 혜택(기출문제 5회분/시험 해설)
- 주요 함수 총정리

※ 참여 방법 : '이기적 스터디 카페' 검색 → 이기적 스터디카페(cafe.naver.com/yjbooks) 접속 → '구매 인증 PDF 증정' 게시판 → 구매 인증 → 메일로 자료 받기

ITQ 합격에 필요한 자료를 모두 모았습니다.

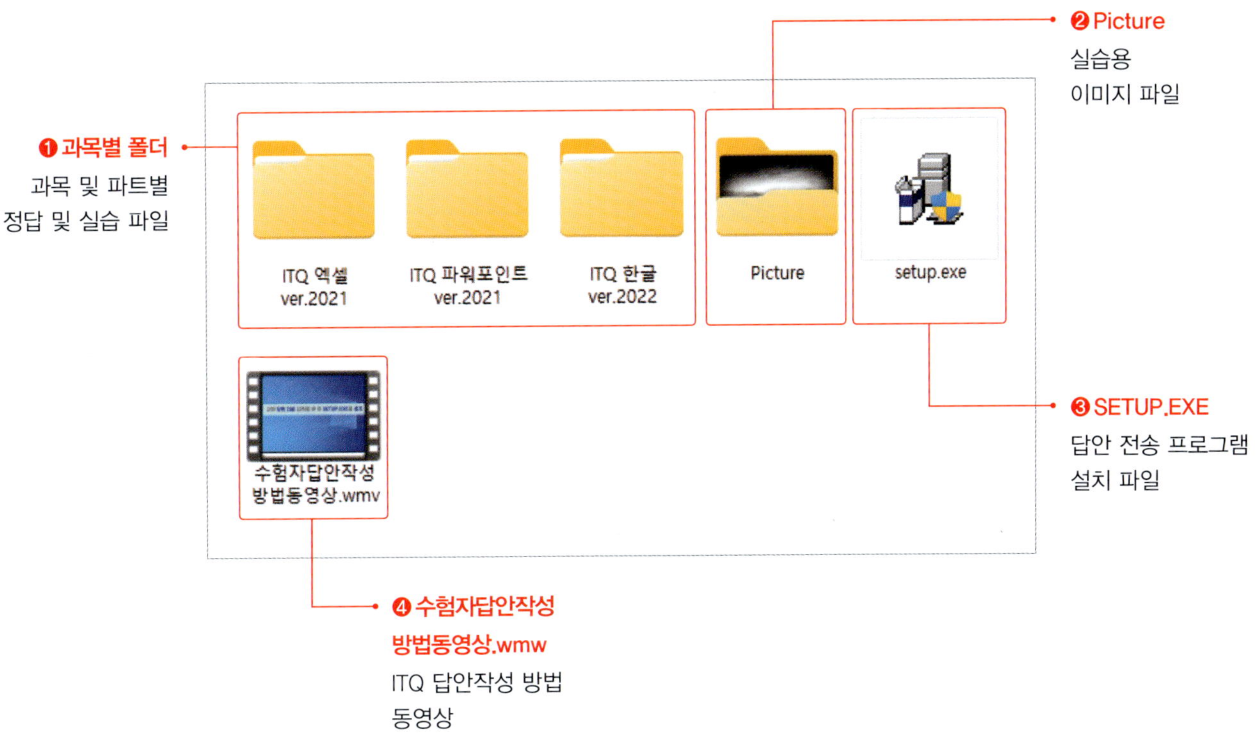

다운로드 방법

① 이기적 영진닷컴(license.youngjin.com)에 접속한다.
② 상단 메인 메뉴에서 [자료실] – [ITQ]를 클릭한다.
③ '[2026] 이기적 ITQ OA Master ver.2021+2022 올인원 부록 자료' 게시글을 클릭하여 첨부파일을 다운로드한다.

사용 방법

① 다운로드한 '7950.zip' 압축 파일에서 마우스 오른쪽 버튼을 눌러 압축을 해제한다.
② 압축이 풀린 후 '7950' 폴더를 더블 클릭하여 모든 파일이 들어 있는지 확인한다.

※ ITQ 시험은 빈 문서에서 내용을 입력하는 것부터 시험 시작입니다. 처음 시험 공부를 하실 때에는 빈 문서에서 차근차근 연습해 주세요.

STEP 1
시험 유형 따라하기로
제대로 유형 학습

처음부터 끝까지 세심하게,
구체적 작업과정 수록

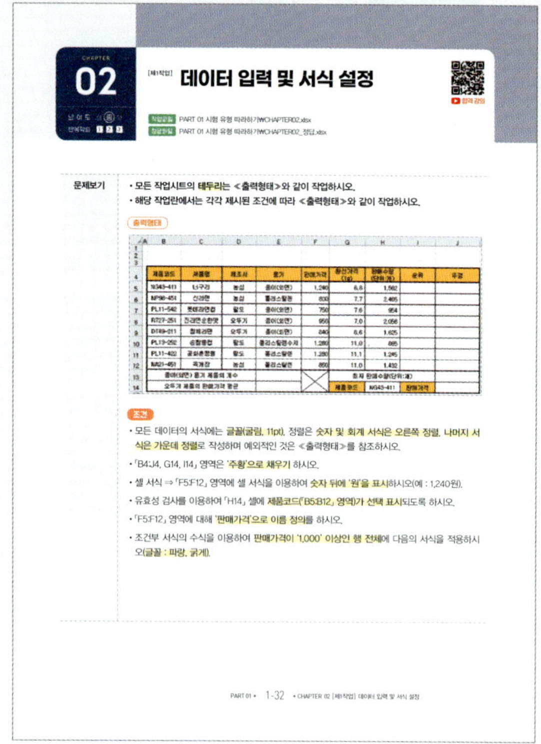

- 난이도별 집중 학습
- 실습에 편리한 작업/정답파일
- 다양한 팁으로 학습 능률 상승

STEP 2
대표 기출 따라하기로
실제 시험 정복

동영상 강의와 함께,
시험 내용 전체 학습

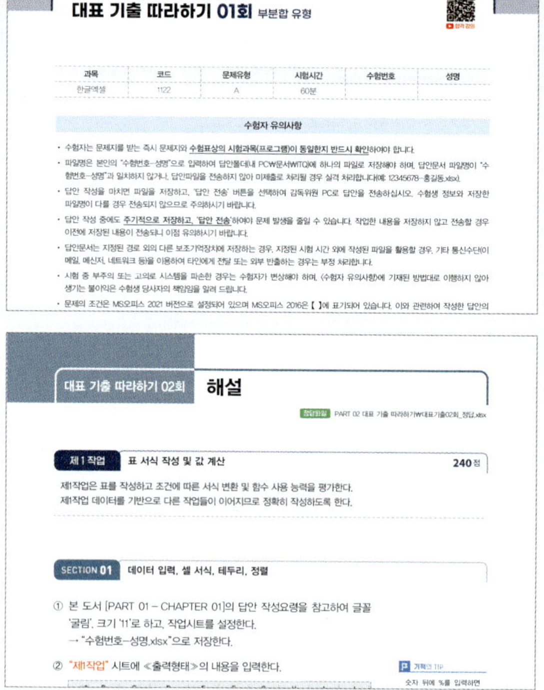

- QR 코드로 강의 바로 시청
- 단계별 풀이과정으로 쉬운 연습

최신 기출문제,
실전 모의고사로 마무리 학습

또기적 합격자료집

과목별 총 10회분 시험으로
막판 스퍼트

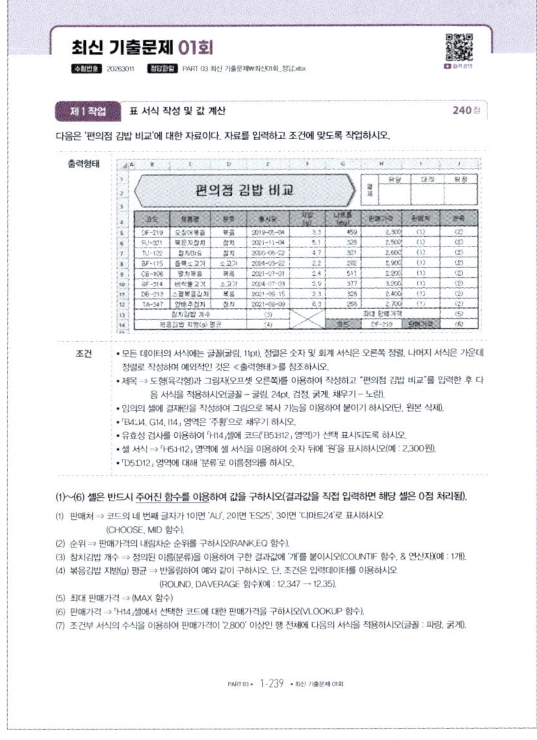

✓ 최신 기출문제로 출제경향 파악

✓ 실전과 동일한 모의고사로 완벽 마무리

도서 구매자 특별 제공

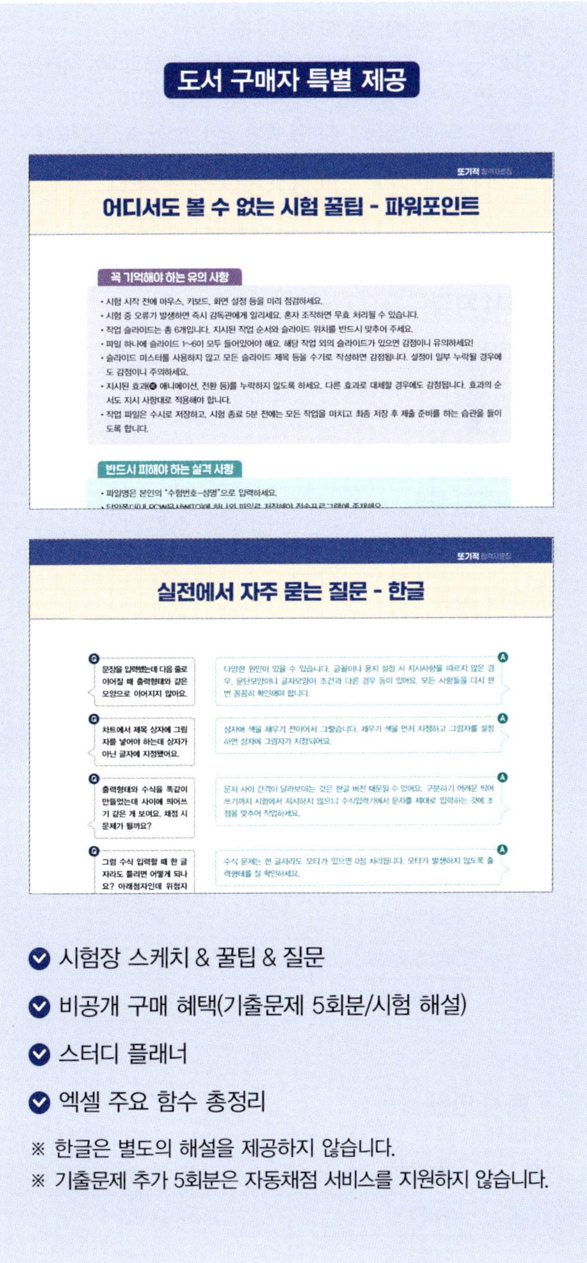

✓ 시험장 스케치 & 꿀팁 & 질문

✓ 비공개 구매 혜택(기출문제 5회분/시험 해설)

✓ 스터디 플래너

✓ 엑셀 주요 함수 총정리

※ 한글은 별도의 해설을 제공하지 않습니다.

※ 기출문제 추가 5회분은 자동채점 서비스를 지원하지 않습니다.

시험 알아보기

● 자격 소개 및 이슈

- 정보화 시대의 구성원들에 대한 정보기술능력 또는 정보기술 활용능력을 객관적으로 평가하는 시험
- 정보기술 관리 및 실무능력 수준을 지수화, 등급화하여 객관성을 높인 과학기술정보통신부 공식 인증 자격 시험
- 산업인력의 정보경쟁력 강화를 통한 국가정보화 촉진을 목적으로 시행, 초등학생부터 노년층에 이르기까지 다양한 계층에서 ITQ시험을 통해 IT실력을 검증

● 응시 자격

제한 없음

● 접수 방법

온라인/방문 접수

● 시험 과목

과목	이기적 도서
아래한글	✓
한셀	
한쇼	
MS워드	
한글엑셀	✓
한글액세스	✓
한글파워포인트	✓
인터넷	✓

● 응시 인원

검정 연도	응시자 수
2024년	245,068명
2023년	247,460명
2022년	241,754명
2021년	242,868명
2020년	220,321명

활용 사례

● 학점은행제

- 「학점인정 등에 관한 법률」에 의거, 전공학점 인정 가능
- 제27차 자격 학점인정 기준 참고 (학점은행제 : https://www.cb.or.kr)
- 아래한글 · MS워드, 한글엑셀 · 한셀, 한글파워포인트 · 한쇼, 한글액세스, 인터넷 중 3개 과목을 각각 A 또는 B등급을 획득해야 학점 인정 가능

등급	대분류	중분류	인정학점
A	20. 공통/ 기초사무	기초사무	6
B			4

● 생활기록부

- 「초 · 중등교육법」에 의거, 자격 취득상황을 고교생활기록부에 등재 가능
- 기술 관련 국가공인 민간자격 ※ 고등학교 재학 중 취득한 경우 '자격증 및 인증 취득상황' 기입 가능

● 기타 활용 사례

- 군가산점제
- KPC자격 전문강사
- 마스터(MASTER) 제도
- 기업 채용우대, 인사고과, 내부직원 교육, 승진평가 등 HRM(D) 제도로 활용
- 대학교, 고등학교, 직업훈련기관의 인재양성제도

시험 기준

● 프로그램 버전

※ 2025년 기준

과목	버전
아래한글	한컴오피스
한셀	2022/2020 병행
한쇼	(한셀, 한쇼 : 2022)
MS워드	
한글엑셀	MS오피스
한글액세스	2021/2016 병행
한글파워포인트	
인터넷	내장브라우저 IE8.0 이상

● 배점 및 시험 시간

시험 배점	과목당 500점
시험 방법	실무작업형 실기시험
시험 시간	과목당 60분

● 등급 점수 및 기준

500점 만점을 기준으로 200점 이상 취득자에게 등급별 자격을 부여하며, 200점 미만은 불합격 처리

등급	점수	수준
A	500~400	주어진 과제의 100~80%를 정확히 해결할 수 있는 능력 수준
B	399~300	주어진 과제의 79~60%를 정확히 해결할 수 있는 능력 수준
C	299~200	주어진 과제의 59~40%를 정확히 해결할 수 있는 능력 수준

출제 기준

● 아래한글/MS워드

문항	배점
스타일	50
표와 차트	100
수식편집기	40
그림/그리기	110
문서작성능력	200

● 한글엑셀/한셀

문항	배점
표작성	240
필터, 목표값찾기, 자동서식	80
부분합/피벗테이블	80
차트	100

● 한글파워포인트/한쇼

문항	배점
전체 구성	60
표지 디자인	40
목차 슬라이드	60
텍스트/동영상 슬라이드	60
표 슬라이드	80
차트 슬라이드	100
도형 슬라이드	100

고사장 및 시험 관련 문의

- 시행처 : 한국생산성본부(kpc)
- license.kpc.or.kr

☎ 1577-9402

답안 전송 프로그램 설치법

답안 전송 프로그램이란?

ITQ 시험은 답안 작성을 마친 후 저장한 답안 파일을 감독위원 PC로 전송하여 제출해야 합니다. 시험장에서 당황하는 일이 없도록, 답안 전송 프로그램으로 미리 연습해 보세요.

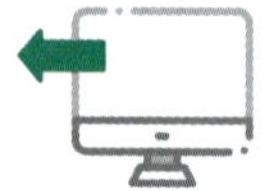

다운로드 및 설치법

01 이기적 홈페이지(license.youngjin.com)에 접속한 후 상단에 있는 [자료실]–[ITQ]를 클릭한다. '[2026] 이기적 ITQ OA Master ver.2021+2022 올인원 부록 자료'를 클릭하고 첨부 파일을 다운로드 받아 압축을 해제한다.

02 다음과 같은 폴더가 열리면 'SETUP.EXE'를 더블클릭하여 프로그램을 실행시킨다.

※ 운영체제가 Windows 7 이상인 경우는 마우스 오른쪽 버튼을 클릭해 '관리자 권한으로 실행'을 선택하여 실행시킨다.

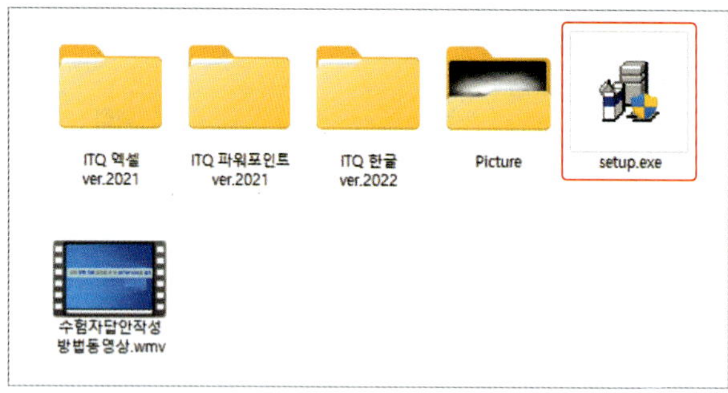

03 다음과 같이 설치 화면이 나오면 [다음]을 클릭하고 설치를 진행한다.

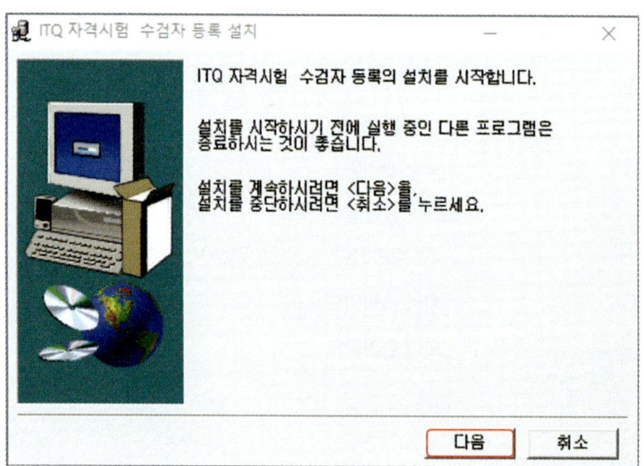

04 설치 진행이 완료되면 'ITQ 수험자용' 아이콘을 더블클릭하여 프로그램을 실행한다.

※ 여러 과목의 ITQ 시험을 함께 준비하는 수험생은 기존 과목의 프로그램을 삭제하지 마시고 그대로 사용하세요.

답안 전송 프로그램 사용법

시험 진행 순서

수험자 시험 시작 (20분 전 입실) ▶ 수험자 등록 (수험번호 등록) ▶ 시험 시작 (답안 작성) ▶ 답안 파일 저장 (수험자 PC 저장) ▶ 답안 파일 전송 (감독 PC로 전송) ▶ 시험 종료 (수험자 퇴실)

01 수험자 수험번호 등록

① 바탕화면에서 'ITQ 수험자용' 아이콘을 실행한다. [수험자 등록] 화면에 수험번호를 입력한 후 [확인]을 클릭한다.

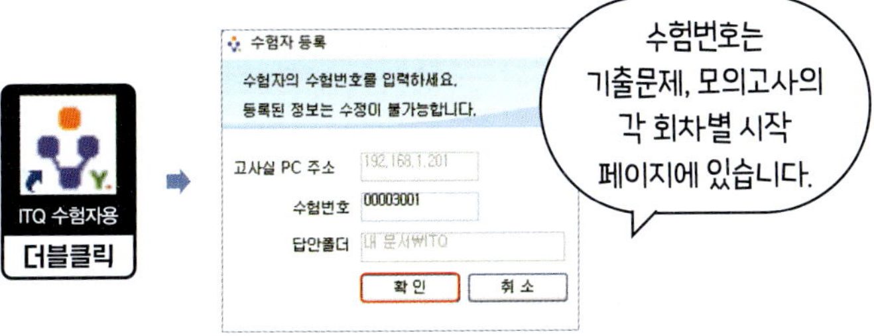

② 수험번호가 화면과 같으면 [예]를 클릭한다. 다음 화면에서 수험번호, 성명, 수험과목, 좌석번호를 확인한다.

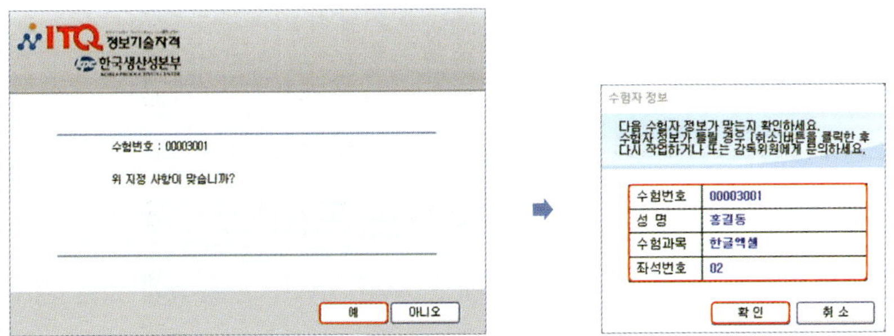

③ 다음과 같은 출력화면 확인 후 감독위원의 지시를 기다린다.

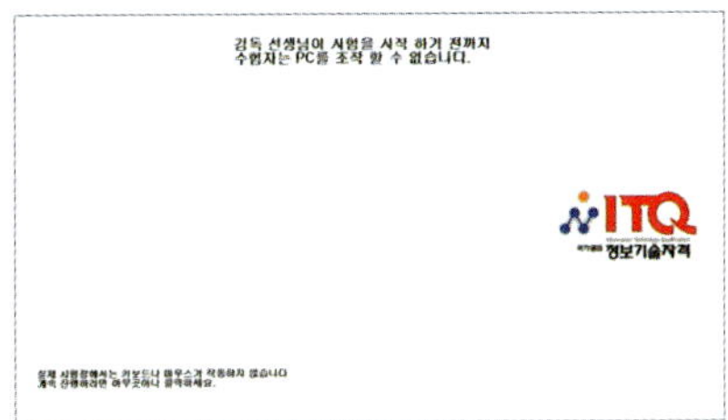

① 과목에 맞는 수검 프로그램(아래한글, MS오피스) 실행 후 답안 파일을 작성한다.

② 이미지 파일은 '내 PC₩문서₩ITQ₩Picture' 폴더 내의 파일을 참조한다(엑셀의 Picture 폴더는 비어있다).

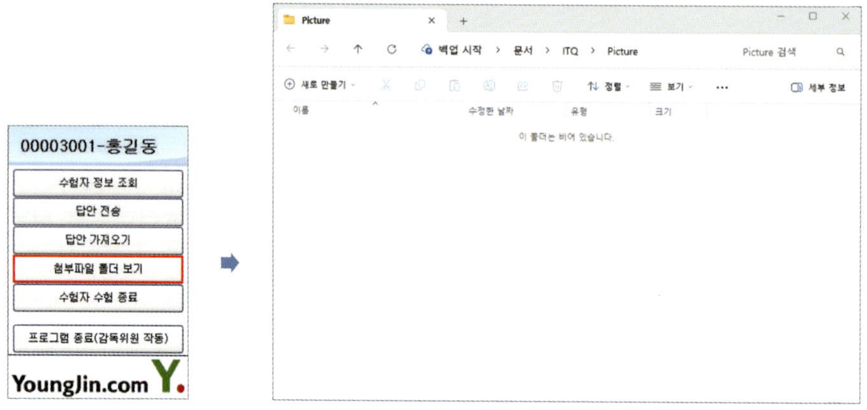

03 **답안 파일 저장**(수험자 PC 저장)

① 답안 파일은 '내 PC₩문서₩ITQ' 폴더에 저장한다.

② 답안 파일명은 '수험번호-성명'으로 저장해야 한다.
(단, 인터넷 과목은 '내 PC₩문서₩ITQ'의 '답안 파일-인터넷.hwp' 파일을 불러온 후 '수험번호-성명-인터넷.hwp'로 저장)

04 **답안 파일 전송**(감독 PC로 전송)

① 바탕화면의 실행 화면에서 [답안 전송]을 클릭한 후, 작성한 답안 파일을 감독 PC로 전송한다. 화면에서 작성한 답안 파일의 존재유무(파일이 '내 PC₩문서₩ITQ' 폴더에 있을 경우 '있음'으로 표시됨)를 확인 후 [답안 전송]을 클릭한다.

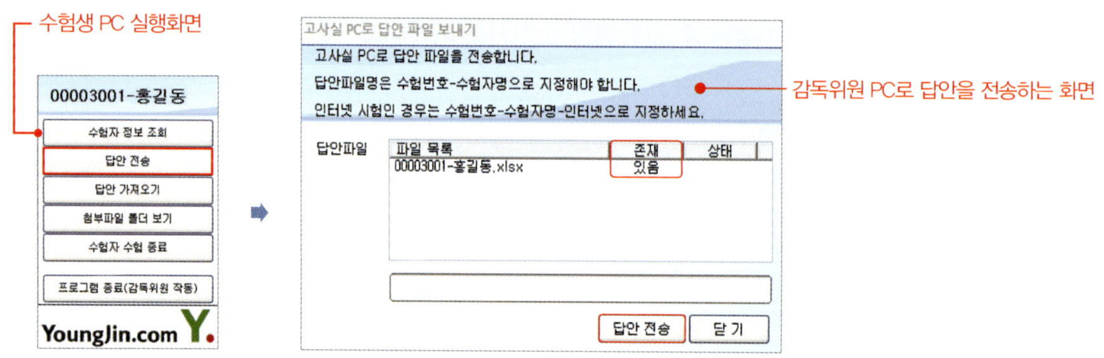

② 전송이 성공적으로 끝나면 상태 부분에 '성공'이라 표시된다.

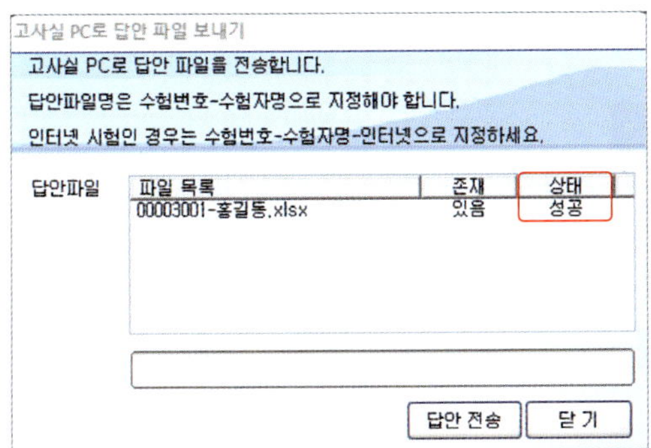

05 시험 종료

① 수험자 PC화면에서 [수험자 수험 종료]를 클릭한 후 감독위원의 지시를 기다린다.

② 감독위원의 퇴실 지시에 따라 퇴실한다.

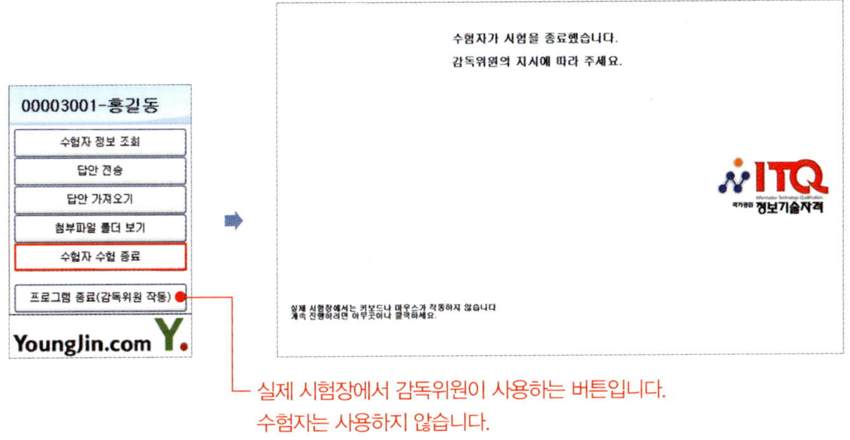

실제 시험장에서 감독위원이 사용하는 버튼입니다.
수험자는 사용하지 않습니다.

답안 전송 프로그램 안내

- 프로그램을 설치했는데 '339 런타임 오류가 발생하였습니다'라는 오류 메시지가 나타나는 경우
  프로그램 설치 시 마우스 오른쪽 버튼을 클릭하여 '관리자 권한으로 실행'을 선택하여 설치하고, 설치 후 실행 시에도 '관리자 권한으로 실행'을 선택해 주세요. mscomctl.ocx 오류 시 이기적 홈페이지의 ITQ 자료실 공지사항에서 첨부 파일을 다운로드 해주세요.

- 프로그램을 실행하는데 'vb6ko.dll' 파일 오류가 나타나는 경우
  이기적 홈페이지의 ITQ 자료실 공지사항을 확인해 주시고, 첨부 파일을 다운로드 받아 해당 폴더에 넣어주세요.
  – 윈도우 XP : C:\Windows\System
  – 윈도우 7/10 32bit : C:\Windows\System32
  – 윈도우 7/10 64bit : C:\Windows\System32와 C:\Windows\Syswow64

01 채점 서비스(itq.youngjin.com)에 접속한 후 ISBN 5자리 번호(도서 표지에서 확인)를 입력하고 [체크]를 클릭한다. 체크가 완료되면 [확인]을 클릭한다.

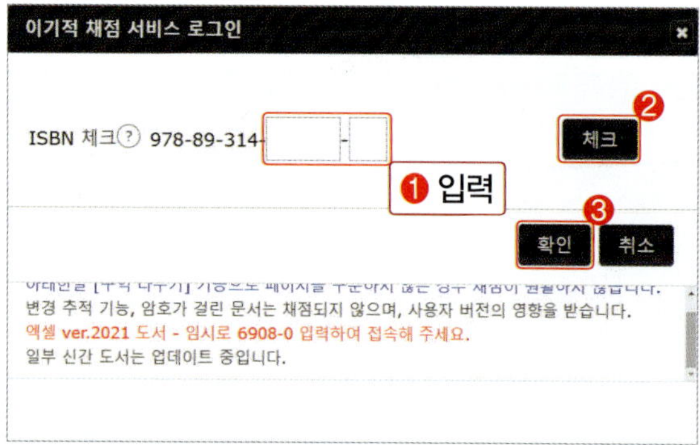

02 [작성한 파일 선택] 버튼을 클릭한다. 직접 작성하여 저장한 파일을 선택하고 '열기'를 클릭한다. 화면에 보이는 보안문자를 똑같이 입력하고 [실행]을 클릭한다.

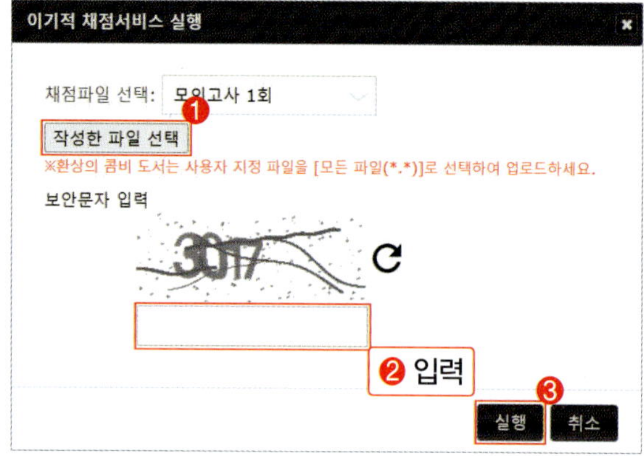

03 채점 결과를 확인한다(왼쪽 상단이 정답 파일, 하단이 사용자 작성 파일).

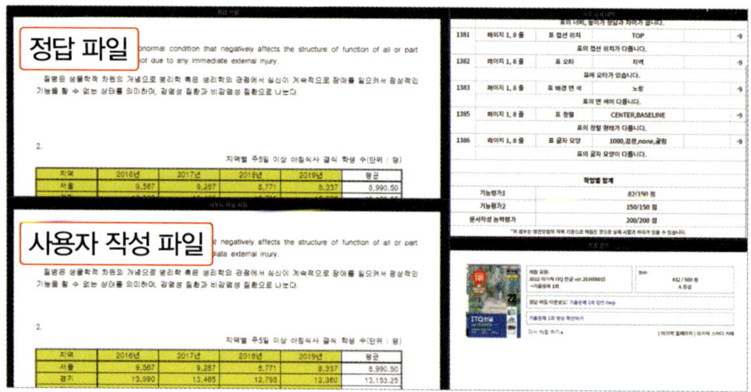

※ 현재 시범 서비스 중으로 도서의 일부 회차만 제공하고 있으며, 답안의 일부 요소는 정확한 인식이 되지 않을 수 있습니다.

※ 본 서비스는 영진닷컴이 직접 설정한 기준에 의해 채점되므로 참고용으로만 활용 바랍니다.

Q&A

Q ITQ는 어떤 시험인가요?

A ITQ는 실기 시험으로만 자격을 평가하는 시험으로 아래한글(MS워드), 엑셀, 파워포인트, 액세스, 인터넷 등의 과목으로 이루어져 있습니다. 이 중 한 가지만 자격을 취득하여도 국가공인 자격으로 인정됩니다.

Q 언제, 어디서 시험이 시행되나요?

A 정기 시험은 매월 둘째 주 토요일에, 특별 시험은 2, 5, 8, 11월 넷째 주 일요일에 시행됩니다. 지역센터에서 시험을 응시할 수 있습니다.

※ 시험 시행일은 시행처 사정에 따라 변경될 수 있으므로, 응시 전 꼭 시행처에 확인하세요.

Q OA MASTER 자격 취득은 어떻게 하는 건가요?

A OA MASTER는 ITQ 시험에 응시하여 3과목 이상 A등급을 취득한 자로, 온라인으로 신청 가능하며 발급 비용 및 수수료는 별도로 부과됩니다.

Q 작성한 답안과 정답 파일의 작성 방법이 달라요.

A ITQ는 실무형 시험으로 작성 방법은 채점하지 않습니다. 정답 파일은 모범답안이며 꼭 똑같이 작성하지 않아도 됩니다. 문제의 지시사항대로 출력형태를 참고하여 작성하면 됩니다.

Q 채점기준 및 부분점수 기준은 어떻게 되나요?

A 주어진 지시사항에 따라 출력형태가 동일하게 작성된 경우 감점되지 않습니다. 또한 ITQ 인터넷을 제외한 모든 과목은 부분채점이 이루어지며 채점기준과 부분점수는 공개되지 않습니다.

Q MS오피스, 아래한글 버전별로 문제지가 다른가요?

A ITQ 시험은 과목별로 아래한글 2022/2020, MS오피스 2021/2016의 두 개 버전 중 선택 응시가 가능합니다. 각 과목의 문제지는 동일하며, 버전별로 조건이 다른 부분은 문제지에 표시되어 있습니다.

※ 소프트웨어 버전은 변경될 수 있으므로, 응시 전 꼭 시행처에 확인하세요.

Q 취득 시 어떻게 활용할 수 있나요?

A 공기업/공단과 사기업에서 입사 시 우대 및 승진 가점을 획득할 수 있으며, 대학교 학점인정을 받을 수 있습니다. 정부부처/지자체에서도 의무취득 및 채용 가점, 승진 가점이 주어집니다.

유형분석 문항 0

답안 작성요령

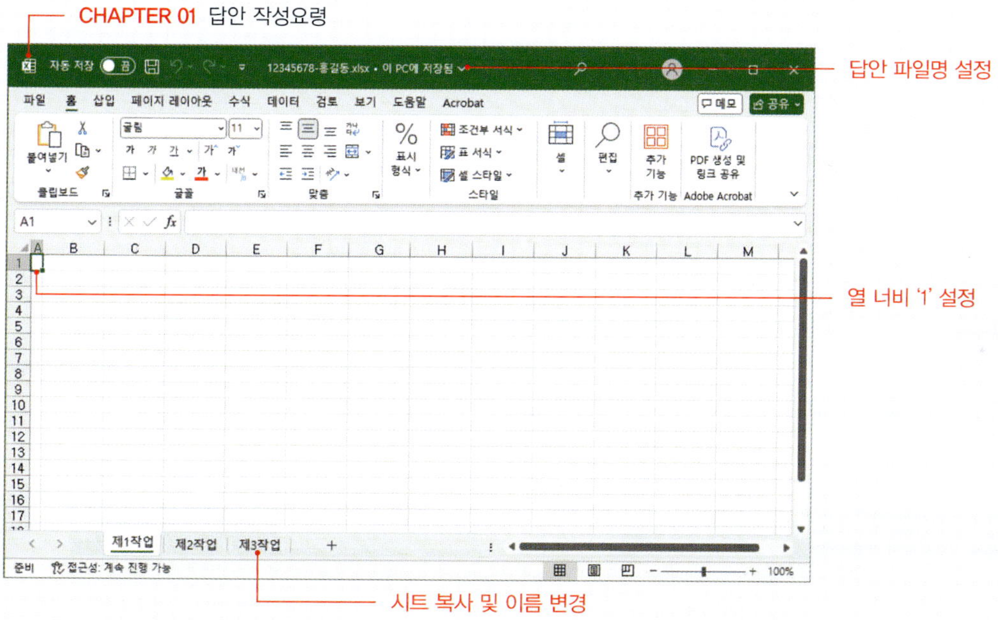
CHAPTER 01 답안 작성요령
답안 파일명 설정
열 너비 '1' 설정
시트 복사 및 이름 변경

출제포인트

열 너비 설정 · 시트 이름 변경

A등급 TIP

답안 작성요령은 배점은 따로 없으나 앞으로 작성할 모든 문서의 틀이 되는 부분이므로 실수 없이 꼼꼼히 작업해야 합니다. 엑셀의 화면 구성과 각 기능의 명칭을 살펴보며 익혀 보세요.

CHAPTER 01 답안 작성요령

정답파일 PART 01 시험 유형 따라하기\CHAPTER01_정답.xlsx

답안 작성요령	• 온라인 답안 작성 절차 수험자 등록 ⇒ 시험 시작 ⇒ 답안파일 저장 ⇒ 답안 전송 ⇒ 시험 종료 • 문제는 총 4단계, 즉 제1작업부터 제4작업까지 구성되어 있으며 반드시 제1작업부터 순서대로 작성하고 조건대로 작업하시오. • 모든 작업시트의 A열은 열 너비 '1'로, 나머지 열은 적당하게 조절하시오. • 답안 시트 이름은 "제1작업", "제2작업", "제3작업", "제4작업"이어야 하며 답안 시트 이외의 것은 감점 처리됩니다. • 각 시트를 파일로 나누어 작업해서 저장할 경우 실격 처리됩니다.

SECTION 01 글꼴 설정, 열 너비 조절, 시트 이름 변경

① EXCEL을 실행하고, [새로 만들기]의 [새 통합 문서]를 클릭하여 새 문서를 만든다.

→ 「A1」 셀을 클릭한다.

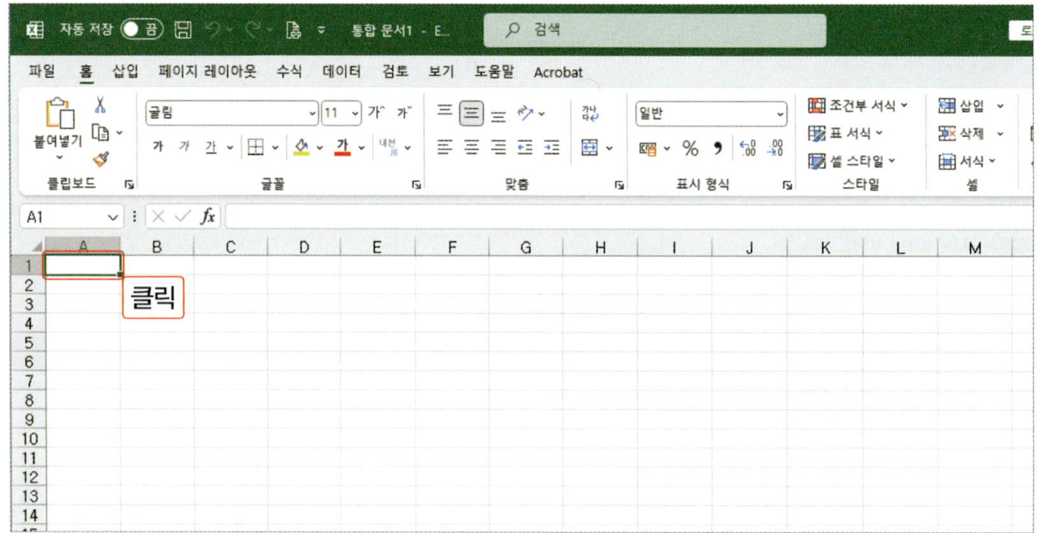

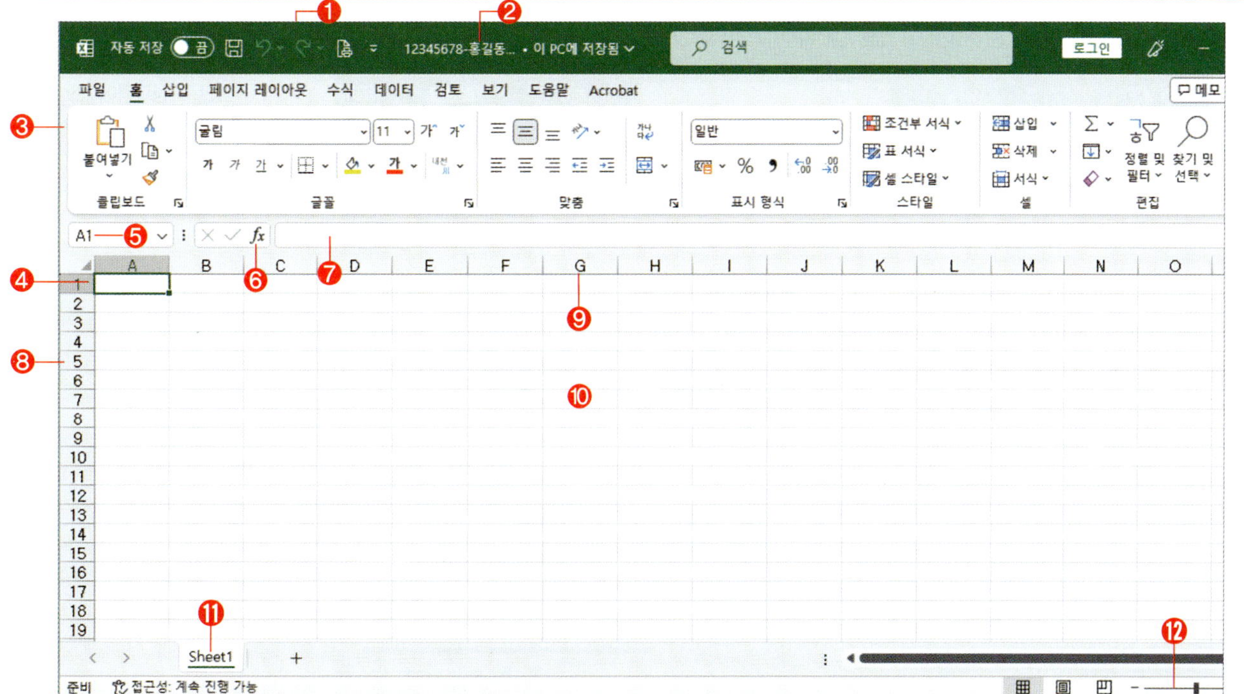

❶ **빠른 실행 도구 모음 :** [저장], [실행 취소], [다시 실행] 등으로 구성되어 있다.

❷ **제목 표시줄 :** 현재 열려 있는 문서의 이름이 표시된다.

❸ **리본 메뉴 :** [탭]을 클릭하면 관련된 [그룹]과 [아이콘]들이 보여진다.

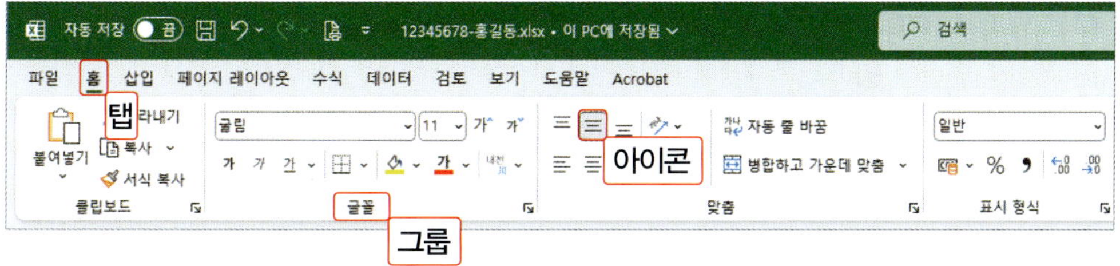

❹ **셀 :** 행과 열이 교차하는 공간이다.

❺ **이름 상자 :** 현재 셀 위치를 나타낸다.

❻ **함수 삽입(함수 마법사) :** 함수를 검색해서 입력할 수 있는 함수 마법사를 실행한다.

❼ **수식 입력줄 :** 셀에 데이터나 수식을 입력할 수 있다.

❽ **행 머리글 :** 행을 나타내는 숫자가 표시된다. 클릭하면 행 전체가 선택된다.

❾ **열 머리글 :** 열을 나타내는 문자가 표시된다. 클릭하면 열 전체가 선택된다.

❿ **워크시트 :** 문서를 작업하는 공간으로 셀들로 구성된다.

⓫ **시트 탭 :** 시트의 이름이 표시된다.

⓬ **확대/축소 :** 워크시트를 확대 및 축소하여 볼 수 있다.

② [홈] 탭 – [셀] 그룹 – [서식](▦)을 클릭하고 [열 너비](⟷)를 클릭한다.
→ [열 너비] 대화상자에 『1』을 입력하고 [확인]을 클릭한다.

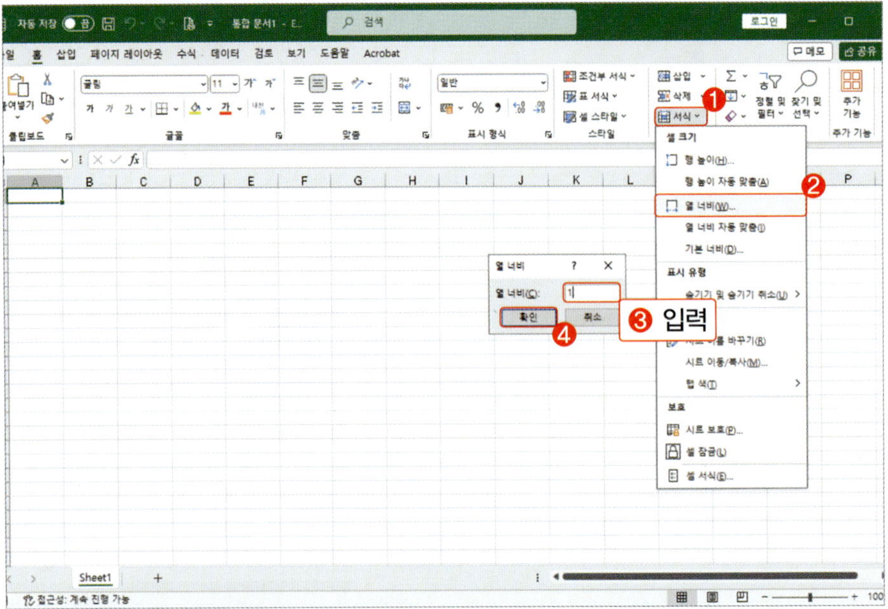

③ "제1작업" 시트에서 [모두 선택](◣) 버튼을 클릭한다.
→ 글꼴은 '굴림', 크기는 '11'을 설정한다.

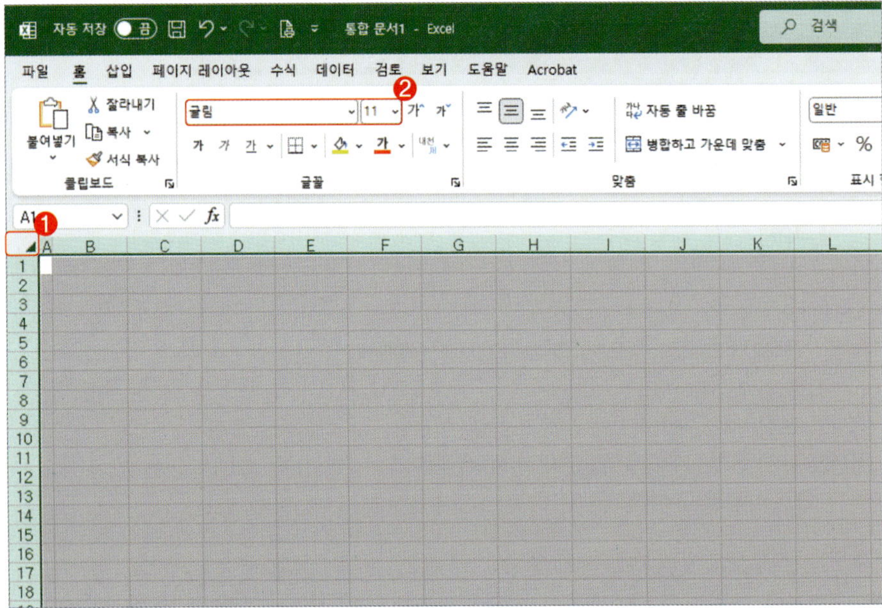

Excel의 기본 글꼴을 설정하는 방법

다음의 방법으로 Excel 프로그램 실행 시 모든 시트의 기본 글꼴을 설정할 수 있다.

1. [파일]을 클릭하여 메뉴화면이 바뀌면 왼쪽 하단의 [옵션]을 클릭한다.

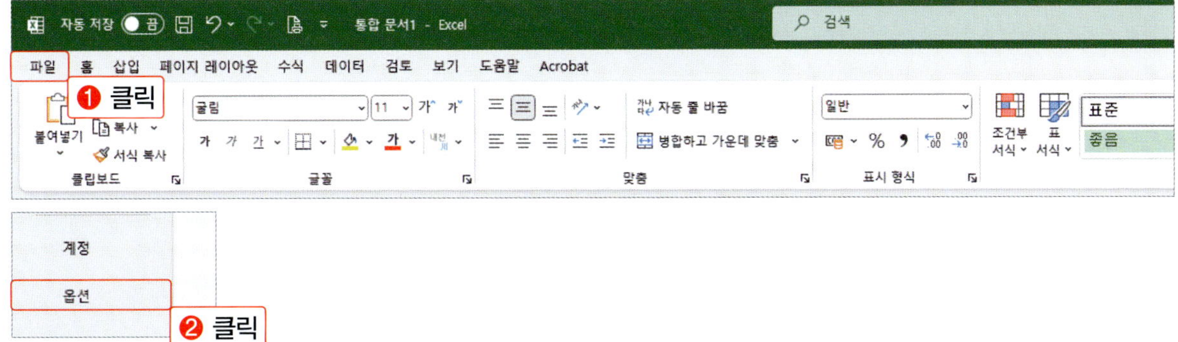

2. Excel 옵션 창의 **새 통합 문서 만들기**에서 기본 글꼴을 설정한다.

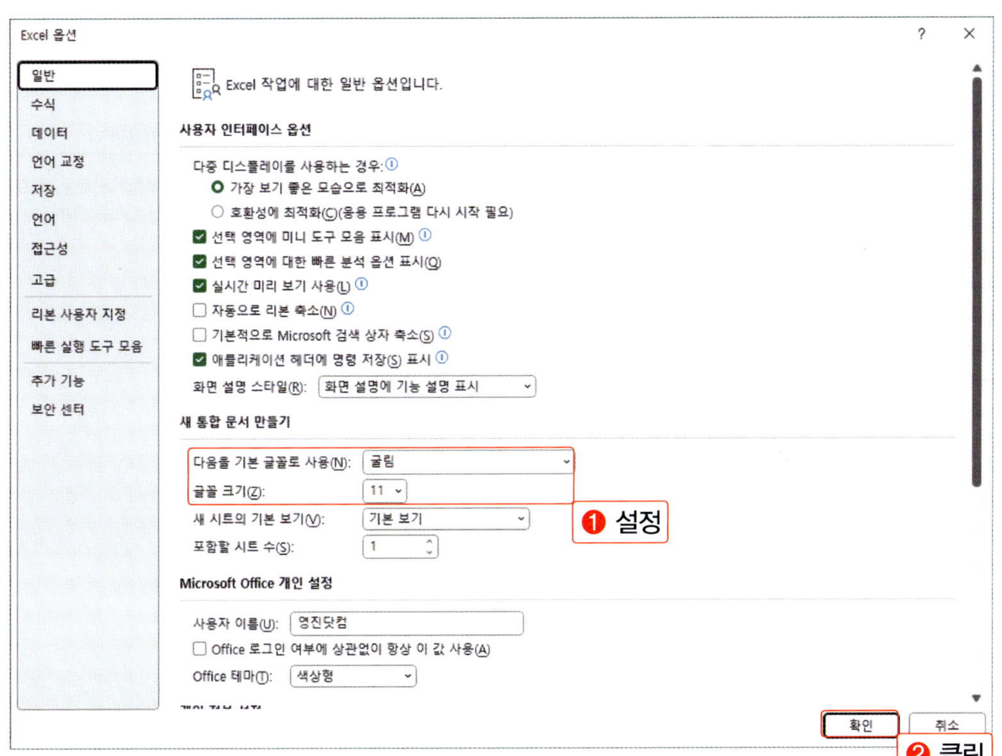

3. 메시지 창이 나타나면 [확인]을 클릭하고, Excel을 종료 후 다시 실행한다.

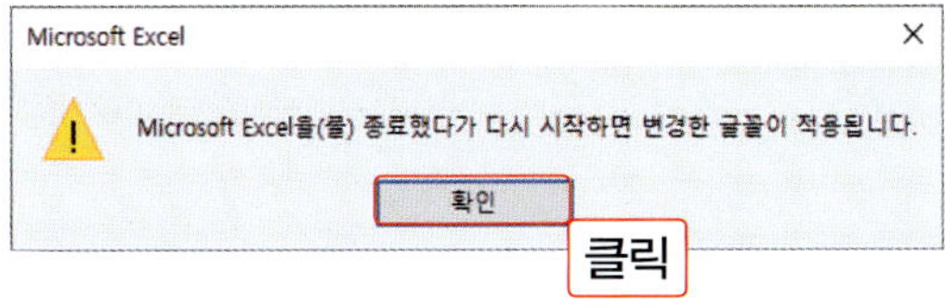

④ 아래의 "Sheet1" 시트를 `Ctrl`을 누른 채 오른쪽으로 마우스 드래그하여 복사한다.

→ 한 번 더 복사하여 3개의 시트를 만든다.

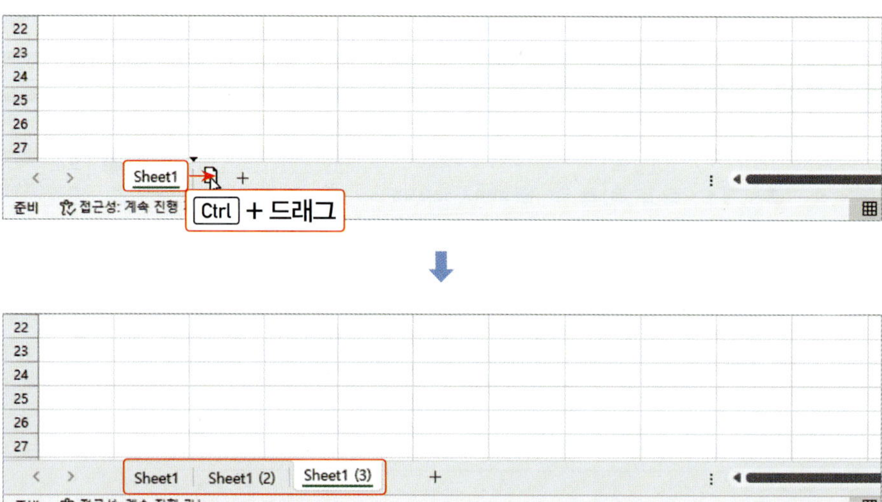

⑤ "Sheet1" 시트를 더블클릭하고 『제1작업』으로 이름을 변경한다.

→ 나머지 시트도 각각 『제2작업』, 『제3작업』으로 이름을 변경한다.

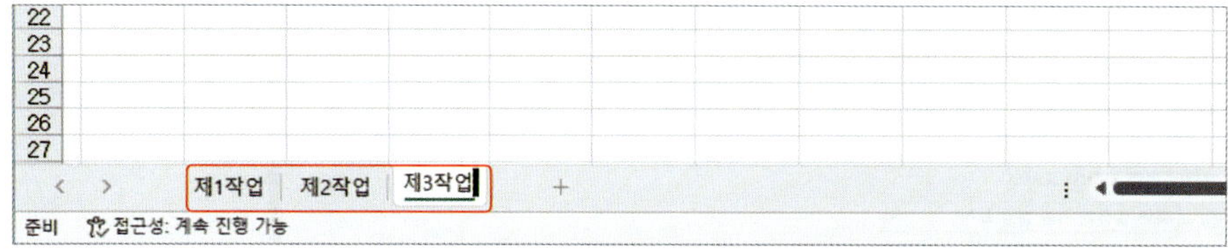

기적의 TIP

제4작업 시트는 차트 작성 작업 시 따로 만들게 된다.

① **[파일]**을 클릭한다.

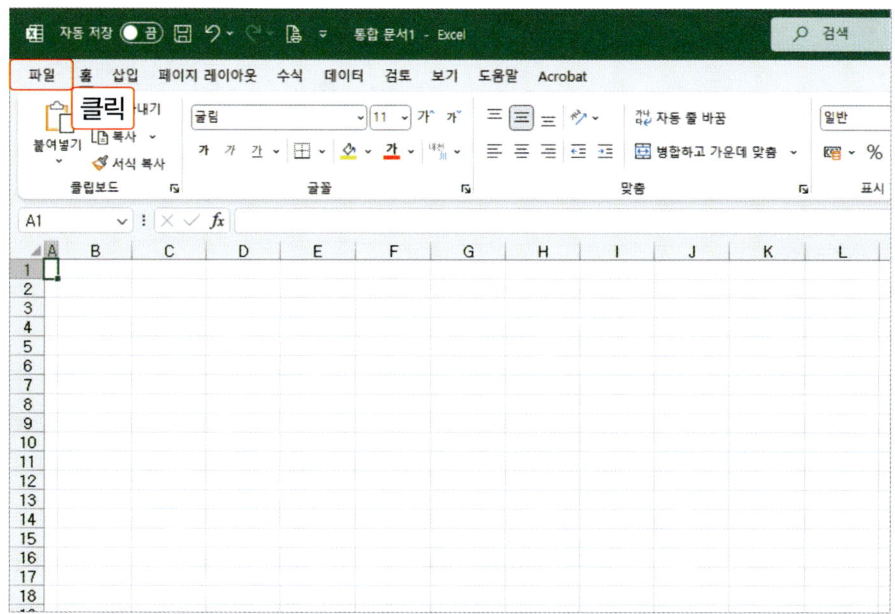

② **[다른 이름으로 저장] – [찾아보기]**를 클릭한다.

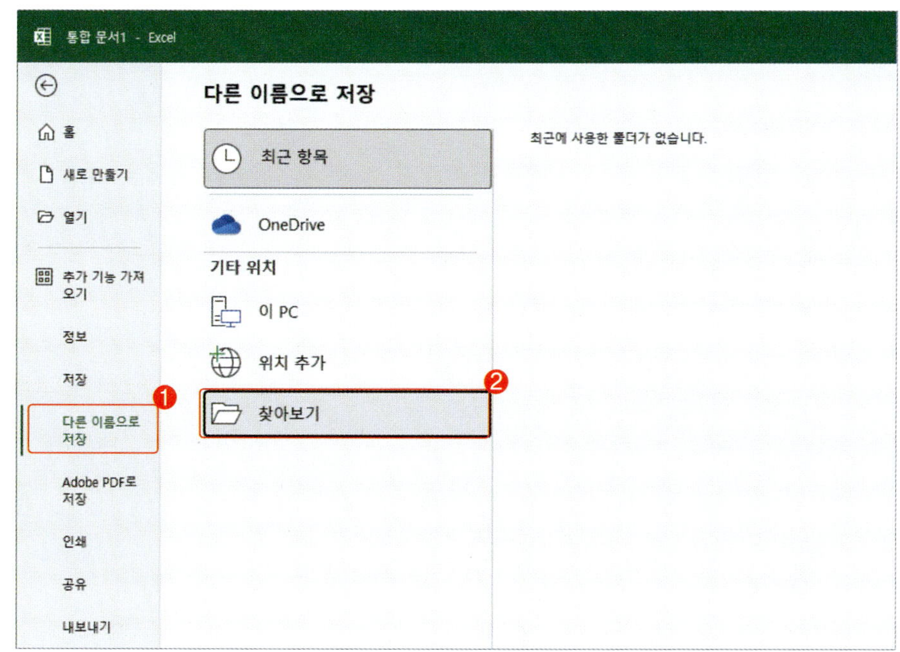

기적의 TIP

작업 시 수시로 저장하며 예상치 못한 문제 발생에 대비하는 것이 좋다.
저장 단축키 : Ctrl + S

③ 나타나는 대화상자에서 파일을 저장할 폴더로 이동한다(시험에서는 '내 PC₩문서₩ITQ' 폴더).

→ 파일 이름을 입력하고 [저장]을 클릭한다.

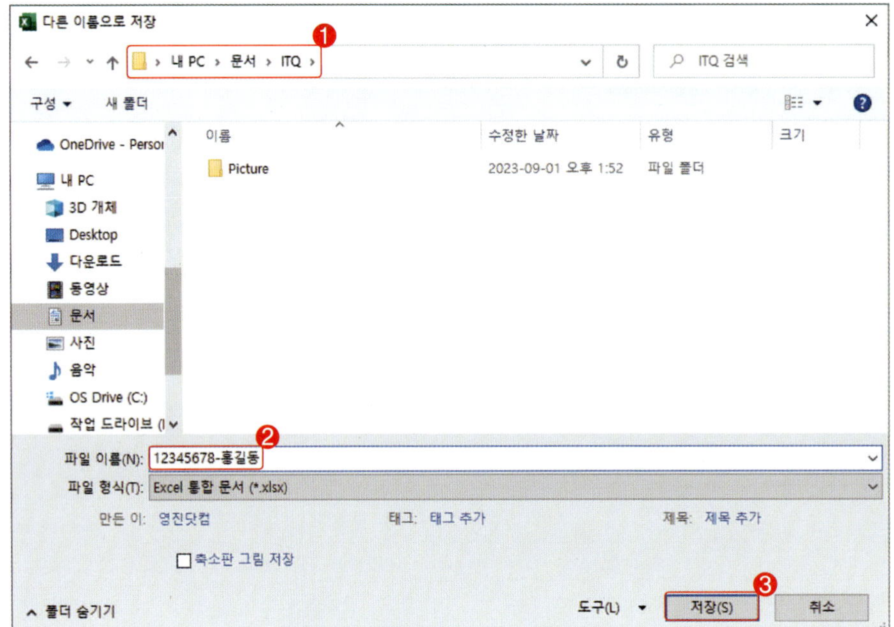

제1작업
표 서식 작성 및 값 계산

배점 **240점** | A등급 목표점수 **200점**

CHAPTER 03 도형 및 제목 작성

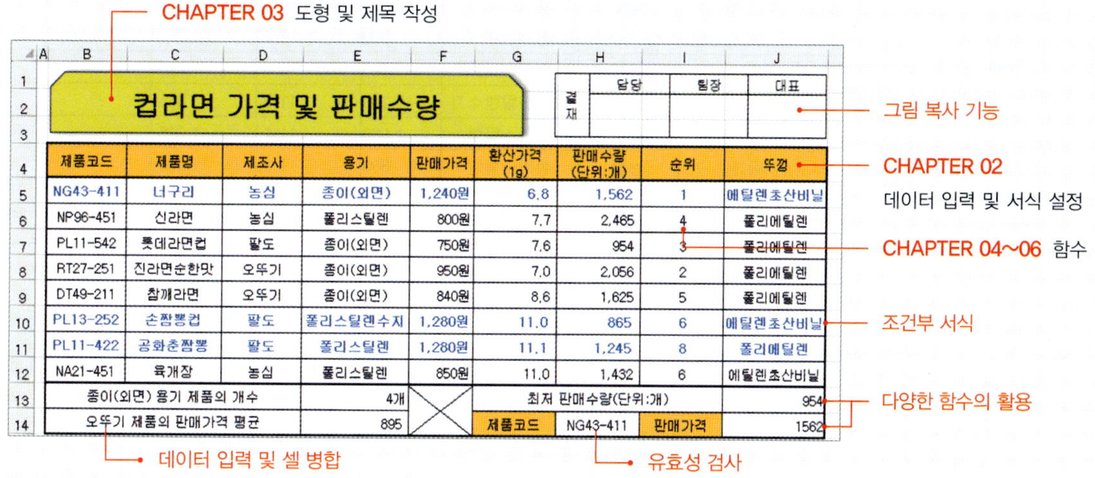

그림 복사 기능

CHAPTER 02
데이터 입력 및 서식 설정

CHAPTER 04~06 함수

조건부 서식

다양한 함수의 활용

데이터 입력 및 셀 병합

유효성 검사

출제포인트

셀 서식 · 유효성 검사 · 셀 병합 · 열 너비 조정 · 서식 도구 모음의 활용 · 다양한 함수의 활용 · 그림 복사 기능 · 조건부 서식 · 그리기 도구 활용 · 그림자 스타일

출제기준

출력형태의 표를 작성하여 조건에 따른 서식과 다양한 함수 사용 능력을 종합적으로 평가하는 문항입니다.

A등급 TIP

제1작업은 가장 배점이 높으며 제2, 3, 4작업이 제1작업 데이터를 기반으로 하기 때문에, 틀린 내용이 발생하면 합격이 어려울 수 있습니다. 계산작업을 포함한 다양한 기능을 사용해야 하므로 집중해서 연습하세요.

[제1작업] **데이터 입력 및 서식 설정**

▶ 합격 강의

난 이 도 상 **중** 하
반복학습 **1 2 3**

| 작업파일 | PART 01 시험 유형 따라하기₩CHAPTER02.xlsx |
| 정답파일 | PART 01 시험 유형 따라하기₩CHAPTER02_정답.xlsx |

문제보기

- 모든 작업시트의 **테두리**는 ≪출력형태≫와 같이 작업하시오.
- 해당 작업란에서는 각각 제시된 조건에 따라 ≪출력형태≫와 같이 작업하시오.

출력형태

	제품코드	제품명	제조사	용기	판매가격	환산가격 (1g)	판매수량 (단위:개)	순위	뚜껑
5	NG43-411	너구리	농심	종이(외면)	1,240	6.8	1,562		
6	NP96-451	신라면	농심	폴리스틸렌	800	7.7	2,465		
7	PL11-542	롯데라면컵	팔도	종이(외면)	750	7.6	954		
8	RT27-251	진라면순한맛	오뚜기	종이(외면)	950	7.0	2,056		
9	DT49-211	참깨라면	오뚜기	종이(외면)	840	8.6	1,625		
10	PL13-252	손짬뽕컵	팔도	폴리스틸렌수지	1,280	11.0	865		
11	PL11-422	공화춘짬뽕	팔도	폴리스틸렌	1,280	11.1	1,245		
12	NA21-451	육개장	농심	폴리스틸렌	850	11.0	1,432		
13	종이(외면) 용기 제품의 개수						최저 판매수량(단위:개)		
14	오뚜기 제품의 판매가격 평균					제품코드	NG43-411	판매가격	

조건

- 모든 데이터의 서식에는 **글꼴(굴림, 11pt)**, 정렬은 **숫자 및 회계 서식은 오른쪽 정렬, 나머지 서식은 가운데 정렬**로 작성하며 예외적인 것은 ≪출력형태≫를 참조하시오.
- 「B4:J4, G14, I14」 영역은 '**주황**'으로 **채우기** 하시오.
- 셀 서식 ⇒ 「F5:F12」 영역에 셀 서식을 이용하여 **숫자 뒤에 '원'을 표시**하시오(예 : 1,240원).
- 유효성 검사를 이용하여 「H14」 셀에 **제품코드(「B5:B12」 영역)가 선택 표시**되도록 하시오.
- 「F5:F12」 영역에 대해 '**판매가격**'으로 이름 정의를 하시오.
- 조건부 서식의 수식을 이용하여 **판매가격이 '1,000' 이상인** 행 전체에 다음의 서식을 적용하시오(**글꼴 : 파랑, 굵게**).

① **"제1작업"** 시트에 ≪출력형태≫에 제시된 내용을 입력한다.

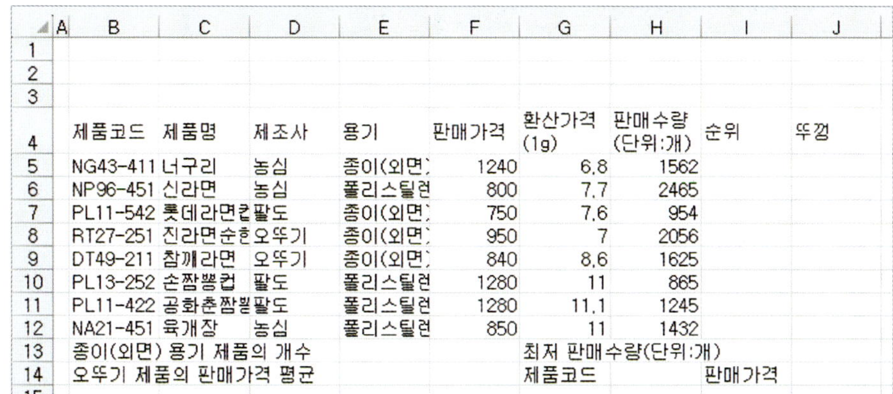

② 「B13:D13」 영역을 마우스 드래그하여 블록 설정한다.

→ Ctrl 을 누른 채 「B14:D14」, 「F13:F14」, 「G13:I13」 영역을 각각 블록 설정한다.

→ [홈] 탭 – [맞춤] 그룹 – [병합하고 가운데 맞춤](🖽)을 클릭한다.

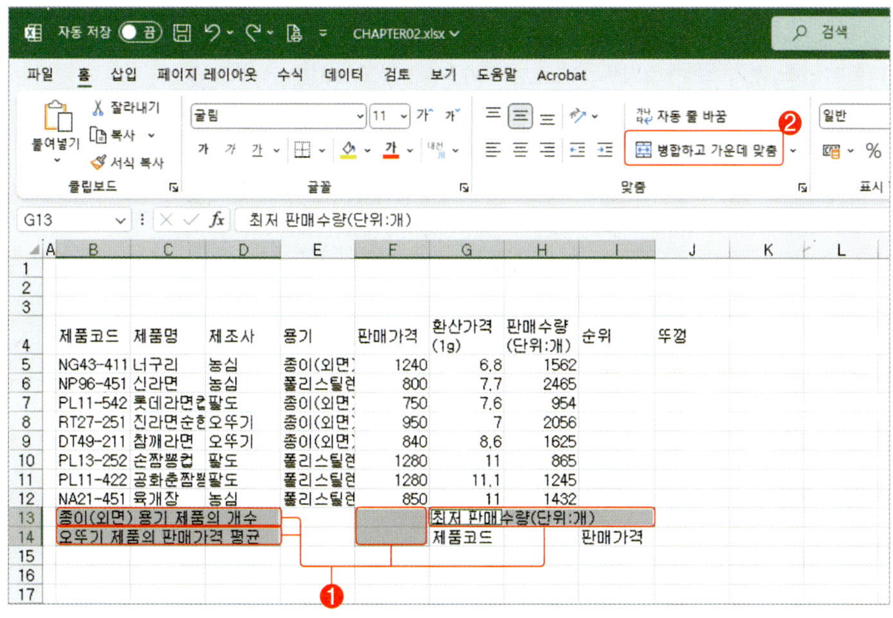

> **기적의 TIP**
>
> 표 안의 데이터는 출력형태를 참고하여 모두 직접 입력해야 한다. 빠르게 데이터를 입력하려면 입력 후 Tab 을 누르면 우측 셀로 바로 이동할 수 있고, Enter 를 누르면 아래 셀로 바로 이동할 수 있다.

> **기적의 TIP**
>
> 한 개의 셀에 두 줄 이상의 내용을 입력할 때는 Alt + Enter 를 눌러 줄바꿈한다.

③ 「B4:J4」 영역을 블록 설정한다.

→ Ctrl 을 누른 채 「B5:J12」, 「B13:J14」 영역을 각각 블록 설정한다.

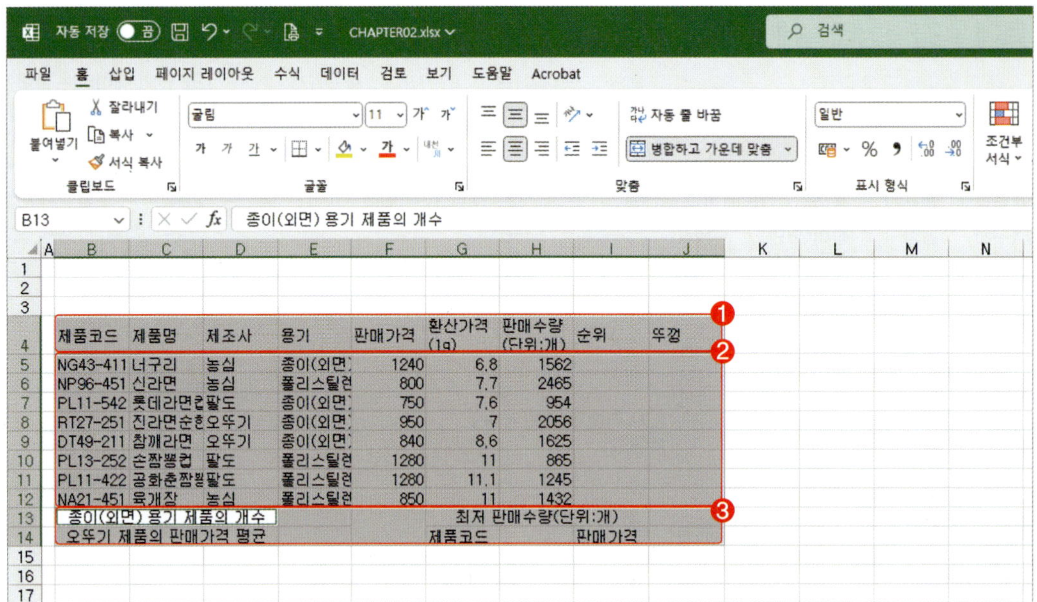

④ [홈] 탭 – [글꼴] 그룹의 [테두리]에서 [모든 테두리](田)를 선택한다.

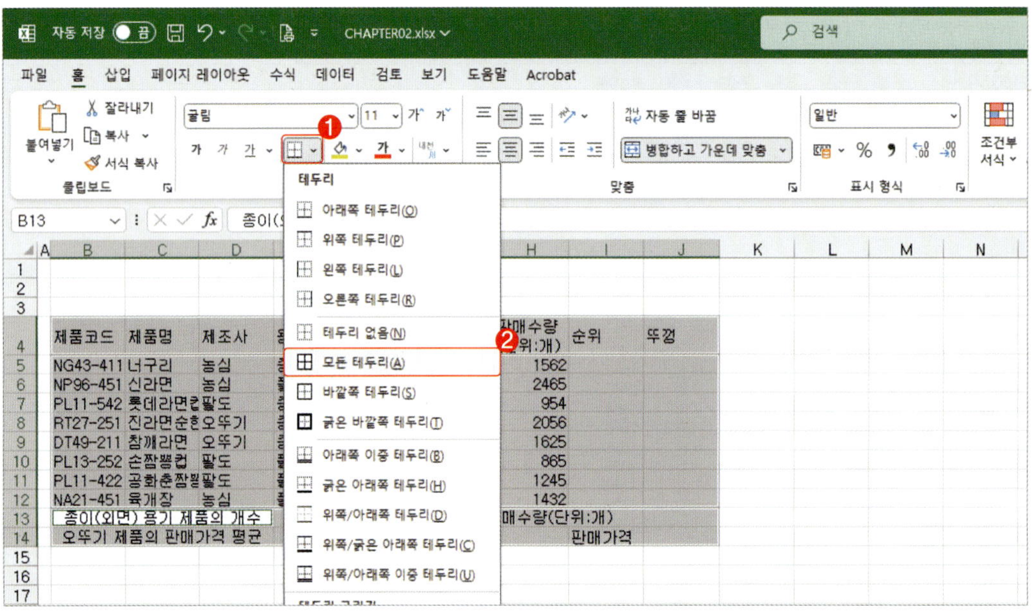

⑤ [테두리]에서 [굵은 바깥쪽 테두리](⊞)를 클릭한다.

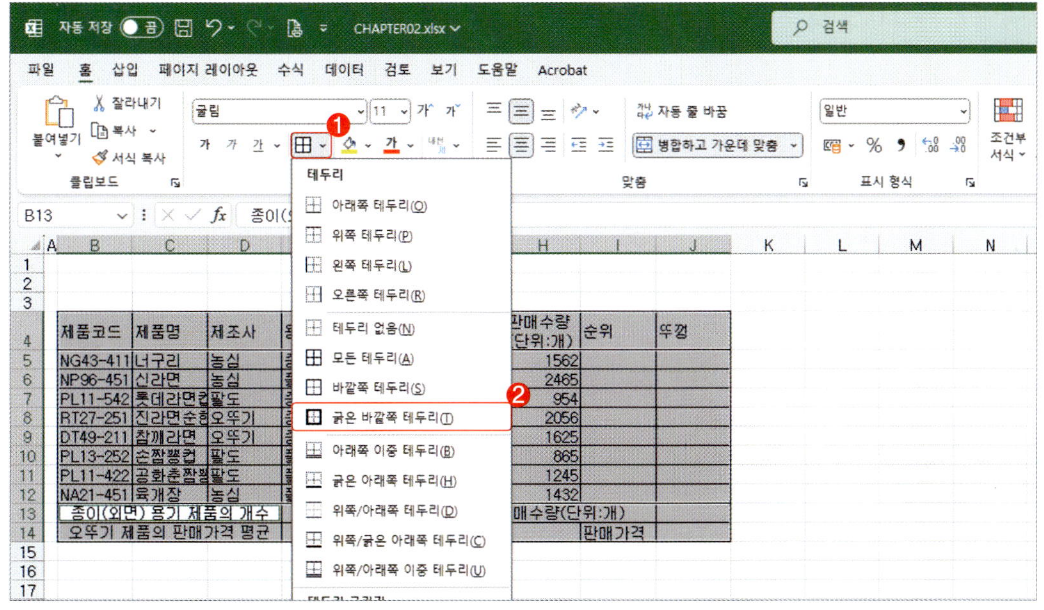

⑥ 「F13:F14」 영역을 클릭한다.

→ [테두리]에서 [다른 테두리](⊞)를 클릭하면 [셀 서식] 대화상자가 나타난다.

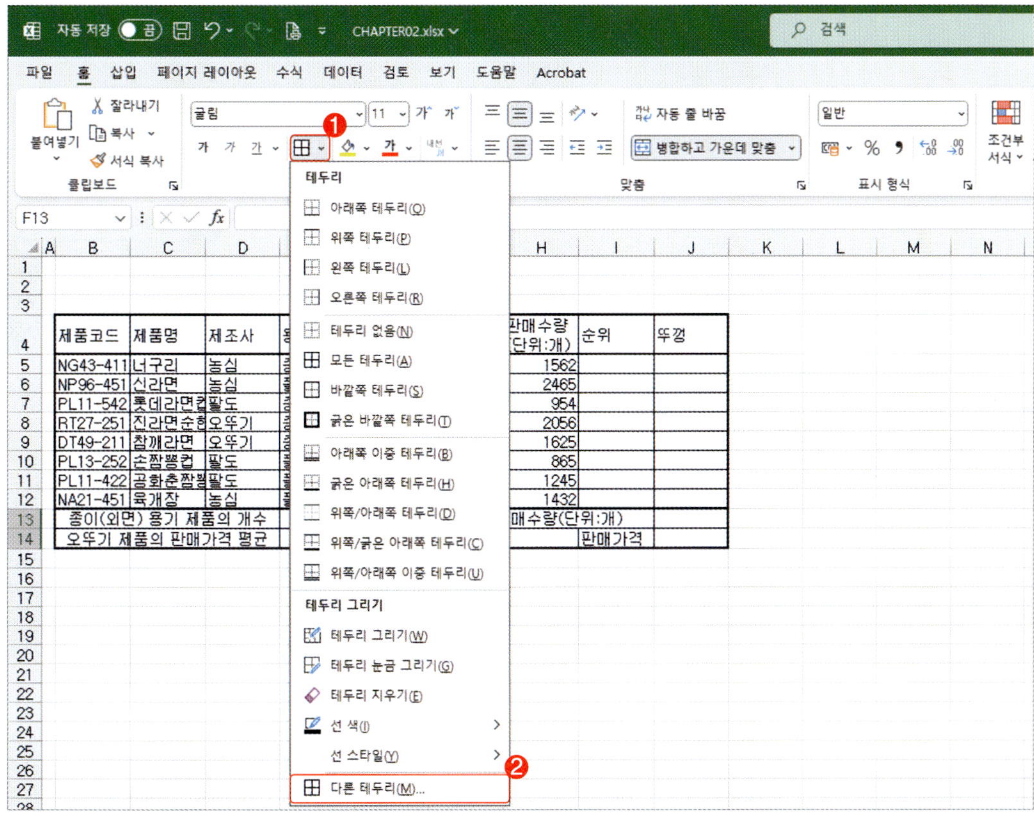

⑦ 선 스타일에서 [가는 실선](─────)을 클릭한다.

→ 두 개의 [대각선](◻)(◻)을 각각 클릭하고 [확인]을 클릭한다.

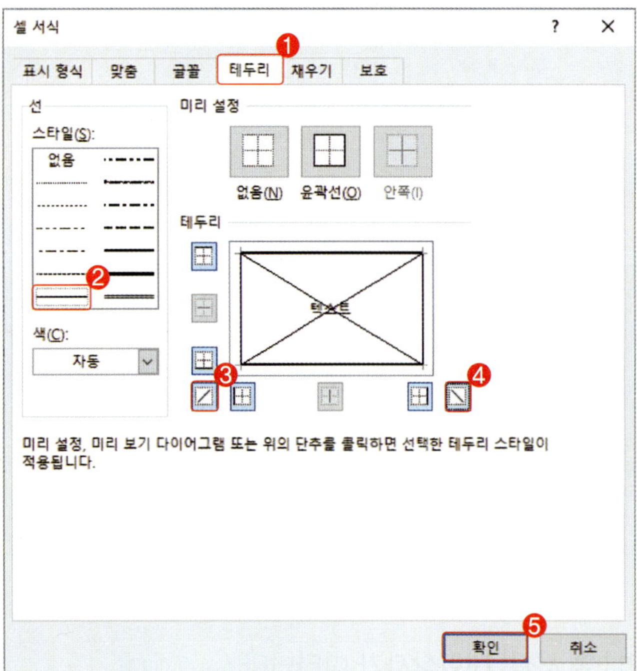

SECTION 02 행 높이, 열 너비

① 조절하고자 하는 영역을 블록 설정한다.

→ [홈] 탭 - [셀] 그룹 - [서식]()을 클릭하여 행 높이와 열 너비를 직접 수치로 조절할 수 있다.

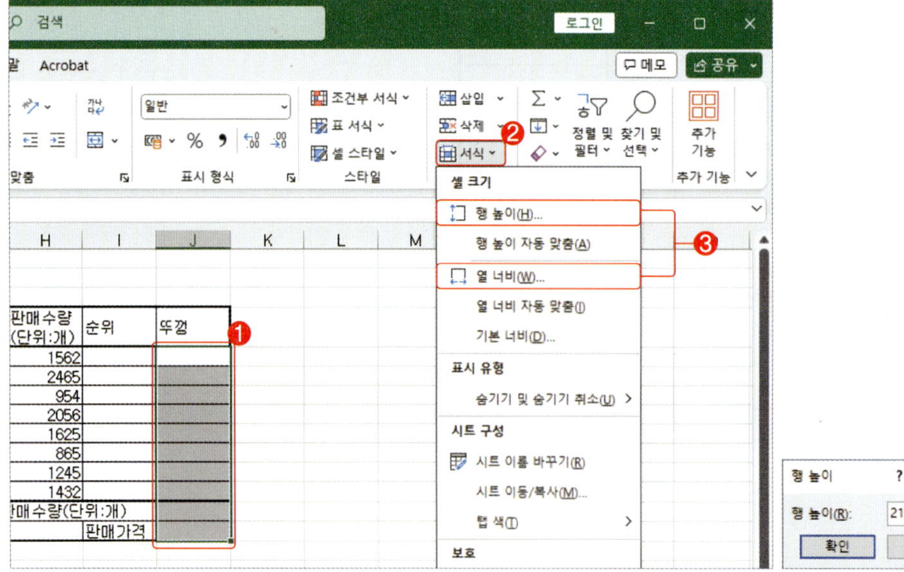

① 「B4:J4」 영역을 블록 설정한다.
　　→ Ctrl 을 누른 채 「G14」 셀과 「I14」 셀을 블록 설정한다.

② [홈] 탭 – [글꼴] 그룹 – [채우기 색](🪣)에서 '주황'을 선택한다.

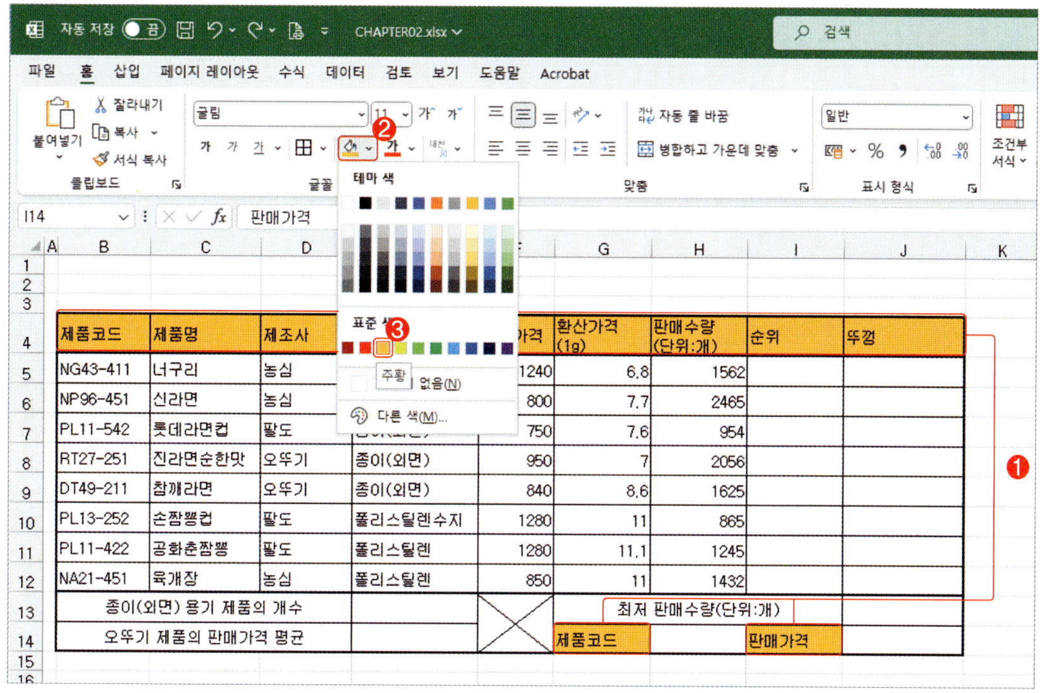

③ [홈] 탭 – [맞춤] 그룹 – [가운데 맞춤](≡)을 클릭한다.

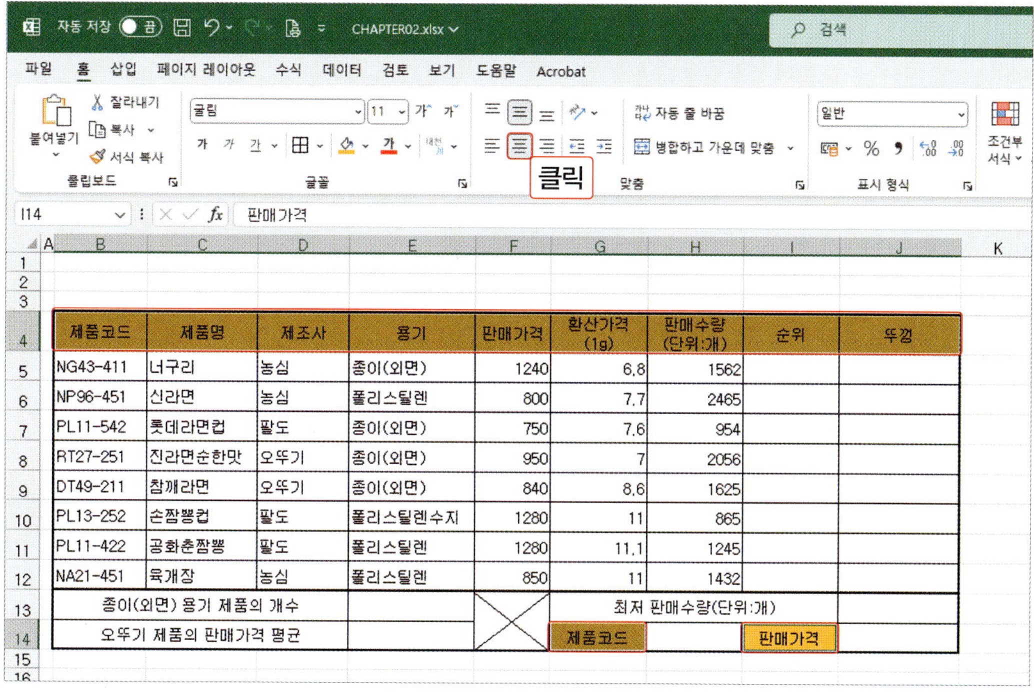

④ 「B5:E12」 영역을 블록 설정한다.

　→ [홈] 탭 – [맞춤] 그룹 – [가운데 맞춤](三)을 클릭한다.

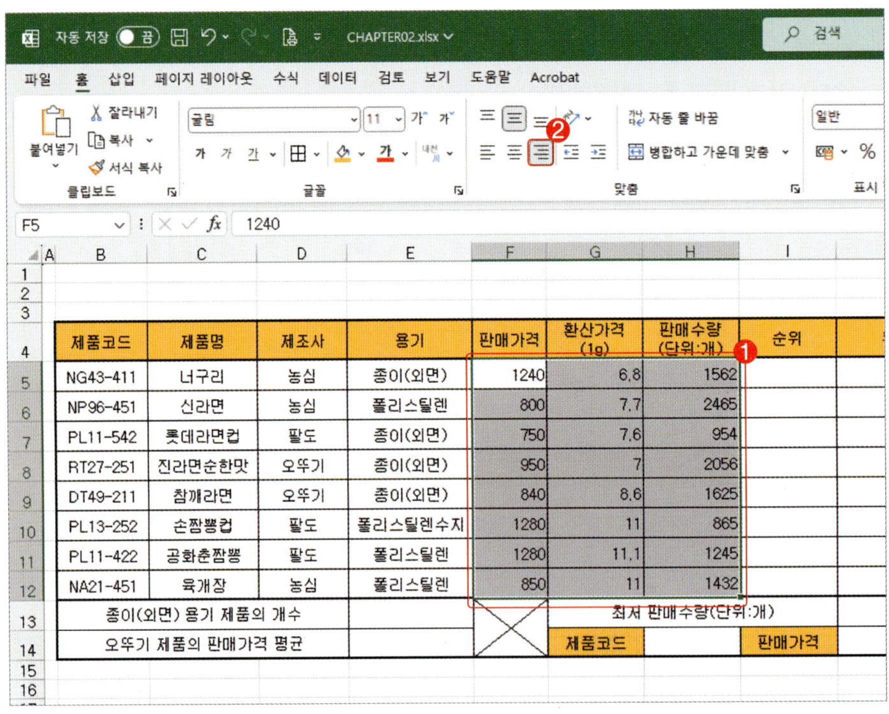

⑤ 숫자 및 회계 영역인 「F5:H12」를 블록 설정한다.

　→ [홈] 탭 – [맞춤] 그룹 – [오른쪽 맞춤](三)을 클릭한다.

① '판매가격'에 대한 셀 서식을 지정하기 위해 「F5:F12」 영역을 블록 설정한다.

→ 마우스 오른쪽 클릭하여 [셀 서식](▦)을 클릭한다.

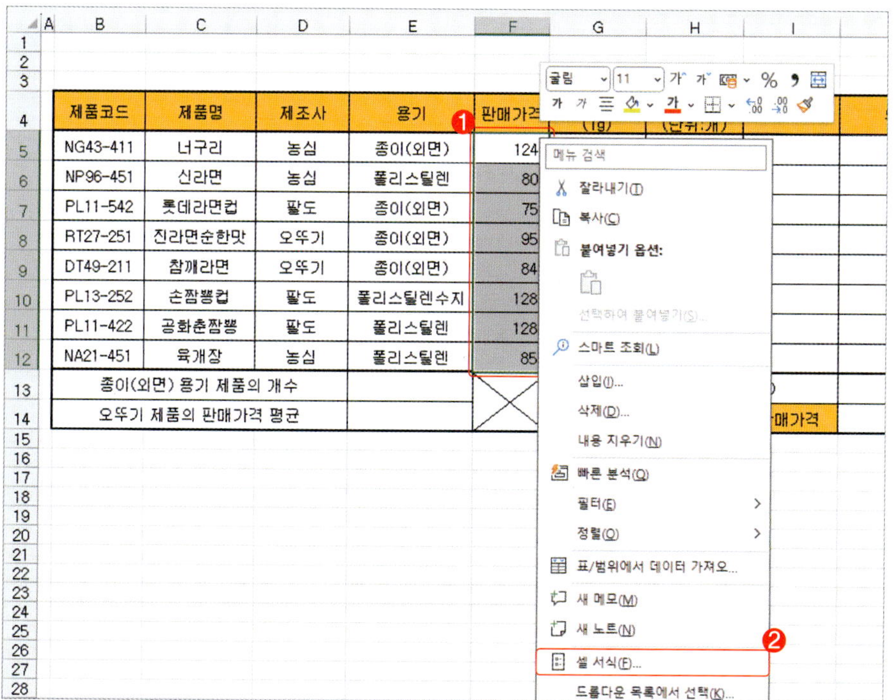

② [셀 서식] 대화상자 – [표시 형식] 탭의 범주에서 '사용자 지정'을 클릭한다.

→ #,##0을 선택하고 『"원"』을 추가로 입력한 후 [확인]을 클릭한다.

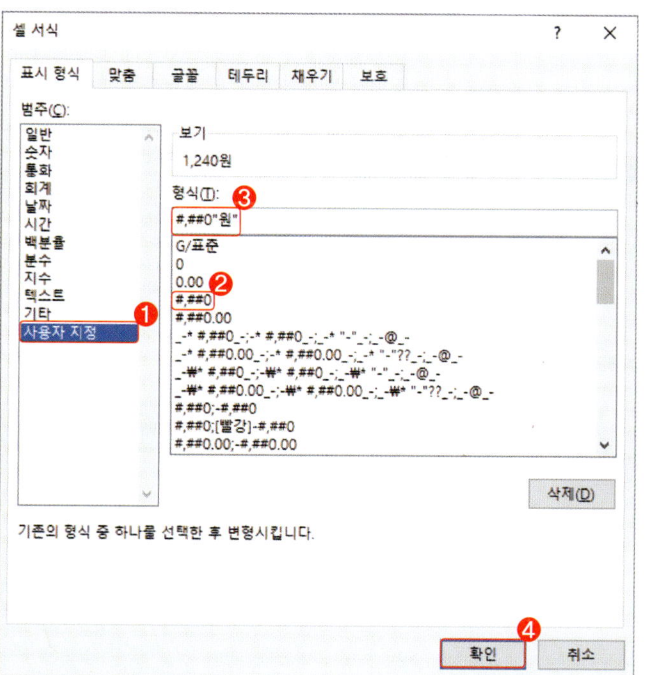

▣ 기적의 TIP

#,##0"원"

천 단위마다 구분 쉼표를 넣고 단위를 "원"으로 표시한다. #은 유효하지 않은 0 값을 표시하지 않는다.

예 0010을 입력하면 10으로 표시

③ 「G5:G12」 영역을 블록 설정한다.

  → 마우스 오른쪽 클릭하여 [셀 서식]을 클릭한다.

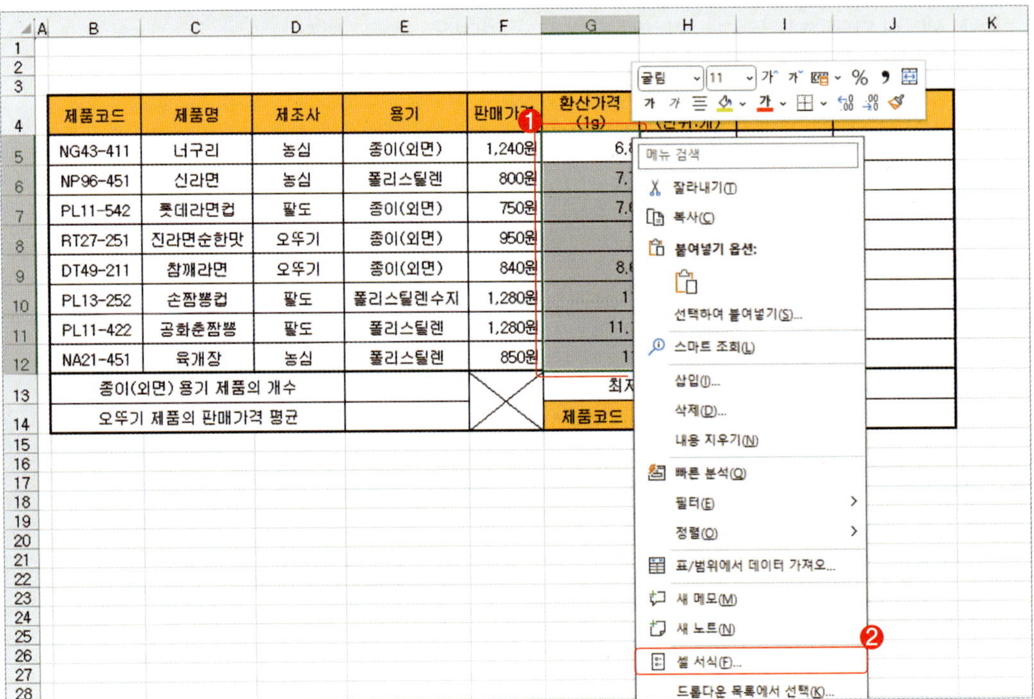

④ [셀 서식] 대화상자 – [표시 형식] 탭의 범주에서 '숫자'를 클릭한다.

  → 소수 자릿수에 『1』을 입력한 후 [확인]을 클릭한다.

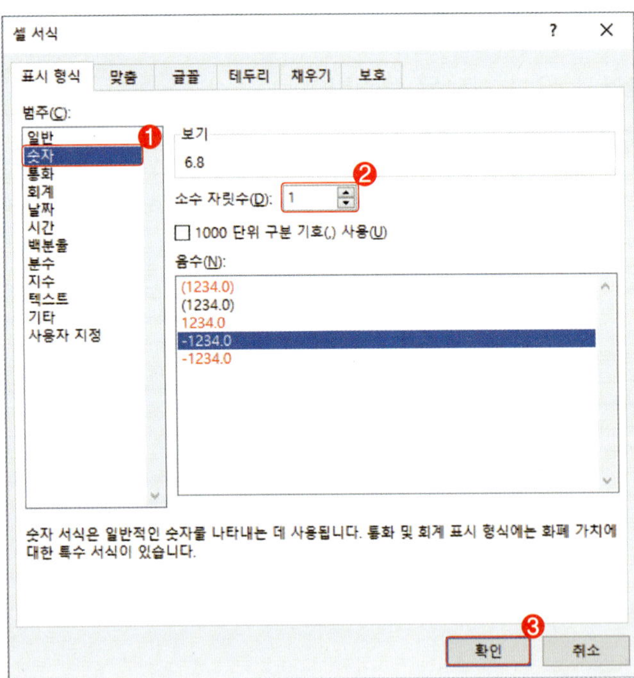

⑤ 「H5:H12」 영역을 블록 설정한다.

→ 마우스 오른쪽 클릭하여 [셀 서식](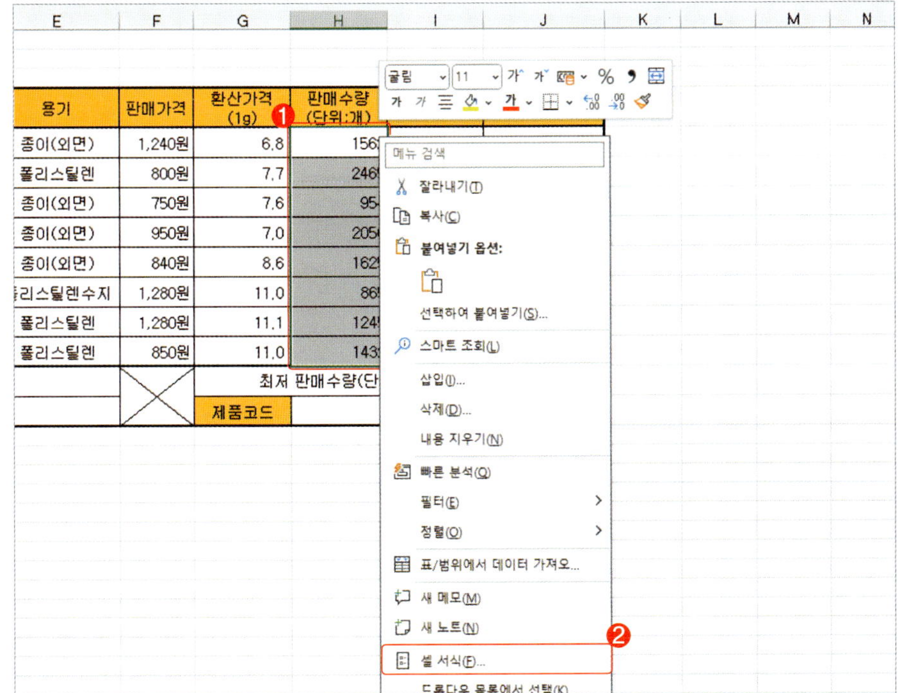)을 클릭한다.

⑥ [셀 서식] 대화상자 – [표시 형식] 탭의 범주에서 '숫자'를 클릭한다.

→ 1000 단위 구분 기호(,) 사용에 체크한 후 [확인]을 클릭한다.

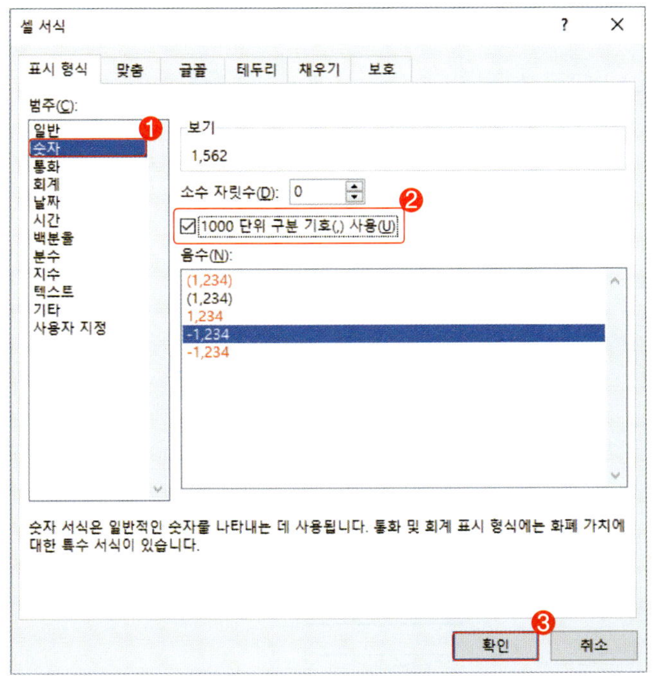

① 「H14」 셀을 클릭한다.

→ [데이터] 탭 – [데이터 도구] 그룹 – [데이터 유효성 검사]( )를 클릭한다.

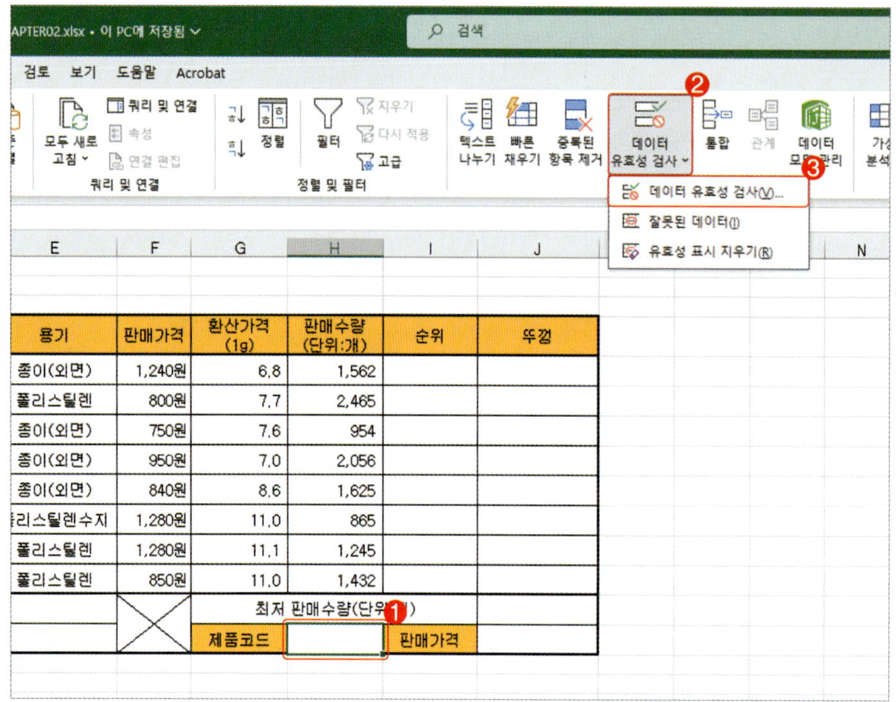

② [데이터 유효성] 대화상자에서 제한 대상을 '목록'으로 설정한다.

→ 원본 입력란을 클릭하고 「B5:B12」 영역을 마우스 드래그한 후 [확인]을 클릭한다.

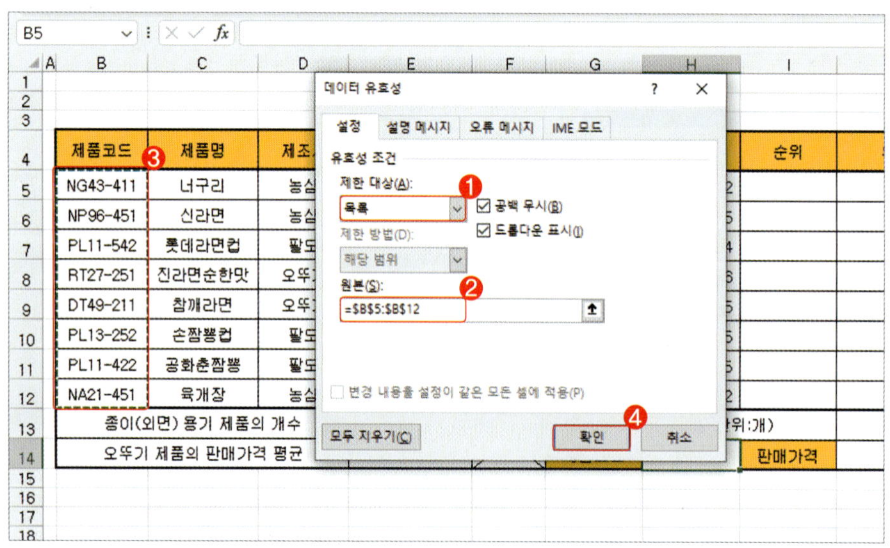

기적의 TIP

원본 입력란에 직접 텍스트를 입력할 수도 있다.
직접 입력 시에는 목록을 쉼표(,)로 구분한다.

③ 「H14」 셀에 드롭다운 버튼이 생성된 것을 확인한다.

　→ [홈] 탭 – [맞춤] 그룹 – [가운데 맞춤](≡)을 클릭한다.

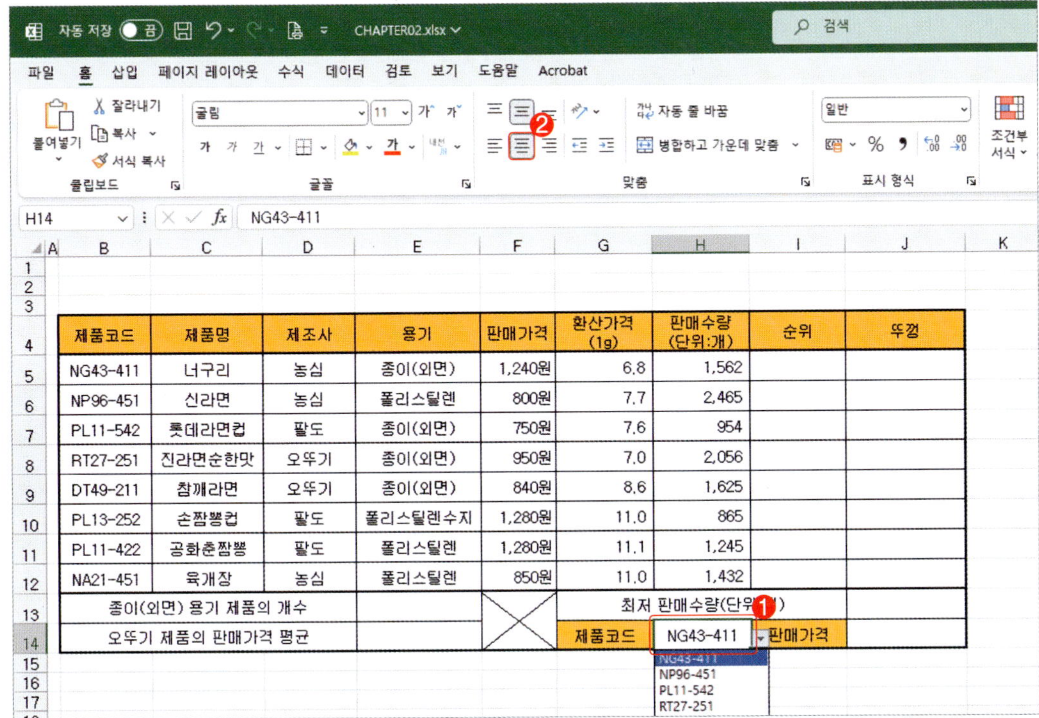

---

① 「F5:F12」 영역을 블록 설정한다.

　→ [수식] 탭 – [정의된 이름] 그룹 – [이름 정의](✎)를 클릭한다.

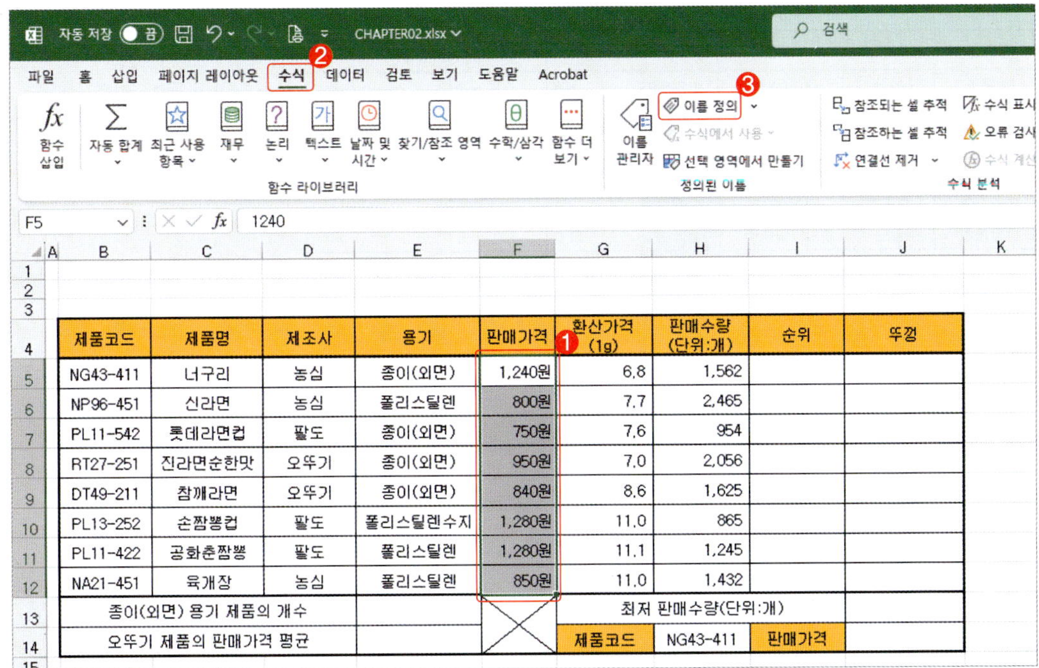

② **이름**에 『**판매가격**』을 입력하고 [확인]을 클릭한다.

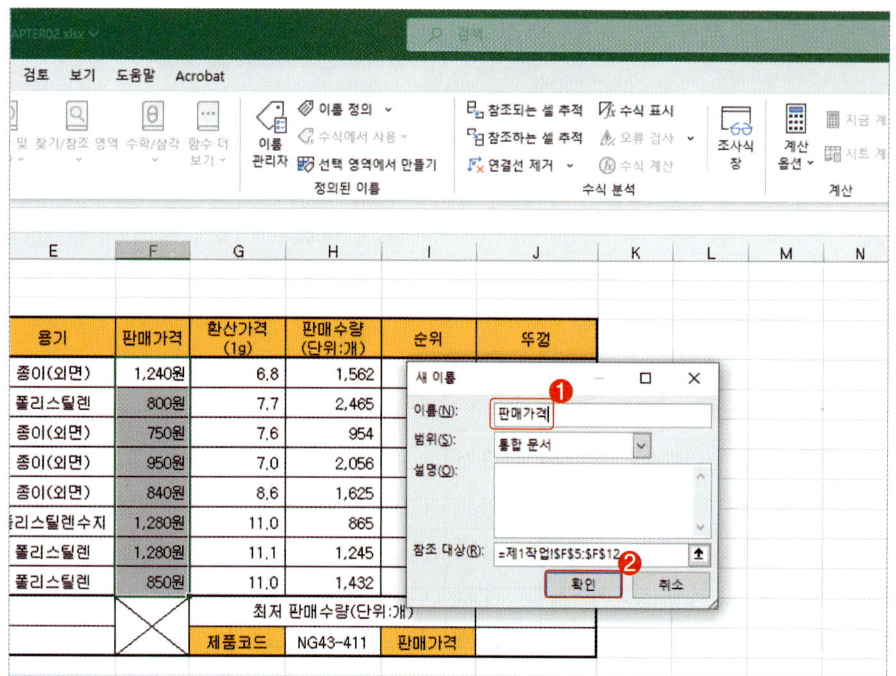

③ 「F5:F12」 영역을 블록 설정했을 때 [이름 상자]에 『**판매가격**』이 표시되는
것을 확인한다.

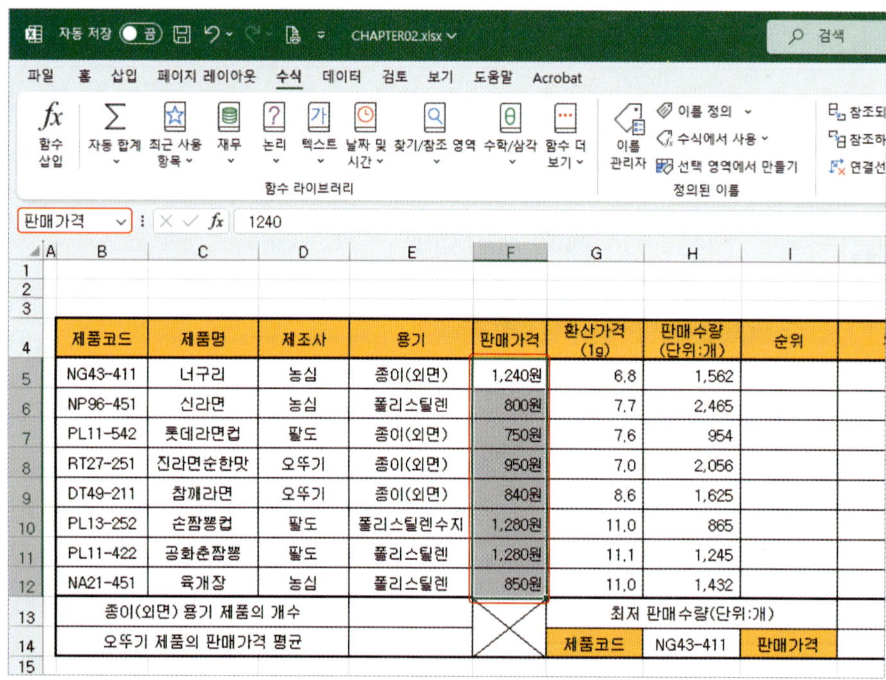

① 「B5:J12」 영역을 블록 설정한다.

→ [홈] 탭 – [스타일] 그룹 – [조건부 서식](▦)을 클릭하고 [새 규칙](▦)을 클릭한다.

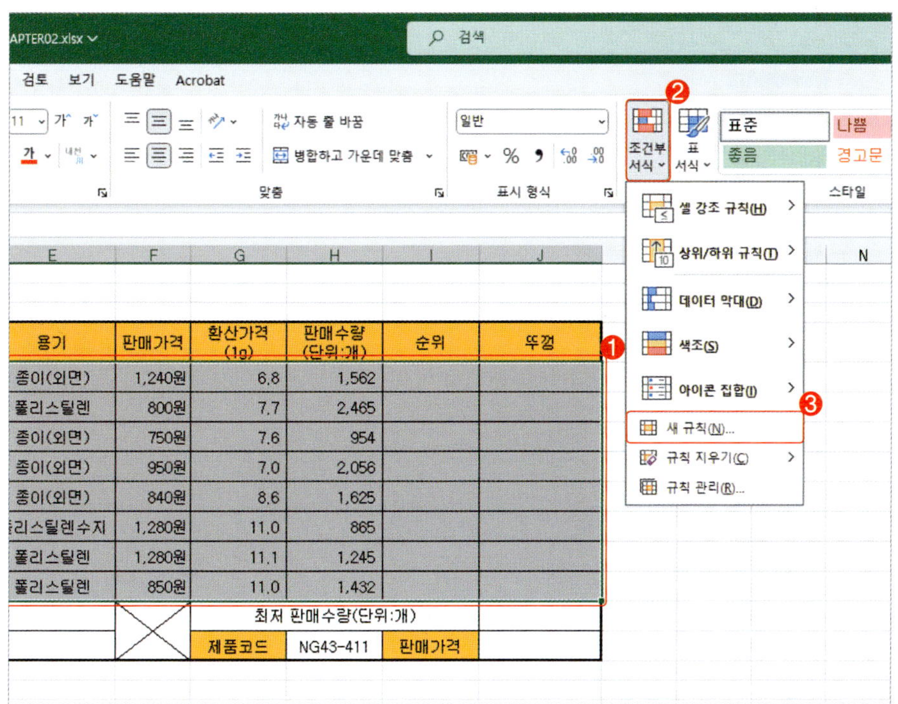

② [새 서식 규칙] 대화상자에서 '▶ 수식을 사용하여 서식을 지정할 셀 결정'을 클릭한다.

→ 『=$F5>=1000』을 입력하고 [서식]을 클릭한다.

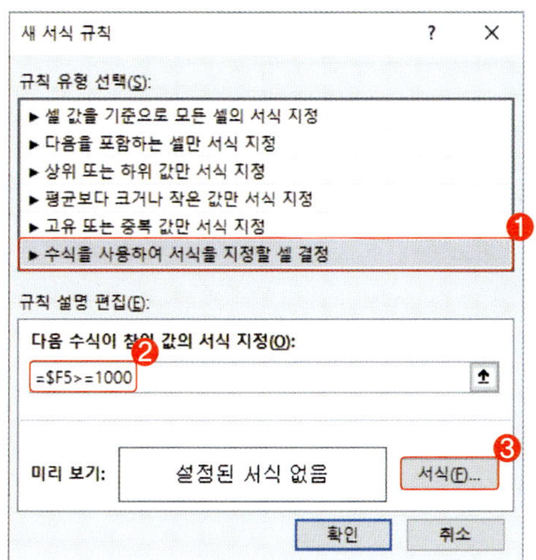

⚑ 기적의 TIP

$ 기호가 붙은 주소는 수식을 복사하거나 이동해도 변하지 않는 절대 참조 형태이다.
[A1] 상대 참조
[$A$1] 절대 참조
[A$1] 행 고정
[$A1] 열 고정

③ [셀 서식] 대화상자에서 글꼴 스타일을 '굵게', 색을 '파랑'으로 설정하고 [확인]을 클릭한다.

→ 다시 [새 서식 규칙] 대화상자로 돌아오면 [확인]을 클릭한다.

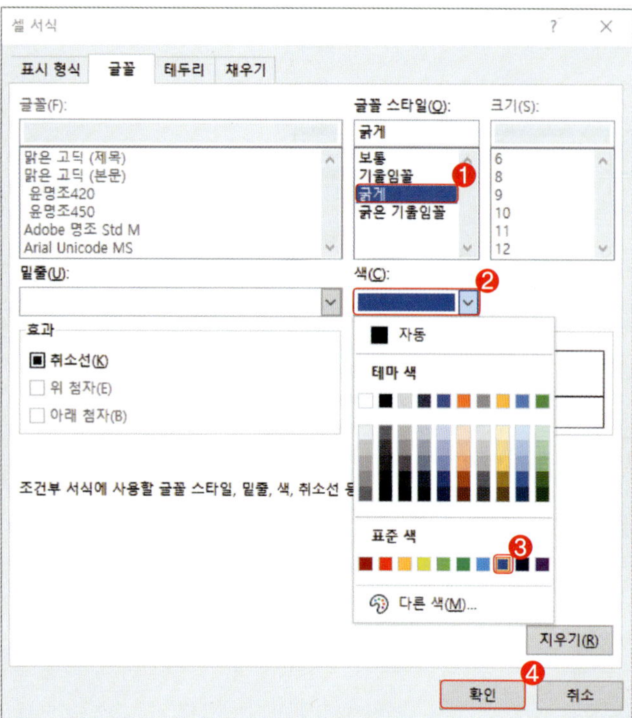

④ F열 판매가격이 1,000원 이상인 행에 서식이 적용된다.

	제품코드	제품명	제조사	용기	판매가격	환산가격 (1g)	판매수량 (단위:개)	순위	뚜껑
5	NG43-411	너구리	농심	종이(외면)	1,240원	6.8	1,562		
6	NP96-451	신라면	농심	폴리스틸렌	800원	7.7	2,465		
7	PL11-542	롯데라면컵	팔도	종이(외면)	750원	7.6	954		
8	RT27-251	진라면순한맛	오뚜기	종이(외면)	950원	7.0	2,056		
9	DT49-211	참깨라면	오뚜기	종이(외면)	840원	8.6	1,625		
10	PL13-252	손짬뽕컵	팔도	폴리스틸렌수지	1,280원	11.0	865		
11	PL11-422	공화춘짬뽕	팔도	폴리스틸렌	1,280원	11.1	1,245		
12	NA21-451	육개장	농심	폴리스틸렌	850원	11.0	1,432		
13	종이(외면) 용기 제품의 개수					최저 판매수량(단위:개)			
14	오뚜기 제품의 판매가격 평균					제품코드	NG43-411	판매가격	

[제1작업] # 도형 및 제목 작성

▶ 합격 강의

| 작업파일 | PART 01 시험 유형 따라하기₩CHAPTER03.xlsx |
| 정답파일 | PART 01 시험 유형 따라하기₩CHAPTER03_정답.xlsx |

문제보기

출력형태

제품코드	제품명	제조사	용기	판매가격	환산가격 (1g)	판매수량 (단위:개)	순위	뚜껑
NG43-411	너구리	농심	종이(외면)	1,240원	6.8	1,562		
NP96-451	신라면	농심	폴리스틸렌	800원	7.7	2,465		
PL11-542	롯데라면컵	팔도	종이(외면)	750원	7.6	954		
RT27-251	진라면순한맛	오뚜기	종이(외면)	950원	7.0	2,056		
DT49-211	참깨라면	오뚜기	종이(외면)	840원	8.6	1,625		
PL13-252	손짬뽕컵	팔도	폴리스틸렌수지	1,280원	11.0	865		
PL11-422	공화춘짬뽕	팔도	폴리스틸렌	1,280원	11.1	1,245		
NA21-451	육개장	농심	폴리스틸렌	850원	11.0	1,432		

표 상단 제목: **컵라면 가격 및 판매수량**

결재 / 담당 / 팀장 / 대표

| 종이(외면) 용기 제품의 개수 | | 최저 판매수량(단위:개) | |
| 오뚜기 제품의 판매가격 평균 | | 제품코드 | NG43-411 | 판매가격 | |

조건

- 제목 ⇒ 도형(사각형: 잘린 위쪽 모서리)과 그림자(오프셋 오른쪽)를 이용하여 작성하고 "컵라면 가격 및 판매수량"을 입력한 후 다음 서식을 적용하시오 (글꼴 – 굴림, 24pt, 검정, 굵게, 채우기 – 노랑).
- 임의의 셀에 결재란을 작성하여 그림으로 복사 기능을 이용하여 붙이기 하시오(단, 원본 삭제).

① 출력형태를 참고하여 도형이 들어갈 1∼3행 높이를 적당히 조절한다.

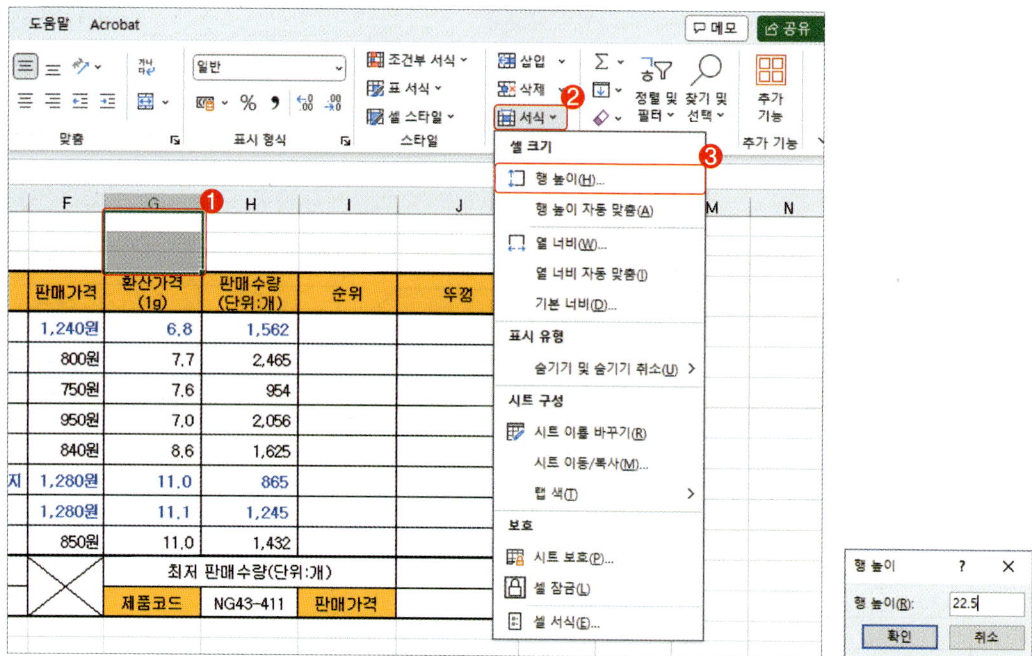

② [삽입] 탭 – [일러스트레이션] 그룹 – [도형](○)을 클릭하고 [사각형: 잘린 위쪽 모서리]를 클릭한다.

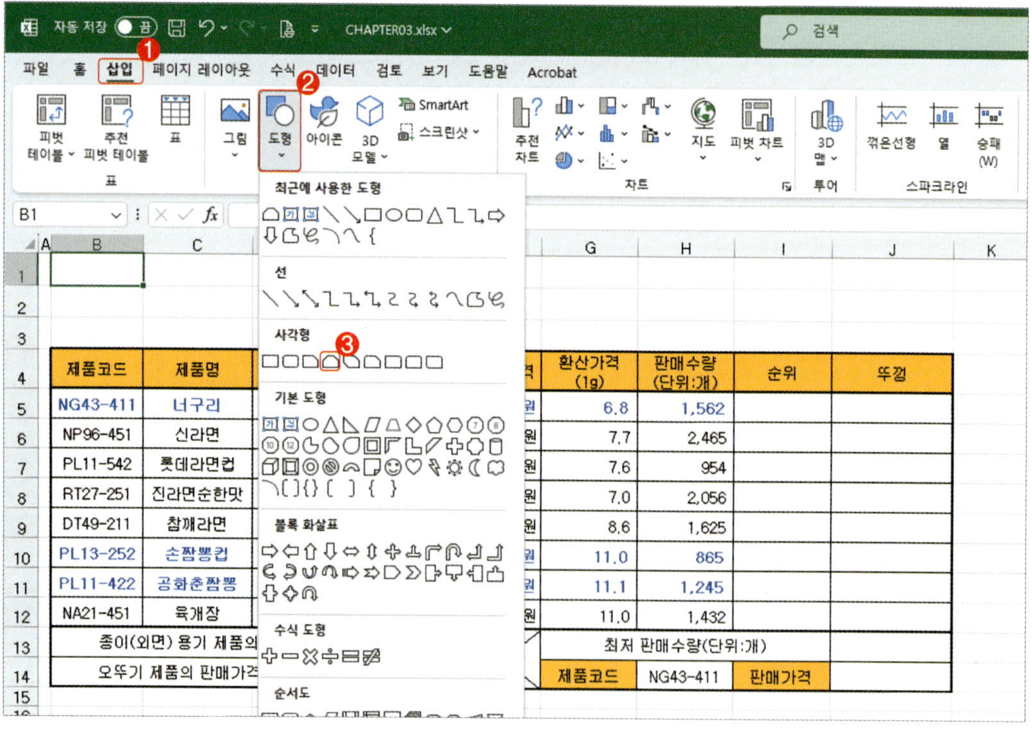

③ 마우스 포인터 모양이 +가 된 상태에서 「B1」 셀부터 「G3」 셀까지 드래그하여 도형을 그린다.

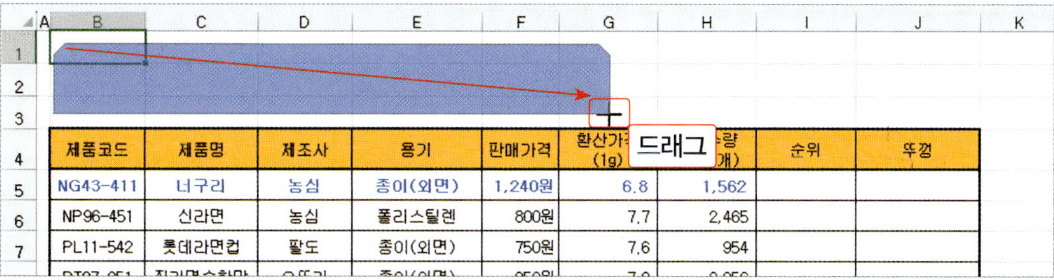

④ 노란색 조절점을 움직여 도형의 모양을 조절한다.

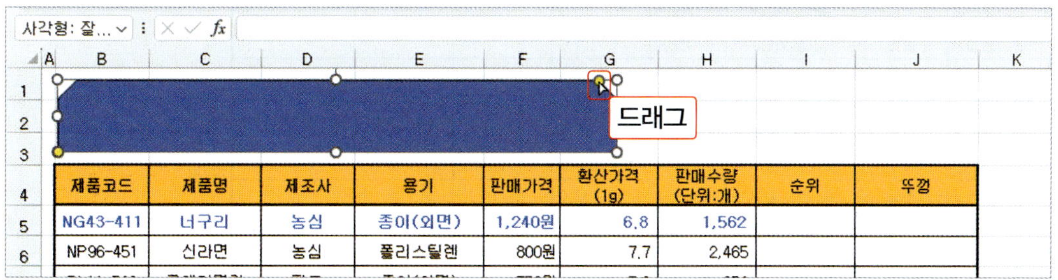

⑤ 도형에 『컵라면 가격 및 판매수량』을 입력한다.

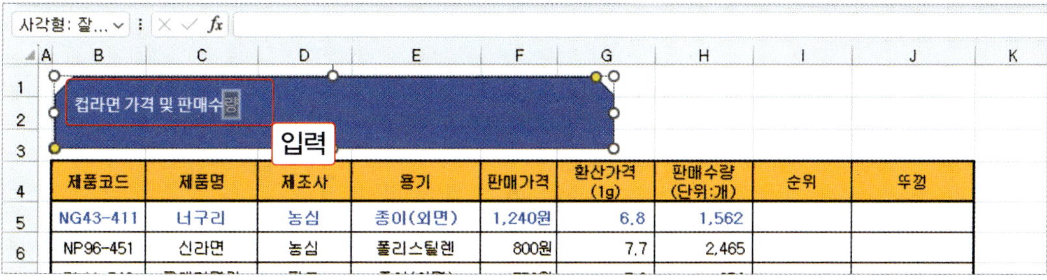

⑥ 도형의 배경색 부분을 클릭한다.
→ [홈] 탭 – [글꼴] 그룹에서 글꼴 '굴림', 크기 '24', [굵게], [채우기 색] '노랑', [글꼴 색] '검정'을 설정한다.

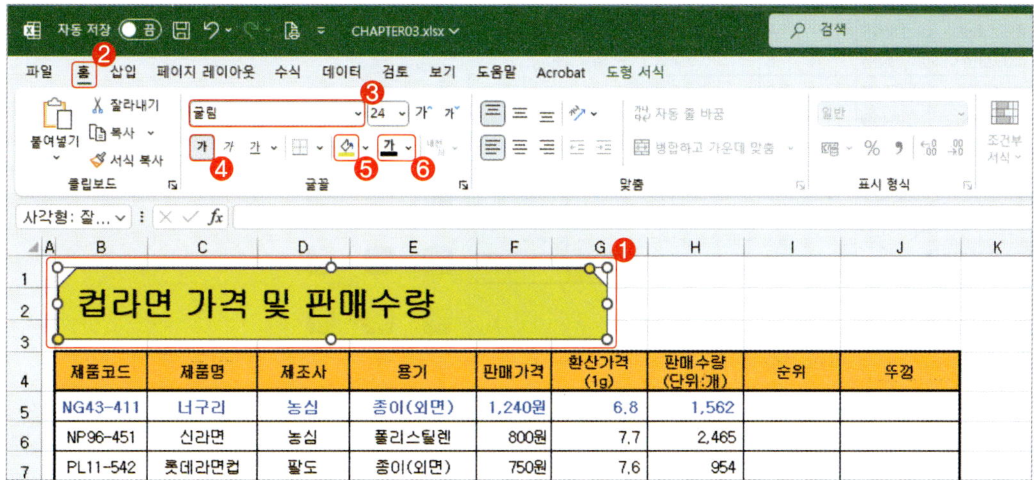

⑦ [맞춤] 그룹에서 가로와 세로 모두 [가운데 맞춤](≡, ≡)을 클릭한다.

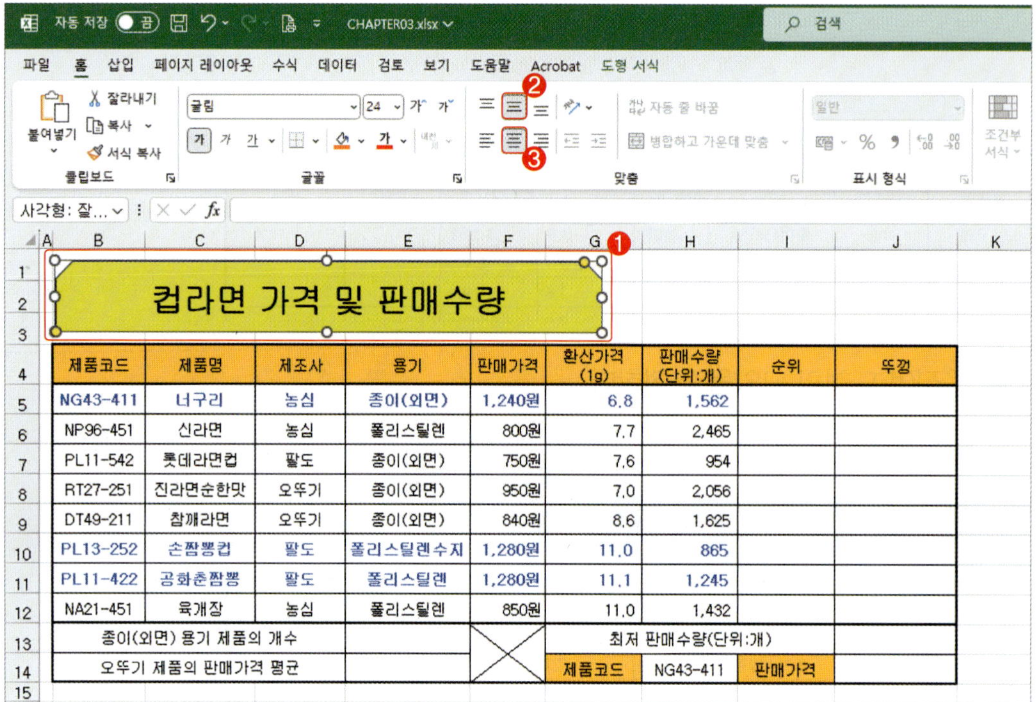

⑧ [도형 서식] 탭 – [도형 스타일] 그룹 – [도형 효과](◻)를 클릭하고 [그림자] – [오프셋: 오른쪽]을 클릭한다.

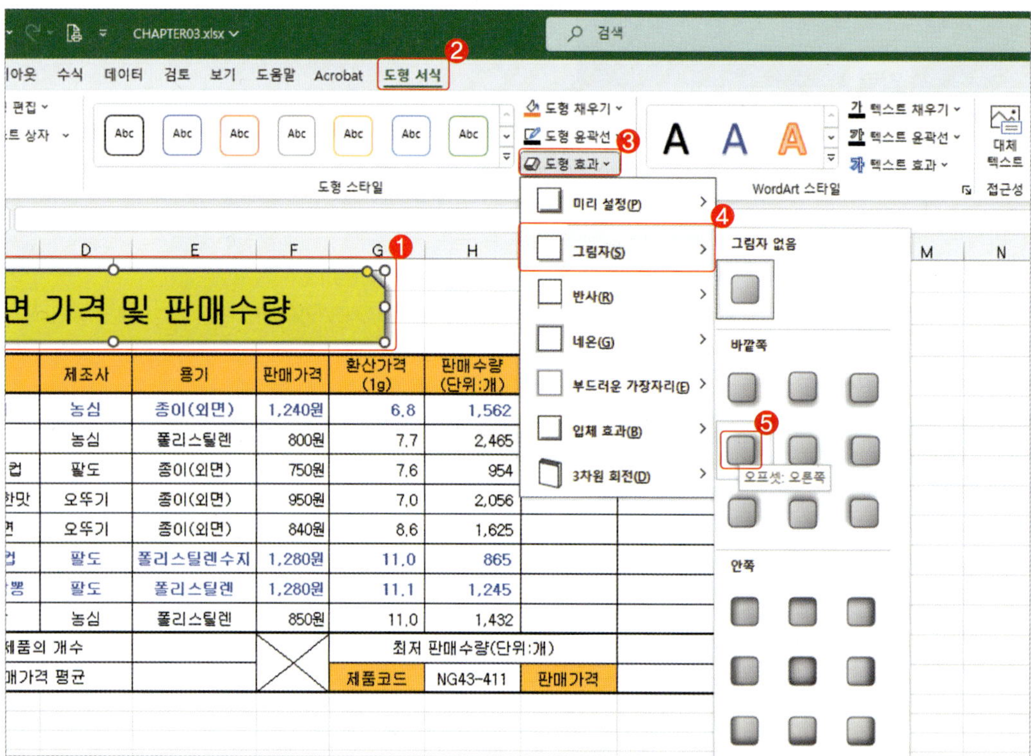

① 『결재』가 입력될 두 개의 셀을 블록 설정한다.

　→ [홈] 탭 – [맞춤] 그룹 – [병합하고 가운데 맞춤](🔘)을 클릭한다.

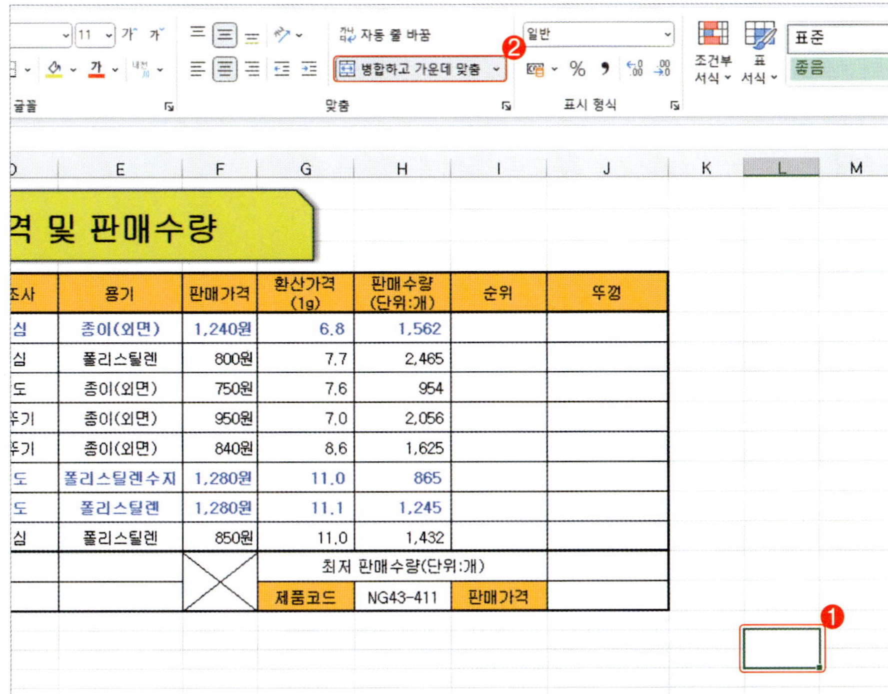

② 『결재』를 입력한다.

　→ [홈] 탭 – [맞춤] 그룹 – [방향](📈)을 클릭하고 [세로 쓰기](🔽)를 클릭한다.

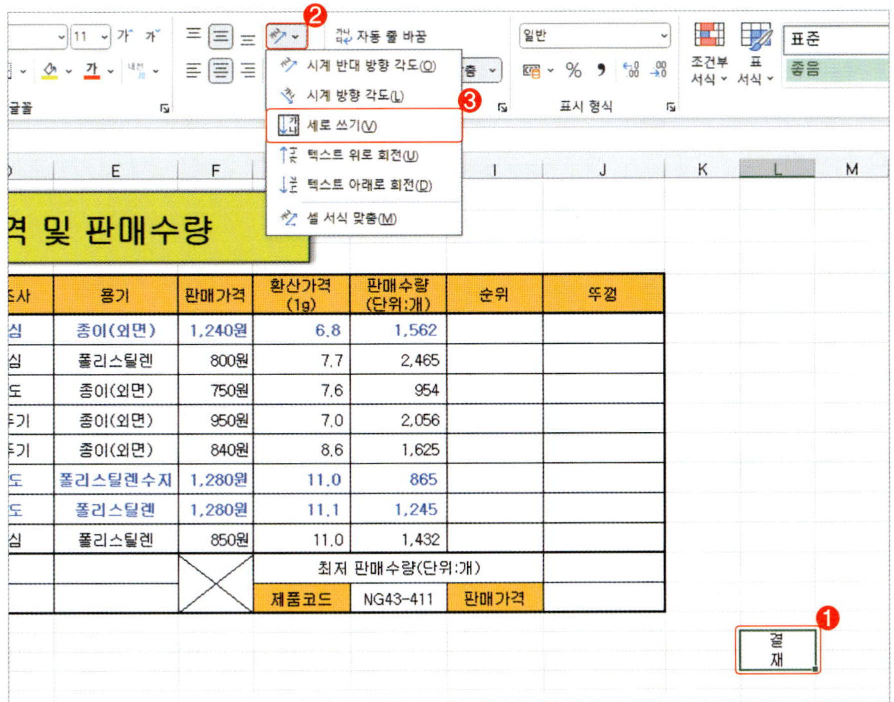

③ 텍스트를 모두 입력하고 행 높이와 열 너비를 조절한다.

→ [홈] 탭 – [맞춤] 그룹 – [가운데 맞춤](三)을 클릭한다.

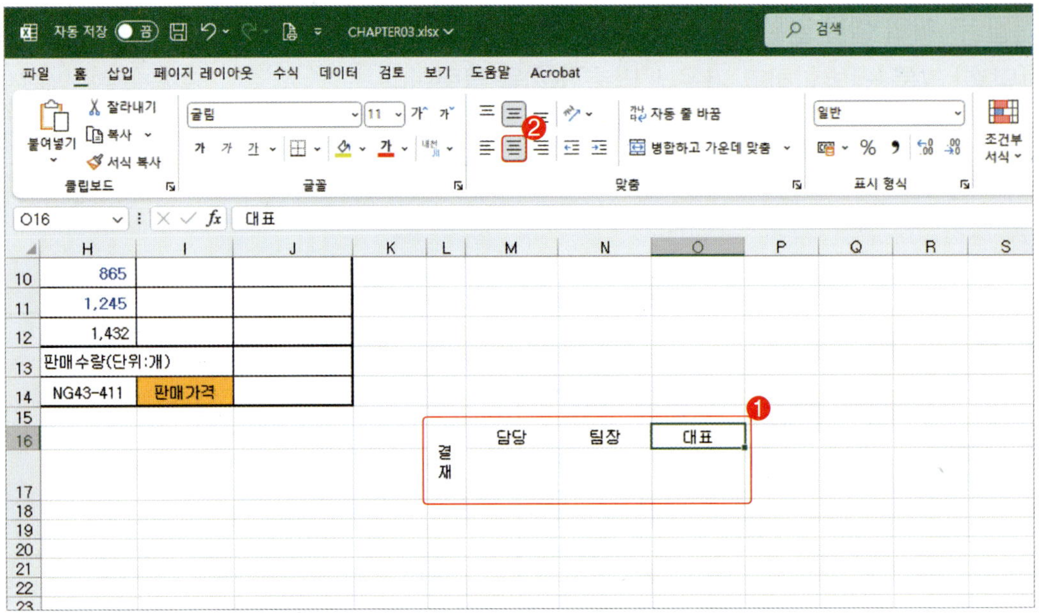

④ 결재란 영역을 모두 블록 설정한다.

→ [홈] 탭 – [글꼴] 그룹 – [테두리]에서 [모든 테두리](田)를 클릭한다.

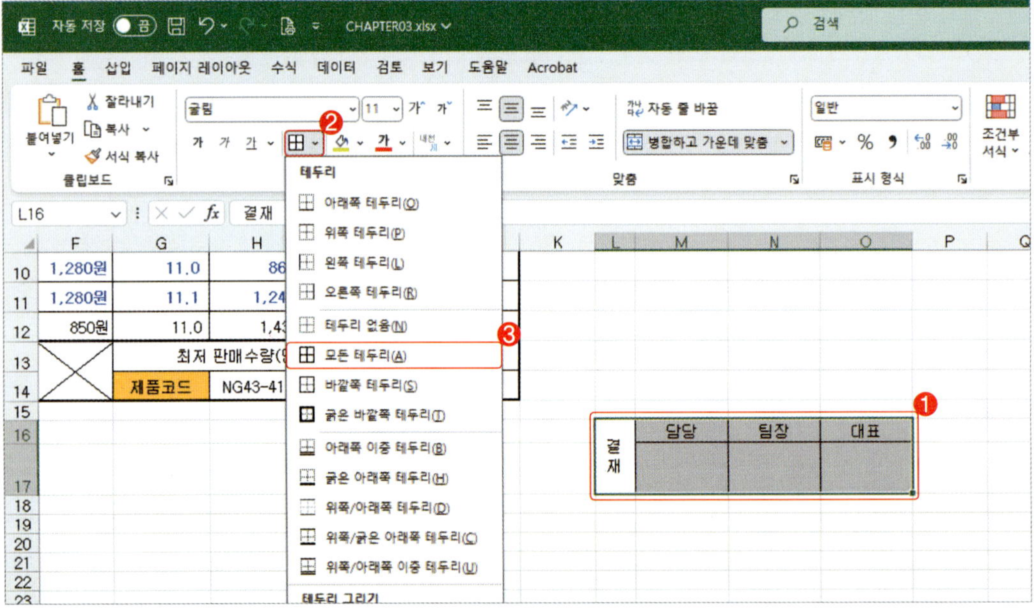

⑤ 결재란 영역이 블록 설정된 상태에서 [홈] 탭 – [클립보드] 그룹 – [복사]( )에서
[그림으로 복사]를 클릭한다.

→ [그림 복사] 대화상자에서 [확인]을 클릭한다.

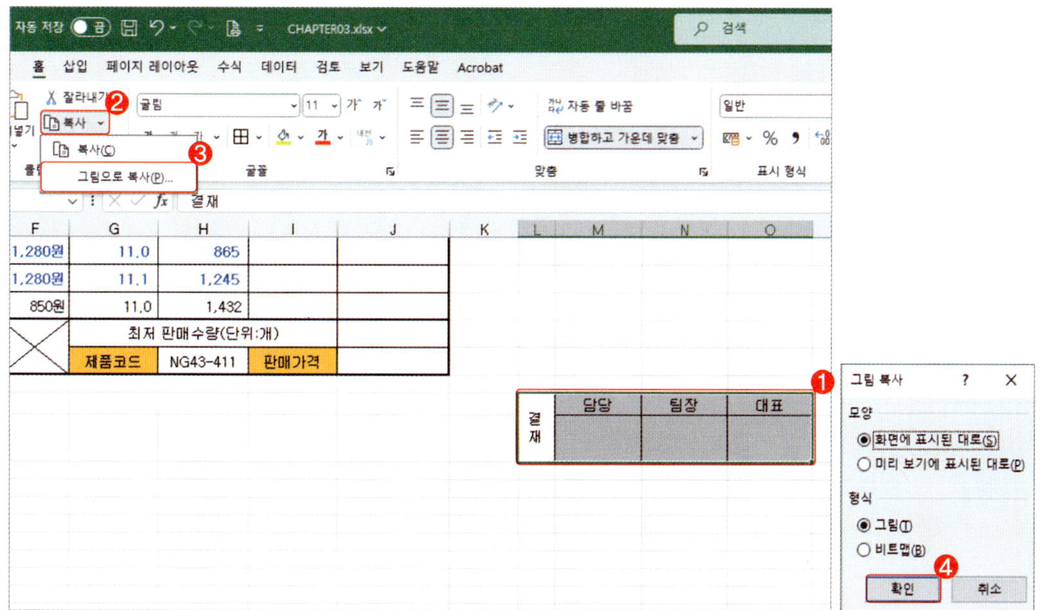

⑥ [홈] 탭 – [클립보드] 그룹 – [붙여넣기]( )를 클릭한다.

→ 그림의 위치를 마우스 드래그하여 조절한다. 방향키(→ ← ↑ ↓)로 미세한 조
절이 가능하다.

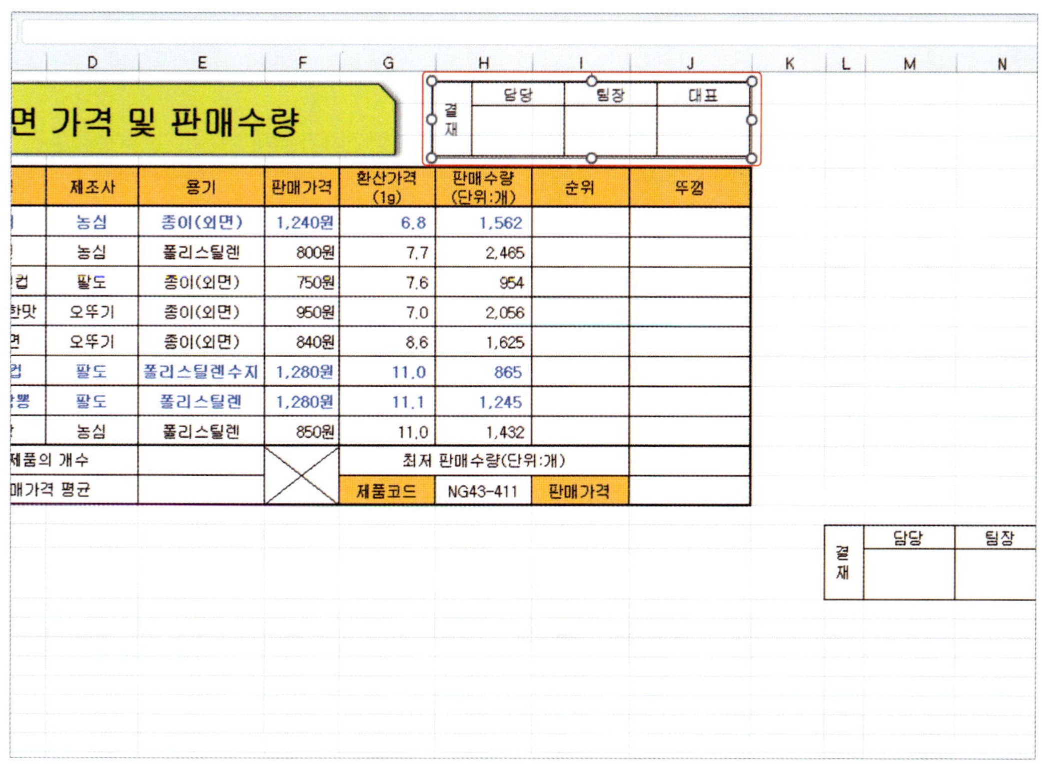

⑦ 기존 작업한 결재란 영역을 블록 설정한다.

→ [홈] 탭 – [셀] 그룹 – [삭제]를 클릭한다.

기적의 TIP

삭제 메뉴 실행 결과

삭제 : 블록 설정한 셀만 삭제되어 아래의 셀들이 위로 올라온다.

시트 행 삭제 : 블록 설정한 셀의 행 전체가 삭제된다.

시트 열 삭제 : 블록 설정한 셀의 열 전체가 삭제된다.

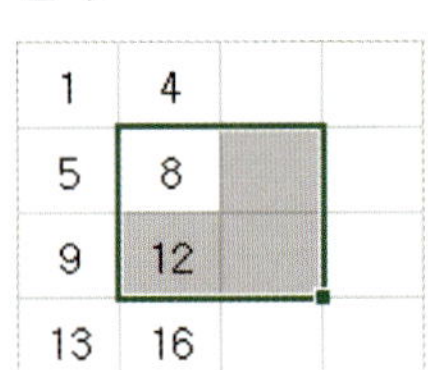

셀 삭제 : [삭제] 대화상자가 나타난다.

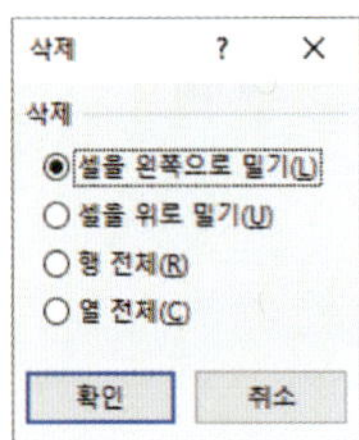

문제유형 ❶-1

정답파일 PART 01 시험 유형 따라하기₩유형1-1번_정답.xlsx

다음은 '평생학습센터 온라인 수강신청 현황'에 대한 자료이다. 자료를 입력하고 조건에 맞도록 작업하시오.

출력형태

확인		담당	팀장	센터장

평생학습센터 온라인 수강신청 현황

수강코드	강좌명	분류	교육대상	개강날짜	신청인원	수강료 (단위:원)	교육장소	신청인원 순위
CS-210	소통스피치	인문교양	성인	2023-04-03	101	60,000		
SL-101	체형교정 발레	생활스포츠	청소년	2023-03-06	56	75,000		
ST-211	스토리텔링 한국사	인문교양	직장인	2023-03-13	97	40,000		
CE-310	어린이 영어회화	외국어	청소년	2023-04-10	87	55,000		
YL-112	요가	생활스포츠	성인	2023-03-04	124	45,000		
ME-312	미드로 배우는 영어	외국어	직장인	2023-03-10	78	65,000		
PL-122	필라테스	생활스포츠	성인	2023-03-06	135	45,000		
SU-231	자신감 UP	인문교양	청소년	2023-04-03	43	45,000		
필라테스 수강료(단위:원)					최저 수강료(단위:원)			
인문교양 최대 신청인원					강좌명	소통스피치	개강날짜	

조건

- 제목 ⇒ 도형(사각형: 잘린 대각선 방향 모서리)과 그림자(오프셋: 오른쪽)를 이용하여 작성하고 "평생학습센터 온라인 수강신청 현황"을 입력한 후 다음 서식을 적용하시오 (글꼴 – 굴림, 24pt, 검정, 굵게, 채우기 – 노랑).

- 임의의 셀에 결재란을 작성하여 그림으로 복사 기능을 이용하여 붙이기 하시오(단, 원본 삭제).

- 「B4:J4, G14, I14」 영역은 '주황'으로 채우기 하시오.

- 유효성 검사를 이용하여 「H14」 셀에 강좌명(「C5:C12」 영역)이 선택 표시되도록 하시오.

- 셀 서식 ⇒ 「G5:G12」 영역에 셀 서식을 이용하여 숫자 뒤에 '명'을 표시하시오(예 : 30명).

- 「H5:H12」 영역에 대해 '수강료'로 이름정의를 하시오.

- 조건부 서식의 수식을 이용하여 신청인원이 '100' 이상인 행 전체에 다음의 서식을 적용하시오 (글꼴 : 파랑, 굵게).

다음은 '우리제주로 숙소 예약 현황'에 대한 자료이다. 자료를 입력하고 조건에 맞도록 작업하시오.

출력형태

예약번호	종류	숙소명	입실일	1박요금 (원)	예약인원	숙박일수	숙박비 (원)	위치
				우리제주로 숙소 예약 현황		결 재	사원 과장 부장	
HA1-01	호텔	엠스테이	2023-08-03	120,000	4	2		
RE3-01	리조트	스완지노	2023-07-25	135,000	2	3		
HA2-02	호텔	더비치	2023-07-20	98,000	3	3		
PE4-01	펜션	화이트캐슬	2023-08-10	115,000	5	4		
RE1-02	리조트	베스트뷰	2023-08-01	125,000	3	2		
RE4-03	리조트	그린에코	2023-09-01	88,000	4	3		
HA2-03	호텔	크라운유니	2023-07-27	105,000	2	4		
PE4-03	펜션	푸른바다	2023-09-10	75,000	6	2		
호텔 1박요금(원) 평균					가장 빠른 입실일			
숙박일수 4 이상인 예약건수					숙소명	엠스테이	예약인원	

조건

- 제목 ⇒ 도형(사다리꼴)과 그림자(오프셋: 오른쪽)를 이용하여 작성하고 "우리제주로 숙소 예약 현황"을 입력한 후 다음 서식을 적용하시오
  (글꼴 – 굴림, 24pt, 검정, 굵게, 채우기 – 노랑).
- 임의의 셀에 결재란을 작성하여 그림으로 복사 기능을 이용하여 붙이기 하시오(단, 원본 삭제).
- 「B4:J4, G14, I14」 영역은 '주황'으로 채우기 하시오.
- 유효성 검사를 이용하여 「H14」 셀에 숙소명(「D5:D12」 영역)이 선택 표시되도록 하시오.
- 셀 서식 ⇒ 「G5:G12」 영역에 셀 서식을 이용하여 숫자 뒤에 '명'을 표시하시오(예 : 4명).
- 「E5:E12」 영역에 대해 '입실일'로 이름정의를 하시오.
- 조건부 서식의 수식을 이용하여 예약인원이 '3' 이하인 행 전체에 다음의 서식을 적용하시오
  (글꼴 : 파랑, 굵게).

난 이 도 상 ㉗ 하
반복학습 ① ② ③

[제1작업] # 함수-1(날짜, 문자 반환, 조건)

▶ 합격 강의

[작업파일] PART 01 시험 유형 따라하기\CHAPTER04.xlsx
[정답파일] PART 01 시험 유형 따라하기\CHAPTER04_정답.xlsx

문제보기

문제 파일을 불러온 후 다음의 조건과 같이 작업하시오.

출력형태

실제 시험에서는 직접 작성한 제1작업 시트를 기준으로 작업한다.

예약코드	예약일	예약요일	예약월	접수처	행사기간 (일)	체험비용 (원)	지원금
A0525	(1)	(2)	(3)	(4)	10	60,000	(5)
B0401	(1)	(2)	(3)	(4)	9	60,000	(5)
A0707	(1)	(2)	(3)	(4)	12	40,000	(5)
C1225	(1)	(2)	(3)	(4)	10	40,000	(5)
C0815	(1)	(2)	(3)	(4)	13	60,000	(5)
B0131	(1)	(2)	(3)	(4)	14	70,000	(5)
A0224	(1)	(2)	(3)	(4)	8	30,000	(5)
B0305	(1)	(2)	(3)	(4)	10	50,000	(5)

조건

(1)~(5) 셀은 반드시 주어진 함수를 이용하여 값을 구하시오.

(1) 예약일 ⇒ 예약코드의 두 번째부터 두 글자를 '월'로, 네 번째부터 두 글자를 '일'로 하는 2024년의 날짜를 구하시오(DATE, MID 함수)(예 : A0525 → 2024-05-25).

(2) 예약요일 ⇒ 예약일의 요일을 구하시오(CHOOSE, WEEKDAY 함수)(예 : 월요일).

(3) 예약월 ⇒ 예약일의 월을 추출하여 '월'을 붙이시오(MONTH 함수, & 연산자)(예 : 5월).

(4) 접수처 ⇒ 예약코드의 첫 번째 글자가 A이면 '본부', B이면 '직영', 그 외에는 '대리점'으로 구하시오(IF, LEFT 함수).

(5) 지원금 ⇒ 행사기간(일)이 '10' 이상이면서 체험비용(원)이 '50,000' 이상이면 체험비용의 10%, 그 외에는 체험비용의 5%를 구하시오(IF, AND 함수).

① 「C5:C12」 영역을 블록 설정한다.

　　→ [수식] 탭 – [함수 삽입](fx)을 클릭한다.

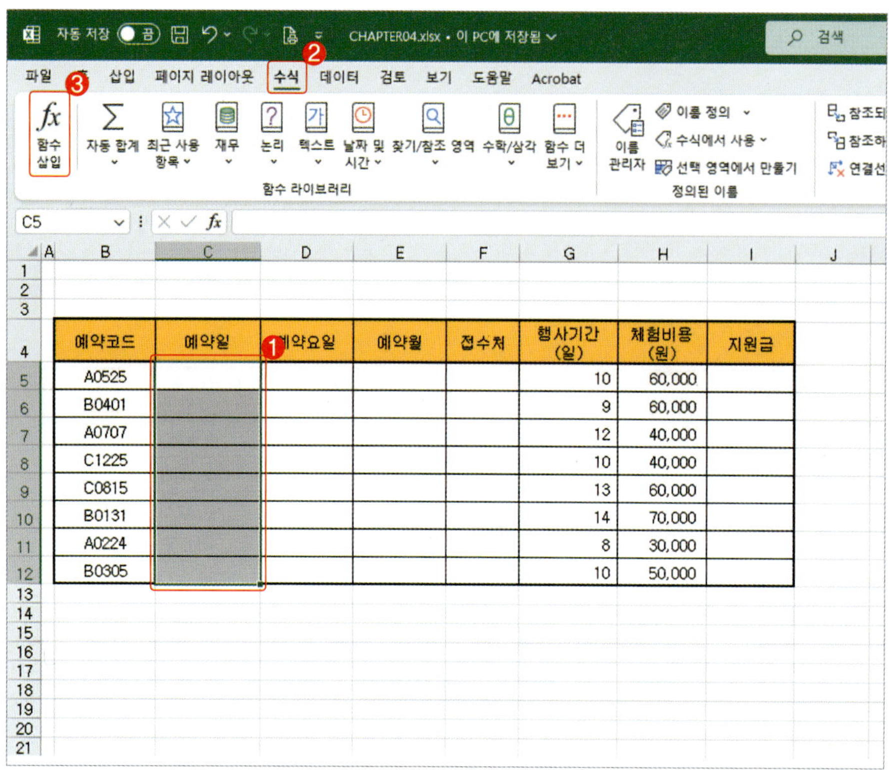

> **기적**의 TIP
>
> 함수 입력은 함수 마법사를 이용하거나 직접 수식 입력 줄에 입력하여 작성할 수 있다.

> **해결** TIP
>
> **제1작업의 함수를 작성하지 못하면 실격인가요?**
>
> 해당 함수에 대한 부분점수만 감점되며, 함수는 제2작업, 제3작업, 제4작업에 영향을 미치지 않는다.

② [함수 마법사] 대화상자에서 함수 검색에 『DATE』를 입력하고 [검색]을 클릭한다.

　　→ 함수 선택에서 'DATE'를 클릭하고 [확인]을 클릭한다.

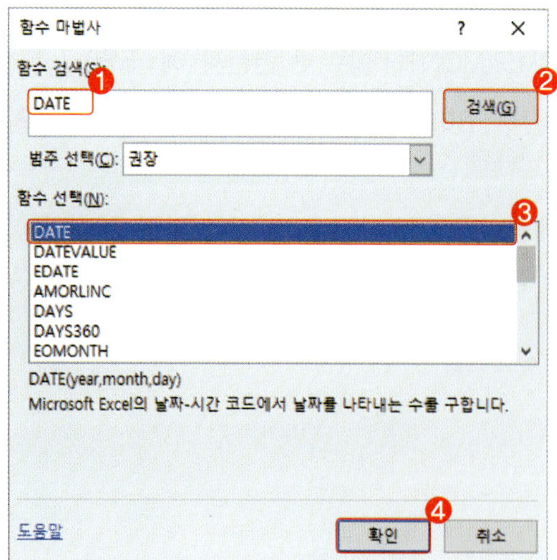

③ DATE의 [함수 인수] 대화상자에서 Year 『2024』, Month 『MID(B5,2,2)』,
Day 『MID(B5,4,2)』를 입력한다.
→ Ctrl 을 누른 채 [확인]을 클릭한다.

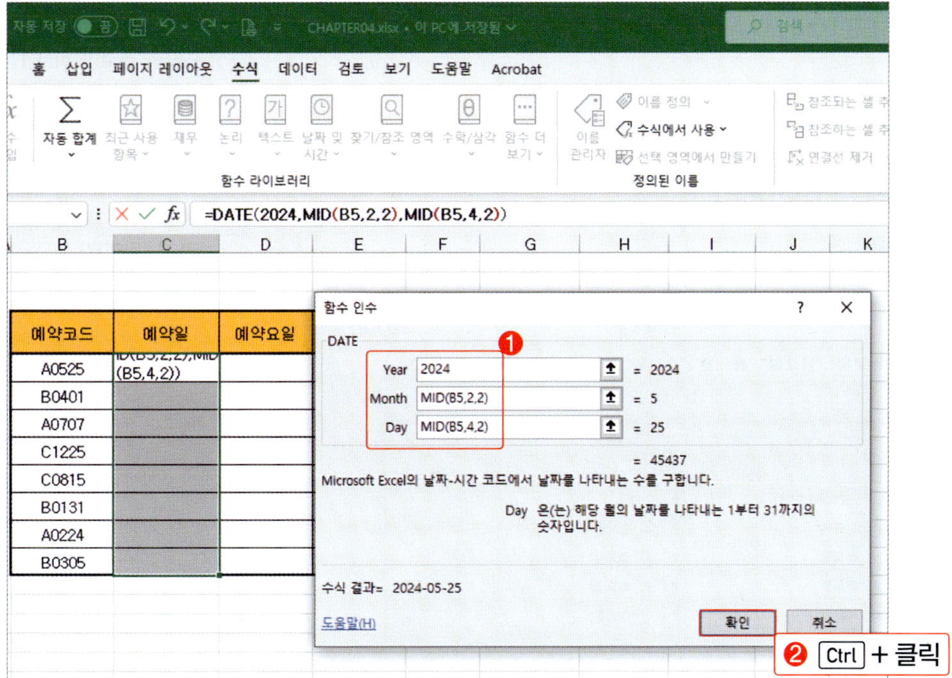

함수 설명

=DATE(2024,MID(B5,2,2),MID(B5,4,2))
   ④   ①   ②   ③

① 연도
② 월 : 「B5」 셀의 2번째 자리부터 2자리 추출
③ 일 : 「B5」 셀의 4번째 자리부터 2자리 추출
④ 추출한 숫자를 연도, 월, 일로 입력하여 날짜로 반환

DATE(Year, Month, Day) 함수

Year : 1900~9999 사이의 범위이면 그 값이 연도로 반환
     0~1899 사이의 범위이면 1900을 더해서 반환
Month : 월을 나타내는 정수
Day : 일을 나타내는 정수

MID(Text, Start_num, Num_chars) 함수

Text : 추출할 문자가 들어 있는 텍스트
Start_num : 추출할 문자의 시작 위치
Num_chars : 추출할 문자의 수

① 「D5:D12」 영역을 블록 설정한다.

→ 『=CHOOSE』를 입력하고 [Ctrl]+[A]를 누른다.

② CHOOSE의 [함수 인수] 대화상자에서 Index_num 『WEEKDAY(C5,1)』,
Value1부터 『일요일 [Tab] 월요일 [Tab] 화요일 [Tab] 수요일 [Tab] 목요
일 [Tab] 금요일 [Tab] 토요일』을 입력한다.

→ [Ctrl]+[확인]을 클릭한다.

> **기적**의 TIP
>
> 『=함수명』을 입력하고 [Ctrl]
> +[A]를 누르면 바로 [함수
> 인수] 대화상자가 나타난다.

> **해결** TIP
>
> **[함수 인수] 대화상자가 나
> 타나지 않아요!**
> [Ctrl]+[A] 단축키가 MS-
> WORD 등의 프로그램과
> 겹치는 경우 발생할 수 있
> 다. 의심되는 프로그램을
> 종료하고 EXCEL을 재실행
> 한다.

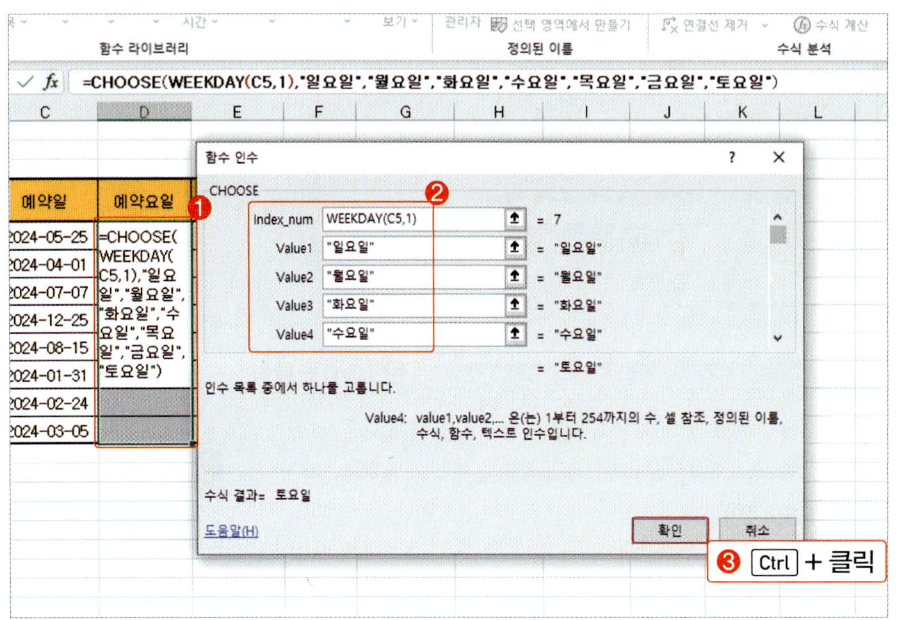

> **함수 설명**

=CHOOSE(WEEKDAY(C5,1), "일요일","월요일","화요일", … ,"토요일")
　　　　　　①　　　　　　　　　　　　　②

① 「C5」 셀의 요일을 1~7의 숫자로 반환
② 반환된 숫자가 1이면 "일요일", 2이면 "월요일", …, 7이면 "토요일"을 반환

CHOOSE(index_num, value1, [value2], …) 함수

index_num : 1이면 value1, 2이면 value2가 반환

WEEKDAY(serial_number, [return_type]) 함수

serial_number : 찾을 날짜를 나타내는 일련번호
return_type : 1 또는 생략 시 요일을 1(일요일)에서 7(토요일) 사이의 숫자로 반환
　　　　　　　2이면 1(월요일)에서 7(일요일)

> **기적**의 TIP
>
> 엑셀에서 날짜는 일련번
> 호로 다뤄진다. 예로 2020
> 년 1월 1일은 1900년 1월 1
> 일을 기준으로 43,831일째
> 이므로 일련번호 43831이
> 된다.

① 「E5:E12」 영역을 블록 설정한다.
　→ 『=MONTH』를 입력하고 [Ctrl]+[A]를 누른다.

② MONTH의 [함수 인수] 대화상자에서 Serial_number 『C5』를 입력한다.
　→ [Ctrl]+[확인]을 클릭한다.

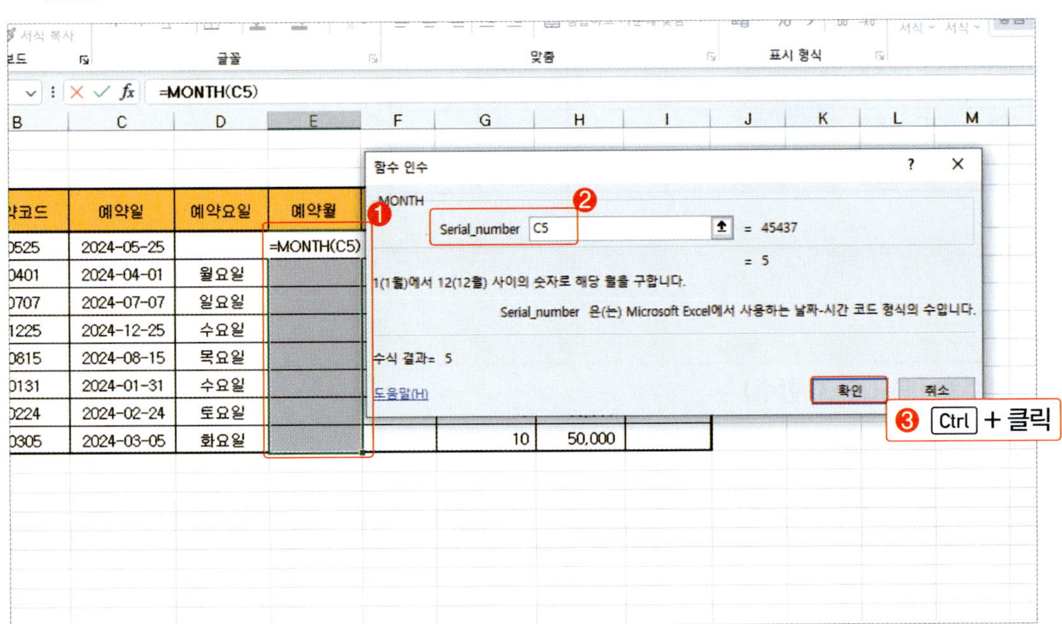

💬 함수 설명

날짜 관련 함수

MONTH(Serial_number) 함수
⇒ 월을 반환한다.

YEAR(Serial_number) 함수
⇒ 연도를 반환한다.

DAY(Serial_number) 함수
⇒ 일을 반환한다.

TODAY() 함수
⇒ 현재 날짜를 반환한다.

③ 「E5:E12」 영역이 블록 설정된 상태에서, 수식 입력줄에 『&"월"』을 이어서 입력한다.
→ Ctrl + Enter 를 누른다.

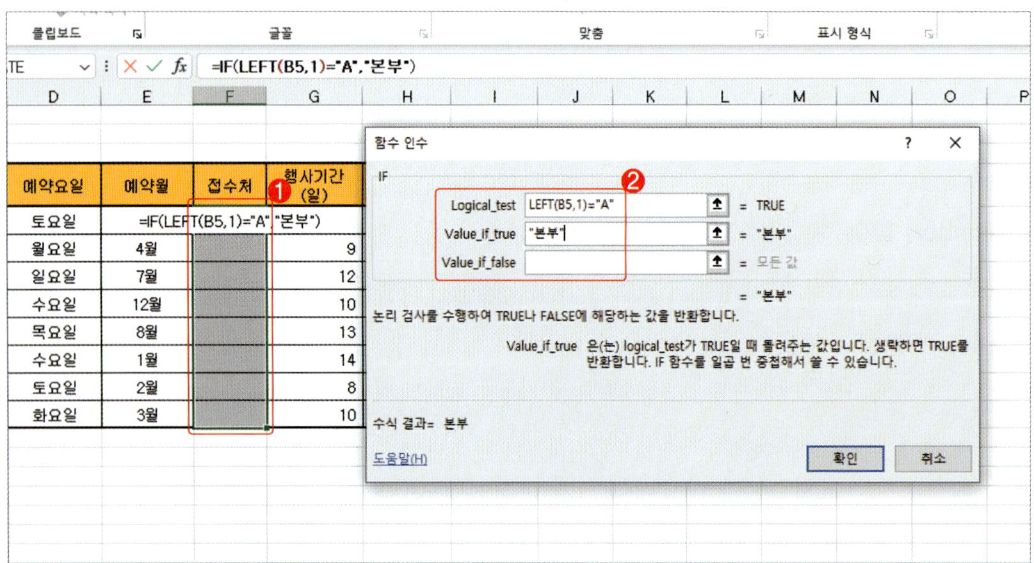

SECTION 04 접수처 (IF, LEFT 함수)

① 「F5:F12」 영역을 블록 설정한다.
→ 『=IF』를 입력하고 Ctrl + A 를 누른다.

② IF의 [함수 인수] 대화상자에서 Logical_test 『LEFT(B5,1)="A"』, Value_if_true 『본부』를 입력한다.

③ 이어서 Value_if_false 『IF(LEFT(B5,1)=“B”, “직영”, “대리점”)』을 입력한다.

→ Ctrl +[확인]을 클릭한다.

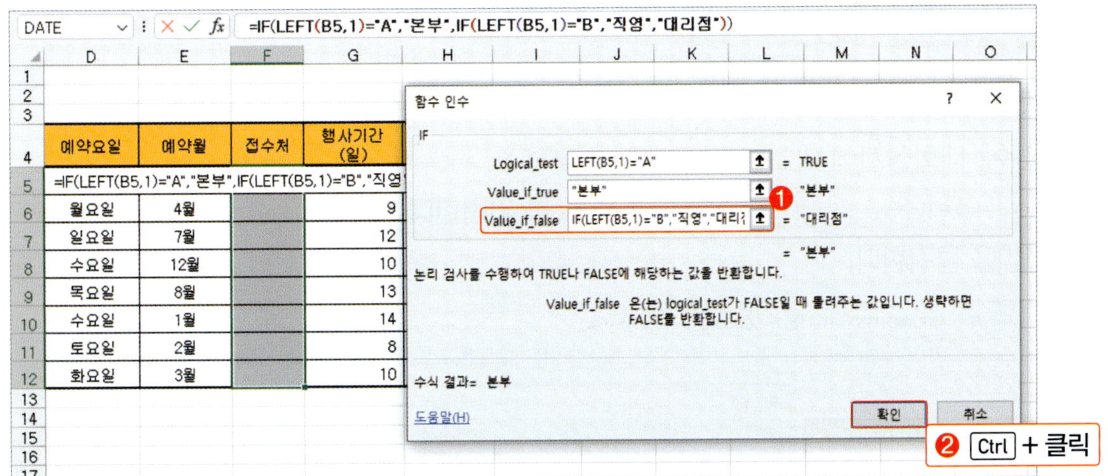

💬 **함수 설명**

=IF(LEFT(B5,1)="A", "본부", IF(LEFT(B5,1)="B", "직영", "대리점"))
　　　　①　　　　②　　　　③　　　　　④　　⑤

① 「B5」 셀의 첫 번째 글자가 A인지 확인
② A가 맞으면 "본부"를 반환
③ 아니면 다시 「B5」 셀의 첫 번째 글자가 B인지 확인
④ B가 맞으면 "직영"을 반환
⑤ 아니면 "대리점"을 반환

IF(Logical_test, Value_if_true, Value_if_false) 함수

Logical_test : 조건식
Value_if_true : 조건식이 참일 때 반환되는 것
Value_if_false : 조건식이 거짓일 때 반환되는 것

💬 **함수 설명**

문자 추출 관련 함수

LEFT(Text, [Num_chars]) 함수

Text : 추출할 문자가 들어 있는 텍스트
Num_chars : 추출할 문자 수
⇒ 문자열의 첫번째 문자부터 지정한 수만큼 추출하여 반환한다.

RIGHT(Text, [Num_chars]) 함수

⇒ 문자열의 마지막 문자부터 지정한 수만큼 추출하여 반환한다.

MID(Text, Start_num, Num_chars) 함수

⇒ 문자열의 지정한 위치부터 지정한 수만큼 추출하여 반환한다.

---

① 「I5:I12」 영역을 블록 설정한다.

　→ 『=IF』를 입력하고 [Ctrl]+[A]를 누른다.

② IF의 [함수 인수] 대화상자에서 Logical_test 『AND(G5>=10, H5>=50000)』,
　Value_if_true 『H5*10%』, Value_if_false 『H5*5%』를 입력한다.

　→ [Ctrl]+[확인]을 클릭한다.

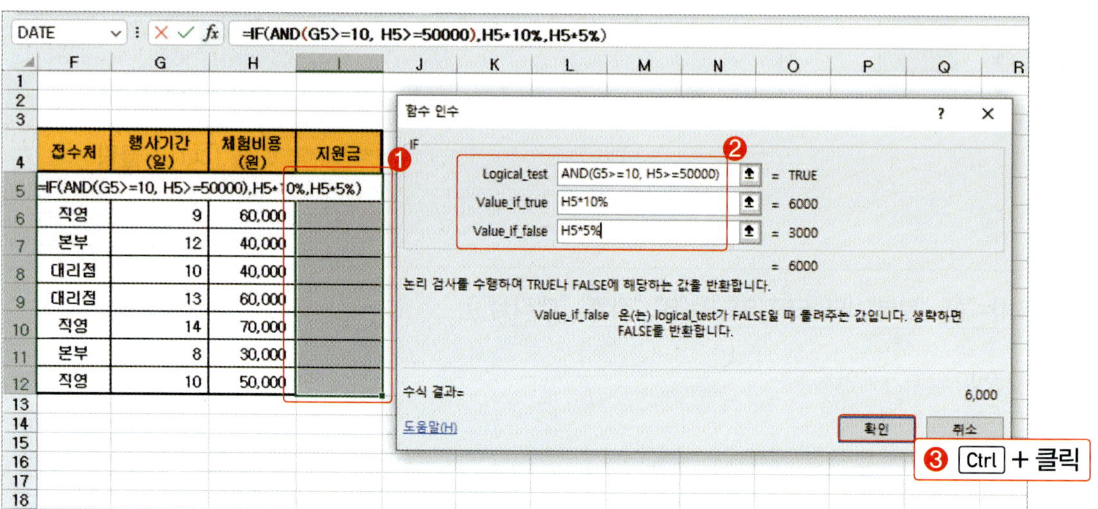

💬 **함수 설명**

=IF(AND(G5>=10, H5>=50000), H5*10%, H5*5%)

　　　　①　　　　　　②　　　③

① 「G5」 셀 값이 10 이상이고 「H5」 셀 값이 50000 이상인지 확인
② 두 조건이 모두 True이면, 「H5」 셀 값에 10%를 곱한 값을 반환
③ 조건 하나라도 False이면, 「H5」 셀 값에 5%를 곱한 값을 반환

💬 **함수 설명**

AND와 OR

AND(Logical) 함수

⇒ 모든 조건이 True이면 True를 반환한다.

OR(Logical) 함수

⇒ 조건 중 True가 있으면 True를 반환한다.

난 이 도 상 **중** 하
반복학습 **1** **2** **3**

[제1작업] 함수-2(합계, 순위, 자릿수)

▶ 합격 강의

작업파일 PART 01 시험 유형 따라하기\CHAPTER05.xlsx
정답파일 PART 01 시험 유형 따라하기\CHAPTER05_정답.xlsx

문제보기

문제 파일을 불러온 후 다음의 조건과 같이 작업하시오.

출력형태

— 실제 시험에서는 직접 작성한 제1작업 시트를 기준으로 작업한다.

	강사	과목	수강료	수강인원	수강인원 차트	순위	수강후기 (5점 만점)	후기 차트
5	박지현	한국사	49,500	32	(1)	(2)	3.7	(3)
6	강해린	수학	60,000	25	(1)	(2)	4.5	(3)
7	정지훈	물리학	41,100	17	(1)	(2)	3.3	(3)
8	로버트	영어	50,000	52	(1)	(2)	4.1	(3)
9	홍지윤	한국사	60,000	32	(1)	(2)	2.7	(3)
10	민윤기	물리학	89,900	40	(1)	(2)	3.8	(3)
11	이혜인	수학	80,000	23	(1)	(2)	1.9	(3)
12	박재상	수학	70,000	19	(1)	(2)	2.8	(3)
13	개설과목 총 수강료		(4)			최대 수강인원		(6)	
14	수학과목의 수강료 평균		(5)			두 번째로 많은 수강인원		(7)	

— 「D5:D12」 영역이 "수강료"로 이름 정의되어 있다.

조건

(1)~(7) 셀은 반드시 <u>주어진 함수를 이용하여</u> 값을 구하시오.
(1) 수강인원 차트 ⇒ 수강인원 십의 단위 수치만큼 '★'을 표시하시오(CHOOSE, INT 함수)
　　　　(예 : 32 → ★★★).
(2) 순위 ⇒ 수강인원의 내림차순 순위를 구하시오(RANK.EQ 함수).
(3) 후기 차트 ⇒ 점수(5점 만점)를 반올림하여 정수로 구한 값의 수만큼 '★'을 표시하시오
　　(REPT, ROUND 함수)(예 : 3.7 → ★★★★).
(4) 개설과목 총 수강료 ⇒ 정의된 이름(수강료)을 이용하여 「수강료×수강인원」으로 구하되 반올
　　　　림하여 천 단위까지 구하시오(ROUND, SUMPRODUCT 함수)
　　　　(예 : 12,345,670 → 12,346,000).
(5) 수학과목의 수강료 평균 ⇒ (SUMIF, COUNTIF 함수)
(6) 최대 수강인원 ⇒ (MAX 함수)
(7) 두 번째로 많은 수강인원 ⇒ (LARGE 함수)

① 「F5:F12」 영역을 블록 설정한다.

→ 『=CHOOSE』를 입력하고 [Ctrl]+[A]를 누른다.

② CHOOSE의 [함수 인수] 대화상자에서 index_num 『INT(E5/10)』, Value1 『★』, Value2 『★★』, Value3 『★★★』, Value4 『★★★★』, Value5 『★★★★★』를 입력한다.

→ [Ctrl]+[확인]을 클릭한다.

> **기적의 TIP**
>
> ★와 같은 특수문자는 자음 'ㅁ'을 입력하고 [한자]를 눌러 입력하거나, [삽입] 탭–[기호]를 클릭하여 입력할 수 있다.

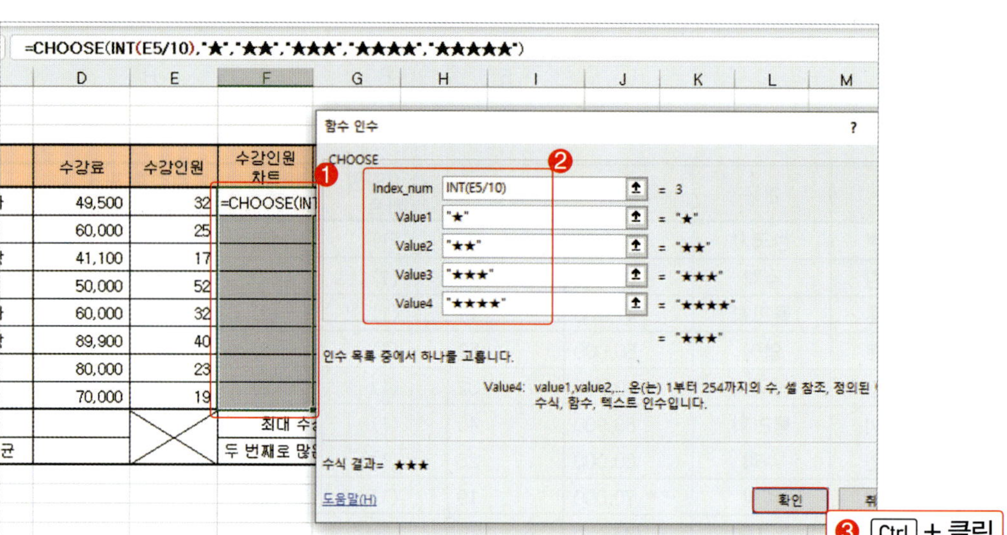

💬 함수 설명

=CHOOSE(INT(E5/10), "★","★★","★★★","★★★★","★★★★★")

　　　　　　①　　　　　　　②

① 「E5」 셀의 값을 10으로 나눈 몫의 정수만 반환
② 반환된 숫자가 1이면 "★", 2이면 "★★", …, 5이면 "★★★★★"를 반환

CHOOSE(Index_num, Value1, [Value2], …) 함수

Index_num : 1이면 Value1, 2이면 Value2가 반환

💬 함수 설명

정수 추출 관련 함수

INT(Number) 함수

⇒ 가까운 정수로 내린다.

TRUNC(Number) 함수

⇒ 소수점 이하를 버린다. INT와는 음수를 사용하는 경우에만 결과가 다르다.

　　예 TRUNC(−4.3)은 −4를 반환하고 INT(−4.3)은 −5를 반환한다.

---

① 「G5:G12」 영역을 블록 설정한다.

   → 『=RANK.EQ』를 입력하고 Ctrl + A 를 누른다.

② RANK.EQ의 [함수 인수] 대화상자에서 Number 『E5』, Ref 『E5:E12』를 입력한 후 F4 를 눌러 절대주소를 만든다.

   → Ctrl +[확인]을 클릭한다.

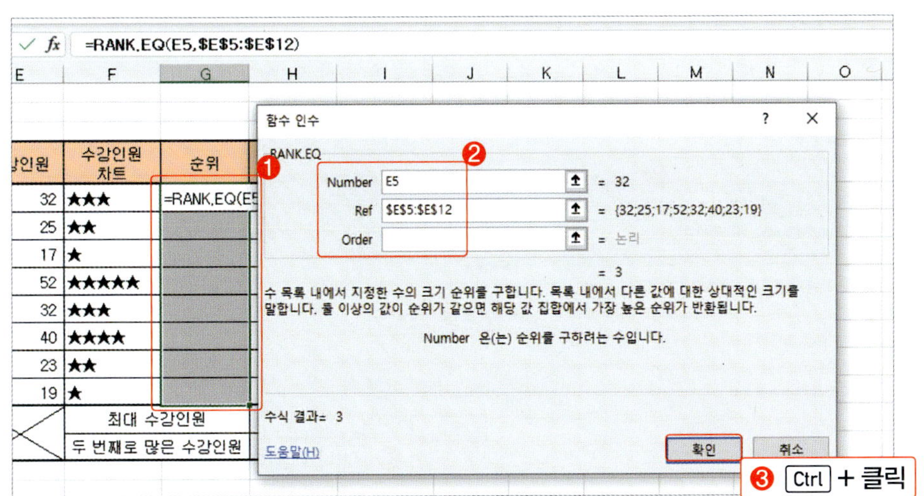

> **해결 TIP**
>
> **함수 사용 시 절대참조, 상대참조 어떤 것을 사용해야 하나요?**
>
> 경우에 따라 반드시 절대참조를 사용하여야만 결과값이 정확하게 나오는 경우 절대참조를 해야 하지만, 결과값의 셀이 한 셀에 고정되어 있을 경우나 어떤 참조방법을 사용해도 결과값에 변경이 없을 경우 둘 중 어느 것을 사용하여도 된다.

함수 설명

=RANK.EQ(E5, $E$5:$E$12)
　　　①　　　　②

① 「E5」 셀의 순위를
② 「E5:E12」 영역에서 구함

RANK.EQ(Number, Ref, [Order]) 함수

Number : 순위를 구하려는 셀
Ref : 목록의 범위
Order : 순위 결정 방법, 0이거나 생략하면 내림차순, 0이 아니면 오름차순

기적의 TIP

절대주소 사용

	미사용	사용
5	(E5, E5:E12)	(E5, $E$5:$E$12)
6	(E6, E6:E13)	(E6, $E$5:$E$12)
7	(E7, E7:E14)	(E7, $E$5:$E$12)
8	(E8, E8:E15)	(E8, $E$5:$E$12)

절대주소를 사용하지 않으면 Ctrl +[확인]으로 한 번에 입력하거나 마우스 드래그 할 때, 범위가 고정되지 않고 움직일 수 있다.

---

① 「I5:I12」 영역을 블록 설정한다.

　→ 『=REPT』를 입력하고 [Ctrl]+[A]를 누른다.

② REPT의 [함수 인수] 대화상자에서 Text 『★』, Number_times 『ROUND(H5,0)』를 입력한다.

　→ [Ctrl]+[확인]을 클릭한다.

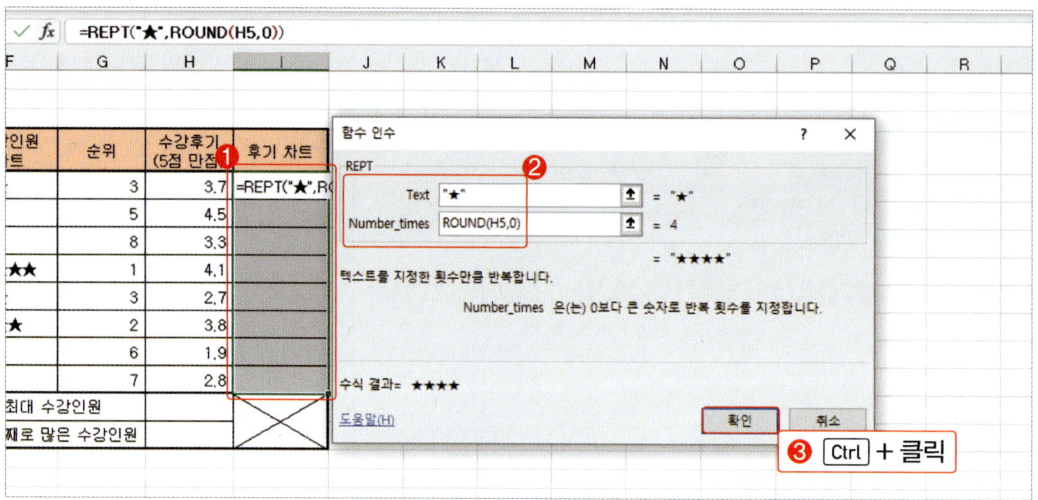

💬 **함수 설명**

=REPT("★", ROUND(H5,0))
　　②　　　　　①

① 「H5」 셀의 값을 소수점 0자리까지 반올림(즉, 가장 가까운 정수로 반올림)해서
② 반환된 정수만큼 ★를 반환

REPT(Text, Number_times) 함수

Text : 반복할 텍스트
Number_times : 반복할 횟수

💬 **함수 설명**

반올림, 내림 함수

ROUND(Number, Num_digits) 함수

Number : 반올림할 숫자
Num_digits : 반올림하려는 자릿수

ROUNDDOWN(Number, Num_digits) 함수

⇒ 지정한 자릿수로 내림한다.

① 「D13」셀에 『=ROUND』를 입력하고 [Ctrl]+[A]를 누른다.

② ROUND의 [함수 인수] 대화상자에서 Number『SUMPRODUCT(수강료,E5:E12)』,
　Number_digits『 – 3』을 입력한다.
　→ [확인]을 클릭한다.

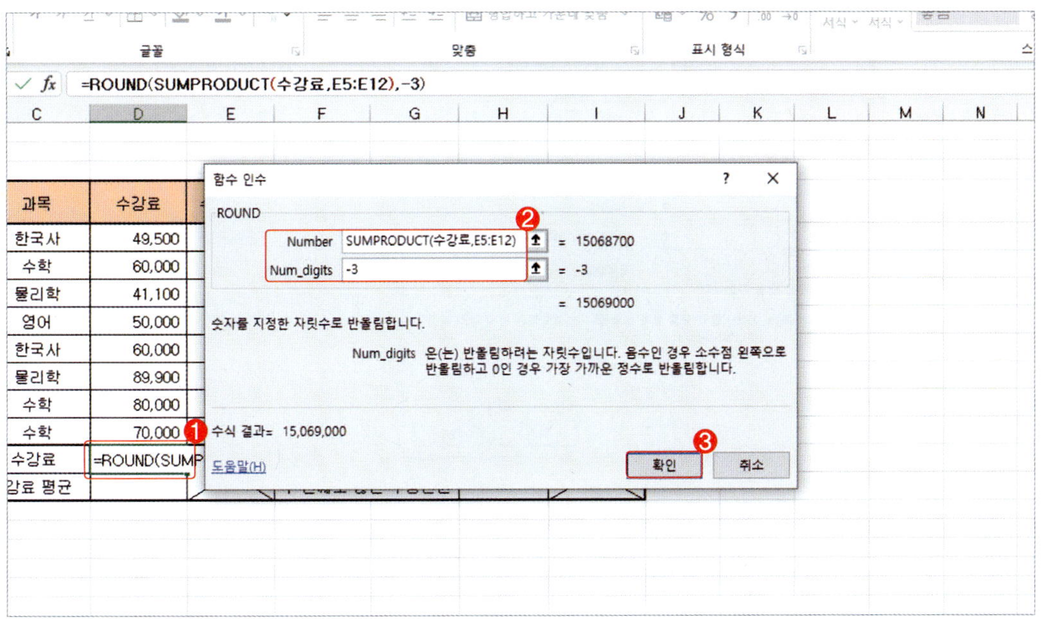

함수 설명

=ROUND(SUMPRODUCT(수강료, E5:E12), –3)
　　　　　　　　①　　　　　　　　　②

① "수강료"로 이름 정의한 영역과 「E5:E12」영역의 대응되는 값을 곱하여 합계를 계산
② 소수 위 세번째 자리에서 반올림

SUMPRODUCT(Array1, [Array2], …) 함수

⇒ 주어진 범위 또는 배열의 총 합계를 반환한다.

① 「D14」셀에 『=SUMIF』를 입력하고 Ctrl + A 를 누른다.

② SUMIF의 [함수 인수] 대화상자에서 Range 『C5:C12』, Criteria 『수학』, Sum_range 『D5:D12』를 입력한다.
　→ [확인]을 클릭한다.

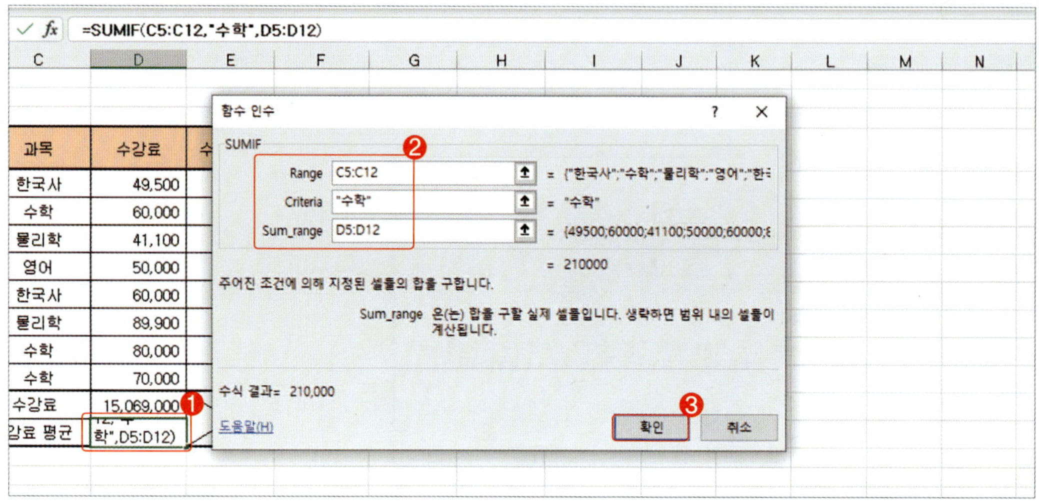

③ 「D14」셀의 수식에 『/COUNTIF』를 이어서 입력하고 Ctrl + A 를 누른다.

④ COUNTIF의 [함수 인수] 대화상자에서 Range 『C5:C12』, Criteria 『수학』을 입력한다.
　→ [확인]을 클릭한다.

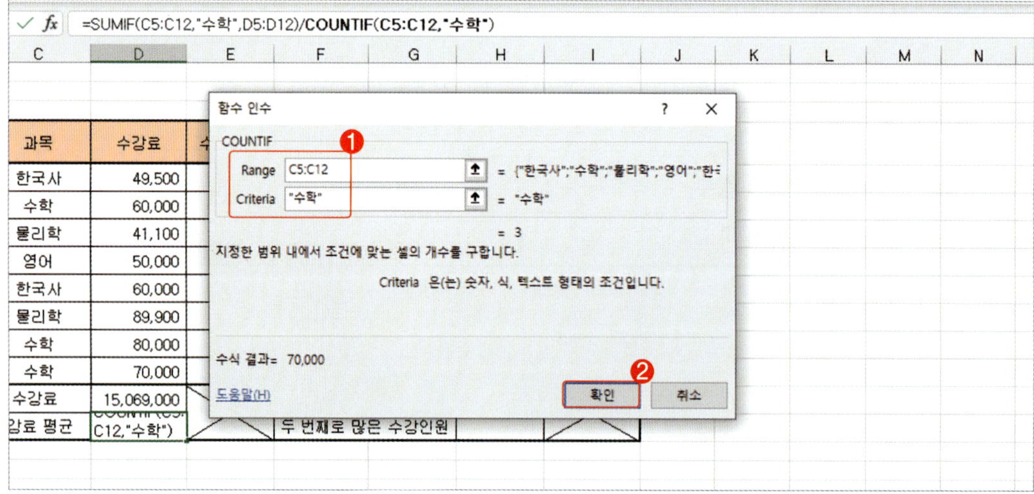

=SUMIF(C5:C12, "수학", D5:D12) / COUNTIF(C5:C12, "수학")

　　　　　　①　　　　　　　　　　　②

① 「C5:C12」 영역에서 "수학"을 찾아 해당하는 「D5:D12」 영역의 합계를 계산
② "수학"의 개수를 구하여 나눗셈

SUMIF(Range, Criteria, Sum_range) 함수

Range : 조건을 적용할 셀 범위
Criteria : 조건
Sum_range : Range 인수에 지정되지 않은 범위를 추가

COUNTIF(Range, Criteria) 함수

Range : 찾으려는 위치
Criteria : 찾으려는 항목

SECTION 06　최대 수강인원 (MAX 함수)

① 「H13」 셀에 『=MAX(E5:E12)』를 입력한다.

강사	과목	수강료	수강인원	수강인원 차트	순위	수강후기 (5점 만점)	후기 차트
박지현	한국사	49,500	32	★★★	3	3.7	★★★★
강해린	수학	60,000	25	★★	5	4.5	★★★★★
정지훈	물리학	41,100	17	★	8	3.3	★★★
로버트	영어	50,000	52	★★★★★	1	4.1	★★★★
홍지윤	한국사	60,000	32	★★★	3	2.7	★★★
민윤기	물리학	89,900	40	★★★★	2	3.8	★★★★
이혜인	수학	80,000	23	★★	6	1.9	★★
박재상	수학	70,000	19	★	7	2.8	★★★
개설과목 총 수강료		15,069,000	✕	최대 수강인원		=MAX(E5:E12)	✕
수학과목의 수강료 평균		70,000	✕	두 번째로 많은 수강인원		입력	

MAX와 MIN

MAX(Number1, [Number2], …) 함수
⇒ 가장 큰 값을 반환한다.

MIN(Number1, [Number2], …) 함수
⇒ 가장 작은 값을 반환한다.

① 「H14」 셀에 『=LARGE』를 입력하고 [Ctrl]+[A]를 누른다.

② LARGE의 [함수 인수] 대화상자에서 Array 『E5:E12』, K 『2』를 입력한다.
　→ [확인]을 클릭한다.

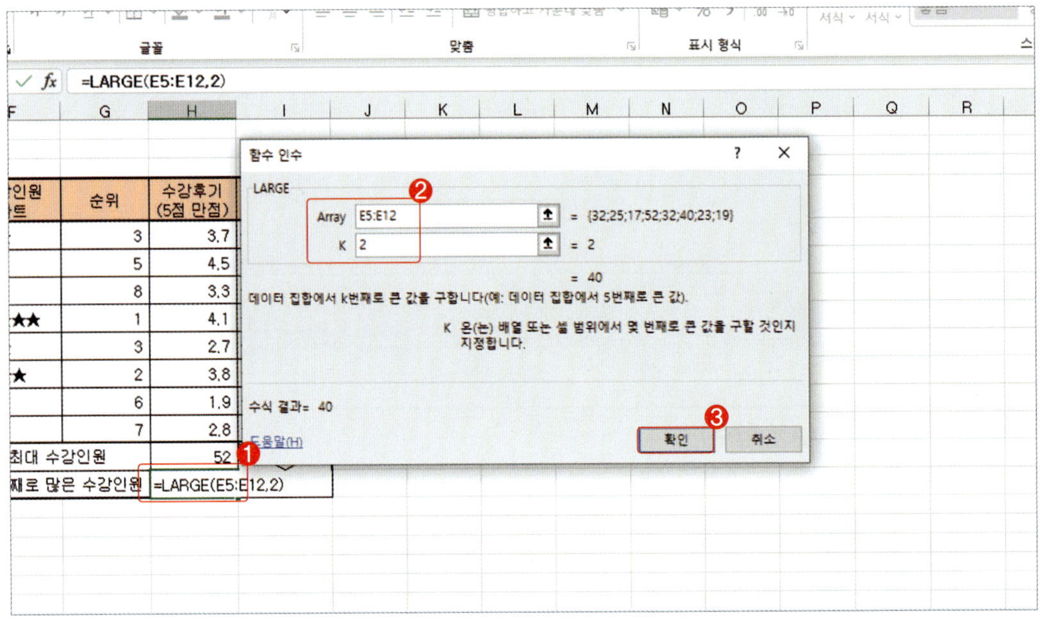

💬 **함수 설명**

LARGE와 SMALL

⋯⋯⋯⋯⋯⋯⋯⋯⋯⋯⋯⋯⋯⋯⋯⋯⋯⋯⋯⋯⋯⋯⋯⋯⋯⋯⋯⋯⋯⋯⋯⋯⋯⋯⋯

LARGE(Array, K) 함수

⇒ 주어진 집합에서 K번째로 큰 값을 반환한다.

SMALL(Array, K) 함수

⇒ 주어진 집합에서 K번째로 작은 값을 반환한다.

[제1작업] **함수-3(목록, 범위)**

▶ 합격 강의

작업파일 PART 01 시험 유형 따라하기\CHAPTER06.xlsx
정답파일 PART 01 시험 유형 따라하기\CHAPTER06_정답.xlsx

문제보기

문제 파일을 불러온 후 다음의 조건과 같이 작업하시오.

출력형태

실제 시험에서는 직접 작성한 제1작업 시트를 기준으로 작업한다.

제품코드	제품명	시리즈	난이도	부품수	판매가	상품명
76210	헐크버스터	마블	어려움	4,049	500,000	3.8
43187	라푼젤의 탑	디즈니	쉬움	369	90,000	4.3
75304	다스베이더 헬멧	스타워즈	쉬움	834	110,000	4.3
43222	디즈니 캐슬	디즈니	어려움	4,837	420,000	4.9
76218	샌텀 샌토럼	마블	어려움	2,708	300,000	4.7
76216	아이언맨 연구소	마블	쉬움	496	100,000	3.2
21326	곰돌이 푸	디즈니	보통	1,265	130,000	4.0
75308	R2-D2	스타워즈	보통	2,314	300,000	4.6
마블 시리즈 판매가의 합계		(1)	어려움 난이도 제품 중 최소 부품수			(4)
마블 시리즈 판매가의 평균		(2)	어려움 난이도 제품 수			(5)
판매가의 전체 평균		(3)	곰돌이 푸의 판매가			(6)
			제품명	곰돌이 푸	판매가	(7)

조건

(1)~(7) 셀은 반드시 <u>주어진 함수와 입력 데이터를 이용하여</u> 값을 구하시오.

(1) 마블 시리즈 판매가의 합계 ⇒ (DSUM 함수)

(2) 마블 시리즈 판매가의 평균 ⇒ (DAVERAGE 함수)

(3) 판매가의 전체 평균 ⇒ (AVERAGE 함수)

(4) 어려움 난이도 제품 중 최소 부품수 ⇒ (DMIN 함수)

(5) 어려움 난이도 제품 수 ⇒ (DCOUNTA 함수)

(6) 곰돌이 푸의 판매가 ⇒ (INDEX, MATCH 함수)

(7) 판매가 ⇒ 제품명에 대한 판매가를 구하시오(VLOOKUP 함수).

① 「D13」 셀에 『=DSUM』을 입력하고 [Ctrl]+[A]를 누른다.

② DSUM의 [함수 인수] 대화상자에서 Database 『B4:H12』, Field 『6』, Criteria 『D4:D5』 를 입력한다.

→ [확인]을 클릭한다.

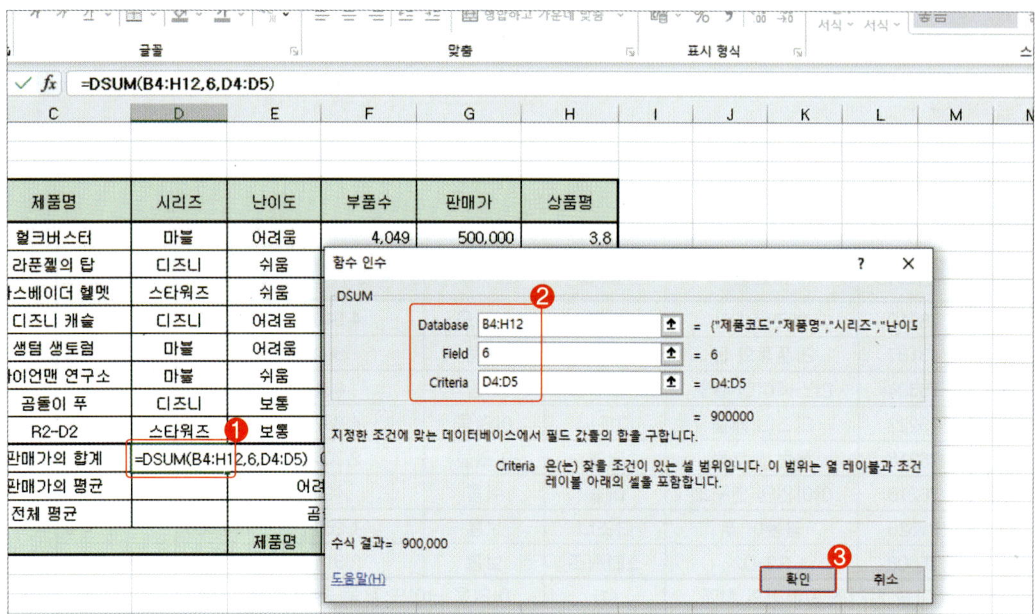

💬 함수 설명

=DSUM(B4:H12, 6, D4:D5)
　　　　　　　① 　　②
① 「B4:H12」 영역의 6번째 열인 "판매가"에서
② 시리즈가 "마블"인 것들의 합계를 계산

DSUM(Database, Field, Criteria) 함수

Database : 지정할 범위
Field : 함수에 사용되는 열 위치
Criteria : 조건이 있는 셀 범위

① 「D14」 셀에 『=DAVERAGE』를 입력하고 [Ctrl]+[A]를 누른다. 앞의 DSUM처럼 6을 입력해도 된다.

② DAVERAGE의 [함수 인수] 대화상자에서 Database 『B4:H12』, Field 『G4』, Criteria 『D4:D5』를 입력한다.
　→ [확인]을 클릭한다.

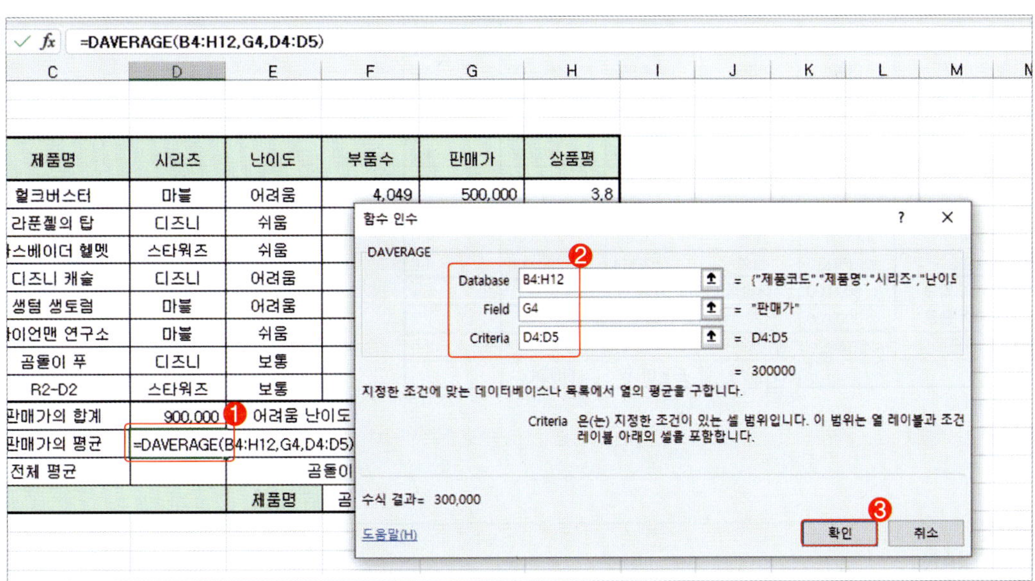

💬 **함수 설명**

=DAVERAGE(B4:H12, G4, D4:D5)
　　　　　　　　　①　　　　②

① 「B4:H12」 영역의 G4 열인 "판매가"에서
② 시리즈가 "마블"인 것들의 평균을 계산

DAVERAGE(Database, Field, Criteria) 함수

Database : 지정할 범위
Field : 함수에 사용되는 열 위치
Criteria : 조건이 있는 셀 범위

① 「D15」 셀에 『=AVERAGE(G5:G12)』를 입력한다.

제품코드	제품명	시리즈	난이도	부품수	판매가	상품평
76210	헐크버스터	마블	어려움	4,049	500,000	3.8
43187	라푼젤의 탑	디즈니	쉬움	369	90,000	4.3
75304	다스베이더 헬멧	스타워즈	쉬움	834	110,000	4.3
43222	디즈니 캐슬	디즈니	어려움	4,837	420,000	4.9
76218	생텀 생토럼	마블	어려움	2,708	300,000	4.7
76216	아이언맨 연구소	마블	쉬움	496	100,000	3.2
21326	곰돌이 푸	디즈니	보통	1,265	130,000	4.0
75308	R2-D2	스타워즈	보통	2,314	300,000	4.6
마블 시리즈 판매가의 합계		900,000	어려움 난이도 제품 중 최소 부품수			
마블 시리즈 판매가의 평균		300,000	어려움 난이도 제품 수			
판매가의 전체 평균		=AVERAGE(G5:G12)	돌이 푸의 판매가			
		입력	곰돌이 푸	판매가		

💬 **함수 설명**

AVERAGE와 MEDIAN

AVERAGE(Number1, [Number2], …) 함수

⇒ 주어진 집합에서 평균을 반환한다.

MEDIAN(Number1, [Number2], …) 함수

⇒ 주어진 집합에서 중간 값(중간에 위치한 값)을 반환한다.

① 「H13」 셀에 『=DMIN』을 입력하고 [Ctrl]+[A]를 누른다.

② DMIN의 [함수 인수] 대화상자에서 Database 『B4:H12』, Field 『5』, Criteria 『E4:E5』
를 입력한다.
→ [확인]을 클릭한다.

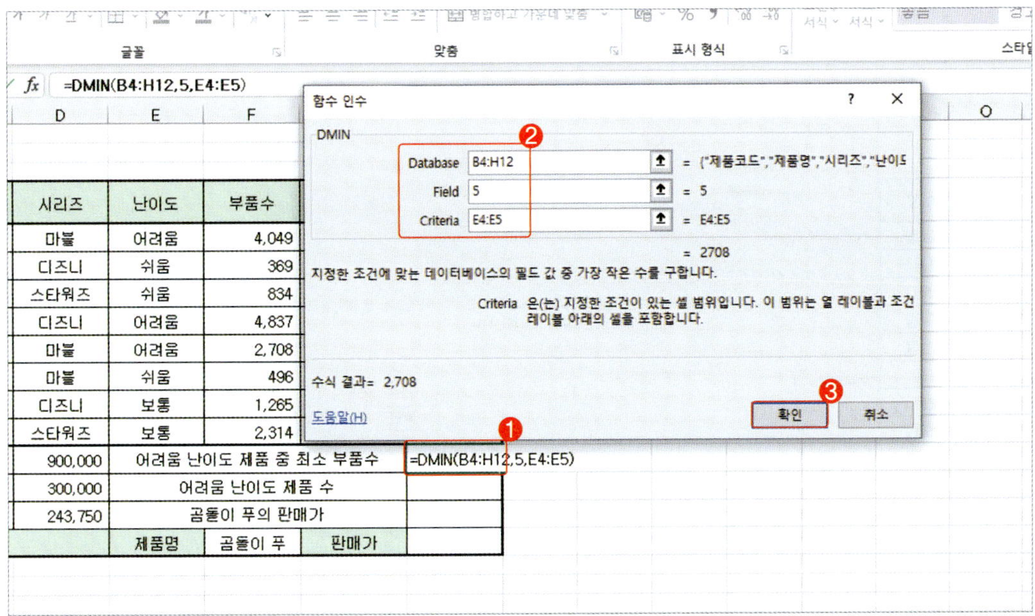

함수 설명

DMIN과 DMAX

DMIN(Database, Field, Criteria) 함수
⇒ 목록에서 조건에 맞는 가장 작은 값을 반환한다.

DMAX(Database, Field, Criteria) 함수
⇒ 목록에서 조건에 맞는 가장 큰 값을 반환한다.

① 「H14」 셀에 『=DCOUNTA』를 입력하고 Ctrl + A 를 누른다.

② DCOUNTA의 [함수 인수] 대화상자에서 Database 『B4:H12』, Field 『4』, Criteria 『E4:E5』를 입력한다.
　→ [확인]을 클릭한다.

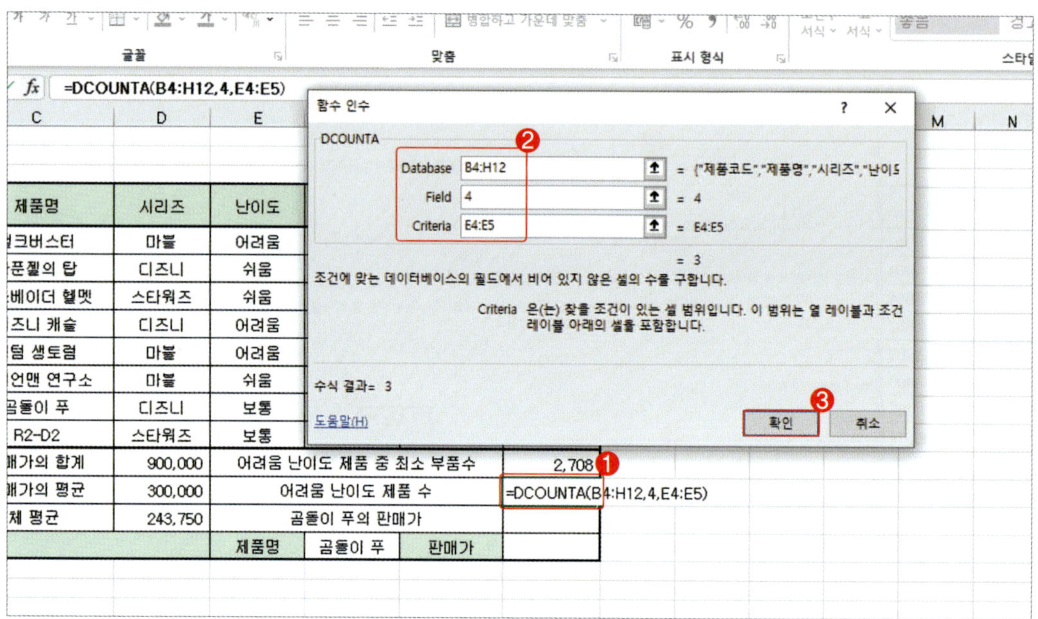

함수 설명

=DCOUNTA(B4:H12, 4, E4:E5)
　　　　　　　①　　　②

① 「B4:H12」 영역의 4번째 열인 "난이도"에서
② 난이도가 "어려움"인 것들의 개수를 반환

DCOUNTA(Database, Field, Criteria) 함수

Database : 지정할 범위
Field : 함수에 사용되는 열 위치
Criteria : 조건이 있는 셀 범위

① 「H15」 셀에 『=INDEX』를 입력하고 Ctrl + A 를 누른다.

② INDEX의 [인수 선택] 대화상자에서 array,row_num,column_num을 선택한다.
→ [확인]을 클릭한다.

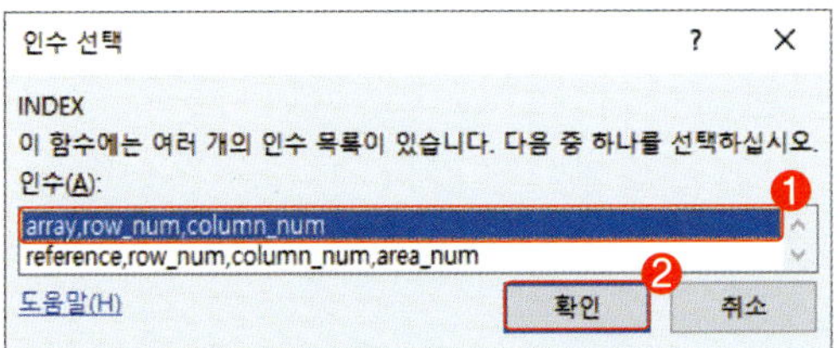

💬 함수 설명

INDEX 함수의 인수 선택

INDEX 함수는 값을 반환하는 배열형(array)과 참조를 반환하는 참조형(reference)을 선택할 수 있다.
참조형은 범위를 여러 개 설정하는 경우에 사용하는 방식이다. 보통은 배열형을 주로 사용한다.

③ INDEX의 [함수 인수] 대화상자에서 Array 『B5:H12』, Row_num 『MATCH("곰돌이
푸", C5:C12, 0)』, Column_num 『6』을 입력한다.
→ [확인]을 클릭한다.

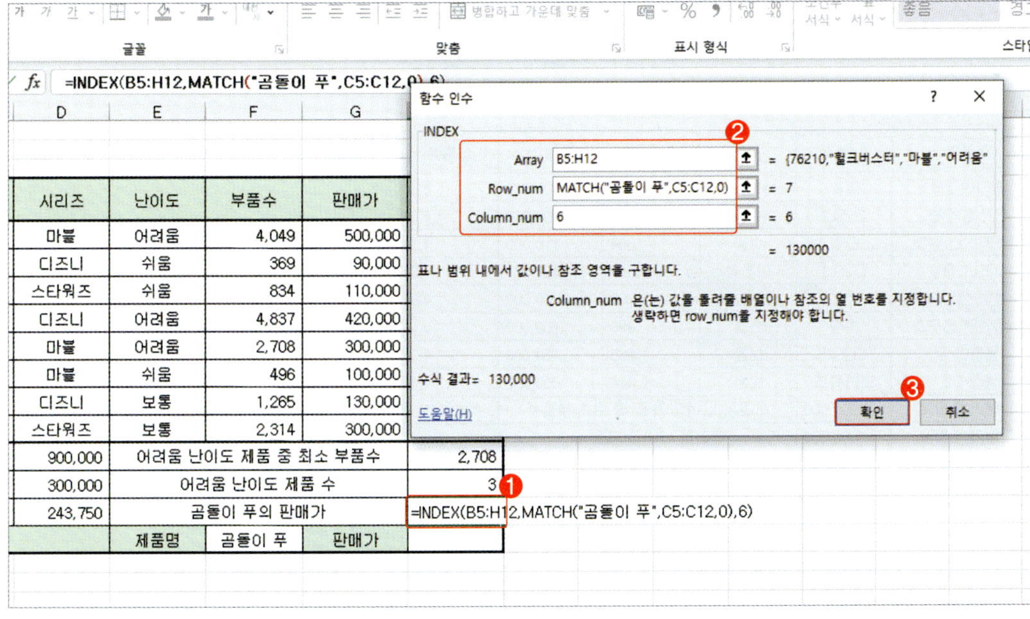

=INDEX(B5:H12, MATCH("곰돌이 푸", C5:C12, 0), 6)
         ①   ②   ③

① 「B5:H12」 영역에서
② "곰돌이 푸"가 「C5:C12」 범위에서 몇 번째 행에 있는지 반환하고
③ 6번째 열인 "판매가"에서 ②에서 구한 행의 데이터를 찾음

INDEX(Array, Row_num, [Column_num]) 함수

Array : 지정할 범위
Row_num : 값을 반환할 배열의 행
Column_num : 값을 반환할 배열의 열

MATCH(Lookup_value, Lookup_array, [Match_type]) 함수

Lookup_value : 찾으려는 값
Lookup_array : 검색할 범위
Match_type : 0이면 Lookup_value와 같은 값을 찾음

SECTION 07   판매가 (VLOOKUP 함수)

① 「H16」 셀에 『=VLOOKUP(F16, C5:H12, 5, 0)』을 입력한다.

DATE | fx | =VLOOKUP(F16,C5:H12,5,0)

제품코드	제품명	시리즈	난이도	부품수	판매가	상품평
76210	헐크버스터	마블	어려움	4,049	500,000	3.8
43187	라푼젤의 탑	디즈니	쉬움	369	90,000	4.3
75304	다스베이더 헬멧	스타워즈	쉬움	834	110,000	4.3
43222	디즈니 캐슬	디즈니	어려움	4,837	420,000	4.9
76218	샌텀 생토럼	마블	어려움	2,708	300,000	4.7
76216	아이언맨 연구소	마블	쉬움	496	100,000	3.2
21326	곰돌이 푸	디즈니	보통	1,265	130,000	4.0
75308	R2-D2	스타워즈	보통	2,314	300,000	4.6
마블 시리즈 판매가의 합계		900,000	어려움 난이도 제품 중 최소 부품수			2,708
마블 시리즈 판매가의 평균		300,000	어려움 난이도 제품 수			3
판매가의 전체 평균		243,750	곰돌이 푸의 판매가			130,000
			제품명	곰돌이 푸	판매가	=VLOOKUP(F16,C5:H12,5,0)

=VLOOKUP(F16, C5:H12, 5, 0)
       ①   ②

① 「F16」 셀의 값을 「C5:H12」 영역에서 조회하고
② 해당하는 행의 5번째 열인 "판매가"의 값을 반환

VLOOKUP(Lookup_value, Table_array, Col_index_num, [Range_lookup]) 함수

Lookup_value : 조회하려는 값
Table_array : 조회할 값이 있는 범위
Col_index_num : 반환할 값이 있는 열
Range_lookup : 0(FALSE)이면 정확히 일치, 1(TRUE)이면 근사값 반환

② 「F16」 셀 선택에 따라 「H16」 셀이 바뀌는 것을 확인한다.

제품코드	제품명	시리즈	난이도	부품수	판매가	상품평
76210	헐크버스터	마블	어려움	4,049	500,000	3.8
43187	라푼젤의 탑	디즈니	쉬움	369	90,000	4.3
75304	다스베이더 헬멧	스타워즈	쉬움	834	110,000	4.3
43222	디즈니 캐슬	디즈니	어려움	4,837	420,000	4.9
76218	샘텀 샘토럼	마블	어려움	2,708	300,000	4.7
76216	아이언맨 연구소	마블	쉬움	496	100,000	3.2
21326	곰돌이 푸	디즈니	보통	1,265	130,000	4.0
75308	R2-D2	스타워즈	보통	2,314	300,000	4.6
마블 시리즈 판매가의 합계		900,000	어려움 난이도 제품 중 최소 부품수			2,708
마블 시리즈 판매가의 평균		300,000	어려움 난이도 제품 수			3
판매가의 전체 평균		243,750	곰돌이 푸의 판매가			130,000
			제품명	디즈니 캐슬	판매가	420,000

문제유형 ❷-1

작업파일 PART 01 시험 유형 따라하기₩유형2-1번_문제.xlsx　정답파일 유형2-1번_정답.xlsx

(1)~(6) 셀은 반드시 주어진 함수를 이용하여 값을 구하시오.

출력형태

	수강코드	강좌명	분류	교육대상	개강날짜	신청인원	수강료 (단위:원)	교육장소	신청인원 순위
	CS-210	소통스피치	인문교양	성인	2023-04-03	101명	60,000	(1)	(2)
	SL-101	체형교정 발레	생활스포츠	청소년	2023-03-06	56명	75,000	(1)	(2)
	ST-211	스토리텔링 한국사	인문교양	직장인	2023-03-13	97명	40,000	(1)	(2)
	CE-310	어린이 영어회화	외국어	청소년	2023-04-10	87명	55,000	(1)	(2)
	YL-112	요가	생활스포츠	성인	2023-03-04	124명	45,000	(1)	(2)
	ME-312	미드로 배우는 영어	외국어	직장인	2023-03-10	78명	65,000	(1)	(2)
	PL-122	필라테스	생활스포츠	성인	2023-03-06	135명	45,000	(1)	(2)
	SU-231	자신감 UP	인문교양	청소년	2023-04-03	43명	45,000	(1)	(2)

평생학습센터 온라인 수강신청 현황

확인: 담당 / 팀장 / 센터장

필라테스 수강료(단위:원)	(3)		최저 수강료(단위:원)	(5)
인문교양 최대 신청인원	(4)	강좌명	소통스피치 개강날짜	(6)

조건

(1) 교육장소 ⇒ 수강코드의 네 번째 글자가 1이면 '제2강의실', 2이면 '제3강의실', 3이면 '제4강의실'로 구하시오(IF, MID 함수).

(2) 신청인원 순위 ⇒ 신청인원의 내림차순 순위를 구하시오(RANK.EQ 함수).

(3) 필라테스 수강료(단위:원) ⇒ (INDEX, MATCH 함수)

(4) 인문교양 최대 신청인원 ⇒ 인문교양 강좌 중에서 최대 신청인원을 구한 후 결과값에 '명'을 붙이시오. 단, 조건은 입력데이터를 이용하시오 (DMAX 함수, & 연산자)(예 : 10명).

(5) 최저 수강료(단위:원) ⇒ 정의된 이름(수강료)을 이용하여 구하시오(SMALL 함수).

(6) 개강날짜 ⇒ 「H14」 셀에서 선택한 강좌명에 대한 개강날짜를 구하시오(VLOOKUP 함수).

(1)~(6) 셀은 반드시 주어진 함수를 이용하여 값을 구하시오.

출력형태

▲A	B	C	D	E	F	G	H	I	J
1			우리제주로 숙소 예약 현황				결재	사원	과장	부장
2										
3										
4	예약번호	종류	숙소명	입실일	1박요금(원)	예약인원	숙박일수	숙박비(원)	위치
5	HA1-01	호텔	엠스테이	2023-08-03	120,000	4명	2	(1)	(2)
6	RE3-01	리조트	스완지노	2023-07-25	135,000	2명	3	(1)	(2)
7	HA2-02	호텔	더비치	2023-07-20	98,000	3명	3	(1)	(2)
8	PE4-01	펜션	화이트캐슬	2023-08-10	115,000	5명	4	(1)	(2)
9	RE1-02	리조트	베스트뷰	2023-08-01	125,000	3명	2	(1)	(2)
10	RE4-03	리조트	그린에코	2023-09-01	88,000	4명	3	(1)	(2)
11	HA2-03	호텔	크라운유니	2023-07-27	105,000	2명	4	(1)	(2)
12	PE4-03	펜션	푸른바다	2023-09-10	75,000	6명	2	(1)	(2)
13	호텔 1박요금(원) 평균			(3)			가장 빠른 입실일			(5)
14	숙박일수 4 이상인 예약건수			(4)			숙소명	엠스테이	예약인원	(6)

조건

(1) 숙박비(원) ⇒ 「1박요금(원)×숙박일수×할인율」로 구하시오. 단, 할인율은 숙박일수가 3 이상이면 '0.8', 그 외에는 '0.9'로 계산하시오(IF 함수).

(2) 위치 ⇒ 예약번호 세 번째 값이 1이면 '서귀포', 2이면 '제주', 3이면 '동부권', 4이면 '서부권'으로 구하시오(CHOOSE, MID 함수).

(3) 호텔 1박요금(원) 평균 ⇒ 반올림하여 천원 단위까지 구하고, 조건은 입력데이터를 이용하시오(ROUND, DAVERAGE 함수)(예 : 123,567 → 124,000).

(4) 숙박일수 4 이상인 예약건수 ⇒ 결과값에 '건'을 붙이시오(COUNTIF 함수, & 연산자)(예 : 1건).

(5) 가장 빠른 입실일 ⇒ 정의된 이름(입실일)을 이용하여 날짜로 표시하시오(MIN 함수)(예 : 2023-08-03).

(6) 예약인원 ⇒ 「H14」 셀에서 선택한 숙소명에 대한 예약인원을 구하시오(VLOOKUP 함수).

이 책장을 넘기면,
합격의 길이 열릴 거예요.

제2작업
목표값 찾기 및 필터/
필터 및 서식

배점 **80점** | A등급 목표점수 **70점**

CHAPTER 07 목표값 찾기/고급 필터/표 서식

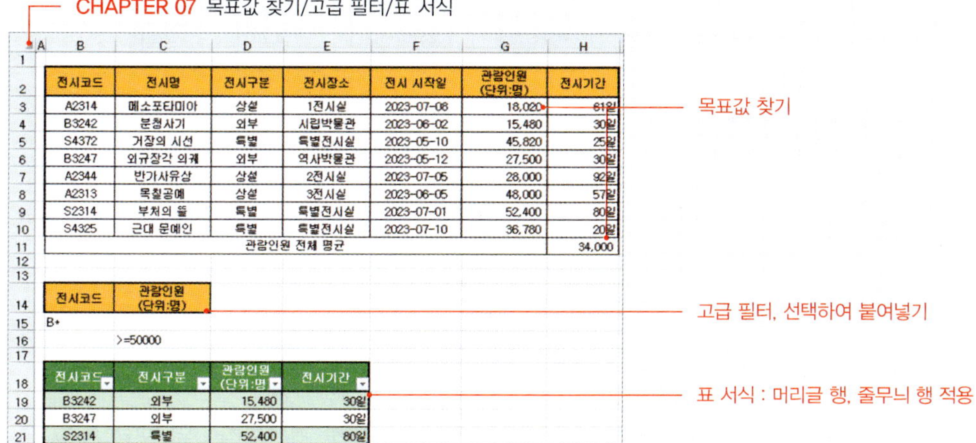

출제포인트

셀 복사 · 간단한 함수 이용 · 선택하여 붙여넣기 · 고급 필터 · 표 서식 · 목표값 찾기

출제기준

제1작업의 데이터를 이용하여 고급 필터 능력과 서식 작성 능력, 중복 데이터 제거 능력, 자동 필터 능력을 평가하는 문항입니다.

A등급 TIP

제2작업은 제1작업의 데이터를 기반으로 작성하며 다음과 같은 기능 조합 중 한 가지가 출제됩니다.
- 목표값 찾기 및 필터 : 목표값을 찾은 후 조건에 맞는 데이터 추출
- 필터 및 서식 : 조건에 맞는 데이터 추출 후 표 서식 적용

[제2작업]

목표값 찾기/고급 필터/표 서식

▶ 합격 강의

| 작업파일 | PART 01 시험 유형 따라하기\CHAPTER07.xlsx |
| 정답파일 | PART 01 시험 유형 따라하기\CHAPTER07_정답.xlsx |

문제보기

"제1작업" 시트의 「B4:H12」 영역을 복사하여 "제2작업" 시트의 「B2」 셀부터 모두 붙여넣기를 한 후 다음의 조건과 같이 작업하시오.

출력형태 ● ─── 실제 시험에서는 출력형태 없이 조건만 주어진다.

	B	C	D	E	F	G	H
2	전시코드	전시명	전시구분	전시장소	전시 시작일	관람인원 (단위:명)	전시기간
3	A2314	메소포타미아	상설	1전시실	2023-07-08	18,020	61일
4	B3242	분청사기	외부	시립박물관	2023-06-02	15,480	30일
5	S4372	거장의 시선	특별	특별전시실	2023-05-10	45,820	25일
6	B3247	외규장각 의궤	외부	역사박물관	2023-05-12	27,500	30일
7	A2344	반가사유상	상설	2전시실	2023-07-05	28,000	92일
8	A2313	목칠공예	상설	3전시실	2023-06-05	48,000	57일
9	S2314	부처의 뜰	특별	특별전시실	2023-07-01	52,400	80일
10	S4325	근대 문예인	특별	특별전시실	2023-07-10	36,780	20일
11	관람인원 전체 평균						34,000

	B	C	D	E
14	전시코드	관람인원 (단위:명)		
15	B*			
16		>=50000		
18	전시코드 ▼	전시구분 ▼	관람인원 (단위:명) ▼	전시기간 ▼
19	B3242	외부	15,480	30일
20	B3247	외부	27,500	30일
21	S2314	특별	52,400	80일

조건

(1) 목표값 찾기 – 「B11:G11」 셀을 병합하고, 가운데 맞춤한 후 "관람인원 전체 평균"을 입력하고, 「H11」 셀에 관람인원의 전체 평균을 구하시오. 단, 조건은 입력데이터를 이용하시오(AVERAGE 함수, 테두리).

　– '관람인원 전체 평균'이 '34,000'이 되려면 메소포타미아의 관람인원(단위:명)이 얼마가 되어야 하는지 목표값을 구하시오.

(2) 고급 필터 – 전시코드가 'B'로 시작하거나, 관람인원(단위:명)이 '50,000' 이상인 자료의 전시코드, 전시구분, 관람인원(단위:명), 전시기간 데이터만 추출하시오.

　– 조건 범위 : 「B14」 셀부터 입력하시오.

　– 복사 위치 : 「B18」 셀부터 나타나도록 하시오.

(3) 표 서식 – 고급필터의 결과셀을 채우기 없음으로 설정한 후 '표 스타일 보통 7'의 서식을 적용하시오.

　– 머리글 행, 줄무늬 행을 적용하시오.

① "제1작업" 시트의 「B4:H12」 영역을 블록 설정한다.

   → [홈] 탭 – [클립보드] 그룹 – [복사](📋)를 클릭한다(Ctrl + C).

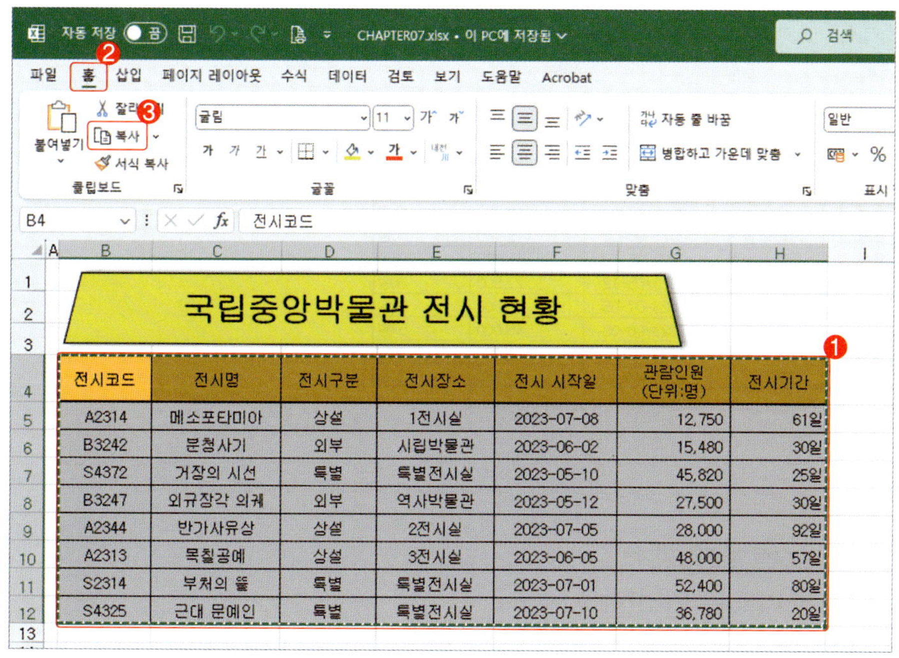

② "제2작업" 시트의 「B2」 셀에서 [붙여넣기](📋)를 한다(Ctrl + V).

   → [붙여넣기 옵션] – [원본 열 너비 유지](📋)를 클릭한다.

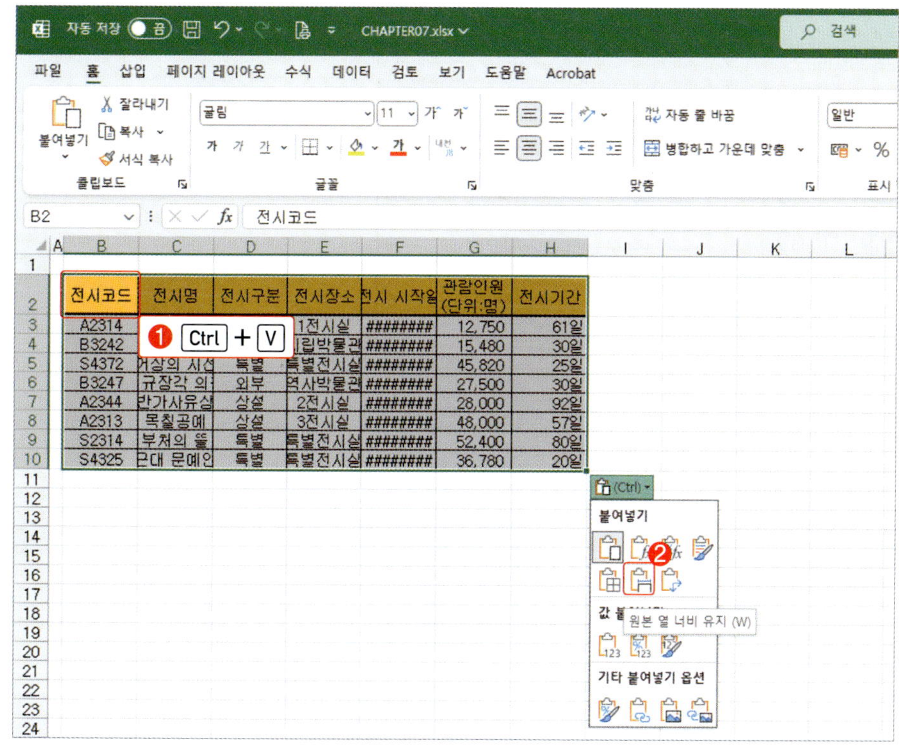

🚩 **기적**의 TIP

행 높이도 적당히 조절해 준다.

💡 **해결** TIP

제2작업~제3작업 데이터 도 제1작업에서 적용한 '굴 림', '11pt'로 해야 하나요?

제1작업의 데이터를 복사해 서 쓰기 때문에 특별히 바 꿀 필요는 없다.

③ 「B11:G11」 영역을 블록 설정한다.
　→ [홈] 탭 – [맞춤] 그룹 – [병합하고 가운데 맞춤](🔁)을 클릭한다.

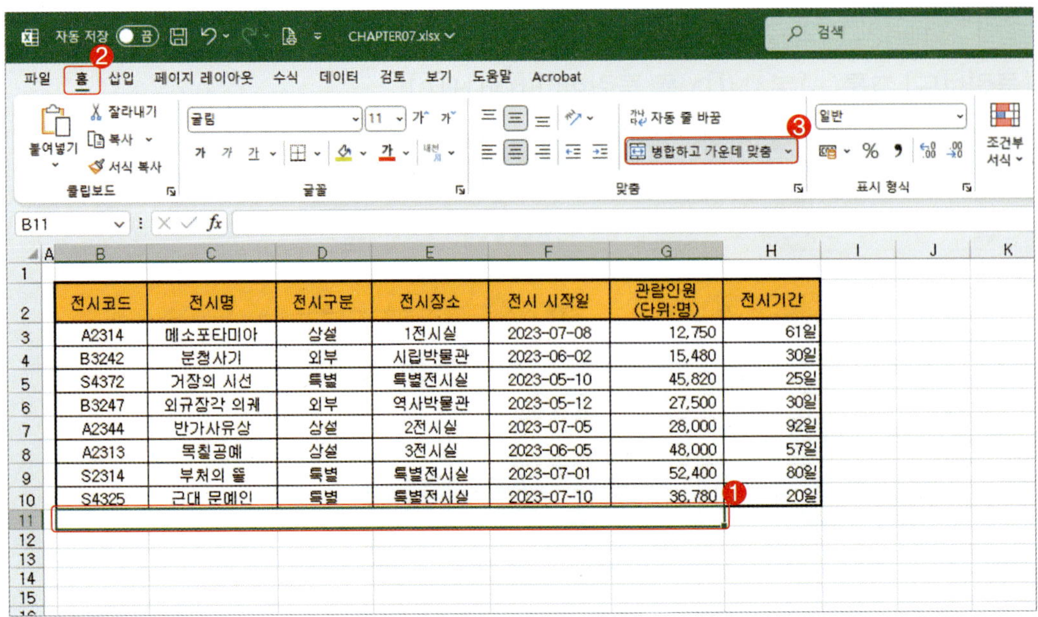

④ 병합한 셀에 『관람인원 전체 평균』을 입력한다.
　→ 「H11」 셀에 『=AVERAGE(G3:G10)』을 입력한다.

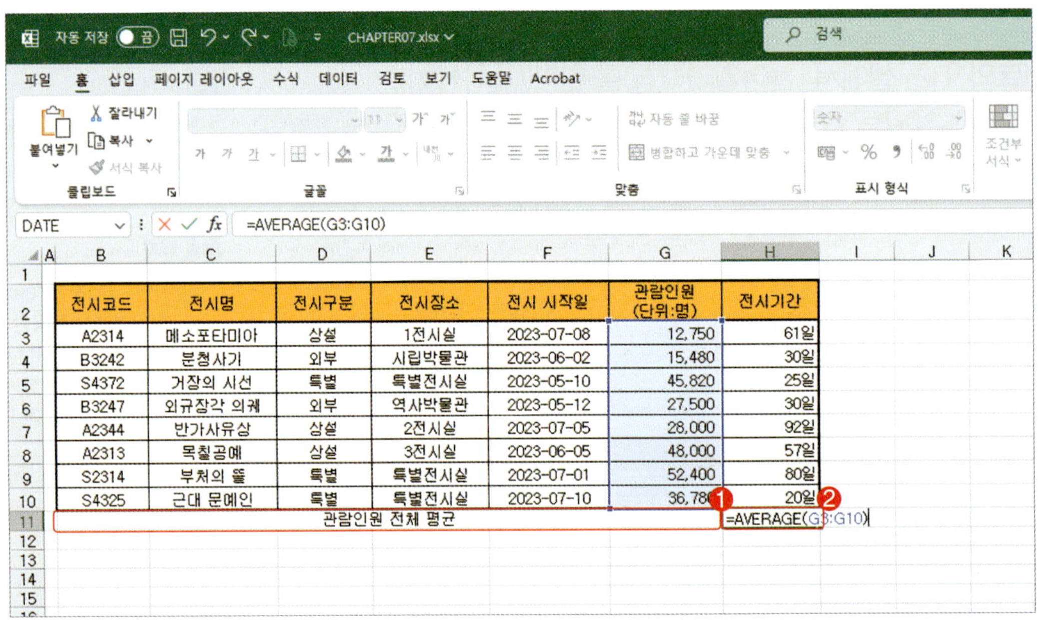

💬 함수 설명

=AVERAGE(G3:G10)
　　　　①

① 「G3:G10」 영역의 평균을 반환

⑤ 「B11:H11」 영역을 블록 설정한다.

→ [홈] 탭 – [글꼴] 그룹 – [테두리]에서 [모든 테두리](田)를 클릭한다.

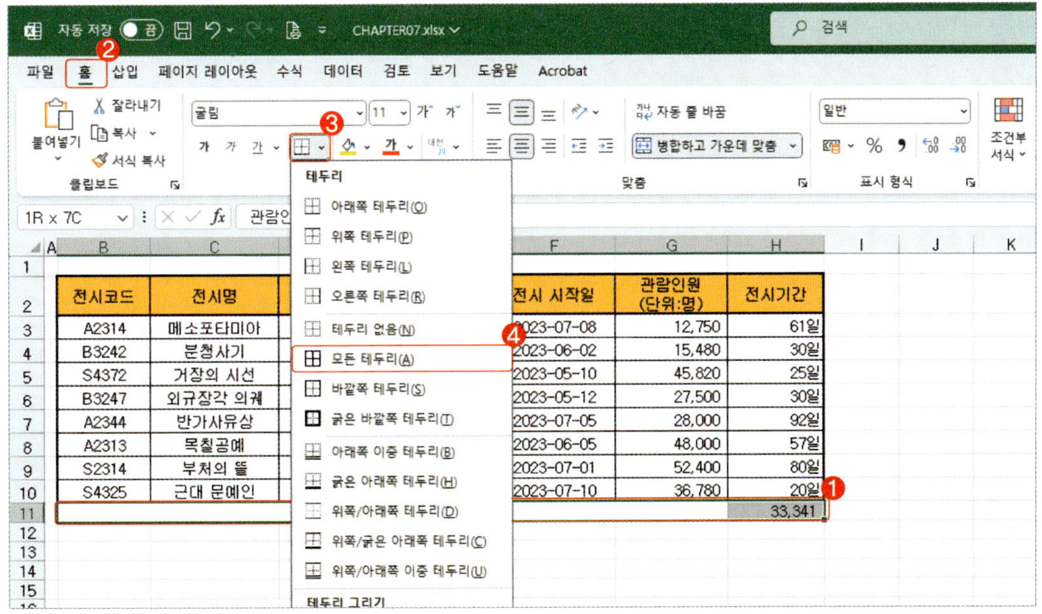

⑥ 「H11」 셀을 클릭한다.

→ [데이터] 탭 – [예측] 그룹 – [가상 분석](田?)을 클릭하고 [목표값 찾기]를 클릭한다.

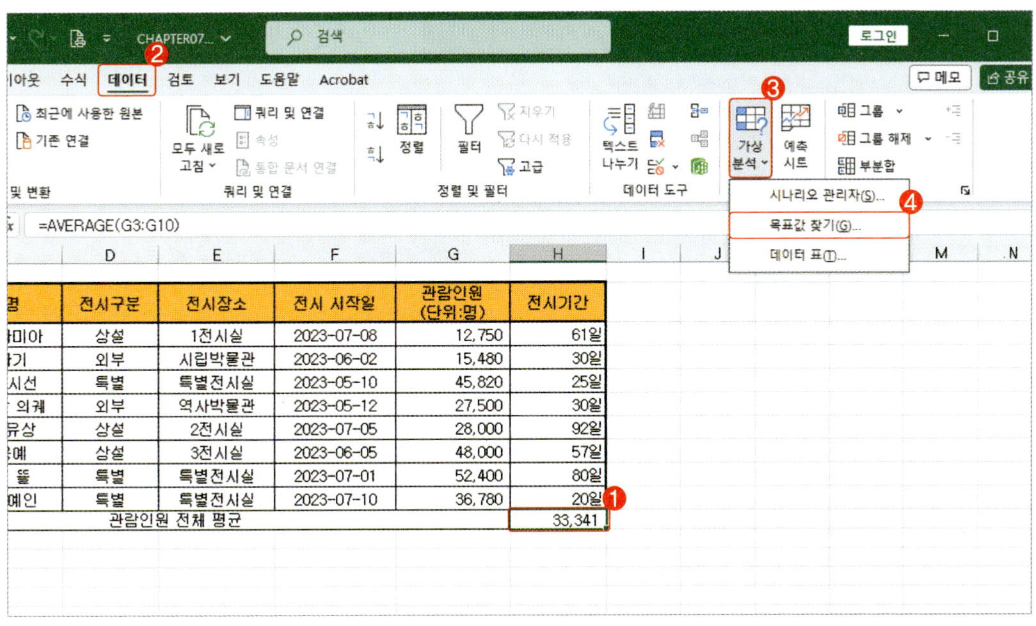

⑦ [목표값 찾기] 대화상자에서 수식 셀 『H11』, 찾는 값 『34000』, 값을 바꿀 셀 『$G$3』을 입력한다.

→ [확인]을 클릭한다.

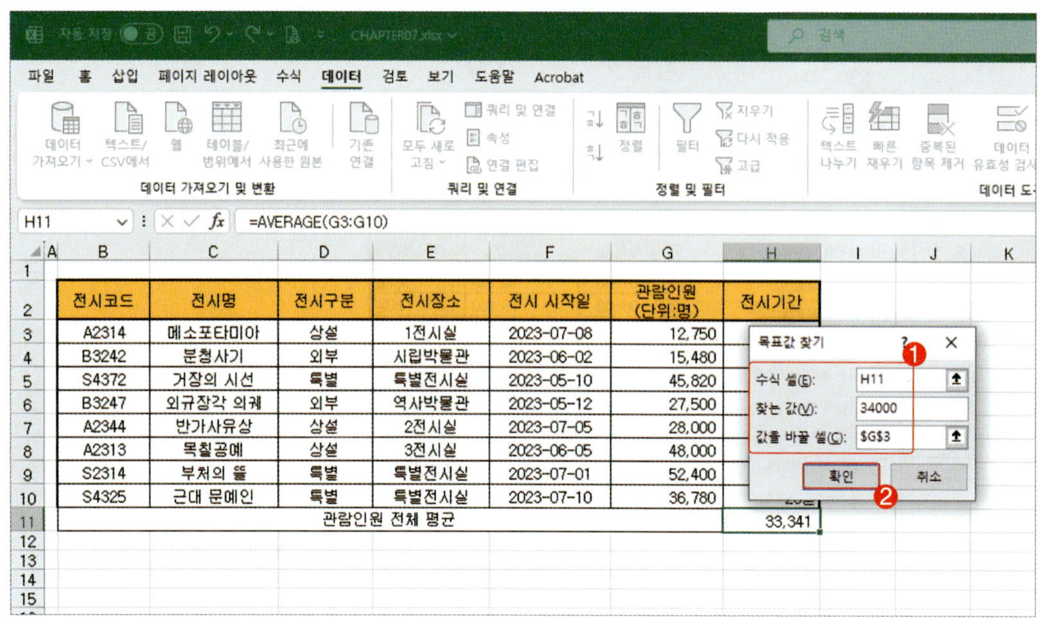

⑧ [목표값 찾기 상태] 대화상자가 나타나며 「G3」 셀의 값이 변경되면 [확인]을 클릭한다.

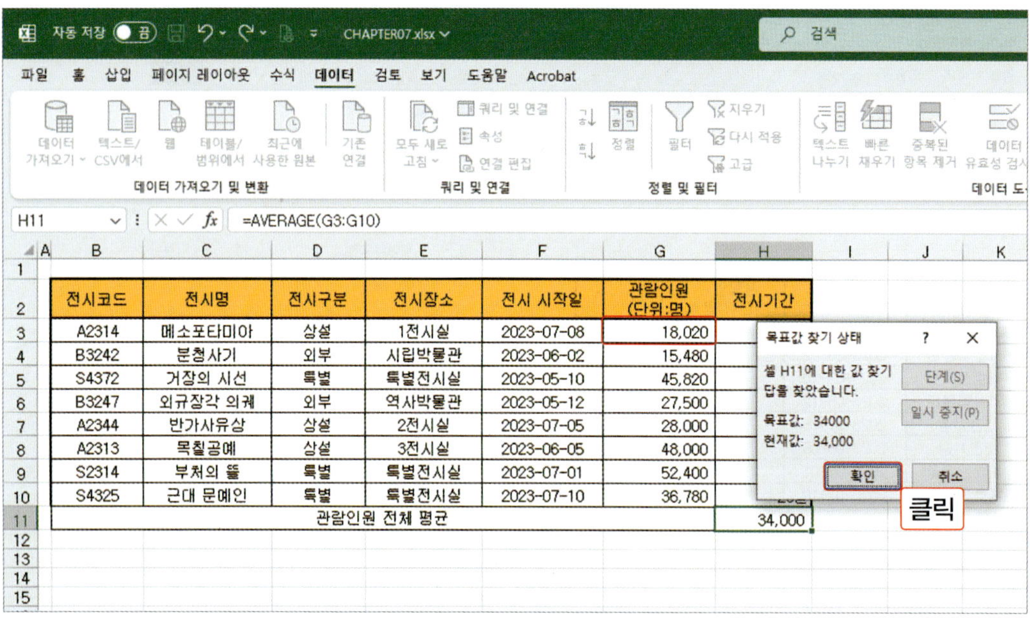

① Ctrl을 누른 채 「B2」 셀과 「G2」 셀을 클릭하여 복사(Ctrl+C) 한다.

→ 조건의 위치인 「B14」 셀에 붙여넣기(Ctrl+V) 한다.

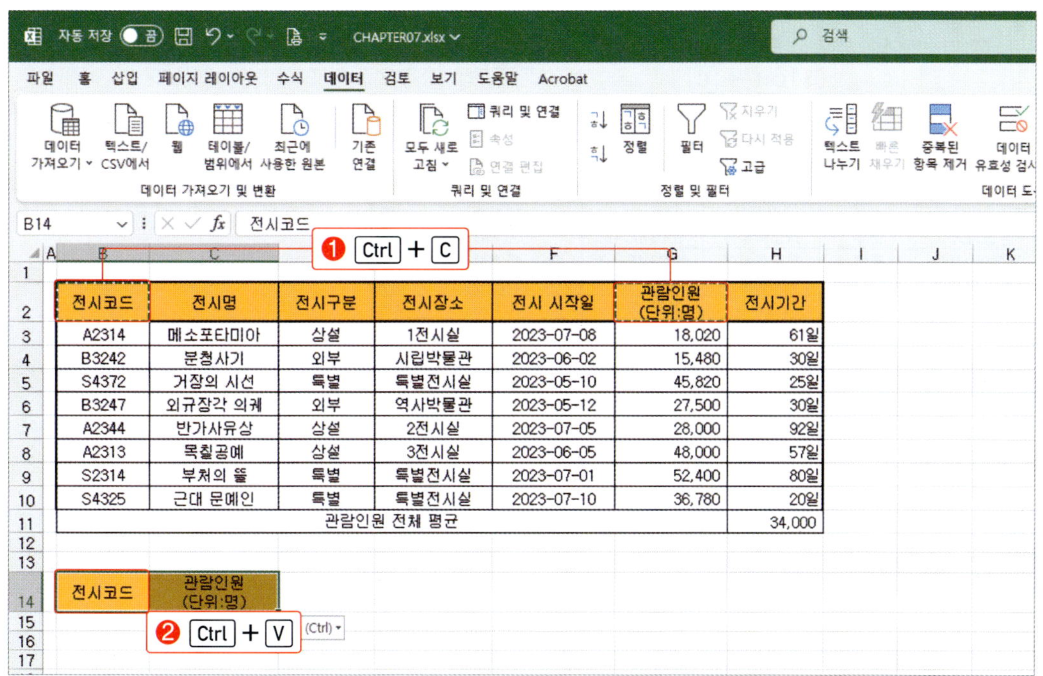

② 「B15」 셀에 『B*』, 「C16」 셀에 『>=50000』을 입력한다.

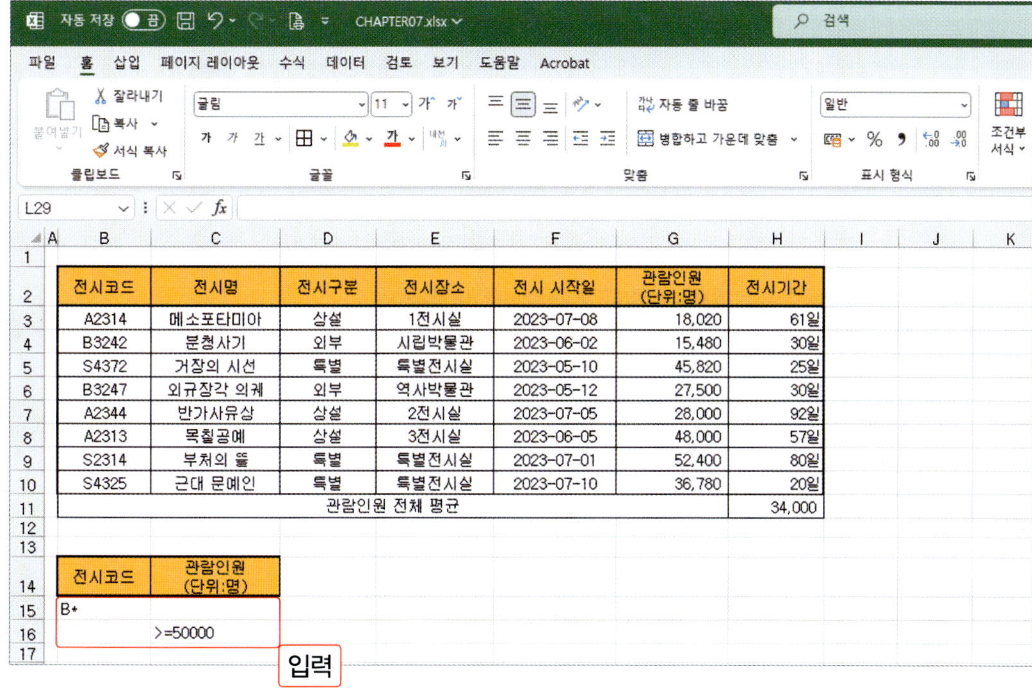

③ `Ctrl`을 누른 채 「B2」, 「D2」, 「G2」, 「H2」 셀을 클릭하여 복사(`Ctrl`+`C`) 한다.

→ 복사 위치인 「B18」 셀에 붙여넣기(`Ctrl`+`V`) 한다.

④ 「B2:H10」 영역을 블록 설정한다.

→ [데이터] 탭 – [정렬 및 필터] 그룹 – [고급](🔽)을 클릭한다.

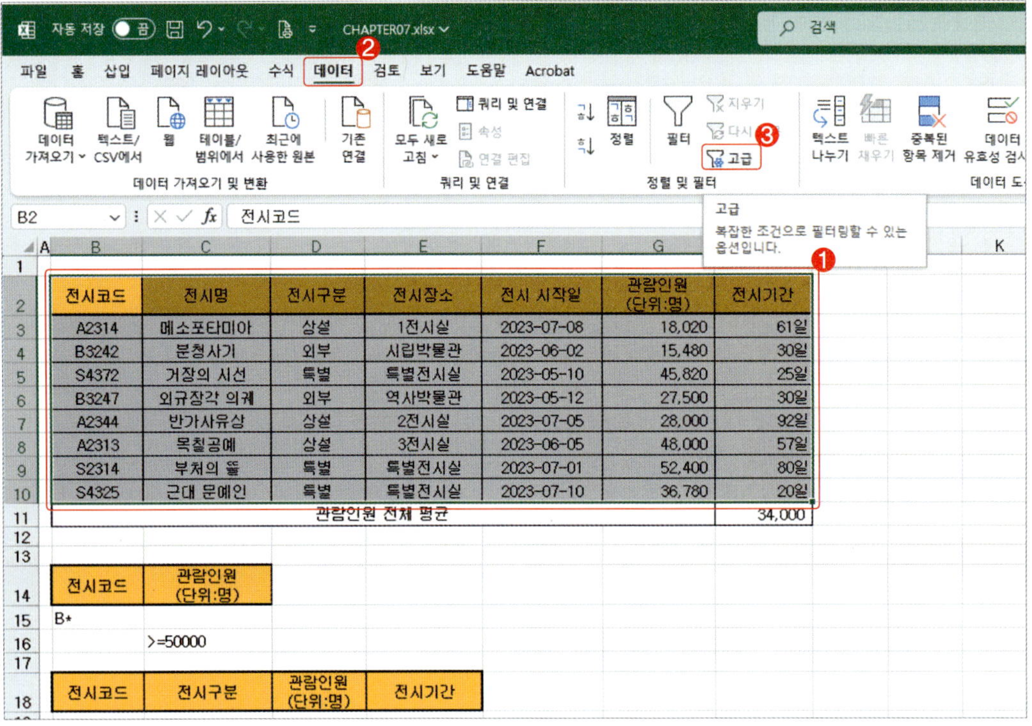

⑤ [고급 필터] 대화상자 – '결과'에서 [다른 장소에 복사]를 클릭한다.
  → 마우스 드래그로 조건 범위 『B14:C16』, 복사 위치 『B18:E18』을 지정하고 [확인]을
    클릭한다.

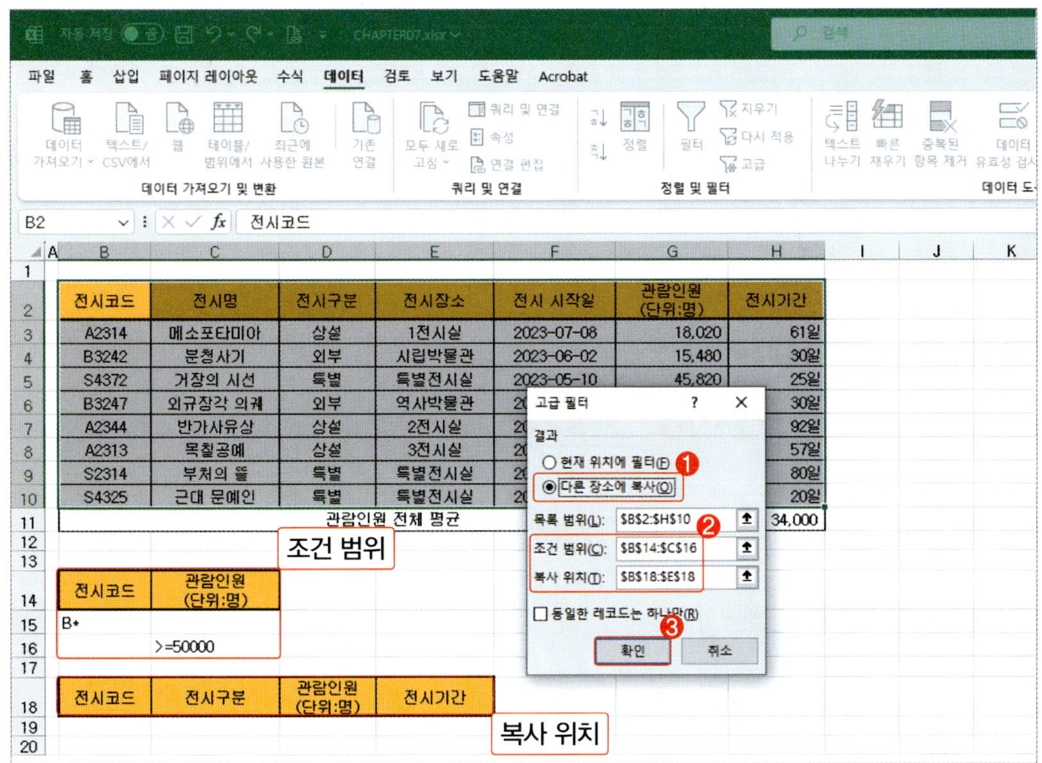

+ 더 알기 TIP

고급 필터 조건

조건	예시	설명
특정 값과 일치	=서울	해당 셀의 값이 "서울"인 경우 필터
특정 값 이상	>=50	해당 셀의 값이 50 이상인 경우 필터(이하는 ≤ 사용)
특정 값 초과	>50	해당 셀의 값이 50 초과인 경우 필터(미만은 < 사용)
특정 값이 아닌 경우	<>서울	해당 셀의 값이 "서울"이 아닌 경우 필터
특정 문자 포함	*서울*	해당 셀의 값에 "서울"이 포함된 경우 필터
특정 문자로 시작	서울*	해당 셀의 값이 "서울"로 시작하는 경우 필터
특정 문자로 끝남	*서울	해당 셀의 값이 "서울"로 끝나는 경우 필터
특정 문자 제외	<>*서울*	해당 셀의 값에 "서울"이 포함되지 않는 경우 필터

고급 필터의 조건 범위

AND 조건 : 조건을 서로 같은 행에 입력		전시코드	관람인원
⇒ 전시코드가 B로 시작하면서 관람인원이 50,000 이상인 데이터를 추출한다.		B*	>=50000

OR 조건 : 조건을 서로 다른 행에 입력		전시코드	관람인원
⇒ 전시코드가 B로 시작하거나 관람인원이 50,000 이상인 데이터를 추출한다.		B*	
			>=50000

① 「B18:E21」 영역을 블록 설정한다.

→ [홈] 탭 – [글꼴] 그룹 – [채우기 색](🎨▾)을 클릭하고 '채우기 없음'을 클릭한다.

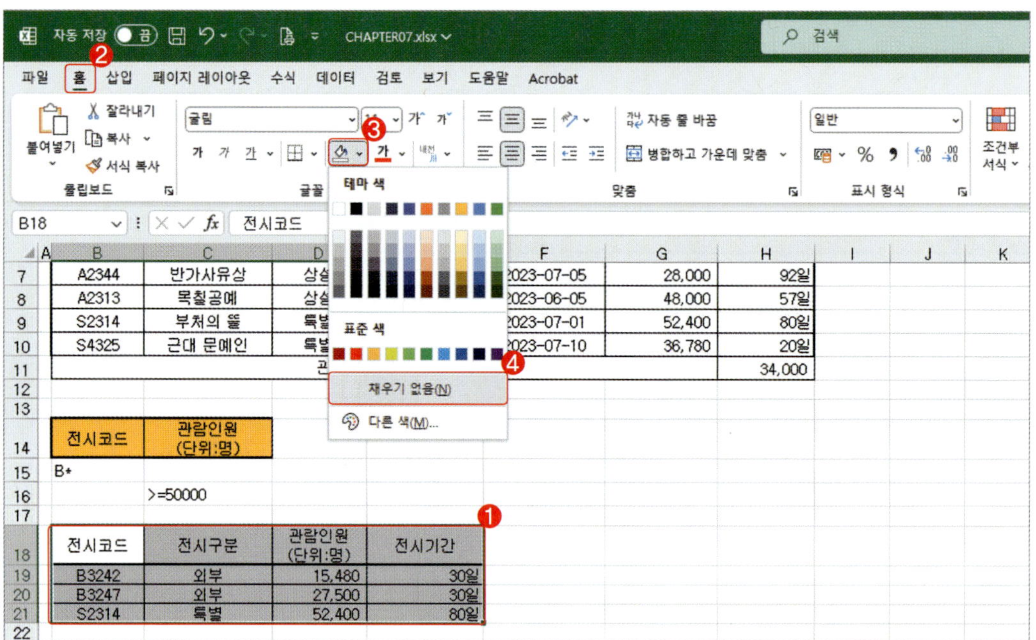

② 「B18:E21」 영역이 블록 설정된 상태에서 [홈] 탭 – [스타일] 그룹 – [표 서식](▦)을 클릭한다.

→ [표 스타일 보통 7]을 클릭한다.

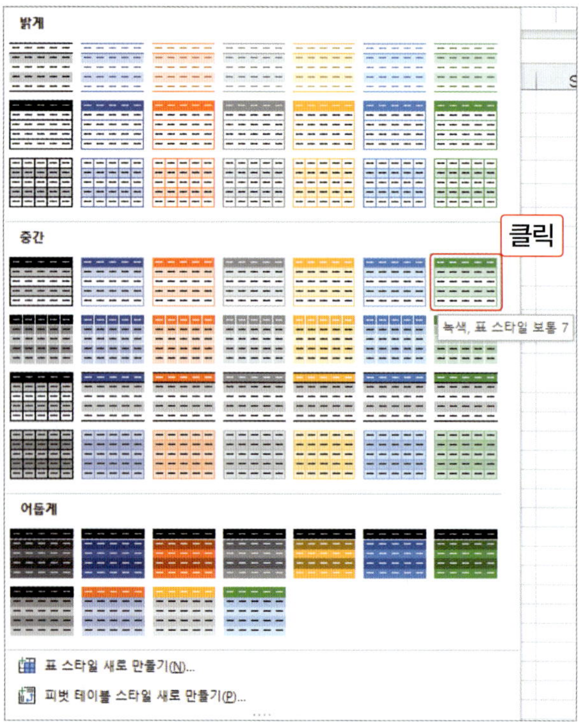

③ [표 만들기] 대화상자가 나타나면 [확인]을 클릭한다.

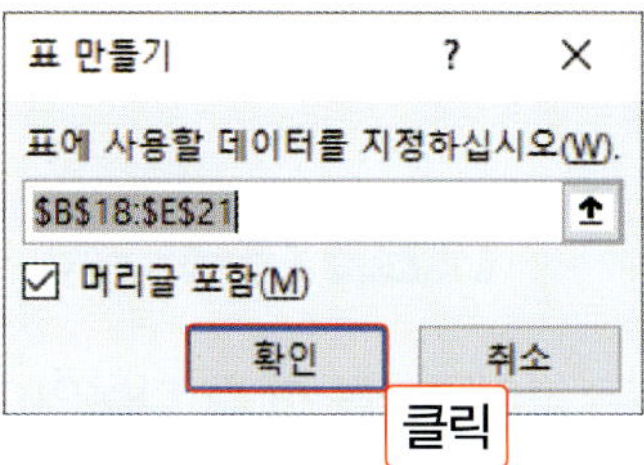

④ [테이블 디자인] 탭 – [표 스타일 옵션] 그룹에서 [머리글 행]과 [줄무늬 행]이 기본 적용된 것을 확인한다.

기적의 TIP

[필터 단추] 옵션은 해제하지 않아도 된다.

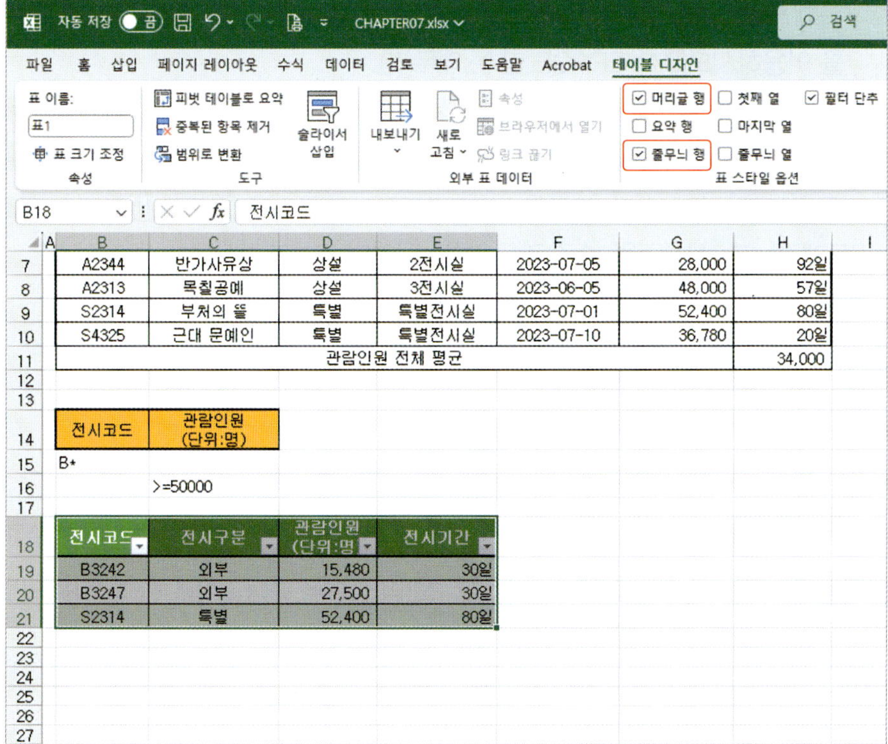

문제유형 ❸-1

작업파일 PART 01 시험 유형 따라하기\유형3-1번_문제.xlsx　**정답파일** 유형3-1번_정답.xlsx

"제1작업" 시트의 「B4:H12」 영역을 복사하여 "제2작업" 시트의 「B2」 셀부터 모두 붙여넣기를 한 후 다음의 조건과 같이 작업하시오.

조건	
	(1) 목표값 찾기 – 「B11:G11」 셀을 병합하고 가운데 맞춤한 후 "인문교양 신청인원 평균"을 입력하고 「H11」 셀에 인문교양 신청인원 평균을 구하시오. 단, 조건은 입력데이터를 이용하시오(DAVERAGE 함수, 테두리).
	– '인문교양 신청인원 평균'이 '85'가 되려면 소통스피치의 신청인원이 얼마가 되어야 하는지 목표값을 구하시오.
	(2) 고급 필터 – 교육대상이 '성인'이 아니면서, 수강료(단위:원)가 '50,000' 이상인 자료의 강좌명, 개강날짜, 신청인원, 수강료(단위:원) 데이터만 추출하시오.
	– 조건 범위 : 「B14」 셀부터 입력하시오.
	– 복사 위치 : 「B18」 셀부터 나타나도록 하시오.

문제유형 ❸-2

작업파일 PART 01 시험 유형 따라하기\유형3-2번_문제.xlsx　**정답파일** 유형3-2번_정답.xlsxx

"제1작업" 시트의 「B4:H12」 영역을 복사하여 "제2작업" 시트의 「B2」 셀부터 모두 붙여넣기를 한 후 다음의 조건과 같이 작업하시오.

조건	
	(1) 고급 필터 – 종류가 '리조트'이거나 입실일이 '2023-09-01' 이후인(해당일 포함) 자료의 예약번호, 숙소명, 예약인원, 숙박일수 데이터만 추출하시오.
	– 조건 범위 : 「B13」 셀부터 입력하시오.
	– 복사 위치 : 「B18」 셀부터 나타나도록 하시오.
	(2) 표 서식 – 고급필터의 결과셀을 채우기 없음으로 설정한 후 '표 스타일 보통 6'의 서식을 적용하시오.
	– 머리글 행, 줄무늬 행을 적용하시오.

제3작업
정렬 및 부분합/
피벗 테이블

배점 **80점** │ A등급 목표점수 **60점**

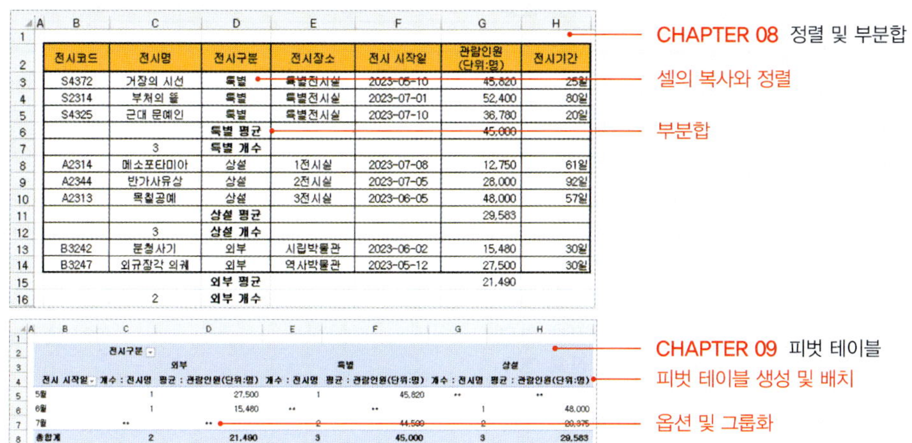

CHAPTER 08 정렬 및 부분합

셀의 복사와 정렬

부분합

CHAPTER 09 피벗 테이블

피벗 테이블 생성 및 배치

옵션 및 그룹화

출제포인트
셀의 복사와 정렬 · 개요(윤곽) 지우기 · 선택하여 붙여넣기 · 부분합 · 피벗 테이블

출제기준
필드별 분류 · 계산 능력과 특정 항목의 요약 · 분석 능력을 평가하는 문항입니다.

A등급 TIP
제3작업은 제1작업의 데이터를 기반으로 작성하며, '정렬 및 부분합', '피벗 테이블' 중 한 가지 유형이 출제됩니다. 난도
가 높은 문항이므로 여러 차례 반복하여 학습하는 것이 중요합니다.
- 정렬 및 부분합 : 특정 필드에 대한 합계, 평균 도출
- 피벗 테이블 : 필요한 필드를 추출하여 보기 쉬운 결과물 작성

[제3작업] **정렬 및 부분합**

합격 강의

作업파일 PART 01 시험 유형 따라하기₩CHAPTER08.xlsx
정답파일 PART 01 시험 유형 따라하기₩CHAPTER08_정답.xlsx

문제보기

"제1작업" 시트의 「B4:H12」 영역을 복사하여 "**제3작업**" 시트의 「B2」 셀부터 모두 붙여넣기를 한 후 다음의 조건과 같이 작업하시오.
└─ 제3작업은 "정렬 및 부분합"과 "피벗 테이블" 중에 출제된다.

출력형태

	A	B	C	D	E	F	G	H
1								
2		전시코드	전시명	전시구분	전시장소	전시 시작일	관람인원 (단위:명)	전시기간
3		S4372	거장의 시선	특별	특별전시실	2023-05-10	45,820	25일
4		S2314	부처의 뜰	특별	특별전시실	2023-07-01	52,400	80일
5		S4325	근대 문예인	특별	특별전시실	2023-07-10	36,780	20일
6				특별 평균			45,000	
7			3	특별 개수				
8		A2314	메소포타미아	상설	1전시실	2023-07-08	12,750	61일
9		A2344	반가사유상	상설	2전시실	2023-07-05	28,000	92일
10		A2313	목칠공예	상설	3전시실	2023-06-05	48,000	57일
11				상설 평균			29,583	
12			3	상설 개수				
13		B3242	분청사기	외부	시립박물관	2023-06-02	15,480	30일
14		B3247	외규장각 의궤	외부	역사박물관	2023-05-12	27,500	30일
15				외부 평균			21,490	
16			2	외부 개수				
17				전체 평균			33,341	
18			8	전체 개수				

조건

(1) 부분합 – ≪출력형태≫처럼 정렬하고, 전시명의 개수와 관람인원(단위:명)의 평균을 구하시오.

(2) 개요 – 지우시오.

(3) 나머지 사항은 ≪출력형태≫에 맞게 작성하시오.

① "제1작업" 시트의 「B4:H12」 영역을 블록 설정한다.

→ [홈] 탭 – [클립보드] 그룹 – [복사](icon)를 클릭한다(Ctrl + C).

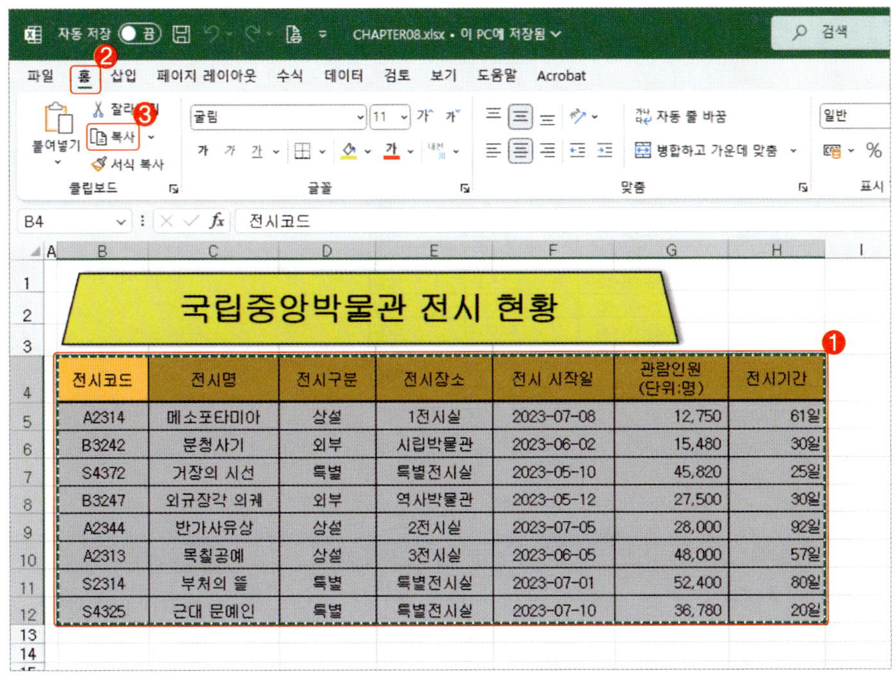

② "제3작업" 시트의 「B2」 셀에서 [붙여넣기](icon)를 한다(Ctrl + V).

→ [붙여넣기 옵션] – [원본 열 너비 유지](icon)를 클릭한다.

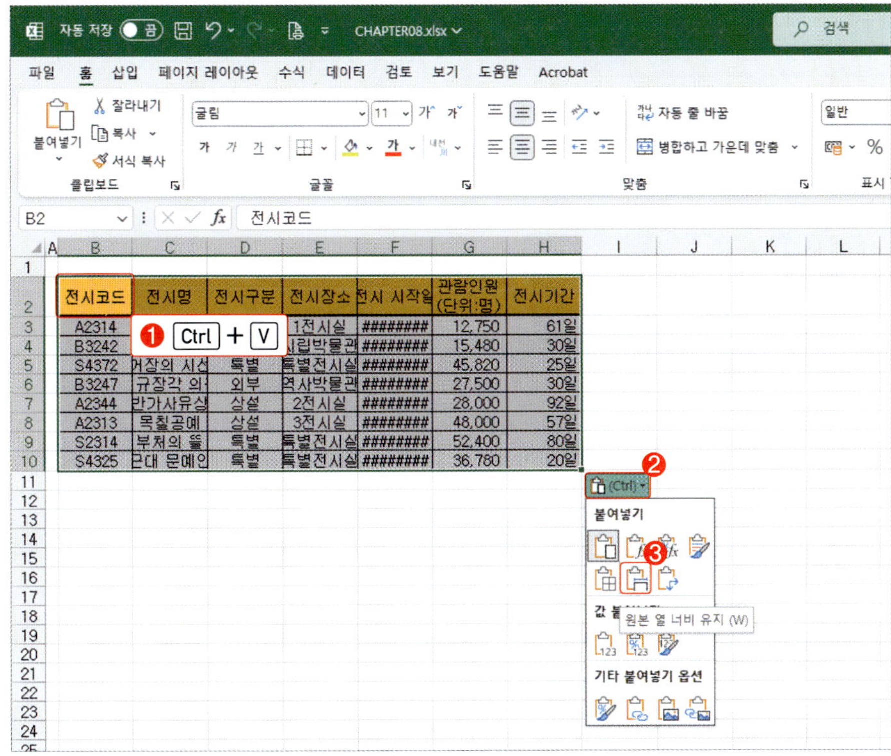

기적의 TIP

행 높이도 적당히 조절해 준다.

③ 「B2:H10」 영역 안에 셀 포인터를 둔다.

→ [데이터] 탭 – [정렬 및 필터] 그룹 – [정렬](⊞)을 클릭한다.

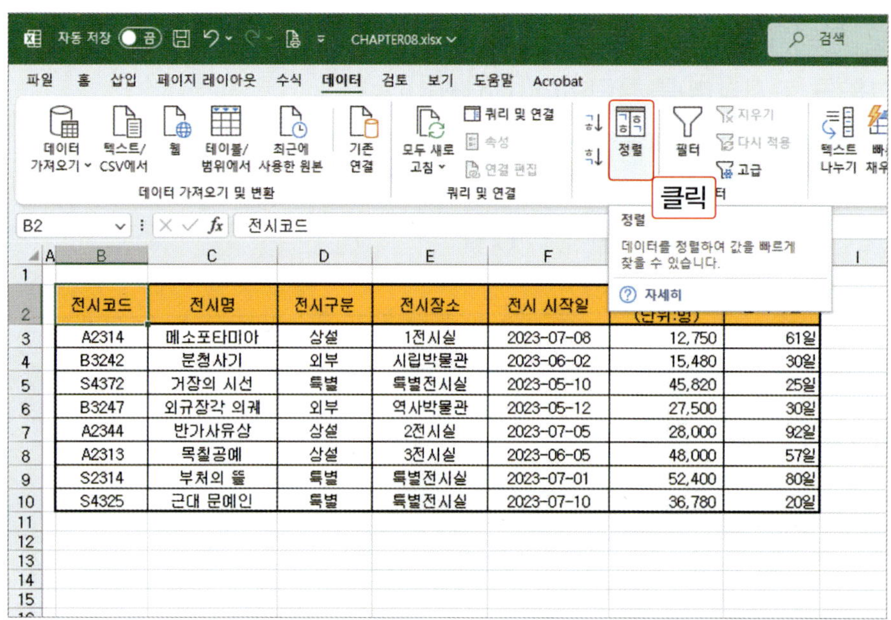

④ [정렬] 대화상자에서 세로 막대형의 정렬 기준은 '전시구분'을 선택하고, 정렬에서 '사용자 지정 목록'을 클릭한다.

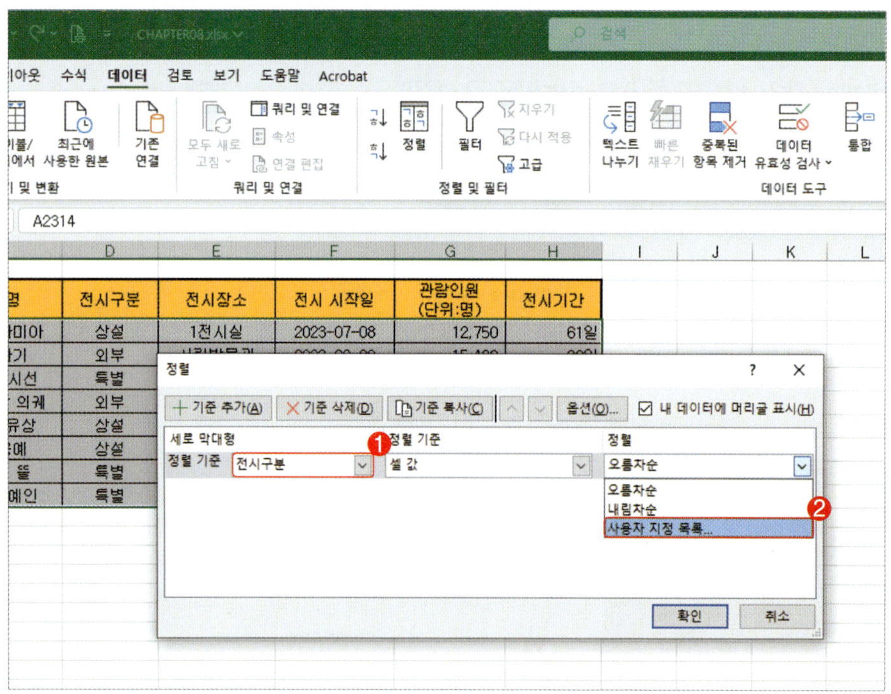

⑤ [사용자 지정 목록] 대화상자가 나타나면 목록 항목『특별 Enter 상설 Enter 외부』를
   입력한다.

   → [추가]를 클릭하고 [확인]을 클릭한다.

   → [정렬] 대화상자에서 [확인]을 클릭한다.

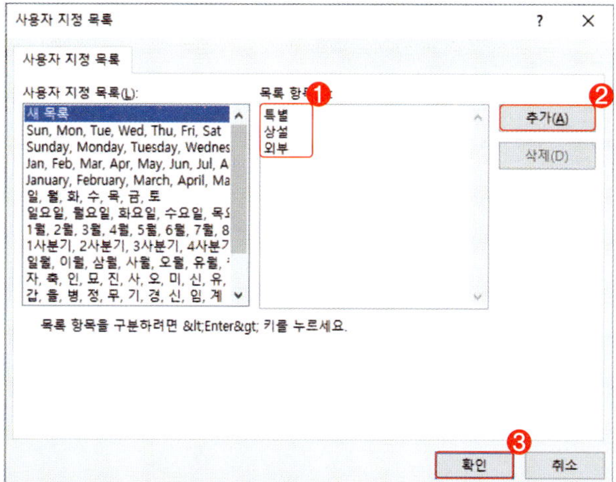

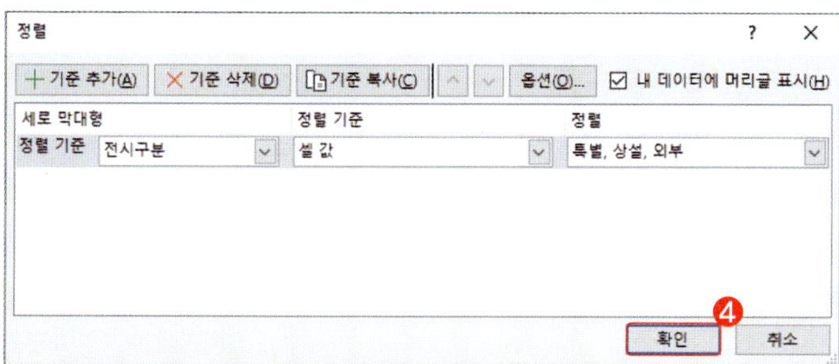

⊿ A	B	C	D	E	F	G	H
1							
2	전시코드	전시명	전시구분	전시장소	전시 시작일	관람인원 (단위:명)	전시기간
3	S4372	거장의 시선	특별	특별전시실	2023-05-10	45,820	25일
4	S2314	부처의 뜰	특별	특별전시실	2023-07-01	52,400	80일
5	S4325	근대 문예인	특별	특별전시실	2023-07-10	36,780	20일
6	A2314	메소포타미아	상설	1전시실	2023-07-08	12,750	61일
7	A2344	반가사유상	상설	2전시실	2023-07-05	28,000	92일
8	A2313	목칠공예	상설	3전시실	2023-06-05	48,000	57일
9	B3242	분청사기	외부	시립박물관	2023-06-02	15,480	30일
10	B3247	외규장각 의궤	외부	역사박물관	2023-05-12	27,500	30일

① 「B2:H10」영역 안에 셀 포인터를 둔다.
→ [데이터] 탭 – [개요] 그룹 – [부분합](⊞)을 클릭한다.

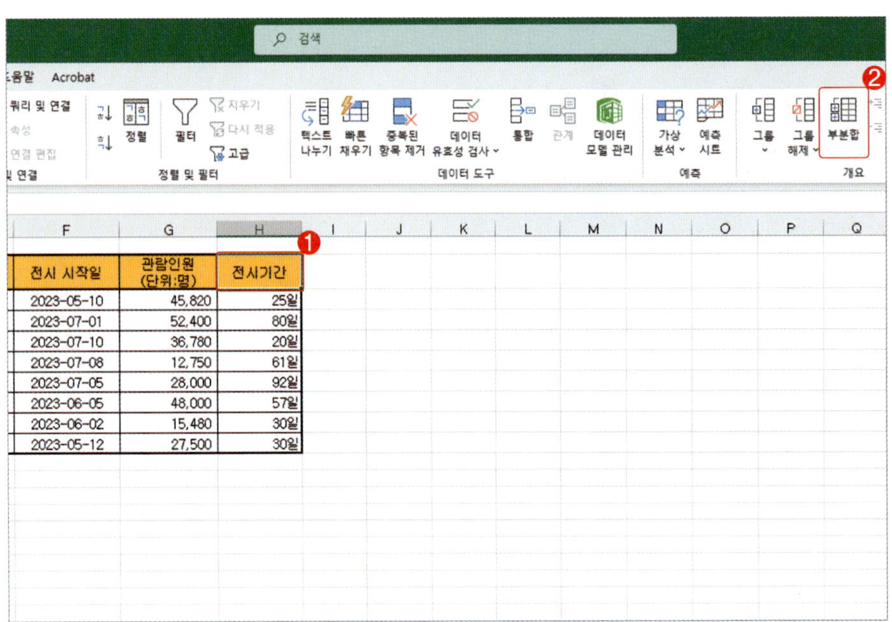

② [부분합] 대화상자에서 그룹화할 항목에 '전시구분', 사용할 함수에 '개수', 부분합 계산 항목에 '전시명'을 선택하고 [확인]을 클릭한다.

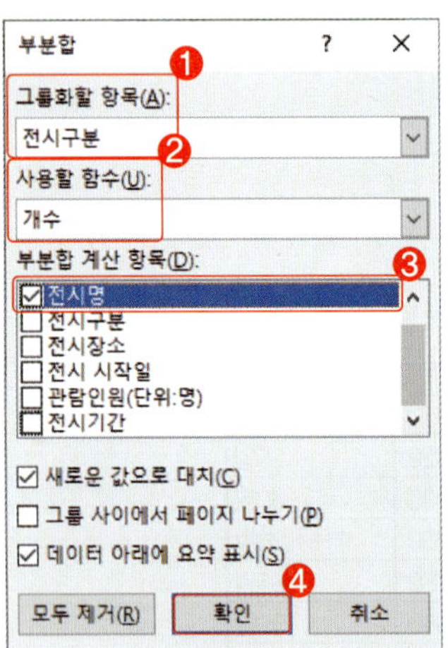

기적의 TIP

부분합의 사용할 함수 순서
출력형태에서 아래쪽에 표시된 것부터 순서대로 지정한다. 여기서는 개수를 먼저 하고 평균을 한다.

③ 다시, [데이터] 탭 – [개요] 그룹 – [부분합](⊞)을 클릭한다.

④ [부분합] 대화상자에서 사용할 함수에 '평균', 부분합 계산 항목에 '관람인원(단위:명)'을 선택한다.

→ 새로운 값으로 대치를 체크 해제하고 [확인]을 클릭한다.

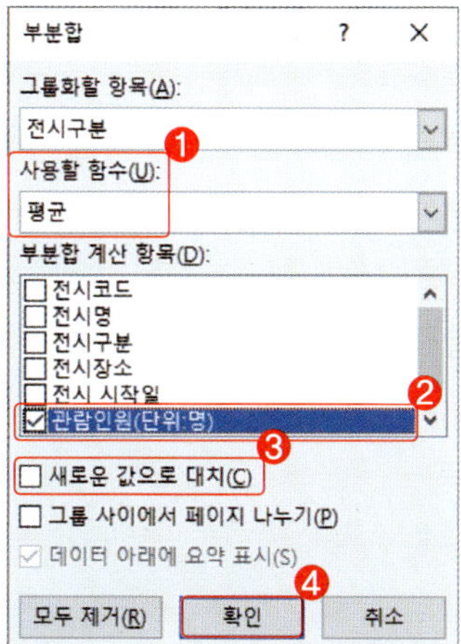

⑤ [데이터] 탭 – [개요] 그룹 – [그룹 해제]( )에서 [개요 지우기]를 클릭한다.

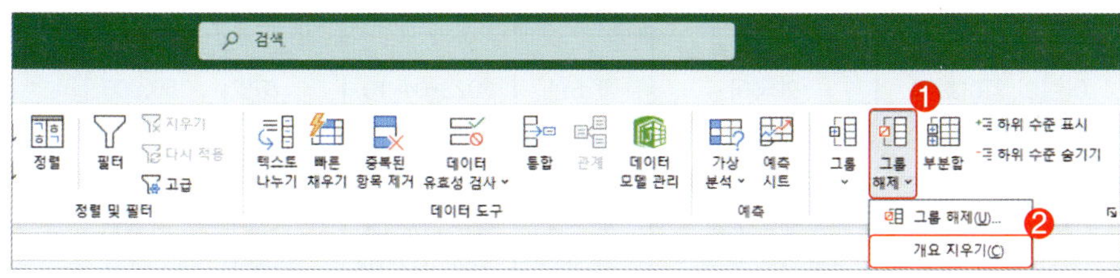

1 2 3 4	A	B	C	D	E	F	G	H
1								
2		전시코드	전시명	전시구분	전시장소	전시 시작일	관람인원 (단위:명)	전시기간
3		S4372	거장의 시선	특별	특별전시실	2023-05-10	45,820	25일
4		S2314	부처의 뜰	특별	특별전시실	2023-07-01	52,400	80일
5		S4325	근대 문예인	특별	특별전시실	2023-07-10	36,780	20일
6				특별 평균			45,000	
7			3	특별 개수				
8		A2314	메소포타미아	상설	1전시실	2023-07-08	12,750	61일
9		A2344	반가사유상	상설	2전시실	2023-07-05	28,000	92일
10		A2313	목칠공예	상설	3전시실	2023-06-05	48,000	57일
11				상설 평균			29,583	
12			3	상설 개수				
13		B3242	분청사기	외부	시립박물관	2023-06-02	15,480	30일
14		B3247	외규장각 의궤	외부	역사박물관	2023-05-12	27,500	30일
15				외부 평균			21,490	
16			2	외부 개수				
17				전체 평균			33,341	
18			8	전체 개수				

문제유형 ❹-1

작업파일 PART 01 시험 유형 따라하기\유형4-1번_문제.xlsx　　정답파일 유형4-1번_정답.xlsx

"제1작업" 시트의 「B4:H12」 영역을 복사하여 "제3작업" 시트의 「B2」 셀부터 모두 붙여넣기를 한 후 다음의 조건과 같이 작업하시오.

조건	(1) 부분합 – ≪출력형태≫처럼 정렬하고, 강좌명의 개수와 신청인원의 평균을 구하시오.
	(2) 개요 – 지우시오.
	(3) 나머지 사항은 ≪출력형태≫에 맞게 작성하시오.

출력형태

A	B	C	D	E	F	G	H
1							
2	수강코드	강좌명	분류	교육대상	개강날짜	신청인원	수강료 (단위:원)
3	CS-210	소통스피치	인문교양	성인	2023-04-03	101명	60,000
4	ST-211	스토리텔링 한국사	인문교양	직장인	2023-03-13	97명	40,000
5	SU-231	자신감 UP	인문교양	청소년	2023-04-03	43명	45,000
6			인문교양 평균			80명	
7		3	인문교양 개수				
8	CE-310	어린이 영어회화	외국어	청소년	2023-04-10	87명	55,000
9	ME-312	미드로 배우는 영어	외국어	직장인	2023-03-10	78명	65,000
10			외국어 평균			83명	
11		2	외국어 개수				
12	SL-101	체형교정 발레	생활스포츠	청소년	2023-03-06	56명	75,000
13	YL-112	요가	생활스포츠	성인	2023-03-04	124명	45,000
14	PL-122	필라테스	생활스포츠	성인	2023-03-06	135명	45,000
15			생활스포츠 평균			105명	
16		3	생활스포츠 개수				
17			전체 평균			90명	
18		8	전체 개수				

CHAPTER 09

난 이 도 (상) 중 하
반복학습 1 2 3

[제3작업] **피벗 테이블**

▶ 합격 강의

작업파일 PART 01 시험 유형 따라하기\CHAPTER09.xlsx
정답파일 PART 01 시험 유형 따라하기\CHAPTER09_정답.xlsx

문제보기

"제1작업" 시트를 이용하여 "제3작업" 시트에 조건에 따라 ≪출력형태≫와 같이 작업하시오.

└─ 제3작업은 "정렬 및 부분합"과 "피벗 테이블" 중에 출제된다.

출력형태

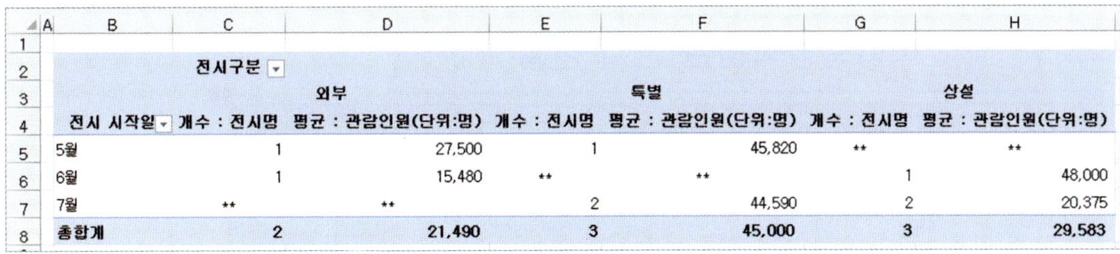

전시 시작일	외부 개수 : 전시명	외부 평균 : 관람인원(단위:명)	특별 개수 : 전시명	특별 평균 : 관람인원(단위:명)	상설 개수 : 전시명	상설 평균 : 관람인원(단위:명)
5월	1	27,500	1	45,820	**	**
6월	1	15,480	**	**	1	48,000
7월	**	**	2	44,590	2	20,375
총합계	2	21,490	3	45,000	3	29,583

조건

(1) 전시 시작일 및 전시구분별 전시명의 개수와 관람인원(단위:명)의 평균을 구하시오.

(2) 전시 시작일을 그룹화하고, 전시구분을 ≪출력형태≫와 같이 정렬하시오.

(3) 레이블이 있는 셀 병합 및 가운데 맞춤 적용 및 빈 셀은 '**'로 표시하시오.

(4) 행의 총합계는 지우고, 나머지 사항은 ≪출력형태≫에 맞게 작성하시오.

① **"제1작업"** 시트의 「B4:H12」 영역을 블록 설정한다.

→ [삽입] 탭 – [표] 그룹 – [피벗 테이블](⬛)을 클릭한다.

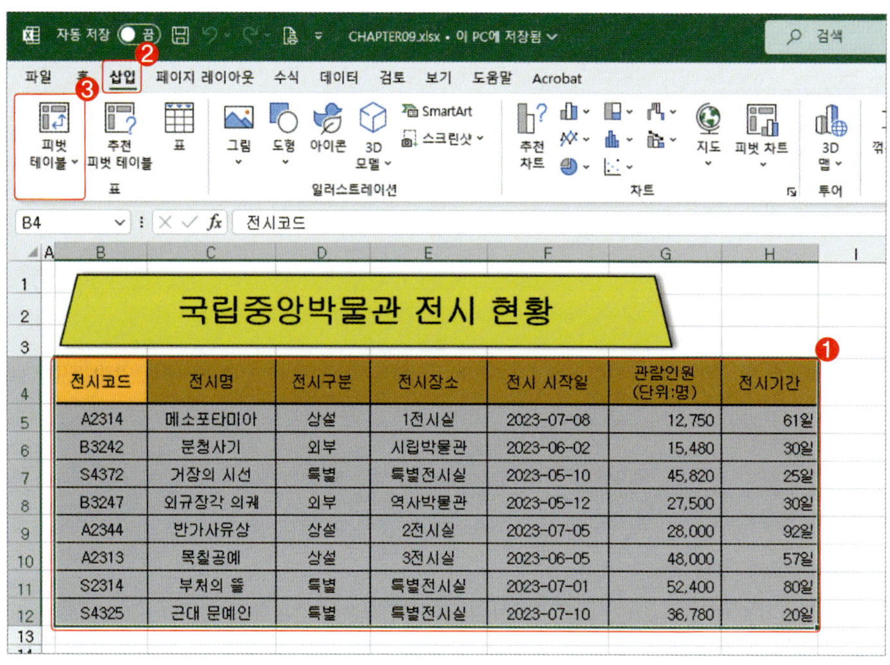

② [표 또는 범위의 피벗 테이블] 대화상자에서 '기존 워크시트'를 선택한다.

→ 위치는 마우스로 **"제3작업"** 시트의 「B2」 셀을 지정하고 [확인]을 클릭한다.

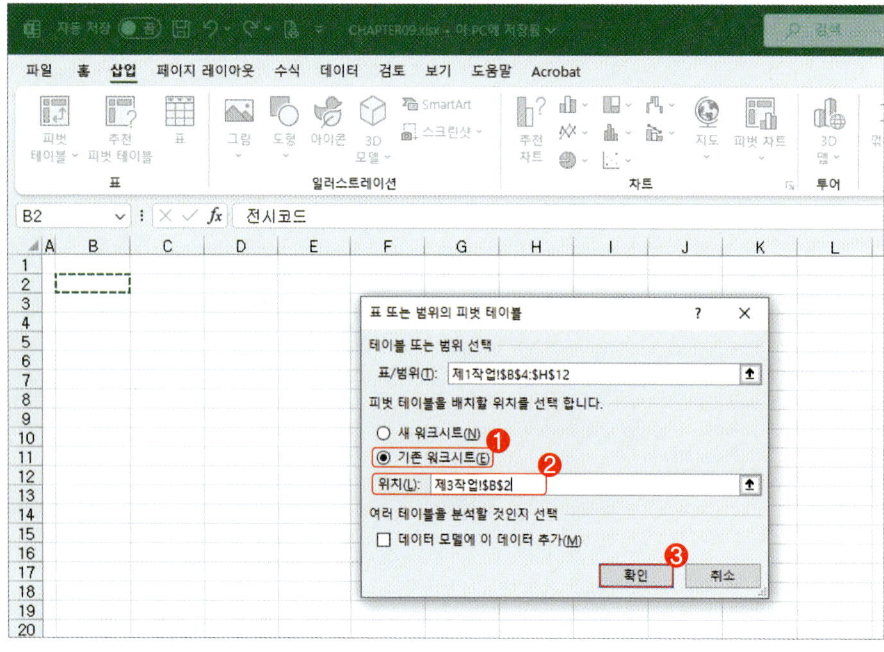

③ [피벗 테이블 필드] 탭에서 '전시 시작일'을 마우스 드래그하여 행에 배치한다.

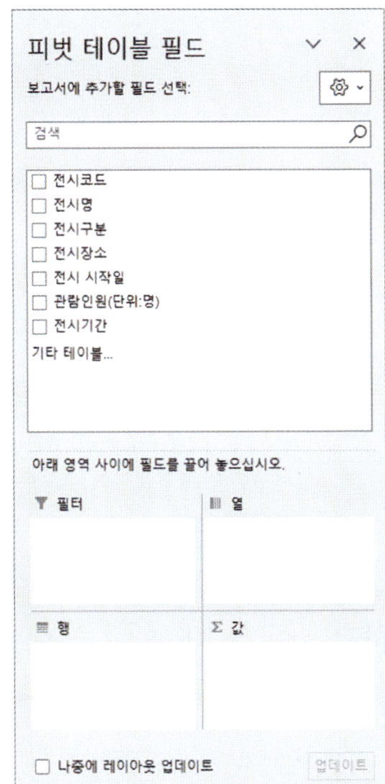 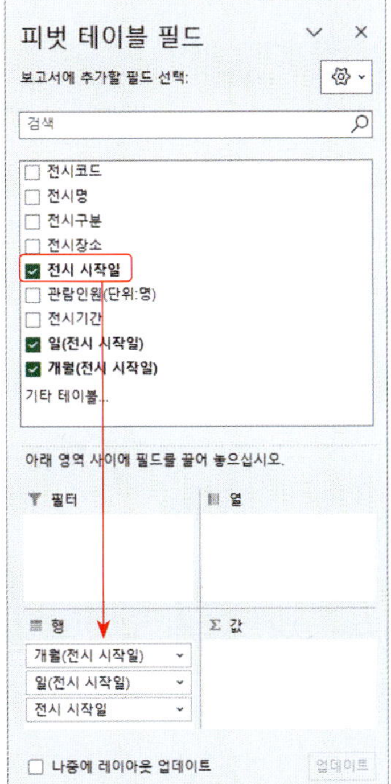

④ '전시구분'을 열에 배치한다.

　　→ '전시명'과 '관람인원(단위:명)'을 값에 배치한다.

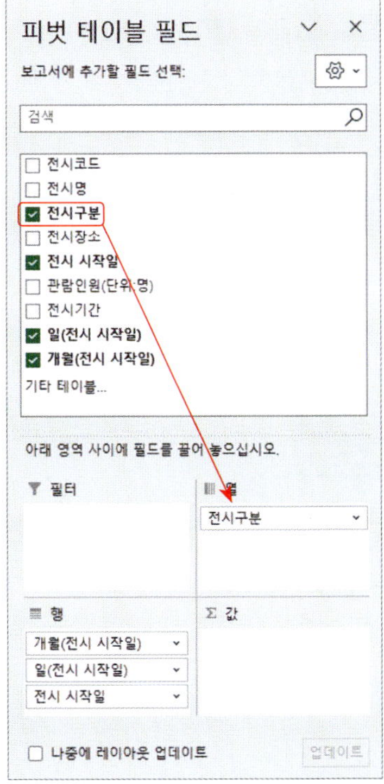 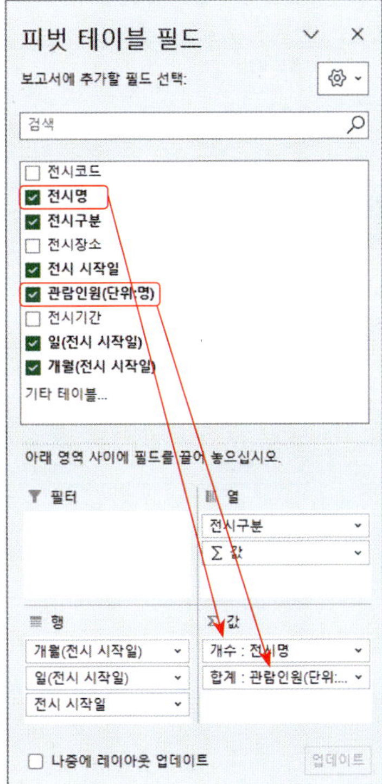

피벗 테이블 레이아웃

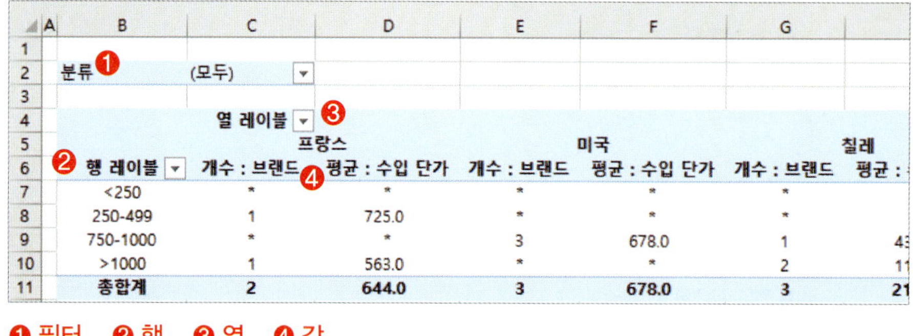

⑤ 「D4」 셀을 클릭하고 [피벗 테이블 분석] 탭 – [활성 필드] 그룹 – [필드 설정](▦)을 클릭한다.

　→ [값 필드 설정] 대화상자에서 선택한 필드의 데이터 '평균'을 선택하고 사용자 지정 이름에 『(단위:명)』을 이어서 작성한다.

　→ [표시 형식]을 클릭한다.

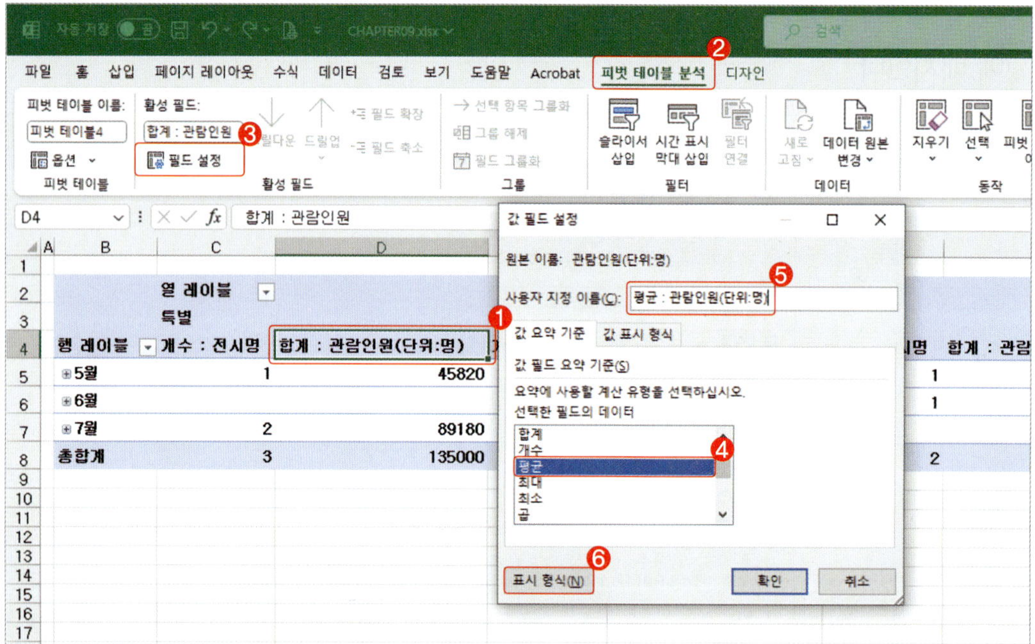

⑥ [셀 서식] 대화상자가 나타나면 범주 '숫자'를 선택하고 '1000 단위 구분 기호(,) 사용'을 체크한 후 [확인]을 클릭한다.

　→ 다시 [값 필드 설정] 대화상자로 돌아오면 [확인]을 클릭한다.

① [피벗 테이블 분석] 탭 – [피벗 테이블] 그룹 – [옵션](📊)을 클릭한다.

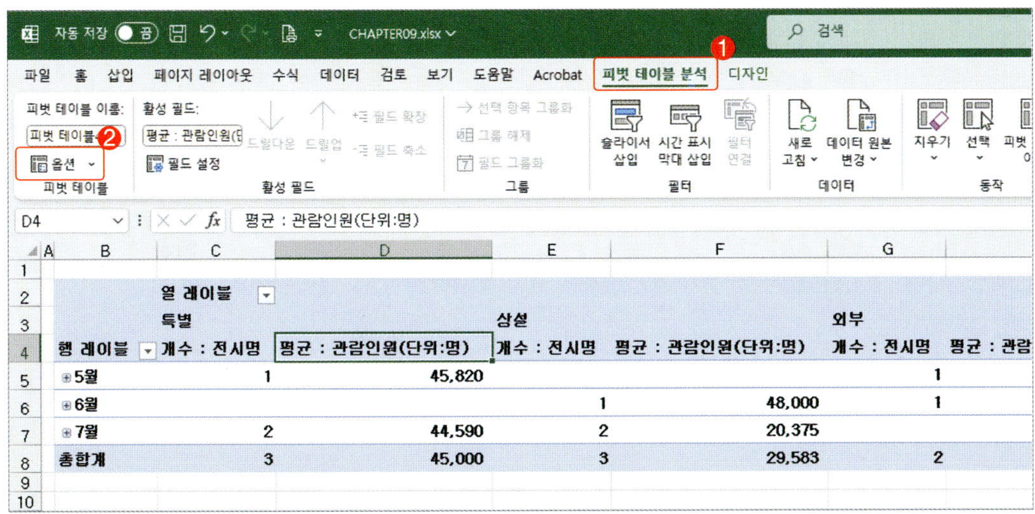

② [피벗 테이블 옵션] 대화상자에서 '레이블이 있는 셀 병합 및 가운데 맞춤'을 체크하고
빈 셀 표시 입력란에『＊＊』를 입력한다.
→ [요약 및 필터] 탭에서 '행 총합계 표시'를 체크 해제하고 [확인]을 클릭한다.

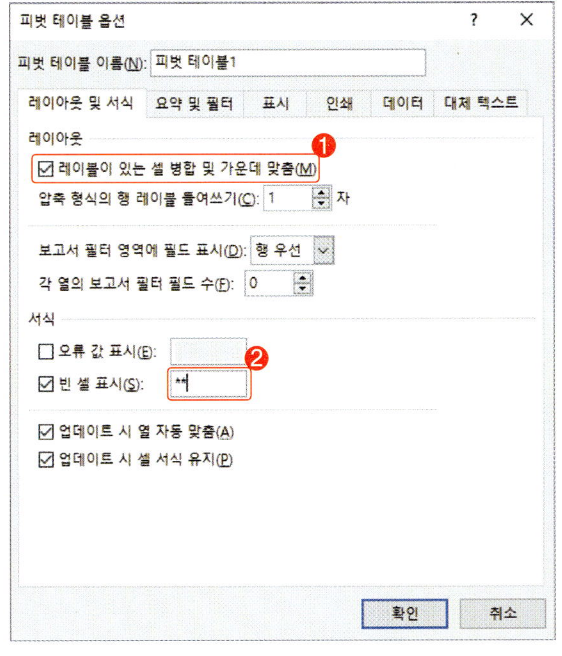

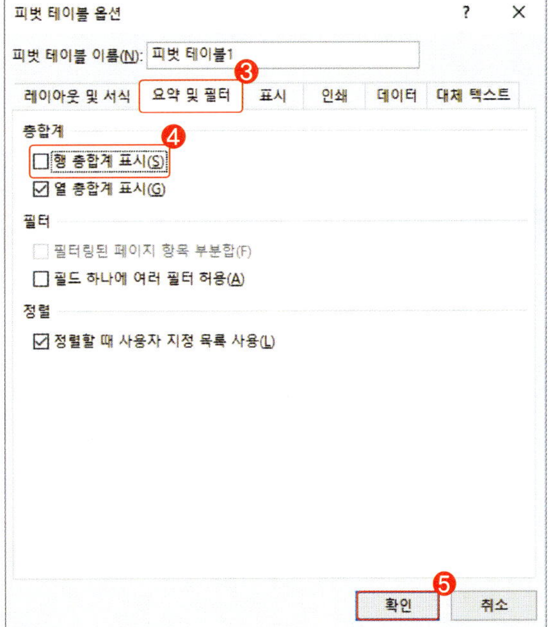

③ 전시 시작일을 그룹화하기 위해 「B5」 셀을 클릭하고 [선택 항목 그룹화](→)를 클릭한다.

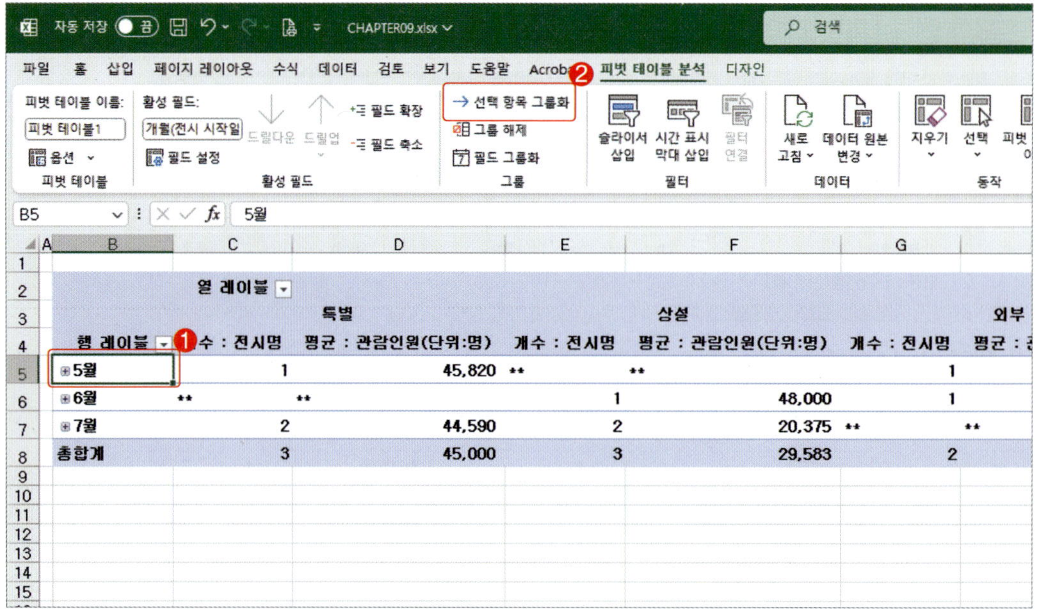

④ [그룹화] 대화상자에서 단위에 '일'과 '월'이 선택되어 있으므로 '월'만 설정하고 [확인]을 클릭한다.

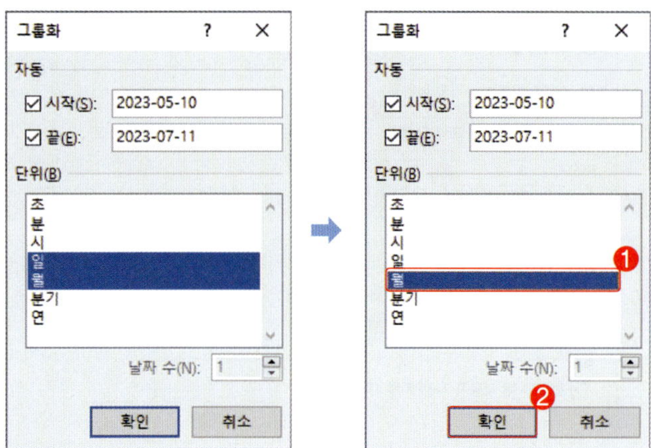

⑤ 「G3」 셀을 클릭하고 가장자리에 마우스 포인터를 위치한다.

→ 마우스 포인터가 변경되면 C 열 앞으로 드래그하여 이동시킨다.

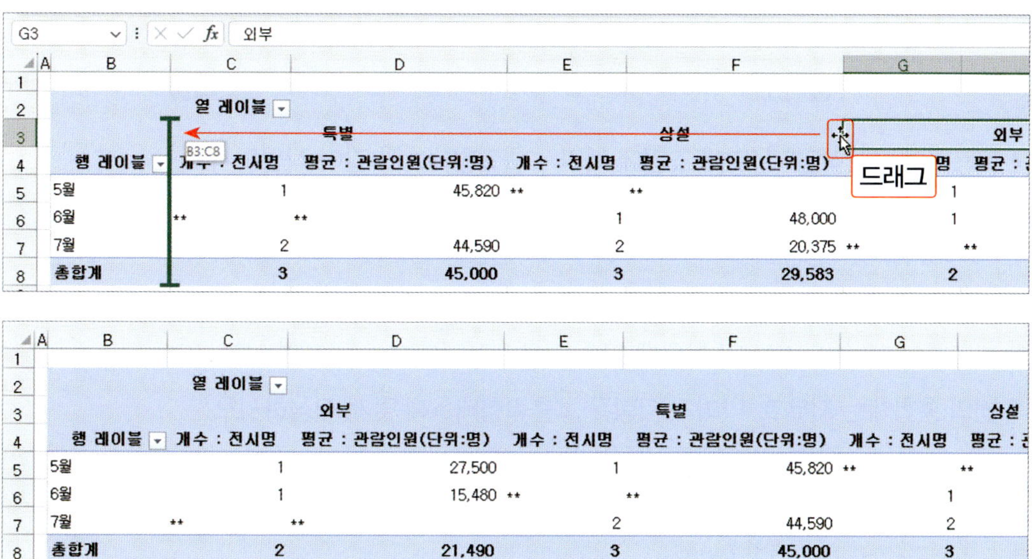

⑥ **로 표시된 셀들은 [홈] 탭 – [맞춤] 그룹 – [가운데 맞춤](≡)을 클릭한다.

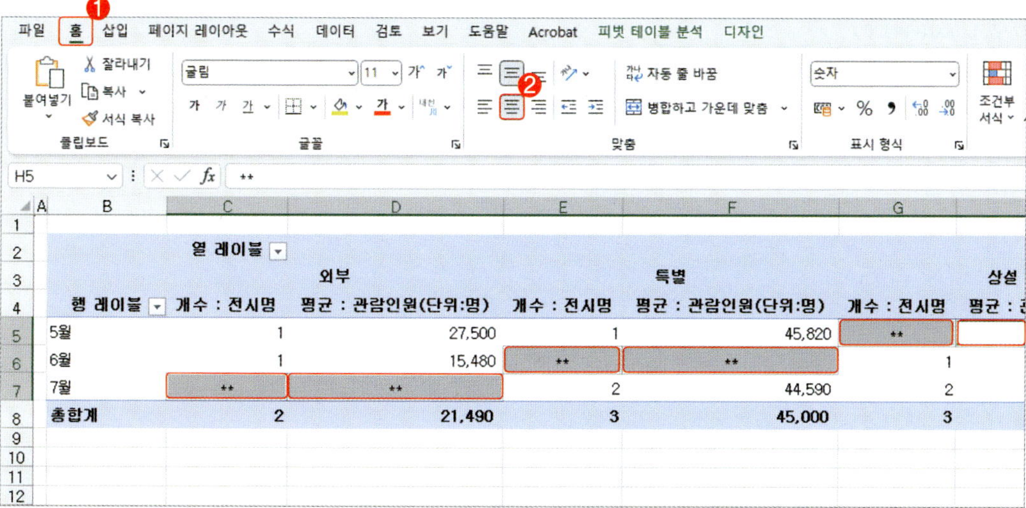

⑦ 「C2」 셀에 『전시구분』, 「B4」 셀에 『전시 시작일』을 직접 입력한다.

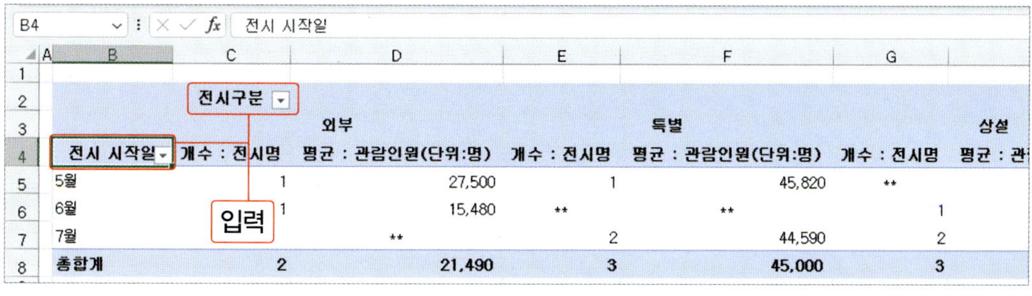

문제유형 ❹-2　　　　작업파일 PART 01 시험 유형 따라하기\유형4-2번_문제.xlsx　　정답파일 유형4-2번_정답.xlsx

"제1작업" 시트를 이용하여 "제3작업" 시트에 조건에 따라 ≪출력형태≫와 같이 작업하시오.

조건	(1) 1박요금(원) 및 종류별 숙소명의 개수와 예약인원의 평균을 구하시오.
	(2) 1박요금(원)을 그룹화하고, 종류를 ≪출력형태≫와 같이 정렬하시오.
	(3) 레이블이 있는 셀 병합 및 가운데 맞춤 적용과 빈 셀은 '＊＊＊'로 표시하시오.
	(4) 행의 총합계는 지우고, 나머지 사항은 ≪출력형태≫에 맞게 작성하시오.

출력형태

A	B	C	D	E	F	G	H
1							
2		종류 ↲					
3		호텔		펜션		리조트	
4	1박요금(원) ▽	개수 : 숙소명	평균 : 예약인원	개수 : 숙소명	평균 : 예약인원	개수 : 숙소명	평균 : 예약인원
5	70001-95000	＊＊＊	＊＊＊	1	6	1	4
6	95001-120000	3	3	1	5	＊＊＊	＊＊＊
7	120001-145000	＊＊＊	＊＊＊	＊＊＊	＊＊＊	2	3
8	총합계	3	3	2	6	3	3

제4작업
그래프

배점 **100점** | A등급 목표점수 **80점**

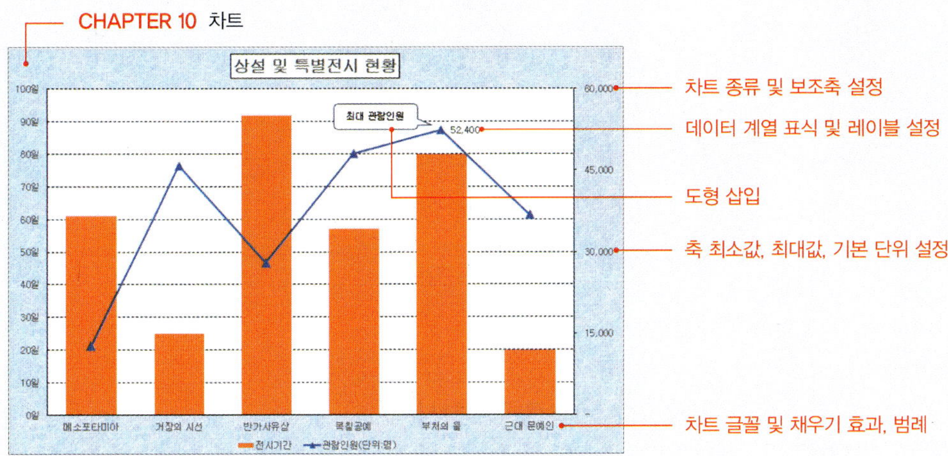

출제포인트

차트 종류와 데이터 범위 파악 · 글꼴과 채우기 · 범례의 위치 및 수정 · 축 최소값, 최대값, 기본 단위 설정 · 데이터 계열 표식 및 레이블 설정 · 도형 삽입

출제기준

엑셀 내에서의 차트 작성능력을 평가하는 문항입니다.

A등급 TIP

제4작업 역시 제1작업의 데이터를 기반으로 합니다. 차트에 사용될 제1작업의 데이터는 출력형태를 보고 직접 판단해야 합니다. 출력형태와 조건을 충실하게 따르며 꼼꼼히 작업하고, 풀이를 마친 후 출력형태와 비교해 보며 검토하는 것도 잊지 마세요.

[제4작업] **차트**

▶ 합격 강의

작업파일 PART 01 시험 유형 따라하기\CHAPTER10.xlsx
정답파일 PART 01 시험 유형 따라하기\CHAPTER10_정답.xlsx

문제보기

"제1작업" 시트를 이용하여 조건에 따라 ≪출력형태≫와 같이 작업하시오.

출력형태

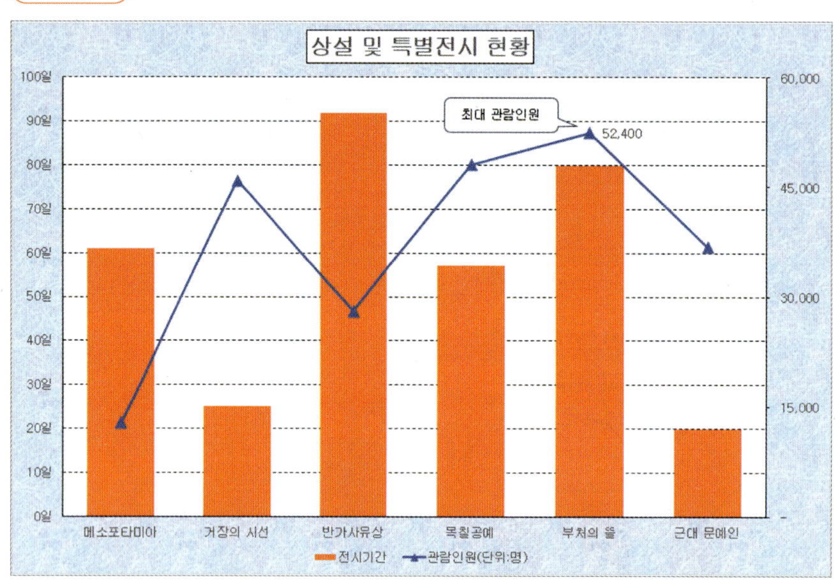

조건

(1) 차트 종류 ⇒ 〈묶은 세로 막대형〉으로 작업하시오.
(2) 데이터 범위 ⇒ "제1작업" 시트의 내용을 이용하여 작업하시오.
(3) 위치 ⇒ "새 시트"로 이동하고, "제4작업"으로 시트 이름을 바꾸시오.
(4) 차트 디자인 도구 ⇒ 레이아웃 3, 스타일 1을 선택하여 ≪출력형태≫에 맞게 작업하시오.
(5) 영역 서식 ⇒ 차트 : 글꼴(굴림, 11pt), 채우기 효과(질감 – 파랑 박엽지)
　　　　　　　　 그림 : 채우기(흰색, 배경1)
(6) 제목 서식 ⇒ 차트 제목 : 글꼴(굴림, 굵게, 20pt), 채우기(흰색, 배경1), 테두리
(7) 서식 ⇒ 관람인원(단위:명) 계열의 차트 종류를 〈표식이 있는 꺾은선형〉으로 변경한 후 보조 축
　　　　　　으로 지정하시오.
　　　　　　계열 : ≪출력형태≫를 참조하여 표식(세모, 크기 10)과 레이블 값을 표시하시오.
　　　　　　눈금선 : 선 스타일 – 파선
　　　　　　축 : ≪출력형태≫를 참조하시오.
(8) 범례 ⇒ 범례명을 변경하고 ≪출력형태≫를 참조하시오.
(9) 도형 ⇒ '모서리가 둥근 사각형 설명선'을 삽입한 후 ≪출력형태≫와 같이 내용을 입력하시오.
(10) 나머지 사항은 ≪출력형태≫에 맞게 작성하시오.

① "제1작업" 시트의 「C4:C5」 영역을 블록 설정한다.
→ Ctrl 을 누른 채 「C7」, 「C9:C12」, 「G4:G5」, 「G7」, 「G9:G12」, 「H4:H5」, 「H7」, 「H9:H12」 영역을 블록 설정한다.

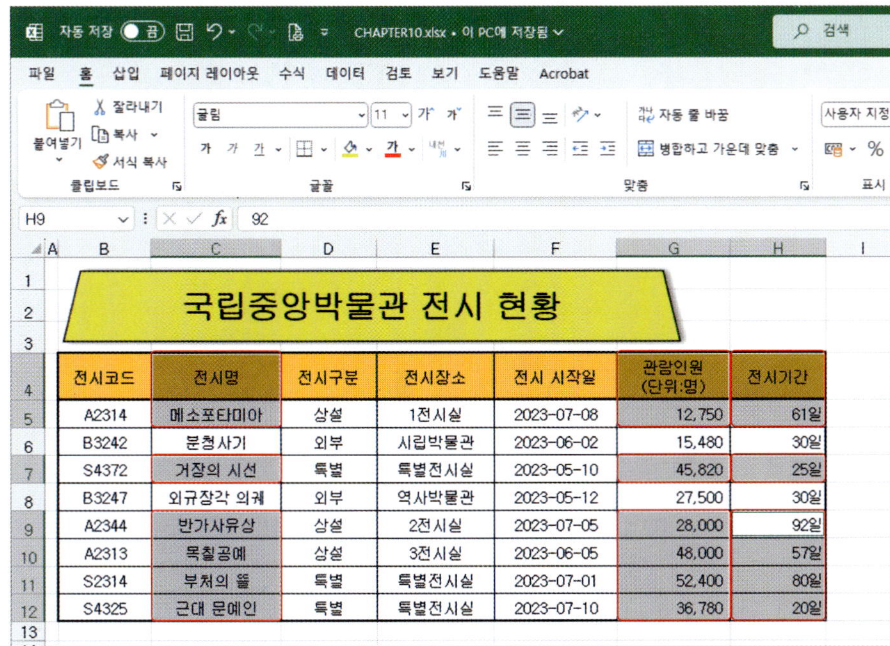

② [삽입] 탭 – [차트] 그룹 – [2차원 묶은 세로 막대형](　)을 클릭한다.

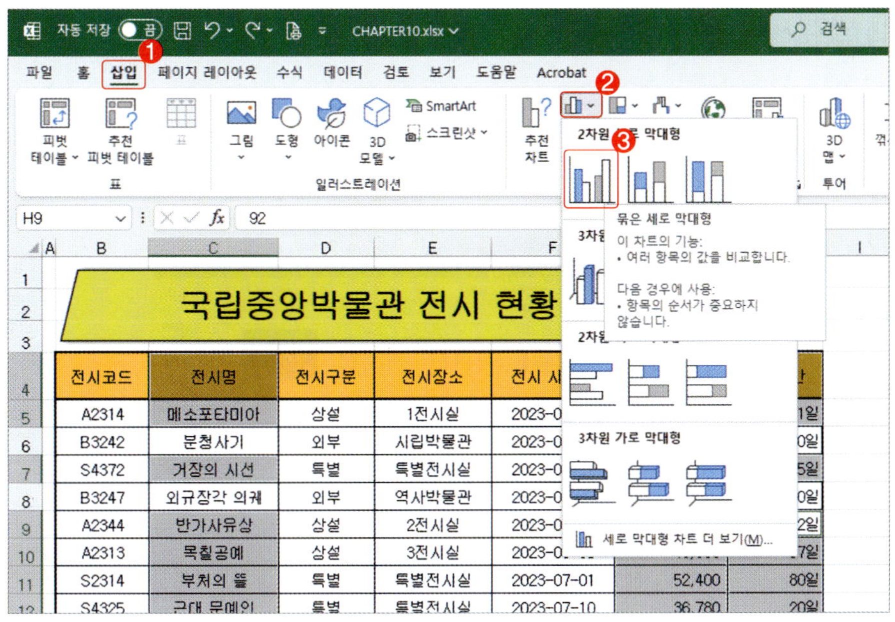

기적의 TIP

블록 설정은 출력형태에서 가로 축, 세로 축, 보조 축에 표시된 데이터를 지정하면 된다.

해결 TIP

어떤 종류의 차트가 주로 출제되나요?

〈묶은 세로 막대형〉을 기본으로 〈표식이 있는 꺾은선형〉과 혼합을 이루는 형태가 주로 출제된다.

③ [차트 디자인] 탭 – [위치] 그룹 – [차트 이동](   )을 클릭한다.

   → [차트 이동] 대화상자에서 '새 시트'를 선택하고 『제4작업』을 입력한 후 [확인]을 클릭한다.

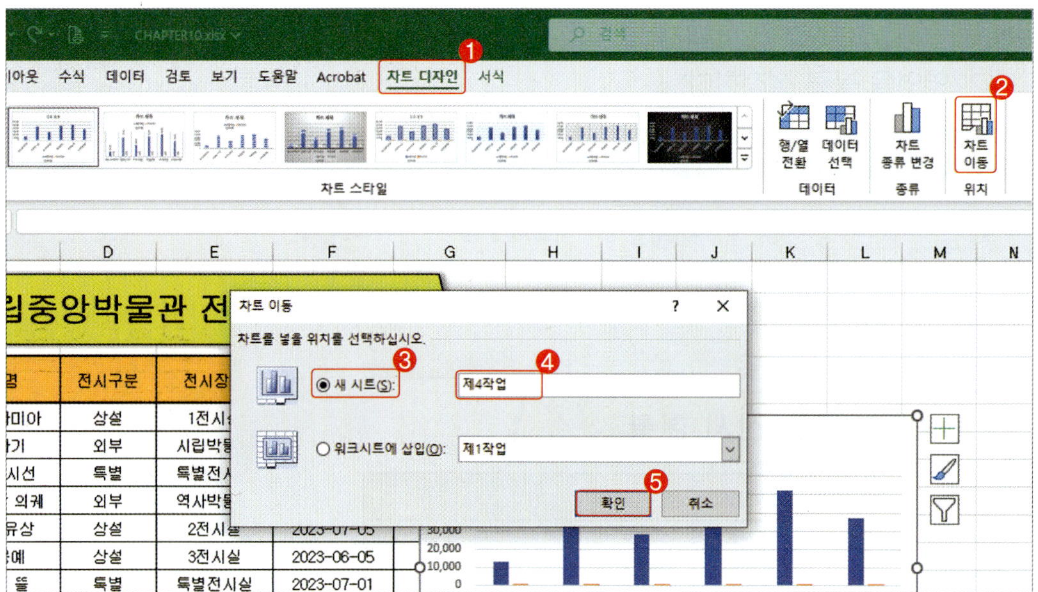

④ "제4작업" 시트를 마우스 드래그하여 제일 끝으로 이동한다.

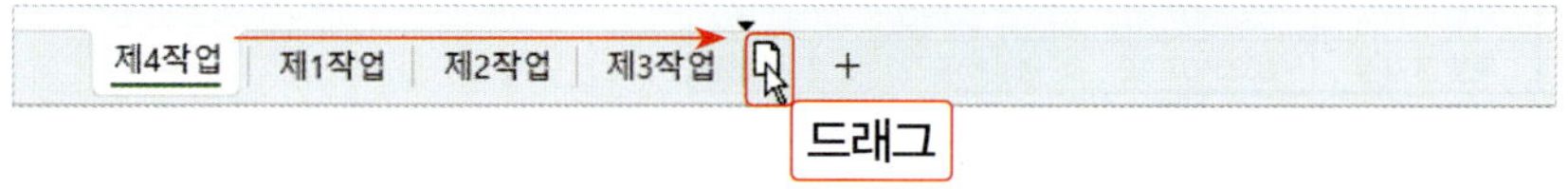

SECTION 02   차트 디자인, 영역 서식, 제목 서식

① [차트 디자인] 탭 – [빠른 레이아웃](   ) – [레이아웃 3](   )을 클릭한다.

   → [차트 스타일] 그룹 – [스타일 1]을 클릭한다.

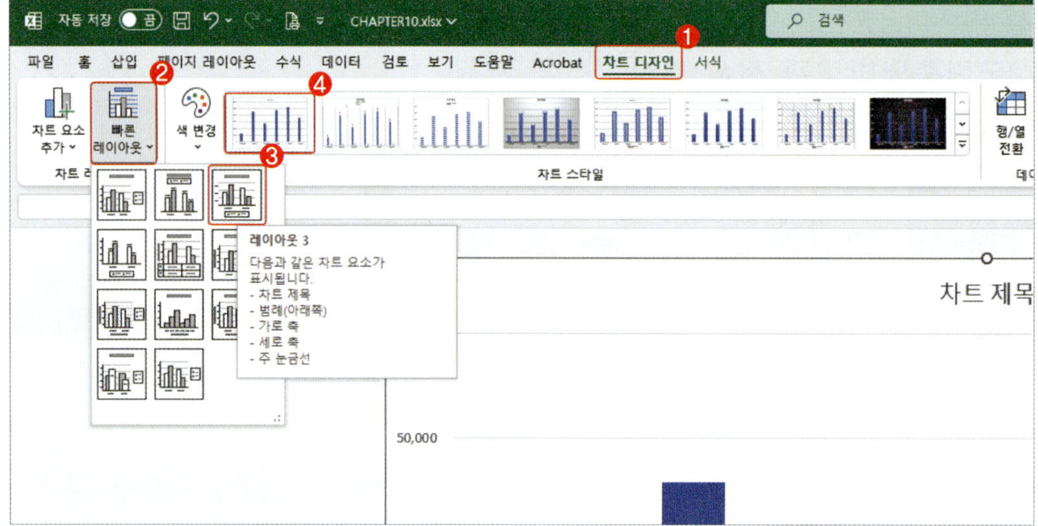

② 차트 영역을 선택하고 [홈] 탭 – [글꼴] 그룹에서 글꼴 '굴림', 크기 '11'을 설정한다.

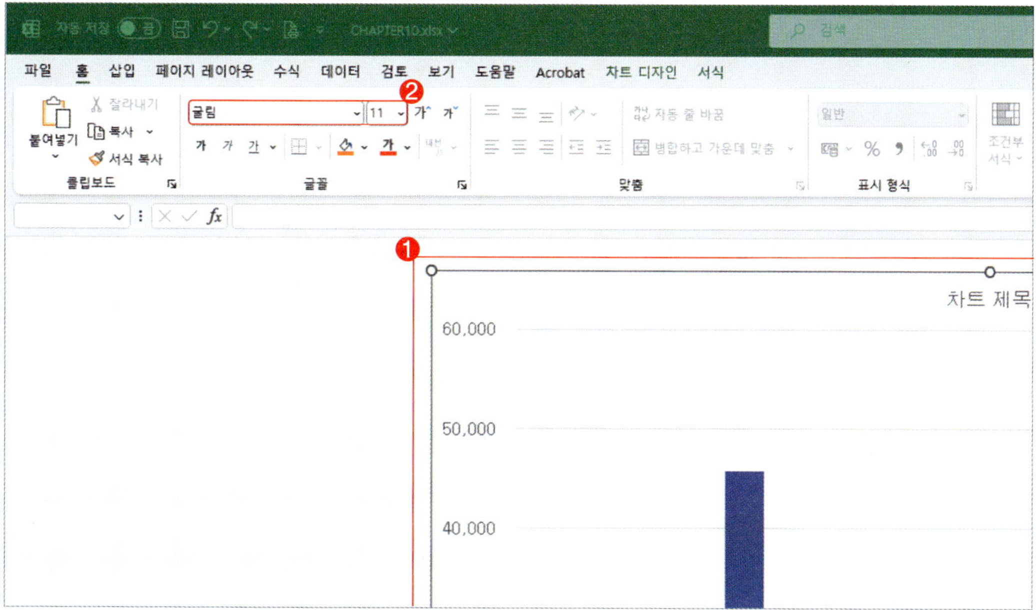

③ [서식] 탭 – [현재 선택 영역] 그룹 – [선택 영역 서식]을 클릭한다.

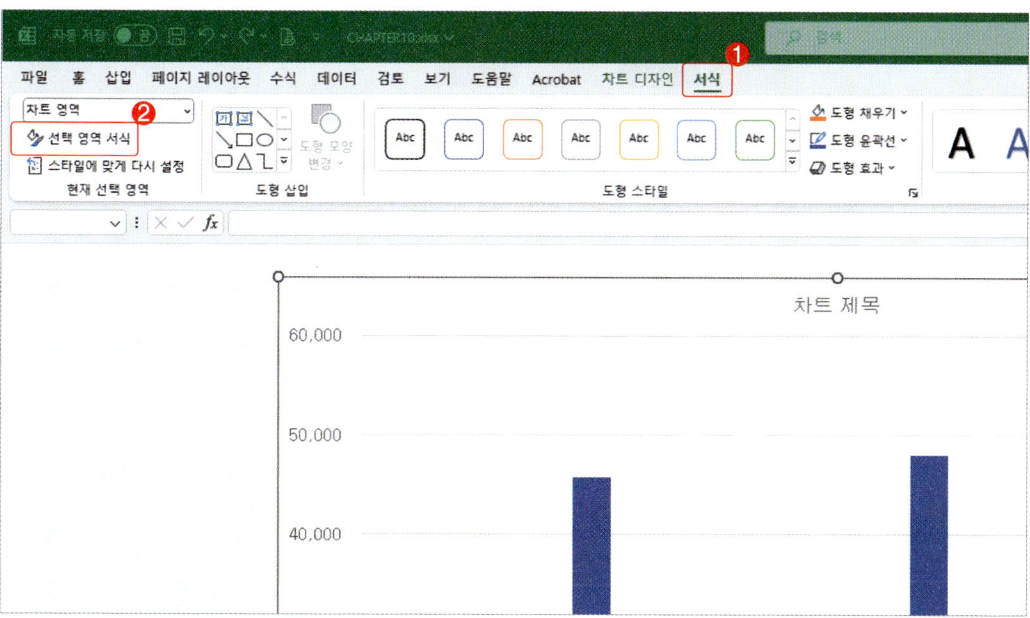

④ [차트 영역 서식] 사이드바에서 채우기 '그림 또는 질감 채우기'를 선택한다.
　　→ [질감]( ) – [파랑 박엽지]를 설정한다.

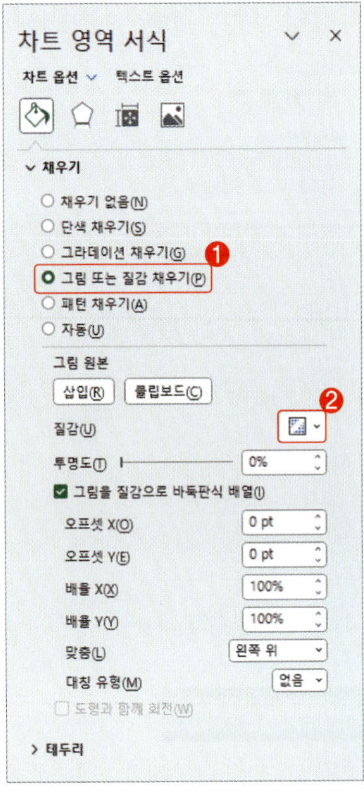

⑤ [서식] 탭 – [현재 선택 영역] 그룹에서 [그림 영역]을 선택한다.
　　→ 채우기 '단색 채우기'를 선택하고 [색]( ) – [흰색, 배경 1]을 설정한다.

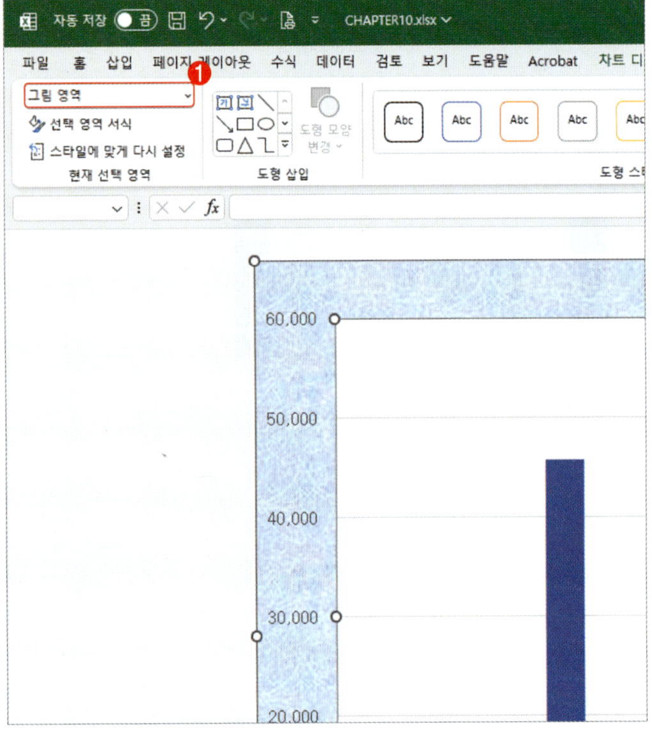

⑥ 차트 제목에『상설 및 특별전시 현황』을 입력한다.

→ 글꼴 '굴림', 크기 '20', [굵게] 설정한다.

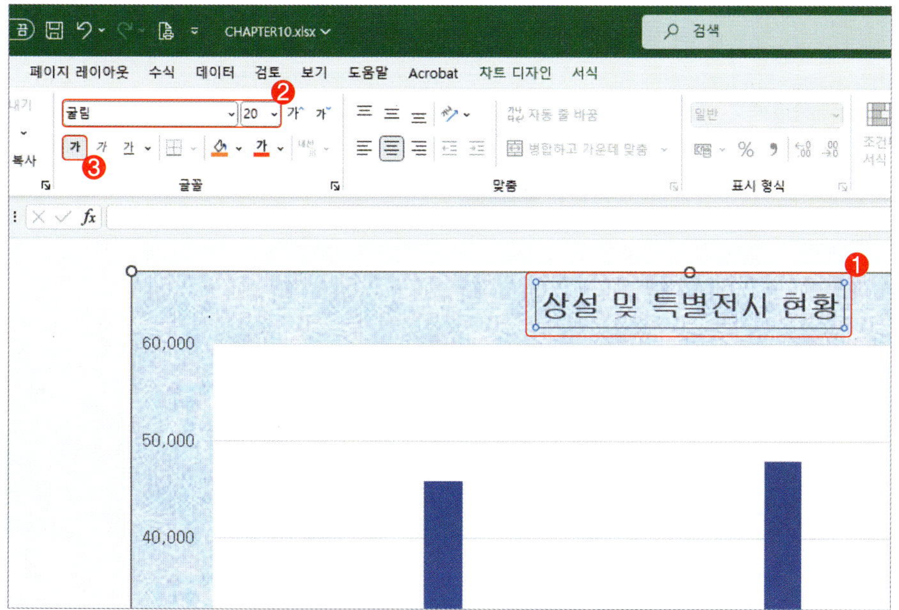

⑦ [서식] 탭 – [도형 스타일] 그룹 – [도형 채우기]( )를 클릭하고 '흰색, 배경 1'을 설정한다.

→ [도형 윤곽선]( )을 클릭하고 '검정'을 설정한다.

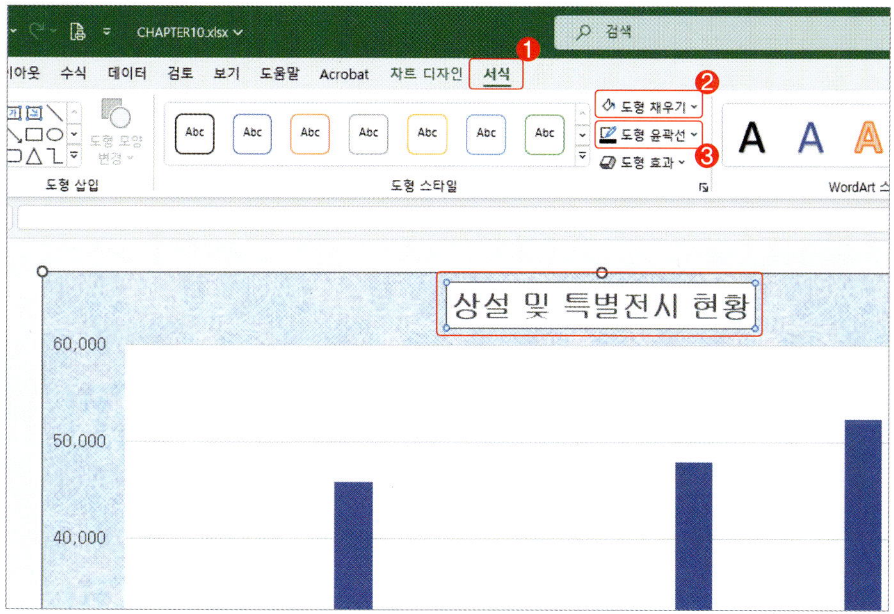

① [차트 디자인] 탭 – [차트 종류 변경]( )을 클릭한다.

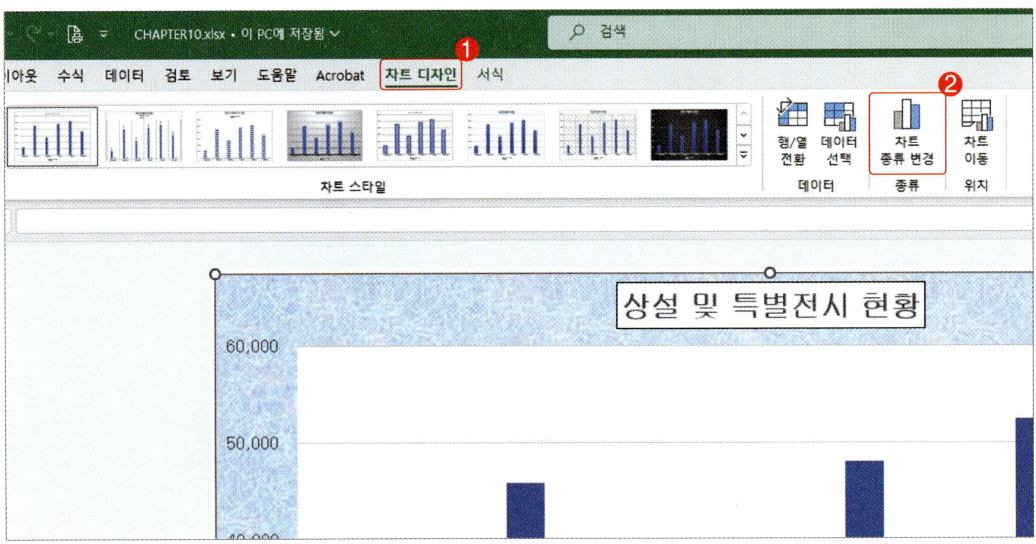

② [차트 종류 변경] 대화상자에서 '혼합'을 클릭한다.
　→ '관람인원(단위:명)'의 차트 종류를 '표식이 있는 꺾은선형'으로 설정하고 '보조 축'
　　에 체크한다.
　→ '전시기간'의 차트 종류를 '묶은 세로 막대형'으로 설정한다.

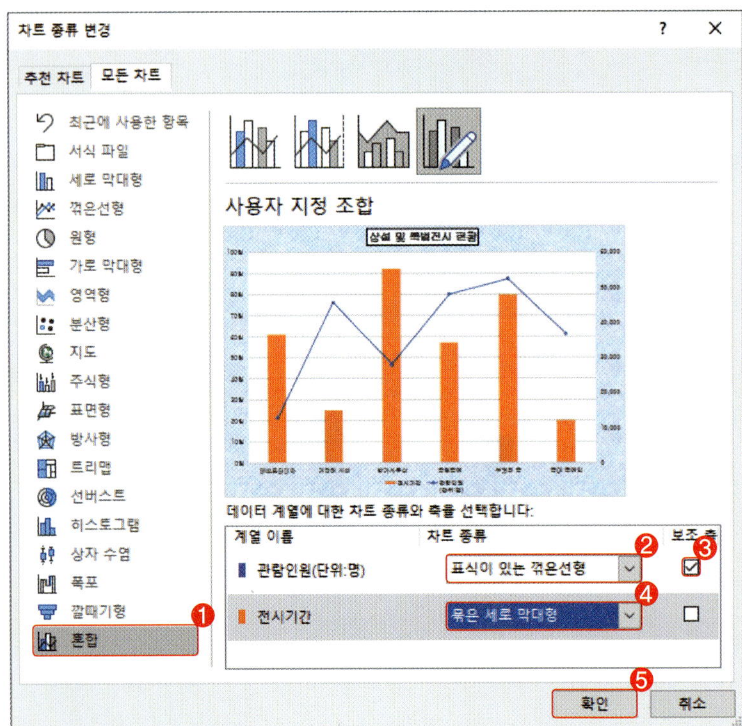

① '관람인원(단위:명)' 계열을 선택한다.

→ 마우스 오른쪽 클릭하고 [데이터 계열 서식]을 클릭한다.

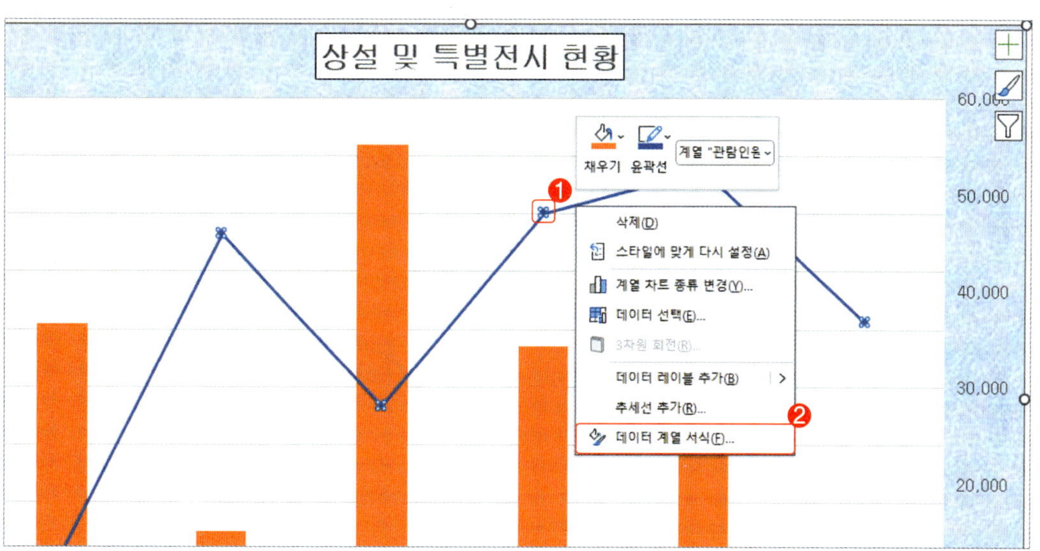

② [채우기 및 선]( ) – 표식( ) – 표식 옵션을 클릭한다.

→ 형식 '세모', 크기 '10'을 설정한다.

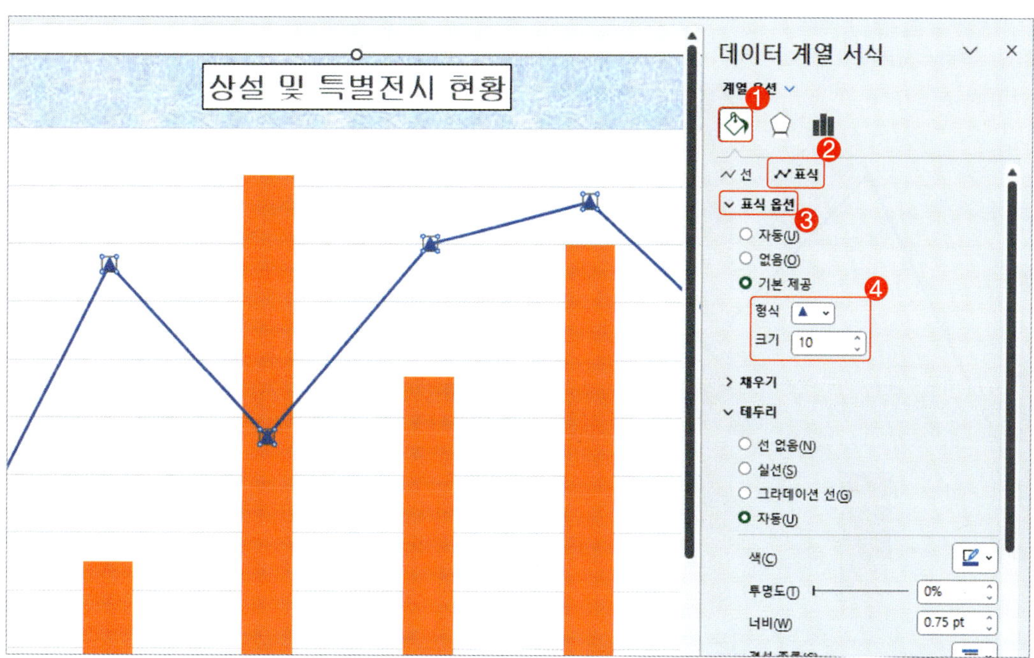

③ '관람인원(단위:명)' 계열의 '부처의 뜰' 요소만 두 번 클릭하여 선택한다.

→ [차트 요소 추가](📊) – [데이터 레이블](📊) – [오른쪽](📈)을 클릭한다.

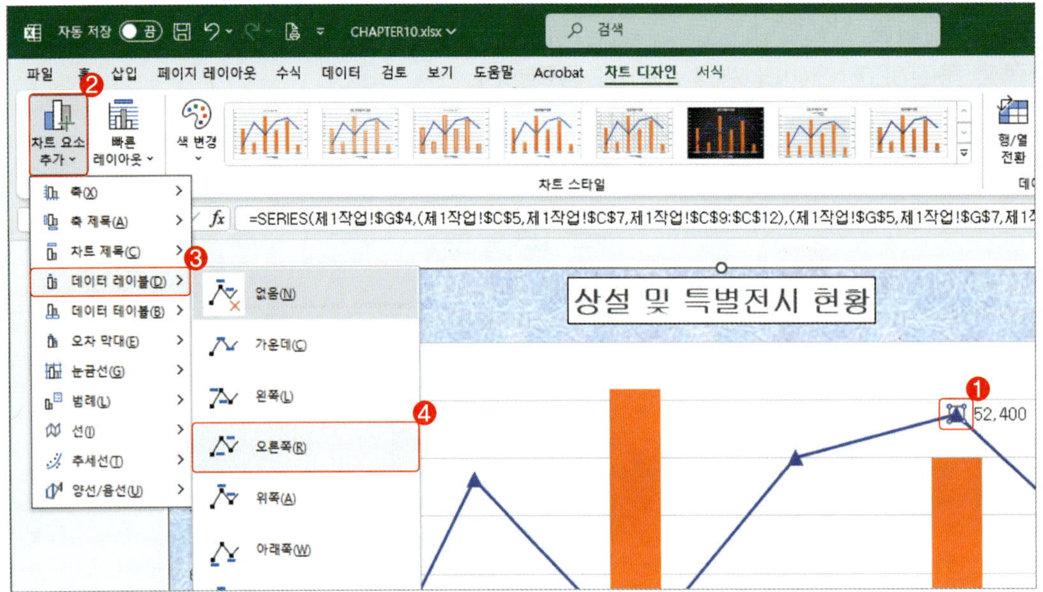

④ '전시기간' 계열을 선택한다.

→ 마우스 오른쪽 클릭하고 [데이터 계열 서식]을 클릭한다.

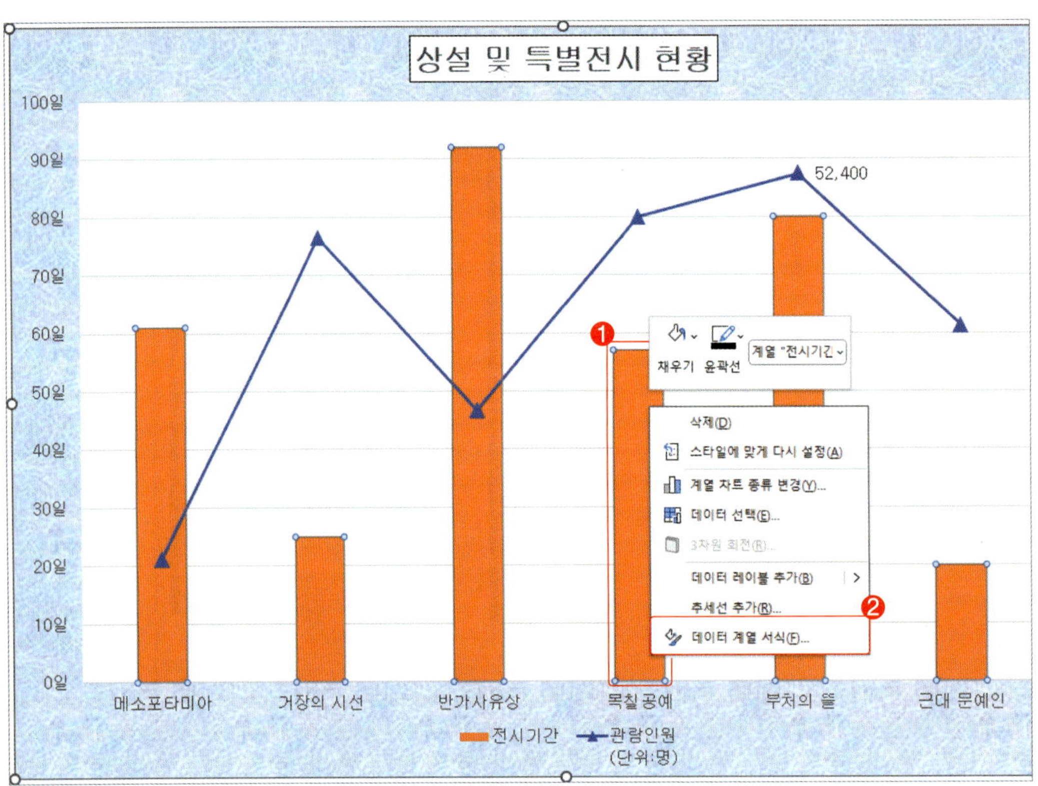

⑤ 간격 너비를 ≪출력형태≫를 참고하여 적당히 조절한다.

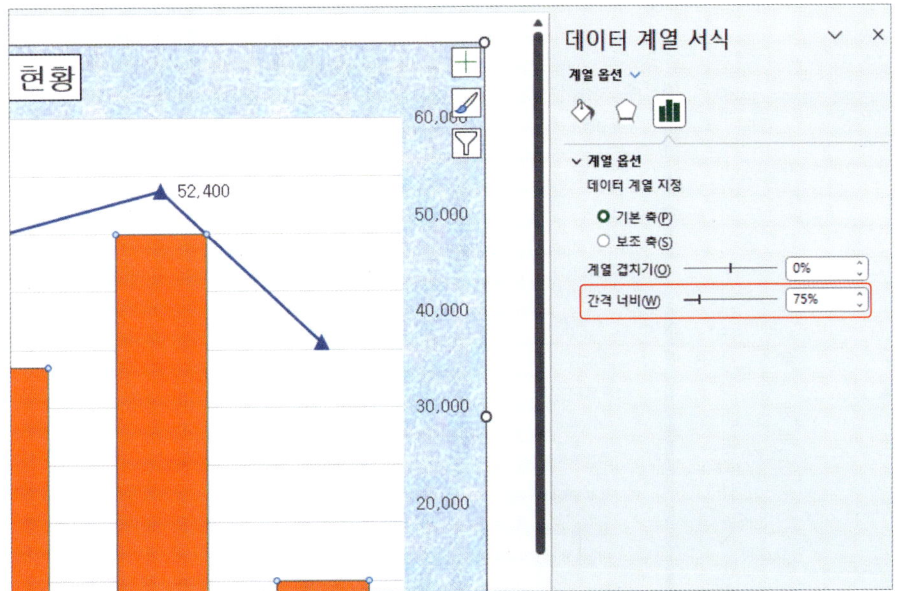

SECTION 05 서식 (눈금선)

① 눈금선을 선택하여 마우스 오른쪽 클릭하고 [눈금선 서식]()을 클릭한다.

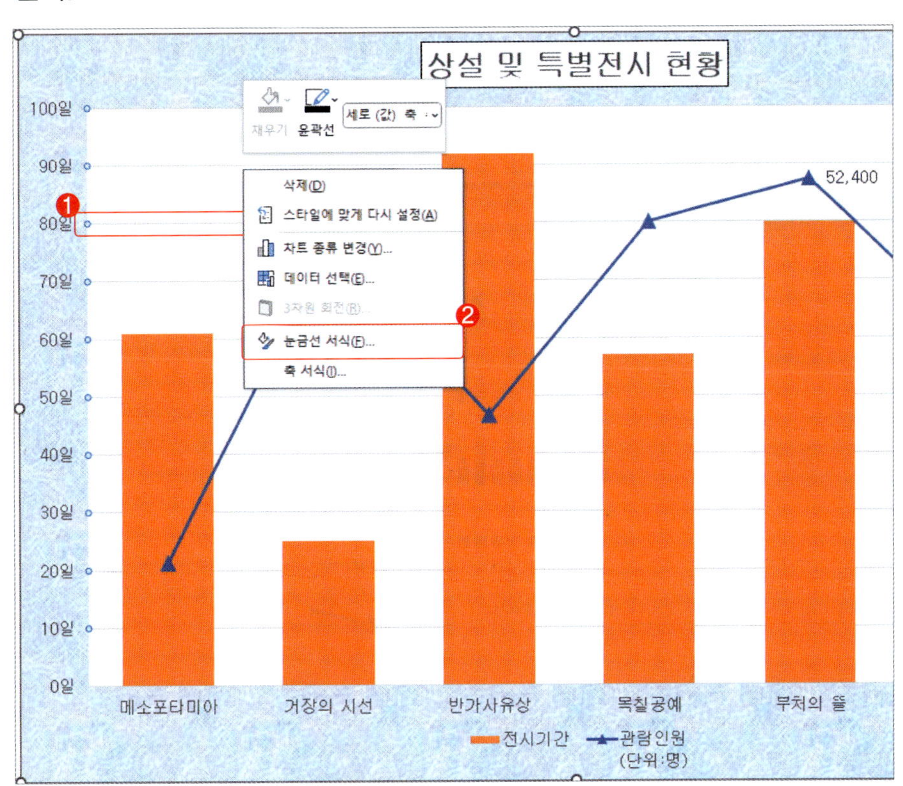

기적의 TIP

눈금선을 더블클릭해도 눈금선 서식이 열린다.

② [주 눈금선 서식] 사이드바에서 선 색 '검정, 텍스트1', 대시 종류 '파선'을 설정한다.

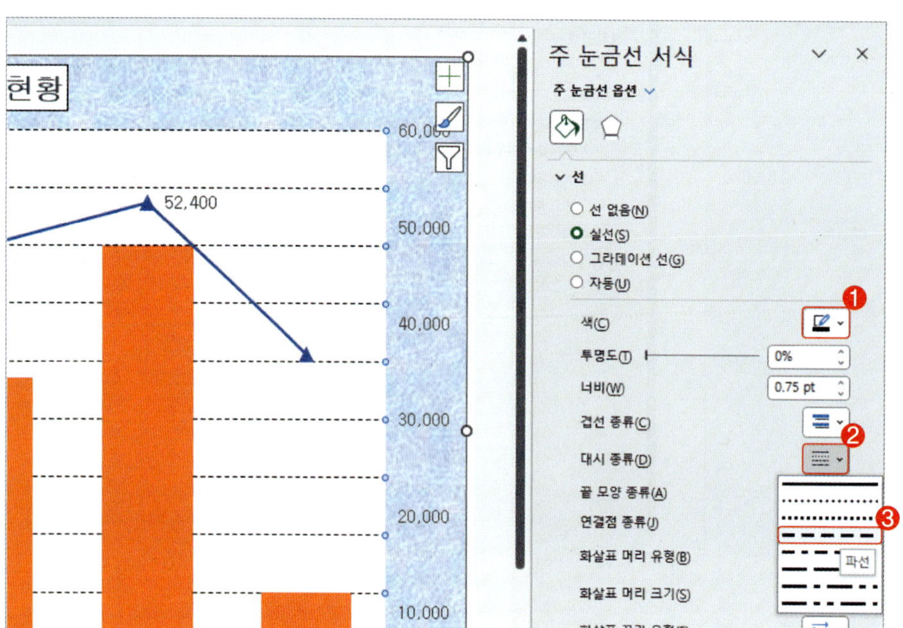

SECTION 06 서식 (축, 데이터 계열)

① 세로 (값) 축을 클릭한다.

→ [서식] 탭 – [도형 스타일] 그룹 – [도형 윤곽선]( )을 클릭하고 '검정, 텍스트1'을 설정한다.

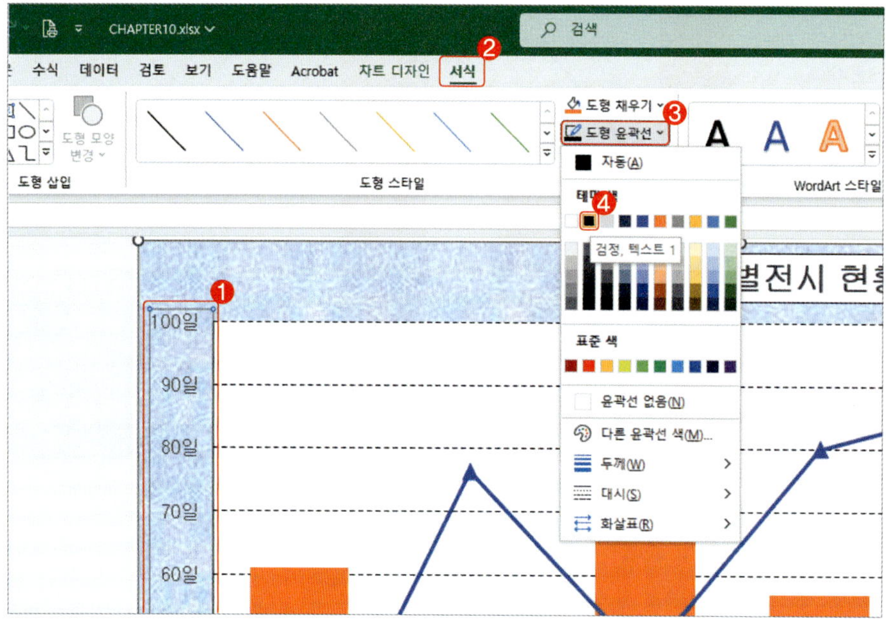

② 보조 세로 (값) 축과 가로 (항목) 축도 [도형 윤곽선](✏)을 설정한다.

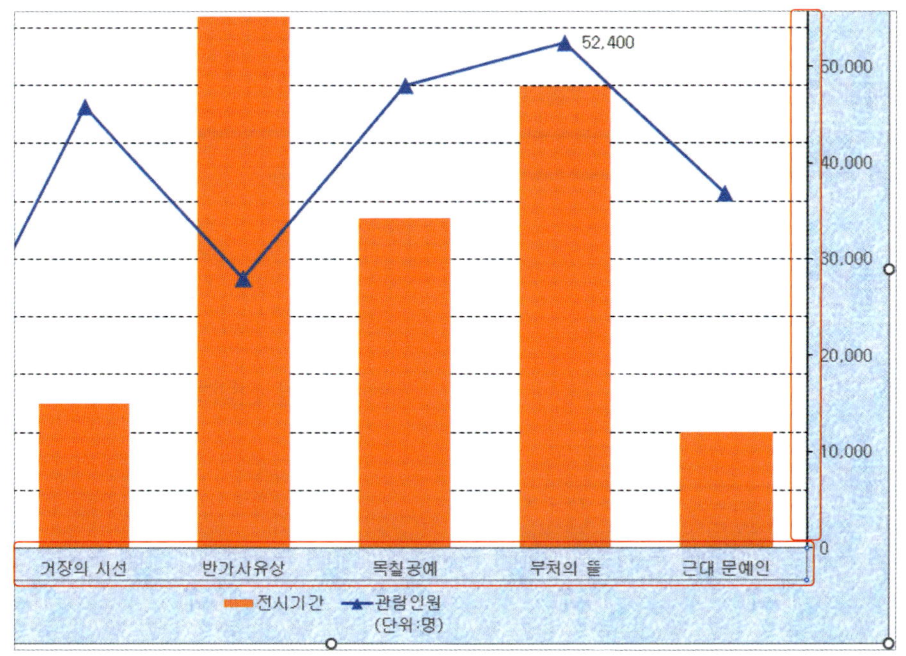

③ 보조 세로 (값) 축을 더블클릭하여 축 서식 사이드바를 연다.

→ 축 옵션 – 단위 '기본'에 『15000』을 입력한다.

→ 표시 형식 – 범주 '회계', 기호 '없음'을 설정한다.

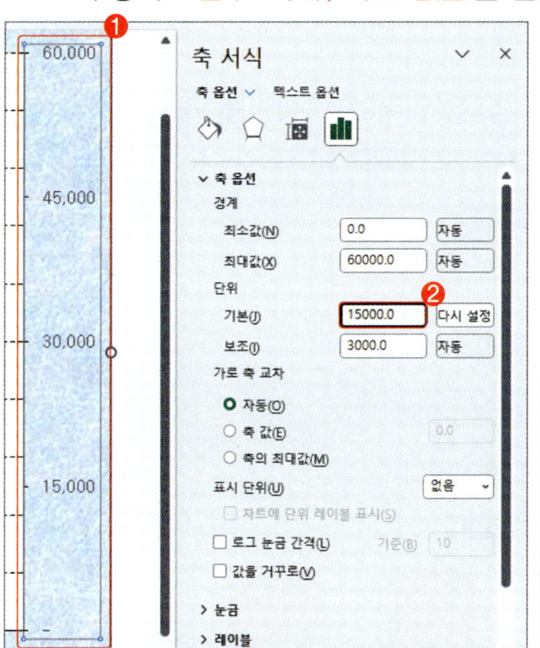

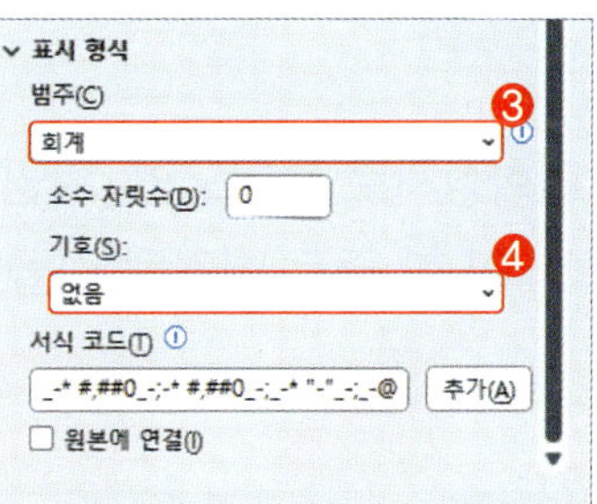

① [차트 디자인] 탭 – [데이터] 그룹 – [데이터 선택](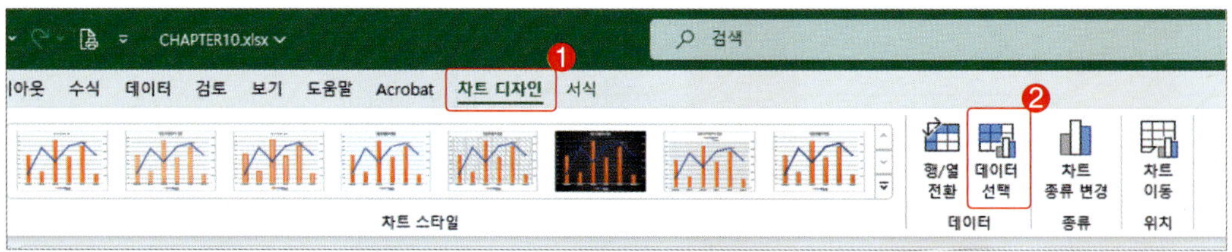)을 클릭한다.

② [데이터 원본 선택] 대화상자에서 범례 항목(계열)에서 '관람인원(단위:명)'을 선택하고 [편집]을 클릭한다.

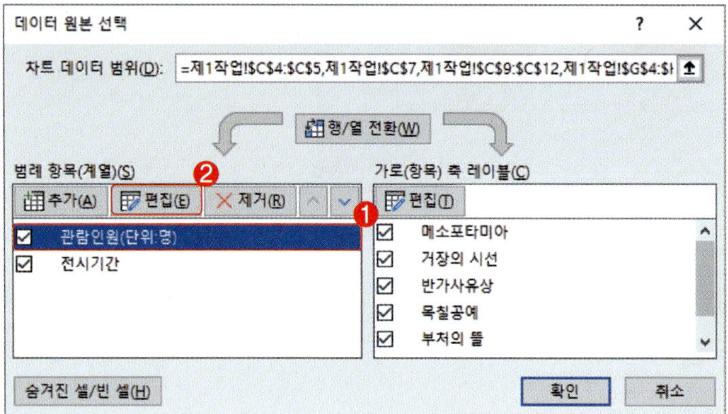

③ [계열 편집] 대화상자에서 계열 이름에 『관람인원(단위:명)』을 입력하고 [확인]을 클릭한다.

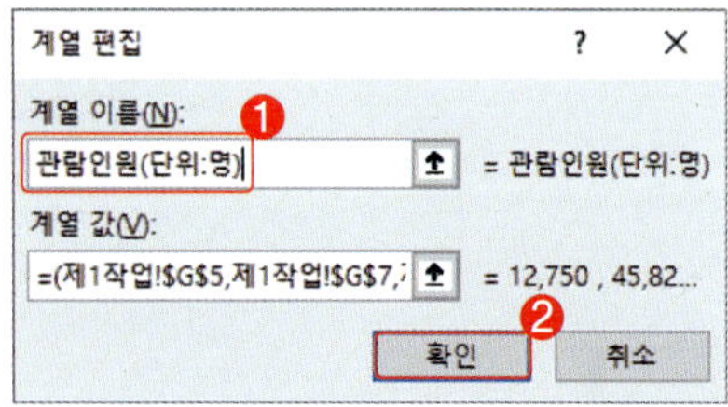

④ 다시 [데이터 원본 선택] 대화상자로 돌아오면 [확인]을 클릭한다.
　→ 범례의 관람인원(단위:명)이 한 줄로 변경된 것을 확인한다.

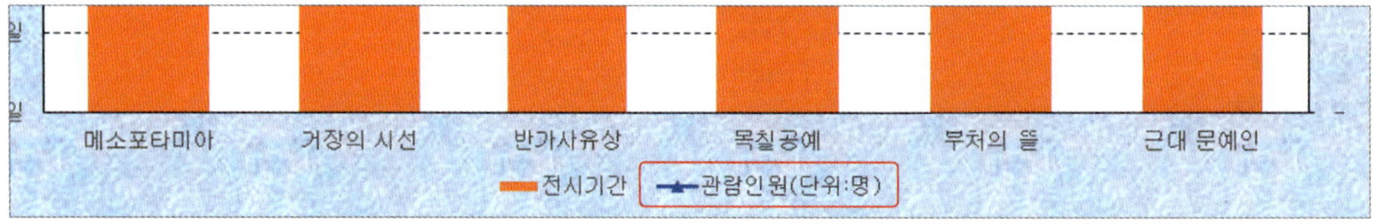

① [삽입] 탭 – [일러스트레이션] 그룹 – [도형](　)을 클릭하고 [말풍선: 모서리가 둥근 사각형]을 클릭한다.

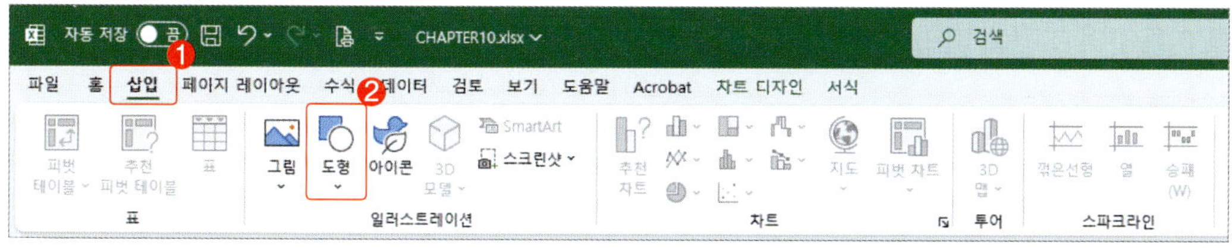

② 도형을 그리고 『최대 관람인원』을 입력한다.

→ [홈] 탭 – [글꼴] 그룹에서 글꼴 '굴림', 크기 '11', [채우기 색](　) '흰색', [글꼴 색](　) '검정'을 설정한다.

→ [맞춤] 그룹에서 가로와 세로 모두 [가운데 맞춤](　, 　)을 클릭한다.

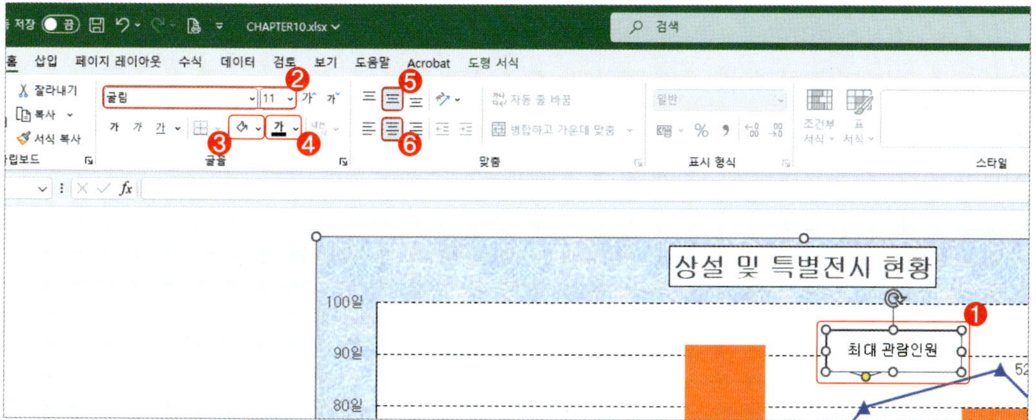

③ 노란색 조절점을 움직여 도형의 모양을 조절한다.

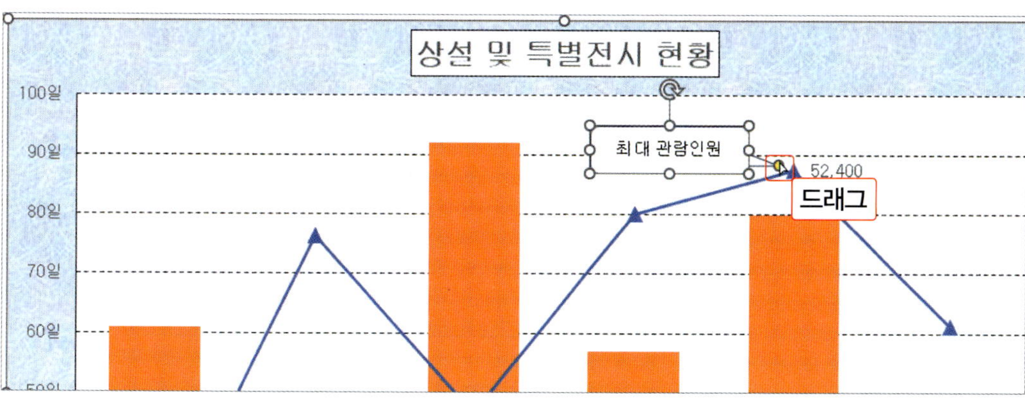

기출문제

문제유형 ❺-1　　**작업파일** PART 01 시험 유형 따라하기₩유형5-1번_문제.xlsx　　**정답파일** 유형5-1번_정답.xlsx

"제1작업" 시트를 이용하여 조건에 따라 ≪출력형태≫와 같이 작업하시오.

조건	(1) 차트 종류 ⇒ 〈묶은 세로 막대형〉으로 작업하시오. (2) 데이터 범위 ⇒ "제1작업" 시트의 내용을 이용하여 작업하시오. (3) 위치 ⇒ "새 시트"로 이동하고, "제4작업"으로 시트 이름을 바꾸시오. (4) 차트 디자인 도구 ⇒ 레이아웃 3, 스타일 1을 선택하여 ≪출력형태≫에 맞게 작업하시오. (5) 영역 서식 ⇒ 차트 : 글꼴(굴림, 11pt), 채우기 효과(질감 – 분홍 박엽지) 　　　　　　　　　그림 : 채우기(흰색, 배경1) (6) 제목 서식 ⇒ 차트 제목 : 글꼴(굴림, 굵게, 20pt), 채우기(흰색, 배경1), 테두리 (7) 서식 ⇒ 신청인원 계열의 차트 종류를 〈표식이 있는 꺾은선형〉으로 변경한 후 보조 축으로 지정하시오. 　　　　계열 : ≪출력형태≫를 참조하여 표식(마름모, 크기 10)과 레이블 값을 표시하시오. 　　　　눈금선 : 선 스타일 – 파선 　　　　축 : ≪출력형태≫를 참조하시오. (8) 범례 ⇒ 범례명을 변경하고 ≪출력형태≫를 참조하시오. (9) 도형 ⇒ '말풍선: 모서리가 둥근 사각형'을 삽입한 후 ≪출력형태≫와 같이 내용을 입력하시오. (10) 나머지 사항은 ≪출력형태≫에 맞게 작성하시오.
출력형태	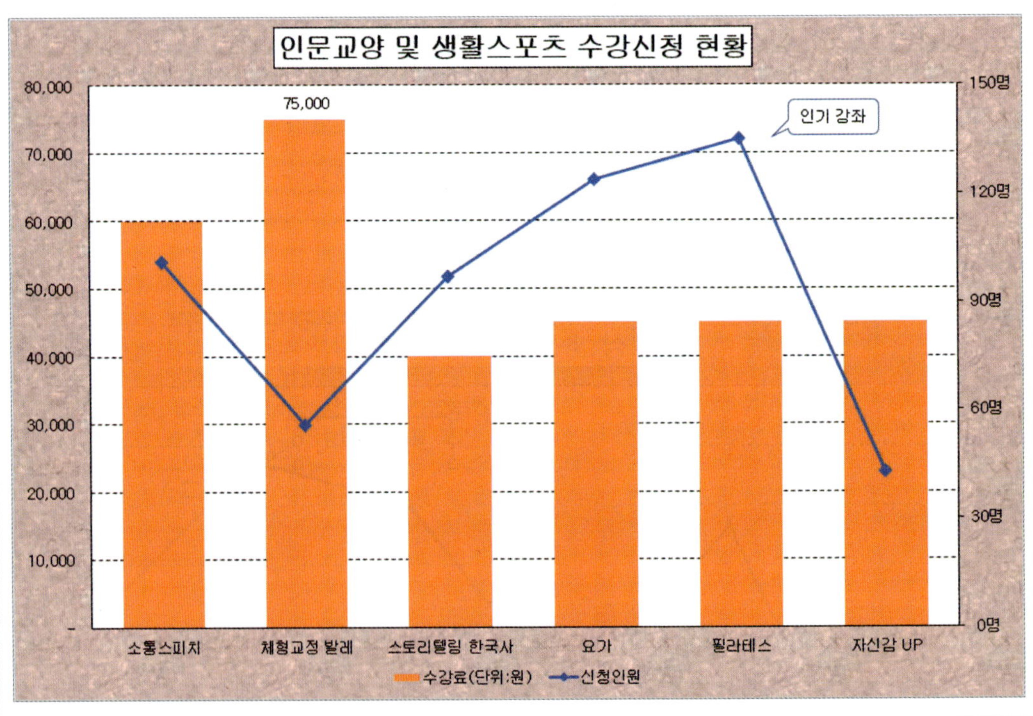

"제1작업" 시트를 이용하여 조건에 따라 ≪출력형태≫와 같이 작업하시오.

조건

(1) 차트 종류 ⇒ 〈묶은 세로 막대형〉으로 작업하시오.

(2) 데이터 범위 ⇒ "제1작업" 시트의 내용을 이용하여 작업하시오.

(3) 위치 ⇒ "새 시트"로 이동하고, "제4작업"으로 시트 이름을 바꾸시오.

(4) 차트 디자인 도구 ⇒ 레이아웃 3, 스타일 1을 선택하여 ≪출력형태≫에 맞게 작업하시오.

(5) 영역 서식 ⇒ 차트 : 글꼴(굴림, 11pt), 채우기 효과(질감 – 파랑 박엽지)

　　　　　　　　그림 : 채우기(흰색, 배경1)

(6) 제목 서식 ⇒ 차트 제목 : 글꼴(굴림, 굵게, 20pt), 채우기(흰색, 배경1), 테두리

(7) 서식 ⇒ 예약인원 계열의 차트 종류를 〈표식이 있는 꺾은선형〉으로 변경한 후 보조 축으로 지정

　　　　　하시오.

　　　　　계열 : ≪출력형태≫를 참조하여 표식(세모, 크기 10)과 레이블 값을 표시하시오.

　　　　　눈금선 : 선 스타일 – 파선

　　　　　축 : ≪출력형태≫를 참조하시오.

(8) 범례 ⇒ 범례명을 변경하고 ≪출력형태≫를 참조하시오.

(9) 도형 ⇒ '말풍선: 모서리가 둥근 사각형'을 삽입한 후 ≪출력형태≫와 같이 내용을 입력하시오.

(10) 나머지 사항은 ≪출력형태≫에 맞게 작성하시오.

출력형태

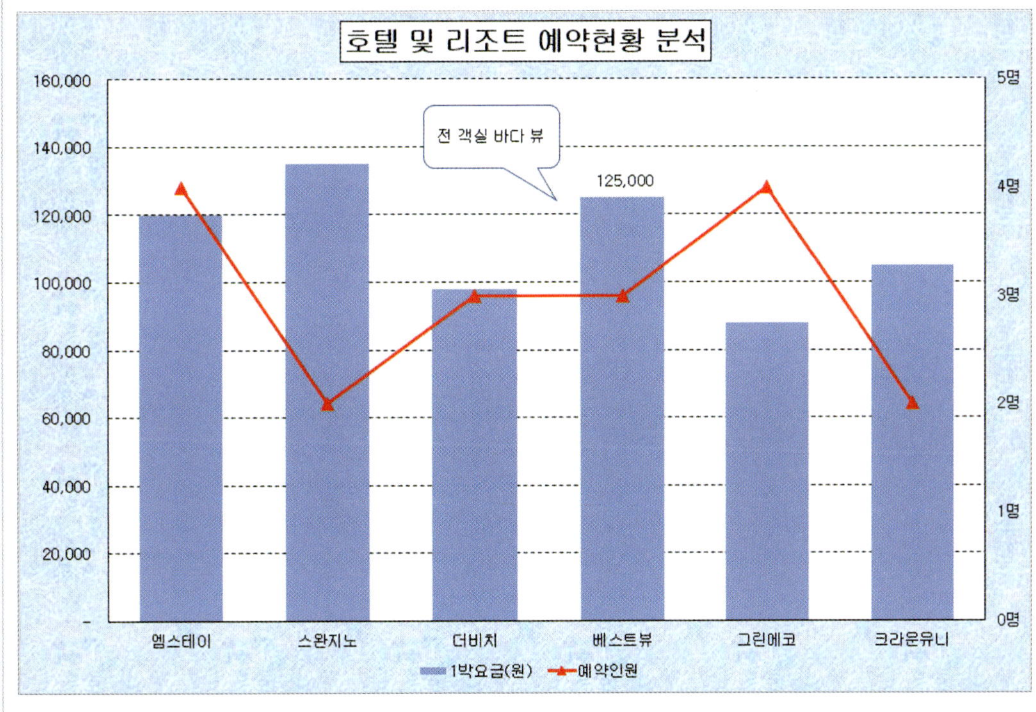

먼 곳을 항해하는 배가 풍파를 만나지 않고
조용히만 갈 수는 없다. 풍파는 언제나
전진하는 자의 벗이다.

프리드리히 니체

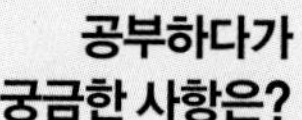

대표 기출 따라하기

대표 기출 따라하기 01회 부분합 유형

과목	코드	문제유형	시험시간	수험번호	성명
한글엑셀	1122	A	60분		

수험자 유의사항

- 수험자는 문제지를 받는 즉시 문제지와 **수험표상의 시험과목(프로그램)이 동일한지 반드시 확인**하여야 합니다.

- 파일명은 본인의 "수험번호–성명"으로 입력하여 답안폴더(내 PC\문서\ITQ)에 하나의 파일로 저장해야 하며, 답안문서 파일명이 "수험번호–성명"과 일치하지 않거나, 답안파일을 전송하지 않아 미제출로 처리될 경우 실격 처리합니다(예: 12345678–홍길동.xlsx).

- 답안 작성을 마치면 파일을 저장하고, '답안 전송' 버튼을 선택하여 감독위원 PC로 답안을 전송하십시오. 수험생 정보와 저장한 파일명이 다를 경우 전송되지 않으므로 주의하시기 바랍니다.

- 답안 작성 중에도 **주기적으로 저장하고, '답안 전송'**하여야 문제 발생을 줄일 수 있습니다. 작업한 내용을 저장하지 않고 전송할 경우 이전에 저장된 내용이 전송되니 이점 유의하시기 바랍니다.

- 답안문서는 지정된 경로 외의 다른 보조기억장치에 저장하는 경우, 지정된 시험 시간 외에 작성된 파일을 활용할 경우, 기타 통신수단(이메일, 메신저, 네트워크 등)을 이용하여 타인에게 전달 또는 외부 반출하는 경우는 부정 처리합니다.

- 시험 중 부주의 또는 고의로 시스템을 파손한 경우는 수험자가 변상해야 하며, 〈수험자 유의사항〉에 기재된 방법대로 이행하지 않아 생기는 불이익은 수험생 당사자의 책임임을 알려 드립니다.

- 문제의 조건은 MS오피스 2021 버전으로 설정되어 있으며 MS오피스 2016은 【 】에 표기되어 있습니다. 이와 관련하여 작성한 답안의 출력형태가 문제지와 다를 수 있습니다.

- 시험을 완료한 수험자는 답안파일이 전송되었는지 확인한 후 감독위원의 지시에 따라 문제지를 제출하고 퇴실합니다.

답안 작성요령

- 온라인 답안 작성 절차
  수험자 등록 ⇒ 시험 시작 ⇒ 답안파일 저장 ⇒ 답안 전송 ⇒ 시험 종료

- 문제는 총 4단계, 즉 제1작업부터 제4작업까지 구성되어 있으며 반드시 제1작업부터 순서대로 작성하고 조건대로 작업하시오.

- 모든 작업시트의 A열은 열 너비 '1'로, 나머지 열은 적당하게 조절하시오.

- 모든 작업시트의 테두리는 ≪출력형태≫와 같이 작업하시오.

- 해당 작업란에서는 각각 제시된 조건에 따라 ≪출력형태≫와 같이 작업하시오.

- 답안 시트 이름은 "제1작업", "제2작업", "제3작업", "제4작업"이어야 하며 답안 시트 이외의 것은 감점 처리됩니다.

- 각 시트를 파일로 나누어 작업해서 저장할 경우 실격 처리됩니다.

다음은 '신규 등록 중고차 상세 정보'에 대한 자료이다. 자료를 입력하고 조건에 맞도록 작업하시오.

출력형태

관리코드	모델명	연료	제조사	중고가 (만원)	연비 (km/L)	주행기록	연비 순위	직영점
HD1-002	쏘나타 뉴 라이즈	가솔린	현대	2,870	16.1	26,037	(1)	(2)
KA2-102	니로	하이브리드	기아	2,650	19.5	94,160	(1)	(2)
CB2-002	이쿼녹스	디젤	쉐보레	4,030	13.3	133,411	(1)	(2)
SY1-054	티볼리 아머	가솔린	쌍용	2,060	14.2	96,300	(1)	(2)
RN4-101	QM3	디젤	르노삼성	2,100	17.3	97,803	(1)	(2)
KA3-003	더 뉴 카니발	가솔린	기아	3,450	11.4	71,715	(1)	(2)
HD2-006	그랜드 스타렉스	디젤	현대	4,660	10.9	7,692	(1)	(2)
HD4-001	그랜저	하이브리드	현대	3,950	16.2	117,884	(1)	(2)
하이브리드 차량 연비(km/L 평균)			(3)		두 번째로 높은 중고가(만원)			(5)
가솔린 차량의 주행기록 합계			(4)		관리코드	HD1-002	연비 (km/L)	(6)

표 상단에는 "확인 / 담당 / 팀장 / 센터장" 결재란과 제목 "신규 등록 중고차 상세 정보"가 있다.

조건

- 모든 데이터의 서식에는 글꼴(굴림, 11pt), 정렬은 숫자 및 회계 서식은 오른쪽 정렬, 나머지 서식은 가운데 정렬로 작성하며 예외적인 것은 ≪출력형태≫를 참조하시오.
- 제목 ⇒ 도형(평행 사변형)과 그림자(오프셋 오른쪽)를 이용하여 작성하고 "신규 등록 중고차 상세 정보"를 입력한 후 다음 서식을 적용하시오
   (글꼴 – 굴림, 24pt, 검정, 굵게, 채우기 – 노랑).
- 임의의 셀에 결재란을 작성하여 그림으로 복사 기능을 이용하여 붙이기 하시오(단, 원본 삭제).
- 「B4:J4, G14, I14」 영역은 '주황'으로 채우기 하시오.
- 유효성 검사를 이용하여 「H14」 셀에 관리코드(「B5:B12」 영역)가 선택 표시되도록 하시오.
- 셀 서식 ⇒ 「H5:H12」 영역에 셀 서식을 이용하여 숫자 뒤에 'km'를 표시하시오(예 : 26,037km).
- 「F5:F12」 영역에 대해 '중고가'로 이름정의를 하시오.

(1)~(6) 셀은 반드시 <u>주어진 함수</u>를 이용하여 값을 구하시오(결과값을 직접 입력하면 해당 셀은 0점 처리됨).

(1) 연비 순위 ⇒ 연비(km/L)의 내림차순 순위를 구한 결과에 '위'를 붙이시오(RANK.EQ 함수, & 연산자)(예 : 1위).

(2) 직영점 ⇒ 관리코드의 세 번째 글자가 1이면 '서울', 2이면 '경기/인천', 그 외에는 '기타'로 구하시오
　　　　(IF, MID 함수).

(3) 하이브리드 차량 연비(km/L 평균) ⇒ 셀 서식을 이용하여 소수 첫째 자리까지 표시하시오
　　　　　　　(SUMIF, COUNTIF 함수)(예 : 15.467 → 15.5).

(4) 가솔린 차량의 주행기록 합계 ⇒ 연료가 가솔린인 차량의 주행기록 합계를 구하시오. 단, 조건은 입력데이터를
　　　　　　이용하시오(DSUM 함수).

(5) 두 번째로 높은 중고가(만원) ⇒ 정의된 이름(중고가)을 이용하여 구하시오(LARGE 함수).

(6) 연비(km/L) ⇒ 「H14」 셀에서 선택한 관리코드에 대한 연비(km/L)를 구하시오(VLOOKUP 함수).

(7) 조건부 서식의 수식을 이용하여 연비(km/L)가 '16' 이상인 행 전체에 다음의 서식을 적용하시오
　　(글꼴 : 파랑, 굵게).

"제1작업" 시트의 「B4:H12」 영역을 복사하여 "제2작업" 시트의 「B2」 셀부터 모두 붙여넣기를 한 후 다음의 조건과 같이 작업하시오.

조건	(1) 목표값 찾기 – 「B11:G11」 셀을 병합하여 "현대 자동차의 연비(km/L) 평균"을 입력한 후 「H11」 셀에 현대 자동차의 연비(km/L) 평균을 구하시오. 단, 조건은 입력데이터를 이용하시오(DAVERAGE 함수, 테두리, 가운데 맞춤).
	– '현대 자동차의 연비(km/L) 평균'이 '15'가 되려면 쏘나타 뉴 라이즈의 연비(km/L)가 얼마가 되어야 하는지 목표값을 구하시오.
	(2) 고급 필터 – 관리코드가 'K'로 시작하거나 주행기록이 '100,000' 이상인 자료의 모델명, 연료, 중고가(만원), 연비(km/L) 데이터만 추출하시오.
	– 조건 범위 : 「B14」 셀부터 입력하시오.
	– 복사 위치 : 「B18」 셀부터 나타나도록 하시오.

제 3 작업   정렬 및 부분합   80점

"제1작업" 시트의 「B4:H12」 영역을 복사하여 "제3작업" 시트의 「B2」 셀부터 모두 붙여넣기를 한 후 다음의 조건과 같이 작업하시오.

조건	(1) 부분합 – ≪출력형태≫처럼 정렬하고, 제조사의 개수와 중고가(만원)의 평균을 구하시오.
	(2) 개요 – 지우시오.
	(3) 나머지 사항은 ≪출력형태≫에 맞게 작성하시오.

출력형태

	A	B	C	D	E	F 중고가(만원)	G 연비(km/L)	H 주행기록
2		관리코드	모델명	연료	제조사	중고가(만원)	연비(km/L)	주행기록
3		KA2-102	니로	하이브리드	기아	2,650	19.5	94,160km
4		HD4-001	그랜저	하이브리드	현대	3,950	16.2	117,884km
5				하이브리드 평균		3,300		
6				하이브리드 개수	2			
7		CB2-002	이쿼녹스	디젤	쉐보레	4,030	13.3	133,411km
8		RN4-101	QM3	디젤	르노삼성	2,100	17.3	97,803km
9		HD2-006	그랜드 스타렉스	디젤	현대	4,660	10.9	7,692km
10				디젤 평균		3,597		
11				디젤 개수	3			
12		HD1-002	쏘나타 뉴 라이즈	가솔린	현대	2,870	16.1	26,037km
13		SY1-054	티볼리 아머	가솔린	쌍용	2,060	14.2	96,300km
14		KA3-003	더 뉴 카니발	가솔린	기아	3,450	11.4	71,715km
15				가솔린 평균		2,793		
16				가솔린 개수	3			
17				전체 평균		3,221		
18				전체 개수	8			

"제1작업" 시트를 이용하여 조건에 따라 ≪출력형태≫와 같이 작업하시오.

조건	
	(1) 차트 종류 ⇒ 〈묶은 세로 막대형〉으로 작업하시오.
	(2) 데이터 범위 ⇒ "제1작업" 시트의 내용을 이용하여 작업하시오.
	(3) 위치 ⇒ "새 시트"로 이동하고, "제4작업"으로 시트 이름을 바꾸시오.
	(4) 차트 디자인 도구 ⇒ 레이아웃 3, 스타일 1을 선택하여 ≪출력형태≫에 맞게 작업하시오.
	(5) 영역 서식 ⇒ 차트 : 글꼴(굴림, 11pt), 채우기 효과(질감 – 분홍 박엽지)
	그림 : 채우기(흰색, 배경1)
	(6) 제목 서식 ⇒ 차트 제목 : 글꼴(굴림, 굵게, 20pt), 채우기(흰색, 배경1), 테두리
	(7) 서식 ⇒ 연비(km/L) 계열의 차트 종류를 〈표식이 있는 꺾은선형〉으로 변경한 후 보조 축으로 지정하시오.
	계열 : ≪출력형태≫를 참조하여 표식(마름모, 크기 10)과 레이블 값을 표시하시오.
	눈금선 : 선 스타일 – 파선
	축 : ≪출력형태≫를 참조하시오.
	(8) 범례 ⇒ 범례명을 변경하고 ≪출력형태≫를 참조하시오.
	(9) 도형 ⇒ '모서리가 둥근 사각형 설명선'을 삽입한 후 ≪출력형태≫와 같이 내용을 입력하시오.
	(10) 나머지 사항은 ≪출력형태≫에 맞게 작성하시오.

출력형태	

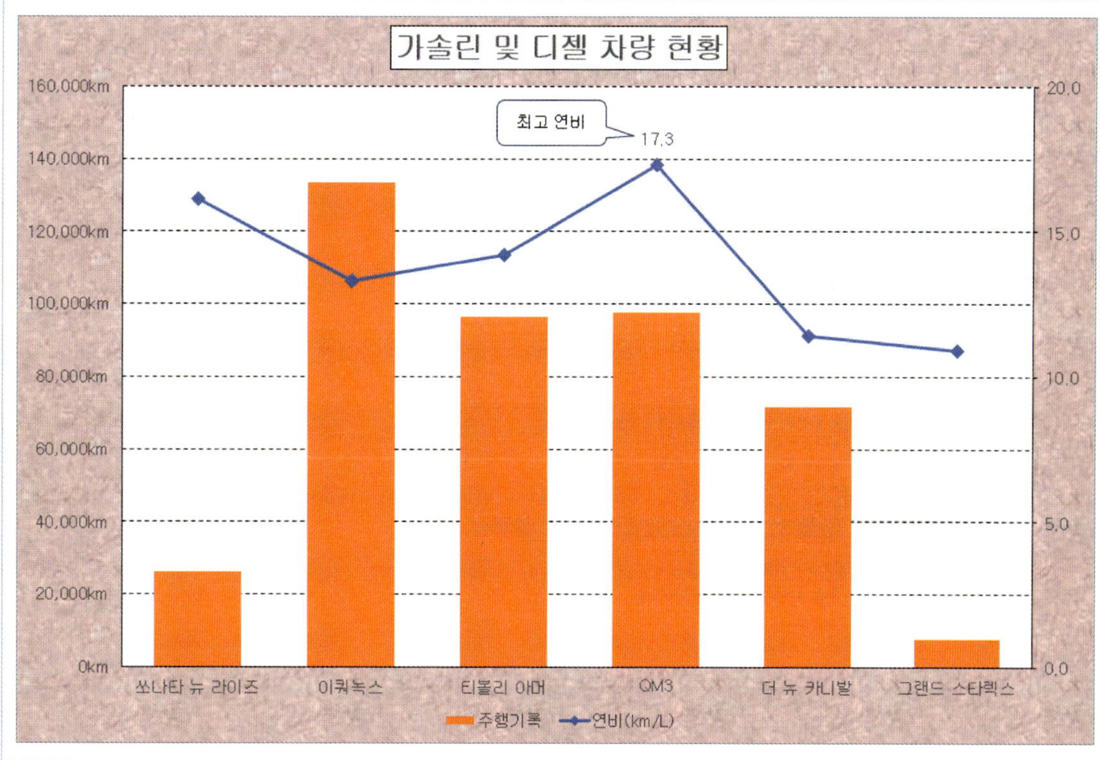

주의 시트명 순서가 차례대로 "제1작업", "제2작업", "제3작업", "제4작업"이 되도록 할 것

정답

정답파일   PART 02 대표 기출 따라하기\대표기출01회_정답.xlsx

제 1 작업   표 서식 작성 및 값 계산   **240**점

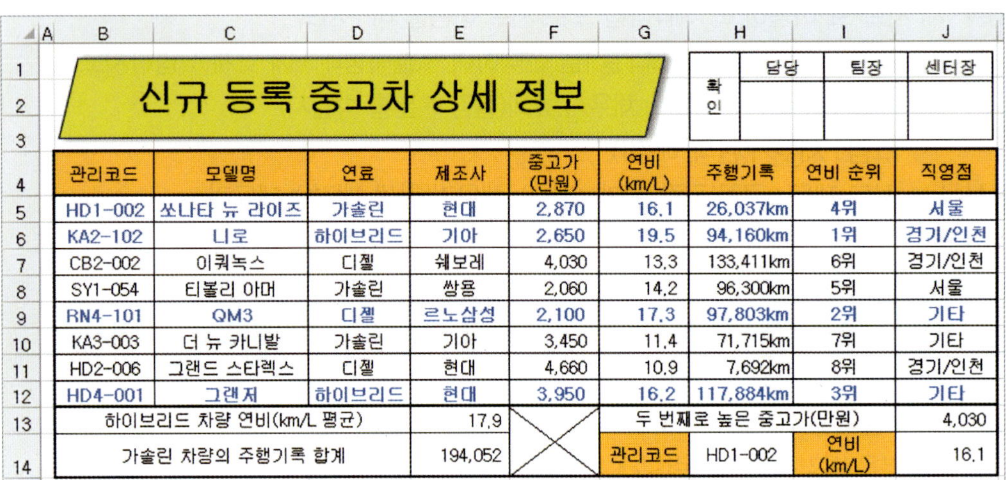

관리코드	모델명	연료	제조사	중고가(만원)	연비(km/L)	주행기록	연비 순위	직영점
HD1-002	쏘나타 뉴 라이즈	가솔린	현대	2,870	16.1	26,037km	4위	서울
KA2-102	니로	하이브리드	기아	2,650	19.5	94,160km	1위	경기/인천
CB2-002	이쿼녹스	디젤	쉐보레	4,030	13.3	133,411km	6위	경기/인천
SY1-054	티볼리 아머	가솔린	쌍용	2,060	14.2	96,300km	5위	서울
RN4-101	QM3	디젤	르노삼성	2,100	17.3	97,803km	2위	기타
KA3-003	더 뉴 카니발	가솔린	기아	3,450	11.4	71,715km	7위	기타
HD2-006	그랜드 스타렉스	디젤	현대	4,660	10.9	7,692km	8위	경기/인천
HD4-001	그랜저	하이브리드	현대	3,950	16.2	117,884km	3위	기타
하이브리드 차량 연비(km/L) 평균				17.9		두 번째로 높은 중고가(만원)		4,030
가솔린 차량의 주행기록 합계				194,052		관리코드 → HD1-002	연비(km/L)	16.1

번호	기준셀	수식
(1)	I5	=RANK.EQ(G5,$G$5:$G$12)&"위"
(2)	J5	=IF(MID(B5,3,1)="1","서울", IF(MID(B5,3,1)="2","경기/인천","기타"))
(3)	E13	=SUMIF(D5:D12,"하이브리드",G5:G12)/COUNTIF(D5:D12,"하이브리드")
(4)	E14	=DSUM(B4:H12,7,D4:D5)
(5)	J13	=LARGE(중고가,2)
(6)	J14	=VLOOKUP(H14,B5:G12,6,0)
(7)	B5:J12	

서식 규칙 편집   ? ✕

규칙 유형 선택(S):

- ▶ 셀 값을 기준으로 모든 셀의 서식 지정
- ▶ 다음을 포함하는 셀만 서식 지정
- ▶ 상위 또는 하위 값만 서식 지정
- ▶ 평균보다 크거나 작은 값만 서식 지정
- ▶ 고유 또는 중복 값만 서식 지정
- ▶ 수식을 사용하여 서식을 지정할 셀 결정

규칙 설명 편집(E):

다음 수식이 참인 값의 서식 지정(O):

=$G5>=16   ⬆

미리 보기: 가나다AaBbCc   서식(F)...

확인   취소

관리코드	모델명	연료	제조사	중고가 (만원)	연비 (km/L)	주행기록
HD1-002	쏘나타 뉴 라이즈	가솔린	현대	2,870	17.9	26,037km
KA2-102	니로	하이브리드	기아	2,650	19.5	94,160km
CB2-002	이쿼녹스	디젤	쉐보레	4,030	13.3	133,411km
SY1-054	티볼리 아머	가솔린	쌍용	2,060	14.2	96,300km
RN4-101	QM3	디젤	르노삼성	2,100	17.3	97,803km
KA3-003	더 뉴 카니발	가솔린	기아	3,450	11.4	71,715km
HD2-006	그랜드 스타렉스	디젤	현대	4,660	10.9	7,692km
HD4-001	그랜저	하이브리드	현대	3,950	16.2	117,884km
현대 자동차의 연비(km/L) 평균						15

관리코드	주행기록
K*	
	>=100000

모델명	연료	중고가 (만원)	연비 (km/L)
니로	하이브리드	2,650	19.5
이쿼녹스	디젤	4,030	13.3
더 뉴 카니발	가솔린	3,450	11.4
그랜저	하이브리드	3,950	16.2

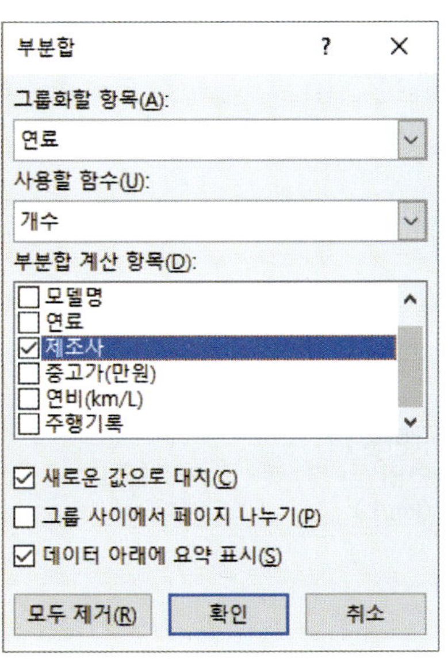

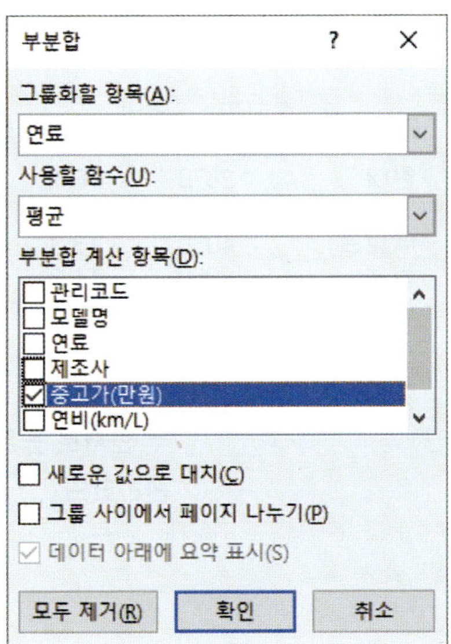

≪출력형태≫를 참고

제1작업　표 서식 작성 및 값 계산　**240**점

제1작업은 표를 작성하고 조건에 따른 서식 변환 및 함수 사용 능력을 평가한다.
제1작업 데이터를 기반으로 다른 작업들이 이어지므로 정확히 작성하도록 한다.

SECTION 01　데이터 입력, 테두리, 정렬

① 본 도서 [PART 01 – CHAPTER 01]의 답안 작성요령을 참고하여 글꼴 '굴림', 크기 '11'
　 로 하고, 작업시트를 설정한다.
　　→ "수험번호–성명.xlsx"으로 저장한다.

② "제1작업" 시트에 ≪출력형태≫의 내용을 입력한다.

	A	B	C	D	E	F	G	H	I	J
1										
2										
3										
4		관리코드	모델명	연료	제조사	중고가 (만원)	연비 (km/L)	주행기록	연비 순위	직영점
5		HD1-002	쏘나타 뉴	가솔린	현대	2870	16.1	26037		
6		KA2-102	니로	하이브리드	기아	2650	19.5	94160		
7		CB2-002	이쿼녹스	디젤	쉐보레	4030	13.3	133411		
8		SY1-054	티볼리 아[	가솔린	쌍용	2060	14.2	96300		
9		RN4-101	QM3	디젤	르노삼성	2100	17.3	97803		
10		KA3-003	더 뉴 카니	가솔린	기아	3450	11.4	71715		
11		HD2-006	그랜드 스[	디젤	현대	4660	10.9	7692		
12		HD4-001	그랜저	하이브리드	현대	3950	16.2	117884		
13		하이브리드 차량 연비(km/L 평균)					두 번째로 높은 중고가(만원)			
14		가솔린 차량의 주행기록 합계					관리코드		연비 (km/L)	

③ 「B13:D13」 영역을 마우스 드래그하여 블록 설정한다.

　→ Ctrl 을 누른 채 「B14:D14」, 「F13:F14」, 「G13:I13」 영역을 각각 블록 설정한다.

　→ [홈] 탭 – [맞춤] 그룹 – [병합하고 가운데 맞춤](🔳)을 클릭한다.

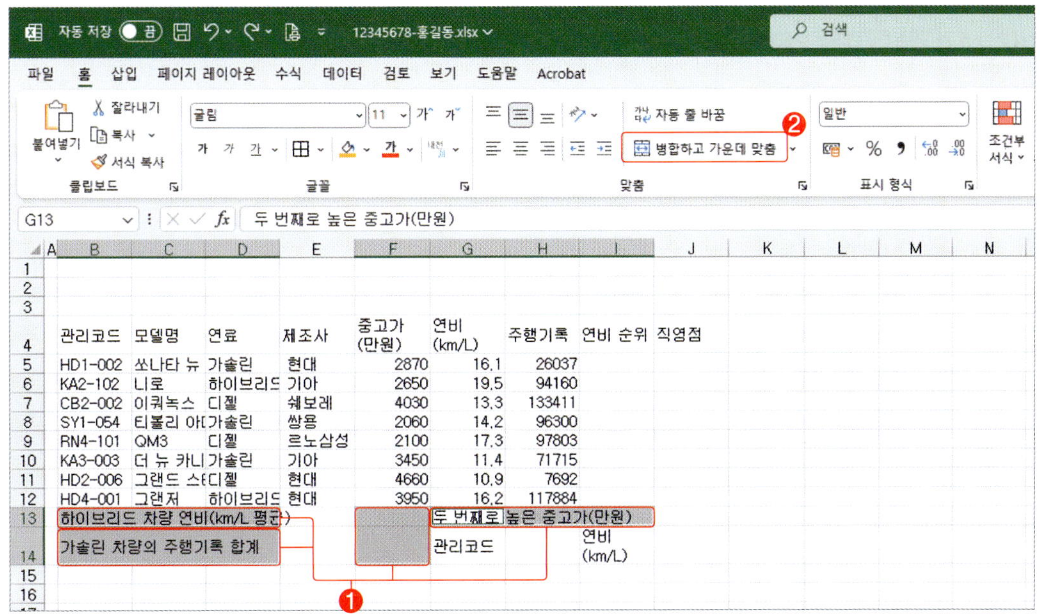

④ 「B4:J4」 영역을 블록 설정한다.

　→ Ctrl 을 누른 채 「B5:J12」, 「B13:J14」 영역을 각각 블록 설정한다.

　→ [홈] 탭 – [글꼴] 그룹 – [테두리]에서 [모든 테두리](⊞), [굵은 바깥쪽 테두리](▣)
　　를 클릭한다.

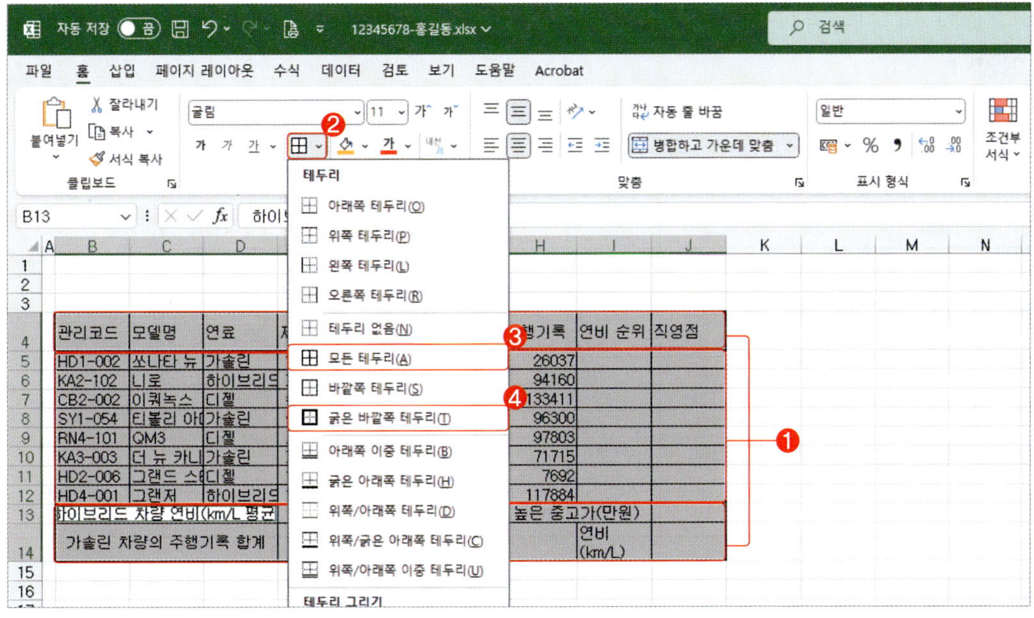

⑤ 「F13:F14」 영역을 클릭한다.

  → [테두리]에서 [다른 테두리](田)를 클릭하면 [셀 서식] 대화상자가 나타난다.

⑥ 선 스타일에서 [가는 실선](━━)을 클릭한다.

  → 두 개의 [대각선](◺)(◿)을 각각 클릭하고 [확인]을 클릭한다.

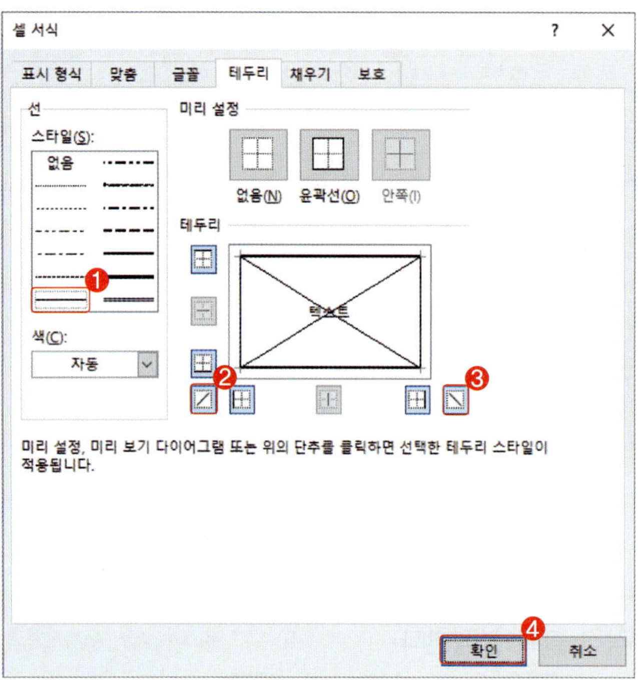

⑦ 행과 열의 머리글 경계선(↕)(↔)을 마우스 드래그하여 행 높이와 열 너비를 조절한다.

  → 숫자 영역은 [홈] 탭 – [맞춤] 그룹 – [오른쪽 맞춤](≡), 나머지는 [가운데 맞춤]
    (≡)을 설정한다.

A	B	C	D	E	F	G	H	I	J
1									
2									
3									
4	관리코드	모델명	연료	제조사	중고가 (만원)	연비 (km/L)	주행기록	연비 순위	직영점
5	HD1-002	쏘나타 뉴 라이즈	가솔린	현대	2870	16.1	26037		
6	KA2-102	니로	하이브리드	기아	2650	19.5	94160		
7	CB2-002	이쿼녹스	디젤	쉐보레	4030	13.3	133411		
8	SY1-054	티볼리 아머	가솔린	쌍용	2060	14.2	96300		
9	RN4-101	QM3	디젤	르노삼성	2100	17.3	97803		
10	KA3-003	더 뉴 카니발	가솔린	기아	3450	11.4	71715		
11	HD2-006	그랜드 스타렉스	디젤	현대	4660	10.9	7692		
12	HD4-001	그랜저	하이브리드	현대	3950	16.2	117884		
13	하이브리드 차량 연비(km/L 평균)					두 번째로 높은 중고가(만원)				
14	가솔린 차량의 주행기록 합계					관리코드		연비 (km/L)		

⑧ 「B4:J4」, 「G14」, 「I14」 셀에 [홈] 탭 – [글꼴] 그룹 – [채우기 색](⬛▾)에서 '주황'을 설
정한다.

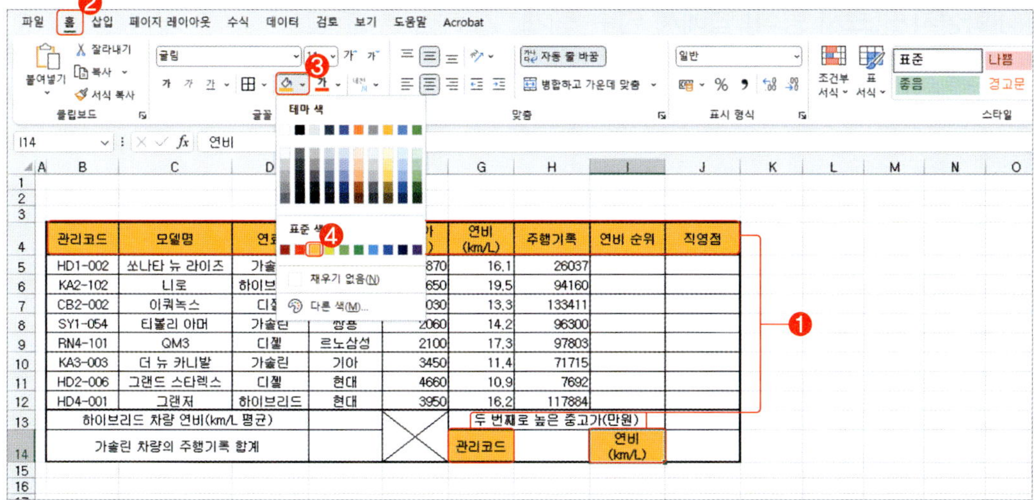

 셀 서식

① '주행기록'에 대한 셀 서식을 지정하기 위해 「H5:H12」 영역을 블록 설정한다.
  → 마우스 오른쪽 클릭하여 [셀 서식](▦)을 클릭한다.

② [셀 서식] 대화상자 – [표시 형식] 탭의 범주에서 '사용자 지정'을 클릭한다.
  → #,##0을 선택하고 『"km"』을 추가로 입력한 후 [확인]을 클릭한다.

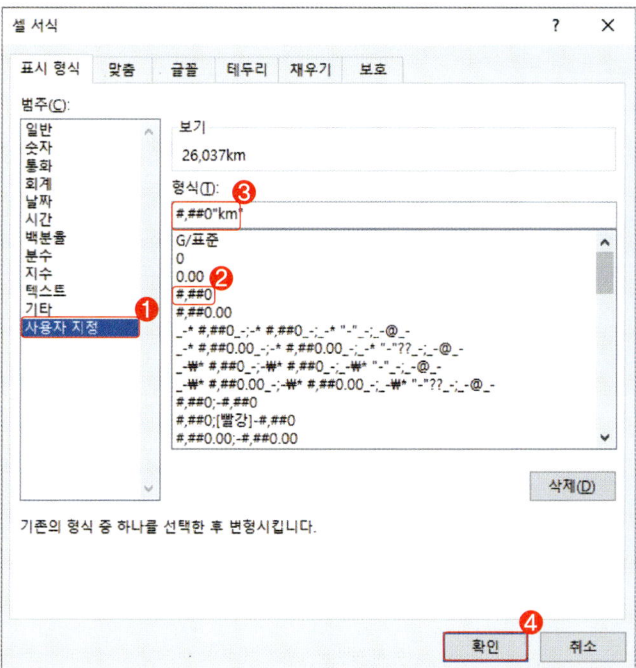

③ '중고가'가 입력된 「F5:F12」 영역을 블록 설정한다.

→ 마우스 오른쪽 클릭하여 [셀 서식]()을 클릭한다.

→ [셀 서식] 대화상자 – [표시 형식] 탭에서 범주 '회계', 기호 '없음'을 설정한다.

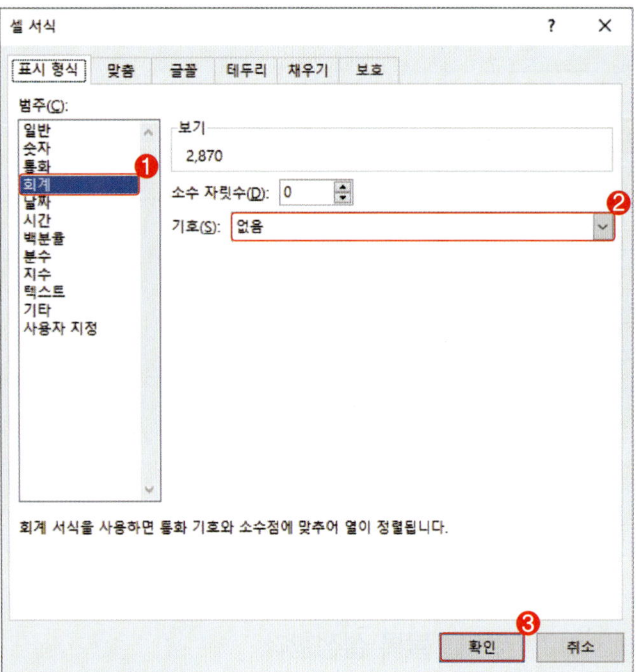

④ '연비'가 입력된 「G5:G12」 영역을 블록 설정한다.

→ 마우스 오른쪽 클릭하여 [셀 서식]()을 클릭한다.

→ [셀 서식] 대화상자 – [표시 형식] 탭에서 범주 '사용자 지정', 형식 『#,##0.0_ – 』을 설정한다.

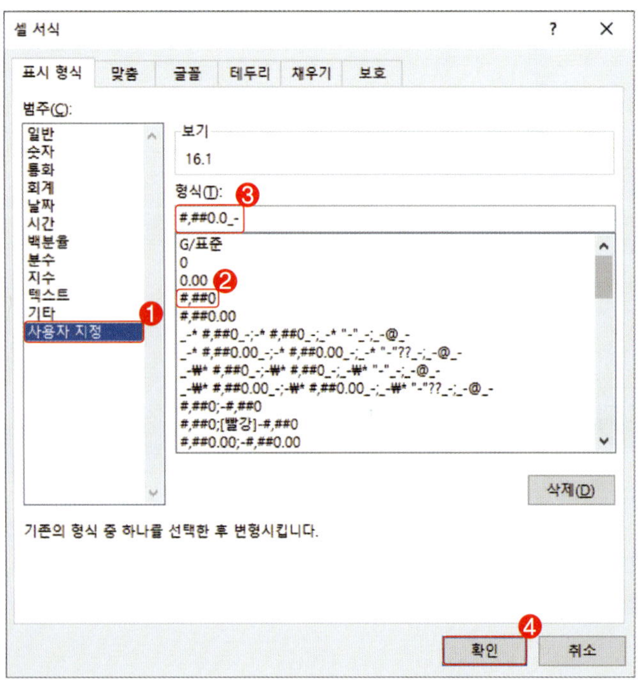

① 출력형태를 참고하여 도형이 들어갈 1~3행 높이를 적당히 조절한다.

② [삽입] 탭 – [일러스트레이션] 그룹 – [도형](○)을 클릭하고 [기본 도형] – [평행 사변형]을 클릭한다.

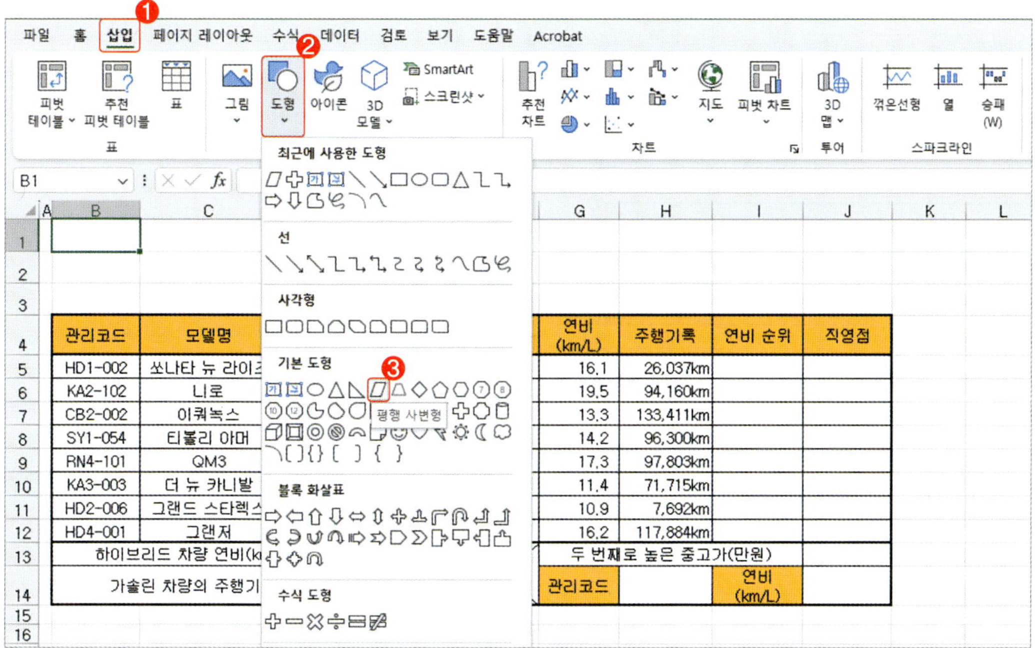

③ 마우스 포인터 모양이 +가 된 상태에서 「B1」 셀부터 「G3」 셀까지 드래그하여 도형을 그린다.

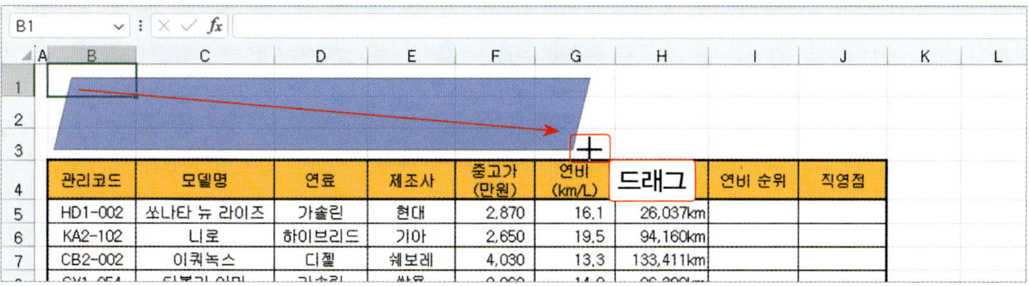

④ 도형에 『신규 등록 중고차 상세 정보』를 입력한다.

⑤ 도형의 배경색 부분을 클릭한다.

→ [홈] 탭 – [글꼴] 그룹에서 글꼴 '굴림', 크기 '24', [굵게], [채우기 색](🖌) '노랑', [글꼴 색](가) '검정'을 설정한다.

→ [맞춤] 그룹에서 가로와 세로 모두 [가운데 맞춤](☰, ☰)을 클릭한다.

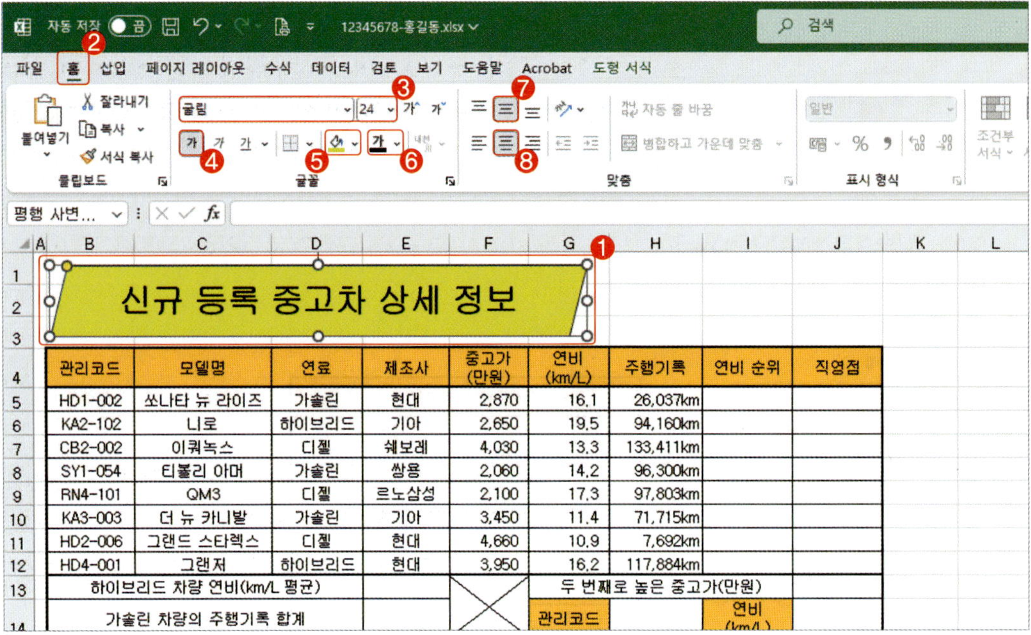

⑥ [도형 서식] 탭 – [도형 스타일] 그룹 – [도형 효과](▱)를 클릭하고 [그림자] – [오프셋: 오른쪽]을 클릭한다.

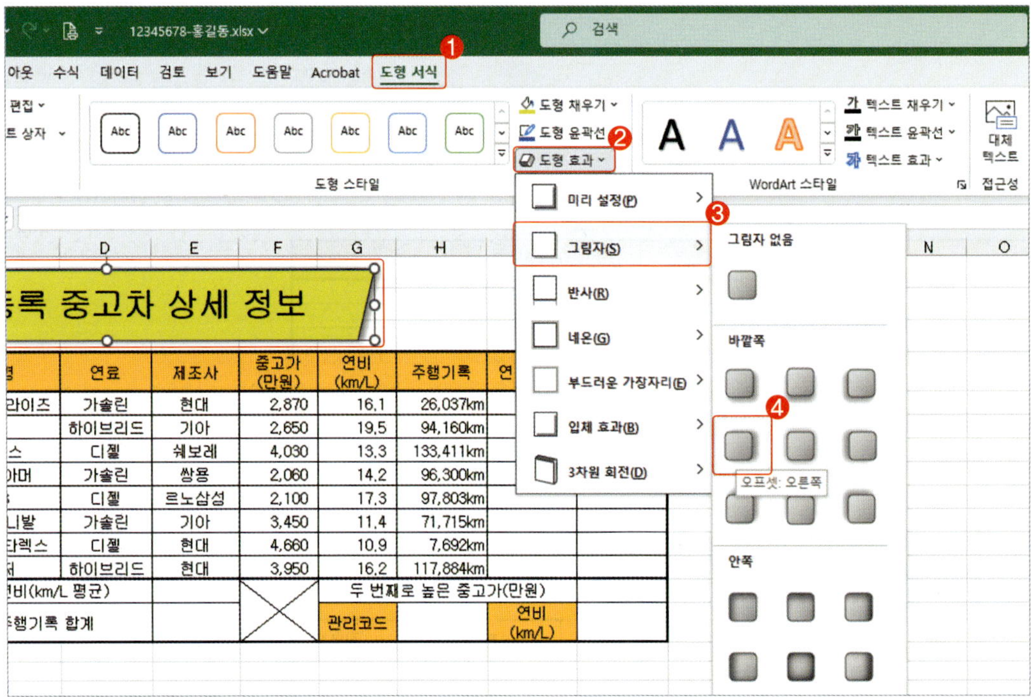

① 결재란은 앞에 작성한 내용과 행이나 열이 겹치지 않는 셀에서 작성한다. 여기서는
「L16」 셀에서 작성한다.

② 『확인』이 입력될 두 개의 셀을 블록 설정한다.
→ [홈] 탭 – [맞춤] 그룹 – [병합하고 가운데 맞춤](⬌)을 클릭한다.

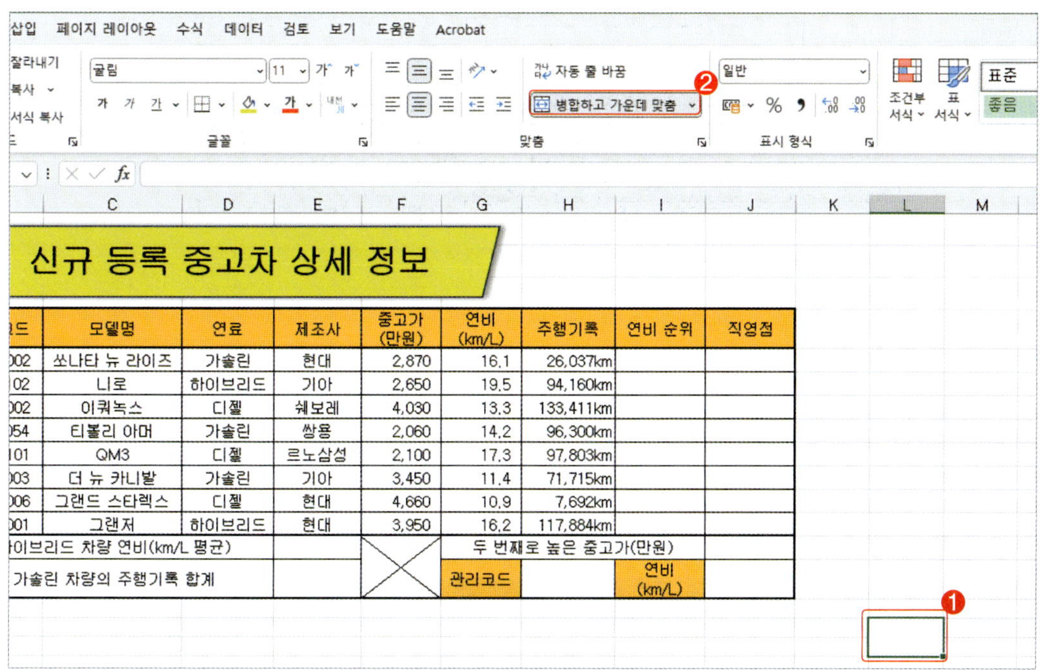

③ 『확인』을 입력한다.
→ [홈] 탭 – [맞춤] 그룹 – [방향](↗)을 클릭하고 [세로 쓰기](가나)를 클릭한다.

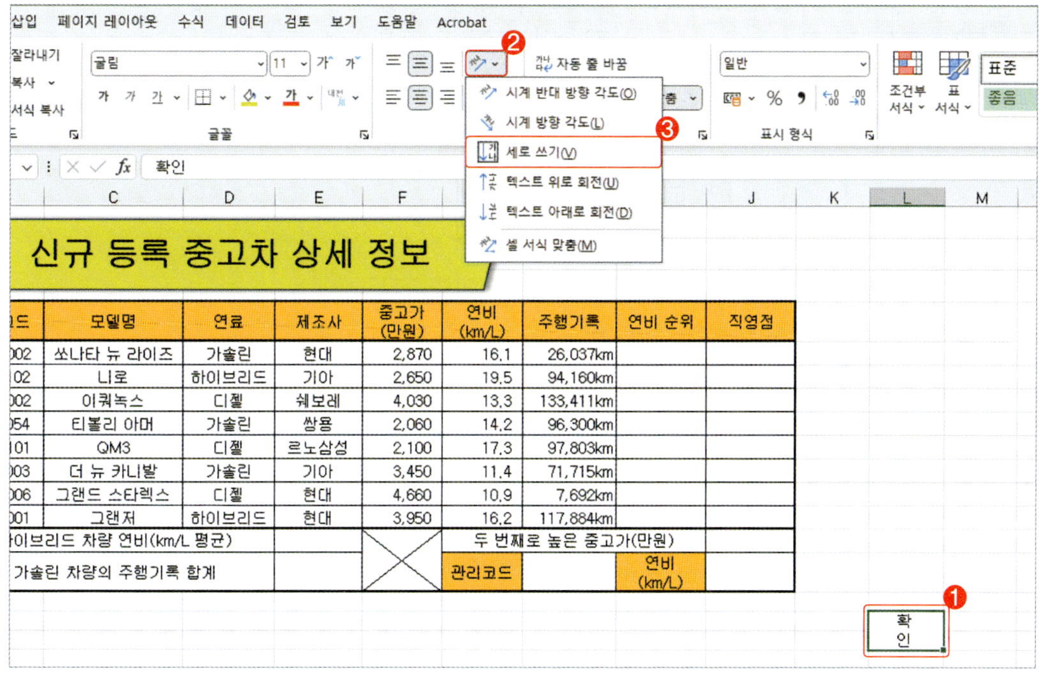

④ 텍스트를 모두 입력하고 행 높이와 열 너비를 조절한다.

→ [홈] 탭 – [맞춤] 그룹 – [가운데 맞춤](三)을 클릭한다.

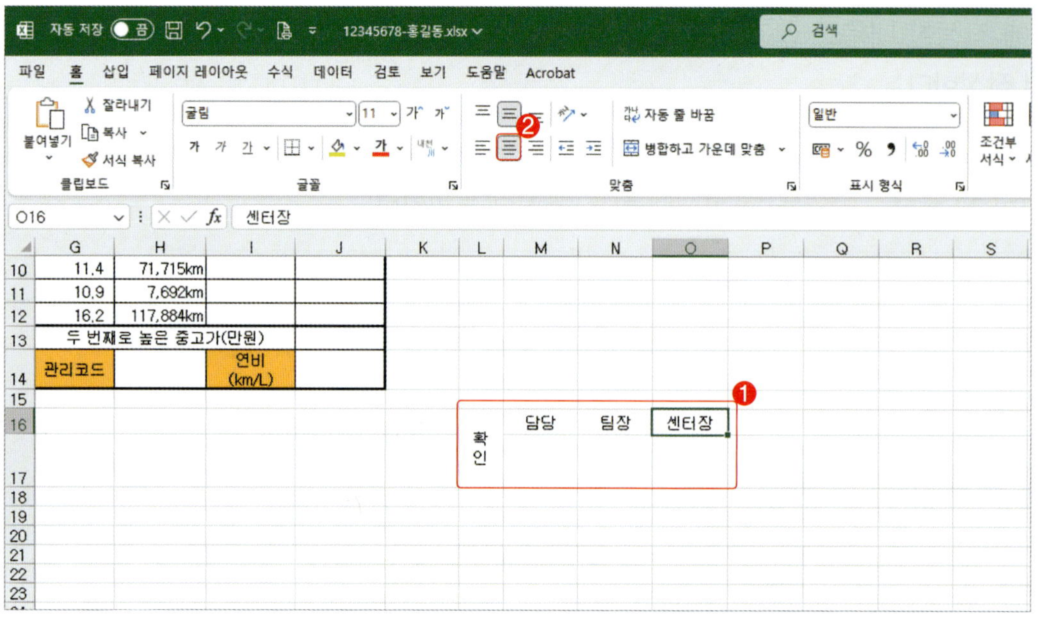

⑤ 결재란 영역을 모두 블록 설정한다.

→ [홈] 탭 – [글꼴] 그룹 – [테두리]에서 [모든 테두리](田)를 클릭한다.

→ [클립보드] 그룹 – [복사](🗐)에서 [그림으로 복사]를 클릭한다.

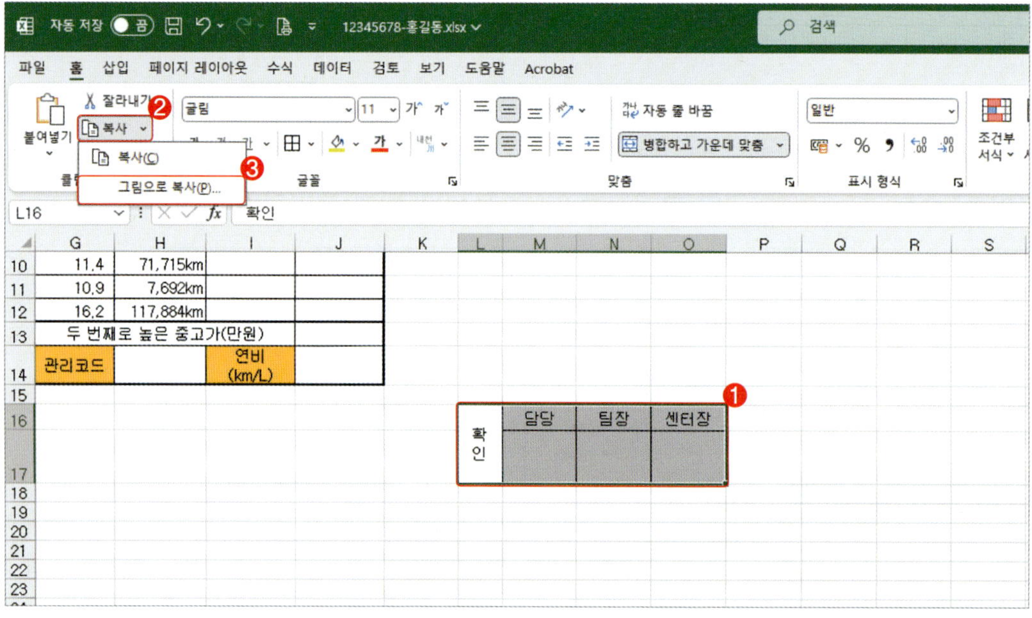

⑥ [그림 복사] 대화상자에서 [확인]을 클릭한다.

　→ [홈] 탭 – [클립보드] 그룹 – [붙여넣기](📋)를 클릭한다.

　→ 그림의 위치를 마우스 드래그하여 조절한다.

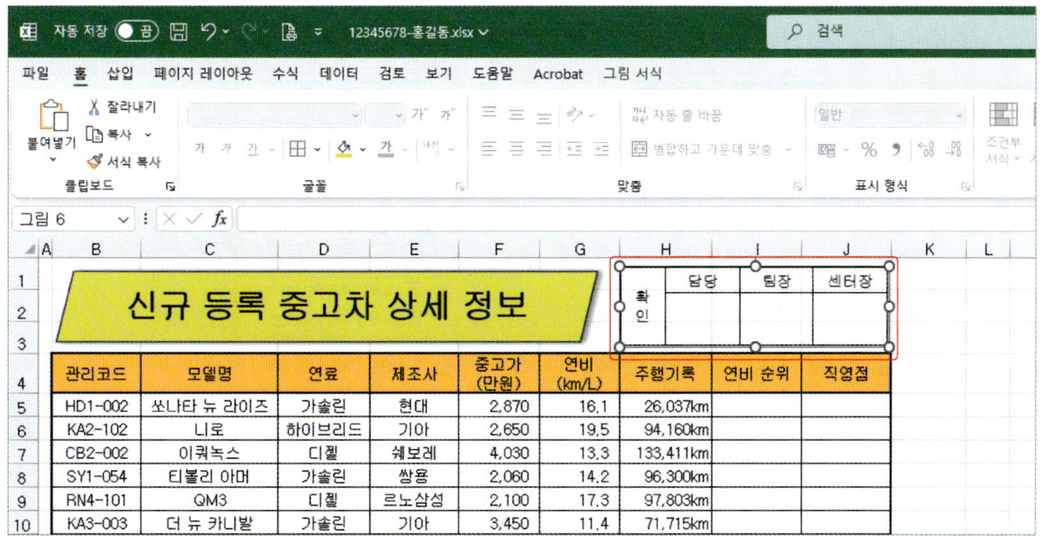

⑦ 기존 작업한 결재란 영역을 블록 설정한다.

　→ [홈] 탭 – [셀] 그룹 – [삭제](📇)를 클릭한다.

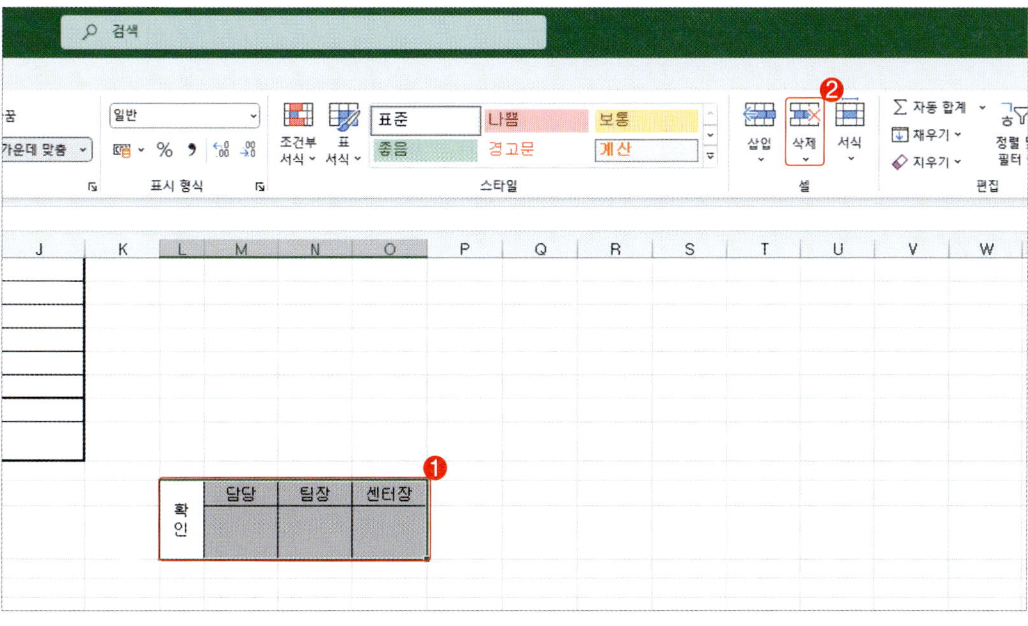

① 「H14」 셀을 클릭한다.

→ [데이터] 탭 – [데이터 도구] 그룹 – [데이터 유효성 검사](   )를 클릭한다.

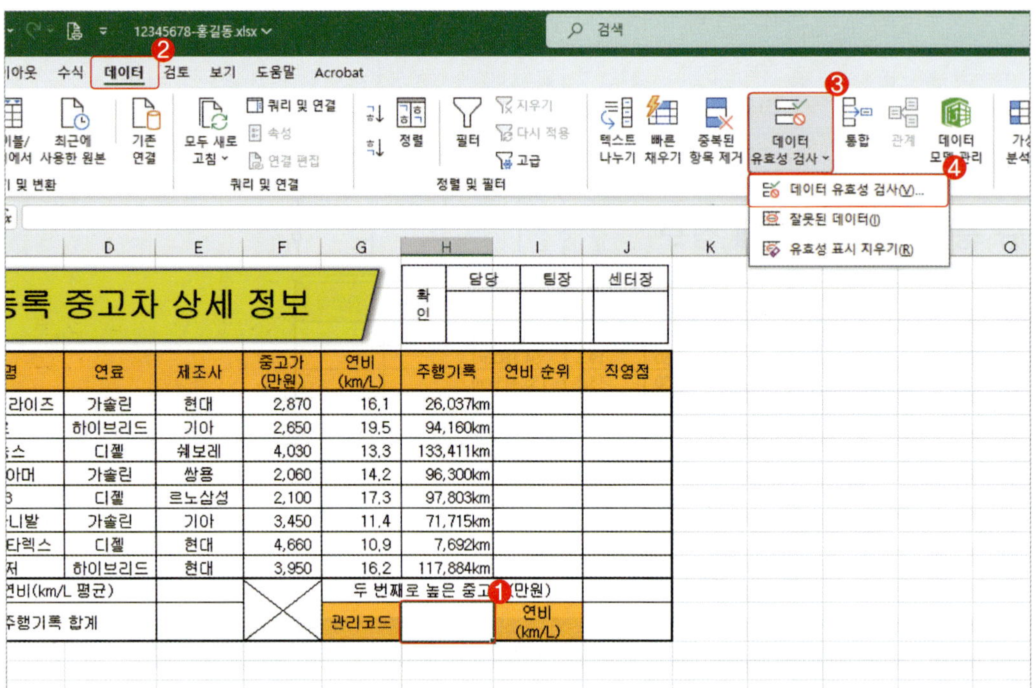

② [데이터 유효성] 대화상자에서 제한 대상을 '목록'으로 설정한다.

→ 원본 입력란을 클릭하고 「B5:B12」 영역을 마우스 드래그한 후 [확인]을 클릭한다.

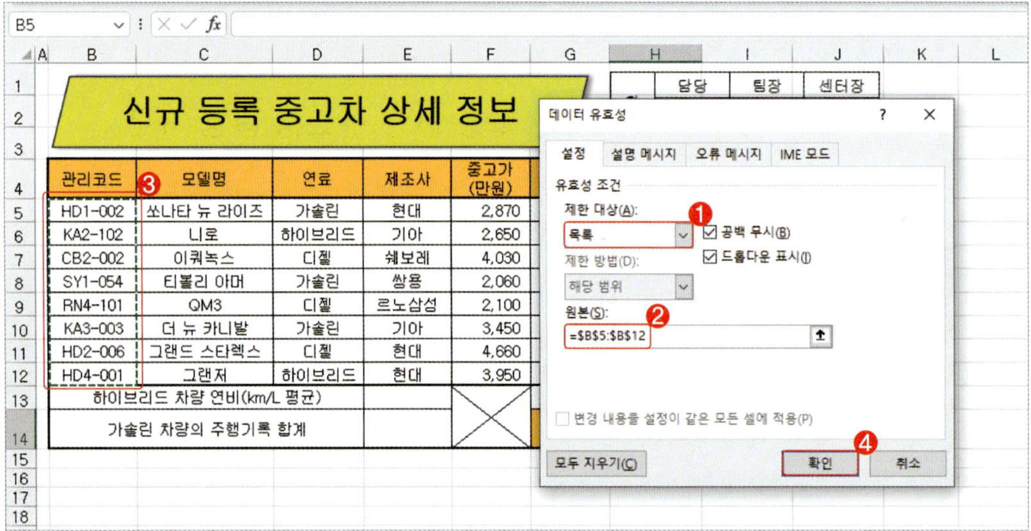

③ 「H14」 셀에 드롭다운 버튼이 생성된 것을 확인한다.

→ [홈] 탭 – [맞춤] 그룹 – [가운데 맞춤](三)을 클릭한다.

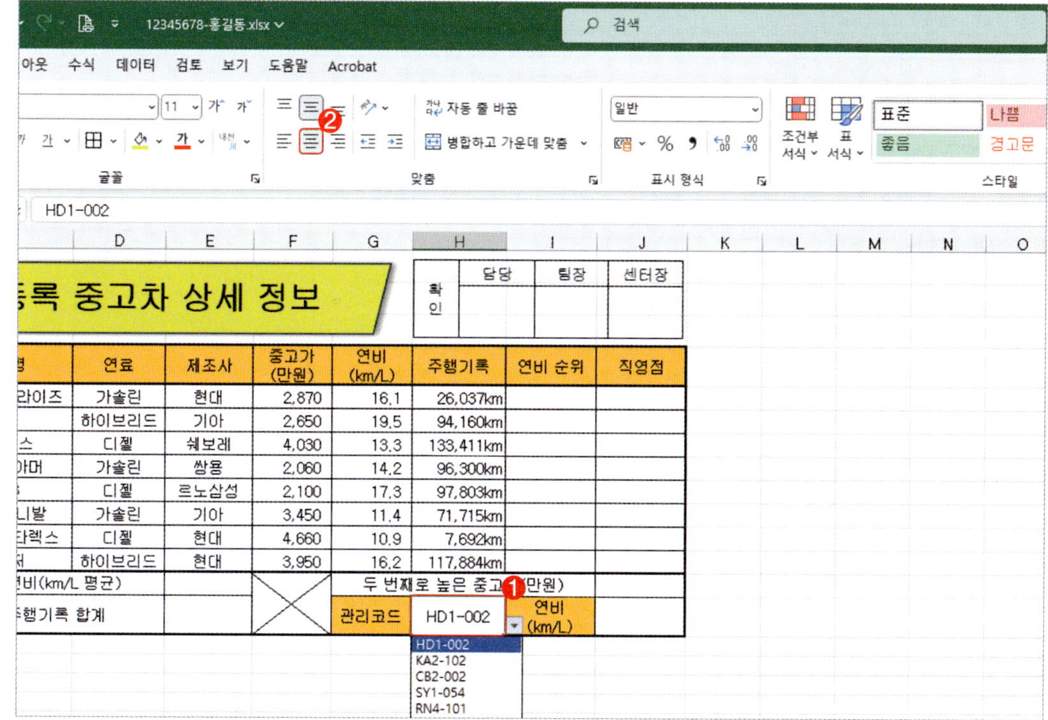

SECTION 06   이름 정의

① 「F5:F12」 영역을 블록 설정한다.

→ [수식] 탭 – [정의된 이름] 그룹 – [이름 정의](🏷)를 클릭한다.

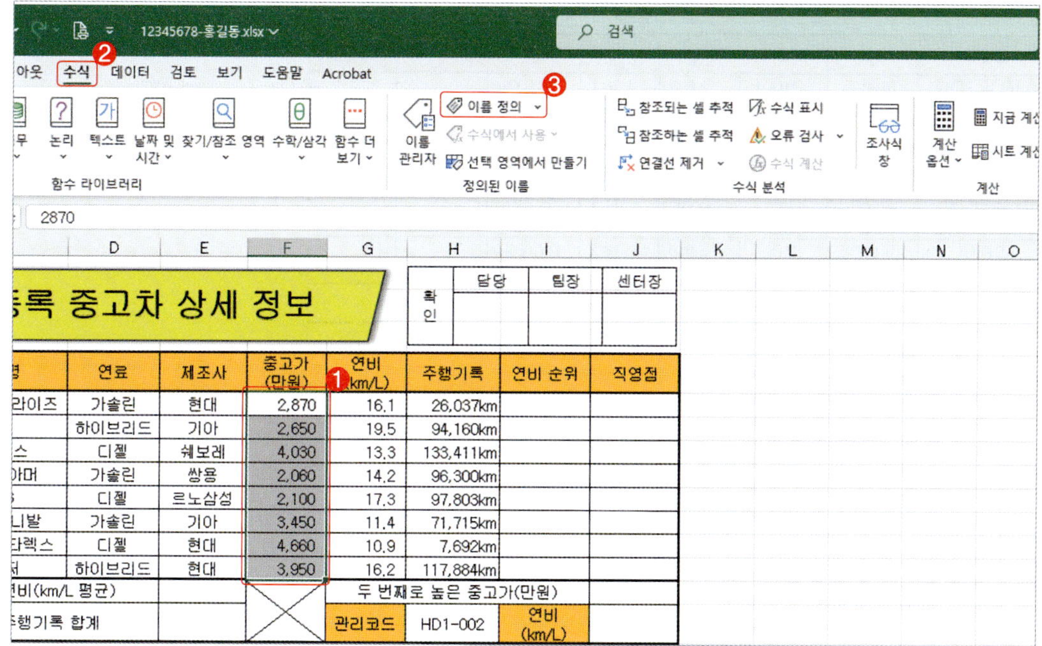

② **이름**에 『**중고가**』를 입력하고 [확인]을 클릭한다.

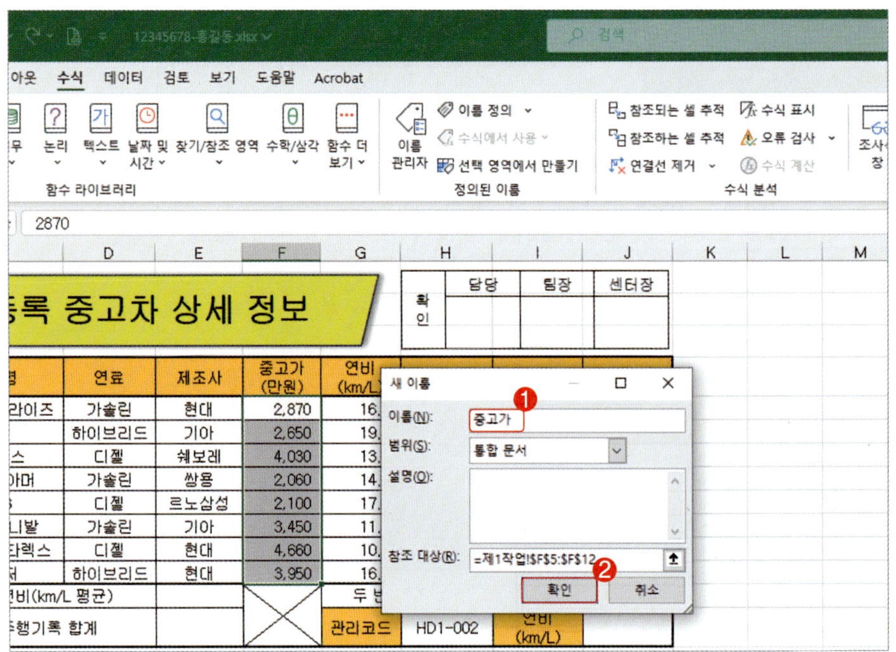

③ 「F5:F12」 영역을 블록 설정했을 때 [이름 상자]에 『**중고가**』가 표시되는 것
을 확인한다.

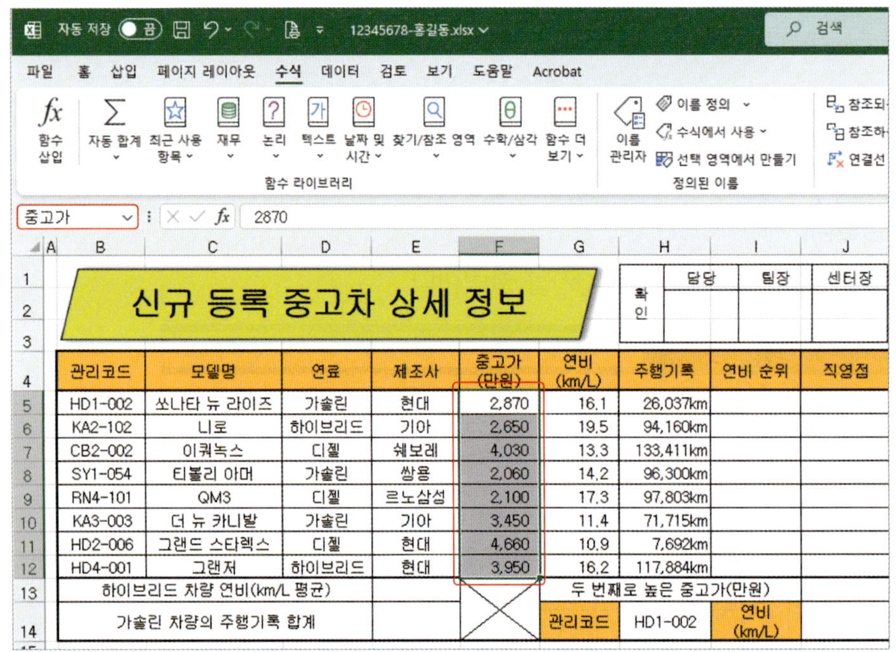

기적의 TIP

정의할 영역을 블록 설정한
후 [이름 상자]에 이름을 직
접 입력해도 된다.

① 연비 순위 「I5:I12」 영역을 블록 설정한다.

→ 『=RANK.EQ』를 입력하고 Ctrl + A 를 누른다.

② RANK.EQ의 [함수 인수] 대화상자에서 Number 『G5』, Ref 『$G$5:$G$12』 를 입력한다.

→ Ctrl +[확인]을 클릭한다.

기적의 TIP

셀 주소를 입력 후 F4 를 누르면 절대주소로 바뀐다.

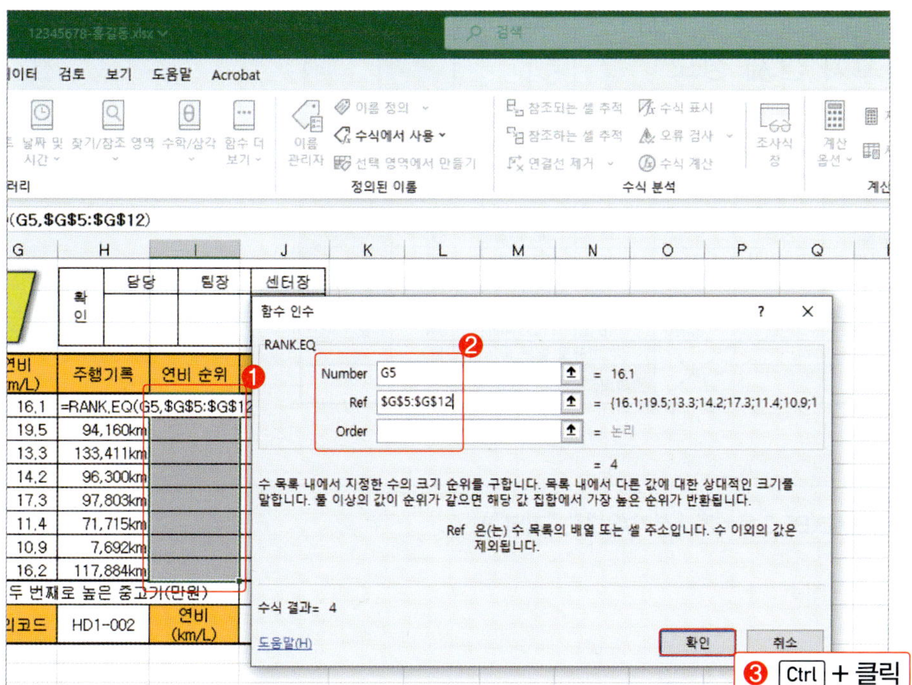

함수 설명

=RANK.EQ(G5,$G$5:$G$12)
　　　　　①　　　②

① 「G5」 셀의 순위를
② 「G5:G12」 영역에서 구함

RANK.EQ(Number, Ref, [Order]) 함수

Number : 순위를 구하려는 셀
Ref : 목록의 범위
Order : 순위 결정 방법, 0이거나 생략하면 내림차순, 0이 아니면 오름차순

③ 「I5:I12」 영역이 블록 설정된 상태에서, 수식 입력줄에 『&"위"』를 이어서 입력한다.

→ Ctrl + Enter 를 클릭한다.

④ 직영점 「J5:J12」 영역을 블록 설정한다.

→ 『=IF(MID(B5,3,1)="1", "서울", IF(MID(B5,3,1)="2", "경기/인천", "기타"))』를 입력하고 Ctrl + Enter 를 누른다.

관리코드	모델명	연료	제조사	중고가(만원)	연비(km/L)	주행기록	연비 순위	직영점
HD1-002	쏘나타 뉴 라이즈	가솔린	현대	2,870	16.1	26,037km	4위	"기타"))
KA2-102	니로	하이브리드	기아	2,650	19.5	94,160km	1위	
CB2-002	이퀴녹스	디젤	쉐보레	4,030	13.3	133,411km	6위	
SY1-054	티볼리 아머	가솔린	쌍용	2,060	14.2	96,300km	5위	
RN4-101	QM3	디젤	르노삼성	2,100	17.3	97,803km	2위	
KA3-003	더 뉴 카니발	가솔린	기아	3,450	11.4	71,715km	7위	
HD2-006	그랜드 스타렉스	디젤	현대	4,660	10.9	7,692km	8위	
HD4-001	그랜저	하이브리드	현대	3,950	16.2	117,884km	3위	

신규 등록 중고차 상세 정보

확인 / 담당 / 팀장 / 센터장

| 하이브리드 차량 연비(km/L) 평균 | | | | 두 번째로 높은 중고가(만원) | | |
| 가솔린 차량의 주행기록 합계 | | | 관리코드 | HD1-002 | 연비(km/L) | |

함수 설명

=IF(MID(B5,3,1)="1", "서울", IF(MID(B5,3,1)="2", "경기/인천", "기타"))

① 「B5」 셀의 세 번째 글자가 1인지 확인
② 1이 맞으면 "서울"을 반환
③ 아니면 다시 「B5」 셀의 세 번째 글자가 2인지 확인
④ 2가 맞으면 "경기/인천"을 반환
⑤ 아니면 "기타"를 반환

IF(Logical_test, Value_if_true, Value_if_false) 함수

Logical_test : 조건식
Value_if_true : 조건식이 참일 때 반환되는 것
Value_if_false : 조건식이 거짓일 때 반환되는 것

MID(Text, Start_num, Num_chars) 함수

Text : 추출할 문자가 들어 있는 텍스트
Start_num : 추출할 문자의 시작 위치
Num_chars : 추출할 문자의 수

⑤ 하이브리드 차량 연비 평균을 구하기 위해 「E13」 셀에 『=SUMIF』를 입력하고 Ctrl + A 를 누른다.

⑥ SUMIF의 [함수 인수] 대화상자에서 Range 『D5:D12』, Criteria 『하이브리드』, Sum_range 『G5:G12』를 입력한다.
→ [확인]을 클릭한다.

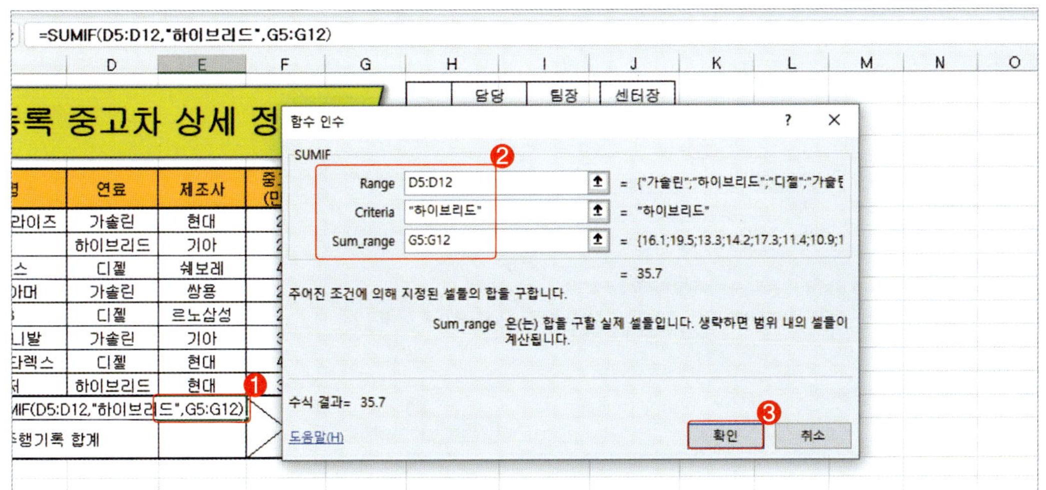

⑦ 「E13」 셀의 수식에 하이브리드의 개수를 구하여 나눗셈하는 『/COUNTIF(D5:D12, "하이브리드")』를 이어서 입력한다.

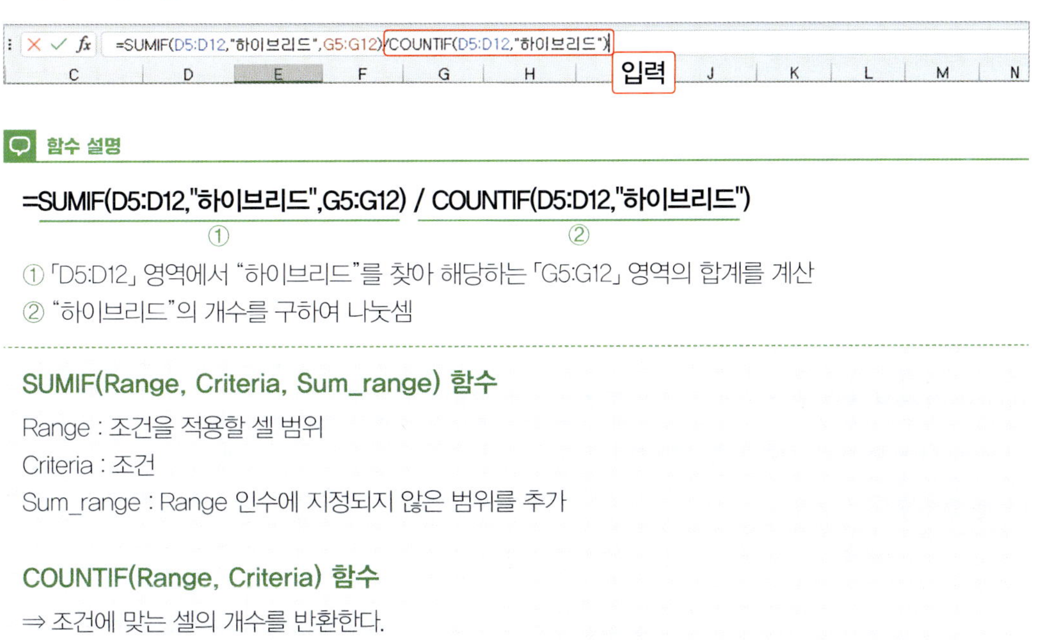

💬 함수 설명

=SUMIF(D5:D12,"하이브리드",G5:G12) / COUNTIF(D5:D12,"하이브리드")
　　　　　　　　①　　　　　　　　　　　　　②

① 「D5:D12」 영역에서 "하이브리드"를 찾아 해당하는 「G5:G12」 영역의 합계를 계산
② "하이브리드"의 개수를 구하여 나눗셈

SUMIF(Range, Criteria, Sum_range) 함수

Range : 조건을 적용할 셀 범위
Criteria : 조건
Sum_range : Range 인수에 지정되지 않은 범위를 추가

COUNTIF(Range, Criteria) 함수

⇒ 조건에 맞는 셀의 개수를 반환한다.

⑧ 「E13」 셀에 마우스 오른쪽 클릭하여 [셀 서식]( )을 클릭한다.
→ [셀 서식] 대화상자에서 범주 '숫자'를 선택하고 소수 자릿수 '1'로 설정한 후 [확인]을 클릭한다.

⑨ 가솔린 차량의 주행기록 합계를 구하기 위해 「E14」 셀에 『=DSUM』를 입력하고 [Ctrl]+[A]를 누른다.

⑩ DSUM의 [함수 인수] 대화상자에서 Database 『B4:H12』, Field 『7』, Criteria 『D4:D5』를 입력한다.
→ [확인]을 클릭한다.

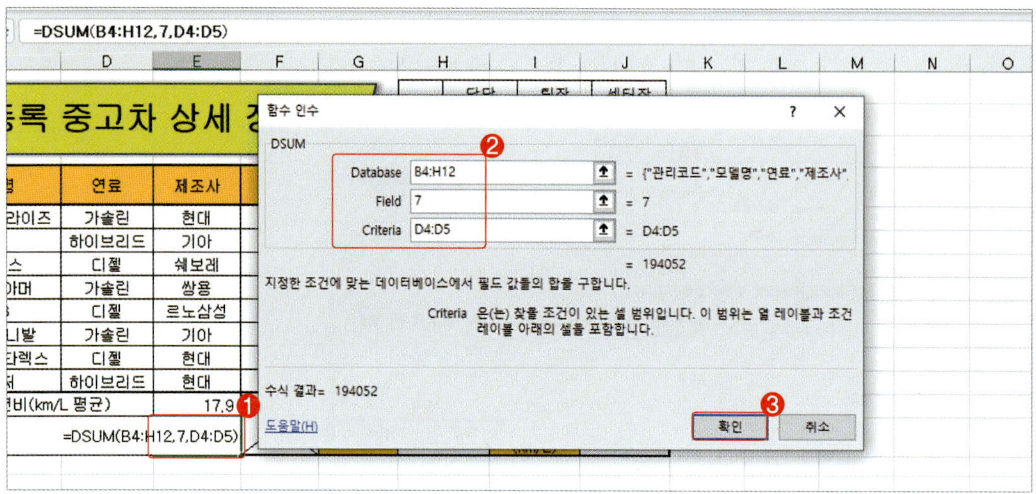

함수 설명

=DSUM(B4:H12, 7, D4:D5)
       ①   ②

① 「B4:H12」 영역의 7번째 열인 "주행기록"에서
② 연료가 "가솔린"인 것들의 합계를 계산

DSUM(Database, Field, Criteria) 함수

Database : 지정할 범위
Field : 함수에 사용되는 열 위치
Criteria : 조건이 있는 셀 범위

⑪ 「E14」 셀에 마우스 오른쪽 클릭하여 [셀 서식](🔲)을 클릭한다.
→ [셀 서식] 대화상자에서 범주 '숫자'를 선택하고 1000 단위 구분 기호(,) 사용에 체크한 후 [확인]을 클릭한다.

⑫ 두 번째로 높은 중고가를 구하기 위해 「J13」 셀에 『=LARGE(중고가, 2)』를 입력한다.

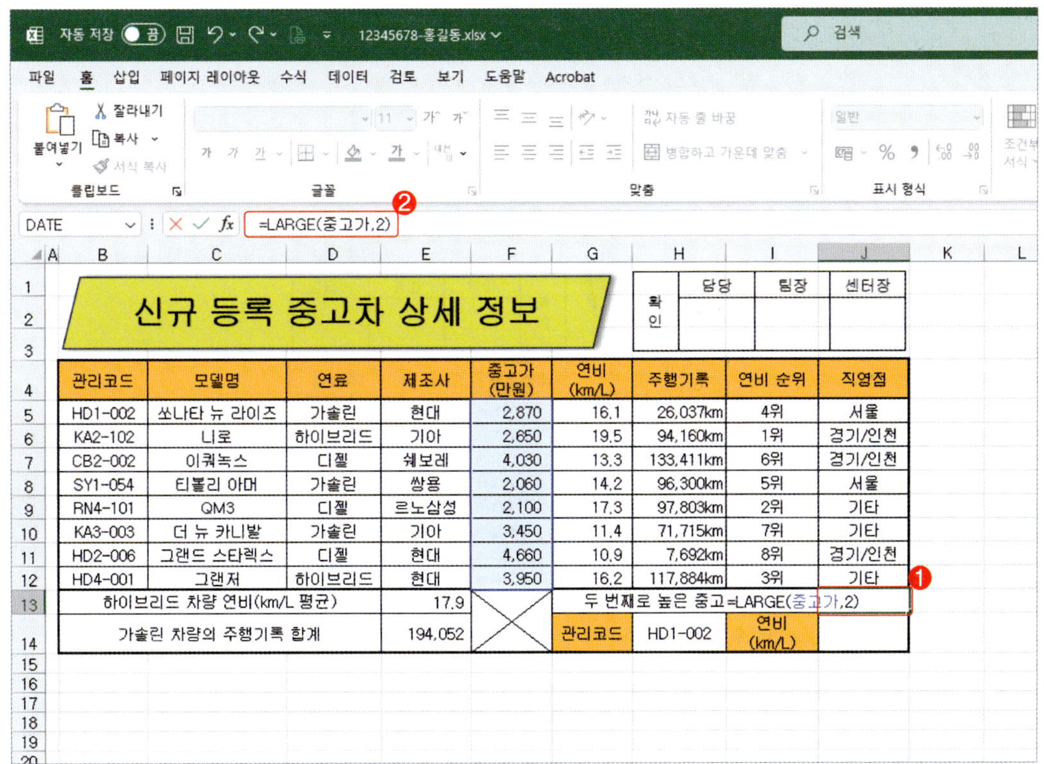

	A	B	C	D	E	F	G	H	I	J	K	L
								확인	담당	팀장	센터장		
4		관리코드	모델명	연료	제조사	중고가 (만원)	연비 (km/L)	주행기록	연비 순위	직영점		
5		HD1-002	쏘나타 뉴 라이즈	가솔린	현대	2,870	16.1	26,037km	4위	서울		
6		KA2-102	니로	하이브리드	기아	2,650	19.5	94,160km	1위	경기/인천		
7		CB2-002	이쿼녹스	디젤	쉐보레	4,030	13.3	133,411km	6위	경기/인천		
8		SY1-054	티볼리 아머	가솔린	쌍용	2,060	14.2	96,300km	5위	서울		
9		RN4-101	QM3	디젤	르노삼성	2,100	17.3	97,803km	2위	기타		
10		KA3-003	더 뉴 카니발	가솔린	기아	3,450	11.4	71,715km	7위	기타		
11		HD2-006	그랜드 스타렉스	디젤	현대	4,660	10.9	7,692km	8위	경기/인천		
12		HD4-001	그랜저	하이브리드	현대	3,950	16.2	117,884km	3위	기타		
13		하이브리드 차량 연비(km/L 평균)			17.9		두 번째로 높은 중고		=LARGE(중고가,2)		
14		가솔린 차량의 주행기록 합계			194,052		관리코드	HD1-002	연비 (km/L)		

함수 설명

=LARGE(중고가, 2)
     ①   ②

① 중고가로 이름 정의한 데이터 중에서
② 2번째로 큰 값을 반환

LARGE(Array, K) 함수

Array : 데이터 범위
K : 가장 큰 값을 기준으로 한 상대 순위

⑬ 「J13」 셀에 마우스 오른쪽 클릭하여 [셀 서식]([⚏])을 클릭한다.
→ [셀 서식] 대화상자에서 범주 '회계', 기호 '없음'을 설정한다.

⑭ 「J14」 셀에 『=VLOOKUP(H14,B5:G12,6,0)』을 입력한다.

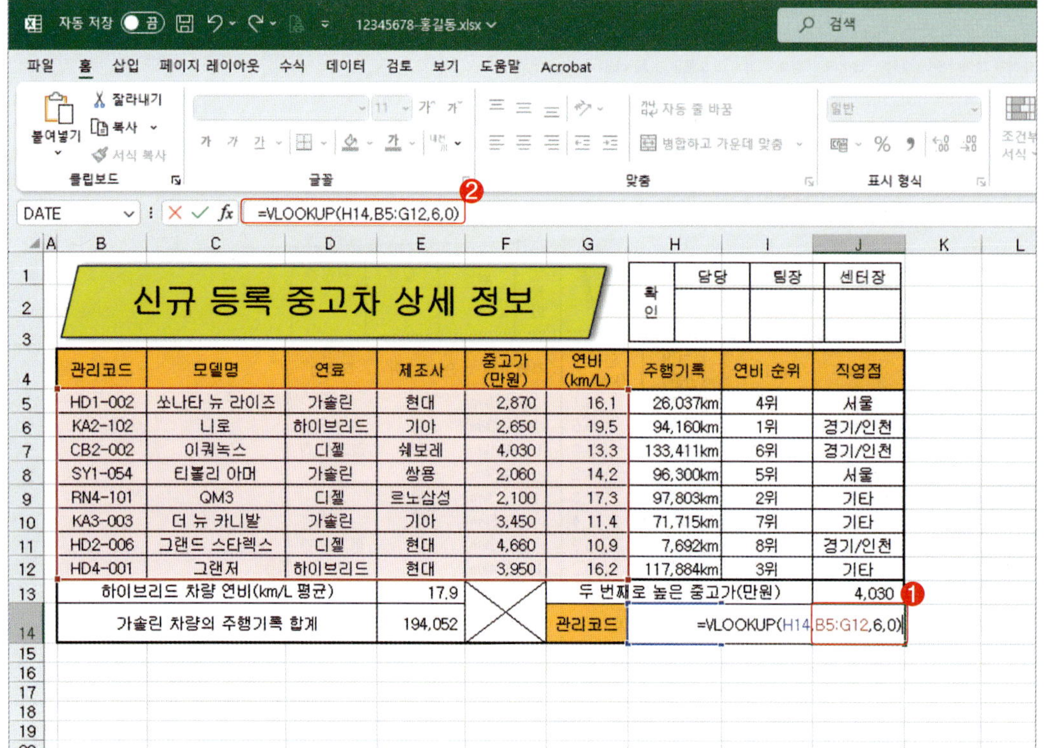

함수 설명

=VLOOKUP(H14,B5:G12,6,0)
　　　　　　①　　　②

① 「H14」 셀의 값을 「B5:G12」 영역에서 조회하고
② 해당하는 행의 6번째 열인 "연비"의 값을 반환

VLOOKUP(Lookup_value, Table_array, Col_index_num, [Range_lookup]) 함수

Lookup_value : 조회하려는 값
Table_array : 조회할 값이 있는 범위
Col_index_num : 반환할 값이 있는 열
Range_lookup : 0(FALSE)이면 정확히 일치, 1(TRUE)이면 근사값 반환

① 「B5:J12」 영역을 블록 설정한다.

　→ [홈] 탭 – [스타일] 그룹 – [조건부 서식](▦)을 클릭하고 [새 규칙](▦)을 클릭한다.

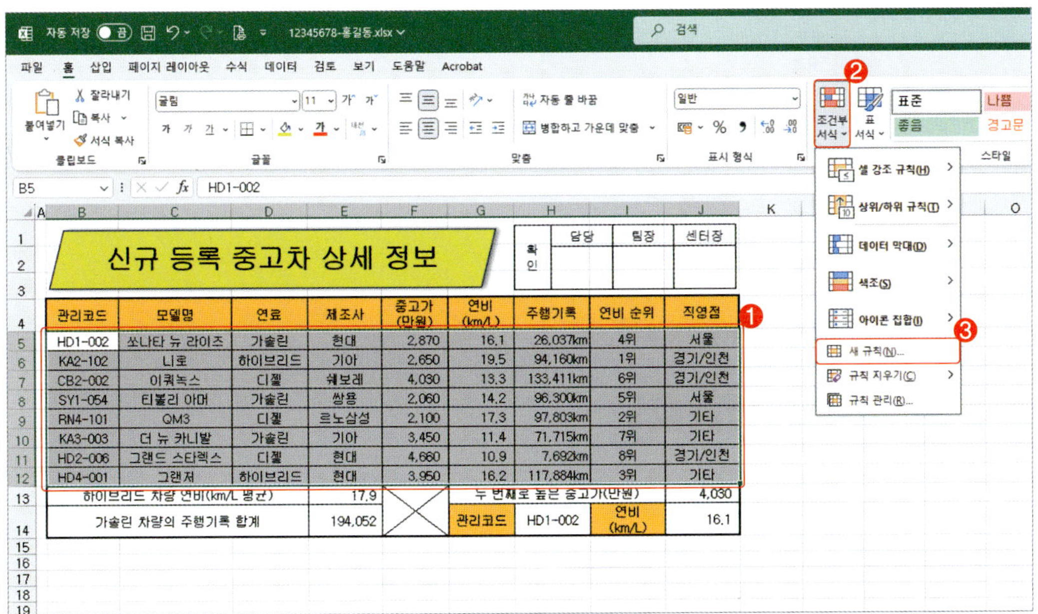

② [새 서식 규칙] 대화상자에서 '▶ 수식을 사용하여 서식을 지정할 셀 결정'을 클릭한다.

　→『=$G5>=16』을 입력하고 [서식]을 클릭한다.

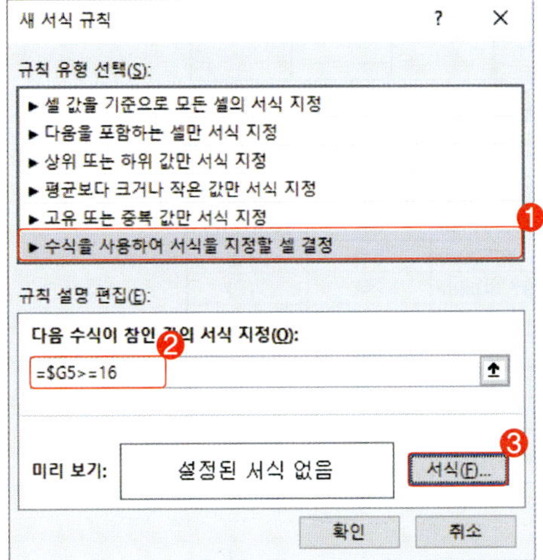

③ [셀 서식] 대화상자에서 글꼴 스타일을 '굵게', 색을 '파랑'으로 설정하고 [확인]을 클릭한다.

→ 다시 [새 서식 규칙] 대화상자로 돌아오면 [확인]을 클릭한다.

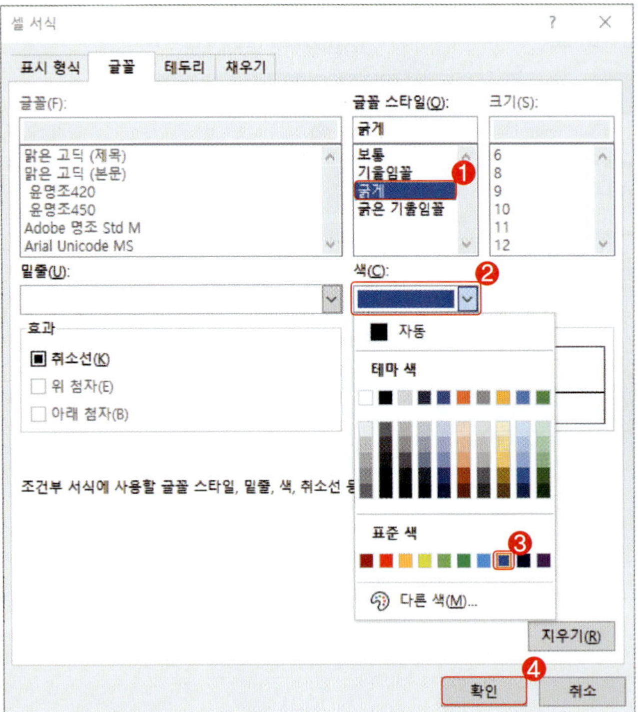

④ G열 연비가 16 이상인 행에 서식이 적용된다.

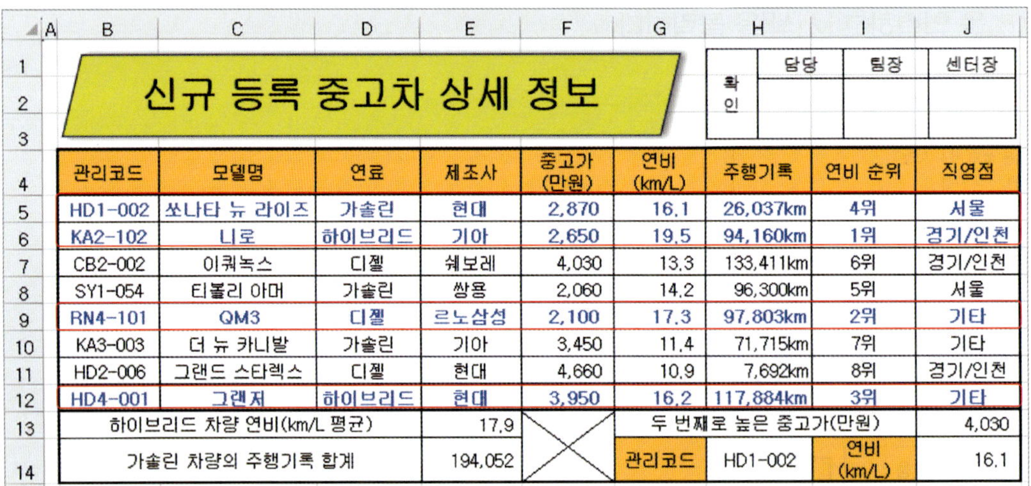

	관리코드	모델명	연료	제조사	중고가 (만원)	연비 (km/L)	주행기록	연비 순위	직영점
5	HD1-002	쏘나타 뉴 라이즈	가솔린	현대	2,870	16.1	26,037km	4위	서울
6	KA2-102	니로	하이브리드	기아	2,650	19.5	94,160km	1위	경기/인천
7	CB2-002	이쿼녹스	디젤	쉐보레	4,030	13.3	133,411km	6위	경기/인천
8	SY1-054	티볼리 아머	가솔린	쌍용	2,060	14.2	96,300km	5위	서울
9	RN4-101	QM3	디젤	르노삼성	2,100	17.3	97,803km	2위	기타
10	KA3-003	더 뉴 카니발	가솔린	기아	3,450	11.4	71,715km	7위	기타
11	HD2-006	그랜드 스타렉스	디젤	현대	4,660	10.9	7,692km	8위	경기/인천
12	HD4-001	그랜저	하이브리드	현대	3,950	16.2	117,884km	3위	기타
13	하이브리드 차량 연비(km/L 평균)				17.9		두 번째로 높은 중고가(만원)		4,030
14	가솔린 차량의 주행기록 합계				194,052		관리코드	HD1-002 / 연비(km/L)	16.1

제2작업은 제1작업에서 작성한 데이터를 이용하여 목표값을 찾거나 조건 지정으로 필터링하는 형태의 문제가 출제된다.

SECTION 01　목표값 찾기

① **"제1작업"** 시트의 「B4:H12」 영역을 블록 설정한다.

→ [홈] 탭 – [클립보드] 그룹 – [복사]( )를 클릭한다(Ctrl + C).

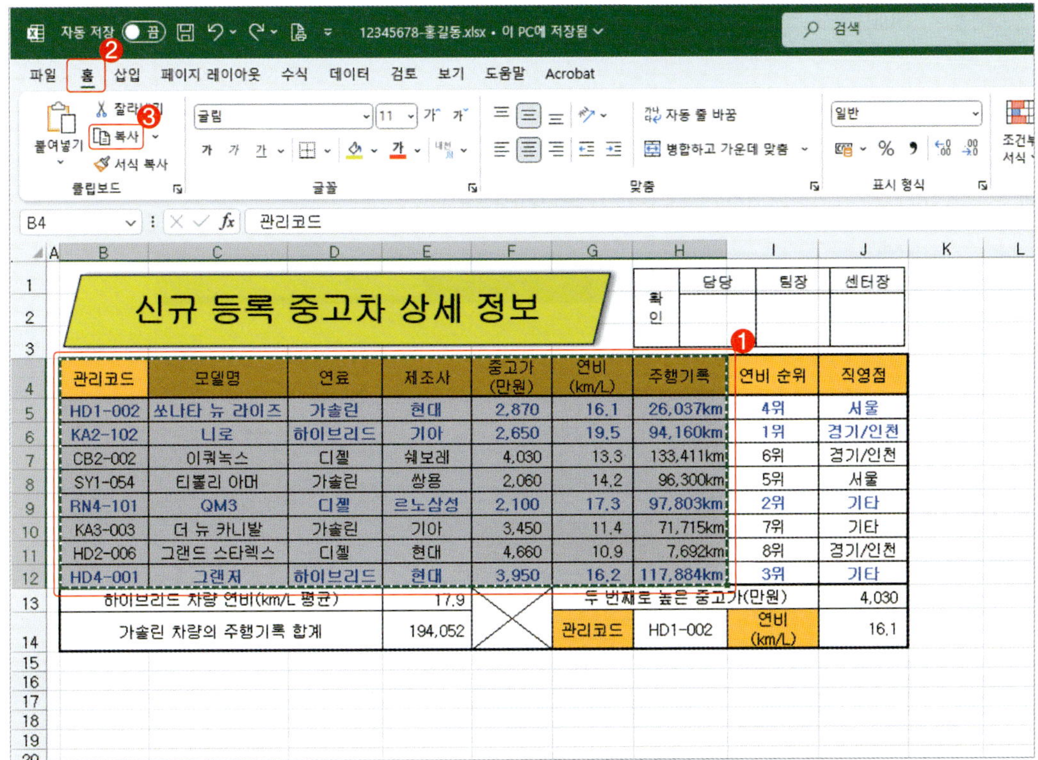

② **"제2작업"** 시트의 「B2」 셀에서 [붙여넣기]( )를 한다(Ctrl + V).

→ [붙여넣기 옵션] – [원본 열 너비 유지]( )를 클릭한다.

③ 「B11:G11」 영역을 블록 설정한다.

→ [홈] 탭 – [맞춤] 그룹 – [병합하고 가운데 맞춤]( )을 클릭한다.

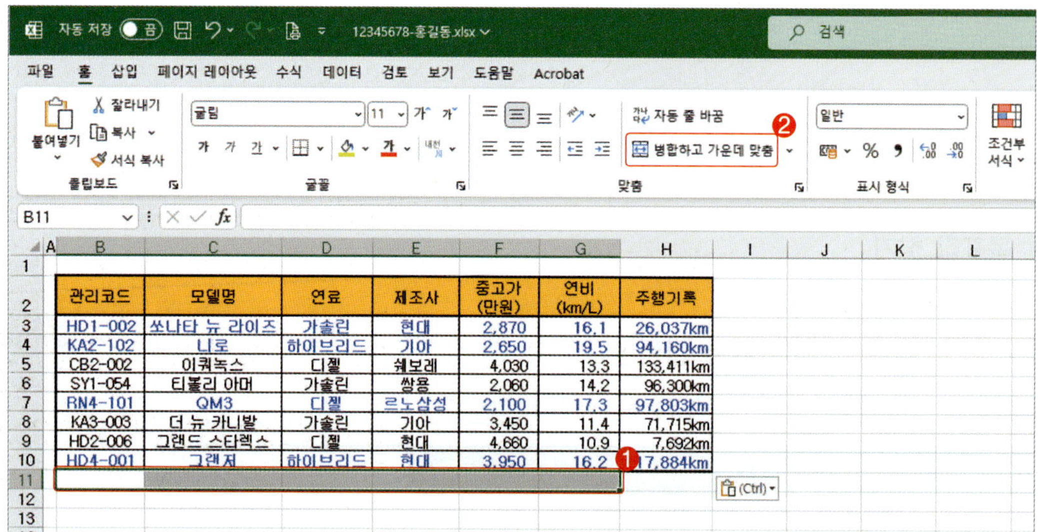

④ 병합한 셀에 『현대 자동차의 연비(km/L) 평균』을 입력한다.

→ 「H11」 셀에 『=DAVERAGE(B2:H10,G2,E2:E3)』을 입력한다.

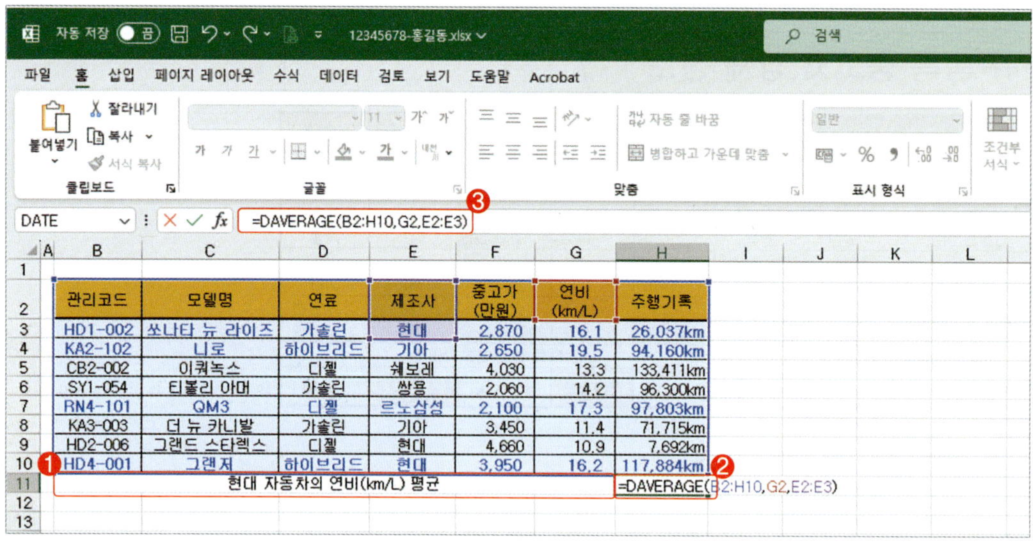

💬 함수 설명

=DAVERAGE(B2:H10,G2,E2:E3)
            ①   ②

① 「B2:H10」 영역의 「G2」 셀 열인 연비에서
② 제조사가 "현대"인 것들의 평균을 계산

DAVERAGE(Database, Field, Criteria) 함수

Database : 지정할 범위
Field : 함수에 사용되는 열 위치
Criteria : 조건이 있는 셀 범위

⑤ 「B11:H11」 영역을 블록 설정한다.

　　→ [홈] 탭 – [글꼴] 그룹 – [테두리]에서 [모든 테두리](⊞)를 클릭한다.

　　→ [맞춤] 그룹 – [가운데 맞춤](≡)을 클릭한다.

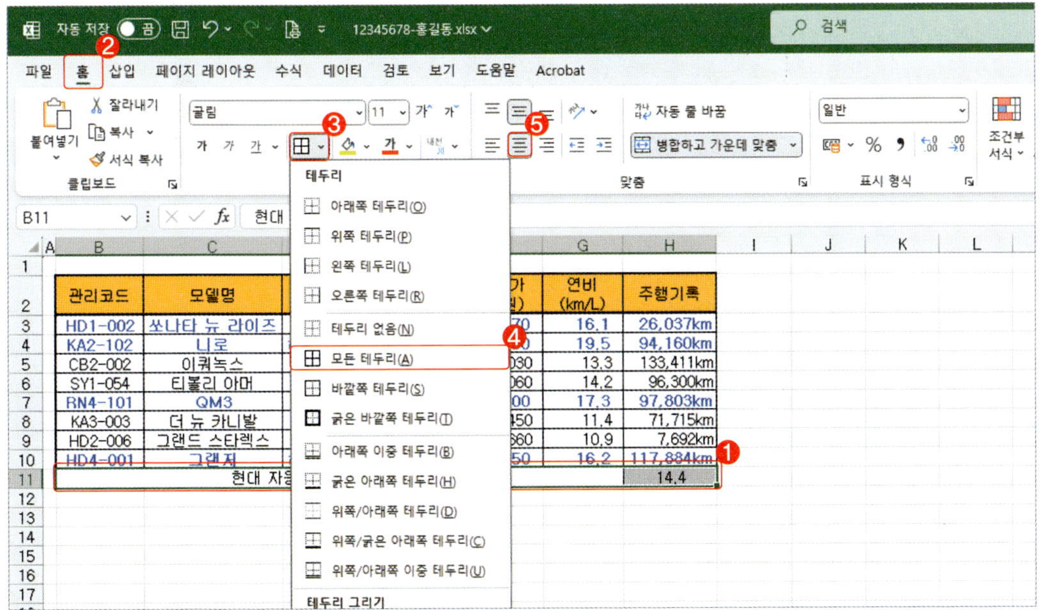

⑥ 「H11」 셀을 클릭한다.

　　→ [데이터] 탭 – [예측] 그룹 – [가상 분석](⊞?)을 클릭하고 [목표값 찾기]를 클릭한다.

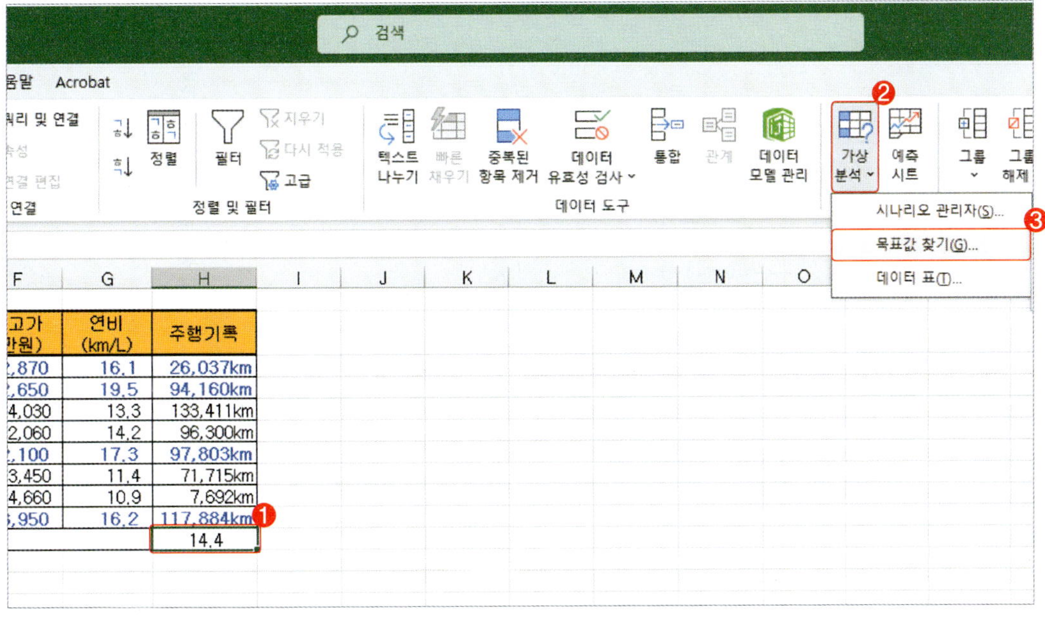

⑦ [목표값 찾기] 대화상자에서 수식 셀『H11』, 찾는 값『15』, 값을 바꿀 셀『$G$3』을 입력한다.

→ [확인]을 클릭한다.

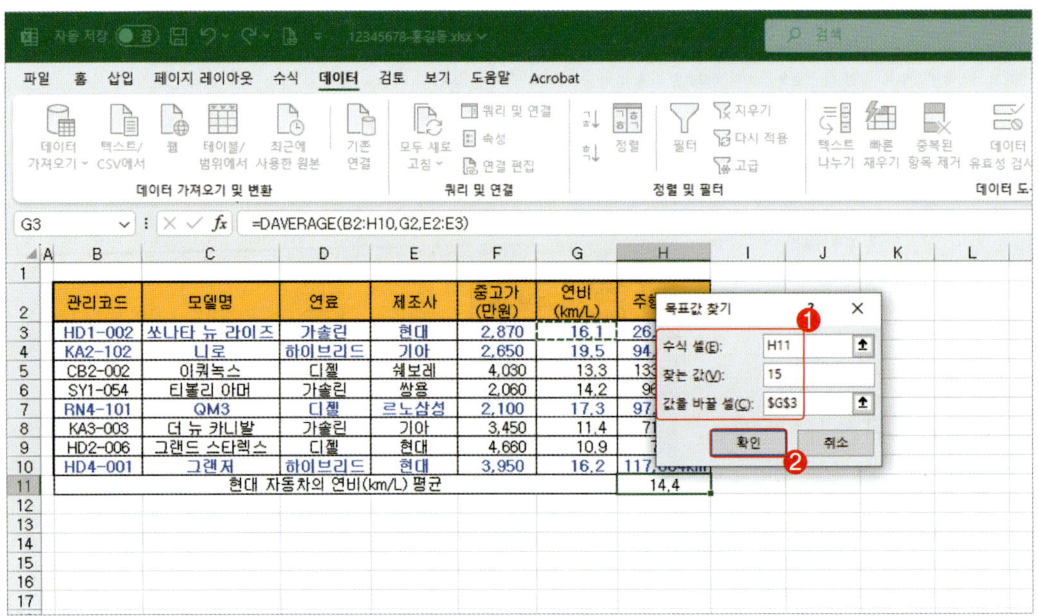

⑧ [목표값 찾기 상태] 대화상자가 나타나며 「G3」 셀의 값이 변경되면 [확인]을 클릭한다.

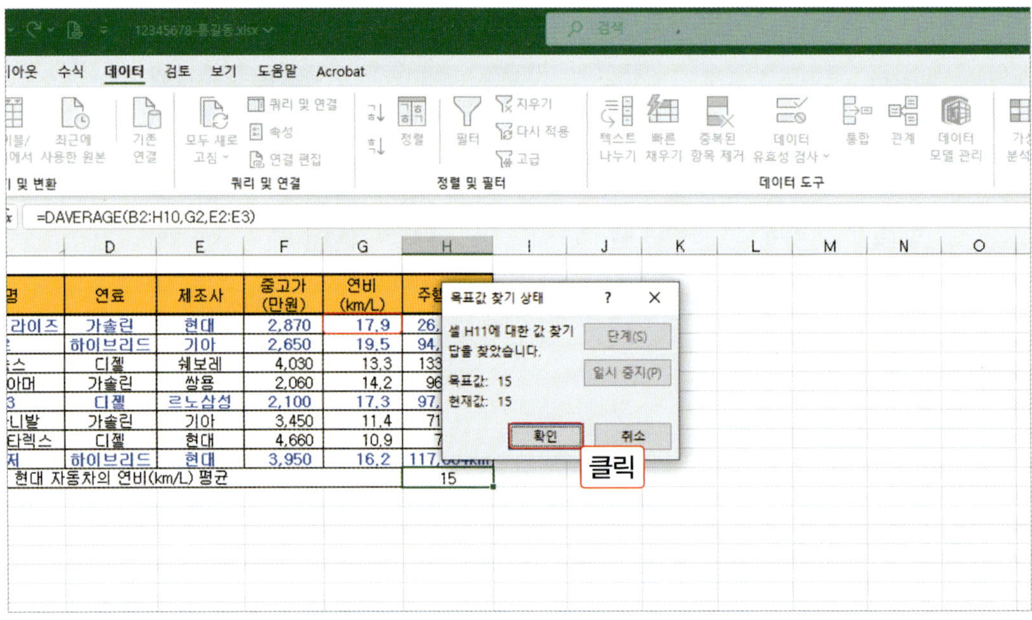

① `Ctrl`을 누른 채 「B2」 셀과 「H2」 셀을 클릭하여 복사(`Ctrl`+`C`) 한다.

→ 조건의 위치인 「B14」 셀에 붙여넣기(`Ctrl`+`V`) 한다.

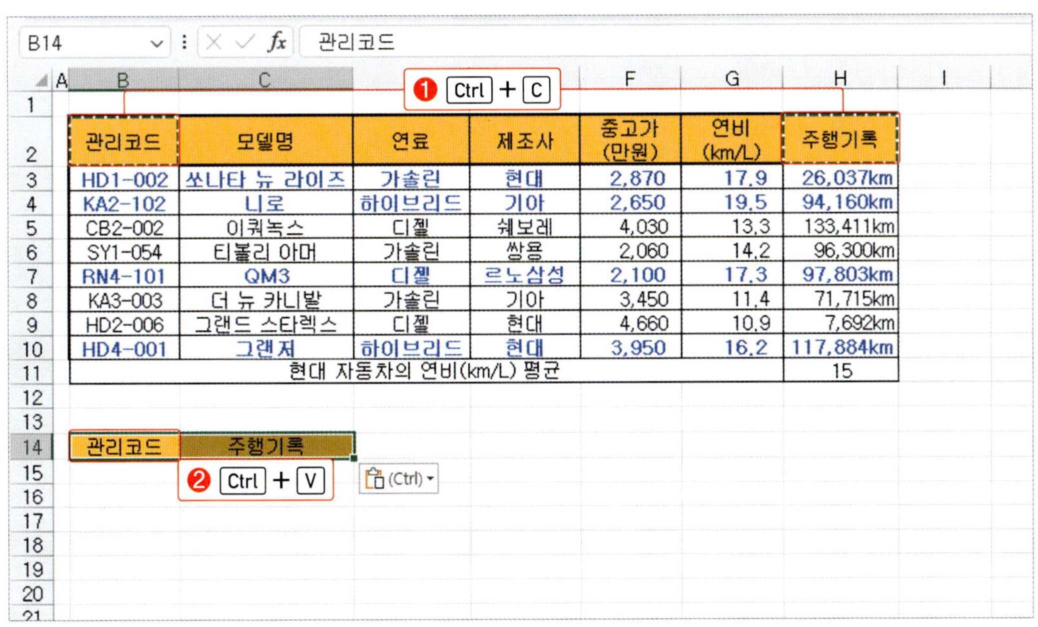

② 「B15」 셀에 『K*』, 「C16」 셀에 『>=100000』을 입력한다.

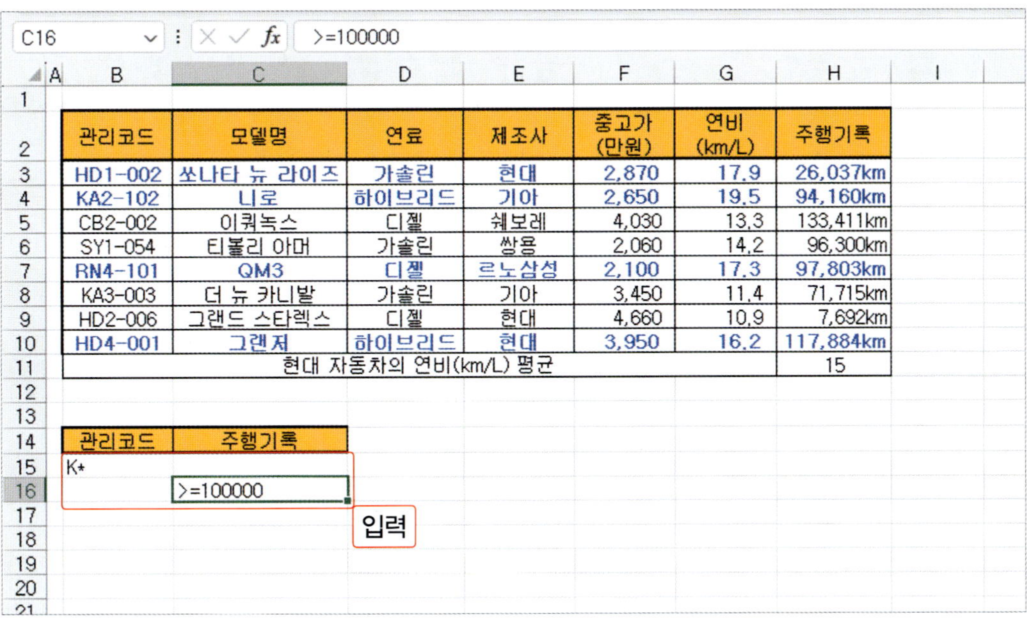

③ Ctrl 을 누른 채 「C2」, 「D2」, 「F2」, 「G2」 셀을 클릭하여 복사(Ctrl + C) 한다.

→ 복사 위치인 「B18」 셀에 붙여넣기(Ctrl + V) 한다.

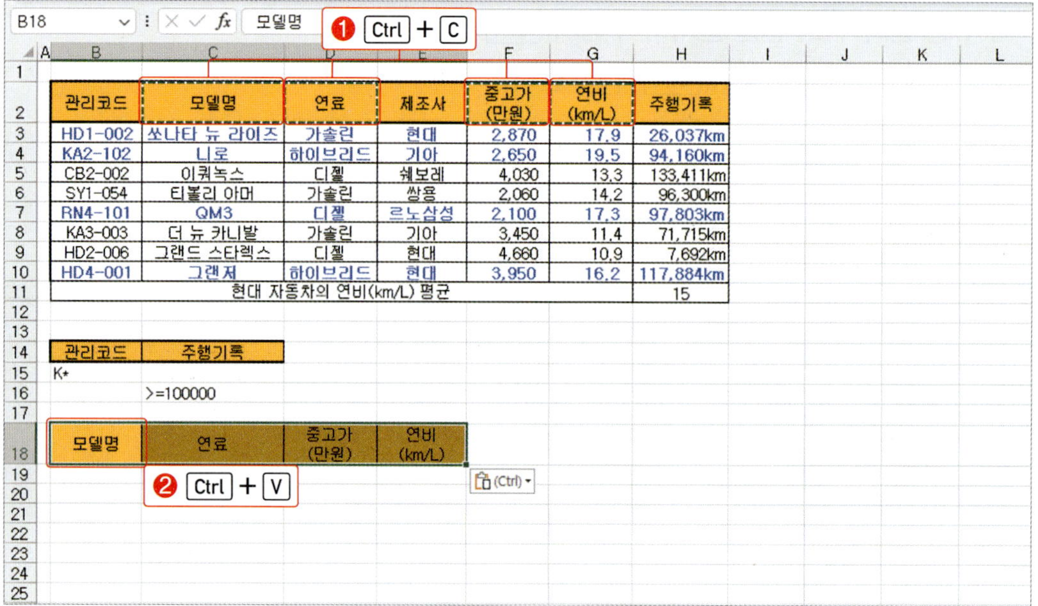

④ 「B2:H10」 영역을 블록 설정한다.

→ [데이터] 탭 – [정렬 및 필터] 그룹 – [고급](🔽)을 클릭한다.

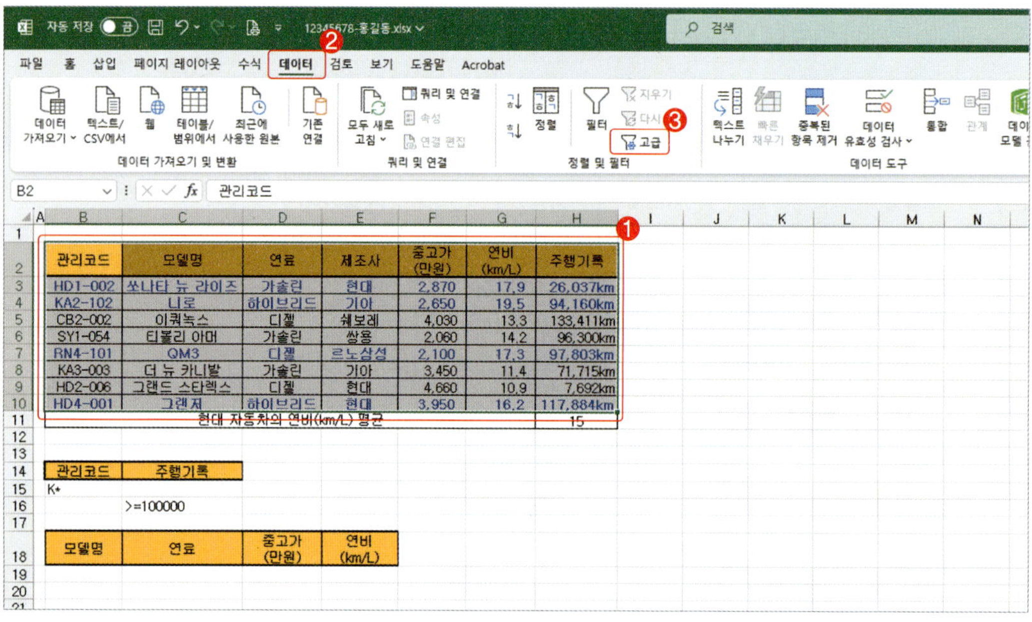

⑤ [고급 필터] 대화상자 – '결과'에서 [다른 장소에 복사]를 클릭한다.

→ 마우스 드래그로 조건 범위 「B14:C16」, 복사 위치 「B18:E18」을 지정하고 [확인]을
클릭한다.

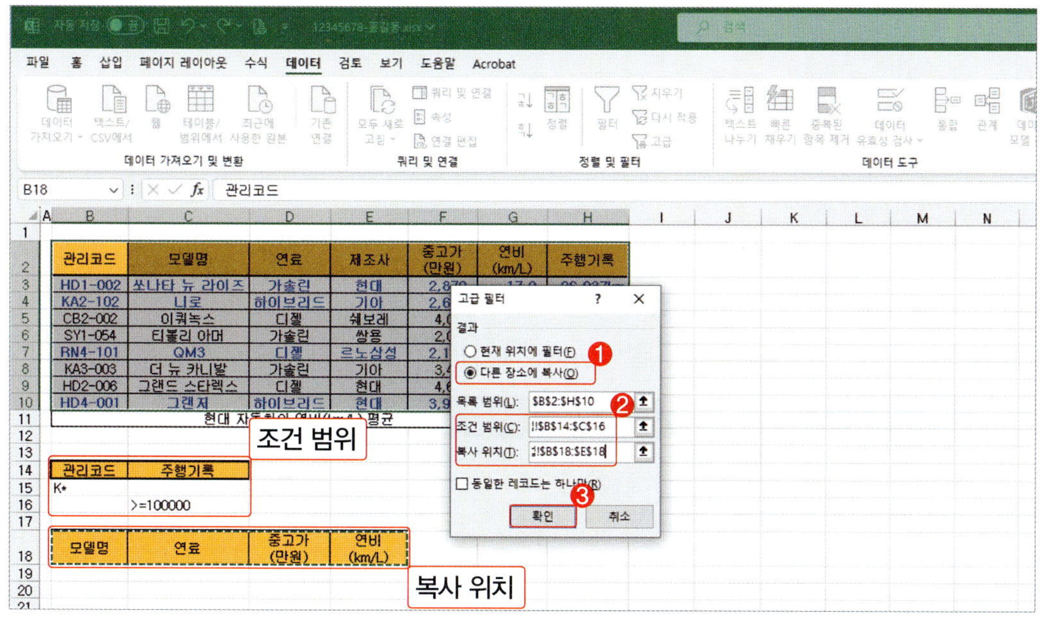

<table><tr><td>**제 3 작업**</td><td>정렬 및 부분합</td><td>**80**점</td></tr></table>

제3작업에서는 제1작업에서 작성한 데이터를 이용하여 특정 필드에 대한 합계, 평균 등을 구하고 정렬하는 문제가 출제된다.

SECTION 01 정렬

① "제1작업" 시트의 「B4:H12」 영역을 블록 설정한다.

→ [홈] 탭 – [클립보드] 그룹 – [복사]( )를 클릭한다(Ctrl + C).

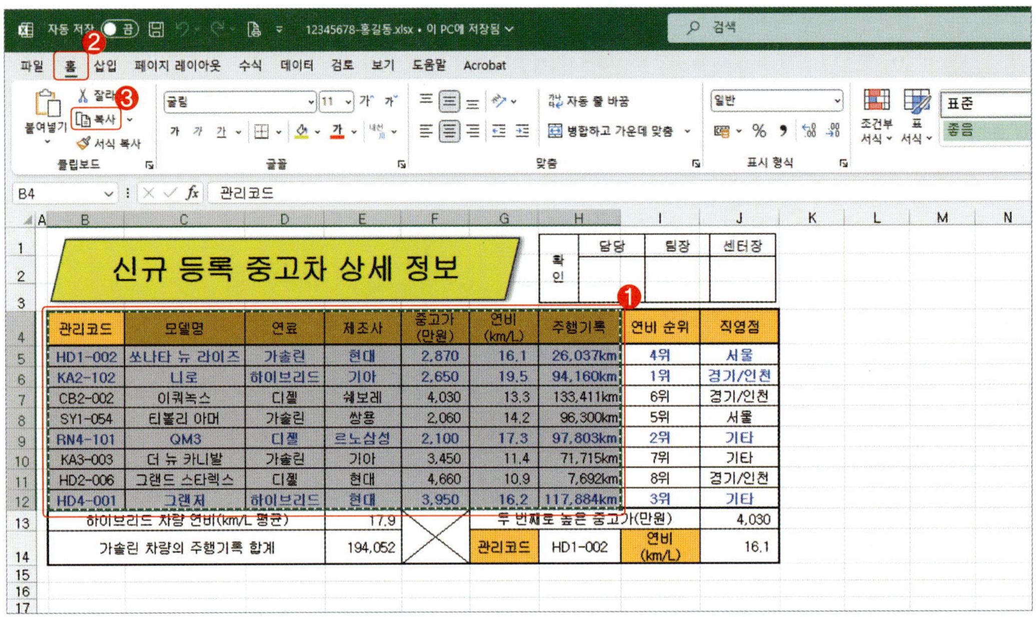

② "제3작업" 시트의 「B2」 셀에서 [붙여넣기]( )를 한다(Ctrl + V).

→ [붙여넣기 옵션] – [원본 열 너비 유지]( )를 클릭한다.

③ 연료 「D2」 셀을 클릭한다.

→ [데이터] 탭 – [정렬 및 필터] 그룹 – [텍스트 내림차순 정렬](힣↓)을 클릭한다.

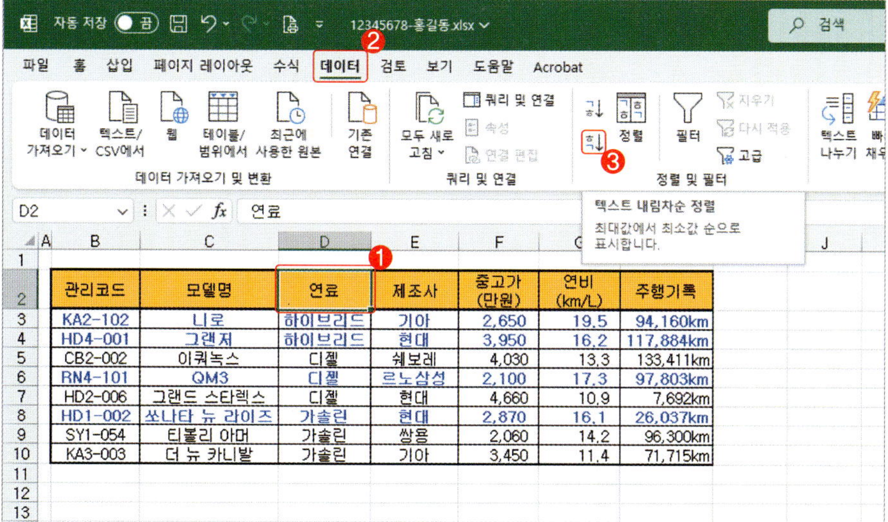

SECTION 02 **부분합**

① 「B2:H10」 영역에 셀 포인터를 둔다.

→ [데이터] 탭 – [개요] 그룹 – [부분합](▦)을 클릭한다.

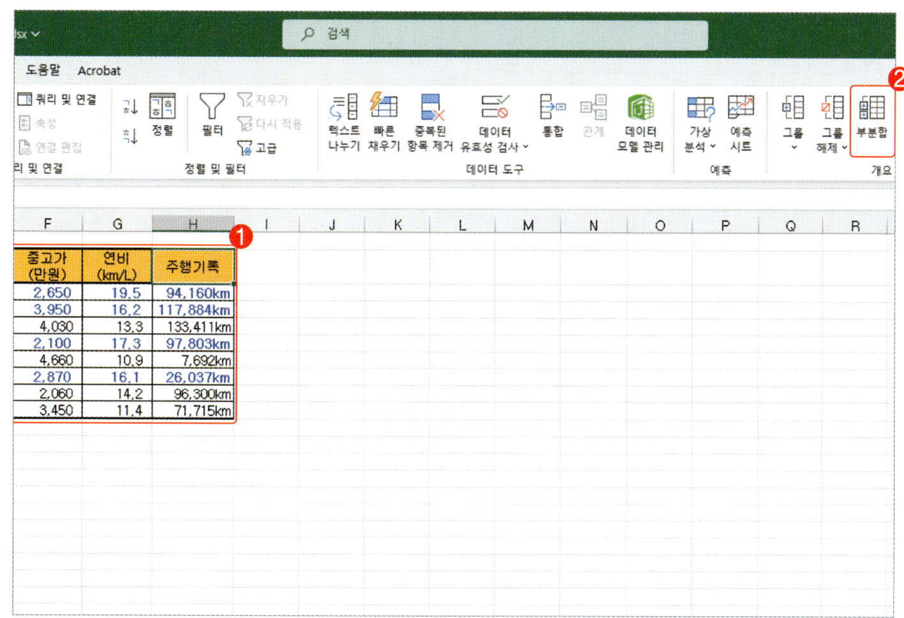

② [부분합] 대화상자에서 그룹화할 항목에 '연료', 사용할 함수에 '개수', 부분합 계산 항목에 '제조사'를 선택하고 [확인]을 클릭한다.

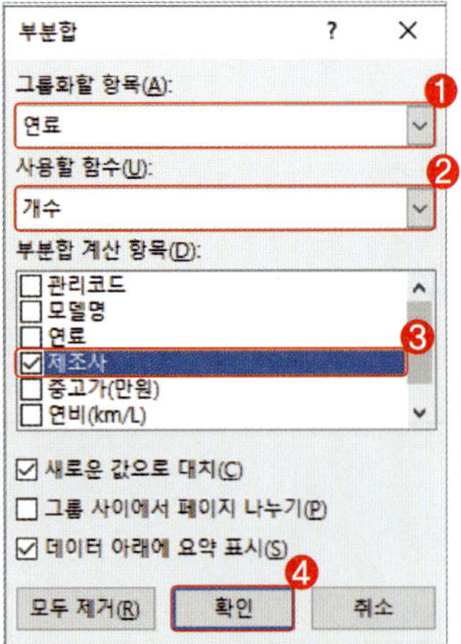

③ 다시, [데이터] 탭 – [개요] 그룹 – [부분합]( )을 클릭한다.

④ [부분합] 대화상자에서 사용할 함수에 '평균', 부분합 계산 항목에 '중고가(만원)'을 선택한다.

→ 새로운 값으로 대치를 체크 해제하고 [확인]을 클릭한다.

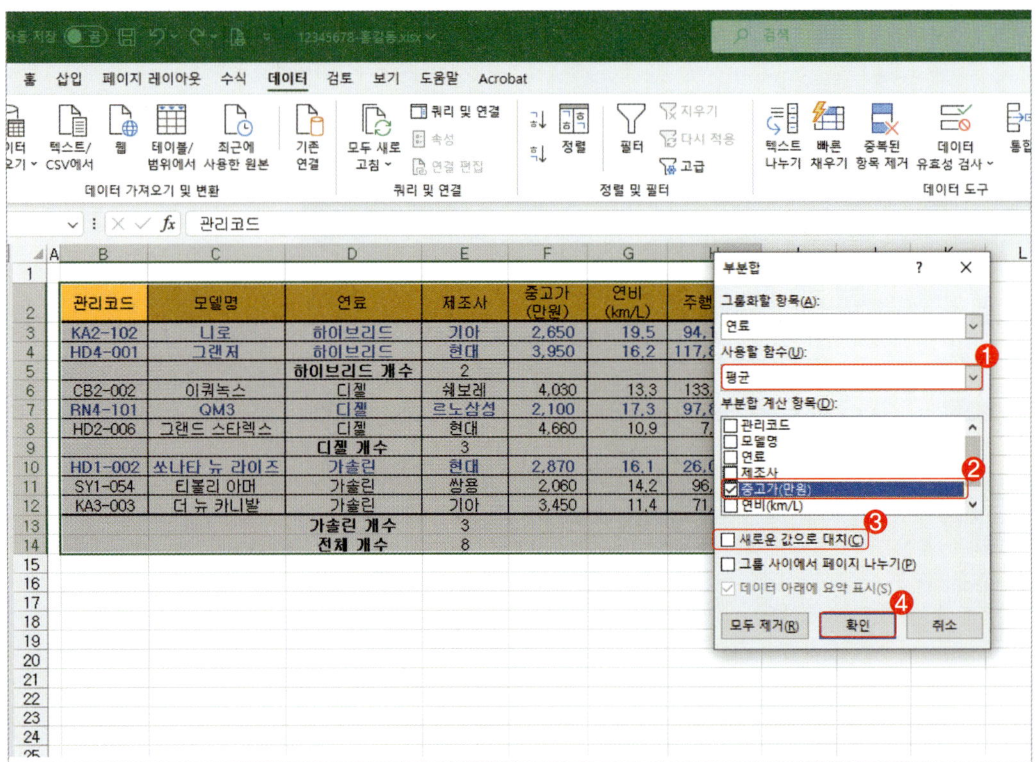

⑤ [데이터] 탭 – [개요] 그룹 – [그룹 해제](圖)에서 [개요 지우기]를 클릭한다.

⑥ 열 너비 등을 조절한다.

관리코드	모델명	연료	제조사	중고가(만원)	연비(km/L)	주행기록
KA2-102	니로	하이브리드	기아	2,650	19.5	94,160km
HD4-001	그랜저	하이브리드	현대	3,950	16.2	117,884km
		하이브리드 평균		3,300		
		하이브리드 개수	2			
CB2-002	이쿼녹스	디젤	쉐보레	4,030	13.3	133,411km
RN4-101	QM3	디젤	르노삼성	2,100	17.3	97,803km
HD2-006	그랜드 스타렉스	디젤	현대	4,660	10.9	7,692km
		디젤 평균		3,597		
		디젤 개수	3			
HD1-002	쏘나타 뉴 라이즈	가솔린	현대	2,870	16.1	26,037km
SY1-054	티볼리 아머	가솔린	쌍용	2,060	14.2	96,300km
KA3-003	더 뉴 카니발	가솔린	기아	3,450	11.4	71,715km
		가솔린 평균		2,793		
		가솔린 개수	3			
		전체 평균		3,221		
		전체 개수	8			

제4작업은 제1작업에서 작성한 데이터를 이용하여 차트로 표현하는 능력을 평가한다.
차트의 종류, 서식, 옵션, 범례 등을 다루는 형태가 출제된다.

SECTION 01 차트 작성

① "제1작업" 시트의 「C4:C5」 영역을 블록 설정한다.
→ Ctrl 을 누른 채 「C7:C11」, 「G4:G5」, 「G7:G11」, 「H4:H5」, 「H7:H11」 영역을 블록 설정한다.

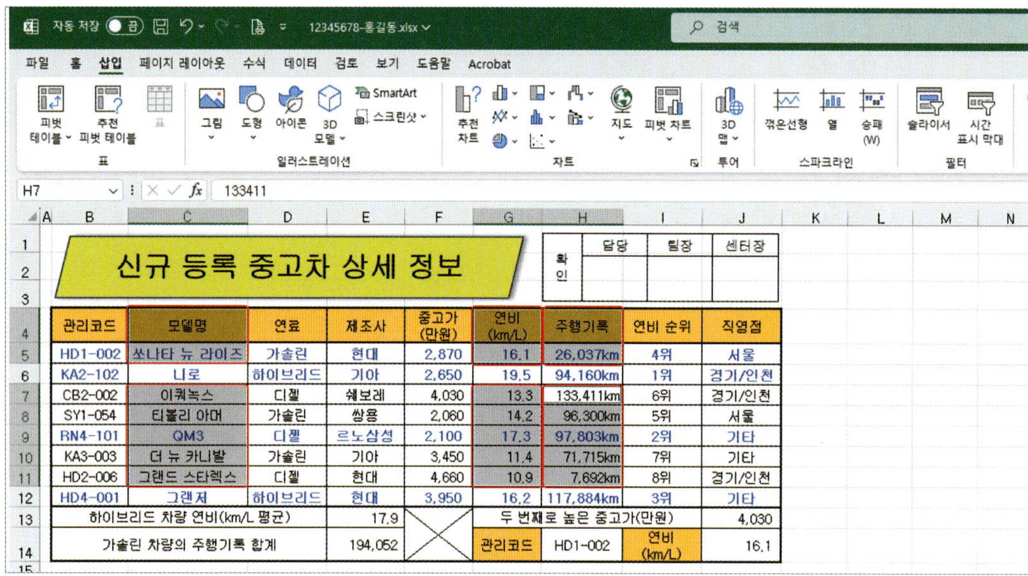

② [삽입] 탭 – [차트] 그룹 – [2차원 묶은 세로 막대형](📊)을 클릭한다.

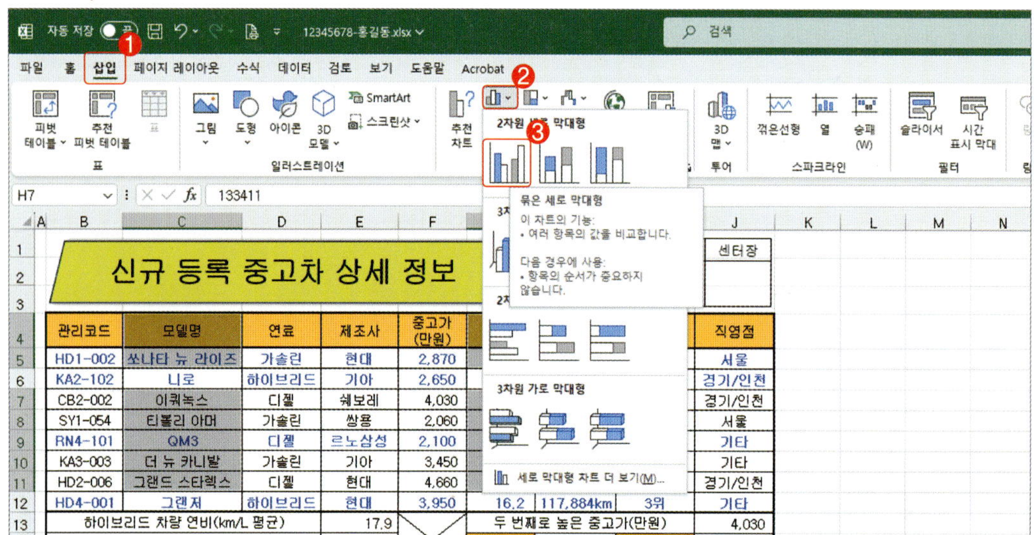

③ [차트 디자인] 탭 – [차트 이동](⊞)을 클릭한다.
   → [차트 이동] 대화상자에서 '새 시트'를 선택하고 『제4작업』을 입력한 후 [확인]을
     클릭한다.

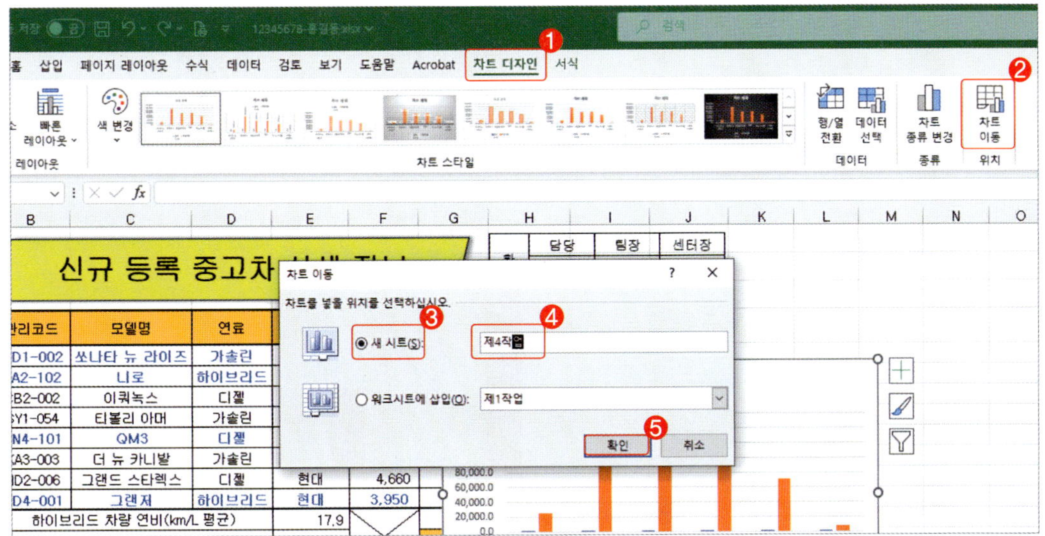

④ "제4작업" 시트를 마우스 드래그하여 제일 끝으로 이동한다.

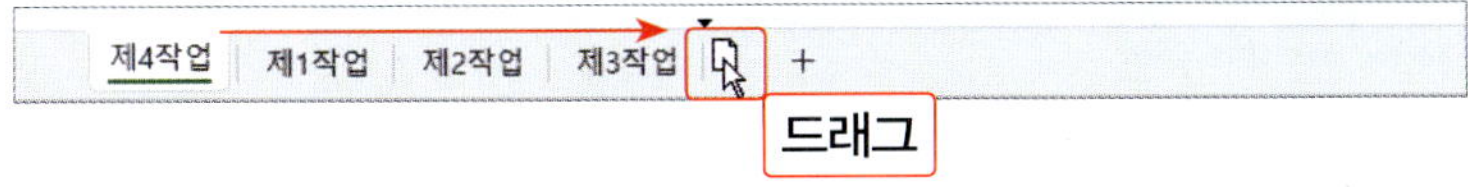

SECTION 02 차트 디자인, 영역 서식, 제목 서식

① [차트 디자인] 탭 – [빠른 레이아웃](▦) – [레이아웃 3](▥)을 클릭한다.
   → [스타일 1]을 클릭한다.

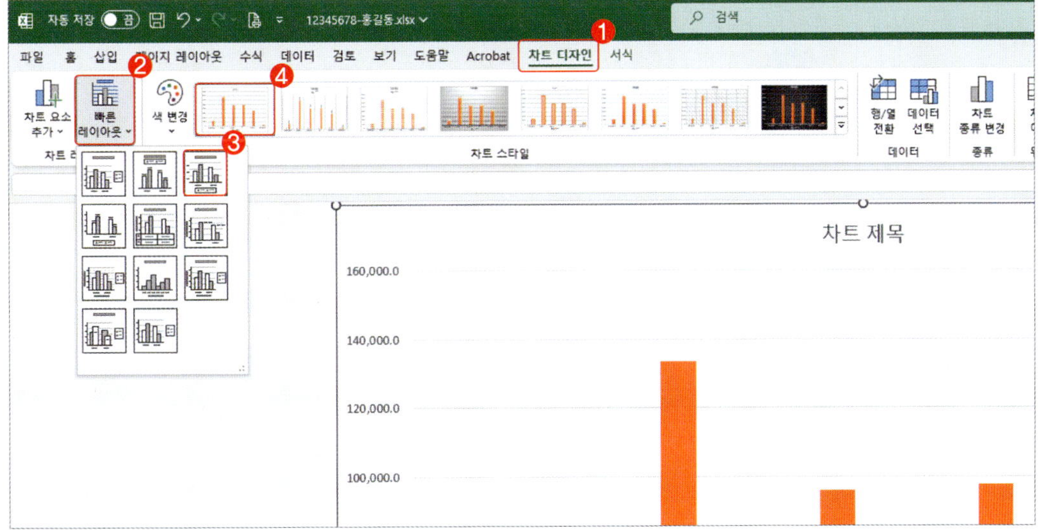

② 차트 영역을 선택하고 [홈] 탭 – [글꼴] 그룹에서 글꼴 '굴림', 크기 '11'을 설정한다.

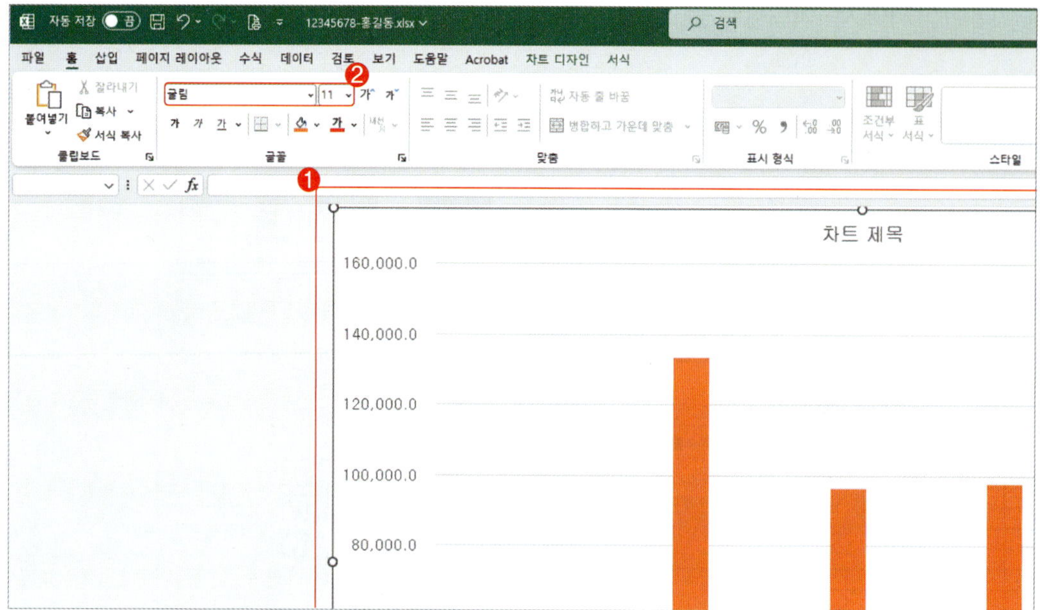

③ [서식] 탭 – [현재 선택 영역] 그룹 – [선택 영역 서식]( )을 클릭한다.

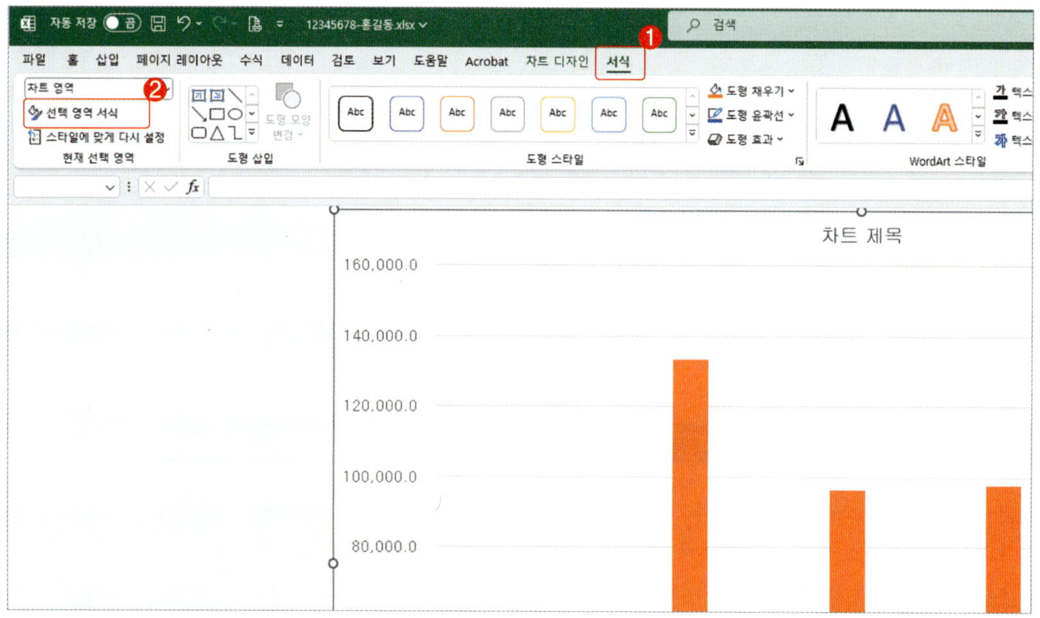

④ [차트 영역 서식] 사이드바에서 채우기 '그림 또는 질감 채우기'를 선택한다.
  → [질감]() – [분홍 박엽지]를 설정한다.

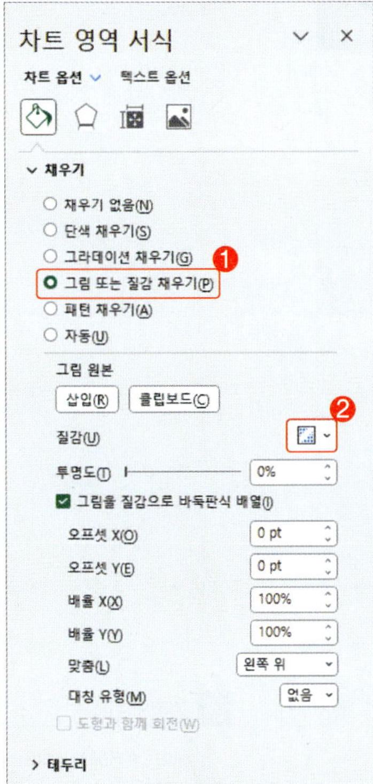

⑤ [서식] 탭 – [현재 선택 영역] 그룹에서 [그림 영역]을 선택한다.
  → 채우기 '단색 채우기'를 선택하고 [색](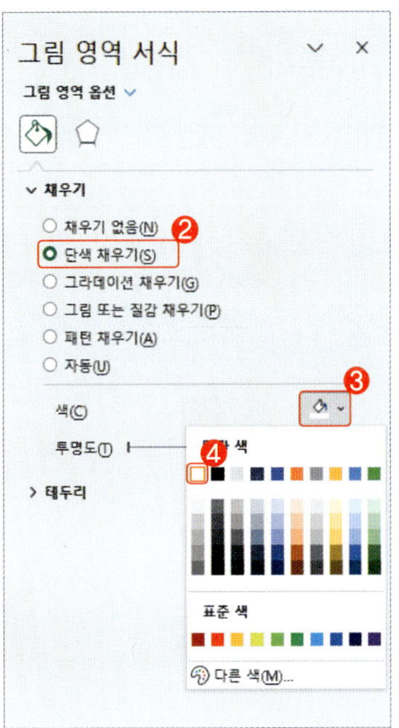) – [흰색, 배경 1]을 설정한다.

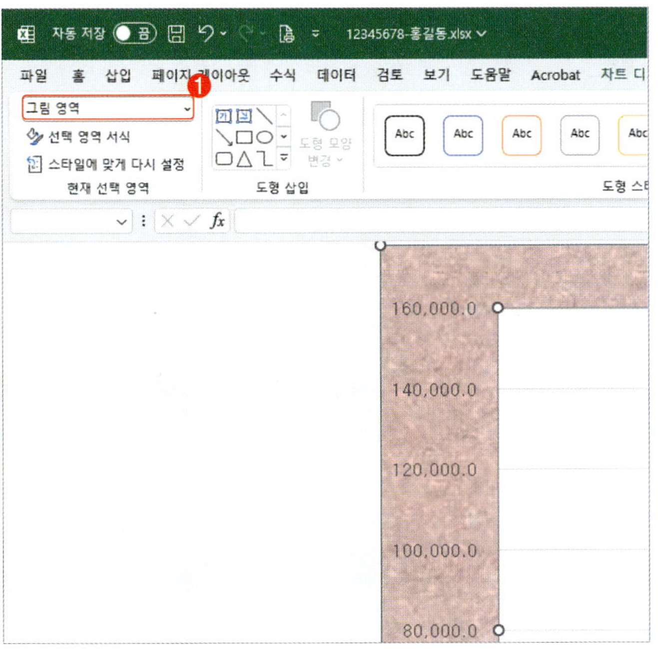

⑥ 차트 제목에 『가솔린 및 디젤 차량 현황』을 입력한다.

→ 글꼴 '굴림', 크기 '20', [굵게] 설정한다.

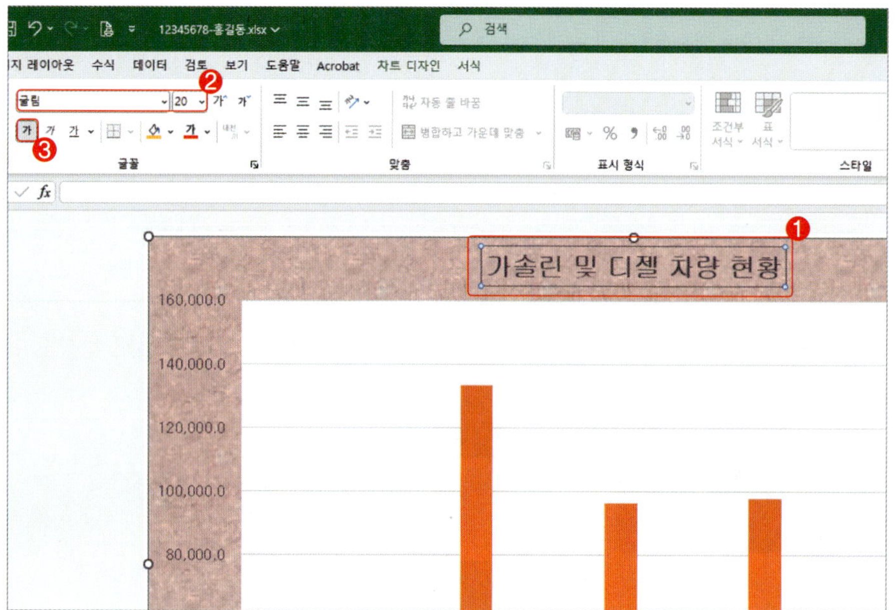

⑦ [서식] 탭 – [도형 스타일] 그룹 – [도형 채우기](⬦)를 클릭하고 '흰색, 배경 1'을 설정한다.

→ [도형 윤곽선](🖉)을 클릭하고 '검정'을 설정한다.

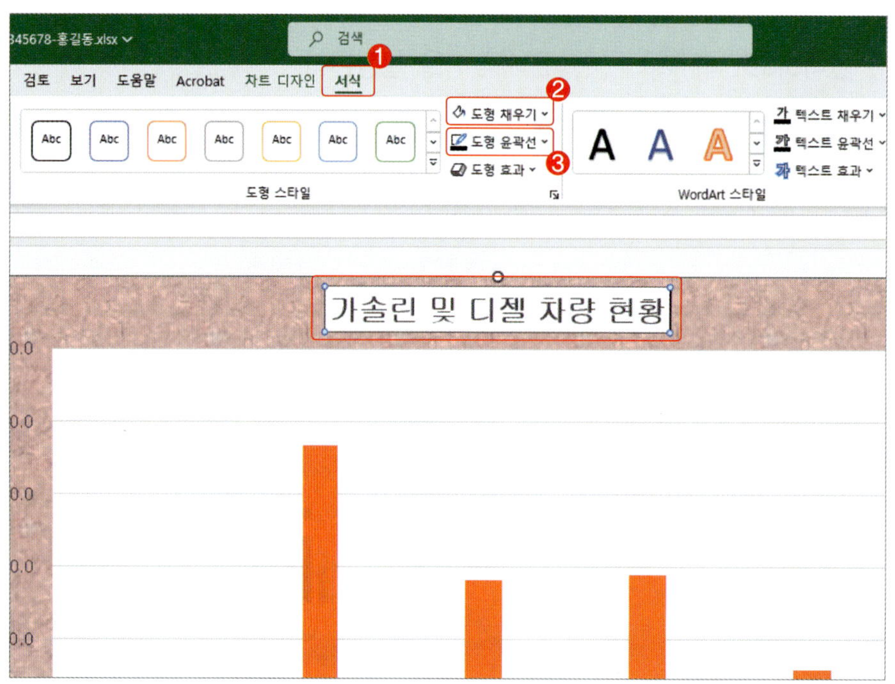

① [차트 디자인] 탭 – [차트 종류 변경]( )을 클릭한다.

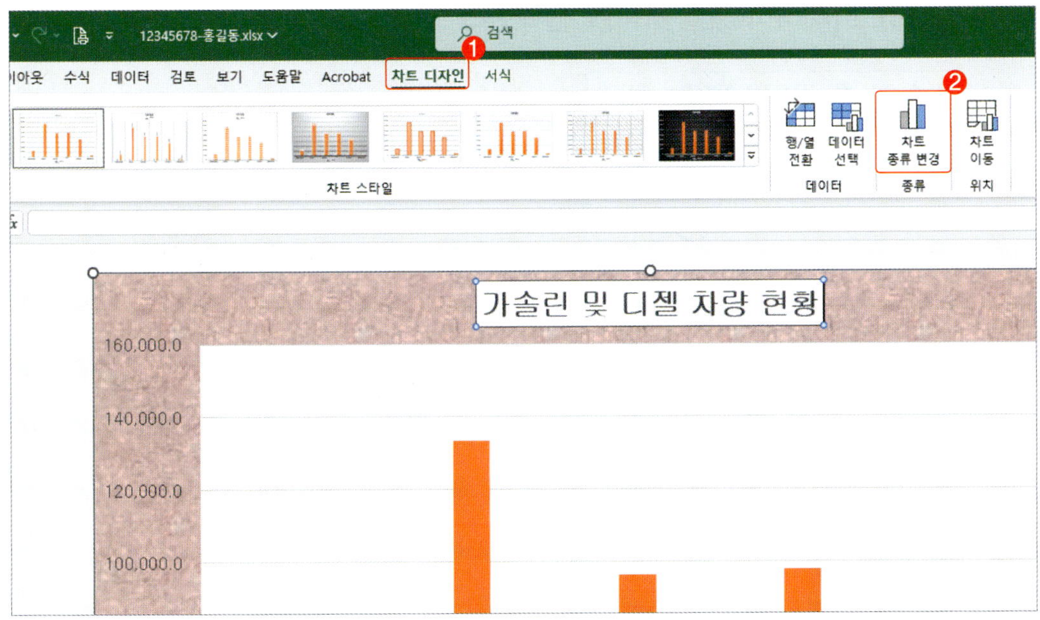

② [차트 종류 변경] 대화상자에서 '혼합'을 클릭한다.

→ 연비(km/L)의 차트 종류를 '표식이 있는 꺾은선형'으로 설정하고 '보조 축'에 체크한다.

→ 주행기록의 차트 종류를 '묶은 세로 막대형'으로 설정한다.

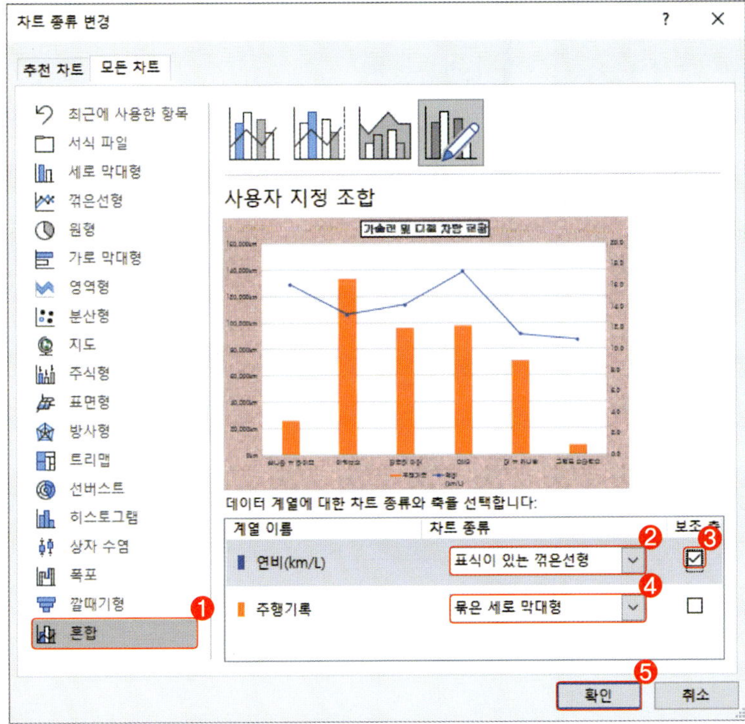

SECTION 04 서식 (표식, 레이블 값)

① 연비(km/L) 계열을 선택한다.
→ 마우스 오른쪽 클릭하고 [데이터 계열 서식]을 클릭한다.

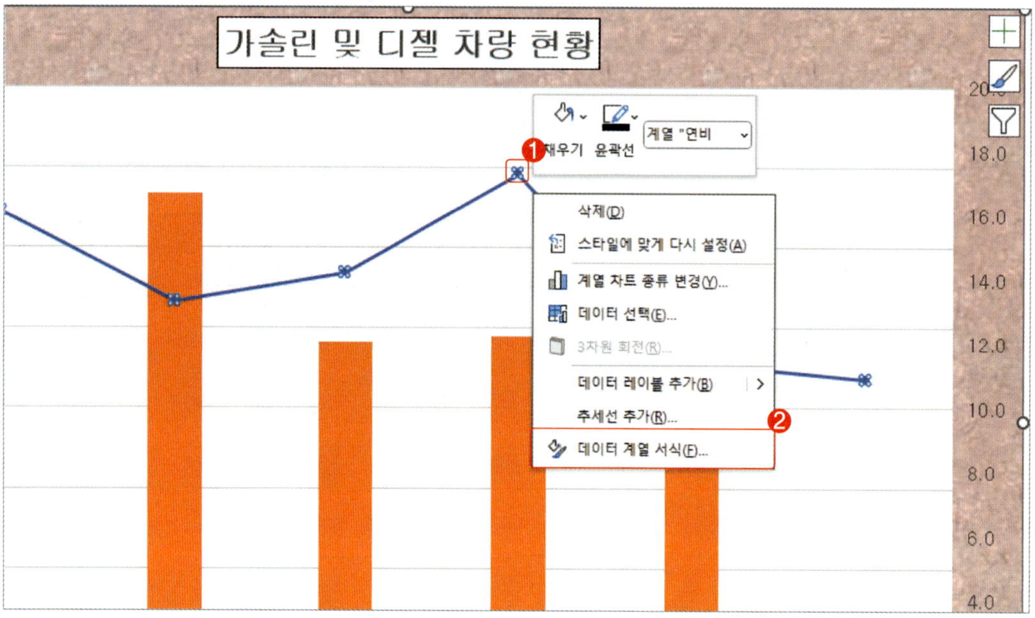

② [채우기 및 선]( ) – 표식( ) – 표식 옵션을 클릭한다.
→ 형식 '마름모', 크기 '10'을 설정한다.

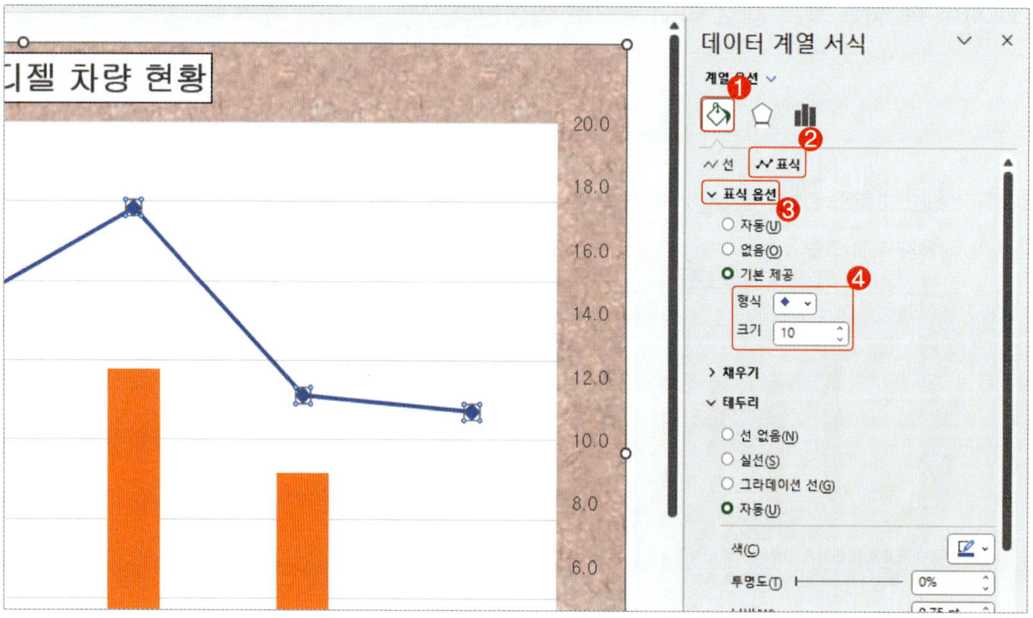

③ 연비(km/L) 계열의 'QM3' 요소만 두 번 클릭하여 선택한다.

→ [차트 요소 추가]() – [데이터 레이블]() – [위쪽]()을 클릭한다.

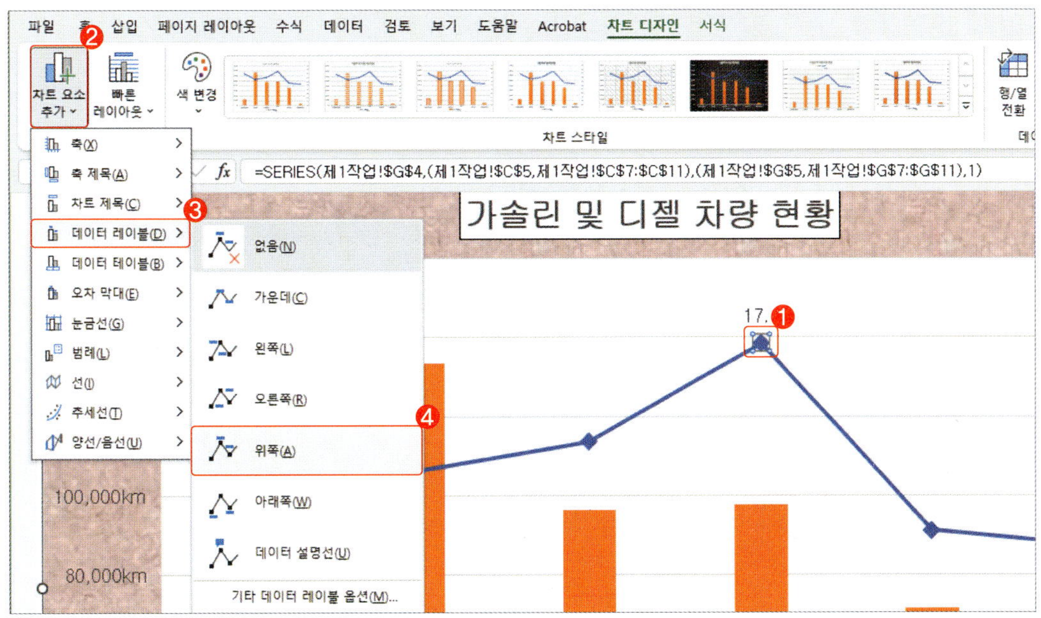

④ 주행기록 계열을 선택한다.

→ 마우스 오른쪽 클릭하고 [데이터 계열 서식]을 클릭한다.

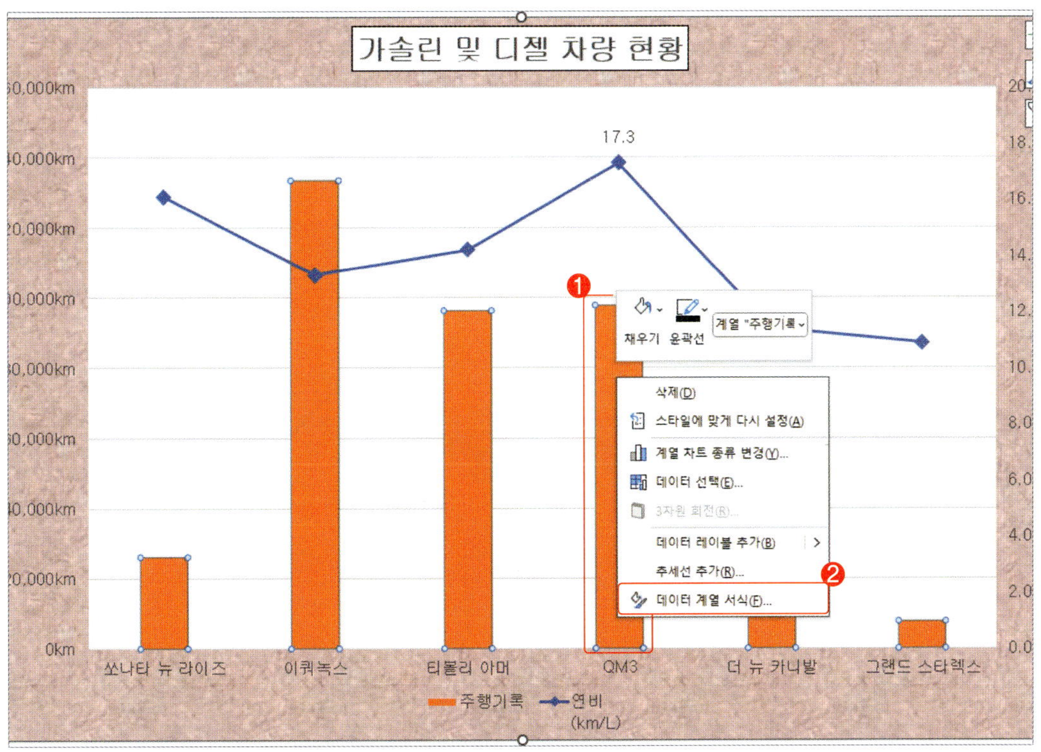

⑤ 간격 너비를 ≪출력형태≫를 참고하여 적당히 조절한다.

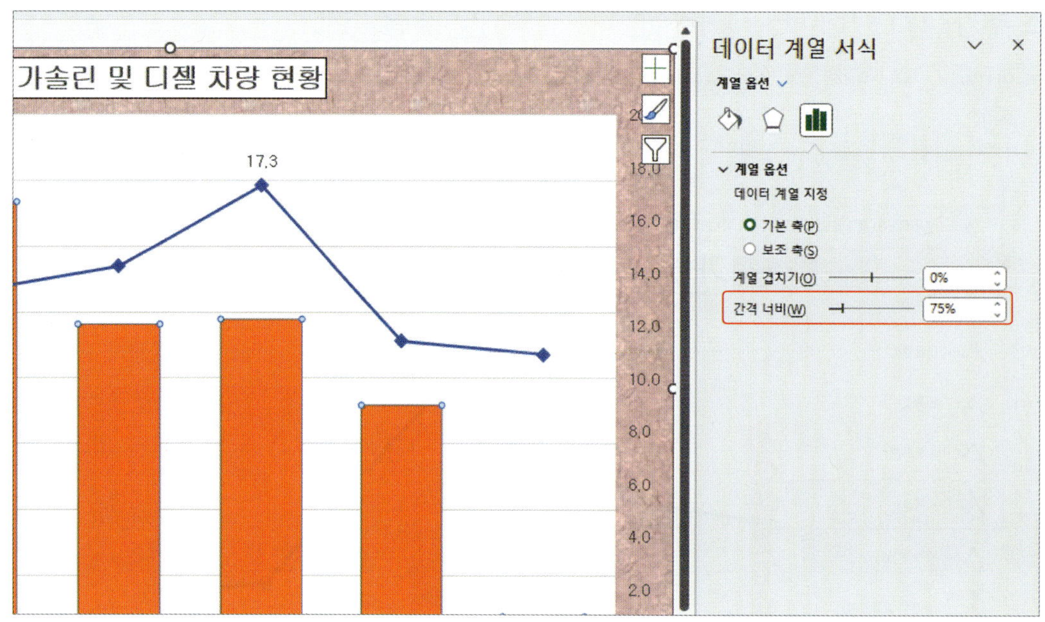

SECTION 05 서식 (눈금선)

① 눈금선을 선택하여 마우스 오른쪽 클릭하고 [눈금선 서식]()을 클릭한다.

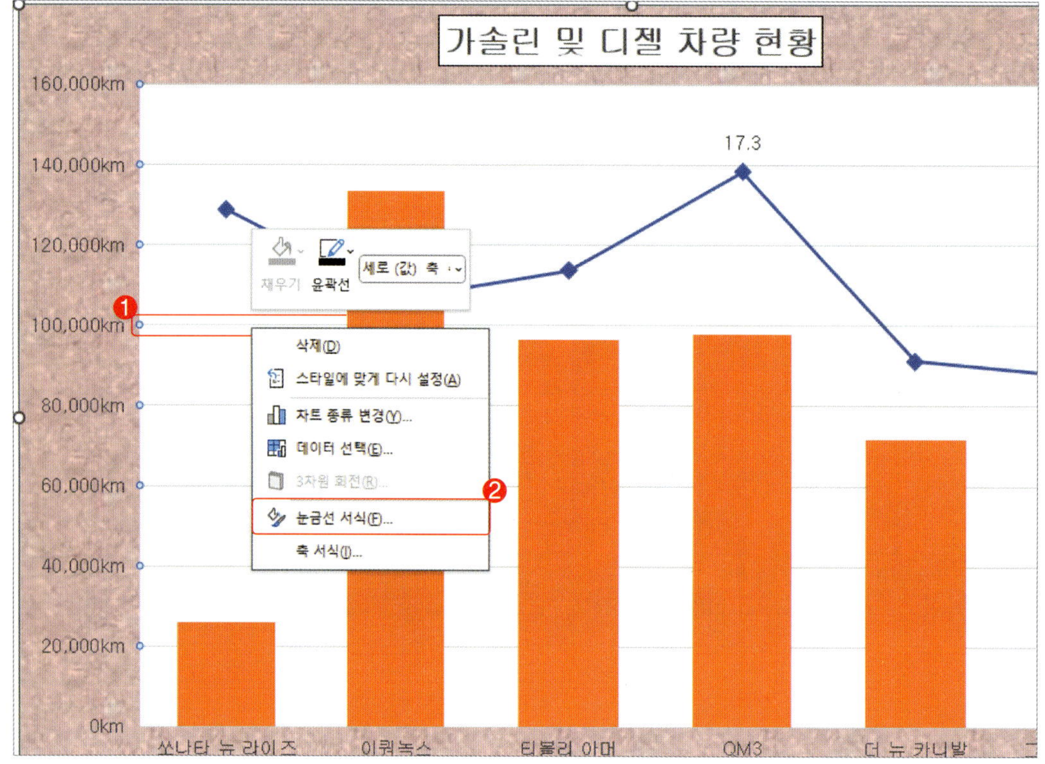

② [주 눈금선 서식] 사이드바에서 선 색 '검정', 대시 종류 '파선'을 설정한다.

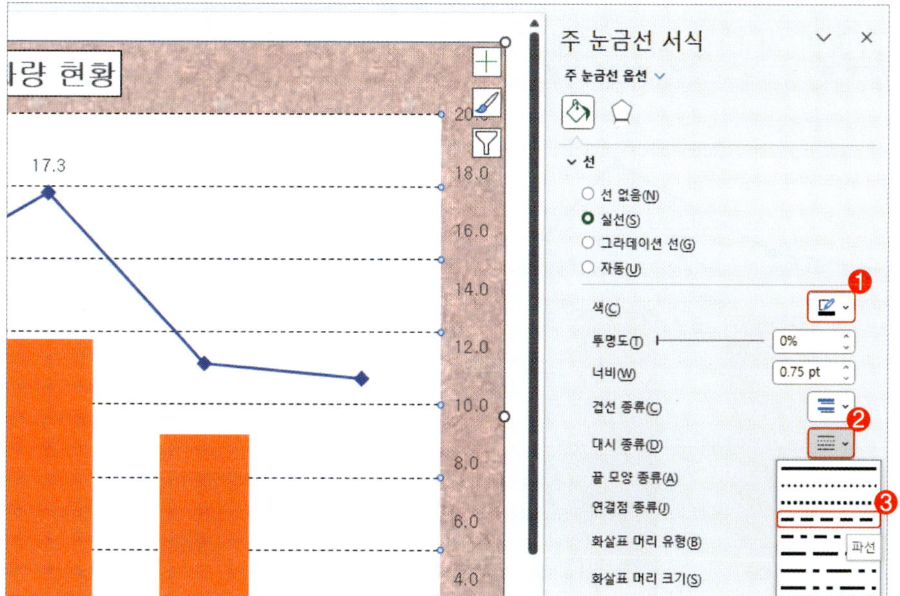

SECTION 06   서식 (축, 데이터 계열)

① 세로 (값) 축을 클릭한다.
→ [서식] 탭 – [도형 스타일] 그룹 – [도형 윤곽선](✎)을 클릭하고 '검정'을 설정한다.

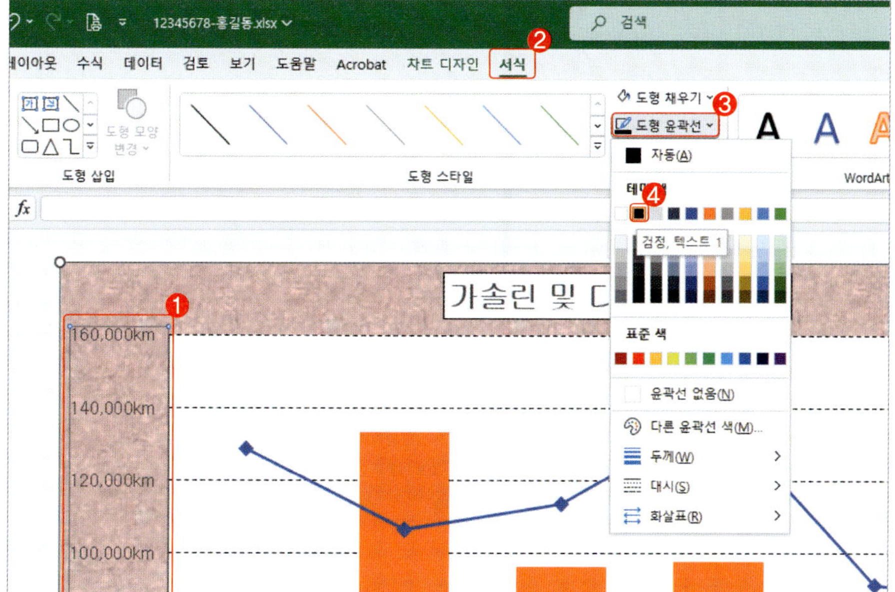

② 보조 세로 (값) 축과 가로 (항목) 축도 [도형 윤곽선](✐)을 설정한다.

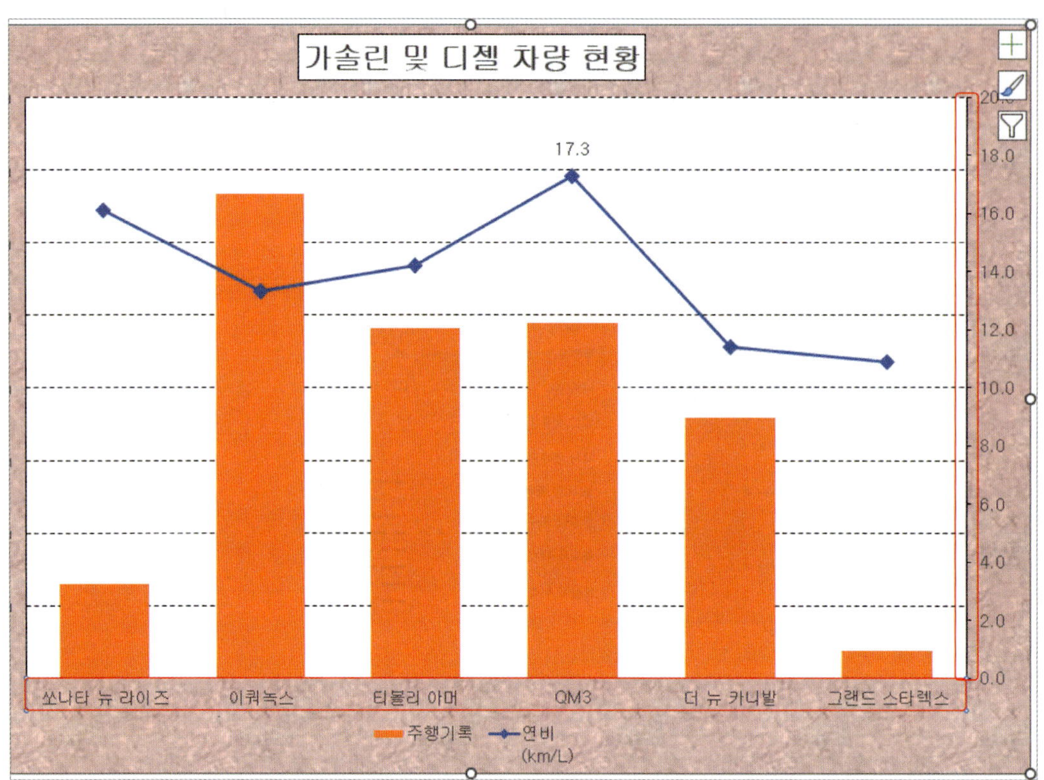

③ 보조 세로 (값) 축을 더블클릭하여 축 서식 사이드바를 연다.

　→ 축 옵션 – 단위 ‘기본’에 『5.0』을 입력한다.

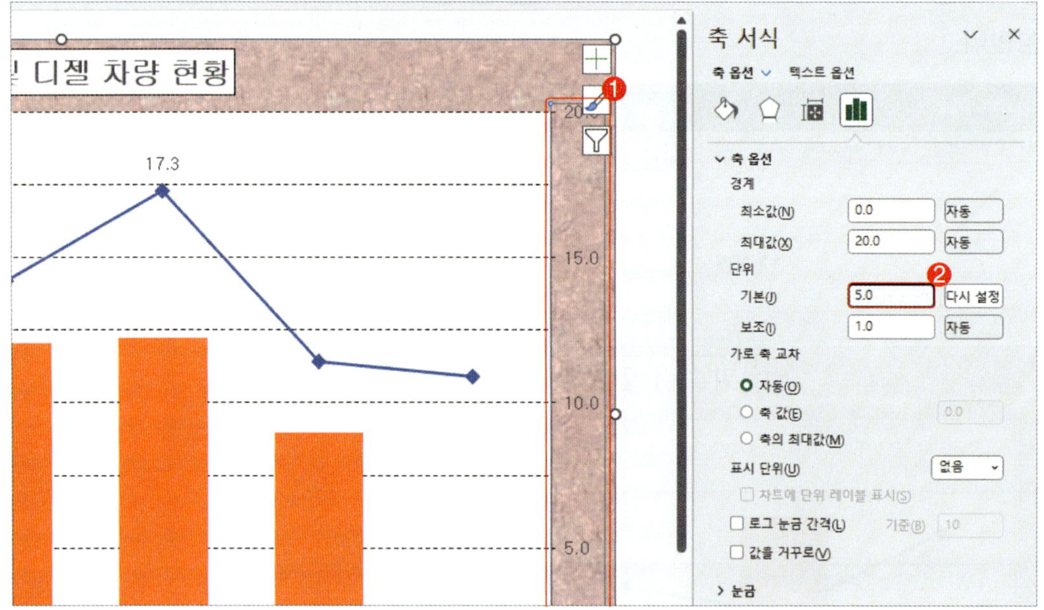

① [차트 디자인] 탭 – [데이터] 그룹 – [데이터 선택](🔢)을 클릭한다.

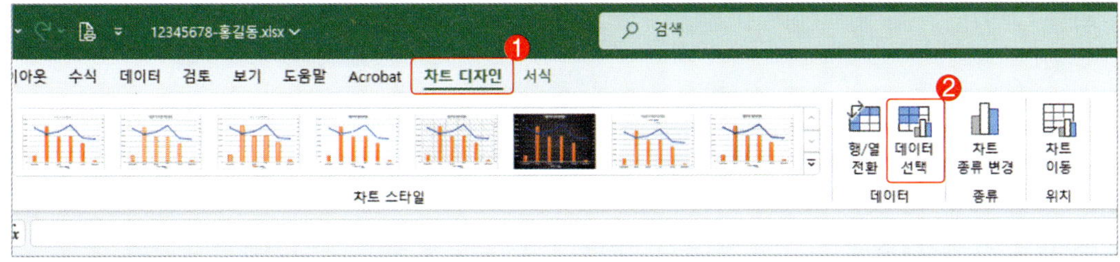

② [데이터 원본 선택] 대화상자에서 범례 항목(계열) '연비(km/L)'를 선택하고 [편집]을
　클릭한다.

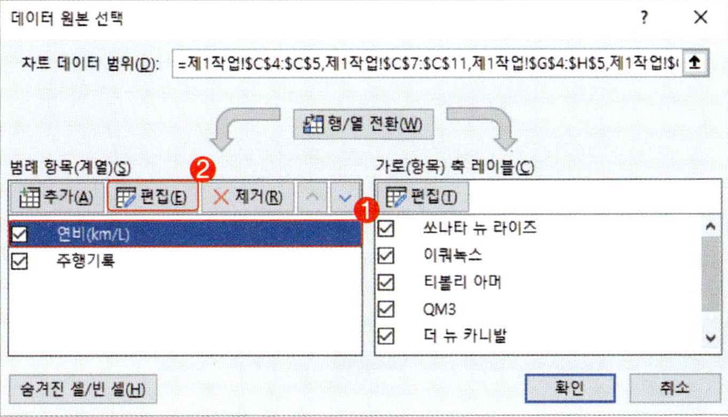

③ [계열 편집] 대화상자에서 계열 이름에 『연비(km/L)』를 입력하고 [확인]을 클릭한다.

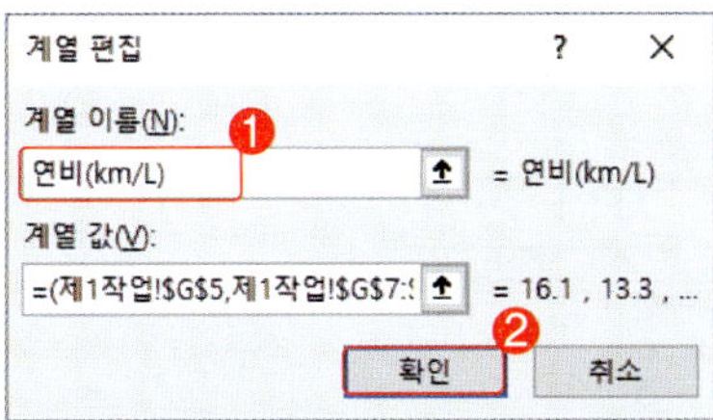

④ 다시 [데이터 원본 선택] 대화상자로 돌아오면 [확인]을 클릭한다.
　→ 범례의 연비(km/L)가 한 줄로 변경된 것을 확인한다.

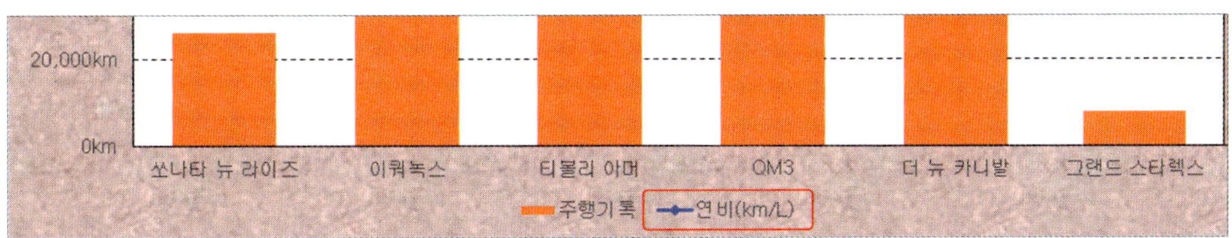

① [삽입] 탭 – [일러스트레이션] 그룹 – [도형]을 클릭하고 [말풍선: 모서리가 둥근 사각형]을 클릭한다.

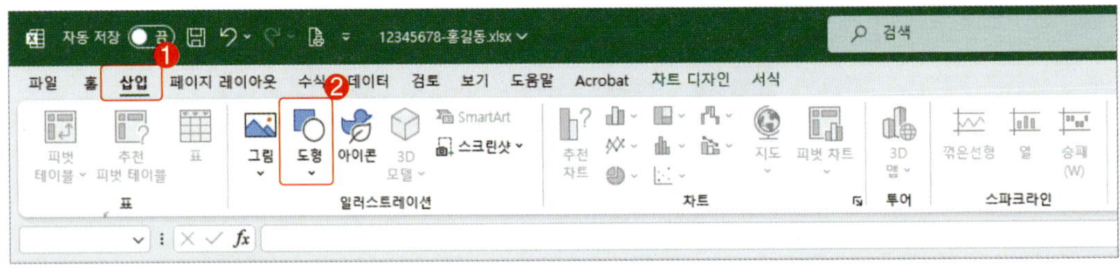

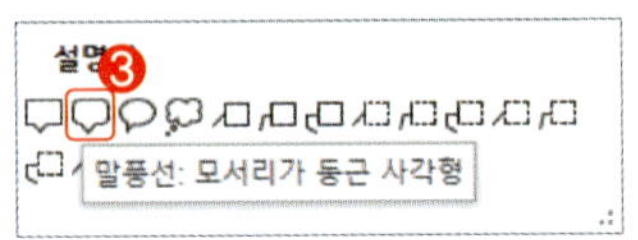

② 도형을 그리고 『최고 연비』를 입력한다.

→ [홈] 탭 – [글꼴] 그룹에서 글꼴 '굴림', 크기 '11', [채우기 색]( ) '흰색', [글꼴 색]( ) '검정'을 설정한다.

→ [맞춤] 그룹에서 가로와 세로 모두 [가운데 맞춤](,)을 클릭한다.

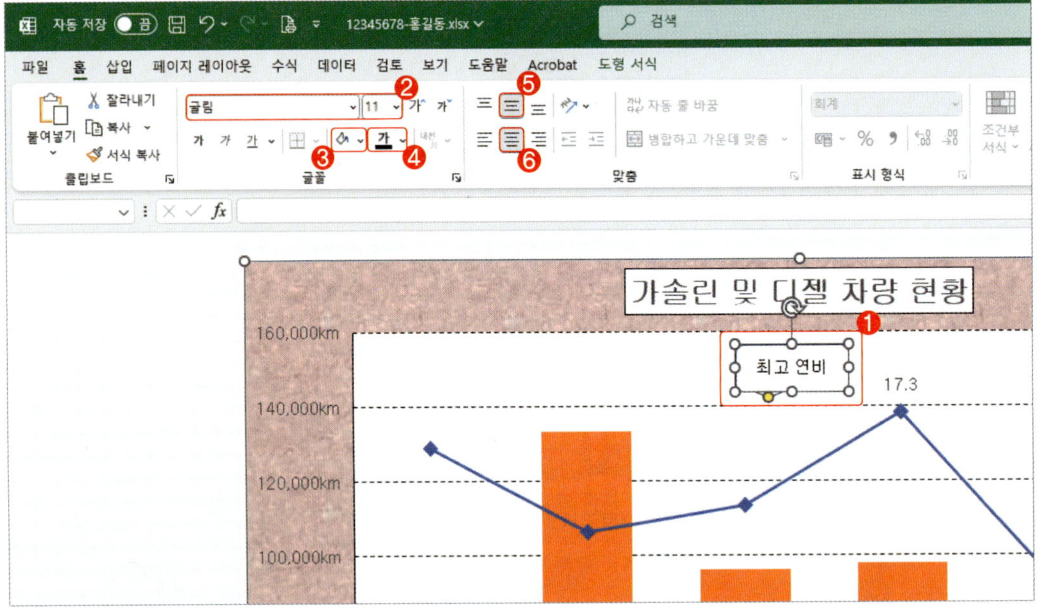

③ 노란색 조절점을 움직여 도형의 모양을 조절한다.

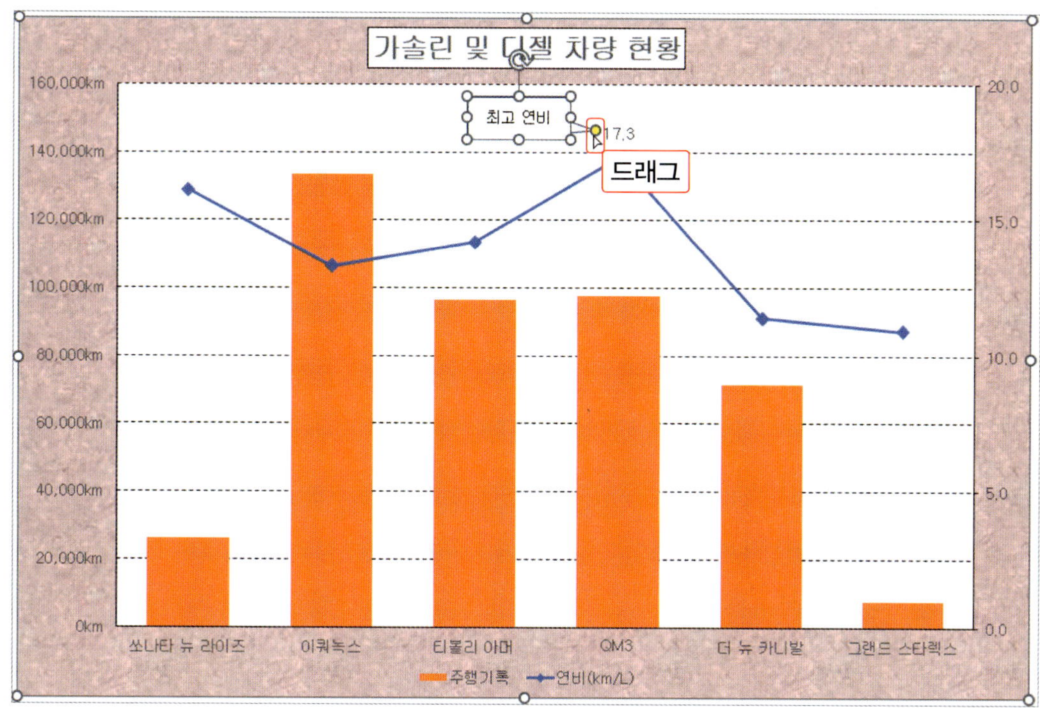

과목	코드	문제유형	시험시간	수험번호	성명
한글엑셀	1122	A	60분		

수험자 유의사항

- 수험자는 문제지를 받는 즉시 문제지와 **수험표상의 시험과목(프로그램)이 동일한지 반드시 확인**하여야 합니다.
- 파일명은 본인의 "수험번호-성명"으로 입력하여 답안폴더(내 PC₩문서₩ITQ)에 하나의 파일로 저장해야 하며, 답안문서 파일명이 "수험번호-성명"과 일치하지 않거나, 답안파일을 전송하지 않아 미제출로 처리될 경우 실격 처리합니다(예: 12345678-홍길동.xlsx).
- 답안 작성을 마치면 파일을 저장하고, '답안 전송' 버튼을 선택하여 감독위원 PC로 답안을 전송하십시오. 수험생 정보와 저장한 파일명이 다를 경우 전송되지 않으므로 주의하시기 바랍니다.
- 답안 작성 중에도 **주기적으로 저장하고, '답안 전송'**하여야 문제 발생을 줄일 수 있습니다. 작업한 내용을 저장하지 않고 전송할 경우 이전에 저장된 내용이 전송되니 이점 유의하시기 바랍니다.
- 답안문서는 지정된 경로 외의 다른 보조기억장치에 저장하는 경우, 지정된 시험 시간 외에 작성된 파일을 활용할 경우, 기타 통신수단(이메일, 메신저, 네트워크 등)을 이용하여 타인에게 전달 또는 외부 반출하는 경우는 부정 처리합니다.
- 시험 중 부주의 또는 고의로 시스템을 파손한 경우는 수험자가 변상해야 하며, 〈수험자 유의사항〉에 기재된 방법대로 이행하지 않아 생기는 불이익은 수험생 당사자의 책임임을 알려 드립니다.
- 문제의 조건은 MS오피스 2021 버전으로 설정되어 있으며 MS오피스 2016은 【 】에 표기되어 있습니다. 이와 관련하여 작성한 답안의 출력형태가 문제지와 다를 수 있습니다.
- 시험을 완료한 수험자는 답안파일이 전송되었는지 확인한 후 감독위원의 지시에 따라 문제지를 제출하고 퇴실합니다.

답안 작성요령

- 온라인 답안 작성 절차
  수험자 등록 ⇒ 시험 시작 ⇒ 답안파일 저장 ⇒ 답안 전송 ⇒ 시험 종료
- 문제는 총 4단계, 즉 제1작업부터 제4작업까지 구성되어 있으며 반드시 제1작업부터 순서대로 작성하고 조건대로 작업하시오.
- 모든 작업시트의 A열은 열 너비 '1'로, 나머지 열은 적당하게 조절하시오.
- 모든 작업시트의 테두리는 ≪출력형태≫와 같이 작업하시오.
- 해당 작업란에서는 각각 제시된 조건에 따라 ≪출력형태≫와 같이 작업하시오.
- 답안 시트 이름은 "제1작업", "제2작업", "제3작업", "제4작업"이어야 하며 답안 시트 이외의 것은 감점 처리됩니다.
- 각 시트를 파일로 나누어 작업해서 저장할 경우 실격 처리됩니다.

다음은 '프랜차이즈 창업 현황'에 대한 자료이다. 자료를 입력하고 조건에 맞도록 작업하시오.

출력형태

코드	창업주	창업일	항목	창업비용(원)	인테리어 경비	국산재료 사용비율	지역	비고
K2661	한사랑	2023-01-15	핫도그	45,000,000	10,000	95.0%	(1)	(2)
K3968	홍준표	2023-02-01	떡갈비	50,000,000	15,000	80.0%	(1)	(2)
T1092	한예지	2023-01-10	핫도그	60,000,000	18,000	88.5%	(1)	(2)
K2154	이소영	2023-01-15	떡갈비	55,455,500	20,000	75.5%	(1)	(2)
P1514	임용균	2023-02-01	떡볶이	38,500,000	8,000	70.0%	(1)	(2)
P2603	임유나	2023-02-05	떡볶이	45,500,000	12,000	85.0%	(1)	(2)
T1536	조형준	2023-01-17	떡갈비	62,550,000	19,500	82.5%	(1)	(2)
K3843	김유진	2023-02-01	핫도그	40,000,000	9,500	92.5%	(1)	(2)
핫도그 창업 개수			(3)			최대 인테리어 경비		(5)
떡볶이 창업비용(원) 평균			(4)		코드	K2661	인테리어 경비	(6)

제목 결재란: 담당 / 부장 / 대표

조건

- 모든 데이터의 서식에는 글꼴(굴림, 11pt), 정렬은 숫자 및 회계 서식은 오른쪽 정렬, 나머지 서식은 가운데 정렬로 작성하며 예외적인 것은 ≪출력형태≫를 참조하시오.
- 제목 ⇒ 도형(배지)과 그림자(오프셋 오른쪽 아래)를 이용하여 작성하고 "프랜차이즈 창업 현황"을 입력한 후 다음 서식을 적용하시오
  (글꼴 – 굴림, 24pt, 검정, 굵게, 채우기 – 노랑).
- 임의의 셀에 결재란을 작성하여 그림으로 복사 기능을 이용하여 붙이기 하시오(단, 원본 삭제).
- 「B4:J4, G14, I14」 영역은 '주황'으로 채우기 하시오.
- 유효성 검사를 이용하여 「H14」 셀에 코드(「B5:B12」 영역)가 선택 표시되도록 하시오.
- 셀 서식 ⇒ 「G5:G12」 영역에 셀 서식을 이용하여 숫자 뒤에 '천원'을 표시하시오
  (예 : 10,000천원).
- 「E5:E12」 영역에 대해 '항목'으로 이름정의를 하시오.

(1)~(6) 셀은 반드시 <u>주어진 함수를 이용</u>하여 값을 구하시오(결과값을 직접 입력하면 해당 셀은 0점 처리됨).

(1) 지역 ⇒ 코드의 두 번째 값이 1이면 '안산', 2이면 '부천', 3이면 '안양'으로 표시하시오(CHOOSE, MID 함수).
(2) 비고 ⇒ 국산재료 사용비율의 내림차순 순위를 구하시오(RANK.EQ 함수).
(3) 핫도그 창업 개수 ⇒ 결과값에 '개'를 붙이시오. 단, 조건은 입력데이터를 이용하시오
  (DCOUNTA 함수, & 연산자)(예 : 1개).
(4) 떡볶이 창업비용(원) 평균 ⇒ 정의된 이름(항목)을 이용하여 구하시오(SUMIF, COUNTIF 함수).
(5) 최대 인테리어 경비 ⇒ (MAX 함수)
(6) 인테리어 경비 ⇒ 「H14」 셀에서 선택한 코드에 대한 인테리어 경비를 구하시오(VLOOKUP 함수).
(7) 조건부 서식의 수식을 이용하여 창업비용(원)이 '60,000,000' 이상인 행 전체에 다음의 서식을 적용하시오
  (글꼴 : 파랑, 굵게).

"제1작업" 시트의 「B4:H12」 영역을 복사하여 "제2작업" 시트의 「B2」 셀부터 모두 붙여넣기를 한 후 다음의 조건과 같이 작업하시오.

조건	(1) 고급 필터 – 코드가 'T'로 시작하거나, 인테리어 경비가 '10,000' 이하인 자료의 코드, 항목, 창업비용(원), 인테리어 경비 데이터만 추출하시오. 　　　– 조건 범위 : 「B14」 셀부터 입력하시오. 　　　– 복사 위치 : 「B18」 셀부터 나타나도록 하시오. (2) 표 서식 – 고급필터의 결과셀을 채우기 없음으로 설정한 후 '표 스타일 보통 6'의 서식을 적용하시오. 　　　– 머리글 행, 줄무늬 행을 적용하시오.

"제1작업" 시트를 이용하여 "제3작업" 시트에 조건에 따라 ≪출력형태≫와 같이 작업하시오.

조건	(1) 창업비용(원) 및 항목의 코드의 개수와 인테리어 경비의 평균을 구하시오. (2) 창업비용(원)을 그룹화하고, 항목을 ≪출력형태≫와 같이 정렬하시오. (3) 레이블이 있는 셀 병합 및 가운데 맞춤 적용 및 빈 셀은 '＊＊'로 표시하시오. (4) 행의 총합계는 지우고, 나머지 사항은 ≪출력형태≫에 맞게 작성하시오.

출력형태

창업비용(원)	핫도그		떡볶이		떡갈비	
	개수 : 코드	평균 : 인테리어 경비	개수 : 코드	평균 : 인테리어 경비	개수 : 코드	평균 : 인테리어 경비
30000001-45000000	2	9,750	1	8,000	＊＊	＊＊
45000001-60000000	1	18,000	1	12,000	2	17,500
60000001-75000000	＊＊	＊＊	＊＊	＊＊	1	19,500
총합계	3	12,500	2	10,000	3	18,167

"제1작업" 시트를 이용하여 조건에 따라 ≪출력형태≫와 같이 작업하시오.

조건	

(1) 차트 종류 ⇒ 〈묶은 세로 막대형〉으로 작업하시오.

(2) 데이터 범위 ⇒ "제1작업" 시트의 내용을 이용하여 작업하시오.

(3) 위치 ⇒ "새 시트"로 이동하고, "제4작업"으로 시트 이름을 바꾸시오.

(4) 차트 디자인 도구 ⇒ 레이아웃 3, 스타일 1을 선택하여 ≪출력형태≫에 맞게 작업하시오.

(5) 영역 서식 ⇒ 차트 : 글꼴(굴림, 11pt), 채우기 효과(질감 – 파랑 박엽지)
　　　　　　　 그림 : 채우기(흰색, 배경1)

(6) 제목 서식 ⇒ 차트 제목 : 글꼴(굴림, 굵게, 20pt), 채우기(흰색, 배경1), 테두리

(7) 서식 ⇒ 창업비용(원) 계열의 차트 종류를 〈표식이 있는 꺾은선형〉으로 변경한 후 보조 축으로
　　　　　 지정하시오.
　　　　　 계열 : ≪출력형태≫를 참조하여 표식(네모, 크기 10)과 레이블 값을 표시하시오.
　　　　　 눈금선 : 선 스타일 – 파선
　　　　　 축 : ≪출력형태≫를 참조하시오.

(8) 범례 ⇒ 범례명을 변경하고 ≪출력형태≫를 참조하시오.

(9) 도형 ⇒ '타원형 설명선'을 삽입한 후 ≪출력형태≫와 같이 내용을 입력하시오.

(10) 나머지 사항은 ≪출력형태≫에 맞게 작성하시오.

출력형태

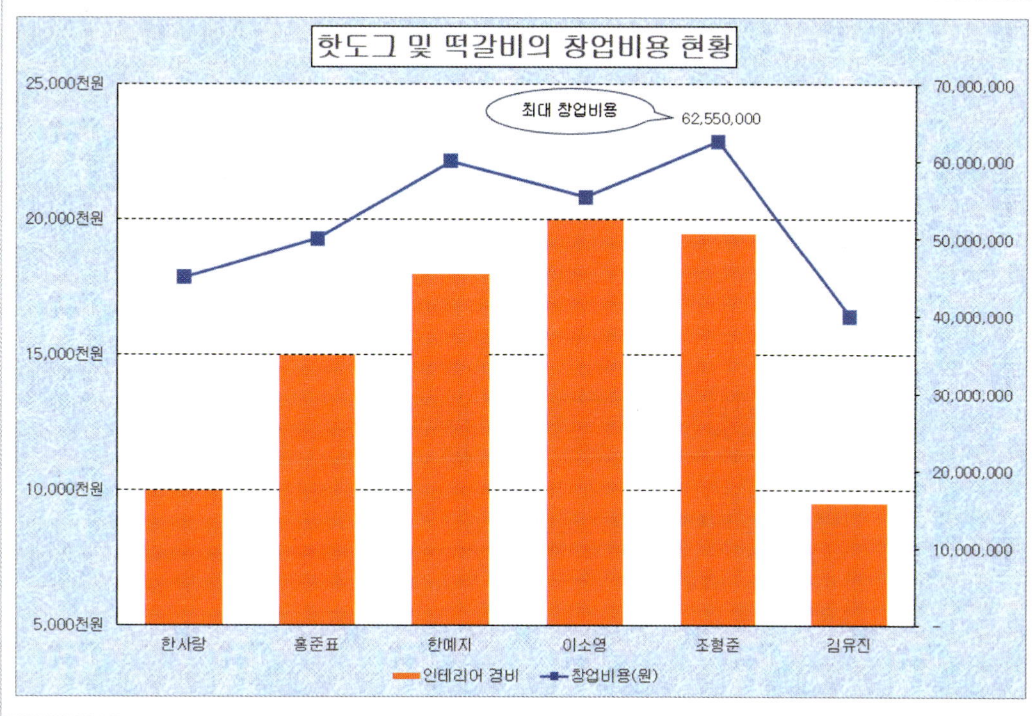

주의 시트명 순서가 차례대로 "제1작업", "제2작업", "제3작업", "제4작업"이 되도록 할 것

제 1 작업   표 서식 작성 및 값 계산   **240**점

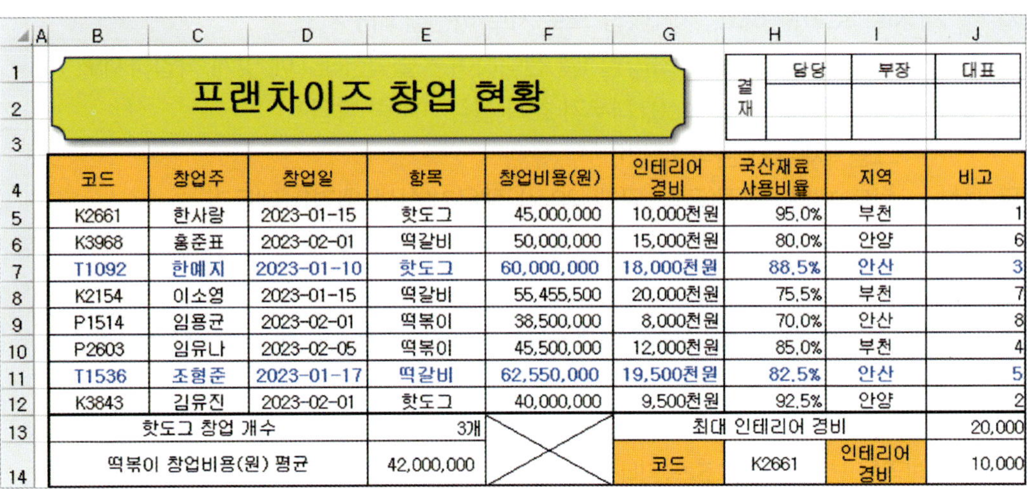

코드	창업주	창업일	항목	창업비용(원)	인테리어 경비	국산재료 사용비율	지역	비고
K2661	한사랑	2023-01-15	핫도그	45,000,000	10,000천원	95.0%	부천	1
K3968	홍준표	2023-02-01	떡갈비	50,000,000	15,000천원	80.0%	안양	6
T1092	한예지	2023-01-10	핫도그	60,000,000	18,000천원	88.5%	안산	3
K2154	이소영	2023-01-15	떡갈비	55,455,500	20,000천원	75.5%	부천	7
P1514	임용균	2023-02-01	떡볶이	38,500,000	8,000천원	70.0%	안산	8
P2603	임유나	2023-02-05	떡볶이	45,500,000	12,000천원	85.0%	부천	4
T1536	조형준	2023-01-17	떡갈비	62,550,000	19,500천원	82.5%	안산	5
K3843	김유진	2023-02-01	핫도그	40,000,000	9,500천원	92.5%	안양	2
핫도그 창업 개수			3개		최대 인테리어 경비			20,000
떡볶이 창업비용(원) 평균			42,000,000		코드	K2661	인테리어 경비	10,000

번호	기준셀	수식
(1)	I5	=CHOOSE(MID(B5,2,1),"안산","부천","안양")
(2)	J5	=RANK.EQ(H5,$H$5:$H$12)
(3)	E13	=DCOUNTA(B4:H12,4,E4:E5)&"개"
(4)	E14	=SUMIF(항목,"떡볶이",F5:F12)/COUNTIF(항목,"떡볶이")
(5)	J13	=MAX(G5:G12)
(6)	J14	=VLOOKUP(H14,B5:G12,6,0)
(7)	B5:J12	

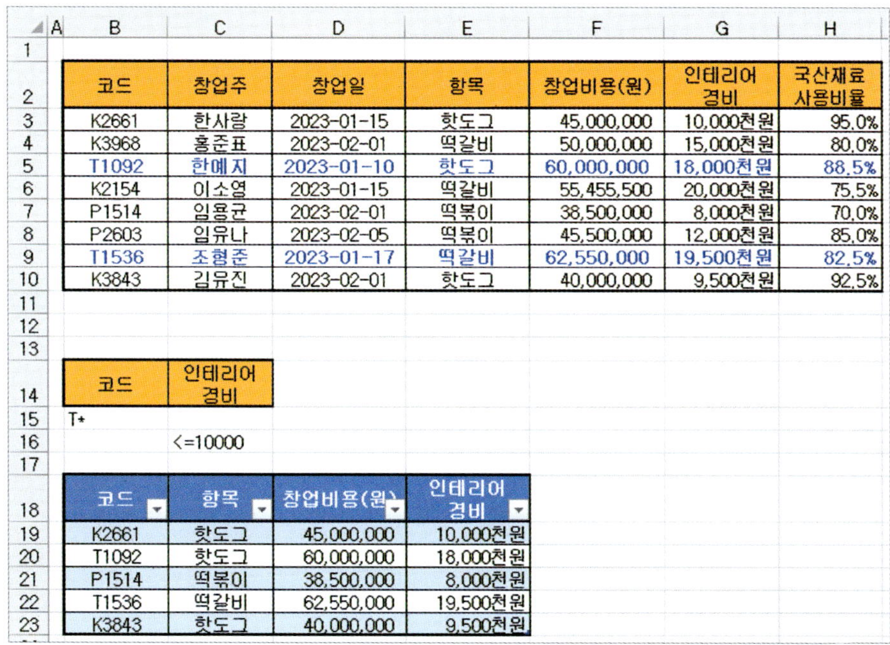

코드	창업주	창업일	항목	창업비용(원)	인테리어 경비	국산재료 사용비율
K2661	한사랑	2023-01-15	핫도그	45,000,000	10,000천원	95.0%
K3968	홍준표	2023-02-01	떡갈비	50,000,000	15,000천원	80.0%
T1092	한예지	2023-01-10	핫도그	60,000,000	18,000천원	88.5%
K2154	이소영	2023-01-15	떡갈비	55,455,500	20,000천원	75.5%
P1514	임용균	2023-02-01	떡볶이	38,500,000	8,000천원	70.0%
P2603	임유나	2023-02-05	떡볶이	45,500,000	12,000천원	85.0%
T1536	조형준	2023-01-17	떡갈비	62,550,000	19,500천원	82.5%
K3843	김유진	2023-02-01	핫도그	40,000,000	9,500천원	92.5%

코드	인테리어 경비
T*	
	<=10000

코드	항목	창업비용(원)	인테리어 경비
K2661	핫도그	45,000,000	10,000천원
T1092	핫도그	60,000,000	18,000천원
P1514	떡볶이	38,500,000	8,000천원
T1536	떡갈비	62,550,000	19,500천원
K3843	핫도그	40,000,000	9,500천원

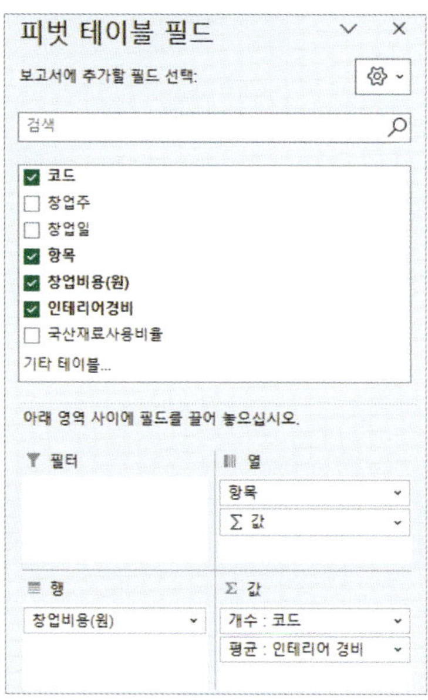

≪출력형태≫를 참고

제1작업   표 서식 작성 및 값 계산   **240**점

제1작업은 표를 작성하고 조건에 따른 서식 변환 및 함수 사용 능력을 평가한다.
제1작업 데이터를 기반으로 다른 작업들이 이어지므로 정확히 작성하도록 한다.

SECTION 01   데이터 입력, 셀 서식, 테두리, 정렬

① 본 도서 [PART 01 – CHAPTER 01]의 답안 작성요령을 참고하여 글꼴 '굴림', 크기 '11'로 하고, 작업시트를 설정한다.
   → "수험번호–성명.xlsx"으로 저장한다.

② **"제1작업"** 시트에 ≪출력형태≫의 내용을 입력한다.

	A	B	C	D	E	F	G	H	I	J
1										
2										
3										
4		코드	창업주	창업일	항목	창업비용(원)	인테리어 경비	국산재료 사용비율	지역	비고
5		K2661	한사랑	2023-01-15	핫도그	45000000	10000	95.00%		
6		K3968	홍준표	2023-02-01	떡갈비	50000000	15000	80.00%		
7		T1092	한예지	2023-01-10	핫도그	60000000	18000	88.50%		
8		K2154	이소영	2023-01-15	떡갈비	55455500	20000	75.50%		
9		P1514	임용균	2023-02-01	떡볶이	38500000	8000	70.00%		
10		P2603	임유나	2023-02-05	떡볶이	45500000	12000	85.00%		
11		T1536	조형준	2023-01-17	떡갈비	62550000	19500	82.50%		
12		K3843	김유진	2023-02-01	핫도그	40000000	9500	92.50%		
13		핫도그 창업 개수					최대 인테리어 경비			
14		떡볶이 창업비용(원) 평균					코드		인테리어 경비	

⚑ 기적의 TIP

숫자 뒤에 %를 입력하면 자동으로 서식이 백분율 형태가 된다.

③ '국산재료 사용비율'에 대한 셀 서식을 지정하기 위해 「H5:H12」 영역을 블록 설정
한다.
→ 마우스 오른쪽 클릭하여 [셀 서식]( )을 클릭한다.
→ [셀 서식] 대화상자 – [표시 형식] 탭에서 범주 '백분율', 소수 자릿수 '1'을 설정한다.

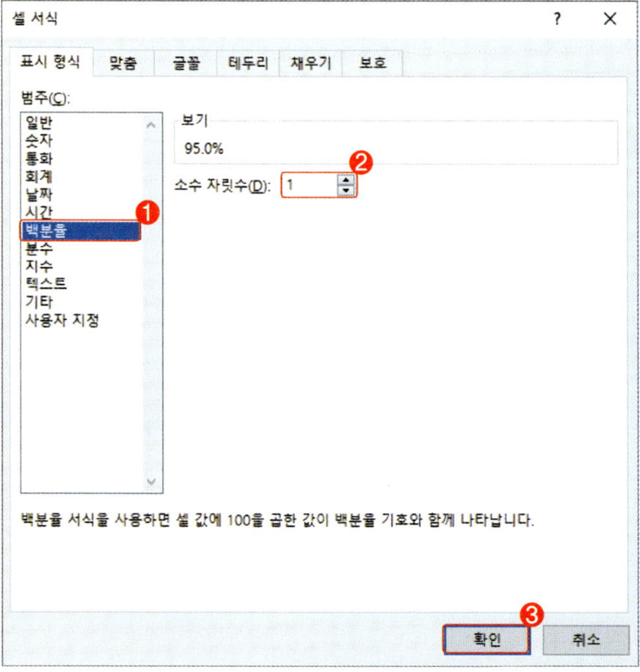

④ '인테리어 경비'가 입력된 「G5:G12」 영역을 블록 설정 후 [셀 서식]( )을 연다.
→ [셀 서식] 대화상자 – [표시 형식] 탭에서 범주 '사용자 지정', 형식 '#,##0'을 선택
한다.
→ 『"천원"』을 추가로 입력한 후 [확인]을 클릭한다.

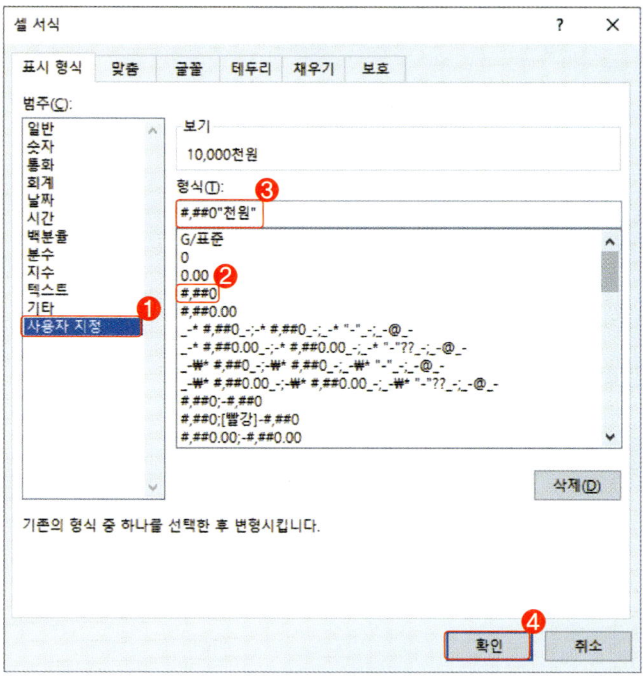

⑤ '창업비용(원)'이 입력된 「F5:F12」 영역을 블록 설정 후 [셀 서식](圖)을 연다.
→ [셀 서식] 대화상자 – [표시 형식] 탭에서 범주 '회계', 기호 '없음'을 설정한다.

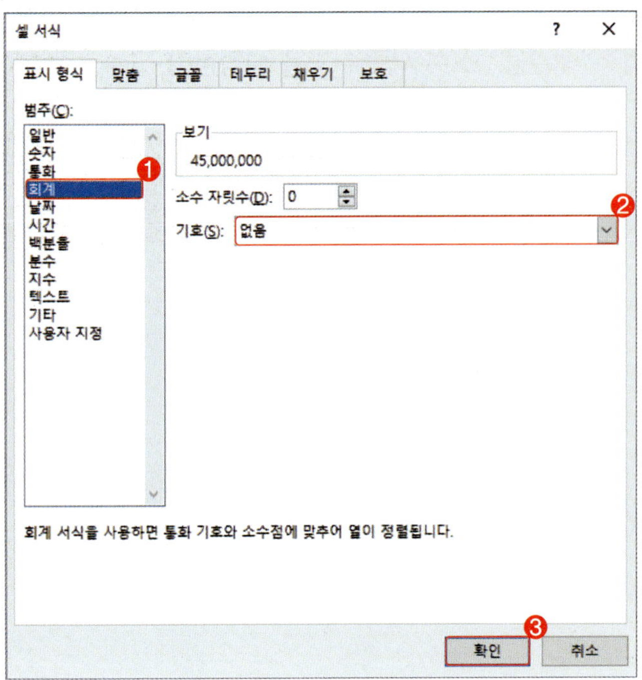

⑥ 「B13:D13」 영역을 마우스 드래그하여 블록 설정한다.
→ Ctrl 을 누른 채 「B14:D14」, 「F13:F14」, 「G13:I13」 영역을 각각 블록 설정한다.
→ [홈] 탭 – [맞춤] 그룹 – [병합하고 가운데 맞춤](圖)을 클릭한다.

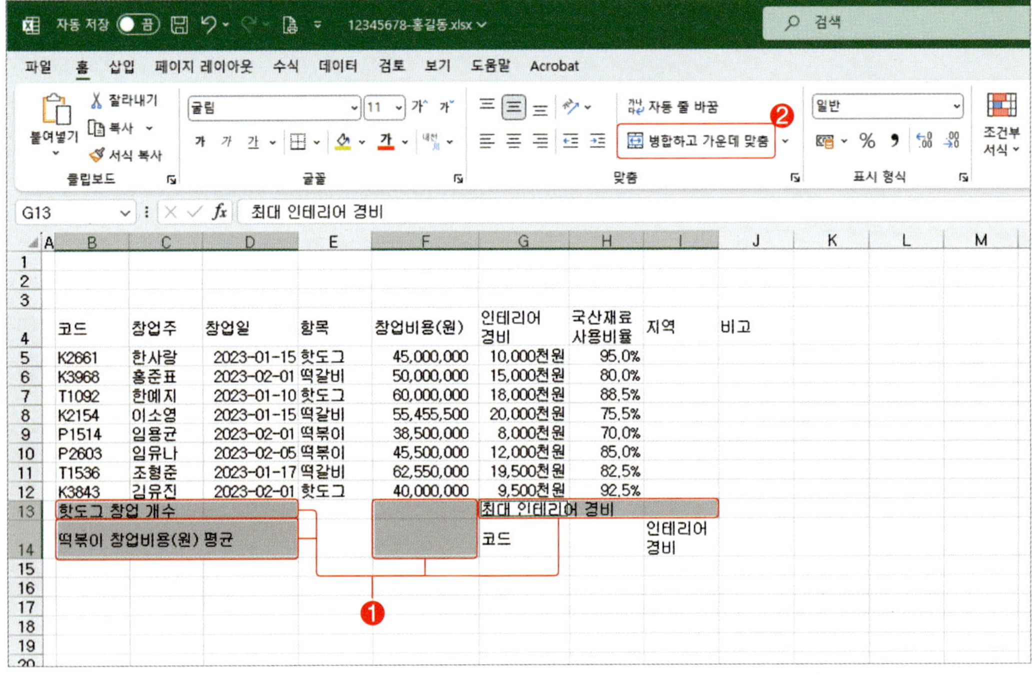

⑦ 「B4:J4」 영역을 블록 설정한다.

→ Ctrl 을 누른 채 「B5:J12」, 「B13:J14」 영역을 각각 블록 설정한다.

→ [홈] 탭 – [글꼴] 그룹 – [테두리]에서 [모든 테두리](⊞), [굵은 바깥쪽 테두리](⊡)를 클릭한다.

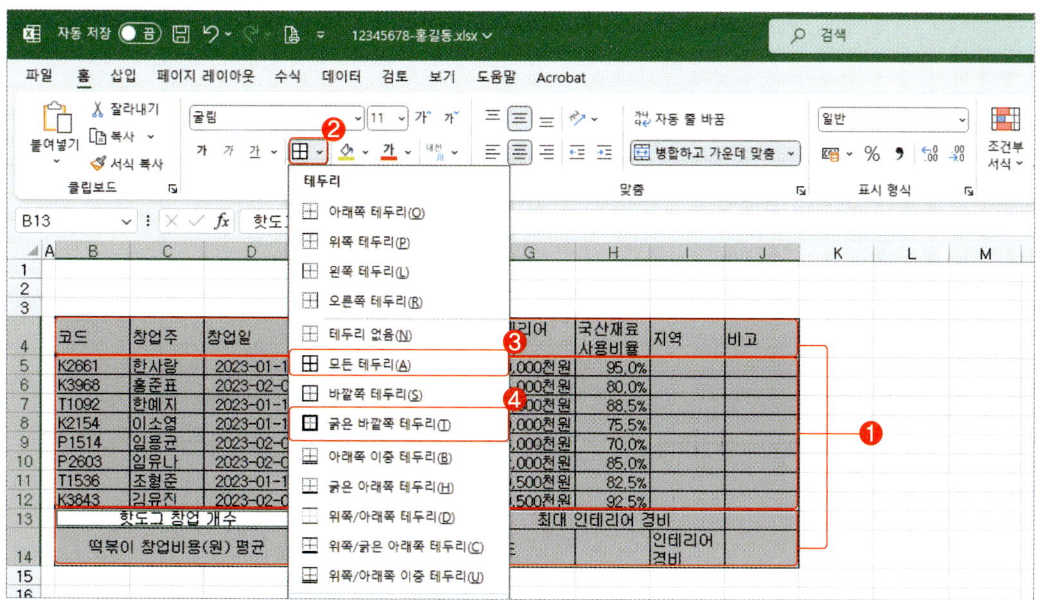

⑧ 「F13:F14」 영역을 클릭한다.

→ [테두리]에서 [다른 테두리](⊞)를 클릭하면 [셀 서식] 대화상자가 나타난다.

⑨ 선 스타일에서 [가는 실선](━━)을 클릭한다.

→ 두 개의 [대각선](◿)(◺)을 각각 클릭하고 [확인]을 클릭한다.

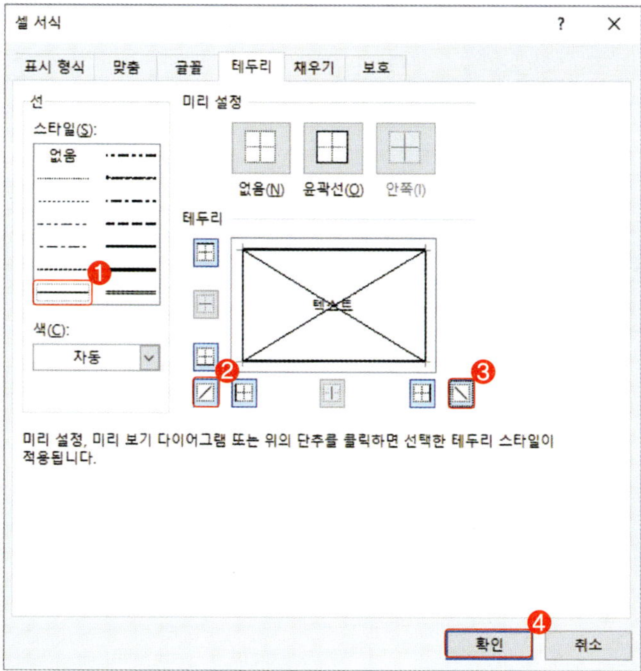

⑩ 행과 열의 머리글 경계선(✛)(✚)을 마우스 드래그하여 행 높이와 열 너비를 조절한다.

→ 숫자 영역은 [홈] 탭 – [맞춤] 그룹 – [오른쪽 맞춤](☰), 나머지는 [가운데 맞춤](☰)을 설정한다.

	코드	창업주	창업일	항목	창업비용(원)	인테리어 경비	국산재료 사용비율	지역	비고
5	K2661	한사랑	2023-01-15	핫도그	45,000,000	10,000천원	95.0%		
6	K3968	홍준표	2023-02-01	떡갈비	50,000,000	15,000천원	80.0%		
7	T1092	한예지	2023-01-10	핫도그	60,000,000	18,000천원	88.5%		
8	K2154	이소영	2023-01-15	떡갈비	55,455,500	20,000천원	75.5%		
9	P1514	임용균	2023-02-01	떡볶이	38,500,000	8,000천원	70.0%		
10	P2603	임유나	2023-02-05	떡볶이	45,500,000	12,000천원	85.0%		
11	T1536	조형준	2023-01-17	떡갈비	62,550,000	19,500천원	82.5%		
12	K3843	김유진	2023-02-01	핫도그	40,000,000	9,500천원	92.5%		
13	핫도그 창업 개수					최대 인테리어 경비			
14	떡볶이 창업비용(원) 평균					코드		인테리어 경비	

⑪ 「B4:J4」, 「G14」, 「I14」 셀에 [홈] 탭 – [글꼴] 그룹 – [채우기 색](△▾)에서 '주황'을 설정한다.

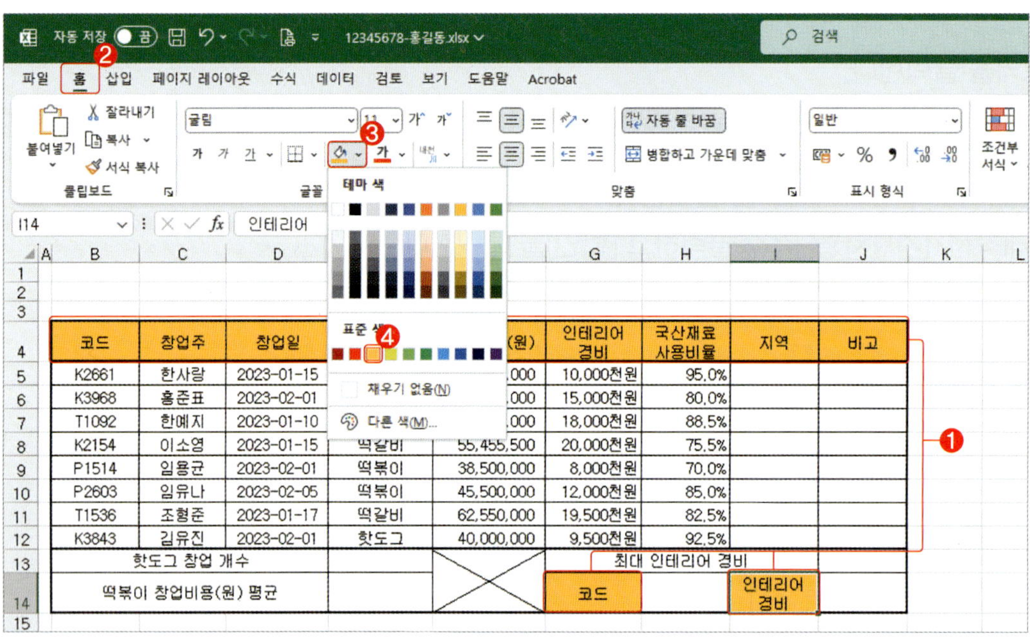

① 출력형태를 참고하여 도형이 들어갈 1~3행 높이를 적당히 조절한다.

② [삽입] 탭 – [일러스트레이션] 그룹 – [도형]( )을 클릭하고 [기본 도형] – [배지]를 클릭한다.

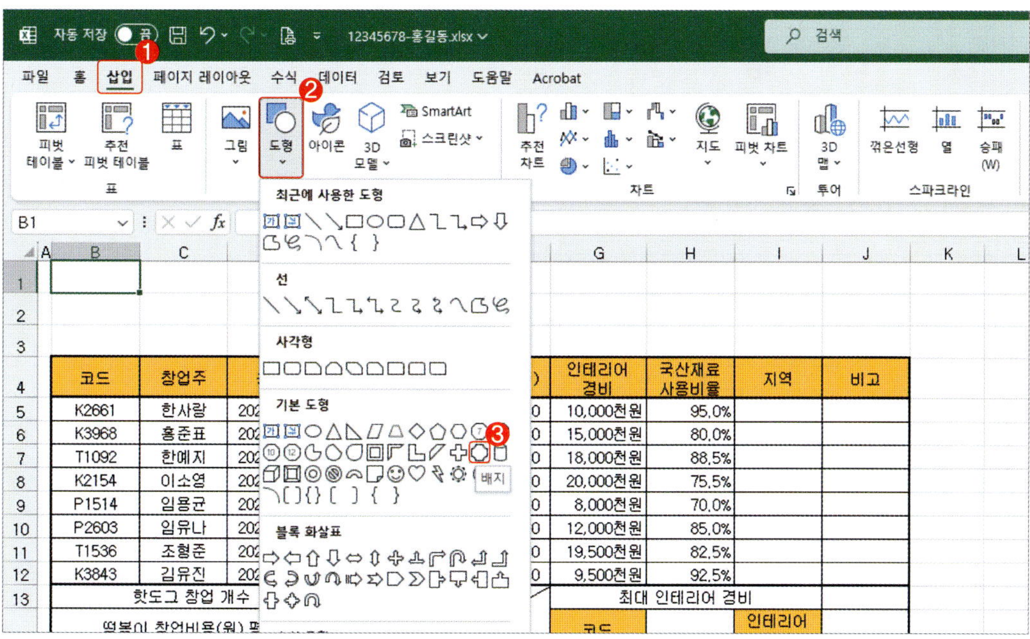

③ 마우스 포인터 모양이 +가 된 상태에서 「B1」 셀부터 「G3」 셀까지 드래그하여 도형을 그린다.

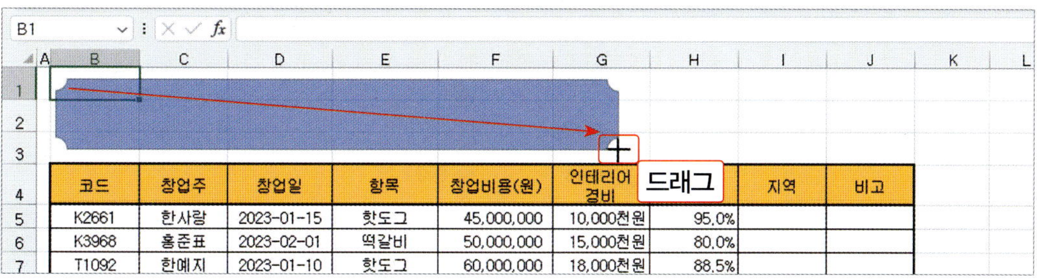

④ 도형에 『프랜차이즈 창업 현황』을 입력한다.

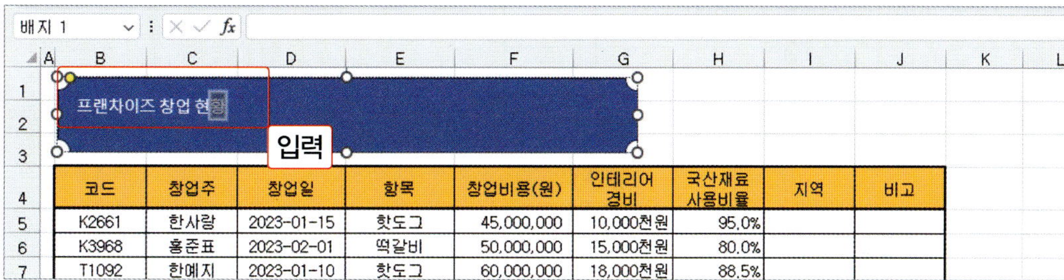

⑤ 도형의 배경색 부분을 클릭한다.

→ [홈] 탭 – [글꼴] 그룹에서 글꼴 '굴림', 크기 '24', [굵게], [채우기 색]( ) '노랑', [글꼴 색]( ) '검정'을 설정한다.

→ [맞춤] 그룹에서 가로와 세로 모두 [가운데 맞춤](,)을 클릭한다.

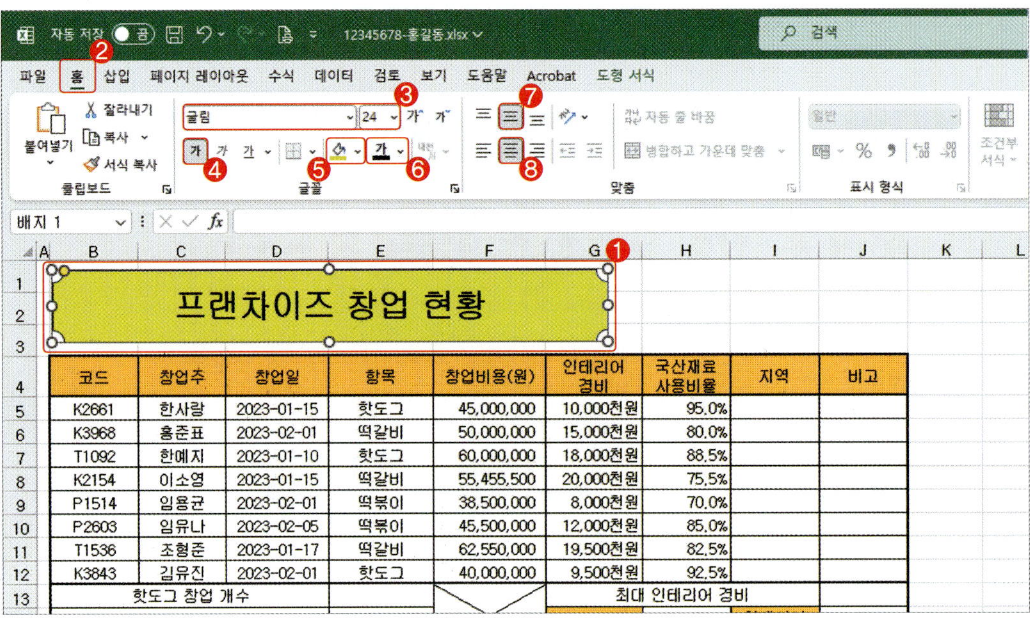

⑥ [도형 서식] 탭 – [도형 스타일] 그룹 – [도형 효과]( )를 클릭하고 [그림자] – [오프셋: 오른쪽 아래]를 클릭한다.

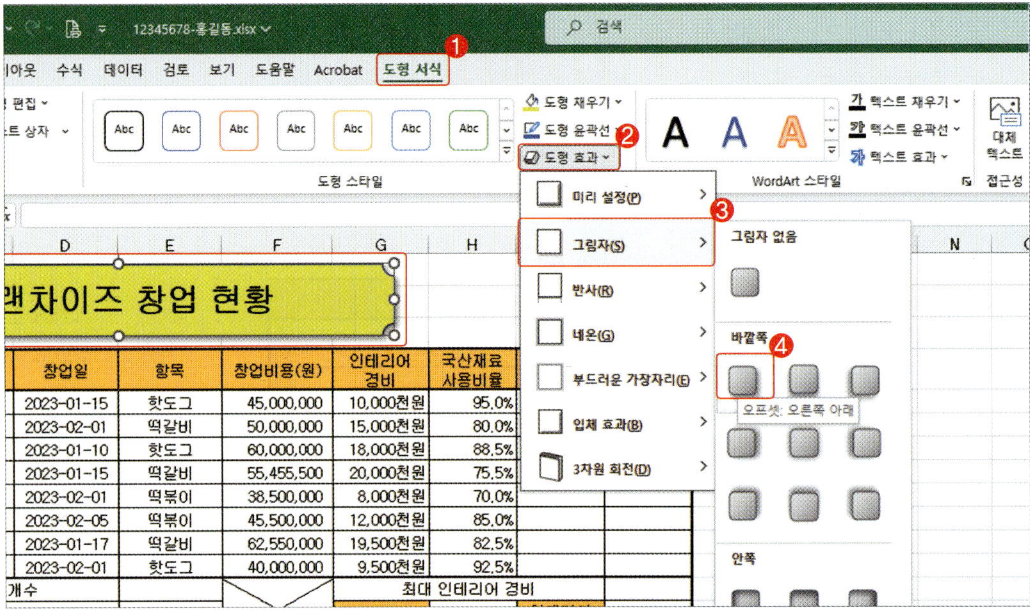

① 결재란은 앞에 작성한 내용과 행이나 열이 겹치지 않는 셀에서 작성한다. 여기서는 「L16」 셀에서 작성한다.

② 『결재』가 입력될 두 개의 셀을 블록 설정한다.
→ [홈] 탭 – [맞춤] 그룹 – [병합하고 가운데 맞춤](　)을 클릭한다.

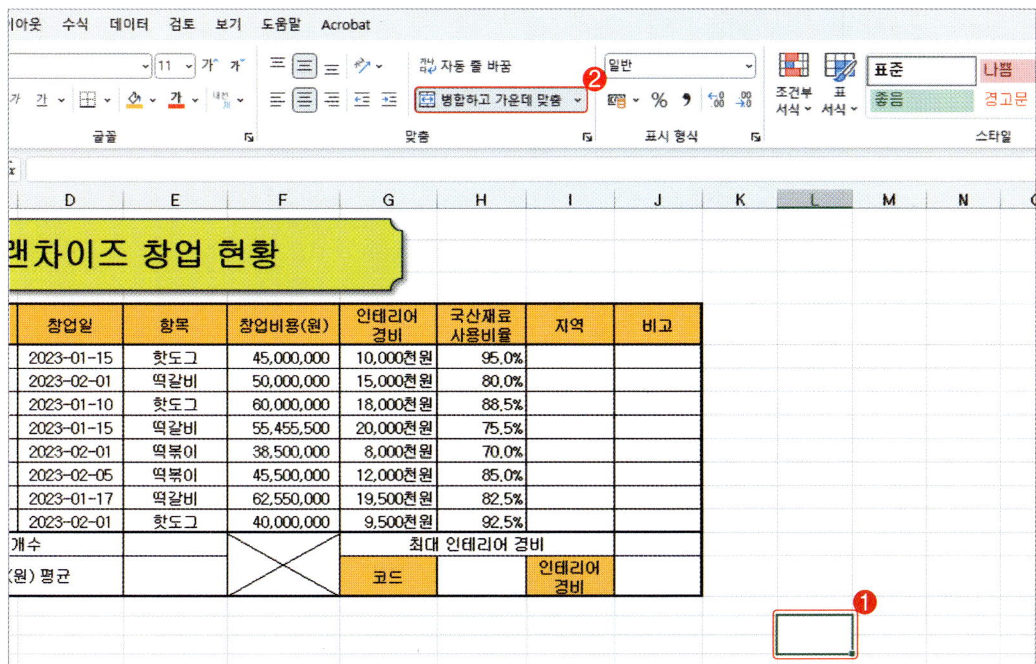

③ 『결재』를 입력한다.
→ [홈] 탭 – [맞춤] 그룹 – [방향](　)을 클릭하고 [세로 쓰기](　)를 클릭한다.

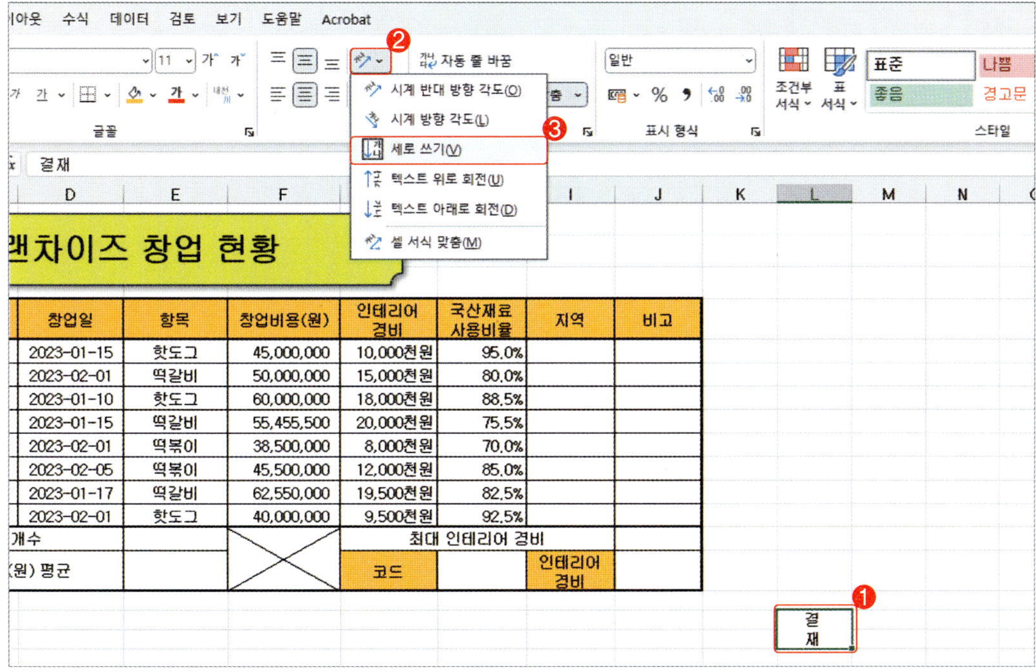

④ 텍스트를 모두 입력하고 행 높이와 열 너비를 조절한다.

→ [홈] 탭 – [맞춤] 그룹 – [가운데 맞춤](▤)을 클릭한다.

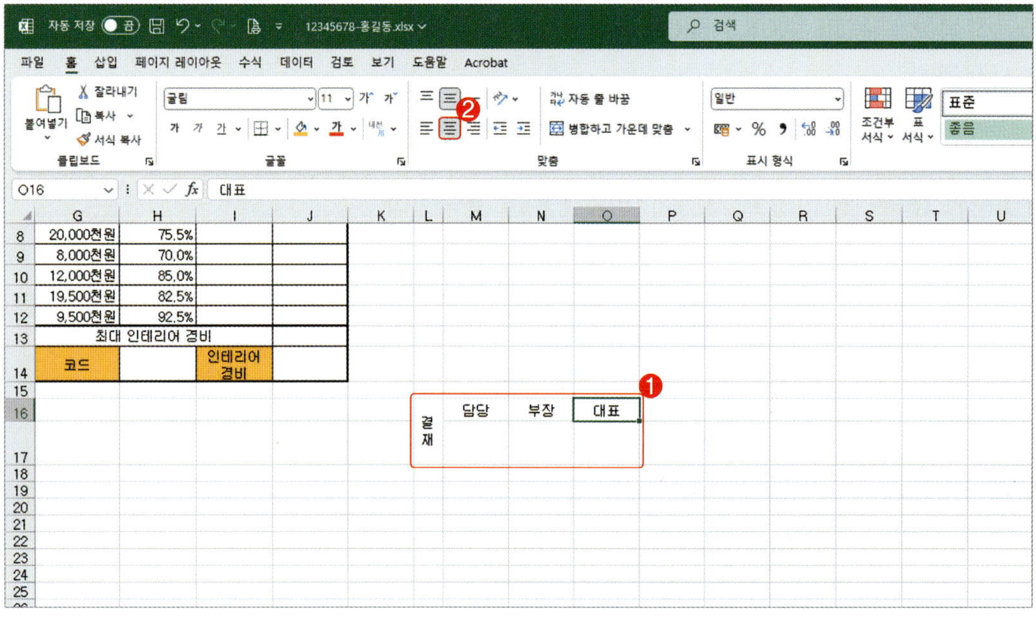

⑤ 결재란 영역을 모두 블록 설정한다.

→ [홈] 탭 – [글꼴] 그룹 – [테두리]에서 [모든 테두리](⊞)를 클릭한다.

→ [클립보드] 그룹 – [복사](▤)에서 [그림으로 복사]를 클릭한다.

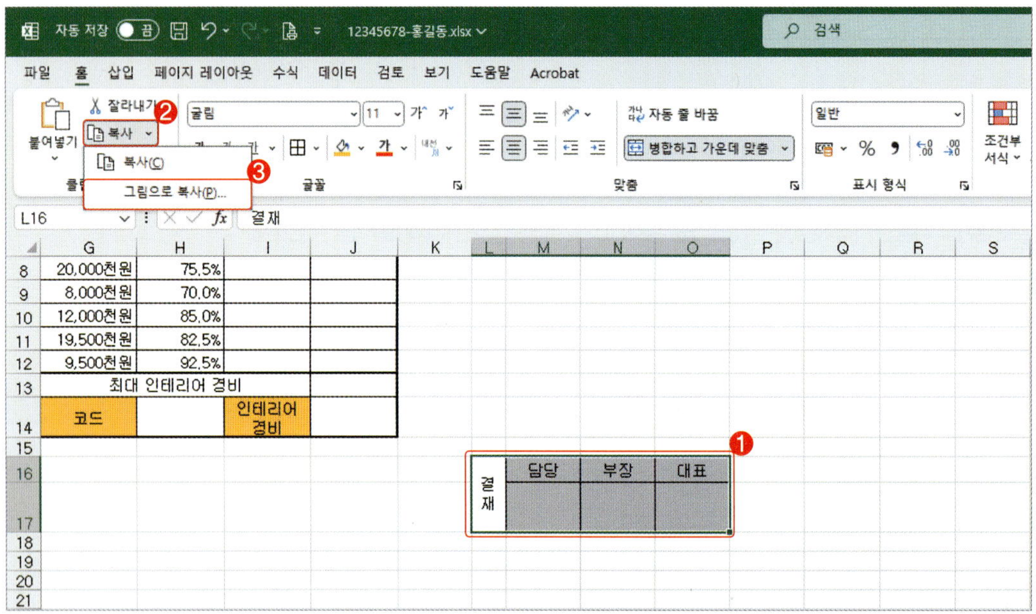

⑥ [그림 복사] 대화상자에서 [확인]을 클릭한다.

  → [홈] 탭 – [클립보드] 그룹 – [붙여넣기](📋)를 클릭한다.

  → 그림의 위치를 마우스 드래그하여 조절한다.

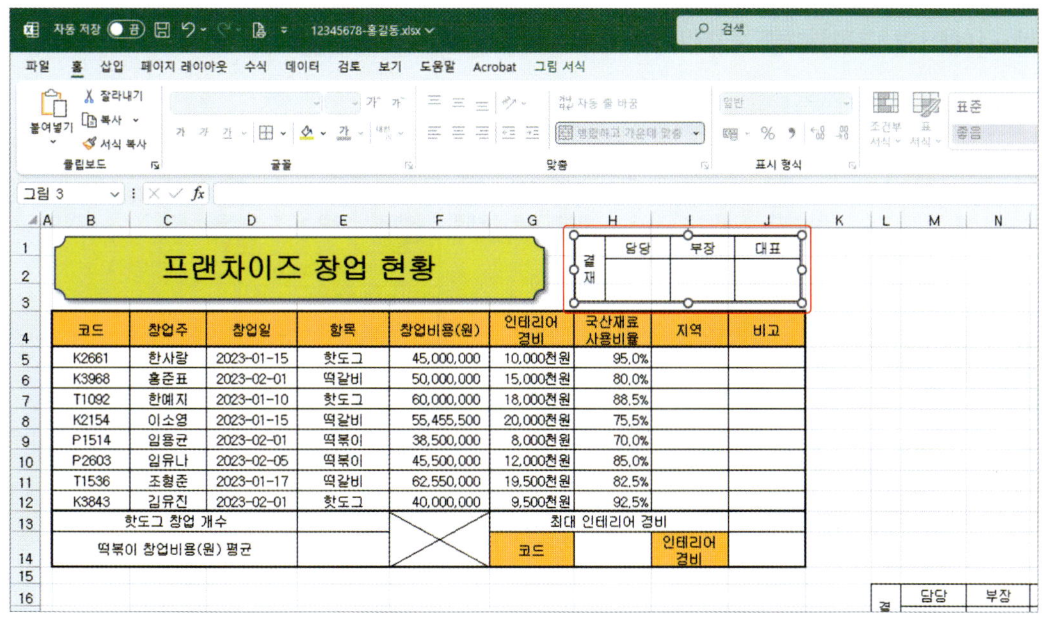

⑦ 기존 작업한 결재란 영역을 블록 설정한다.

  → [홈] 탭 – [셀] 그룹 – [삭제](🗑)를 클릭한다.

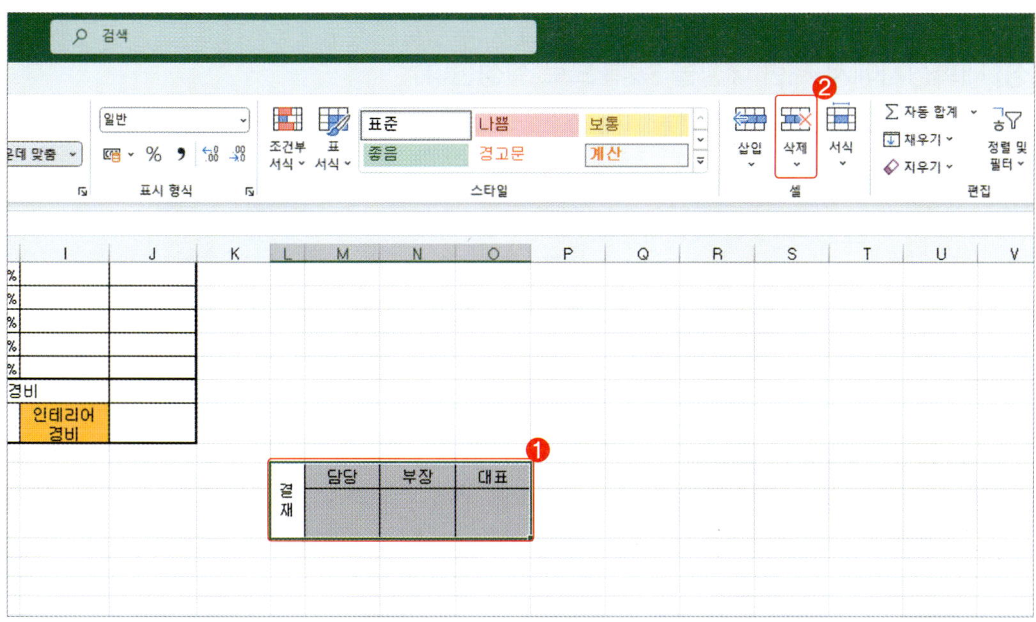

① 「H14」 셀을 클릭한다.

　　→ [데이터] 탭 – [데이터 도구] 그룹 – [데이터 유효성 검사](📋)를 클릭한다.

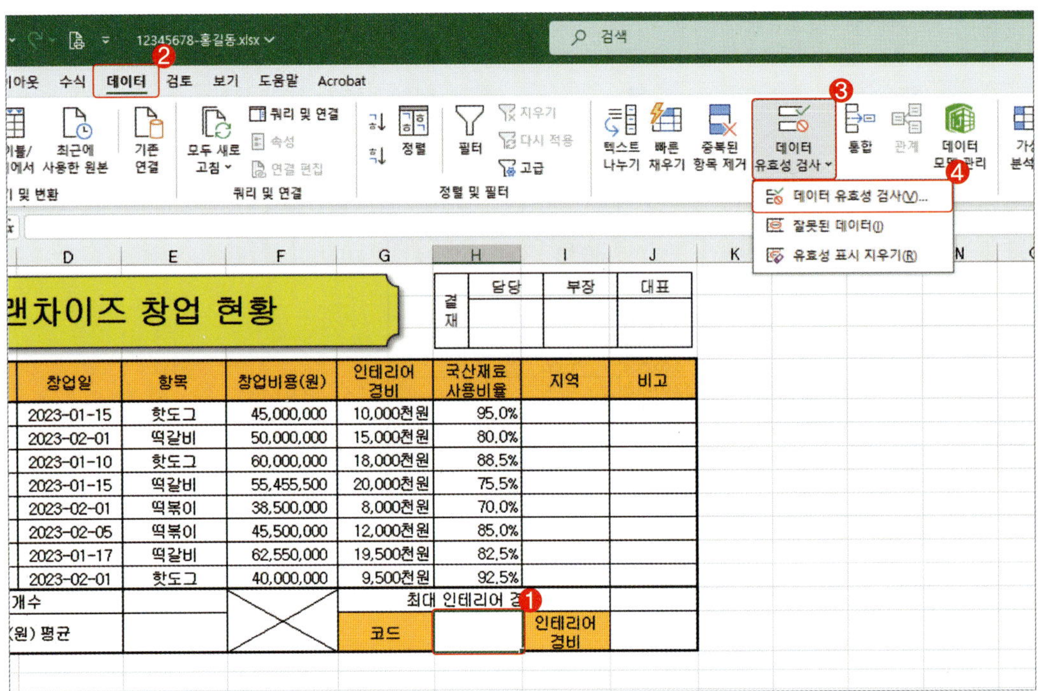

② [데이터 유효성] 대화상자에서 제한 대상을 '목록'으로 설정한다.

　　→ 원본 입력란을 클릭하고 「B5:B12」 영역을 마우스 드래그한 후 [확인]을 클릭한다.

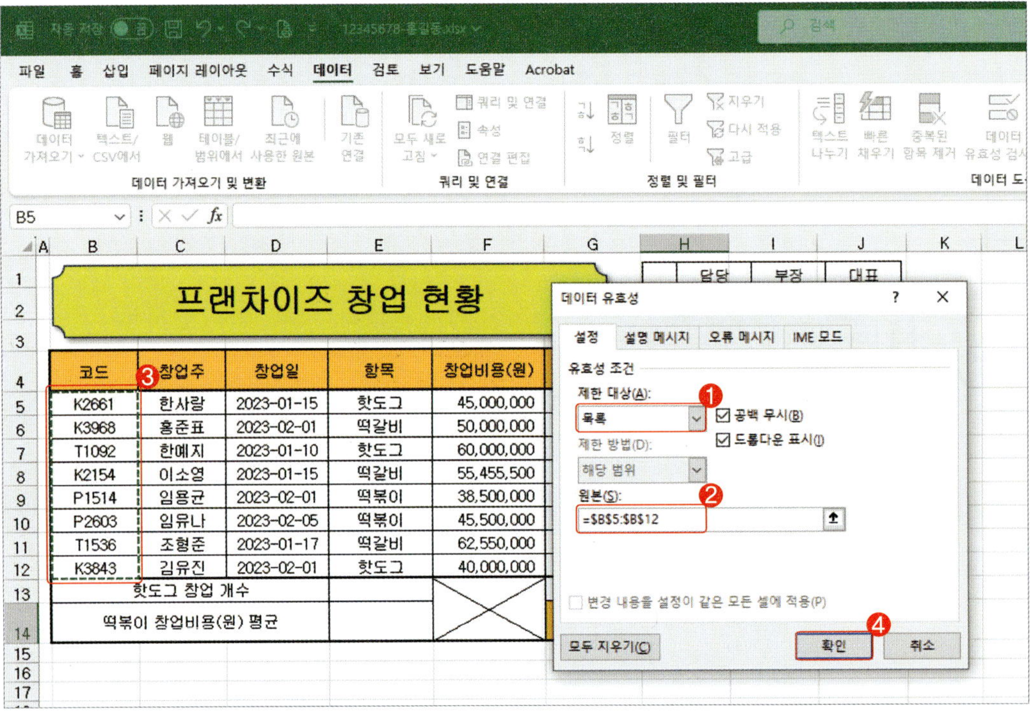

③ 「H14」 셀에 드롭다운 버튼이 생성된 것을 확인한다.

→ [홈] 탭 – [맞춤] 그룹 – [가운데 맞춤](☰)을 클릭한다.

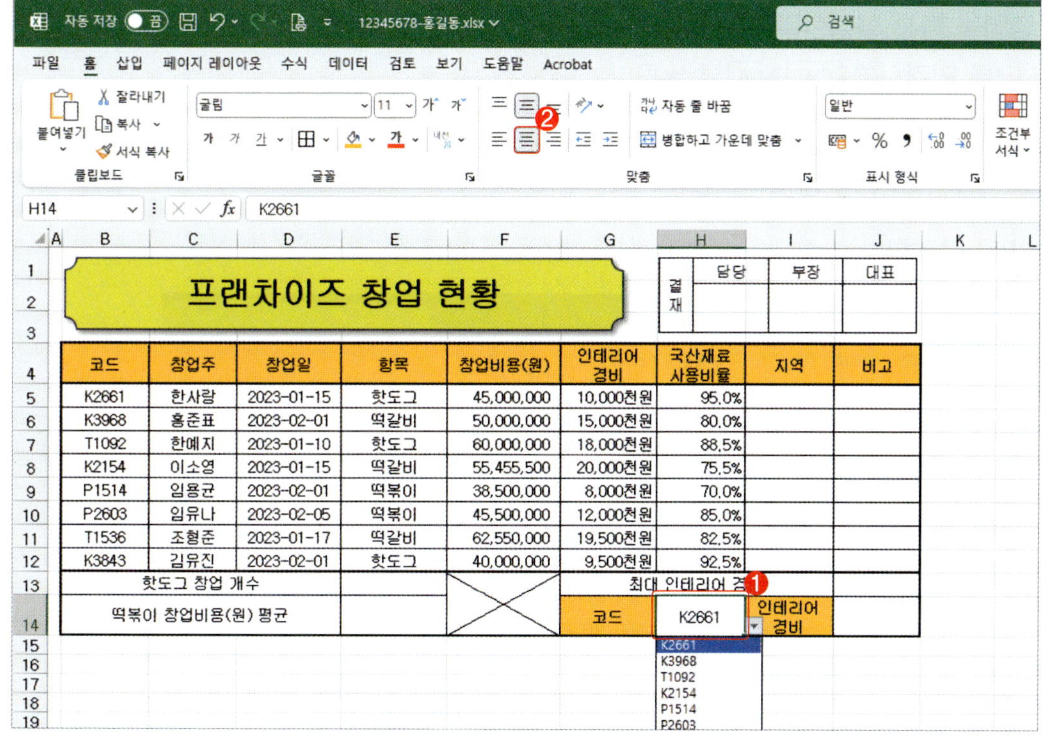

SECTION 05　이름 정의

① 「E5:E12」 영역을 블록 설정한다.

→ 수식 입력줄 왼쪽의 [이름 상자]에 『항목』을 입력한다.

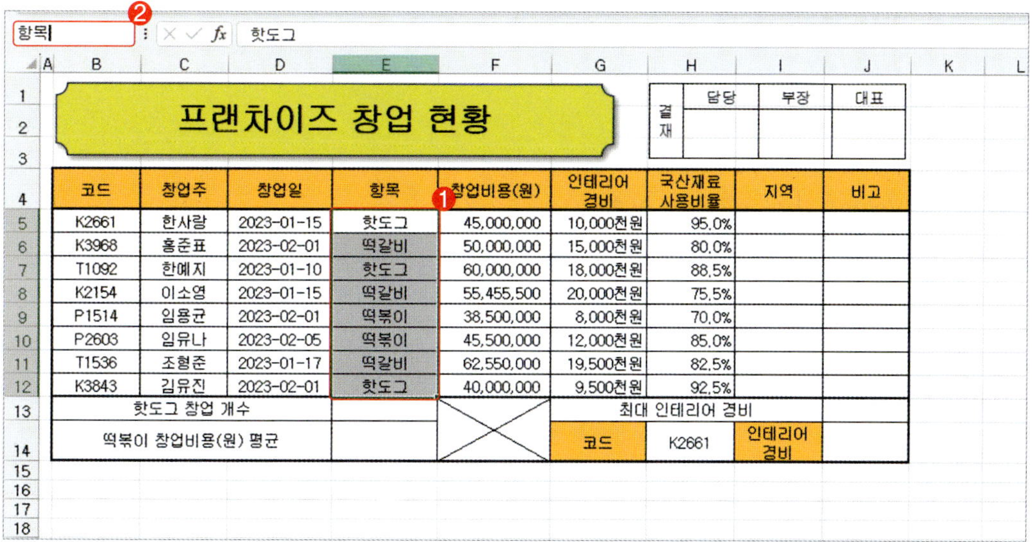

① 지역 「I5:I12」 영역을 블록 설정한다.

　→ 『=CHOOSE』를 입력하고 Ctrl + A 를 누른다.

② CHOOSE의 [함수 인수] 대화상자에서 Index_num 『MID(B5, 2, 1)』, Value1 『안산』, Value2 『부천』, Value3 『안양』을 입력한다.

　→ Ctrl +[확인]을 클릭한다.

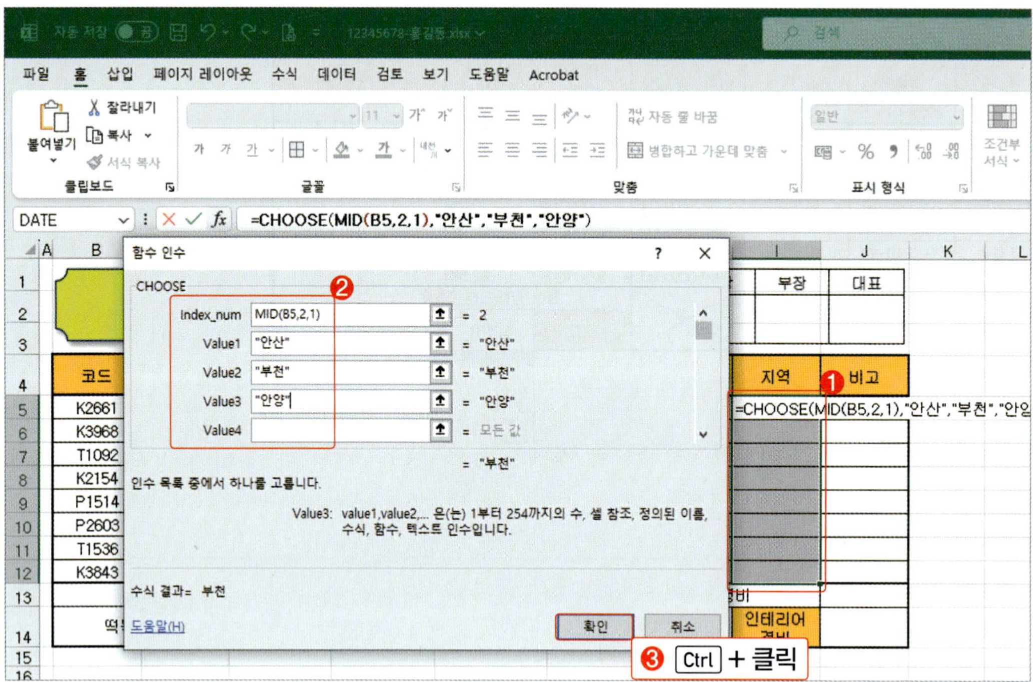

💬 **함수 설명**

=CHOOSE(MID(B5,2,1), "안산","부천","안양")
　　　　　　①　　　　　　　　②

① 「B5」 셀에서 두 번째 글자가
② 1이면 "안산", 2이면 "부천", 3이면 "안양"을 반환

CHOOSE(Index_num, Value1, [Value2], …) 함수

Index_num : 1이면 Value1, 2이면 Value2가 반환

MID(Text, Start_num, Num_chars) 함수

Text : 추출할 문자가 들어 있는 텍스트
Start_num : 추출할 문자의 시작 위치
Num_chars : 추출할 문자의 수

③ 비고 「J5:J12」 영역을 블록 설정한다.

→ 『=RANK.EQ(H5, $H$5:$H$12)』를 입력하고 Ctrl + Enter 를 누른다.

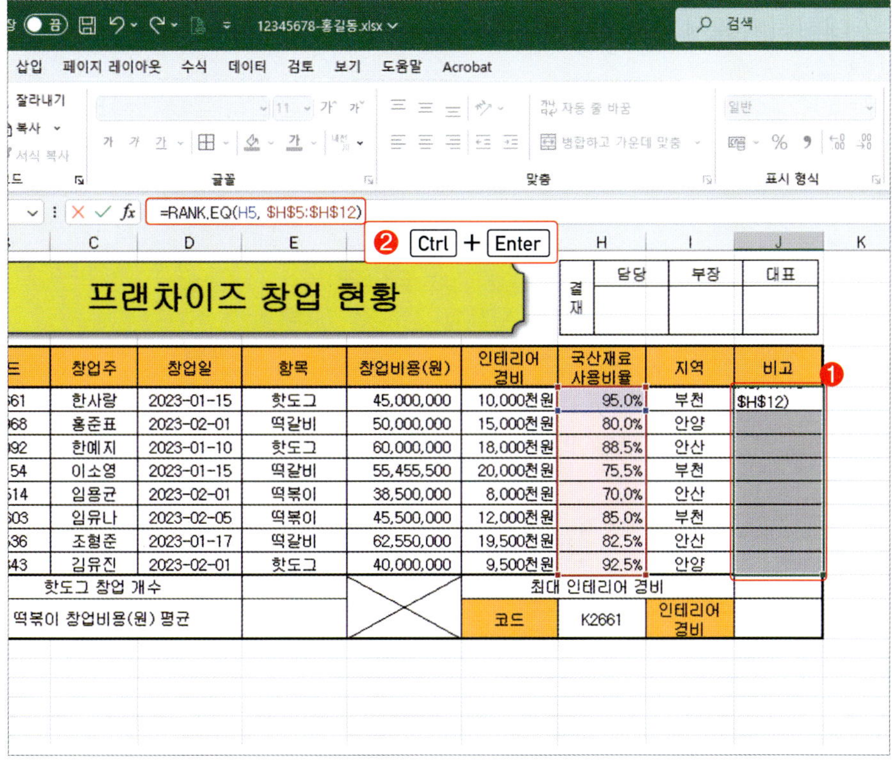

코드	창업주	창업일	항목	창업비용(원)	인테리어 경비	국산재료 사용비율	지역	비고
661	한사랑	2023-01-15	핫도그	45,000,000	10,000천원	95.0%	부천	$H$12)
668	홍준표	2023-02-01	떡갈비	50,000,000	15,000천원	80.0%	안양	
92	한예지	2023-01-10	핫도그	60,000,000	18,000천원	88.5%	안산	
54	이소영	2023-01-15	떡갈비	55,455,500	20,000천원	75.5%	부천	
514	임용균	2023-02-01	떡볶이	38,500,000	8,000천원	70.0%	안산	
603	임유나	2023-02-05	떡볶이	45,500,000	12,000천원	85.0%	부천	
36	조형준	2023-01-17	떡갈비	62,550,000	19,500천원	82.5%	안산	
43	김유진	2023-02-01	핫도그	40,000,000	9,500천원	92.5%	안양	
핫도그 창업 개수					최대 인테리어 경비			
떡볶이 창업비용(원) 평균				코드	K2661	인테리어 경비		

=RANK.EQ(H5, $H$5:$H$12)
　　　① 　　　　②

① 「H5」 셀의 순위를
② 「H5:H12」 영역에서 구함

RANK.EQ(Number, Ref, [Order]) 함수

Number : 순위를 구하려는 셀
Ref : 목록의 범위
Order : 순위 결정 방법, 0이거나 생략하면 내림차순, 0이 아니면 오름차순

④ 핫도그 창업 개수를 구하기 위해 「E13」 셀에 『=DCOUNTA』를 입력하고 [Ctrl]+[A]를 누른다.

⑤ DCOUNTA의 [함수 인수] 대화상자에서 Database 『B4:H12』, Field 『4』, Criteria 『E4:E5』를 입력한다.
→ [확인]을 클릭한다.

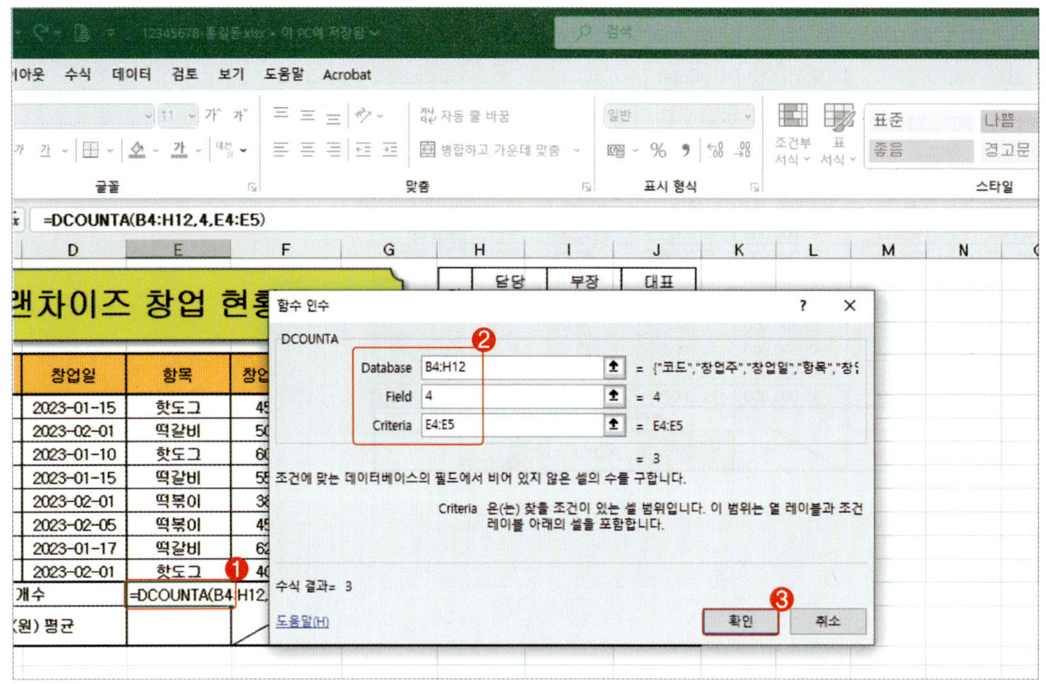

💬 함수 설명

=DCOUNTA(B4:H12,4,E4:E5)
　　　　　　　①　　　②

① 「B4:H12」 영역의 4번째 열인 "항목"에서
② 항목이 "핫도그"인 것들의 개수를 반환

DCOUNTA(Database, Field, Criteria) 함수

Database : 지정할 범위
Field : 함수에 사용되는 열 위치
Criteria : 조건이 있는 셀 범위

---

⑥ 「E13」 셀의 수식에 『&"개"』를 이어서 입력한다.

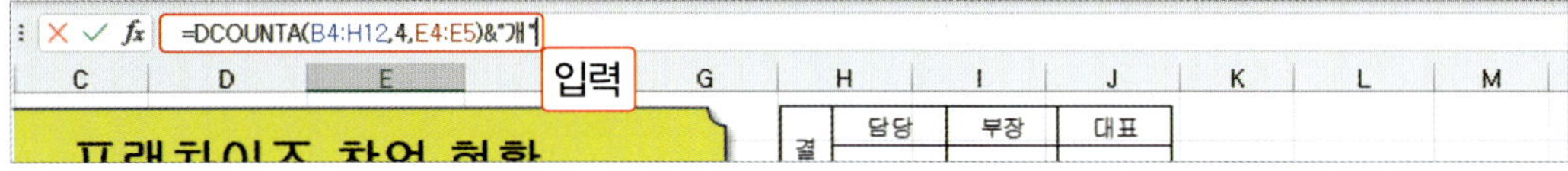

⑦ 떡볶이 창업비용(원) 평균을 구하기 위해 「E14」 셀에 『=SUMIF』를 입력하고 Ctrl + A 를
누른다.

⑧ SUMIF의 [함수 인수] 대화상자에서 Range 『항목』, Criteria 『"떡볶이"』, Sum_range
『F5:F12』를 입력한다.
→ [확인]을 클릭한다.

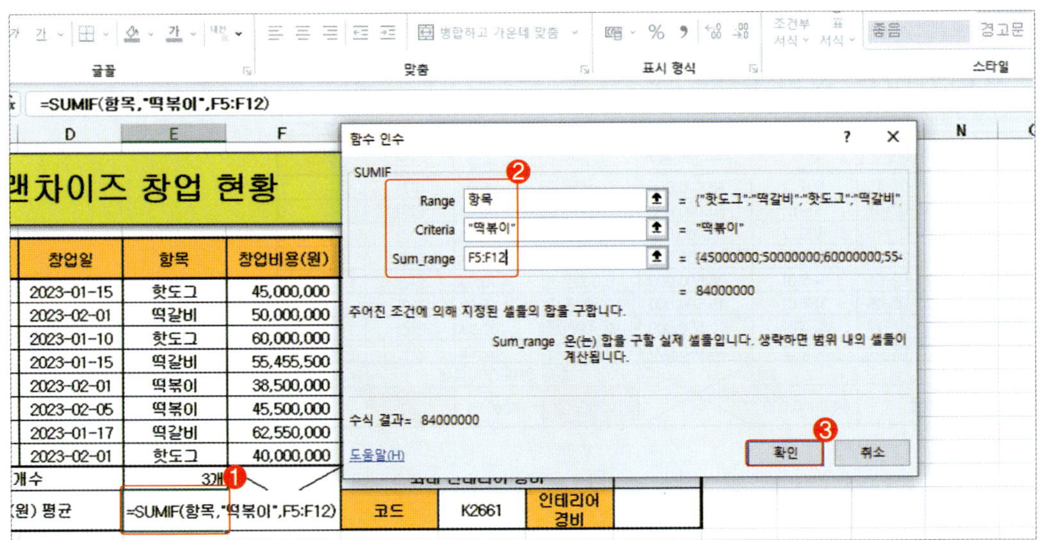

⑨ 「E14」 셀의 수식에 떡볶이의 개수를 구하여 나눗셈하는 『/COUNTIF(항목, "떡볶이")』
를 이어서 입력한다.

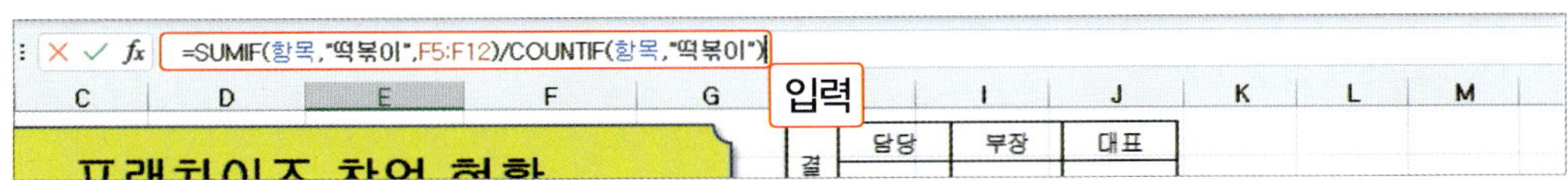

💬 함수 설명

=SUMIF(항목,"떡볶이",F5:F12) / COUNTIF(항목,"떡볶이")
          ①   ②

① 항목으로 이름 정의된 영역에서 "떡볶이"를 찾아 해당하는 「F5:F12」 영역의 합계를 계산
② "떡볶이"의 개수를 구하여 나눗셈

SUMIF(Range, Criteria, Sum_range) 함수

Range : 조건을 적용할 셀 범위
Criteria : 조건
Sum_range : Range 인수에 지정되지 않은 범위를 추가

COUNTIF(Range, Criteria) 함수

⇒ 조건에 맞는 셀의 개수를 반환한다.

⑩ 「E14」 셀에 마우스 오른쪽 클릭하여 [셀 서식](▦)을 클릭한다.
→ [셀 서식] 대화상자에서 범주 '회계', 기호 '없음'을 설정한다.

⑪ 최대 인테리어 경비를 구하기 위해 「J13」 셀에 『=MAX(G5:G12)』를 입력한다.

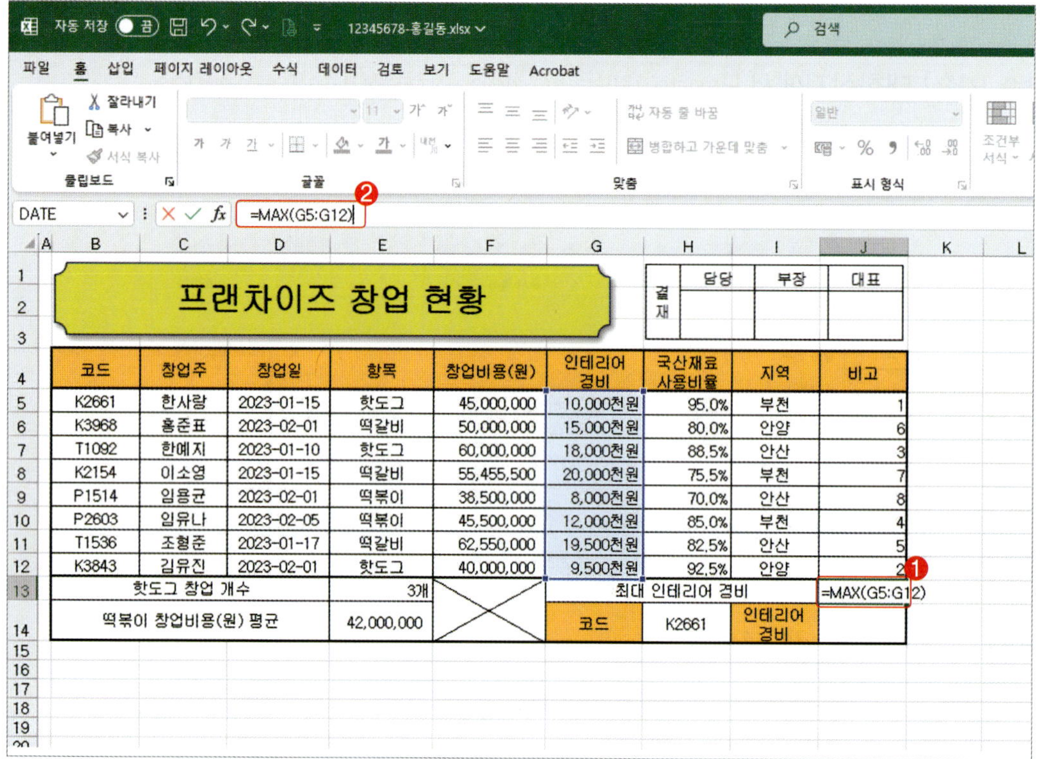

💬 **함수 설명**

=MAX(G5:G12)
　　　　①

① 「G5:G12」 영역에서 가장 큰 값을 반환

MAX(Number1, [Number2], …) 함수

Number : 최대값을 구할 값의 집합

---

⑫ 「J13」 셀에 마우스 오른쪽 클릭하여 [셀 서식](▥)을 클릭한다.
　→ [셀 서식] 대화상자에서 범주 '사용자 지정', 형식 '#,##0'을 설정한다.

⑬ 「J14」 셀에 『=VLOOKUP(H14,B5:G12,6,0)』을 입력한다.

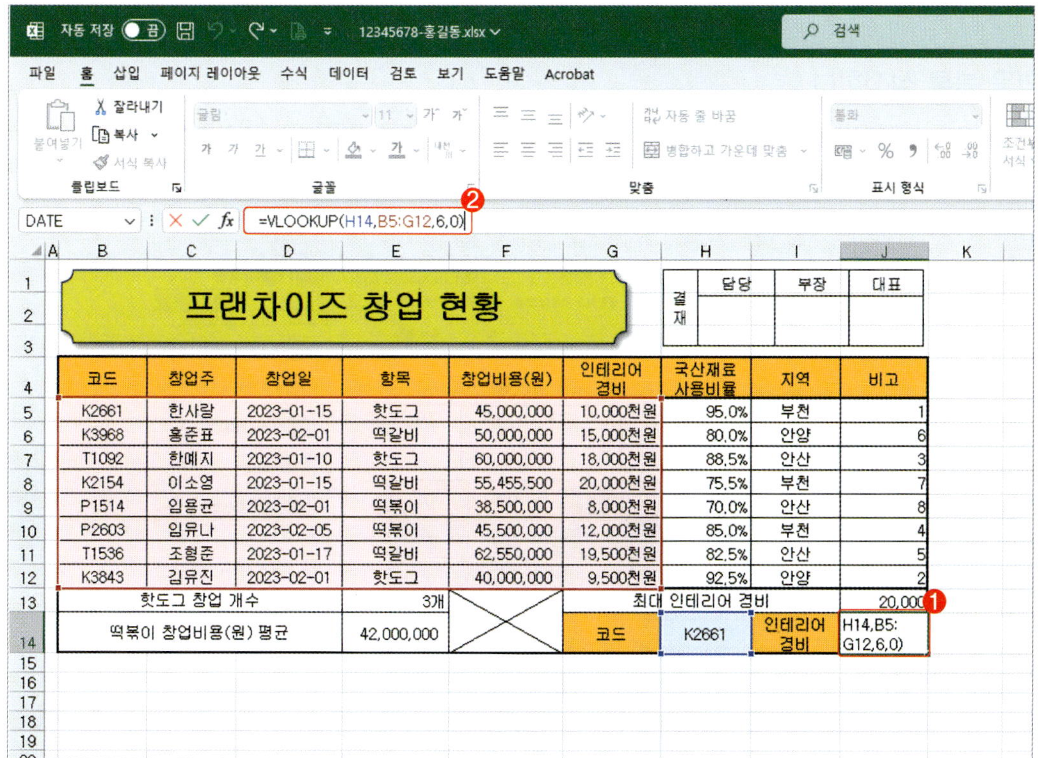

=VLOOKUP(H14, B5:G12, 6, 0)
   ①   ②

① 「H14」 셀의 값을 「B5:G12」 영역에서 조회하고
② 해당하는 행의 6번째 열인 "인테리어 경비"의 값을 반환

VLOOKUP(Lookup_value, Table_array, Col_index_num, [Range_lookup]) 함수

Lookup_value : 조회하려는 값
Table_array : 조회할 값이 있는 범위
Col_index_num : 반환할 값이 있는 열
Range_lookup : 0(FALSE)이면 정확히 일치, 1(TRUE)이면 근사값 반환

① 「B5:J12」 영역을 블록 설정한다.

　→ [홈] 탭 – [스타일] 그룹 – [조건부 서식](▦)을 클릭하고 [새 규칙](▦)을 클릭한다.

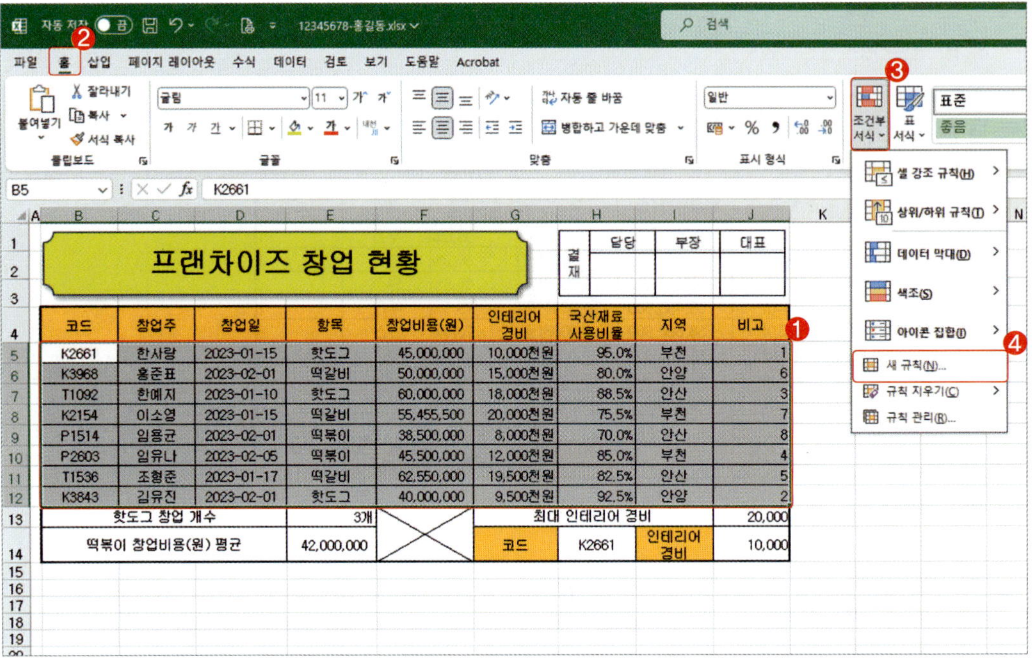

② [새 서식 규칙] 대화상자에서 '▶ 수식을 사용하여 서식을 지정할 셀 결정'을 클릭한다.

　→ 『=$F5>=60000000』을 입력하고 [서식]을 클릭한다.

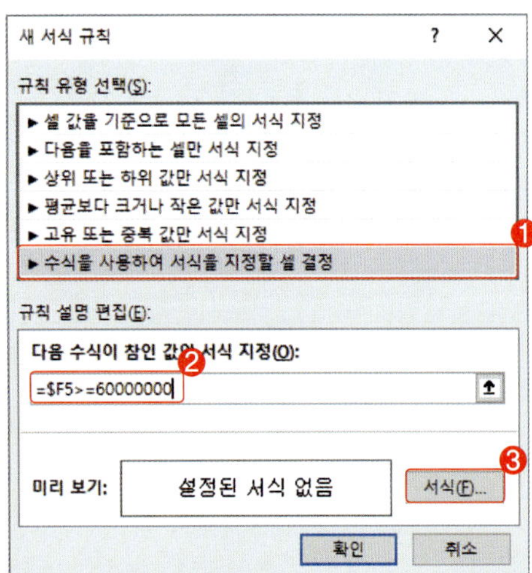

③ [셀 서식] 대화상자에서 글꼴 스타일을 '굵게', 색을 '파랑'으로 설정하고 [확인]을 클릭한다.

→ 다시 [새 서식 규칙] 대화상자로 돌아오면 [확인]을 클릭한다.

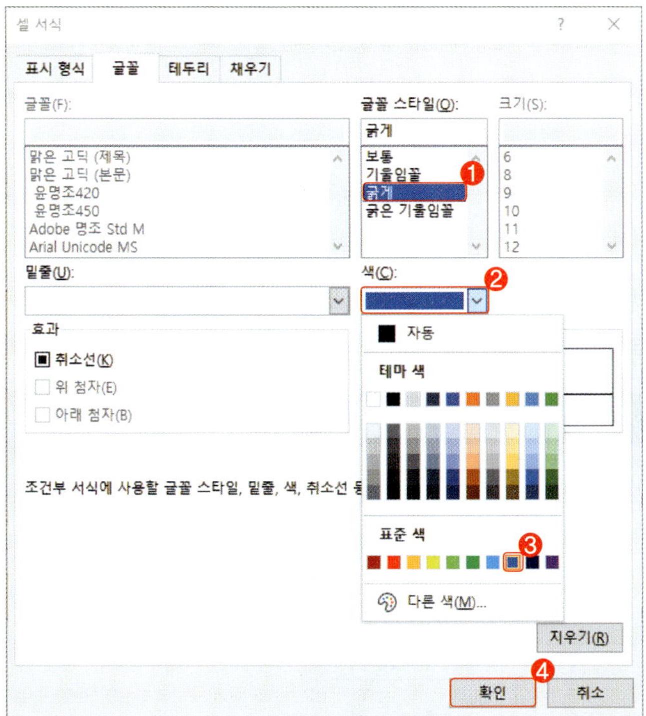

④ F열 창업비용(원)이 60,000,000 이상인 행에 서식이 적용된다.

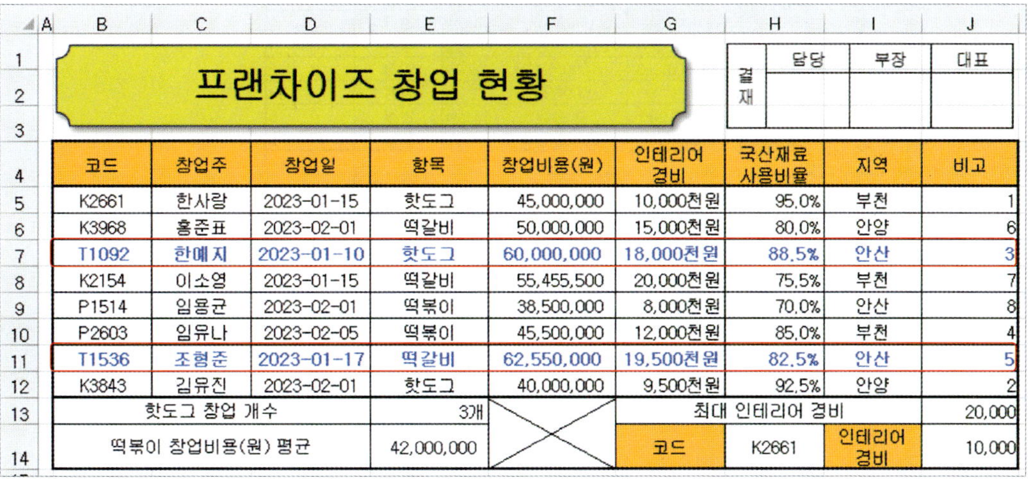

제2작업은 제1작업에서 작성한 데이터를 이용하여 조건 지정으로 필터링하고 표 서식을 지정하는 형태의 문제가 출제된다.

SECTION 01 · 고급 필터

① **"제1작업"** 시트의 「B4:H12」 영역을 블록 설정한다.

　→ [홈] 탭 – [클립보드] 그룹 – [복사](📋)를 클릭한다([Ctrl]+[C]).

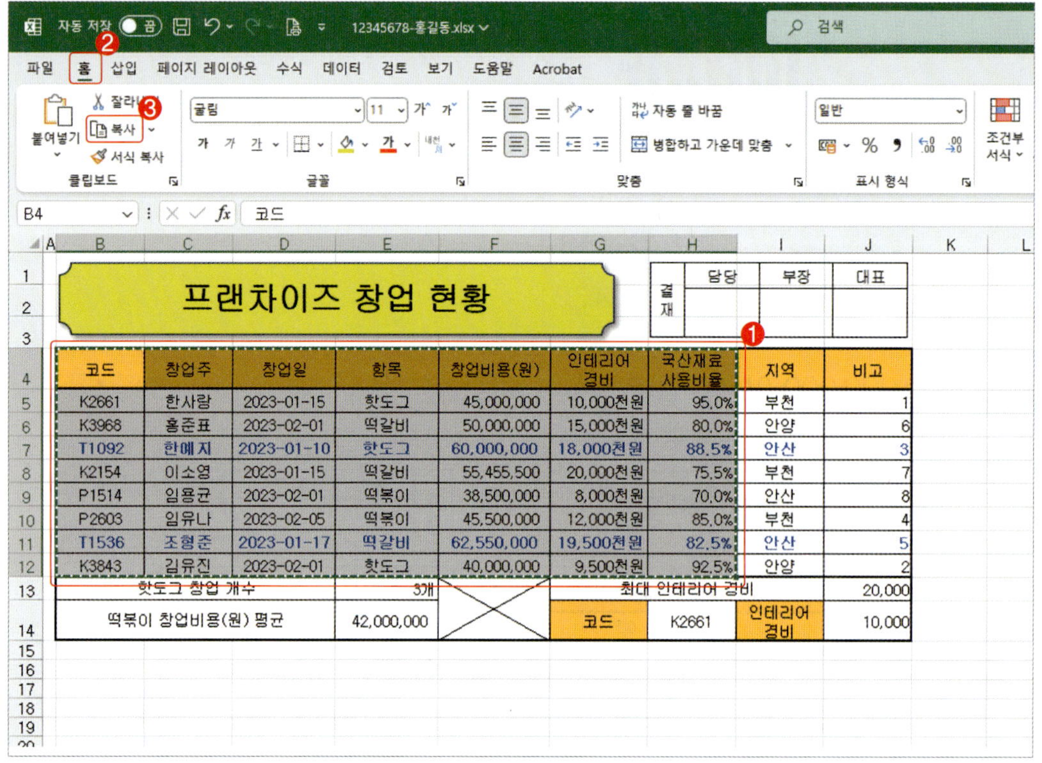

② **"제2작업"** 시트의 「B2」 셀에서 [붙여넣기](📋)를 한다([Ctrl]+[V]).

　→ [붙여넣기 옵션] – [원본 열 너비 유지](📋)를 클릭한다.

③ Ctrl 을 누른 채 「B2」 셀과 「G2」 셀을 클릭하여 복사(Ctrl + C) 한다.
  → 조건의 위치인 「B14」 셀에 붙여넣기(Ctrl + V) 한다.

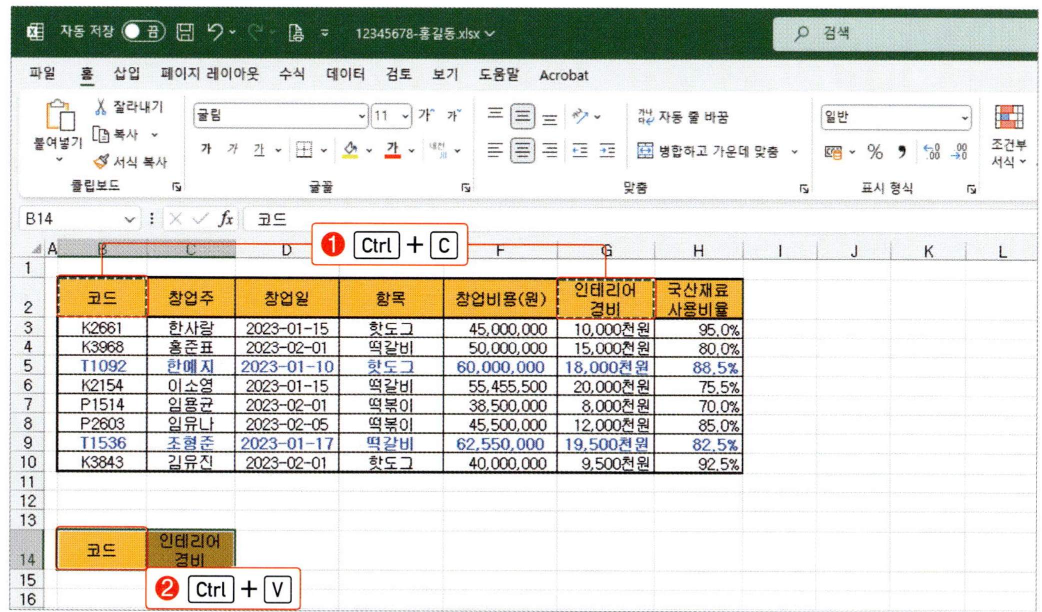

④ 「B15」 셀에 『T*』, 「C16」 셀에 『<=10000』을 입력한다.

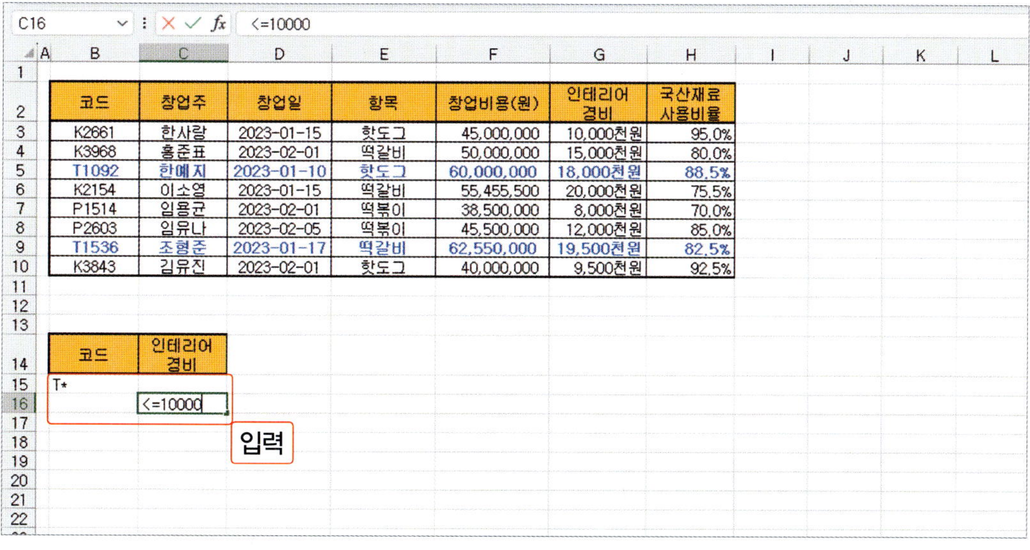

⑤ [Ctrl]을 누른 채 「B2」, 「E2」, 「F2」, 「G2」 셀을 클릭하여 복사([Ctrl]+[C]) 한다.

→ 복사 위치인 「B18」 셀에 붙여넣기([Ctrl]+[V]) 한다.

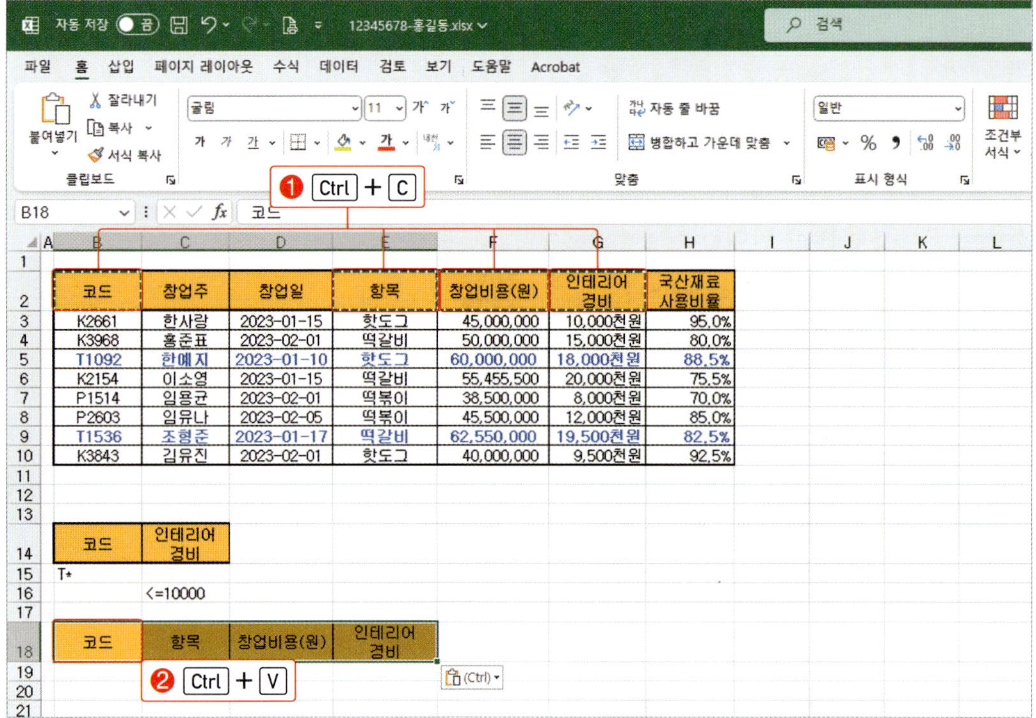

⑥ 「B2:H10」 영역을 블록 설정한다.

→ [데이터] 탭 – [정렬 및 필터] 그룹 – [고급]([🔽])을 클릭한다.

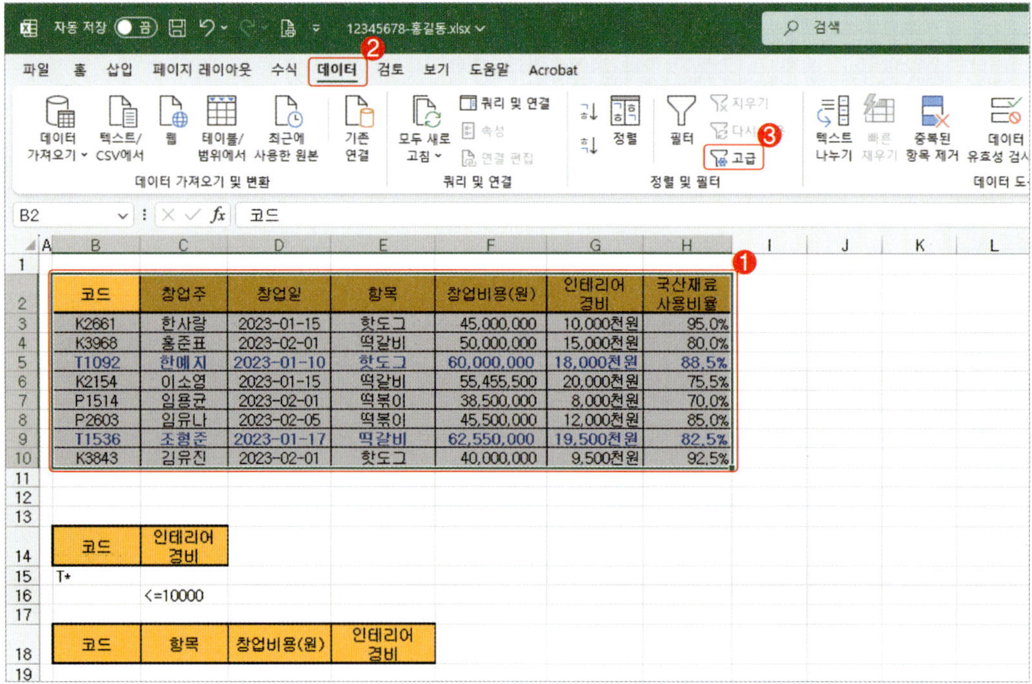

⑦ [고급 필터] 대화상자 – '결과'에서 [다른 장소에 복사]를 클릭한다.

→ 마우스 드래그로 조건 범위 『B14:C16』, 복사 위치 『B18:E18』을 지정하고 [확인]을
클릭한다.

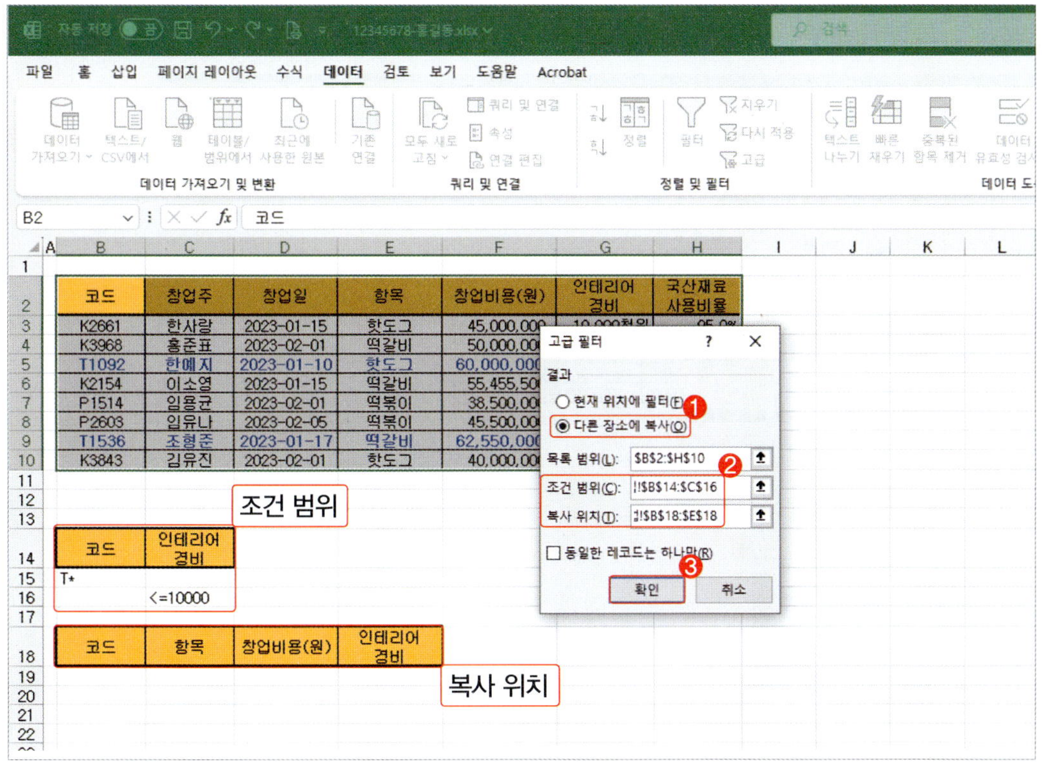

① 「B18:E23」 영역을 블록 설정한다.

　→ [홈] 탭 – [글꼴] 그룹 – [채우기 색](🎨▾)을 클릭하고 '채우기 없음'을 클릭한다.

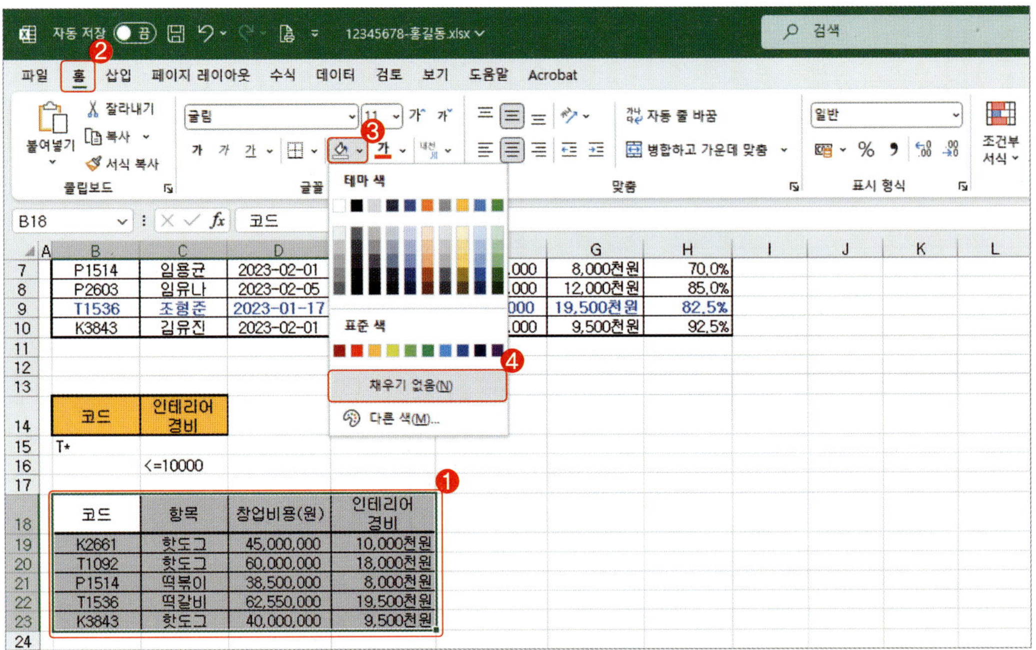

② 「B18:E23」 영역이 블록 설정된 상태에서 [홈] 탭 – [스타일] 그룹 – [표 서식](▦)을 클릭한다.

　→ [표 스타일 보통 6]을 클릭한다.

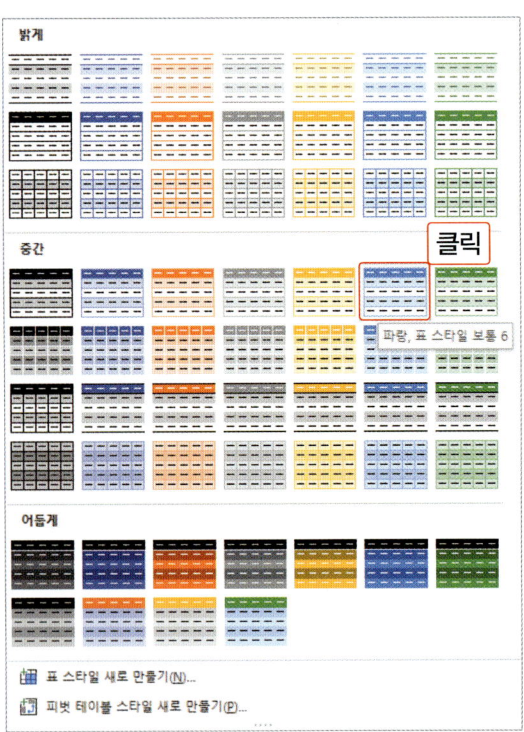

③ [표 만들기] 대화상자가 나타나면 [확인]을 클릭한다.

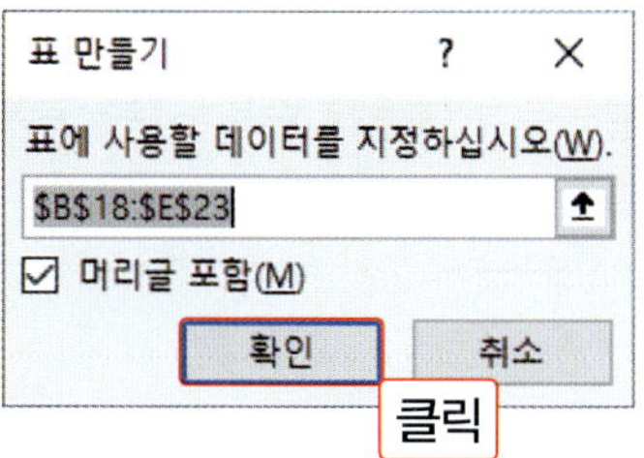

④ [테이블 디자인] 탭 – [표 스타일 옵션] 그룹에서 [머리글 행]과 [줄무늬 행]이 기본 적용된 것을 확인한다.

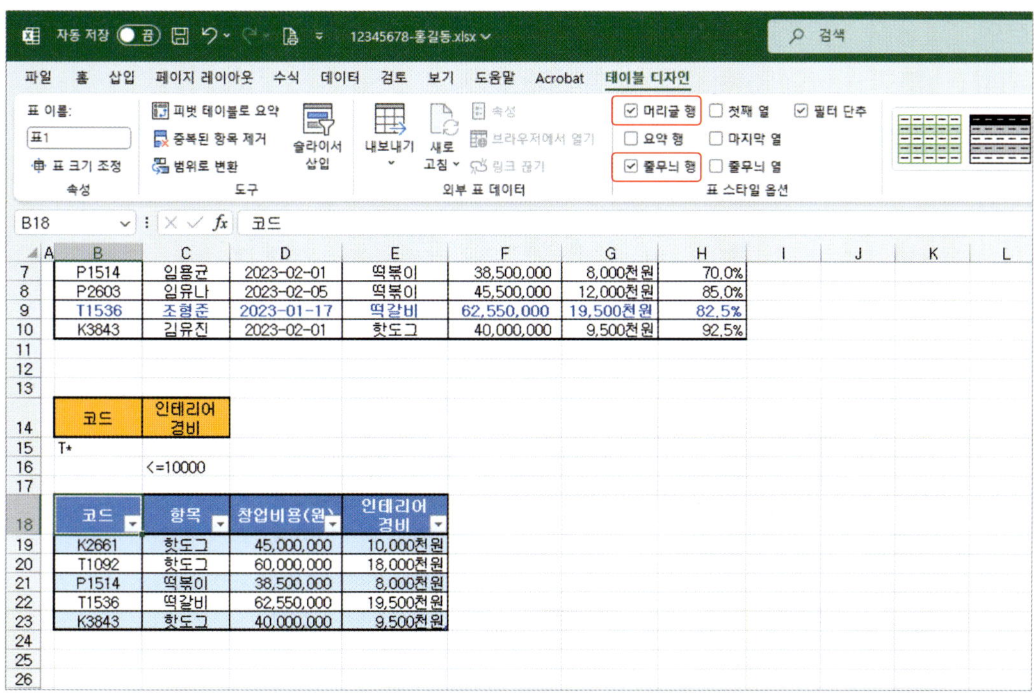

제3작업에서는 제1작업에서 작성한 데이터를 이용하여 특정 필드에 대한 비교, 집계, 분석 등을 수행하는 문제가 출제된다.

SECTION 01 피벗 테이블 작성

① "제1작업" 시트의 「B4:H12」 영역을 블록 설정한다.

  → [삽입] 탭 – [표] 그룹 – [피벗 테이블]()을 클릭한다.

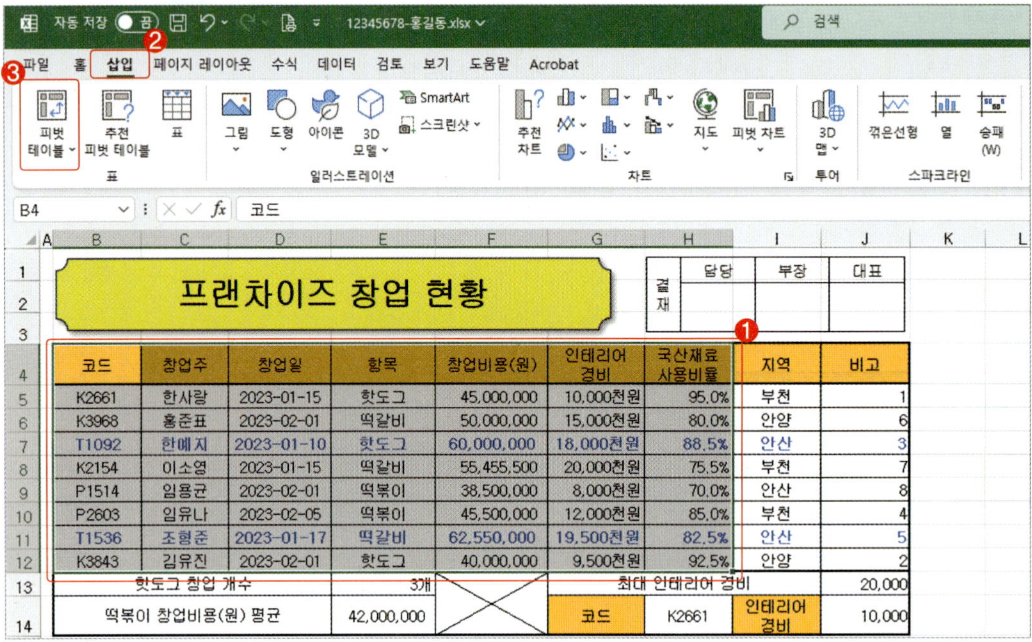

② [표 또는 범위의 피벗 테이블] 대화상자에서 '기존 워크시트'를 선택한다.

  → 위치는 마우스로 "제3작업" 시트의 「B2」 셀을 지정하고 [확인]을 클릭한다.

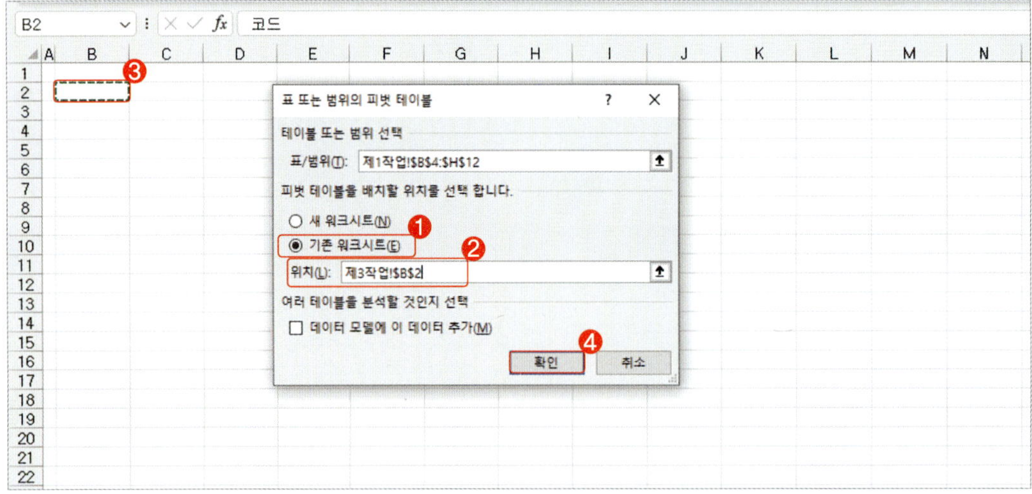

③ [피벗 테이블 필드] 탭에서 '창업비용(원)'을 마우스 드래그하여 행에 배치한다.

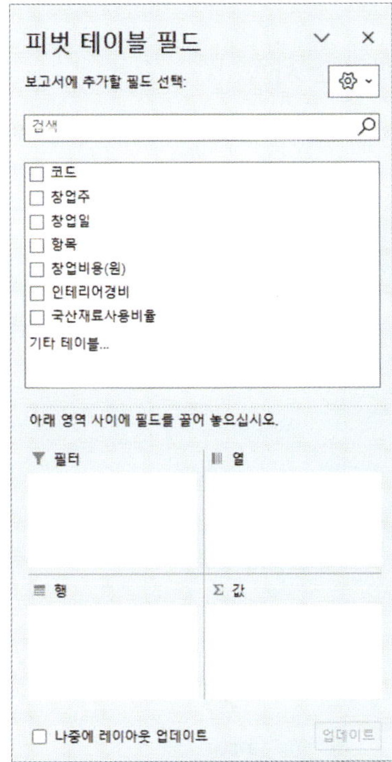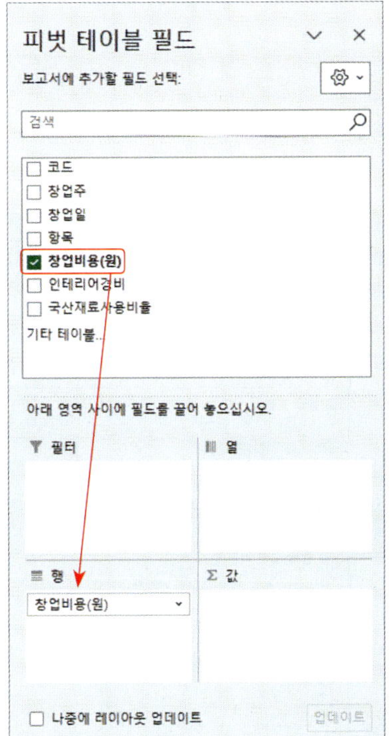

④ '항목'을 열에 배치한다.
  → '코드'와 '인테리어경비'를 값에 배치한다.

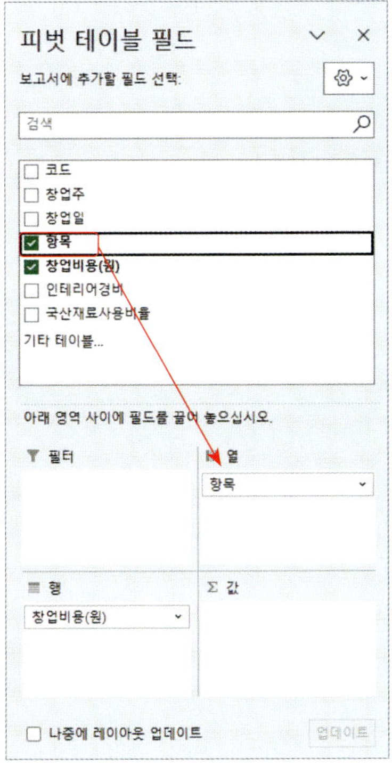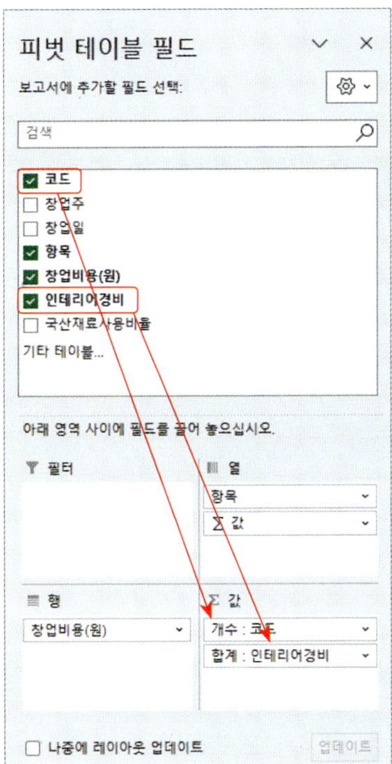

⑤ 「D4」 셀을 클릭하고 [피벗 테이블 분석] 탭 – [활성 필드] 그룹 – [필드 설정]을
클릭한다.

> → [값 필드 설정] 대화상자에서 선택한 필드의 데이터 '평균'을 선택하고 사용자 지
> 정 이름에 『경비』를 이어서 작성한다.
> → [표시 형식]을 클릭한다.

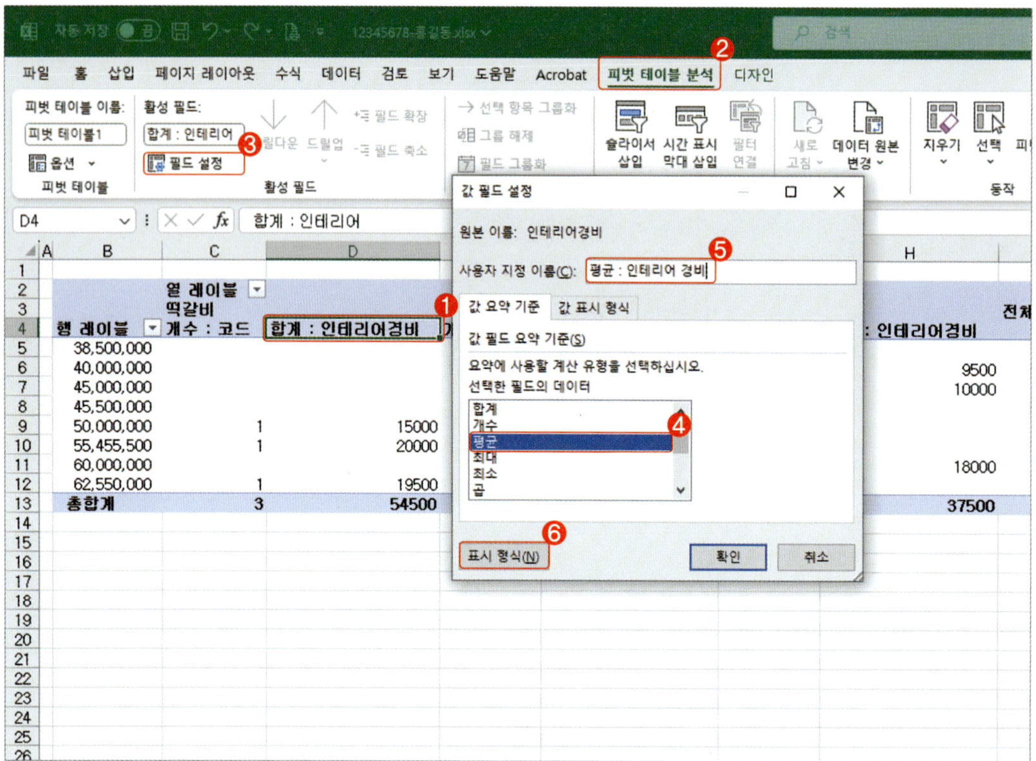

⑥ [셀 서식] 대화상자가 나타나면 범주 '숫자'를 선택하고 '1000 단위 구분 기호(,) 사용'
을 체크한 후 [확인]을 클릭한다.

> → 다시 [값 필드 설정] 대화상자로 돌아오면 [확인]을 클릭한다.

① [피벗 테이블 분석] 탭 – [피벗 테이블] 그룹 – [옵션](▦)을 클릭한다.

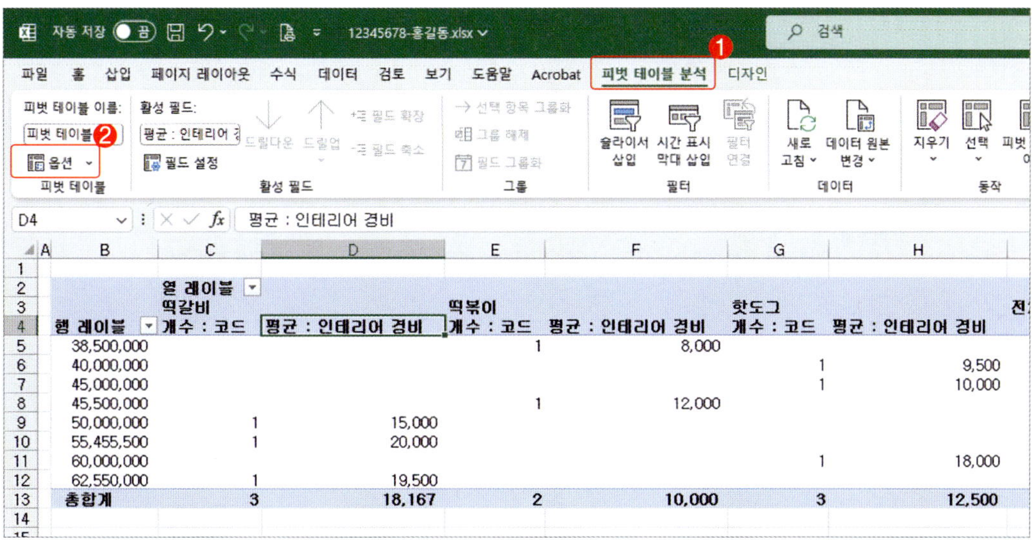

② [피벗 테이블 옵션] 대화상자에서 '레이블이 있는 셀 병합 및 가운데 맞춤'을 체크하고
빈 셀 표시 입력란에 『＊＊』를 입력한다.
→ [요약 및 필터] 탭에서 '행 총합계 표시'를 체크 해제하고 [확인]을 클릭한다.

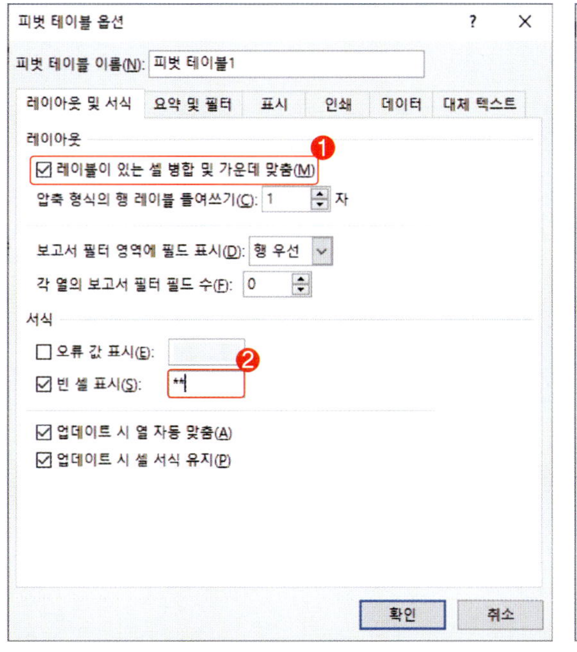

③ 창업비용(원)을 그룹화하기 위해 「B5」 셀을 클릭하고 [선택 항목 그룹화](→)를 클릭한다.

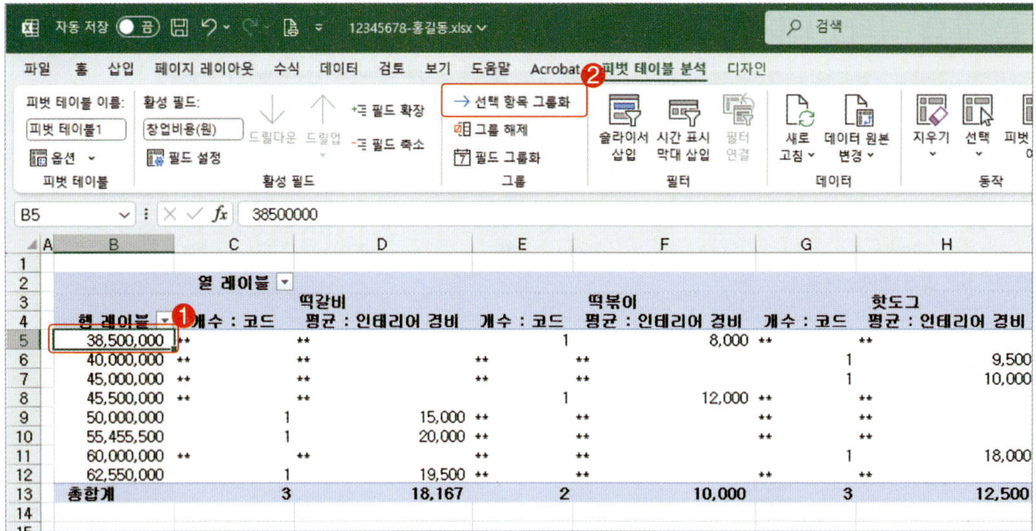

④ [그룹화] 대화상자에서 시작 『30000001』, 끝 『75000000』, 단위 『15000000』을 입력하고 [확인]을 클릭한다.

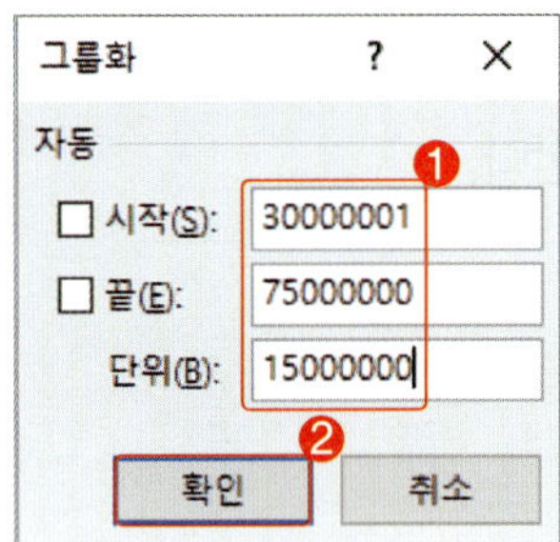

⑤ 「C2」 셀에 『항목』, 「B4」 셀에 『창업비용(원)』을 직접 입력한다.

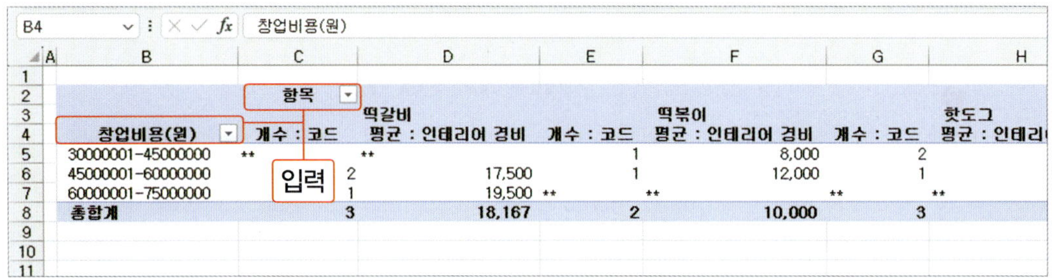

⑥ 항목 필터 단추를 클릭한다.

→ [텍스트 내림차순 정렬](힣↓)을 클릭한다.

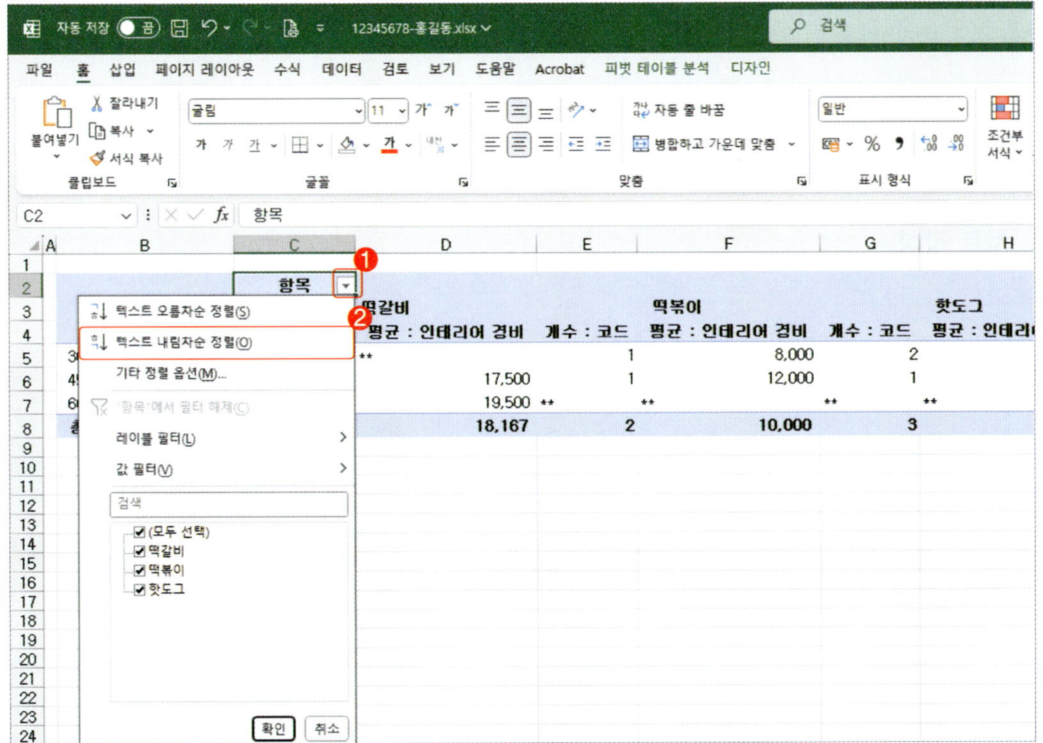

⑦ **로 표시된 셀들은 [홈] 탭 – [맞춤] 그룹 – [가운데 맞춤](≡)을 클릭한다.

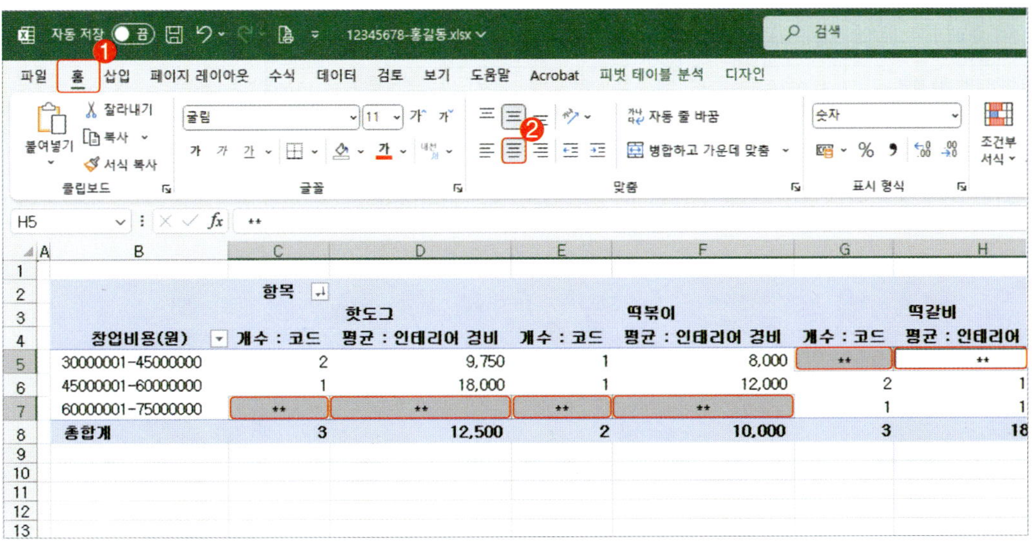

제4작업은 제1작업에서 작성한 데이터를 이용하여 차트로 표현하는 능력을 평가한다.
차트의 종류, 서식, 옵션, 범례 등을 다루는 형태가 출제된다.

SECTION 01　차트 작성

① "제1작업" 시트의 「C4:C8」 영역을 블록 설정한다.
　→ Ctrl 을 누른 채 「C11:C12」, 「F4:F8」, 「F11:F12」, 「G4:G8」, 「G11:G12」 영역을 블록 설정한다.

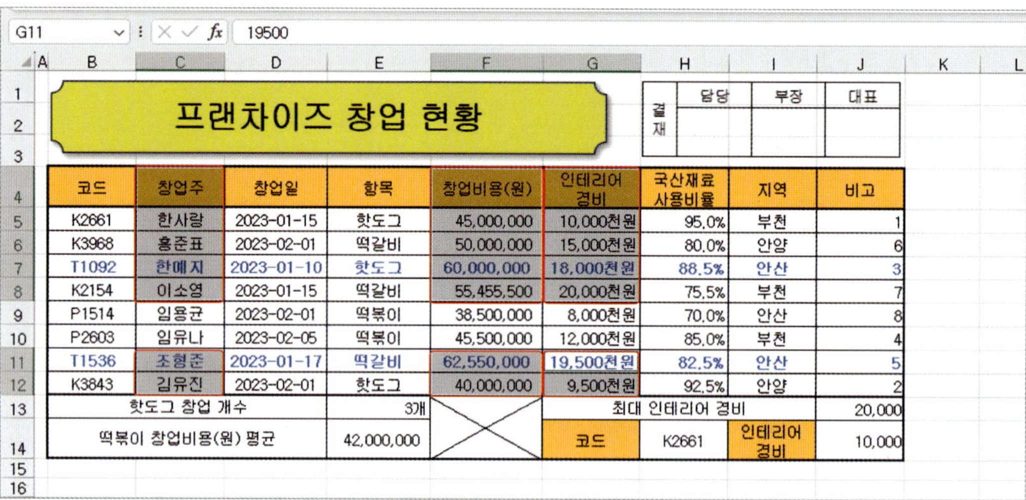

② [삽입] 탭 – [차트] 그룹 – [2차원 묶은 세로 막대형](📊)을 클릭한다.

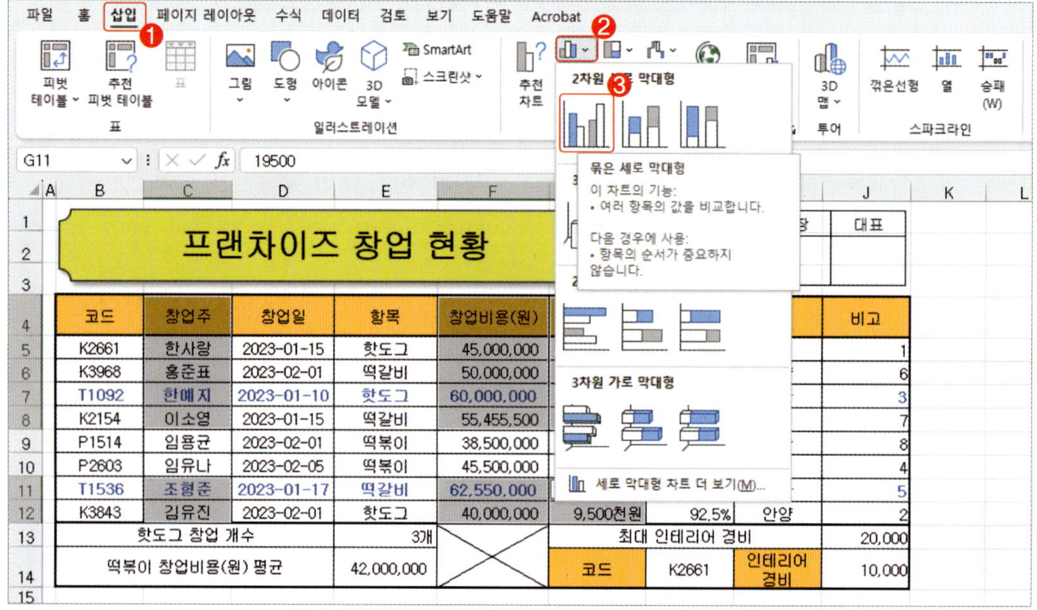

③ [차트 디자인] 탭 – [차트 이동]을 클릭한다.

　　→ [차트 이동] 대화상자에서 '새 시트'를 선택하고 『제4작업』을 입력한 후 [확인]을 클릭한다.

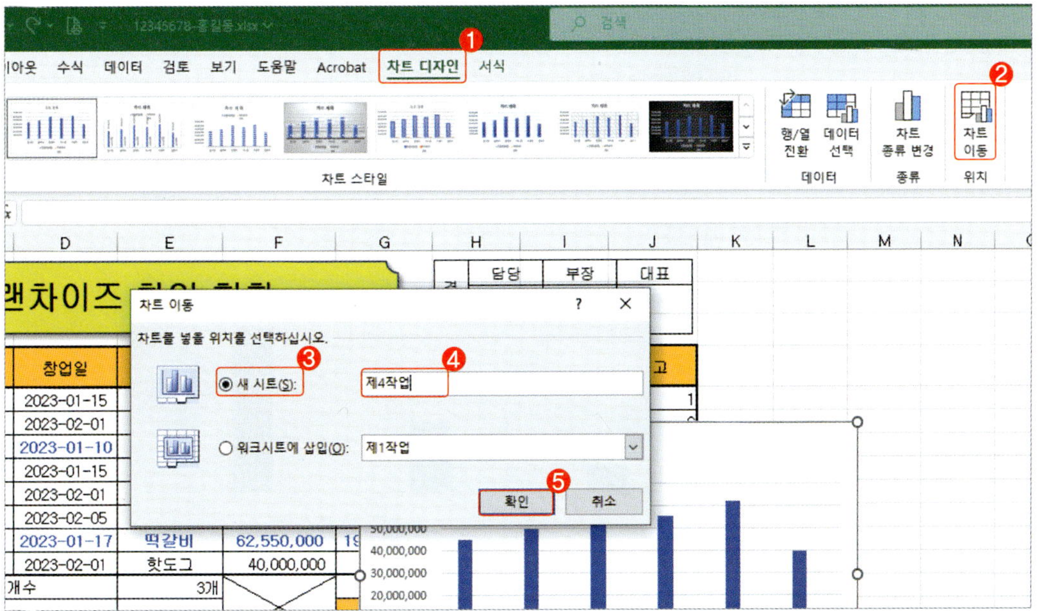

④ "제4작업" 시트를 마우스 드래그하여 제일 끝으로 이동한다.

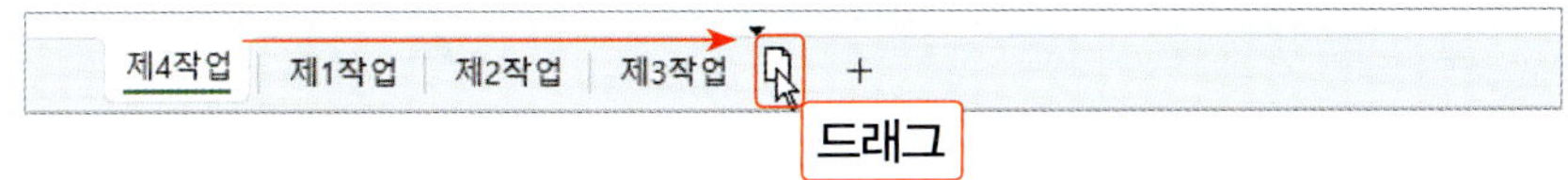

SECTION 02 **차트 디자인, 영역 서식, 제목 서식**

① [차트 디자인] 탭 – [빠른 레이아웃](　) – [레이아웃 3](　)을 클릭한다.

　　→ [스타일 1]을 클릭한다.

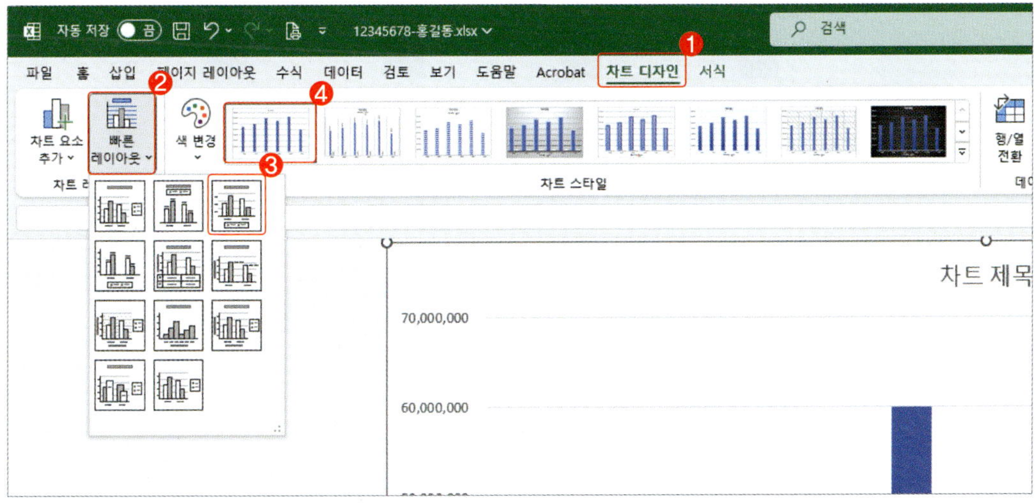

② 차트 영역을 선택하고 [홈] 탭 – [글꼴] 그룹에서 글꼴 '굴림', 크기 '11'을 설정한다.

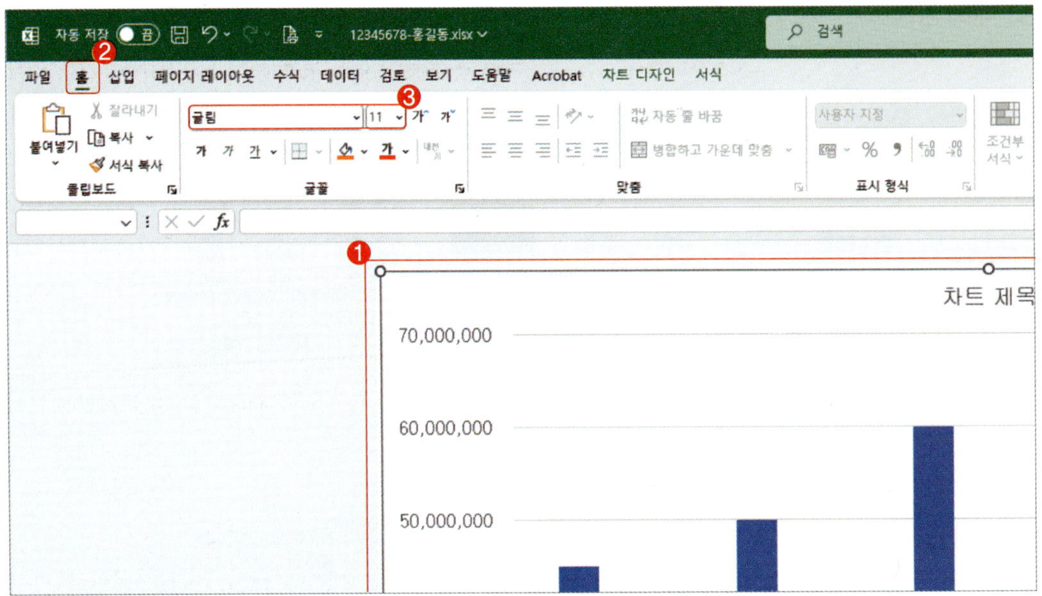

③ [서식] 탭 – [현재 선택 영역] 그룹 – [선택 영역 서식](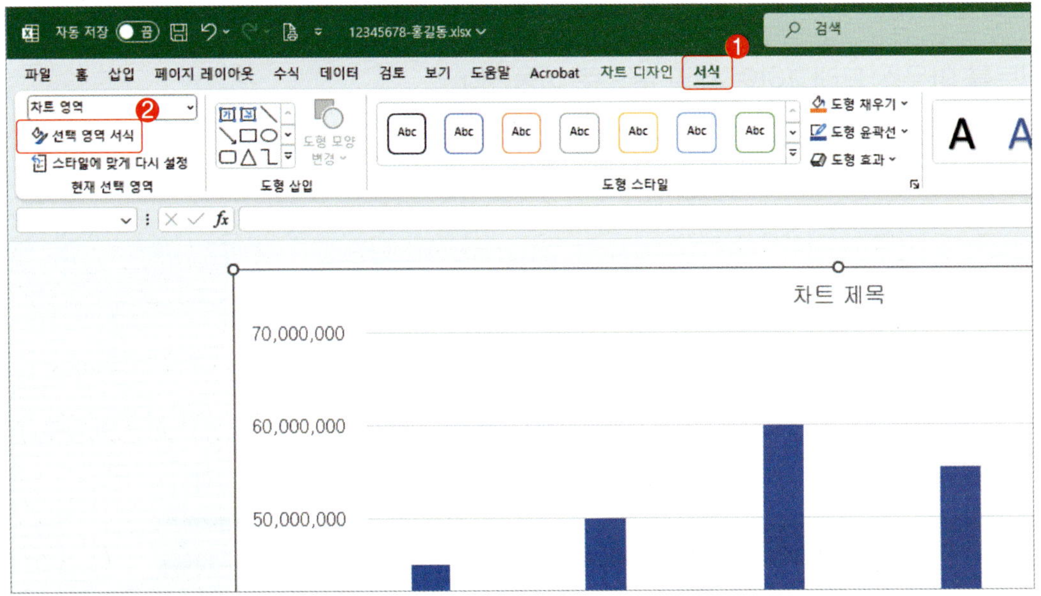)을 클릭한다.

④ [차트 영역 서식] 사이드바에서 채우기 '그림 또는 질감 채우기'를 선택한다.

　→ [질감](▦) – [파랑 박엽지]를 설정한다.

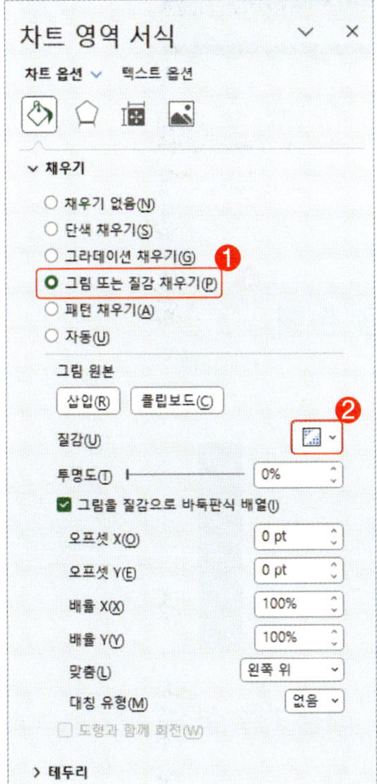

⑤ [서식] 탭 – [현재 선택 영역] 그룹에서 [그림 영역]을 선택한다.

　→ 채우기 '단색 채우기'를 선택하고 [색](▧) – [흰색, 배경 1]을 설정한다.

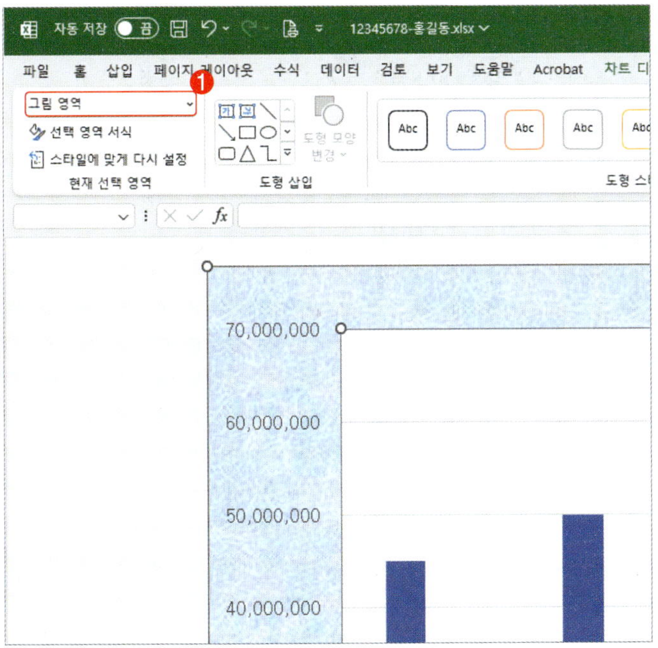

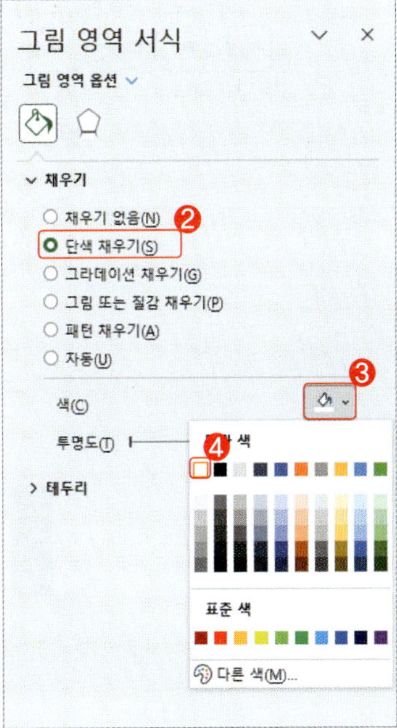

⑥ 차트 제목에 『핫도그 및 떡갈비의 창업비용 현황』을 입력한다.

→ 글꼴 '굴림', 크기 '20', [굵게] 설정한다.

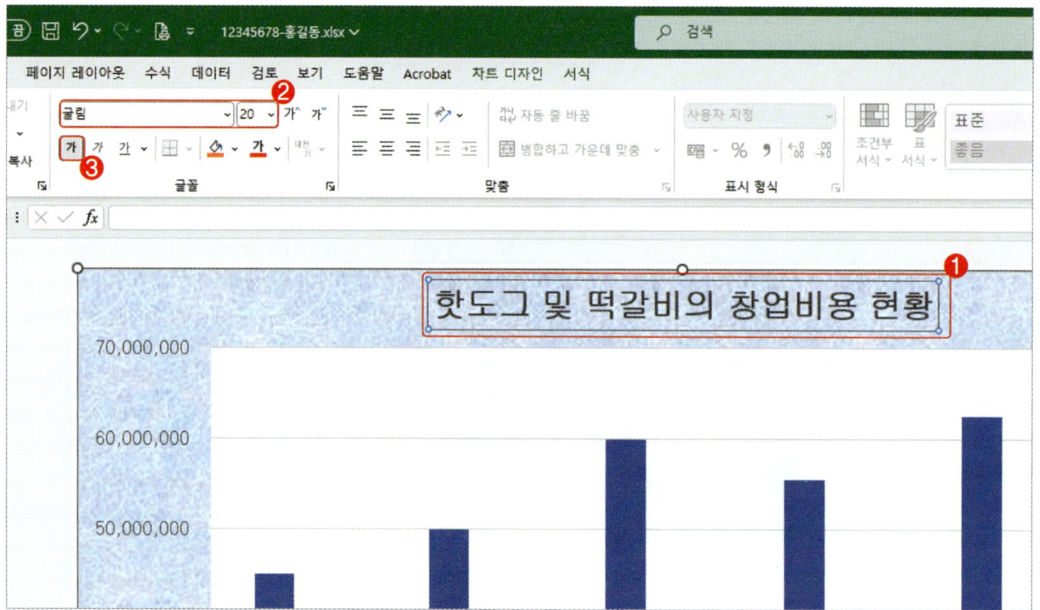

⑦ [서식] 탭 – [도형 스타일] 그룹 – [도형 채우기]( )를 클릭하고 '흰색, 배경 1'을 설정한다.

→ [도형 윤곽선]( )을 클릭하고 '검정'을 설정한다.

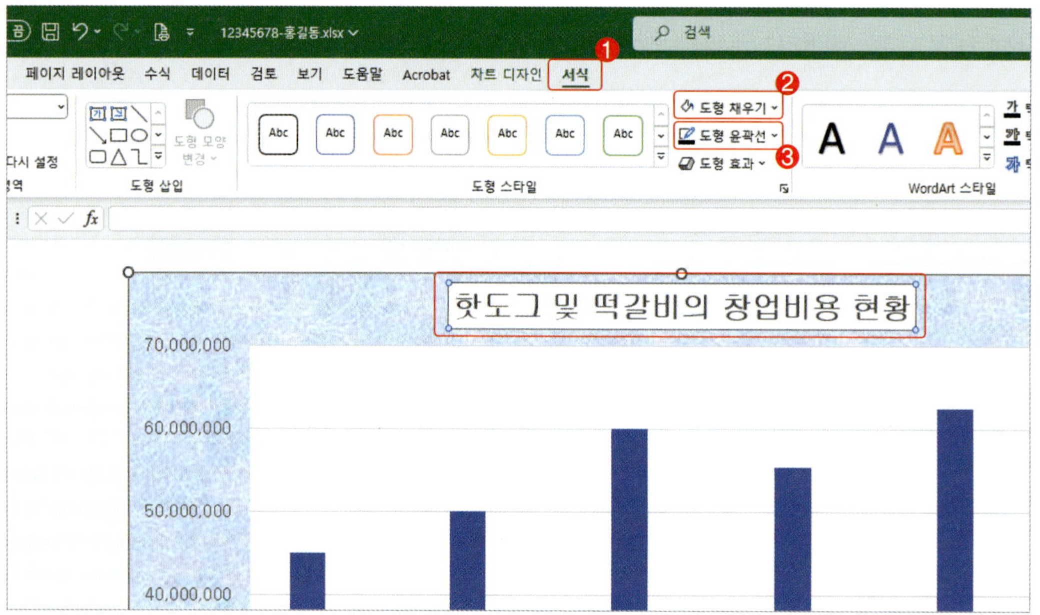

① [차트 디자인] 탭 – [차트 종류 변경](🪣)을 클릭한다.

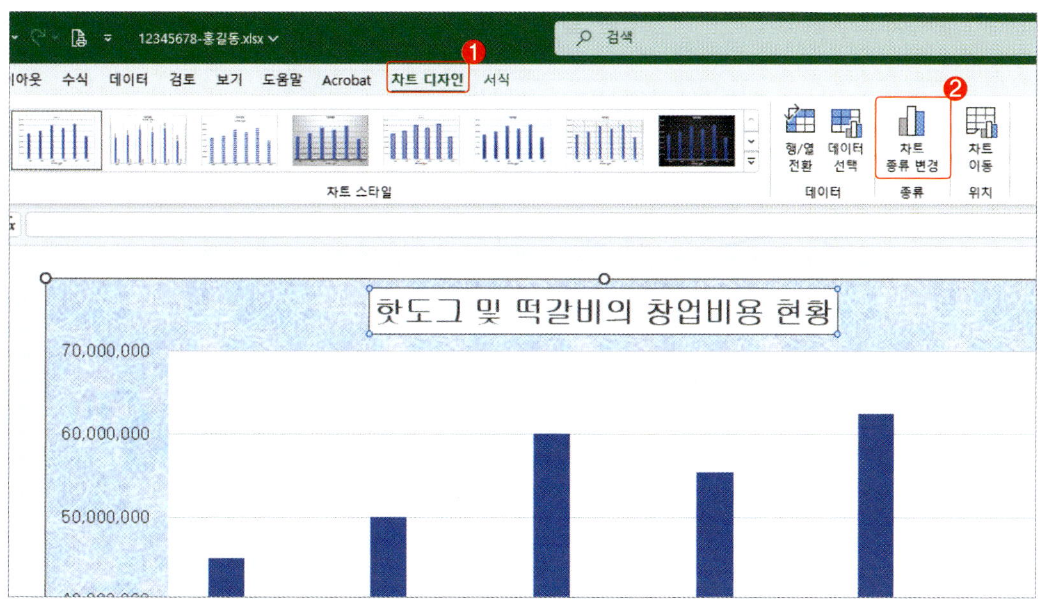

② [차트 종류 변경] 대화상자에서 '혼합'을 클릭한다.

→ 창업비용(원)의 차트 종류를 '표식이 있는 꺾은선형'으로 설정하고 '보조 축'에 체크
한다.

→ 인테리어경비의 차트 종류를 '묶은 세로 막대형'으로 설정한다.

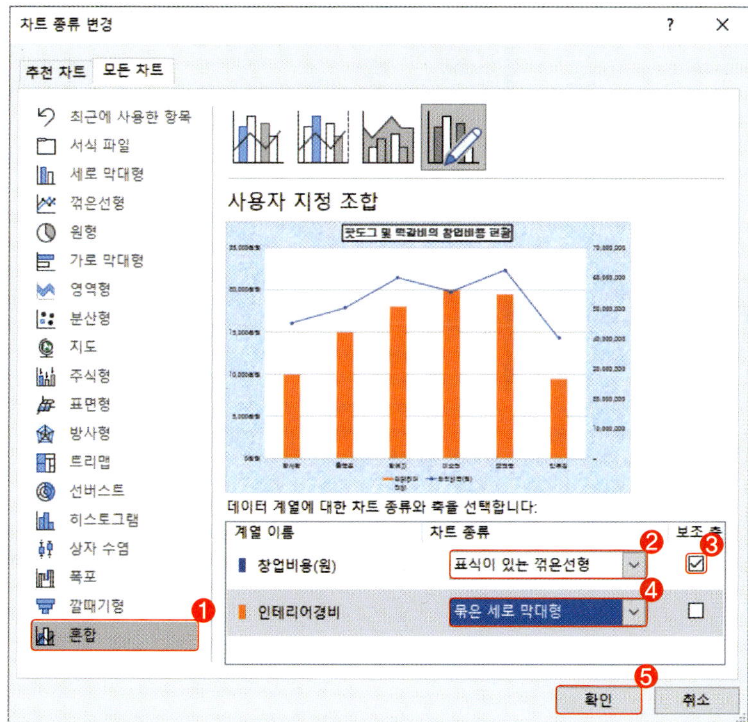

① 창업비용(원) 계열을 선택한다.

→ 마우스 오른쪽 클릭하고 [데이터 계열 서식]을 클릭한다.

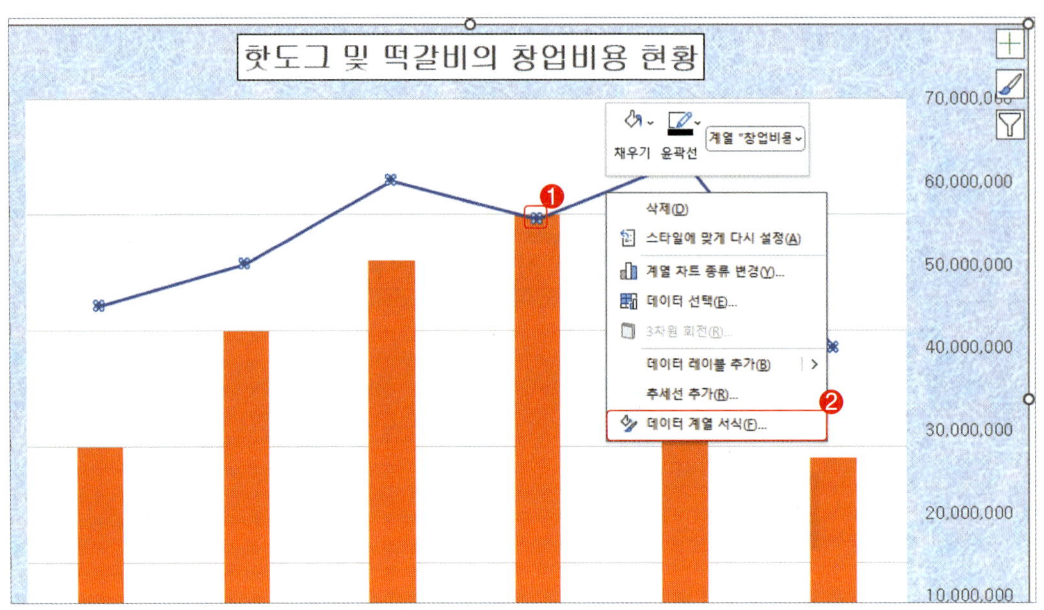

② [채우기 및 선]( ) – 표식( ) – 표식 옵션을 클릭한다.

→ 형식 '네모', 크기 '10'을 설정한다.

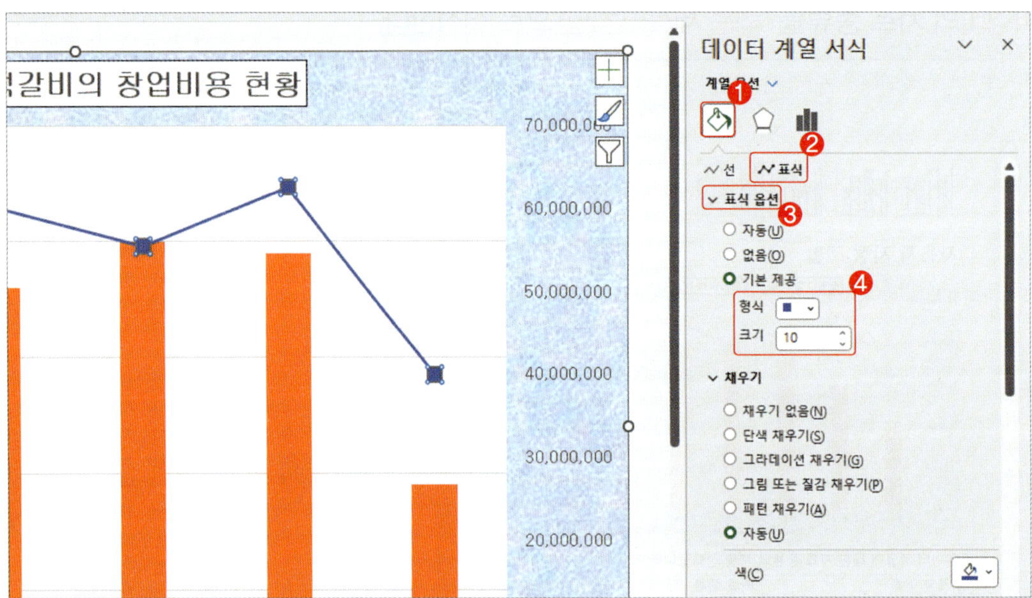

③ **창업비용(원)** 계열의 '조형준' 요소만 두 번 클릭하여 선택한다.

→ [차트 요소 추가]( ) – [데이터 레이블]( ) – [위쪽]( )을 클릭한다.

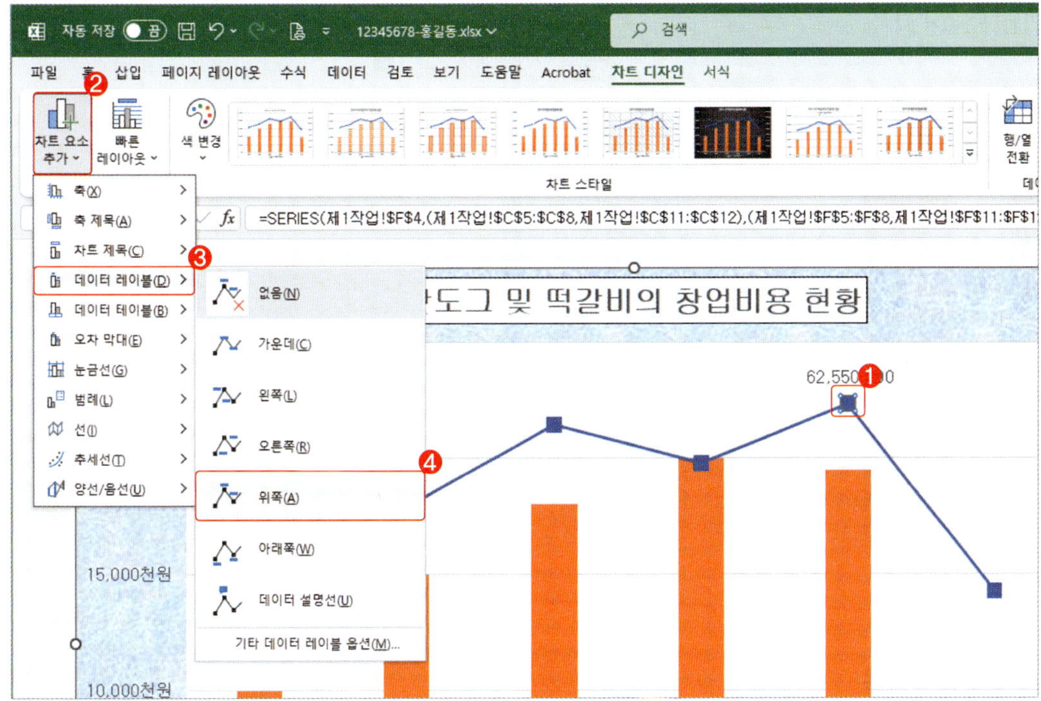

④ **인테리어경비** 계열을 선택한다.

→ 마우스 오른쪽 클릭하고 [데이터 계열 서식]을 클릭한다.

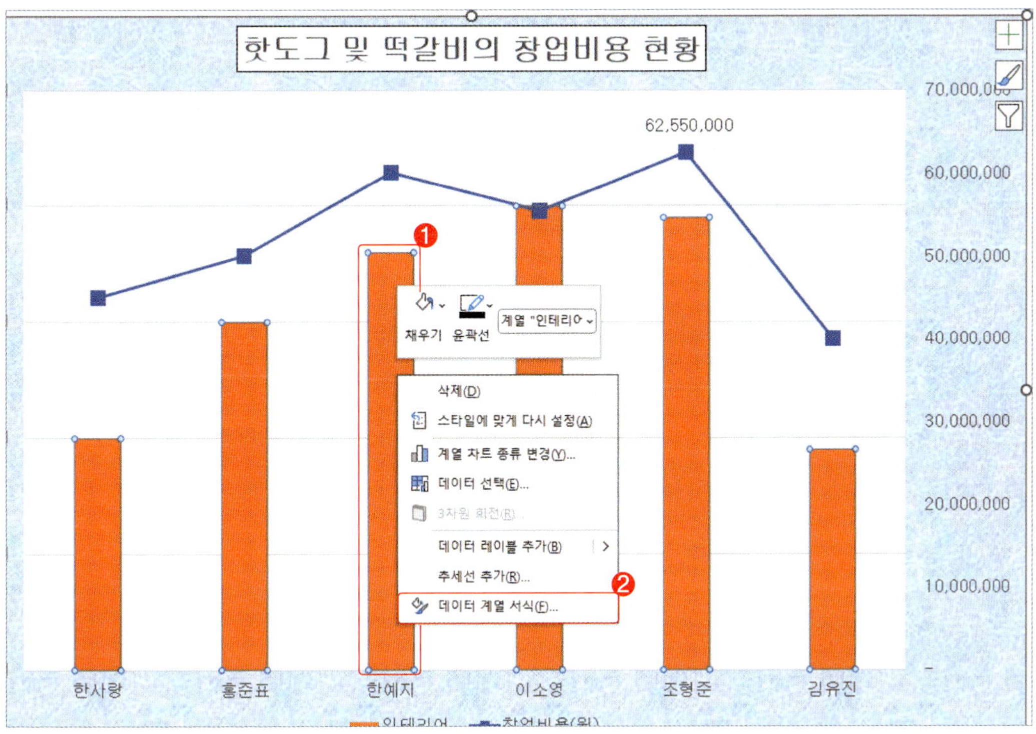

⑤ 간격 너비를 ≪출력형태≫를 참고하여 적당히 조절한다.

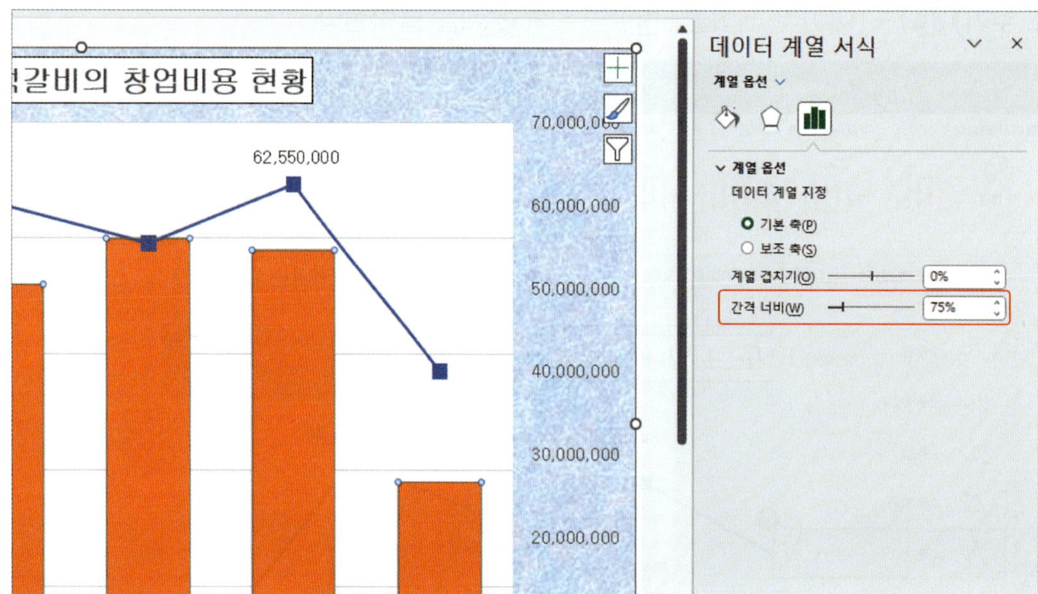

SECTION 05   서식 (눈금선)

① 눈금선을 선택하여 마우스 오른쪽 클릭하고 [눈금선 서식]( )을 클릭한다.

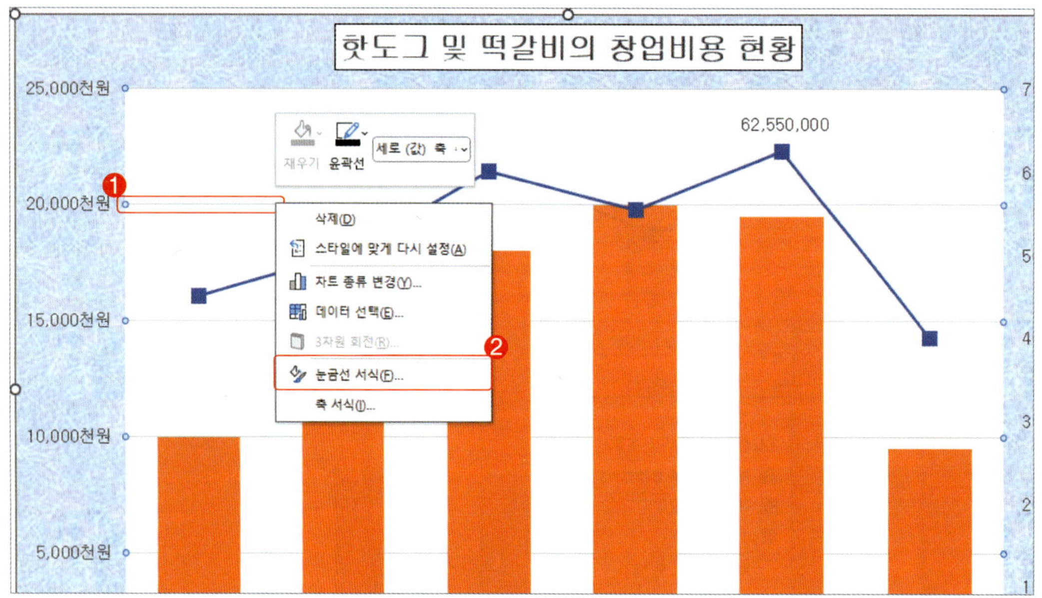

② [주 눈금선 서식] 사이드바에서 선 색 '검정', 대시 종류 '파선'을 설정한다.

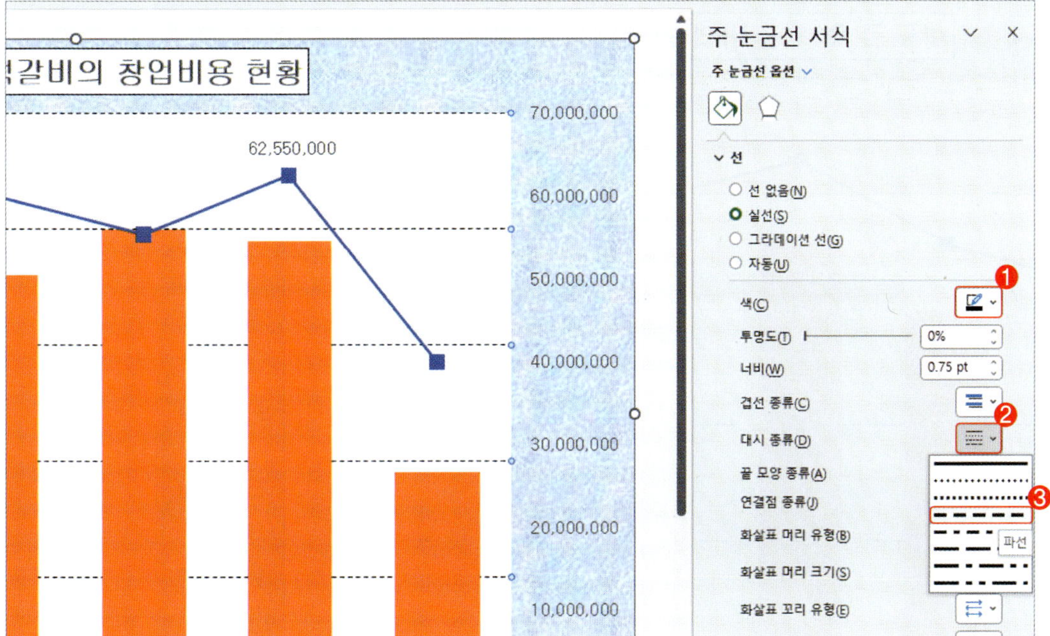

SECTION 06   서식 (축, 데이터 계열)

① 세로 (값) 축을 클릭한다.

→ [서식] 탭 – [도형 스타일] 그룹 – [도형 윤곽선](✐)을 클릭하고 '검정'을 설정한다.

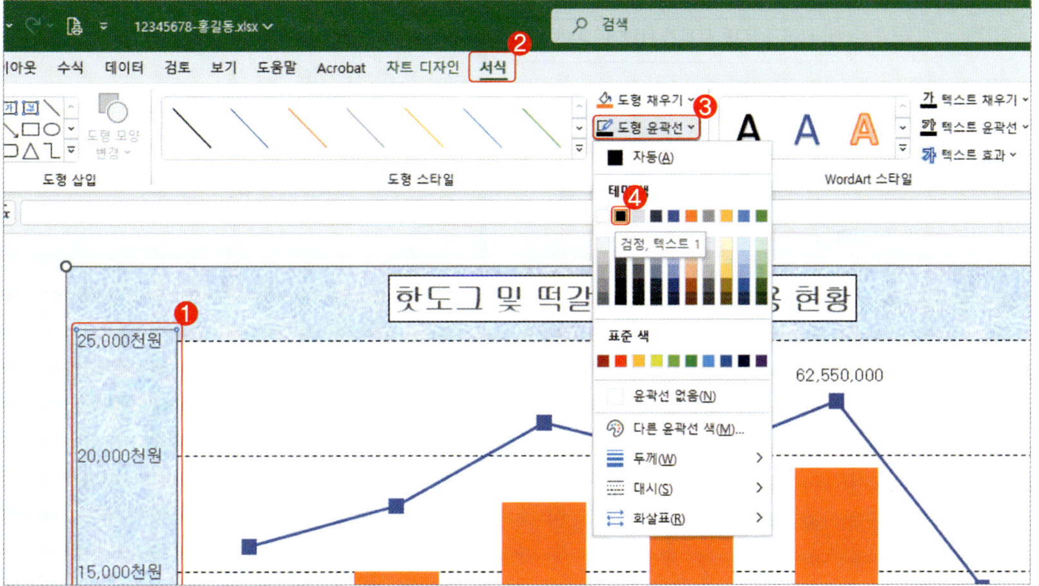

② 보조 세로 (값) 축과 가로 (항목) 축도 [도형 윤곽선](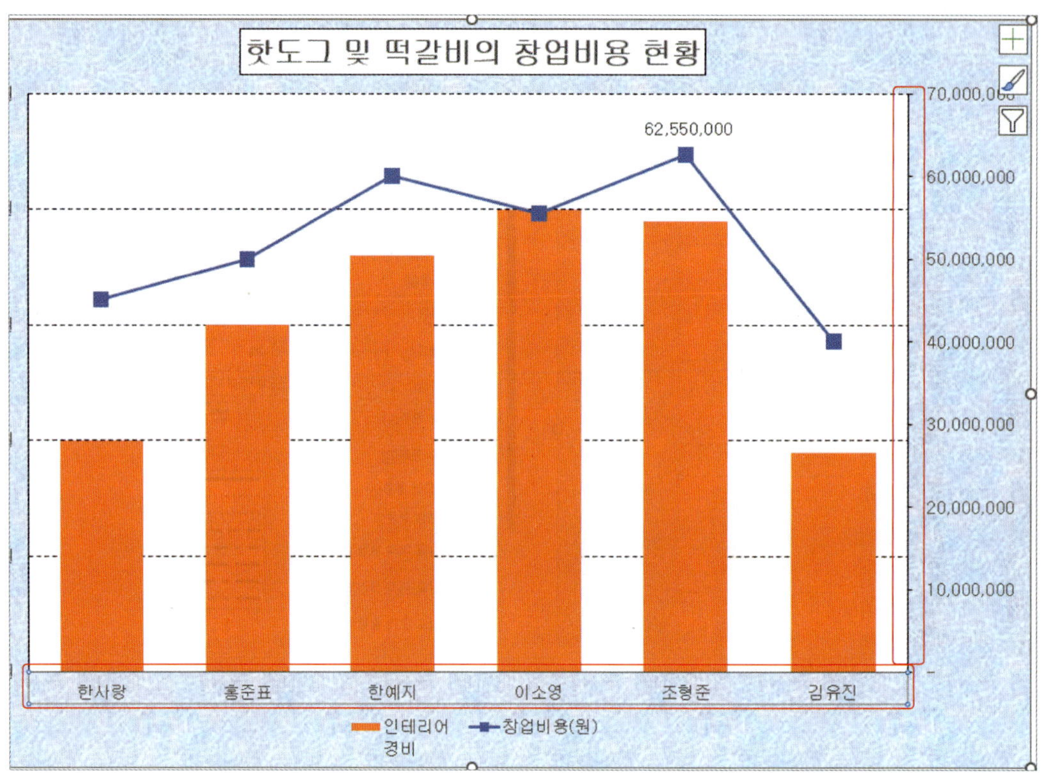)을 설정한다.

③ 세로 (값) 축을 더블클릭하여 축 서식 사이드바를 연다.

→ 축 옵션 − 경계 '최소값'에 『5000』, '최대값'에 『25000』, 단위 '기본'에 『5000』을 입력한다.

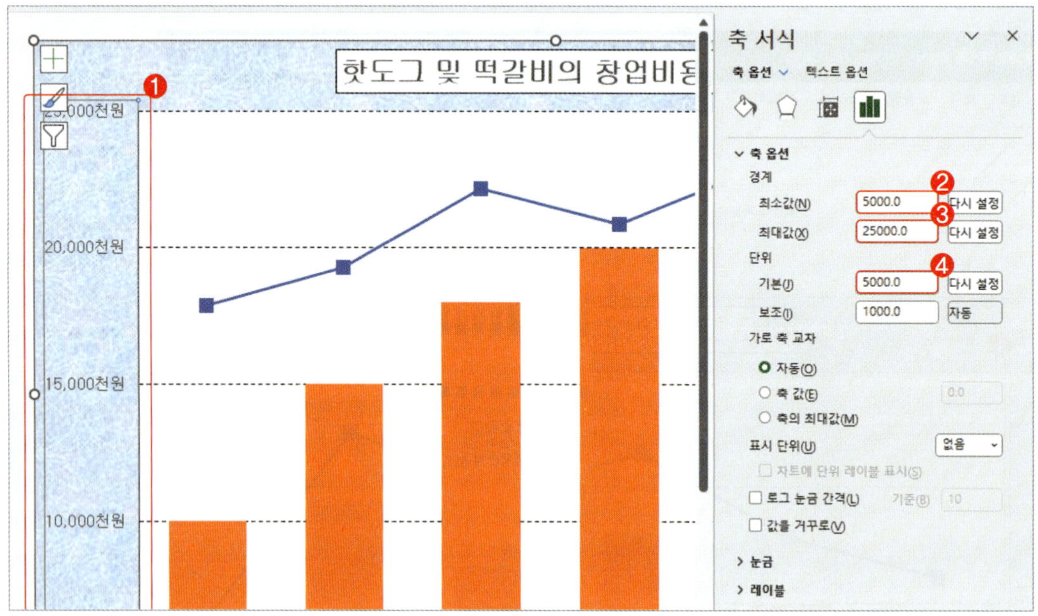

① [차트 디자인] 탭 – [데이터] 그룹 – [데이터 선택](🔲)을 클릭한다.

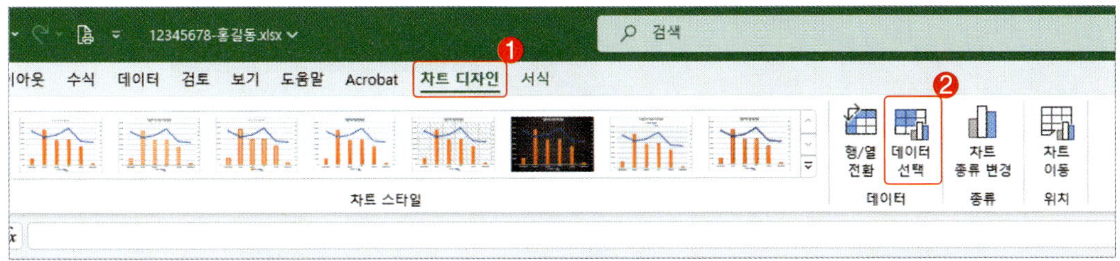

② [데이터 원본 선택] 대화상자에서 범례 항목(계열) '인테리어경비'를 선택하고 [편집]을 클릭한다.

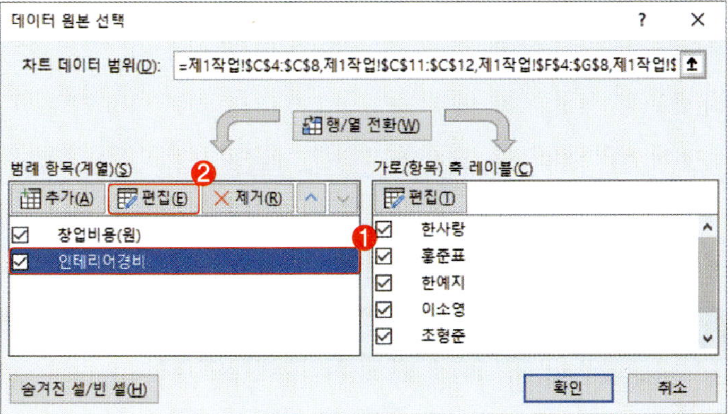

③ [계열 편집] 대화상자에서 계열 이름에 『인테리어 경비』를 입력하고 [확인]을 클릭한다.

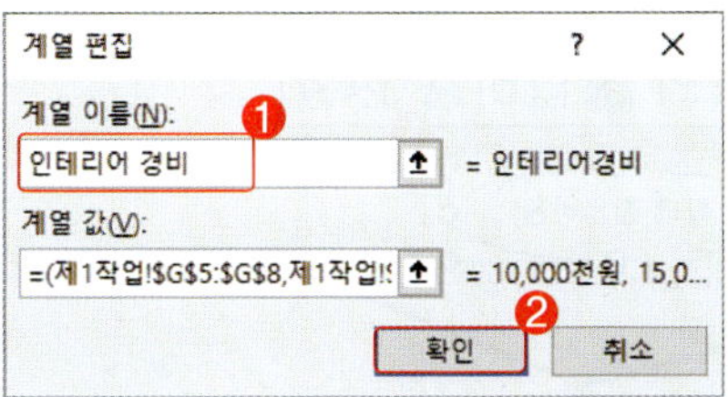

④ 다시 [데이터 원본 선택] 대화상자로 돌아오면 [확인]을 클릭한다.

→ 범례의 인테리어 경비가 한 줄로 변경된 것을 확인한다.

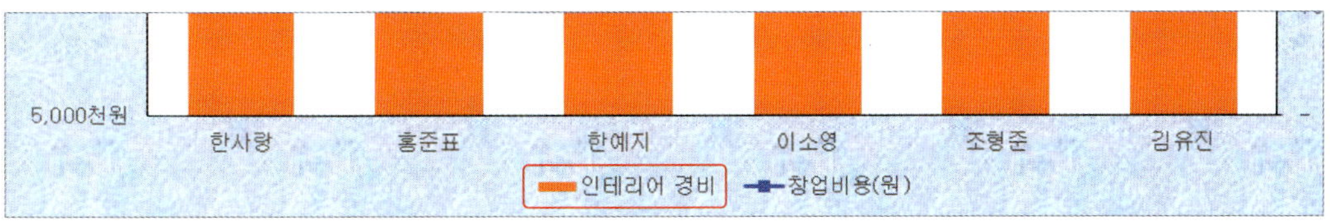

① [삽입] 탭 – [일러스트레이션] 그룹 – [도형]( )을 클릭하고 [말풍선: 타원형]을 클릭한다.

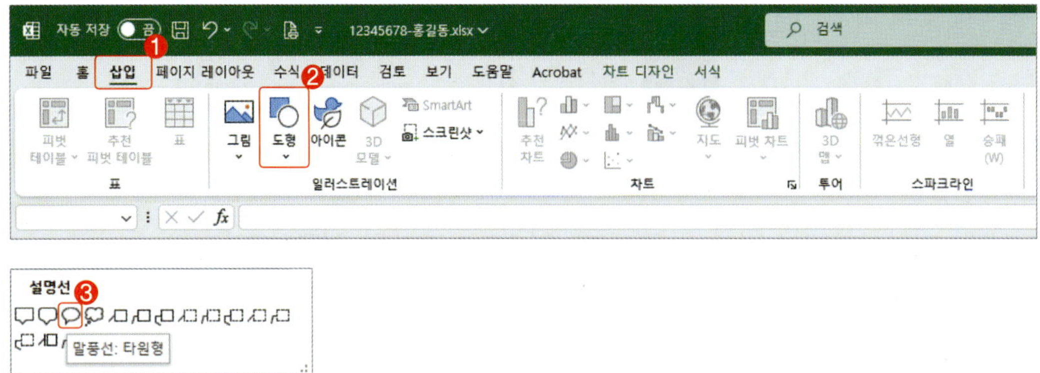

② 도형을 그리고 『최대 창업비용』을 입력한다.

→ [홈] 탭 – [글꼴] 그룹에서 글꼴 '굴림', 크기 '11', [채우기 색]( ) '흰색', [글꼴 색]( ) '검정'을 설정한다.

→ [맞춤] 그룹에서 가로와 세로 모두 [가운데 맞춤](,)을 클릭한다.

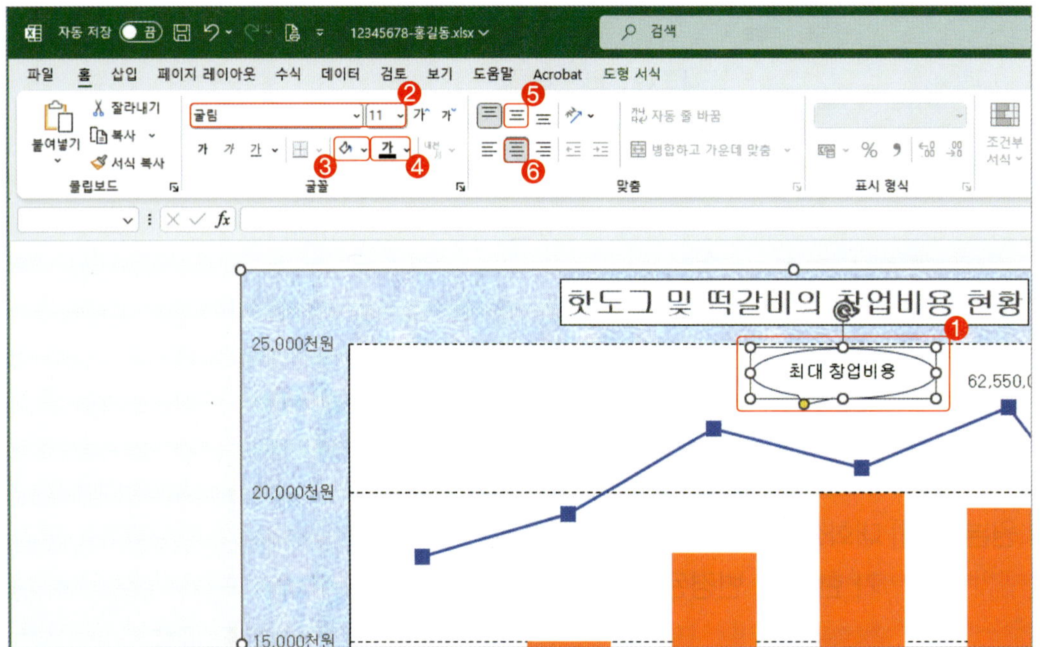

③ 노란색 조절점을 움직여 도형의 모양을 조절한다.

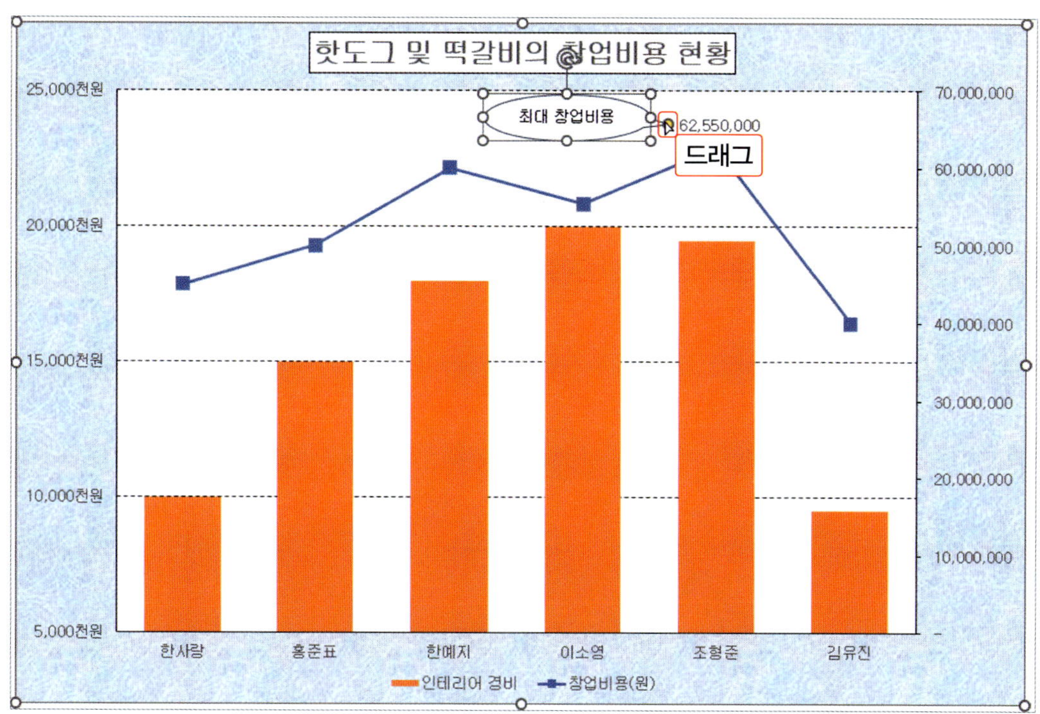

결과가 어떨지 아무도 모르지.
그냥 지금까지 열심히 공부한 만큼
네가 합격했으면 좋겠다.

정보기술자격(ITQ) 시험

MS오피스

과목	코드	문제유형	시험시간	수험번호	성명
한글엑셀	1122	A	60분		

※ 최신 기출문제 01~10회 학습 시 답안 작성요령을 동일하게 적용하세요.

수험자 유의사항

- 수험자는 문제지를 받는 즉시 문제지와 **수험표상의 시험과목(프로그램)이 동일한지 반드시 확인**하여야 합니다.

- 파일명은 본인의 "수험번호–성명"으로 입력하여 답안폴더(내 PC₩문서₩ITQ)에 하나의 파일로 저장해야 하며, 답안문서 파일명이 "수험번호–성명"과 일치하지 않거나, 답안파일을 전송하지 않아 미제출로 처리될 경우 실격 처리합니다(예: 12345678–홍길동.xlsx).

- 답안 작성을 마치면 파일을 저장하고, '답안 전송' 버튼을 선택하여 감독위원 PC로 답안을 전송하십시오. 수험생 정보와 저장한 파일명이 다를 경우 전송되지 않으므로 주의하시기 바랍니다.

- 답안 작성 중에도 **주기적으로 저장하고, '답안 전송'**하여야 문제 발생을 줄일 수 있습니다. 작업한 내용을 저장하지 않고 전송할 경우 이전에 저장된 내용이 전송되니 이점 유의하시기 바랍니다.

- 답안문서는 지정된 경로 외의 다른 보조기억장치에 저장하는 경우, 지정된 시험 시간 외에 작성된 파일을 활용할 경우, 기타 통신수단(이메일, 메신저, 네트워크 등)을 이용하여 타인에게 전달 또는 외부 반출하는 경우는 부정 처리합니다.

- 시험 중 부주의 또는 고의로 시스템을 파손한 경우는 수험자가 변상해야 하며, 〈수험자 유의사항〉에 기재된 방법대로 이행하지 않아 생기는 불이익은 수험생 당사자의 책임임을 알려 드립니다.

- 문제의 조건은 MS오피스 2021 버전으로 설정되어 있으며 MS오피스 2016은 【 】에 표기되어 있습니다. 이와 관련하여 작성한 답안의 출력형태가 문제지와 다를 수 있습니다.

- 시험을 완료한 수험자는 답안파일이 전송되었는지 확인한 후 감독위원의 지시에 따라 문제지를 제출하고 퇴실합니다.

답안 작성요령

- 온라인 답안 작성 절차
  수험자 등록 ⇒ 시험 시작 ⇒ 답안파일 저장 ⇒ 답안 전송 ⇒ 시험 종료

- 문제는 총 4단계, 즉 제1작업부터 제4작업까지 구성되어 있으며 반드시 제1작업부터 순서대로 작성하고 조건대로 작업하시오.

- 모든 작업시트의 A열은 열 너비 '1'로, 나머지 열은 적당하게 조절하시오.

- 모든 작업시트의 테두리는 ≪출력형태≫와 같이 작업하시오.

- 해당 작업란에서는 각각 제시된 조건에 따라 ≪출력형태≫와 같이 작업하시오.

- 답안 시트 이름은 "제1작업", "제2작업", "제3작업", "제4작업"이어야 하며 답안 시트 이외의 것은 감점 처리됩니다.

- 각 시트를 파일로 나누어 작업해서 저장할 경우 실격 처리됩니다.

최신 기출문제 01회

| 제 1 작업 | 표 서식 작성 및 값 계산 | **240**점 |

다음은 '편의점 김밥 비교'에 대한 자료이다. 자료를 입력하고 조건에 맞도록 작업하시오.

출력형태

코드	제품명	분류	출시일	지방(g)	나트륨(mg)	판매가격	판매처	순위
DF-219	오징어볶음	볶음	2019-05-04	3.3	459	2,300	(1)	(2)
FU-321	묵은지참치	참치	2021-11-04	5.1	328	2,500	(1)	(2)
TU-122	참치마요	참치	2020-06-22	4.7	321	2,600	(1)	(2)
BF-115	듬뿍소고기	소고기	2024-03-22	2.2	282	2,900	(1)	(2)
CB-106	멸치볶음	볶음	2021-07-01	2.4	511	2,200	(1)	(2)
BF-314	바싹불고기	소고기	2024-07-03	2.9	377	3,200	(1)	(2)
DB-213	스팸볶음김치	볶음	2021-06-15	2.3	328	2,400	(1)	(2)
TA-347	양배추참치	참치	2021-08-09	6.3	268	2,700	(1)	(2)
참치김밥 개수			(3)		최대 판매가격			(5)
볶음김밥 지방(g) 평균			(4)		코드	DF-219	판매가격	(6)

제목 도형(결재): 결재 / 담당 / 대리 / 팀장

조건

- 모든 데이터의 서식에는 글꼴(굴림, 11pt), 정렬은 숫자 및 회계 서식은 오른쪽 정렬, 나머지 서식은 가운데 정렬로 작성하며 예외적인 것은 ≪출력형태≫를 참조하시오.
- 제목 ⇒ 도형(육각형)과 그림자(오프셋 오른쪽)를 이용하여 작성하고 "편의점 김밥 비교"를 입력한 후 다음 서식을 적용하시오(글꼴 – 굴림, 24pt, 검정, 굵게, 채우기 – 노랑).
- 임의의 셀에 결재란을 작성하여 그림으로 복사 기능을 이용하여 붙이기 하시오(단, 원본 삭제).
- 「B4:J4, G14, I14」 영역은 '주황'으로 채우기 하시오.
- 유효성 검사를 이용하여 「H14」셀에 코드(「B5:B12」 영역)가 선택 표시되도록 하시오.
- 셀 서식 ⇒ 「H5:H12」 영역에 셀 서식을 이용하여 숫자 뒤에 '원'을 표시하시오(예 : 2,300원).
- 「D5:D12」 영역에 대해 '분류'로 이름정의를 하시오.

---

(1)~(6) 셀은 반드시 <u>주어진 함수</u>를 이용하여 값을 구하시오(결과값을 직접 입력하면 해당 셀은 0점 처리됨).

(1) 판매처 ⇒ 코드의 네 번째 글자가 1이면 'AU', 2이면 'ES25', 3이면 '디마트24'로 표시하시오 (CHOOSE, MID 함수).

(2) 순위 ⇒ 판매가격의 내림차순 순위를 구하시오(RANK.EQ 함수).

(3) 참치김밥 개수 ⇒ 정의된 이름(분류)을 이용하여 구한 결과값에 '개'를 붙이시오(COUNTIF 함수, & 연산자)(예 : 1개).

(4) 볶음김밥 지방(g) 평균 ⇒ 반올림하여 예와 같이 구하시오. 단, 조건은 입력데이터를 이용하시오 (ROUND, DAVERAGE 함수)(예 : 12.347 → 12.35).

(5) 최대 판매가격 ⇒ (MAX 함수)

(6) 판매가격 ⇒ 「H14」셀에서 선택한 코드에 대한 판매가격을 구하시오(VLOOKUP 함수).

(7) 조건부 서식의 수식을 이용하여 판매가격이 '2,800' 이상인 행 전체에 다음의 서식을 적용하시오(글꼴 : 파랑, 굵게).

"제1작업" 시트의 「B4:H12」 영역을 복사하여 "제2작업" 시트의 「B2」 셀부터 모두 붙여넣기를 한 후 다음의 조건과 같이 작업하시오.

조건	
	(1) 고급 필터 – 분류가 '참치'이거나, 판매가격이 '3,000' 이상인 자료의 제품명, 지방(g), 나트륨(mg), 판매가격 데이터만 추출하시오. 　　– 조건 범위 : 「B14」 셀부터 입력하시오. 　　– 복사 위치 : 「B18」 셀부터 나타나도록 하시오. (2) 표 서식 – 고급필터의 결과셀을 채우기 없음으로 설정한 후 '표 스타일 보통 6'의 서식을 적용하시오. 　　– 머리글 행, 줄무늬 행을 적용하시오.

제 3 작업	피벗 테이블	**80**점

"제1작업" 시트를 이용하여 "제3작업" 시트에 조건에 따라 ≪출력형태≫와 같이 작업하시오.

조건	
	(1) 나트륨(mg) 및 분류별 제품명의 개수와 판매가격의 평균을 구하시오. (2) 나트륨(mg)을 그룹화하고, 분류를 ≪출력형태≫와 같이 정렬하시오. (3) 레이블이 있는 셀 병합 및 가운데 맞춤 적용 및 빈 셀은 '＊＊'로 표시하시오. (4) 행의 총합계는 지우고, 나머지 사항은 ≪출력형태≫에 맞게 작성하시오.

출력형태

	A	B	C	D	E	F	G	H
1								
2			분류 ↓					
3			참치		소고기		볶음	
4		나트륨(mg) ▼	개수 : 제품명	평균 : 판매가격	개수 : 제품명	평균 : 판매가격	개수 : 제품명	평균 : 판매가격
5		201-350	3	2,600	1	2,900	1	2,400
6		351-500	＊＊	＊＊	1	3,200	1	2,300
7		501-650	＊＊	＊＊	＊＊	＊＊	1	2,200
8		총합계	3	2,600	2	3,050	3	2,300

"제1작업" 시트를 이용하여 조건에 따라 ≪출력형태≫와 같이 작업하시오.

조건	

조건

(1) 차트 종류 ⇒ 〈묶은 세로 막대형〉으로 작업하시오.
(2) 데이터 범위 ⇒ "제1작업" 시트의 내용을 이용하여 작업하시오.
(3) 위치 ⇒ "새 시트"로 이동하고, "제4작업"으로 시트 이름을 바꾸시오.
(4) 차트 디자인 도구 ⇒ 레이아웃 3, 스타일 1을 선택하여 ≪출력형태≫에 맞게 작업하시오.
(5) 영역 서식 ⇒ 차트 : 글꼴(굴림, 11pt), 채우기 효과(질감 – 분홍 박엽지)
          그림 : 채우기(흰색, 배경1)
(6) 제목 서식 ⇒ 차트 제목 : 글꼴(굴림, 굵게, 20pt), 채우기(흰색, 배경1), 테두리
(7) 서식 ⇒ 판매가격 계열의 차트 종류를 〈표식이 있는 꺾은선형〉으로 변경한 후 보조 축으로 지정하시오.
      계열 : ≪출력형태≫를 참조하여 표식(세모, 크기 10)과 레이블 값을 표시하시오.
      눈금선 : 선 스타일 – 파선
      축 : ≪출력형태≫를 참조하시오.
(8) 범례 ⇒ 범례명을 변경하고 ≪출력형태≫를 참조하시오.
(9) 도형 ⇒ '모서리가 둥근 사각형 설명선'을 삽입한 후 ≪출력형태≫와 같이 내용을 입력하시오.
(10) 나머지 사항은 ≪출력형태≫에 맞게 작성하시오.

출력형태

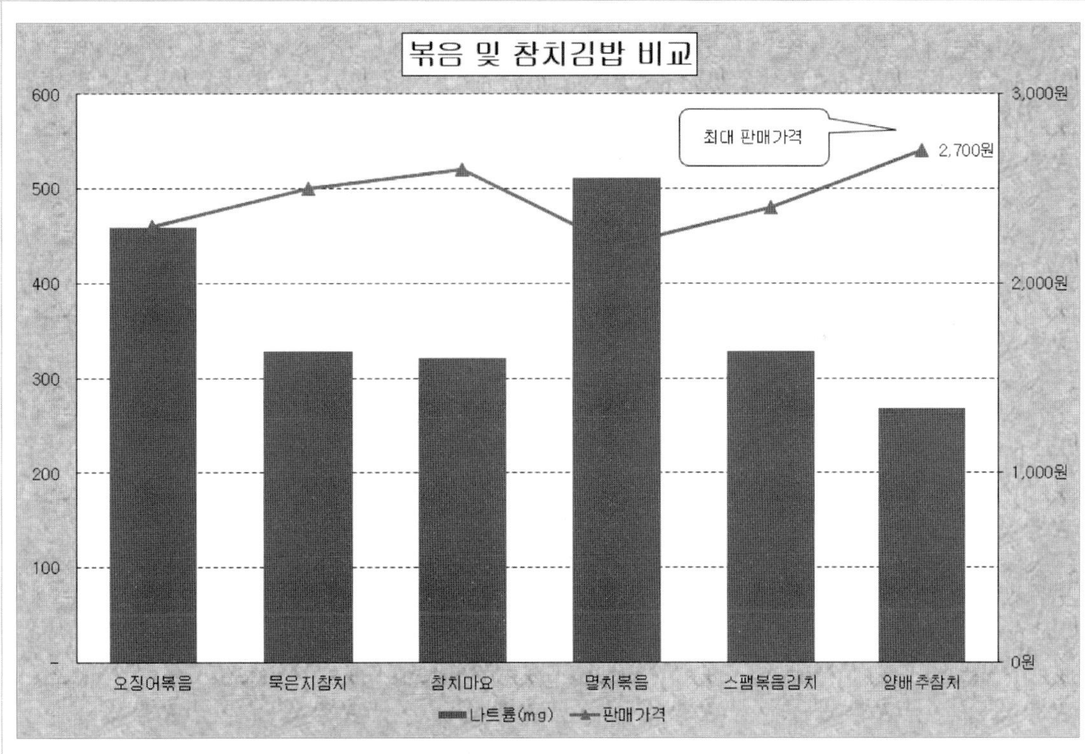

수험번호 20263002　　**정답파일** PART 03 최신 기출문제\최신02회_정답.xlsx

제 1 작업　　**표 서식 작성 및 값 계산**　　**240**점

다음은 '맛나 디저트 쇼핑몰 납품현황'에 대한 자료이다. 자료를 입력하고 조건에 맞도록 작업하시오.

출력형태

	관리번호	종류	디저트명	납품최저가(원)	출시일	전월판매량	거래처수(개)	보관방법	순위
							사원	팀장	대표
							결재		
5	CC-001	케이크	치즈케이크	6,850	2024-10-10	1,020	10	(1)	(2)
6	BR-001	베이커리	클래식휘낭시에	3,200	2024-01-20	950	8	(1)	(2)
7	CC-002	케이크	생크림밀크롤	15,530	2024-05-10	675	12	(1)	(2)
8	MR-001	마카롱	황치즈마카롱	2,850	2024-11-20	1,150	9	(1)	(2)
9	BR-002	베이커리	크리스피누룽지	4,300	2024-02-10	733	9	(1)	(2)
10	BC-003	베이커리	대만샌드위치	3,550	2024-07-10	1,230	20	(1)	(2)
11	CR-003	케이크	딸기크레이프	6,570	2024-01-10	585	10	(1)	(2)
12	MC-002	마카롱	딸기뚱카롱	3,070	2024-12-20	780	7	(1)	(2)
13	케이크 납품최저가(원) 평균			(3)		마카롱 제품 개수			(5)
14	가장 많은 거래처수(개)			(4)		디저트명	치즈케이크	전월판매량	(6)

제목: **맛나 디저트 쇼핑몰 납품현황**

조건

- 모든 데이터의 서식에는 글꼴(굴림, 11pt), 정렬은 숫자 및 회계 서식은 오른쪽 정렬, 나머지 서식은 가운데 정렬로 작성하며 예외적인 것은 ≪출력형태≫를 참조하시오.
- 제목 ⇒ 도형(배지)과 그림자(오프셋 오른쪽)를 이용하여 작성하고 "맛나 디저트 쇼핑몰 납품현황"을 입력한 후 다음 서식을 적용하시오(글꼴 – 굴림, 24pt, 검정, 굵게, 채우기 – 노랑).
- 임의의 셀에 결재란을 작성하여 그림으로 복사 기능을 이용하여 붙이기 하시오(단, 원본 삭제).
- 「B4:J4, G14, I14」 영역은 '주황'으로 채우기 하시오.
- 유효성 검사를 이용하여 「H14」셀에 디저트명(「D5:D12」 영역)이 선택 표시되도록 하시오.
- 셀 서식 ⇒ 「G5:G12」 영역에 셀 서식을 이용하여 숫자 뒤에 '개'를 표시하시오(예 : 1,020개).
- 「H5:H12」 영역에 대해 '거래처수'로 이름정의를 하시오.

(1)~(6) 셀은 반드시 주어진 함수를 이용하여 값을 구하시오(결과값을 직접 입력하면 해당 셀은 0점 처리됨).

(1) 보관방법 ⇒ 관리번호 두 번째 값이 C이면 '냉장', 그 외에는 '실온'으로 구하시오(IF, MID 함수).

(2) 순위 ⇒ 전월판매량의 내림차순 순위를 구하시오(RANK.EQ 함수).

(3) 케이크 납품최저가(원) 평균 ⇒ 반올림하여 백원 단위까지 구하고, 조건은 입력데이터를 이용하시오 (ROUND, DAVERAGE 함수)(예 : 4,650 → 4,700).

(4) 가장 많은 거래처수(개) ⇒ 정의된 이름(거래처수)을 이용하여 구하시오(MAX 함수).

(5) 마카롱 제품 개수 ⇒ 결과값에 '개'를 붙이시오(COUNTIF 함수, & 연산자)(예 : 1개).

(6) 전월판매량 ⇒ 「H14」 셀에서 선택한 디저트명에 대한 전월판매량을 구하시오(VLOOKUP 함수).

(7) 조건부 서식의 수식을 이용하여 전월판매량이 '1,000' 이상인 행 전체에 다음의 서식을 적용하시오(글꼴 : 파랑, 굵게).

"제1작업" 시트의 「B4:H12」 영역을 복사하여 "제2작업" 시트의 「B2」 셀부터 모두 붙여넣기를 한 후 다음의 조건과 같이 작업하시오.

조건

(1) 목표값 찾기 – 「B11:G11」 셀을 병합하고, 가운데 맞춤한 후 "납품최저가(원) 전체 평균"을 입력하고, 「H11」 셀에 납품최저가(원)의 전체 평균을 구하시오(AVERAGE 함수, 테두리).
   – '납품최저가(원)의 전체 평균'이 '5,700'이 되려면 치즈케이크의 납품최저가(원)가 얼마가 되어야 하는지 목표값을 구하시오.

(2) 고급필터 – 종류가 '마카롱'이 아니면서 거래처수(개)가 '10' 이상인 자료의 관리번호, 디저트명, 납품최저가(원), 출시일 데이터만 추출하시오.
   – 조건 범위 : 「B14」 셀부터 입력하시오.
   – 복사 위치 : 「B18」 셀부터 나타나도록 하시오.

"제1작업" 시트의 「B4:H12」 영역을 복사하여 "제3작업" 시트의 「B2」 셀부터 모두 붙여넣기를 한 후 다음의 조건과 같이 작업하시오.

조건

(1) 부분합 – ≪출력형태≫처럼 정렬하고, 디저트명의 개수와 전월판매량의 평균을 구하시오.
(2) 개요【윤곽】 – 지우시오.
(3) 나머지 사항은 ≪출력형태≫에 맞게 작성하시오.

출력형태

A	B	C	D	E	F	G	H
1							
2	관리번호	종류	디저트명	납품최저가(원)	출시일	전월판매량	거래처수(개)
3	CC-001	케이크	치즈케이크	6,850	2024-10-10	1,020개	10
4	CC-002	케이크	생크림밀크롤	15,530	2024-05-10	675개	12
5	CR-003	케이크	딸기크레이프	6,570	2024-01-10	585개	10
6		케이크 평균				760개	
7		케이크 개수	3				
8	BR-001	베이커리	클래식휘낭시에	3,200	2024-01-20	950개	8
9	BR-002	베이커리	크리스피누룽지	4,300	2024-02-10	733개	9
10	BC-003	베이커리	대만샌드위치	3,550	2024-07-10	1,230개	20
11		베이커리 평균				971개	
12		베이커리 개수	3				
13	MR-001	마카롱	황치즈마카롱	2,850	2024-11-20	1,150개	9
14	MC-002	마카롱	딸기뚱카롱	3,070	2024-12-20	780개	7
15		마카롱 평균				965개	
16		마카롱 개수	2				
17		전체 평균				890개	
18		전체 개수	8				
19							

"제1작업" 시트를 이용하여 조건에 따라 ≪출력형태≫와 같이 작업하시오.

조건	
	(1) 차트 종류 ⇒ 〈묶은 세로 막대형〉으로 작업하시오.
	(2) 데이터 범위 ⇒ "제1작업" 시트의 내용을 이용하여 작업하시오.
	(3) 위치 ⇒ "새 시트"로 이동하고, "제4작업"으로 시트 이름을 바꾸시오.
	(4) 차트 디자인 도구 ⇒ 레이아웃 3, 스타일 1을 선택하여 ≪출력형태≫에 맞게 작업하시오.
	(5) 영역 서식 ⇒ 차트 : 글꼴(굴림, 11pt), 채우기 효과(질감 – 파랑 박엽지)
	그림 : 채우기(흰색, 배경1)
	(6) 제목 서식 ⇒ 차트 제목 : 글꼴(굴림, 굵게, 20pt), 채우기(흰색, 배경1), 테두리
	(7) 서식 ⇒ 거래처수(개) 계열의 차트 종류를 〈표식이 있는 꺾은선형〉으로 변경한 후 보조 축으로 지정하시오.
	계열 : ≪출력형태≫를 참조하여 표식(세모, 크기 10)과 레이블 값을 표시하시오.
	눈금선 : 선 스타일 – 파선
	축 : ≪출력형태≫를 참조하시오.
	(8) 범례 ⇒ 범례명을 변경하고 ≪출력형태≫를 참조하시오.
	(9) 도형 ⇒ '모서리가 둥근 사각형 설명선'을 삽입한 후 ≪출력형태≫와 같이 내용을 입력하시오.
	(10) 나머지 사항은 ≪출력형태≫에 맞게 작성하시오.

출력형태

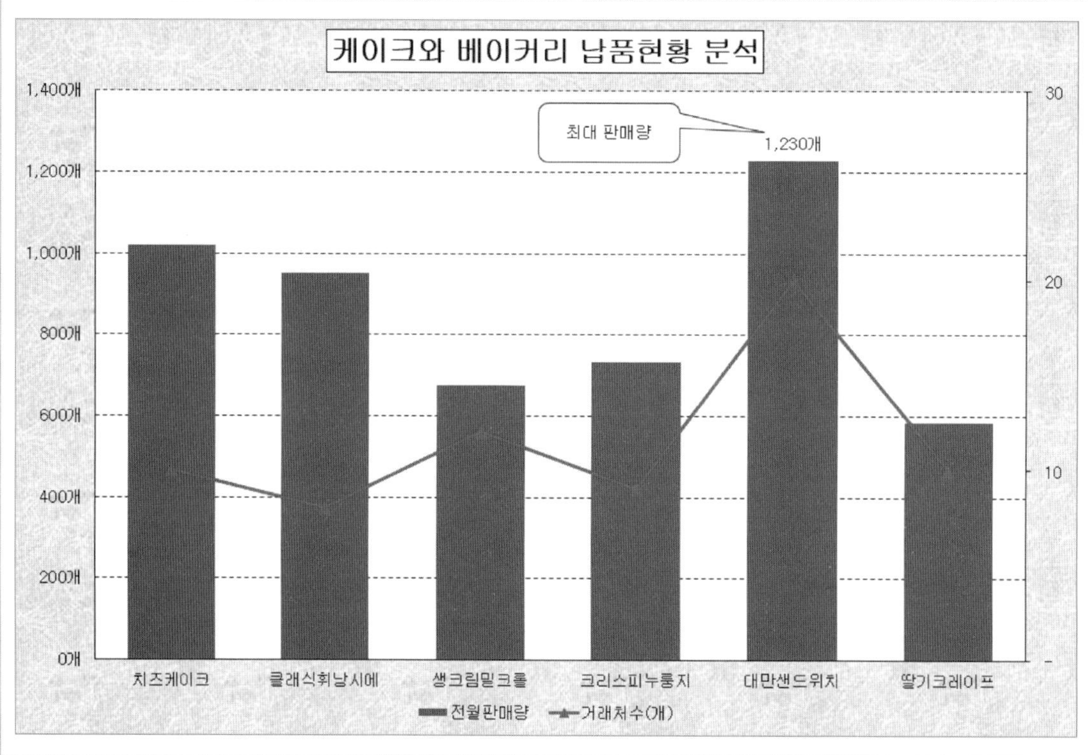

주의 시트명 순서가 차례대로 "제1작업", "제2작업", "제3작업", "제4작업"이 되도록 할 것

최신 기출문제 03회

수험번호 20263003 　 **정답파일** PART 03 최신 기출문제\최신03회_정답.xlsx

제1작업	표 서식 작성 및 값 계산	240점

다음은 '전문인력 파견업무 현황'에 대한 자료이다. 자료를 입력하고 조건에 맞도록 작업하시오.

출력형태

관리코드	업무구분	성명	근무지	계약일	근무시간 (일)	총급여 (단위:원)	순위	성별
C3222	교육	박은진	서울	2020-03-20	6	8,850,000	(1)	(2)
T2281	디자인	주인재	대전	2021-02-20	5	5,730,000	(1)	(2)
A4352	회계	정소민	부산	2022-11-20	6	7,656,000	(1)	(2)
A4222	디자인	차시영	대전	2021-07-20	5	6,050,000	(1)	(2)
C7271	회계	김근호	대전	2020-05-20	5	6,500,000	(1)	(2)
A3342	교육	장은비	부산	2022-12-20	6	8,640,000	(1)	(2)
V2242	교육	김현희	서울	2022-11-20	4	5,780,000	(1)	(2)
T5311	디자인	정지상	대전	2021-09-20	7	9,086,000	(1)	(2)
교육업무 총급여(단위:원) 평균			(3)			최대 총급여(단위:원)		(5)
회계업무 파견 건수			(4)			관리코드	C3222	근무지	(6)

제목 위에는 **확인** / 담당 / 팀장 / 센터장 결재란이 있음.

조건

- 모든 데이터의 서식에는 글꼴(굴림, 11pt), 정렬은 숫자 및 회계 서식은 오른쪽 정렬, 나머지 서식은 가운데 정렬로 작성하며 예외적인 것은 ≪출력형태≫를 참조하시오.
- 제목 ⇒ 도형(사다리꼴)과 그림자(오프셋 오른쪽)를 이용하여 작성하고 "전문인력 파견업무 현황"을 입력한 후 다음 서식을 적용하시오(글꼴 – 굴림, 24pt, 검정, 굵게, 채우기 – 노랑).
- 임의의 셀에 결재란을 작성하여 그림으로 복사 기능을 이용하여 붙이기 하시오(단, 원본 삭제).
- 「B4:J4, G14, I14」 영역은 '주황'으로 채우기 하시오.
- 유효성 검사를 이용하여 「H14」 셀에 관리코드(「B5:B12」 영역)가 선택 표시되도록 하시오.
- 셀 서식 ⇒ 「G5:G12」 영역에 셀 서식을 이용하여 숫자 뒤에 'H'를 표시하시오(예 : 6H).
- 「C5:C12」 영역에 대해 '업무구분'으로 이름정의를 하시오.

(1)~(6) 셀은 반드시 <u>주어진 함수를 이용하여</u> 값을 구하시오(결과값을 직접 입력하면 해당 셀은 0점 처리됨).

(1) 순위 ⇒ 총급여(단위:원)의 내림차순 순위를 1~3까지 구하고, 그 외에는 공백으로 표시하시오(IF, RANK.EQ 함수).

(2) 성별 ⇒ 관리코드의 마지막 글자가 1이면 '남성', 2이면 '여성'으로 구하시오(CHOOSE, RIGHT 함수).

(3) 교육업무 총급여(단위:원) 평균 ⇒ 내림하여 만원 단위로 구하시오. 단, 조건은 입력데이터를 이용하시오 (ROUNDDOWN, DAVERAGE 함수)(예 : 2,567,468 → 2,560,000).

(4) 회계업무 파견 건수 ⇒ 정의된 이름(업무구분)을 이용하여 구한 결과값에 '건'을 붙이시오 (COUNTIF 함수, & 연산자)(예 : 1건).

(5) 최대 총급여(단위:원) ⇒ (MAX 함수)

(6) 근무지 ⇒ 「H14」 셀에서 선택한 관리코드에 대한 근무지를 표시하시오(VLOOKUP 함수).

(7) 조건부 서식의 수식을 이용하여 총급여(단위:원)가 '8,000,000' 이상인 행 전체에 다음의 서식을 적용하시오 (글꼴 : 파랑, 굵게).

"제1작업" 시트의 「B4:H12」 영역을 복사하여 "제2작업" 시트의 「B2」 셀부터 모두 붙여넣기를 한 후 다음의 조건과 같이 작업하시오.

조건	
(1)	고급 필터 – 업무구분이 '회계'이거나, 총급여(단위:원)가 '6,000,000' 이하인 자료의 성명, 근무지, 근무시간(일), 총급여(단위:원) 데이터만 추출하시오. – 조건 범위 : 「B14」 셀부터 입력하시오. – 복사 위치 : 「B18」 셀부터 나타나도록 하시오. (2) 표 서식 – 고급필터의 결과셀을 채우기 없음으로 설정한 후 '표 스타일 보통 6'의 서식을 적용하시오. – 머리글 행, 줄무늬 행을 적용하시오.

"제1작업" 시트를 이용하여 "제3작업" 시트에 조건에 따라 ≪출력형태≫와 같이 작업하시오.

조건	
	(1) 계약일 및 근무지별 성명의 개수와 총급여(단위:원)의 평균을 구하시오. (2) 계약일을 그룹화하고, 근무지를 ≪출력형태≫와 같이 정렬하시오. (3) 레이블이 있는 셀 병합 및 가운데 맞춤 적용 및 빈 셀은 '＊＊'로 표시하시오. (4) 행의 총합계는 지우고, 나머지 사항은 ≪출력형태≫에 맞게 작성하시오.
출력형태	

	근무지							
		서울		부산		대전		
계약일	개수 : 성명	평균 : 총급여(단위:원)	개수 : 성명	평균 : 총급여(단위:원)	개수 : 성명	평균 : 총급여(단위:원)
2020년	1	8,850,000	**	**	1	6,500,000
2021년	**	**	**	**	3	6,955,333
2022년	1	5,780,000	2	8,148,000	**	**
총합계	2	7,315,000	2	8,148,000	4	6,841,500

"제1작업" 시트를 이용하여 조건에 따라 ≪출력형태≫와 같이 작업하시오.

조건	
	(1) 차트 종류 ⇒ 〈묶은 세로 막대형〉으로 작업하시오.
	(2) 데이터 범위 ⇒ "제1작업" 시트의 내용을 이용하여 작업하시오.
	(3) 위치 ⇒ "새 시트"로 이동하고, "제4작업"으로 시트 이름을 바꾸시오.
	(4) 차트 디자인 도구 ⇒ 레이아웃 3, 스타일 1을 선택하여 ≪출력형태≫에 맞게 작업하시오.
	(5) 영역 서식 ⇒ 차트 : 글꼴(굴림, 11pt), 채우기 효과(질감 – 파랑 박엽지)
	그림 : 채우기(흰색, 배경1)
	(6) 제목 서식 ⇒ 차트 제목 : 글꼴(굴림, 굵게, 20pt), 채우기(흰색, 배경1), 테두리
	(7) 서식 ⇒ 근무시간(일) 계열의 차트 종류를 〈표식이 있는 꺾은선형〉으로 변경한 후 보조 축으로 지정하시오.
	계열 : ≪출력형태≫를 참조하여 표식(마름모, 크기 10)과 레이블 값을 표시하시오.
	눈금선 : 선 스타일 – 파선
	축 : ≪출력형태≫를 참조하시오.
	(8) 범례 ⇒ 범례명을 변경하고 ≪출력형태≫를 참조하시오.
	(9) 도형 ⇒ '모서리가 둥근 사각형 설명선'을 삽입한 후 ≪출력형태≫와 같이 내용을 입력하시오.
	(10) 나머지 사항은 ≪출력형태≫에 맞게 작성하시오.

출력형태

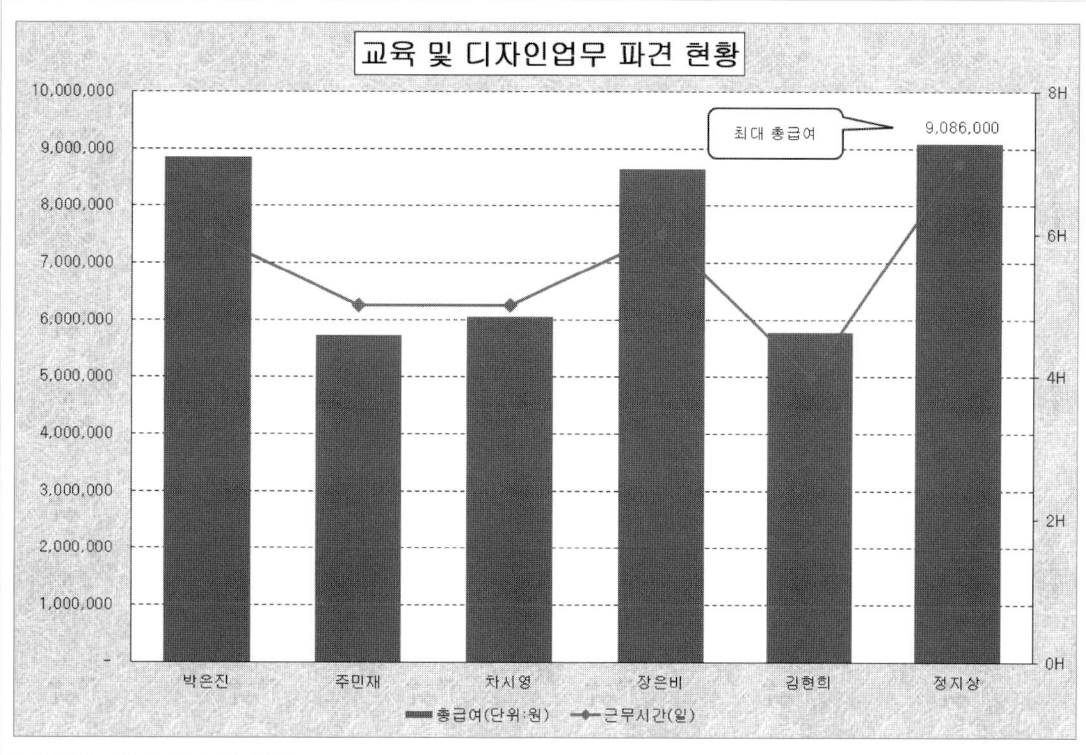

주의 시트명 순서가 차례대로 "제1작업", "제2작업", "제3작업", "제4작업"이 되도록 할 것

최신 기출문제 04회

| 제1작업 | 표 서식 작성 및 값 계산 | 240점 |

다음은 '국내 인기 유튜브 현황'에 대한 자료이다. 자료를 입력하고 조건에 맞도록 작업하시오.

출력형태

유튜브	채널명	가입일	카테고리	게시 된 비디오수	구독자수	조회수 (최근 7일간)	순위	가입연도
						담당	팀장	본부장
		국내 인기 유튜브 현황				결재		
KE-115	한국셀럽	2016-05-03	피플앤블로그	235	28,053	9,964	(1)	(2)
KH-541	칸바이트	2017-12-05	엔터테인먼트	1,908	6,632	3,201	(1)	(2)
MR-213	코리아이슈	2018-01-03	피플앤블로그	348	3,996	658	(1)	(2)
PW-245	한국TV	2017-06-04	엔터테인먼트	981	3,331	754	(1)	(2)
LQ-712	마이소코리아	2016-04-03	과학과 기술	375	1,142	347	(1)	(2)
AL-432	코스모코리아	2018-03-04	과학과 기술	1,506	16,588	8,261	(1)	(2)
KG-312	투데이경제	2017-05-26	피플앤블로그	605	1,913	1,988	(1)	(2)
CK-123	러브캣	2017-03-07	엔터테인먼트	809	20,356	8,044	(1)	(2)
최대 조회수			(3)		엔터테인먼트에 게시 된 비디오수 합계			(5)
피플앤블로그 구독자수 평균			(4)		채널명	한국셀럽	구독자수	(6)

조건

- 모든 데이터의 서식에는 글꼴(굴림, 11pt), 정렬은 숫자 및 회계 서식은 오른쪽 정렬, 나머지 서식은 가운데 정렬로 작성하며 예외적인 것은 《출력형태》를 참조하시오.
- 제목 ⇒ 도형(배지)과 그림자(오프셋 오른쪽)를 이용하여 작성하고 "국내 인기 유튜브 현황"을 입력한 후 다음 서식을 적용하시오(글꼴 – 굴림, 24pt, 검정, 굵게, 채우기 – 노랑).
- 임의의 셀에 결재란을 작성하여 그림으로 복사 기능을 이용하여 붙이기 하시오(단, 원본 삭제).
- 「B4:J4, G14, I14」 영역은 '주황'으로 채우기 하시오.
- 유효성 검사를 이용하여 「H14」셀에 채널명(「C5:C12」 영역)이 선택 표시되도록 하시오.
- 셀 서식 ⇒ 「H5:H12」 영역에 셀 서식을 이용하여 숫자 뒤에 '천회'를 표시하시오(예 : 9,964천회).
- 「H5:H12」 영역에 대해 '조회수'로 이름정의를 하시오.

(1)~(6) 셀은 반드시 주어진 함수를 이용하여 값을 구하시오(결과값을 직접 입력하면 해당 셀은 0점 처리됨).

(1) 순위 ⇒ 구독자수의 내림차순 순위를 1~3까지 구하고, 그 외에는 공백으로 표시하시오(IF, RANK.EQ 함수).

(2) 가입연도 ⇒ 가입일의 연도를 구한 결과값에 '년'을 붙이시오(YEAR 함수, & 연산자)(예 : 2025년).

(3) 최대 조회수 ⇒ 정의된 이름(조회수)을 이용하여 구하시오(MAX 함수).

(4) 피플앤블로그 구독자수 평균 ⇒ 반올림하여 예와 같이 구하시오. 단, 조건은 입력데이터를 이용하시오 (ROUND, DAVERAGE 함수)(예 : 10,367.4 → 10,370).

(5) 엔터테인먼트에 게시 된 비디오수 합계 ⇒ (SUMIF 함수)

(6) 구독자수 ⇒ 「H14」셀에서 선택한 채널명에 대한 구독자수를 구하시오(VLOOKUP 함수).

(7) 조건부 서식의 수식을 이용하여 구독자수가 '10,000' 이상인 행 전체에 다음의 서식을 적용하시오(글꼴 : 파랑, 굵게).

<table>
<tr><td>제 2 작업</td><td>목표값 찾기 및 필터</td><td>80점</td></tr>
</table>

"제1작업" 시트의 「B4:H12」 영역을 복사하여 "제2작업" 시트의 「B2」 셀부터 모두 붙여넣기를 한 후 다음의 조건과 같이 작업하시오.

조건	
(1)	목표값 찾기 – 「B11:G11」 셀을 병합하고, 가운데 맞춤한 후 "구독자수 전체 평균"을 입력하고, 「H11」 셀에 구독자수 전체 평균을 구하시오(AVERAGE 함수, 테두리). – '구독자수 전체 평균'이 '10,300'이 되려면 한국셀럽의 구독자수가 얼마가 되어야 하는지 목표값을 구하시오.
(2)	고급필터 – 카테고리가 '피플앤블로그'가 아니면서 조회수(최근 7일간)가 '5,000' 이하인 자료의 채널명, 가입일, 구독자수, 조회수(최근 7일간) 데이터만 추출하시오. – 조건 범위 : 「B14」 셀부터 입력하시오. – 복사 위치 : 「B18」 셀부터 나타나도록 하시오.

<table>
<tr><td>제 3 작업</td><td>정렬 및 부분합</td><td>80점</td></tr>
</table>

"제1작업" 시트의 「B4:H12」 영역을 복사하여 "제3작업" 시트의 「B2」 셀부터 모두 붙여넣기를 한 후 다음의 조건과 같이 작업하시오.

조건	
(1) 부분합 – ≪출력형태≫처럼 정렬하고, 채널명의 개수와 조회수(최근 7일간)의 평균을 구하시오.
(2) 개요【윤곽】 – 지우시오.
(3) 나머지 사항은 ≪출력형태≫에 맞게 작성하시오.

출력형태

	유튜브	채널명	가입일	카테고리	게시 된 비디오수	구독자수	조회수 (최근 7일간)
KE-115	한국셀럽	2016-05-03	피플앤블로그	235	28,053	9,964천회
MR-213	코리아이슈	2018-01-03	피플앤블로그	348	3,996	658천회
KG-312	투데이경제	2017-05-26	피플앤블로그	605	1,913	1,988천회
			피플앤블로그 평균			4,203천회
	3		피플앤블로그 개수			
KH-541	칸바이트	2017-12-05	엔터테인먼트	1,908	6,632	3,201천회
PW-245	한국TV	2017-06-04	엔터테인먼트	981	3,331	754천회
CK-123	러브캣	2017-03-07	엔터테인먼트	809	20,356	8,044천회
			엔터테인먼트 평균			4,000천회
	3		엔터테인먼트 개수			
LQ-712	마이소코리아	2016-04-03	과학과 기술	375	1,142	347천회
AL-432	코스모코리아	2018-03-04	과학과 기술	1,506	16,588	8,261천회
			과학과 기술 평균			4,304천회
	2		과학과 기술 개수			
			전체 평균			4,152천회
	8		전체 개수			

"제1작업" 시트를 이용하여 조건에 따라 ≪출력형태≫와 같이 작업하시오.

조건	
	(1) 차트 종류 ⇒ 〈묶은 세로 막대형〉으로 작업하시오.
	(2) 데이터 범위 ⇒ "제1작업" 시트의 내용을 이용하여 작업하시오.
	(3) 위치 ⇒ "새 시트"로 이동하고, "제4작업"으로 시트 이름을 바꾸시오.
	(4) 차트 디자인 도구 ⇒ 레이아웃 3, 스타일 1을 선택하여 ≪출력형태≫에 맞게 작업하시오.
	(5) 영역 서식 ⇒ 차트 : 글꼴(굴림, 11pt), 채우기 효과(질감 – 파랑 박엽지) 　　　　　　　　그림 : 채우기(흰색, 배경1)
	(6) 제목 서식 ⇒ 차트 제목 : 글꼴(굴림, 굵게, 20pt), 채우기(흰색, 배경1), 테두리
	(7) 서식 ⇒ 구독자수 계열의 차트 종류를 〈표식이 있는 꺾은선형〉으로 변경한 후 보조 축으로 지정하시오. 　　　계열 : ≪출력형태≫를 참조하여 표식(세모, 크기 10)과 레이블 값을 표시하시오. 　　　눈금선 : 선 스타일 – 파선 　　　축 : ≪출력형태≫를 참조하시오.
	(8) 범례 ⇒ 범례명을 변경하고 ≪출력형태≫를 참조하시오.
	(9) 도형 ⇒ '모서리가 둥근 사각형 설명선'을 삽입한 후 ≪출력형태≫와 같이 내용을 입력하시오.
	(10) 나머지 사항은 ≪출력형태≫에 맞게 작성하시오.

출력형태

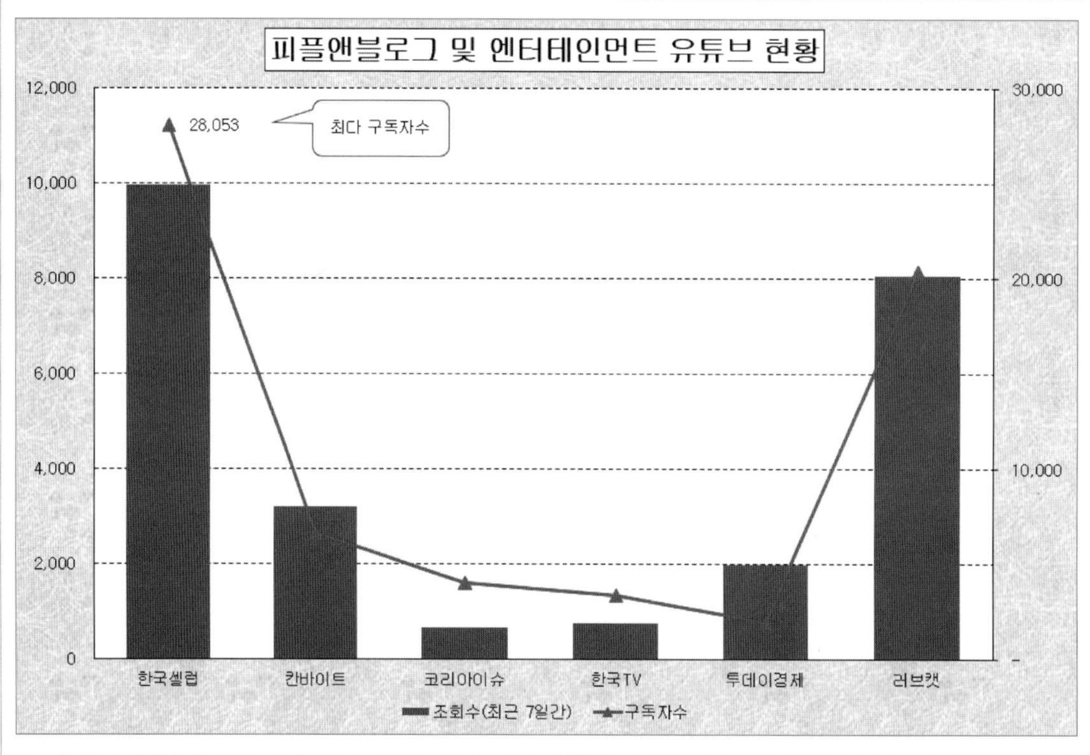

주의 시트명 순서가 차례대로 "제1작업", "제2작업", "제3작업", "제4작업"이 되도록 할 것

최신 기출문제 05회

수험번호 20263005　　**정답파일** PART 03 최신 기출문제\최신05회_정답.xlsx

▶ 합격 강의

제1작업　**표 서식 작성 및 값 계산**　　**240**점

다음은 '미래 박물관 체험학습 현황'에 대한 자료이다. 자료를 입력하고 조건에 맞도록 작업하시오.

출력형태

	담당	팀장	부장
확인			

미래 박물관 체험학습 현황

코드	체험 유형	담당자	학습 대상자	신청인원(명)	정원(명)	누적 참여인원	순위	학습 장소
E2432	응급처치	손미진	성인	42	50	12,500	(1)	(2)
A2512	미술체험	이경희	유아	38	40	22,500	(1)	(2)
S1531	과학실험	김경동	초등학생	28	30	13,500	(1)	(2)
S1341	증강현실	이정빈	성인	32	40	14,259	(1)	(2)
L3603	문학체험	김미영	초등학생	45	50	8,950	(1)	(2)
S2102	로봇만들기	박정훈	유아	31	35	7,840	(1)	(2)
S1551	가상현실	장우진	성인	27	30	6,200	(1)	(2)
P2842	사진촬영	정다영	초등학생	29	30	5,580	(1)	(2)
성인 대상자 체험학습 개수		(3)			최대 누적 참여인원			(5)
유아 대상자 누적 참여인원 합계		(4)		체험 유형	응급처치	학습 대상자		(6)

조건

- 모든 데이터의 서식에는 글꼴(굴림, 11pt), 정렬은 숫자 및 회계 서식은 오른쪽 정렬, 나머지 서식은 가운데 정렬로 작성하며 예외적인 것은 ≪출력형태≫를 참조하시오.
- 제목 ⇒ 도형(사다리꼴)과 그림자(오프셋 오른쪽)를 이용하여 작성하고 "미래 박물관 체험학습 현황"을 입력한 후 다음 서식을 적용하시오(글꼴 – 굴림, 24pt, 검정, 굵게, 채우기 – 노랑).
- 임의의 셀에 결재란을 작성하여 그림으로 복사 기능을 이용하여 붙이기 하시오(단, 원본 삭제).
- 「B4:J4, G14, I14」 영역은 '주황'으로 채우기 하시오.
- 유효성 검사를 이용하여 「H14」 셀에 체험 유형(「C5:C12」 영역)이 선택 표시되도록 하시오.
- 셀 서식 ⇒ 「H5:H12」 영역에 셀 서식을 이용하여 숫자 뒤에 '명'을 표시하시오(예 : 12,500명).
- 「E5:E12」 영역에 대해 '대상자'로 이름정의를 하시오.

---

(1)~(6) 셀은 반드시 주어진 함수를 이용하여 값을 구하시오(결과값을 직접 입력하면 해당 셀은 0점 처리됨).

(1)　순위 ⇒ 누적 참여인원의 내림차순 순위를 1~3까지 구하고, 그 외에는 공백으로 나타내시오(IF, RANK.EQ 함수).

(2)　학습 장소 ⇒ 코드의 두 번째 글자가 1이면 '실험실', 2이면 '강당', 3이면 '강의실'로 구하시오(CHOOSE, MID 함수).

(3)　성인 대상자 체험학습 개수 ⇒ 조건은 입력데이터를 이용하여 구한 후 결과값에 '개'를 붙이시오
　　　　　　　　　　　　　　　(DCOUNTA 함수, & 연산자)(예 : 5개).

(4)　유아 대상자 누적 참여인원 합계 ⇒ 정의된 이름(대상자)을 이용하여 구하시오(SUMIF 함수).

(5)　최대 누적 참여인원 ⇒ (LARGE 함수)

(6)　학습 대상자 ⇒ 「H14」 셀에서 선택한 체험 유형에 대한 학습 대상자를 구하시오(VLOOKUP 함수).

(7)　조건부 서식의 수식을 이용하여 누적 참여인원이 '14,000' 이상인 행 전체에 다음의 서식을 적용하시오(글꼴 : 파랑, 굵게).

"제1작업" 시트의 「B4:H12」 영역을 복사하여 "제2작업" 시트의 「B2」 셀부터 모두 붙여넣기를 한 후 다음의 조건과 같이 작업하시오.

조건	
(1)	고급 필터 – 학습 대상자가 '성인'이거나, 누적 참여인원이 '20,000' 이상인 자료의 체험 유형, 담당자, 신청인원(명), 누적 참여인원 데이터만 추출하시오.
	– 조건 범위 : 「B14」 셀부터 입력하시오.
	– 복사 위치 : 「B18」 셀부터 나타나도록 하시오.
(2)	표 서식 – 고급필터의 결과셀을 채우기 없음으로 설정한 후 '표 스타일 보통 6'의 서식을 적용하시오.
	– 머리글 행, 줄무늬 행을 적용하시오.

제 3 작업　　피벗 테이블　　　　　　　　　　　　　　　　　　　　　　**80**점

"제1작업" 시트를 이용하여 "제3작업" 시트에 조건에 따라 ≪출력형태≫와 같이 작업하시오.

조건	
(1)	신청인원(명) 및 학습 대상자별 체험 유형의 개수와 누적 참여인원의 평균을 구하시오.
(2)	신청인원(명)을 그룹화하고, 학습 대상자를 ≪출력형태≫와 같이 정렬하시오.
(3)	레이블이 있는 셀 병합 및 가운데 맞춤 적용 및 빈 셀은 '＊＊'로 표시하시오.
(4)	행의 총합계는 지우고, 나머지 사항은 ≪출력형태≫에 맞게 작성하시오.

출력형태

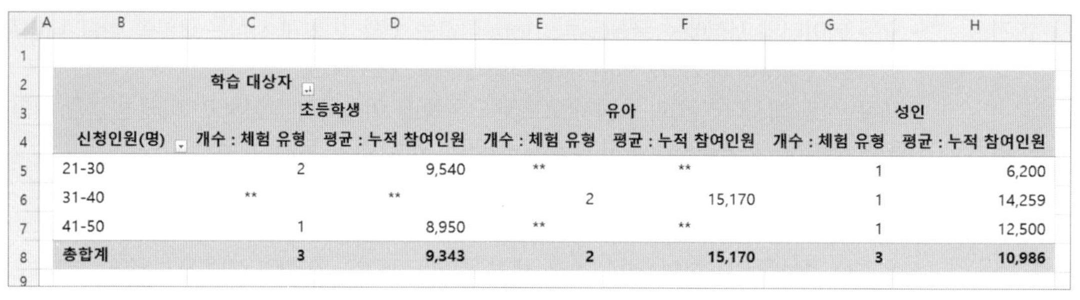

신청인원(명)	초등학생		유아		성인	
	개수 : 체험 유형	평균 : 누적 참여인원	개수 : 체험 유형	평균 : 누적 참여인원	개수 : 체험 유형	평균 : 누적 참여인원
21-30	2	9,540	＊＊	＊＊	1	6,200
31-40	＊＊	＊＊	2	15,170	1	14,259
41-50	1	8,950	＊＊	＊＊	1	12,500
총합계	3	9,343	2	15,170	3	10,986

"제1작업" 시트를 이용하여 조건에 따라 ≪출력형태≫와 같이 작업하시오.

조건	
	(1) 차트 종류 ⇒ 〈묶은 세로 막대형〉으로 작업하시오.
	(2) 데이터 범위 ⇒ "제1작업" 시트의 내용을 이용하여 작업하시오.
	(3) 위치 ⇒ "새 시트"로 이동하고, "제4작업"으로 시트 이름을 바꾸시오.
	(4) 차트 디자인 도구 ⇒ 레이아웃 3, 스타일 1을 선택하여 ≪출력형태≫에 맞게 작업하시오.
	(5) 영역 서식 ⇒ 차트 : 글꼴(굴림, 11pt), 채우기 효과(질감 – 파랑 박엽지)
	그림 : 채우기(흰색, 배경1)
	(6) 제목 서식 ⇒ 차트 제목 : 글꼴(굴림, 굵게, 20pt), 채우기(흰색, 배경1), 테두리
	(7) 서식 ⇒ 누적 참여인원 계열의 차트 종류를 〈표식이 있는 꺾은선형〉으로 변경한 후 보조 축으로 지정하시오.
	계열 : ≪출력형태≫를 참조하여 표식(마름모, 크기 10)과 레이블 값을 표시하시오.
	눈금선 : 선 스타일 – 파선
	축 : ≪출력형태≫를 참조하시오.
	(8) 범례 ⇒ 범례명을 변경하고 ≪출력형태≫를 참조하시오.
	(9) 도형 ⇒ '모서리가 둥근 사각형 설명선'을 삽입한 후 ≪출력형태≫와 같이 내용을 입력하시오.
	(10) 나머지 사항은 ≪출력형태≫에 맞게 작성하시오.

출력형태

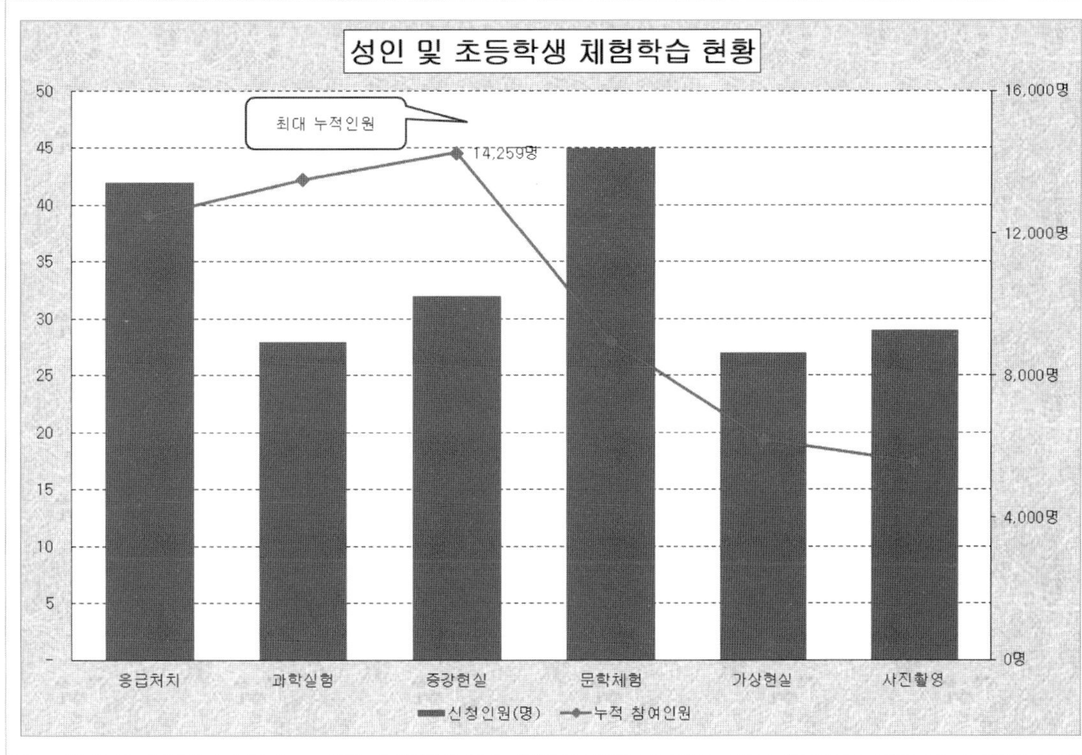

주의 시트명 순서가 차례대로 "제1작업", "제2작업", "제3작업", "제4작업"이 되도록 할 것

이 책장을 넘기면,
합격의 길이 열릴 거예요.

실전 모의고사

정보기술자격(ITQ) 시험

과목	코드	문제유형	시험시간	수험번호	성명
한글엑셀	1122	A	60분		

※ 실전 모의고사 01~10회 학습 시 답안 작성요령을 동일하게 적용하세요.

수험자 유의사항

- 수험자는 문제지를 받는 즉시 문제지와 **수험표상의 시험과목(프로그램)이 동일한지 반드시 확인**하여야 합니다.

- 파일명은 본인의 "수험번호–성명"으로 입력하여 답안폴더(내 PC₩문서₩ITQ)에 하나의 파일로 저장해야 하며, 답안문서 파일명이 "수험번호–성명"과 일치하지 않거나, 답안파일을 전송하지 않아 미제출로 처리될 경우 실격 처리합니다(예: 12345678–홍길동.xlsx).

- 답안 작성을 마치면 파일을 저장하고, '답안 전송' 버튼을 선택하여 감독위원 PC로 답안을 전송하십시오. 수험생 정보와 저장한 파일명이 다를 경우 전송되지 않으므로 주의하시기 바랍니다.

- 답안 작성 중에도 **주기적으로 저장하고, '답안 전송'**하여야 문제 발생을 줄일 수 있습니다. 작업한 내용을 저장하지 않고 전송할 경우 이전에 저장된 내용이 전송되니 이점 유의하시기 바랍니다.

- 답안문서는 지정된 경로 외의 다른 보조기억장치에 저장하는 경우, 지정된 시험 시간 외에 작성된 파일을 활용할 경우, 기타 통신수단(이메일, 메신저, 네트워크 등)을 이용하여 타인에게 전달 또는 외부 반출하는 경우는 부정 처리합니다.

- 시험 중 부주의 또는 고의로 시스템을 파손한 경우는 수험자가 변상해야 하며, 〈수험자 유의사항〉에 기재된 방법대로 이행하지 않아 생기는 불이익은 수험생 당사자의 책임임을 알려 드립니다.

- 문제의 조건은 MS오피스 2021 버전으로 설정되어 있으며 MS오피스 2016은 【 】에 표기되어 있습니다. 이와 관련하여 작성한 답안의 출력형태가 문제지와 다를 수 있습니다.

- 시험을 완료한 수험자는 답안파일이 전송되었는지 확인한 후 감독위원의 지시에 따라 문제지를 제출하고 퇴실합니다.

답안 작성요령

- 온라인 답안 작성 절차
  수험자 등록 ⇒ 시험 시작 ⇒ 답안파일 저장 ⇒ 답안 전송 ⇒ 시험 종료

- 문제는 총 4단계, 즉 제1작업부터 제4작업까지 구성되어 있으며 반드시 제1작업부터 순서대로 작성하고 조건대로 작업하시오.

- 모든 작업시트의 A열은 열 너비 '1'로, 나머지 열은 적당하게 조절하시오.

- 모든 작업시트의 테두리는 ≪출력형태≫와 같이 작업하시오.

- 해당 작업란에서는 각각 제시된 조건에 따라 ≪출력형태≫와 같이 작업하시오.

- 답안 시트 이름은 "제1작업", "제2작업", "제3작업", "제4작업"이어야 하며 답안 시트 이외의 것은 감점 처리됩니다.

- 각 시트를 파일로 나누어 작업해서 저장할 경우 실격 처리됩니다.

실전 모의고사 01회

수험번호 20263011　　**정답파일** PART 04 실전 모의고사₩실전01회_정답.xlsx

 ▶합격 강의

| 제 1 작업 | 표 서식 작성 및 값 계산 | **240** 점 |

다음은 '인기 복합기 판매 현황'에 대한 자료이다. 자료를 입력하고 조건에 맞도록 작업하시오.

출력형태

제품코드	제품명	제조사	판매금액	인쇄속도(ppm)	판매수량(단위:대)	재고수량(단위:대)	판매순위	평가
K2949	루이	레온	149,000	14	157	64	(1)	(2)
P3861	레옹	이지전자	150,000	16	184	48	(1)	(2)
L3997	지니	레온	344,000	15	154	101	(1)	(2)
K2789	퍼플	티파니	421,000	19	201	65	(1)	(2)
K6955	밴티지	이지전자	175,000	6	98	128	(1)	(2)
P3811	다큐프린터	레온	245,000	17	217	87	(1)	(2)
L3711	로사프린터	티파니	182,000	12	256	36	(1)	(2)
L4928	새롬레이저	이지전자	389,000	18	94	117	(1)	(2)
티파니 제조사 재고수량(단위:대) 합계			(3)		티파니 제조사 비율			(5)
레온 제조사 최고 판매금액			(4)		제품코드	K2949	판매수량(단위:대)	(6)

확인 / 담당 / 팀장 / 센터장

조건

- 모든 데이터의 서식에는 글꼴(굴림, 11pt), 정렬은 숫자 및 회계 서식은 오른쪽 정렬, 나머지 서식은 가운데 정렬로 작성하며 예외적인 것은 ≪출력형태≫를 참조하시오.
- 제목 ⇒ 도형(육각형)과 그림자(오프셋 오른쪽)를 이용하여 작성하고 "인기 복합기 판매 현황"을 입력한 후 다음 서식을 적용하시오(글꼴 – 굴림, 24pt, 검정, 굵게, 채우기 – 노랑).
- 임의의 셀에 결재란을 작성하여 그림으로 복사 기능을 이용하여 붙이기 하시오(단, 원본 삭제).
- 「B4:J4, G14, I14」 영역은 '주황'으로 채우기 하시오.
- 유효성 검사를 이용하여 「H14」 셀에 제품코드(「B5:B12」 영역)가 선택 표시되도록 하시오.
- 셀 서식 ⇒ 「E5:E12」 영역에 셀 서식을 이용하여 숫자 뒤에 '원'을 표시하시오(예 : 149,000원).
- 「G5:G12」 영역에 대해 '판매수량'으로 이름정의를 하시오.

(1)~(6) 셀은 반드시 <u>주어진 함수를 이용하여</u> 값을 구하시오(결과값을 직접 입력하면 해당 셀은 0점 처리됨).

(1) 판매순위 ⇒ 정의된 이름(판매수량)을 이용하여 내림차순 순위를 구한 결과값에 '위'를 붙이시오 (RANK.EQ 함수, & 연산자)(예 : 1위).

(2) 평가 ⇒ 인쇄속도(ppm)가 전체 인쇄속도(ppm)에서 세 번째로 큰 값 이상이면 '우수', 그 외에는 공백으로 표시하시오 (IF, LARGE 함수).

(3) 티파니 제조사 재고수량(단위:대) 합계 ⇒ (SUMIF 함수)

(4) 레온 제조사 최고 판매금액 ⇒ 조건은 입력데이터를 이용하시오(DMAX 함수).

(5) 티파니 제조사 비율 ⇒ 결과값을 백분율로 표시하시오(COUNTIF, COUNTA 함수).

(6) 판매수량(단위:대) ⇒ 「H14」 셀에서 선택한 제품코드에 대한 판매수량(단위:대)를 구하시오(VLOOKUP 함수).

(7) 조건부 서식의 수식을 이용하여 재고수량(단위:대)이 '100' 이상인 행 전체에 다음의 서식을 적용하시오 (글꼴 : 파랑, 굵게).

"제1작업" 시트의 「B4:H12」 영역을 복사하여 "제2작업" 시트의 「B2」 셀부터 모두 붙여넣기를 한 후 다음의 조건과 같이 작업하시오.

조건	
조건	(1) 고급 필터 – 제품코드가 'L'로 시작하거나 판매수량(단위:대)이 '100' 이하인 자료의 제품코드, 제품명, 판매수량(단위:대), 재고수량(단위:대) 데이터만 추출하시오. – 조건 범위 : 「B14」 셀부터 입력하시오. – 복사 위치 : 「B18」 셀부터 나타나도록 하시오. (2) 표 서식 – 고급필터의 결과셀을 채우기 없음으로 설정한 후 '표 스타일 보통 6'의 서식을 적용하시오. – 머리글 행, 줄무늬 행을 적용하시오.

"제1작업" 시트를 이용하여 "제3작업" 시트에 조건에 따라 ≪출력형태≫와 같이 작업하시오.

조건	
조건	(1) 판매금액 및 제조사별 제품명의 개수와 판매수량(단위:대)의 평균을 구하시오. (2) 판매금액을 그룹화하고, 제조사를 ≪출력형태≫와 같이 정렬하시오. (3) 레이블이 있는 셀 병합 및 가운데 맞춤 적용 및 빈 셀은 '＊＊'로 표시하시오. (4) 행의 총합계는 지우고, 나머지 사항은 ≪출력형태≫에 맞게 작성하시오.

출력형태

판매금액	제조사						
	티파니		이지전자		레온		
	개수 : 제품명	평균 : 판매수량(단위:대)	개수 : 제품명	평균 : 판매수량(단위:대)	개수 : 제품명	평균 : 판매수량(단위:대)
1-200000	1	256	2	141	1	157
200001-400000	＊＊	＊＊	1	94	2	186
400001-600000	1	201	＊＊	＊＊	＊＊	＊＊
총합계	2	229	3	125	3	176

"제1작업" 시트를 이용하여 조건에 따라 ≪출력형태≫와 같이 작업하시오.

조건	
	(1) 차트 종류 ⇒ 〈묶은 세로 막대형〉으로 작업하시오.
	(2) 데이터 범위 ⇒ "제1작업" 시트의 내용을 이용하여 작업하시오.
	(3) 위치 ⇒ "새 시트"로 이동하고, "제4작업"으로 시트 이름을 바꾸시오.
	(4) 차트 디자인 도구 ⇒ 레이아웃 3, 스타일 1을 선택하여 ≪출력형태≫에 맞게 작업하시오.
	(5) 영역 서식 ⇒ 차트 : 글꼴(굴림, 11pt), 채우기 효과(질감 – 파랑 박엽지)
	그림 : 채우기(흰색, 배경1)
	(6) 제목 서식 ⇒ 차트 제목 : 글꼴(굴림, 굵게, 20pt), 채우기(흰색, 배경1), 테두리
	(7) 서식 ⇒ 판매금액 계열의 차트 종류를 〈표식이 있는 꺾은선형〉으로 변경한 후 보조 축으로 지정하시오.
	계열 : ≪출력형태≫를 참조하여 표식(네모, 크기 10)과 레이블 값을 표시하시오.
	눈금선 : 선 스타일 – 파선
	축 : ≪출력형태≫를 참조하시오.
	(8) 범례 ⇒ 범례명을 변경하고 ≪출력형태≫를 참조하시오.
	(9) 도형 ⇒ '모서리가 둥근 사각형 설명선'을 삽입한 후 ≪출력형태≫와 같이 내용을 입력하시오.
	(10) 나머지 사항은 ≪출력형태≫에 맞게 작성하시오.

출력형태

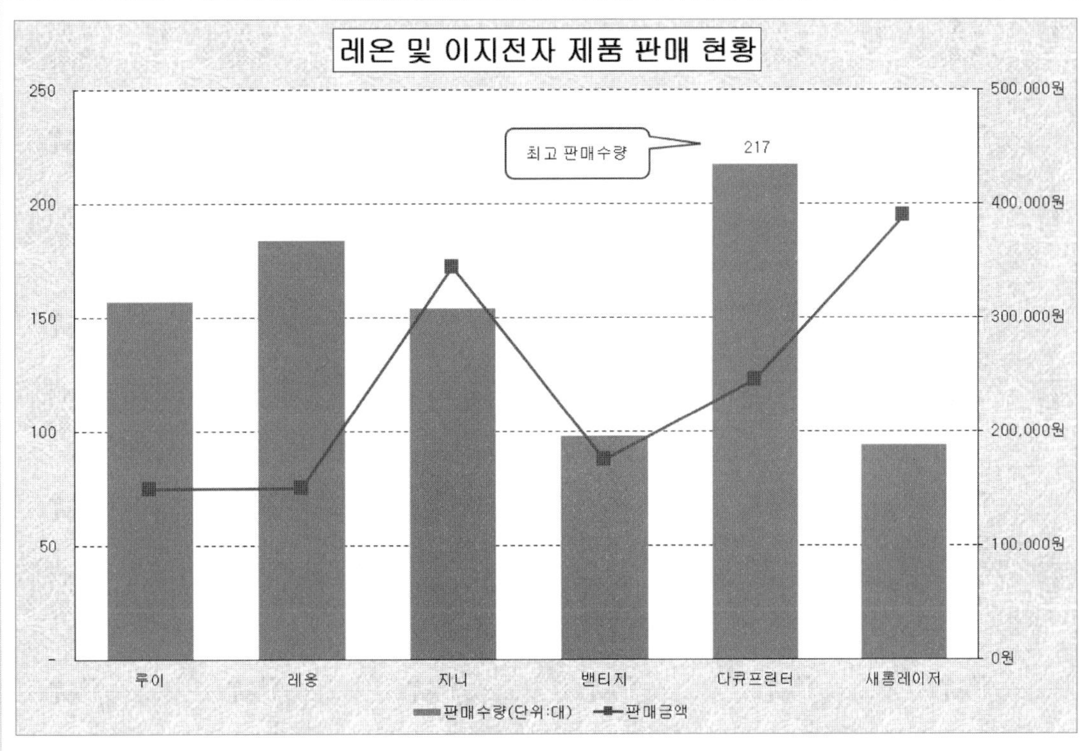

주의 시트명 순서가 차례대로 "제1작업", "제2작업", "제3작업", "제4작업"이 되도록 할 것

실전 모의고사 02회

수험번호 20263012　　**정답파일** PART 04 실전 모의고사₩실전02회_정답.xlsx

▶ 합격 강의

제 1 작업　표 서식 작성 및 값 계산　　　　240점

다음은 '3월 체험 행사 현황'에 대한 자료이다. 자료를 입력하고 조건에 맞도록 작업하시오.

출력형태

	담당	팀장	센터장
결재			

3월 체험 행사 현황

관리코드	체험행사명	구분	시작연도	행사기간(일)	체험비용	참석인원 (단위:명)	체험비 지원금	순위
BC-546	목공	공예	1990	7	45,000	6,552	(1)	(2)
BE-524	갯벌	생태	2006	30	25,000	2,500	(1)	(2)
NC-124	지진	안전	2001	14	12,000	12,134	(1)	(2)
UR-242	숲	생태	2002	20	20,000	12,500	(1)	(2)
QT-178	도자기	공예	2005	10	35,000	7,231	(1)	(2)
FG-688	화재	안전	1998	5	5,000	3,215	(1)	(2)
BV-122	유리	공예	1995	10	10,000	8,251	(1)	(2)
KD-166	습지	생태	2000	15	30,000	15,000	(1)	(2)
공예체험 개수			(3)			최저 체험비용		(5)
생태체험 참석인원(단위:명) 평균			(4)		체험행사명	목공	참석인원 (단위:명)	(6)

조건

- 모든 데이터의 서식에는 글꼴(굴림, 11pt), 정렬은 숫자 및 회계 서식은 오른쪽 정렬, 나머지 서식은 가운데 정렬로 작성하며 예외적인 것은 ≪출력형태≫를 참조하시오.
- 제목 ⇒ 도형(사다리꼴)과 그림자(오프셋 오른쪽)를 이용하여 작성하고 "3월 체험 행사 현황"을 입력한 후 다음 서식을 적용하시오(글꼴 – 굴림, 24pt, 검정, 굵게, 채우기 – 노랑).
- 임의의 셀에 결재란을 작성하여 그림으로 복사 기능을 이용하여 붙이기 하시오(단, 원본 삭제).
- 「B4:J4, G14, I14」 영역은 '주황'으로 채우기 하시오.
- 유효성 검사를 이용하여 「H14」 셀에 체험행사명(「C5:C12」 영역)이 선택 표시되도록 하시오.
- 셀 서식 ⇒ 「G5:G12」 영역에 셀 서식을 이용하여 숫자 뒤에 '원'을 표시하시오(예 : 45,000원).
- 「G5:G12」 영역에 대해 '체험비용'으로 이름정의를 하시오.

(1)~(6) 셀은 반드시 <u>주어진</u> 함수를 이용하여 값을 구하시오(결과값을 직접 입력하면 해당 셀은 0점 처리됨).

(1)　체험비 지원금 ⇒ 행사기간(일)이 '15' 이상이면서 참석인원(단위:명)이 '10,000' 이상이면 체험비용의 10%, 그 외에는 체험비용의 5%를 구하시오(IF, AND 함수).

(2)　순위 ⇒ 참석인원(단위:명)의 내림차순 순위를 구한 결과값에 '위'를 붙이시오(RANK.EQ 함수, & 연산자)(예 : 1위).

(3)　공예체험 개수 ⇒ 조건은 입력데이터를 이용하시오(DCOUNTA 함수).

(4)　생태체험 참석인원(단위:명) 평균 ⇒ (SUMIF, COUNTIF 함수)

(5)　최저 체험비용 ⇒ 정의된 이름(체험비용)을 이용하여 구하시오(MIN 함수).

(6)　참석인원(단위:명) ⇒ 「H14」 셀에서 선택한 체험행사명에 대한 참석인원(단위:명)을 구하시오(VLOOKUP 함수).

(7)　조건부 서식의 수식을 이용하여 체험비용이 '10,000' 이하인 행 전체에 다음의 서식을 적용하시오(글꼴 : 파랑, 굵게).

"

"제1작업" 시트의 「B4:H12」 영역을 복사하여 "제2작업" 시트의 「B2」 셀부터 모두 붙여넣기를 한 후 다음의 조건과 같이 작업하시오.

조건	(1) 목표값 찾기 – 「B11:G11」 셀을 병합하고, 가운데 맞춤한 후 "공예체험 체험비용 평균"을 입력하고, 「H11」 셀에 공예체험 체험비용 평균을 구하시오. 단, 조건은 입력데이터를 이용하시오 (DAVERAGE 함수, 테두리).
	– '공예체험 체험비용 평균'이 '25,000'이 되려면 목공의 체험비용이 얼마가 되어야 하는지 목표값을 구하시오.
	(2) 고급필터 – 구분이 '공예'가 아니면서 참석인원(단위:명)이 '10,000' 이하인 자료의 관리코드, 체험행사명, 행사기간(일), 체험비용, 참석인원(단위:명) 데이터만 추출하시오.
	– 조건 범위 : 「B14」 셀부터 입력하시오.
	– 복사 위치 : 「B18」 셀부터 나타나도록 하시오.

"제1작업" 시트의 「B4:H12」 영역을 복사하여 "제3작업" 시트의 「B2」 셀부터 모두 붙여넣기를 한 후 다음의 조건과 같이 작업하시오.

조건	(1) 부분합 – ≪출력형태≫처럼 정렬하고, 체험행사명의 개수와 참석인원(단위:명)의 평균을 구하시오.
	(2) 개요【윤곽】 – 지우시오.
	(3) 나머지 사항은 ≪출력형태≫에 맞게 작성하시오.

출력형태

	A	B	C	D	E	F	G	H
1								
2		관리코드	체험행사명	구분	시작연도	행사기간(일)	체험비용	참석인원(단위:명)
3		NC-124	지진	안전	2001	14	12,000원	12,134
4		FG-688	화재	안전	1998	5	5,000원	3,215
5				안전 평균				7,675
6			2	안전 개수				
7		BE-524	갯벌	생태	2006	30	25,000원	2,500
8		UR-242	숲	생태	2002	20	20,000원	12,500
9		KD-166	습지	생태	2000	15	30,000원	15,000
10				생태 평균				10,000
11			3	생태 개수				
12		BC-546	목공	공예	1990	7	45,000원	6,552
13		QT-178	도자기	공예	2005	10	35,000원	7,231
14		BV-122	유리	공예	1995	10	10,000원	8,251
15				공예 평균				7,345
16			3	공예 개수				
17				전체 평균				8,423
18			8	전체 개수				
19								

"제1작업" 시트를 이용하여 조건에 따라 ≪출력형태≫와 같이 작업하시오.

조건	(1) 차트 종류 ⇒ 〈묶은 세로 막대형〉으로 작업하시오. (2) 데이터 범위 ⇒ "제1작업" 시트의 내용을 이용하여 작업하시오. (3) 위치 ⇒ "새 시트"로 이동하고, "제4작업"으로 시트 이름을 바꾸시오. (4) 차트 디자인 도구 ⇒ 레이아웃 3, 스타일 1을 선택하여 ≪출력형태≫에 맞게 작업하시오. (5) 영역 서식 ⇒ 차트 : 글꼴(굴림, 11pt), 채우기 효과(질감 – 파랑 박엽지) 　　　　　　　　　 그림 : 채우기(흰색, 배경1) (6) 제목 서식 ⇒ 차트 제목 : 글꼴(굴림, 굵게, 20pt), 채우기(흰색, 배경1), 테두리 (7) 서식 ⇒ 참석인원(단위:명) 계열의 차트 종류를 〈표식이 있는 꺾은선형〉으로 변경한 후 보조 축으로 지정하시오. 　　　　　 계열 : ≪출력형태≫를 참조하여 표식(네모, 크기 10)과 레이블 값을 표시하시오. 　　　　　 눈금선 : 선 스타일 – 파선 　　　　　 축 : ≪출력형태≫를 참조하시오. (8) 범례 ⇒ 범례명을 변경하고 ≪출력형태≫를 참조하시오. (9) 도형 ⇒ '모서리가 둥근 사각형 설명선'을 삽입한 후 ≪출력형태≫와 같이 내용을 입력하시오. (10) 나머지 사항은 ≪출력형태≫에 맞게 작성하시오.
출력형태	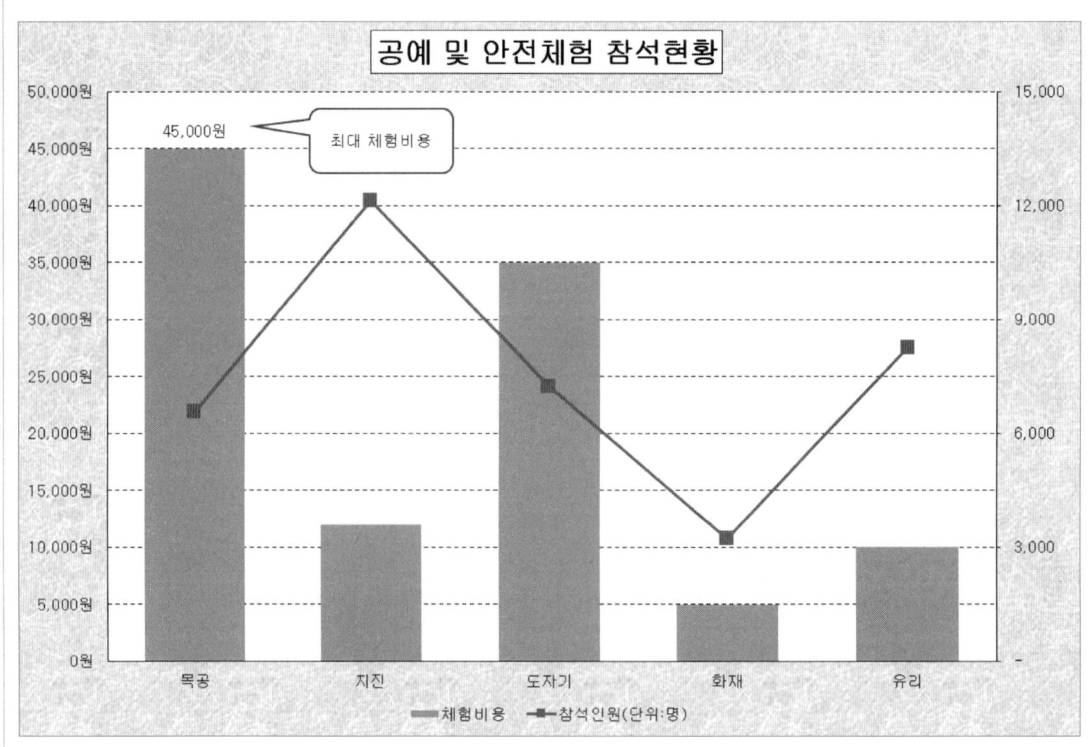

주의 시트명 순서가 차례대로 "제1작업", "제2작업", "제3작업", "제4작업"이 되도록 할 것

실전 모의고사 03회

수험번호 20263013　　**정답파일** PART 04 실전 모의고사\실전03회_정답.xlsx

제 1 작업　　표 서식 작성 및 값 계산　　240 점

다음은 '한마음 수입식자재 관리 현황'에 대한 자료이다. 자료를 입력하고 조건에 맞도록 작업하시오.

출력형태

한마음 수입식자재 관리 현황

관리코드	분류	식품명	판매가(원)	원산지	중량	전월판매량(개)	구분	적립금
SA2-01	소스류	어니언크림드레싱	13,000	이탈리아	1.0	970	(1)	(2)
CH1-01	수입치즈	모짜렐라블록	17,500	이탈리아	0.5	850	(1)	(2)
SA3-02	소스류	홀그레인머스타드	37,500	프랑스	3.0	1,030	(1)	(2)
PD2-01	분말류	파스타밀가루	43,500	이탈리아	4.0	430	(1)	(2)
CH3-02	수입치즈	고다슬라이스	14,700	네덜란드	0.8	1,250	(1)	(2)
SA1-03	소스류	트러플페이스트	42,000	네덜란드	0.5	770	(1)	(2)
PD1-02	분말류	파마산치즈가루	21,000	프랑스	1.5	1,050	(1)	(2)
CH2-03	수입치즈	스트링치즈	28,500	프랑스	1.2	590	(1)	(2)
전월판매량(개) 1000 이상인 식품수			(3)			최대 전월판매량(개)		(5)
소스류 판매가(원) 평균			(4)			관리코드	SA2-01	원산지	(6)

조건

- 모든 데이터의 서식에는 글꼴(굴림, 11pt), 정렬은 숫자 및 회계 서식은 오른쪽 정렬, 나머지 서식은 가운데 정렬로 작성하며 예외적인 것은 ≪출력형태≫를 참조하시오.
- 제목 ⇒ 도형(십자형)과 그림자(오프셋 오른쪽)를 이용하여 작성하고 "한마음 수입식자재 관리 현황"을 입력한 후 다음 서식을 적용하시오(글꼴 – 굴림, 24pt, 검정, 굵게, 채우기 – 노랑).
- 임의의 셀에 결재란을 작성하여 그림으로 복사 기능을 이용하여 붙이기 하시오(단, 원본 삭제).
- 「B4:J4, G14, I14」 영역은 '주황'으로 채우기 하시오.
- 유효성 검사를 이용하여 「H14」 셀에 관리코드(「B5:B12」 영역)가 선택 표시되도록 하시오.
- 셀 서식 ⇒ 「G5:G12」 영역에 셀 서식을 이용하여 숫자 뒤에 'kg'을 표시하시오(예 : 1.0kg).
- 「H5:H12」 영역에 대해 '전월판매량'으로 이름정의를 하시오.

(1)~(6) 셀은 반드시 주어진 함수를 이용하여 값을 구하시오(결과값을 직접 입력하면 해당 셀은 0점 처리됨).

(1) 구분 ⇒ 관리코드의 세 번째 값이 1이면 '특가상품', 2이면 '베스트상품', 3이면 '무배상품'으로 표시하시오 (CHOOSE, MID 함수).

(2) 적립금 ⇒ 분류가 수입치즈이면 판매가(원)의 3%, 아니면 판매가(원)의 2%로 계산하시오(IF 함수).

(3) 전월판매량(개) 1000 이상인 식품수 ⇒ 결과값에 '개'를 붙이시오(COUNTIF 함수, & 연산자)(예 : 1개).

(4) 소스류 판매가(원) 평균 ⇒ 반올림하여 천원 단위까지 구하시오. 단, 조건은 입력데이터를 이용하시오 (ROUND, DAVERAGE 함수)(예 : 20,630 → 21,000).

(5) 최대 전월판매량(개) ⇒ 정의된 이름(전월판매량)을 이용하여 구하시오(MAX 함수).

(6) 원산지 ⇒ 「H14」 셀에서 선택한 관리코드에 대한 원산지를 구하시오(VLOOKUP 함수).

(7) 조건부 서식의 수식을 이용하여 판매가(원)가 '30,000' 이상인 행 전체에 다음의 서식을 적용하시오(글꼴 : 파랑, 굵게).

"제1작업" 시트의 「B4:H12」 영역을 복사하여 "제2작업" 시트의 「B2」 셀부터 모두 붙여넣기를 한 후 다음의 조건과 같이 작업하시오.

조건	
	(1) 고급 필터 – 분류가 '분말류'이거나, 전월판매량(개)이 '1,000' 이상인 자료의 관리코드, 원산지, 식품명, 판매가(원) 데이터만 추출하시오. 　– 조건 범위 : 「B13」 셀부터 입력하시오. 　– 복사 위치 : 「B18」 셀부터 나타나도록 하시오. (2) 표 서식 – 고급필터의 결과셀을 채우기 없음으로 설정한 후 '표 스타일 보통 7'의 서식을 적용하시오. 　– 머리글 행, 줄무늬 행을 적용하시오.

"제1작업" 시트를 이용하여 "제3작업" 시트에 조건에 따라 ≪출력형태≫와 같이 작업하시오.

조건	
	(1) 판매가(원) 및 분류의 식품명의 개수와 전월판매량(개)의 평균을 구하시오. (2) 판매가(원)를 그룹화하고, 분류를 ≪출력형태≫와 같이 정렬하시오. (3) 레이블이 있는 셀 병합 및 가운데 맞춤 적용 및 빈 셀은 '∗∗∗'로 표시하시오. (4) 행의 총합계는 지우고, 나머지 사항은 ≪출력형태≫에 맞게 작성하시오.

출력형태

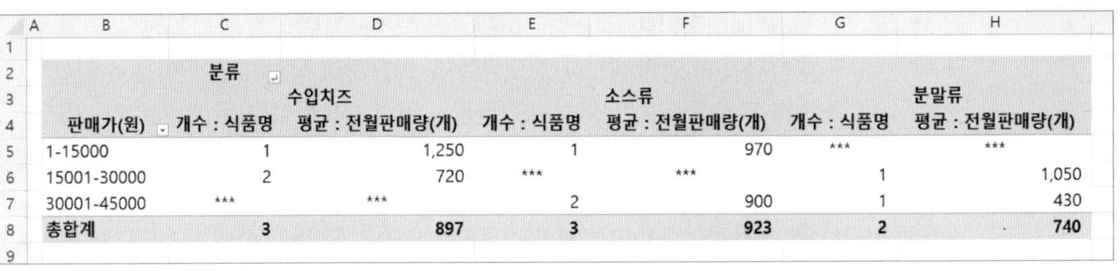

판매가(원)	수입치즈 개수 : 식품명	평균 : 전월판매량(개)	소스류 개수 : 식품명	평균 : 전월판매량(개)	분말류 개수 : 식품명	평균 : 전월판매량(개)
1-15000	1	1,250	1	970	∗∗∗	∗∗∗
15001-30000	2	720	∗∗∗	∗∗∗	1	1,050
30001-45000	∗∗∗	∗∗∗	2	900	1	430
총합계	3	897	3	923	2	740

"제1작업" 시트를 이용하여 조건에 따라 ≪출력형태≫와 같이 작업하시오.

조건	
	(1) 차트 종류 ⇒ 〈묶은 세로 막대형〉으로 작업하시오.
	(2) 데이터 범위 ⇒ "제1작업" 시트의 내용을 이용하여 작업하시오.
	(3) 위치 ⇒ "새 시트"로 이동하고, "제4작업"으로 시트 이름을 바꾸시오.
	(4) 차트 디자인 도구 ⇒ 레이아웃 3, 스타일 1을 선택하여 ≪출력형태≫에 맞게 작업하시오.
	(5) 영역 서식 ⇒ 차트 : 글꼴(굴림, 11pt), 채우기 효과(질감 – 파랑 박엽지)
	그림 : 채우기(흰색, 배경1)
	(6) 제목 서식 ⇒ 차트 제목 : 글꼴(굴림, 굵게, 20pt), 채우기(흰색, 배경1), 테두리
	(7) 서식 ⇒ 중량 계열의 차트 종류를 〈표식이 있는 꺾은선형〉으로 변경한 후 보조 축으로 지정하시오.
	계열 : ≪출력형태≫를 참조하여 표식(네모, 크기 10)과 레이블 값을 표시하시오.
	눈금선 : 선 스타일 – 파선
	축 : ≪출력형태≫를 참조하시오.
	(8) 범례 ⇒ 범례명을 변경하고 ≪출력형태≫를 참조하시오.
	(9) 도형 ⇒ '모서리가 둥근 사각형 설명선'을 삽입한 후 ≪출력형태≫와 같이 내용을 입력하시오.
	(10) 나머지 사항은 ≪출력형태≫에 맞게 작성하시오.

출력형태

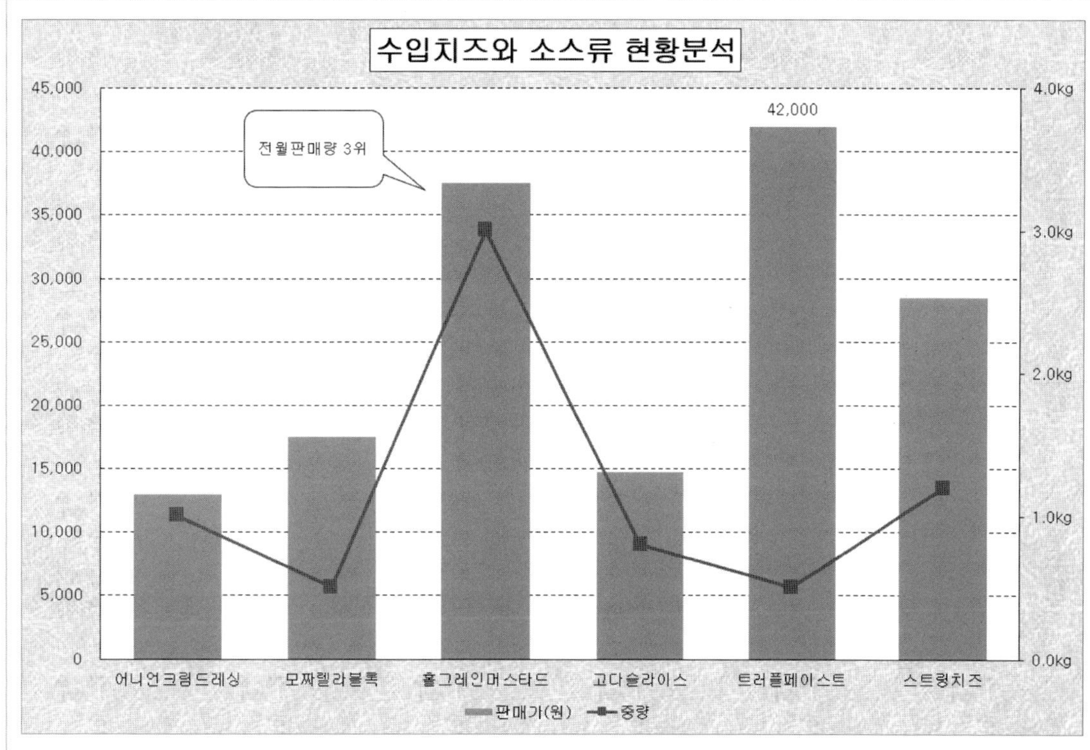

 시트명 순서가 차례대로 "제1작업", "제2작업", "제3작업", "제4작업"이 되도록 할 것

실전 모의고사 **04**회

수험번호 20263014   **정답파일** PART 04 실전 모의고사\실전04회_정답.xlsx

▶ 합격 강의

    표 서식 작성 및 값 계산   **240**점

다음은 '인기 캡슐 커피머신 상품 비교'에 대한 자료이다. 자료를 입력하고 조건에 맞도록 작업하시오.

출력형태

관리번호	수입판매원	제품명	출시연도	물통용량 (L)	소비전력 (W)	판매가격	VIP 할인가	제조국
EF-100	네소프레소	시티즈플래티넘	2023년	1.00	1,150	315,000	(1)	(2)
XN-107	네소카페	지니오에스베이직	2020년	0.80	1,340	89,000	(1)	(2)
CP-206	일라오미	프란시스와이	2020년	0.75	850	112,750	(1)	(2)
FL-309	네소프레소	에센자미니	2017년	0.60	1,180	151,140	(1)	(2)
NS-201	네소카페	지니오에스쉐어	2022년	0.80	1,500	138,800	(1)	(2)
XF-405	네소프레소	크리아티스타플러스	2017년	1.50	1,600	789,500	(1)	(2)
SC-106	일라오미	씽킹캡슐머신	2022년	0.62	1,200	78,570	(1)	(2)
ML-308	일라오미	엑스원 이녹스	2021년	1.00	1,200	572,150	(1)	(2)
판매가격 전체평균			(3)			2022년 출시제품 개수		(5)
일라오미 소비전력(W) 합계			(4)		제품명	시티즈플래티넘	소비전력 (W)	(6)

결재 / 담당 / 팀장 / 본부장

조건

- 모든 데이터의 서식에는 글꼴(굴림, 11pt), 정렬은 숫자 및 회계 서식은 오른쪽 정렬, 나머지 서식은 가운데 정렬로 작성하며 예외적인 것은 《출력형태》를 참조하시오.
- 제목 ⇒ 도형(사다리꼴)과 그림자(오프셋 오른쪽)를 이용하여 작성하고 "인기 캡슐 커피머신 상품 비교"를 입력한 후 다음 서식을 적용하시오(글꼴 – 굴림, 24pt, 검정, 굵게, 채우기 – 노랑).
- 임의의 셀에 결재란을 작성하여 그림으로 복사 기능을 이용하여 붙이기 하시오(단, 원본 삭제).
- 「B4:J4, G14, I14」 영역은 '주황'으로 채우기 하시오.
- 유효성 검사를 이용하여 「H14」 셀에 제품명(「D5:D12」 영역)이 선택 표시되도록 하시오.
- 셀 서식 ⇒ 「H5:H12」 영역에 셀 서식을 이용하여 숫자 뒤에 '원'을 표시하시오(예 : 89,000원).
- 「E5:E12」 영역에 대해 '출시연도'로 이름정의를 하시오.

---

(1)~(6) 셀은 반드시 <u>주어진</u> 함수를 이용하여 값을 구하시오(결과값을 직접 입력하면 해당 셀은 0점 처리됨).

(1) VIP 할인가 ⇒ 「판매가격 × 95%」를 계산하고, 반올림하여 천원 단위까지 구하시오(ROUND 함수)
(예 : 84,550 → 85,000).

(2) 제조국 ⇒ 관리번호 네 번째 글자가 1이면 '중국', 2이면 '이탈리아', 그 외에는 '기타'로 구하시오(IF, MID 함수).

(3) 판매가격 전체평균 ⇒ 내림하여 백원 단위까지 구하시오(ROUNDDOWN, AVERAGE 함수)
(예 : 280,864 → 280,800).

(4) 일라오미 소비전력(W) 합계 ⇒ (SUMIF 함수)

(5) 2022년 출시제품 개수 ⇒ 정의된 이름(출시연도)을 이용하여 구한 결과 값에 '건'을 붙이시오
(COUNTIF 함수, & 연산자)(예 : 1건).

(6) 소비전력(W) ⇒ 「H14」 셀에서 선택한 제품명에 대한 소비전력(W)을 구하시오(VLOOKUP 함수).

(7) 조건부 서식의 수식을 이용하여 물통용량(L)이 '1' 이상인 행 전체에 다음의 서식을 적용하시오(글꼴 : 파랑, 굵게).

"제1작업" 시트의 「B4:H12」 영역을 복사하여 "제2작업" 시트의 「B2」 셀부터 모두 붙여넣기를 한 후 다음의 조건과 같이 작업하시오.

조건	
	(1) 목표값 찾기 – 「B11:G11」 셀을 병합하고, 가운데 맞춤한 후 "네소프레소 소비전력(W) 평균"을 입력하고, 「H11」 셀에 네소프레소 소비전력(W) 평균을 구하시오. 단, 조건은 입력데이터를 이용하시오(DAVERAGE 함수, 테두리).
	– '네소프레소 소비전력(W) 평균'이 '1,300'이 되려면 시티즈플래티넘의 소비전력(W)이 얼마가 되어야 하는지 목표값을 구하시오.
	(2) 고급필터 – 수입판매원이 '네소프레소'가 아니면서 판매가격이 '100,000' 이상인 자료의 관리번호, 제품명, 출시연도, 물통용량(L), 판매가격 데이터만 추출하시오.
	– 조건 범위 : 「B14」 셀부터 입력하시오.
	– 복사 위치 : 「B18」 셀부터 나타나도록 하시오.

"제1작업" 시트의 「B4:H12」 영역을 복사하여 "제3작업" 시트의 「B2」 셀부터 모두 붙여넣기를 한 후 다음의 조건과 같이 작업하시오.

조건	
	(1) 부분합 – 《출력형태》처럼 정렬하고, 제품명의 개수와 판매가격의 평균을 구하시오.
	(2) 개요【윤곽】 – 지우시오.
	(3) 나머지 사항은 《출력형태》에 맞게 작성하시오.

출력형태

관리번호	수입판매원	제품명	출시연도	물통용량 (L)	소비전력 (W)	판매가격
EF-100	네소프레소	시티즈플래티넘	2023년	1.00	1,150	315,000원
FL-309	네소프레소	에센자미니	2017년	0.60	1,180	151,140원
XF-405	네소프레소	크리아티스타플러스	2017년	1.50	1,600	789,500원
	네소프레소 개수	3				
	네소프레소 평균					418,547원
CP-206	일라오미	프란시스와이	2020년	0.75	850	112,750원
SC-106	일라오미	씽킹캡슐머신	2022년	0.62	1,200	78,570원
ML-308	일라오미	엑스원 이녹스	2021년	1.00	1,200	572,150원
	일라오미 개수	3				
	일라오미 평균					254,490원
XN-107	네소카페	지니오에스베이직	2020년	0.80	1,340	89,000원
NS-201	네소카페	지니오에스쉐어	2022년	0.80	1,500	138,800원
	네소카페 개수	2				
	네소카페 평균					113,900원
	전체 개수	8				
	전체 평균					280,864원

"제1작업" 시트를 이용하여 조건에 따라 ≪출력형태≫와 같이 작업하시오.

조건	
	(1) 차트 종류 ⇒ 〈묶은 세로 막대형〉으로 작업하시오.
	(2) 데이터 범위 ⇒ "제1작업" 시트의 내용을 이용하여 작업하시오.
	(3) 위치 ⇒ "새 시트"로 이동하고, "제4작업"으로 시트 이름을 바꾸시오.
	(4) 차트 디자인 도구 ⇒ 레이아웃 3, 스타일 1을 선택하여 ≪출력형태≫에 맞게 작업하시오.
	(5) 영역 서식 ⇒ 차트 : 글꼴(굴림, 11pt), 채우기 효과(질감 – 파랑 박엽지)
	그림 : 채우기(흰색, 배경1)
	(6) 제목 서식 ⇒ 차트 제목 : 글꼴(굴림, 굵게, 20pt), 채우기(흰색, 배경1), 테두리
	(7) 서식 ⇒ 소비전력(W) 계열의 차트 종류를 〈표식이 있는 꺾은선형〉으로 변경한 후 보조 축으로 지정하시오.
	계열 : ≪출력형태≫를 참조하여 표식(네모, 크기 10)과 레이블 값을 표시하시오.
	눈금선 : 선 스타일 – 파선
	축 : ≪출력형태≫를 참조하시오.
	(8) 범례 ⇒ 범례명을 변경하고 ≪출력형태≫를 참조하시오.
	(9) 도형 ⇒ '모서리가 둥근 사각형 설명선'을 삽입한 후 ≪출력형태≫와 같이 내용을 입력하시오.
	(10) 나머지 사항은 ≪출력형태≫에 맞게 작성하시오.

출력형태	

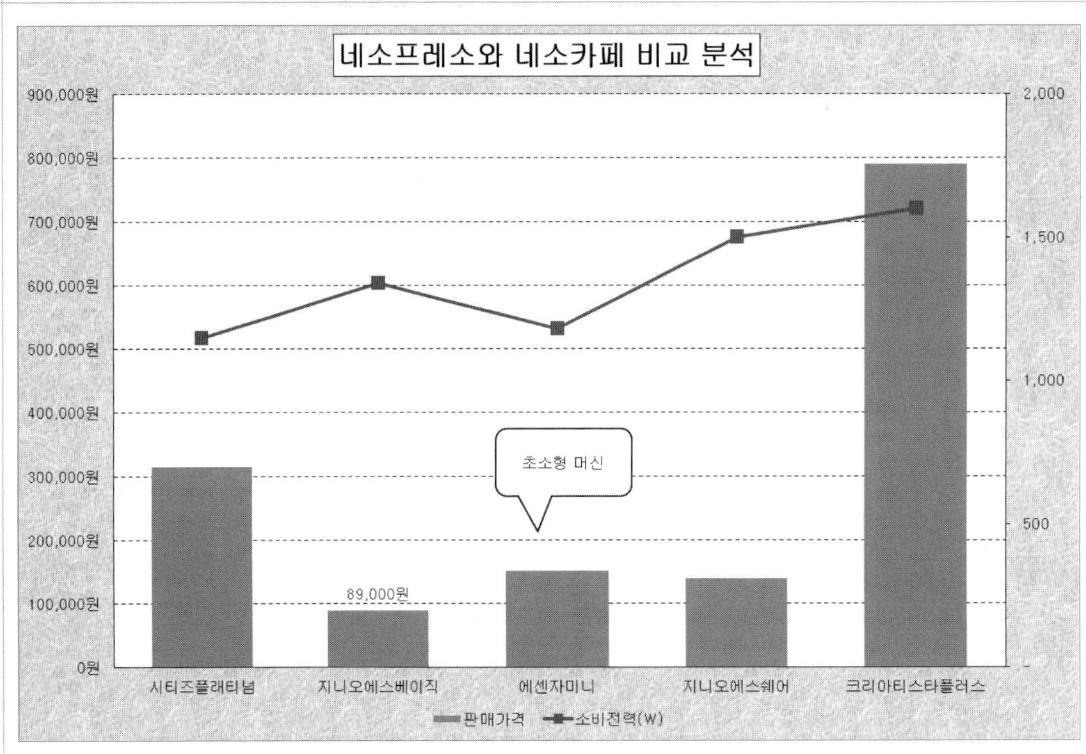

주의 시트명 순서가 차례대로 "제1작업", "제2작업", "제3작업", "제4작업"이 되도록 할 것

실전 모의고사 05회

수험번호 20263015　**정답파일** PART 04 실전 모의고사₩실전05회_정답.xlsx

제1작업　표 서식 작성 및 값 계산　　240점

다음은 '연구사업 진행 현황'에 대한 자료이다. 자료를 입력하고 조건에 맞도록 작업하시오.

출력형태

관리코드	사업명	관리팀	사업구분	진행 인원수	시작일	기본예산 (단위:원)	진행기간	예산순위
EA4-06	이러닝	교육관리	교육	7	2023-07-10	46,200,000	(1)	(2)
TA3-07	AR개발	개발1팀	기술	11	2023-07-01	83,700,000	(1)	(2)
TS1-12	홈네트워크	개발2팀	기술	13	2023-06-20	185,000,000	(1)	(2)
MA2-03	마케팅	개발1팀	영업	3	2023-10-05	22,700,000	(1)	(2)
TE1-10	네트워크보안	개발1팀	기술	10	2023-06-01	136,000,000	(1)	(2)
SA2-05	VR개발	개발2팀	기술	9	2023-08-10	34,700,000	(1)	(2)
EA4-04	연수원관리	교육관리	교육	6	2023-09-20	28,000,000	(1)	(2)
TE3-05	환경개선	개발2팀	기술	7	2023-09-01	103,000,000	(1)	(2)
개발1팀 기본예산(단위:원) 평균			(3)		교육 사업의 총 기본예산(단위:원)			(5)
최다 진행인원수			(4)		사업명	이러닝	사업구분	(6)

결재: 담당 / 팀장 / 본부장

조건

- 모든 데이터의 서식에는 글꼴(굴림, 11pt), 정렬은 숫자 및 회계 서식은 오른쪽 정렬, 나머지 서식은 가운데 정렬로 작성하며 예외적인 것은 ≪출력형태≫를 참조하시오.
- 제목 ⇒ 도형(십자형)과 그림자(오프셋 오른쪽)를 이용하여 작성하고 "연구사업 진행 현황"을 입력한 후 다음 서식을 적용하시오(글꼴 – 굴림, 24pt, 검정, 굵게, 채우기 – 노랑).
- 임의의 셀에 결재란을 작성하여 그림으로 복사 기능을 이용하여 붙이기 하시오(단, 원본 삭제).
- 「B4:J4, G14, I14」 영역은 '주황'으로 채우기 하시오.
- 유효성 검사를 이용하여 「H14」 셀에 사업명(「C5:C12」 영역)이 선택 표시되도록 하시오.
- 셀 서식 ⇒ 「F5:F12」 영역에 셀 서식을 이용하여 숫자 뒤에 '명'을 표시하시오(예 : 7명).
- 「F5:F12」 영역에 대해 '진행인원수'로 이름정의를 하시오.

(1)~(6) 셀은 반드시 주어진 함수를 이용하여 값을 구하시오(결과값을 직접 입력하면 해당 셀은 0점 처리됨).

(1) 진행기간 ⇒ 「14 – 시작일의 월」을 구한 값에 '개월'을 붙이시오(MONTH 함수, & 연산자)(예 : 1개월).

(2) 예산순위 ⇒ 기본예산(단위:원)의 내림차순 순위를 '1~3'만 표시하고 그 외에는 공백으로 구하시오(IF, RANK.EQ 함수).

(3) 개발1팀 기본예산(단위:원) 평균 ⇒ 개발1팀의 기본예산(단위:원) 평균을 구하시오(SUMIF, COUNTIF 함수).

(4) 최다 진행인원수 ⇒ 정의된 이름(진행인원수)을 이용하여 구하시오(MAX 함수).

(5) 교육 사업의 총 기본예산(단위:원) ⇒ 조건은 입력데이터를 이용하여 구하시오(DSUM 함수).

(6) 사업구분 ⇒ 「H14」 셀에서 선택한 사업명의 사업구분을 구하시오(VLOOKUP 함수).

(7) 조건부 서식의 수식을 이용하여 진행인원수가 '10' 이상인 행 전체에 다음의 서식을 적용하시오(글꼴 : 파랑, 굵게).

"제1작업" 시트의 「B4:H12」 영역을 복사하여 "제2작업" 시트의 「B2」 셀부터 모두 붙여넣기를 한 후 다음의 조건과 같이 작업하시오.

조건	
	(1) 고급 필터 – 사업구분이 '교육'이거나, 기본예산(단위:원)이 '130,000,000' 이상인 자료의 관리코드, 사업명, 진행인원수, 기본예산(단위:원) 데이터만 추출하시오. 　　– 조건 범위 : 「B13」 셀부터 입력하시오. 　　– 복사 위치 : 「B18」 셀부터 나타나도록 하시오. (2) 표 서식 – 고급필터의 결과셀을 채우기 없음으로 설정한 후 '표 스타일 보통 7'의 서식을 적용하시오. 　　– 머리글 행, 줄무늬 행을 적용하시오.

"제1작업" 시트를 이용하여 "제3작업" 시트에 조건에 따라 ≪출력형태≫와 같이 작업하시오.

조건	
	(1) 진행인원수 및 사업구분별 사업명의 개수와 기본예산(단위:원)의 평균을 구하시오. (2) 진행인원수를 그룹화하고, 사업구분을 ≪출력형태≫와 같이 정렬하시오. (3) 레이블이 있는 셀 병합 및 가운데 맞춤 적용 및 빈 셀은 '＊＊＊'로 표시하시오. (4) 행의 총합계는 지우고, 나머지 사항은 ≪출력형태≫에 맞게 작성하시오.

출력형태

진행인원수	사업구분 영업		기술		교육	
	개수 : 사업명	평균 : 기본예산(단위:원)	개수 : 사업명	평균 : 기본예산(단위:원)	개수 : 사업명	평균 : 기본예산(단위:원)
3-6	1	22,700,000	＊＊＊	＊＊＊	1	28,000,000
7-10	＊＊＊	＊＊＊	3	91,233,333	1	46,200,000
11-14	＊＊＊	＊＊＊	2	134,350,000	＊＊＊	＊＊＊
총합계	1	22,700,000	5	108,480,000	2	37,100,000

"제1작업" 시트를 이용하여 조건에 따라 ≪출력형태≫와 같이 작업하시오.

조건	
	(1) 차트 종류 ⇒ 〈묶은 세로 막대형〉으로 작업하시오.

조건

(1) 차트 종류 ⇒ 〈묶은 세로 막대형〉으로 작업하시오.

(2) 데이터 범위 ⇒ "제1작업" 시트의 내용을 이용하여 작업하시오.

(3) 위치 ⇒ "새 시트"로 이동하고, "제4작업"으로 시트 이름을 바꾸시오.

(4) 차트 디자인 도구 ⇒ 레이아웃 3, 스타일 1을 선택하여 ≪출력형태≫에 맞게 작업하시오.

(5) 영역 서식 ⇒ 차트 : 글꼴(굴림, 11pt), 채우기 효과(질감 – 파랑 박엽지)

　　　　　　　　　그림 : 채우기(흰색, 배경1)

(6) 제목 서식 ⇒ 차트 제목 : 글꼴(굴림, 굵게, 20pt), 채우기(흰색, 배경1), 테두리

(7) 서식 ⇒ 기본예산(단위:원) 계열의 차트 종류를 〈표식이 있는 꺾은선형〉으로 변경한 후 보조 축으로 지정하시오.

　　　　　계열 : ≪출력형태≫를 참조하여 표식(네모, 크기 10)과 레이블 값을 표시하시오.

　　　　　눈금선 : 선 스타일 – 파선

　　　　　축 : ≪출력형태≫를 참조하시오.

(8) 범례 ⇒ 범례명을 변경하고 ≪출력형태≫를 참조하시오.

(9) 도형 ⇒ '모서리가 둥근 사각형 설명선'을 삽입한 후 ≪출력형태≫와 같이 내용을 입력하시오.

(10) 나머지 사항은 ≪출력형태≫에 맞게 작성하시오.

출력형태

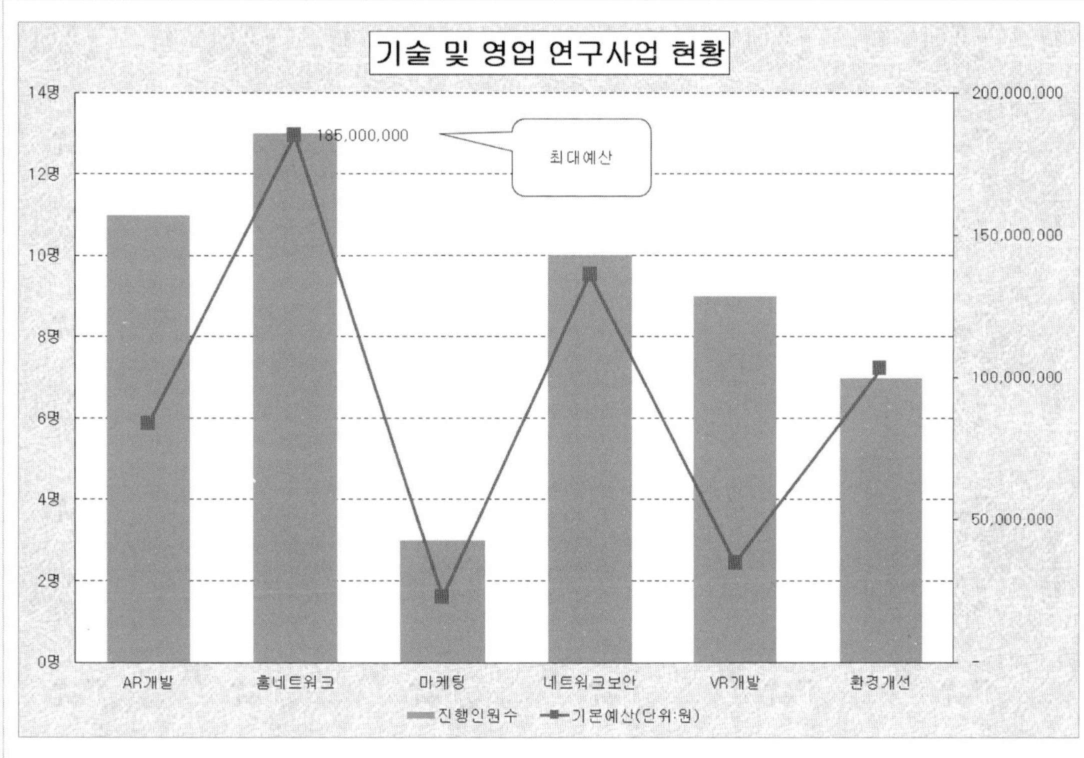

주의 시트명 순서가 차례대로 "제1작업", "제2작업", "제3작업", "제4작업"이 되도록 할 것

자격증은
이게적!

가입, 설치할 필요 없이 빠르고 간편하게
ITQ 자동 채점 서비스

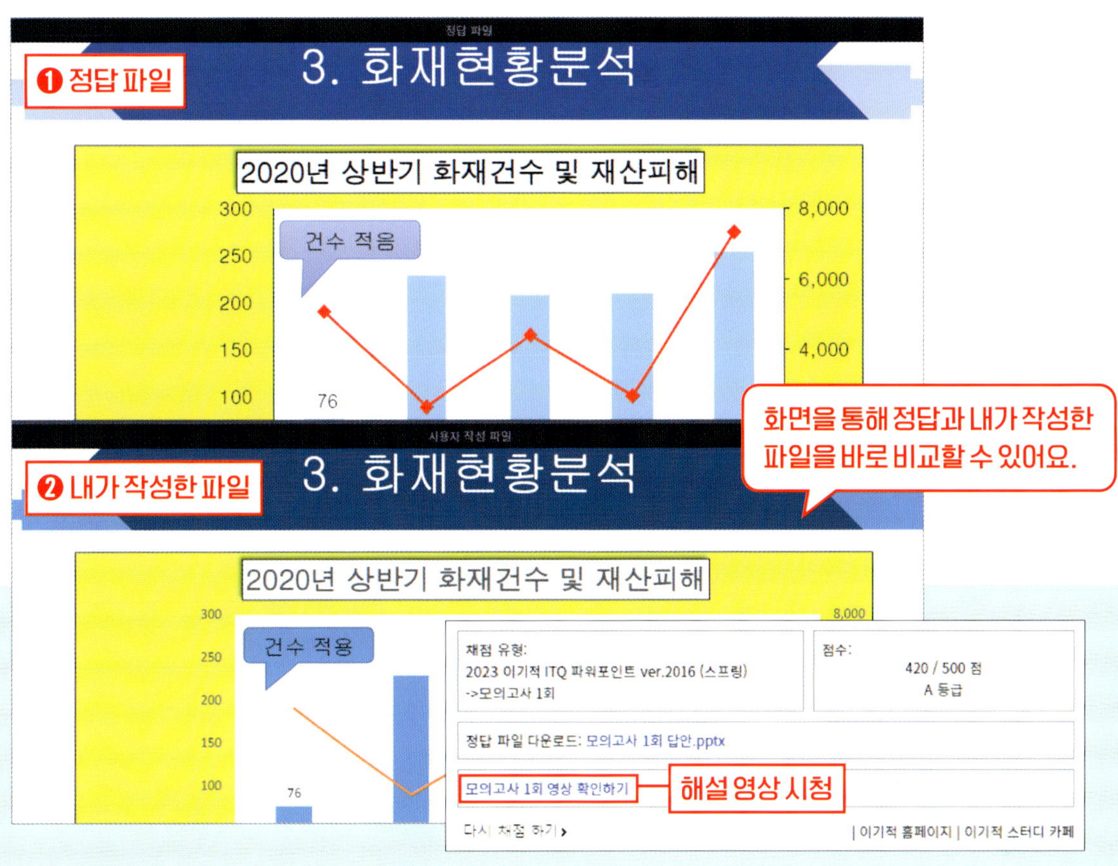

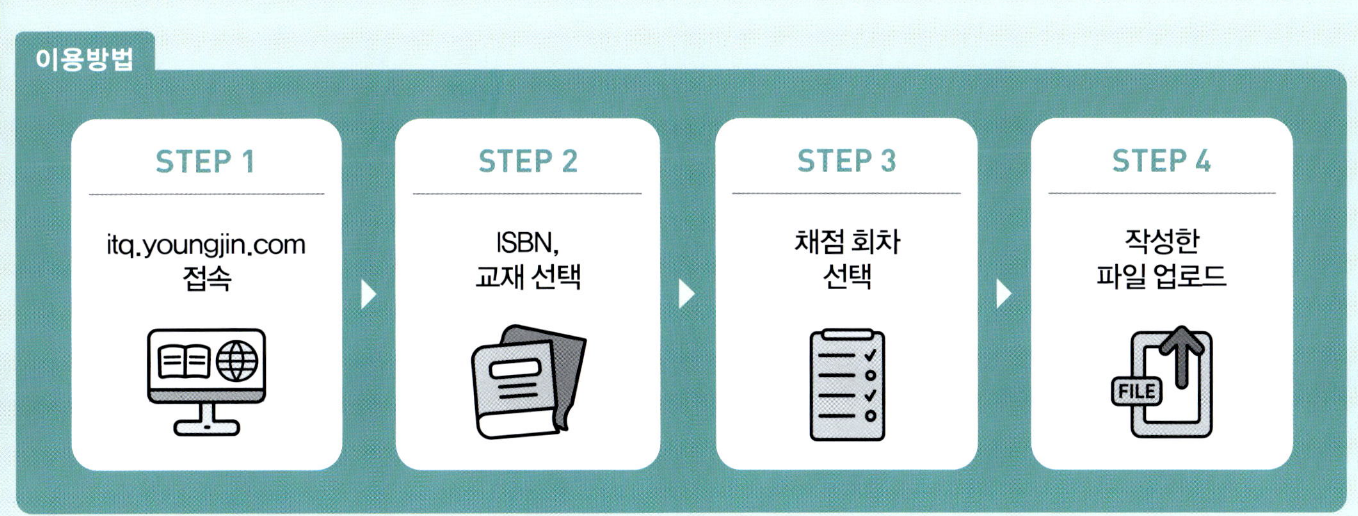

이용방법

STEP 1	STEP 2	STEP 3	STEP 4
itq.youngjin.com 접속	ISBN, 교재 선택	채점 회차 선택	작성한 파일 업로드

※ 인터넷이 연결되어 있지 않을 시 사용할 수 없으며 개인 인터넷 속도, 접속자 수에 따라 채점 속도가 다를 수 있습니다.

※ 운영체제, MS Office 정품 여부에 상관없이 채점이 가능합니다.

※ 부가 서비스로 제공되는 부분이며, 업체 등의 변경으로 제공이 중단될 수 있습니다.

가입, 설치할 필요 없이 빠르고 간편하게
ITQ 자동 채점 서비스

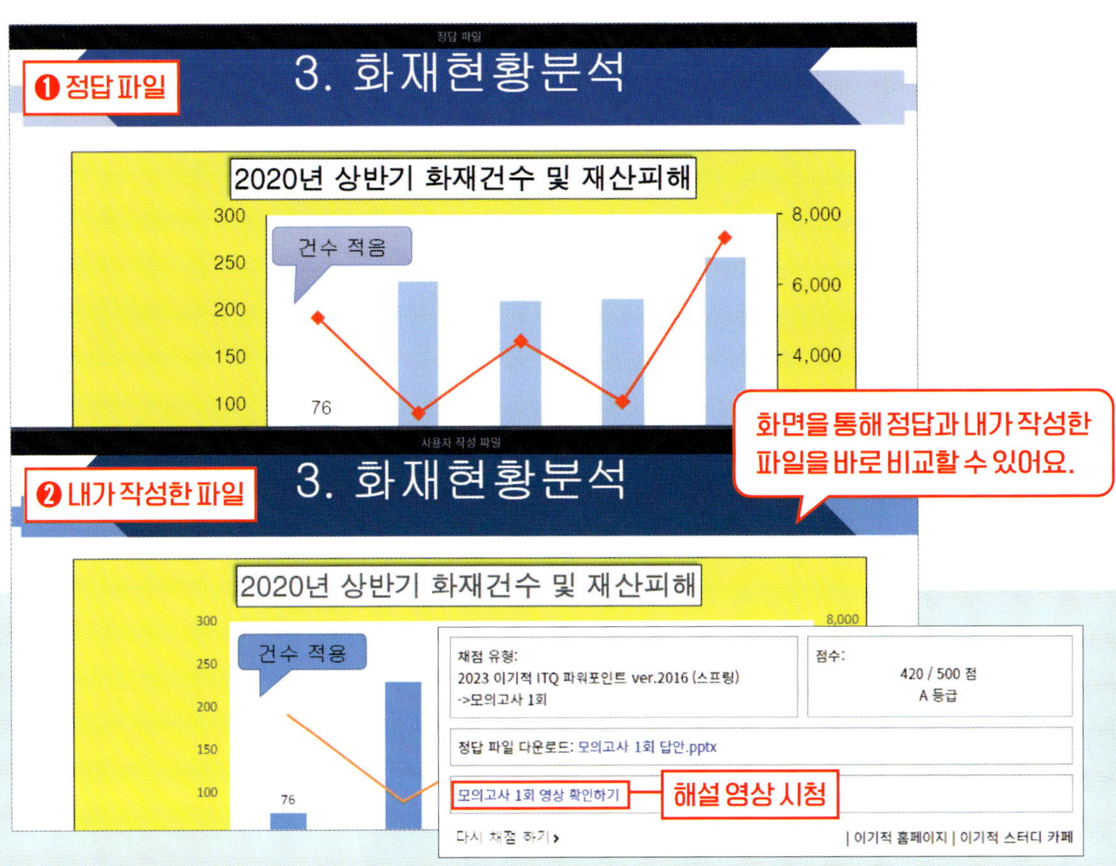

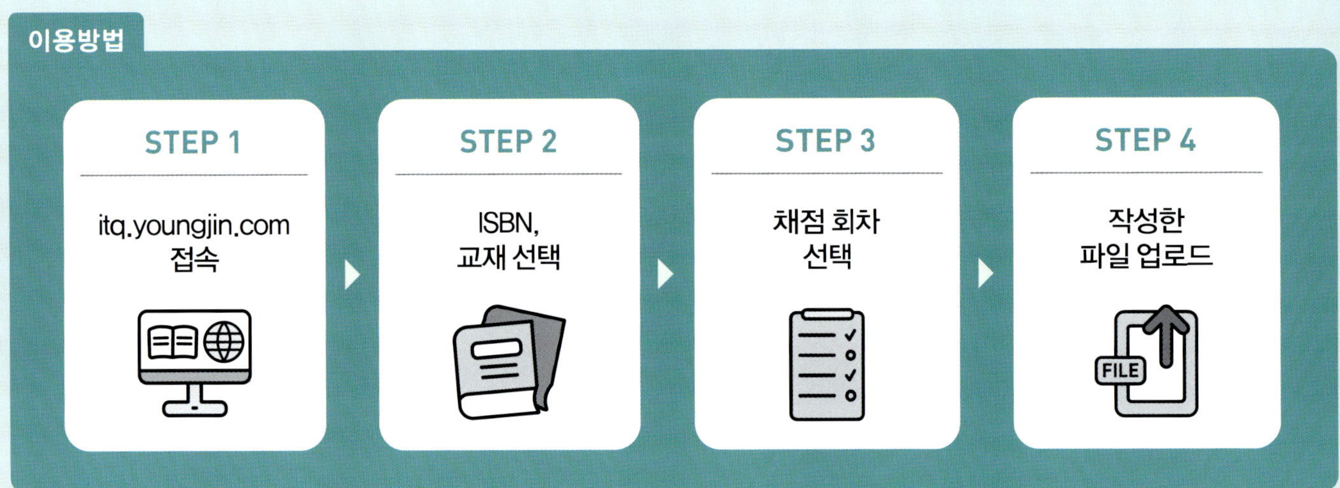

※ 인터넷이 연결되어 있지 않을 시 사용할 수 없으며 개인 인터넷 속도, 접속자 수에 따라 채점 속도가 다를 수 있습니다.

※ 운영체제, MS Office 정품 여부에 상관없이 채점이 가능합니다.

※ 부가 서비스로 제공되는 부분이며, 업체 등의 변경으로 제공이 중단될 수 있습니다.

가입, 설치할 필요 없이 빠르고 간편하게
ITQ 자동 채점 서비스

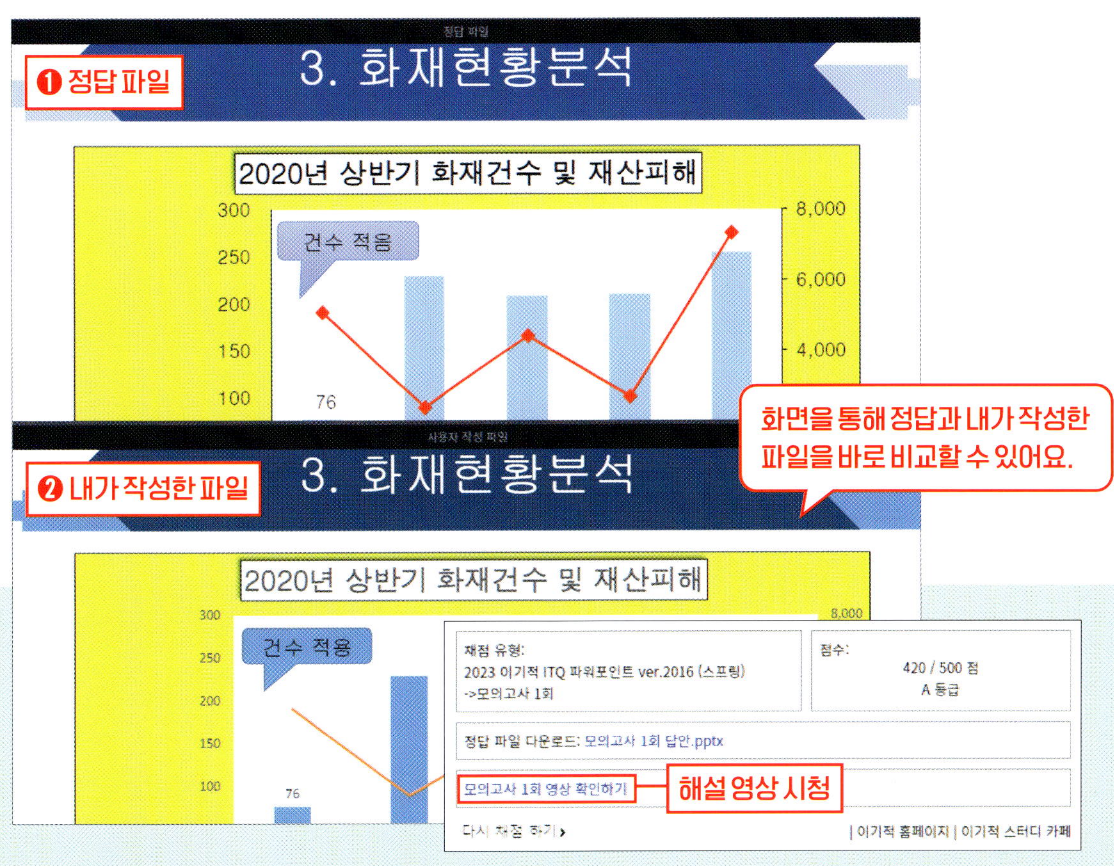

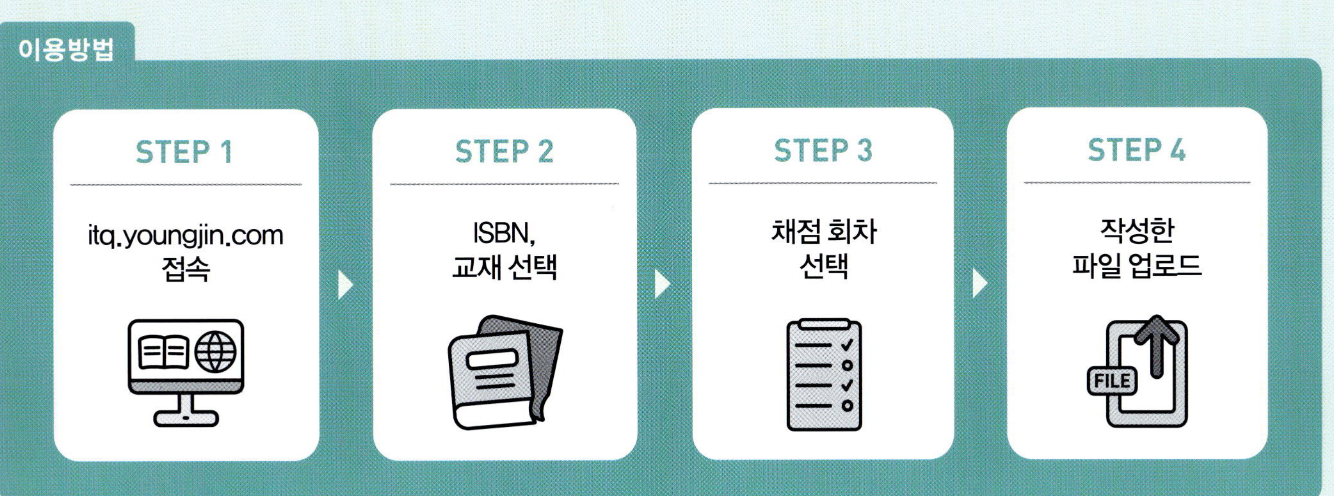

이용방법

STEP 1	STEP 2	STEP 3	STEP 4
itq.youngjin.com 접속	ISBN, 교재 선택	채점 회차 선택	작성한 파일 업로드

※ 인터넷이 연결되어 있지 않을 시 사용할 수 없으며 개인 인터넷 속도, 접속자 수에 따라 채점 속도가 다를 수 있습니다.

※ 운영체제, MS Office 정품 여부에 상관없이 채점이 가능합니다.

※ 부가 서비스로 제공되는 부분이며, 업체 등의 변경으로 제공이 중단될 수 있습니다.

한번에 합격, 자격증은 이기적

이기적 스터디 카페

합격 전담 마크! 추가 자료부터
1:1 Q&A까지 다양한 혜택 받기

365 이벤트

매일 쏟아지는 이벤트!
기출 복원, 리뷰, 합격 후기, 정오표

100% 무료 강의

QR 하나로 교재와 연계된
고퀄리티 강의 100% 무료

실습 파일

보다 더 편리하게!
작업 및 정답 파일 제공

🔍 이기적 스터디 카페

홈페이지 : license.youngjin.com
질문/답변 : cafe.naver.com/yjbooks

🔍 이기적 유튜브 채널

@ydot0789 채널을 구독해 주세요!
15만 구독자와 약 10,000개의 동영상으로 합격을 준비하세요!

🔍 이기적 카카오톡 플러스친구

@이기적 친구를 추가해 주세요!
합격을 부르는 소식, 카톡으로 먼저 받아보고 혜택을 챙기세요!

가입, 설치할 필요 없이 빠르고 간편하게
ITQ 자동 채점 서비스

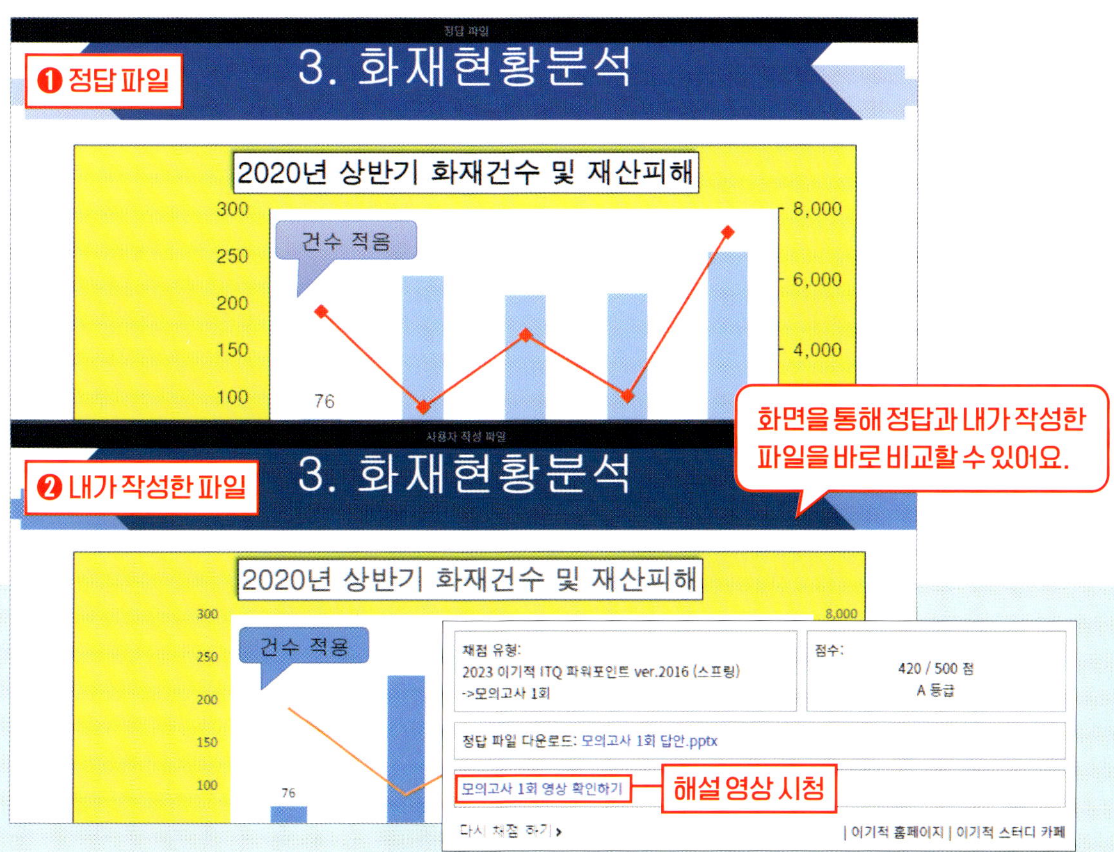

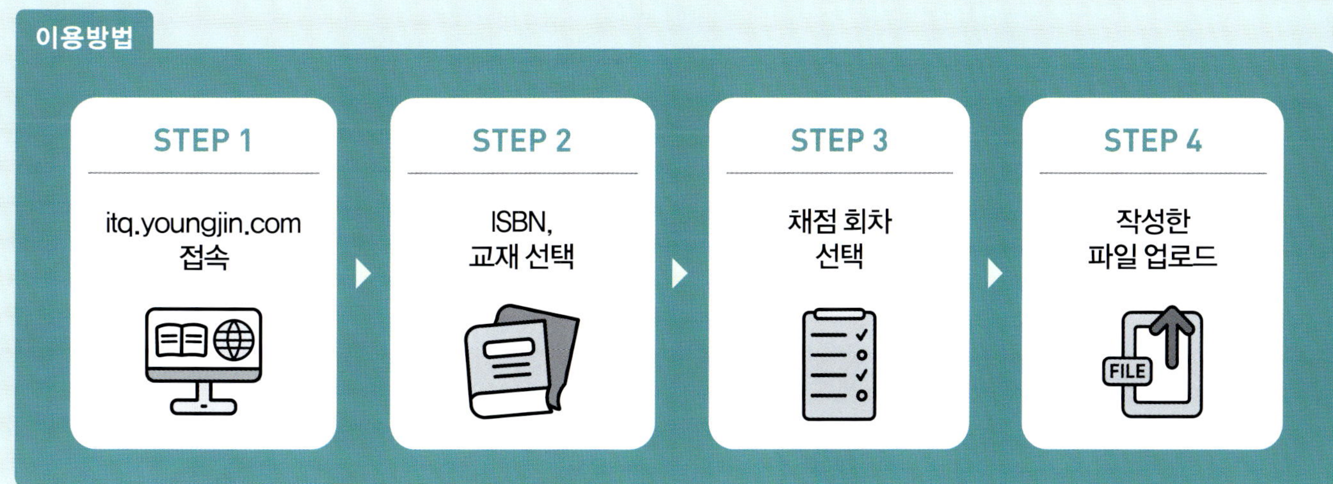

이용방법

STEP 1	STEP 2	STEP 3	STEP 4
itq.youngjin.com 접속	ISBN, 교재 선택	채점 회차 선택	작성한 파일 업로드

※ 인터넷이 연결되어 있지 않을 시 사용할 수 없으며 개인 인터넷 속도, 접속자 수에 따라 채점 속도가 다를 수 있습니다.

※ 운영체제, MS Office 정품 여부에 상관없이 채점이 가능합니다.

※ 부가 서비스로 제공되는 부분이며, 업체 등의 변경으로 제공이 중단될 수 있습니다.

자동 채점
서비스 제공
itq.youngjin.com

이렇게
기막힌
적중률

엑셀 + 파워포인트 + 한글

올인원

All in one

ITQ OA Master

파워포인트 ver.2021

영진정보연구소 저

26

·2026년 수험서·

수험서 30,000원

YoungJin.com Y.
영진닷컴

01 기본 도형 + 사각형

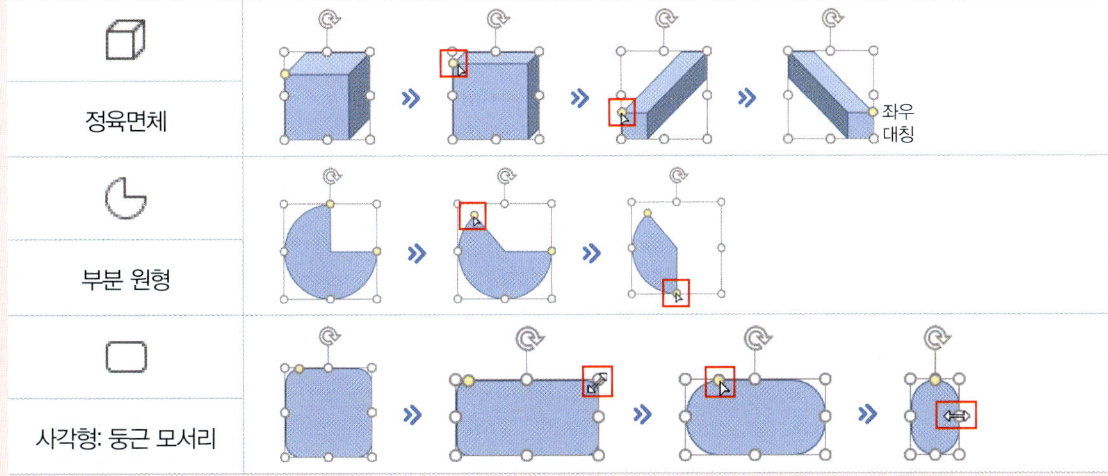

도형	변형 과정
정육면체	
부분 원형	
사각형: 둥근 모서리	

02 블록 화살표

도형	변형 과정
화살표: 왼쪽/오른쪽/위쪽	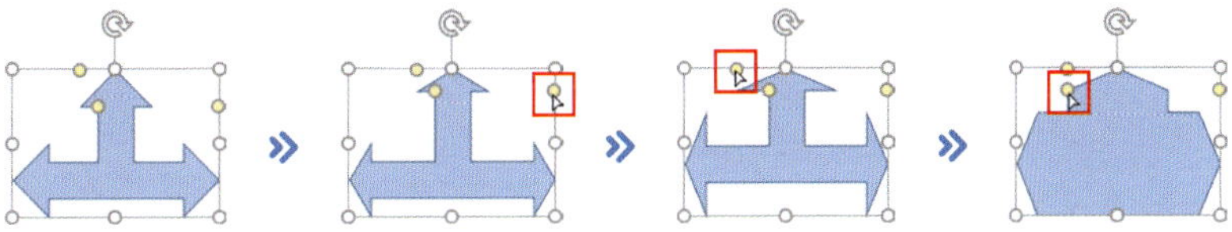
화살표: 왼쪽/오른쪽/위쪽/아래쪽	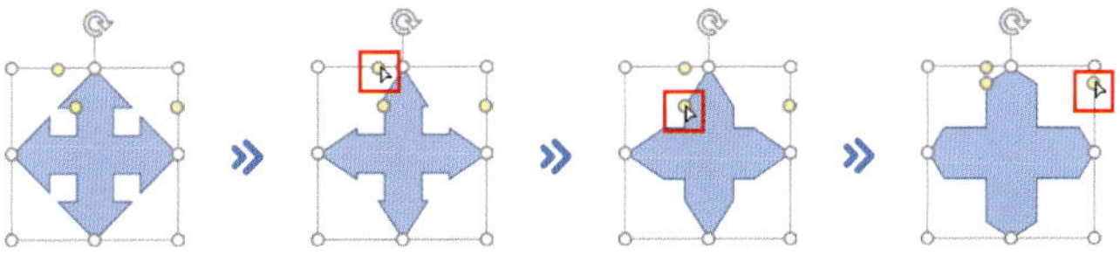
설명선: 오른쪽 화살표	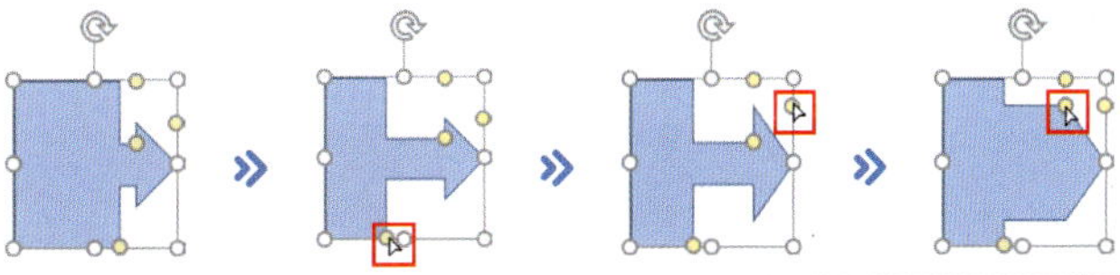
설명선: 왼쪽/오른쪽 화살표	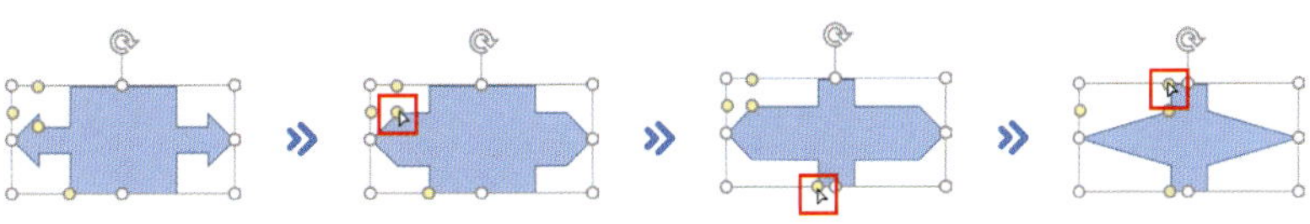
화살표: 위로 구부러짐	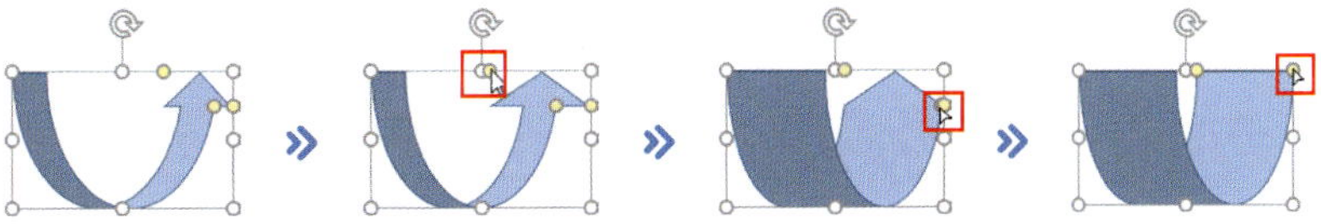
화살표: 원형	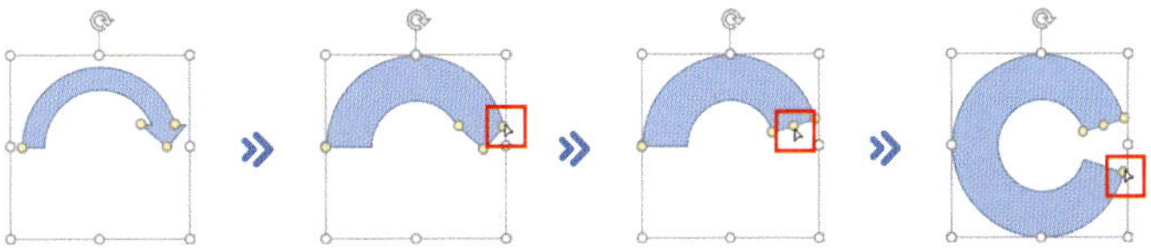

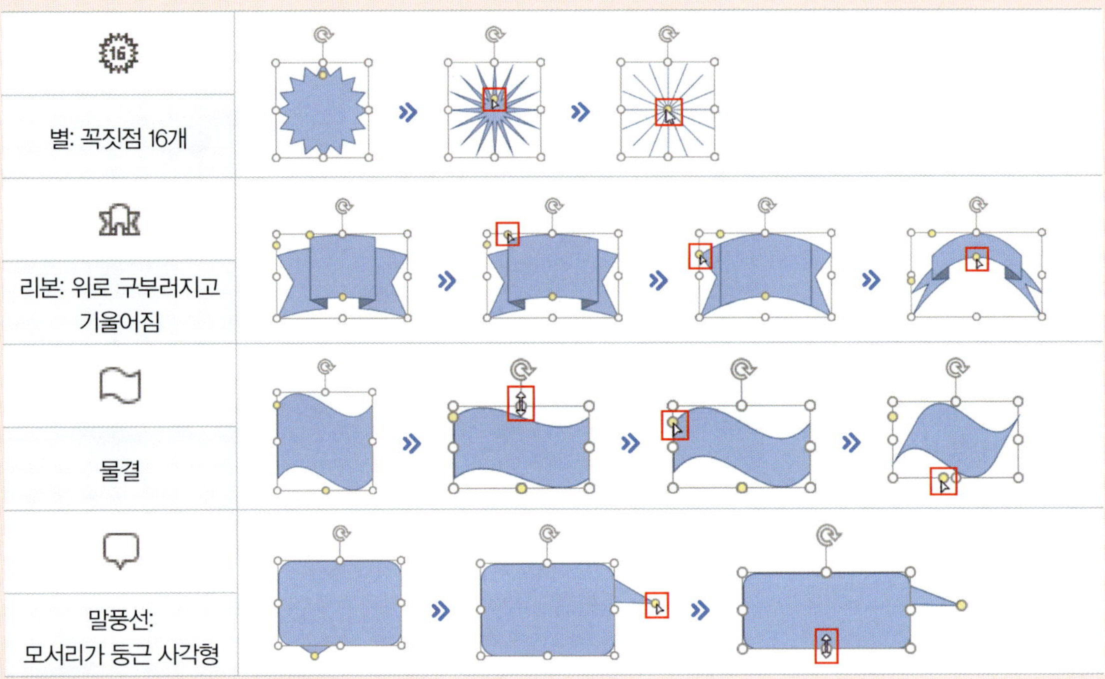

별: 꼭짓점 16개	
리본: 위로 구부러지고 기울어짐	
물결	
말풍선: 모서리가 둥근 사각형	

04 도형 2개 조합하기

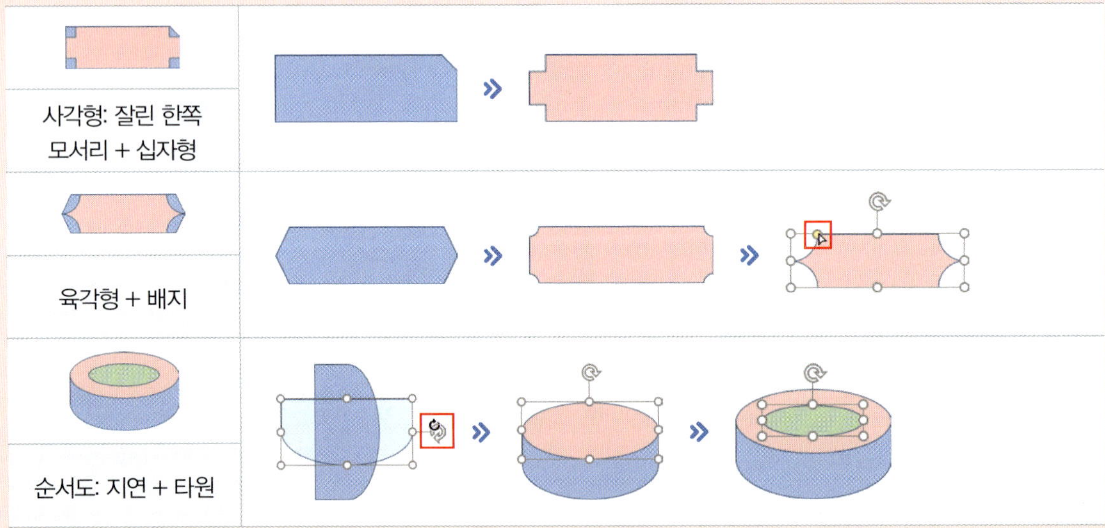

사각형: 잘린 한쪽 모서리 + 십자형	
육각형 + 배지	
순서도: 지연 + 타원	

ITQ 파워포인트는 파워포인트의 주요 기능들을 두루 이해하고 활용할 수 있는지를 평가하는 시험입니다. 60분 동안 총 6개의 슬라이드를 여러 가지 기능을 이용하여 작성해야 하므로 시간 관리에 주의해야 합니다. 기능을 익힌 후 반복 숙달을 통해 시험유형에 대비하는 것이 고득점의 비법입니다.

전체구성   배점 60점

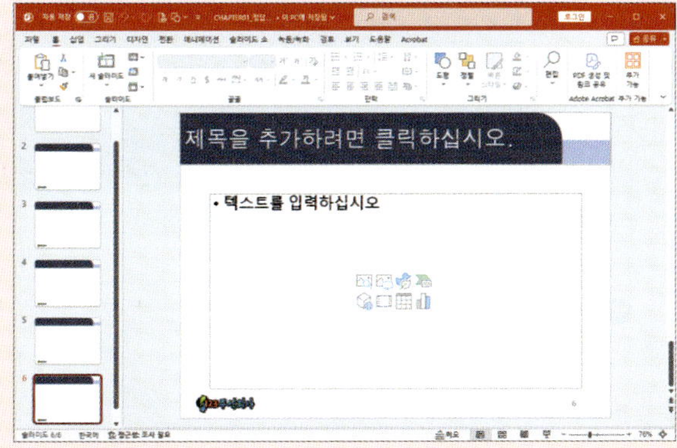

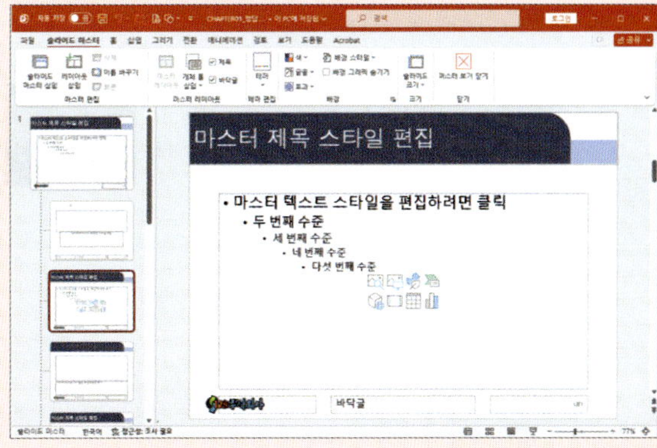

◆ **체크포인트**

 – 슬라이드 설정
 – 슬라이드 마스터
 – 그림 편집

슬라이드 1   표지 디자인   배점 40점

◆ **체크포인트**

 – 그림 삽입
 – WordArt 삽입
 – WordArt 스타일

슬라이드 2   목차 슬라이드   배점 60점

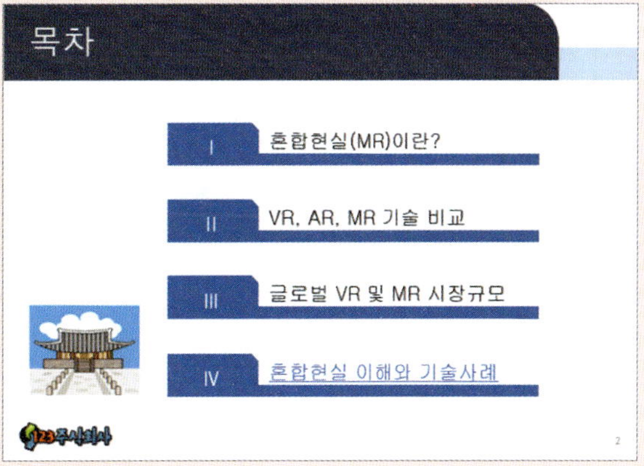

◆ **체크포인트**

 – 도형 편집 및 배치
 – 그림 자르기
 – 하이퍼링크

슬라이드 3 텍스트/동영상 슬라이드 —— 배점 60점

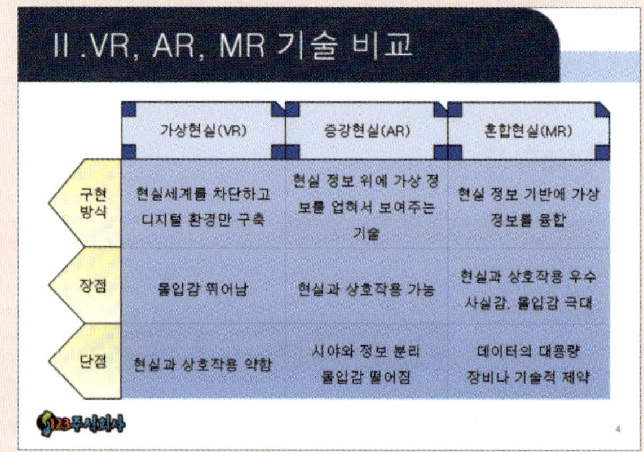

✅ 체크포인트
- 텍스트 입력
- 단락 설정
- 글머리 기호
- 동영상 삽입

슬라이드 4 표 슬라이드 —————— 배점 80점

	가상현실(VR)	증강현실(AR)	혼합현실(MR)
구현 방식	현실세계를 차단하고 디지털 환경만 구축	현실 정보 위에 가상 정보를 업혀서 보여주는 기술	현실 정보 기반에 가상 정보를 융합
장점	몰입감 뛰어남	현실과 상호작용 가능	현실과 상호작용 우수 사실감, 몰입감 극대
단점	현실과 상호작용 약함	시야와 정보 분리 몰입감 떨어짐	데이터의 대용량 장비나 기술적 제약

✅ 체크포인트
- 표 작성
- 표 스타일
- 도형 편집

슬라이드 5 차트 슬라이드 ————— 배점 100점

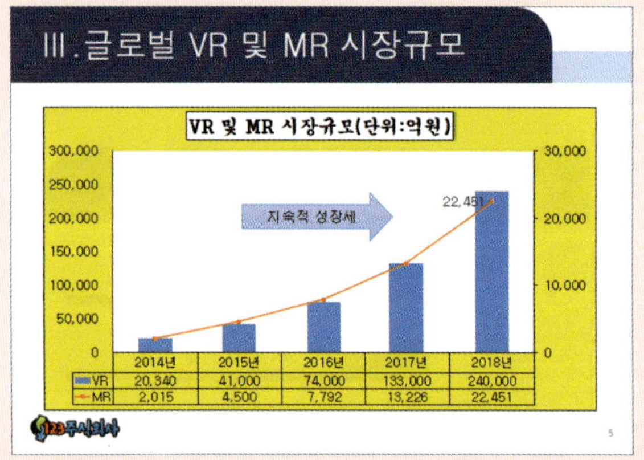

✅ 체크포인트
- 차트 작성
- 데이터 편집
- 차트 디자인
- 도형 편집

슬라이드 6 도형 슬라이드 ————— 배점 100점

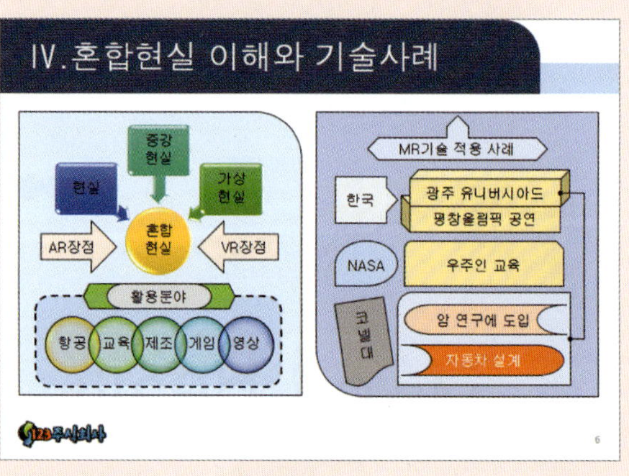

✅ 체크포인트
- 스마트아트 삽입
- 도형 삽입
- 그룹화
- 애니메이션

이렇게
기막힌
적중률

ITQ OA Master
올인원

2권·파워포인트 ver.2021

"이" 한 권으로 합격의 "기적"을 경험하세요!

차례

난이도에 따라 분류하였습니다.

상 : 반드시 반복 연습해야 하는 기능
중 : 여러 차례 풀어보아야 하는 기능
하 : 수월하게 익힐 수 있는 기능

▶ 합격 강의

동영상 강의가 제공되는 부분을 표시했습니다.
이기적 수험서 사이트(license.youngjin.com)에 접속하여 시청하세요.

▶ 본 도서에서 제공하는 동영상은 1판 1쇄 기준 2년간 유효합니다. 단, 출제기준안에
따라 내용은 변경될 수 있습니다.

PART 01 시험 유형 따라하기 ▶

PART 02 대표 기출 따라하기 ▶

PART 03 최신 기출문제 ▶

PART 04 실전 모의고사 ▶

부록 BONUS 또기적 합격자료집 PDF

- 시험장 스케치 & 꿀팁 & 질문
- 비공개 구매 혜택(기출문제 5회분/시험 해설)
- 스터디 플래너

※ **참여 방법** : '이기적 스터디 카페' 검색 → 이기적 스터디카페(cafe.naver.com/yjbooks) 접속 → '구매 인증 PDF 증정' 게시판 → 구매 인증 → 메일로 자료 받기

ITQ 합격에 필요한 자료를 모두 모았습니다.

다운로드 방법

① 이기적 영진닷컴(license.youngjin.com)에 접속한다.
② 상단 메인 메뉴에서 [자료실] – [ITQ]를 클릭한다.
③ '[2026] 이기적 ITQ OA Master ver.2021+2022 올인원 부록 자료' 게시글을 클릭하여 첨부파일을 다운로드한다.

사용 방법

① 다운로드한 '7950.zip' 압축 파일에서 마우스 오른쪽 버튼을 눌러 압축을 해제한다.
② 압축이 풀린 후 '7950' 폴더를 더블 클릭하여 모든 파일이 들어 있는지 확인한다.

※ ITQ 시험은 빈 문서에서 내용을 입력하는 것부터 시험 시작입니다. 처음 시험 공부를 하실 때에는 빈 문서에서 차근차근 연습해 주세요.

시험 유형 따라하기

전체구성

배점 **60점** │ A등급 목표점수 **55점**

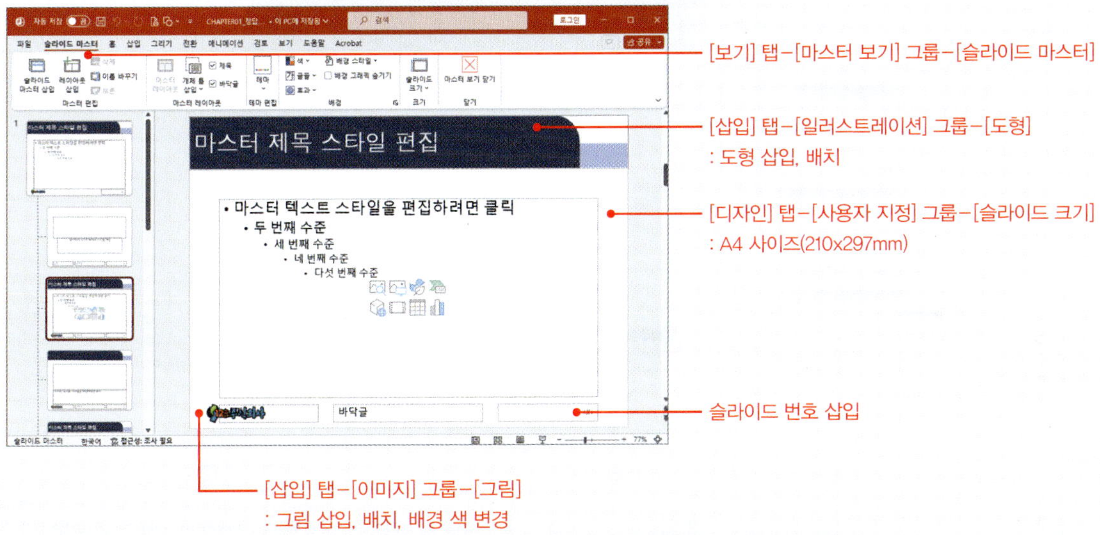

출제포인트

슬라이드 설정 · 슬라이드 마스터 · 그림 편집

출제기준

전체 슬라이드를 구성하는 능력을 평가하는 문항입니다.

A등급 TIP

앞으로 작성할 모든 슬라이드의 틀이 되는 부분이므로 실수 없이 꼼꼼히 작업해야 합니다. 슬라이드의 크기와 순서, 슬라이드 마스터의 제목, 로고, 번호 입력 방법을 반복적으로 연습하여 정확히 숙달하고 만점을 목표로 하세요.

01 전체구성

난이도 상 중 (하)
반복학습 ① ② ③

정답파일 PART 01 시험 유형 따라하기₩CHAPTER01_정답.pptx

문제보기	(1) 슬라이드 크기 및 순서 : 크기를 A4 용지로 설정하고 슬라이드 순서에 맞게 작성한다. (2) 슬라이드 마스터 : 2~6슬라이드의 제목, 하단 로고, 슬라이드 번호는 슬라이드 마스터를 이용하여 작성한다. 　　－ 제목 글꼴(돋움, 40pt, 흰색), 왼쪽 맞춤, 도형(선 없음) 　　－ 하단 로고(「내 PC₩문서₩ITQ₩Picture₩로고2.jpg」, 배경(회색) 투명색으로 설정)

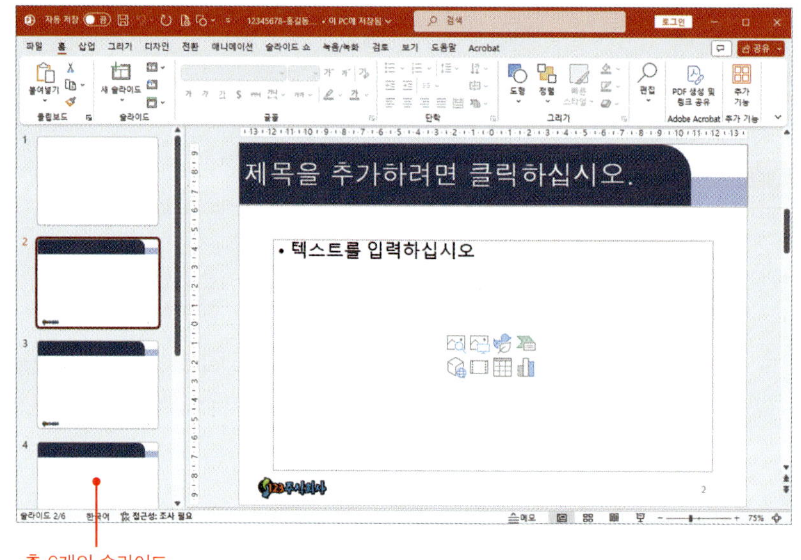

총 6개의 슬라이드

핵심기능	기능	바로 가기	메뉴
	슬라이드 크기		[디자인] 탭 – [사용자 지정] 그룹 – [슬라이드 크기]
	슬라이드 마스터 보기		[보기] 탭 – [마스터 보기] 그룹 – [슬라이드 마스터]
	머리글/바닥글		[삽입] 탭 – [텍스트] 그룹 – [머리글/바닥글]
	슬라이드 삽입	▤, Ctrl + M	[삽입] 탭 – [슬라이드] 그룹 – [새 슬라이드]
	저장	🖫, Ctrl + S	[파일] 탭 – [저장]

① PowerPoint를 실행한다.

→ 새 프레젠테이션을 클릭한다.

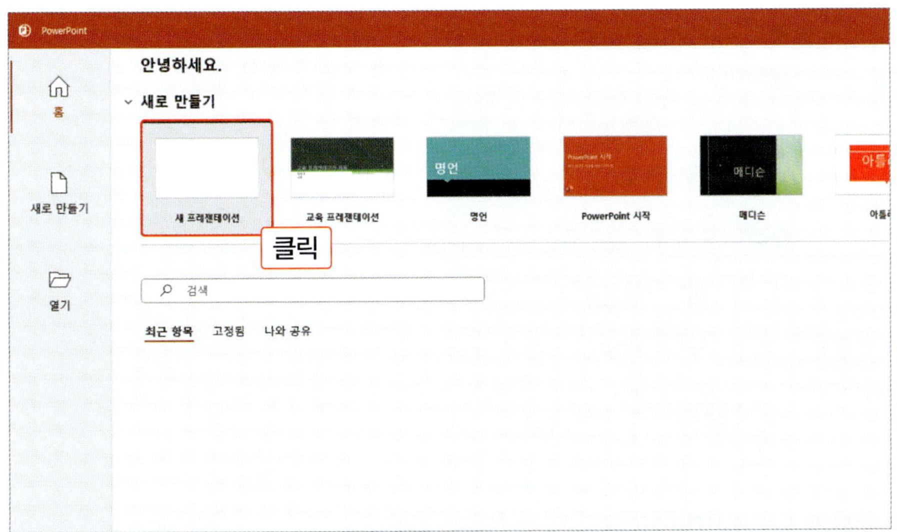

② [디자인] 탭–[슬라이드 크기](▭)에서 [사용자 지정 슬라이드 크기]를 클릭한다.

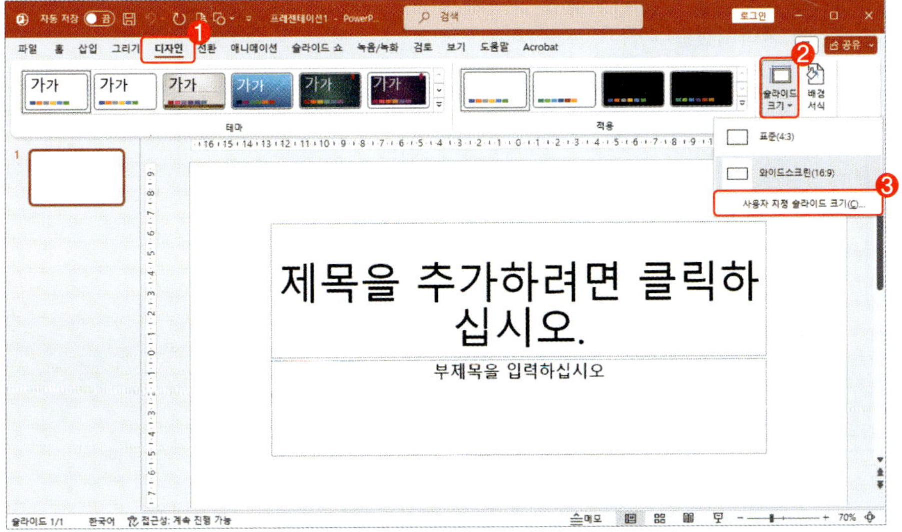

③ [슬라이드 크기] 대화상자에서 슬라이드 크기 'A4 용지(210x297mm)'를 설정한다. 기본값으로 슬라이드 시작 번호는 '1', 슬라이드 방향은 '가로'를 확인한다.

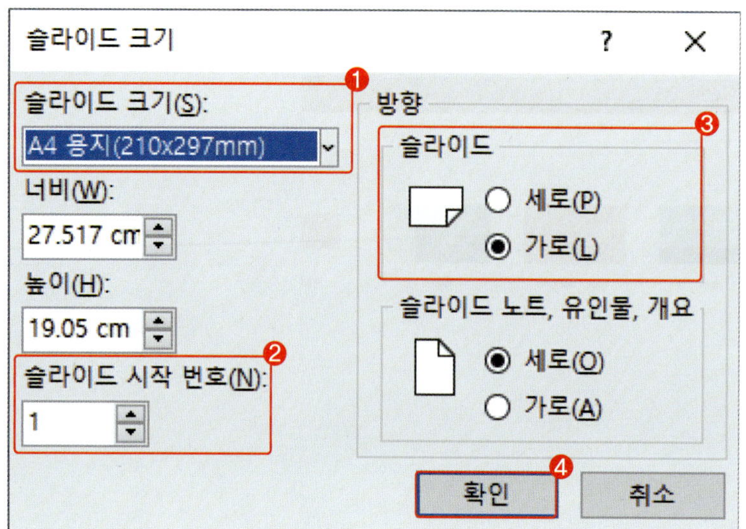

④ 슬라이드 크기 조정 대화상자가 나타나면 [최대화] 또는 [맞춤 확인]을 클릭한다.

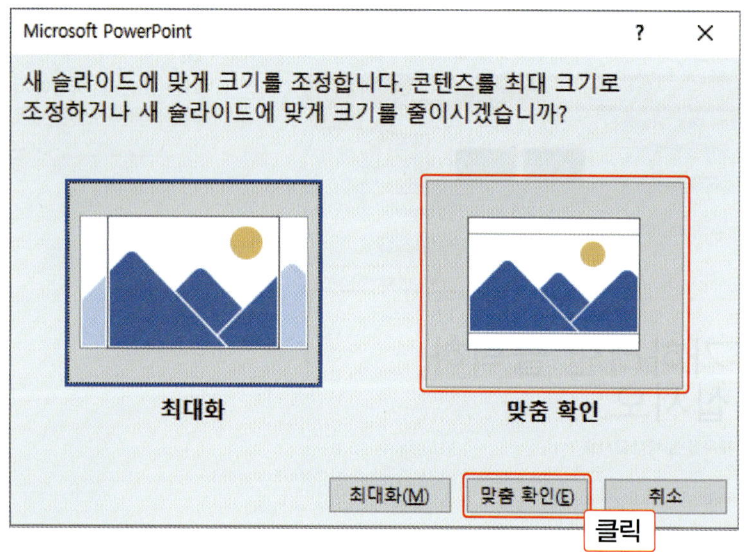

① [보기] 탭 – [마스터 보기] 그룹 – [슬라이드 마스터](▭)를 클릭한다.

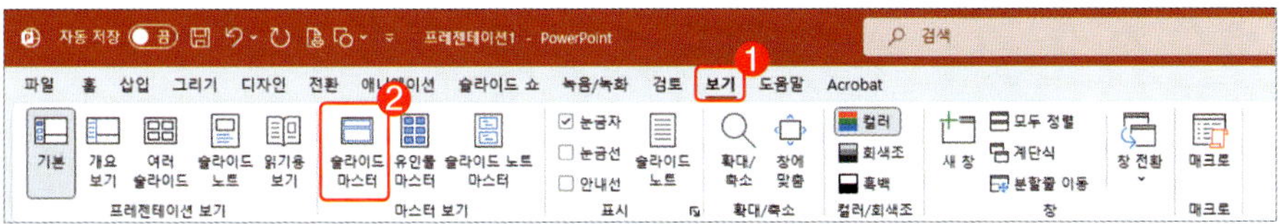

기적의 TIP

슬라이드 마스터에서 변경한 디자인은 하위의 모든 레이아웃에 영향을 미친다.

② 왼쪽 창의 축소판 그림에서 제일 위의 [Office 테마 슬라이드 마스터]를 클릭한다.

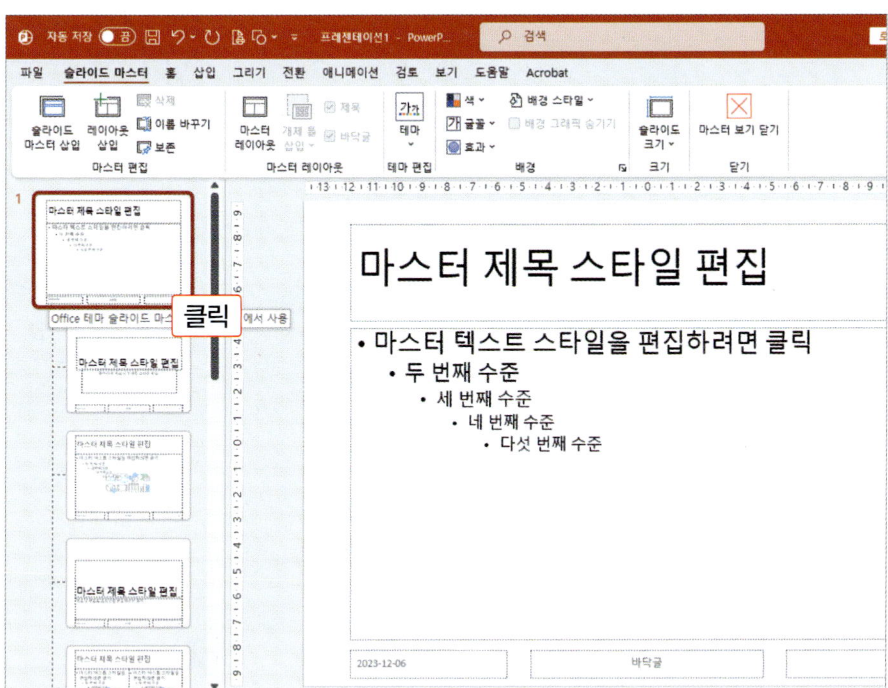

기적의 TIP

슬라이드 마스터 작성은 지정된 레이아웃이 있는 것이 아니므로, 어떤 레이아웃에 작성하든 출력형태와 동일하게 작성하면 된다.

③ 하단의 [날짜 및 시간] 영역과 [바닥글] 영역을 클릭하고 Delete 로 삭제한다.

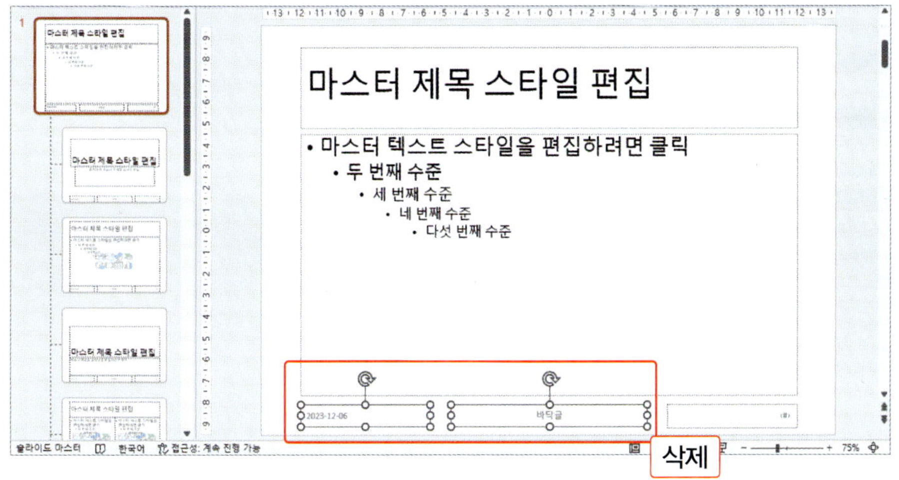

기적의 TIP

Ctrl 을 누른 상태에서 도형을 하나씩 클릭하면 한 번에 여러 개를 선택할 수 있다.

④ 로고 삽입을 위해 [삽입] 탭-[이미지] 그룹-[그림]()에서 [이 디바이스]()를 클릭한다.

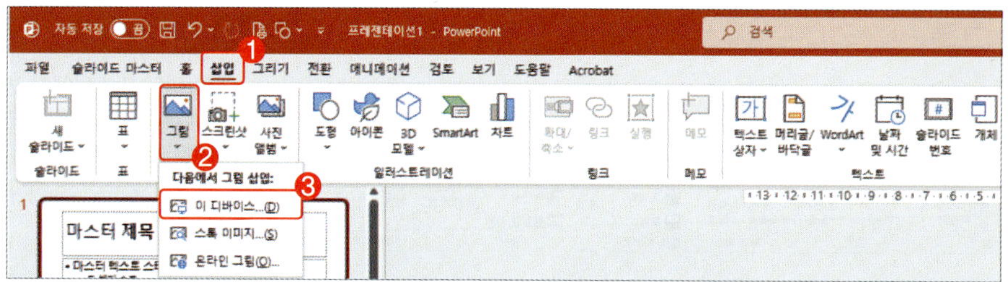

⑤ [그림 삽입] 대화상자가 나타나면 '내 PC₩문서₩ITQ₩Picture'에서 그림 파일 '로고2.jpg'를 선택하고 [삽입]을 클릭한다.

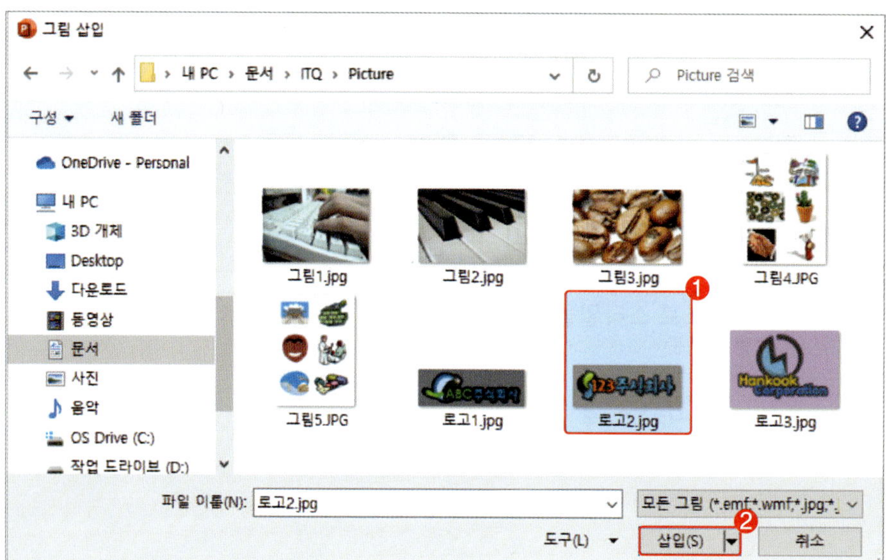

해결 TIP

그림 파일은 어디서 받나요?
이기적 홈페이지 자료실에서 부록자료를 다운로드 받는다.

⑥ [그림 서식] 탭-[조정] 그룹-[색]()에서 [투명한 색 설정]()을 클릭한다.

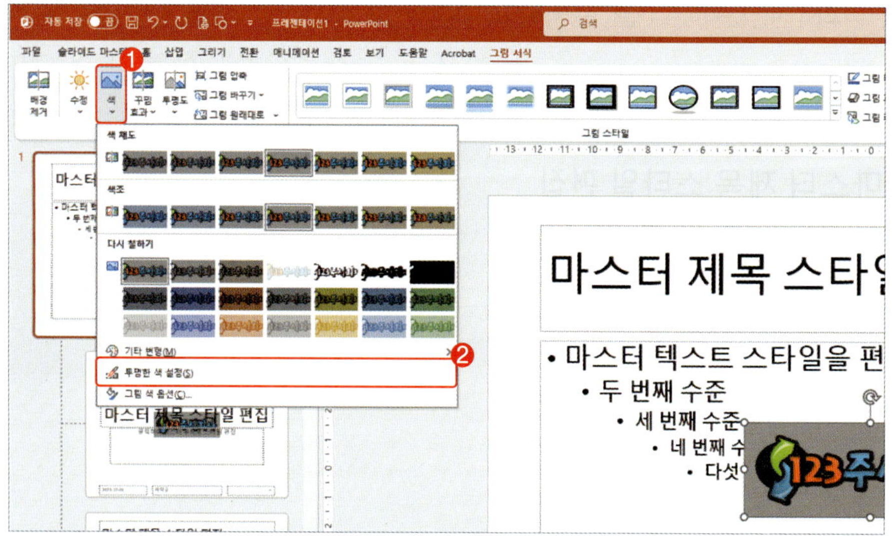

기적의 TIP

[그림 서식] 탭은 그림이 선택될 때만 나타난다.

⑦ 마우스 포인터가 로 변경되면 회색 부분을 클릭한다.

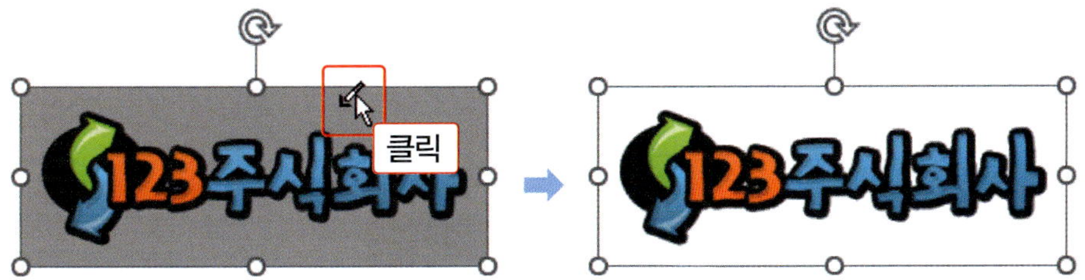

⑧ 그림 꼭짓점의 크기 조절점을 마우스 드래그하여 그림 크기를 조절한다.

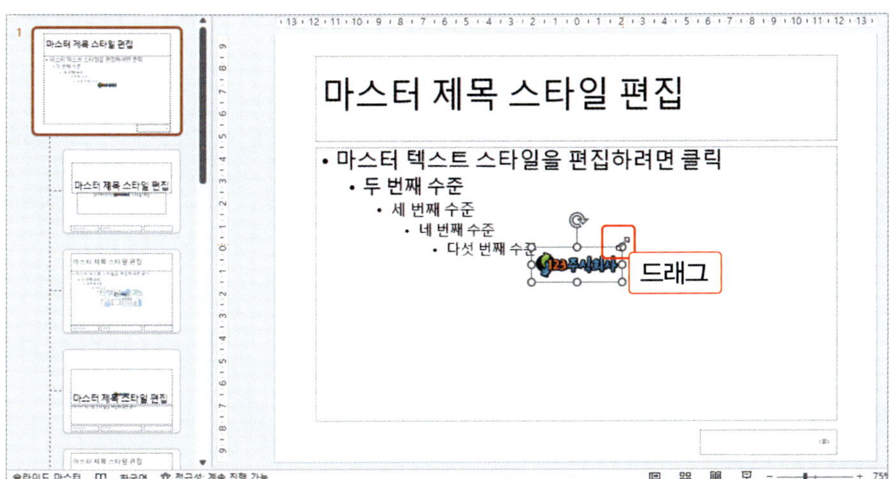

⑨ 그림을 마우스 드래그하여 제시된 위치로 이동한다.

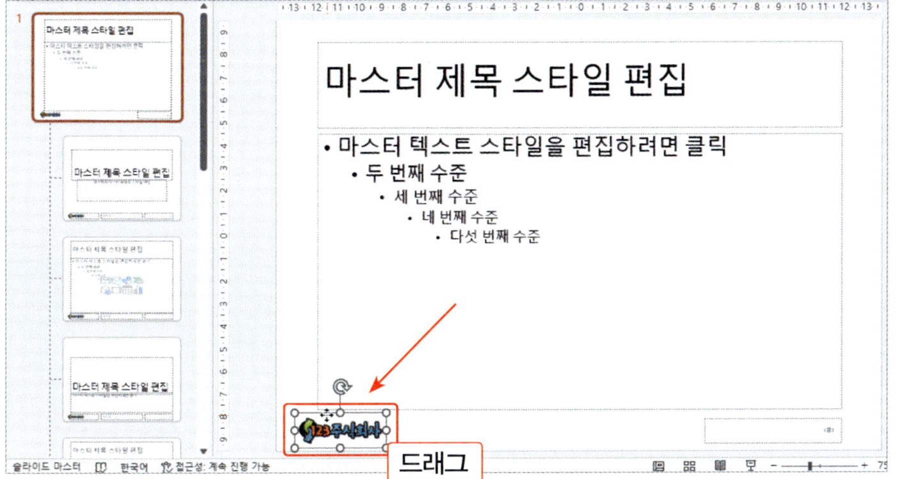

① 하단의 [슬라이드 번호] 영역을 선택한다.

→ [홈] 탭 – [글꼴] 그룹에서 글꼴 '맑은 고딕', 크기 '16'을 설정한다.

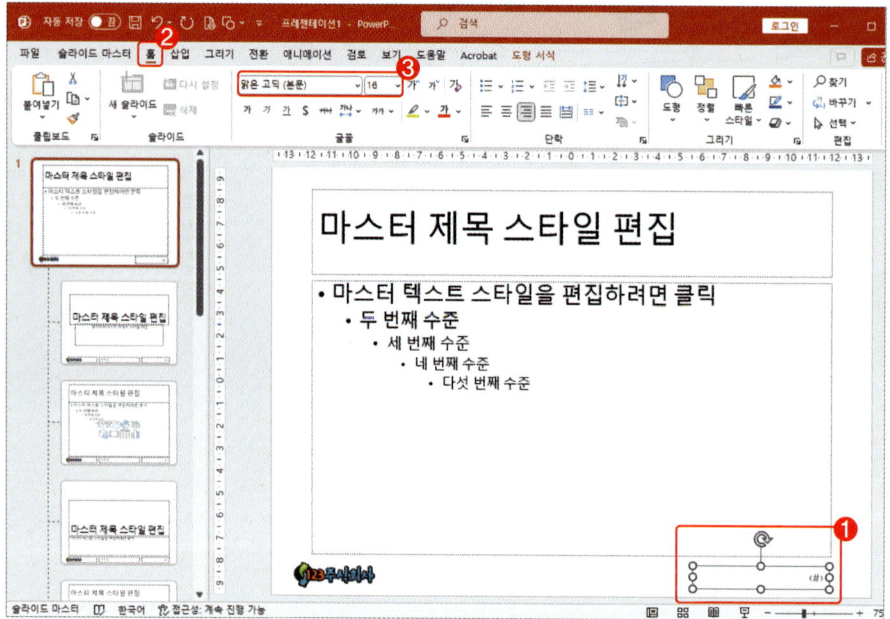

② [삽입] 탭 – [텍스트] 그룹 – [머리글/바닥글](📄)을 클릭한다.

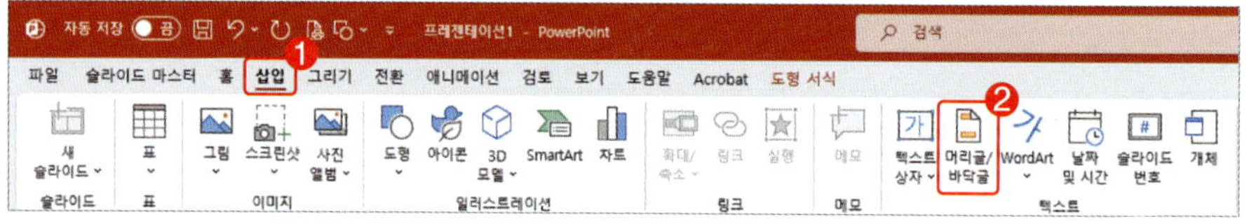

③ [머리글/바닥글] 대화상자에서 '슬라이드 번호', '제목 슬라이드에는 표시 안 함'에 체크하고 [모두 적용]을 클릭한다.

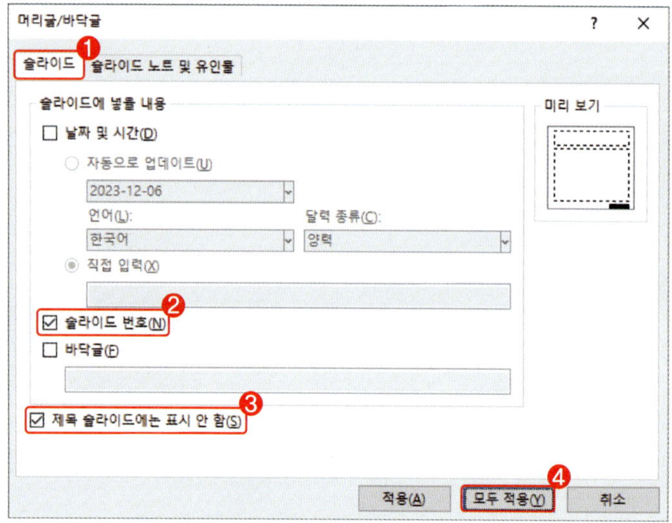

① [삽입] 탭 – [일러스트레이션] 그룹 – [도형](📷)에서 [사각형: 둥근 한쪽 모서리]를 클릭한다.

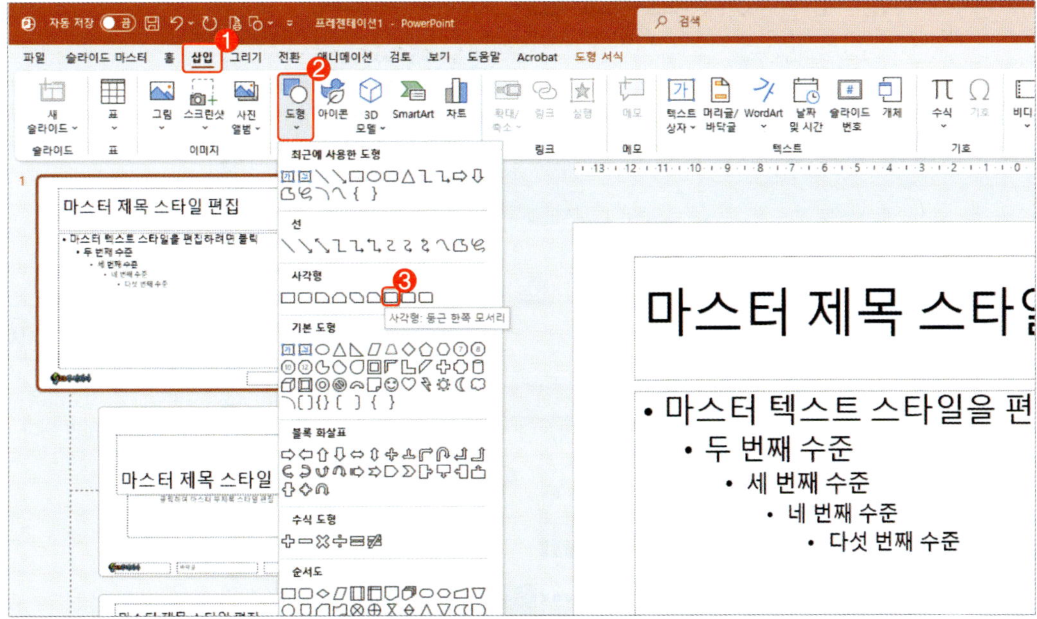

② 마우스를 대각선으로 드래그하여 도형을 그린다.

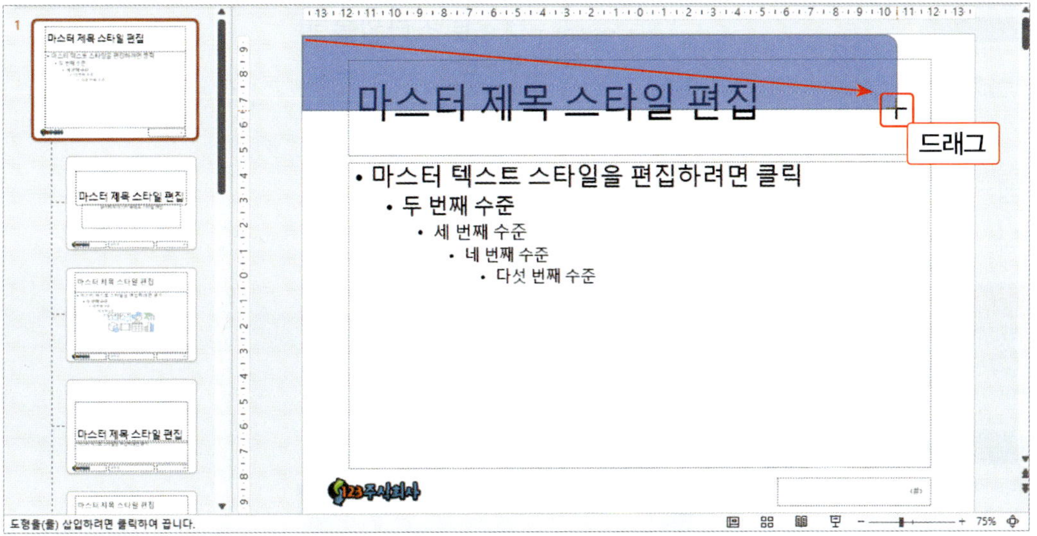

③ 도형이 선택된 상태에서 모양 조절 핸들(◉)을 드래그하여 곡선을 크게
한다.

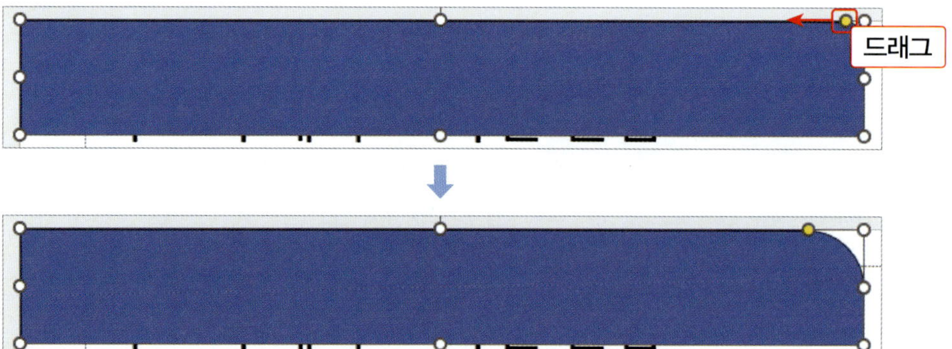

④ [도형 서식] 탭-[도형 스타일] 그룹-[도형 채우기](◇)에서 [청회색, 텍
스트 2]를 클릭한다.

⑤ [도형 서식] 탭-[도형 스타일] 그룹-[도형 윤곽선](✎)에서 [윤곽선 없
음]을 클릭한다.

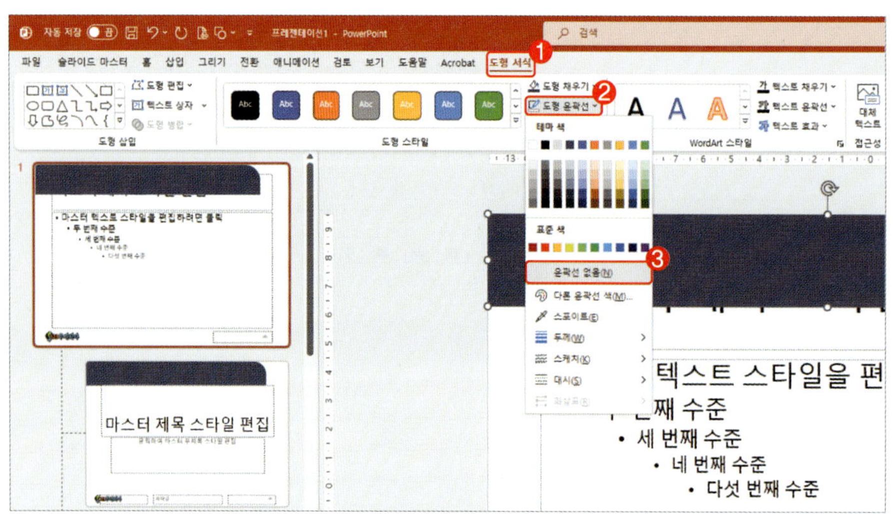

⑥ [삽입] 탭 – [일러스트레이션] 그룹 – [도형]에서 [직사각형]을 클릭한다.

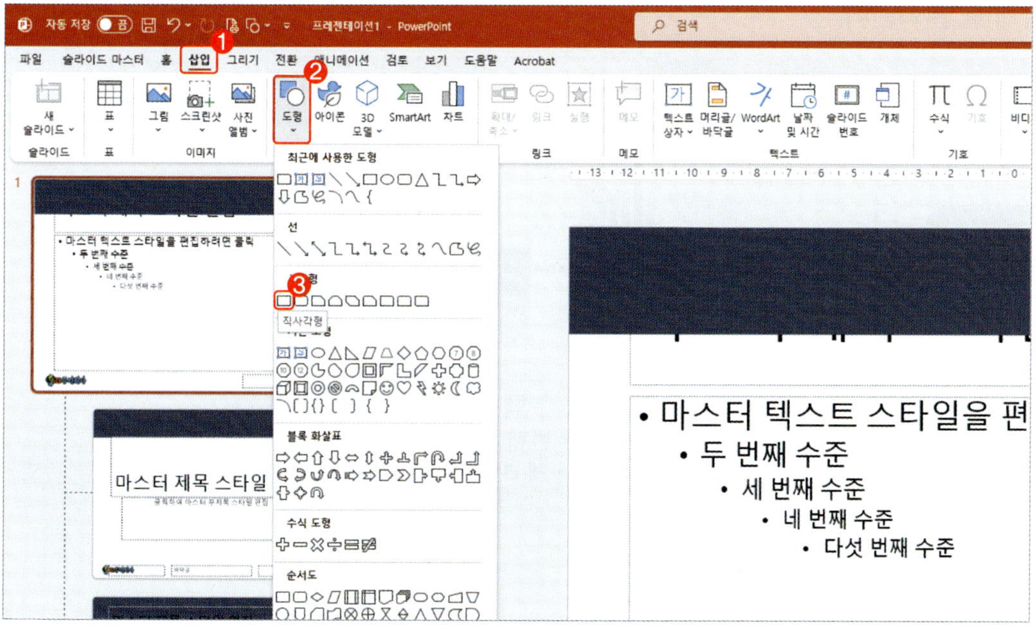

⑦ 마우스를 대각선으로 드래그하여 도형을 그린다.

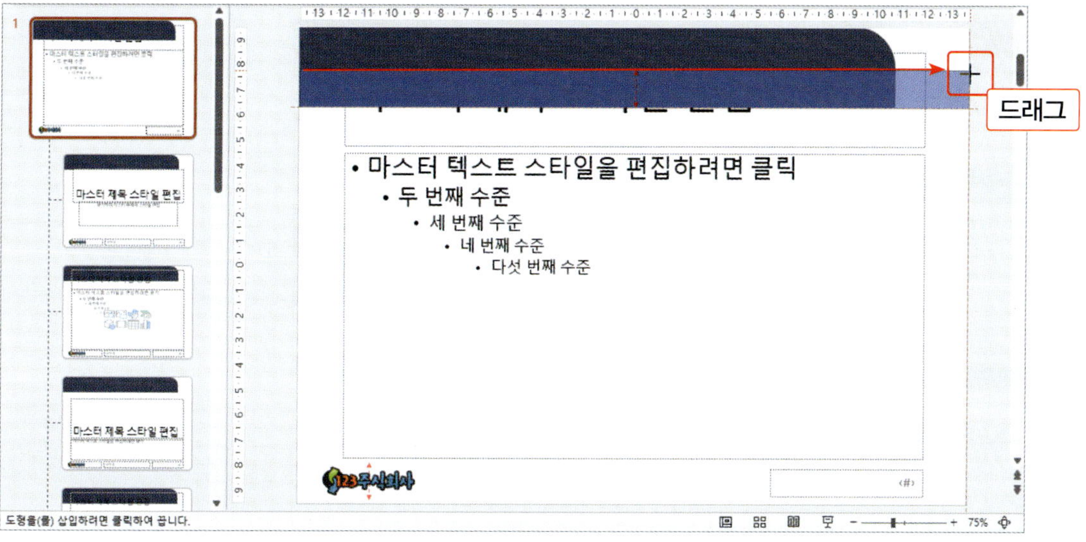

⑧ [도형 서식] 탭-[도형 스타일] 그룹-[도형 채우기]에서 [파랑, 강조 1, 60% 더 밝게]를 클릭한다.

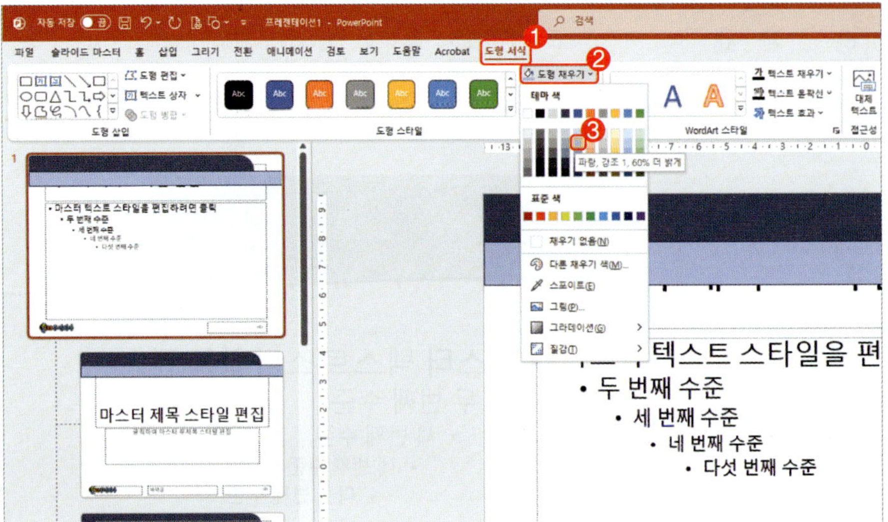

⑨ [도형 서식] 탭-[도형 스타일] 그룹-[도형 윤곽선]에서 [윤곽선 없음]을 클릭한다.

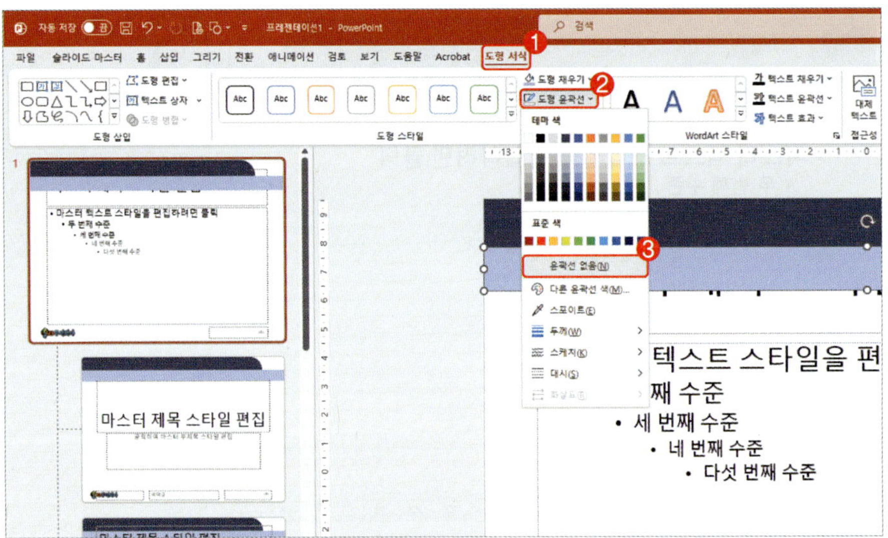

⑩ [도형 서식] 탭-[정렬] 그룹-[뒤로 보내기](📄)에서 [맨 뒤로 보내기](📄)를 클릭한다.

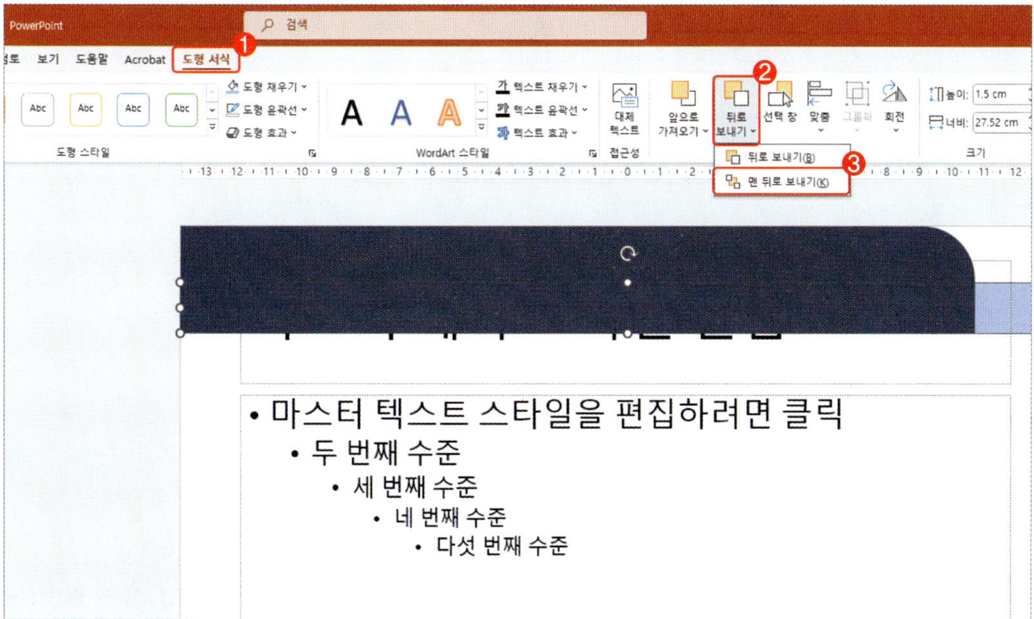

⑪ '마스터 제목 스타일 편집' 상자를 선택한다.
→ [도형 서식] 탭-[정렬] 그룹-[앞으로 가져오기](📄)에서 [맨 앞으로 가져오기](📄)를 클릭한다.

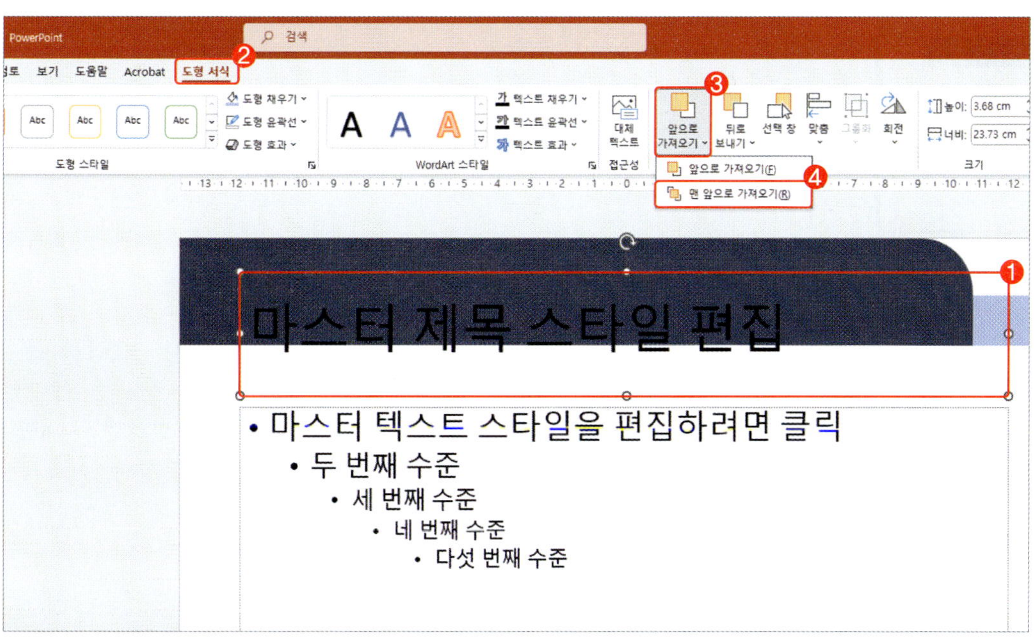

⑫ [홈] 탭−[글꼴] 그룹에서 글꼴 '돋움', 크기 '40', 글꼴 색 '흰색'을 설정한다.

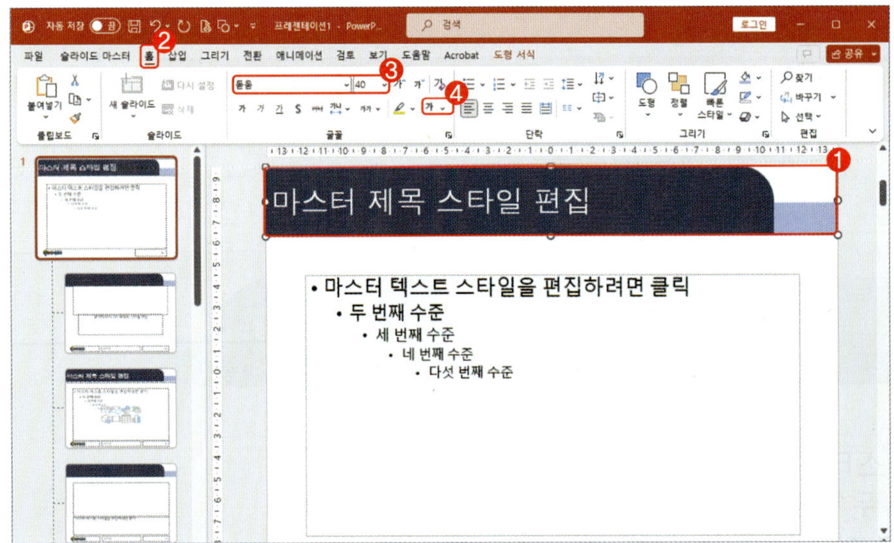

⑬ [제목 슬라이드 레이아웃]을 클릭한다.

→ 앞에 작성한 도형이 제목 슬라이드에 나타나지 않도록 [슬라이드 마스터] 탭−[배경] 그룹−'배경 그래픽 숨기기'에 체크한다.

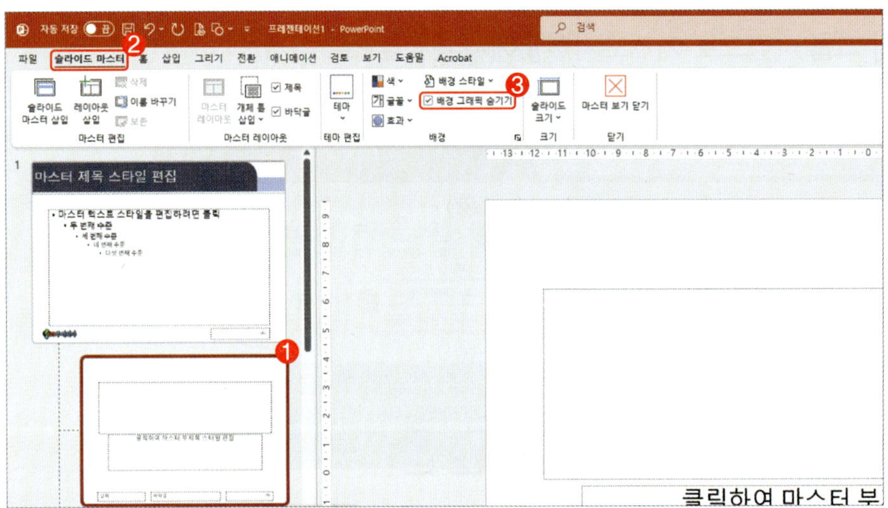

해결 TIP

'배경 그래픽 숨기기' 옵션이 체크가 안 돼요!
[슬라이드 및 개요] 창에서 [제목 슬라이드 마스터]를 선택한다. [Office 테마 슬라이드 마스터]에서는 체크할 수 없다.

⑭ [마스터 보기 닫기](⊠)를 클릭한다.

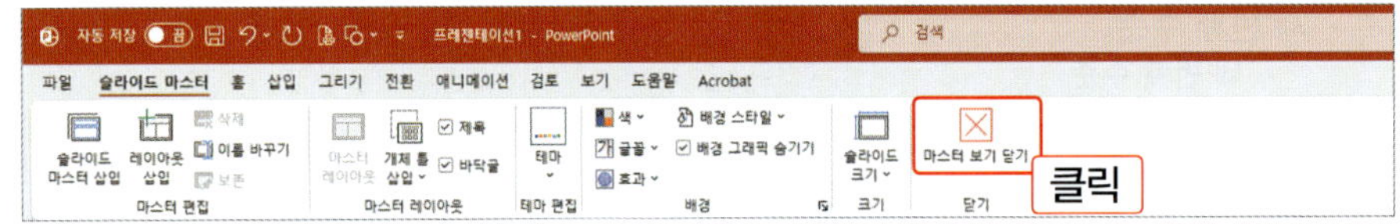

① [홈] 탭 – [슬라이드] 그룹 – [새 슬라이드]( )에서 [제목 및 내용]을 클릭한다.

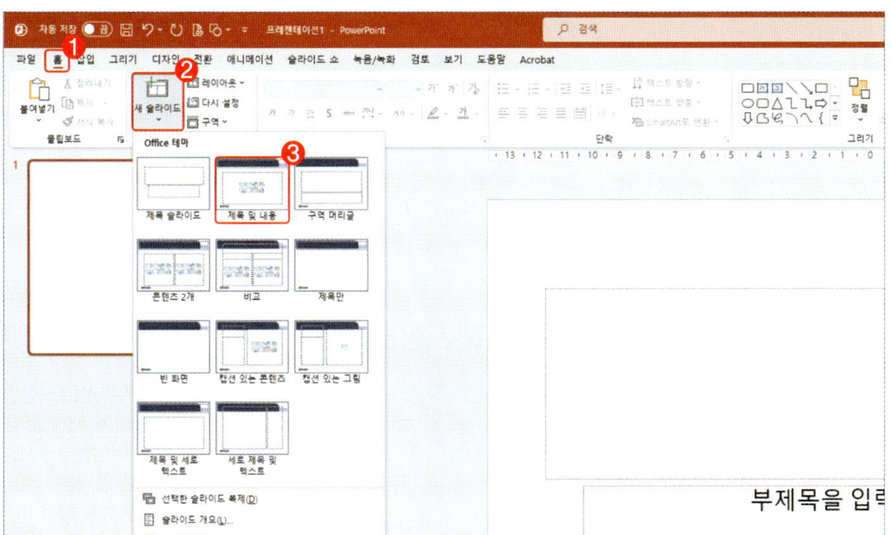

② 총 6개의 슬라이드가 되도록 Ctrl + M 을 눌러 슬라이드를 삽입한다.

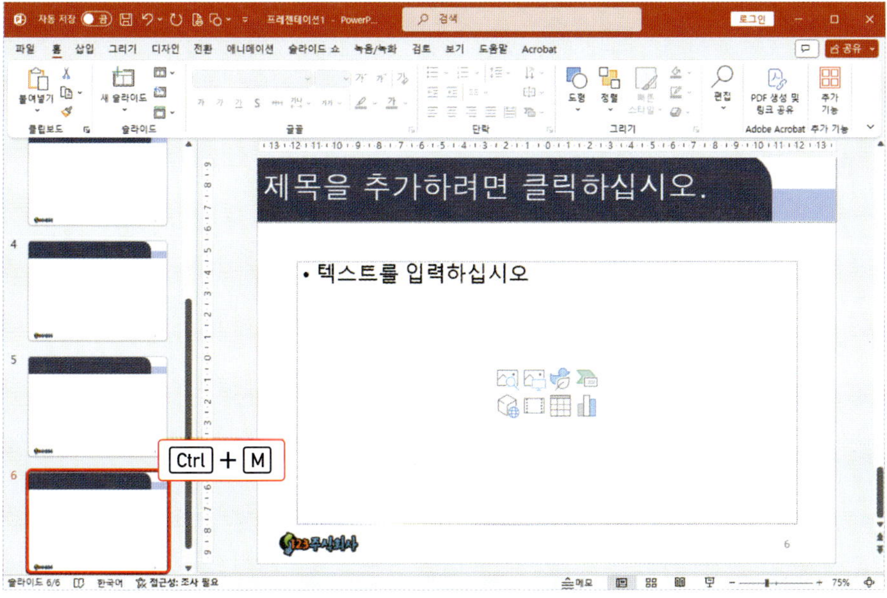

기적의 TIP

Ctrl + M 대신 Enter 를 눌러도 된다.

① 빠른 실행 도구 모음에서 [저장]($\boxed{}$)을 클릭하거나 [파일] 탭 – [저장]을 클릭한다.

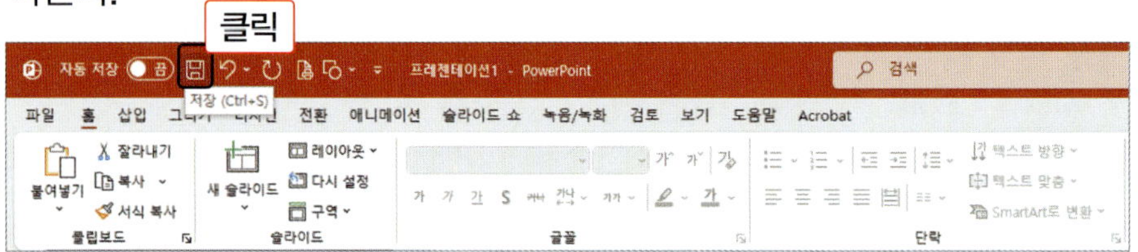

② [찾아보기]를 클릭한다.

→ '내 PC₩문서₩ITQ'로 이동하여 파일 이름을 입력하고 [저장]을 클릭한다.

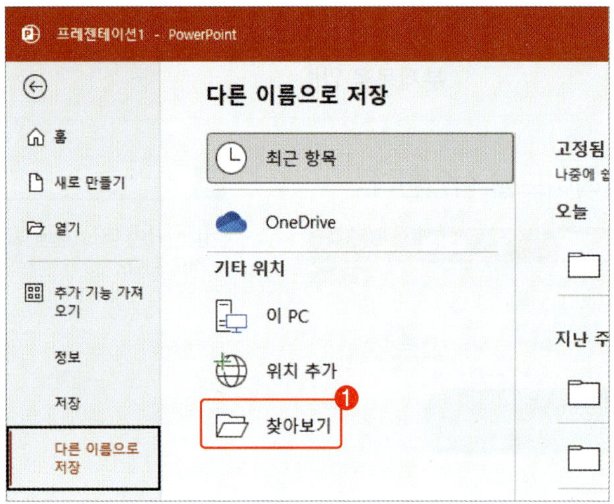

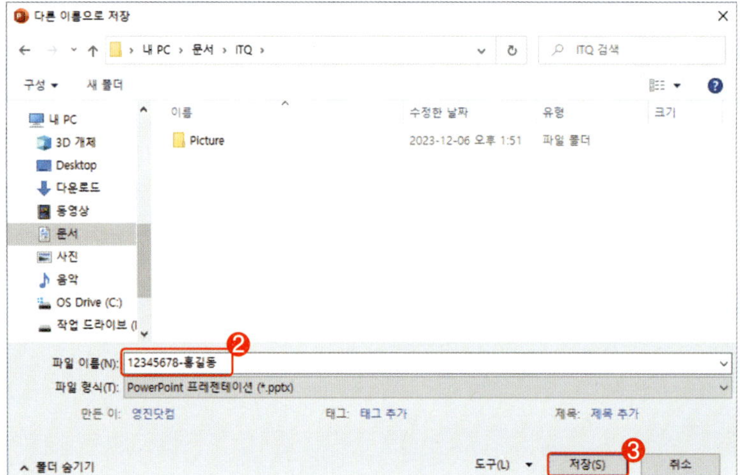

🚩 기적의 TIP

저장 단축키 Ctrl + S 를 자주 활용하여 작업 중 예상치 못한 문제 발생에 대비한다.

💡 해결 TIP

파일 저장 시 파일명은 어떻게 하나요?

본인의 '수험번호 – 성명'으로 입력하여 저장한다. 파일명이 '수험번호 – 성명'과 일치하지 않거나, 답안 파일을 전송하지 않아 미제출이 될 경우 실격 처리된다.

슬라이드 1
표지디자인

배점 **40점** | A등급 목표점수 **30점**

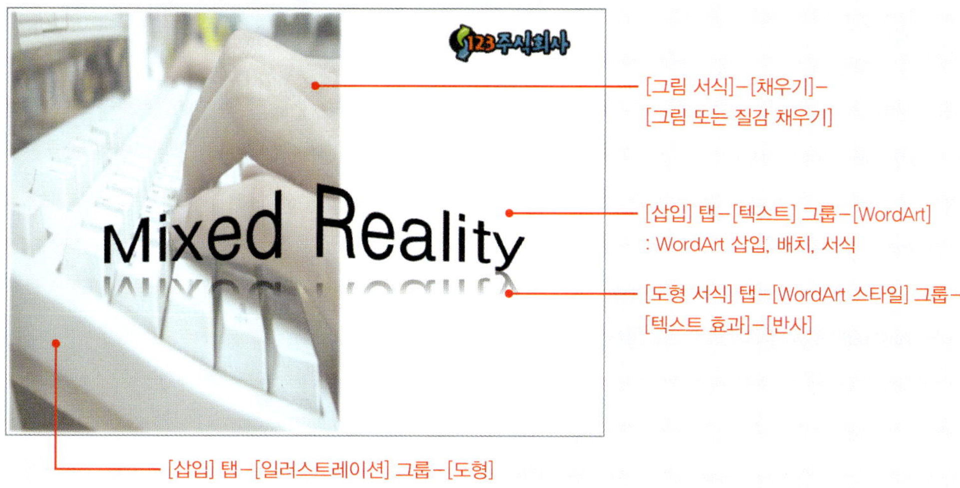

[그림 서식]−[채우기]−
[그림 또는 질감 채우기]

[삽입] 탭−[텍스트] 그룹−[WordArt]
: WordArt 삽입, 배치, 서식

[도형 서식] 탭−[WordArt 스타일] 그룹−
[텍스트 효과]−[반사]

[삽입] 탭−[일러스트레이션] 그룹−[도형]

출제포인트

그림 삽입 · WordArt 삽입 · WordArt 스타일

출제기준

도형과 그림을 이용하여 표지 슬라이드를 작성하는 능력을 평가하는 문항입니다.

A등급 TIP

이 문항에서는 도형 채우기, 부드러운 가장자리 등 일정한 패턴이 고정적으로 출제됩니다. 반복 연습하여 감점을 피하는 것이 중요하며, 도형 모양과 워드아트 서식은 매번 다르게 주어지므로 신경 써서 작업해야 합니다.

[슬라이드 1] **표지 디자인**

▶ 합격 강의

| 작업파일 | PART 01 시험 유형 따라하기₩CHAPTER02.pptx |
| 정답파일 | PART 01 시험 유형 따라하기₩CHAPTER02_정답.pptx |

문제보기

(1) 표지 디자인 : 도형, 워드아트 및 그림을 이용하여 작성한다.

세부조건

① 도형 편집
- 도형에 그림 채우기 :
  「내 PC₩문서₩ITQ₩Picture₩
  그림1.jpg」, 투명도 50%
- 도형 효과 :
  부드러운 가장자리 5포인트
② 워드아트 삽입
- 변환 : 삼각형, 위로
- 글꼴 : 돋움, 굵게
- 텍스트 반사 : 근접 반사,
  4pt 오프셋
③ 그림 삽입
- 「내 PC₩문서₩ITQ₩Picture₩로고2.jpg」
- 배경(회색) 투명색으로 설정

핵심기능

기능	바로 가기	메뉴
수평/수직 이동	Shift +마우스 드래그	
세밀한 이동	방향키(←, ↑, →, ↓)	
그림 삽입		[삽입] 탭 – [이미지] 그룹 – [그림]
WordArt 삽입		[삽입] 탭 – [텍스트] 그룹 – [WordArt]

① 슬라이드 1에서 '제목 텍스트 상자'와 '부제목 텍스트 상자'를 Delete 를 눌러 삭제한다.
→ [삽입] 탭 – [일러스트레이션] 그룹에서 [도형]( ) – [사각형] – [직사각형]( )을 클릭한다.

기적의 TIP

표지 슬라이드는 워드아트와 도형을 이용하기 때문에 사용하지 않는 '제목 텍스트 상자'와 '부제목 텍스트 상자'를 삭제하는 것이 편하다.

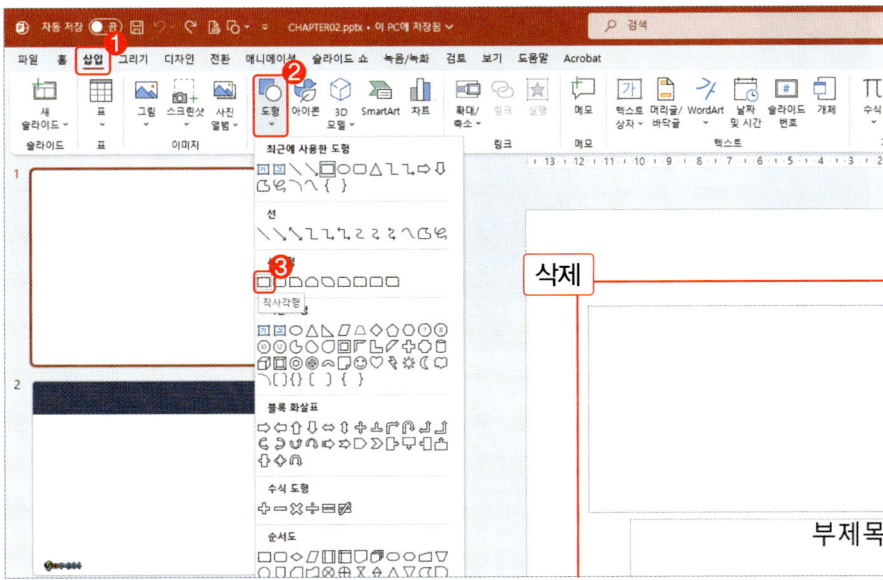

② 마우스 포인터 모양이 ✛로 바뀌면, 슬라이드 왼쪽 상단에서 적당한 크기로 마우스 드래그하여 도형을 삽입한다.

기적의 TIP

문제에서는 도형의 크기에 대한 명확한 지시사항이 없다. 제시된 그림을 보고 적당한 크기로 도형을 삽입해야 한다.

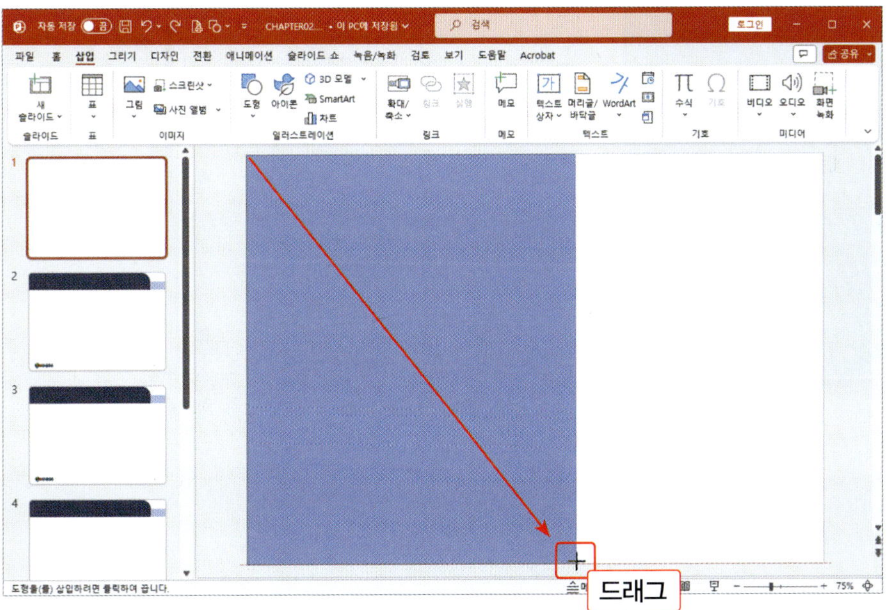

③ 도형을 선택한 후 마우스 오른쪽 클릭하고 [도형 서식]( )을 클릭한다.

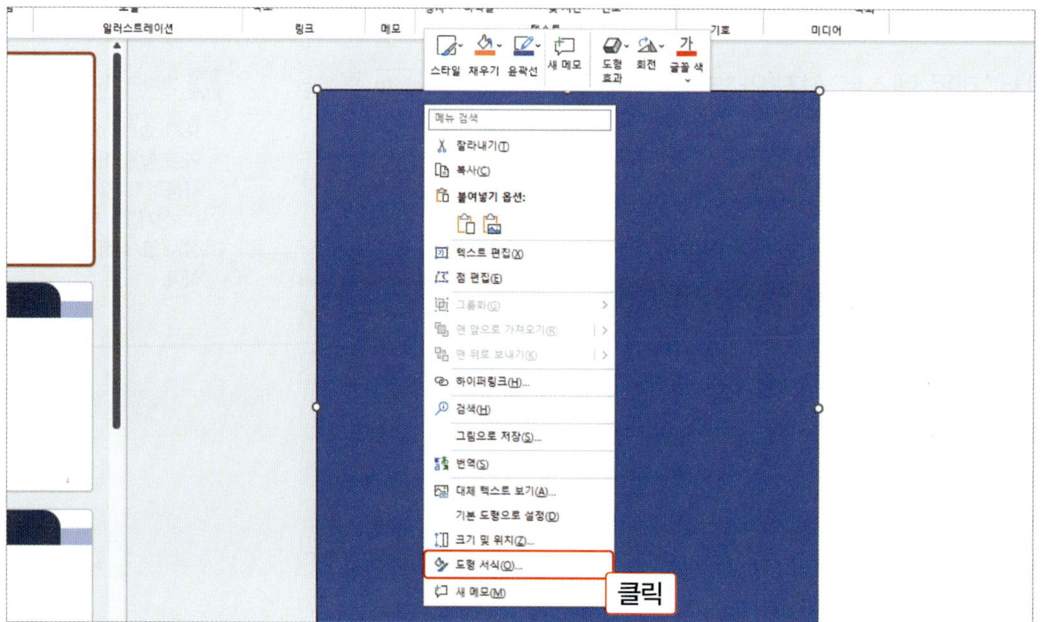

④ 도형 옵션의 [채우기 및 선]( ) - [채우기] - [그림 또는 질감 채우기]를 클릭한다.

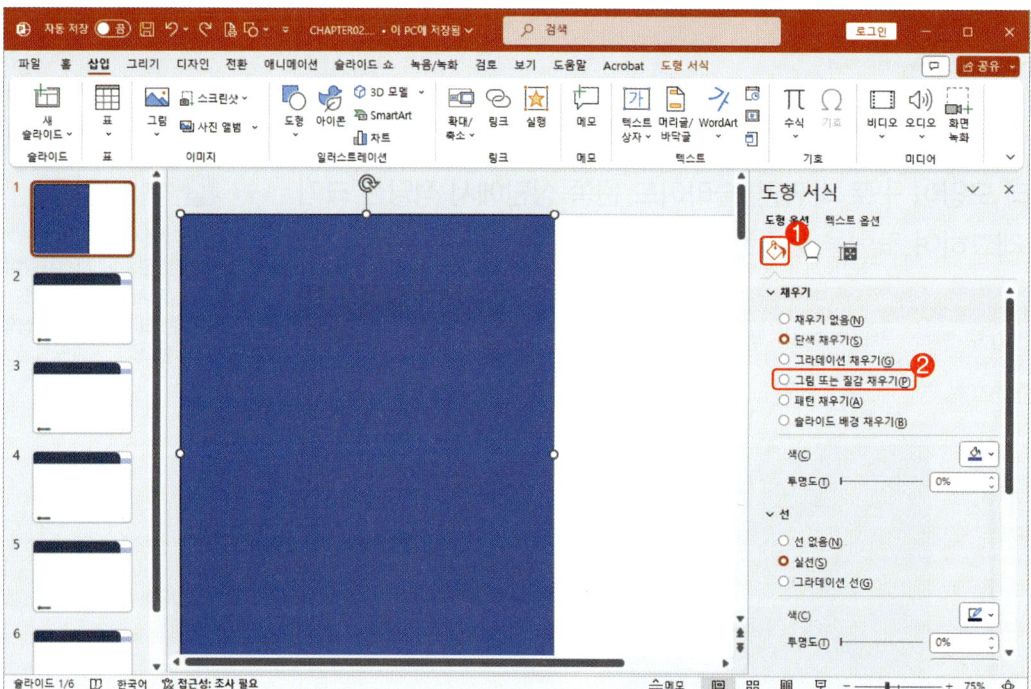

⑤ [그림 원본] – [삽입]을 클릭하고 [그림 삽입] 대화상자가 나타나면 [파일에서]를 클릭한다.
  → '내 PC₩문서₩ITQ₩Picture' 폴더에서 '그림1.jpg'를 선택해 삽입한다.

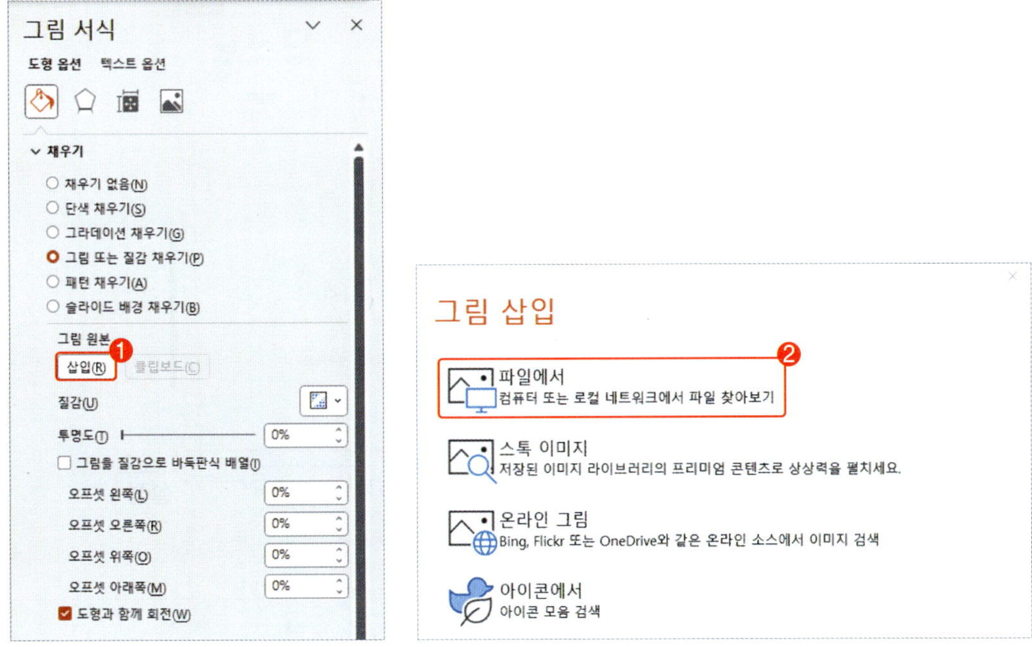

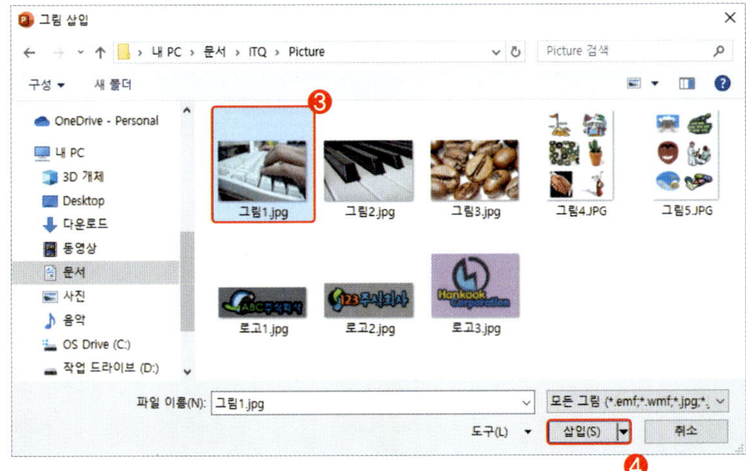

⑥ [그림 서식]에서 [투명도]를 『50%』로 설정한다.

⑦ [효과](🔶) – [부드러운 가장자리]에서 크기 『5pt』로 설정하고 닫기(✕)를 클릭한다.

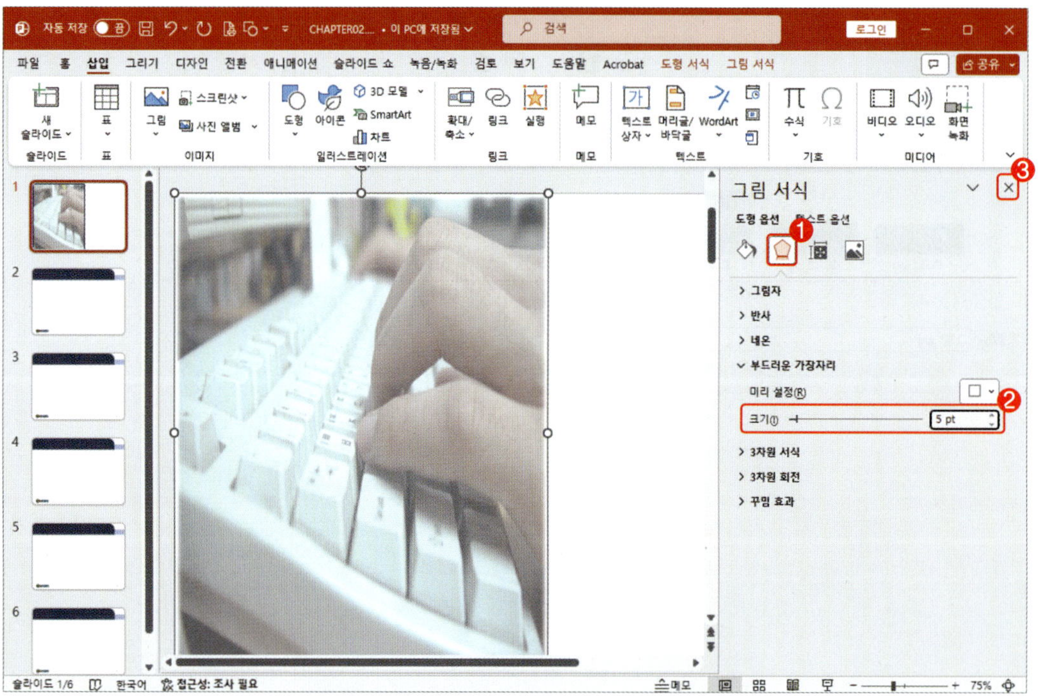

① [삽입] 탭 – [텍스트] 그룹에서 [WordArt]( ) – [그라데이션 채우기 – 파랑, 강조색 5, 반사]를 클릭한다.

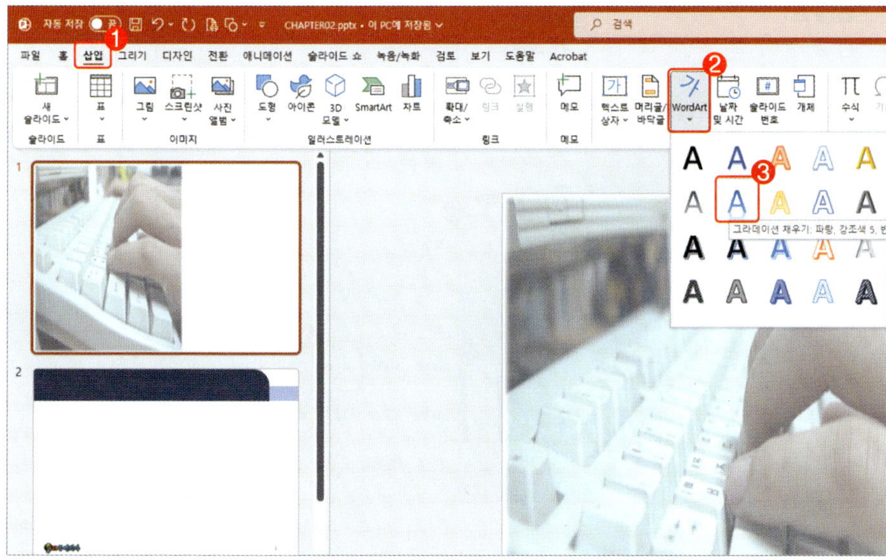

기적의 TIP

WordArt 고르기

시험에서는 WordArt 스타일에 대한 지시사항이 없으므로 문제지에 제시된 모양과 가장 유사한 것을 일단 선택한 다음 조건에 맞게 변경해야 한다.
채점은 최종적으로 만들어진 모양을 기준으로 한다.

② 워드아트 텍스트 입력상자에 『Mixed Reality』를 입력한다.

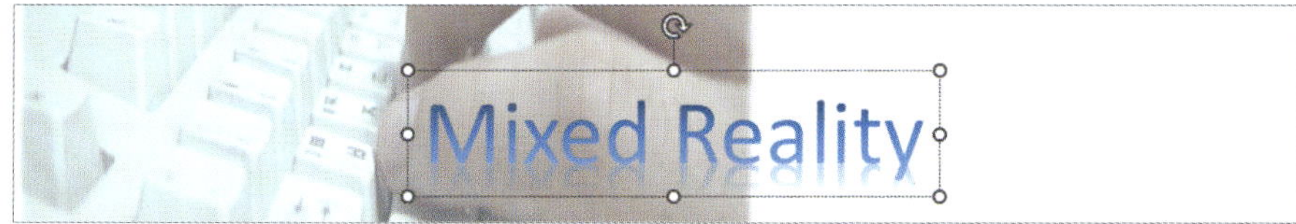

③ 워드아트 전체를 선택하고 [홈] 탭 – [글꼴] 그룹에서 글꼴 '돋움', '굵게', 글꼴 색 '검정, 텍스트 1'을 설정한다.

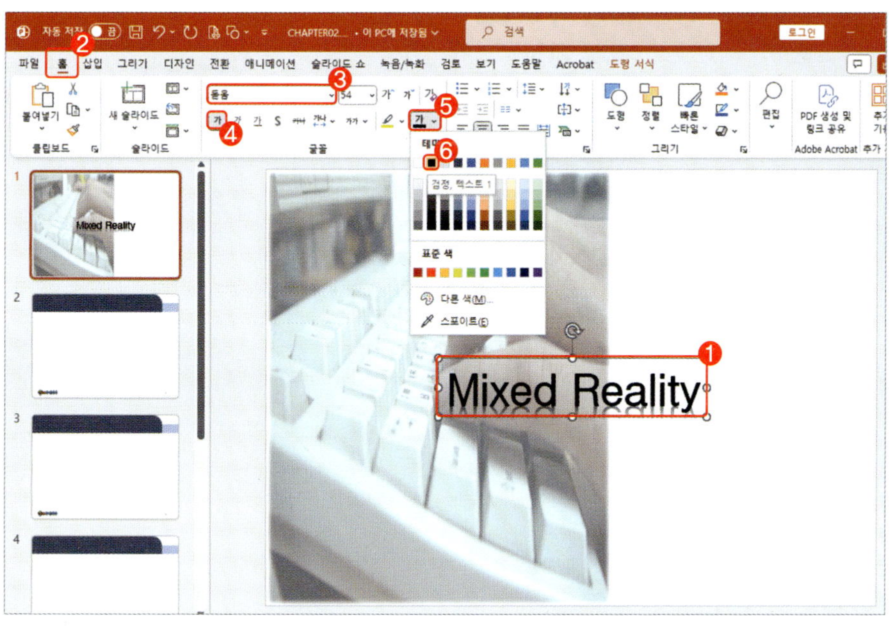

해결 TIP

글꼴을 설정했는데 변화가 없어요!

텍스트를 둘러싸고 있는 입력상자가 선택되게 하거나 입력한 내용을 블록 지정한 상태에서 설정한다.

④ [도형 서식] 탭 – [WordArt 스타일] 그룹에서 [텍스트 효과](가) – [변환](가) – [삼각형: 위로]를 클릭한다.

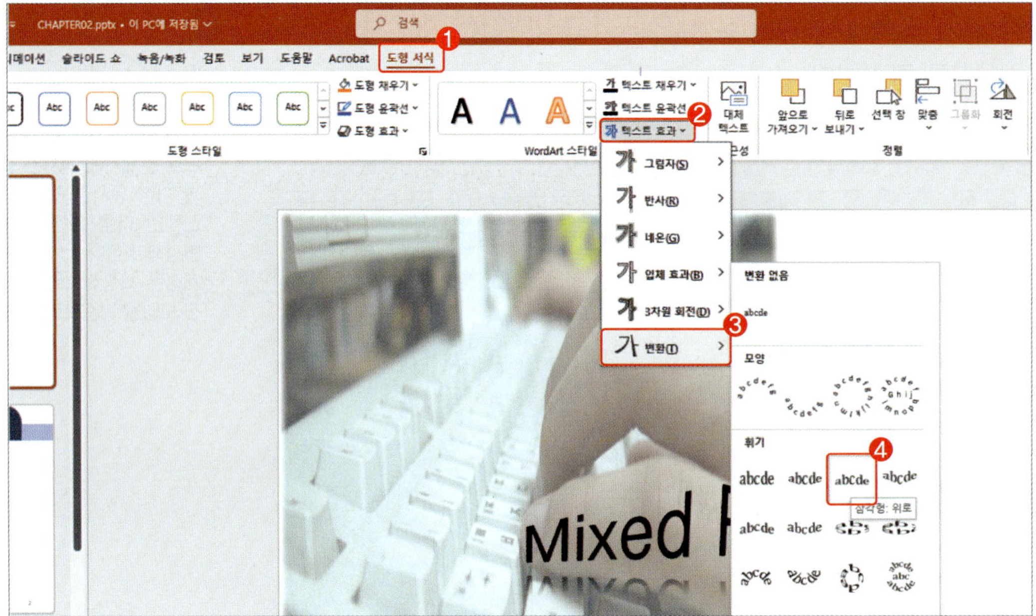

⑤ [WordArt 스타일] 그룹에서 [텍스트 효과](가) – [반사](가) – [근접 반사: 4pt 오프셋]을 클릭한다.

⑥ 출력형태와 비교하며 크기 조절점을 이용해 워드아트의 크기와 위치를
조절한다.

기적의 TIP

꼭짓점의 크기 조절점을
Shift 를 누른 채 드래그하
면 상하좌우 비율이 유지된
상태에서 크기가 조절된다.

SECTION 03 로고 그림 삽입

① [삽입] 탭 – [이미지] 그룹 – [그림]( )에서 [이 디바이스]( )를 클릭한다.
→ [그림 삽입] 대화상자가 나타나면 '내 PC₩문서₩ITQ₩Picture' 폴더
에서 그림 파일 '로고2.jpg'를 선택하고 [삽입]을 클릭한다.

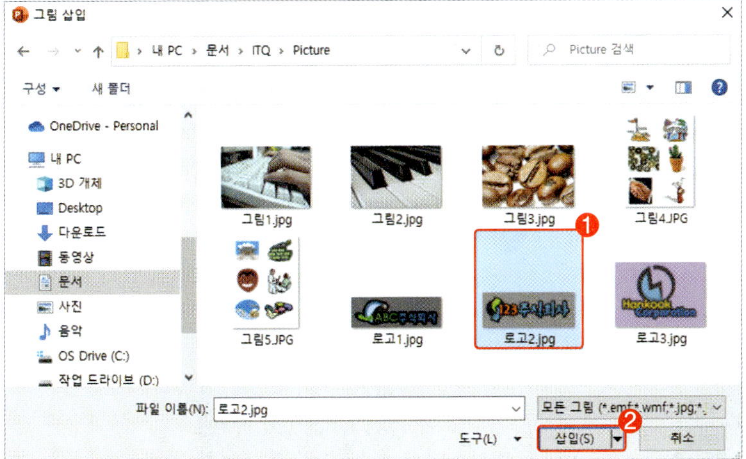

② [그림 서식] 탭–[조정] 그룹–[색]( )에서 [투명한 색 설정]( )을 클릭한다.

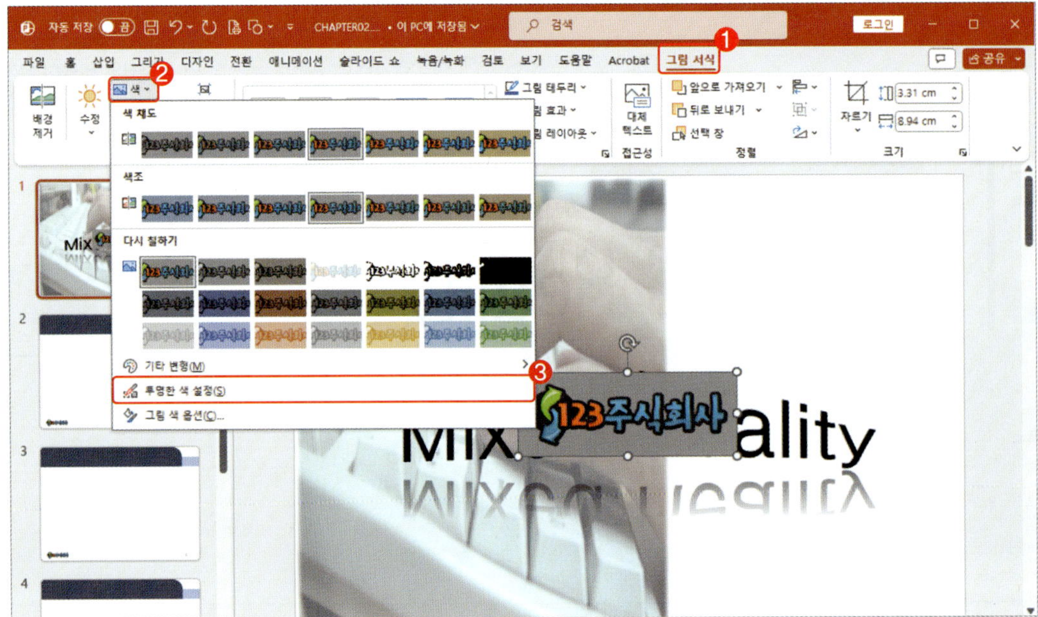

③ 마우스 포인터가 로 변경되면 회색 부분을 클릭하여 투명하게 만든다.

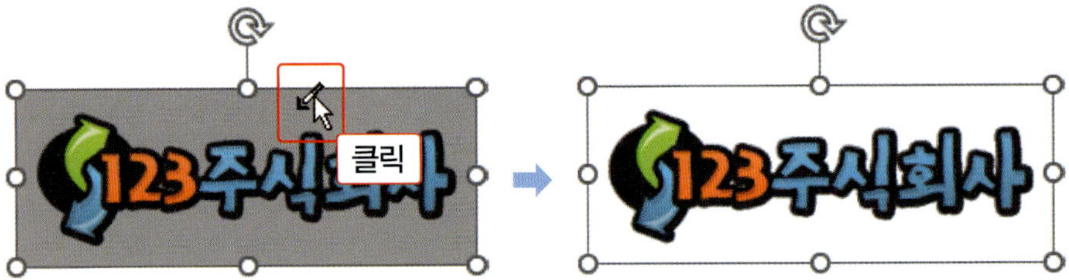

④ 그림의 크기를 조절점으로 조절하고, 문제지에 제시된 위치로 그림을 이동시킨다.

문제유형 ❶-1

정답파일 PART 01 시험 유형 따라하기₩유형1-1번_정답.pptx

세부조건

① 도형 편집
- 도형에 그림 채우기 : 「내 PC₩문서₩ITQ₩Picture₩그림1.jpg」, 투명도 50%
- 도형 효과 : 부드러운 가장자리 5포인트

② 워드아트 삽입
- 변환 : 페이드, 왼쪽
- 글꼴 : 돋움, 굵게
- 텍스트 반사 : 전체 반사, 터치

③ 그림 삽입
- 「내 PC₩문서₩ITQ₩Picture₩로고2.jpg」
- 배경(회색) 투명색으로 설정

문제유형 ❶-2

정답파일 PART 01 시험 유형 따라하기₩유형1-2번_정답.pptx

세부조건

① 도형 편집
- 도형에 그림 채우기 : 「내 PC₩문서₩ITQ₩Picture₩그림1.jpg」, 투명도 50%
- 도형 효과 : 부드러운 가장자리 5포인트

② 워드아트 삽입
- 변환 : 갈매기형 수장, 위로
- 글꼴 : 굴림, 굵게
- 텍스트 반사 : 근접 반사, 터치

③ 그림 삽입
- 「내 PC₩문서₩ITQ₩Picture₩로고1.jpg」
- 배경(회색) 투명색으로 설정

세부조건

① 도형 편집
- 도형에 그림 채우기 : 「내 PC\문서\ITQ\Picture\그림1.jpg」, 투명도 50%
- 도형 효과 : 부드러운 가장자리 5포인트

② 워드아트 삽입
- 변환 : 갈매기형 수장, 아래로
- 글꼴 : 돋움, 굵게
- 텍스트 반사 : 1/2 반사, 터치

③ 그림 삽입
- 「내 PC\문서\ITQ\Picture\로고2.jpg」
- 배경(회색) 투명색으로 설정

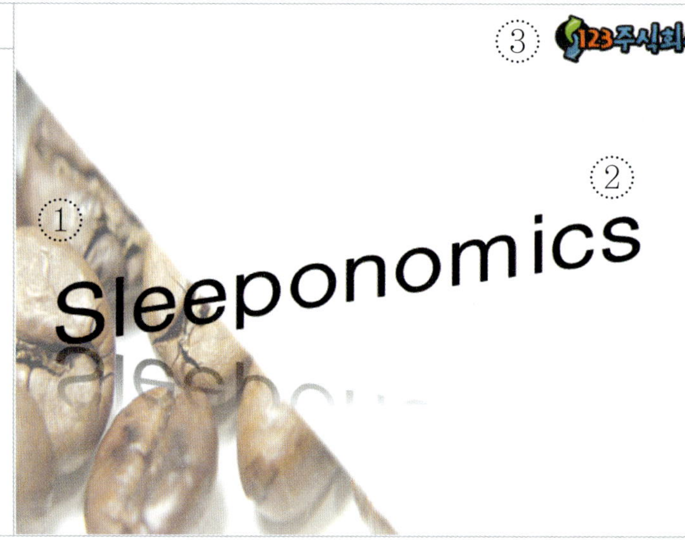

세부조건

① 도형 편집
- 도형에 그림 채우기 : 「내 PC\문서\ITQ\Picture\그림3.jpg」, 투명도 50%
- 도형 효과 : 부드러운 가장자리 5포인트

② 워드아트 삽입
- 변환 : 기울기, 위로
- 글꼴 : 돋움, 굵게
- 텍스트 반사 : 근접 반사, 4pt 오프셋

③ 그림 삽입
- 「내 PC\문서\ITQ\Picture\로고2.jpg」
- 배경(회색) 투명색으로 설정

슬라이드 2
목차 슬라이드

배점 **60점** | A등급 목표점수 **50점**

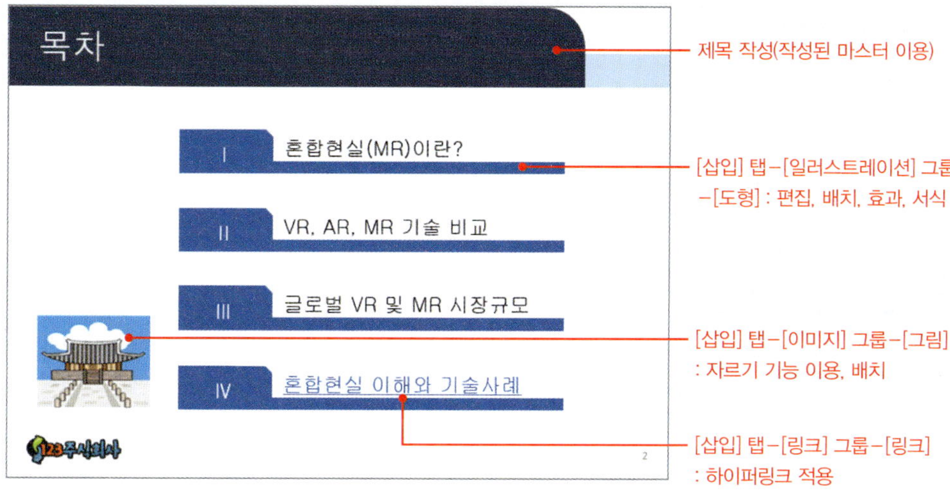

출제포인트

도형 편집 및 배치 · 그림 자르기 · 하이퍼링크

출제기준

도형을 편집하고 배치한 뒤 목차를 작성하는 능력과 하이퍼링크 설정, 그림 배치 능력을 평가하는 문항입니다.

A등급 TIP

전반적으로 어렵지 않지만, 목차의 도형을 일정하게 복사한 뒤 각각의 텍스트를 정확하게 입력할 수 있도록 유의해야 합니다. 하이퍼링크와 그림 자르기는 한 번만 제대로 익히면 어렵지 않은 기능이므로 꼭 숙지하세요.

[슬라이드 2] **목차 슬라이드**

작업파일 PART 01 시험 유형 따라하기₩CHAPTER03.pptx
정답파일 PART 01 시험 유형 따라하기₩CHAPTER03_정답.pptx

문제보기	(1) 출력형태와 같이 도형을 이용하여 목차를 작성한다(**글꼴 : 굴림, 24pt**). (2) **도형 : 선 없음**

세부조건

① 텍스트에 **링크** 적용
→ '슬라이드 6'
② 그림 삽입
- 「내 PC₩문서₩ITQ₩Picture₩그림5.jpg」
- 자르기 기능 이용

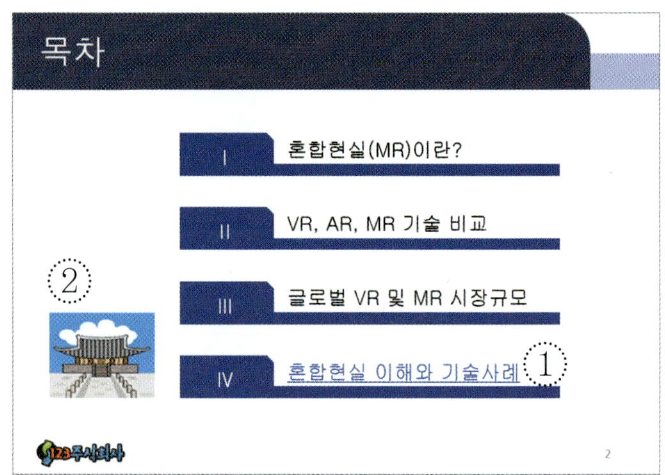

핵심기능

기능	바로 가기	메뉴
도형 삽입		[삽입] 탭 – [일러스트레이션] 그룹 – [도형]
하이퍼링크 설정	, Ctrl + K	[삽입] 탭 – [링크] 그룹 – [링크]
그림 자르기		[그림 서식] 탭 – [크기] 그룹 – [자르기]

① [슬라이드 및 개요] 창에서 슬라이드 2를 선택하고 슬라이드 제목 『목차』를 입력한다.

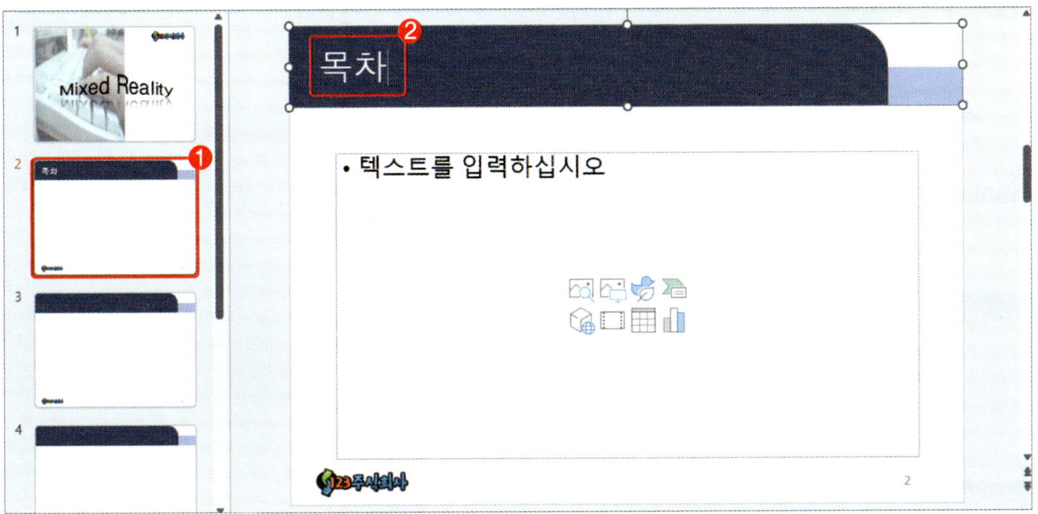

① 슬라이드에 있는 '텍스트를 입력하십시오' 상자를 삭제한다.
   → [삽입] 탭 – [일러스트레이션] 그룹에서 [도형]( ) – [사각형: 잘린 한쪽 모서리]를
     선택하여 그린다.

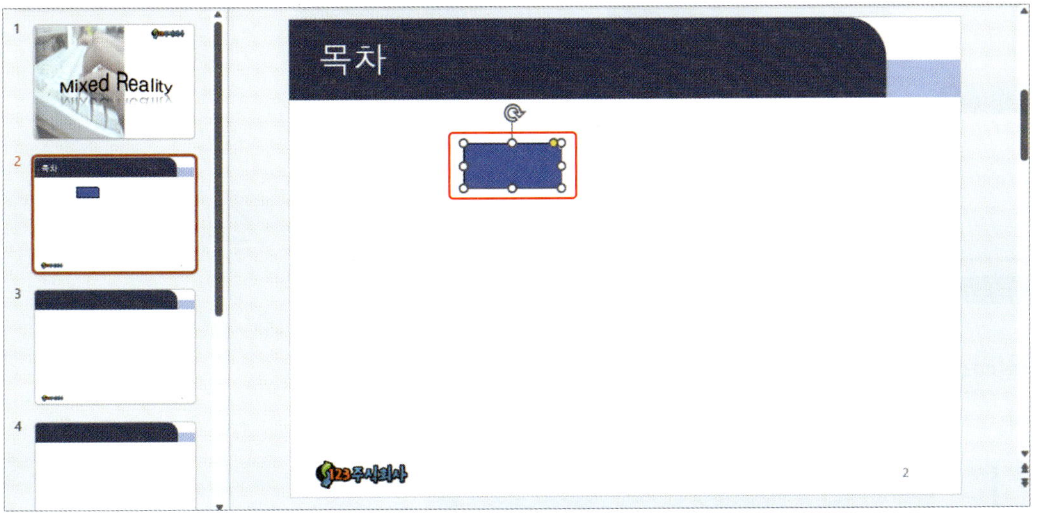

② [도형 서식] 탭 – [도형 스타일] 그룹에서 [도형 채우기]를 임의의 색으로 설정한다.

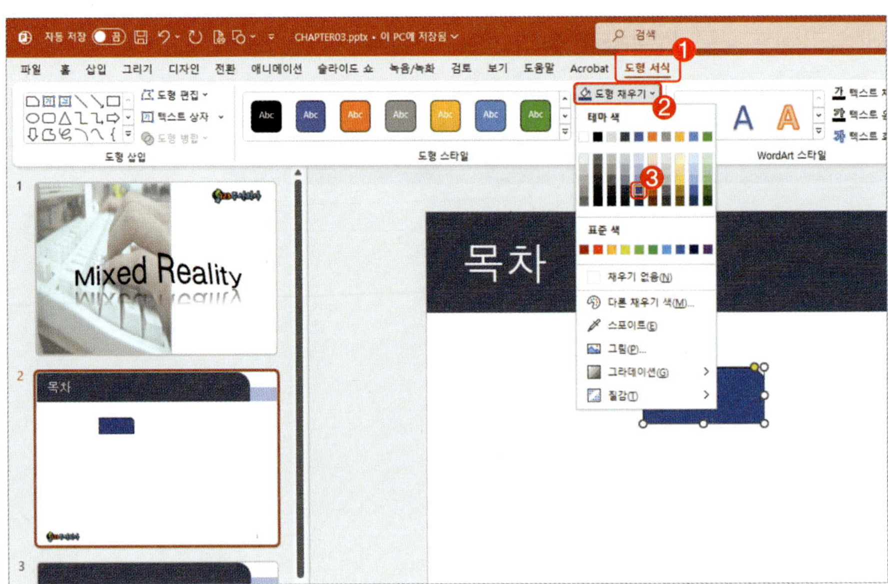

③ [도형 윤곽선] – [윤곽선 없음]으로 설정한다.

④ [삽입] 탭 – [일러스트레이션] 그룹에서 [도형] – [직사각형](□)을 선택하여 그린다.

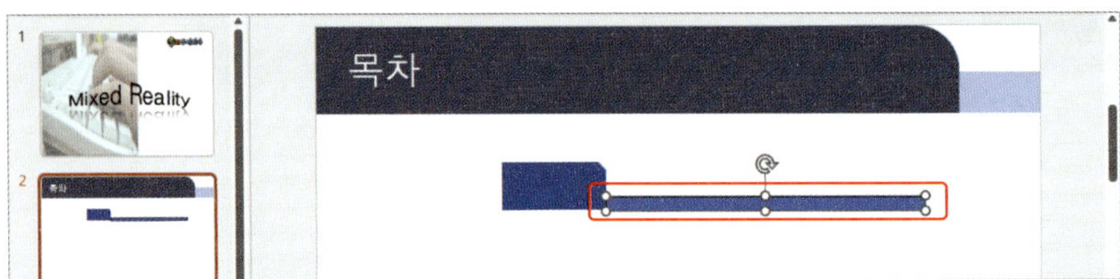

⑤ [도형 서식] 탭 – [도형 스타일] 그룹에서 [도형 채우기]를 먼저 그린 도형과 같은 색으로 설정한다.

→ [도형 윤곽선] – [윤곽선 없음]으로 설정한다.

⑥ 목차 번호가 들어갈 도형을 클릭한다.

→ [홈] 탭 – [글꼴] 그룹에서 글꼴 '굴림', '24pt', 글꼴 색 '흰색'을 설정한다.

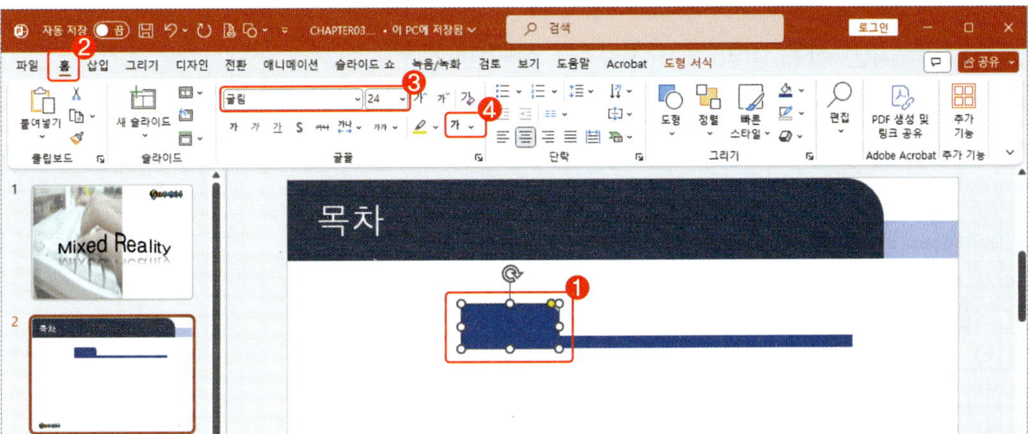

⑦ 목차 번호가 들어갈 도형에 마우스 오른쪽 버튼을 클릭하고 [텍스트 편집]을 클릭한다.

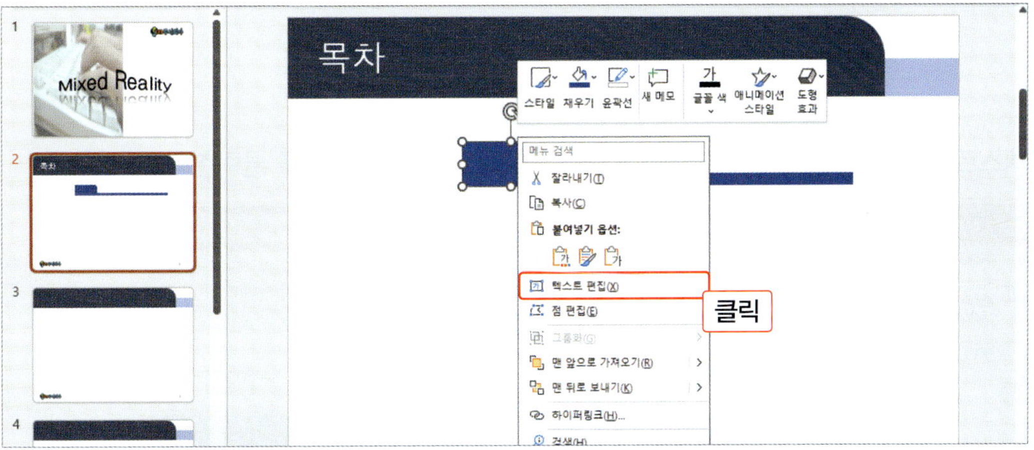

⑧ [삽입] 탭 – [기호] 그룹 – [기호](Ω)를 클릭한다.

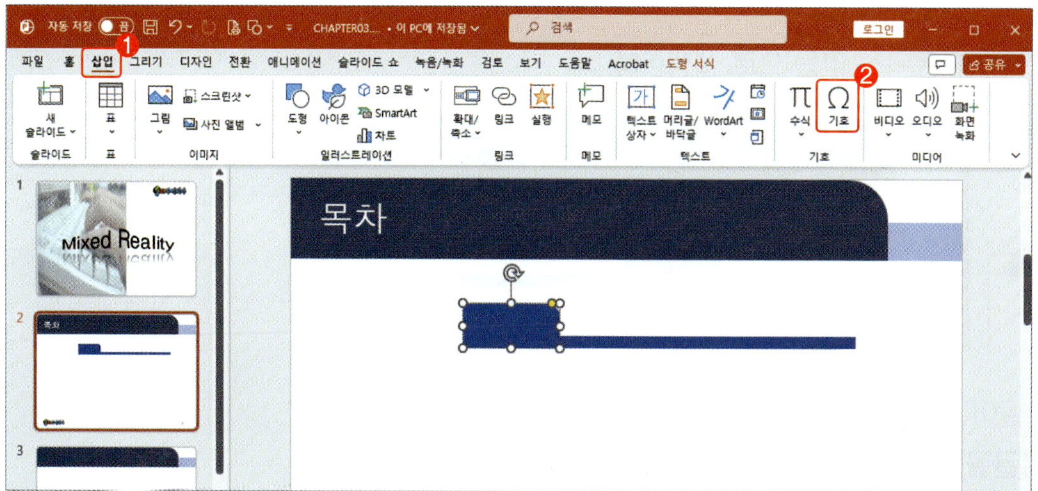

⑨ [기호] 대화상자가 나타나면 하위 집합 '로마 숫자'를 클릭한다.
　 →『Ⅰ』을 [삽입]한 후 [닫기]를 클릭한다.

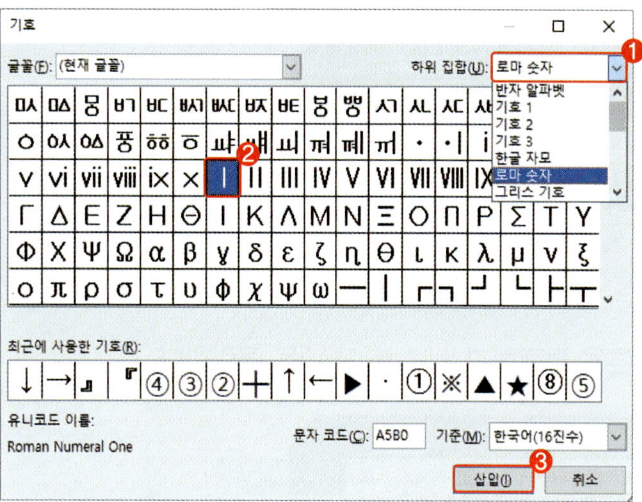

⑩ [삽입] 탭 – [텍스트] 그룹 – [텍스트 상자](가) – [가로 텍스트 상자 그리기]를 클릭한다.

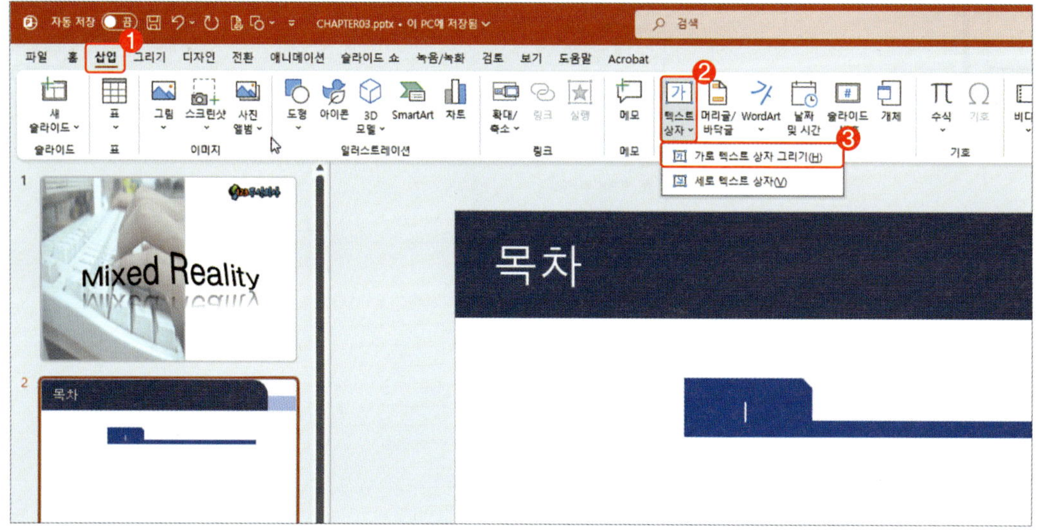

⑪ 출력형태를 참고하여 적당한 위치에 마우스 드래그하여 배치한다.

→ [홈] 탭 – [글꼴] 그룹에서 글꼴 '굴림', '24pt', 글꼴 색 '검정, 텍스트 1'을 설정한다.

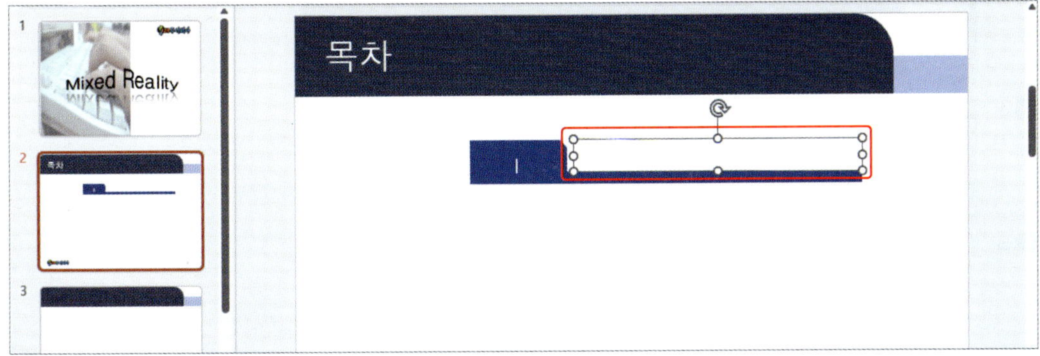

⑫ 텍스트 상자에 내용을 입력한다.

→ 마우스 드래그하여 도형들과 텍스트 상자를 모두 선택한다.

⑬ [Ctrl]+[Shift]를 누른 채 아래로 드래그하여 복사한다.

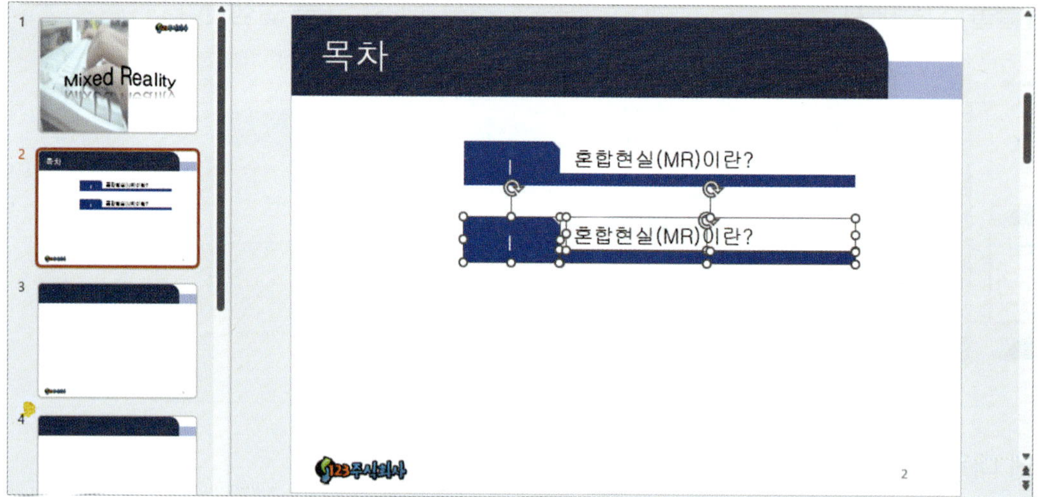

⑭ 동일한 방법으로 도형과 텍스트 상자를 복사하여 다음과 같이 배치한다.

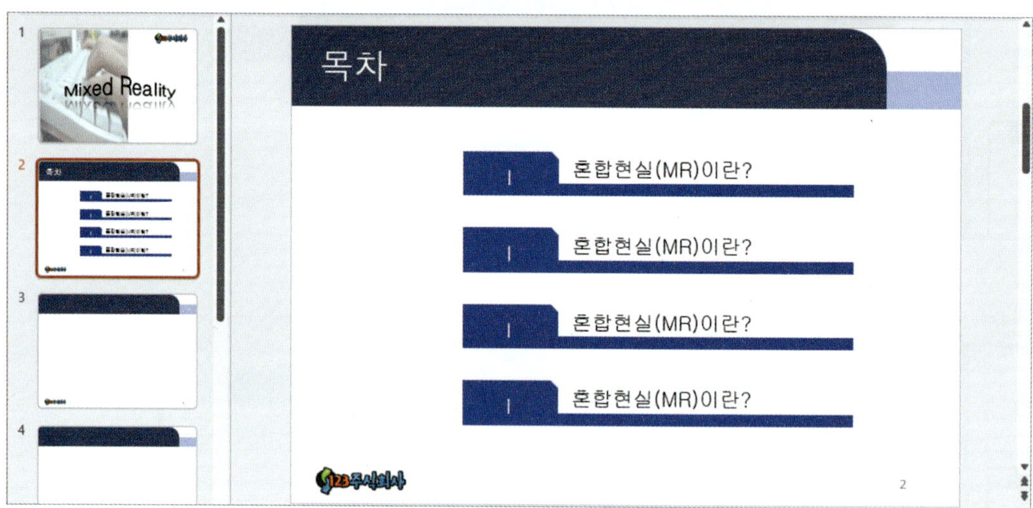

⑮ ⑧, ⑨와 같은 방법으로 다른 목차 도형에 『Ⅱ』, 『Ⅲ』, 『Ⅳ』를 순서대로 입력한다.

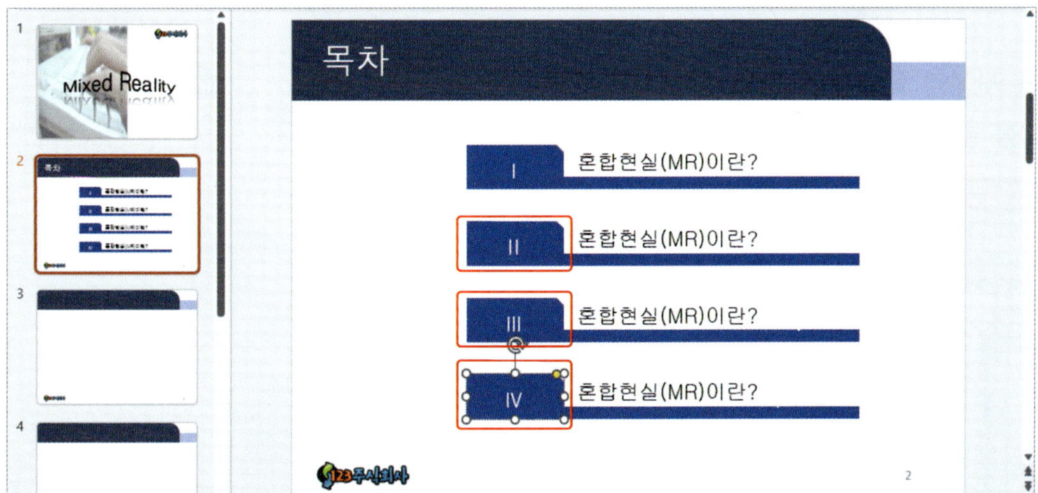

⑯ 나머지 텍스트 상자에 해당하는 내용을 모두 입력한다.

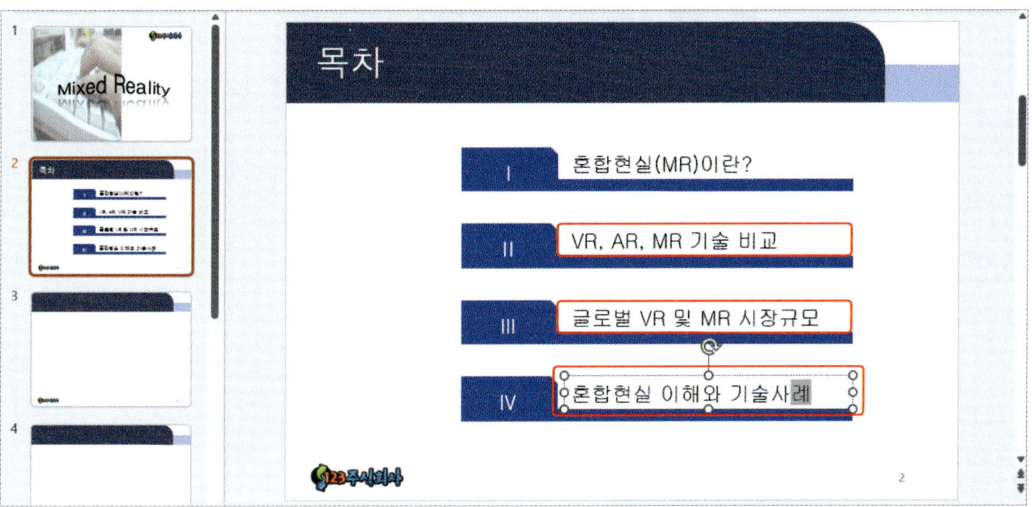

① 하이퍼링크를 지정할 텍스트를 블록 설정하고, [삽입] 탭 – [링크] 그룹 – [링크]( )를 클릭한다.

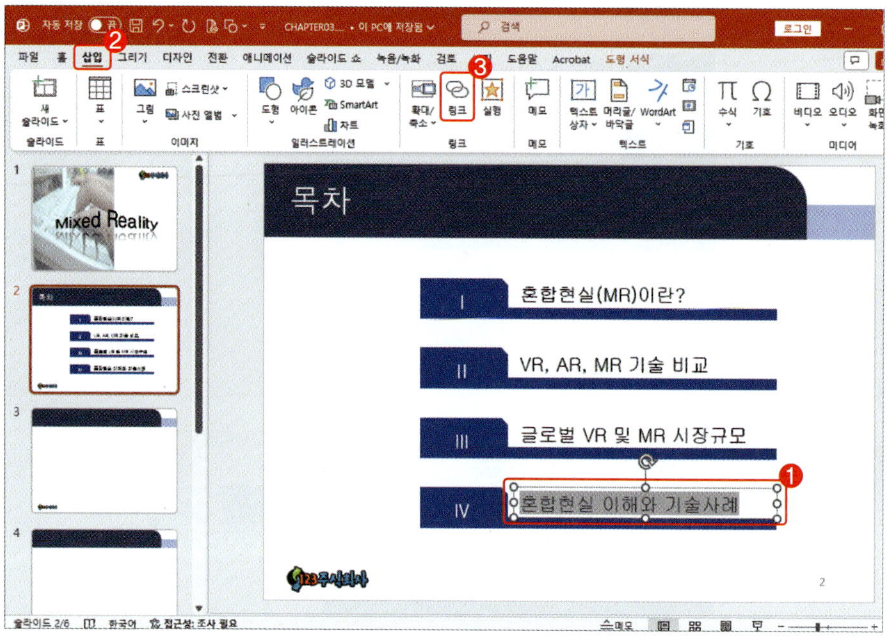

② [하이퍼링크 삽입] 대화상자가 나타나면 [현재 문서]를 클릭한다.
　→ 이 문서에서 위치 선택 – '슬라이드 6'을 클릭한 후 [확인]을 클릭한다.

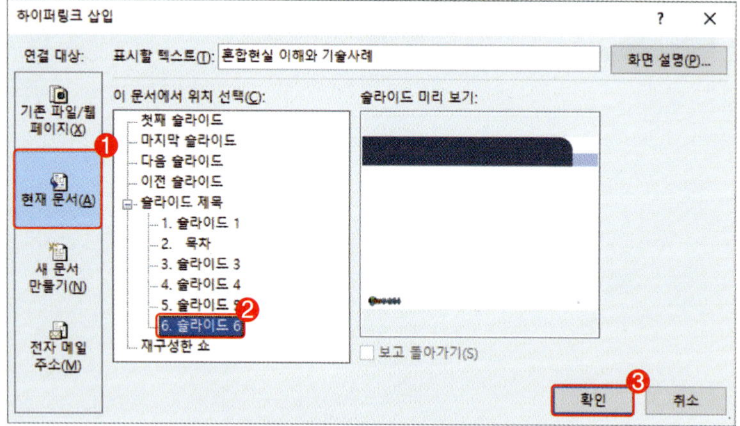

③ 하이퍼링크가 설정되면 블록 설정했던 텍스트 밑에 밑줄이 표시되고, 색
상도 변한다.

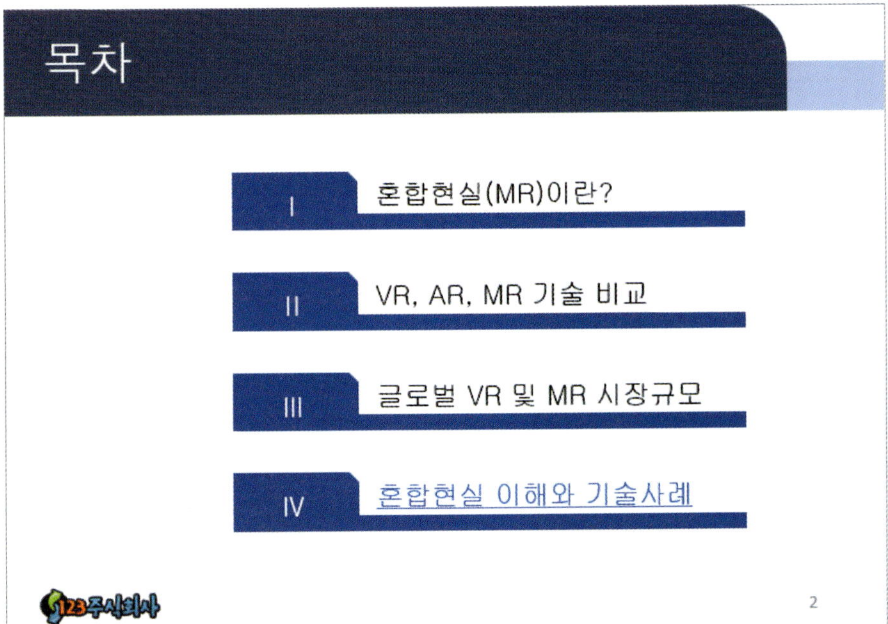

SECTION 04 그림 삽입 및 자르기

① [삽입] 탭 – [이미지] 그룹 – [그림]( )에서 [이 디바이스]( )를 클릭한
다.
→ [그림 삽입] 대화상자가 나타나면 '내 PC₩문서₩ITQ₩Picture' 폴더
에서 그림 파일 '그림5.jpg'를 선택하고 [삽입]을 클릭한다.

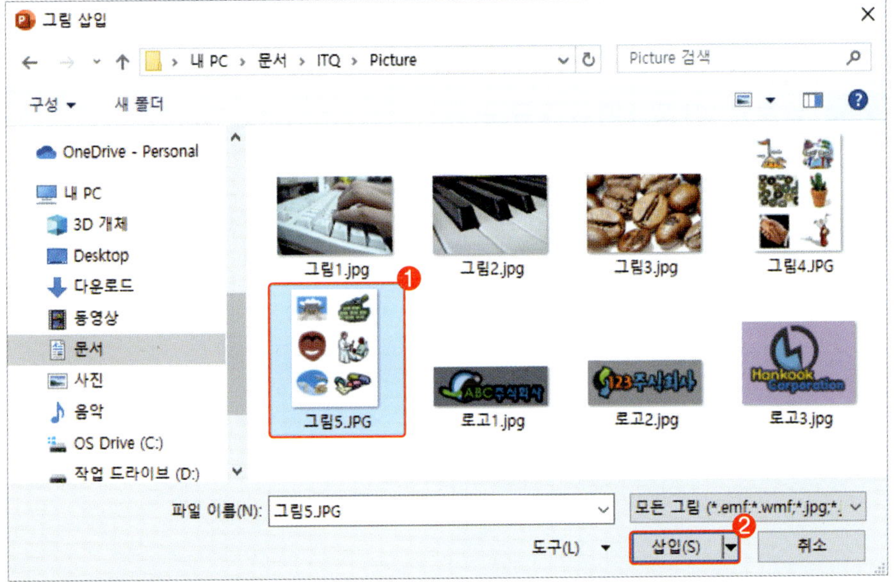

② 그림이 삽입되면 [그림 서식] 탭 – [크기] 그룹에서 [자르기](⊞)를 클릭한다.

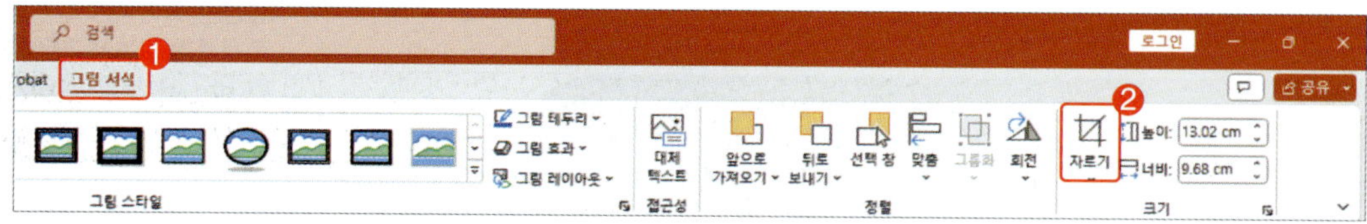

③ 그림의 모서리의 자르기 조절점들을 드래그하여 원하는 그림만 남겨놓고 다시 [자르기]를 클릭하여 그림을 자른다.

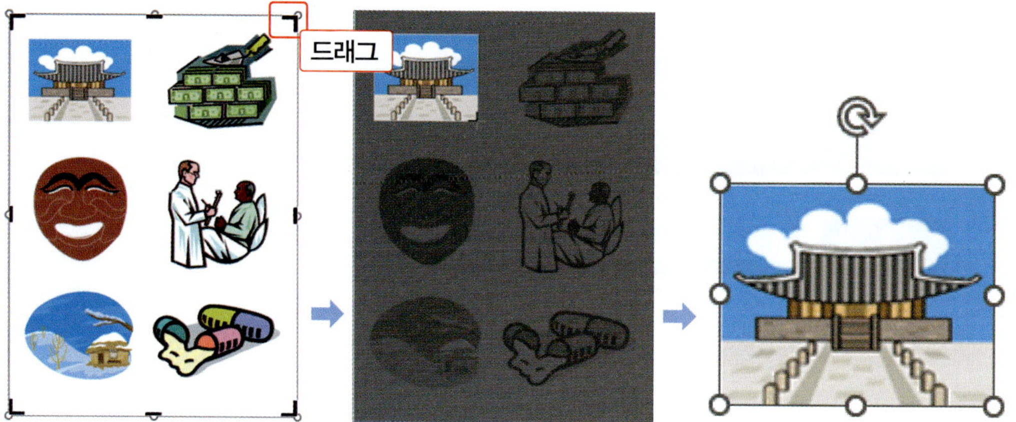

④ 그림의 크기와 위치를 조절한다.

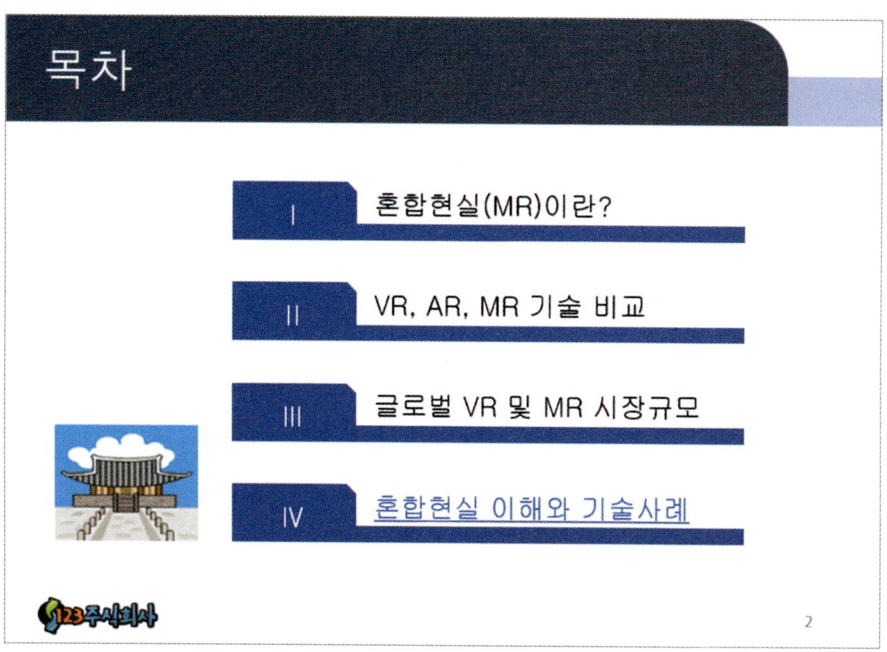

문제유형 ❷-1

정답파일 PART 01 시험 유형 따라하기₩유형2-1번_정답.pptx

세부조건

글꼴(굴림, 24pt), 도형(선 없음)

① 텍스트에 링크 적용
→ '슬라이드 5'

② 그림 삽입
– 「내 PC₩문서₩ITQ₩Picture₩그림4.jpg」
– 자르기 기능 이용

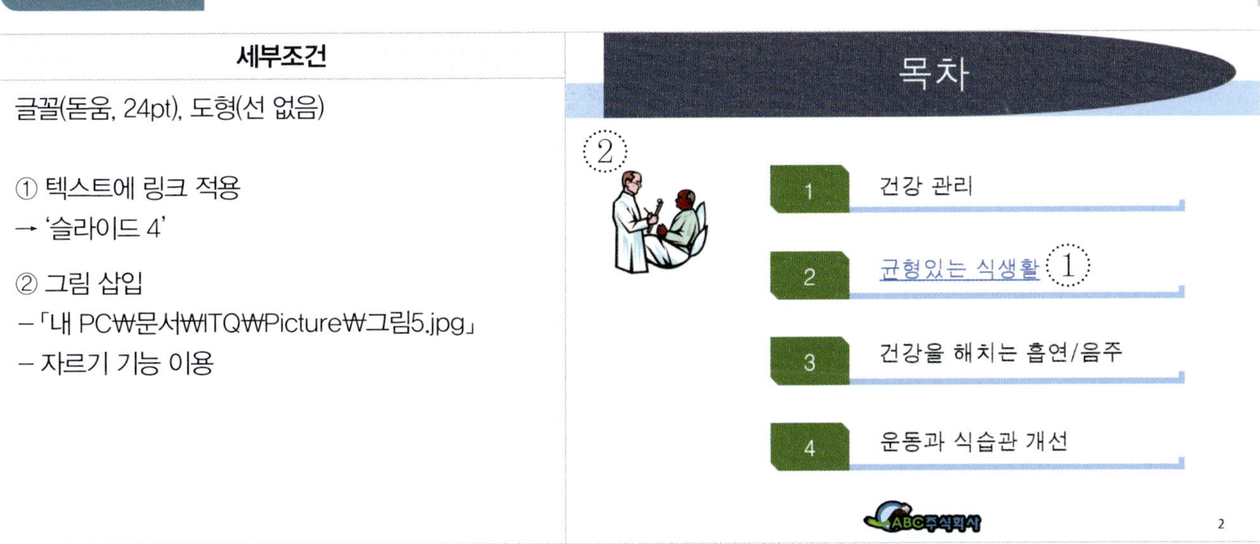

문제유형 ❷-2

정답파일 PART 01 시험 유형 따라하기₩유형2-2번_정답.pptx

세부조건

글꼴(돋움, 24pt), 도형(선 없음)

① 텍스트에 링크 적용
→ '슬라이드 4'

② 그림 삽입
– 「내 PC₩문서₩ITQ₩Picture₩그림5.jpg」
– 자르기 기능 이용

정답파일 PART 01 시험 유형 따라하기₩유형2-3번_정답.pptx

세부조건

글꼴(굴림, 24pt), 도형(선 없음)

① 텍스트에 링크 적용
→ '슬라이드 6'

② 그림 삽입
– 「내 PC₩문서₩ITQ₩Picture₩그림5.jpg」
– 자르기 기능 이용

목차

1 만성피로의 정의

2 만성피로의 유발과 증상

3 직장인의 만성피로

4 만성피로의 치료 및 예방 ①

② 

2

정답파일 PART 01 시험 유형 따라하기₩유형2-4번_정답.pptx

세부조건

글꼴(돋움, 24pt), 도형(선 없음)

① 텍스트에 링크 적용
→ '슬라이드 6'

② 그림 삽입
– 「내 PC₩문서₩ITQ₩Picture₩그림5.jpg」
– 자르기 기능 이용

목차

1 슬리포노믹스

2 불면증 유형과 숙면 유도 제품

② 

3 수면 장애 환자 1인당 진료비

4 수면 장애 원인과 부작용 ①

2

슬라이드 3
텍스트/
동영상 슬라이드

배점 **60점** | A등급 목표점수 **50점**

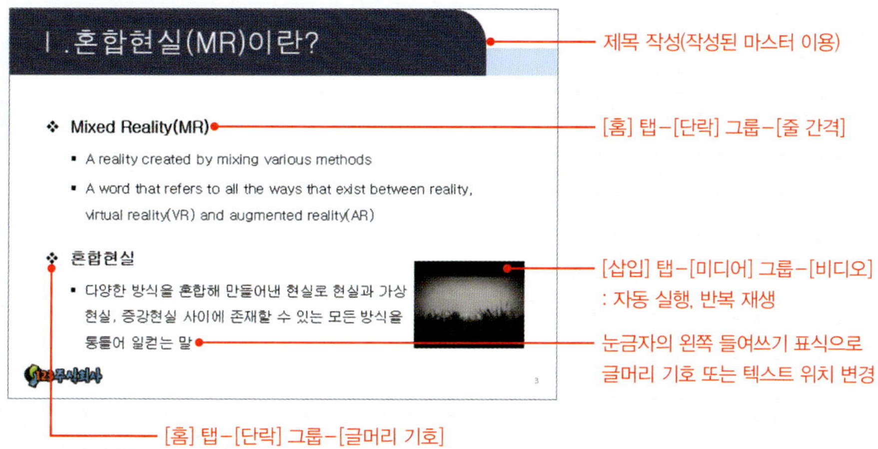

제목 작성(작성된 마스터 이용)

[홈] 탭-[단락] 그룹-[줄 간격]

[삽입] 탭-[미디어] 그룹-[비디오]
: 자동 실행, 반복 재생

눈금자의 왼쪽 들여쓰기 표식으로
글머리 기호 또는 텍스트 위치 변경

[홈] 탭-[단락] 그룹-[글머리 기호]

출제포인트
텍스트 입력 · 단락 설정 · 글머리 기호 · 동영상 삽입

출제기준
텍스트의 조화로운 배치 능력을 평가하는 문항으로, 단락 설정과 동영상 삽입 방법, 글머리 기호 작성법이 출제됩니다.

A등급 TIP
한글과 영문 텍스트를 직접 입력하는 문제이므로, 차분히 작성하여 오타가 나지 않도록 주의해야 합니다. 모의고사와
기출문제를 풀어보며 자주 나오는 글머리 기호를 익혀두고, 동영상 삽입과 설정 방법은 매번 고정적으로 출제되므로
정확히 숙지하세요.

[슬라이드 3]
텍스트/동영상 슬라이드

작업파일 PART 01 시험 유형 따라하기₩CHAPTER04.pptx
정답파일 PART 01 시험 유형 따라하기₩CHAPTER04_정답.pptx

문제보기	(1) 텍스트 작성 : 글머리 기호 사용(❖, ■) ❖문단(굴림, 24pt, 굵게, 줄간격 : 1.5줄), ■문단(굴림, 20pt, 줄간격 : 1.5줄) **세부조건** ① 동영상 삽입 : – 「내 PC₩문서₩ITQ₩Picture₩ 동영상.wmv」 – 자동실행, 반복재생 설정

핵심기능

기능	바로 가기	메뉴
글머리 기호		[홈] 탭 – [단락] 그룹 – [글머리 기호]
줄 간격		[홈] 탭 – [단락] 그룹 – [줄 간격]
목록 수준 줄임	, Shift + Tab	내어쓰기 : [홈] 탭 – [단락] 그룹 – [목록 수준 줄임]
목록 수준 늘림	, Tab	들여쓰기 : [홈] 탭 – [단락] 그룹 – [목록 수준 늘림]
동영상 삽입		[삽입] 탭 – [미디어] 그룹 – [비디오]

① 슬라이드 3을 선택하고 슬라이드 제목 『Ⅰ. 혼합현실(MR)이란?』을 입력한다.

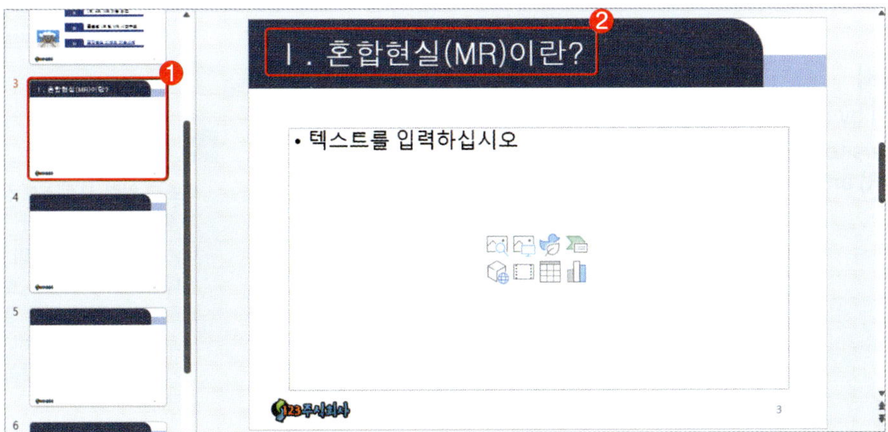

② 텍스트 상자에서 마우스 오른쪽 버튼을 클릭하여 [도형 서식] 탭을 연다.
→ [텍스트 옵션] – [텍스트 상자] – [자동 맞춤 안 함]에 체크하고 닫는다.

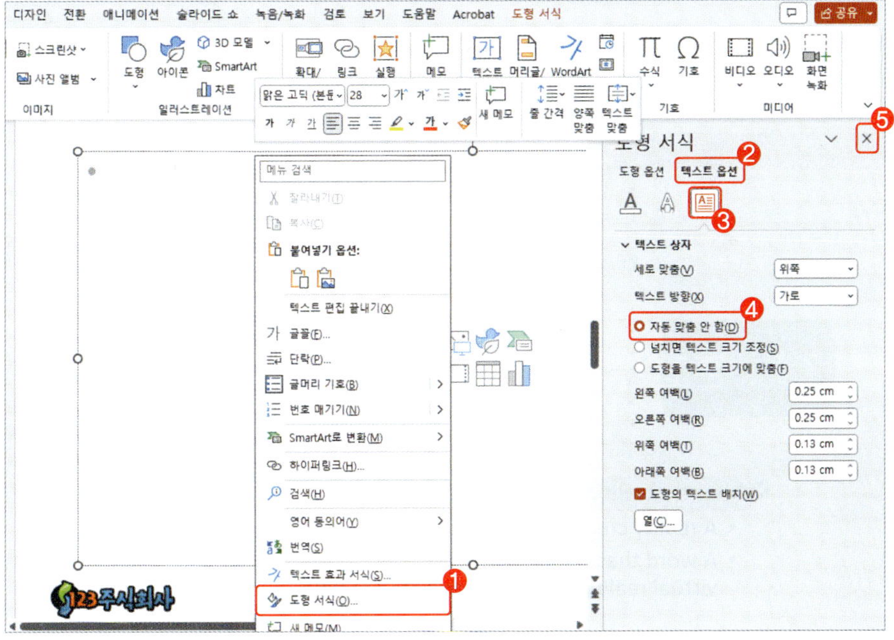

기적의 TIP

텍스트 상자 크기에 따라 글씨 크기가 바뀌면 주어진 조건을 맞추기 어려울 수 있으므로 [자동 맞춤 안 함] 옵션을 이용하여 텍스트 크기를 고정시키는 것이 좋다.

③ 텍스트 상자에 첫 번째 문단의 내용을 입력하고 [Enter]를 누른다.

→ [Tab]을 눌러 그 다음 문단의 내용을 입력한다.

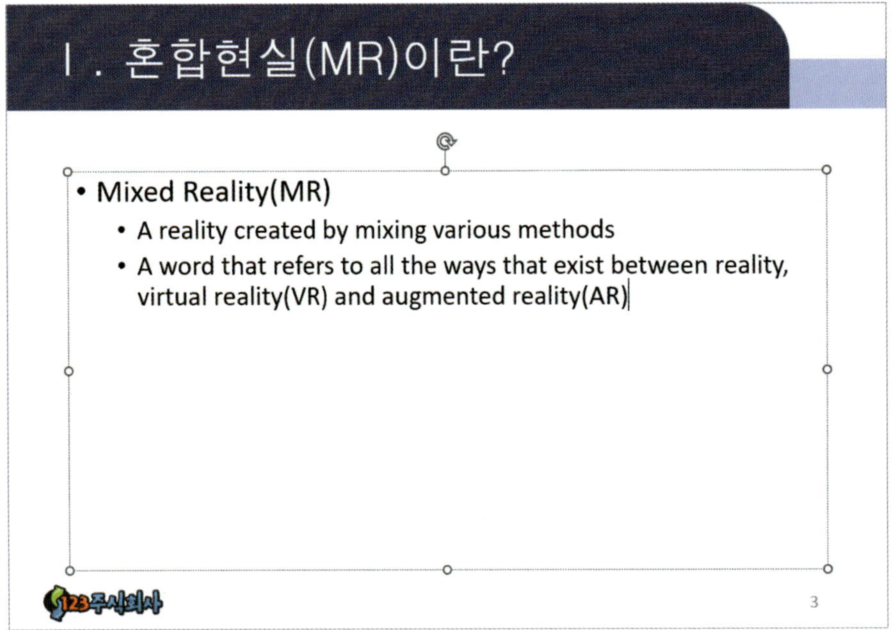

④ 『❖』이 들어갈 문단을 마우스 드래그하여 블록 설정한다.

→ [홈] 탭 – [단락] 그룹에서 [글머리 기호](▤) – [별표 글머리 기호]를 선택한다.

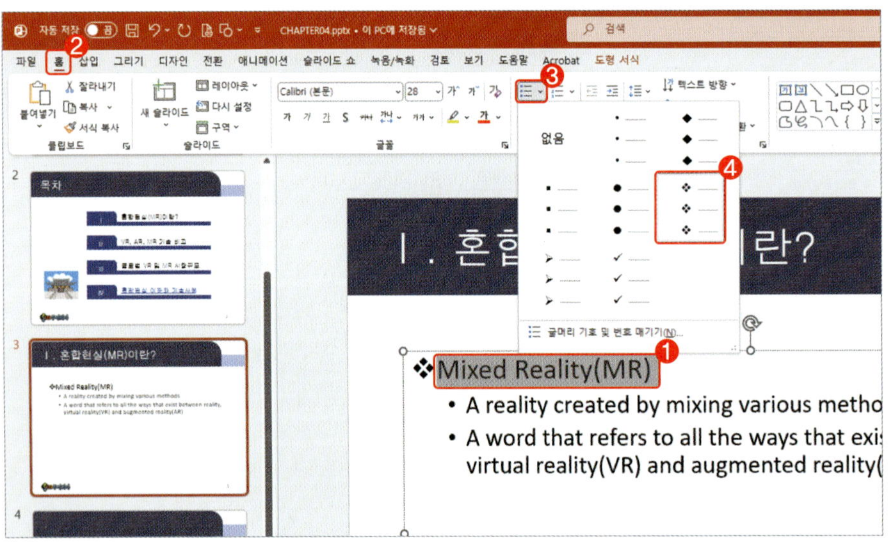

기적의 TIP

목록 수준 늘림 : [Tab]
목록 수준 줄임 : [Shift]+[Tab]

기적의 TIP

글머리 기호 없이 줄 바꿈을 하려면 [Shift]+[Enter]를 누른다.

해결 TIP

텍스트 입력 시 텍스트 상자가 양옆으로 늘어나요!
텍스트 상자의 정렬이 '가운데 맞춤'이나 '양쪽 맞춤'으로 되어 있을 경우 양옆으로 늘어난다. 늘어나지 않게 하려면 '왼쪽 맞춤'을 선택한다.

기적의 TIP

둘 이상의 문단을 동시에 선택할 때는, [Ctrl]을 누른 채 각각 드래그하여 블록 설정한다.

해결 TIP

문제지와 동일한 글머리 기호를 못 찾겠어요!
[글머리 기호 및 번호 매기기] 대화상자에서 [사용자 지정]을 클릭하고 [기호] 대화상자가 나타나면 '글꼴'을 'Wingdings'로 선택한다. 대부분의 시험 문제는 'Wingdings'에서 출제된다.

⑤ ❖ 문단이 블록 설정된 상태에서 [홈] 탭 – [글꼴] 그룹의 글꼴 '굴림', '24pt', '굵게'를
설정한다.
→ [단락] 그룹에서 [줄 간격](⬛) – [1.5]를 클릭한다.

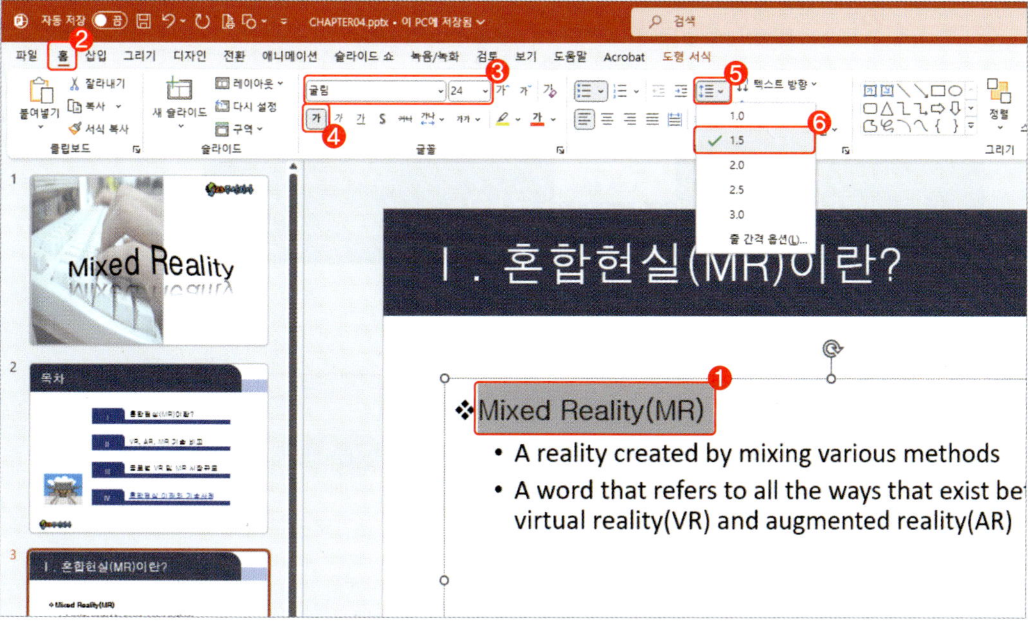

⑥ 나머지 문단을 블록 설정한다.
→ [홈] 탭 – [단락] 그룹에서 [글머리 기호](⬛) – [속이 찬 정사각형 글머리 기호]를
  설정한다.

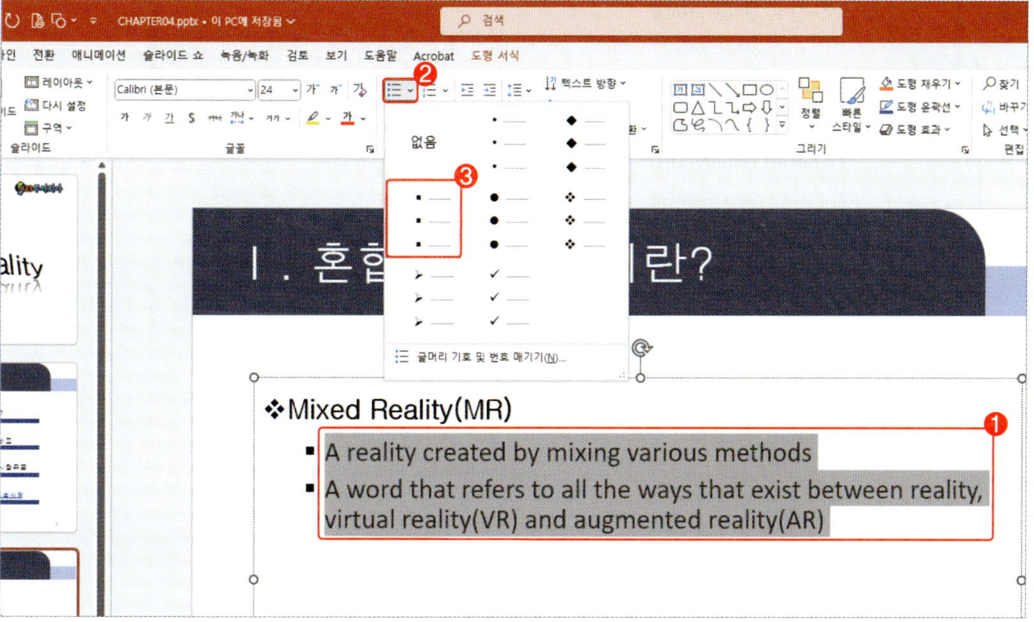

⑦ ■ 문단이 블록 설정된 상태에서 [홈] 탭 – [글꼴] 그룹의 글꼴 '굴림', '20pt'를 설정한다.
→ [단락] 그룹에서 [줄 간격](⬛) – [1.5]를 클릭한 후 텍스트 상자의 크기를 조절한다.

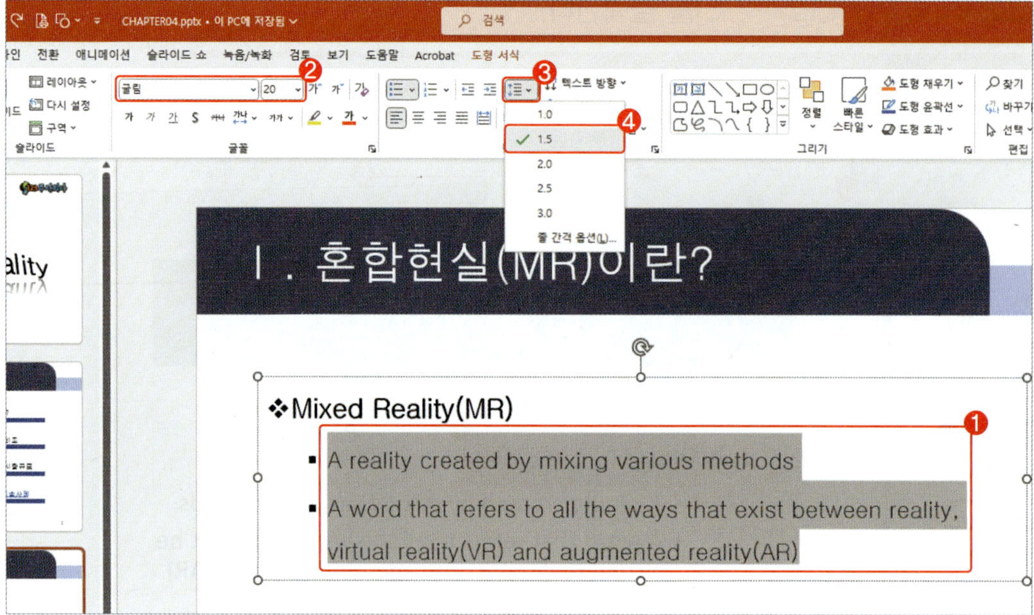

⑧ 텍스트 상자를 Ctrl + Shift 를 누른 채 아래로 드래그하여 복사한다.

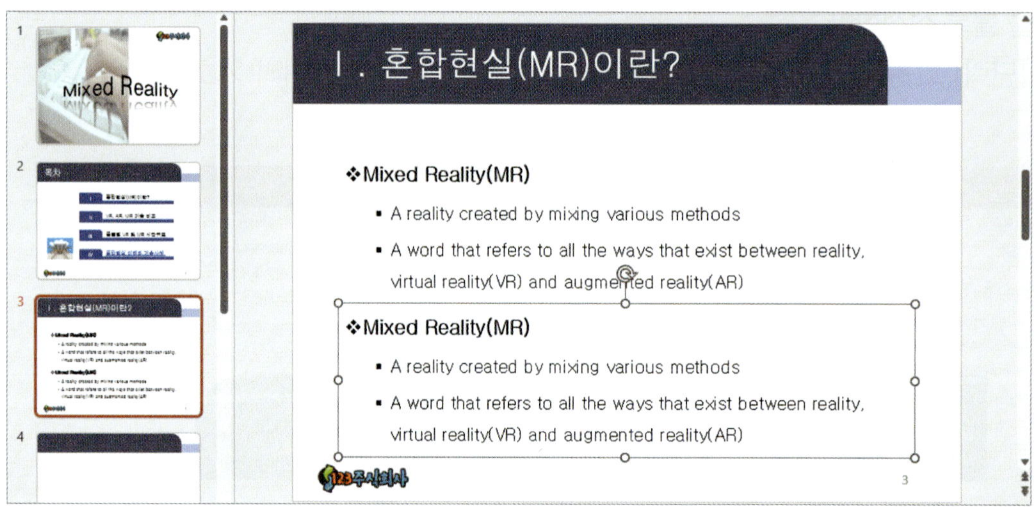

⑨ 복사된 텍스트 상자의 내용을 수정하고 출력형태와 같이 크기와 위치를 맞춘다.

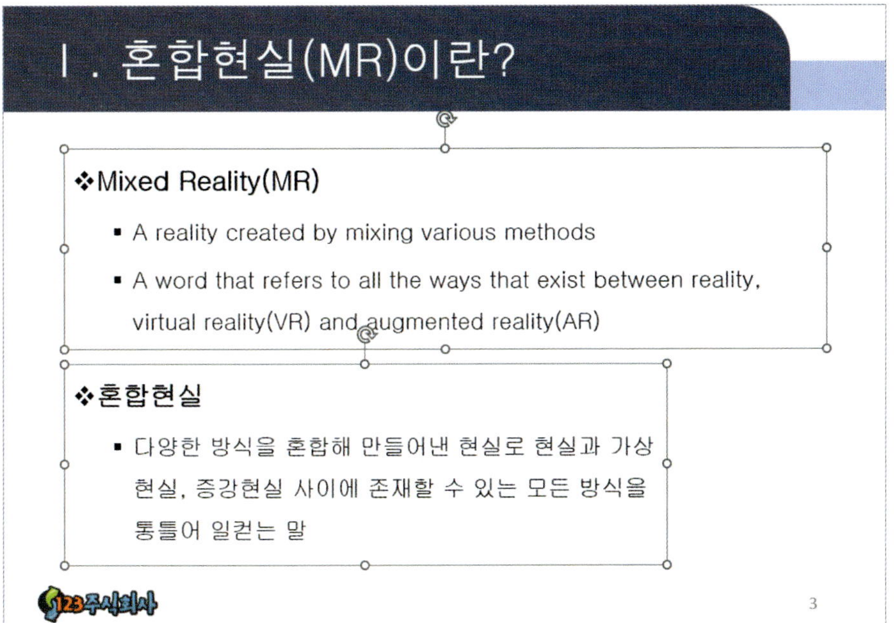

⑩ [보기] 탭 – [표시] 그룹에서 [눈금자]를 체크한다.

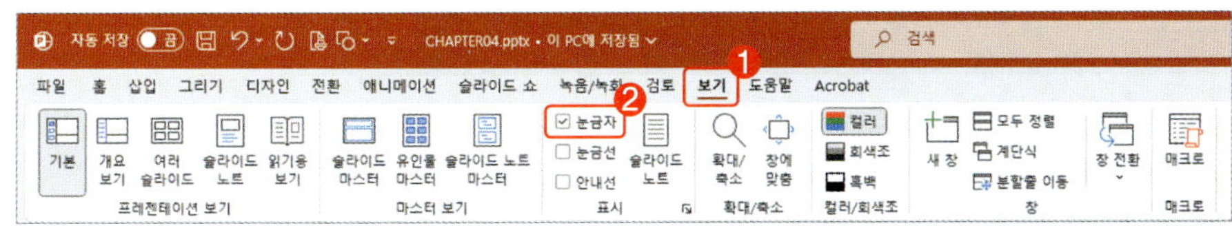

⑪ ❖ 문단에 해당하는 내용을 블록 설정한다.

→ 왼쪽 들여쓰기 표식의 뾰족한 부분을 드래그하여 텍스트의 시작 위치를 조정한다.

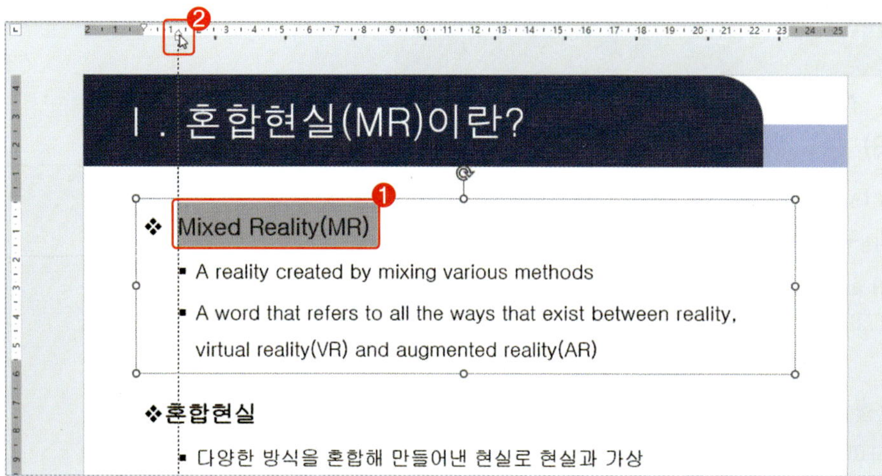

⑫ ■ 문단도 동일한 방법으로 시작 위치를 맞춘다.

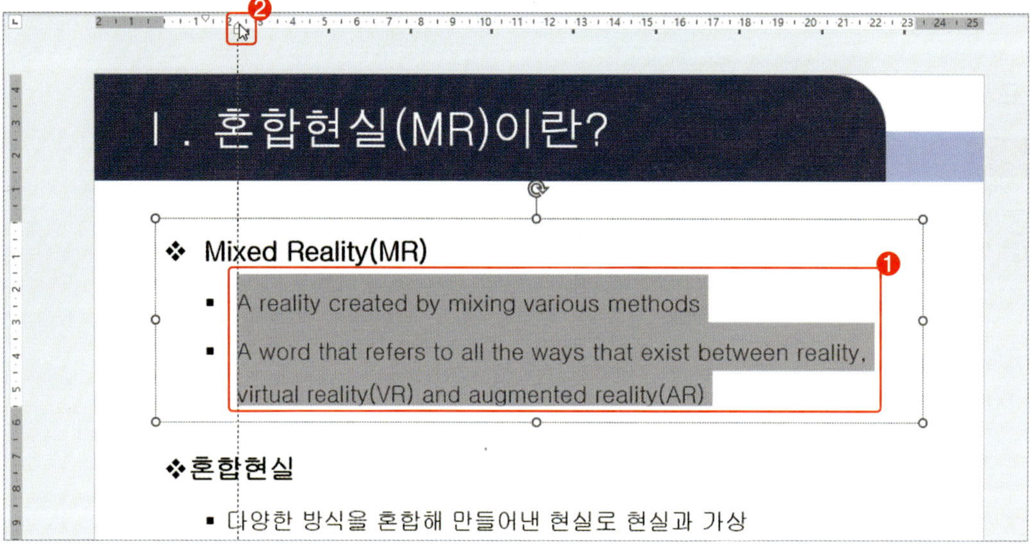

⑬ 두 번째 텍스트 상자의 문단들도 같은 방법으로 시작 위치를 맞춘다.

→ 작업을 마치면 [보기] 탭 – [표시] 그룹에서 [눈금자] 체크를 해제한다.

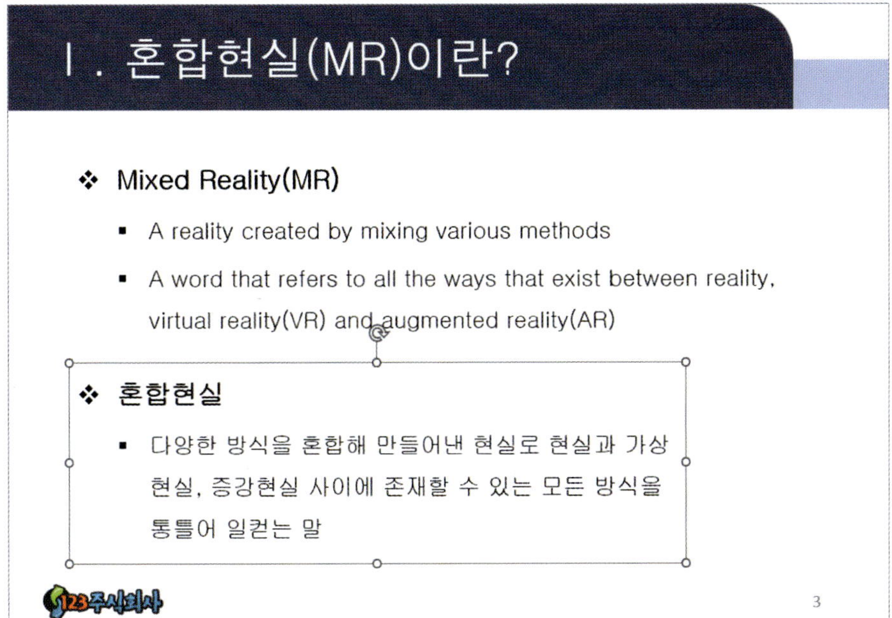

SECTION 02 **동영상 삽입**

① [삽입] 탭 – [미디어] 그룹에서 [비디오](▭) – [이 디바이스]를 클릭한다.

→ [비디오 삽입] 대화상자가 나타나면 '내 PC₩문서₩ITQ₩Picture' 폴더에서 '동영상.wmv'를 선택하고 [삽입]을 클릭한다.

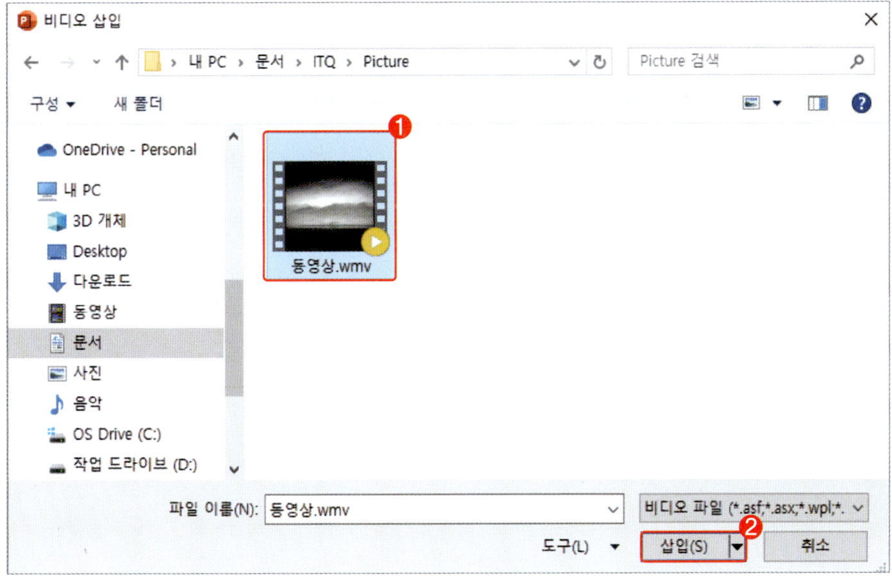

② 슬라이드에 삽입된 동영상의 크기와 위치를 조절한다.

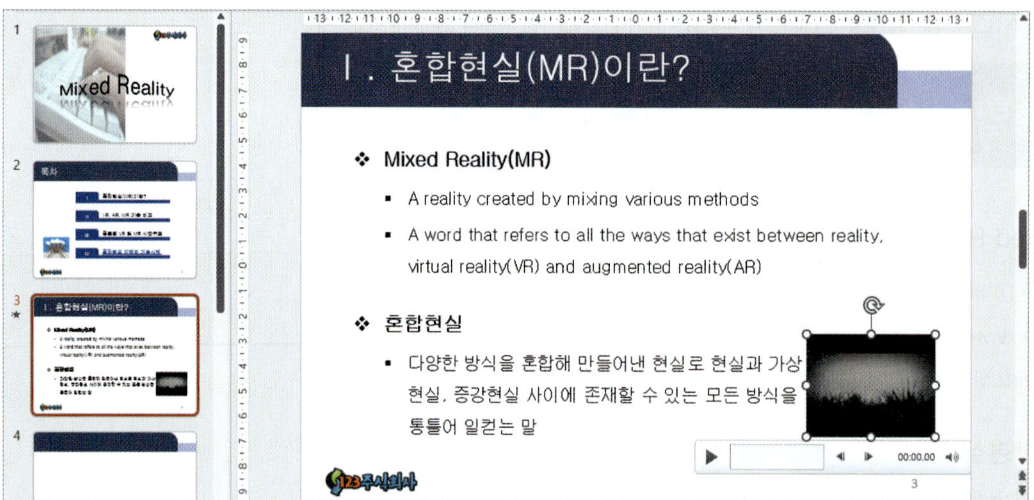

③ [재생] 탭 – [비디오 옵션] 그룹에서 [시작] – [자동 실행]을 선택한다.

→ [반복 재생]에 체크한다.

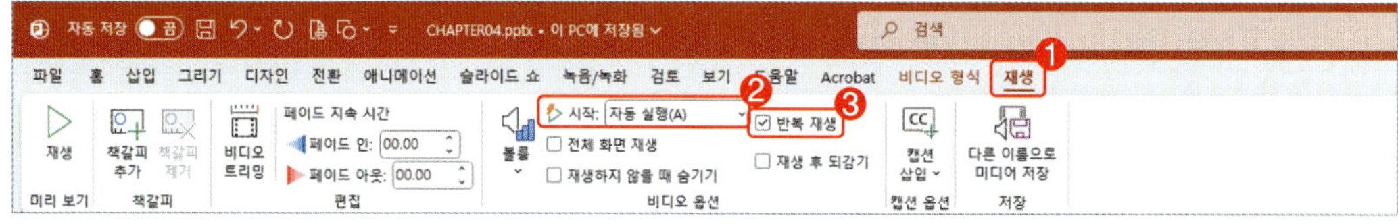

문제유형 ❸-1

정답파일 PART 01 시험 유형 따라하기\유형3-1번_정답.pptx

세부조건

텍스트 작성 : 글머리 기호 사용(➤, ✓)
➤ 문단(돋움, 24pt, 굵게, 줄간격 : 1.5줄)
✓ 문단(돋움, 20pt, 줄간격 : 1.5줄)

① 동영상 삽입 :
– 「내 PC\문서\ITQ\Picture\동영상.wmv」
– 자동실행, 반복재생 설정

문제유형 ❸-2

정답파일 PART 01 시험 유형 따라하기\유형3-2번_정답.pptx

세부조건

텍스트 작성 : 글머리 기호 사용(➤, ✓)
➤ 문단(굴림, 24pt, 굵게, 줄간격 : 1.5줄)
✓ 문단(굴림, 20pt, 줄간격 : 1.5줄)

① 동영상 삽입 :
– 「내 PC\문서\ITQ\Picture\동영상.wmv」
– 자동실행, 반복재생 설정

세부조건

텍스트 작성 : 글머리 기호 사용(❖ , ✔)
❖ 문단(굴림, 24pt, 굵게, 줄간격 : 1.5줄)
✔ 문단(굴림, 20pt, 줄간격 : 1.5줄)

① 동영상 삽입 :
– 「내 PC₩문서₩ITQ₩Picture₩동영상.wmv」
– 자동실행, 반복재생 설정

1. 만성피로의 정의

❖ **Chronic fatigue syndrome**
　✔ Self-reported impairment in short-term memory or concentration
　✔ Tender cervical or axillary nodes
　✔ Post-exertional malaise lasting more than 24 hours

❖ **만성피로증후군**
　✔ 특별한 원인이 밝혀지지 않은 상태로, 일을 줄이고
　　휴식을 취해도 6개월 이상 지속되거나 반복되는
　　심한 피로 증상

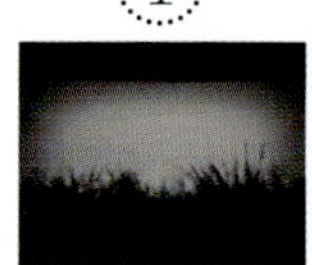

세부조건

텍스트 작성 : 글머리 기호 사용(❖ , ■)
❖ 문단(굴림, 24pt, 굵게, 줄간격 : 1.5줄)
■ 문단(굴림, 20pt, 줄간격 : 1.5줄)

① 동영상 삽입 :
– 「내 PC₩문서₩ITQ₩Picture₩동영상.wmv」
– 자동실행, 반복재생 설정

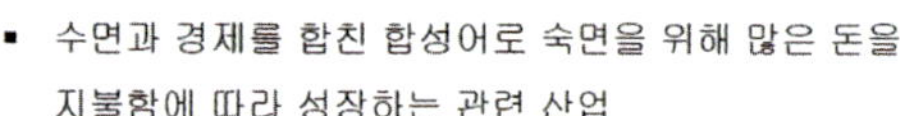

1. 슬리포노믹스

❖ **Sleeponomics**
　■ Sleeponomics is a compound word that combines 'sleep'
　　and 'economy' and is a related industry that grows as it
　　pays a lot of money for a good night's sleep

❖ **슬리포노믹스**
　■ 수면과 경제를 합친 합성어로 숙면을 위해 많은 돈을
　　지불함에 따라 성장하는 관련 산업
　■ 수면상태를 분석하는 슬립테크와 함께 성장

슬라이드 4
표 슬라이드

배점 **80점** | A등급 목표점수 **70점**

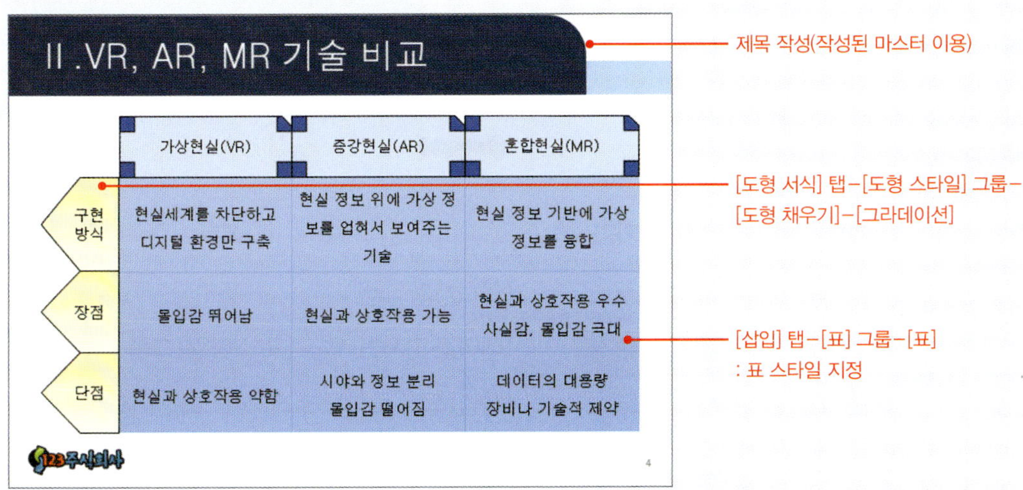

출제포인트

표 작성 · 표 스타일 · 도형 편집

출제기준

파워포인트 내에서의 표 작성능력과 도형 편집능력을 평가하는 문항입니다.

A등급 TIP

표 안의 텍스트를 직접 입력해야 하므로 오타가 나지 않도록 꼼꼼히 작성하세요. 도형의 경우 기본 형태에서 회전하거나, 두 가지 도형을 겹쳐서 작성하는 유형이 출제되므로 미리 다양한 도형을 연습해 보면서 형태를 익히도록 합니다.

[슬라이드 4] **표 슬라이드**

작업파일 PART 01 시험 유형 따라하기₩CHAPTER05.pptx
정답파일 PART 01 시험 유형 따라하기₩CHAPTER05_정답.pptx

문제보기

(1) 도형과 표 작성 기능을 이용하여 슬라이드를 작성한다(글꼴 : 돋움, 18pt).

세부조건

① 상단 도형 : 2개 도형의 조합으로 작성
② 좌측 도형 : 그라데이션 효과 (선형 아래쪽)
③ 표 스타일 : 테마 스타일 1 – 강조 1

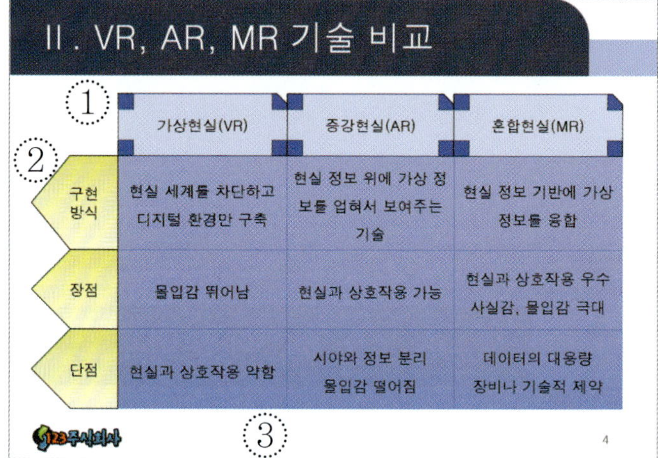

핵심기능

기능	바로 가기	메뉴
표 삽입		[삽입] 탭 – [표]
표 스타일		[테이블 디자인] 탭 – [표 스타일] 그룹
도형 삽입		[삽입] 탭 – [일러스트레이션] 그룹 – [도형]
도형 채우기		[도형 서식] 탭 – [도형 스타일] 그룹 – [도형 채우기]
도형 윤곽선		[도형 서식] 탭 – [도형 스타일] 그룹 – [도형 윤곽선]

① 슬라이드 4를 선택하고 슬라이드 제목 『II. VR, AR, MR 기술 비교』를 입력한다.

② 텍스트 상자에서 [표 삽입](⊞)을 클릭한다.

→ 표 삽입 대화상자가 나타나면 열 개수 『3』, 행 개수 『3』 입력 후 [확인]을 클릭한다.

③ 표를 선택하고 [테이블 디자인] 탭 – [표 스타일 옵션] 그룹에서 [머리글 행]과 [줄무늬 행]을 선택 해제한다.

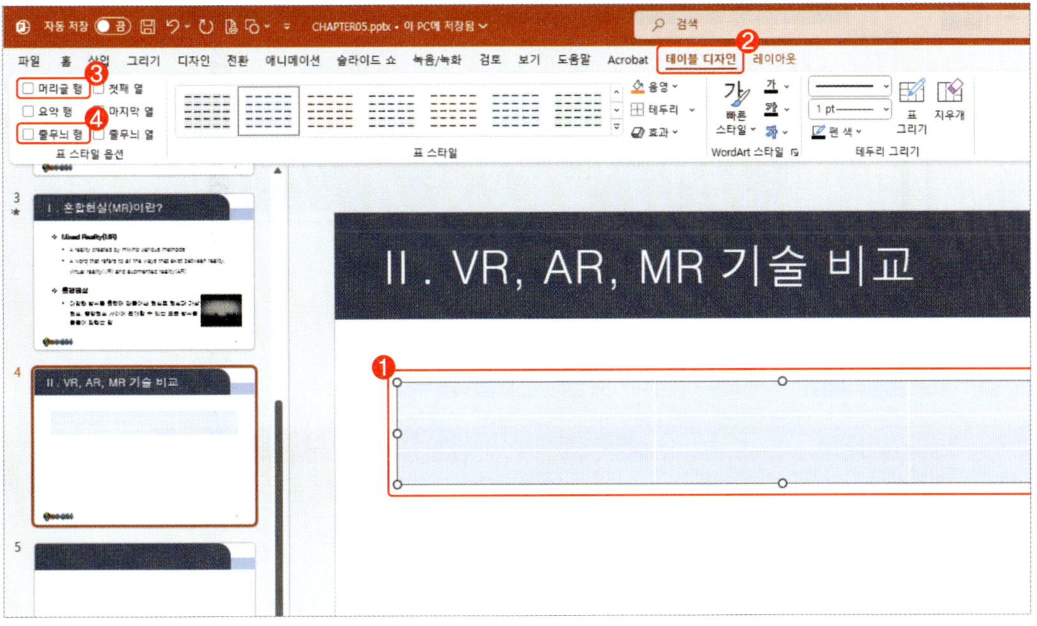

④ [테이블 디자인] 탭 – [표 스타일] 그룹에서 [빠른 스타일]([▾]) – [테마 스타일 1 – 강조 1]
을 선택한다.

⑤ 마우스 드래그로 표 전체를 블록 설정한다.
　→ [홈] 탭 – [글꼴] 그룹의 글꼴 '돋움', '18pt'를 설정한다.
　→ [단락] 그룹에서 [가운데 맞춤]([▤]), [줄 간격]([▤]) – [1.5]를 설정한다.

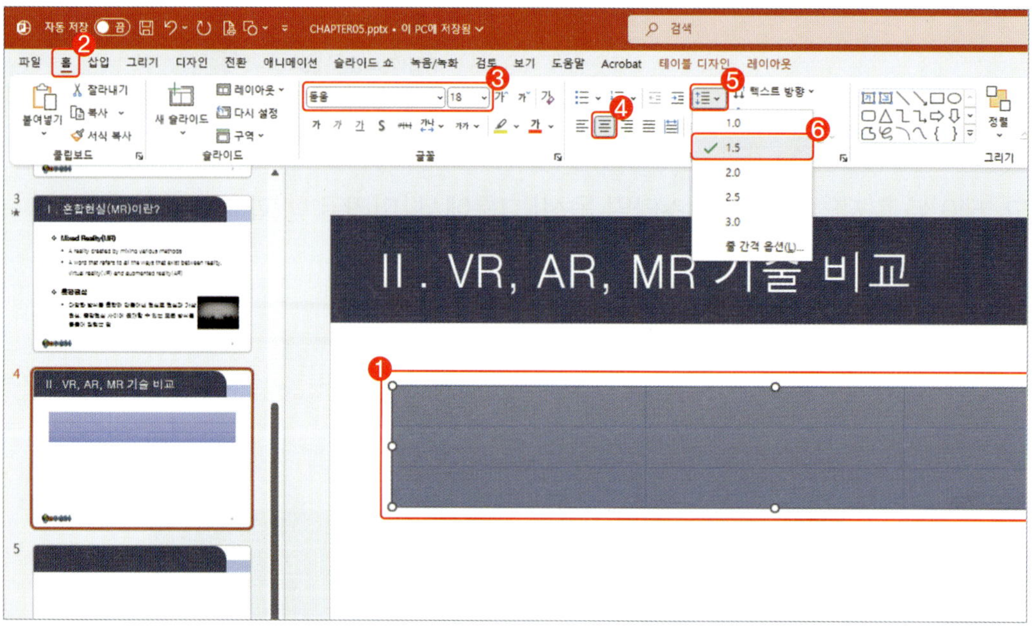

⑥ [표 레이아웃] 탭 – [맞춤] 그룹 – [세로 가운데 맞춤]([▣])을 클릭한다.

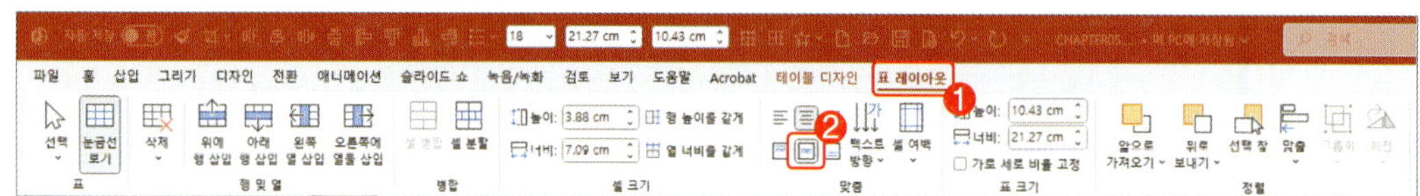

⑦ 출력형태를 참고하여 내용을 입력하고 마우스로 표의 크기와 위치를 조
   절한다.

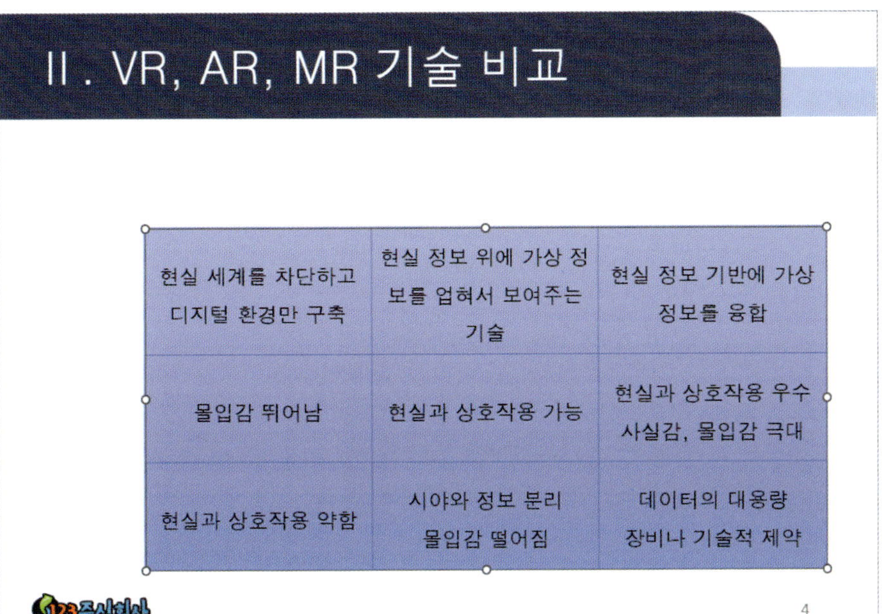

SECTION 02   상단 도형 작성

① [삽입] 탭 – [일러스트레이션] 그룹 – [도형](아이콘)에서 [사각형: 잘린 한쪽 모
   서리]를 클릭한다.

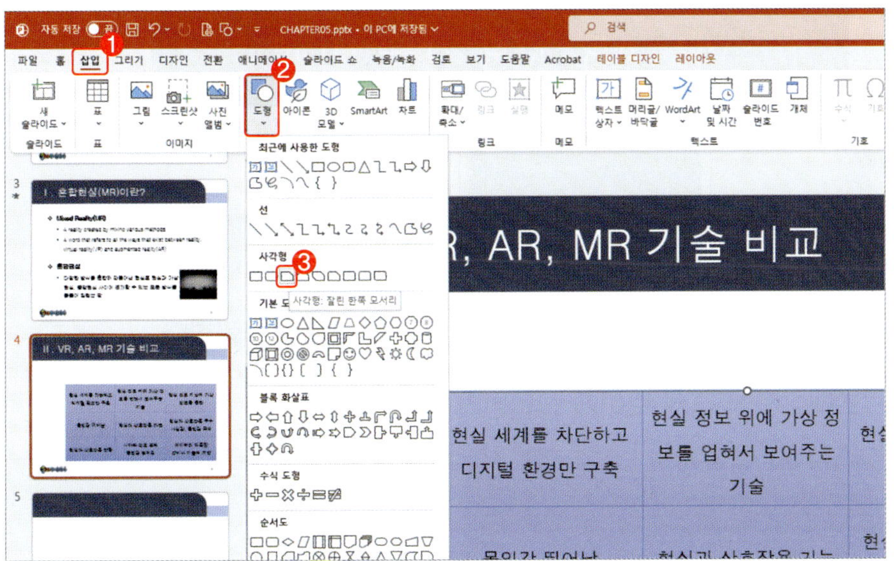

② 표 위쪽에 마우스를 드래그하여 도형을 그린다.

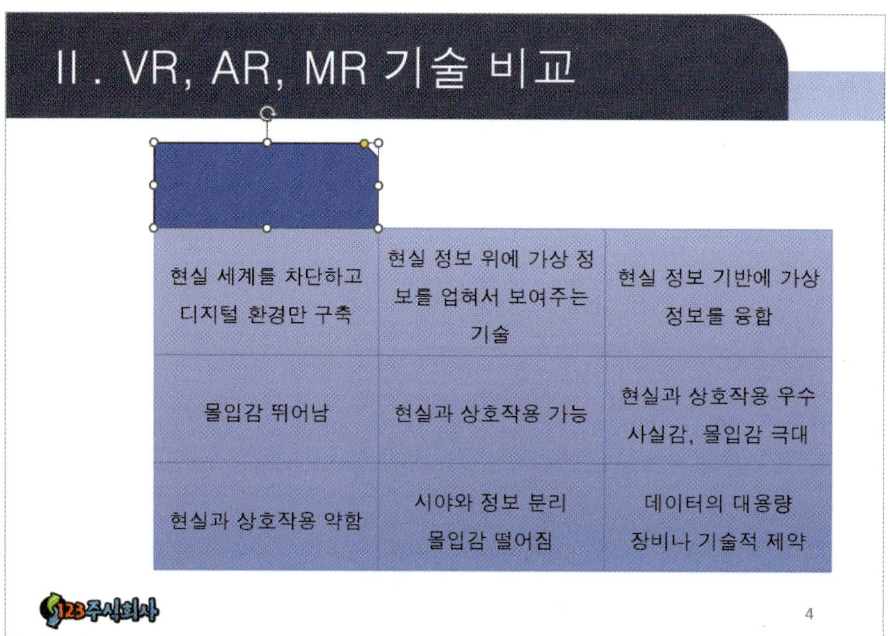

💡 **해결 TIP**

여러 개의 도형을 작성할 때 순서는?

뒤에 놓인 도형부터 작업하는 것이 좋으며, 비슷한 도형은 복사하여 사용하면 편리하다.

③ 도형이 선택된 상태에서 [도형 서식] 탭 – [도형 스타일] 그룹의 [도형 채우기](🖌)와 [도형 윤곽선](📝)을 임의로 설정한다.

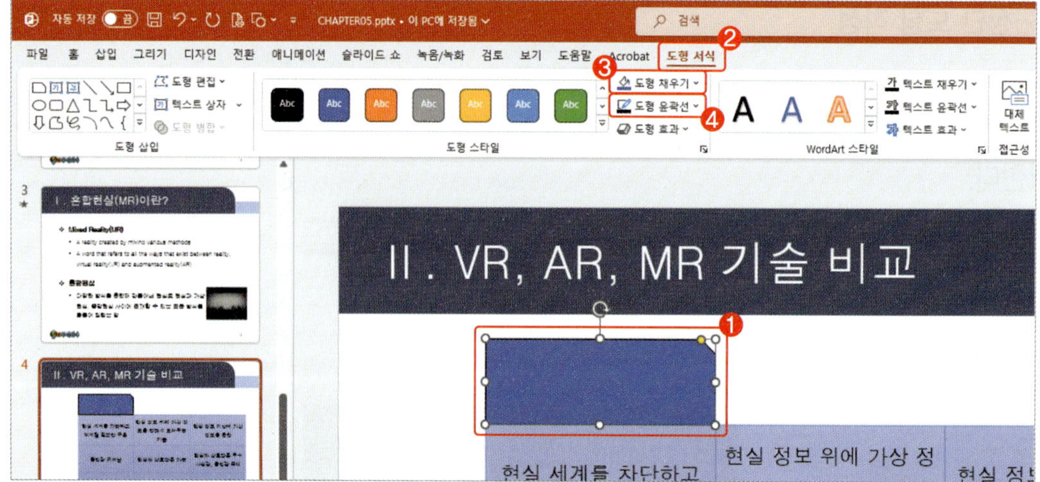

④ [삽입] 탭 – [일러스트레이션] 그룹 – [도형](🔾)에서 [기본 도형] – [십자형]을 클릭한다.

⑤ 첫 번째 도형 위에 마우스 드래그하여 겹쳐 보이게 삽입한다.

→ [도형 서식] 탭 – [도형 스타일] 그룹에서 [도형 채우기]와 [도형 윤곽선]을 임의로 설정한다.

⑥ 도형을 선택한 상태에서 [홈] 탭 – [글꼴] 그룹의 글꼴 '돋움', '18pt'를 설정하고 『가상현실(VR)』을 입력한다.

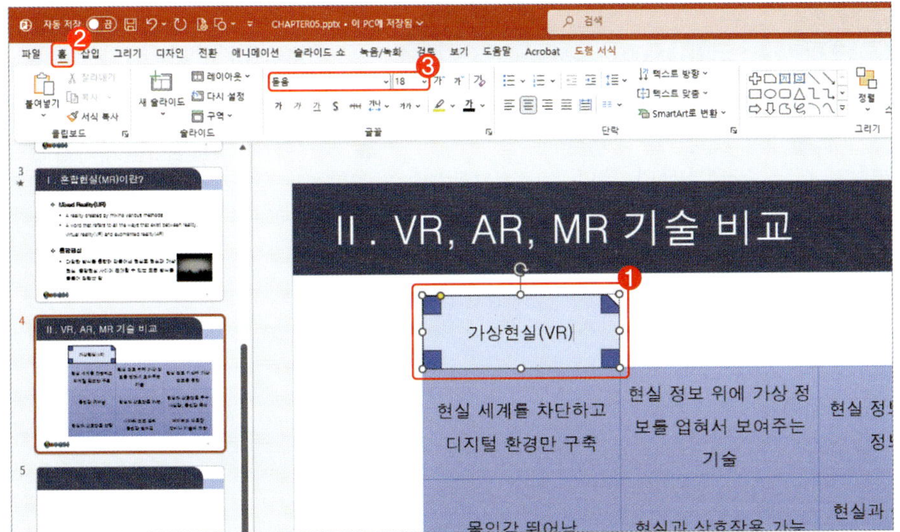

⑦ 2개의 도형을 모두 선택하고 마우스 오른쪽 클릭한다.
→ [그룹화] – [그룹](回)을 클릭한다.

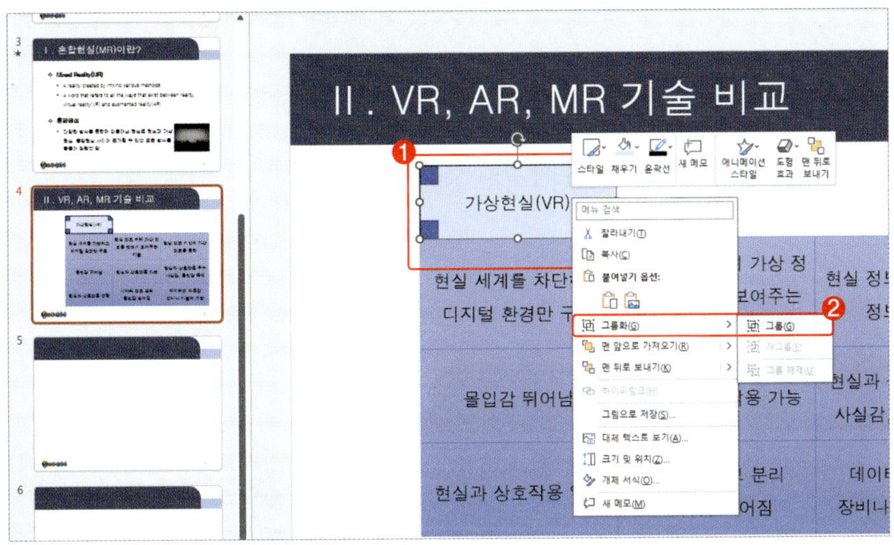

기적의 TIP

단축키 Ctrl + G 를 누르면 그룹화를 빠르게 할 수 있다.

⑧ 그룹화된 도형을 Ctrl+Shift를 누른 채 오른쪽으로 복사하고 텍스트 내용을 수정한다.

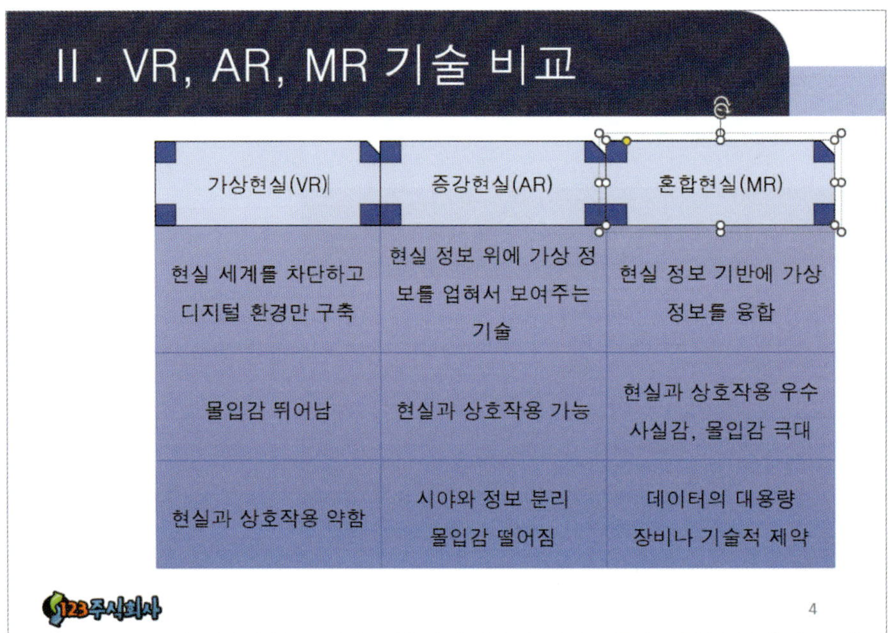

> **기적의 TIP**
>
> 도형을 Ctrl+Shift를 누른 채 드래그하면 수직·수평으로 복사할 수 있다.

> **기적의 TIP**
>
> 도형의 크기는 Alt를 누른 채 드래그하면 더 세밀하게 조절할 수 있다.

SECTION 03 　좌측 도형 작성

① [삽입] 탭 – [일러스트레이션] 그룹 – [도형](　)에서 [블록 화살표] – [화살표: 오각형]을 클릭한다.

② 왼쪽 공간에 마우스 드래그하여 도형을 그린다.

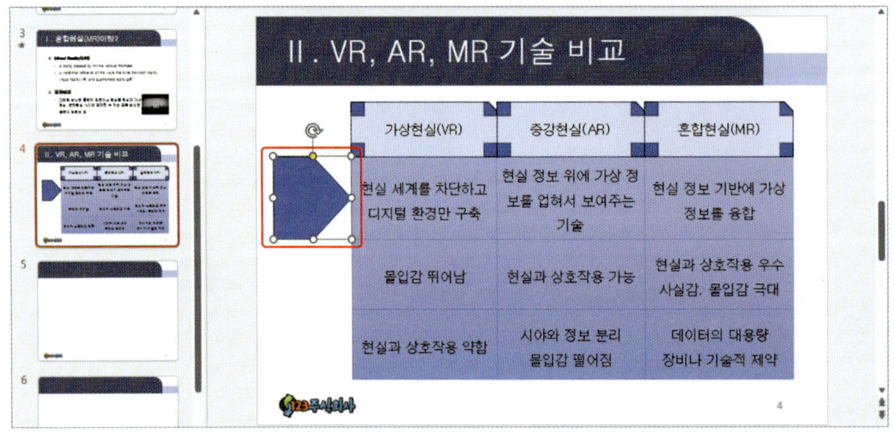

③ [도형 서식] 탭 – [정렬] 그룹에서 [회전]( ) – [좌우 대칭]을 클릭한다.

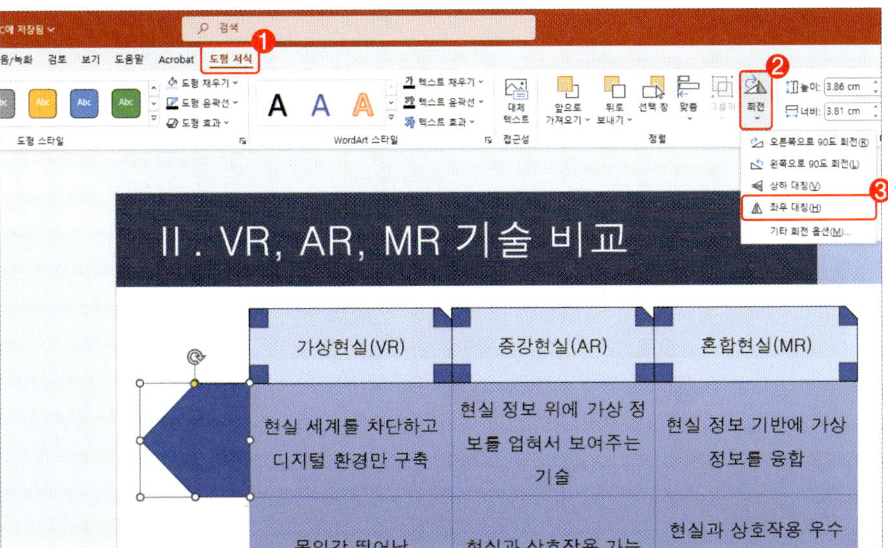

④ [도형 서식] 탭 – [도형 스타일] 그룹에서 [도형 채우기]와 [도형 윤곽선]을 임의로 설정한다.

⑤ 다시 [도형 스타일] 그룹 – [도형 채우기]를 클릭하고 [그라데이션]( ) – [선형 아래쪽]을 선택한다.

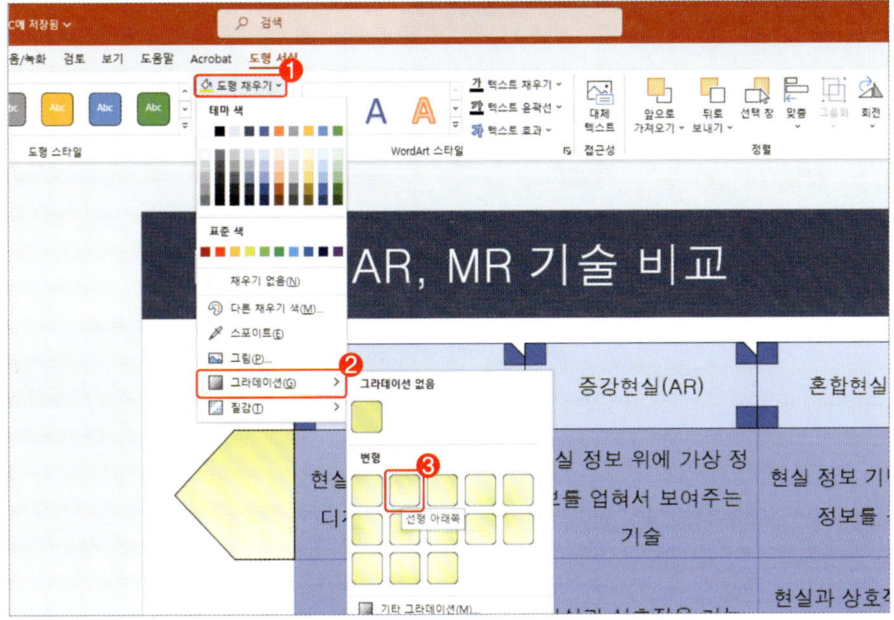

⑥ 도형을 선택한 상태에서 [홈] 탭 – [글꼴] 그룹의 글꼴 '돋움', '18pt', 글꼴 색 '검정, 텍스트 1'을 설정하고 『구현방식』을 입력한다.

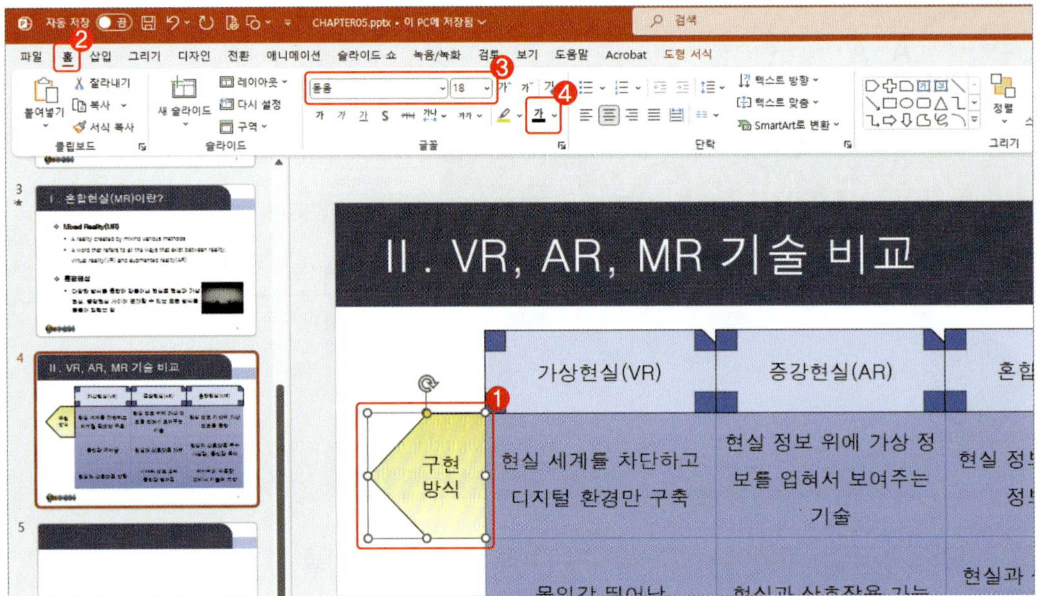

⑦ 도형을 선택한 후 Ctrl + Shift 를 누른 채 아래쪽으로 복사하고, 도형의 크기와 텍스트 내용을 수정한다.

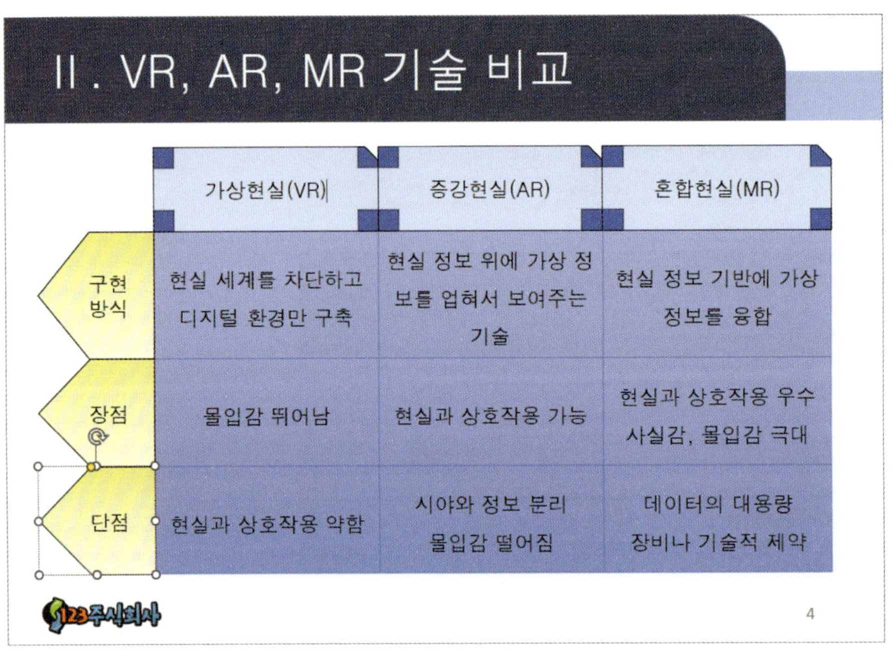

문제유형 ④-1

정답파일 PART 01 시험 유형 따라하기\유형4-1번_정답.pptx

세부조건

글꼴 : 돋움, 18pt

① 상단 도형 : 2개 도형의 조합으로 작성

② 좌측 도형 : 그라데이션 효과(선형 아래쪽)

③ 표 스타일 : 테마 스타일 1 – 강조 6

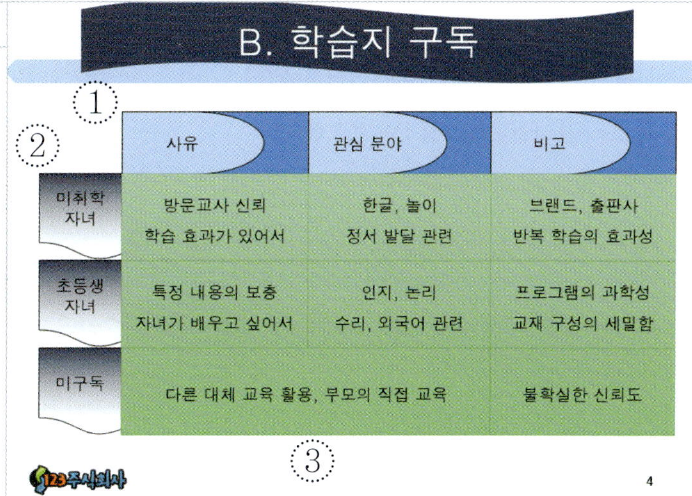

	사유	관심 분야	비고
미취학 자녀	방문교사 신뢰 학습 효과가 있어서	한글, 놀이 정서 발달 관련	브랜드, 출판사 반복 학습의 효과성
초등생 자녀	특정 내용의 보충 자녀가 배우고 싶어서	인지, 논리 수리, 외국어 관련	프로그램의 과학성 교재 구성의 세밀함
미구독	다른 대체 교육 활용, 부모의 직접 교육		불확실한 신뢰도

문제유형 ④-2

정답파일 PART 01 시험 유형 따라하기\유형4-2번_정답.pptx

세부조건

글꼴 : 굴림, 18pt

① 상단 도형 : 2개 도형의 조합으로 작성

② 좌측 도형 : 그라데이션 효과(선형 아래쪽)

③ 표 스타일 : 테마 스타일 1 – 강조 5

	밥류	면류	빵류
구분	진지한 식사 쌀, 현미, 잡곡	다양한 형태 국수, 라면, 스파게티	간편한 식사 식빵, 도넛, 바게트
선호	건강에 좋기 때문에, 소화가 잘 되어서	빠른 시간 먹기 편해서, 식감이 좋아서	휴대가 편리해서, 음료와 어울려서
비선호	식단 준비의 번거로움	밥이 곧 식사라는 이미지	선택적 간식거리로 인식

세부조건

글꼴 : 돋움, 18pt

① 상단 도형 : 2개 도형의 조합으로 작성

② 좌측 도형 : 그라데이션 효과(선형 아래쪽)

③ 표 스타일 : 테마 스타일 1 – 강조 6

2. 만성피로의 유발과 증상

	유발 가능 원인	증상
관련 장애	우울증, 불안증, 신체화 장애	운동 후 심한 피로
관련 장애	신경안정제 등 약물 부작용	집중력 저하, 기억력 장애
관련 질환	내분비 및 대사 질환	수면 장애, 위장 장애
관련 질환	결핵, 간염 등 감염 질환	두통, 근육통, 관절통, 전신 통증

세부조건

글꼴 : 돋움, 18pt

① 상단 도형 : 2개 도형의 조합으로 작성

② 좌측 도형 : 그라데이션 효과(선형 아래쪽)

③ 표 스타일 : 테마 스타일 1 – 강조 5

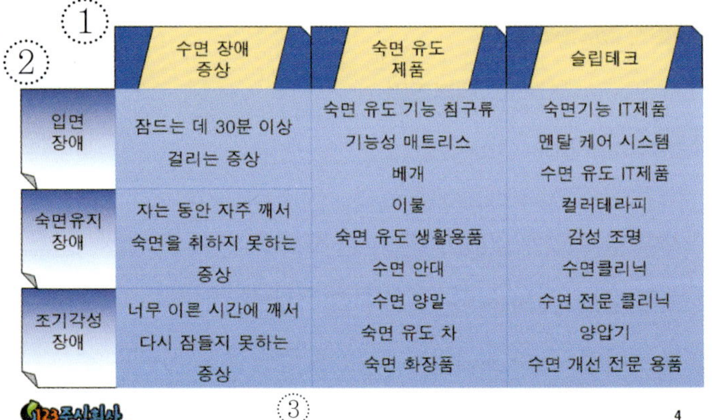

2. 불면증 유형과 숙면 유도 제품

	수면 장애 증상	숙면 유도 제품	슬립테크
입면 장애	잠드는 데 30분 이상 걸리는 증상	숙면 유도 기능 침구류 기능성 매트리스 베개	숙면기능 IT제품 멘탈 케어 시스템 수면 유도 IT제품
숙면유지 장애	자는 동안 자주 깨서 숙면을 취하지 못하는 증상	이불 숙면 유도 생활용품 수면 안대	컬러테라피 감성 조명 수면클리닉
조기각성 장애	너무 이른 시간에 깨서 다시 잠들지 못하는 증상	수면 양말 숙면 유도 차 숙면 화장품	수면 전문 클리닉 양압기 수면 개선 전문 용품

슬라이드 5
차트 슬라이드

배점 **100점** ｜ A등급 목표점수 **80점**

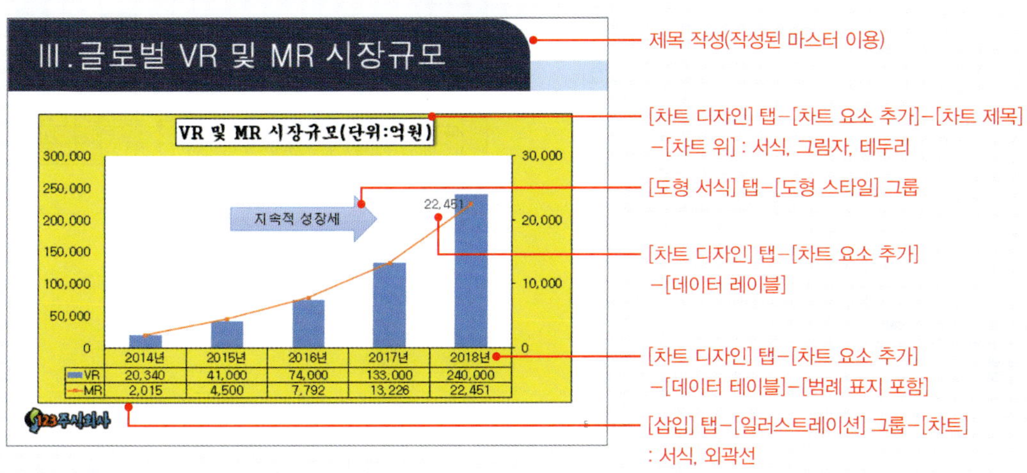

출제포인트
차트 작성 · 데이터 편집 · 차트 디자인 · 도형 편집

출제기준
프레젠테이션용 차트를 작성하는 능력을 평가하는 문항으로, 차트 삽입과 데이터 편집, 차트 디자인 편집 등 종합적인 기능이 출제됩니다.

A등급 TIP
차트 작성의 종합적인 능력을 평가하는 문제로, 배점도 가장 크고 난도도 높은 문항입니다. 지시사항을 충실히 따라야 할 뿐 아니라, 지시사항에 주어지지 않은 부분도 출력형태와 동일하게 표현될 수 있도록 꼼꼼히 작업해야 합니다. 풀이를 마친 후 출력형태와 비교해 보며 검토하는 것을 잊지 마세요.

[슬라이드 5] **차트 슬라이드**

작업파일 PART 01 시험 유형 따라하기₩CHAPTER06.pptx
정답파일 PART 01 시험 유형 따라하기₩CHAPTER06_정답.pptx

문제보기	

(1) 차트 작성 기능을 이용하여 슬라이드를 작성한다.
(2) 차트 : 종류(묶은 세로 막대형), 글꼴(돋움, 16pt), 외곽선

세부조건

※ 차트설명
- 차트제목 : 궁서, 24pt, 굵게, 채우기(흰색), 테두리, 그림자(오프셋 오른쪽)
- 차트영역 : 채우기(노랑)
- 그림영역 : 채우기(흰색)
- 데이터 서식 : MR 계열을 표식이 있는 꺾은선형으로 변경 후 보조축으로 지정
- 값 표시 : 2018년의 MR 계열만

① 도형 삽입
- 스타일 : 미세 효과 – 파랑, 강조 1
- 글꼴 : 굴림, 18pt

핵심기능	기능	바로 가기	메뉴
	차트 삽입		[삽입] 탭 – [일러스트레이션] 그룹 – [차트]
	데이터 레이블		[차트 디자인] 탭 – [차트 레이아웃] 그룹 – [차트 요소 추가] – [데이터 레이블]
	데이터 표(테이블)		[차트 디자인] 탭 – [차트 레이아웃] 그룹 – [차트 요소 추가] – [데이터 테이블]

① 슬라이드 5를 선택하고 슬라이드 제목『Ⅲ. 글로벌 VR 및 MR 시장규모』를 입력한다.

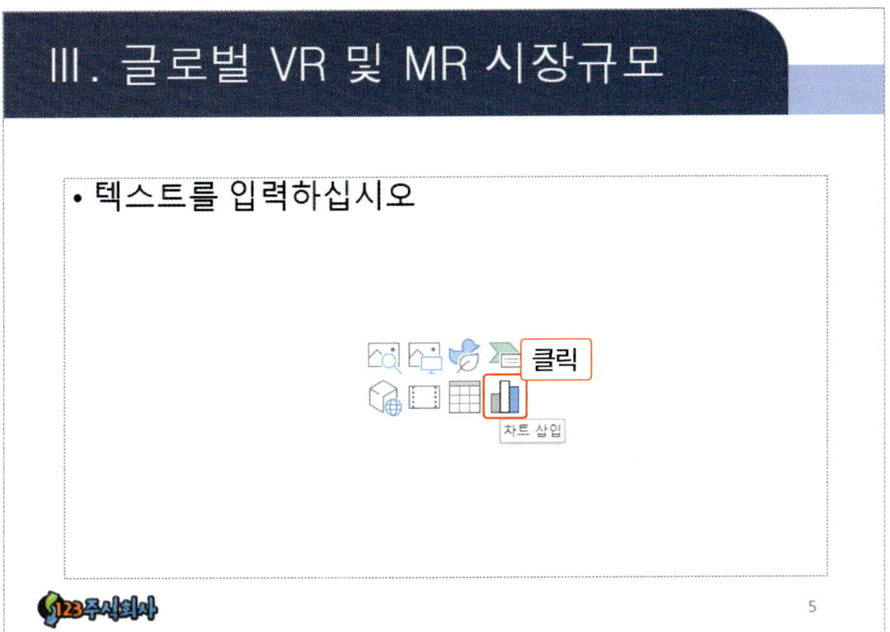

② 텍스트 상자에서 [차트 삽입](📊)을 클릭한다.
　→ 차트 삽입 대화상자가 나타나면 [세로 막대형] – [묶은 세로 막대형]을 선택한 후 [확인]을 클릭한다.

> **기적의 TIP**
>
> 그림 영역, 데이터 계열 서식, 값, 데이터 테이블 등 차트를 구성하는 용어를 정확히 알고 있어야 한다.

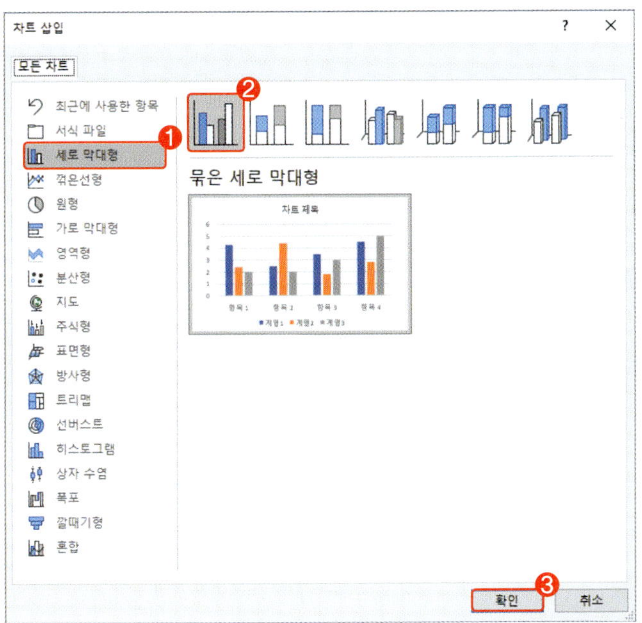

③ 데이터 시트 창이 열리면 내용을 입력한 후 데이터 범위를 지정한다.

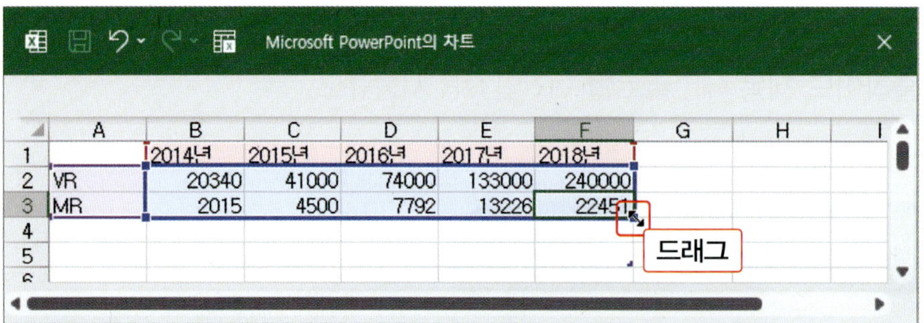

④ 숫자 데이터가 입력된 「B2:F3」 영역을 블록 설정한다.
　→ 마우스 오른쪽 클릭하여 [셀 서식]을 클릭한다.

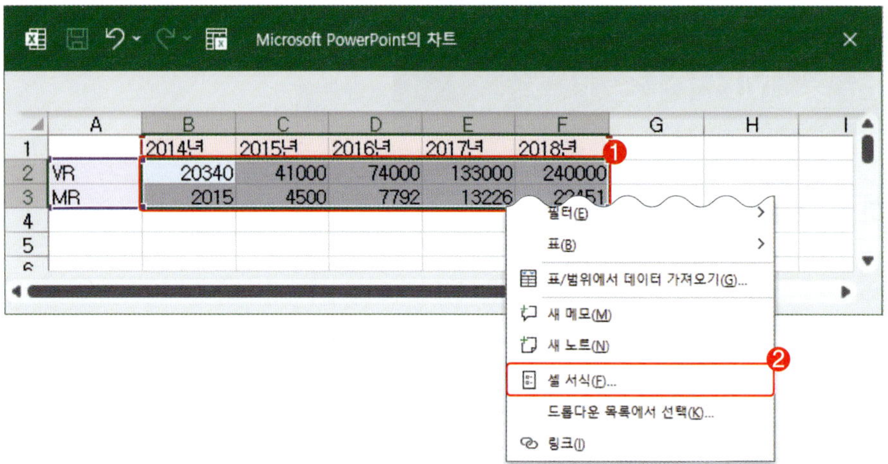

⑤ [셀 서식] 대화상자 – [표시 형식] 탭의 범주에서 '숫자'를 클릭한다.
　→ 1000 단위 구분 기호(,) 사용에 체크한 후 [확인]을 클릭한다.

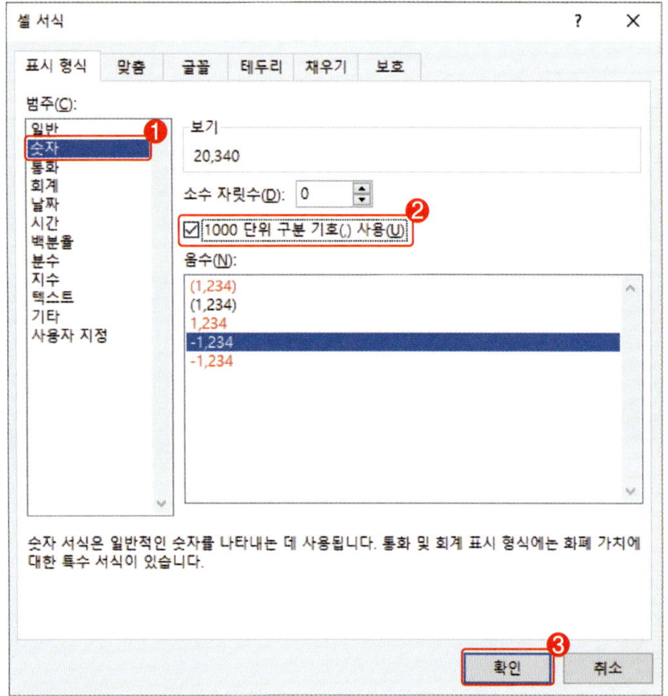

⑥ 데이터 시트를 닫고, [홈] 탭 – [글꼴] 그룹에서 글꼴 '돋움', '16pt', 글꼴 색 '검정'을 설정한다.

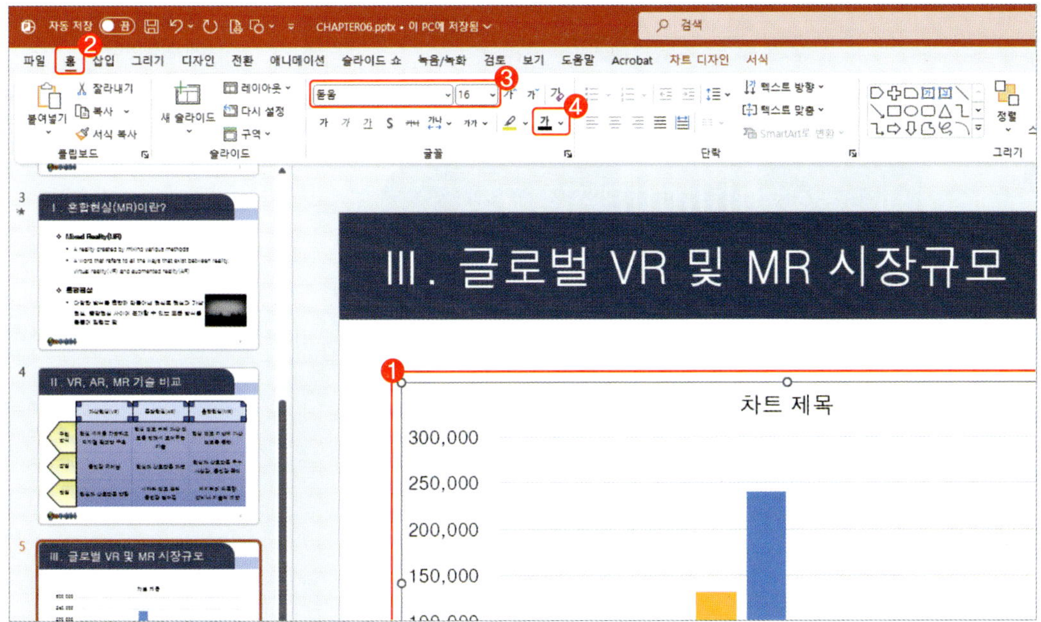

⑦ [차트 디자인] 탭 – [데이터] 그룹에서 [데이터 선택](📊)을 클릭한다.
  → [데이터 원본 선택] 대화상자가 나타나면 [행/열 전환](📊)을 클릭하고 [확인]을 클릭한다.
  → 데이터 시트를 닫는다.

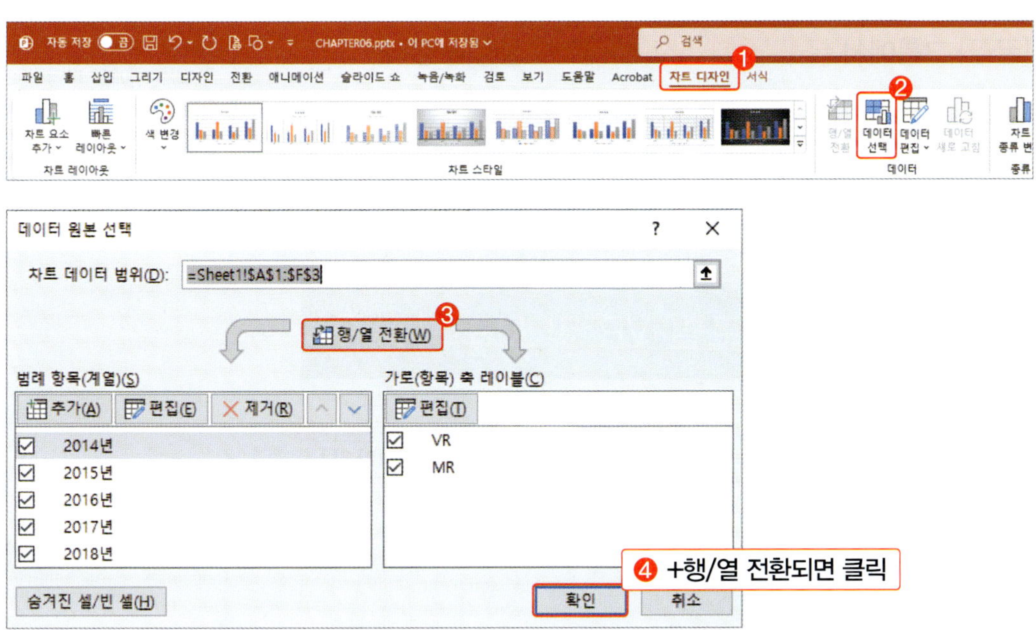

⑧ [서식] 탭 – [도형 스타일] 그룹 – [도형 윤곽선](🖌)을 클릭한다.
→ [색] – [검정], [두께] – [3/4pt]를 설정하여 외곽선을 지정해준다.

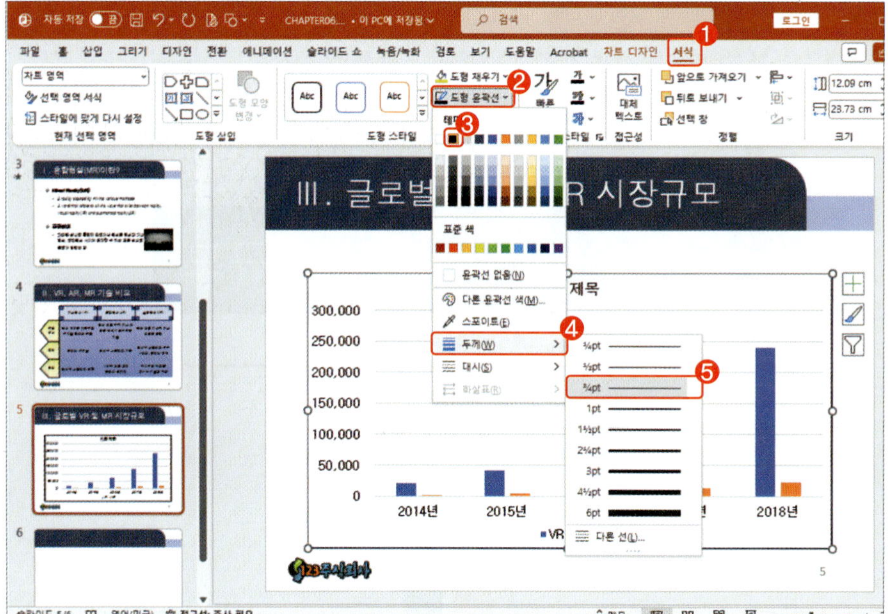

SECTION 02 차트 제목

① 차트 제목 상자를 클릭하고 『VR 및 MR 시장규모(단위:억원)』을 입력한다.
→ [홈] 탭 – [글꼴] 그룹에서 글꼴 '궁서', '24pt', '굵게' 설정을 한다.

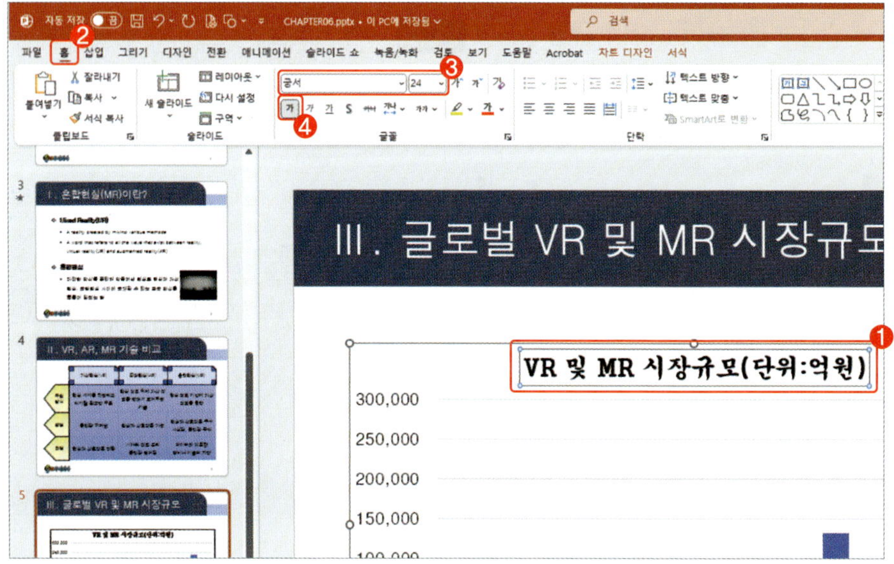

② [서식] 탭 – [도형 스타일] 그룹 – [도형 윤곽선](📝)을 클릭한다.
→ [색] – [검정], [두께] – [3/4pt]를 설정한다.
→ [도형 채우기](🪣)를 클릭하여 '흰색'을 설정한다.

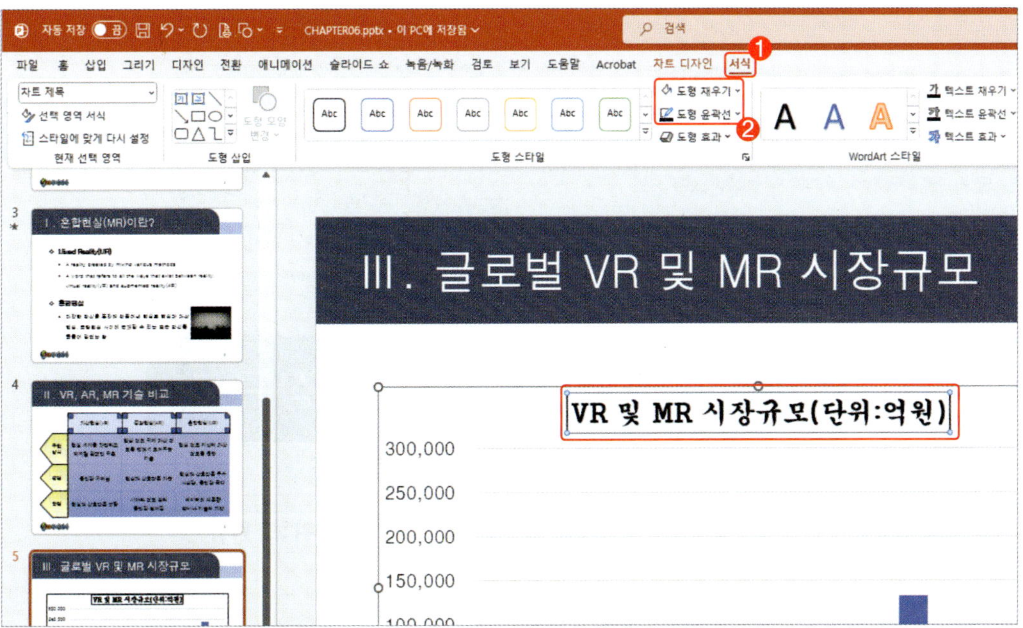

③ [도형 효과](🖼)를 클릭하고 [그림자] – [바깥쪽] – [오프셋: 오른쪽]으로 설정한다.

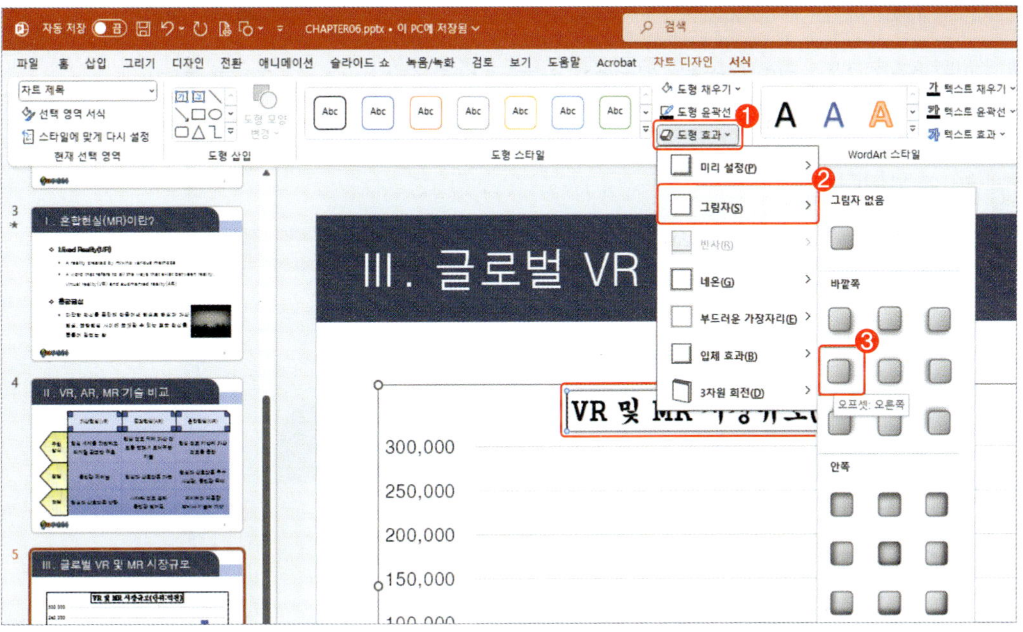

① '**차트 영역**'을 선택하고 [**서식**] 탭 – [도형 스타일] 그룹에서 [**도형 채우기**]( )를 클릭한다.

→ [**색**] – [**노랑**]을 설정한다.

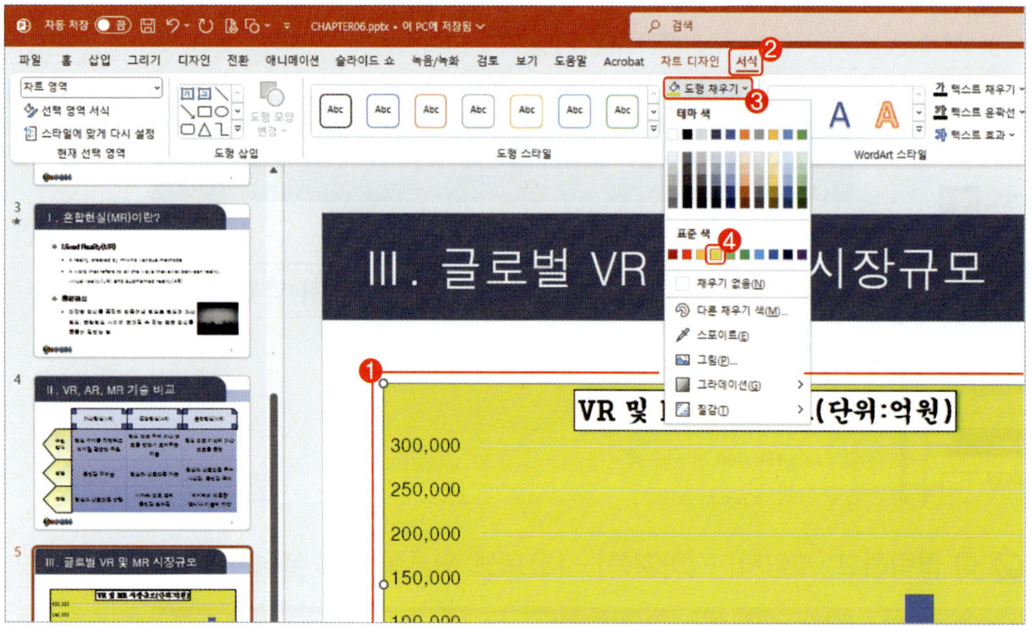

② '**그림 영역**'을 선택하고 [**서식**] 탭 – [도형 스타일] 그룹에서 [**도형 채우기**]( )를 클릭한다.

→ [**색**] – [**흰색**]을 설정한다.

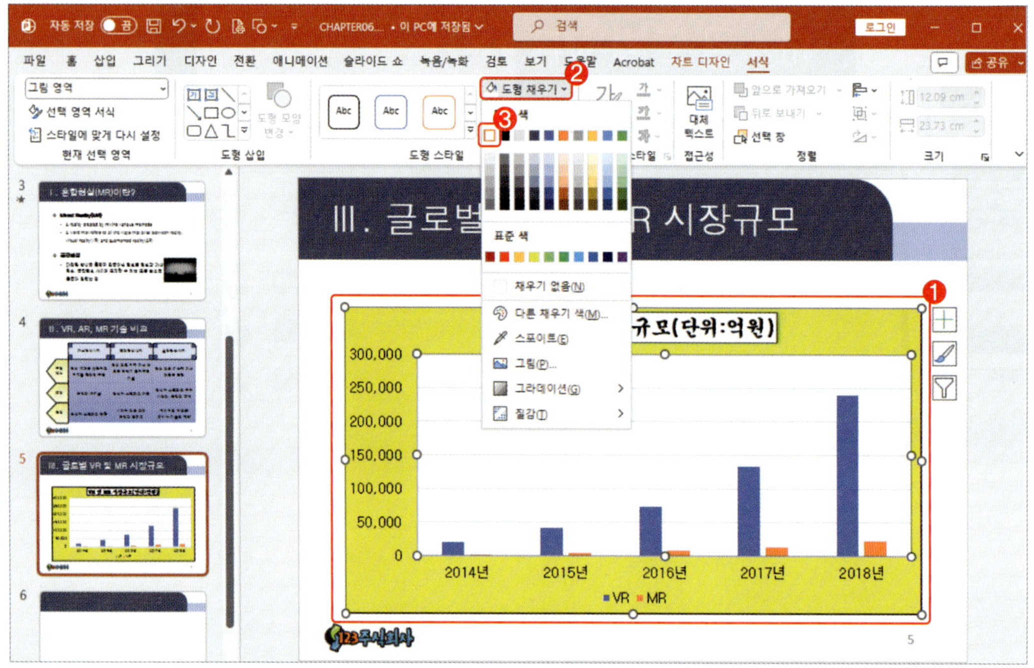

③ '차트 영역'을 선택하고 [차트 디자인] 탭 – [차트 레이아웃] 그룹 – [차트 요소 추가] (🔲)를 클릭한다.

→ [데이터 테이블](🔲) – [범례 표지 포함]을 클릭한다.

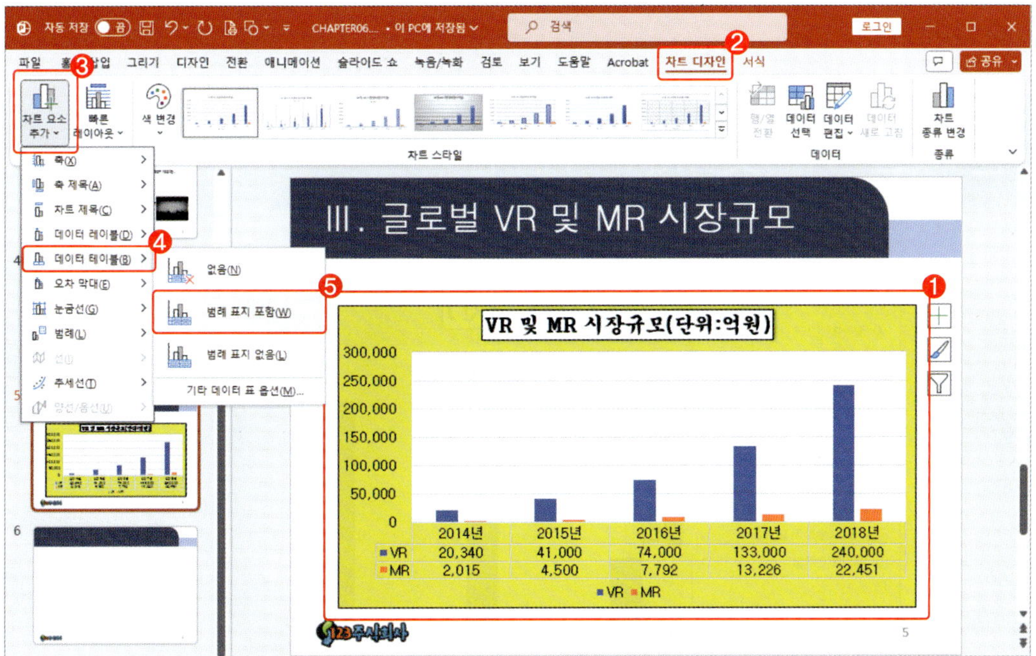

④ 차트 오른쪽 상단의 [차트 요소](⊞) 아이콘을 클릭하여 [눈금선]과 [범례]를 체크 해 제한다.

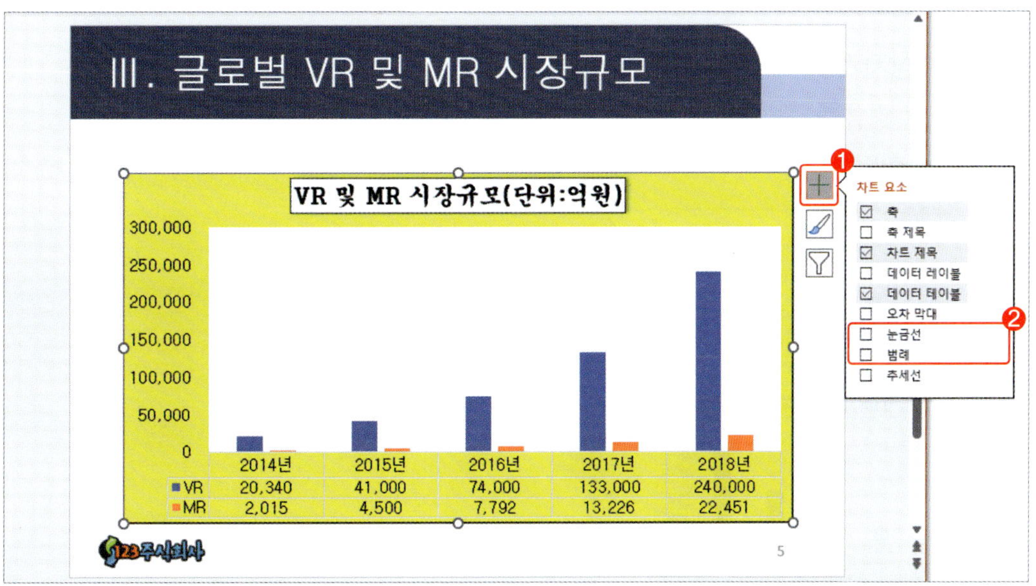

① 'MR' 계열을 꺾은선형으로 변경하기 위해 '차트 영역'에 마우스 오른쪽 클릭하여 [차트 종류 변경]을 클릭한다.

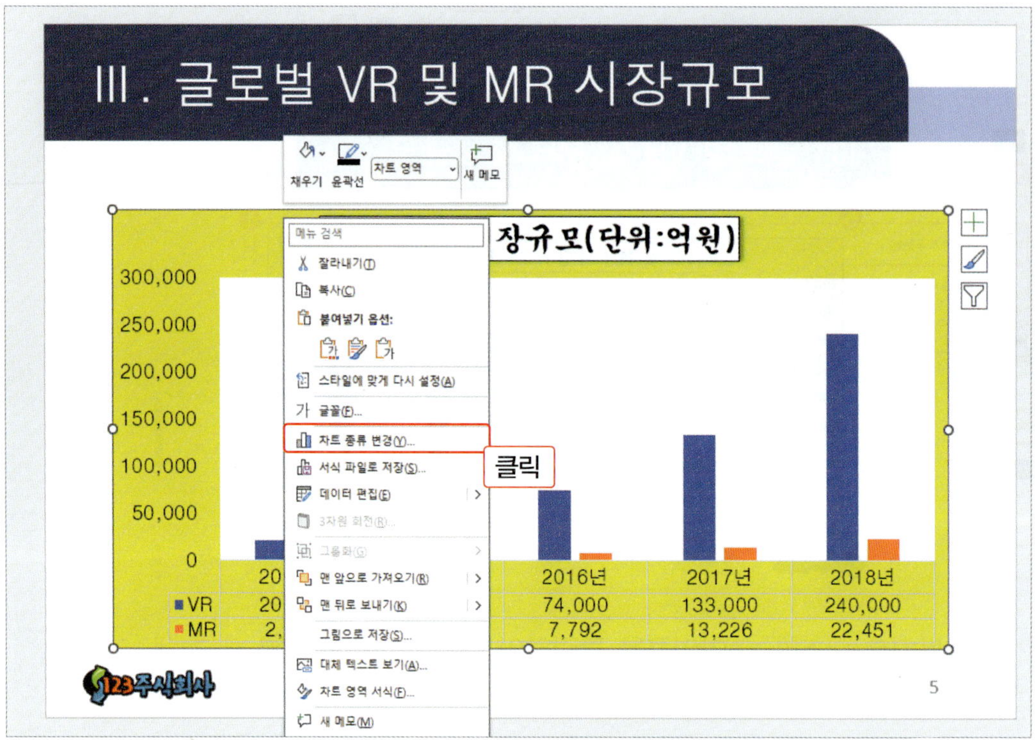

② [차트 종류 변경] 대화상자가 나타나면 [혼합]을 선택한다.
　→ 'MR' 계열에서 차트 종류를 '표식이 있는 꺾은선형'으로 설정하고 [보조 축]에 체크한 후 [확인]을 클릭한다.

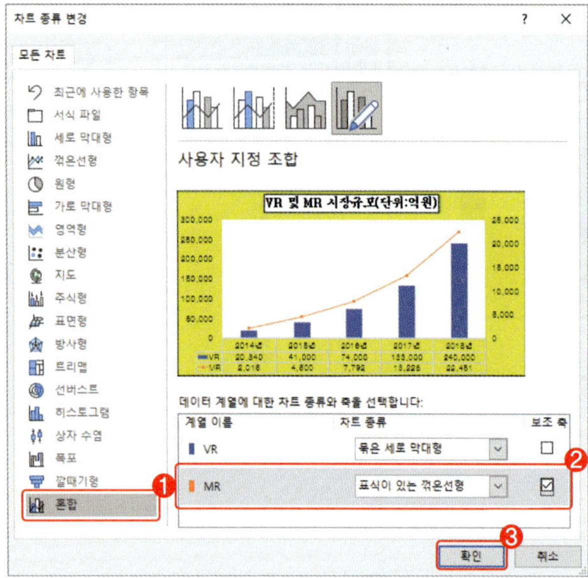

③ '차트 영역'에서 마우스 오른쪽 클릭하여 [차트 영역 서식]을 클릭한다.

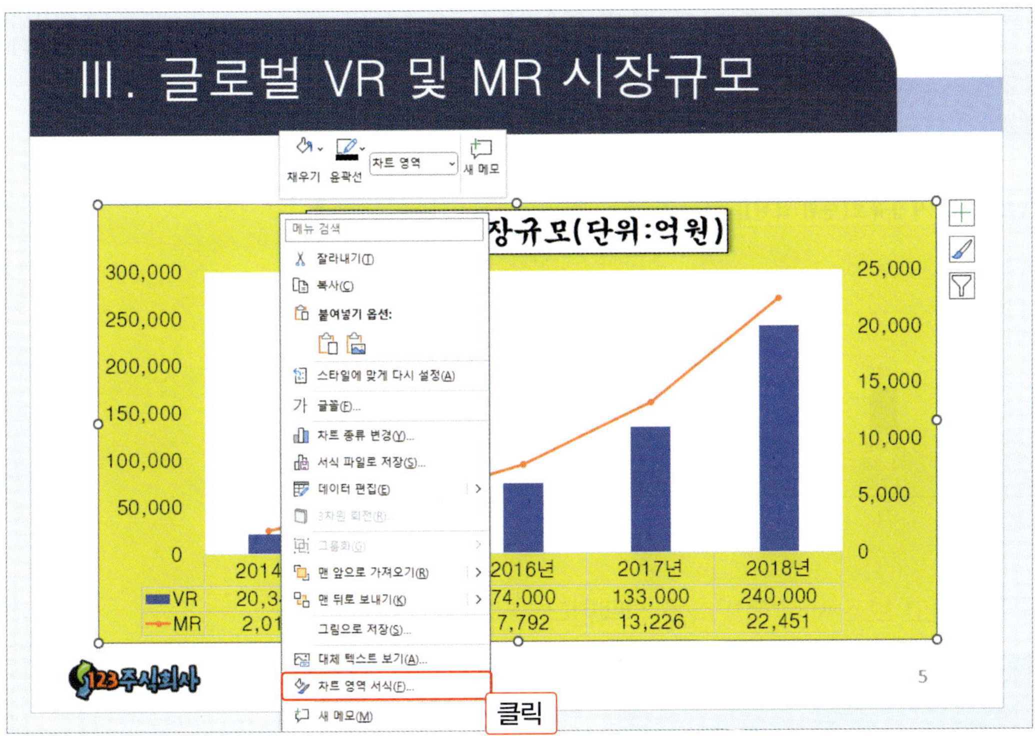

④ [차트 옵션]을 클릭하고 계열 "MR"을 선택한다.

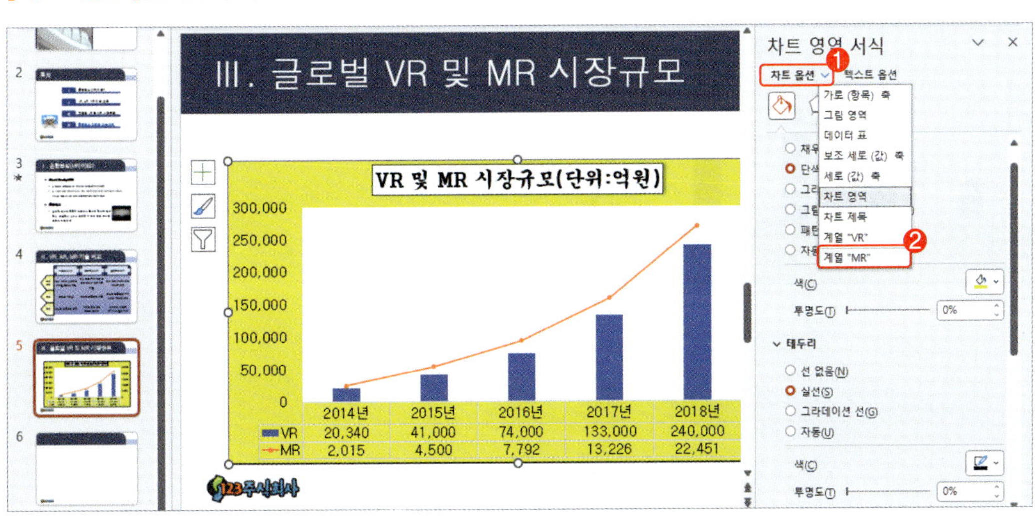

⑤ [데이터 계열 서식] 탭에서 [표식] – [표식 옵션]을 클릭한다.

→ 기본 제공을 선택하고 형식 '네모', 크기 '12'로 설정한다.

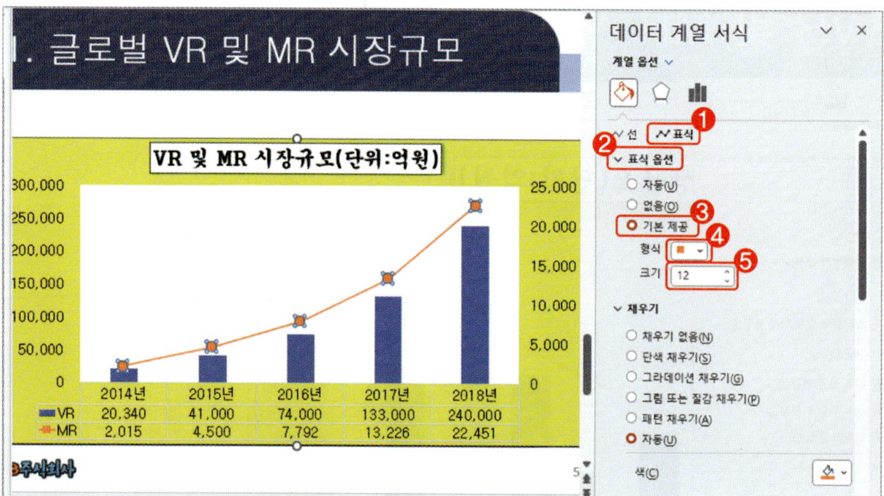

⑥ [계열 옵션]을 클릭하고 보조 세로 (값) 축을 선택한다.

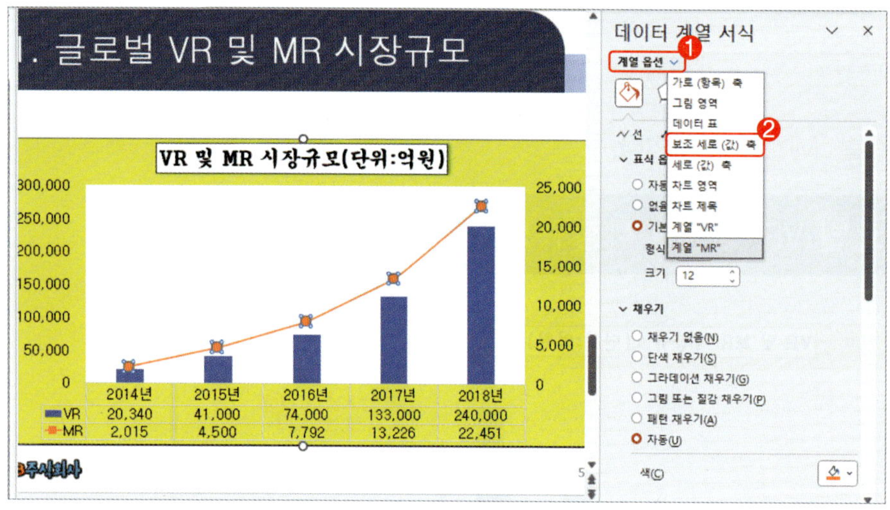

⑦ [축 옵션](📊)을 클릭하고 [경계] – 최대값 『30000』, [단위] – 기본 『10000』을 입력한다.

→ [눈금] – 주 눈금 '바깥쪽', 보조 눈금 '없음'으로 설정한다.

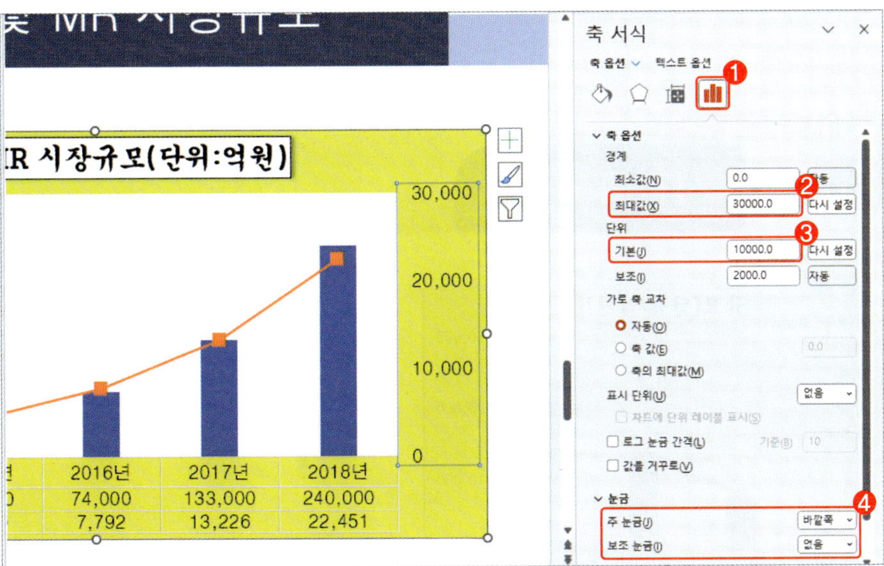

⑧ [서식] 탭 – [도형 스타일] 그룹 – [도형 윤곽선](✏)을 설정한다.

→ 마우스로 '세로 (값) 축'을 선택하여 같은 방법으로 [도형 윤곽선](✏)을 설정한다.

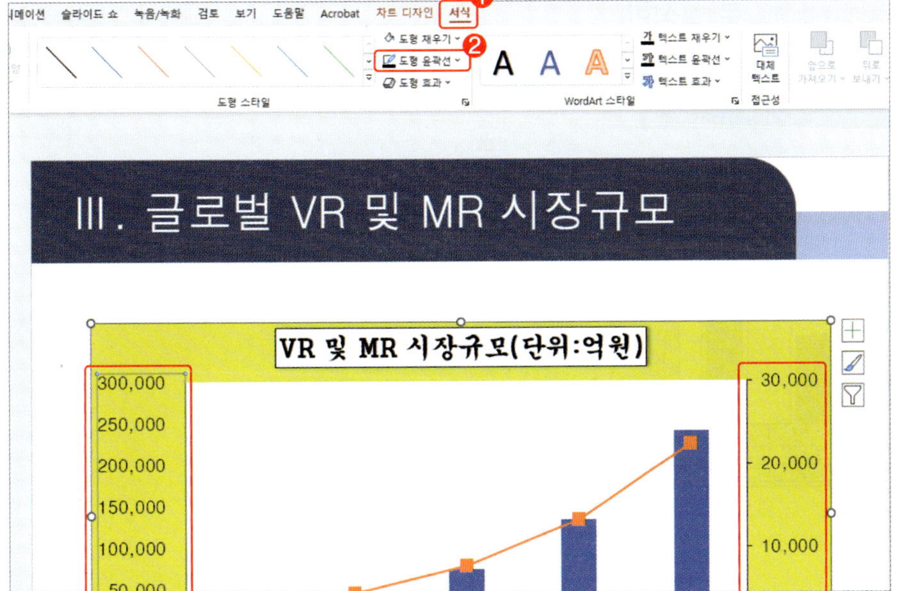

⑨ 마우스로 '데이터 테이블'을 선택한다.

→ [서식] 탭 – [도형 스타일] 그룹 – [도형 윤곽선](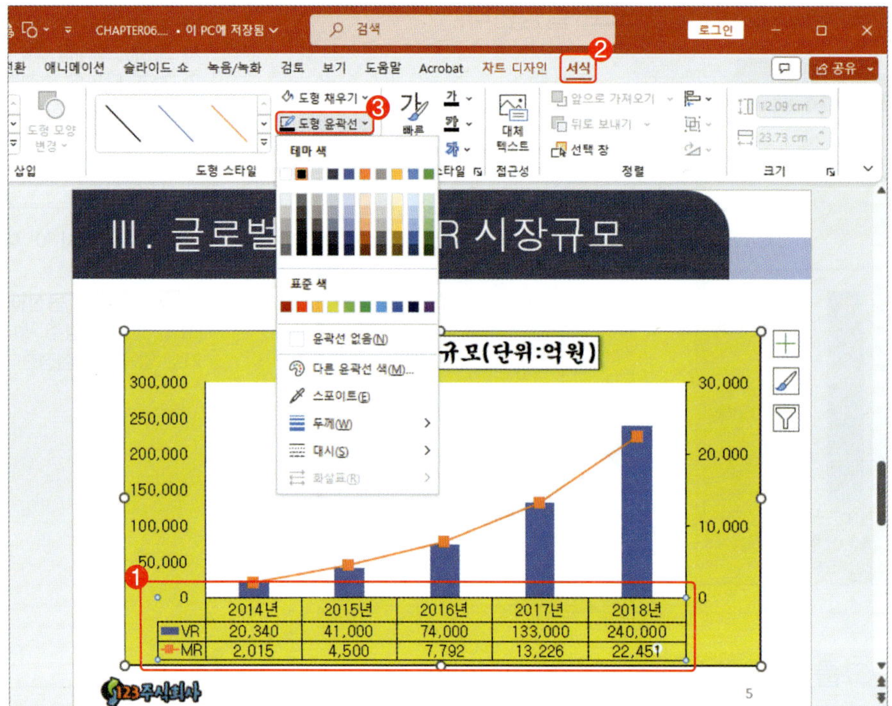)을 설정한다.

⑩ VR 계열 차트에 마우스 오른쪽 클릭하여 [데이터 계열 서식]을 클릭한다.

→ [계열 옵션]에서 간격 너비 '150%'로 설정한다.

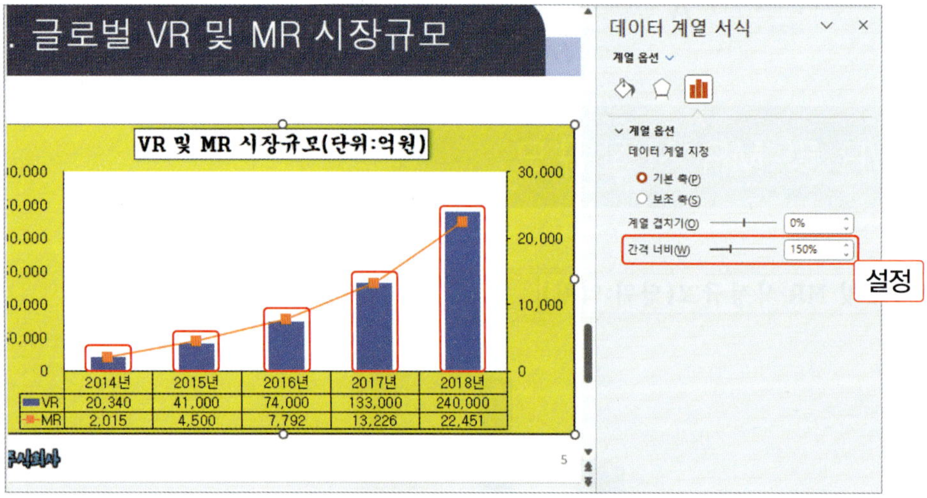

기적의 TIP

일반적으로 선 두께는 3/4pt 를 설정하면 된다.

기적의 TIP

세부조건에서 지시하지 않는 사항은 문제의 출력형태를 참고하여 비슷하게 설정한다.

⑪ 값을 표시하기 위해 꺾은선형 차트인 'MR' 계열에서 '2018년 표식'만 마우스로 선택한다.

→ [차트 디자인] 탭의 [차트 요소 추가]( ) – [데이터 레이블] – [왼쪽]을 클릭한다.

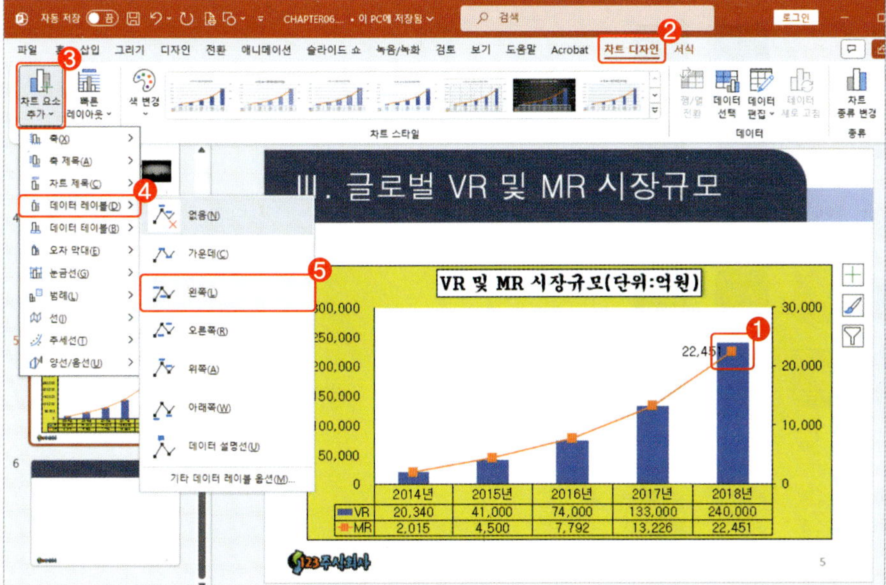

SECTION 05 · 도형 삽입

① [삽입] 탭 – [일러스트레이션] 그룹 – [도형]( )에서 [블록 화살표] – [화살표: 오른쪽]을 클릭한다.

→ 적당한 크기로 그린 후 [도형 스타일] 그룹에서 [빠른 스타일]( )을 클릭한다.

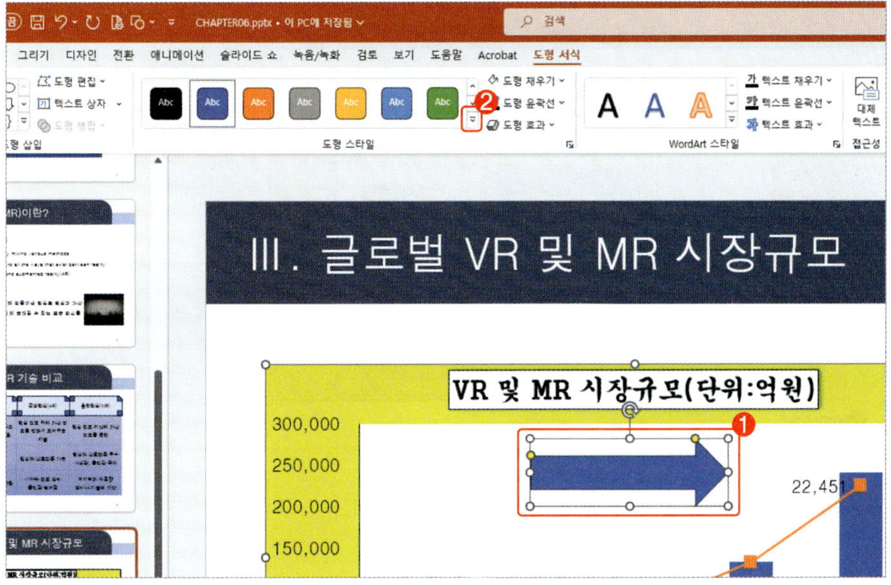

② [테마 스타일]에서 '미세 효과 – 파랑, 강조 1'을 선택한다.

③ 도형에 『지속적 성장세』를 입력한다.
→ [홈] 탭 – [글꼴] 그룹에서 글꼴 '굴림', '18pt', [단락] 그룹에서 [가운데 맞춤](≡)을 설정한다.

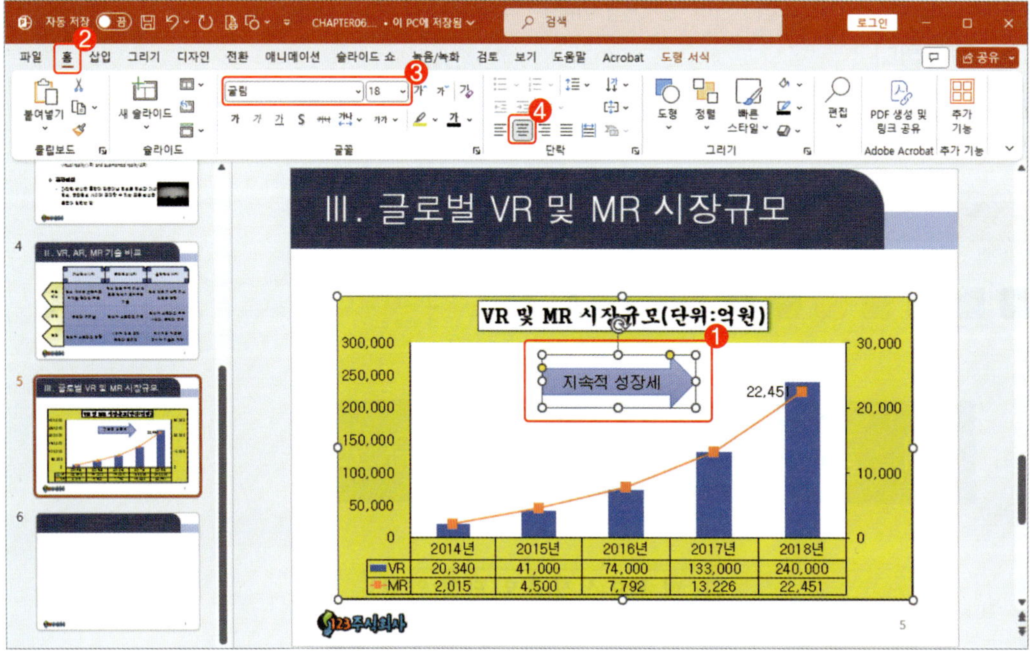

④ 문제지의 출력형태를 참고하며 차트영역의 크기와 위치 등을 조절한다.

문제유형 ❺-1

정답파일 PART 01 시험 유형 따라하기\유형5-1번_정답.pptx

세부조건

종류(묶은 세로 막대형), 글꼴(돋움, 16pt), 외곽선

※ 차트설명
- 차트제목 : 궁서, 24pt, 굵게, 채우기(흰색), 테두리, 그림자(오프셋 아래쪽)
- 차트영역 : 채우기(노랑)
- 그림영역 : 채우기(흰색)
- 데이터 서식 : 여자아동 계열을 표식이 있는 꺾은선형으로 변경 후 보조축으로 지정
- 값 표시 : 국어의 남자아동 계열만

① 도형 삽입
- 스타일 : 미세 효과 – 파랑, 강조1
- 글꼴 : 굴림, 18pt

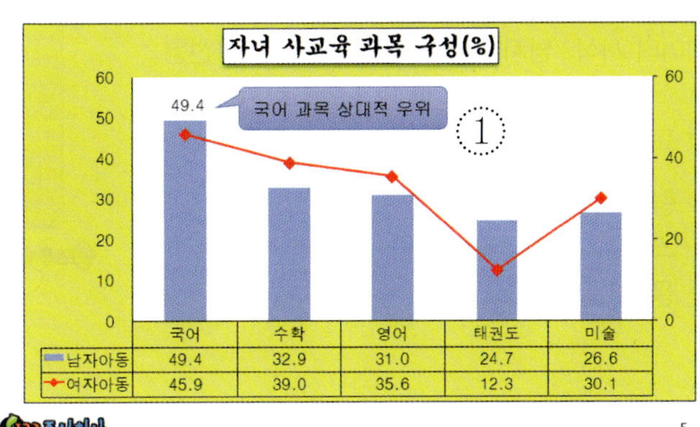

문제유형 ❺-2

정답파일 PART 01 시험 유형 따라하기\유형5-2번_정답.pptx

세부조건

종류(묶은 세로 막대형), 글꼴(돋움, 16pt), 외곽선

※ 차트설명
- 차트제목 : 궁서, 24pt, 굵게, 채우기(흰색), 테두리, 그림자(오프셋 오른쪽)
- 차트영역 : 채우기(노랑)
- 그림영역 : 채우기(흰색)
- 데이터 서식 : 음주율 계열을 표식이 있는 꺾은선형으로 변경 후 보조축으로 지정
- 값 표시 : 20대의 음주율 계열만

① 도형 삽입
- 스타일 : 미세 효과 – 파랑, 강조 1
- 글꼴 : 굴림, 18pt

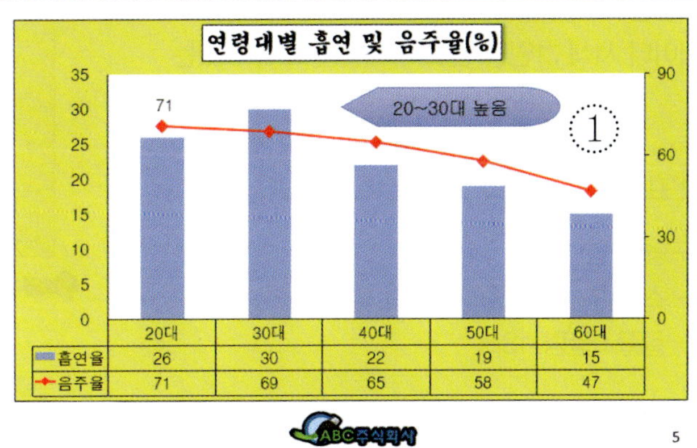

세부조건

종류(묶은 세로 막대형), 글꼴(돋움, 16pt), 외곽선

※ 차트설명
- 차트제목 : 궁서, 24pt, 굵게, 채우기(흰색), 테두리, 그림자(오프셋 오른쪽)
- 차트영역 : 채우기(노랑)
- 그림영역 : 채우기(흰색)
- 데이터 서식 : 남자 계열을 표식이 있는 꺾은선형 으로 변경 후 보조축으로 지정
- 값 표시 : 2022의 여자 계열만

① 도형 삽입
    – 스타일 : 미세 효과 – 파랑, 강조 1
    – 글꼴 : 굴림, 18pt

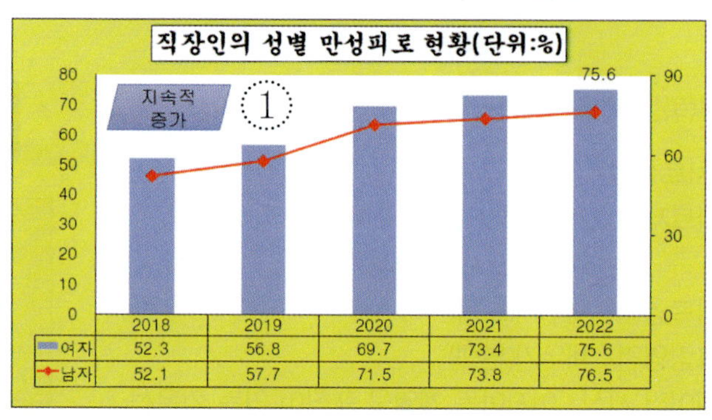

세부조건

종류(묶은 세로 막대형), 글꼴(돋움, 16pt), 외곽선

※ 차트설명
- 차트제목 : 궁서, 24pt, 굵게, 채우기(흰색), 테두리, 그림자(오프셋 오른쪽)
- 차트영역 : 채우기(노랑)
- 그림영역 : 채우기(흰색)
- 데이터 서식 : 1인당 진료비 계열을 표식이 있는 꺾은선형으로 변경 후 보조축으로 지정
- 값 표시 : 2020년의 1인당 진료비 계열만

① 도형 삽입
    – 스타일 : 미세 효과 – 파랑, 강조 1
    – 글꼴 : 굴림, 18pt

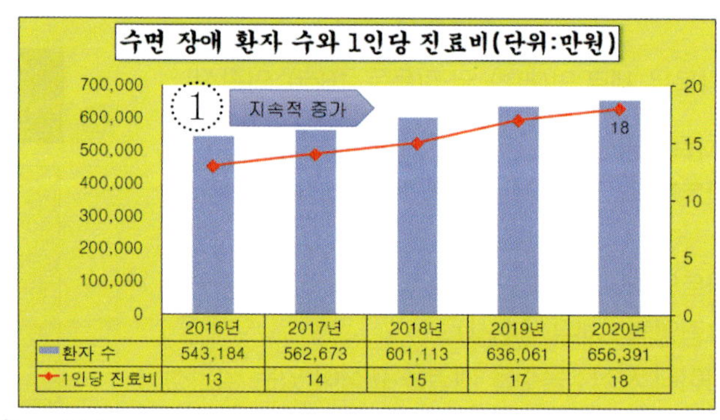

슬라이드 6
도형 슬라이드

배점 **100점** | A등급 목표점수 **80점**

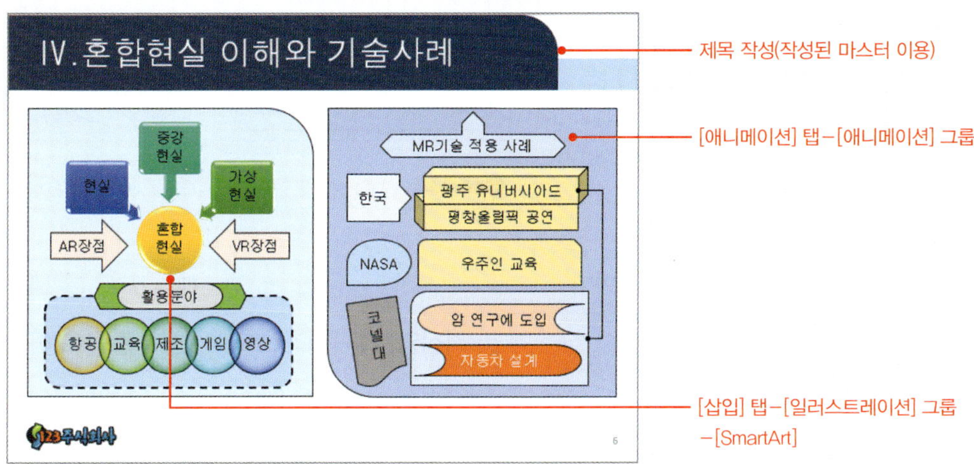

출제포인트
스마트아트 삽입 · 도형 삽입 · 그룹화 · 애니메이션

출제기준
다양한 도형을 이용한 슬라이드 작성 능력을 평가하는 문항입니다.

A등급 TIP
슬라이드 5와 함께 배점이 가장 크지만, 어려운 기능보다는 꼼꼼한 작성과 시간 관리를 요구하는 문항입니다. 삽입된
도형과 스마트아트의 이름이 주어지지 않으므로 기출문제와 모의고사를 통해 다양한 도형을 찾아보고 변형해 보는 것
이 좋습니다. 그룹화와 애니메이션은 한 번만 제대로 익히면 어렵지 않은 기능이므로 꼭 숙지하세요.

[슬라이드 6] **도형 슬라이드**

▶ 합격 강의

작업파일 PART 01 시험 유형 따라하기₩CHAPTER07.pptx
정답파일 PART 01 시험 유형 따라하기₩CHAPTER07_정답.pptx

문제보기	

(1) 슬라이드와 같이 도형 및 스마트아트를 배치한다(글꼴 : 굴림, 18pt).
(2) 애니메이션 순서 : ① ⇒ ②

세부조건

① 도형 및 스마트아트 편집
– 스마트아트 디자인 :
　3차원 광택 처리, 3차원 만화
– 그룹화 후 애니메이션 효과 :
　닦아내기(위에서)
② 도형 편집
– 그룹화 후 애니메이션 효과 :
　바운드

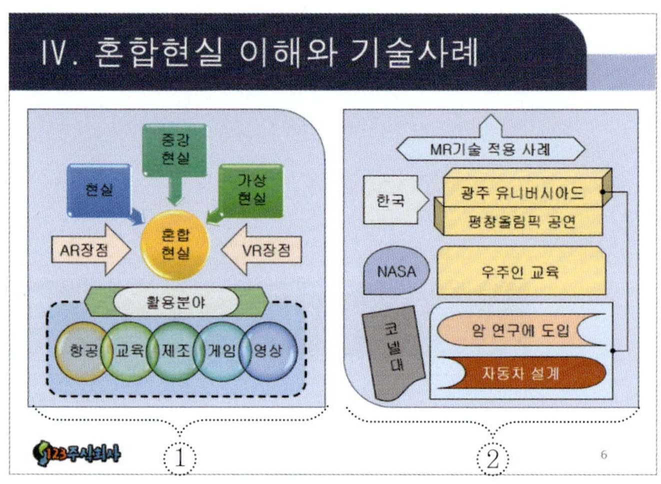

핵심기능	기능	바로 가기	메뉴
	도형 삽입		[삽입] 탭–[일러스트레이션] 그룹–[도형]
	회전		[도형 서식] 탭–[정렬] 그룹–[회전]
	그룹화	[Ctrl] + [G]	[도형 서식] 탭–[정렬] 그룹–[그룹화]
	SmartArt		[삽입] 탭–[일러스트레이션] 그룹–[SmartArt]
	애니메이션	나타내기 밝기 변화 날아오기 줄하오기	[애니메이션] 탭–[애니메이션] 그룹

① 슬라이드 6을 선택하고 슬라이드 제목에 『IV. 혼합현실 이해와 기술사례』
를 입력한 후 '텍스트를 입력하십시오' 상자를 삭제한다.

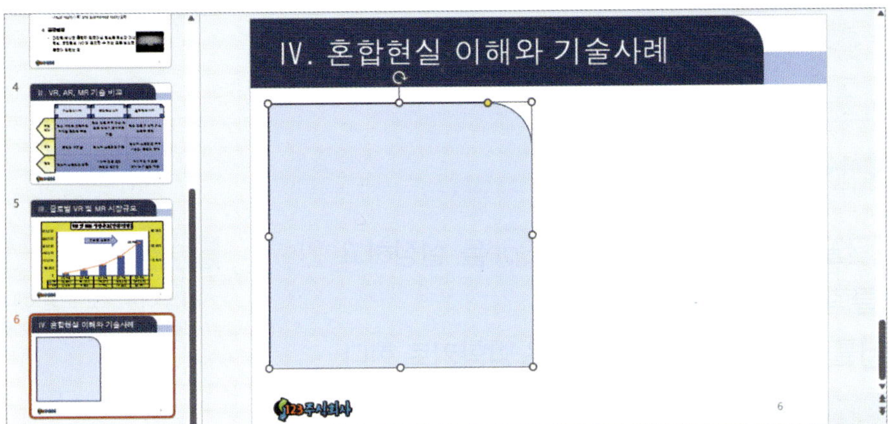

② [삽입] 탭 – [일러스트레이션] 그룹에서 [도형]( ) – [사각형: 둥근 한쪽
모서리]를 선택하여 도형을 그린다.
→ [도형 서식] 탭 – [도형 스타일] 그룹에서 [도형 채우기]( )로 임의의
색을 지정한다.

> **기적의 TIP**
>
> 가장 뒤에 있는 도형부터 그려야 작업이 수월하다.

> **기적의 TIP**
>
> 도형 윤곽선의 두께는 문제에 명확한 지시사항이 없다면 출력형태와 유사하게 지정한다.

③ [삽입] 탭 – [일러스트레이션] 그룹 – [SmartArt]( )를 클릭한다.
→ [SmartArt 그래픽 선택] 대화상자가 나타나면 [관계형] – [수렴 방사
형]을 선택하고 [확인]을 클릭한다.

> **기적의 TIP**
>
> **SmartArt 고르기**
> 시험에서 SmartArt 그래픽의 이름에 대한 지시사항이 없을 경우, 출력형태를 참고하여 그래픽을 선택한다.

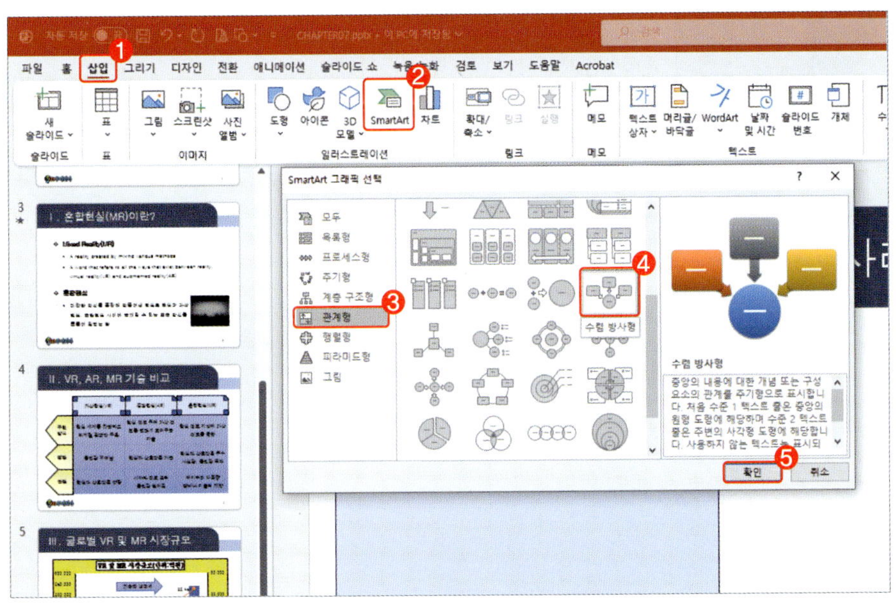

④ 크기와 위치를 조절하고 [SmartArt 디자인] 탭 – [SmartArt 스타일] 그룹 – [빠른 스타일](▽)을 클릭한다.

→ [3차원] – [광택 처리]를 클릭한다.

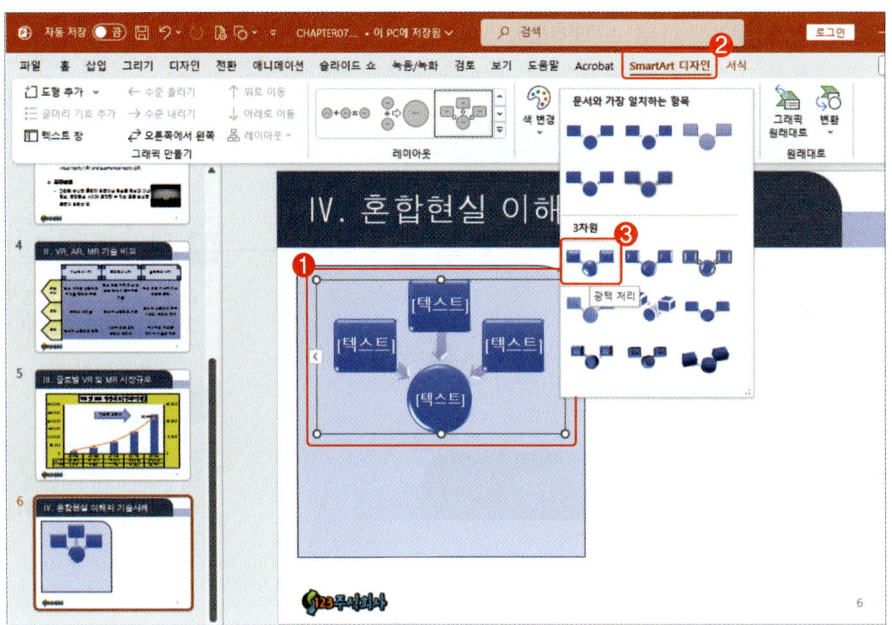

⑤ SmartArt에서 [홈] 탭 – [글꼴] 그룹의 글꼴 '굴림', '18pt'를 설정하고 왼쪽 모서리의 ◀ 아이콘을 클릭하여 내용을 입력한다.

→ 줄바꿈은 [Shift] + [Enter] 를 이용하고 도형 간 이동은 방향키로 한다.

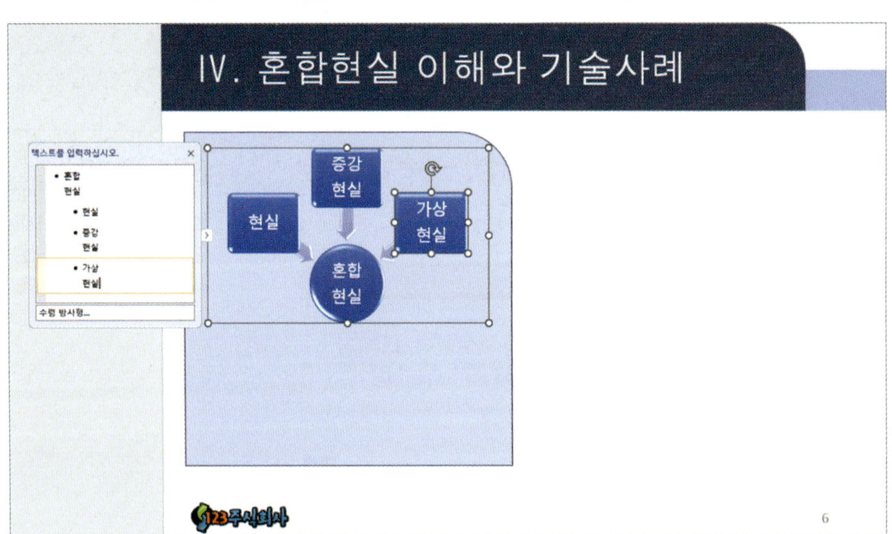

기적의 TIP

직접 마우스로 도형 하나씩 클릭하여 입력해도 된다.

⑥ [SmartArt 디자인] 탭 – [SmartArt 스타일] 그룹에서 [색 변경]을 클릭한다.
　→ [색상형] 중 도형들이 서로 구분되는 것을 선택해 적용한다.
　→ [홈] 탭에서 글꼴 색 '검정'으로 설정한다.

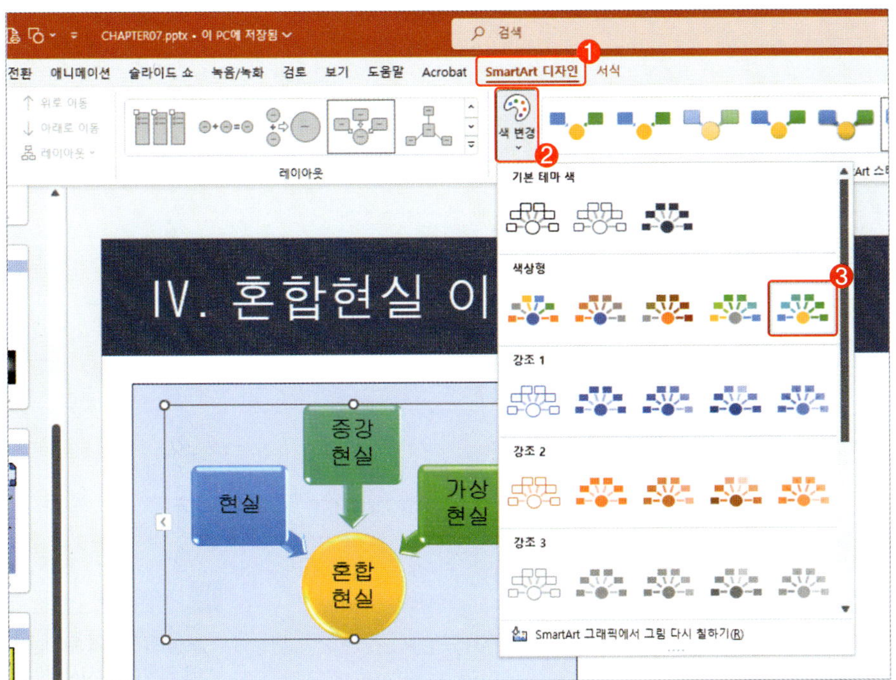

⑦ [삽입] 탭 – [일러스트레이션] 그룹에서 [도형](□) – [블록 화살표] – [화살표: 오른쪽], [화살표: 왼쪽]을 그리고 내용을 입력한다.
　→ [도형 서식] 탭 – [도형 스타일] 그룹에서 [도형 채우기](□)와 [도형 윤곽선](□)에 임의의 색을 설정한다.
　→ 글꼴은 '굴림', '18pt', '검정'으로 설정한다.

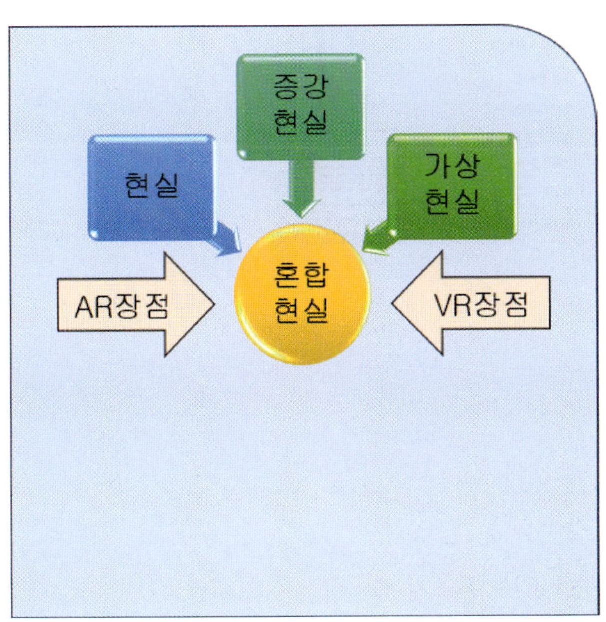

🚩 기적의 TIP

기본 도형 설정하기
도형에 마우스 오른쪽 클릭하여 [기본 도형으로 설정]을 선택하면 앞으로 삽입되는 다른 도형들의 기본값(색, 글꼴 등)이 기본 도형으로 설정한 도형과 같아진다.

🚩 기적의 TIP

도형에 들어갈 내용은 도형 안에 텍스트를 작성해도 되고, 텍스트 상자를 입력하여 작성해도 된다.

⑧ [삽입] 탭 – [일러스트레이션] 그룹에서 [도형]() – [사각형: 둥근 모서리]를 선택해 그린다.

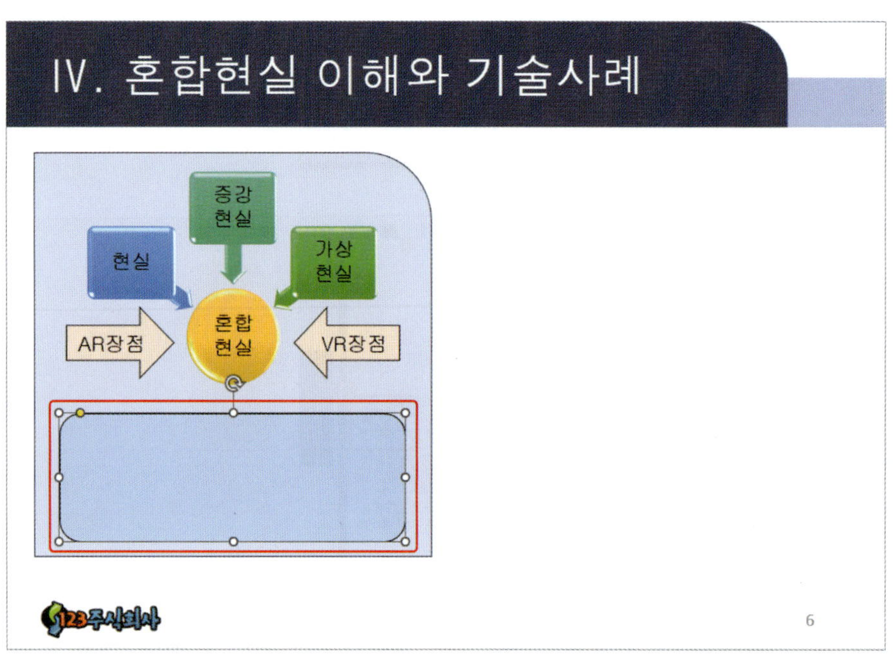

⑨ 도형에서 마우스 오른쪽 클릭하여 [도형 서식] 탭을 연다.

→ [선] – 대시 종류 '파선', 너비 '2pt'로 설정하여 더 굵게 만든다.

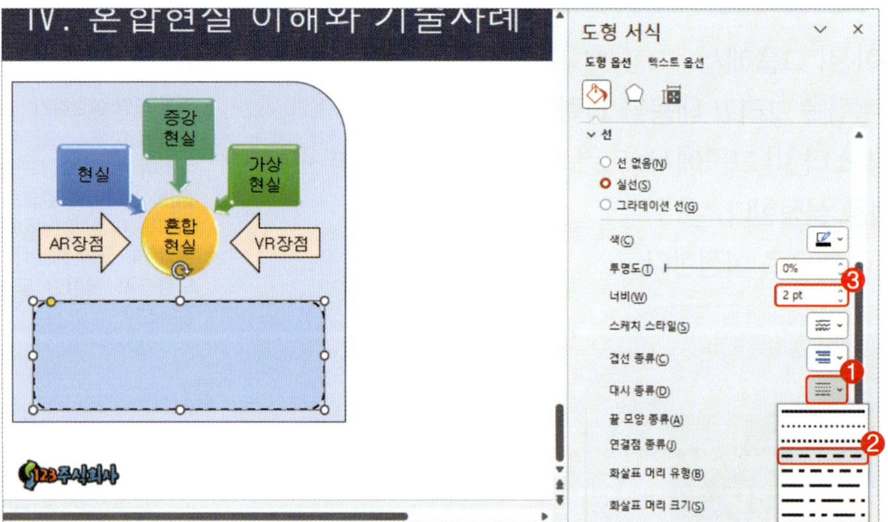

기적의 TIP

도형 윤곽선의 두께는 문제
에 명확한 지시사항이 없다
면 출력형태와 유사하게 지
정한다.

⑩ [삽입] 탭 – [일러스트레이션] 그룹에서 [도형](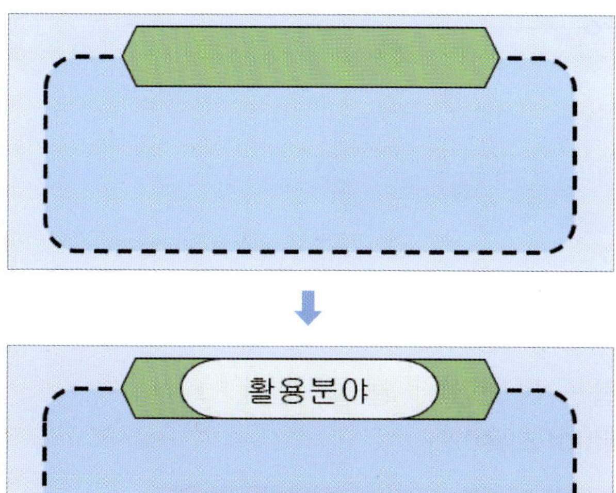) – [기본 도형] – [육각형]을 선택해 그린다.

→ 그 위에 [순서도: 수행의 시작/종료]를 그리고 『활용분야』를 입력한다.

⑪ [삽입] 탭 – [일러스트레이션] 그룹 – [SmartArt](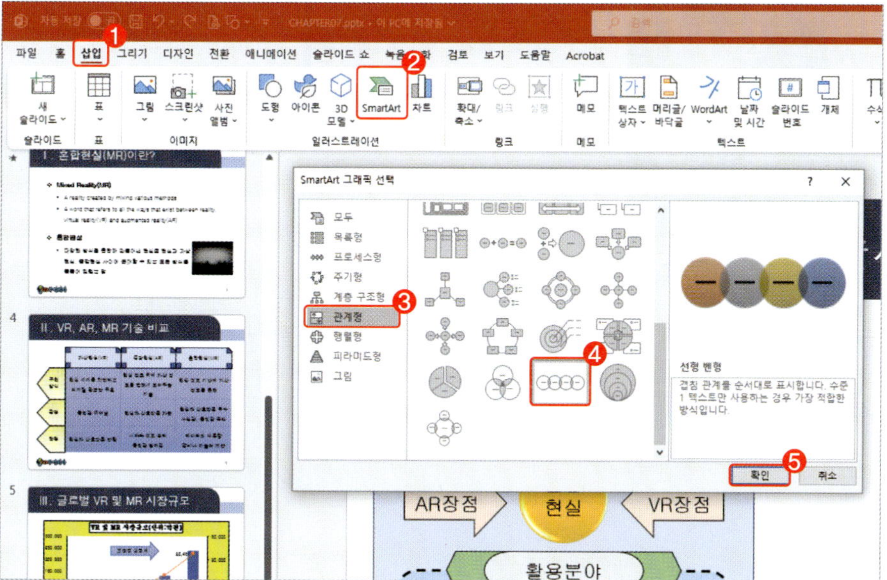)를 클릭한다.

→ [SmartArt 그래픽 선택] 대화상자가 나타나면 [관계형] – [선형 벤형]을 선택하고 [확인]을 클릭한다.

⑫ SmartArt에서 [홈] 탭 – [글꼴] 그룹의 글꼴 '굴림', '18pt'를 설정하고 왼쪽 모서리의
⟨아이콘을 클릭하여 내용을 입력한다.

→ Enter 를 누르면 도형이 하나 더 추가되며, 도형 간 이동은 방향키를 사용한다.

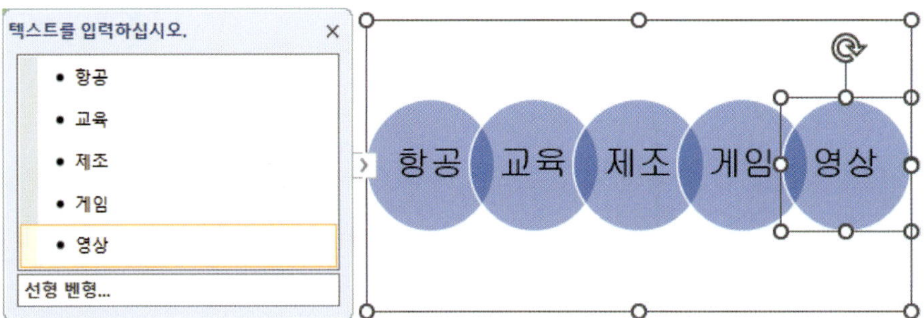

⑬ [SmartArt 디자인] 탭에서 [SmartArt 스타일] 그룹 – [색 변경](🎨)을 클릭한다.

→ [색상형] 중 도형들이 서로 구분되는 색을 선택하여 적용한다.

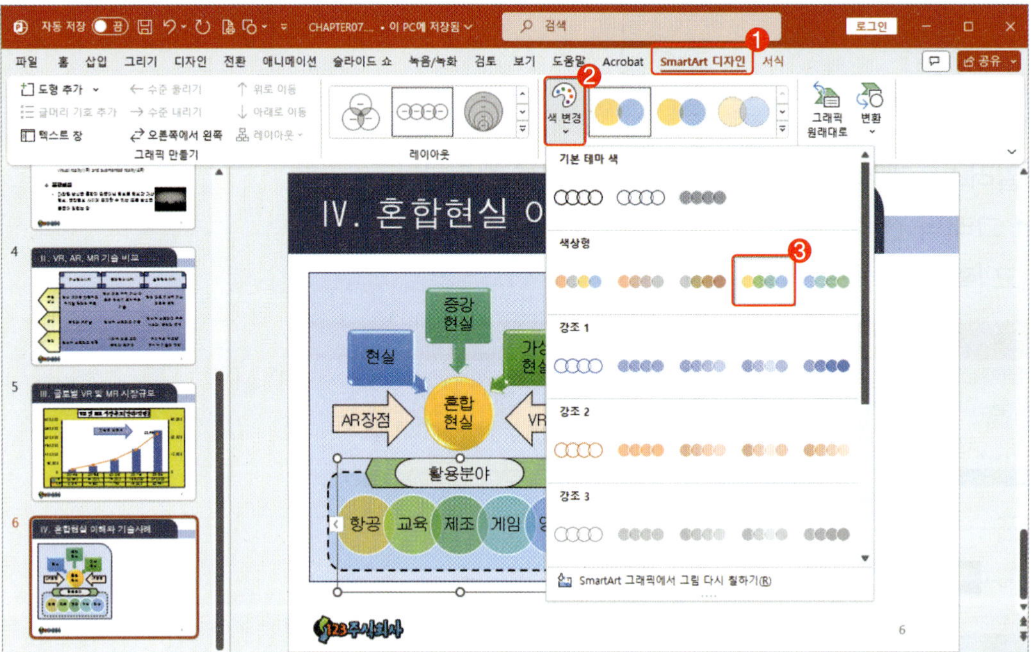

⑭ [SmartArt 디자인] 탭 – [SmartArt 스타일] 그룹 – [빠른 스타일](▽)을 클릭한다.
→ [3차원] – [만화]를 클릭한다.

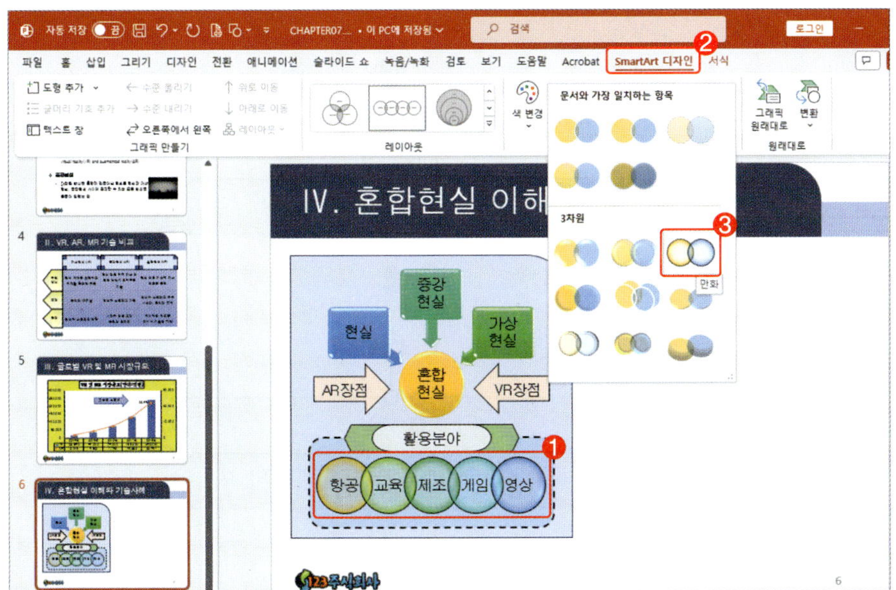

SECTION 02 **오른쪽 도형 작성**

① [삽입] 탭 – [일러스트레이션] 그룹에서 [도형](▣) – [사각형: 둥근 한쪽 모서리]를 선택하여 그린다.
→ [도형 서식] 탭 – [정렬] 그룹 – [회전](▨)에서 [상하 대칭]과 [좌우 대칭]을 한 번씩 클릭한다.

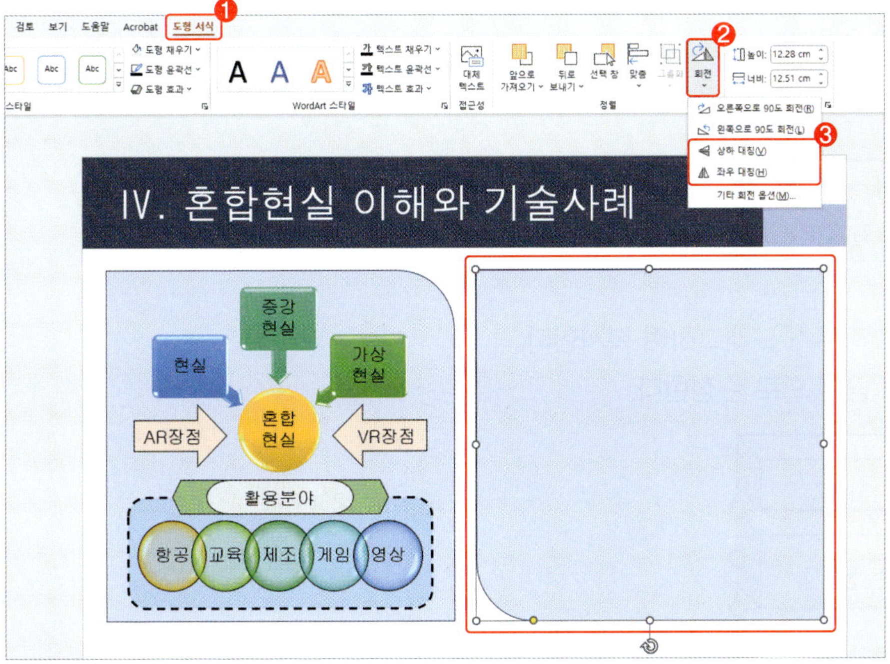

📑 기적의 TIP

왼쪽의 먼저 그린 도형을 복사해서 사용해도 된다.

② [삽입] 탭 – [일러스트레이션] 그룹에서 [도형](▣) – [블록 화살표] – [화살표: 왼쪽/오른쪽/위쪽]을 선택하여 그린다.

→ '모양 조절 핸들'을 드래그하여 출력형태처럼 모양을 변경하고 『MR기술 적용 사례』를 입력한다.

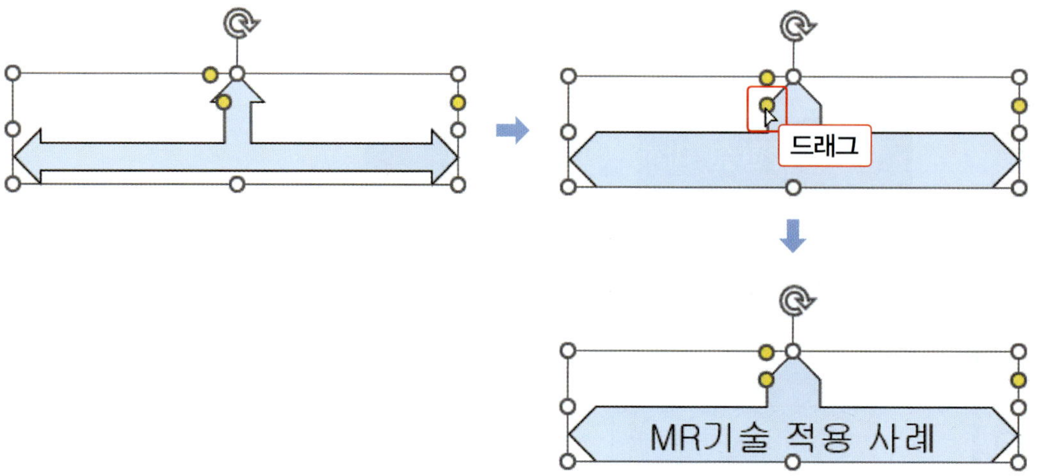

③ [도형](▣) – [블록 화살표] – [설명선: 오른쪽 화살표]을 선택하여 그린다.

→ '모양 조절 핸들'을 드래그하여 출력형태처럼 모양을 변경하고 『한국』을 입력한다.

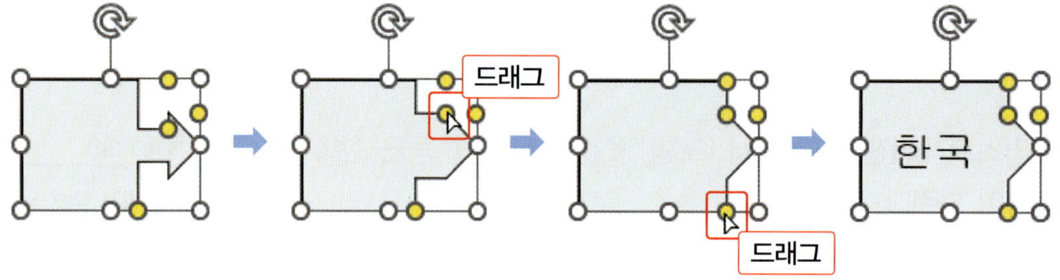

④ [도형](▣) – [기본 도형] – [정육면체]를 선택하여 그린다.

→ 『광주 유니버시아드』를 입력한다.

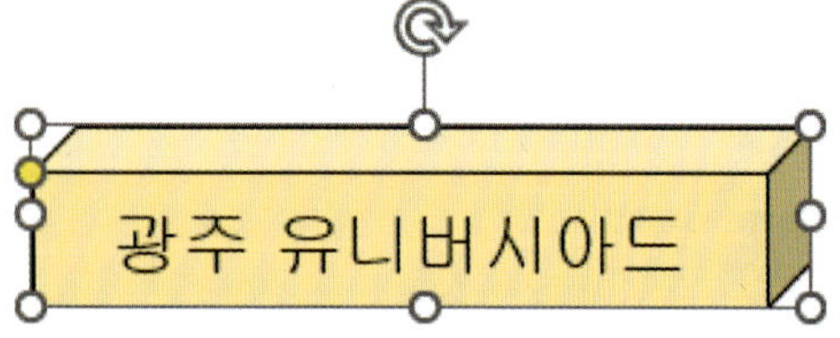

⑤ 도형을 Ctrl 을 누른 채로 마우스 드래그하여 복사한다.

→ 텍스트를 『평창올림픽 공연』으로 수정한다.

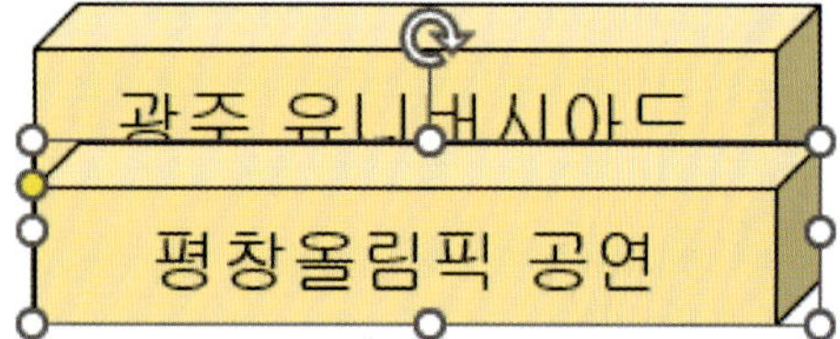

⑥ '평창올림픽 공연' 도형에 [도형 서식] 탭 – [정렬] 그룹에서 [뒤로 보내기]
를 클릭한다.

→ [회전]() – [좌우 대칭]을 클릭하여 출력형태와 모양을 맞춘다.

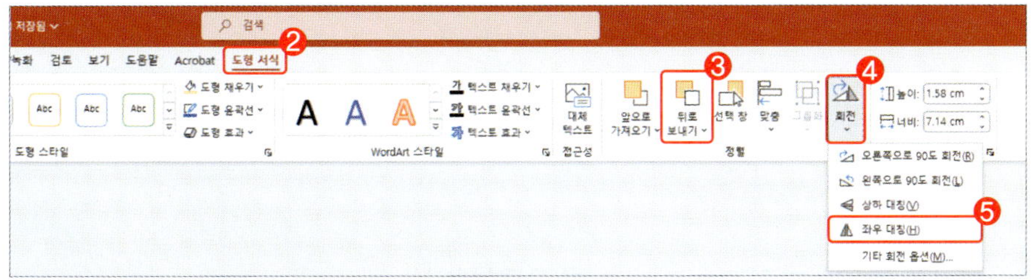

⑦ [삽입] 탭 – [일러스트레이션] 그룹에서 [도형]( ) – [기본 도형] – [눈물
방울]을 선택하여 그린다.

→ [도형 서식] 탭 – [정렬] 그룹 – [회전]( )에서 [상하 대칭]과 [좌우 대
칭]을 한 번씩 클릭한다.

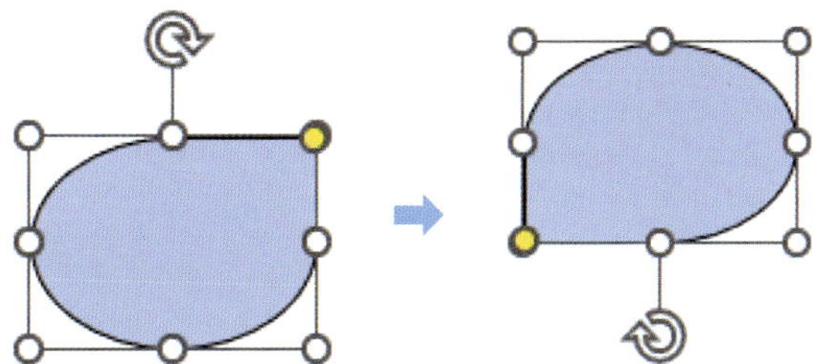

⑧ [삽입] 탭 – [텍스트] 그룹 – [텍스트 상자]( )를 클릭해 마우스 드래그
하여 배치한다.

→ 『NASA』를 글꼴 '굴림', '18pt'로 입력하고 도형 위에 배치한다.

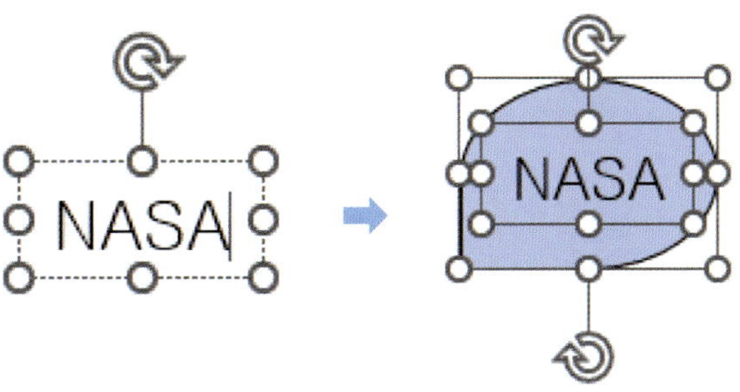

기적의 TIP

도형을 상하 또는 좌우로
대칭시켜서 텍스트의 방향
이 바뀌는 경우에는 [텍스
트 상자]를 도형 위에 배치
한다.

⑨ [도형]( ) – [사각형: 위쪽 모서리의 한쪽은 둥글고 다른 한쪽은 잘림]을 선택하여 그
린다.

→ 『우주인 교육』을 입력한다.

⑩ [도형]( ) – [순서도: 문서]를 선택하여 그리고 『코넬대』를 입력한다.

→ '회전 핸들'을 마우스 드래그하여 출력형태처럼 왼쪽으로 회전시킨다.

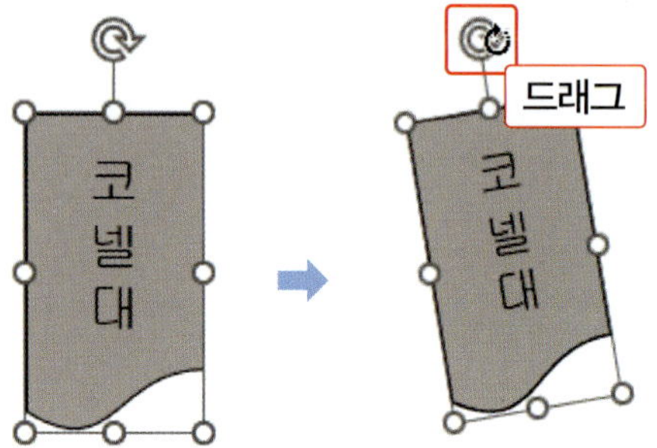

⑪ [도형]( ) – [사각형: 둥근 한쪽 모서리]를 선택하여 그린다.

→ [도형 서식] 탭 – [정렬] 그룹 – [회전]( )에서 [좌우 대칭]을 클릭한다.

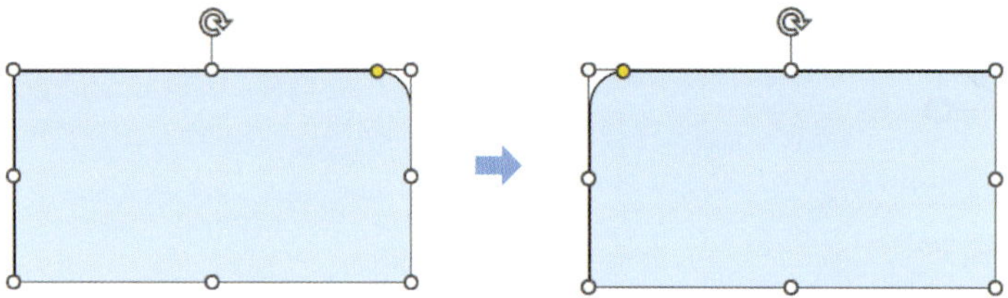

⑫ [도형]( ) – [순서도: 저장 데이터]를 선택하여 앞의 도형 위에 그린다.

→ 『암 연구에 도입』을 입력한다.

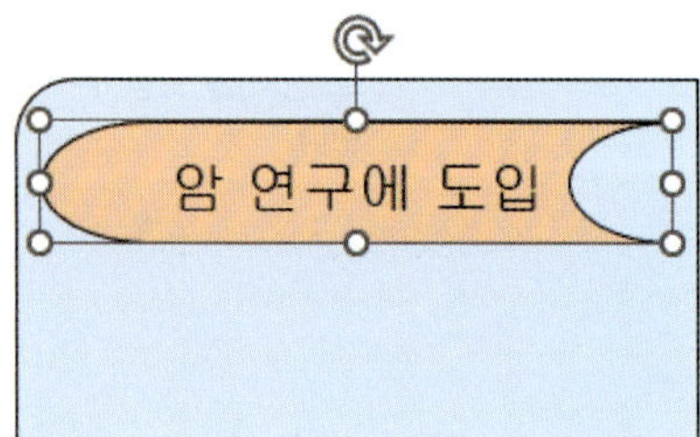

⑬ ⑫에서 그린 도형을 Ctrl + Shift 를 누른 채 마우스 드래그하여 복사하고 [도형 채우기](🖌)로 임의의 색을 지정한다.

→ [도형 서식] 탭 – [정렬] 그룹 – [회전](🔄)에서 [좌우 대칭]을 클릭한다.

→ 텍스트를 『자동차 설계』로 수정하고 글꼴 색 '흰색'을 지정한다.

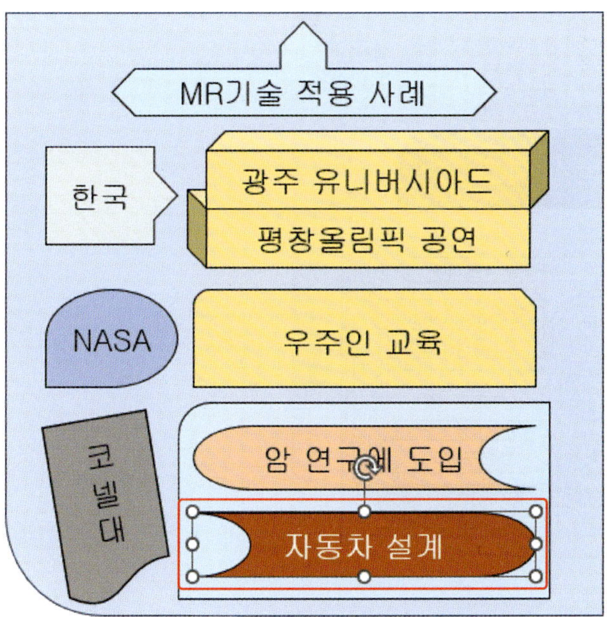

⑭ [도형](🖼) – [선] – [연결선: 꺾임]을 선택하여 연결하려는 도형에 마우스를 위치한다.

→ 연결점(●)이 생기면 클릭하고 연결하려는 다음 도형까지 드래그한다.

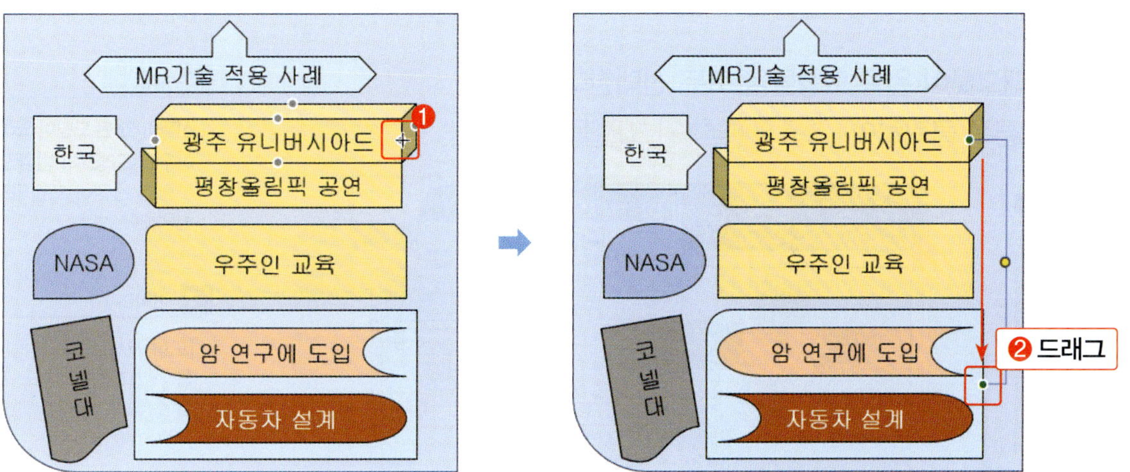

⑮ [도형 서식] 탭 – [도형 스타일] 그룹 – [도형 윤곽선](✏)을 클릭한다.

→ 색과 두께는 출력형태와 가장 유사하게 설정하고 [화살표] – [화살표
스타일 11]을 설정한다.

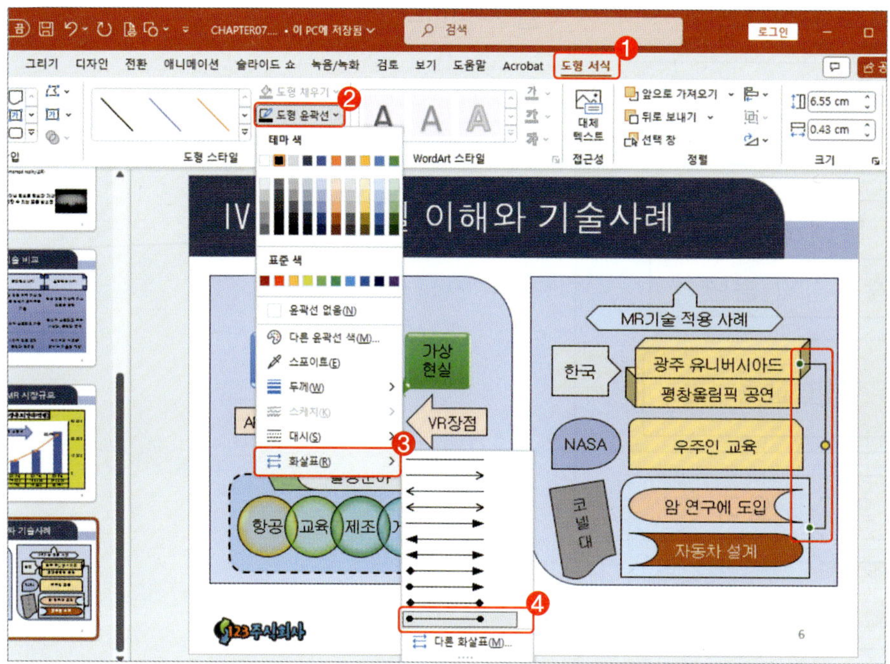

SECTION 03 그룹화 후 애니메이션 효과

① 마우스를 드래그하여 왼쪽 도형들을 모두 선택한다.

→ 마우스 오른쪽 클릭하여 [그룹화](🖼) – [그룹]을 클릭한다.

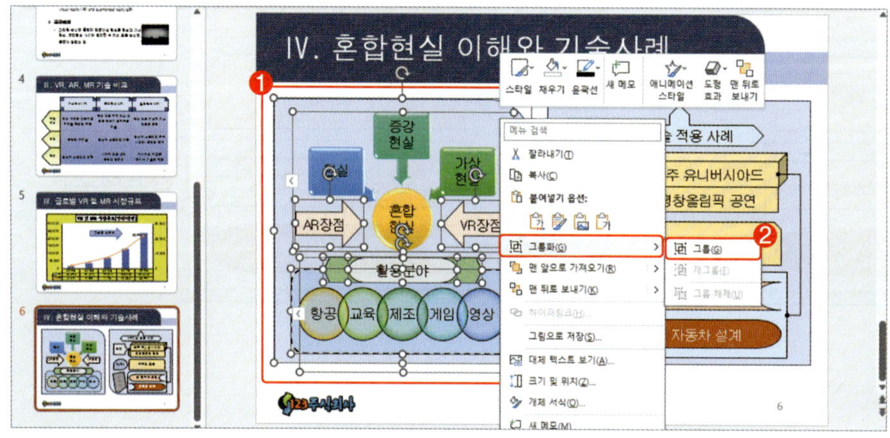

🔎 해결 TIP

선택이 안 된 도형이 있어요!
마우스 드래그의 범위 안에
도형이 완전히 포함되도록
선택해야 한다.

🚩 기적의 TIP

[도형 서식] 탭 – [정렬] 그
룹 – [그룹화]에서도 지정
할 수 있다.

② 오른쪽 도형들도 같은 방법으로 그룹을 지정한다.

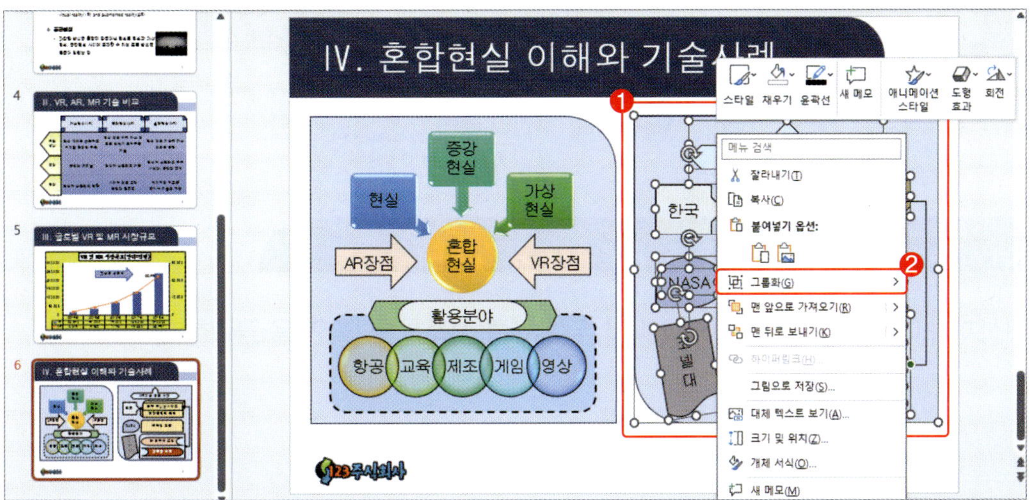

③ 왼쪽 도형 그룹을 선택한 후 [애니메이션] 탭 – [닦아내기]를 클릭한다.

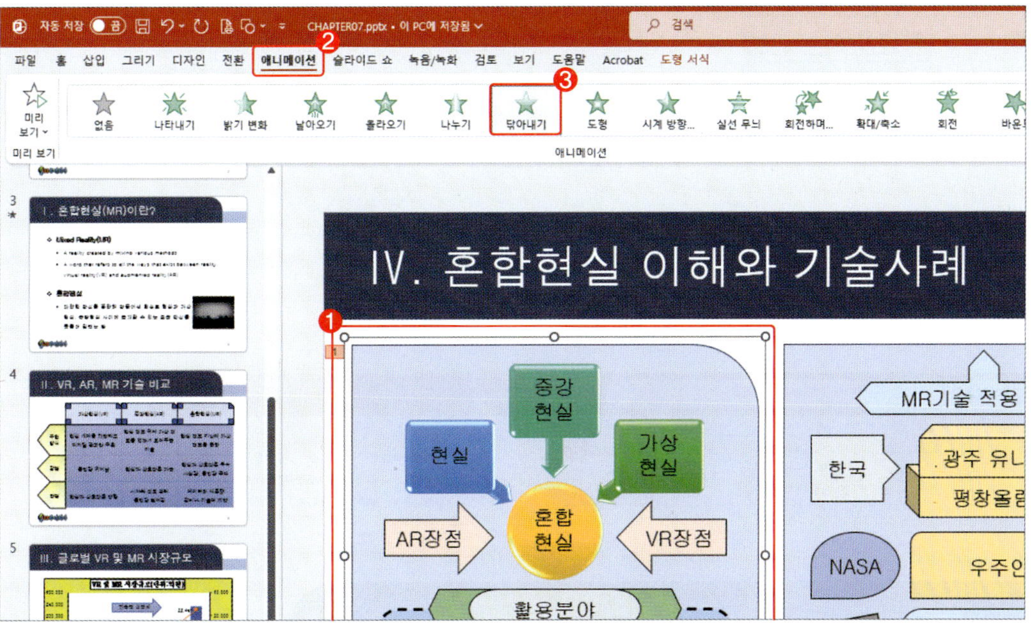

④ [애니메이션] 그룹의 오른쪽 하단에 [추가 효과 옵션 표시]( )가 활성화되면 클릭한다.

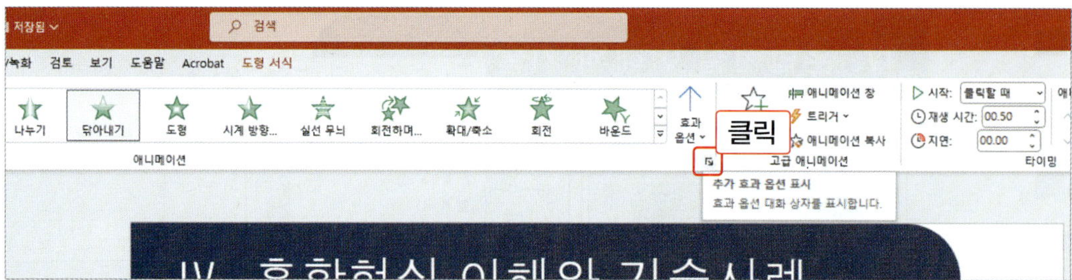

⑤ [닦아내기] 대화상자가 나타나면 [효과] 탭에서 방향 '위에서'를 설정한 후 [확인]을 클릭한다.

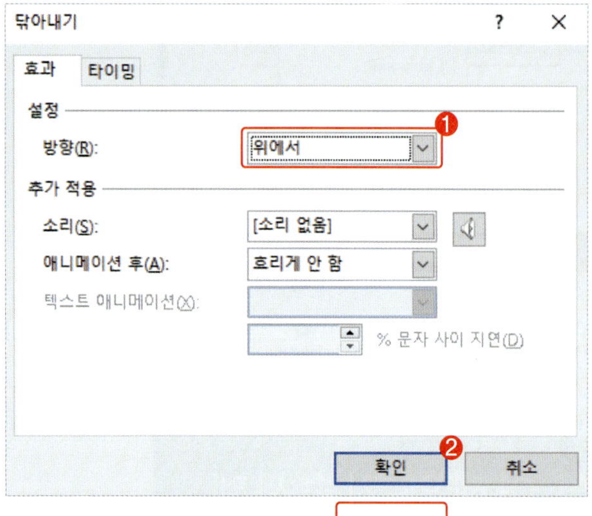

⑥ 오른쪽 도형 그룹을 선택한 후 [애니메이션] 탭 – [바운드]를 클릭한다.

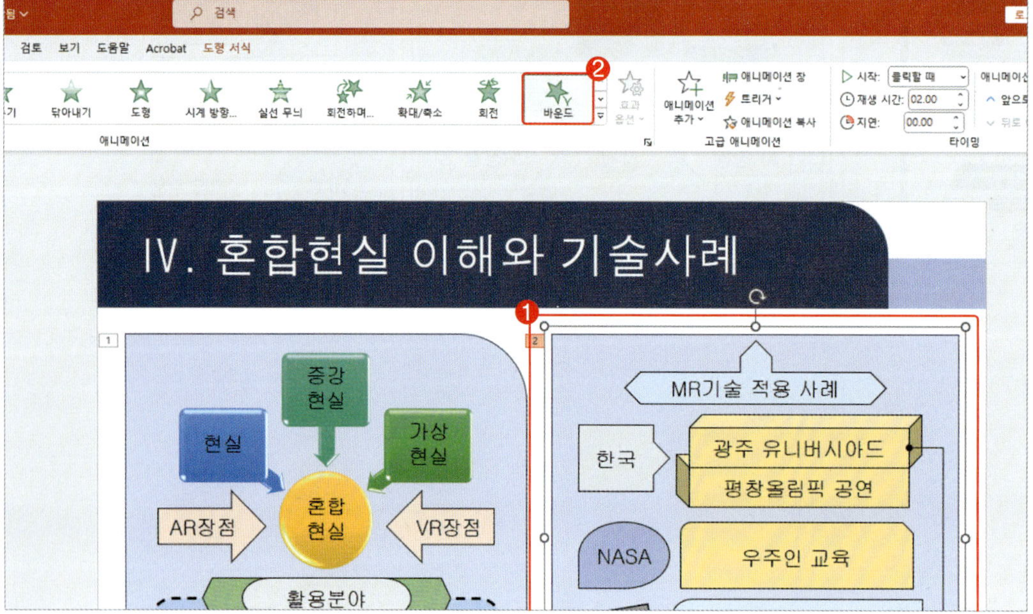

⑦ [미리 보기]를 클릭하여 적용한 애니메이션 효과를 확인해 본다.

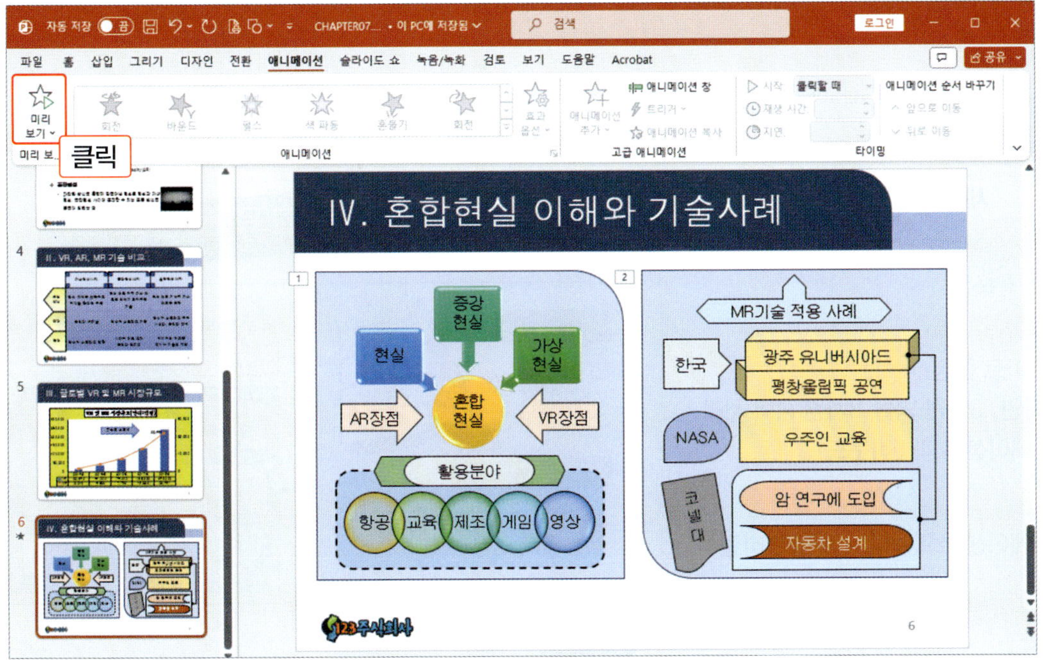

문제유형 ❻-1

정답파일 PART 01 시험 유형 따라하기₩유형6-1번_정답.pptx

세부조건

도형 및 스마트아트(글꼴 : 굴림, 18pt)
애니메이션 순서 : ① ⇒ ②

① 도형 및 스마트아트 편집
- 스마트아트 디자인 : 3차원 벽돌, 3차원 광택 처리
- 그룹화 후 애니메이션 효과 : 바운드

② 도형 편집
- 그룹화 후 애니메이션 효과 : 나누기(세로 바깥쪽
  으로)

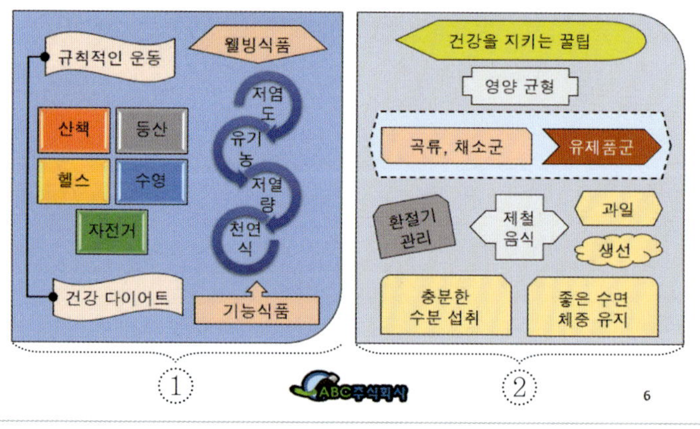

문제유형 ❻-2

정답파일 PART 01 시험 유형 따라하기₩유형6-2번_정답.pptx

세부조건

도형 및 스마트아트(글꼴 : 돋움, 18pt)
애니메이션 순서 : ① ⇒ ②

① 도형 및 스마트아트 편집
- 스마트아트 디자인 : 3차원 만화, 강한 효과
- 그룹화 후 애니메이션 효과 : 닦아내기(위에서)

② 도형 편집
- 그룹화 후 애니메이션 효과 : 회전

세부조건

도형 및 스마트아트(글꼴 : 굴림, 18pt)
애니메이션 순서 : ① ⇒ ②

① 도형 및 스마트아트 편집
– 스마트아트 디자인 : 3차원 경사, 3차원 만화
– 그룹화 후 애니메이션 효과 : 닦아내기(아래에서)

② 도형 편집
– 그룹화 후 애니메이션 효과 : 실선 무늬(가로)

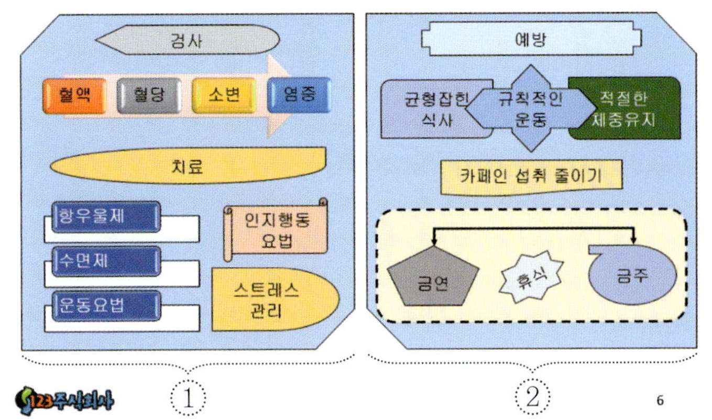

세부조건

도형 및 스마트아트(글꼴 : 굴림, 18pt)
애니메이션 순서 : ① ⇒ ②

① 도형 및 스마트아트 편집
– 스마트아트 디자인 : 3차원 경사, 3차원 벽돌
– 그룹화 후 애니메이션 효과 : 닦아내기(위에서)

② 도형 편집
– 그룹화 후 애니메이션 효과 : 올라오기(서서히 위로)

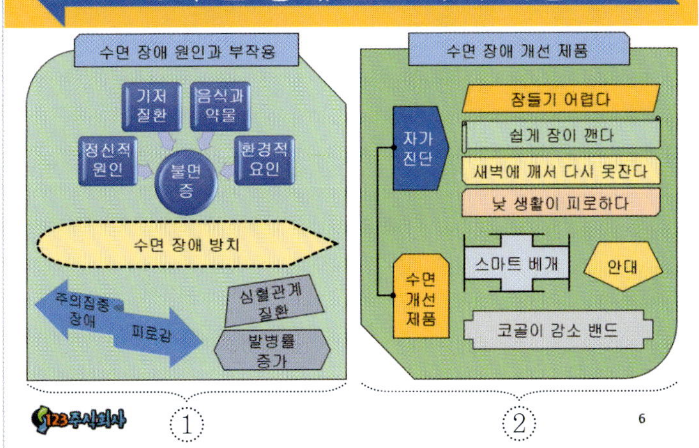

삶은 시계태엽처럼 감겨 있고,
우리는 그것이 풀리는 동안 살아갈 뿐이다.
그 움직임의 동력은 의지다.

아르투어 쇼펜하우어

대표 기출 따라하기

대표 기출 따라하기

과목	코드	문제유형	시험시간	수험번호	성명
한글파워포인트	1142	A	60분		

수험자 유의사항

- 수험자는 문제지를 받는 즉시 문제지와 **수험표상의 시험과목(프로그램)이 동일한지 반드시 확인**하여야 합니다.
- 파일명은 본인의 "수험번호–성명"으로 입력하여 답안폴더(내 PC\문서\ITQ)에 하나의 파일로 저장해야 하며, 답안문서 파일명이 "수험번호–성명"과 일치하지 않거나, 답안파일을 전송하지 않아 미제출로 처리될 경우 실격 처리합니다(예: 12345678–홍길동.pptx).
- 답안 작성을 마치면 파일을 저장하고, '답안 전송' 버튼을 선택하여 감독위원 PC로 답안을 전송하십시오. 수험생 정보와 저장한 파일명이 다를 경우 전송되지 않으므로 주의하시기 바랍니다.
- 답안 작성 중에도 **주기적으로 저장하고, '답안 전송'**하여야 문제 발생을 줄일 수 있습니다. 작업한 내용을 저장하지 않고 전송할 경우 이전에 저장된 내용이 전송되니 이점 유의하시기 바랍니다.
- 답안문서는 지정된 경로 외의 다른 보조기억장치에 저장하는 경우, 지정된 시험 시간 외에 작성된 파일을 활용할 경우, 기타 통신수단 (이메일, 메신저, 네트워크 등)을 이용하여 타인에게 전달 또는 외부 반출하는 경우는 부정 처리합니다.
- 시험 중 부주의 또는 고의로 시스템을 파손한 경우는 수험자가 변상해야 하며, 〈수험자 유의사항〉에 기재된 방법대로 이행하지 않아 생기는 불이익은 수험생 당사자의 책임임을 알려 드립니다.
- 문제의 조건은 MS오피스 2021 버전으로 설정되어 있으며 MS오피스 2016은 【 】에 표기되어 있습니다. 이와 관련하여 작성한 답안의 출력형태가 문제지와 다를 수 있습니다.
- 시험을 완료한 수험자는 답안파일이 전송되었는지 확인한 후 감독위원의 지시에 따라 문제지를 제출하고 퇴실합니다.

답안 작성요령

- 온라인 답안 작성 절차
  수험자 등록 ⇒ 시험 시작 ⇒ 답안파일 저장 ⇒ 답안 전송 ⇒ 시험 종료
- 슬라이드의 크기는 A4 Paper로 설정하여 작성합니다.
- 슬라이드의 총 개수는 6개로 구성되어 있으며 슬라이드 1부터 순서대로 작업하고 반드시 문제와 세부 조건대로 합니다.
- 별도의 지시사항이 없는 경우 출력형태를 참조하여 글꼴색은 검정 또는 흰색으로 작성하고, 기타사항은 전체적인 균형을 고려하여 작성합니다.
- 슬라이드 도형 및 개체에 출력형태와 다른 스타일(그림자, 외곽선 등)을 적용했을 경우 감점처리 됩니다.
- 슬라이드 번호를 작성합니다(슬라이드 1에는 생략).
- 2∼6번 슬라이드 제목 도형과 하단 로고는 슬라이드 마스터를 이용하여 출력형태와 동일하게 작성합니다(슬라이드 1에는 생략).
- 문제와 세부조건, 세부조건 번호 ◌(점선원)는 입력하지 않습니다.
- 각 개체의 위치는 오른쪽의 슬라이드와 동일하게 구성합니다.
- 그림 삽입 문제의 경우 반드시 「내 PC\문서\ITQ\Picture」 폴더에서 정확한 파일을 선택하여 삽입하십시오.
- 각 슬라이드를 각각의 파일로 작업해서 저장할 경우 실격 처리됩니다.

(1) 슬라이드 크기 및 순서 : 크기를 A4 용지로 설정하고 슬라이드 순서에 맞게 작성한다.
(2) 슬라이드 마스터 : 2~6슬라이드의 제목, 하단 로고, 슬라이드 번호는 슬라이드 마스터를 이용하여 작성한다.
 − 제목 글꼴(돋움, 40pt, 흰색), 가운데 맞춤, 도형(선 없음)
 − 하단 로고(「내 PC\문서\ITQ\Picture\로고3.jpg」, 배경(연보라) 투명색으로 설정)

슬라이드 ❶　　표지 디자인　　　　　　　　　　　　　　　　　　　　　　**40**점

(1) 표지 디자인 : 도형, 워드아트 및 그림을 이용하여 작성한다.

세부조건	
① 도형 편집 − 도형에 그림 채우기 : 　「내 PC\문서\ITQ\Picture\그림3.jpg」, 　투명도 50% − 도형 효과 : 부드러운 가장자리 5포인트 ② 워드아트 삽입 − 변환 : 곡선, 위로【휘어 올라오기】 − 글꼴 : 돋움, 굵게 − 텍스트 반사 : 근접 반사, 터치 ③ 그림 삽입 −「내 PC\문서\ITQ\Picture\로고3.jpg」 − 배경(연보라) 투명색으로 설정	

슬라이드 ❷　　목차 슬라이드　　　　　　　　　　　　　　　　　　　　**60**점

(1) 출력형태와 같이 도형을 이용하여 목차를 작성한다(글꼴 : 굴림, 24pt).
(2) 도형 : 선 없음

세부조건	
① 텍스트에 링크【하이퍼링크】 적용 → '슬라이드 5' ② 그림 삽입 −「내 PC\문서\ITQ\Picture\그림4.jpg」 − 자르기 기능 이용	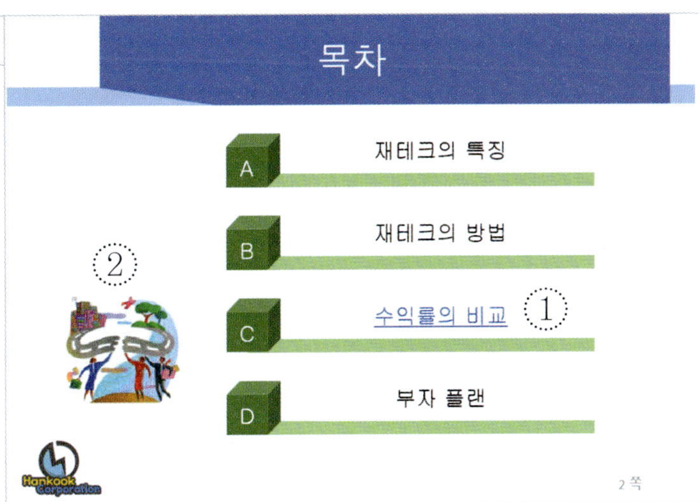

(1) 텍스트 작성 : 글머리 기호 사용(◆, ➢)

　　◆문단(돋움, 24pt, 굵게, 줄간격 : 1.5줄), ➢문단(돋움, 20pt, 줄간격 : 1.5줄)

세부조건	
① 동영상 삽입 : 　– 「내 PC₩문서₩ITQ₩Picture₩동영상.wmv」 　– 자동실행, 반복재생 설정	

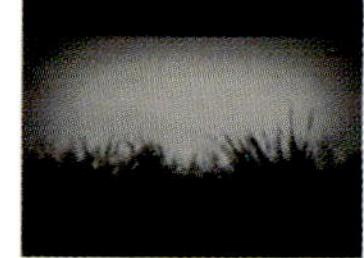

(1) 도형과 표 작성 기능을 이용하여 슬라이드를 작성한다(글꼴 : 굴림, 18pt)

세부조건	
① 상단 도형 : 　2개 도형의 조합으로 작성 ② 좌측 도형 : 　그라데이션 효과(선형 오른쪽) ③ 표 스타일 : 　테마 스타일 1 – 강조 6	

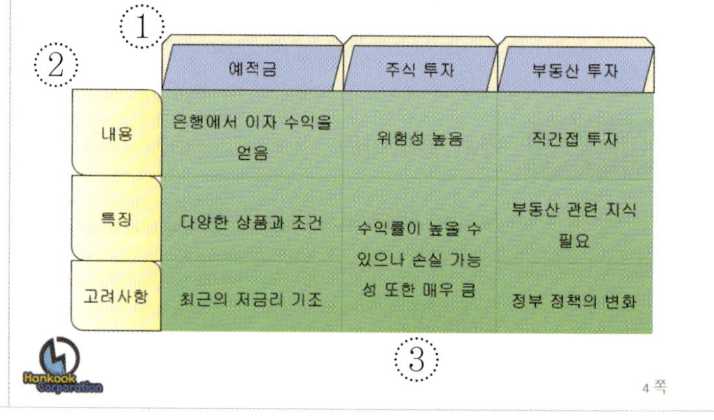

(1) 차트 작성 기능을 이용하여 슬라이드를 작성한다.
(2) 차트 : 종류(묶은 세로 막대형), 글꼴(돋움, 16pt), 외곽선

세부조건	
※ 차트설명 • 차트제목 : 궁서, 24pt, 굵게, 채우기(흰색), 　　　　　　테두리, 그림자(오프셋 아래쪽) • 차트영역 : 채우기(노랑) • 그림영역 : 채우기(흰색) • 데이터 서식 : KOSPI 계열을 표식이 있는 꺾은선형 　　　　　　　으로 변경 후 보조축으로 지정 • 값 표시 : 2020년 1월의 KOSPI 계열만 ① 도형 삽입 – 스타일 : 미세 효과 – 파랑, 강조 1 – 글꼴 : 굴림, 18pt	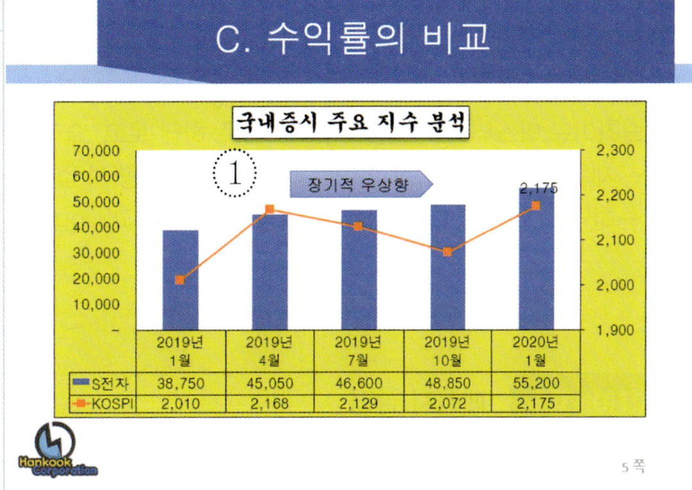

(1) 슬라이드와 같이 도형 및 스마트아트를 배치한다(글꼴 : 굴림, 18pt)
(2) 애니메이션 순서 : ① ⇒ ②

세부조건	
① 도형 및 스마트아트 편집 – 스마트아트 디자인 : 　3차원 광택 처리 – 그룹화 후 애니메이션 효과 : 　시계 방향 회전 ② 도형 및 스마트아트 편집 – 스마트아트 디자인 : 　3차원 만화 – 그룹화 후 애니메이션 효과 : 　실선 무늬(세로)	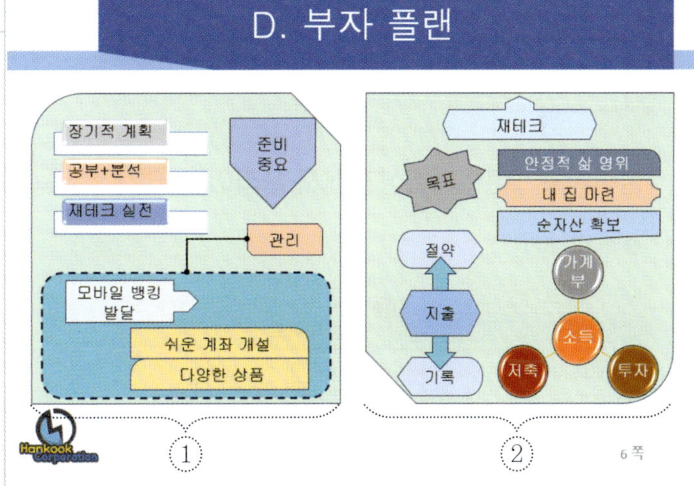

해설

정답파일 PART 02 대표 기출 따라하기₩대표기출_정답.pptx

전체구성　60점

(1) 슬라이드 크기 및 순서 : 크기를 A4 용지로 설정하고 슬라이드 순서에 맞게 작성한다.

(2) 슬라이드 마스터 : 2~6슬라이드의 제목, 하단 로고, 슬라이드 번호는 슬라이드 마스터를 이용하여 작성한다.
- 제목 글꼴(돋움, 40pt, 흰색), 가운데 맞춤, 도형(선 없음)
- 하단 로고(「내 PC₩문서₩ITQ₩Picture₩로고3.jpg」, 배경(연보라) 투명색으로 설정)

SECTION 01　페이지 설정

① PowerPoint를 실행하고 새 프레젠테이션을 클릭한다.

② [디자인] 탭-[슬라이드 크기](▱)에서 [사용자 지정 슬라이드 크기]를 클릭한다.

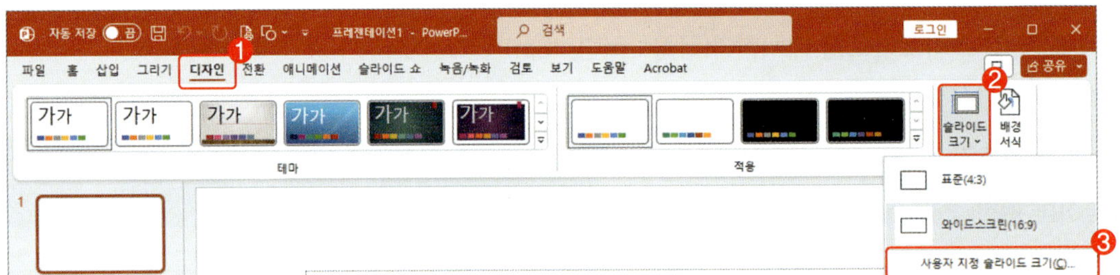

③ [슬라이드 크기] 대화상자에서 슬라이드 크기 'A4 용지(210x297mm)'를 설정한다.

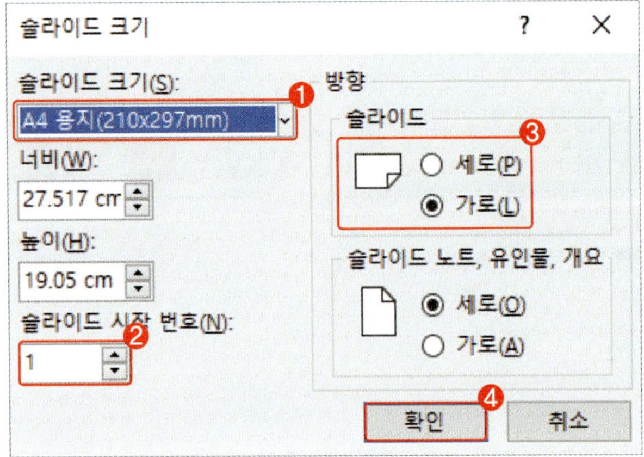

④ 슬라이드 크기 변경 안내 창이 나오면 [최대화] 또는 [맞춤 확인]을 클릭한다.

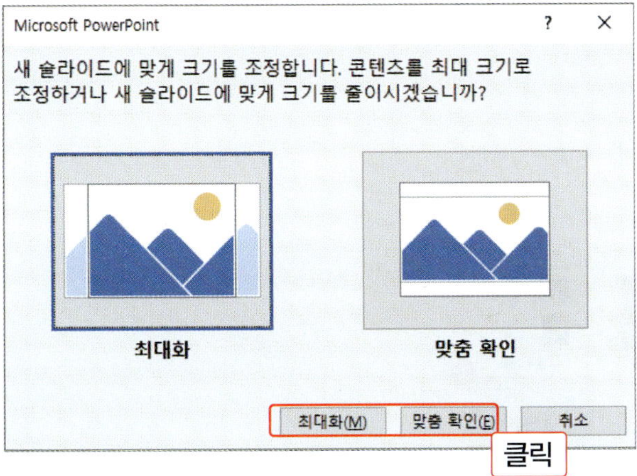

SECTION 02　마스터에서 로고 및 슬라이드 번호 삽입하기

① [보기] 탭 – [마스터 보기] 그룹 – [슬라이드 마스터]( )를 클릭한다.

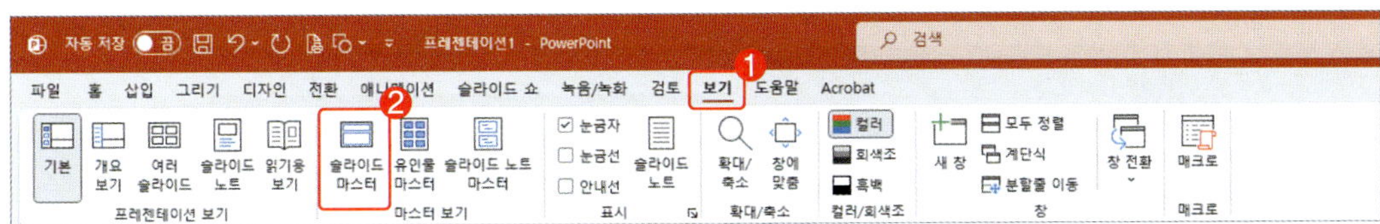

② 왼쪽 창의 축소판 그림에서 제일 위의 [Office 테마 슬라이드 마스터]를 클릭한다.

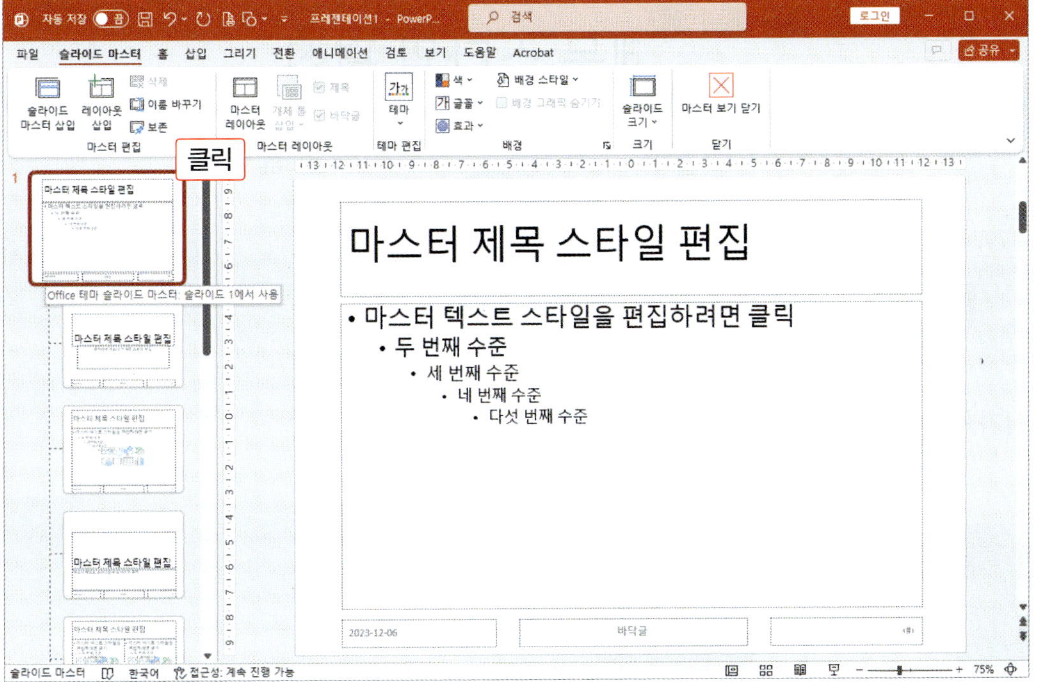

③ [삽입] 탭–[이미지] 그룹–[그림]( )에서 [이 디바이스]( )를 클릭한다.
  → [그림 삽입] 대화상자가 나타나면 '내 PC₩문서₩ITQ₩Picture'에서 그림 파일
    '로고3.jpg'를 선택하고 [삽입]을 클릭한다.

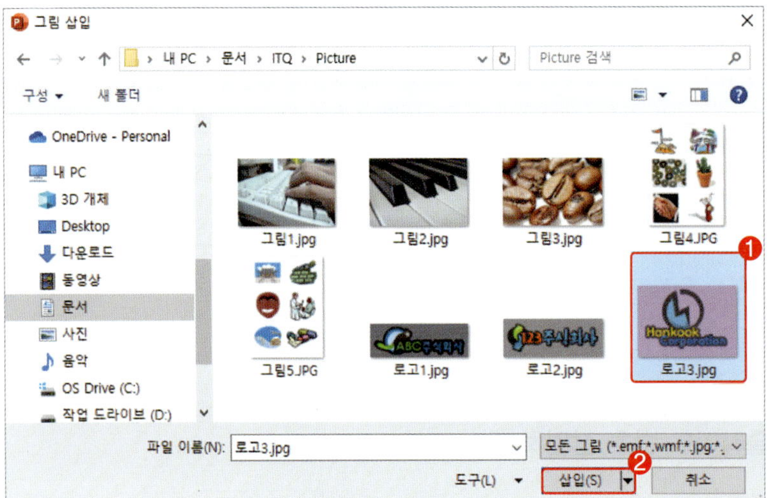

④ [그림 서식] 탭–[조정] 그룹–[색]( )에서 [투명한 색 설정]( )을 클릭한다.

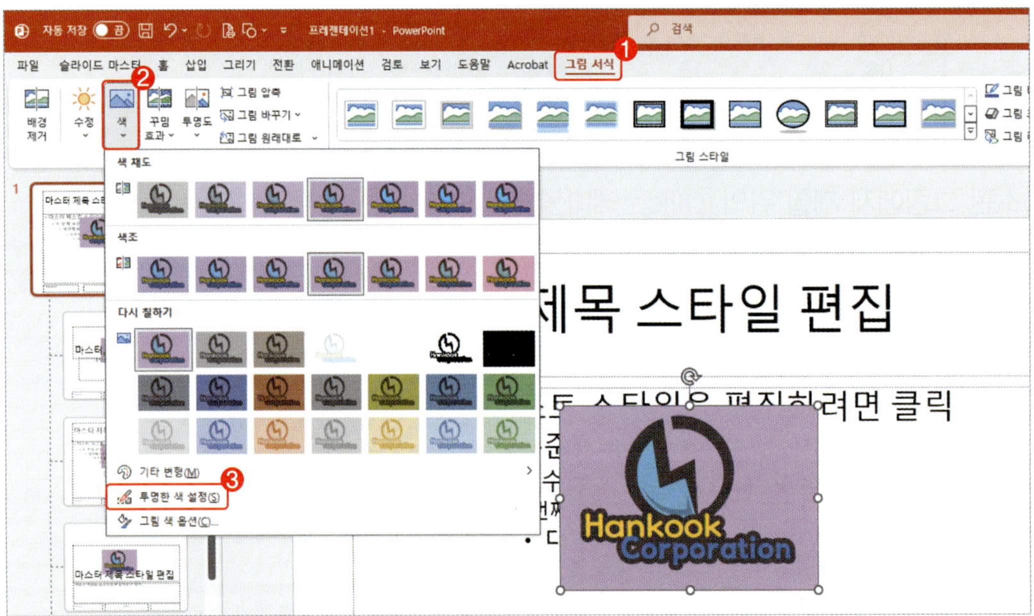

⑤ 마우스 포인터가 로 변경되면 연보라색 부분을 클릭한다.

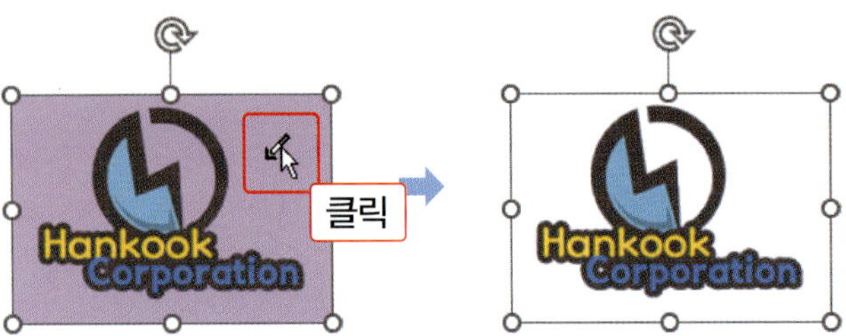

⑥ 그림의 조절점을 드래그하여 크기를 조절한 후 문제에서 제시된 위치로 이동시킨다.

⑦ [제목 및 내용 레이아웃]을 클릭한다.

→ [슬라이드 번호] 영역을 선택하여 글꼴 '16pt'를 설정하고 〈#〉 뒤에 『쪽』을 입력한다.

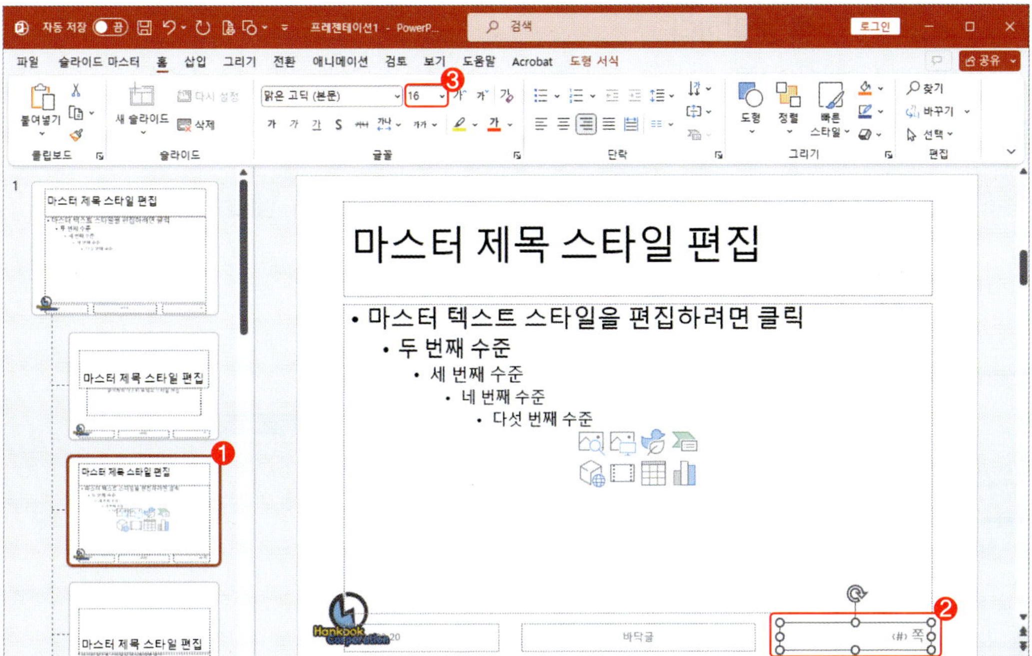

⑧ [삽입] 탭 – [텍스트] 그룹 – [머리글/바닥글](📄)을 클릭한다.

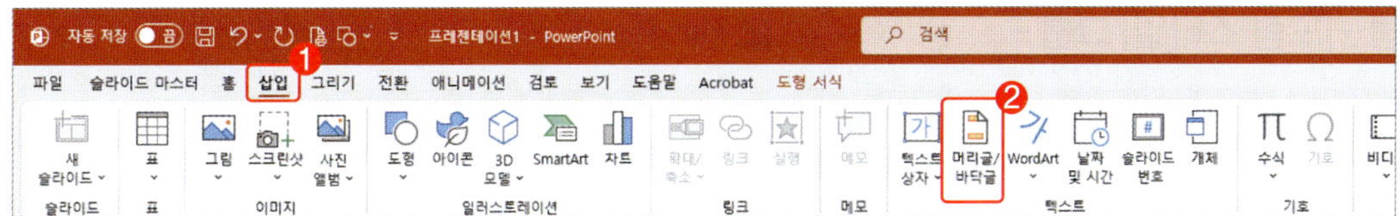

⑨ [머리글/바닥글] 대화상자에서 '슬라이드 번호', '제목 슬라이드에는 표시 안 함'에 체크하고 [모두 적용]을 클릭한다.

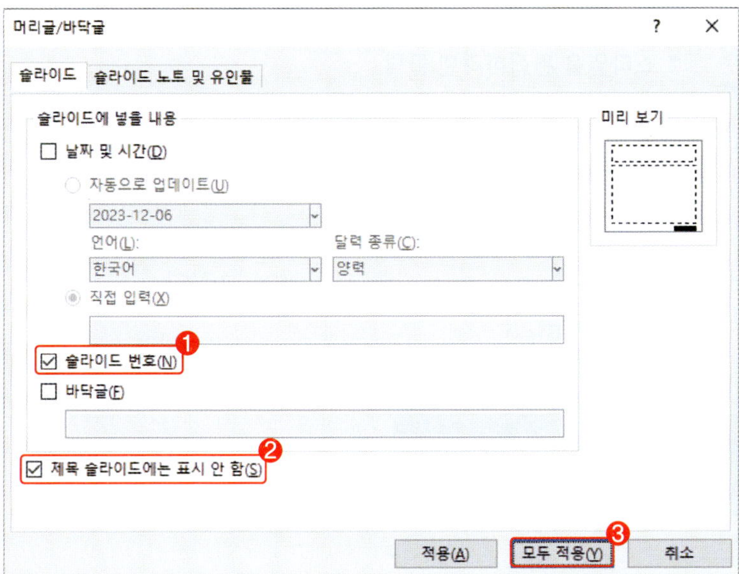

① [Office 테마 슬라이드 마스터]를 클릭한다.
→ [삽입] 탭 – [일러스트레이션] 그룹에서 [도형](🔳) – [사각형] – [직사각형]을 선택하여 그린다.

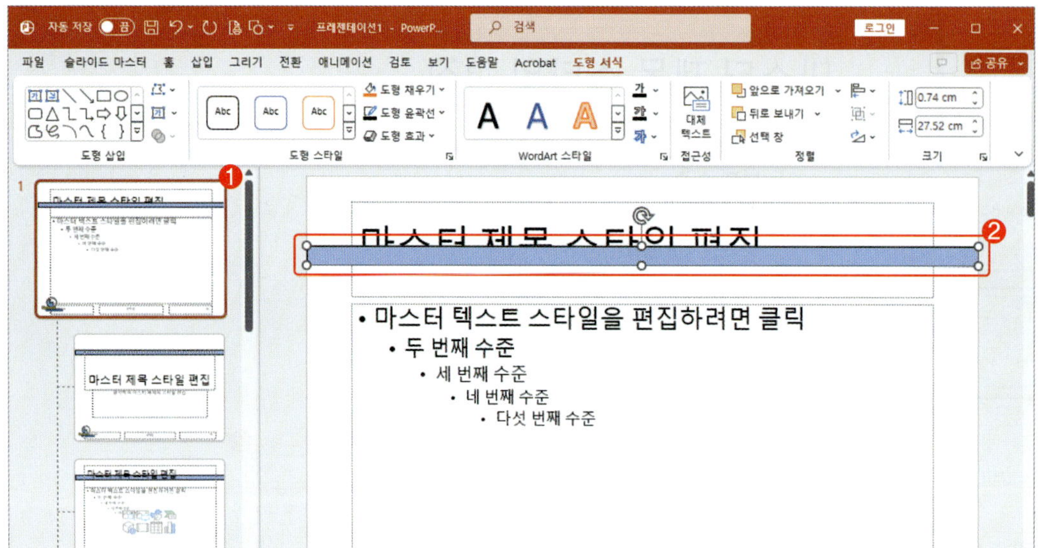

② [도형 서식] 탭 – [도형 스타일] 그룹 – [도형 윤곽선](🖊)에서 [윤곽선 없음]을 클릭한다.

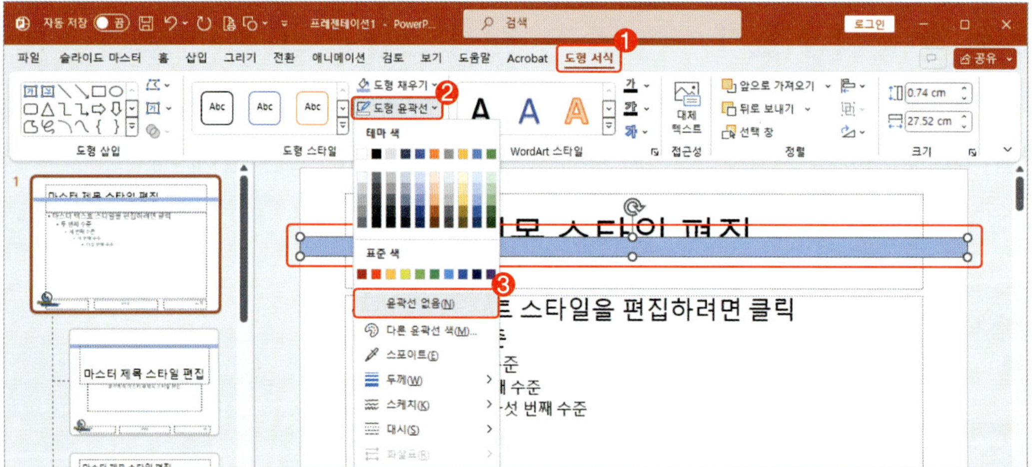

③ [삽입] 탭 – [일러스트레이션] 그룹에서 [도형](🔳) – [순서도: 카드]를 선택하여 그린다.
→ [도형 윤곽선](🖊)에서 [윤곽선 없음]으로 설정한다.

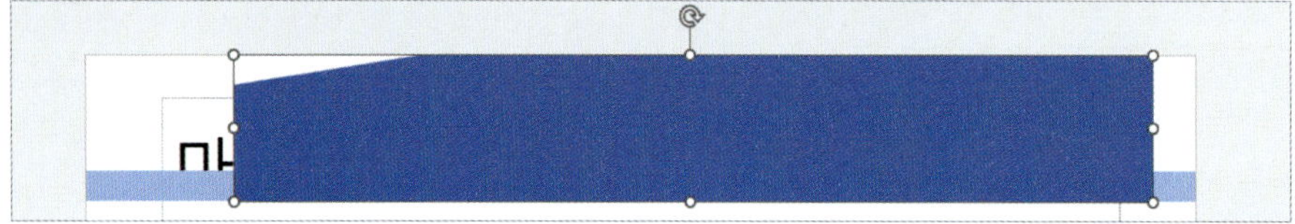

④ [도형 서식] 탭 – [정렬] 그룹에서 [회전](📐) – [상하 대칭]을 클릭한다.

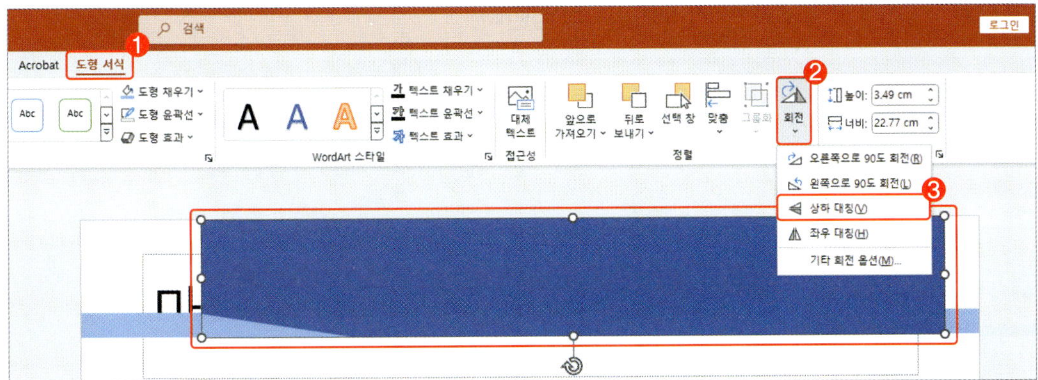

⑤ '마스터 제목 스타일 편집' 상자를 선택한다.
　→ [홈] 탭 – [그리기] 그룹 – [정렬](📄)에서 [맨 앞으로 가져오기](📄)를 클릭한다.
　→ 글꼴 '돋움', '40pt', 글꼴 색 '흰색', [가운데 맞춤](≡)을 설정하고 위치와 크기를 조
　　절한다.

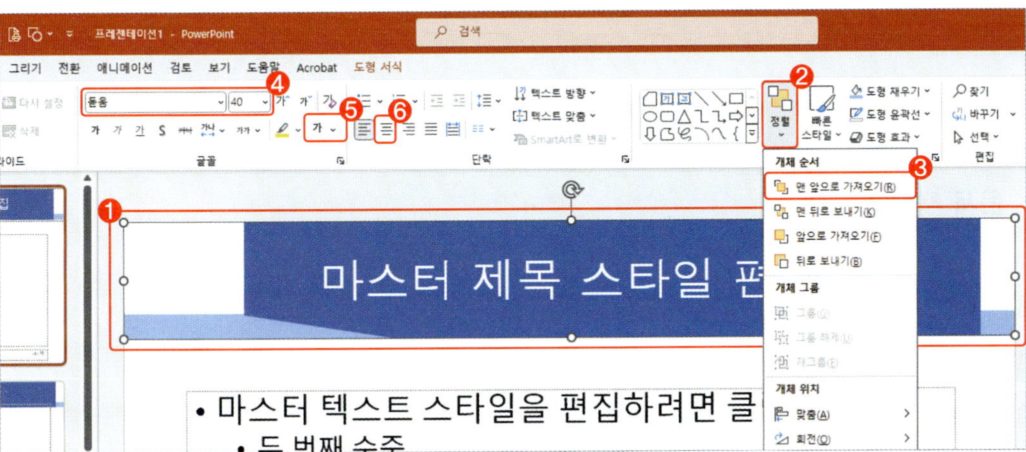

⑥ [제목 슬라이드 레이아웃]을 클릭한다.
　→ [슬라이드 마스터] 탭 – [배경] 그룹 – '배경 그래픽 숨기기'에 체크한다.
　→ [마스터 보기 닫기](☒)를 클릭한다.

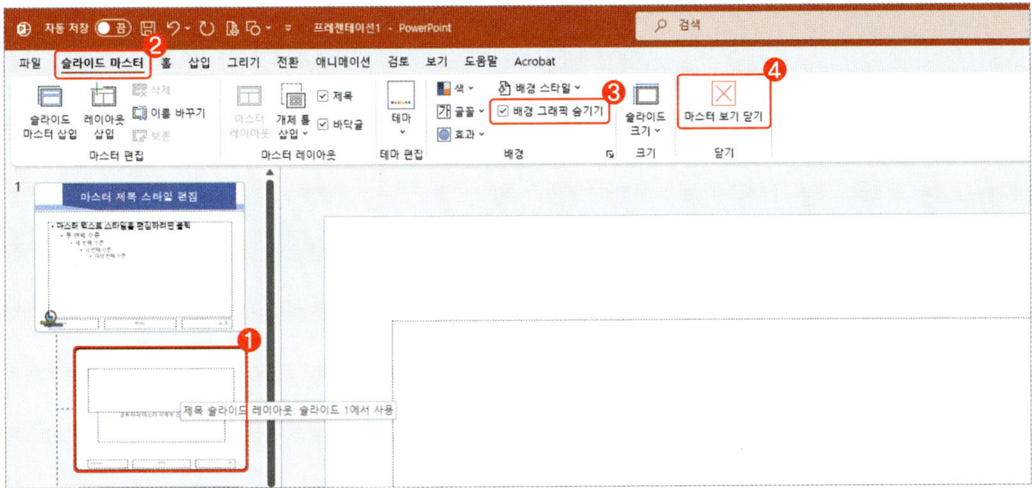

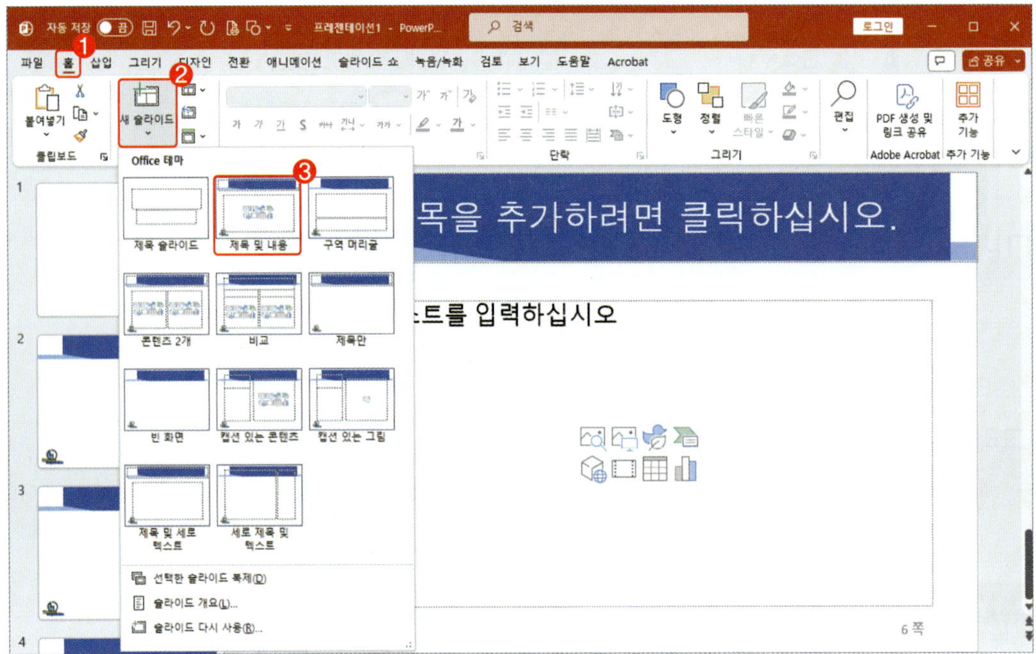

⑦ [홈] 탭-[슬라이드] 그룹-[새 슬라이드]( )에서 [제목 및 내용]을 클릭한다.
　→ 동일한 방법으로 총 6개의 슬라이드가 되도록 삽입한다.

SECTION 04 문서 저장

① 빠른 실행 도구 모음에서 [저장]( )을 클릭하거나 [파일] 탭-[저장]을 클릭한다.

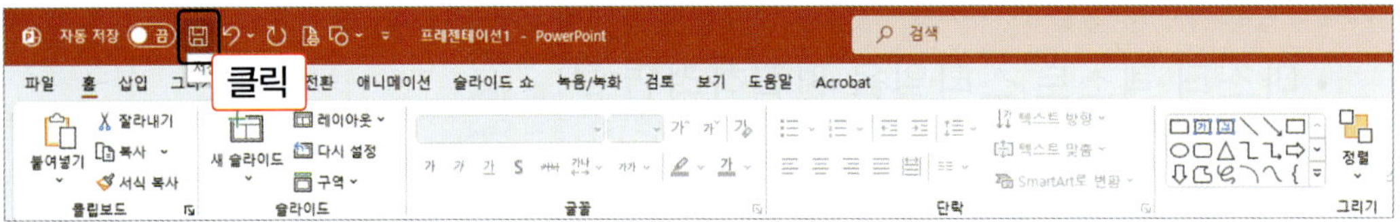

② [찾아보기]를 클릭한다.
　→ '내 PC₩문서₩ITQ'로 이동하여 파일 이름을 입력하고 [저장]을 클릭한다.

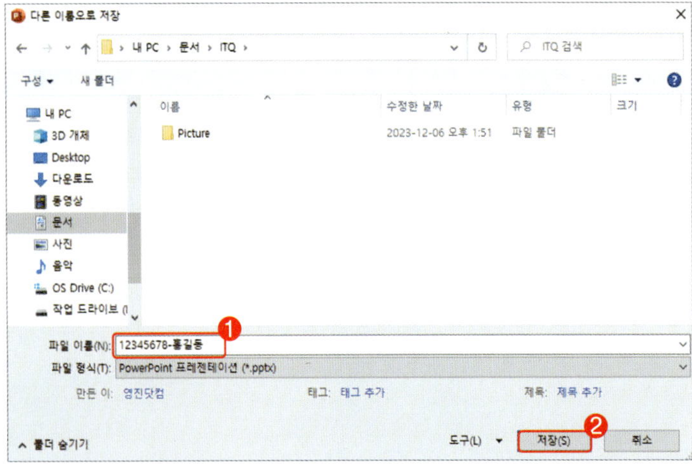

(1) 표지 디자인 : 도형, 워드아트 및 그림을 이용하여 작성한다.

세부조건
① 도형 편집 – 도형에 그림 채우기 : 　「내 PC₩문서₩ITQ₩Picture₩그림3.jpg」, 　투명도 50% – 도형 효과 : 부드러운 가장자리 5포인트 ② 워드아트 삽입 – 변환 : 곡선, 위로【휘어 올라오기】 – 글꼴 : 돋움, 굵게 – 텍스트 반사 : 근접 반사, 터치 ③ 그림 삽입 –「내 PC₩문서₩ITQ₩Picture₩로고3.jpg」 – 배경(연보라) 투명색으로 설정

SECTION 01 표지 디자인 도형 작성

① 슬라이드 1에서 '제목 텍스트 상자'와 '부제목 텍스트 상자'를 삭제한다.
  → [삽입] 탭 – [일러스트레이션] 그룹에서 [도형](▣) – [순서도: 수동 입력]을 클릭한다.

② 마우스 포인터 모양이 ╋로 바뀌면, 슬라이드 왼쪽 상단에서 적당한 크기로 마우스 드래그하여 도형을 삽입한다.

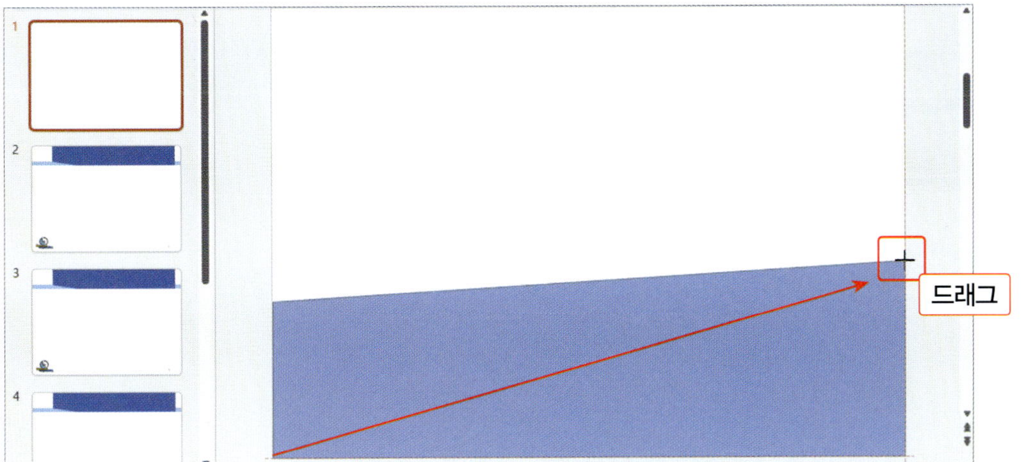

③ 도형을 선택한 후 마우스 오른쪽 클릭하고 [도형 서식]([image icon])을 클릭한다.
→ 도형 옵션의 [채우기 및 선]([image icon]) – [채우기] – [그림 또는 질감 채우기]를 클릭한다.

④ [그림 원본] – [삽입]을 클릭하고 [그림 삽입] 대화상자가 나타나면 [파일에서]를 클릭한다.
→ '내 PC\문서\ITQ\Picture' 폴더에서 '그림3.jpg'를 선택해 삽입한다.
→ [그림 서식]에서 [투명도]를 『50%』로 설정한다.

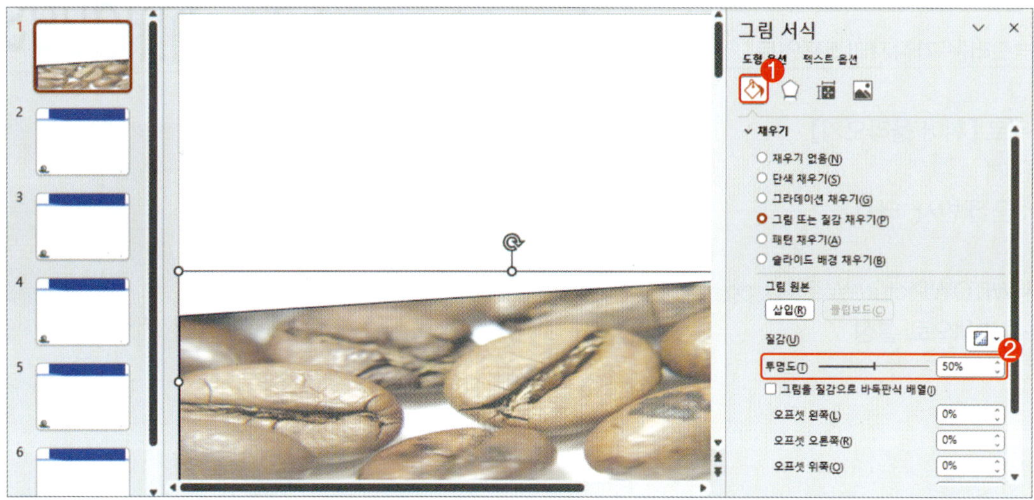

⑤ [효과]([image icon]) – [부드러운 가장자리]에서 크기 『5pt』로 설정하고 닫기([X])를 클릭한다.

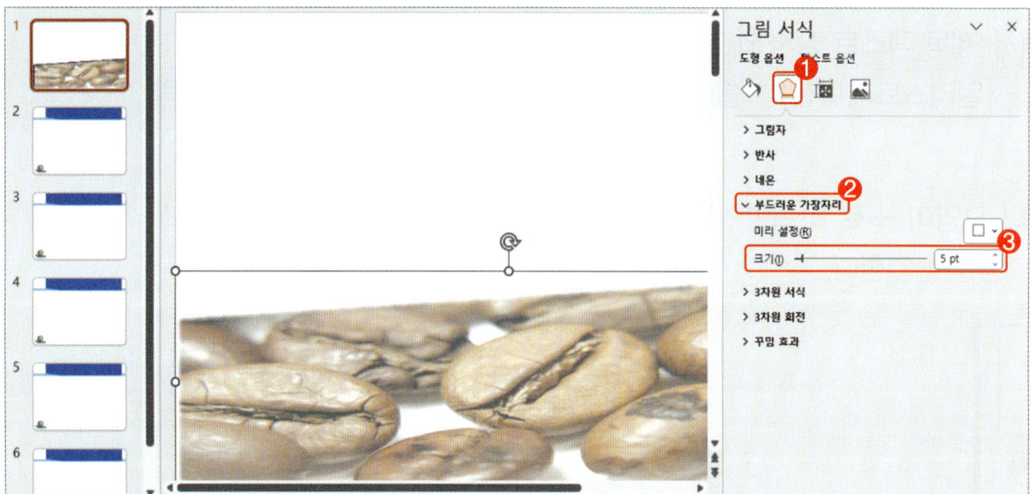

① [삽입] 탭 – [텍스트] 그룹에서 [WordArt](🖊) – [그라데이션 채우기 – 파랑, 강조색 5, 반사]를 클릭한다.

   → 워드아트 텍스트 입력상자에 『Investment Techniques』를 입력한다.

② 워드아트 전체를 선택하고 [홈] 탭 – [글꼴] 그룹에서 글꼴 '돋움', '굵게', 글꼴 색 '검정, 텍스트 1'을 설정한다.

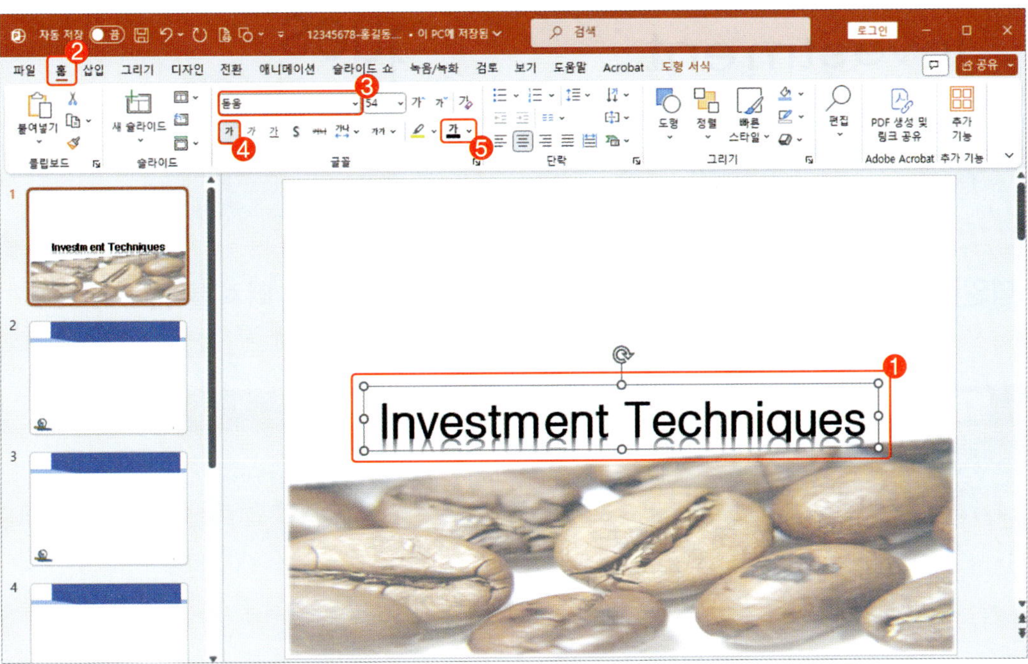

③ [도형 서식] 탭 – [WordArt 스타일] 그룹에서 [텍스트 효과](가) – [변환](가) – [곡선: 위로]를 클릭한다.

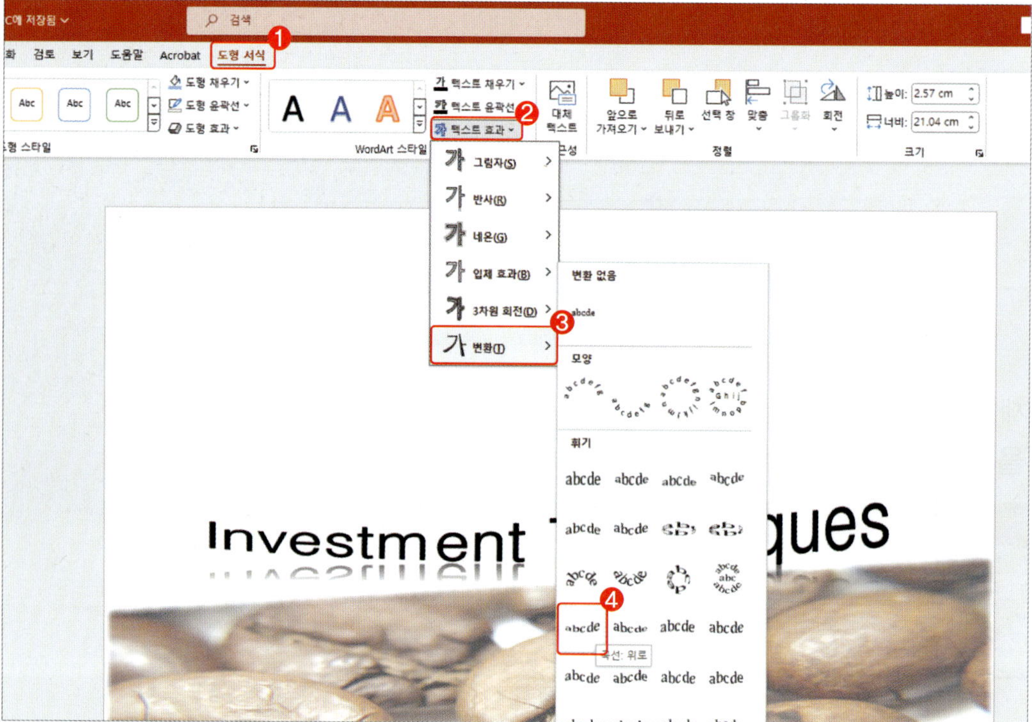

④ [WordArt 스타일] 그룹에서 [텍스트 효과](가) – [반사](가) – [근접 반사: 터치]를 클릭한다.

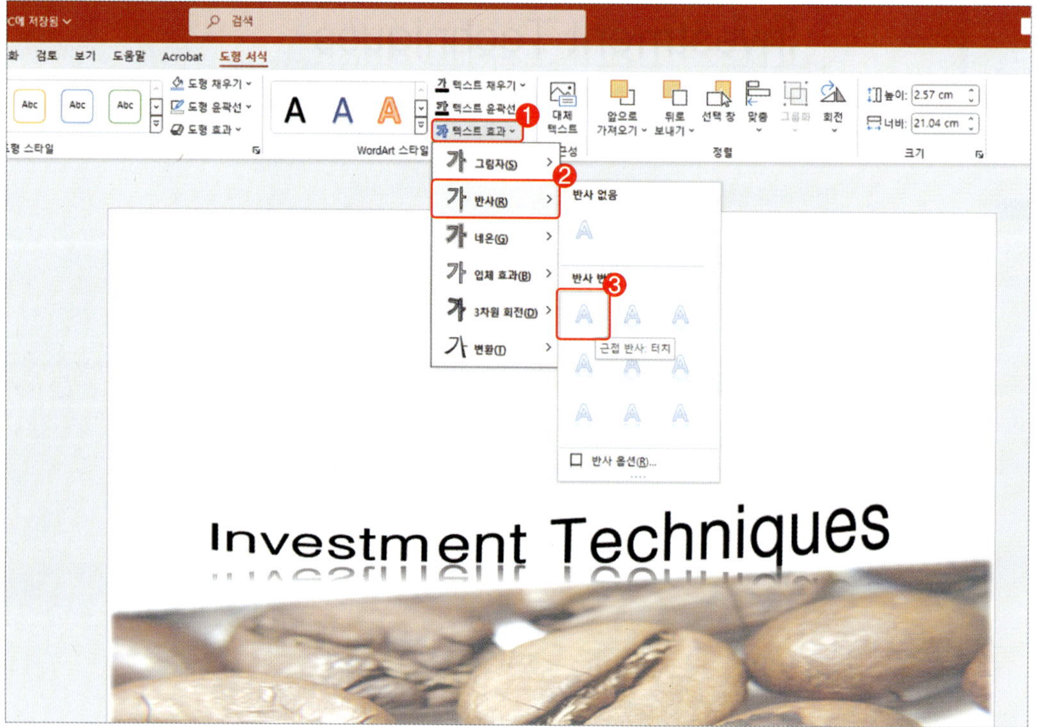

⑤ 모양 조절점과 크기 조절점을 이용해 출력형태와 비슷하게 조절한다.

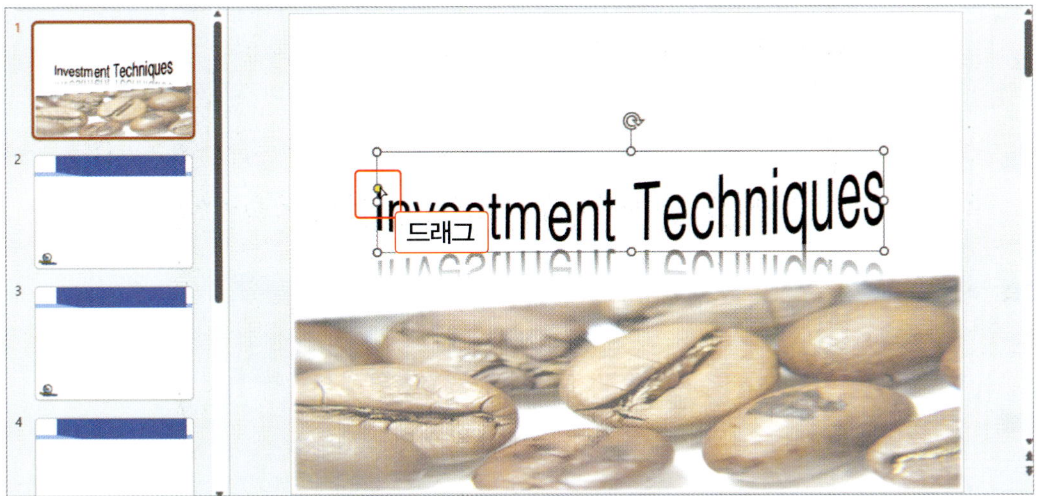

SECTION 03 상단 그림 삽입

① [삽입] 탭–[이미지] 그룹–[그림](📷)에서 [이 디바이스](🖥)를 클릭한다.

　→ [그림 삽입] 대화상자가 나타나면 '내 PC₩문서₩ITQ₩Picture'에서 그림 파일
　　'로고3.jpg'를 선택하고 [삽입]을 클릭한다.

② [그림 서식] 탭–[조정] 그룹–[색](📷)에서 [투명한 색 설정](✏)을 클릭한다.

　→ 마우스 포인터가 🖈로 변경되면 연보라색 부분을 클릭하여 투명하게 만든다.

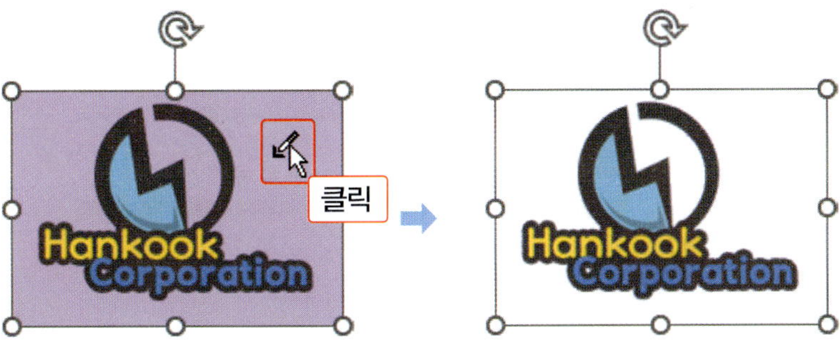

③ 그림의 크기를 조절점으로 조절하고, 문제에 제시된 위치로 그림을 이동시킨다.

슬라이드 ❷　목차 슬라이드　　　60점

(1) 출력형태와 같이 도형을 이용하여 목차를 작성한다(글꼴 : 굴림, 24pt).
(2) 도형 : 선 없음

세부조건	
① 텍스트에 링크【하이퍼링크】적용 → '슬라이드 5' ② 그림 삽입 – 「내 PC\문서\ITQ\Picture\그림4.jpg」 – 자르기 기능 이용	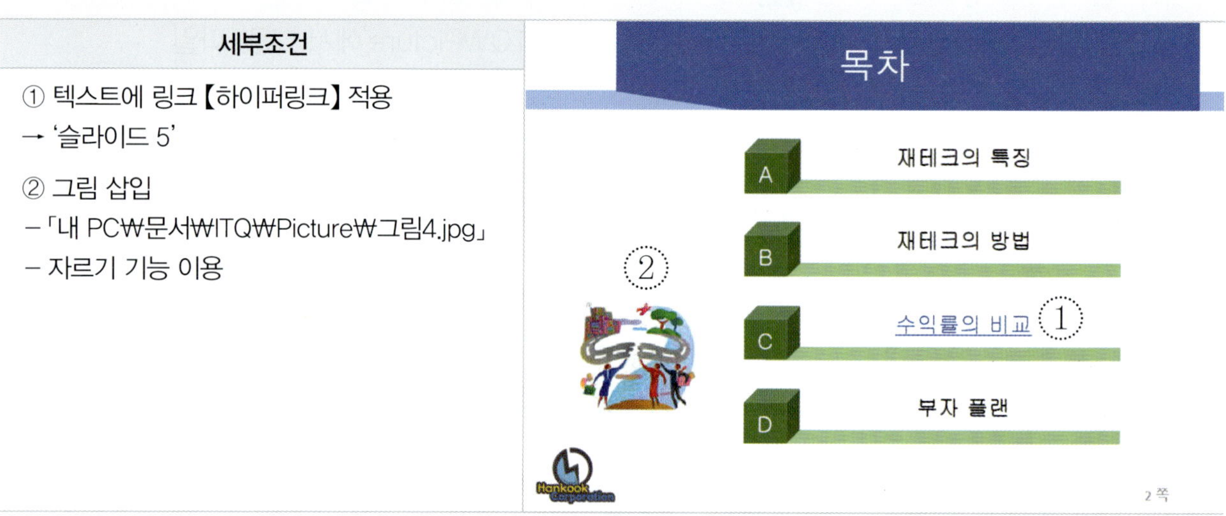

① 슬라이드 2를 선택하고 슬라이드 제목『목차』를 입력한다.

　→ '텍스트를 입력하십시오' 상자를 삭제한다.

② [삽입] 탭 – [일러스트레이션] 그룹에서 [도형](🔲) – [사각형] – [직사각형]을 선택하여 그리고 [기본 도형] – [정육면체]를 그린다.

　→ [도형 서식] 탭 – [도형 스타일] 그룹에서 [도형 채우기](🖌)에 임의의 색을 설정하고 [도형 윤곽선](✏)은 [윤곽선 없음]을 설정한다.

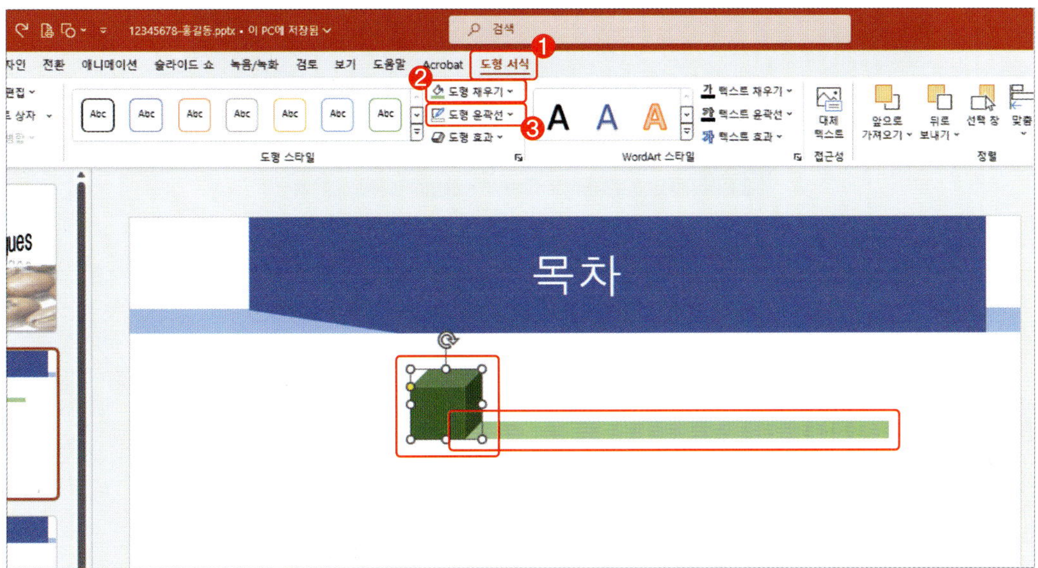

③ 목차 번호가 들어갈 도형에『A』를 입력한다.

　→ [홈] 탭 – [글꼴] 그룹에서 글꼴 '굴림', '24pt', 글꼴 색 '흰색'을 설정한다.

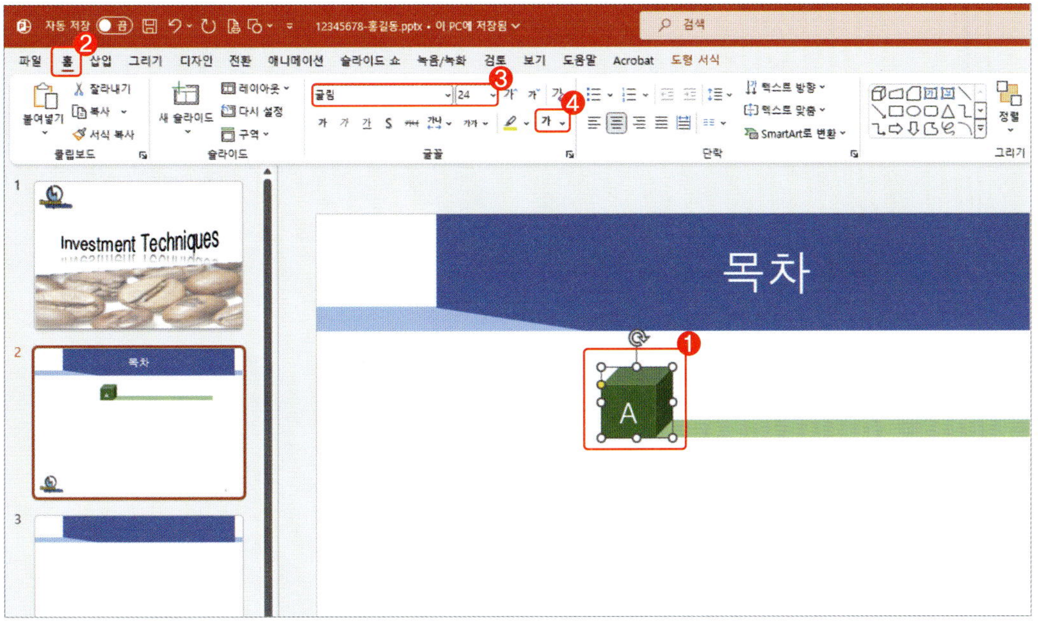

④ [삽입] 탭 – [텍스트] 그룹 – [텍스트 상자](가) – [가로 텍스트 상자 그리기]를 클릭하고 마우스 드래그하여 배치한다.

→ [홈] 탭 – [글꼴] 그룹에서 글꼴 '굴림', '24pt', 글꼴 색 '검정', [가운데 맞춤](≣)을 설정한다.

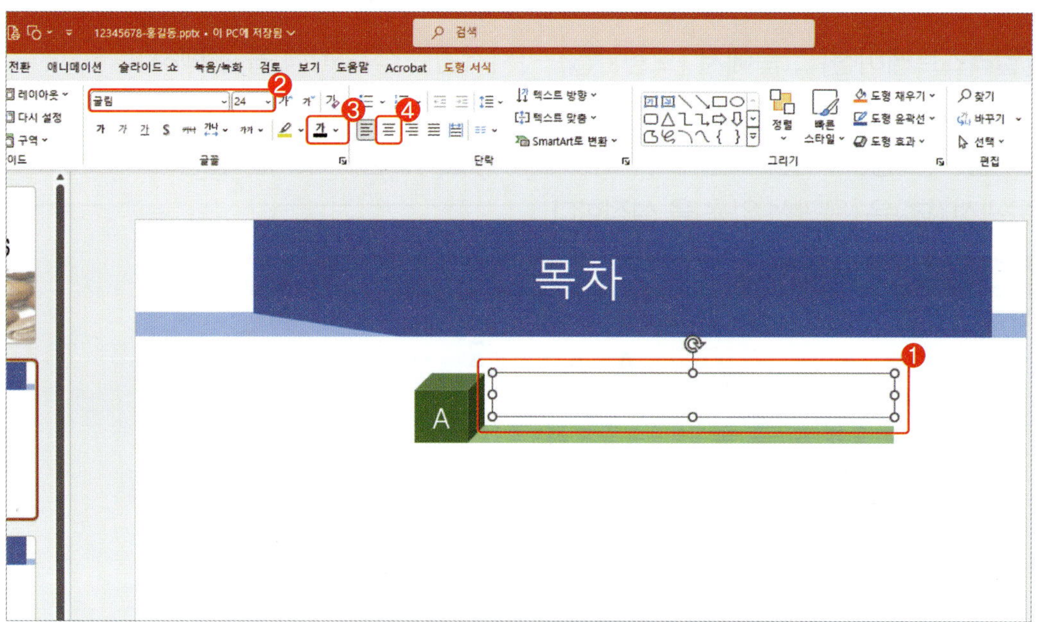

⑤ 텍스트 상자에 내용을 입력한다.

→ 마우스 드래그하여 도형들과 텍스트 상자를 모두 선택한다.

⑥ [Ctrl]+[Shift]를 누른 채 아래로 드래그하여 복사하여 다음과 같이 배치한다.

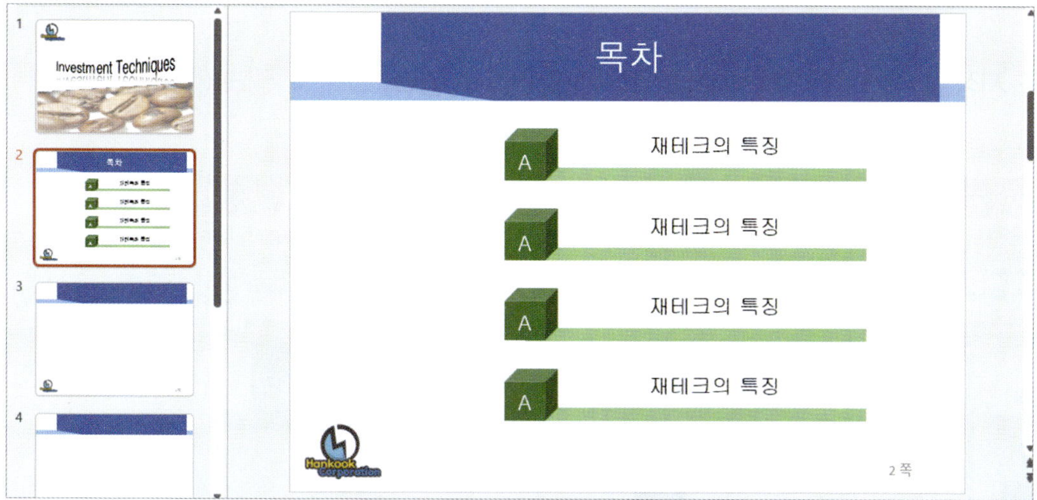

⑦ 출력형태를 참고하여 텍스트를 수정한다.

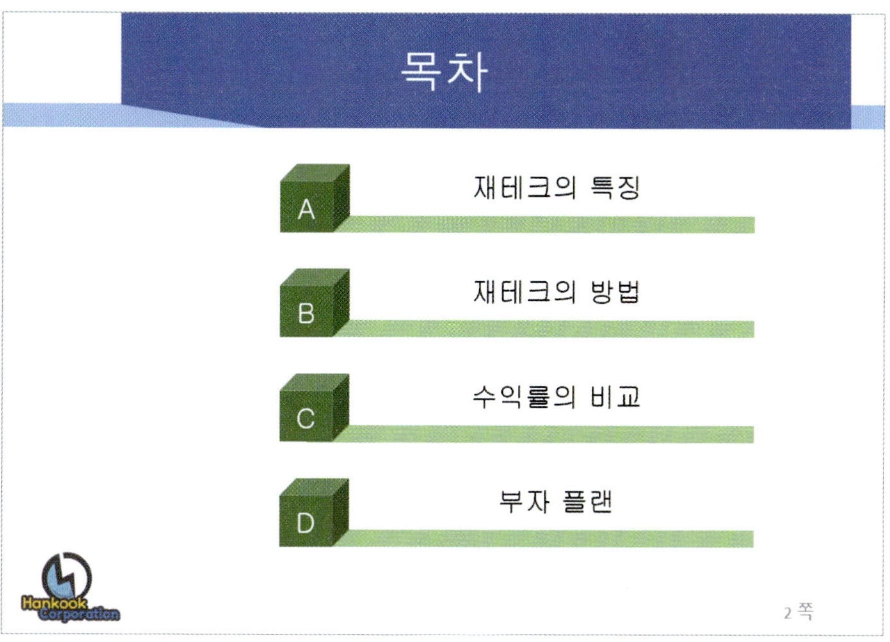

① 하이퍼링크를 지정할 텍스트를 블록 설정하고, [삽입] 탭 – [링크] 그룹 – [링크](⊘)를 클릭한다.

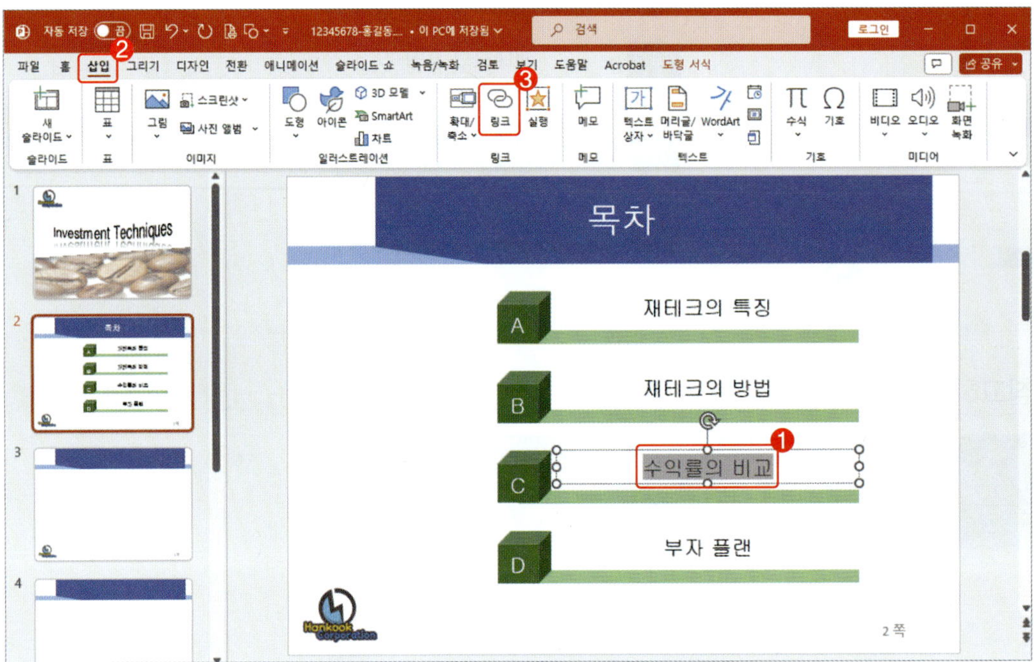

② [하이퍼링크 삽입] 대화상자가 나타나면 [현재 문서]를 클릭한다.
　→ 이 문서에서 위치 선택 – '슬라이드 5'를 클릭한 후 [확인]을 클릭한다.

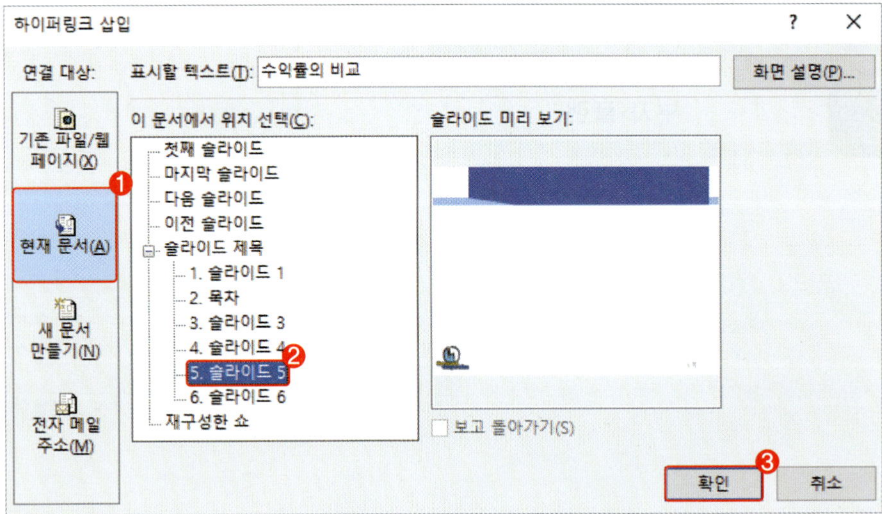

③ 하이퍼링크를 Ctrl+클릭하여 올바르게 작동하는지 확인한다.

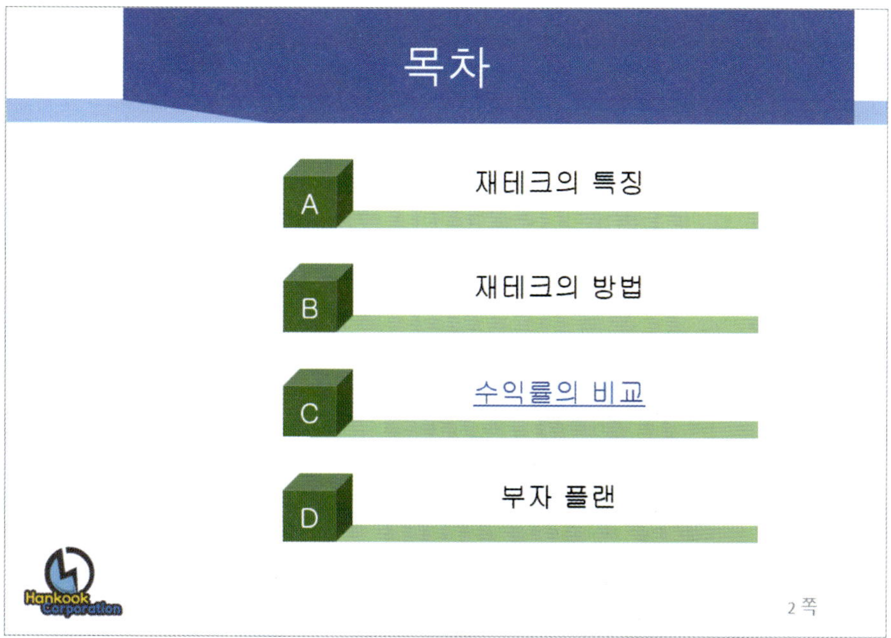

SECTION 03 그림 삽입 및 자르기

① [삽입] 탭 – [이미지] 그룹 – [그림](📷)에서 [이 디바이스](🖥)를 클릭한다.
→ [그림 삽입] 대화상자가 나타나면 '내 PC₩문서₩ITQ₩Picture' 폴더에서 그림 파
  일 '그림4.jpg'를 선택하고 [삽입]을 클릭한다.

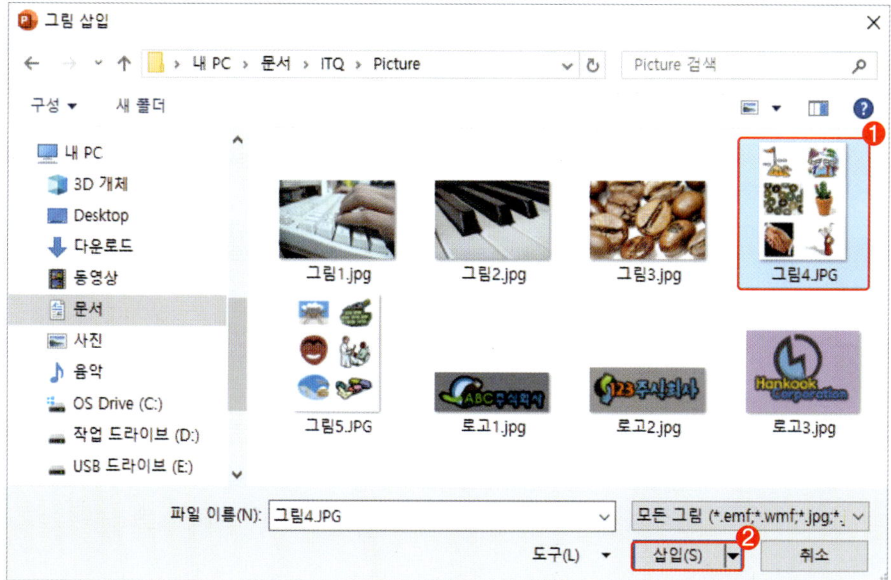

② 그림이 삽입되면 [그림 서식] 탭 – [크기] 그룹에서 [자르기](⊡)를 클릭한다.

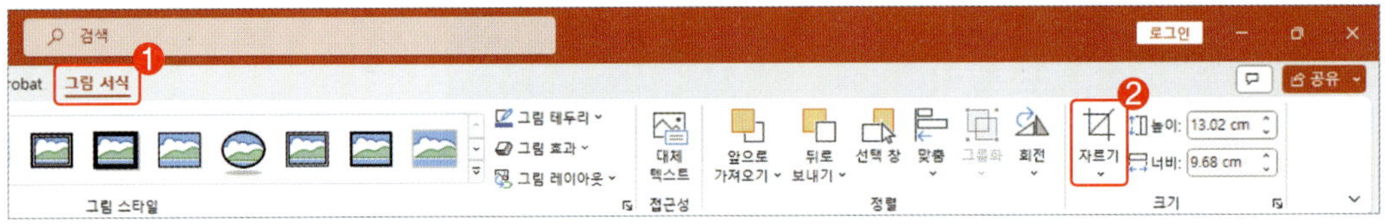

③ 그림의 모서리의 자르기 조절점들을 드래그하여 원하는 그림만 남겨놓고 다시 [자르기]를 클릭하여 그림을 자른다.

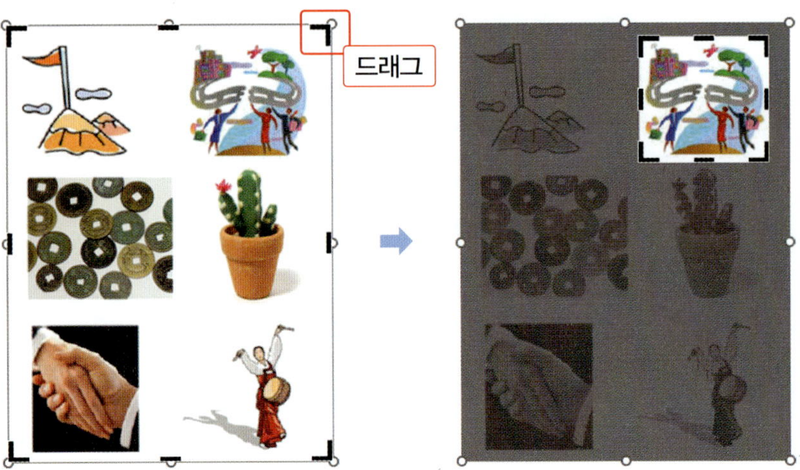

④ 그림의 크기와 위치를 조절한다.

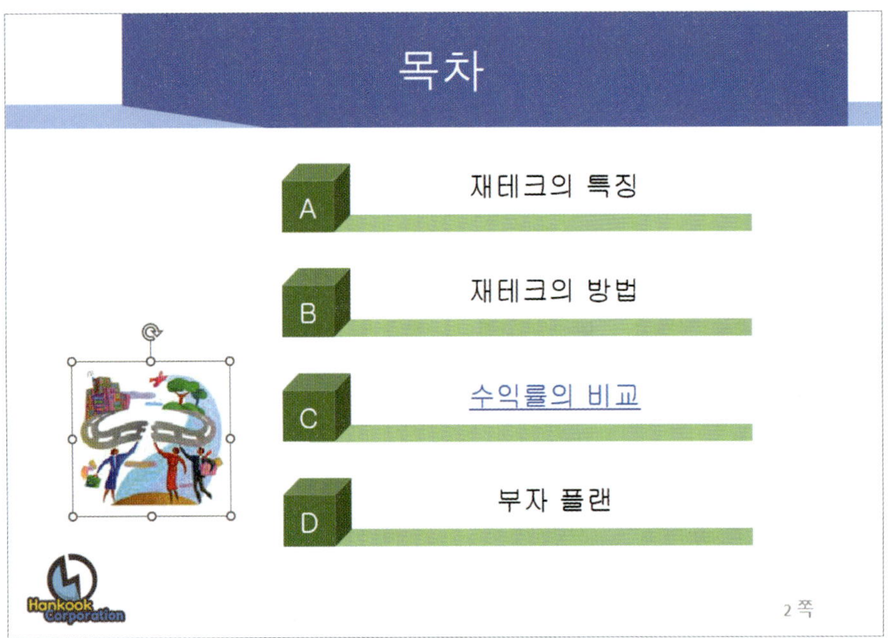

(1) 텍스트 작성 : 글머리 기호 사용(◆, ➢)
　　◆문단(돋움, 24pt, 굵게, 줄간격 : 1.5줄), ➢문단(돋움, 20pt, 줄간격 : 1.5줄)

세부조건	
① 동영상 삽입 : 　－「내 PC₩문서₩ITQ₩Picture₩동영상.wmv」 　－ 자동실행, 반복재생 설정	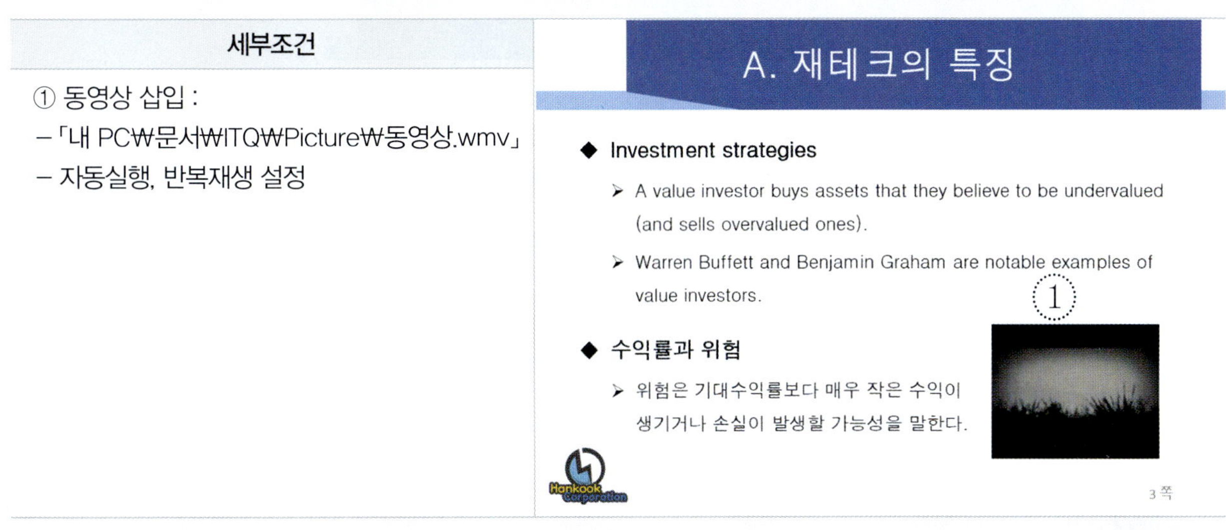

SECTION 01   텍스트 입력 및 글머리 기호 지정

① 슬라이드 3을 선택하고 슬라이드 제목『A. 재테크의 특징』을 입력한다.

② 텍스트 상자에서 마우스 오른쪽 버튼을 클릭하여 [도형 서식] 탭을 연다.
　→ [텍스트 옵션] – [텍스트 상자] – [자동 맞춤 안 함]에 체크하고 닫는다.

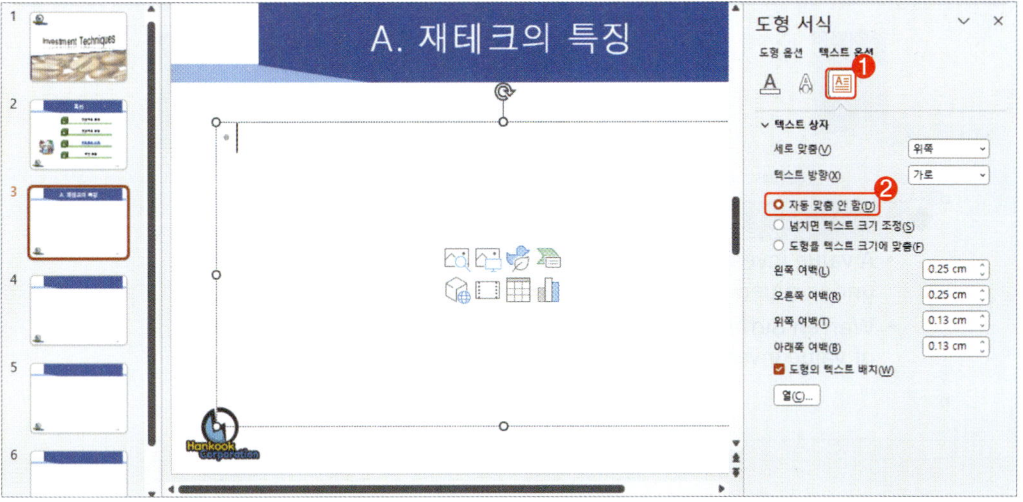

③ 텍스트 상자에 첫 번째 문단의 내용을 입력하고 [Enter]를 누른다.

→ [Tab]을 눌러 그 다음 문단의 내용을 입력한다.

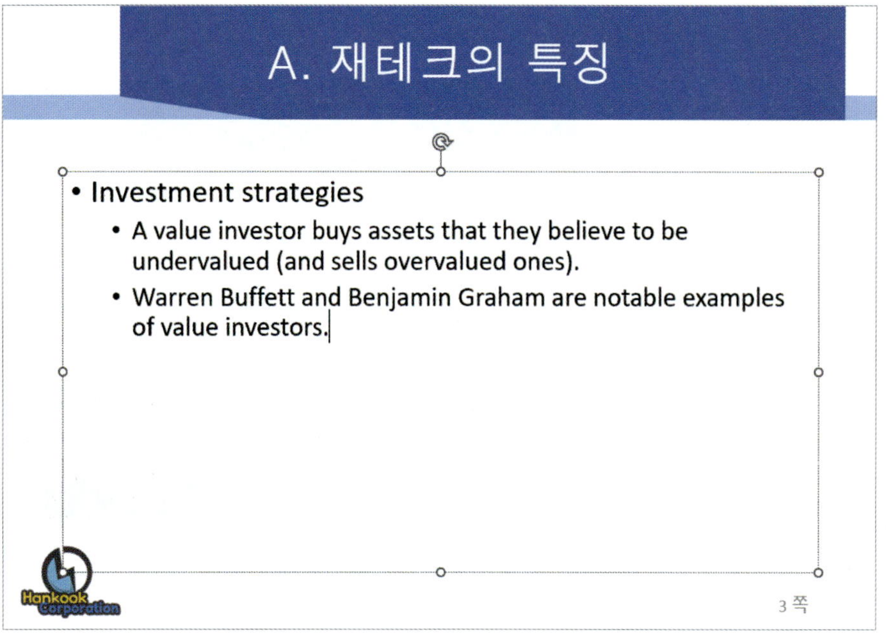

④ 『◆』이 들어갈 문단을 마우스 드래그하여 블록 설정한다.

→ [홈] 탭 – [단락] 그룹에서 [글머리 기호](☰) – [속이 찬 다이아몬드형 글머리 기호]를 선택한다.

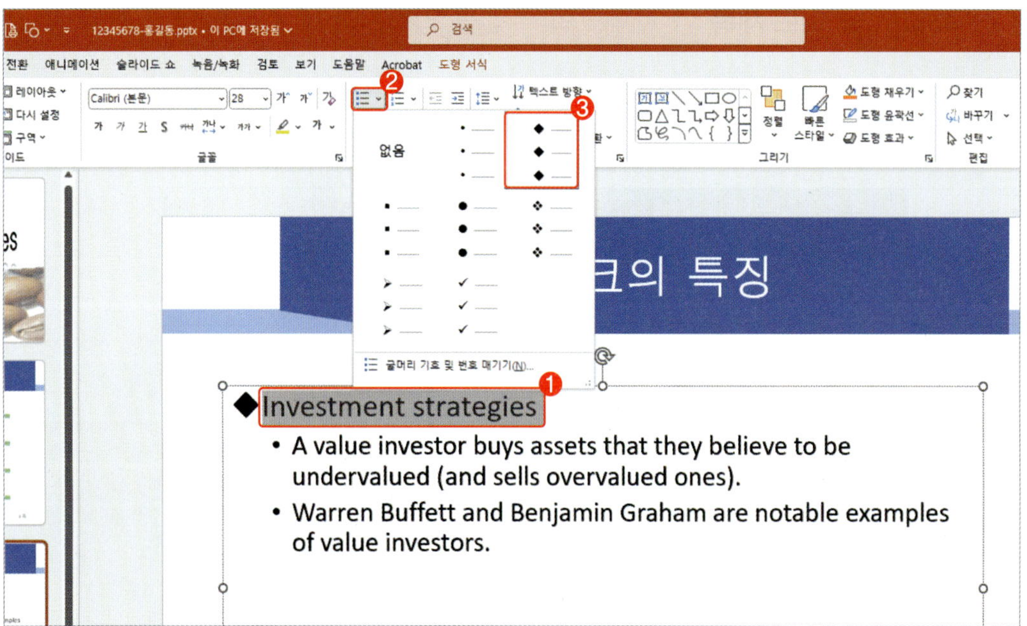

⑤ ◆ 문단이 블록 설정된 상태에서 [글꼴] 그룹의 글꼴 '돋움', '24pt', '굵게'를 설정한다.

→ [단락] 그룹에서 [줄 간격](📇) – [1.5]를 클릭한다.

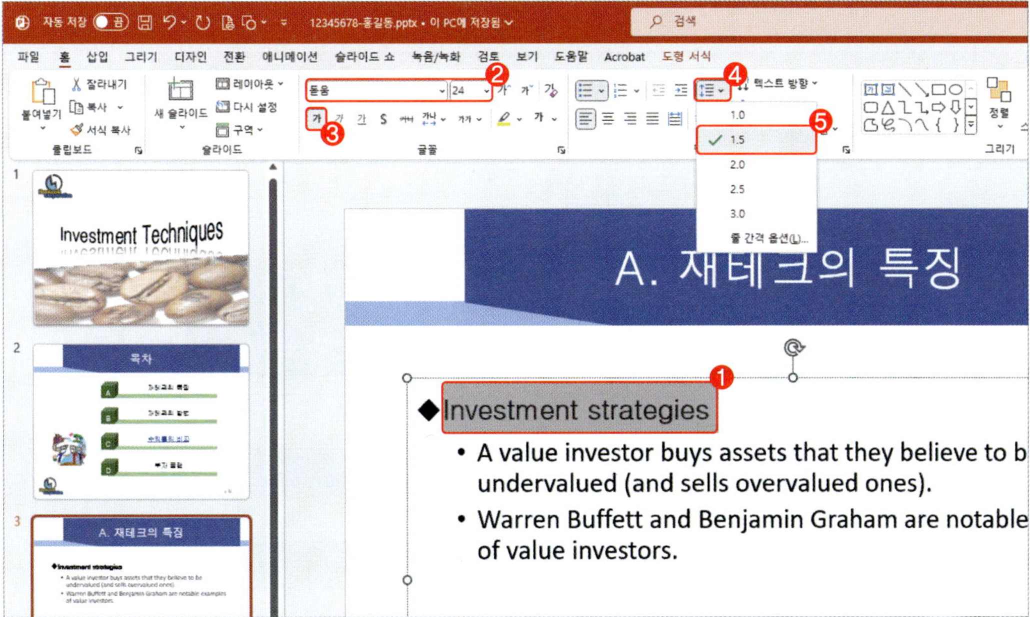

⑥ 나머지 문단을 블록 설정한다.

→ [홈] 탭 – [단락] 그룹에서 [글머리 기호](📇) – [화살표 글머리 기호]를 설정한다.

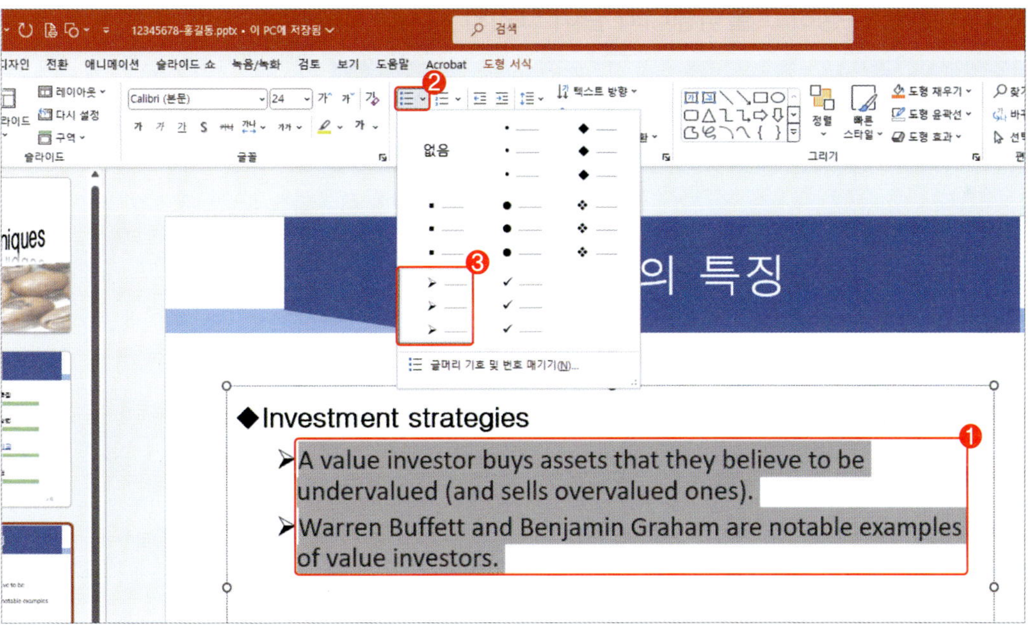

⑦ ➢ 문단이 블록 설정된 상태에서 [글꼴] 그룹의 글꼴 '돋움', '20pt'를 설정한다.

→ [단락] 그룹에서 [줄 간격](≣) – [1.5]를 클릭한 다음 텍스트 상자의 크기와 위치를 조절한다.

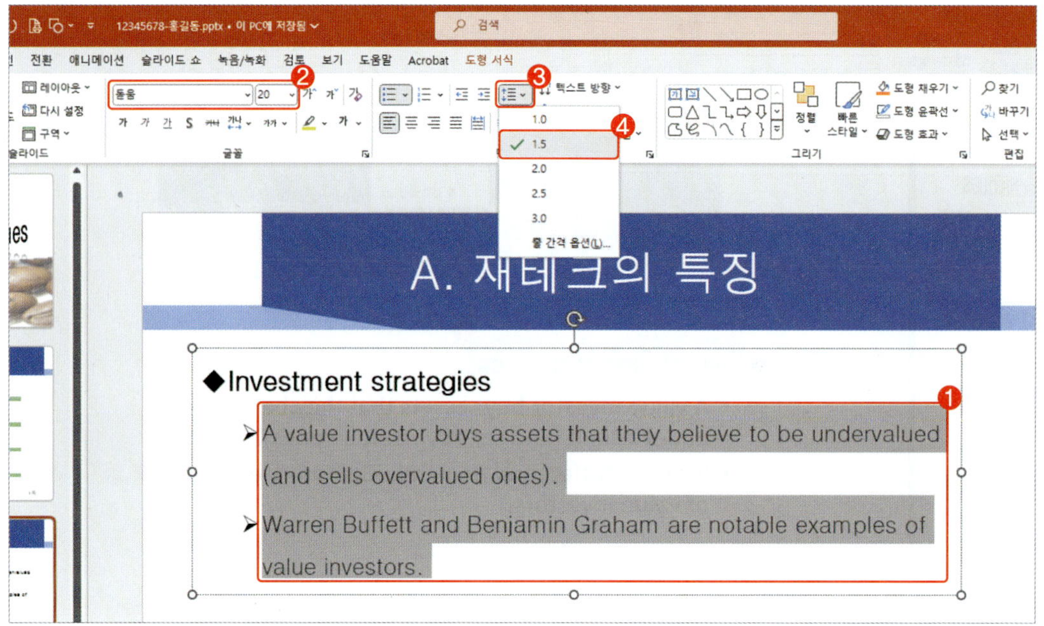

⑧ 텍스트 상자를 Ctrl + Shift 를 누른 채 아래로 드래그하여 복사한다.

→ 텍스트 상자의 내용을 수정하고 출력형태와 같이 크기와 위치를 맞춘다.

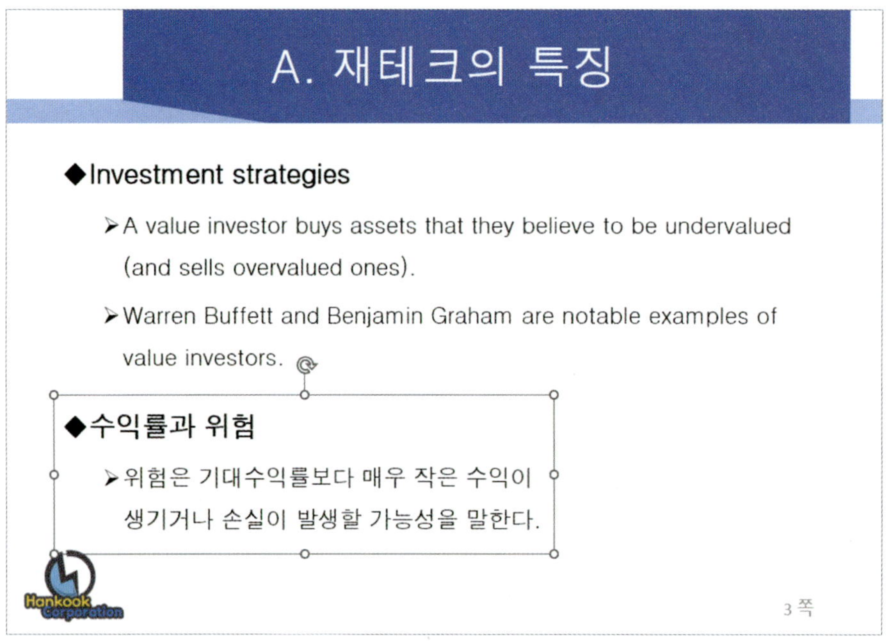

⑨ [보기] 탭 – [표시] 그룹에서 [눈금자]를 체크한다.

  → ◆ 문단에 해당하는 내용을 블록 설정한다.

  → 왼쪽 들여쓰기 표식의 뾰족한 부분을 드래그하여 텍스트의 시작 위치를 조정한다.

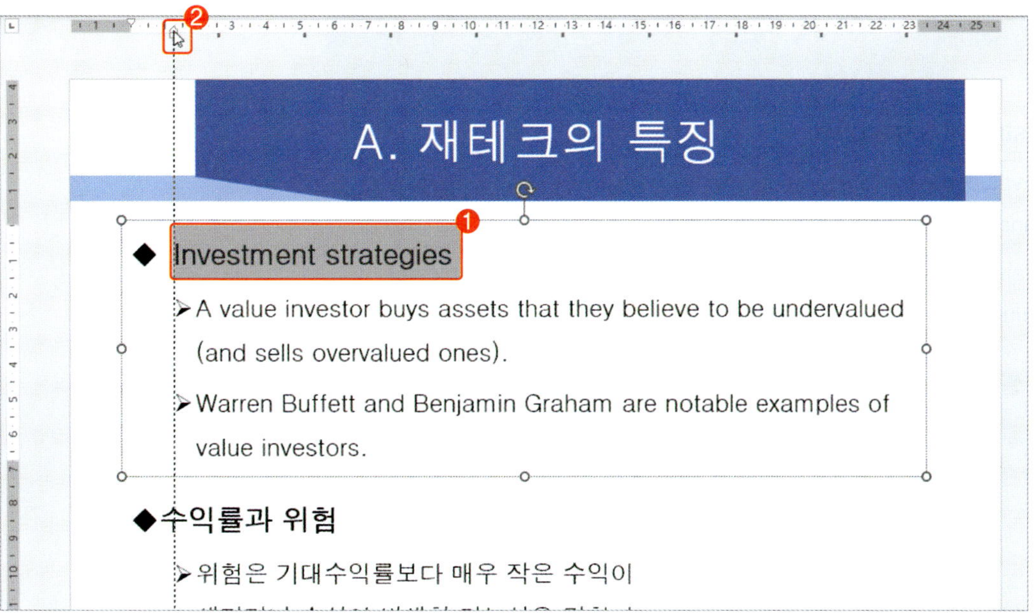

⑩ ➢ 문단도 동일한 방법으로 시작 위치를 맞춘다.

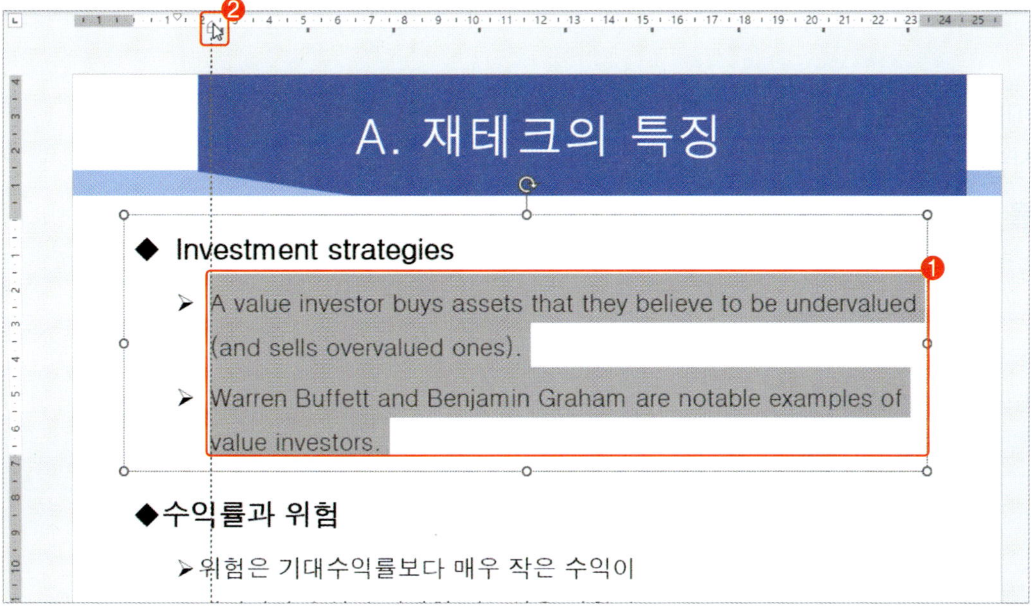

⑪ 두 번째 텍스트 상자의 문단들도 같은 방법으로 시작 위치를 맞춘다.

→ 작업을 마치면 [보기] 탭 – [표시] 그룹에서 [눈금자] 체크를 해제한다.

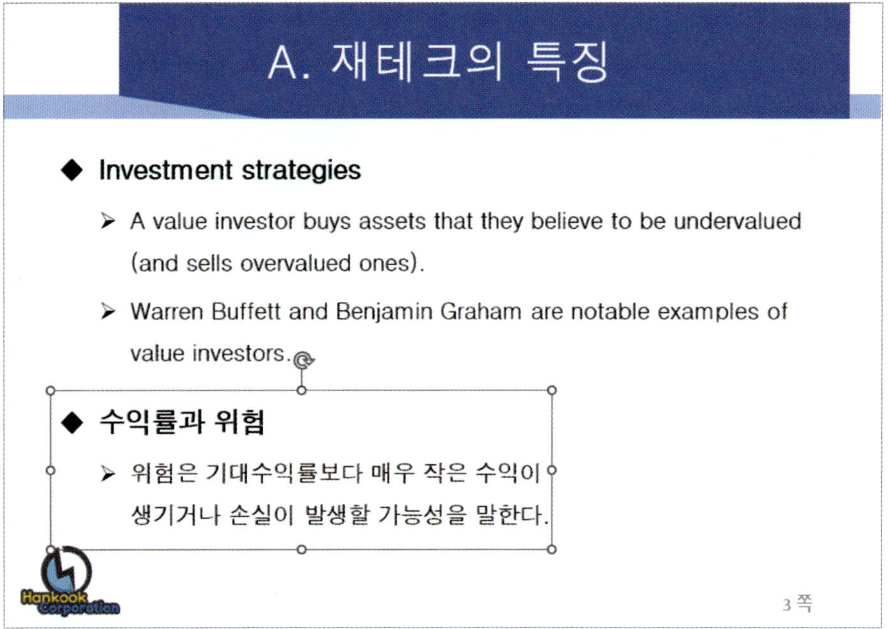

SECTION 02 **동영상 삽입**

① [삽입] 탭 – [미디어] 그룹에서 [비디오](▣) – [이 디바이스]를 클릭한다.

→ [비디오 삽입] 대화상자가 나타나면 '내 PC₩문서₩ITQ₩Picture' 폴더에서 '동영상.wmv'를 선택하고 [삽입]을 클릭한다.

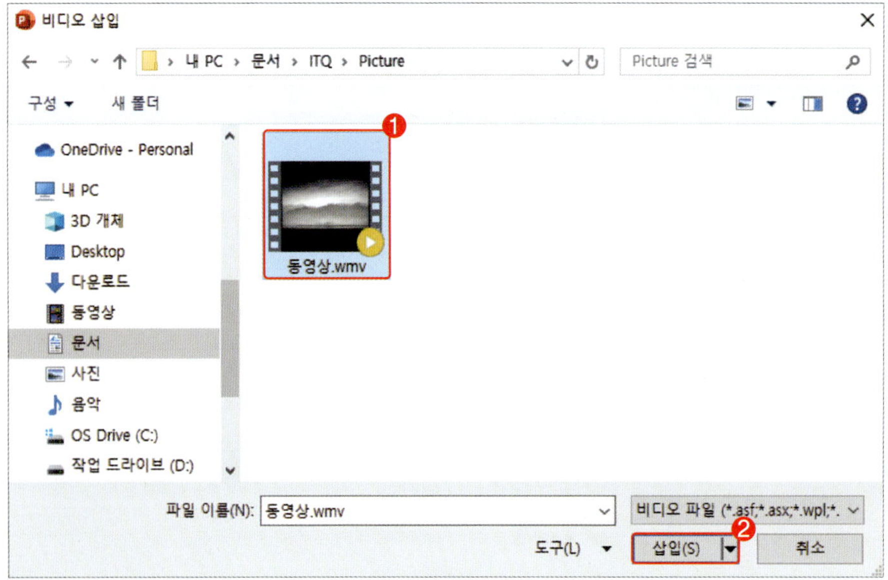

② 슬라이드에 삽입된 동영상의 크기와 위치를 조절한다.

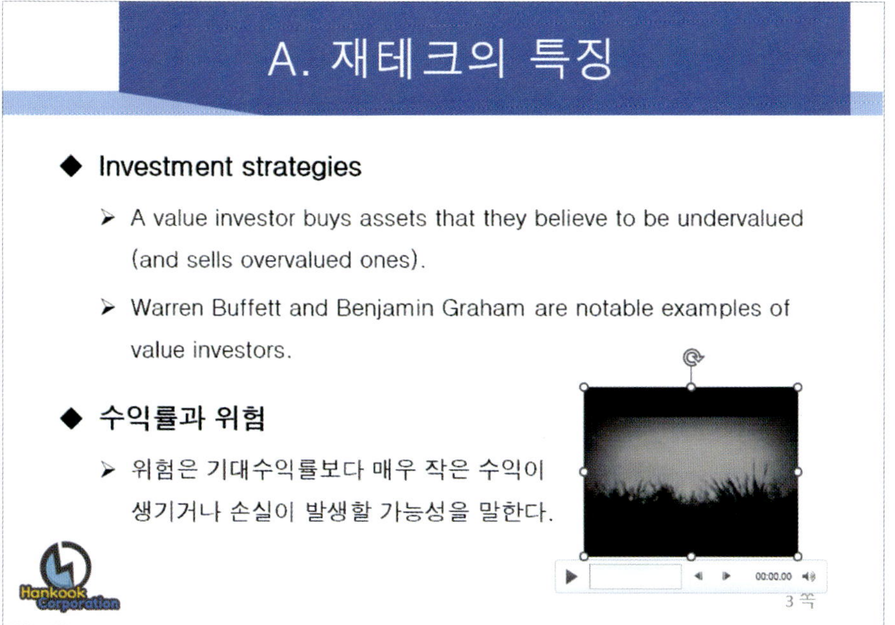

③ [재생] 탭 – [비디오 옵션] 그룹에서 [시작](▶) – [자동 실행]으로 선택한다.
→ [반복 재생]에 체크한다.

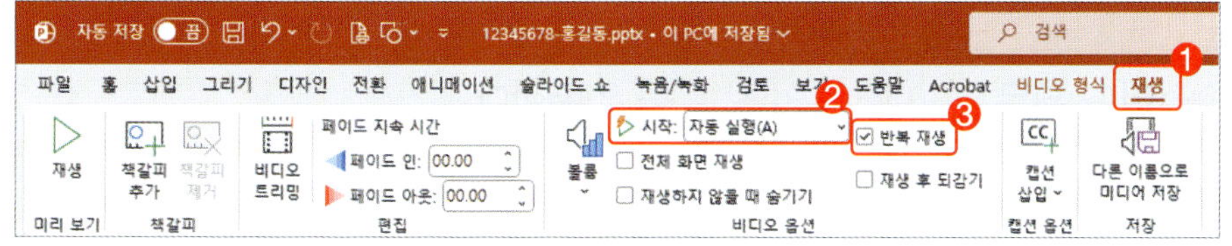

(1) 도형과 표 작성 기능을 이용하여 슬라이드를 작성한다(글꼴 : 굴림, 18pt)

세부조건	
① 상단 도형 : 　2개 도형의 조합으로 작성 ② 좌측 도형 : 　그라데이션 효과(선형 오른쪽) ③ 표 스타일 : 　테마 스타일 1 – 강조 6	

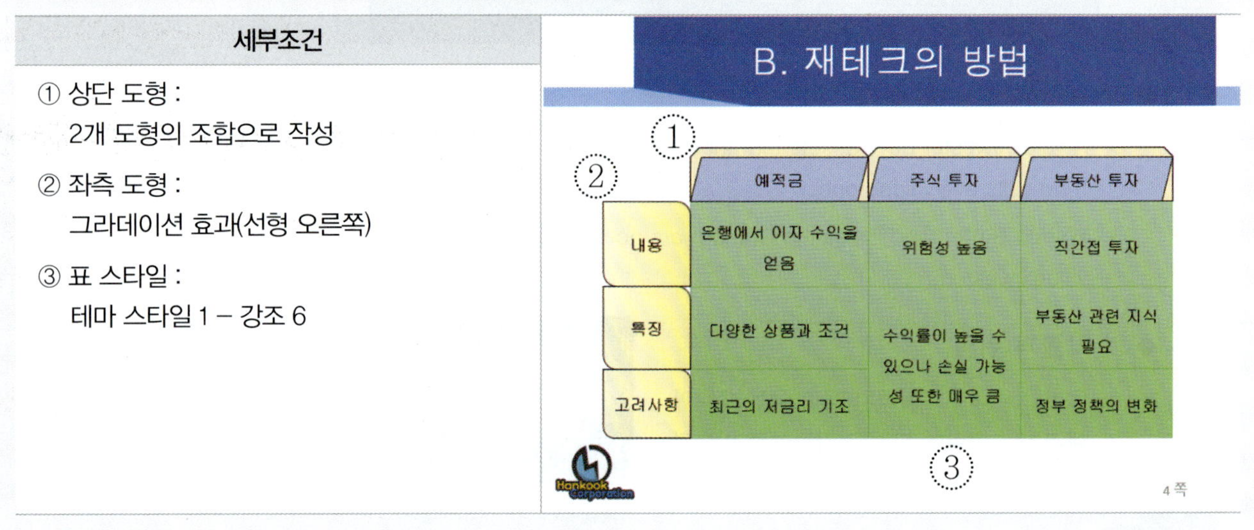

SECTION 01　표 삽입

① 슬라이드 4를 선택하고 슬라이드 제목 『B. 재테크의 방법』을 입력한다.

② 텍스트 상자에서 [표 삽입](▦)을 클릭한다.

　→ 표 삽입 대화상자가 나타나면 열 개수 『3』, 행 개수 『3』 입력 후 [확인]을 클릭한다.

③ 표를 선택하고 [테이블 디자인] 탭 – [표 스타일 옵션] 그룹에서 [머리글 행]과 [줄무늬 행]을 선택 해제한다.

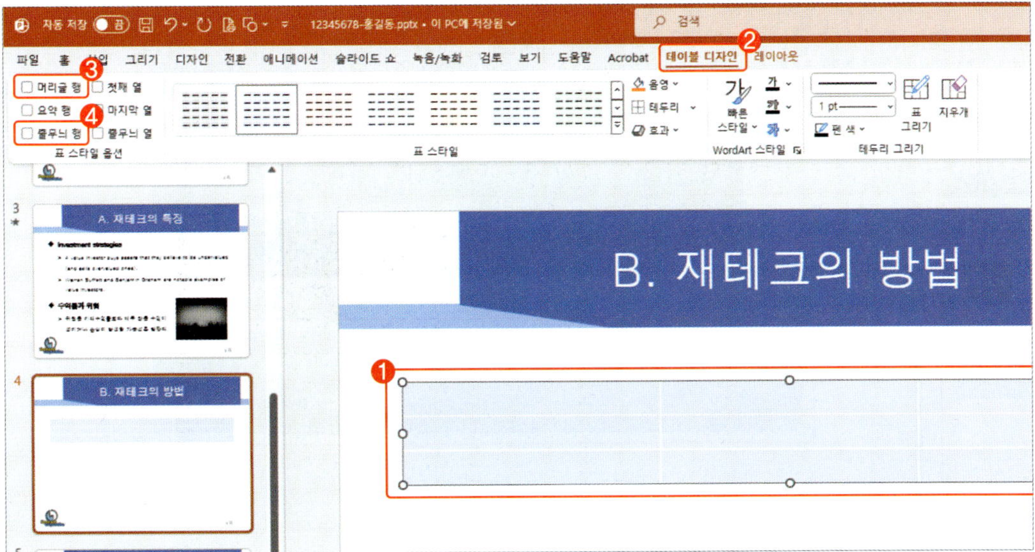

④ [테이블 디자인] 탭 – [표 스타일] 그룹에서 [빠른 스타일](▽) – [테마 스타일 1 – 강조 6]을 선택한다.

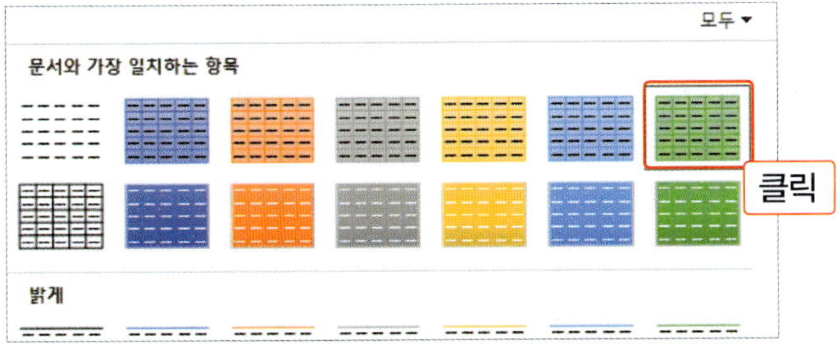

⑤ 마우스 드래그로 표 전체를 블록 설정한다.
→ [홈] 탭 – [글꼴] 그룹의 글꼴 '굴림', '18pt'를 설정한다.
→ [단락] 그룹에서 [가운데 맞춤](▤), [줄 간격](▤) – [1.5]를 설정한다.

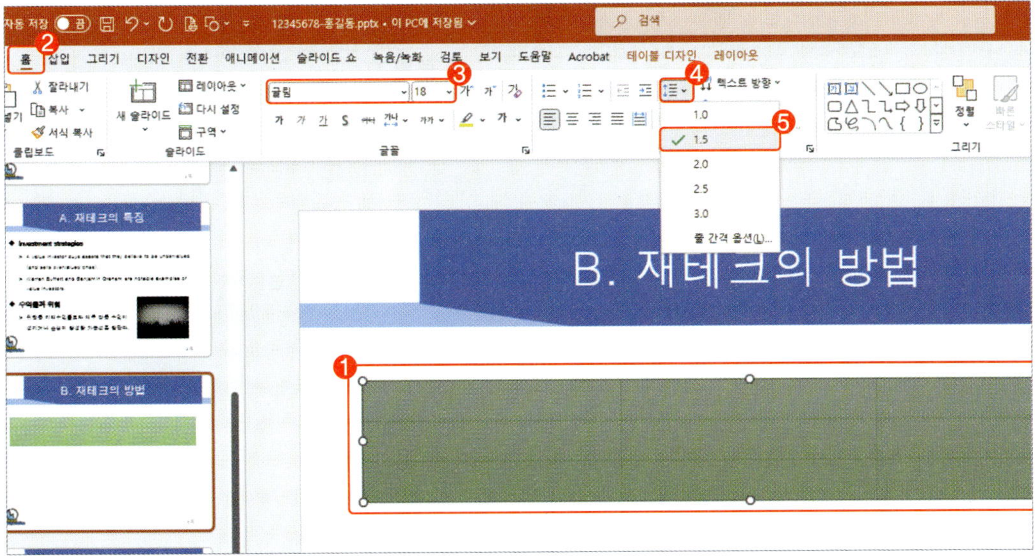

⑥ [레이아웃] 탭 – [맞춤] 그룹 – [세로 가운데 맞춤](□)을 클릭한다.

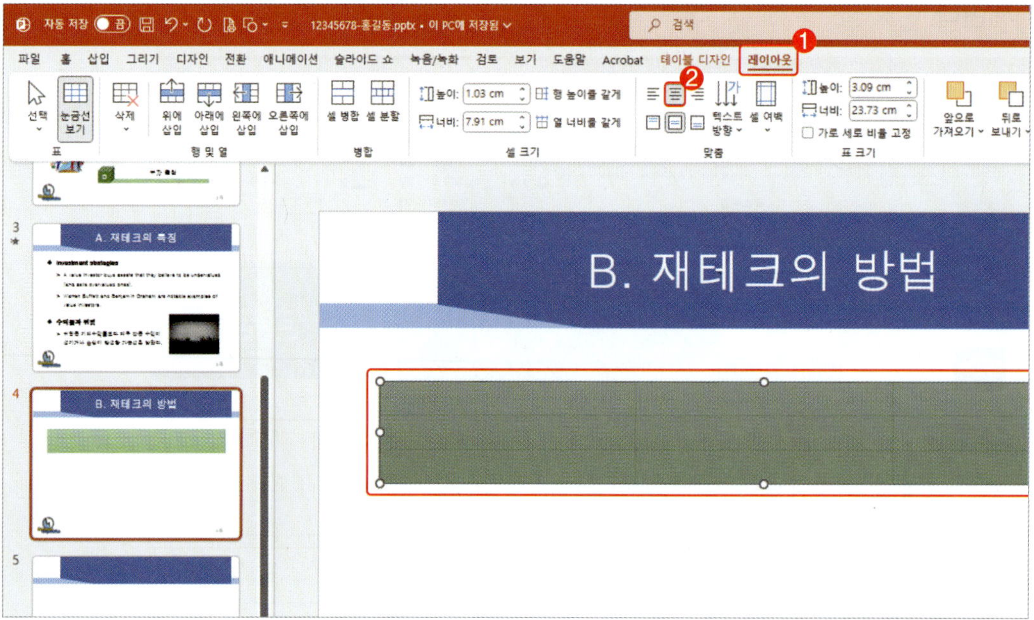

⑦ 2열의 2행과 3행을 블록 설정한다.

→ [레이아웃] 탭 – [병합] 그룹에서 [셀 병합]을 클릭한다.

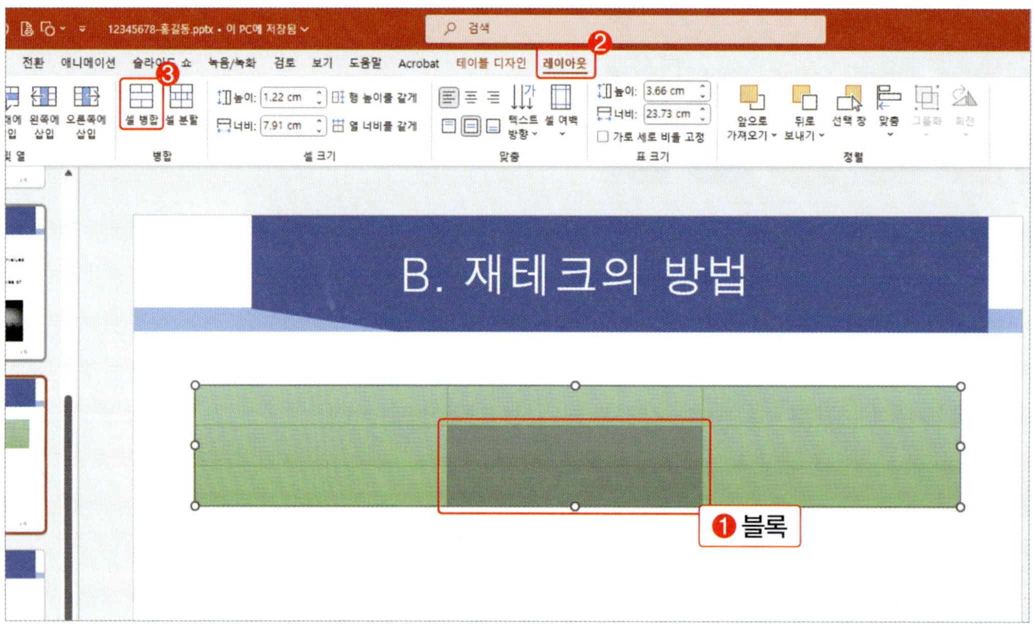

⑧ 출력형태를 참고하여 내용을 입력하고 마우스로 표의 크기와 위치를 조절한다.

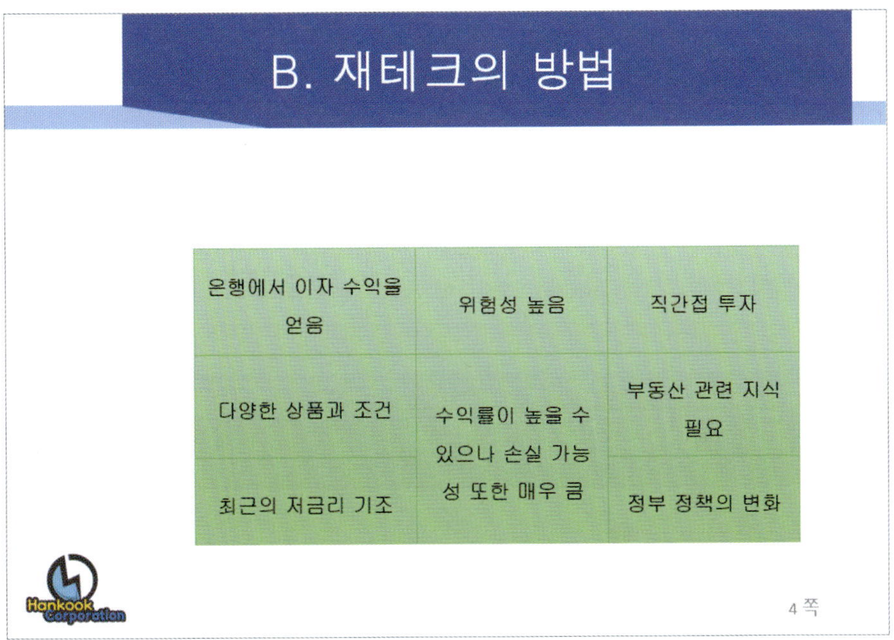

SECTION 02 **상단 도형 작성**

① [삽입] 탭 – [일러스트레이션] 그룹 – [도형](　)에서 [사각형: 잘린 위쪽 모서리]를 선택하여 표 위쪽에 그린다.
　→ [도형 서식] 탭 – [도형 스타일] 그룹의 [도형 채우기](　)와 [도형 윤곽선](　)을 임의로 설정한다.

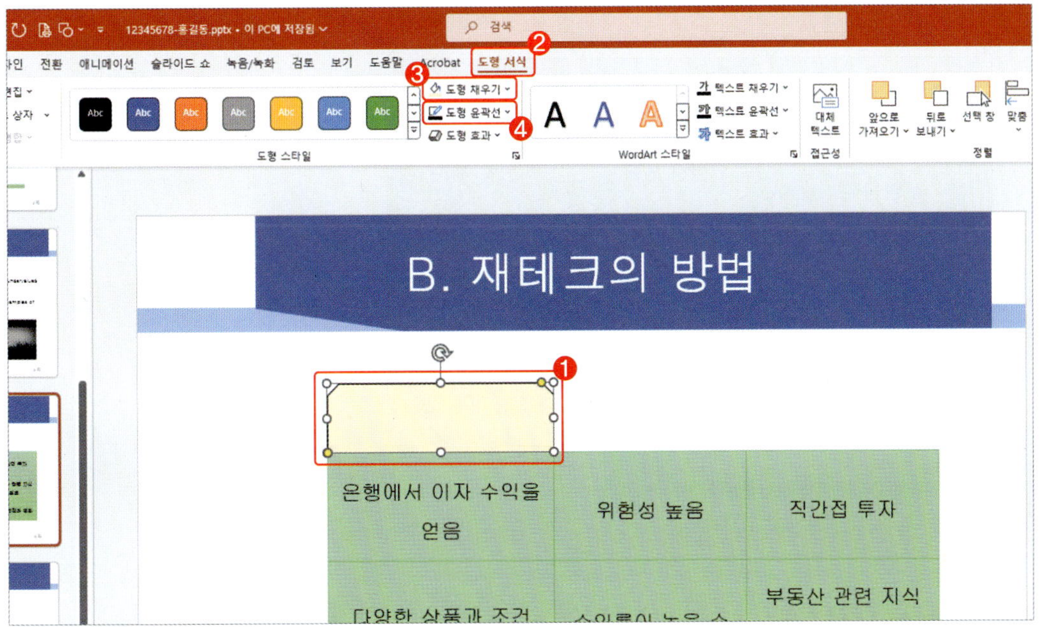

② [삽입] 탭 – [일러스트레이션] 그룹 – [도형](📷)에서 [기본 도형] – [평행 사변형]을 선택하고 겹치게 그린다.

→ [도형 채우기](🖊)와 [도형 윤곽선](✏)을 임의로 설정하고 글꼴 '굴림', '18pt'를 설정하여 텍스트를 입력한다.

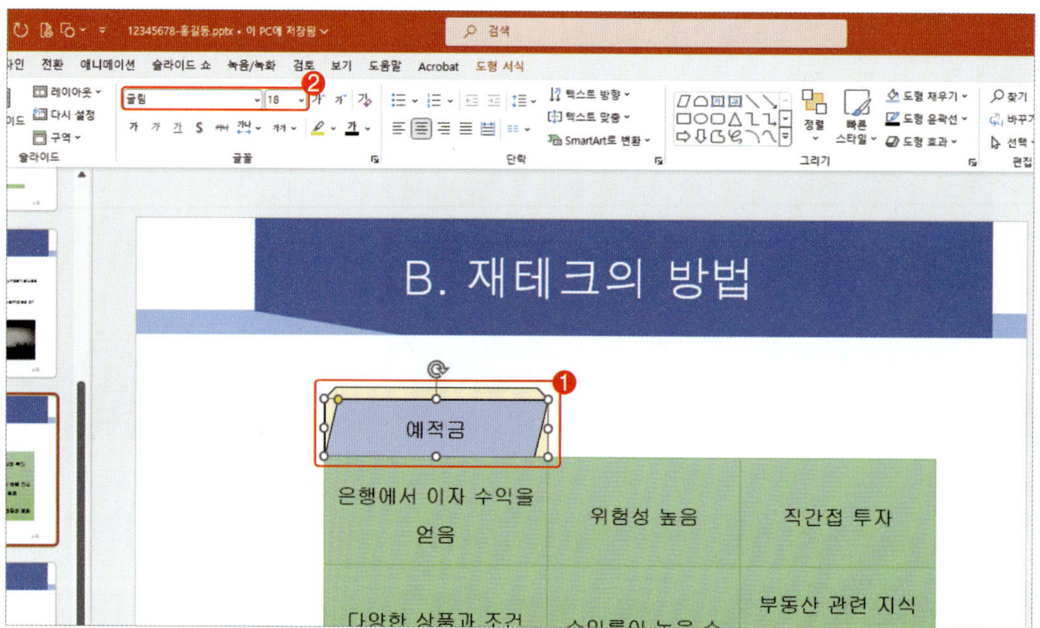

③ 도형을 모두 선택하여 Ctrl + Shift 를 누른 채 오른쪽으로 복사하고 크기와 텍스트를 수정한다.

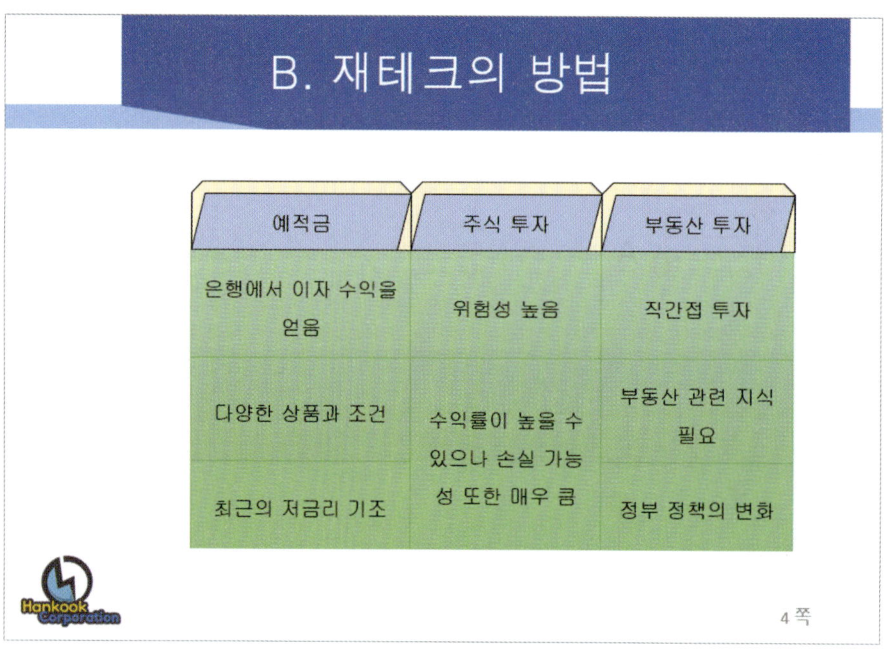

① [삽입] 탭 – [일러스트레이션] 그룹 – [도형]( )에서 [사각형: 둥근 대각선 방향 모서리]를 선택하여 표 왼쪽에 그린다.

② [도형 서식] 탭 – [정렬] 그룹에서 [회전]( ) – [좌우 대칭]을 클릭한다.
　→ [도형 채우기]( )와 [도형 윤곽선]( )을 임의로 설정한다.

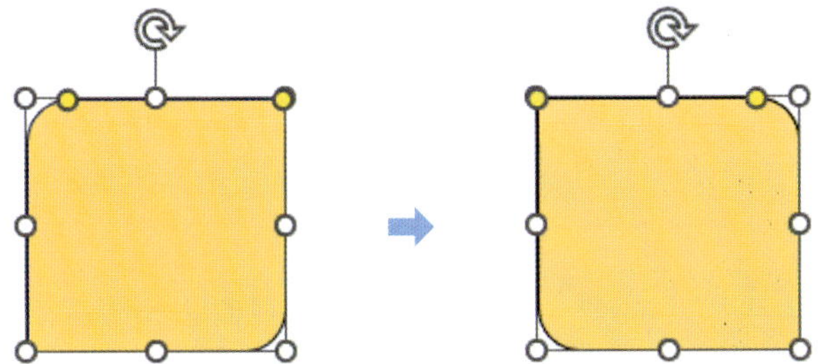

③ 다시 [도형 채우기]를 클릭하고 [그라데이션]( ) – [선형 오른쪽]을 클릭한다.

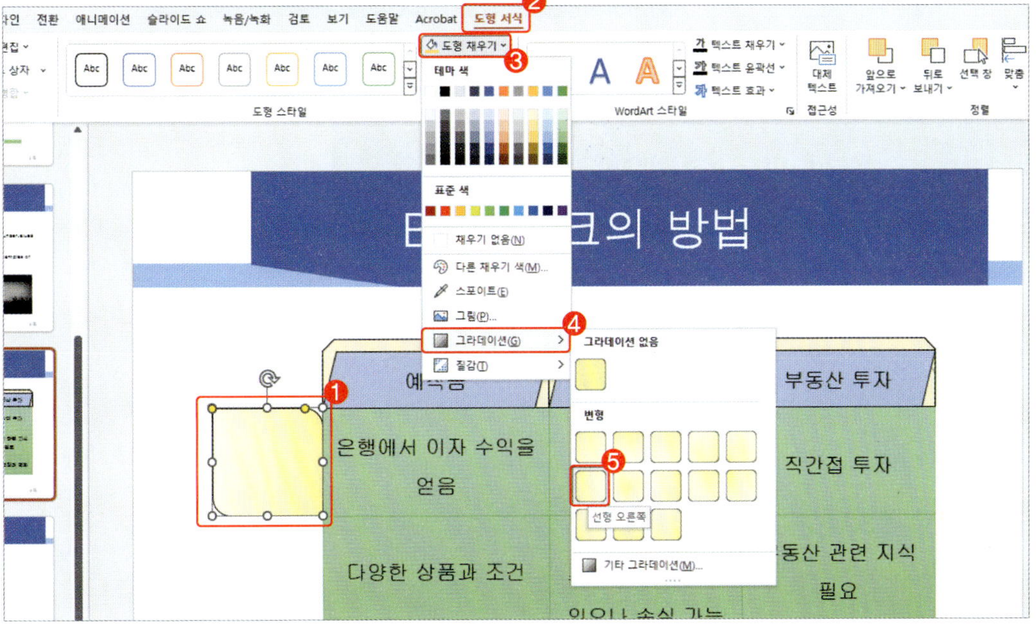

④ 도형에 [홈] 탭 – [글꼴] 그룹의 글꼴 '굴림', '18pt', 글꼴 색 '검정, 텍스트 1'을 설정하고 『내용』을 입력한다.

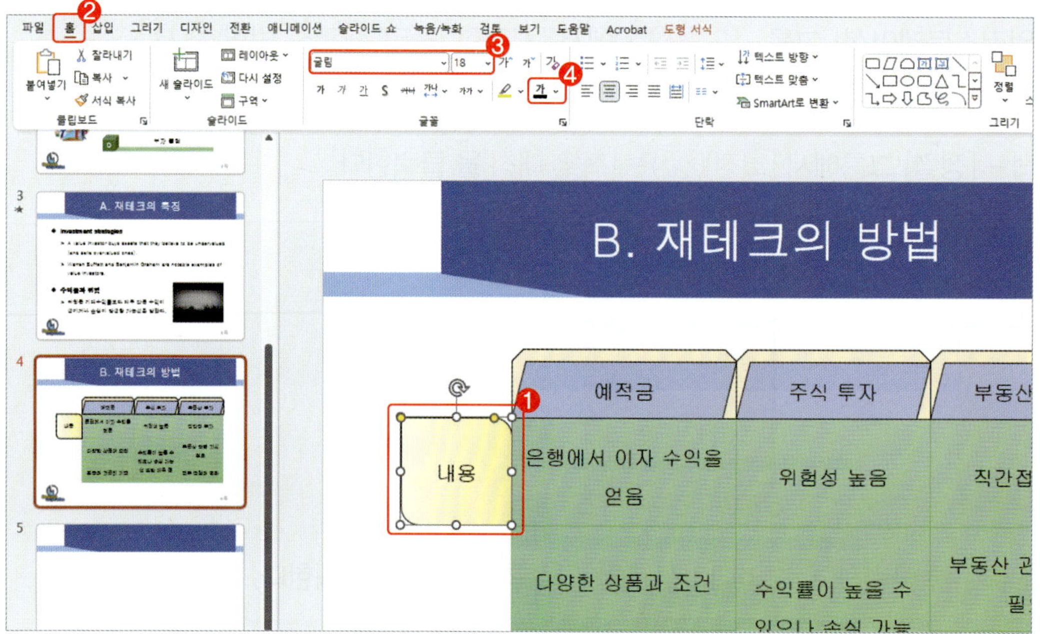

⑤ 도형을 Ctrl + Shift 를 누른 채 아래쪽으로 복사하고 크기와 텍스트를 수정한다.

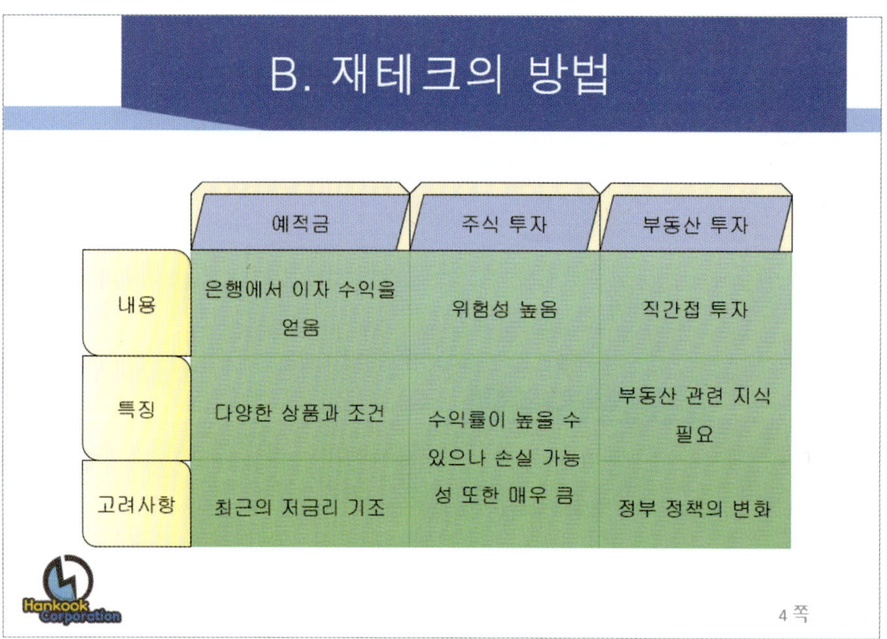

(1) 차트 작성 기능을 이용하여 슬라이드를 작성한다.
(2) 차트 : 종류(묶은 세로 막대형), 글꼴(돋움, 16pt), 외곽선

세부조건	

※ 차트설명
• 차트제목 : 궁서, 24pt, 굵게, 채우기(흰색),
           테두리, 그림자(오프셋 아래쪽)
• 차트영역 : 채우기(노랑)
• 그림영역 : 채우기(흰색)
• 데이터 서식 : KOSPI 계열을 표식이 있는
              꺾은선형으로 변경 후 보조축으
              로 지정
• 값 표시 : 2020년 1월의 KOSPI 계열만
 	
① 도형 삽입
 – 스타일 : 미세 효과 – 파랑, 강조 1
 – 글꼴 : 굴림, 18pt
	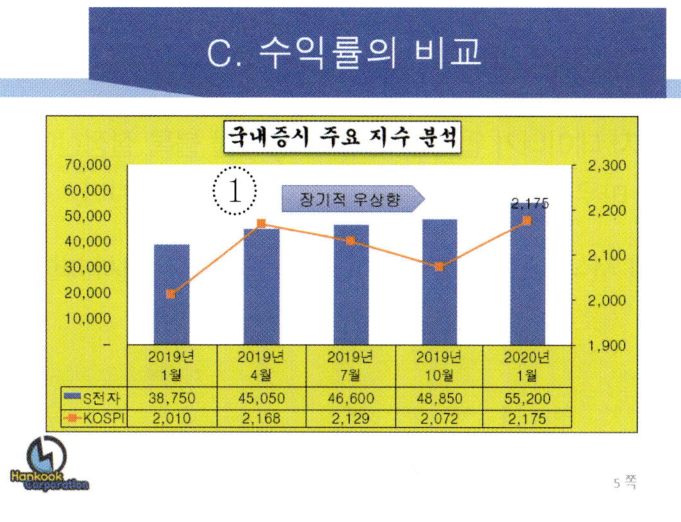

---

① 슬라이드 5를 선택하고 슬라이드 제목 『C. 수익률의 비교』를 입력한다.

② 텍스트 상자에서 [차트 삽입](📊)을 클릭하고 대화상자가 나타나면 [혼합]을 클릭한다.
   → 계열2를 '표식이 있는 꺾은선형' 설정하고 [보조 축]에 체크한 후 [확인]을 클릭한다.

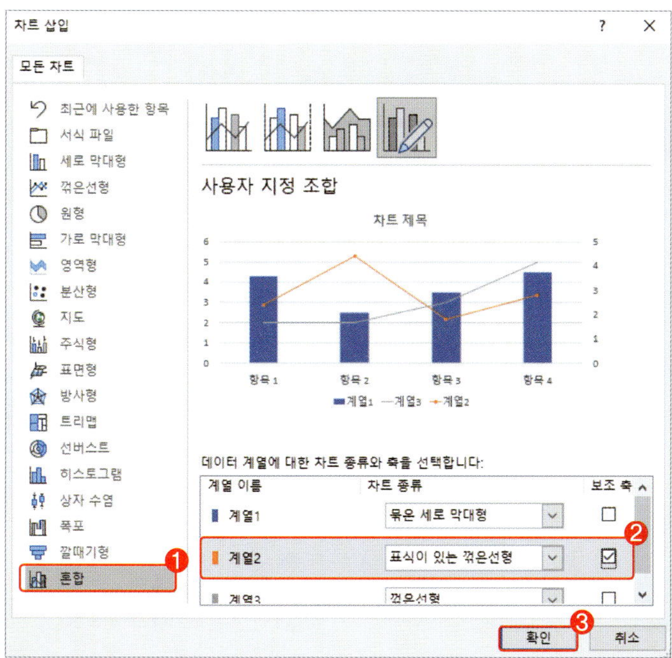

③ 데이터 시트 창이 열리면 내용을 입력한 후 데이터 범위를 지정한다.

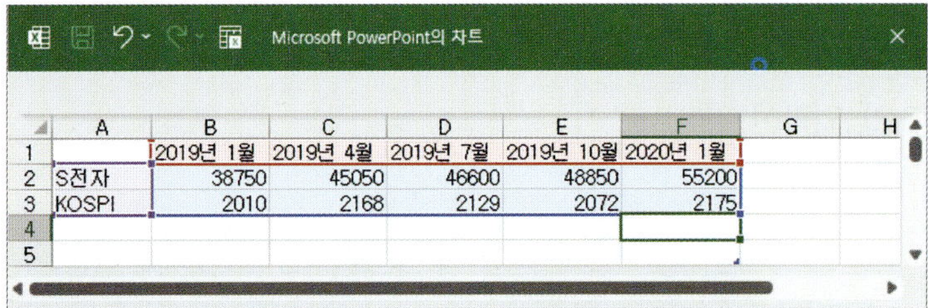

④ 숫자 데이터가 입력된 「B2:F3」 영역을 블록 설정한다.

→ 마우스 오른쪽 클릭하여 [셀 서식]을 클릭한다.

⑤ [셀 서식] 대화상자 – [표시 형식] 탭의 범주에서 '회계'를 클릭한다.

→ 기호 '없음'을 설정하고 [확인]을 클릭한다.

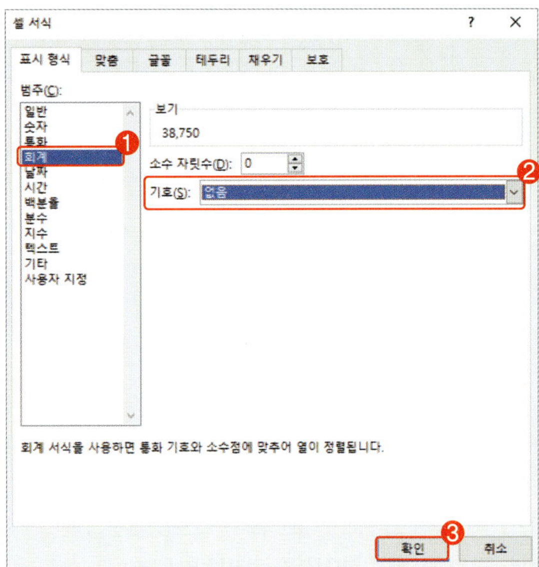

⑥ 데이터 시트를 닫고, [홈] 탭 – [글꼴] 그룹에서 글꼴 '돋움', '16pt', 글꼴 색 '검정'을 설정한다.

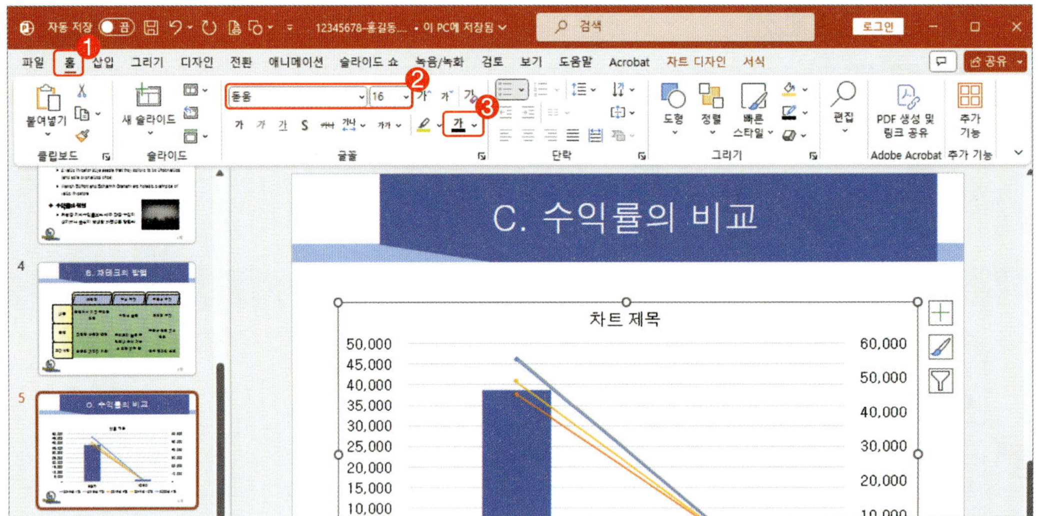

⑦ [차트 디자인] 탭 – [데이터] 그룹에서 [데이터 선택](🗔)을 클릭한다.
　→ [데이터 원본 선택] 대화상자가 나타나면 [행/열 전환](🔁)을 클릭하고 [확인]을 클릭한다.
　→ 데이터 시트를 닫는다.

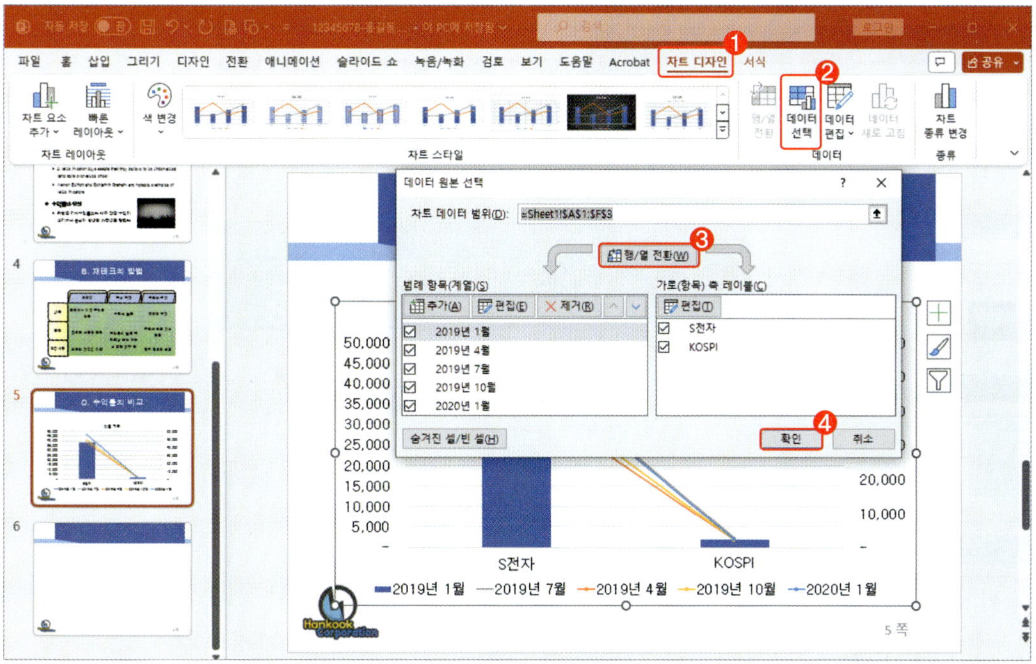

⑧ [서식] 탭 – [도형 스타일] 그룹 – [도형 윤곽선](🖊)을 클릭한다.
　→ [색] – [검정], [두께] – [3/4pt]를 설정하여 외곽선을 지정해준다.

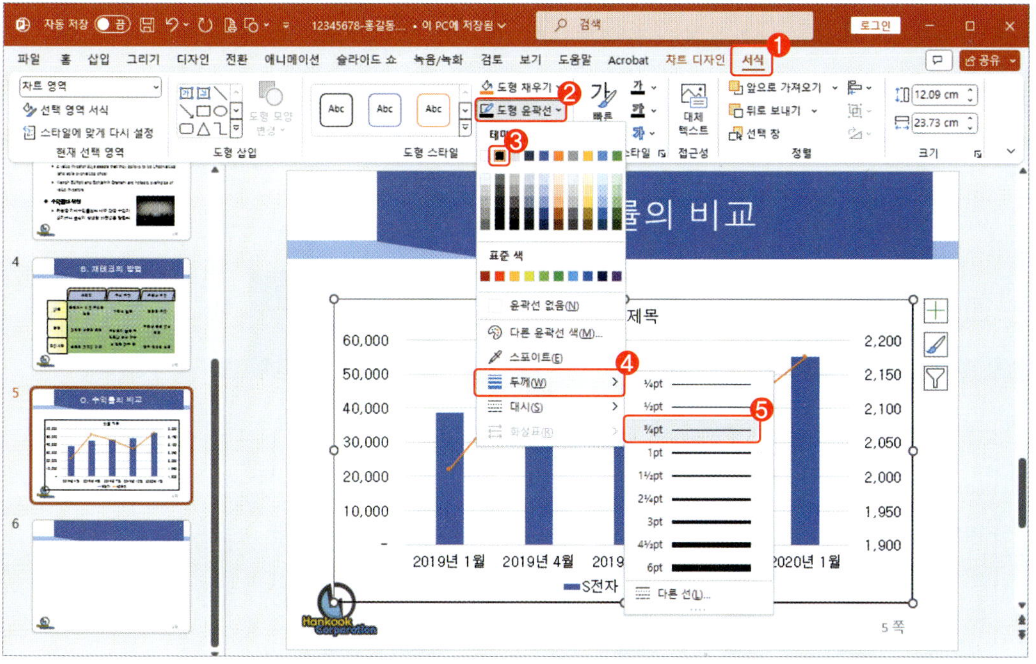

① 차트 제목 상자를 클릭하고 『국내증시 주요 지수 분석』을 입력한다.
　→ [홈] 탭 – [글꼴] 그룹에서 글꼴 '궁서', '24pt', '굵게' 설정을 한다.

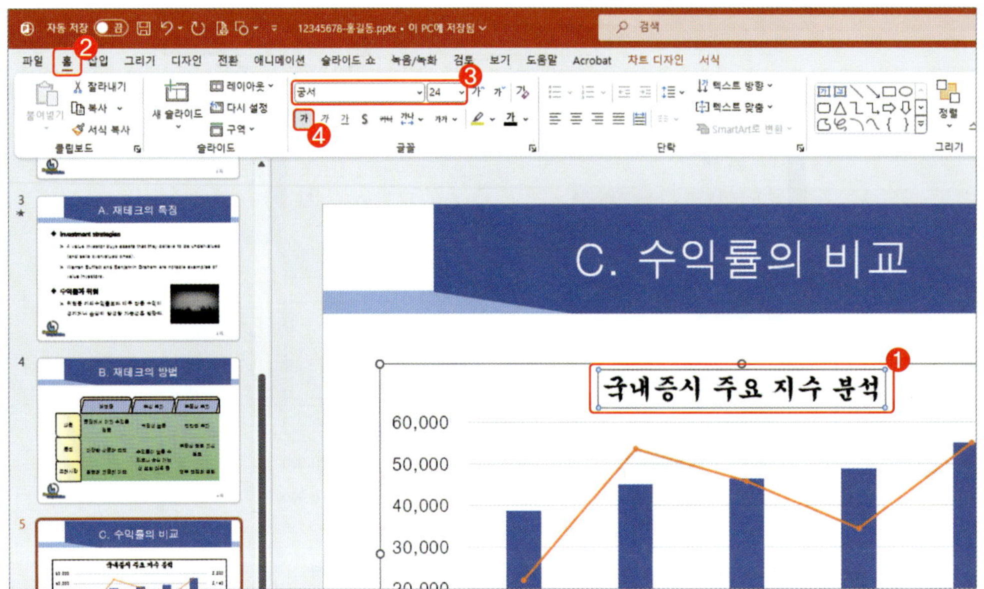

② [서식] 탭 – [도형 스타일] 그룹 – [도형 윤곽선](🖊)을 클릭한다.
　→ [색] – [검정], [두께] – [3/4pt]를 설정한다.
　→ [도형 채우기](🪣)를 클릭하여 '흰색'을 설정한다.

③ [도형 효과](⬛)를 클릭하고 [그림자] – [바깥쪽] – [오프셋: 아래쪽]으로 설정한다.

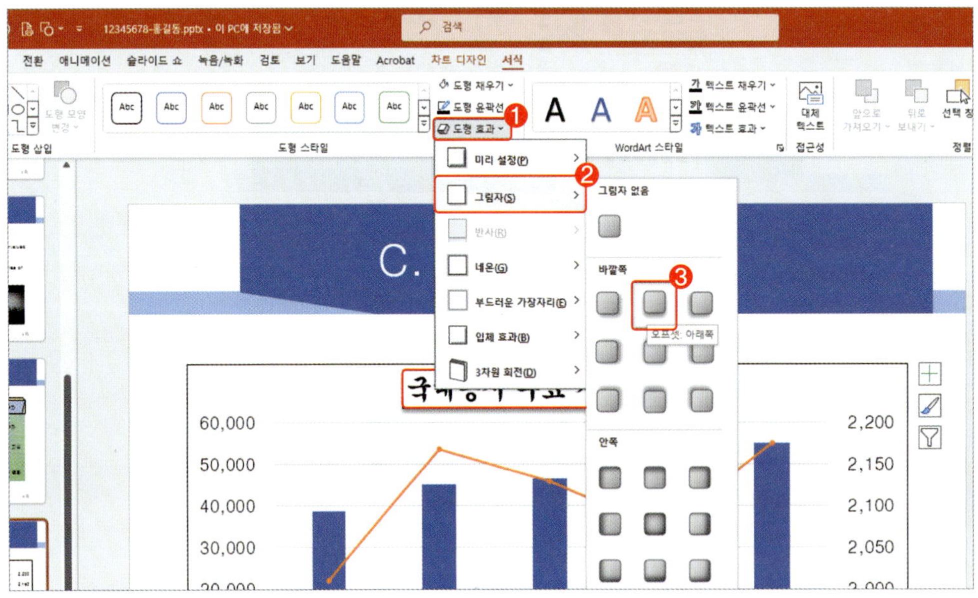

① '차트 영역'을 선택하고 [서식] 탭 – [도형 스타일] 그룹 – [도형 채우기](🖾)를 클릭한다.
　→ [색] – [노랑]을 설정한다.

② '그림 영역'을 선택하고 [서식] 탭 – [도형 스타일] 그룹 – [도형 채우기](🖾)를 클릭한다.
　→ [색] – [흰색]을 설정한다.

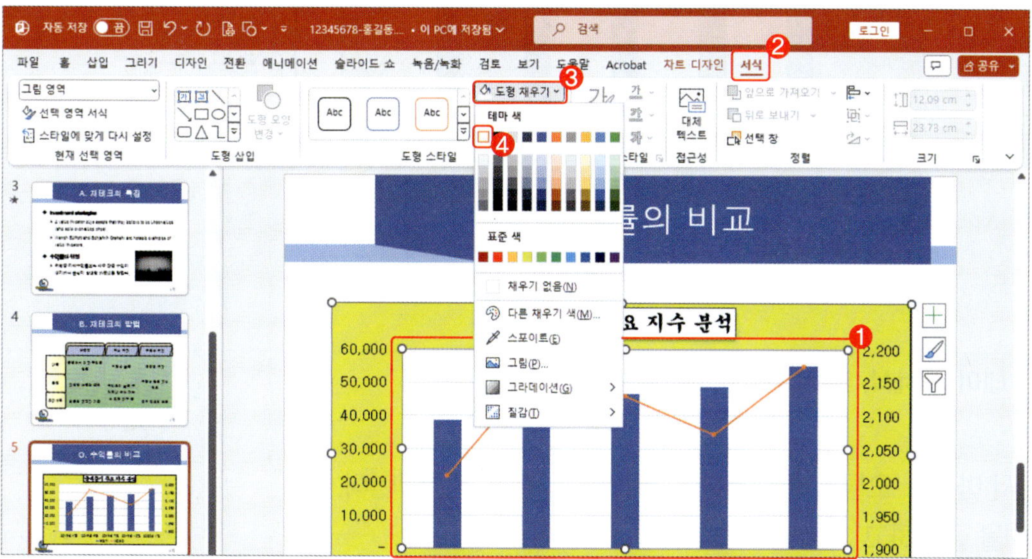

③ '차트 영역'을 선택하고 [차트 디자인] 탭 – [차트 레이아웃] 그룹 – [차트 요소 추가]
　(📊)를 클릭한다.
　→ [데이터 테이블](📋) – [범례 표지 포함]을 클릭한다.

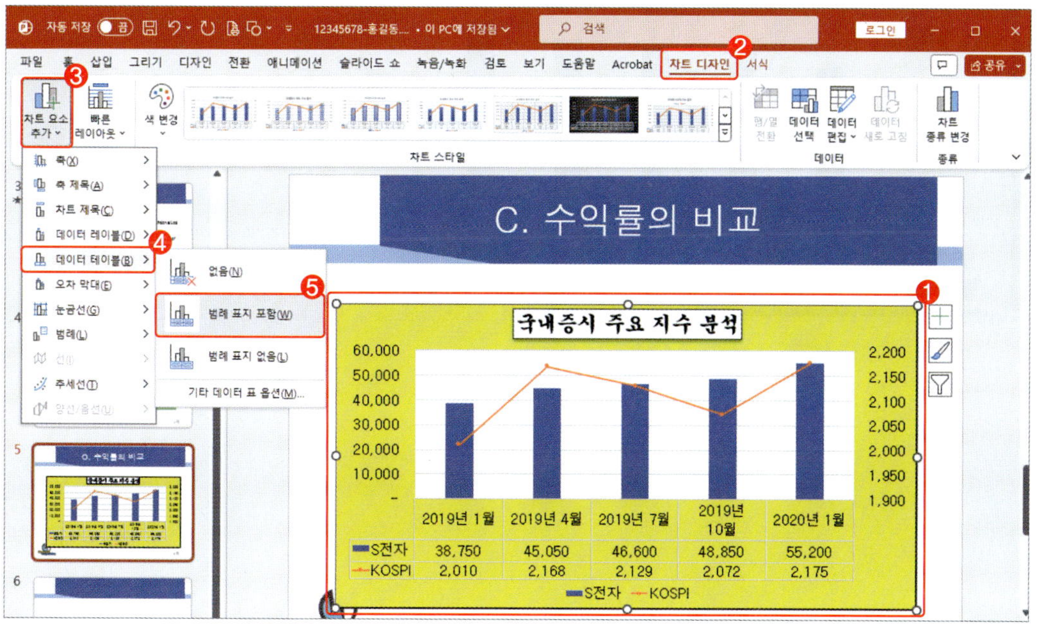

④ 차트 오른쪽 상단의 [차트 요소](⊞) 아이콘을 클릭하여 [눈금선]과 [범례]를 체크 해제한다.

SECTION 04 데이터 서식, 값 표시

① '차트 영역'에서 마우스 오른쪽 클릭하여 [차트 영역 서식]을 클릭한다.
→ [차트 옵션]을 클릭하고 계열 "KOSPI"를 선택한다.

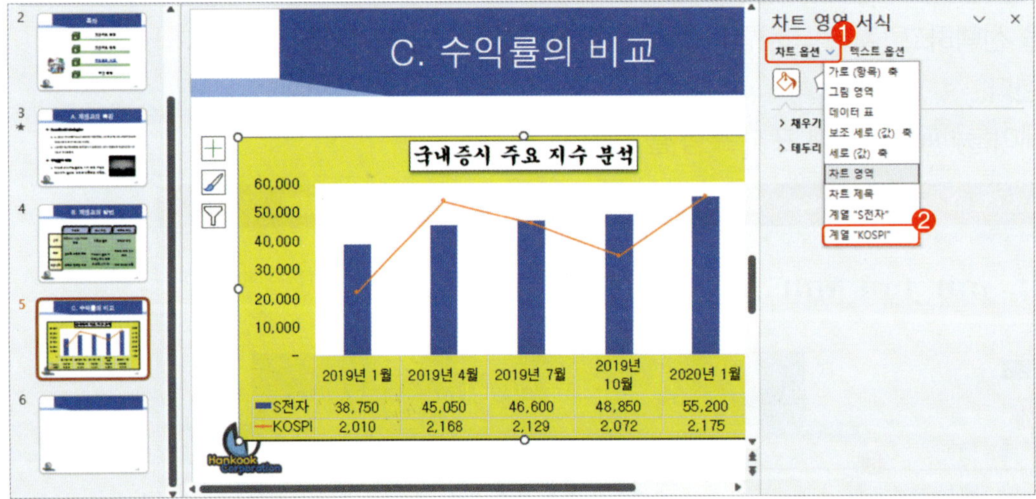

② [데이터 계열 서식] 탭에서 [표식] – [표식 옵션]을 클릭한다.

　→ 기본 제공을 선택하고 형식 '네모', 크기 '10'으로 설정한다.

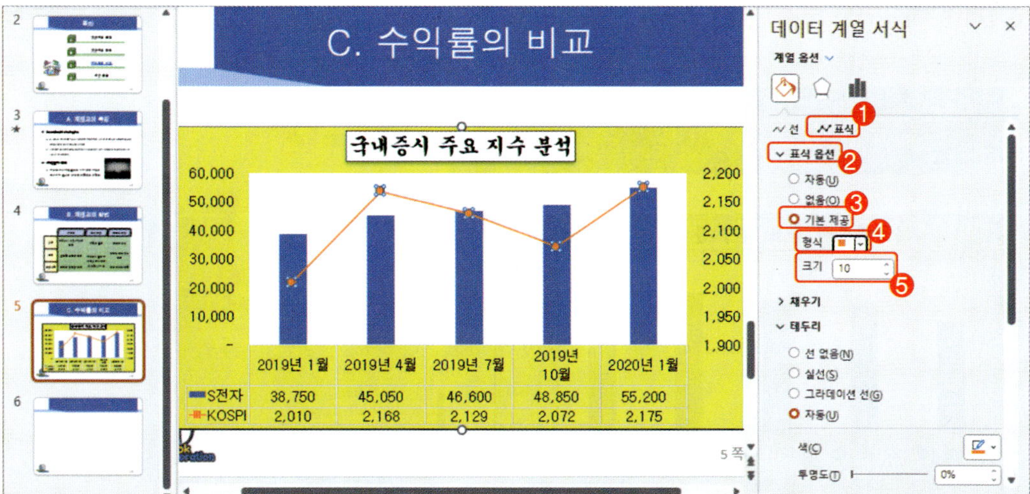

③ [계열 옵션]을 클릭하고 보조 세로 (값) 축을 선택한다.

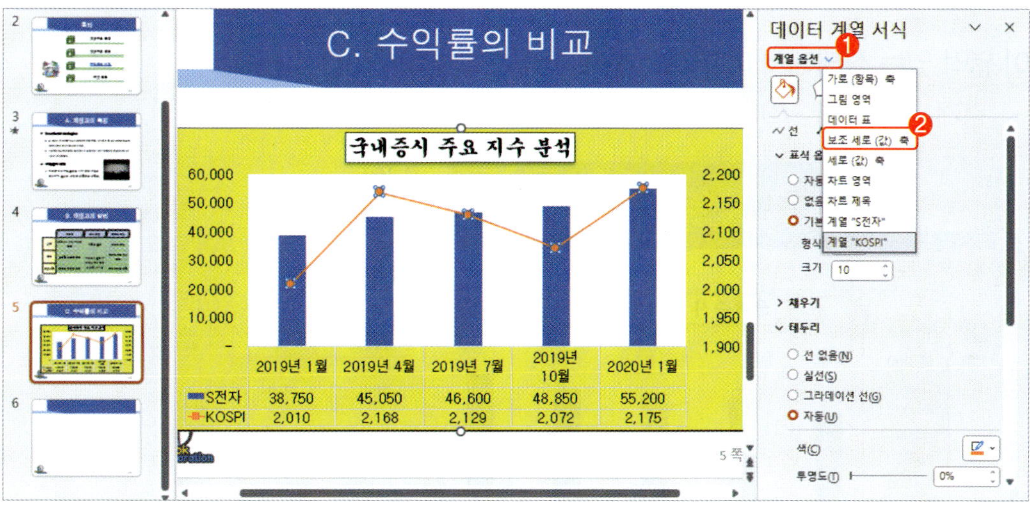

④ [축 옵션](📊)을 클릭하고 [경계] – 최소값 『1900』, 최대값 『2300』, [단위] – 기본 『100』을 입력한다.

　→ [눈금] – 주 눈금 '바깥쪽', 보조 눈금 '없음'으로 설정한다.

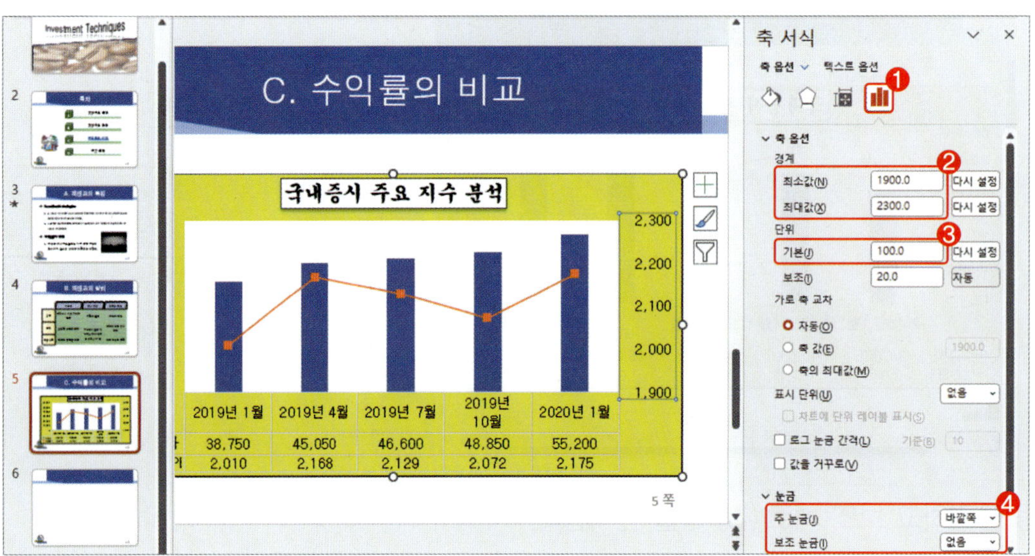

⑤ [축 서식] 탭이 열려 있는 상태에서 마우스로 '세로 (값) 축'을 클릭한다.

　→ [축 옵션] – [경계] – 최대값 『70000』을 입력한다.

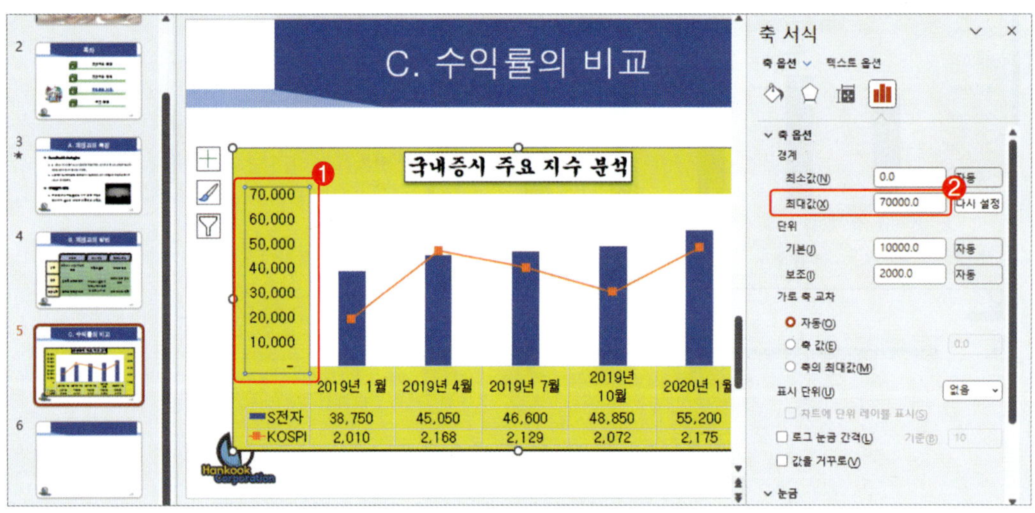

⑥ [서식] 탭 – [도형 스타일] 그룹 – [도형 윤곽선]( )을 설정한다.
→ '세로 (값) 축', '데이터 테이블'에 같은 방법으로 [도형 윤곽선]( )을 설정한다.

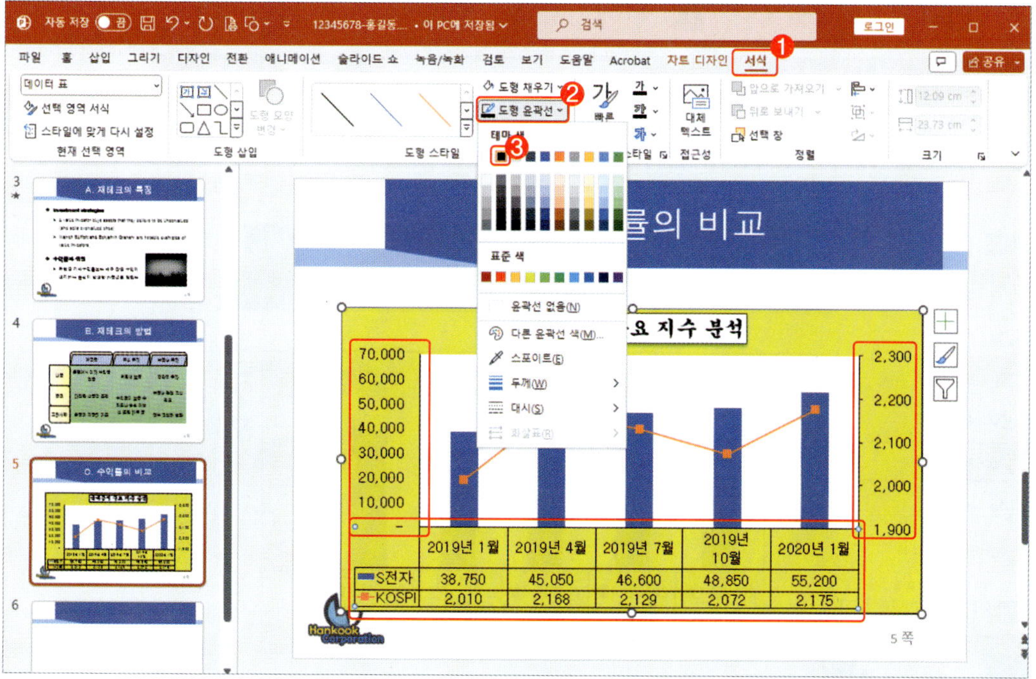

⑦ 'S전자' 계열 차트에 마우스 오른쪽 클릭하여 [데이터 계열 서식]을 클릭한다.
→ [계열 옵션]에서 간격 너비 '150%'로 설정한다.

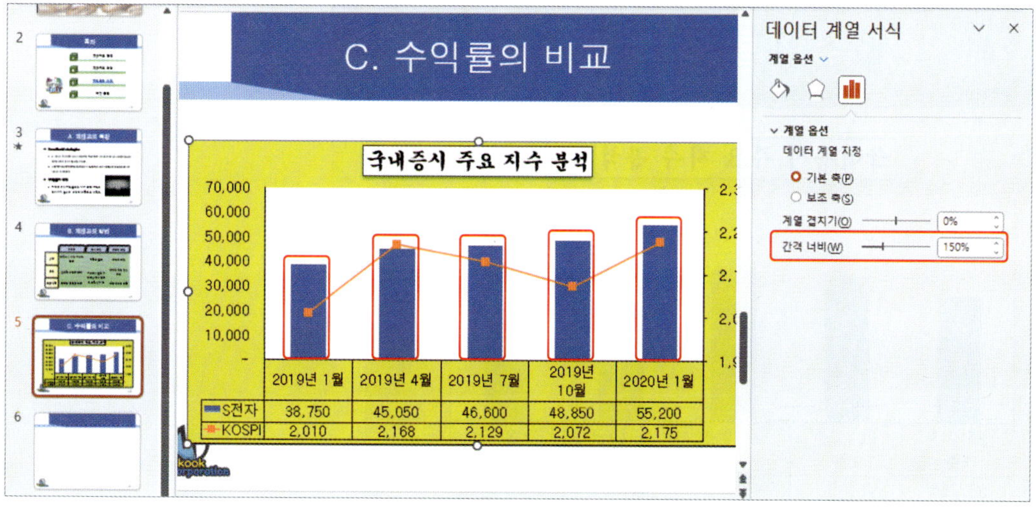

⑧ 값을 표시하기 위해 꺾은선형 차트인 'KOSPI' 계열에서 '2020년 1월 표식'만 마우스로 선택한다.

→ [차트 디자인] 탭의 [차트 요소 추가](📊) – [데이터 레이블] – [위쪽]을 클릭한다.

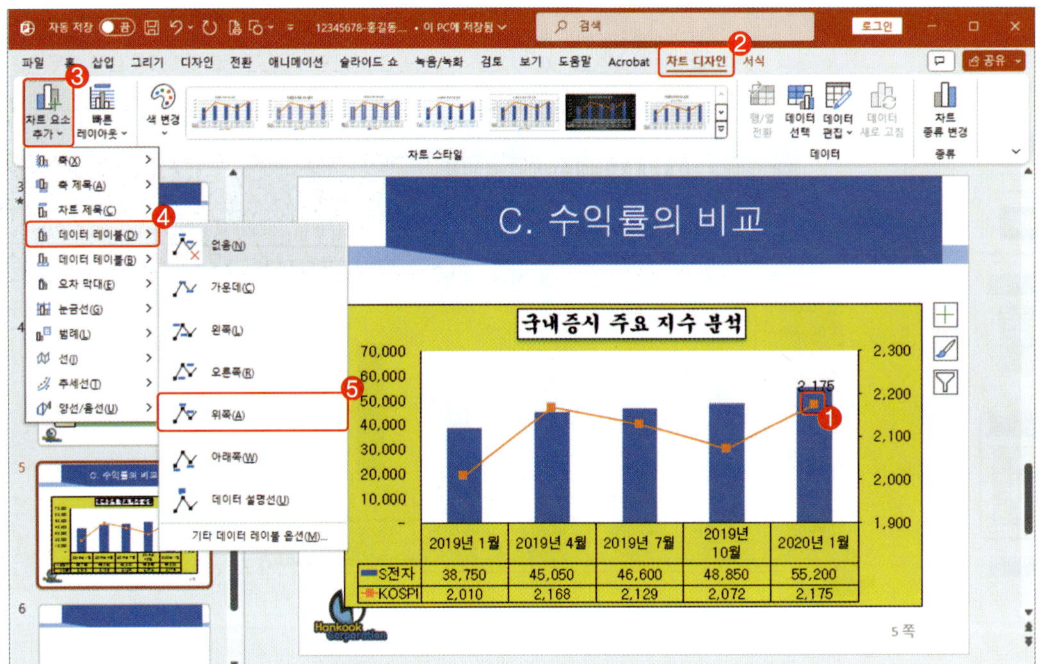

⑨ 출력형태를 참고하여 차트영역의 크기와 위치 등을 조절한다.

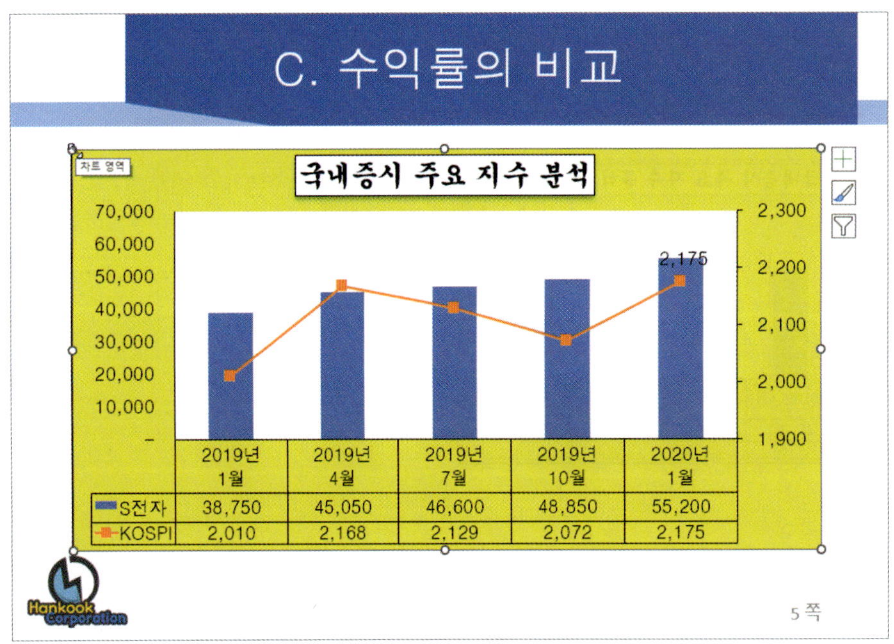

① [삽입] 탭 – [일러스트레이션] 그룹 – [도형](　)에서 [블록 화살표] – [화살표: 오각형]
을 클릭한다.
　→ 적당한 크기로 그린 후 [도형 스타일] 그룹에서 [빠른 스타일](　)을 클릭한다.
　→ [테마 스타일]에서 '미세 효과 – 파랑, 강조 1'을 선택한다.

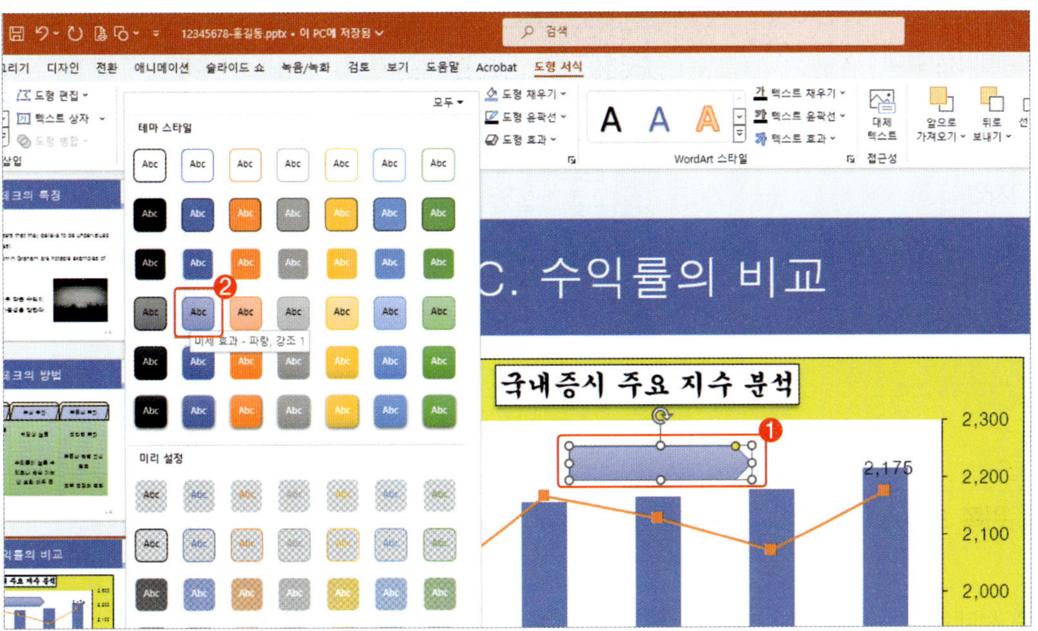

② 도형에 『장기적 우상향』을 입력한다.
　→ [홈] 탭 – [글꼴] 그룹에서 글꼴 '굴림', '18pt', [단락] 그룹에서 [가운데 맞춤](　)을
　　설정한다.

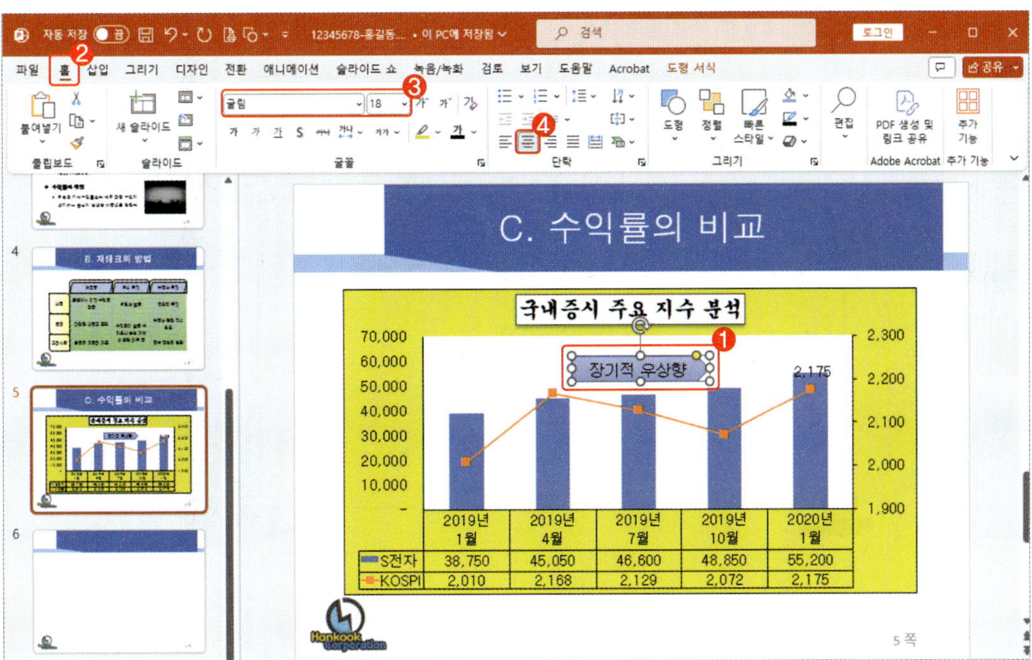

(1) 슬라이드와 같이 도형 및 스마트아트를 배치한다(글꼴 : 굴림, 18pt)
(2) 애니메이션 순서 : ① ⇒ ②

세부조건	
① 도형 및 스마트아트 편집 　－ 스마트아트 디자인 : 　　3차원 광택 처리 　－ 그룹화 후 애니메이션 효과 : 　　시계 방향 회전 ② 도형 및 스마트아트 편집 　－ 스마트아트 디자인 : 　　3차원 만화 　－ 그룹화 후 애니메이션 효과 : 　　실선 무늬(세로)	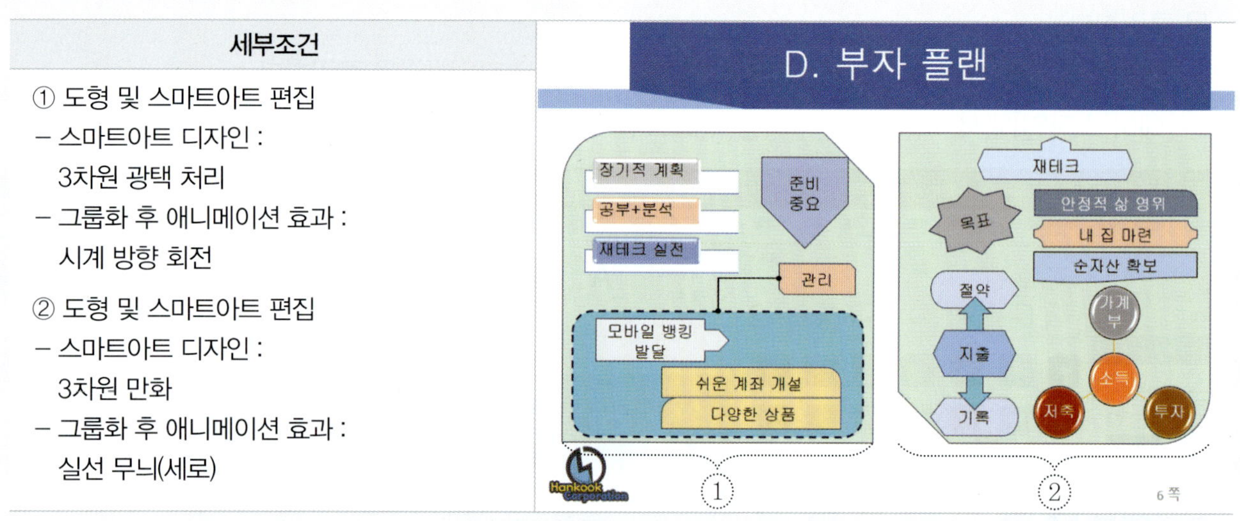

---

① **슬라이드 6**을 선택하고 슬라이드 제목에 『D. 부자 플랜』을 입력한 후 '텍스트를 입력하십시오' 상자를 삭제한다.

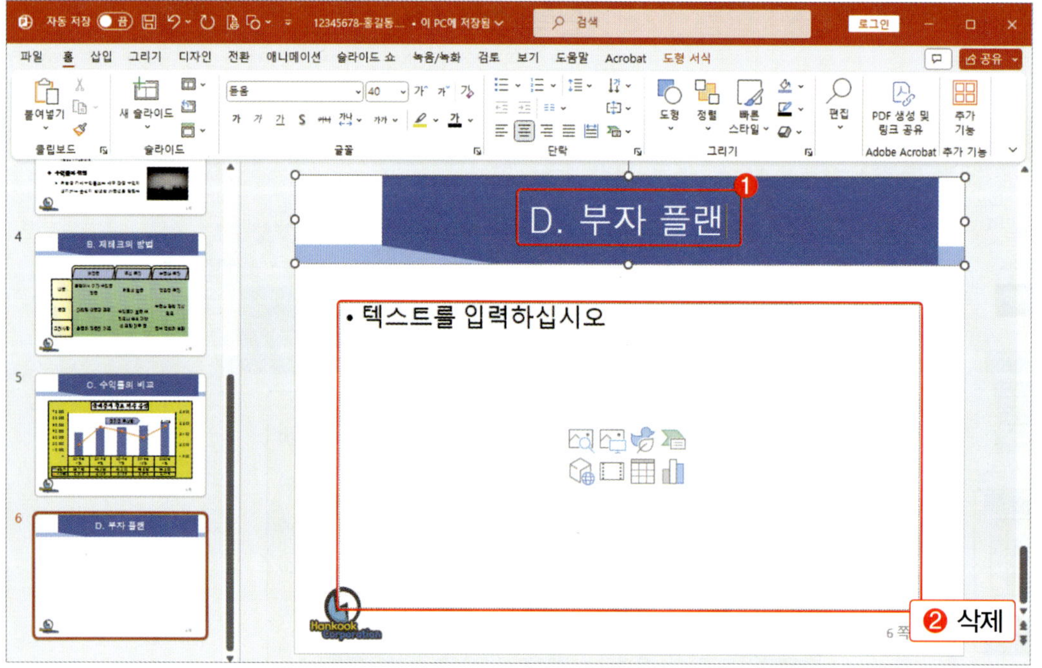

② [삽입] 탭 – [일러스트레이션] 그룹에서 [도형](📷) – [사각형: 위쪽 모서리의 한쪽은 둥글고 다른 한쪽은 잘림]을 선택하여 도형을 그린다.

→ [도형 서식] 탭 – [도형 스타일] 그룹에서 [도형 채우기](🖌)로 임의의 색을 지정한다.

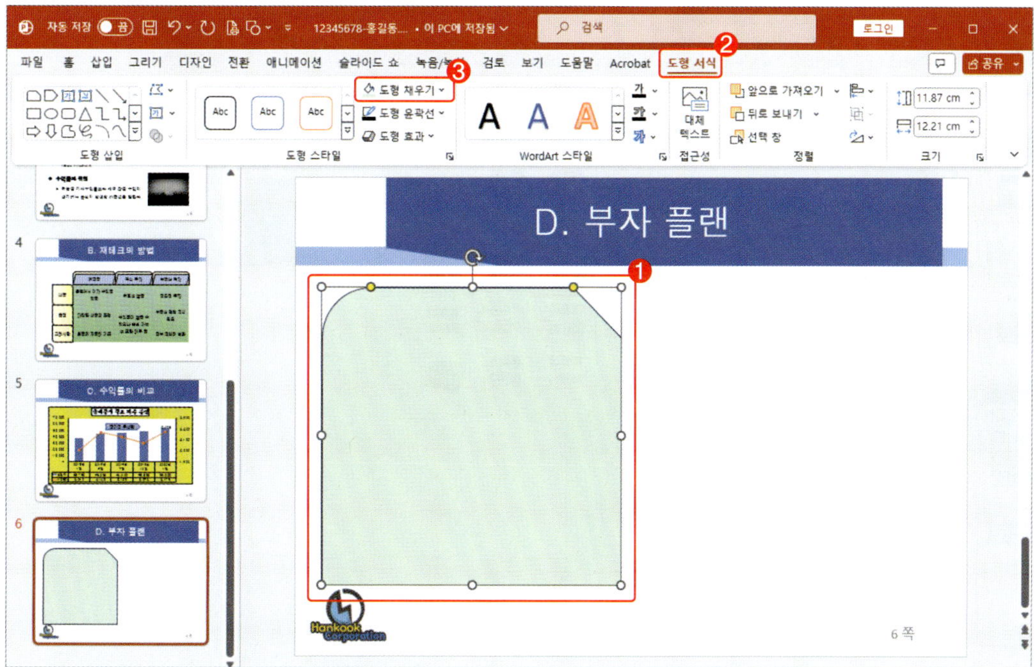

③ [삽입] 탭 – [일러스트레이션] 그룹 – [SmartArt](📄)를 클릭한다.

→ [SmartArt 그래픽 선택] 대화상자가 나타나면 [목록형] – [세로 상자 목록형]을 선택하고 [확인]을 클릭한다.

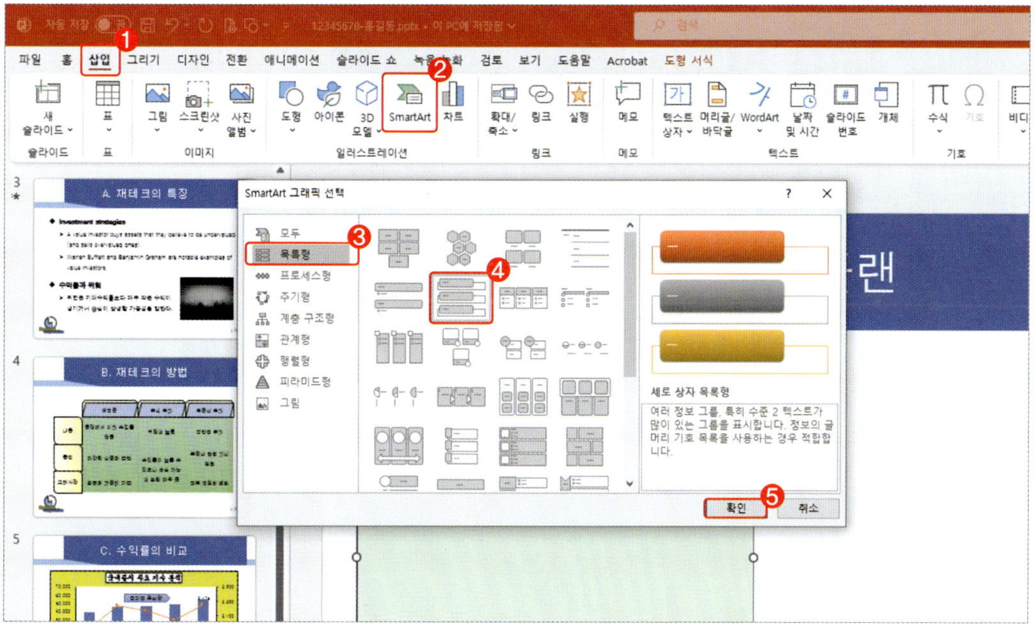

④ 크기와 위치를 조절하고 [SmartArt 디자인] 탭 – [SmartArt 스타일] 그룹 – [빠른 스타일](▽)을 클릭한다.

→ [3차원] – [광택 처리]를 클릭한다.

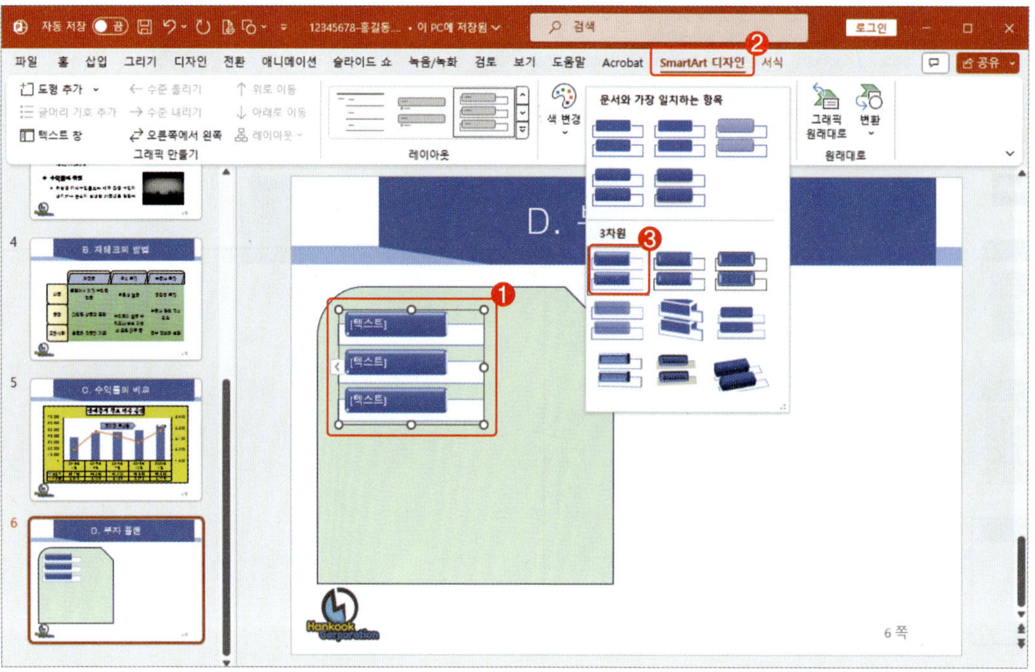

⑤ SmartArt에 [홈] 탭 – [글꼴] 그룹의 글꼴 '굴림', '18pt', '검정'을 설정하고 내용을 입력한다.

→ [서식] 탭 – [도형 채우기]를 이용하여 도형에 서로 구분되는 색을 적용한다.

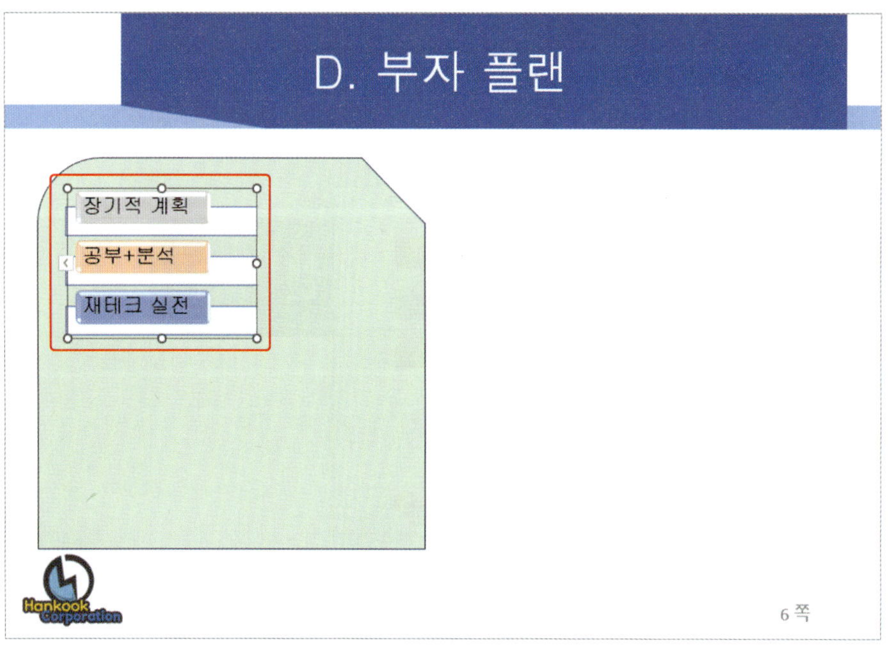

⑥ [삽입] 탭 – [일러스트레이션] 그룹에서 [도형]( ) – [블록 화살표] – [화살표: 오각형]
을 선택하여 그린다.
→ [도형 서식] 탭 – [정렬] 그룹 – [회전]( )에서 [오른쪽으로 90도 회전]을 클릭한다.
→ [삽입] 탭 – [텍스트] 그룹 – [텍스트 상자]( )를 도형 위에 배치하고 글꼴 '굴림',
'18pt'로 입력한다.

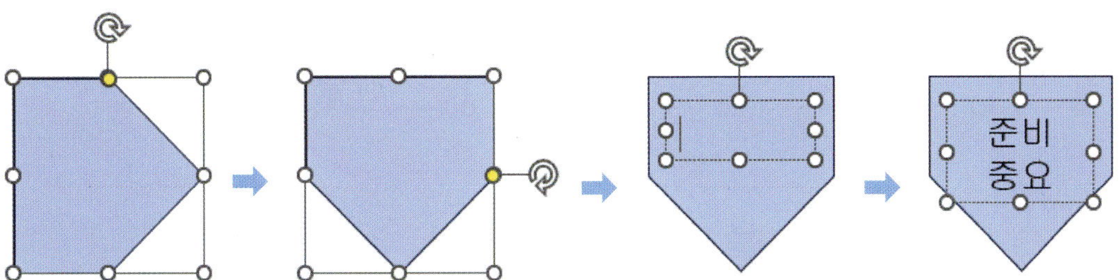

⑦ [삽입] 탭 – [일러스트레이션] 그룹에서 [도형]( ) – [사각형: 둥근 모서리]를 선택해
그린다.
→ 도형에서 마우스 오른쪽 클릭하여 [도형 서식] 탭을 연다.
→ [선] – 대시 종류 '파선', 너비 '2pt'로 설정한다.

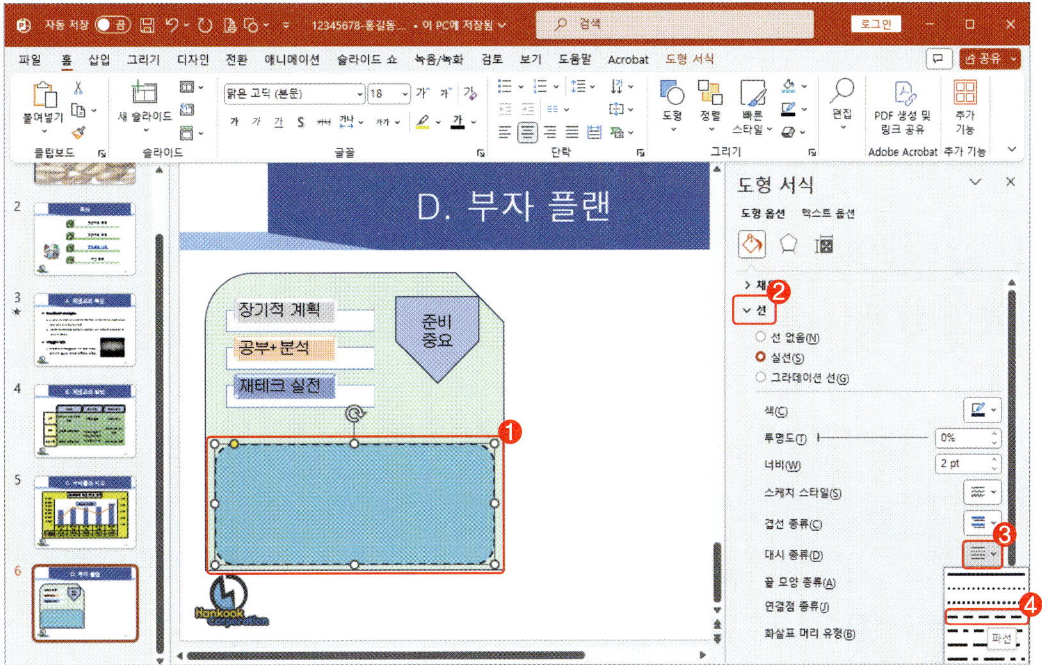

⑧ [삽입] 탭 – [일러스트레이션] 그룹에서 [도형](📷) – [블록 화살표] – [설명선: 오른쪽 화살표]를 선택하여 그린다.

→ '모양 조절 핸들'을 드래그하여 출력형태처럼 조절하고 글꼴 '굴림', '18pt'로 텍스트를 입력한다.

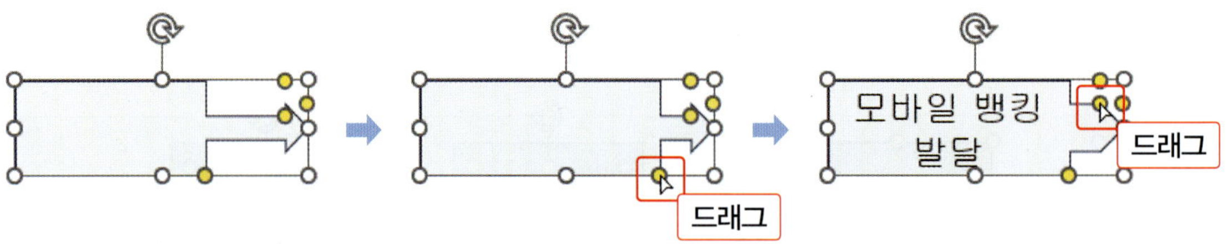

⑨ [도형](📷) – [사각형: 둥근 한쪽 모서리]를 선택하여 그린다.

→ '모양 조절 핸들'을 드래그하여 곡선을 더 크게 하고 『쉬운 계좌 개설』을 입력한다.

⑩ 도형을 [Ctrl]을 누른 채로 마우스 드래그하여 복사한다.

→ 텍스트를 『다양한 상품』으로 수정하고, [도형 서식] 탭 – [정렬] 그룹에서 [회전](📐)–[좌우 대칭]을 클릭하여 출력형태와 모양을 맞춘다.

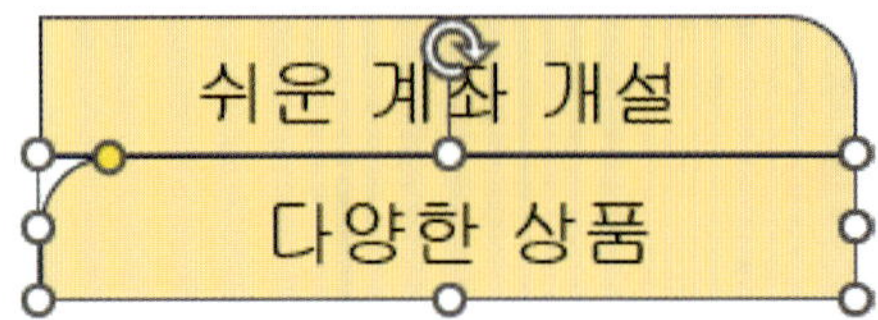

⑪ [도형](📷) – [사각형: 잘린 대각선 방향 모서리]를 선택하여 그린다.

→ 『관리』를 입력한다.

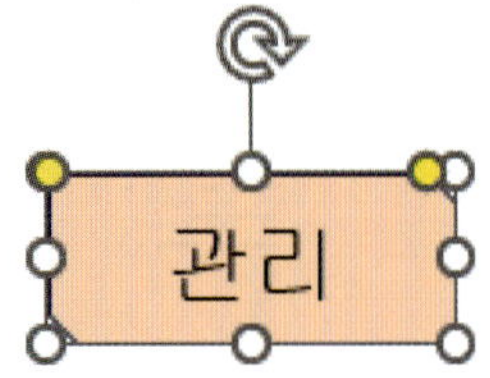

⑫ [도형] – [선] – [연결선: 꺾임]을 선택하여 연결하려는 도형에 마우스를 위치한다.
　→ 연결점(◉)이 생기면 클릭하고 연결하려는 다음 도형까지 드래그한다.

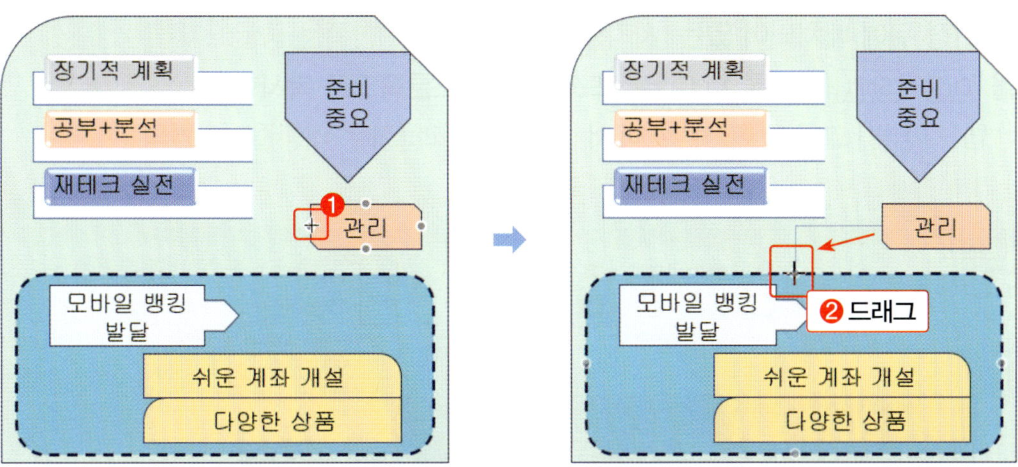

⑬ [도형 서식] 탭 – [도형 스타일] 그룹 – [도형 윤곽선]을 클릭한다.
　→ 색과 두께는 출력형태와 가장 유사하게 설정하고 [화살표] – [화살표 스타일 11]을 설정한다.

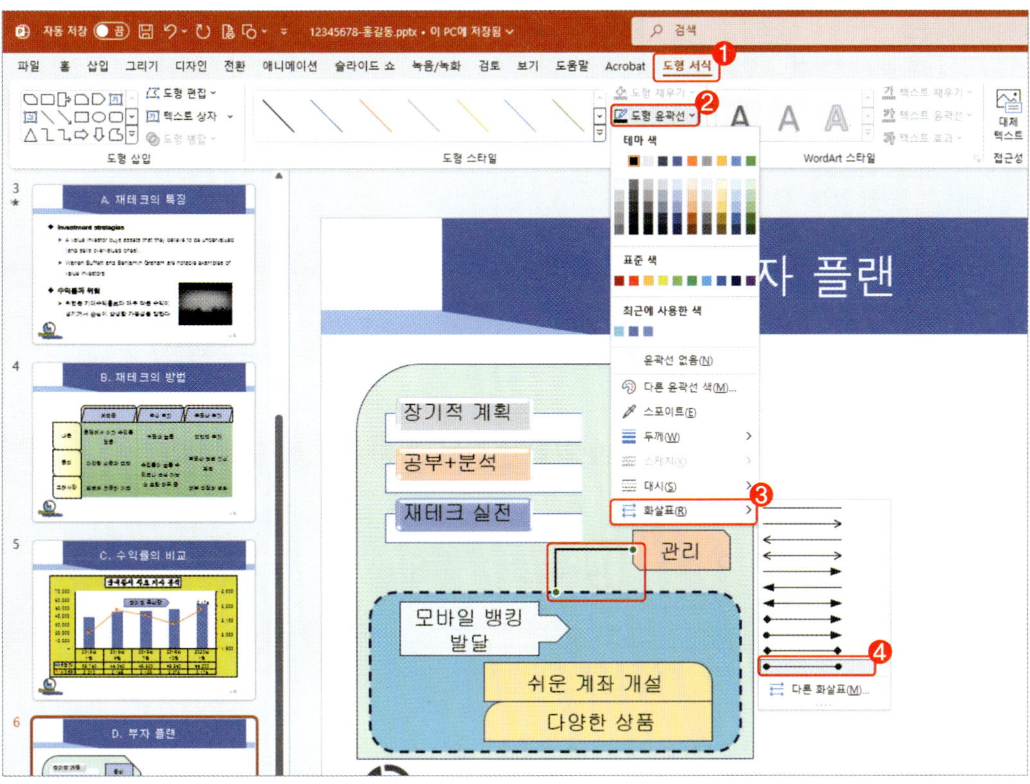

① 왼쪽 도형들 중 가장 뒤에 배치되어 있는 [사각형: 위쪽 모서리의 한쪽은 둥글고 다른 한쪽은 잘림]을 Ctrl + Shift 를 누른 채 마우스 드래그하여 오른쪽으로 복사한다.
→ [도형 서식] 탭 – [정렬] 그룹 – [회전]( )에서 [상하 대칭]과 [좌우 대칭]을 한 번씩 클릭한다.

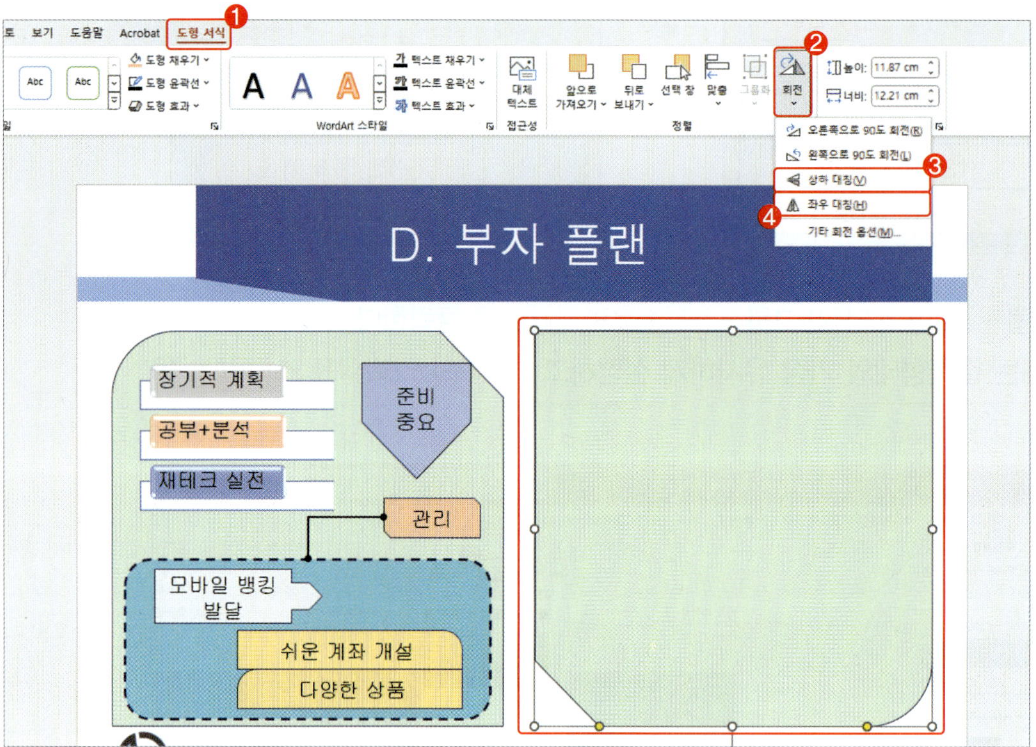

② [삽입] 탭 – [일러스트레이션] 그룹에서 [도형]( ) – [블록 화살표] – [화살표: 왼쪽/오른쪽/위쪽]을 선택하여 그린다.
→ '모양 조절 핸들'을 드래그하여 출력형태처럼 모양을 변경하고 『재테크』를 입력한다.

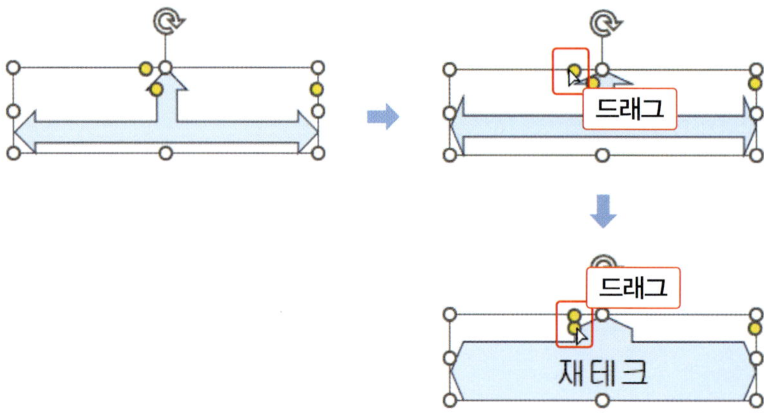

③ [도형](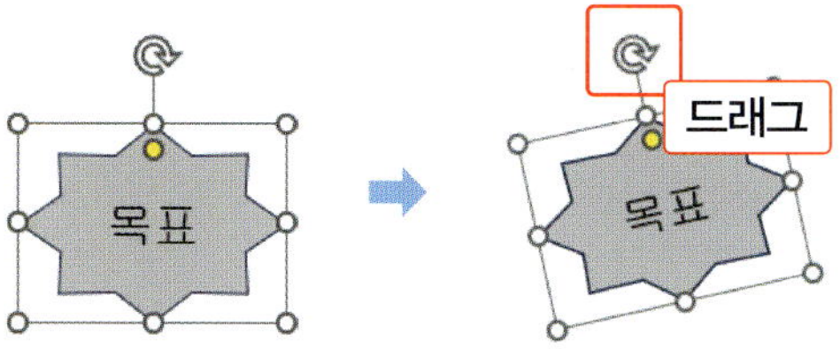) – [별 및 현수막] – [별: 꼭짓점 8개]를 선택하여 그리고 『목표』를 입력한다.

→ '회전 핸들'을 마우스 드래그하여 출력형태처럼 왼쪽으로 회전시킨다.

④ [도형](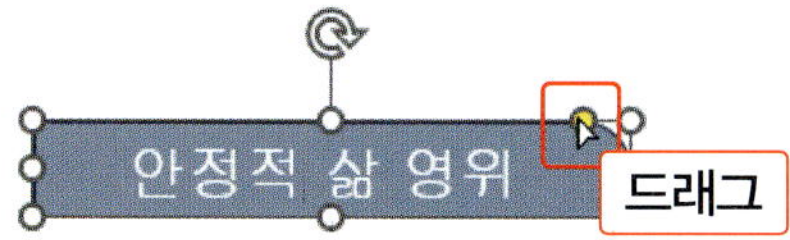) – [사각형: 둥근 한쪽 모서리]를 선택하여 그린다.

→ '모양 조절 핸들'을 드래그하여 곡선을 더 크게 하고 『안정적 삶 영위』를 입력한다.

⑤ [도형]() – [기본 도형] – [배지]를 선택하여 그린다.

→ '모양 조절 핸들'을 드래그하여 곡선을 조절하고 『내 집 마련』을 입력한다.

⑥ [도형](📷) – [순서도: 문서]를 선택하여 그리고 『순자산 확보』를 입력한다.

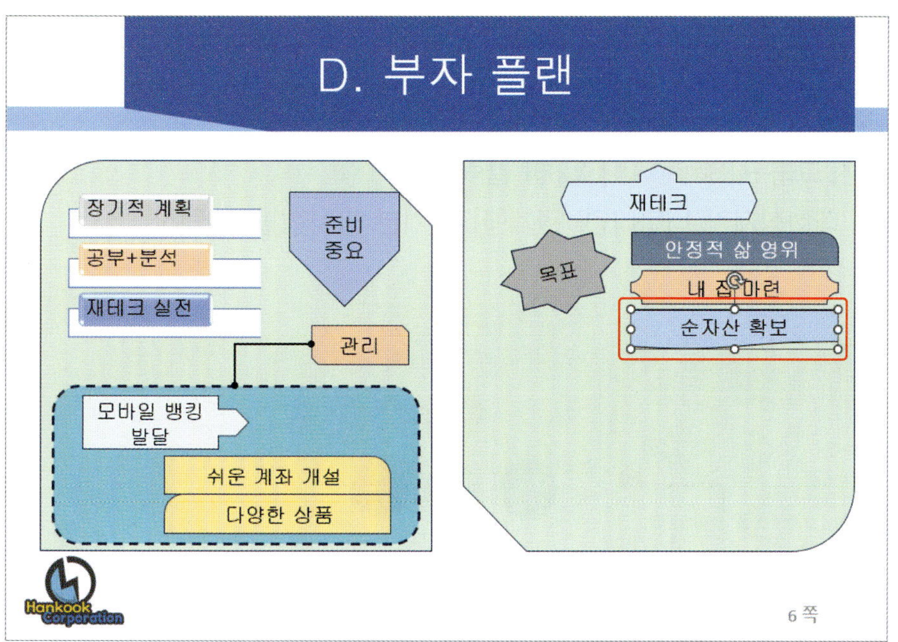

⑦ [도형] – [순서도: 화면 표시]를 선택하여 그리고 『기록』을 입력한다.

→ [Ctrl]+드래그로 복사하고 [도형 서식] 탭 – [정렬] 그룹 – [회전]에서 [좌우 대칭]을 클릭한다.

→ 텍스트를 『절약』으로 수정한다.

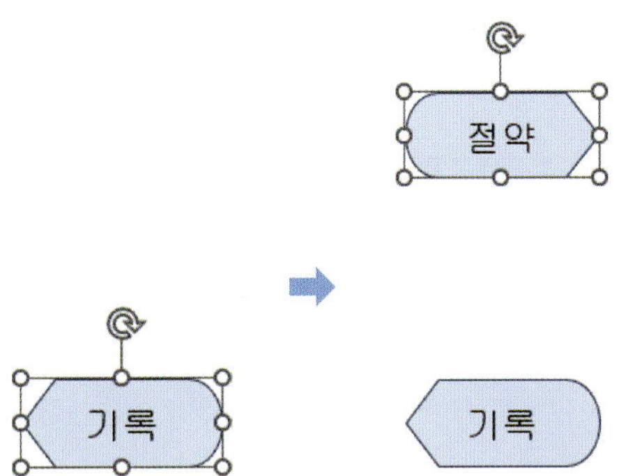

⑧ [도형] – [블록 화살표] – [화살표: 위쪽/아래쪽]을 선택하여 그린다.

→ [기본 도형] – [육각형]을 위에 그리고 『지출』을 입력한다.

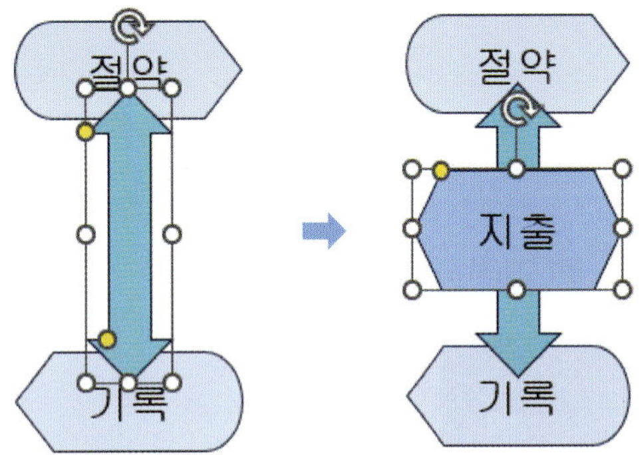

⑨ [삽입] 탭 – [일러스트레이션] 그룹 – [SmartArt]를 클릭한다.

→ [SmartArt 그래픽 선택] 대화상자가 나타나면 [관계형] – [기본 방사형]을 선택하고 [확인]을 클릭한다.

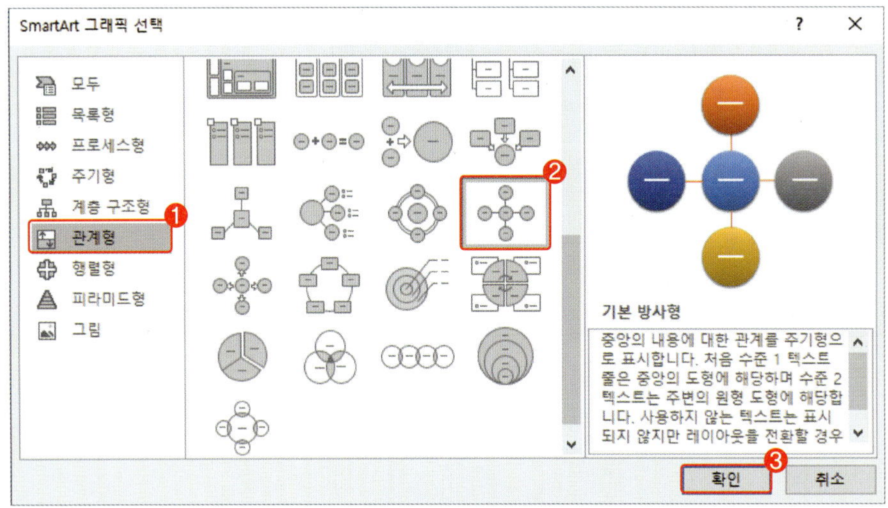

⑩ 중앙에 위치하지 않은 도형 중 하나를 삭제한다.
→ [SmartArt 디자인] 탭에서 [SmartArt 스타일] 그룹 – [색 변경](🎨)을 클릭한다.
→ [색상형] 중 도형들이 서로 구분되는 색을 선택하여 적용한다.

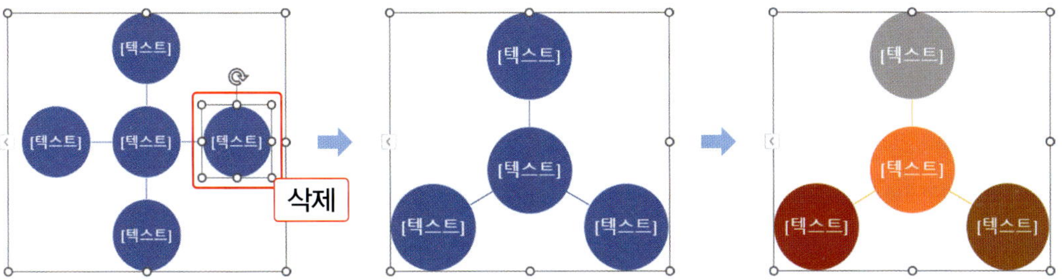

⑪ SmartArt에 글꼴 '굴림', '18pt'로 텍스트를 입력하고 크기를 조절한다.
→ [SmartArt 디자인] 탭 – [SmartArt 스타일] 그룹 – [빠른 스타일](▽)을 클릭한다.
→ [3차원] – [만화]를 클릭한다.

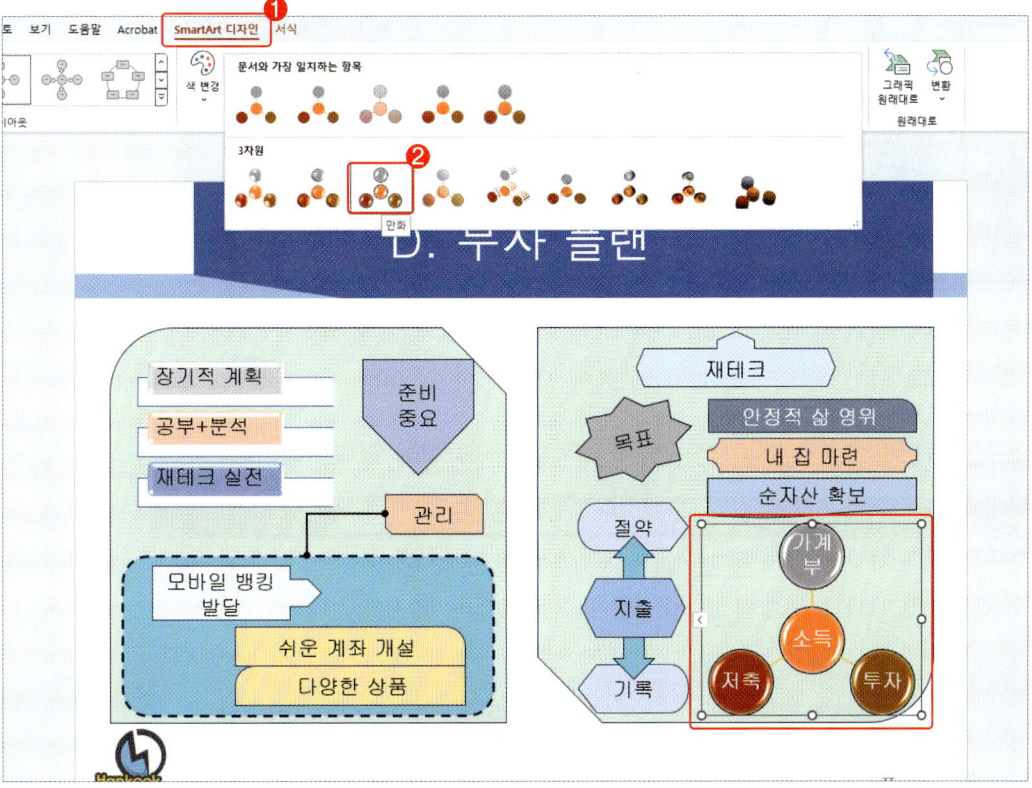

① 마우스를 드래그하여 왼쪽 도형들을 모두 선택한다.

　→ 마우스 오른쪽 클릭하여 [그룹화](🔲) – [그룹]을 클릭한다.

　→ 오른쪽 도형들도 같은 방법으로 그룹을 지정한다.

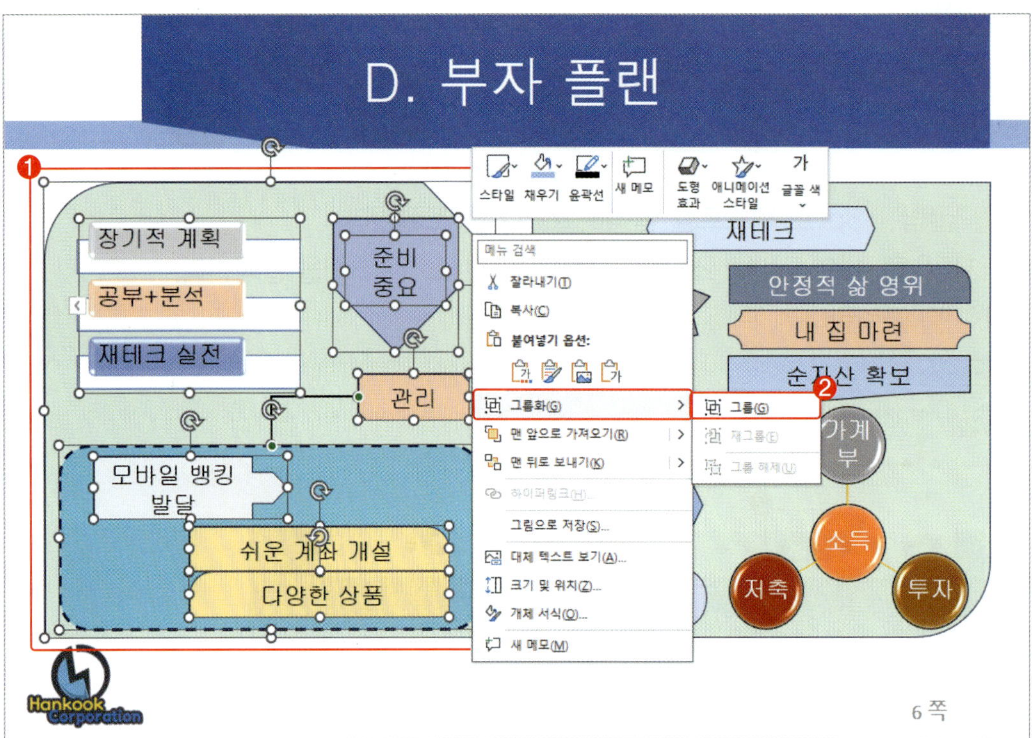

② **왼쪽 도형 그룹**을 선택한 후 [애니메이션] 탭 – [시계 방향 회전]을 클릭한다.

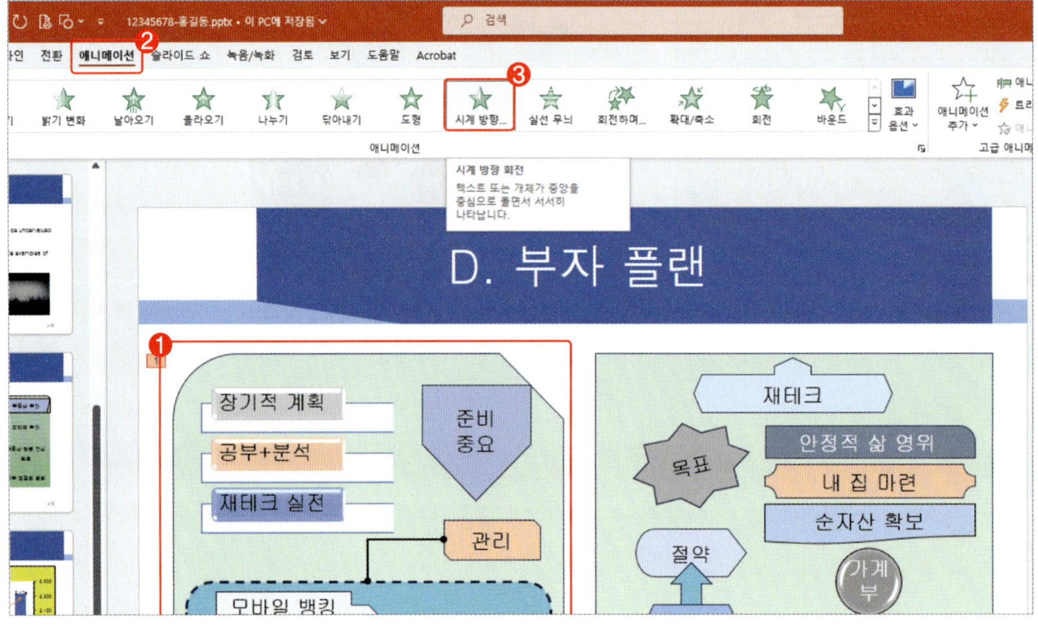

③ 오른쪽 도형 그룹을 선택한 후 [애니메이션] 탭 – [실선 무늬]를 클릭한다.

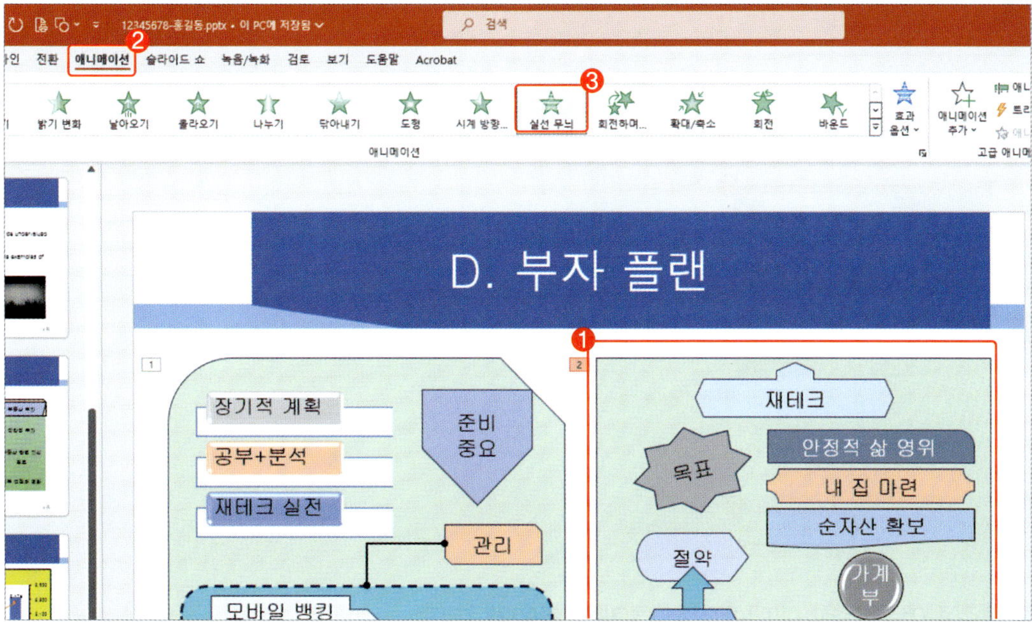

④ [애니메이션] 그룹의 오른쪽 하단에 [추가 효과 옵션 표시]( )가 활성화되면 클릭한다.

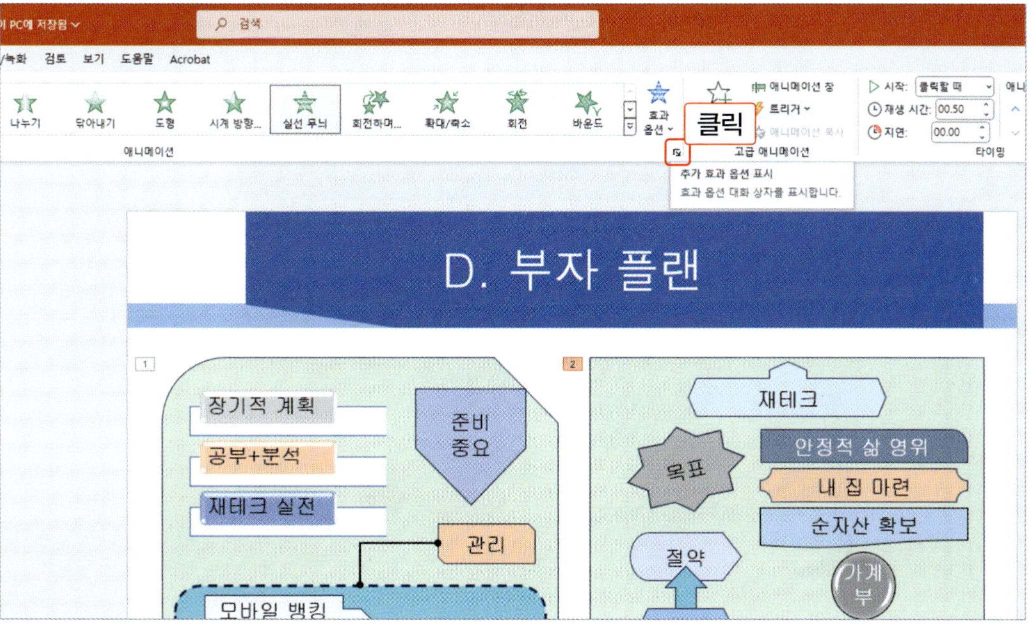

⑤ [실선 무늬] 대화상자가 나타나면 [효과] 탭에서 방향 '세로'를 설정한 후 [확인]을 클릭한다.

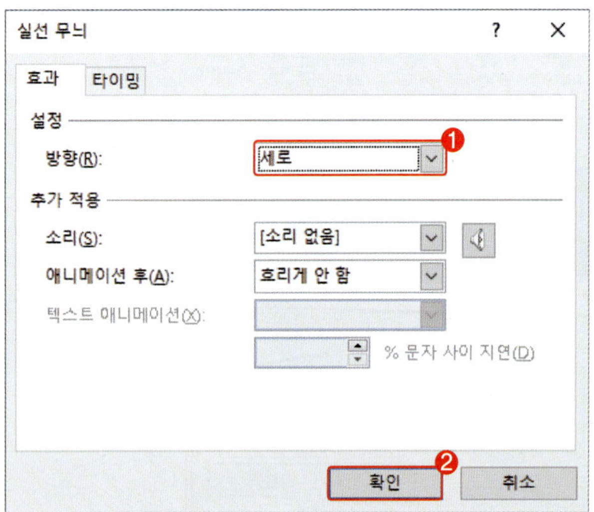

⑥ [미리 보기]를 클릭하여 적용한 애니메이션 효과를 확인해 본다.

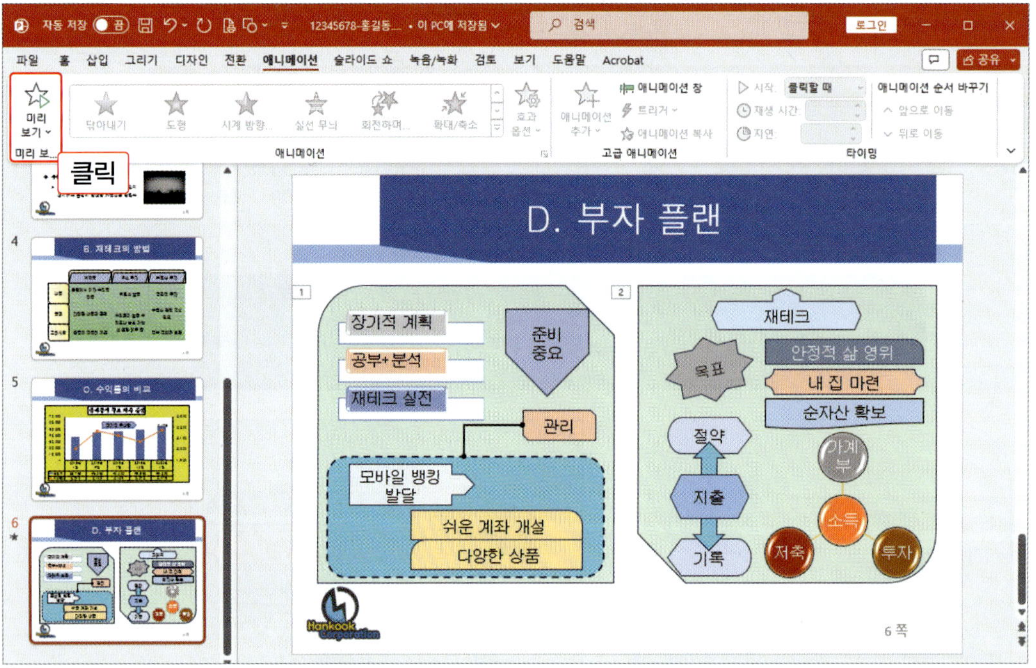

PART 03

최신 기출문제

정보기술자격(ITQ) 시험

MS오피스

과목	코드	문제유형	시험시간	수험번호	성명
한글파워포인트	1142	A	60분		

※ 최신 기출문제 01~10회 학습 시 답안 작성요령을 동일하게 적용하세요.

수험자 유의사항

- 수험자는 문제지를 받는 즉시 문제지와 **수험표상의 시험과목(프로그램)이 동일한지 반드시 확인**하여야 합니다.
- 파일명은 본인의 "수험번호-성명"으로 입력하여 답안폴더(내 PC₩문서₩ITQ)에 하나의 파일로 저장해야 하며, 답안문서 파일명이 "수험번호-성명"과 일치하지 않거나, 답안파일을 전송하지 않아 미제출로 처리될 경우 실격 처리합니다(예: 12345678-홍길동.pptx).
- 답안 작성을 마치면 파일을 저장하고, '답안 전송' 버튼을 선택하여 감독위원 PC로 답안을 전송하십시오. 수험생 정보와 저장한 파일명이 다를 경우 전송되지 않으므로 주의하시기 바랍니다.
- 답안 작성 중에도 **주기적으로 저장하고, '답안 전송'**하여야 문제 발생을 줄일 수 있습니다. 작업한 내용을 저장하지 않고 전송할 경우 이전에 저장된 내용이 전송되니 이점 유의하시기 바랍니다.
- 답안문서는 지정된 경로 외의 다른 보조기억장치에 저장하는 경우, 지정된 시험 시간 외에 작성된 파일을 활용할 경우, 기타 통신수단(이메일, 메신저, 네트워크 등)을 이용하여 타인에게 전달 또는 외부 반출하는 경우는 부정 처리합니다.
- 시험 중 부주의 또는 고의로 시스템을 파손한 경우는 수험자가 변상해야 하며, 〈수험자 유의사항〉에 기재된 방법대로 이행하지 않아 생기는 불이익은 수험생 당사자의 책임임을 알려 드립니다.
- 문제의 조건은 MS오피스 2021 버전으로 설정되어 있으며 MS오피스 2016은 【 】에 표기되어 있습니다. 이와 관련하여 작성한 답안의 출력형태가 문제지와 다를 수 있습니다.
- 시험을 완료한 수험자는 답안파일이 전송되었는지 확인한 후 감독위원의 지시에 따라 문제지를 제출하고 퇴실합니다.

답안 작성요령

- 온라인 답안 작성 절차
  수험자 등록 ⇒ 시험 시작 ⇒ 답안파일 저장 ⇒ 답안 전송 ⇒ 시험 종료
- 슬라이드의 크기는 A4 Paper로 설정하여 작성합니다.
- 슬라이드의 총 개수는 6개로 구성되어 있으며 슬라이드 1부터 순서대로 작업하고 반드시 문제와 세부 조건대로 합니다.
- 별도의 지시사항이 없는 경우 출력형태를 참조하여 글꼴색은 검정 또는 흰색으로 작성하고, 기타사항은 전체적인 균형을 고려하여 작성합니다.
- 슬라이드 도형 및 개체에 출력형태와 다른 스타일(그림자, 외곽선 등)을 적용했을 경우 감점처리 됩니다.
- 슬라이드 번호를 작성합니다(슬라이드 1에는 생략).
- 2~6번 슬라이드 제목 도형과 하단 로고는 슬라이드 마스터를 이용하여 출력형태와 동일하게 작성합니다(슬라이드 1에는 생략).
- 문제와 세부조건, 세부조건 번호 ◯(점선원)는 입력하지 않습니다.
- 각 개체의 위치는 오른쪽의 슬라이드와 동일하게 구성합니다.
- 그림 삽입 문제의 경우 반드시 「내 PC₩문서₩ITQ₩Picture」 폴더에서 정확한 파일을 선택하여 삽입하십시오.
- 각 슬라이드를 각각의 파일로 작업해서 저장할 경우 실격 처리됩니다.

최신 기출문제 01회

수험번호 20262001　**정답파일** PART 03 최신 기출문제₩최신01회_정답.pptx

▶ 합격 강의

전체구성　　60점

(1) 슬라이드 크기 및 순서 : 크기를 A4 용지로 설정하고 슬라이드 순서에 맞게 작성한다.
(2) 슬라이드 마스터 : 2~6슬라이드의 제목, 하단 로고, 슬라이드 번호는 슬라이드 마스터를 이용하여 작성한다.
　　– 제목 글꼴(굴림, 40pt, 흰색), 가운데 맞춤, 도형(선 없음)
　　– 하단 로고(「내 PC₩문서₩ITQ₩Picture₩로고1.jpg」, 배경(회색) 투명색으로 설정)

슬라이드 ❶　표지 디자인　40점

(1) 표지 디자인 : 도형, 워드아트 및 그림을 이용하여 작성한다.

세부조건

① 도형 편집
– 도형에 그림 채우기 : 「내 PC₩문서₩ITQ₩
　Picture₩그림3.jpg」, 투명도 50%
– 도형 효과 : 부드러운 가장자리 5포인트
② 워드아트 삽입
– 변환 : 갈매기형 수장, 아래로【역갈매기형 수장】
– 글꼴 : 궁서, 굵게
– 텍스트 반사 : 전체 반사, 터치
③ 그림 삽입
– 「내 PC₩문서₩ITQ₩Picture₩로고1.jpg」
– 배경(회색) 투명색으로 설정

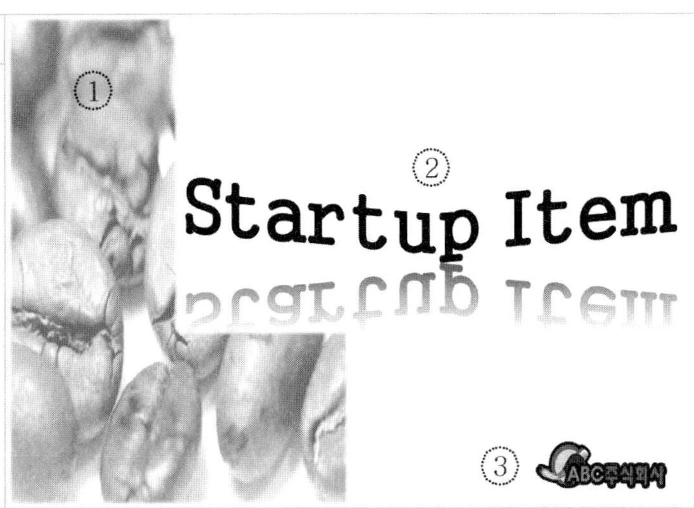

슬라이드 ❷　목차 슬라이드　60점

(1) 출력형태와 같이 도형을 이용하여 목차를 작성한다(글꼴 : 굴림, 24pt).　　(2) 도형 : 선 없음

세부조건

① 텍스트에 링크【하이퍼링크】적용
→ '슬라이드 6'
② 그림 삽입
– 「내 PC₩문서₩ITQ₩Picture₩그림4.jpg」
– 자르기 기능 이용

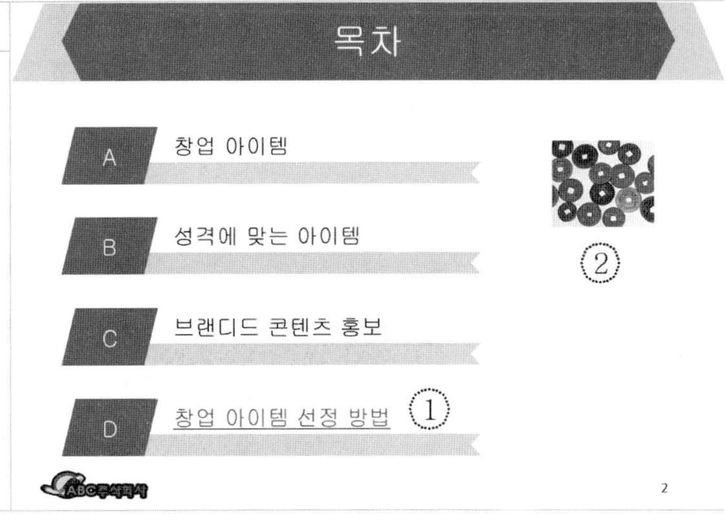

(1) 텍스트 작성 : 글머리 기호 사용(◆, ➤)
　　◆문단(돋움, 24pt, 굵게, 줄간격 : 1.5줄), ➤ 문단(돋움, 20pt, 줄간격 : 1.5줄)

세부조건	
① 동영상 삽입 : －「내 PC₩문서₩ITQ₩Picture₩동영상.wmv」 － 자동실행, 반복재생 설정	

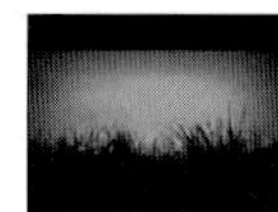

---

(1) 도형과 표 작성 기능을 이용하여 슬라이드를 작성한다(글꼴 : 굴림, 18pt).

세부조건	
① 상단 도형 : 　2개 도형의 조합으로 작성 ② 좌측 도형 : 　그라데이션 효과(선형 아래쪽) ③ 표 스타일 : 　테마 스타일 1 – 강조 5	

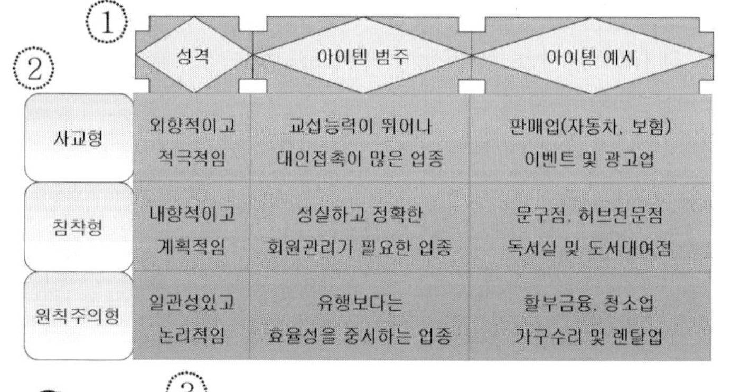

(1) 차트 작성 기능을 이용하여 슬라이드를 작성한다.
(2) 차트 : 종류(묶은 세로 막대형), 글꼴(돋움, 16pt), 외곽선

세부조건

※ 차트설명
- 차트제목 : 궁서, 24pt, 굵게,
  채우기(흰색), 테두리, 그림자(오프셋 오른쪽)
- 차트영역 : 채우기(노랑)
  그림영역 : 채우기(흰색)
- 데이터 서식 : 선호도 계열을 표식이 있는 꺾은
  선형으로 변경 후 보조축으로 지정
- 값 표시 : SNS의 인지도 계열만

① 도형 삽입
- 스타일 : 미세 효과 – 파랑, 강조 1
- 글꼴 : 굴림, 18pt

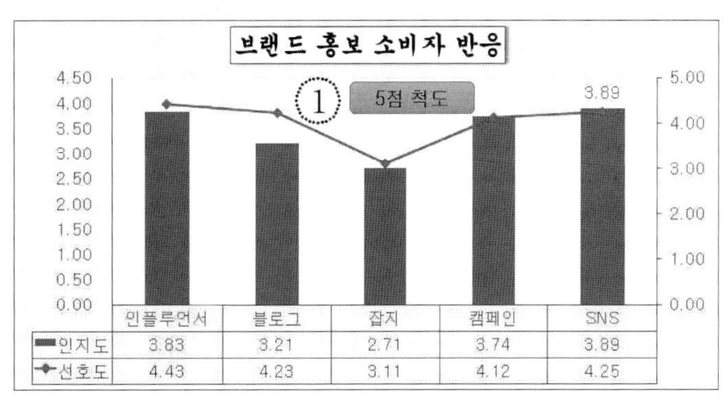

	인플루언서	블로그	잡지	캠페인	SNS
인지도	3.83	3.21	2.71	3.74	3.89
선호도	4.43	4.23	3.11	4.12	4.25

(1) 슬라이드와 같이 도형 및 스마트아트를 배치한다(글꼴 : 굴림, 18pt).
(2) 애니메이션 순서 : ① ⇒ ②

세부조건

① 도형 및 스마트아트 편집
- 스마트아트 디자인 :
  3차원 벽돌,
  3차원 만화
- 그룹화 후 애니메이션 효과 :
  나누기(가로 바깥쪽으로)

② 도형 편집
- 그룹화 후 애니메이션 효과 :
  바운드

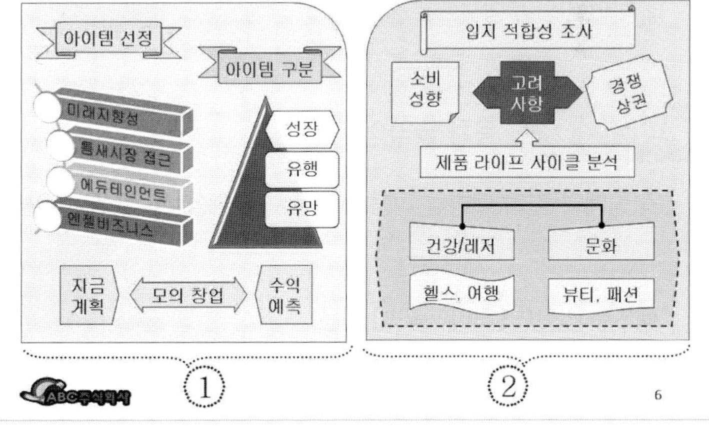

최신 기출문제 02회

수험번호 20262002　　**정답파일** PART 03 최신 기출문제₩최신02회_정답.pptx

▶ 합격 강의

전체구성　　　　60점

(1) 슬라이드 크기 및 순서 : 크기를 A4 용지로 설정하고 슬라이드 순서에 맞게 작성한다.
(2) 슬라이드 마스터 : 2∼6슬라이드의 제목, 하단 로고, 슬라이드 번호는 슬라이드 마스터를 이용하여 작성한다.
 − 제목 글꼴(굴림, 40pt, 흰색), 가운데 맞춤, 도형(선 없음)
 − 하단 로고(「내 PC₩문서₩ITQ₩Picture₩로고3.jpg」, 배경(연보라) 투명색으로 설정)

슬라이드 ❶　　표지 디자인　　　　40점

(1) 표지 디자인 : 도형, 워드아트 및 그림을 이용하여 작성한다.

세부조건	
① 도형 편집 − 도형에 그림 채우기 : 「내 PC₩문서₩ITQ₩Picture₩그림1.jpg」, 투명도 50% − 도형 효과 : 부드러운 가장자리 5포인트 ② 워드아트 삽입 − 변환 : 기울기, 위로【위로기울기】 − 글꼴 : 궁서, 굵게 − 텍스트 반사 : 전체 반사, 터치 ③ 그림 삽입 −「내 PC₩문서₩ITQ₩Picture₩로고3.jpg」 − 배경(연보라) 투명색으로 설정	

슬라이드 ❷　　목차 슬라이드　　　　60점

(1) 출력형태와 같이 도형을 이용하여 목차를 작성한다(글꼴 : 굴림, 24pt).　　　　(2) 도형 : 선 없음

세부조건	
① 텍스트에 링크【하이퍼링크】적용 → '슬라이드 4' ② 그림 삽입 −「내 PC₩문서₩ITQ₩Picture₩그림4.jpg」 − 자르기 기능 이용	

(1) 텍스트 작성 : 글머리 기호 사용(➢ , ▪)
   ➢ 문단(굴림, 24pt, 굵게, 줄간격 : 1.5줄), ▪ 문단(굴림, 20pt, 줄간격 : 1.5줄)

세부조건	
① 동영상 삽입 : – 「내 PC₩문서₩ITQ₩Picture₩동영상.wmv」 – 자동실행, 반복재생 설정	

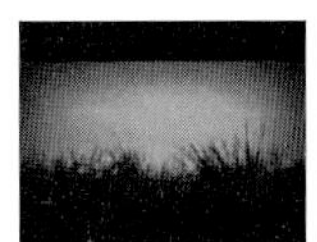

(1) 도형과 표 작성 기능을 이용하여 슬라이드를 작성한다(글꼴 : 굴림, 18pt).

세부조건	

① 상단 도형 :
   2개 도형의 조합으로 작성
② 좌측 도형 :
   그라데이션 효과(선형 아래쪽)
③ 표 스타일 :
   테마 스타일 1 – 강조 6	

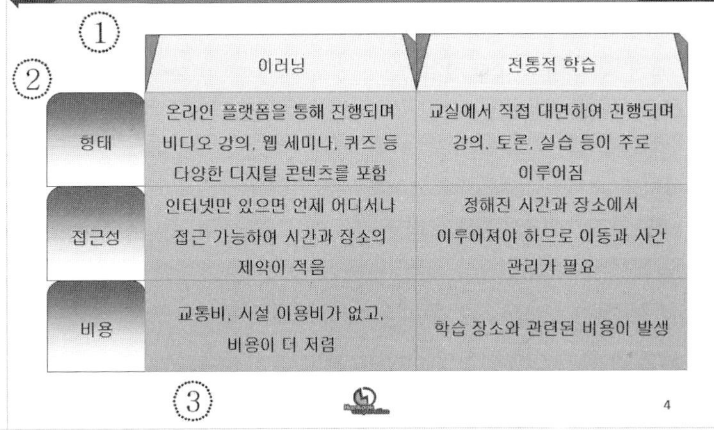

(1) 차트 작성 기능을 이용하여 슬라이드를 작성한다.
(2) 차트 : 종류(묶은 세로 막대형), 글꼴(굴림, 16pt), 외곽선

세부조건	
※ 차트설명	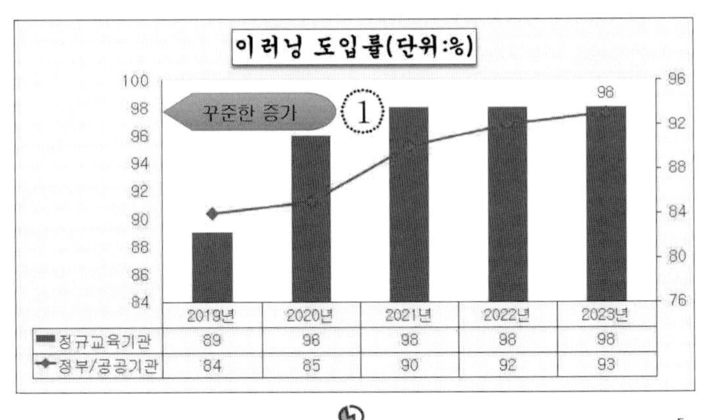

※ 차트설명
• 차트제목 : 궁서, 24pt, 굵게,
　채우기(흰색), 테두리, 그림자(오프셋 아래쪽)
• 차트영역 : 채우기(노랑)
　그림영역 : 채우기(흰색)
• 데이터 서식 : 정부/공공기관 계열을 표식(◆)이
　있는 꺾은선형으로 변경 후 보조축으로 지정
• 값 표시 : 2023년의 정규교육 기관 계열만

① 도형 삽입
– 스타일 : 미세 효과 – 파랑, 강조 1
– 글꼴 : 굴림, 18pt

(1) 슬라이드와 같이 도형 및 스마트아트를 배치한다(글꼴 : 굴림, 18pt).
(2) 애니메이션 순서 : ① ⇒ ②

세부조건	
① 도형 및 스마트아트 편집	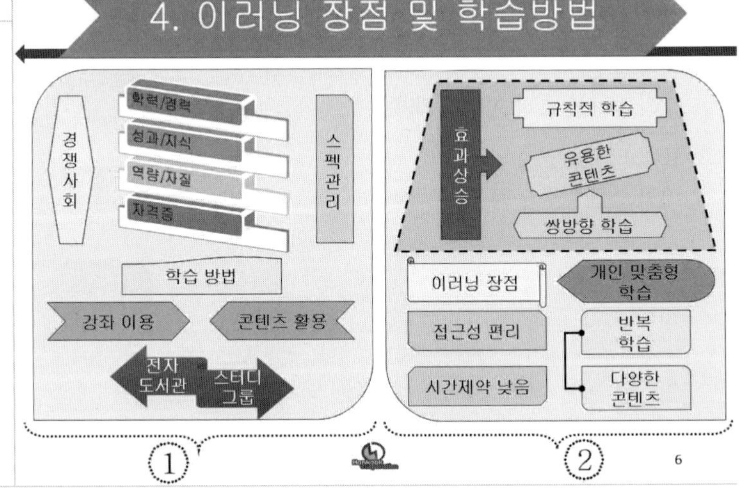

① 도형 및 스마트아트 편집
– 스마트아트 디자인 :
　3차원 벽돌,
　3차원 경사
– 그룹화 후 애니메이션 효과 :
　실선무늬(세로)
② 도형 편집
– 그룹화 후 애니메이션 효과 :
　회전

최신 기출문제 03회

수험번호 20262003　**정답파일** PART 03 최신 기출문제\최신03회_정답.pptx

전체구성　　60점

(1) 슬라이드 크기 및 순서 : 크기를 A4 용지로 설정하고 슬라이드 순서에 맞게 작성한다.
(2) 슬라이드 마스터 : 2~6슬라이드의 제목, 하단 로고, 슬라이드 번호는 슬라이드 마스터를 이용하여 작성한다.
　　– 제목 글꼴(굴림, 40pt, 흰색), 가운데 맞춤, 도형(선 없음)
　　– 하단 로고(「내 PC문서\ITQ\Picture\로고1.jpg」, 배경(회색) 투명색으로 설정)

슬라이드 ❶　표지 디자인　　40점

(1) 표지 디자인 : 도형, 워드아트 및 그림을 이용하여 작성한다.

세부조건
① 도형 편집
– 도형에 그림 채우기 : 「내 PC\문서\ITQ\Picture\그림1.jpg」, 투명도 50%
– 도형 효과 : 부드러운 가장자리 5포인트
② 워드아트 삽입
– 변환 : 삼각형, 위로【삼각형】
– 글꼴 : 궁서, 굵게
– 텍스트 반사 : 근접 반사, 4pt 오프셋
③ 그림 삽입
– 「내 PC\문서\ITQ\Picture\로고1.jpg」
– 배경(회색) 투명색으로 설정

슬라이드 ❷　목차 슬라이드　　60점

(1) 출력형태와 같이 도형을 이용하여 목차를 작성한다(글꼴 : 굴림, 24pt).　　(2) 도형 : 선 없음

세부조건
① 텍스트에 링크【하이퍼링크】 적용
→ '슬라이드 5'
② 그림 삽입
– 「내 PC\문서\ITQ\Picture\그림4.jpg」
– 자르기 기능 이용

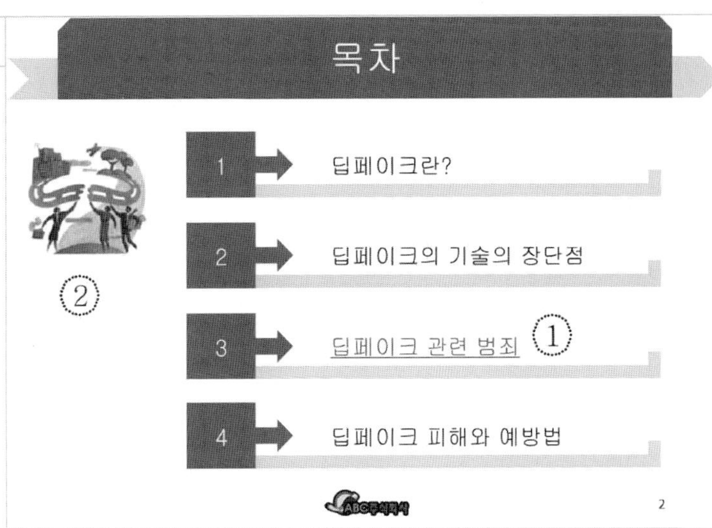

(1) 텍스트 작성 : 글머리 기호 사용(➤, ▪)
　　➤ 문단(굴림, 24pt, 굵게, 줄간격 : 1.5줄), ▪ 문단(굴림, 20pt, 줄간격 : 1.5줄)

세부조건
① 동영상 삽입 : 　－「내 PC₩문서₩ITQ₩Picture₩동영상.wmv」 　－ 자동실행, 반복재생 설정

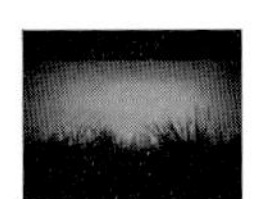

---

(1) 도형과 표 작성 기능을 이용하여 슬라이드를 작성한다(글꼴 : 돋움, 18pt).

세부조건
① 상단 도형 : 　2개 도형의 조합으로 작성 ② 좌측 도형 : 　그라데이션 효과(선형 아래쪽) ③ 표 스타일 : 　테마 스타일 1 – 강조 6

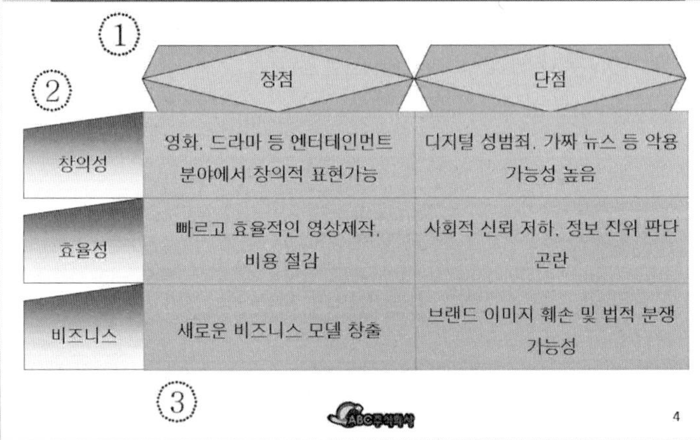

(1) 차트 작성 기능을 이용하여 슬라이드를 작성한다.
(2) 차트 : 종류(묶은 세로 막대형), 글꼴(돋움, 16pt), 외곽선

세부조건	

※ 차트설명
- 차트제목 : 굴림, 24pt, 굵게,
  채우기(흰색), 테두리, 그림자(오프셋 오른쪽)
- 차트영역 : 채우기(노랑)
  그림영역 : 채우기(흰색)
- 데이터 서식 : 10대 피의자 비율 계열을 표식이
  있는 꺾은선형으로 변경 후 보조축으로 지정
- 값 표시 : 2023년의 10대 피의자 비율 계열만
① 도형 삽입
  − 스타일 : 미세효과 − 파랑, 강조1
  − 글꼴 : 굴림, 18pt

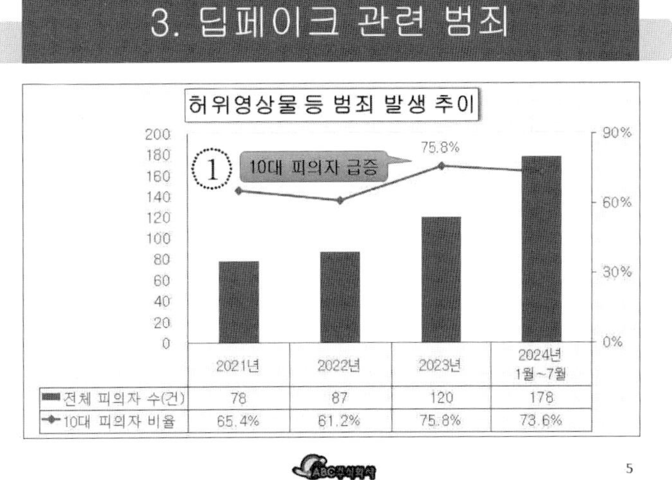

(1) 슬라이드와 같이 도형 및 스마트아트를 배치한다(글꼴 : 굴림, 18pt).
(2) 애니메이션 순서 : ① ⇒ ②

세부조건	

① 도형 및 스마트아트 편집
  − 스마트아트 디자인:
    3차원 만화,
    3차원 벽돌
  − 그룹화 후 애니메이션 효과 :
    날아오기(위에서)

② 도형 편집
  − 그룹화 후 애니메이션 효과 :
    회전

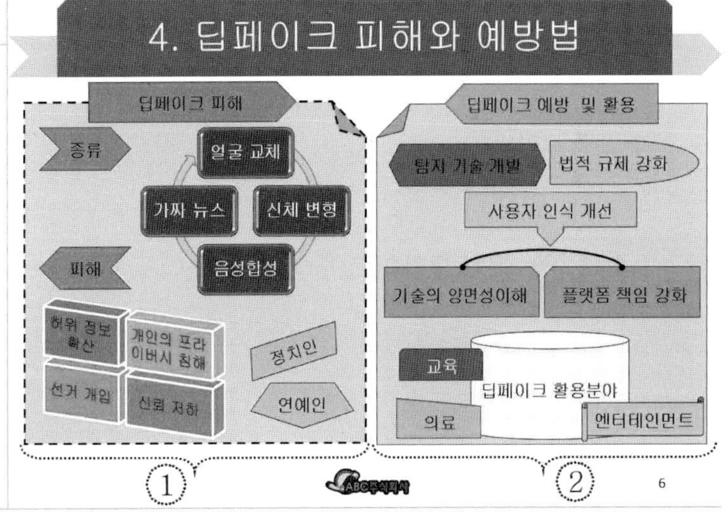

최신 기출문제 04회

수험번호 20262004   **정답파일** PART 03 최신 기출문제\최신04회_정답.pptx

전체구성   60점

(1) 슬라이드 크기 및 순서 : 크기를 A4 용지로 설정하고 슬라이드 순서에 맞게 작성한다.
(2) 슬라이드 마스터 : 2~6슬라이드의 제목, 하단 로고, 슬라이드 번호는 슬라이드 마스터를 이용하여 작성한다.
  – 제목 글꼴(굴림, 40pt, 흰색), 가운데 맞춤, 도형(선 없음)
  – 하단 로고(「내 PC\문서\ITQ\Picture\로고1.jpg」, 배경(회색) 투명색으로 설정)

슬라이드 ❶   표지 디자인   40점

(1) 표지 디자인 : 도형, 워드아트 및 그림을 이용하여 작성한다.

세부조건	
① 도형 편집 – 도형에 그림 채우기 : 「내 PC\문서\ITQ\Picture\그림3.jpg」, 투명도 50% – 도형 효과 : 부드러운 가장자리 5포인트 ② 워드아트 삽입 – 변환 : 갈매기형 수장, 아래로【역갈매기형 수장】 – 글꼴 : 궁서, 굵게 – 텍스트 반사 : 전체 반사, 터치 ③ 그림 삽입 –「내 PC\문서\ITQ\Picture\로고1.jpg」 – 배경(회색) 투명색으로 설정	

슬라이드 ❷   목차 슬라이드   60점

(1) 출력형태와 같이 도형을 이용하여 목차를 작성한다(글꼴 : 굴림, 24pt).   (2) 도형 : 선 없음

세부조건	
① 텍스트에 링크【하이퍼링크】 적용 → '슬라이드 6' ② 그림 삽입 –「내 PC\문서\ITQ\Picture\그림4.jpg」 – 자르기 기능 이용	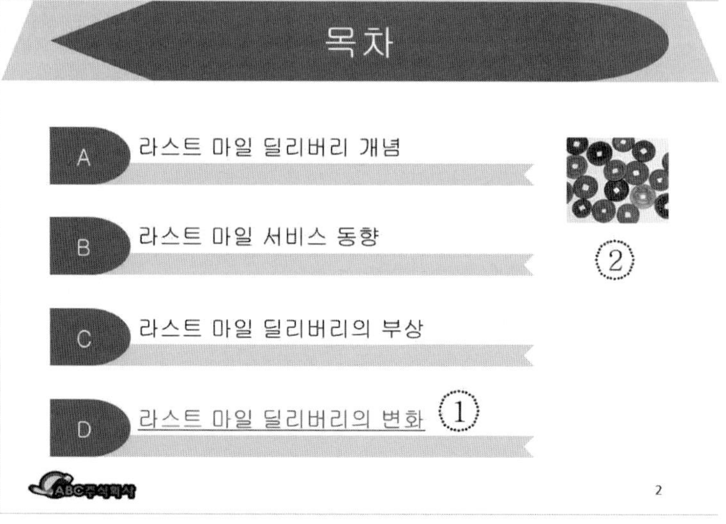

(1) 텍스트 작성 : 글머리 기호 사용(◆, ➢)

　　◆문단(돋움, 24pt, 굵게, 줄간격 : 1.5줄), ➢문단(돋움, 20pt, 줄간격 : 1.5줄)

세부조건
① 동영상 삽입 : －「내 PC\문서\ITQ\Picture\동영상.wmv」 － 자동실행, 반복재생 설정

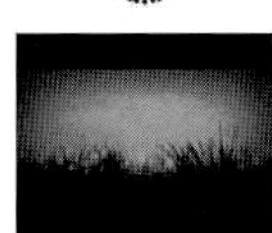

(1) 도형과 표 작성 기능을 이용하여 슬라이드를 작성한다(글꼴 : 굴림, 18pt).

세부조건
① 상단 도형 : 　2개 도형의 조합으로 작성
② 좌측 도형 : 　그라데이션 효과(선형 아래쪽)
③ 표 스타일 : 　테마 스타일 1 – 강조 5

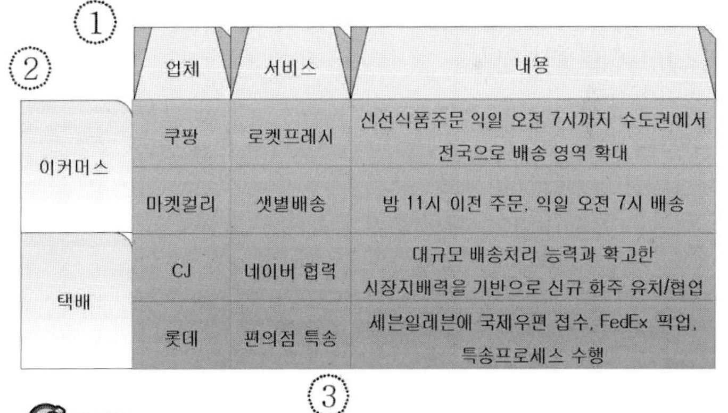

업체	서비스	내용
이커머스	쿠팡	로켓프레시	신선식품주문 익일 오전 7시까지 수도권에서 전국으로 배송 영역 확대
	마켓컬리	샛별배송	밤 11시 이전 주문, 익일 오전 7시 배송
택배	CJ	네이버 협력	대규모 배송처리 능력과 확고한 시장지배력을 기반으로 신규 화주 유치/협업
	롯데	편의점 특송	세븐일레븐에 국제우편 접수, FedEx 픽업, 특송프로세스 수행

(1) 차트 작성 기능을 이용하여 슬라이드를 작성한다.
(2) 차트 : 종류(묶은 세로 막대형), 글꼴(돋움, 16pt), 외곽선

세부조건	

※ 차트설명
- 차트제목 : 궁서, 24pt, 굵게,
  채우기(흰색), 테두리, 그림자(오프셋 오른쪽)
- 차트영역 : 채우기(노랑)
  그림영역 : 채우기(흰색)
- 데이터 서식 : 모바일 계열을 표식이 있는 꺾은
  선형으로 변경 후 보조축으로 지정
- 값 표시 : 2024년의 PC 계열만
- ① 도형 삽입
- – 스타일 : 미세효과 – 파랑, 강조1
- – 글꼴 : 굴림, 18pt

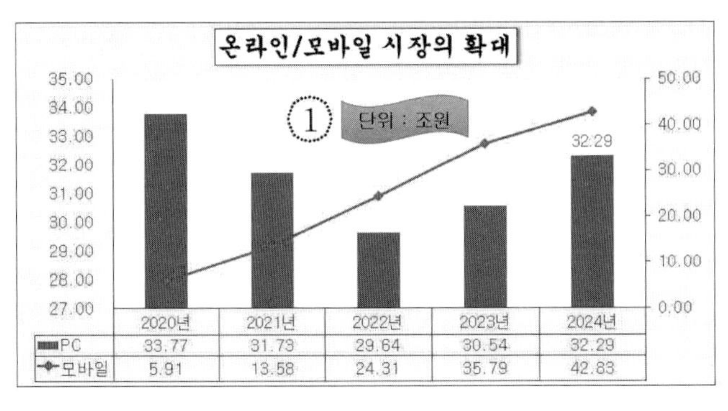

(1) 슬라이드와 같이 도형 및 스마트아트를 배치한다(글꼴 : 굴림, 18pt).
(2) 애니메이션 순서 : ① ⇒ ②

세부조건	

① 도형 및 스마트아트 편집
- – 스마트아트 디자인 :
  3차원 벽돌,
  3차원 만화
- – 그룹화 후 애니메이션 효과 :
  나누기(가로 바깥쪽으로)

② 도형 편집
- – 그룹화 후 애니메이션 효과 :
  바운드

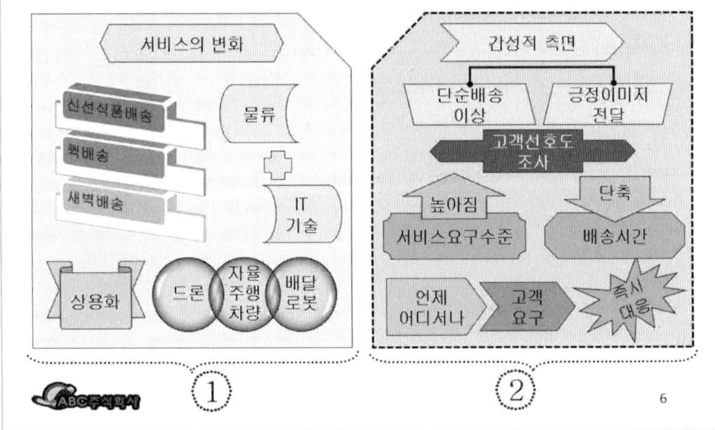

최신 기출문제 05회

수험번호 20262005　**정답파일** PART 03 최신 기출문제\최신05회_정답.pptx

전체구성　　　　　　　　　　　　　　　　　　　　　　　**60**점

(1) 슬라이드 크기 및 순서 : 크기를 A4 용지로 설정하고 슬라이드 순서에 맞게 작성한다.

(2) 슬라이드 마스터 : 2~6슬라이드의 제목, 하단 로고, 슬라이드 번호는 슬라이드 마스터를 이용하여 작성한다.
- 제목 글꼴(굴림, 40pt, 흰색), 가운데 맞춤, 도형(선 없음)
- 하단 로고(「내 PC\문서\ITQ\Picture\로고3.jpg」, 배경(연보라) 투명색으로 설정)

슬라이드 ❶　　표지 디자인　　　　　　　　　　　　　　**40**점

(1) 표지 디자인 : 도형, 워드아트 및 그림을 이용하여 작성한다.

세부조건	

① 도형 편집
- 도형에 그림 채우기 : 「내 PC\문서\ITQ\Picture\그림1.jpg」, 투명도 50%
- 도형 효과 : 부드러운 가장자리 5포인트

② 워드아트 삽입
- 변환 : 기울기, 위로【위로기울기】
- 글꼴 : 궁서, 굵게
- 텍스트 반사 : 전체 반사, 터치

③ 그림 삽입
- 「내 PC\문서\ITQ\Picture\로고3.jpg」
- 배경(연보라) 투명색으로 설정

슬라이드 ❷　　목차 슬라이드　　　　　　　　　　　　　**60**점

(1) 출력형태와 같이 도형을 이용하여 목차를 작성한다(글꼴 : 굴림, 24pt).　　　(2) 도형 : 선 없음

세부조건	

① 텍스트에 링크【하이퍼링크】 적용
→ '슬라이드 4'

② 그림 삽입
- 「내 PC\문서\ITQ\Picture\그림4.jpg」
- 자르기 기능 이용

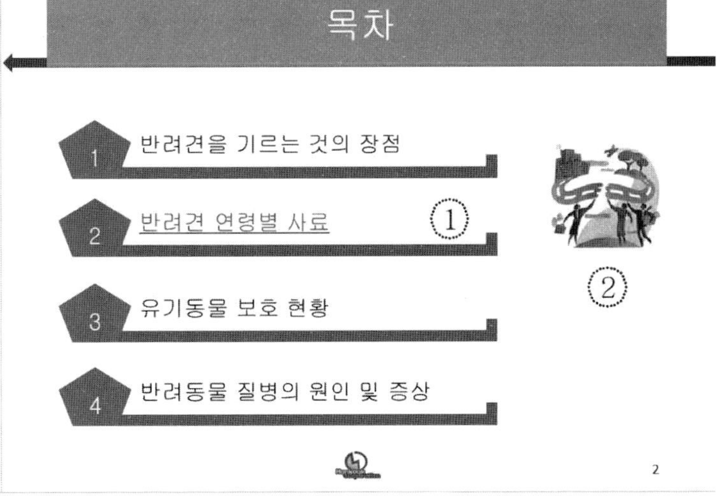

(1) 텍스트 작성 : 글머리 기호 사용(➢ , ■)
　　➢ 문단(굴림, 24pt, 굵게, 줄간격 : 1.5줄), ■ 문단(굴림, 20pt, 줄간격 : 1.5줄)

세부조건
① 동영상 삽입 : 　– 「내 PC₩문서₩ITQ₩Picture₩동영상.wmv」 　– 자동실행, 반복재생 설정

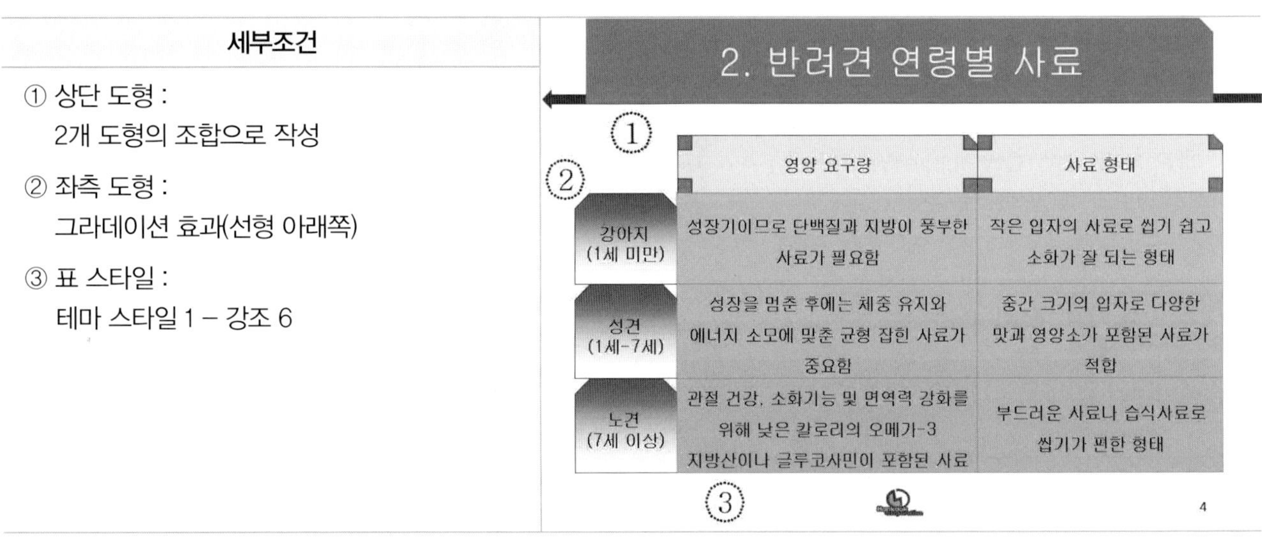

(1) 도형과 표 작성 기능을 이용하여 슬라이드를 작성한다(글꼴 : 굴림, 18pt).

세부조건
① 상단 도형 : 　2개 도형의 조합으로 작성
② 좌측 도형 : 　그라데이션 효과(선형 아래쪽)
③ 표 스타일 : 　테마 스타일 1 – 강조 6

(1) 차트 작성 기능을 이용하여 슬라이드를 작성한다.
(2) 차트 : 종류(묶은 세로 막대형), 글꼴(굴림, 16pt), 외곽선

세부조건	
※ 차트설명 • 차트제목 : 궁서, 24pt, 굵게, 　채우기(흰색), 테두리, 그림자(오프셋 아래쪽) • 차트영역 : 채우기(노랑) 　그림영역 : 채우기(흰색) • 데이터 서식 : 고양이 계열을 표식(◆)이 있는 　꺾은선형으로 변경 후 보조축으로 지정 • 값 표시 : 기타의 개 계열만 ① 도형 삽입 − 스타일 : 미세 효과 − 파랑, 강조 1 − 글꼴 : 굴림, 18pt	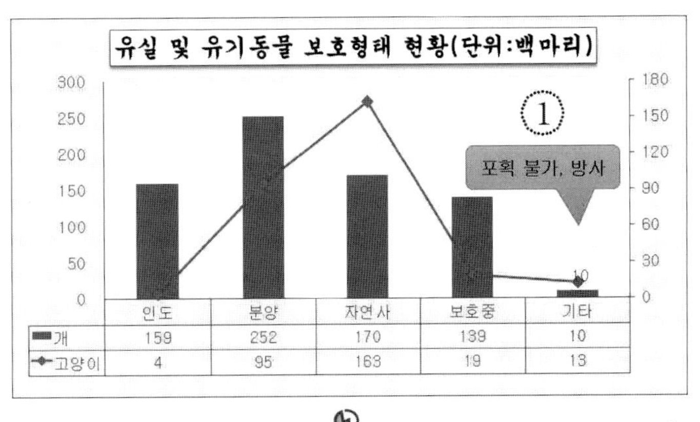

(1) 슬라이드와 같이 도형 및 스마트아트를 배치한다(글꼴 : 굴림, 18pt).
(2) 애니메이션 순서 : ① ⇒ ②

세부조건	
① 도형 및 스마트아트 편집 − 스마트아트 디자인 : 　3차원 만화, 　3차원 경사 − 그룹화 후 애니메이션 효과 : 　실선무늬(세로) ② 도형 편집 − 그룹화 후 애니메이션 효과 : 　회전	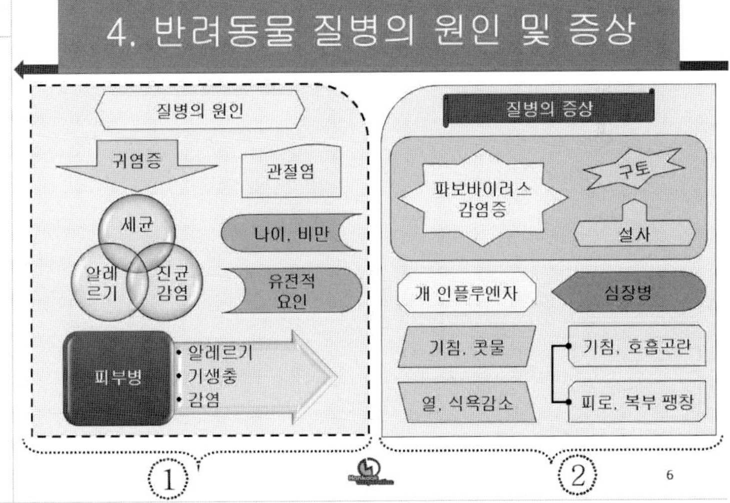

이기적과 함께 또, 기적
또, 합격

실전 모의고사

정보기술자격(ITQ) 시험

MS오피스

과목	코드	문제유형	시험시간	수험번호	성명
한글파워포인트	1142	A	60분		

※ 최신 기출문제 01~10회 학습 시 답안 작성요령을 동일하게 적용하세요.

수험자 유의사항

- 수험자는 문제지를 받는 즉시 문제지와 **수험표상의 시험과목(프로그램)이 동일한지 반드시 확인**하여야 합니다.
- 파일명은 본인의 "수험번호-성명"으로 입력하여 답안폴더(내 PC₩문서₩ITQ)에 하나의 파일로 저장해야 하며, 답안문서 파일명이 "수험번호-성명"과 일치하지 않거나, 답안파일을 전송하지 않아 미제출로 처리될 경우 실격 처리합니다(예: 12345678-홍길동.pptx).
- 답안 작성을 마치면 파일을 저장하고, '답안 전송' 버튼을 선택하여 감독위원 PC로 답안을 전송하십시오. 수험생 정보와 저장한 파일명이 다를 경우 전송되지 않으므로 주의하시기 바랍니다.
- 답안 작성 중에도 **주기적으로 저장하고, '답안 전송'**하여야 문제 발생을 줄일 수 있습니다. 작업한 내용을 저장하지 않고 전송할 경우 이전에 저장된 내용이 전송되니 이점 유의하시기 바랍니다.
- 답안문서는 지정된 경로 외의 다른 보조기억장치에 저장하는 경우, 지정된 시험 시간 외에 작성된 파일을 활용할 경우, 기타 통신수단(이메일, 메신저, 네트워크 등)을 이용하여 타인에게 전달 또는 외부 반출하는 경우는 부정 처리합니다.
- 시험 중 부주의 또는 고의로 시스템을 파손한 경우는 수험자가 변상해야 하며, 〈수험자 유의사항〉에 기재된 방법대로 이행하지 않아 생기는 불이익은 수험생 당사자의 책임임을 알려 드립니다.
- 문제의 조건은 MS오피스 2021 버전으로 설정되어 있으며 MS오피스 2016은 【 】에 표기되어 있습니다. 이와 관련하여 작성한 답안의 출력형태가 문제지와 다를 수 있습니다.
- 시험을 완료한 수험자는 답안파일이 전송되었는지 확인한 후 감독위원의 지시에 따라 문제지를 제출하고 퇴실합니다.

답안 작성요령

- 온라인 답안 작성 절차
  수험자 등록 ⇒ 시험 시작 ⇒ 답안파일 저장 ⇒ 답안 전송 ⇒ 시험 종료
- 슬라이드의 크기는 A4 Paper로 설정하여 작성합니다.
- 슬라이드의 총 개수는 6개로 구성되어 있으며 슬라이드 1부터 순서대로 작업하고 반드시 문제와 세부 조건대로 합니다.
- 별도의 지시사항이 없는 경우 출력형태를 참조하여 글꼴색은 검정 또는 흰색으로 작성하고, 기타사항은 전체적인 균형을 고려하여 작성합니다.
- 슬라이드 도형 및 개체에 출력형태와 다른 스타일(그림자, 외곽선 등)을 적용했을 경우 감점처리 됩니다.
- 슬라이드 번호를 작성합니다(슬라이드 1에는 생략).
- 2~6번 슬라이드 제목 도형과 하단 로고는 슬라이드 마스터를 이용하여 출력형태와 동일하게 작성합니다(슬라이드 1에는 생략).
- 문제와 세부조건, 세부조건 번호 ◌(점선원)는 입력하지 않습니다.
- 각 개체의 위치는 오른쪽의 슬라이드와 동일하게 구성합니다.
- 그림 삽입 문제의 경우 반드시 「내 PC₩문서₩ITQ₩Picture」 폴더에서 정확한 파일을 선택하여 삽입하십시오.
- 각 슬라이드를 각각의 파일로 작업해서 저장할 경우 실격 처리됩니다.

실전 모의고사 01회

수험번호 20262011　　**정답파일** PART 04 실전 모의고사₩실전01회_정답.pptx

전체구성　　　　　　　　　　　　　　　　　　　　　60점

(1) 슬라이드 크기 및 순서 : 크기를 A4 용지로 설정하고 슬라이드 순서에 맞게 작성한다.
(2) 슬라이드 마스터 : 2~6슬라이드의 제목, 하단 로고, 슬라이드 번호는 슬라이드 마스터를 이용하여 작성한다.
　　– 제목 글꼴(돋움, 40pt, 흰색), 가운데 맞춤, 도형(선 없음)
　　– 하단 로고(「내 PC₩문서₩ITQ₩Picture₩로고1.jpg」, 배경(회색) 투명색으로 설정)

슬라이드 ❶　　표지 디자인　　　　　　　　　　　40점

(1) 표지 디자인 : 도형, 워드아트 및 그림을 이용하여 작성한다.

세부조건

① 도형 편집
– 도형에 그림 채우기 :「내 PC₩문서₩ITQ₩
　Picture₩그림1.jpg」, 투명도 50%
– 도형 효과 : 부드러운 가장자리 5포인트
② 워드아트 삽입
– 변환 : 삼각형, 위로【삼각형】
– 글꼴 : 굴림, 굵게
– 텍스트 반사 : 1/2 반사, 4pt 오프셋
③ 그림 삽입
–「내 PC₩문서₩ITQ₩Picture₩로고1.jpg」
– 배경(회색) 투명색으로 설정

슬라이드 ❷　　목차 슬라이드　　　　　　　　　　60점

(1) 출력형태와 같이 도형을 이용하여 목차를 작성한다(글꼴 : 돋움, 24pt).　　　　(2) 도형 : 선 없음

세부조건

① 텍스트에 링크【하이퍼링크】 적용
→ '슬라이드 6'

② 그림 삽입
–「내 PC₩문서₩ITQ₩Picture₩그림4.jpg」
– 자르기 기능 이용

(1) 텍스트 작성 : 글머리 기호 사용(◆, ✓)

    ◆문단(굴림, 24pt, 굵게, 줄간격 : 1.5줄), ✓ 문단(굴림, 20pt, 줄간격 : 1.5줄)

세부조건	1. 지속가능경영
① 동영상 삽입 : – 「내 PC₩문서₩ITQ₩Picture₩동영상.wmv」 – 자동실행, 반복재생 설정	(아래 슬라이드 내용 참조)

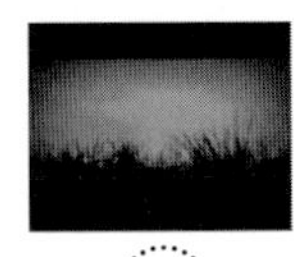

---

(1) 도형과 표 작성 기능을 이용하여 슬라이드를 작성한다(글꼴 : 굴림, 18pt).

세부조건	2. 지속가능 목표 제안

① 상단 도형 :
   2개 도형의 조합으로 작성
② 좌측 도형 :
   그라데이션 효과(선형 아래쪽)
③ 표 스타일 :
   테마 스타일 1 – 강조 1
	(아래 슬라이드 내용 참조)

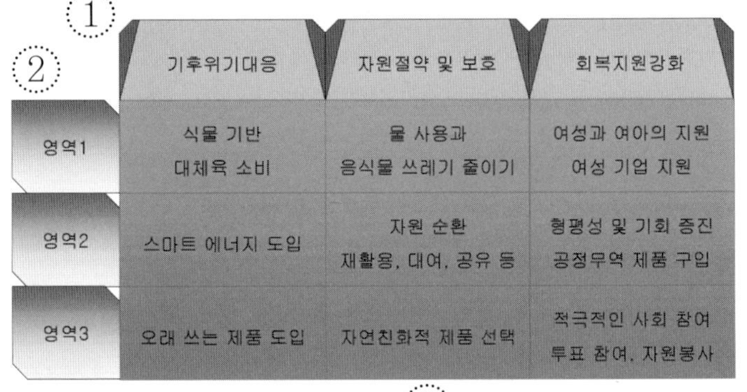

(1) 차트 작성 기능을 이용하여 슬라이드를 작성한다.
(2) 차트 : 종류(묶은 세로 막대형), 글꼴(돋움, 16pt), 외곽선

세부조건	

※ 차트설명
- 차트제목 : 궁서, 24pt, 굵게,
  채우기(흰색), 테두리, 그림자(오프셋 오른쪽)
- 차트영역 : 채우기(노랑)
  그림영역 : 채우기(흰색)
- 데이터 서식 : 글로벌 계열을 표식이 있는 꺾은
  선형으로 변경 후 보조축으로 지정
- 값 표시 : C금융그룹의 글로벌 계열만

① 도형 삽입
- 스타일 : 미세 효과 – 파랑, 강조 1
- 글꼴 : 굴림, 18pt

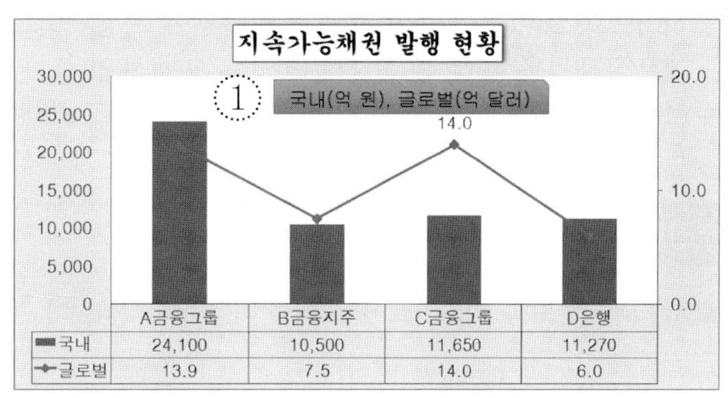

	A금융그룹	B금융지주	C금융그룹	D은행
국내	24,100	10,500	11,650	11,270
글로벌	13.9	7.5	14.0	6.0

(1) 슬라이드와 같이 도형 및 스마트아트를 배치한다(글꼴 : 돋움, 18pt).
(2) 애니메이션 순서 : ① ⇒ ②

세부조건	

① 도형 및 스마트아트 편집
- 스마트아트 디자인 :
  3차원 경사,
  3차원 만화
- 그룹화 후 애니메이션 효과 :
  닦아내기(위에서)

② 도형 편집
- 그룹화 후 애니메이션 효과 :
  회전

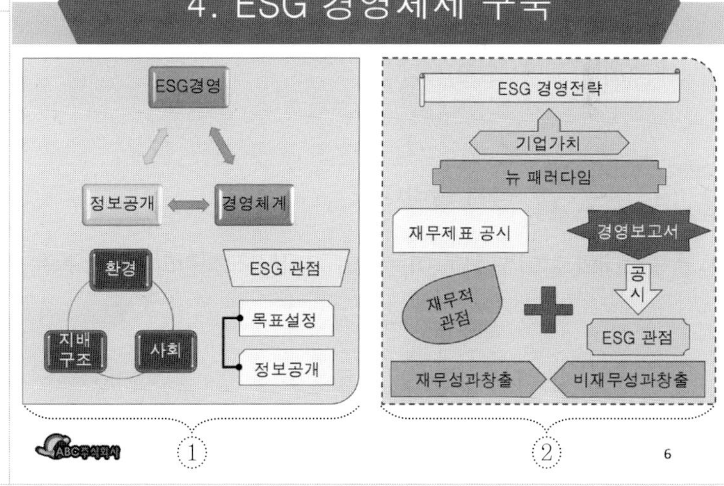

실전 모의고사 02회

전체구성　　　　　　　　　　　　　　　　　　　　　　　　　　60점

(1) 슬라이드 크기 및 순서 : 크기를 A4 용지로 설정하고 슬라이드 순서에 맞게 작성한다.

(2) 슬라이드 마스터 : 2~6슬라이드의 제목, 하단 로고, 슬라이드 번호는 슬라이드 마스터를 이용하여 작성한다.
　　　– 제목 글꼴(돋움, 40pt, 흰색), 가운데 맞춤, 도형(선 없음)
　　　– 하단 로고(「내 PC₩문서₩ITQ₩Picture₩로고1.jpg」, 배경(회색) 투명색으로 설정)

슬라이드 ❶　　표지 디자인　　　　　　　　　　　　　　40점

(1) 표지 디자인 : 도형, 워드아트 및 그림을 이용하여 작성한다.

세부조건	
① 도형 편집 – 도형에 그림 채우기 : 「내 PC₩문서₩ITQ₩Picture₩그림1.jpg」, 투명도 50% – 도형 효과 : 부드러운 가장자리 5포인트 ② 워드아트 삽입 – 변환 : 삼각형, 위로【삼각형】 – 글꼴 : 굴림, 굵게 – 텍스트 반사 : 1/2 반사, 4pt 오프셋 ③ 그림 삽입 –「내 PC₩문서₩ITQ₩Picture₩로고1.jpg」 – 배경(회색) 투명색으로 설정	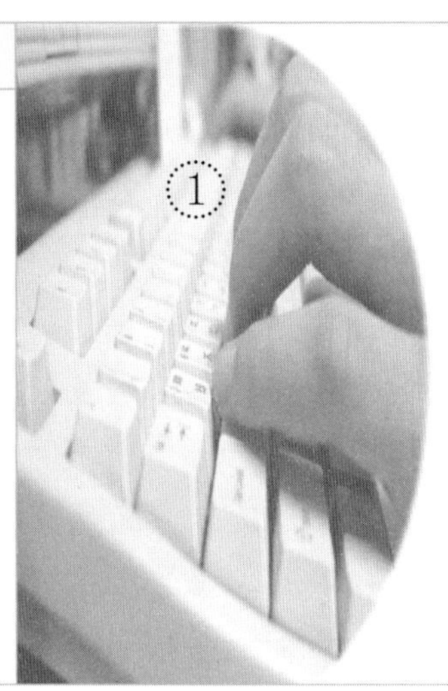

슬라이드 ❷　　목차 슬라이드　　　　　　　　　　　　60점

(1) 출력형태와 같이 도형을 이용하여 목차를 작성한다(글꼴 : 돋움, 24pt).　　　(2) 도형 : 선 없음

세부조건	
① 텍스트에 링크【하이퍼링크】 적용 → '슬라이드 6' ② 그림 삽입 –「내 PC₩문서₩ITQ₩Picture₩그림4.jpg」 – 자르기 기능 이용	**목차** 1　여행 박람회 소개 2　여행작가 강연회 3　박람회 참가 현황 4　박람회 개요 및 부대행사

(1) 텍스트 작성 : 글머리 기호 사용(◆, ✓)
    ◆문단(굴림, 24pt, 굵게, 줄간격 : 1.5줄), ✓ 문단(굴림, 20pt, 줄간격 : 1.5줄)

세부조건	
① 동영상 삽입 : – 「내 PC₩문서₩ITQ₩Picture₩동영상.wmv」 – 자동실행, 반복재생 설정	

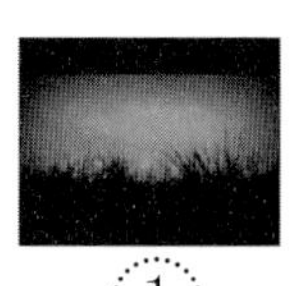

(1) 도형과 표 작성 기능을 이용하여 슬라이드를 작성한다(글꼴 : 굴림, 18pt).

세부조건	

① 상단 도형 :
   2개 도형의 조합으로 작성
② 좌측 도형 :
   그라데이션 효과(선형 아래쪽)
③ 표 스타일 :
   테마 스타일 1 – 강조 1	

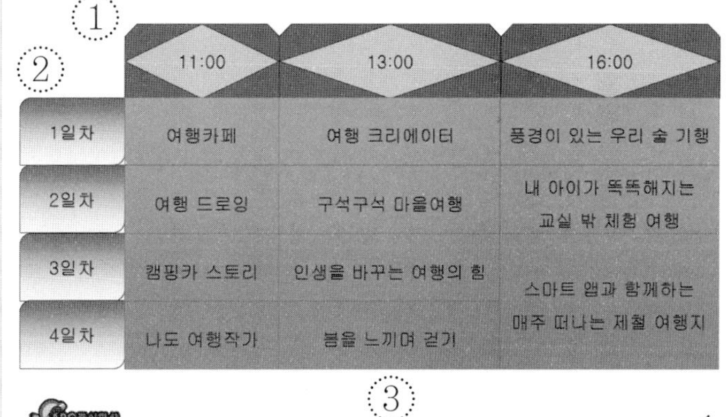

(1) 차트 작성 기능을 이용하여 슬라이드를 작성한다.
(2) 차트 : 종류(묶은 세로 막대형), 글꼴(돋움, 16pt), 외곽선

세부조건	
※ 차트설명 　• 차트제목 : 궁서, 24pt, 굵게, 　　채우기(흰색), 테두리, 그림자(오프셋 오른쪽) 　• 차트영역 : 채우기(노랑) 　　그림영역 : 채우기(흰색) 　• 데이터 서식 : 부스수 계열을 표식이 있는 꺾은 　　선형으로 변경 후 보조축으로 지정 　• 값 표시 : 메인무대의 단체수 계열만 ① 도형 삽입 　– 스타일 : 미세 효과 – 파랑, 강조 1 　– 글꼴 : 굴림, 18pt	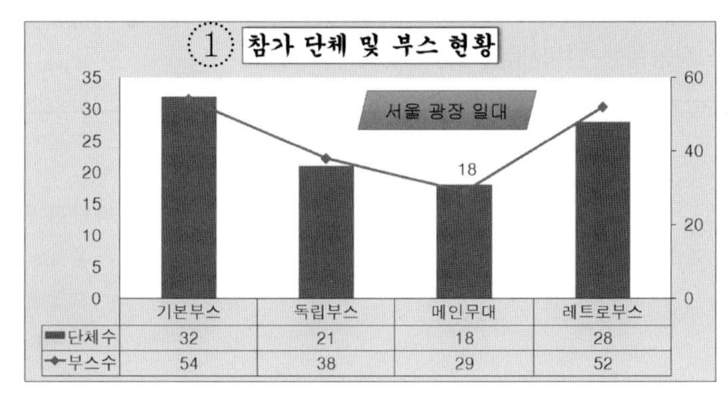

---

(1) 슬라이드와 같이 도형 및 스마트아트를 배치한다(글꼴 : 돋움, 18pt).
(2) 애니메이션 순서 : ① ⇒ ②

세부조건	
① 도형 및 스마트아트 편집 　– 스마트아트 디자인 : 　　3차원 경사, 　　3차원 만화 　– 그룹화 후 애니메이션 효과 : 　　닦아내기(위에서) ② 도형 편집 　– 그룹화 후 애니메이션 효과 : 　　회전	4. 박람회 개요 및 부대행사 전시회 개요 / 부대행사 주최 · 문화체육관광부 주관 · 한국관광협회 후원 한국관광공사 한국방문위원회 장소 / 코엑스 지역특산물 및 중고장터 워케이션 컨퍼런스 / 체험 무드등 만들기 / 포토존 인증샷 스탬프투어 / 텐트 명패 만들기 한복 패션쇼 / 퍼즐 만들기

실전 모의고사 03회

수험번호 20262013　　**정답파일** PART 04 실전 모의고사\실전03회_정답.pptx

▶ 합격 강의

전체구성　　　　　　　　　　　　　　　　　　　　　　60점

(1) 슬라이드 크기 및 순서 : 크기를 A4 용지로 설정하고 슬라이드 순서에 맞게 작성한다.

(2) 슬라이드 마스터 : 2~6슬라이드의 제목, 하단 로고, 슬라이드 번호는 슬라이드 마스터를 이용하여 작성한다.

　　– 제목 글꼴(궁서, 40pt, 흰색), 가운데 맞춤, 도형(선 없음)

　　– 하단 로고(「내 PC\문서\ITQ\Picture\로고2.jpg」, 배경(회색) 투명색으로 설정)

슬라이드 ❶　표지 디자인　　　　　　　　　　　　40점

(1) 표지 디자인 : 도형, 워드아트 및 그림을 이용하여 작성한다.

세부조건

① 도형 편집
– 도형에 그림 채우기 : 「내 PC\문서\ITQ\
　Picture\그림3.jpg」, 투명도 50%
– 도형 효과 : 부드러운 가장자리 5포인트
② 워드아트 삽입
– 변환 : 중지
– 글꼴 : 돋움, 굵게
– 텍스트 반사 : 근접 반사, 터치
③ 그림 삽입
–「내 PC\문서\ITQ\Picture\로고2.jpg」
– 배경(회색) 투명색으로 설정

슬라이드 ❷　목차 슬라이드　　　　　　　　　　60점

(1) 출력형태와 같이 도형을 이용하여 목차를 작성한다(글꼴 : 굴림, 24pt).　　　(2) 도형 : 선 없음

세부조건

① 텍스트에 링크【하이퍼링크】 적용
→ '슬라이드 4'

② 그림 삽입
–「내 PC\문서\ITQ\Picture\그림4.jpg」
– 자르기 기능 이용

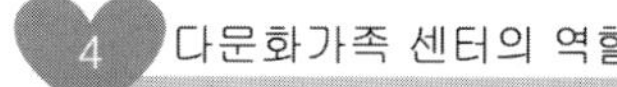

(1) 텍스트 작성 : 글머리 기호 사용(◆, ✓)

    ◆문단(돋움, 24pt, 굵게, 줄간격 : 1.5줄), ✓ 문단(돋움, 20pt, 줄간격 : 1.5줄)

세부조건	
① 동영상 삽입 : – 「내 PC₩문서₩ITQ₩Picture₩동영상.wmv」 – 자동실행, 반복재생 설정	

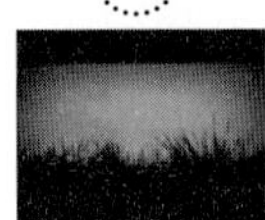

(1) 도형과 표 작성 기능을 이용하여 슬라이드를 작성한다(글꼴 : 굴림, 18pt).

세부조건	

① 상단 도형 :
  2개 도형의 조합으로 작성
② 좌측 도형 :
  그라데이션 효과(선형 아래쪽)
③ 표 스타일 :
  테마 스타일 1 – 강조 3	

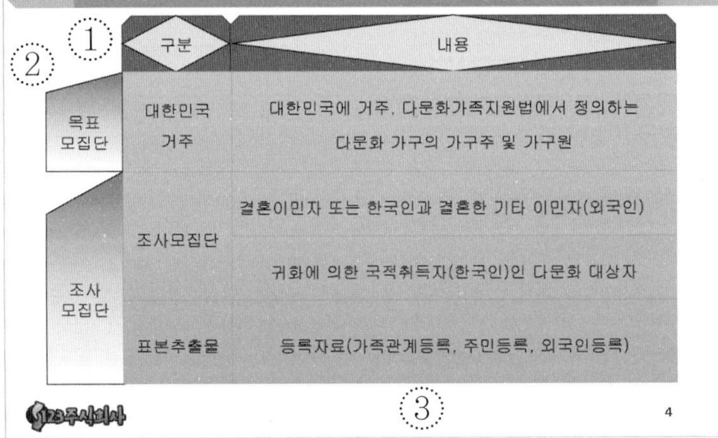

(1) 차트 작성 기능을 이용하여 슬라이드를 작성한다.
(2) 차트 : 종류(묶은 세로 막대형), 글꼴(굴림, 16pt), 외곽선

세부조건	

※ 차트설명
- 차트제목 : 궁서, 24pt, 굵게,
  채우기(흰색), 테두리, 그림자(오프셋 아래쪽)
- 차트영역 : 채우기(노랑)
  그림영역 : 채우기(흰색)
- 데이터 서식 : 비율 계열을 표식이 있는 꺾은선
  형으로 변경 후 보조축으로 지정
- 값 표시 : 모국인모임의 비율 계열만

① 도형 삽입
－ 스타일 : 미세 효과 － 파랑, 강조 1
－ 글꼴 : 돋움, 18pt

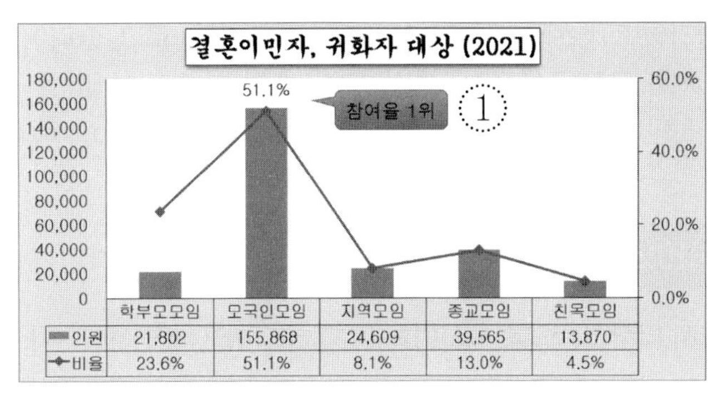

(1) 슬라이드와 같이 도형 및 스마트아트를 배치한다(글꼴 : 돋움, 18pt).
(2) 애니메이션 순서 : ① ⇒ ②

세부조건	

① 도형 및 스마트아트 편집
－ 스마트아트 디자인 :
  3차원 만화,
  강한 효과
－ 그룹화 후 애니메이션 효과 :
  실선 무늬(세로)

② 도형 편집
－ 그룹화 후 애니메이션 효과 :
  회전

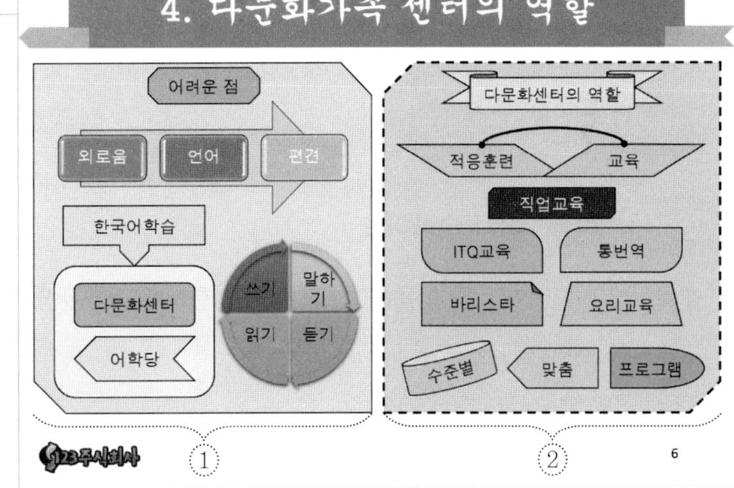

# 실전 모의고사 04회

수험번호 20262014　　**정답파일** PART 04 실전 모의고사₩실전04회_정답.pptx

▶ 합격 강의

전체구성　　　　　　　　　　　　　　　　　　　　　　　　　　**60**점

(1) 슬라이드 크기 및 순서 : 크기를 A4 용지로 설정하고 슬라이드 순서에 맞게 작성한다.

(2) 슬라이드 마스터 : 2~6슬라이드의 제목, 하단 로고, 슬라이드 번호는 슬라이드 마스터를 이용하여 작성한다.
- 제목 글꼴(궁서, 40pt, 흰색), 가운데 맞춤, 도형(선 없음)
- 하단 로고(「내 PC₩문서₩ITQ₩Picture₩로고2.jpg, 배경(회색) 투명색으로 설정)

슬라이드 ❶　　표지 디자인　　　　　　　　　　　　　　　**40**점

(1) 표지 디자인 : 도형, 워드아트 및 그림을 이용하여 작성한다.

세부조건	
① 도형 편집 – 도형에 그림 채우기 : 「내 PC₩문서₩ITQ₩Picture₩그림3.jpg」, 투명도 50% – 도형 효과 : 부드러운 가장자리 5포인트 ② 워드아트 삽입 – 변환 : 중지 – 글꼴 : 돋움, 굵게 – 텍스트 반사 : 근접 반사, 터치 ③ 그림 삽입 – 「내 PC₩문서₩ITQ₩Picture₩로고2.jpg」 – 배경(회색) 투명색으로 설정	

슬라이드 ❷　　목차 슬라이드　　　　　　　　　　　　　**60**점

(1) 출력형태와 같이 도형을 이용하여 목차를 작성한다(글꼴 : 굴림, 24pt).　　　(2) 도형 : 선 없음

세부조건	
① 텍스트에 링크【하이퍼링크】 적용 → '슬라이드 4' ② 그림 삽입 – 「내 PC₩문서₩ITQ₩Picture₩그림4.jpg」 – 자르기 기능 이용	

(1) 텍스트 작성 : 글머리 기호 사용(◆, ✓)
　　◆문단(돋움, 24pt, 굵게, 줄간격 : 1.5줄), ✓ 문단(돋움, 20pt, 줄간격 : 1.5줄)

세부조건	
① 동영상 삽입 : －「내 PC\문서\ITQ\Picture\동영상.wmv」 － 자동실행, 반복재생 설정	 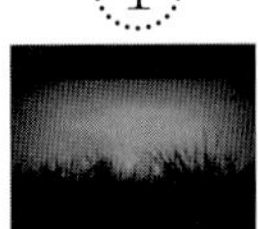

(1) 도형과 표 작성 기능을 이용하여 슬라이드를 작성한다(글꼴 : 굴림, 18pt).

세부조건	
① 상단 도형 : 　2개 도형의 조합으로 작성 ② 좌측 도형 : 　그라데이션 효과(선형 아래쪽) ③ 표 스타일 : 　테마 스타일 1 – 강조 3	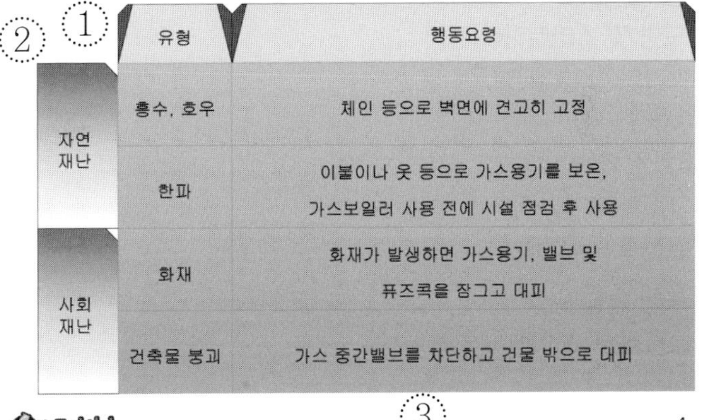

(1) 차트 작성 기능을 이용하여 슬라이드를 작성한다.
(2) 차트 : 종류(묶은 세로 막대형), 글꼴(굴림, 16pt), 외곽선

세부조건	
※ 차트설명 　• 차트제목 : 궁서, 24pt, 굵게, 　　채우기(흰색), 테두리, 그림자(오프셋 아래쪽) 　• 차트영역 : 채우기(노랑) 　　그림영역 : 채우기(흰색) 　• 데이터 서식 : 누출 계열을 표식이 있는 꺾은선 　　형으로 변경 후 보조축으로 지정 　• 값 표시 : 2020년의 폭발 계열만 　① 도형 삽입 　　– 스타일 : 미세 효과 – 파랑, 강조 1 　　– 글꼴 : 돋움, 18pt	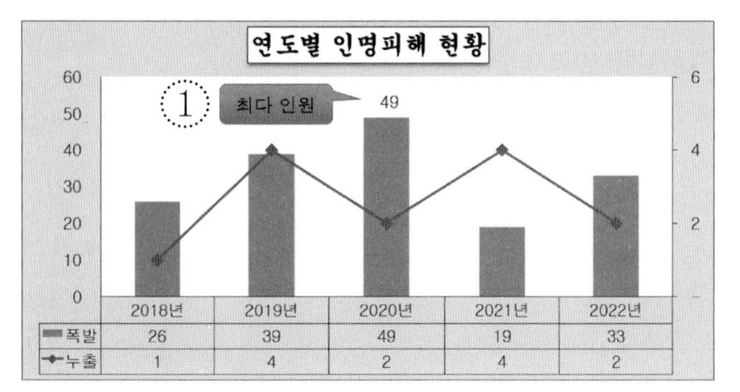

(1) 슬라이드와 같이 도형 및 스마트아트를 배치한다(글꼴 : 돋움, 18pt).
(2) 애니메이션 순서 : ① ⇒ ②

세부조건	
① 도형 및 스마트아트 편집 　– 스마트아트 디자인 : 　　3차원 만화, 　　3차원 벽돌 　– 그룹화 후 애니메이션 효과 : 　　실선 무늬(세로) ② 도형 편집 　– 그룹화 후 애니메이션 효과 : 　　회전	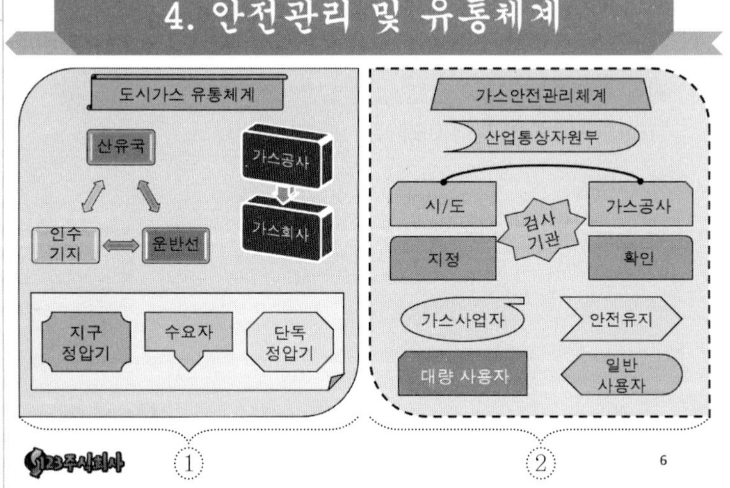

실전 모의고사 05회

▶ 합격 강의

전체구성　　60점

(1) 슬라이드 크기 및 순서 : 크기를 A4 용지로 설정하고 슬라이드 순서에 맞게 작성한다.
(2) 슬라이드 마스터 : 2~6슬라이드의 제목, 하단 로고, 슬라이드 번호는 슬라이드 마스터를 이용하여 작성한다.
　　– 제목 글꼴(돋움, 40pt, 흰색), 가운데 맞춤, 도형(선 없음)
　　– 하단 로고(「내 PC₩문서₩ITQ₩Picture₩로고2.jpg」, 배경(회색) 투명색으로 설정)

슬라이드 ❶　표지 디자인　　40점

(1) 표지 디자인 : 도형, 워드아트 및 그림을 이용하여 작성한다.

세부조건
① 도형 편집
– 도형에 그림 채우기 : 「내 PC₩문서₩ITQ₩Picture₩그림1.jpg」, 투명도 50%
– 도형 효과 : 부드러운 가장자리 5포인트
② 워드아트 삽입
– 변환 : 삼각형, 아래로【역삼각형】
– 글꼴 : 굴림, 굵게
– 텍스트 반사 : 전체 반사, 8pt 오프셋
③ 그림 삽입
– 「내 PC₩문서₩ITQ₩Picture₩로고2.jpg」
– 배경(회색) 투명색으로 설정

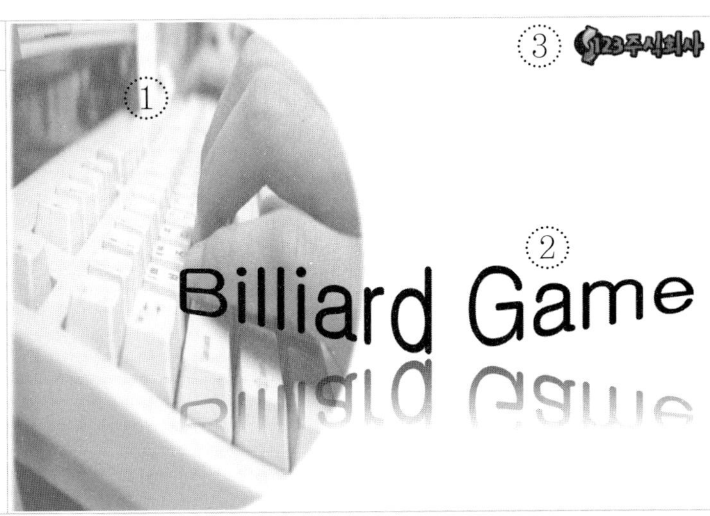

슬라이드 ❷　목차 슬라이드　　60점

(1) 출력형태와 같이 도형을 이용하여 목차를 작성한다(글꼴 : 굴림, 24pt).　　(2) 도형 : 선 없음

세부조건
① 텍스트에 링크【하이퍼링크】 적용
→ '슬라이드 5'
② 그림 삽입
– 「내 PC₩문서₩ITQ₩Picture₩그림4.jpg」
– 자르기 기능 이용

(1) 텍스트 작성 : 글머리 기호 사용(◆, ✓)

    ◆문단(돋움, 24pt, 굵게, 줄간격 : 1.5줄), ✓ 문단(돋움, 20pt, 줄간격 : 1.5줄)

세부조건	
① 동영상 삽입 : – 「내 PC₩문서₩ITQ₩Picture₩동영상.wmv」 – 자동실행, 반복재생 설정	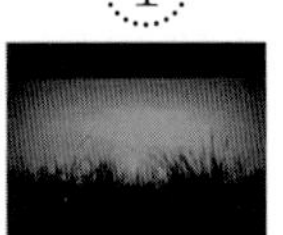

---

(1) 도형과 표 작성 기능을 이용하여 슬라이드를 작성한다(글꼴 : 굴림, 18pt).

세부조건	

① 상단 도형 :
  2개 도형의 조합으로 작성
 	
② 좌측 도형 :
  그라데이션 효과(선형 아래쪽)
 	
③ 표 스타일 :
  테마 스타일 1 – 강조 5
	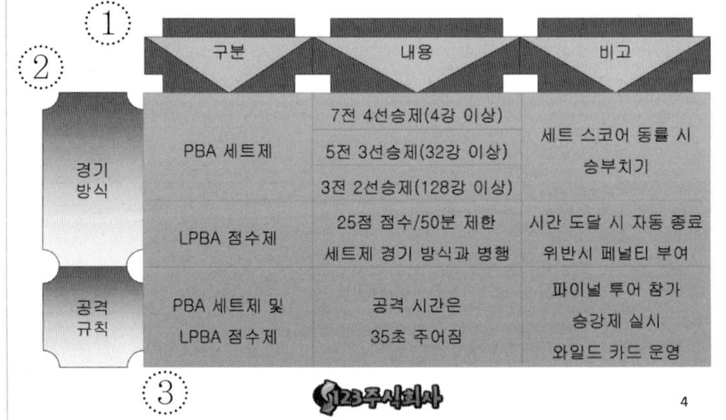

(1) 차트 작성 기능을 이용하여 슬라이드를 작성한다.
(2) 차트 : 종류(묶은 세로 막대형), 글꼴(돋움, 16pt), 외곽선

세부조건	

※ 차트설명
- 차트제목 : 궁서, 24pt, 굵게,
  채우기(흰색), 테두리, 그림자(오프셋 아래쪽)
- 차트영역 : 채우기(노랑)
  그림영역 : 채우기(흰색)
- 데이터 서식 : 근사각 계열을 표식이 있는 꺾은
  선형으로 변경 후 보조축으로 지정
- 값 표시 : 장2의 계산각 계열만

① 도형 삽입
- 스타일 : 미세 효과 – 파랑, 강조 1
- 글꼴 : 굴림, 18pt

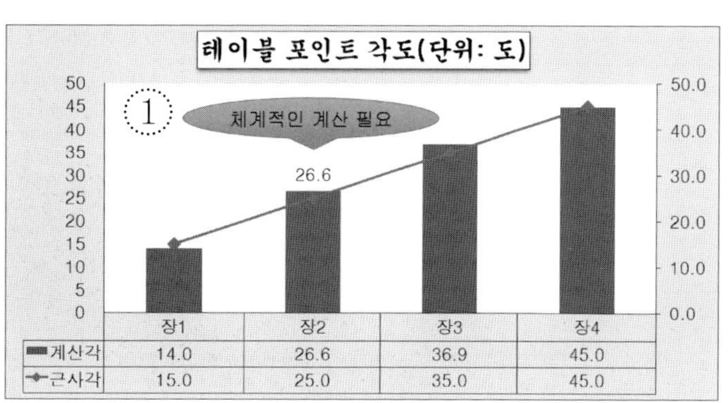

(1) 슬라이드와 같이 도형 및 스마트아트를 배치한다(글꼴 : 굴림, 18pt).
(2) 애니메이션 순서 : ① ⇒ ②

세부조건	

① 도형 및 스마트아트 편집
- 스마트아트 디자인 :
  3차원 벽돌,
  3차원 경사
- 그룹화 후 애니메이션 효과 :
  올라오기(서서히 아래로)

② 도형 편집
- 그룹화 후 애니메이션 효과 :
  밝기 변화

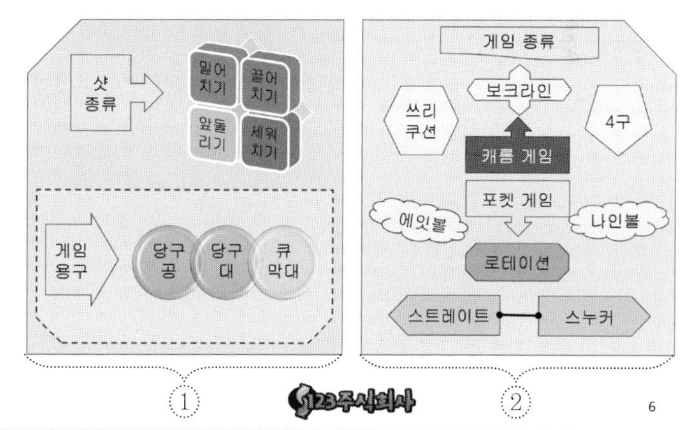

MEMO

MEMO

MEMO

MEMO

이기적 강의는
무조건 0원!

이기적 영진닷컴

공부하다가
궁금한 사항은?

이기적 스터디 카페

혜택과 이벤트 한 번에 확인하기 TALK
이기적 카카오톡 채널 
다양한 이벤트 참여하러 가기
이기적 도서 구매하기
무료 동영상 보러 바로가기
서비스, 이벤트 관련 정보 제공
이기적 스터디 카페 바로가기
이기적

가입, 설치할 필요 없이 빠르고 간편하게
ITQ 자동 채점 서비스

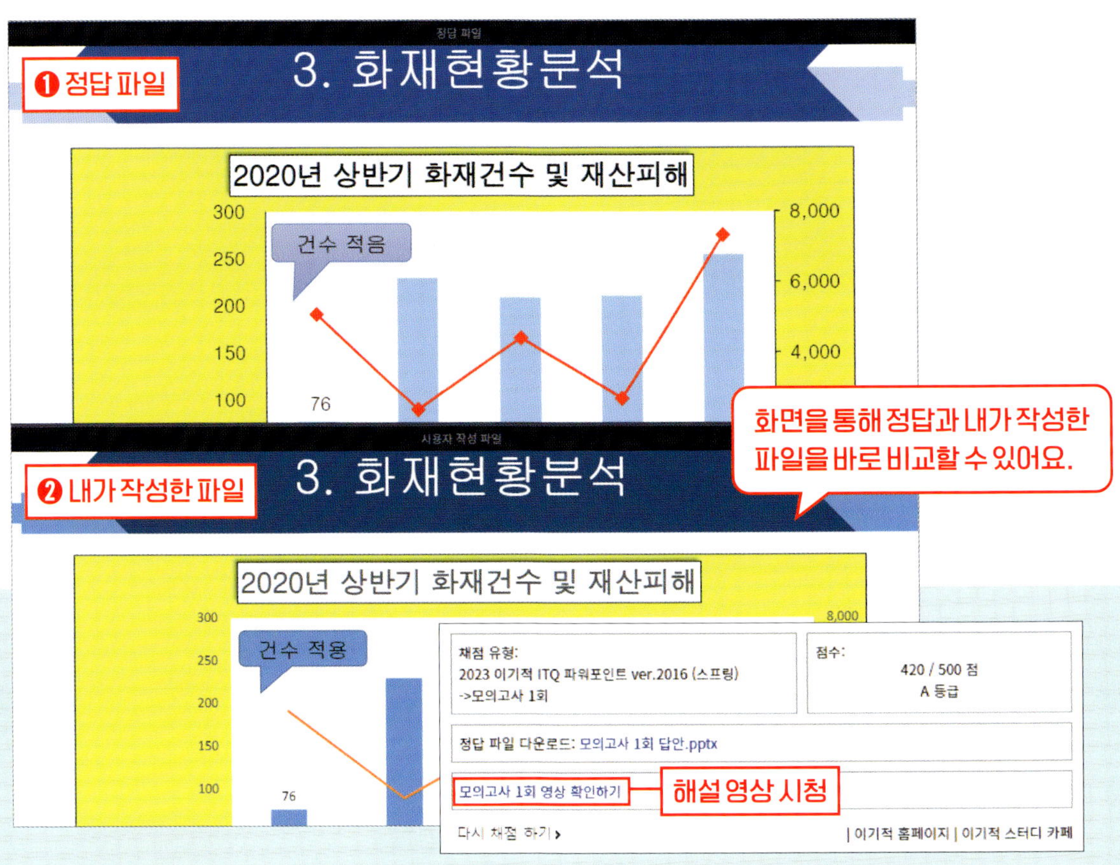

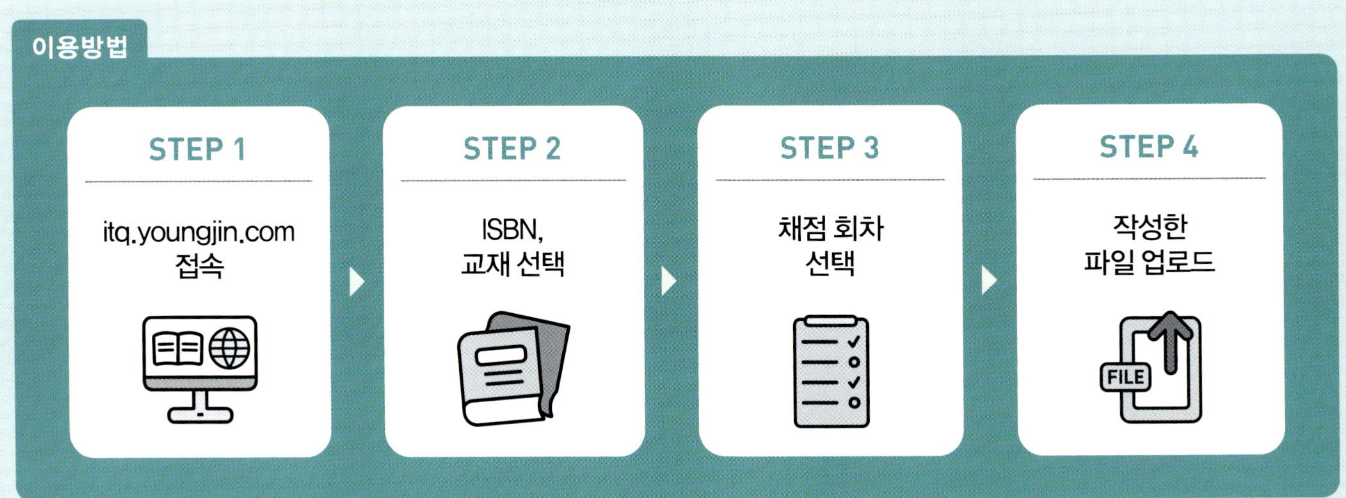

이용방법

STEP 1	STEP 2	STEP 3	STEP 4
itq.youngjin.com 접속	ISBN, 교재 선택	채점 회차 선택	작성한 파일 업로드

※ 인터넷이 연결되어 있지 않을 시 사용할 수 없으며 개인 인터넷 속도, 접속자 수에 따라 채점 속도가 다를 수 있습니다.

※ 운영체제, MS Office 정품 여부에 상관없이 채점이 가능합니다.

※ 부가 서비스로 제공되는 부분이며, 업체 등의 변경으로 제공이 중단될 수 있습니다.

혜택과 이벤트 한 번에 확인하기
TALK

이기적 카카오톡 채널

이기적
도서
구매하기

다양한 이벤트
참여하러 가기

서비스,
이벤트 관련
정보 제공

무료 동영상
보러 바로가기

이기적
스터디 카페
바로가기

7:40
LTE 84

이기적
1588-0789

동영상 인증이 안됨
오전 7:39

이기적
동영상이 제공되는 도서인지
도서의 차례에서 확인하세요.
목록에 '합격 강의' 표시가 없으면 영상이
제공되지 않습니다.

영상 강의는 구매하신 도서 1판1쇄 일자를
기준으로 2년간 시청할 수 있습니다.
오전 7:39

구매 인증 자료란?
오전 7:39

이기적
독자님들의 합격을 돕는 다양한 자료가 이
기적 스터디 카페에서 제공되고 있습니다.
구매인증 이벤트 게시판을 확인하세요.

이기적 스터디 카페
오전 7:3

스터디 카페
질문&답변
무료 강의
이벤트
챗봇 사용법
도서 구매

챗봇에게 메시

이기적

베스트셀러 1위
산출근거 판권표기

동영상 강의 무료 제공
자동 채점 서비스 제공
itq.youngjin.com

이렇게 기막힌 적중률

올인원
All in one
엑셀 + 파워포인트 + 한글

ITQ OA Master
한글 ver.2022
영진정보연구소 저

26
·2026년 수험서·
수험서 30,000원
13000
9 788931 479508
ISBN 978-89-314-7950-8

100% 무료 강의
교재 연계 동영상 제공
답안 전송 프로그램
시험장 체험 프로그램 제공
실습 파일 제공
작업 & 정답 파일 제공
YoungJin.com Y.
영진닷컴

가입, 설치할 필요 없이 빠르고 간편하게
ITQ 자동 채점 서비스

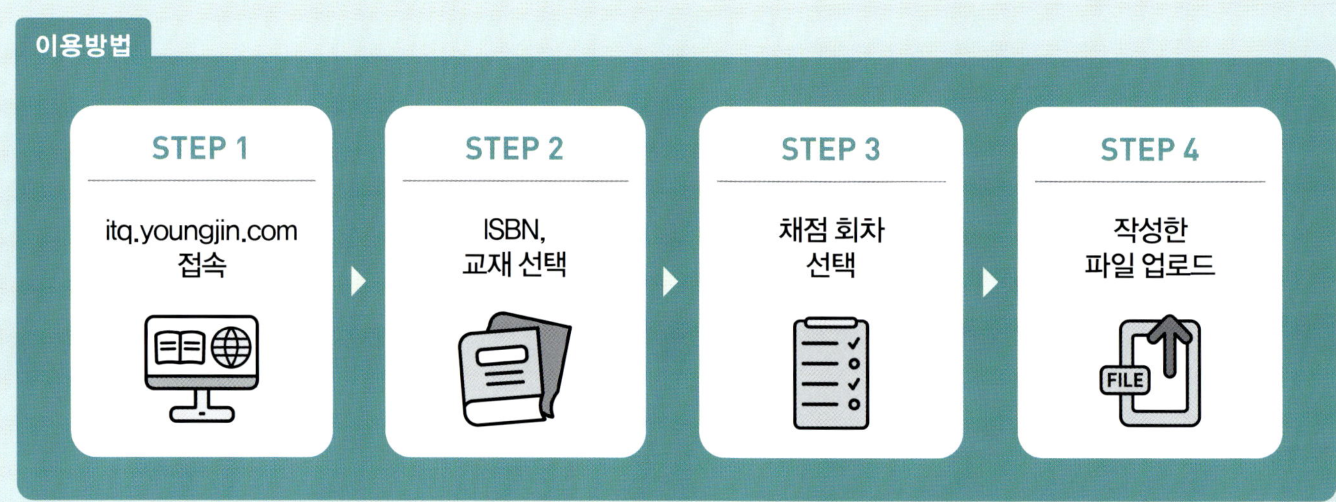

※ 인터넷이 연결되어 있지 않을 시 사용할 수 없으며 개인 인터넷 속도, 접속자 수에 따라 채점 속도가 다를 수 있습니다.

※ 운영체제, MS Office 정품 여부에 상관없이 채점이 가능합니다.

※ 부가 서비스로 제공되는 부분이며, 업체 등의 변경으로 제공이 중단될 수 있습니다.

ITQ 한글 핵심 기능 정리

모바일로 보기

01 문서 환경 설정

파일 저장	내 PC₩문서₩ITQ₩수험번호−성명.hwpx
글꼴	함초롬바탕, 10pt, 검정, 줄간격 160%, 양쪽정렬
용지 여백	왼쪽 · 오른쪽 11mm, 위쪽 · 아래쪽 · 머리말 · 꼬리말 10mm, 제본 0mm

02 스타일

스타일	F6	[서식]−[스타일]
스타일 해제	바탕글 , Ctrl + 1	
한/영 전환	한/영 , 왼쪽 Shift + Space Bar	
문단 모양	Alt + T	[서식]−[문단 모양]
글자 모양	Alt + L	[서식]−[글자 모양]

03 표 만들기

표	Ctrl + N , T	[입력]−[표]
블록 설정	F5	
셀 합치기	블록 설정 후 M	[표]−[셀 합치기]
셀 나누기	블록 설정 후 S	[표]−[셀 나누기]
선 모양	블록 설정 후 L	[표]−[셀 테두리/배경]
캡션	Ctrl + N , C	[입력]−[캡션 넣기]
블록 합계	Ctrl + Shift + S	[표]−[블록 계산식]−[블록 합계]
블록 평균	Ctrl + Shift + A	[표]−[블록 계산식]−[블록 평균]
블록 곱	Ctrl + Shift + P	[표]−[블록 계산식]−[블록 곱]

04 차트 및 수식

차트 만들기		[표 디자인]−[차트 만들기]
수식 만들기	Ctrl + N , M	[입력]−[수식]

05 그리기 도구 작업

그리기 도구		[입력]–[도형]
도형 여러 개 선택	Shift + 클릭	
글상자	Ctrl + N , B	[입력]–[글상자]
도형 회전		
도형 면 색	도형 채우기	
도형 복사	Ctrl + 드래그	
그림 삽입	Ctrl + N , I	[입력]–[그림]–[그림]
글맵시		[입력]–[개체]–[글맵시]
하이퍼링크	Ctrl + K , H	[입력]–[하이퍼링크]

06 문서작성 능력평가

덧말 넣기		[입력]–[덧말 넣기]
머리말/꼬리말	Ctrl + N , H	[쪽]–[머리말/꼬리말]
책갈피	Ctrl + K , B	[입력]–[책갈피]
문단 첫 글자 장식		[서식]–[문단 첫 글자 장식]
그림 삽입	Ctrl + N , I	[입력]–[그림]
한자 입력	한자 또는 F9	[입력]–[한자 입력]–[한자로 바꾸기]
각주	Ctrl + N , N	[입력]–[주석]–[각주]
문자표	Ctrl + F10	[입력]–[문자표]
문단 번호	Ctrl + K , N	[서식]–[문단 번호 모양]
문단 모양	Alt + T	[서식]–[문단 모양]
글자 모양	Alt + L	[서식]–[글자 모양]
표 만들기	Ctrl + N , T	[입력]–[표]
표 그러데이션		[표]–[셀 테두리/배경]
쪽 번호 매기기	Ctrl + N , P	[쪽]–[쪽 번호 매기기]
새 번호로 시작		[쪽]–[새 번호로 시작]

ITQ 한글은 워드프로세서인 아래한글을 이용한 문서작성 능력을 평가하는 시험입니다. 60분 동안 3장의 페이지에 3가지 평가기능과 5가지 하위문제를 작업해야 합니다. 아래한글은 일상에서 자주 사용하는 프로그램이지만 막상 그 기능들을 완전히 활용하고 있지 않은 경우가 많습니다. 본 시험을 통해 기존보다 더욱 질 높은 문서를 작성하는 능력을 기를 수 있습니다.

문제	기능	배점
기능평가 I	스타일	50
	표	100
	차트	
기능평가 II	수식 작성	40
	그리기 작업(도형, 글맵시, 그림 삽입, 하이퍼링크)	110
문서작성 능력평가	문서 입력, 들여쓰기, 머리말/꼬리말, 덧말 넣기, 책갈피, 문단 첫글자 장식, 그림 삽입, 각주, 문단 번호 기능, 표, 쪽 번호, 서식 지정	200
	합계	500

기능평가 I

배점 150점

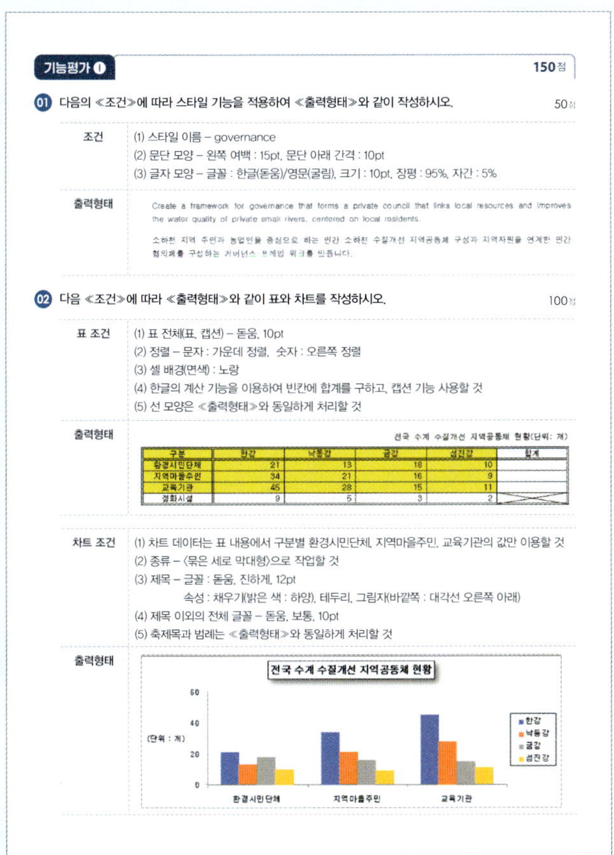

체크포인트

- 스타일
  - 한글/영문 두 문단으로 출제
  - '문단 모양'과 '글자 모양' 지정
- 표
  - 내용 작성 및 글꼴
  - 정렬
  - 셀 테두리
  - 셀 배경색 지정
  - 블록 계산 및 캡션 설정
- 차트
  - 작성된 표의 일부 데이터 사용
  - 차트 요소의 서식 지정

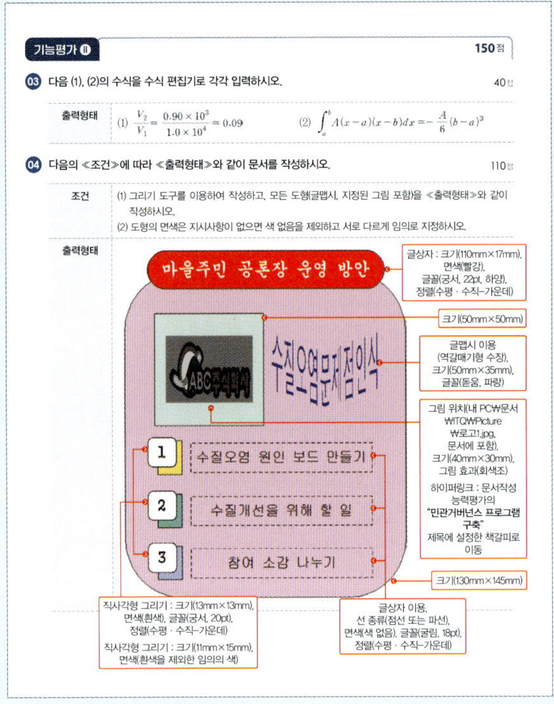

✅ 체크포인트

- 수식 작성
  - [수식 편집기] 이용
  - '수식 기호'와 '확장 연산자'로 작성
- 그리기 작업
  - 도형 및 글상자
  - 글맵시 및 하이퍼링크 설정
  - 그림 삽입
  - 지시사항 설정

문서작성 능력평가 ——————————————————————————————— 배점 200점

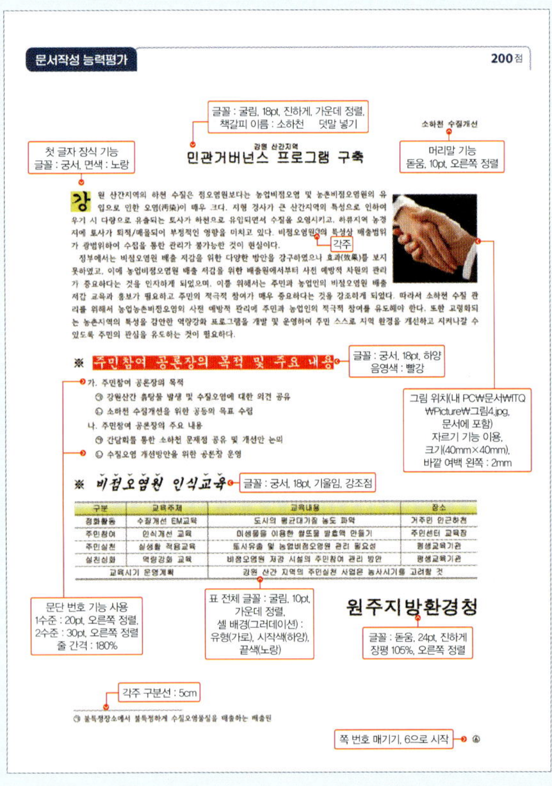

✅ 체크포인트

- 머리말, 쪽 번호
- 제목 설정, 문단 첫 글자 장식, 각주, 그림 삽입
- 문단 번호
- 표 작성 및 설정

이렇게 기막힌 적중률

ITQ OA Master

3권 · 한글 ver.2022

"이" 한 권으로 합격의 "기적"을 경험하세요!

차례

난이도에 따라 분류하였습니다.

상 : 반드시 반복 연습해야 하는 기능
중 : 여러 차례 풀어보아야 하는 기능
하 : 수월하게 익힐 수 있는 기능

▶ 합격 강의

동영상 강의가 제공되는 부분을 표시했습니다.
이기적 수험서 사이트(license.youngjin.com)에 접속하여 시청하세요.

▶ 본 도서에서 제공하는 동영상은 1판 1쇄 기준 2년간 유효합니다. 단, 출제기준안에 따라 내용은 변경될 수 있습니다.

부록 BONUS  또기적 합격자료집 PDF

- 시험장 스케치 & 꿀팁 & 질문
- 비공개 구매 혜택(기출문제 5회분)
- 스터디 플래너

※ 참여 방법 : '이기적 스터디 카페' 검색 → 이기적 스터디카페(cafe.naver.com/yjbooks) 접속 → '구매 인증 PDF 증정' 게시판 → 구매 인증 → 메일로 자료 받기

ITQ 합격에 필요한 자료를 모두 모았습니다.

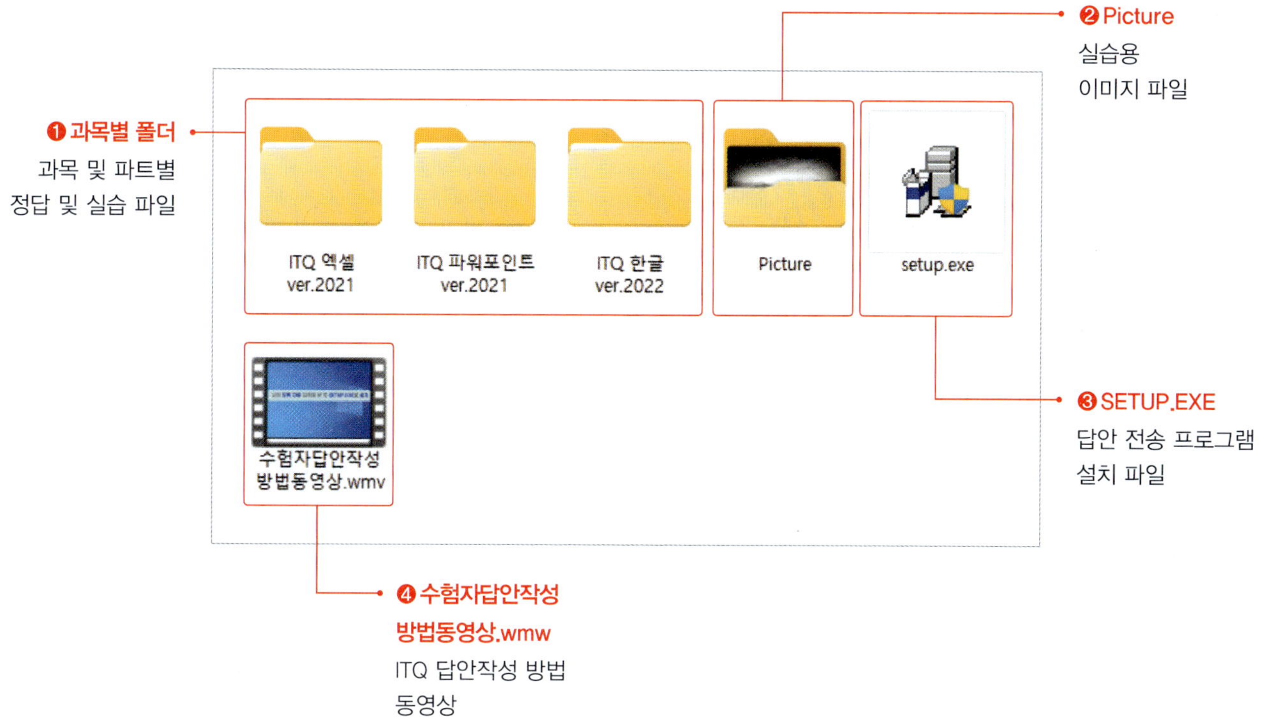

다운로드 방법

① 이기적 영진닷컴(license.youngjin.com)에 접속한다.
② 상단 메인 메뉴에서 [자료실] – [ITQ]를 클릭한다.
③ '[2026] 이기적 ITQ OA Master ver.2021+2022 올인원 부록 자료' 게시글을 클릭하여 첨부파일을 다운로드한다.

사용 방법

① 다운로드한 '7950.zip' 압축 파일에서 마우스 오른쪽 버튼을 눌러 압축을 해제한다.
② 압축이 풀린 후 '7950' 폴더를 더블 클릭하여 모든 파일이 들어 있는지 확인한다.

※ ITQ 시험은 빈 문서에서 내용을 입력하는 것부터 시험 시작입니다. 처음 시험 공부를 하실 때에는 빈 문서에서 차근차근 연습해 주세요.

시험 유형 따라하기

문서 환경 설정

CHAPTER 01 문서 환경 설정

정보기술자격(ITQ) 시험

한컴오피스

과목	코드	문제유형	시험시간	수험번호	성명
아래한글	1111	A	60분		

※ 최신 기출문제 01~10회 학습 시 답안 작성요령을 동일하게 적용하세요.

수험자 유의사항

- 수험자는 문제지를 받는 즉시 문제지와 수험표상의 시험과목(프로그램)이 동일한지 반드시 확인하여야 합니다.
- 파일명은 본인의 "수험번호–성명"으로 입력하여 답안폴더(내 PC\문서\ITQ)에 하나의 파일로 저장해야 하며, 답안문서 파일명이 "수험번호–성명"과 일치하지 않거나, 답안파일을 전송하지 않아 미제출로 처리될 경우 실격 처리합니다(예:12345678–홍길동.hwpx).
- 답안 작성을 마치면 파일을 저장하고, '답안 전송' 버튼을 선택하여 감독위원 PC로 답안을 전송하십시오. 수험생 정보와 저장한 파일명이 다를 경우 전송되지 않으므로 주의하시기 바랍니다.
- 답안 작성 중에도 주기적으로 저장하고, '답안 전송'하여야 문제 발생을 줄일 수 있습니다. 작업한 내용을 저장하지 않고 전송할 경우 이전에 저장된 내용이 전송되니 이점 유의하시기 바랍니다.
- 답안문서는 지정된 경로 외의 다른 보조기억장치에 저장하는 경우, 지정된 시험 시간 외에 작성된 파일을 활용할 경우, 기타 통신수단(이메일, 메신저, 네트워크 등)을 이용하여 타인에게 전달 또는 외부 반출하는 경우는 부정 처리합니다.
- 시험 중 부주의 또는 고의로 시스템을 파손한 경우는 수험자가 변상해야 하며, 〈수험자 유의사항〉에 기재된 방법대로 이행하지 않아 생기는 불이익은 수험생 당사자의 책임임을 알려 드립니다.
- 문제의 조건은 한컴오피스 2022 버전으로 설정되어 있으니 유의하시기 바랍니다.
- 시험을 완료한 수험자는 답안파일이 전송되었는지 확인한 후 감독위원의 지시에 따라 문제지를 제출하고 퇴실합니다.

답안 작성요령

- 온라인 답안 작성 절차
  수험자 등록 ⇒ 시험 시작 ⇒ 답안파일 저장 ⇒ 답안 전송 ⇒ 시험 종료
- 공통 부문
  - 글꼴에 대한 기본설정은 함초롬바탕, 10포인트, 검정, 줄간격 160%, 양쪽정렬로 합니다.
  - 색상은 조건의 색을 적용하고 색의 구분이 안 될 경우에는 RGB 값을 적용하십시오.
    (빨강 255,0,0 / 파랑 0,0,255 / 노랑 255,255,0).
  - 각 문항에 주어진 《조건》에 따라 작성하고 언급하지 않은 조건은 《출력형태》와 같이 작성합니다.
  - 용지여백은 왼쪽·오른쪽 11mm, 위쪽·아래쪽·머리말·꼬리말 10mm, 제본 0mm로 합니다.
  - 그림 삽입 문제의 경우 「내 PC\문서\ITQ\Picture」 폴더에서 지정된 파일을 선택하여 삽입하십시오.
  - 삽입한 그림은 반드시 문서에 포함하여 저장해야 합니다(미포함 시 감점 처리).
  - 각 항목은 지정된 페이지에 출력형태와 같이 정확히 작성하시기 바라며, 그렇지 않을 경우에 해당 항목은 0점 처리됩니다.
    ※ 페이지구분 : 1페이지 – 기능평가 I (문제번호 표시 : 1, 2),
    　　　　　　　2페이지 – 기능평가 II (문제번호 표시 : 3, 4),
    　　　　　　　3페이지 – 문서작성 능력평가
- 기능평가
  - 문제와 《조건》은 입력하지 않으며 문제번호와 답(《출력형태》)만 작성합니다.
  - 4번 문제는 묶기를 했을 경우 0점 처리됩니다.
- 문서작성 능력평가
  - A4 용지(210mm×297mm) 1매 크기, 세로 서식 문서로 작성합니다.
  - ☐ 표시는 문서작성에 대한 지시사항이므로 작성하지 않습니다.

출제포인트

글자 속성 지정 · 편집 용지 설정 · 페이지 구분 · 파일 저장

A등급 TIP

문서 환경 설정은 배점은 따로 없으나 앞으로 작성할 모든 문서의 틀이 되는 부분이므로 실수 없이 꼼꼼히 작업하도록 합니다. 답안 작성요령에서 지시하는 대로 글꼴에 대한 설정과 용지 여백, 페이지 구분 등을 정확하게 지정해야 합니다.

정답파일 PART 01 시험 유형 따라하기₩시험 유형 따라하기.hwpx

답안 작성요령	• 파일명은 본인의 "수험번호–성명"으로 입력하여 답안폴더(내 PC₩문서₩ITQ)에 하나의 파일로 저장해야 하며, 답안문서 파일명이 "수험번호–성명"과 일치하지 않거나, 답안파일을 전송하지 않아 미제출로 처리될 경우 실격 처리합니다(예 12345678–홍길동.hwpx). • 글꼴에 대한 기본설정은 함초롬바탕, 10포인트, 검정, 줄간격 160%, 양쪽정렬로 합니다. • 색상은 조건의 색을 적용하고 색의 구분이 안 될 경우에는 RGB 값을 적용하십시오 (빨강 255,0,0 / 파랑 0,0,255 / 노랑 255,255,0). • 용지여백은 왼쪽 · 오른쪽 11mm, 위쪽 · 아래쪽 · 머리말 · 꼬리말 10mm, 제본 0mm로 합니다. • 페이지구분 : 1페이지 – 기능평가 I (문제번호 표시 : 1. 2.), 　　　　　　　2페이지 – 기능평가 II (문제번호 표시 : 3. 4.), 　　　　　　　3페이지 – 문서작성 능력평가

과정 한눈에 보기　글자 속성 지정 ➡ 편집 용지 설정 ➡ 페이지 구분 ➡ 파일 저장

SECTION 01　글자 속성 지정

① [서식] 도구상자에서 '함초롬바탕', '10pt'를 설정하고, [보기] 탭 – [폭 맞춤]을 설정한다.

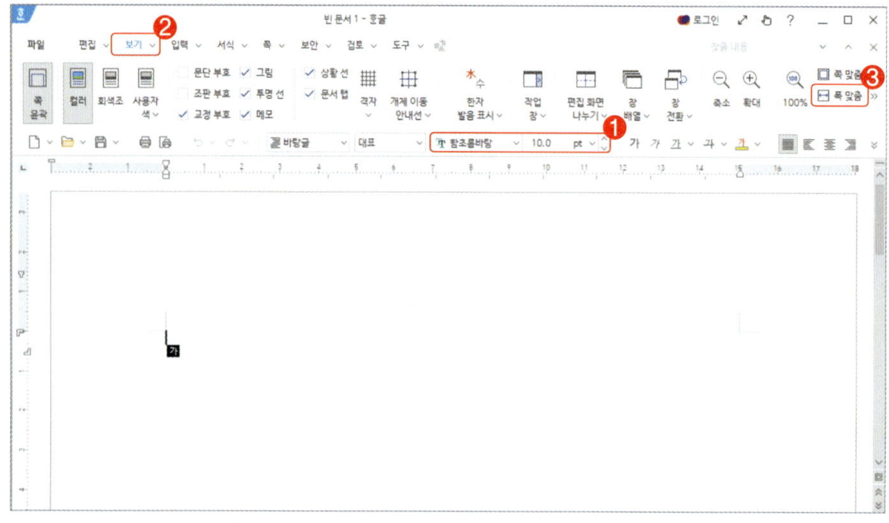

기적의 TIP

Alt+L을 누르거나 [편집] 탭–[글자 모양](가)을 선택하여 '함초롬바탕', '10pt'를 확인한다.

기적의 TIP

[도구] 탭–[환경 설정]–기타–입력기 언어 표시
가 : 한글 입력 상태
A : 영문 입력 상태

① F7을 누르거나 [파일] 탭 – [편집 용지]를 선택하여, 왼쪽 · 오른쪽 '11mm', 위쪽 · 아래쪽 · 머리말 · 꼬리말 '10mm', 제본 '0mm'로 설정한다.

기적의 TIP

용지 여백 설정은 문제를 풀기 전에 지정한다.

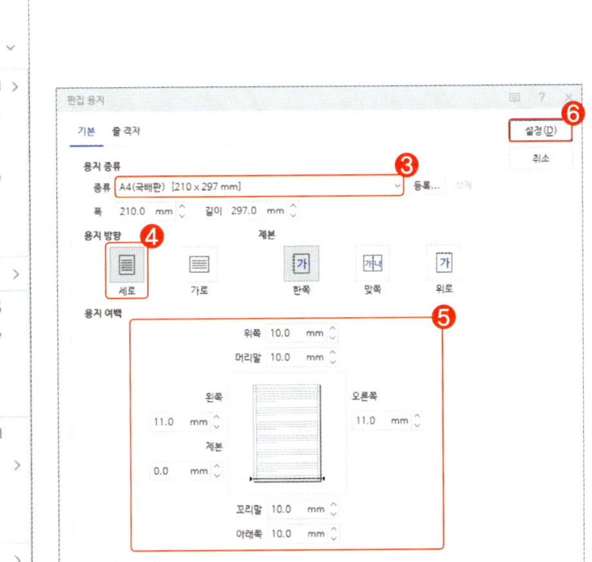

SECTION **03**   페이지 설정

① 문제 번호 「1.」을 입력하고 Enter 를 세 번 누른다.
→ 「2.」를 입력하고 Enter 를 한 번 누른다.

② [쪽] 탭 – [구역 나누기](⊞)(Alt + Shift + Enter)를 클릭하여 페이지를 구분한다.

기적의 TIP

1~4번까지의 문제 번호를 적지 않고 작성하는 경우 해당 문제에 배당된 점수를 받지 못한다. 그러므로 각 문제의 번호를 꼭 입력하도록 한다.

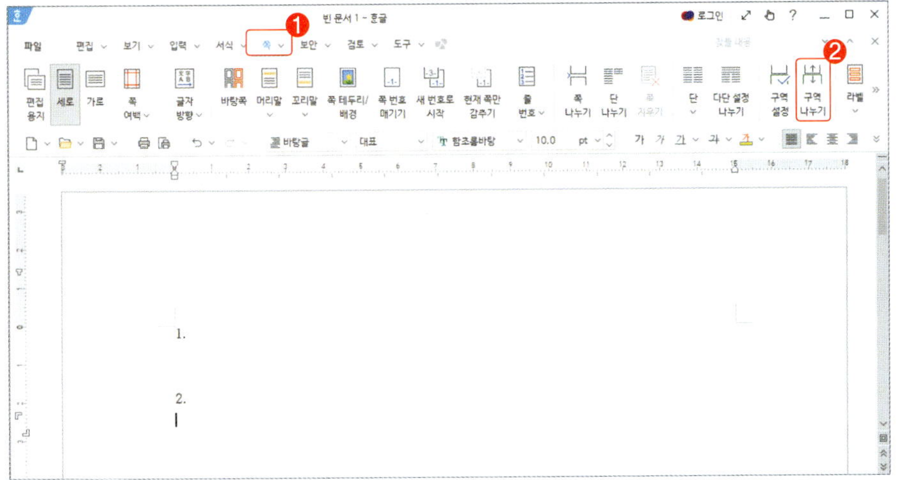

③ 두 번째 페이지로 커서가 이동되면 문제 번호 「3.」, 「4.」를 첫 번째 페이지
와 같이 입력한 후 [구역 나누기](🔀)를 한 번 더 클릭한다.

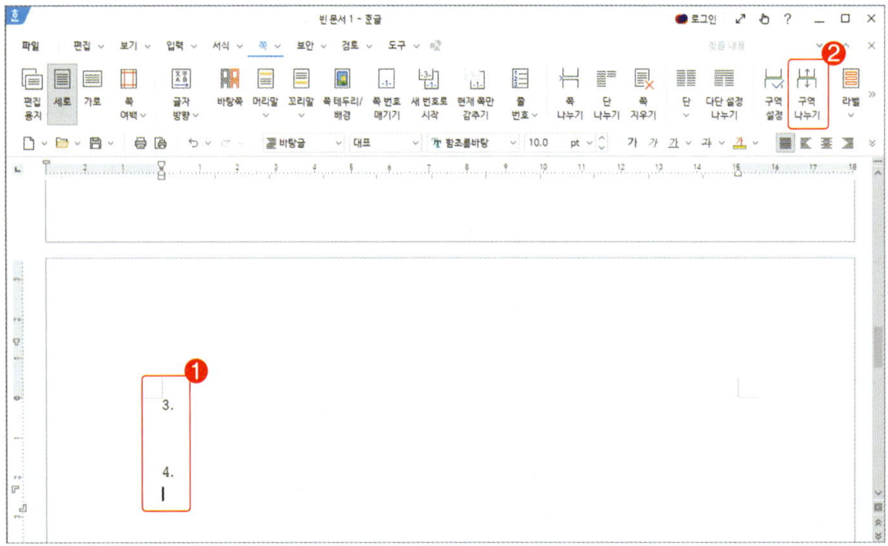

---

① Alt + S 를 누르거나 [파일] 탭 – [저장하기](💾)를 선택하고, '내 PC₩문
서₩ITQ₩' 폴더로 이동한다.

② 파일 이름을 '수험번호–이름.hwpx'로 저장한다.

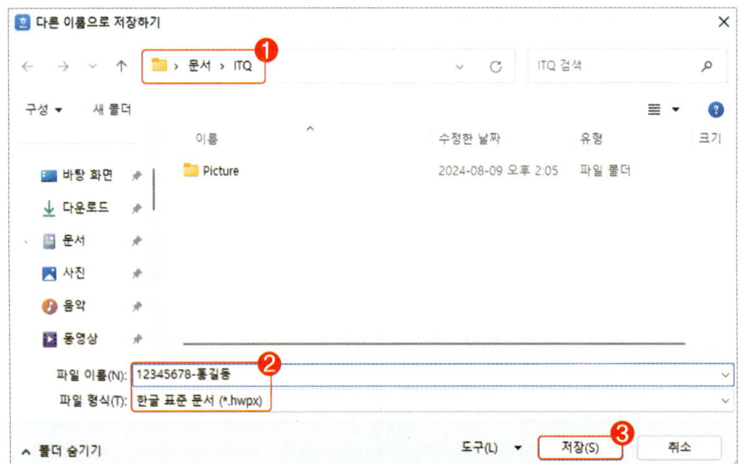

> **기적의 TIP**
>
> 답안 작성 중에도 수시로 저장하여 시험 중 불의의 피해를 보지 않도록 한다.

③ 제목 표시줄에서 파일명과 파일의 위치를 확인할 수 있다.

기능평가 Ⅰ

배점 **150점** | A등급 목표점수 **130점**

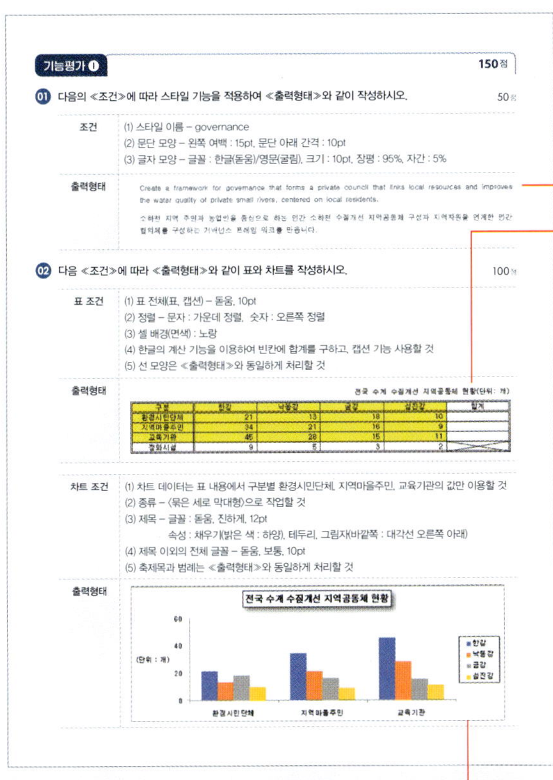

CHAPTER 02 스타일

CHAPTER 03 표 만들기

CHAPTER 04 차트 만들기

출제포인트

스타일 지정 · 한글과 영문 텍스트 작성 · 표 작성 및 정렬 · 표/셀 속성 · 캡션 기능 · 계산 기능 · 차트 작성 · 차트 제목 설정 · 축 제목 및 범례

출제기준

① 한글과 영문 텍스트 작성능력 및 스타일 기능 사용능력, ② 표와 차트의 작성능력을 평가합니다.

A등급 TIP

기능평가 Ⅰ에는 ① 스타일, ② 표와 차트의 두 문제가 출제됩니다. 한글과 영문 텍스트를 정확하게 입력하고, 표를 기반으로 차트를 만든 뒤 조건대로 서식을 지정하는 것이 중요합니다.

[기능평가 I] # 스타일

▶ 합격 강의

정답파일 PART 01 시험 유형 따라하기₩시험 유형 따라하기.hwpx

문제보기

조건

(1) 스타일 이름 – autonomous
(2) 문단 모양 – 첫 줄 들여쓰기 : 10pt, 문단 아래 간격 : 10pt
(3) 글자 모양 – 글꼴 : 한글(굴림)/영문(돋움), 크기 : 10pt, 장평 : 105%, 자간 : − 5%

출력형태

Autonomous cars have control systems that are capable of analyzing sensory data to distinguish between different cars on the road, which is very useful in planning a path to the desired destination.

이미 실용화되고 있는 무인자동차로는 이스라엘 군에서 운용되는 미리 설정된 경로를 순찰하는 무인차량과 해외 광산, 건설 현장 등에서 운용되고 있는 덤프트럭 등의 무인운행 시스템 등이 있다.

핵심기능

기능	바로 가기	메뉴
스타일	가져오기, F6	[서식]−[스타일]
스타일 해제	바탕글, Ctrl + 1	
한/영 전환	한/영, 왼쪽 Shift + Space Bar	
문단 모양	📝, Alt + T	[서식]−[문단 모양]
글자 모양	가가, Alt + L	[서식]−[글자 모양]

과정 한눈에 보기 글자 입력 ➡ 스타일 지정 ➡ 스타일 편집(문단 모양, 글자 모양)

① 문제 번호 「1.」 다음 줄에 [한/영](또는 왼쪽 [Shift]+[Space Bar])을 눌러 영문으로 변환 후 영문을 입력한다.
　→ 다시 [한/영]을 눌러 한글로 변환 후 한글을 입력한다.

> 1.
> Autonomous cars have control systems that are capable of analyzing sensory data to distinguish between different cars on the road, which is very useful in planning a path to the desired destination.
> 이미 실용화되고 있는 무인자동차로는 이스라엘 군에서 운용되는 미리 설정된 경로를 순찰하는 무인차량과 해외 광산, 건설 현장 등에서 운용되고 있는 덤프트럭 등의 무인운행 시스템 등이 있다.

기적의 TIP

반드시 오타 없이 입력하도록 한다.

기적의 TIP

[도구] 탭–[맞춤법 도우미 동작]이 적용 중이면 사전에 등록되지 않은 단어에 빨간색 물결이 표시되는데, 이와 상관없이 입력한다.

① 입력한 내용을 블록 설정한 후 [F6]을 눌러 [스타일] 대화상자에서 [스타일 추가하기](➕)를 클릭한다.

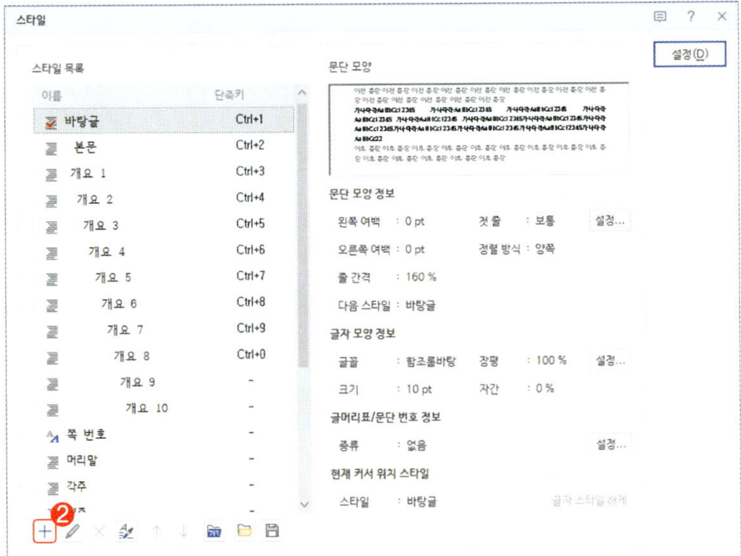

기적의 TIP

스타일 지정은 메뉴에서 [서식]–[스타일]을 클릭해도 된다.

② [스타일 추가하기] 대화상자의 스타일 이름에 「autonomous」를 입력하고 [추가]를 클릭하여 스타일을 추가한다.

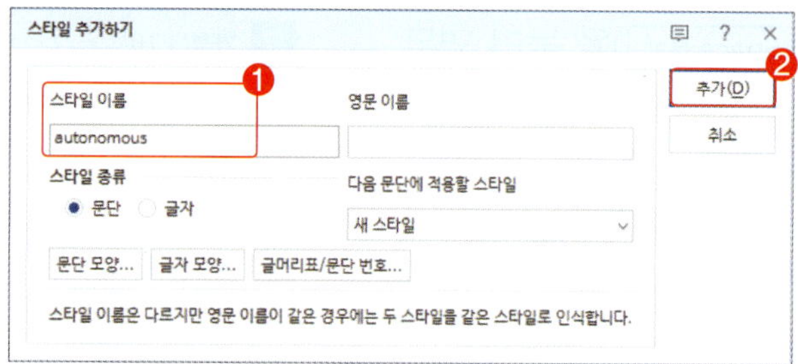

SECTION 03   스타일 편집

① [스타일] 대화상자의 스타일 목록에서 'autonomous'를 선택하고 [스타일 편집하기](✏)를 클릭한다.

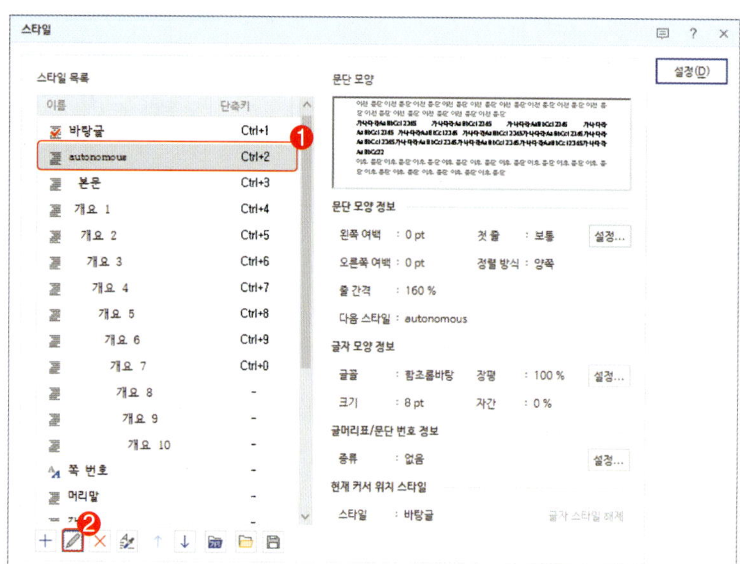

🏁 기적의 TIP

[스타일 편집하기] 대화상자에서는 스타일의 문단 모양, 글자 모양, 문단 번호/글머리표를 편집할 수 있다.

② [스타일 편집하기] 대화상자에서 [문단 모양]을 클릭한 후 [문단 모양] 대화상자에서 지시사항대로 첫 줄 들여쓰기 '10pt', 문단 아래 간격 '10pt'를 설정한다.

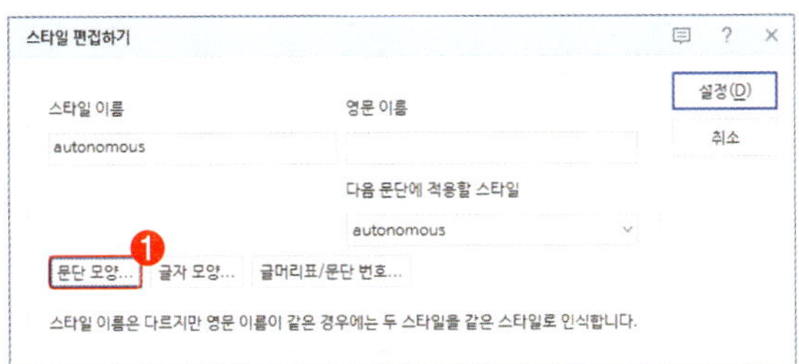

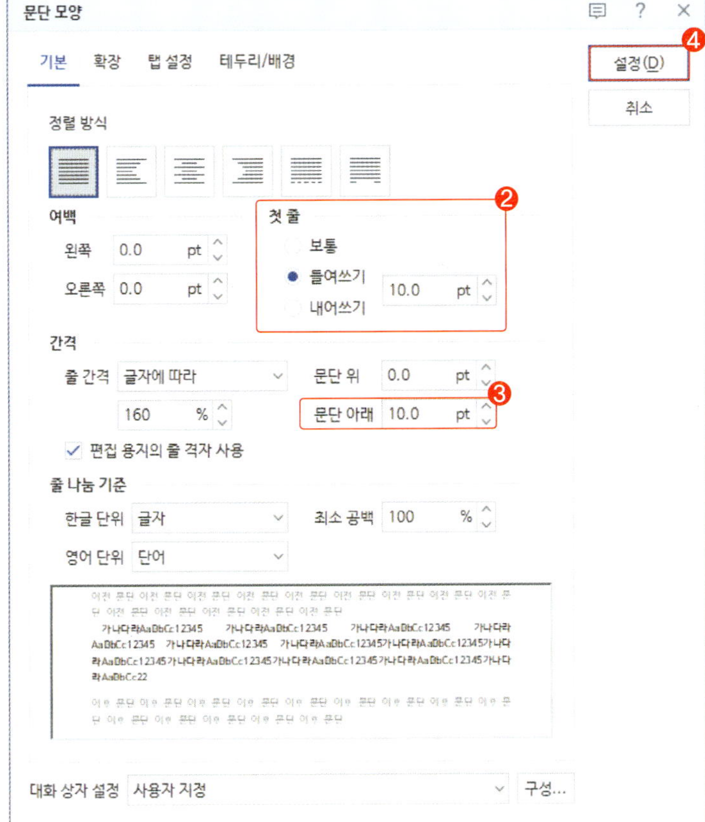

③ [스타일 편집하기] 대화상자에서 [글자 모양]을 클릭한다.
→ [글자 모양] 대화상자에서 지시사항대로 '10pt', 장평 '105%', 자간 '-5%'를 설정하고, 한글 글꼴을 지정하기 위해 언어 '한글', 글꼴 '굴림'을 선택한다.

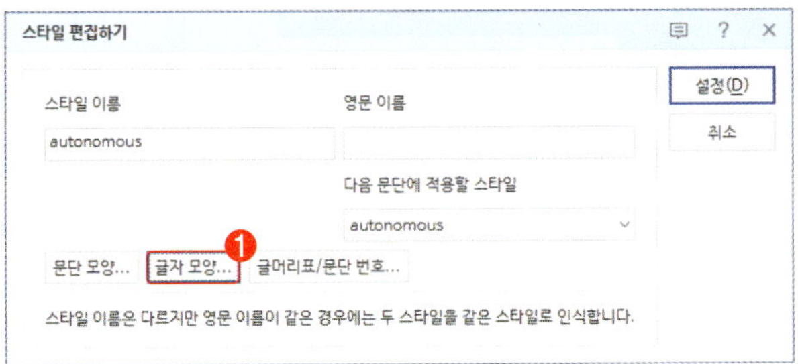

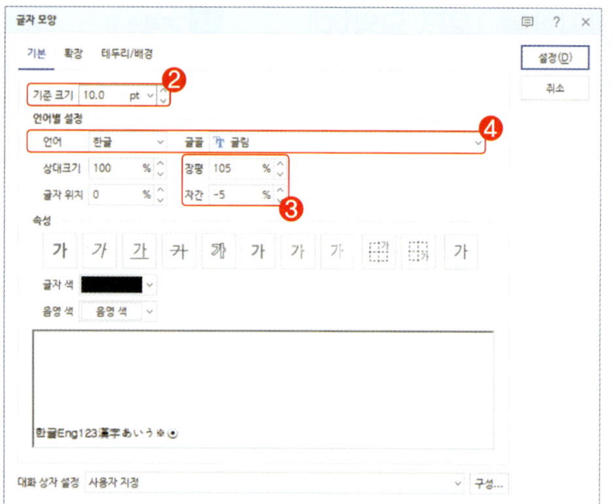

④ 영문 글꼴을 지정하기 위해 언어 '영문', 글꼴 '돋움'을 설정한다.

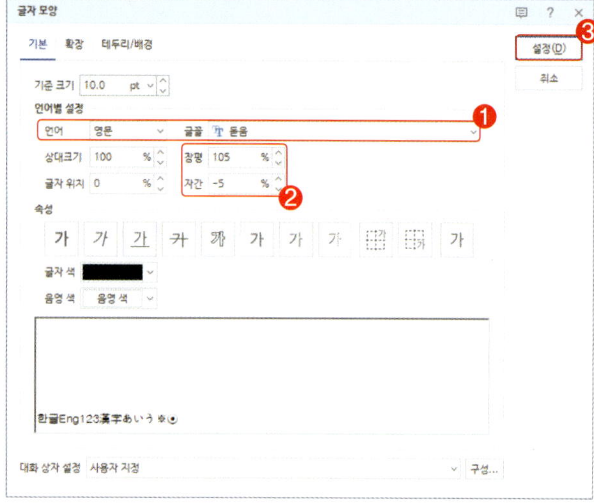

⑤ [스타일 편집하기] 대화상자에서 [설정]을 클릭하고, [스타일] 대화상자에서
[설정]을 클릭하여 대화상자를 닫는다.

⑥ 블록으로 지정된 내용에 스타일이 적용된 것을 확인한다.

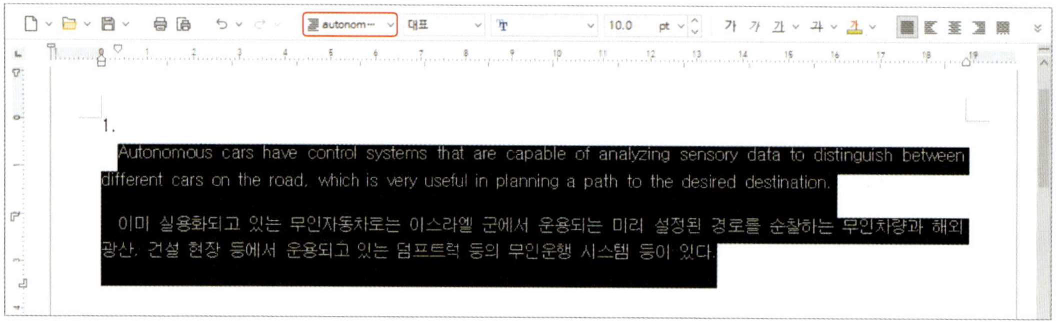

문제유형 ❶-1

정답파일 PART 01 시험 유형 따라하기₩유형1-1번_정답.hwpx

조건	(1) 스타일 이름 – water (2) 문단 모양 – 첫 줄 들여쓰기 : 10pt, 문단 아래 간격 : 5pt (3) 글자 모양 – 글꼴 : 한글(돋움)/영문(굴림), 크기 : 10pt, 장평 : 105%, 자간 : −5%
출력형태	Water is a common chemical substance that is essential to all known forms of life. About 70% of the fat free mass of the human body is made of water. 물은 알려진 모든 생명체에 필수적인 화학물질입니다. 인체의 질량의 약 70%가 물로 구성되어 있습니다.

문제유형 ❶-2

정답파일 PART 01 시험 유형 따라하기₩유형1-2번_정답.hwpx

조건	(1) 스타일 이름 – robot (2) 문단 모양 – 왼쪽 여백 : 10pt, 문단 아래 간격 : 10pt (3) 글자 모양 – 글꼴 : 한글(궁서)/영문(돋움), 크기 : 10pt, 장평 : 110%, 자간 : −5%
출력형태	Japan Robot Association(JARA)'s have biennially organized international Robot Exhibition (IREX) since 1974 for the purpose of contribution further progress of world's robot industry. 일본 로봇 협회는 1974년부터 세계 로봇 산업의 발전을 위해 국제 로봇 전시회를 2년마다 개최했습니다.

문제유형 ❶-3

정답파일 PART 01 시험 유형 따라하기₩유형1-3번_정답.hwpx

조건	(1) 스타일 이름 – ncsi (2) 문단 모양 – 왼쪽 여백 : 15pt, 문단 아래 간격 : 5pt (3) 글자 모양 – 글꼴 : 한글(바탕)/영문(굴림), 크기 : 10pt, 장평 : 105%, 자간 : −5%
출력형태	The NCSI is an index model based on the modeling of the degree of satisfaction of the final consumers, who have used the product or services provided by domestic and foreign companies. 시뮬레이션 소프트웨어는 고객 만족도의 변화를 고객 유지 비율로 표현하며, 수익성에 영향을 미치는지 분석할 수 있습니다.

[기능평가 I] **표 만들기**

▶ 합격 강의

정답파일 PART 01 시험 유형 따라하기₩시험 유형 따라하기.hwpx

문제보기

표 조건

(1) 표 전체(표, 캡션) – **돋움**, 10pt
(2) 정렬 – 문자 : 가운데 정렬, 숫자 : 오른쪽 정렬
(3) 셀 배경(면색) : 노랑
(4) 한글의 계산 기능을 이용하여 빈칸에 **평균(소수 두 자리)**을 구하고, 캡션 기능 사용할 것
(5) 선 모양은 ≪출력형태≫와 동일하게 처리할 것

출력형태

무인자동차 관련 상장사(단위 : 억 원, %)

종목	매출액	영업이익	순이익	주가수익비율	주가순자산비율
테크닉스	2,024	308	300	16.8	2.3
셀프드라이빙	1,967	232	234	8.9	2.1
일렉트로	2,208	229	126	15.3	1.2
평균					

핵심기능

기능	바로 가기	메뉴
표	⊞, Ctrl + N, T	[입력]–[표]
블록 설정	F5	
셀 합치기	⊞, 블록 설정 후 M	[표]–[셀 합치기]
셀 나누기	⊞, 블록 설정 후 S	[표]–[셀 나누기]
선 모양	블록 설정 후 L	[표]–[셀 테두리/배경]
캡션 달기	⬚, Ctrl + N, C	[입력]–[캡션 넣기]
블록 합계	Ctrl + Shift + S	[표]–[블록 계산식]–[블록 합계]
블록 평균	Ctrl + Shift + A	[표]–[블록 계산식]–[블록 평균]
블록 곱	Ctrl + Shift + P	[표]–[블록 계산식]–[블록 곱]

과정 한눈에 보기

표 만들기 ➡ 셀 합치기 ➡ 표 데이터 입력 ➡ 표 글자 속성 지정 ➡ 정렬 지정 ➡ 셀 테두리 지정 ➡ 셀 배경색 지정 ➡ 블록 계산식 ➡ 캡션 달기 ➡ 표 크기 조절

① 문제 번호 「2.」 다음 줄에 커서를 위치시킨다.

② 표를 만들기 위해 [입력] 탭 – [표](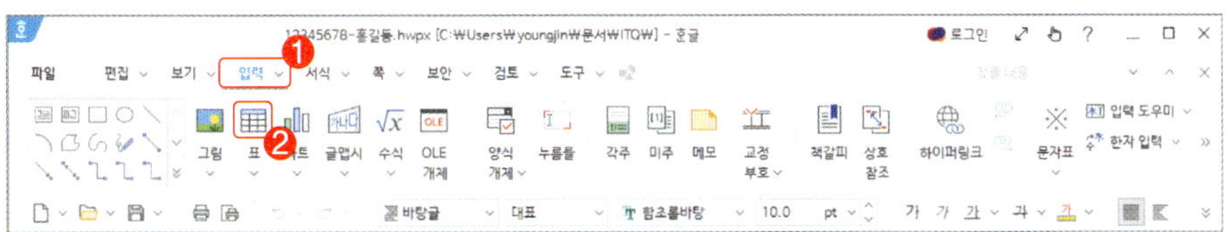)를 클릭한다.

③ [표 만들기] 대화상자에서 줄 수 '5', 칸 수 '6'를 설정한 후 '글자처럼 취급'에 체크한다.

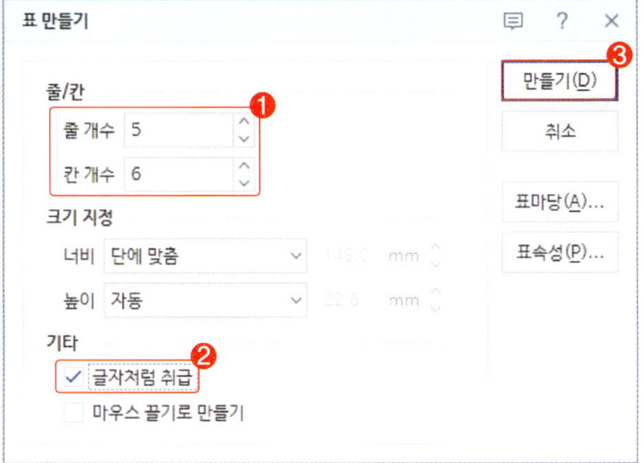

> **기적의 TIP**
>
> 마우스를 이용해 표를 만들 수도 있다.
>
> 
>
>
>
> 표 단축키 Ctrl + N , T

> **기적의 TIP**
>
> '글자처럼 취급'을 설정하면 표의 위치가 문서 변동에 따라 자동적으로 움직인다.

① 표에 내용을 입력한다.

종목	매출액	영업이익	순이익	주가수익비율	주가순자산비율
테크닉스	2024	308	300	16.8	2.3
셀프드라이빙	1967	232	234	8.9	2.1
일렉트로	2208	229	126	15.3	1.2
평균					

② **표 전체를 블록 설정(F5 세 번)한 후, 글꼴 '돋움', '10pt'**를 설정한다.

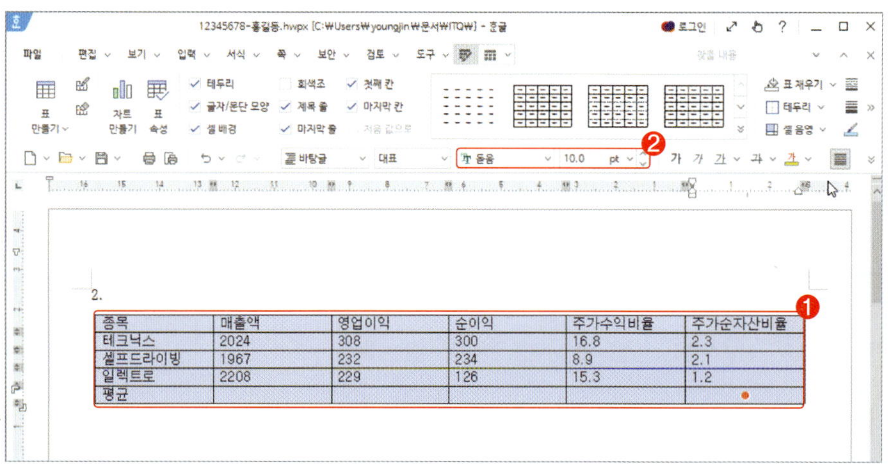

기적의 TIP

블록 설정

- F5 한 번 : 현재 커서 위치의 셀을 블록 설정
- F5 두 번 : 현재 커서 위치를 포함해서 방향키로 블록 설정
- F5 세 번 : 전체 셀을 블록 설정

셀 블록 설정 후 단축 메뉴(마우스 오른쪽 클릭)

① 글자 모양 : 표의 글꼴 등 글자 모양을 변경
② 셀 테두리/배경 : 셀의 테두리, 대각선이나 배경색 지정
③ 셀 합치기 : 블록 설정한 셀 모두 합치기
④ 셀 나누기 : 지정한 셀의 줄, 칸을 나누기
⑤ 블록 계산식 : 블록 설정한 셀의 블록 합계, 블록 곱, 블록 평균을 구하기

① Ctrl+마우스 드래그로 문자 부분을 블록 설정하고 [가운데 정렬](▤)을 설정한다.

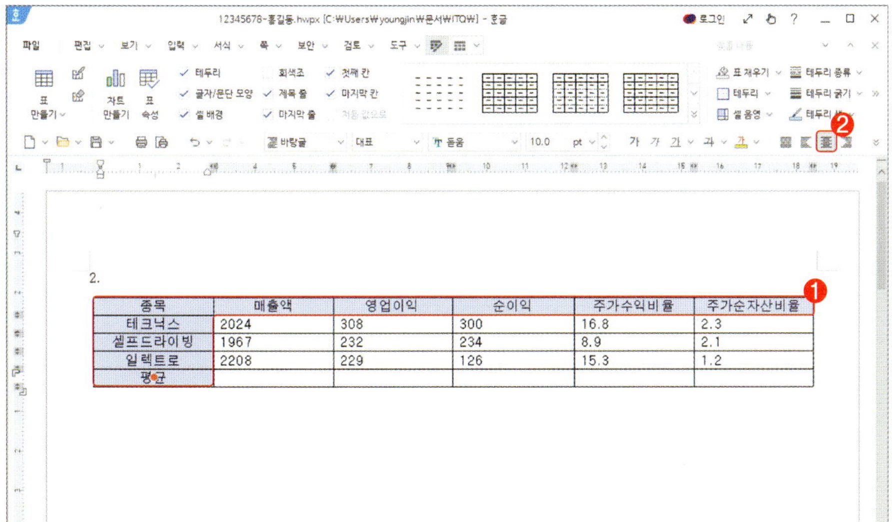

② 숫자 부분을 블록 설정한 후 [오른쪽 정렬](▤)을 설정한다.
→ [표 레이아웃] 탭 – [1,000 단위 구분 쉼표](🗒) – [자릿점 넣기]를 선택한다.

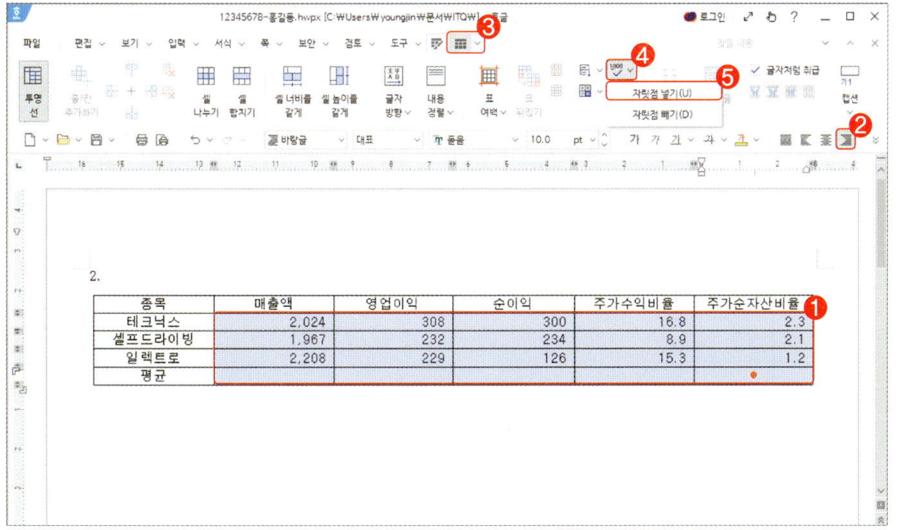

🏁 기적의 TIP

셀 블록 설정
- Shift+클릭 : 연속된 셀을 블록 설정
- Ctrl+클릭 : 비연속된 셀을 블록 설정

🏁 기적의 TIP

정렬
- 가운데 정렬 : Ctrl+Shift+C
- 오른쪽 정렬 : Ctrl+Shift+R
- 왼쪽 정렬 : Ctrl+Shift+L

① 표 전체를 블록 설정(F5 세 번)한다.

　→ L 을 누르거나 마우스 오른쪽 클릭하여 [셀 테두리/배경] – [각 셀마다 적용]을 선택한다.

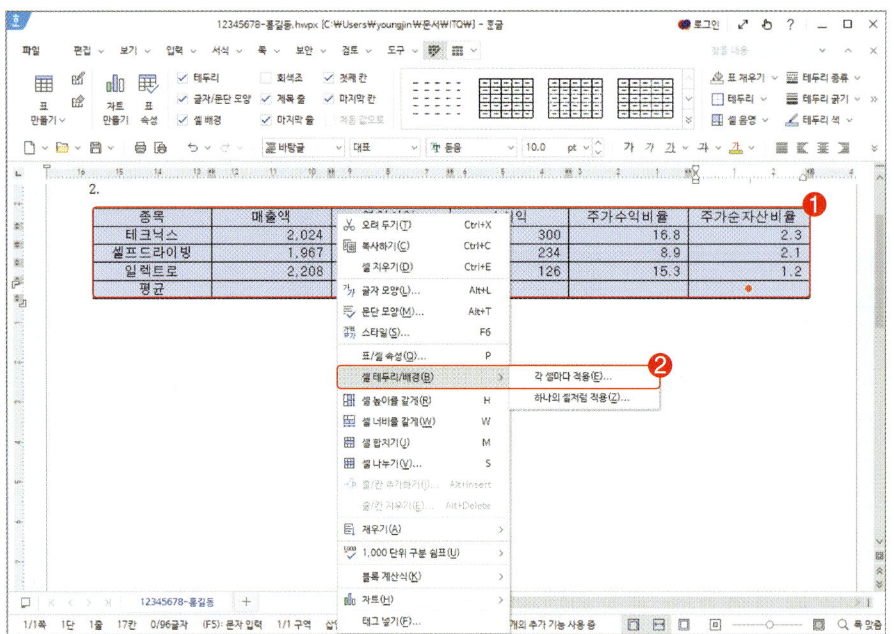

② [셀 테두리/배경] 대화상자의 [테두리] 탭에서 '이중 실선'을 선택하고, '바깥쪽'에 설정한다.

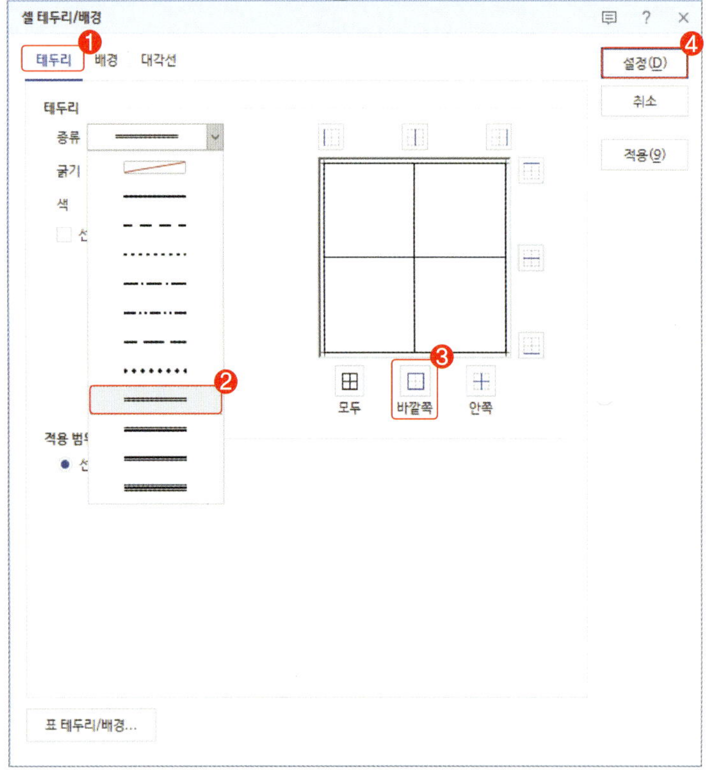

해결 TIP

테두리 종류를 고르기만 하면 저절로 적용돼요!

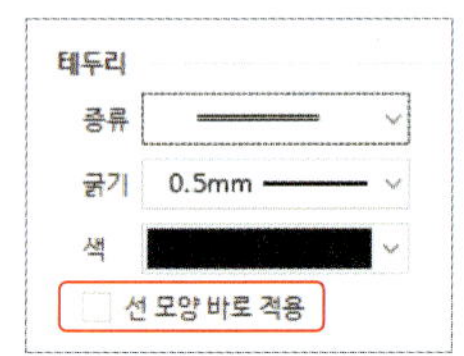

[선 모양 바로 적용]이 체크되어 있기 때문이다. 체크를 해제한 후 실제 적용될 테두리 부분만 클릭하도록 한다.

③ 다시 첫째 줄을 블록 설정하고 마우스 오른쪽 클릭하여 [셀 테두리/배경] – [각 셀마다 적용]을 클릭한다.

종목	매출액	영업이익	순이익	주가수익비율	주가순자산비율
테크닉스	2,024	308	300	16.8	2.3
셀프드라이빙	1,967	232	234	8.9	2.1
일렉트로	2,208	229	126	15.3	1.2
평균					

④ [테두리] 탭에서 '이중 실선'을 '아래쪽 테두리'에 설정한다.

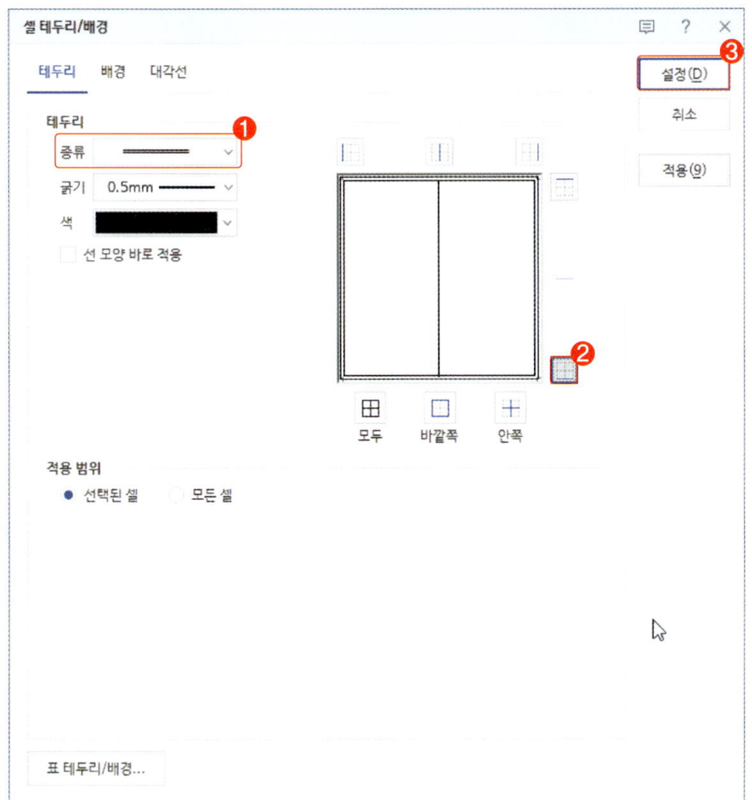

⑤ 같은 방법으로 첫째 칸을 모두 블록 설정하여 '이중 실선'을 '오른쪽 테두리'에 설정한다.

종목	매출액	영업이익	순이익	주가수익비율	주가순자산비율
테크닉스	2,024	308	300	16.8	2.3
셀프드라이빙	1,967	232	234	8.9	2.1
일렉트로	2,208	229	126	15.3	1.2
평균					

⑥ 대각선이 들어가는 셀에 마우스 오른쪽 클릭하여 [셀 테두리/배경] – [각 셀마다 적용]을 클릭한다.

종목	매출액	영업이익	순이익	주가수익비율	주가순자산비율
테크닉스	2,024	308	300	16.8	2.3
셀프드라이빙	1,967	232	234	8.9	2.1
일렉트로	2,208	229	126	15.3	1.2
평균					

⑦ [대각선] 탭을 선택하고 ◣과 ◢를 클릭하여 설정한다.

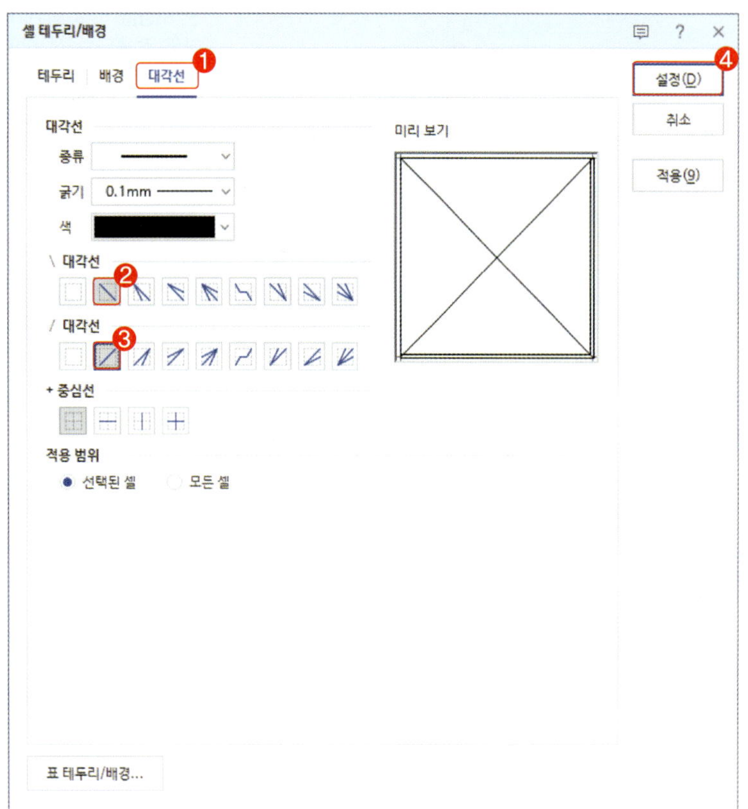

[표 디자인] 탭의 리본메뉴에서도 간단히 적용할 수 있다.

SECTION 05 셀 배경색 지정

① 배경색을 지정할 부분을 블록 설정한 후 C를 누른다.

종목	매출액	영업이익	순이익	주가수익비율	주가순자산비율
테크닉스	2,024	308	300	16.8	2.3
셀프드라이빙	1,967	232	234	8.9	2.1
일렉트로	2,208	229	126	15.3	1.2
평균					

기적의 TIP

선택해야 할 셀의 영역이 떨어져 있을 때 Ctrl 을 누른 채 클릭하면 한 번에 블록 설정할 수 있다.

② [셀 테두리/배경] 대화상자의 [배경] 탭에서 '색'을 선택한다.

→ 면 색에서 [테마 색상표](⟩)를 클릭하여 '오피스' 테마를 클릭하고 '노랑'으로 설정한다.

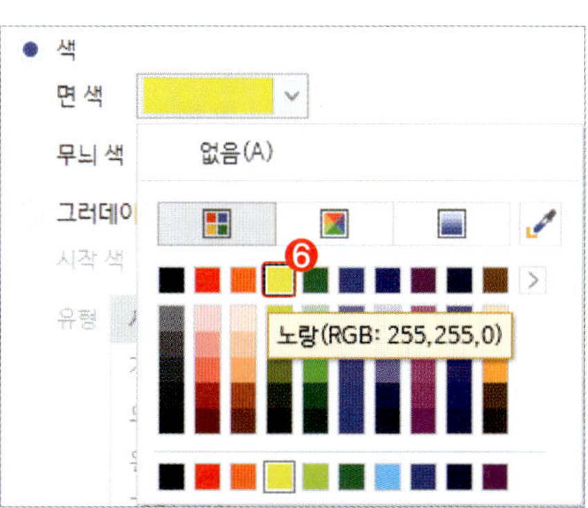

RGB값 입력

- [셀 테두리/배경] 대화 상자의 [배경] 탭에서 [면 색]–[스펙트럼]을 선택하면 빨강(R), 녹색(G), 파랑(B)의 값을 직접 입력할 수 있다.

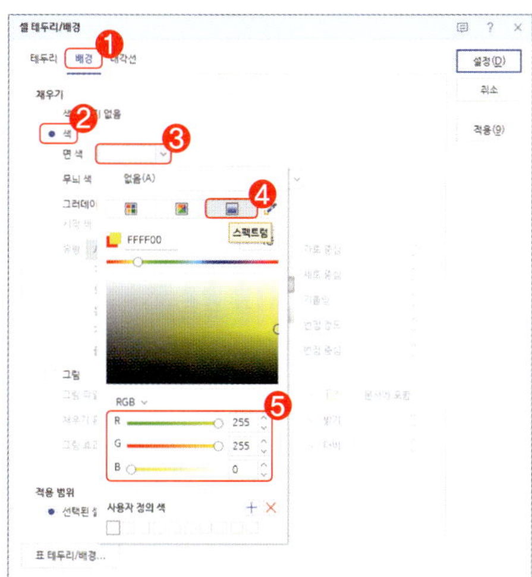

- [표 디자인] 탭(▦)에서 [표 채우기]의 드롭다운 단추를 클릭하여 셀 배경색을 설정할 수도 있다.

① 계산식이 이루어지는 부분을 블록 설정한 후 [표 레이아웃] 탭(▦)에서 [계산식](▦) – [블록 평균]을 선택한다.

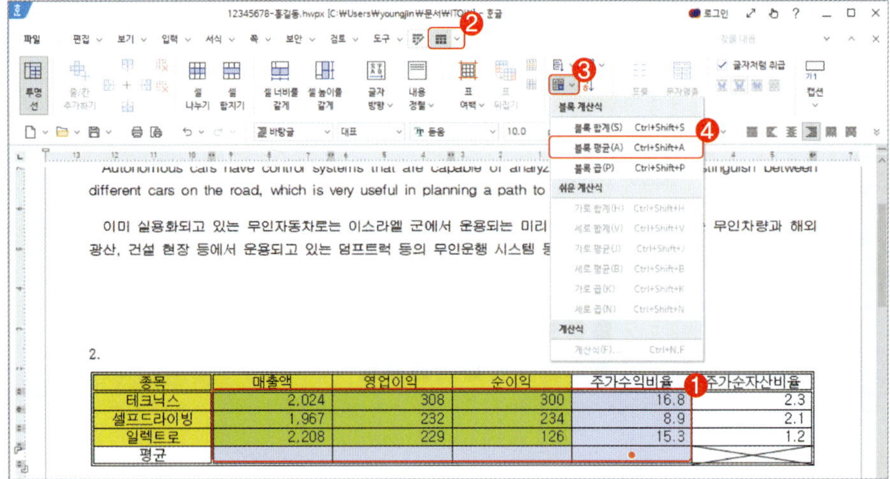

기적의 TIP

마우스 오른쪽 클릭하여 [블록 계산식]을 선택하는 방법도 있다.

기적의 TIP

정렬
- 블록 합계 :
  Ctrl + Shift + S
- 블록 평균 :
  Ctrl + Shift + A
- 블록 곱 :
  Ctrl + Shift + P

① 표를 선택하거나 표 안에 커서를 위치시키고 [표 레이아웃] 탭 – [캡션](▦)의 드롭다운 단추(▾)를 클릭한 후 '위'를 선택한다.

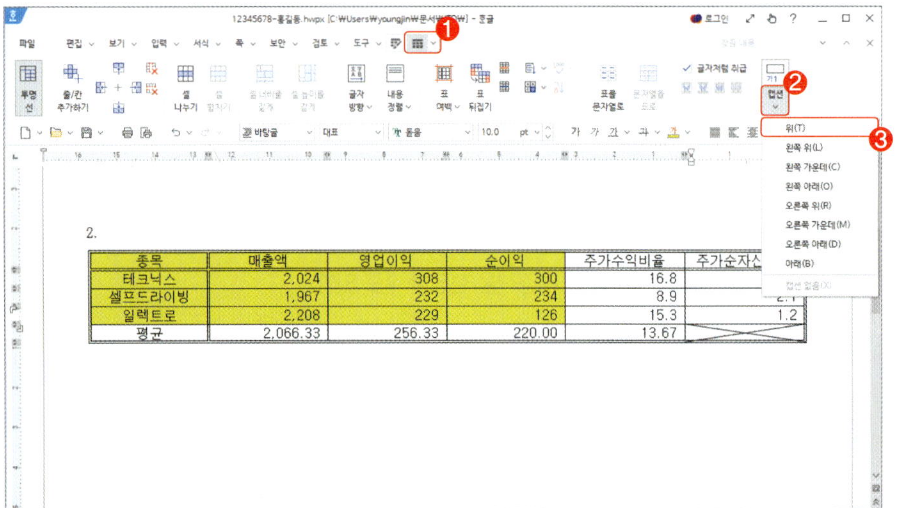

기적의 TIP

캡션
- Ctrl + N , C :
  표 안에 커서를 위치시 킨 상태에서 누름
- 단축 메뉴를 이용 :
  표의 테두리를 선택하여 조절점이 나타나면 마우 스 오른쪽 클릭–[캡션 넣 기]
- [표 레이아웃] 탭–[캡션] : 표 안에 커서를 위치시 킨 상태에서 선택

② 캡션 번호 '표1'이 자동으로 만들어지면 지우고 「무인자동차 관련 상장사
(단위 : 억 원, %)」를 입력한다.

무인자동차 관련 상장사(단위 : 억 원, %)

종목	매출액	영업이익	순이익	주가수익비율	주가순자산비율
테크닉스	2,024	308	300	16.8	2.3
셀프드라이빙	1,967	232	234	8.9	2.1
일렉트로	2,208	229	126	15.3	1.2
평균	2,066.33	256.33	220.00	13.67	

③ 캡션 내용을 블록 설정하고 글꼴 '돋움', '10pt', [오른쪽 정렬](▤)을 설정
한다.

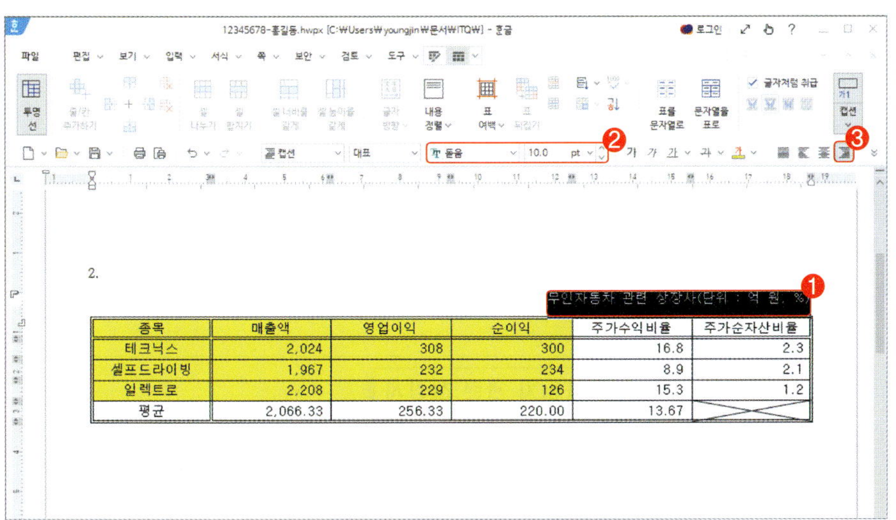

SECTION 08 셀 간격 조절

① 줄, 칸 너비와 높이 조절이 필요한 부분은 블록 설정한 후, Ctrl을 누른
채 방향키(←, →, ↑, ↓)를 눌러 셀 간격을 조절한다.

무인자동차 관련 상장사(단위 : 억 원, %)

종목	매출액	영업이익	순이익	주가수익비율	주가순자산비율
테크닉스	2,024	308	300	16.8	2.3
셀프드라이빙	1,967	232	234	8.9	2.1
일렉트로	2,208	229	126	15.3	1.2
평균	2,066.33	256.33	220.00	13.67	

[기능평가 I] # 차트 만들기

정답파일 PART 01 시험 유형 따라하기₩시험 유형 따라하기.hwpx

문제보기

차트 조건

(1) 차트 데이터는 표 내용에서 **종목별 매출액, 영업이익, 순이익의 값만** 이용할 것
(2) 종류 – 〈**묶은 가로 막대형**〉으로 작업할 것
(3) 제목 – 글꼴 : **굴림, 진하게, 12pt**
　　　　　속성 : 채우기(밝은 색 : 하양), 테두리, 그림자(바깥쪽 : **대각선 오른쪽 아래**)
(4) 제목 이외의 전체 글꼴 – **굴림, 보통, 10pt**
(5) 축 제목과 범례는 ≪출력형태≫와 동일하게 처리할 것

출력형태

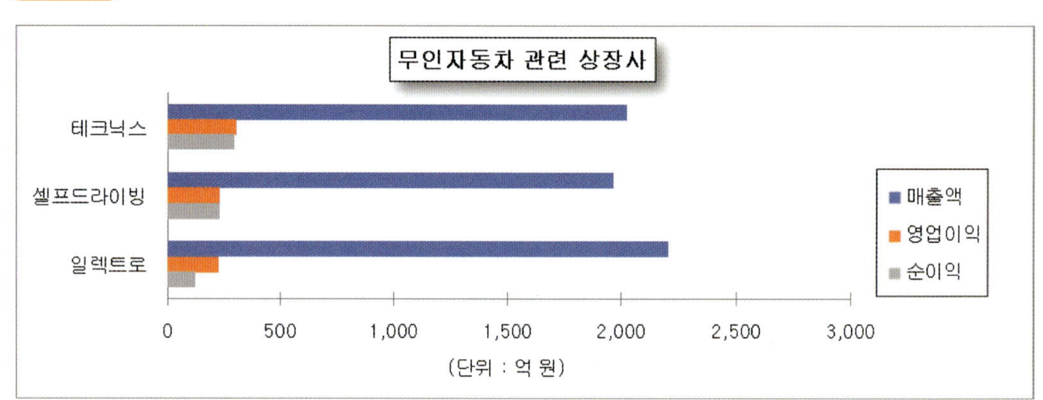

차트의 명칭

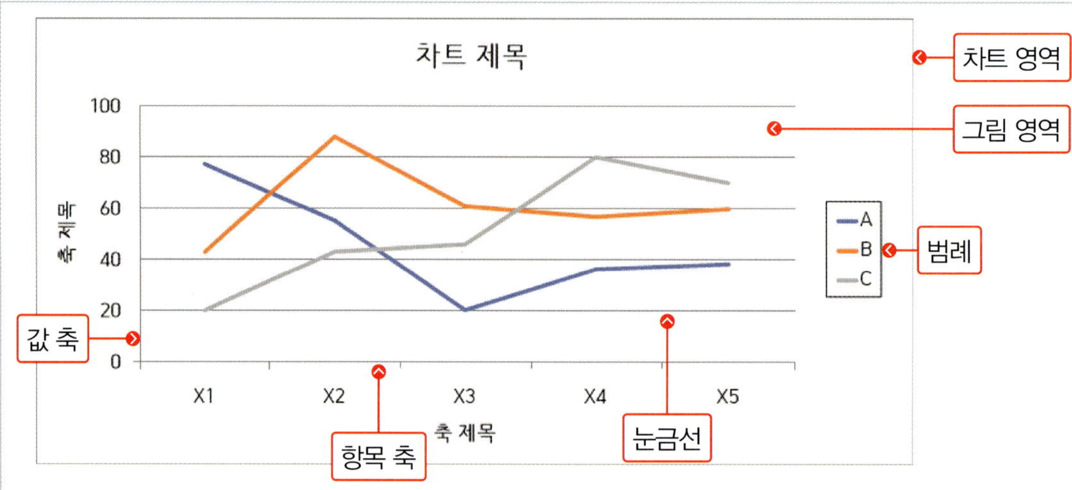

차트 만들기 ➡ 차트 종류 선택 ➡ 제목 설정 ➡ 축 설정 ➡ 범례 설정

① 작성한 표에서 **차트에 반영되는 영역을 블록 설정**한다.
　→ **[표 디자인] 탭 – [차트 만들기]**(📊)를 클릭한다.

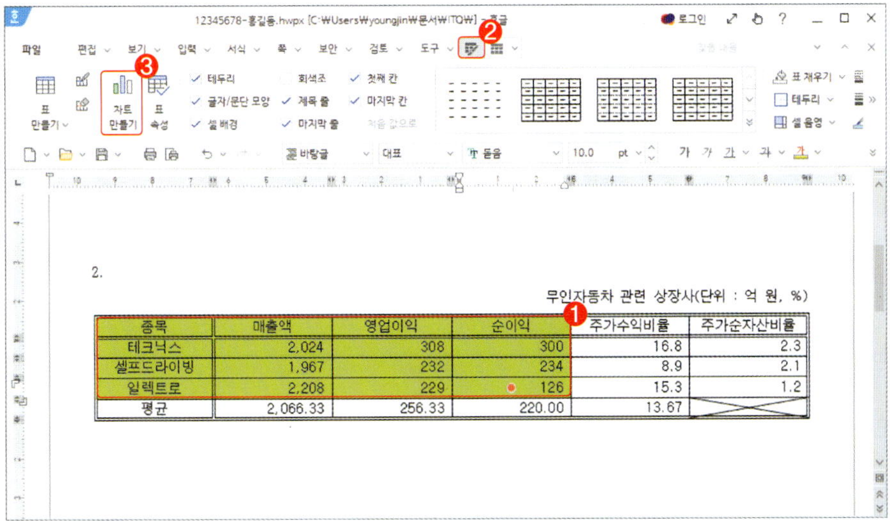

② **[차트 데이터 편집]** 대화상자가 나타나면 닫는다.

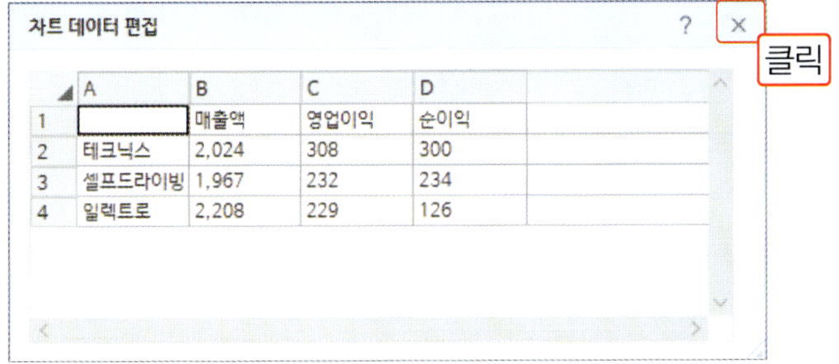

③ 차트를 선택하고 마우스 드래그하여 표 아래로 이동한다.

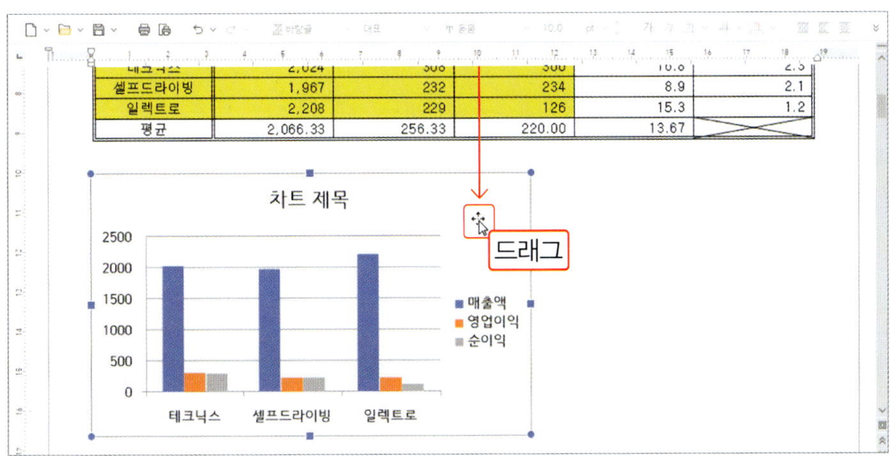

④ 차트의 크기 조절점을 드래그하여 표의 너비와 비슷하게 조절한다.

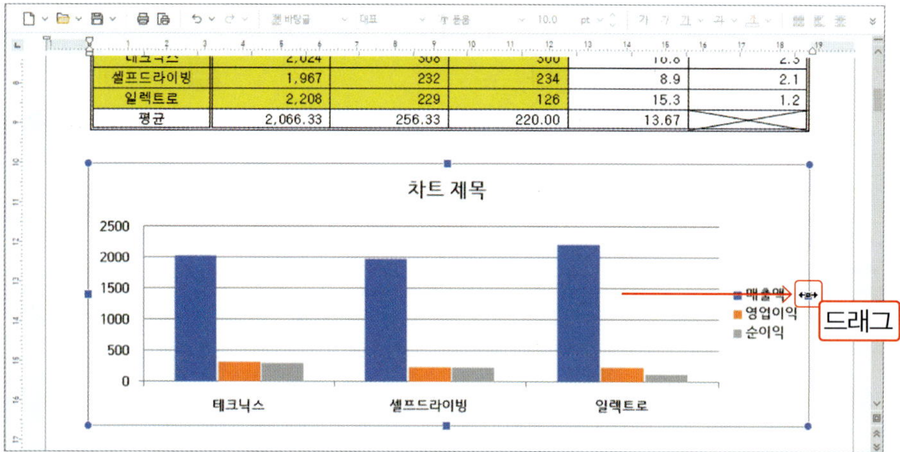

불연속 데이터로 차트 만들기

방법 ① 차트에 반영될 만큼의 영역만 Ctrl을 누른 채 블록 설정하여 [차트 만들기]를 한다.

종목	매출액	영업이익	순이익	주가수익비율	주가순자산비율
테크닉스	2,024	308	300	16.8	2.3
셀프드라이빙	1,967	232	234	8.9	2.1
일렉트로	2,208	229	126	15.3	1.2
평균	2,066.33	256.33	220.00	13.67	

방법 ② 영역을 넓게 블록 설정하여 [차트 만들기]를 하고 [차트 데이터 편집] 대화상자에서 불필요한 행과 열을 지운다.

종목	매출액	영업이익	순이익	주가수익비율	주가순자산비율
테크닉스	2,024	308	300	16.8	2.3
셀프드라이빙	1,967	232	234	8.9	2.1
일렉트로	2,208	229	126	15.3	1.2
평균	2,066.33	256.33	220.00	13.67	

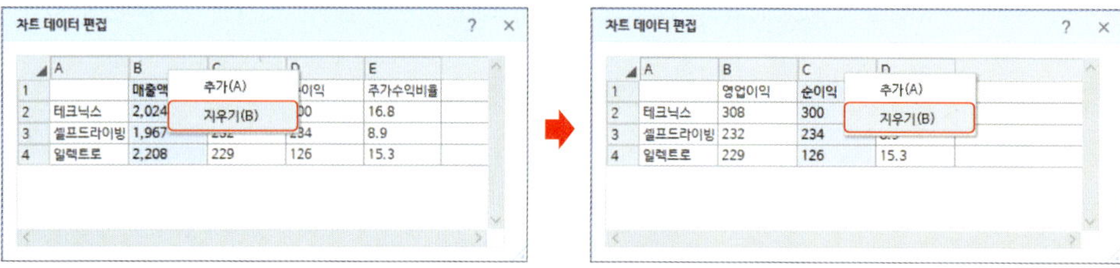

≪출력형태≫
두 방법의 결과는 동일하다.

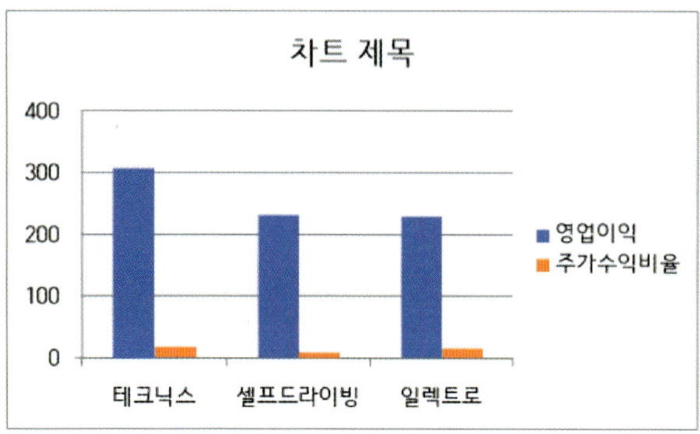

① 차트가 선택된 상태에서 [차트 디자인] 탭(▥) − [차트 종류 변경](▥)을 클릭한다.
　→ '묶은 가로 막대형'을 선택한다.

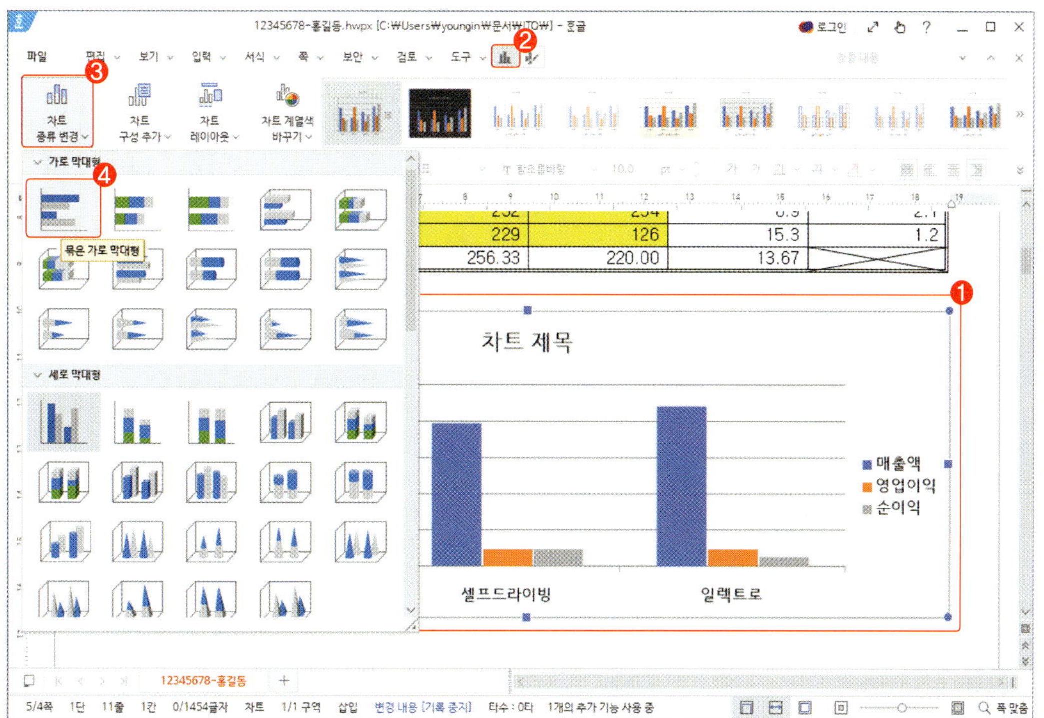

② 차트가 선택된 상태에서 항목 축을 클릭하여 선택한다.
　→ 마우스 오른쪽 클릭한 후 [축 속성]을 클릭한다.

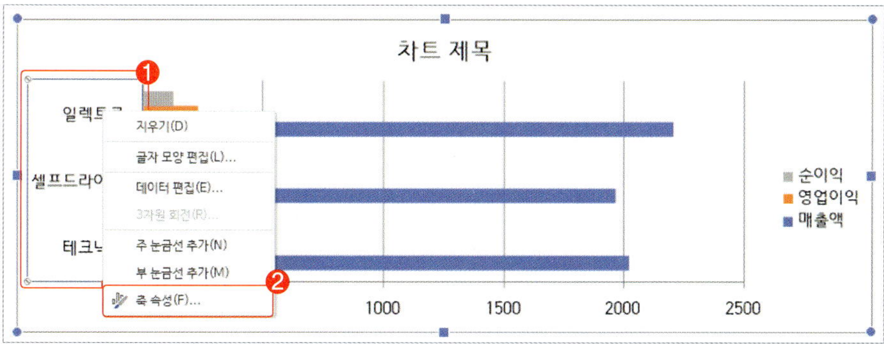

③ [축 종류] – [텍스트 축], [축 위치] – [눈금 사이], [축 교차] – [최대 항목]
을 선택하고 [항목을 거꾸로]에 체크하여 ≪출력형태≫처럼 항목 순서를
맞춘다.

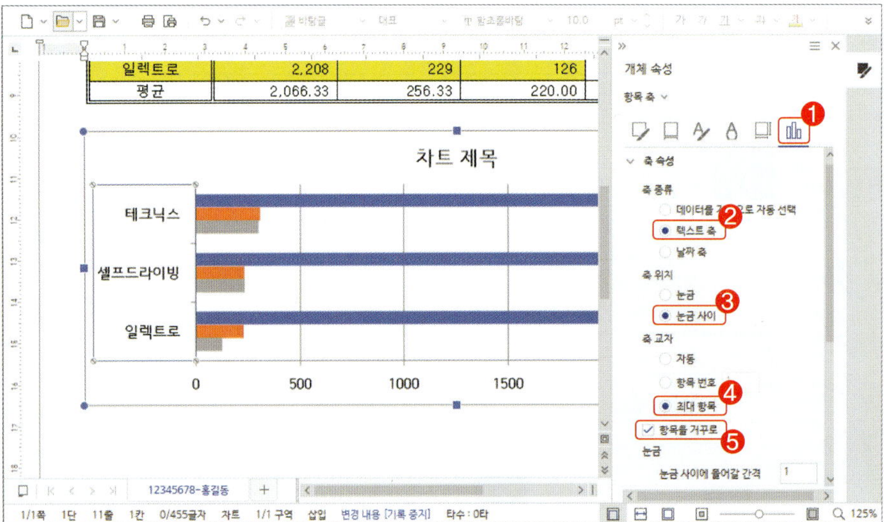

④ [눈금] – [주 눈금]과 [보조 눈금]을 '없음'으로 지정한다.

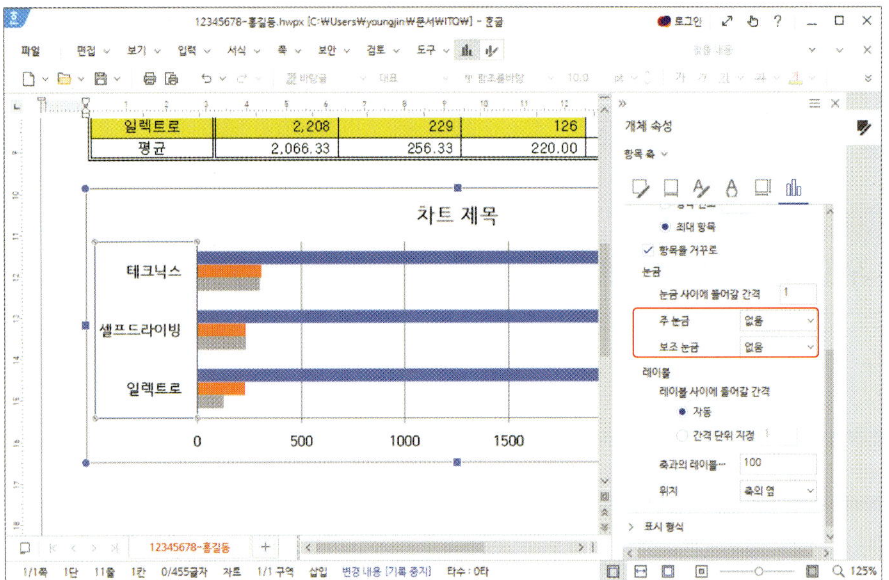

⑤ 차트에서 '값 축'의 영역을 클릭하거나 [개체 속성] 작업 창에서 [값 축]을
직접 선택한다.
→ [경계] – [최솟값]에 「0」, [최댓값]에 「3000」, [단위] – [주]에 「500」을
입력한다.

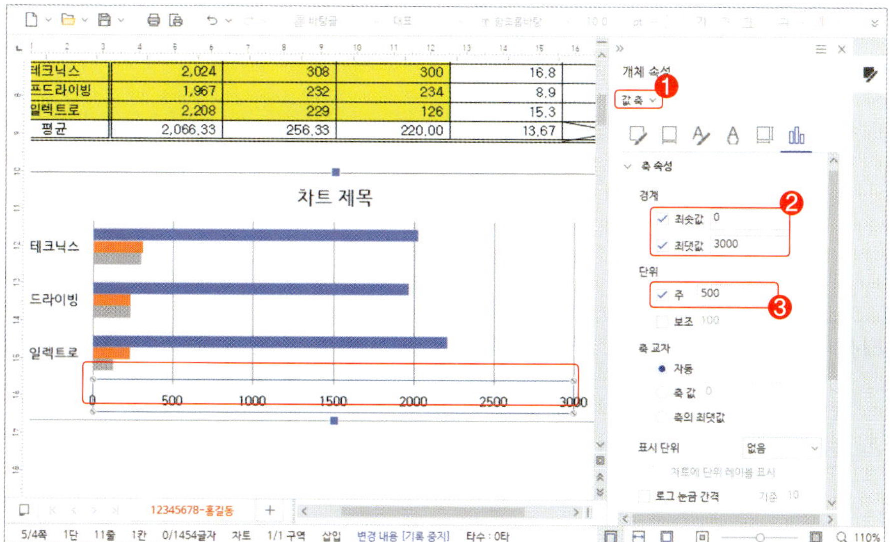

⑥ [눈금] – [주 눈금]을 '교차'로 지정한다.
→ [표시 형식] – [범주]에서 '숫자'를 선택하고 [1000단위 구분기호(,) 사
용]에 체크하고 작업 창을 닫는다.

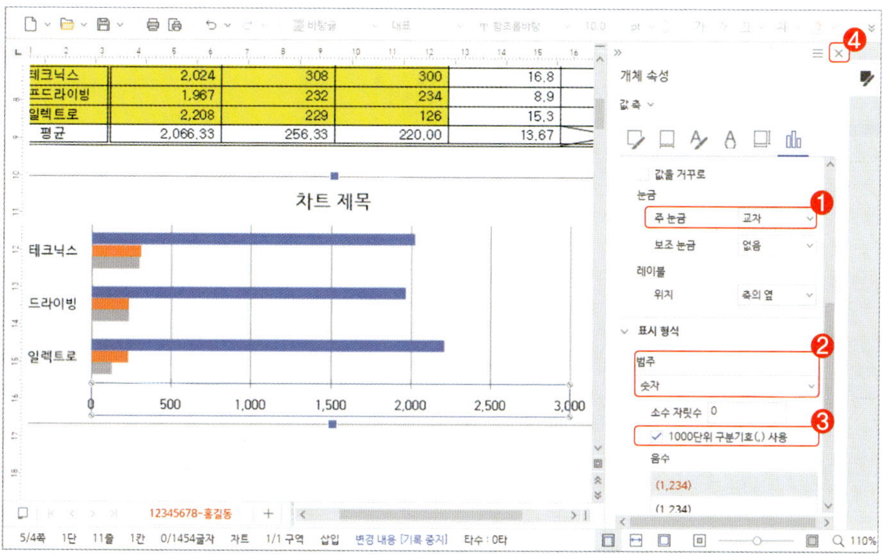

⑦ 눈금선을 클릭하여 선택하고 [Delete]를 눌러 삭제한다.

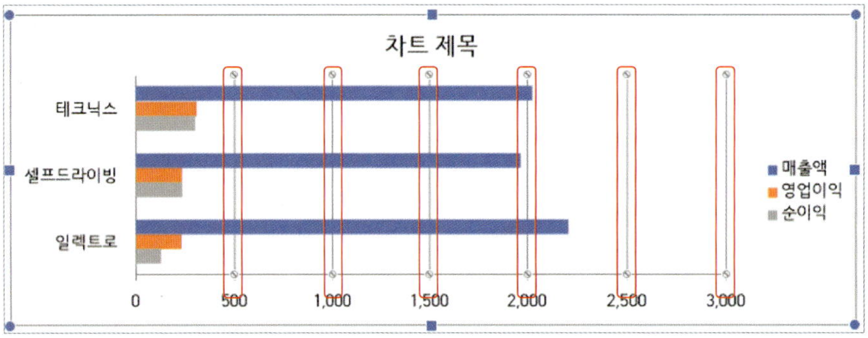

기적의 TIP

눈금선은 하나만 클릭해도 모두 선택된다.

SECTION 03 차트 제목 작성

① '차트 제목'을 클릭하여 선택한 뒤 마우스 오른쪽 클릭하여 [제목 편집]을 클릭한다.

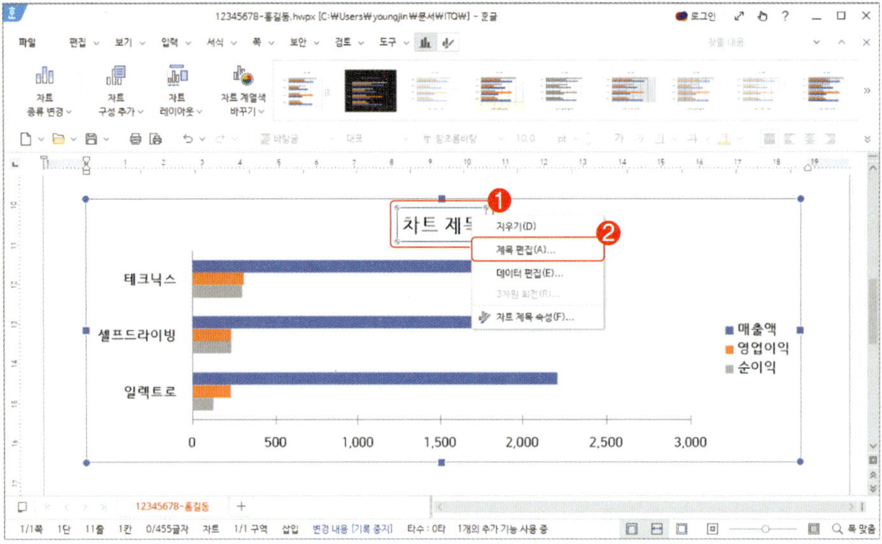

② [차트 글자 모양] 대화상자가 나타나면 [글자 내용]에 「무인자동차 관련 상장사」를 입력한다.
→ [한글 글꼴], [영어 글꼴]에 '굴림', [속성]에서 '진하게', 크기 '12pt'를 설정한다.

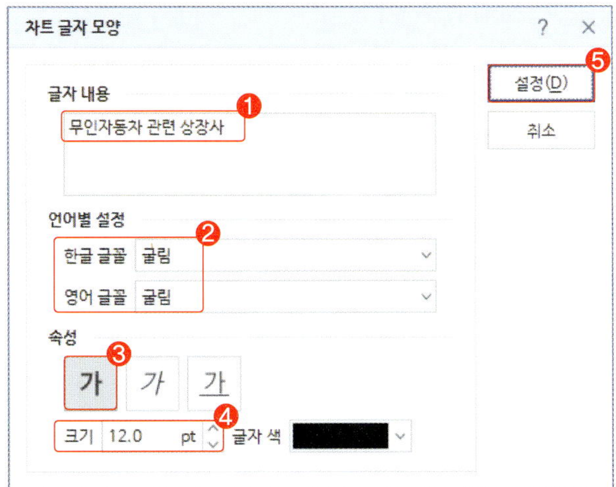

③ 다시 '차트 제목'에서 마우스 오른쪽 클릭하여 [차트 제목 속성]을 클릭한다.

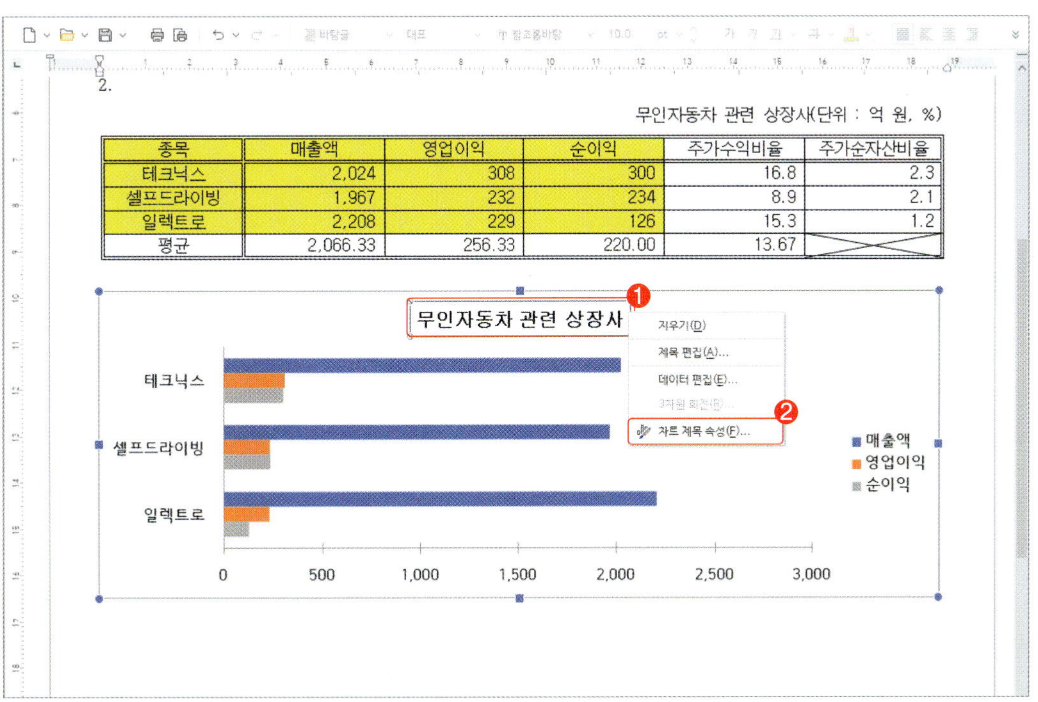

④ [개체 속성] 작업 창이 열리면 [그리기 속성]에서 [채우기]는 '밝은 색', [선]은 '어두운 색'을 지정한다.

→ [효과]에서 [그림자]를 '대각선 오른쪽 아래'로 설정하고 작업 창을 닫는다.

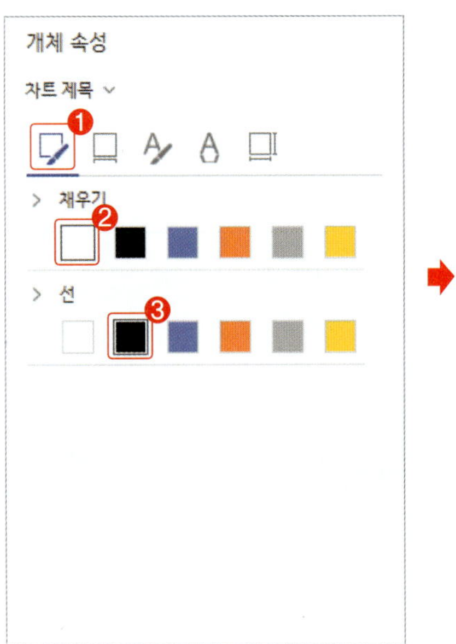

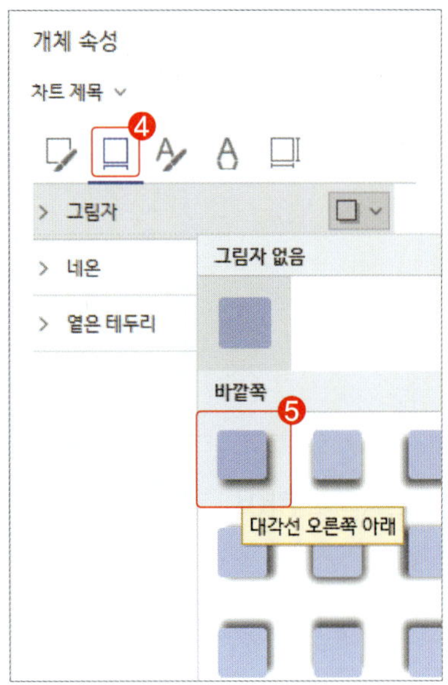

SECTION 04 축 제목 추가

① [차트 디자인] 탭에서 [차트 구성 추가] – [축 제목] – [기본 가로]를 선택한다.

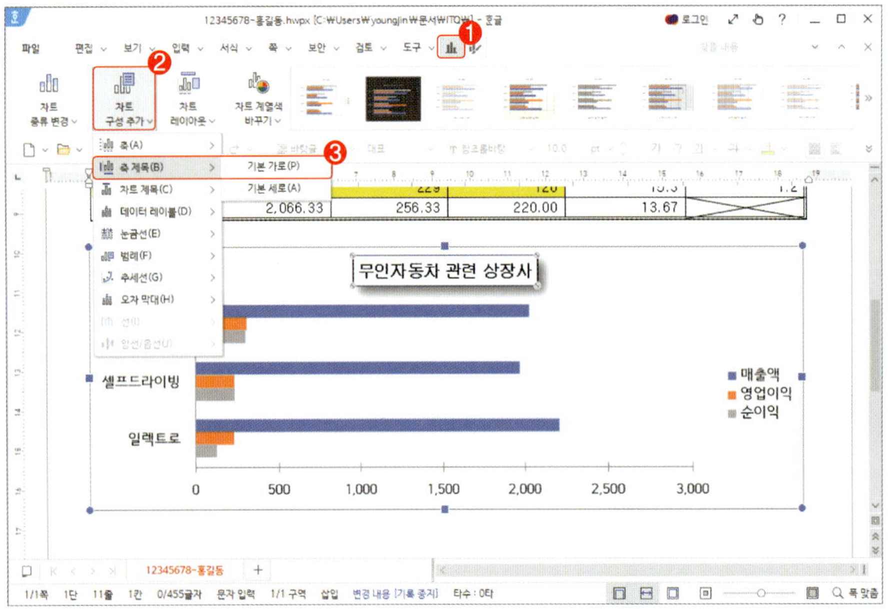

② '축 제목'을 클릭하여 선택한다.

→ 마우스 오른쪽 클릭하여 [제목 편집]을 클릭한다.

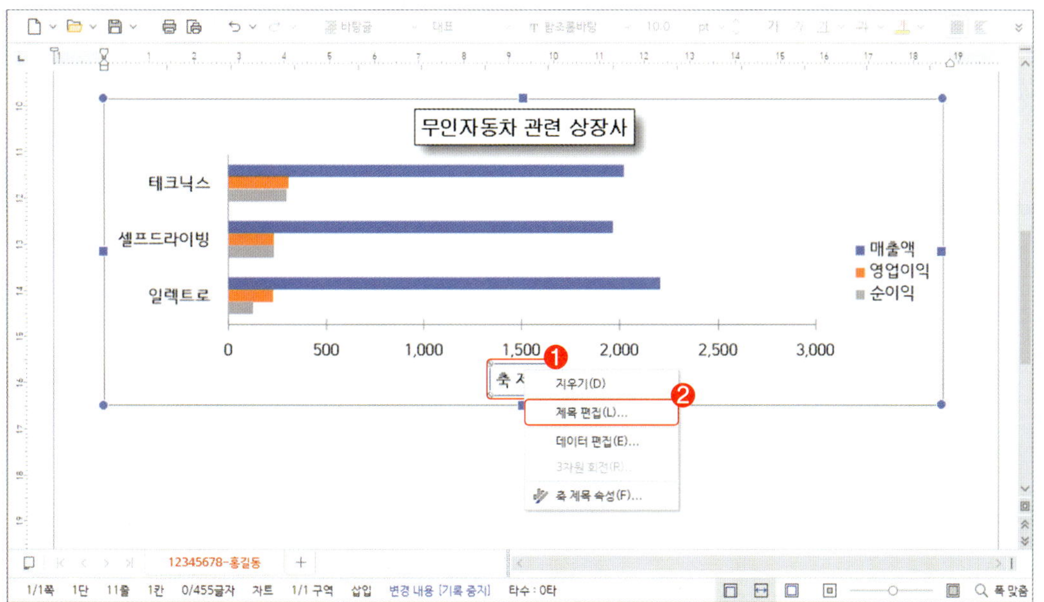

③ [차트 글자 모양] 대화상자가 나타나면 [글자 내용]에 「(단위 : 억 원)」을 입력한다.

→ [한글 글꼴], [영어 글꼴]에 '굴림', [속성]에서 크기 '10pt'를 설정한다.

기적의 TIP

차트 문제에서는 제목과 제목 이외의 전체 글꼴이 다르게 제시된다. 한 번에 바꾸는 기능이 없으므로 각 요소들의 글꼴을 일일이 변경해야 한다.

① 차트의 항목 축을 클릭하여 선택한다.

→ 마우스 오른쪽 클릭한 후 [글자 모양 편집]을 클릭한다.

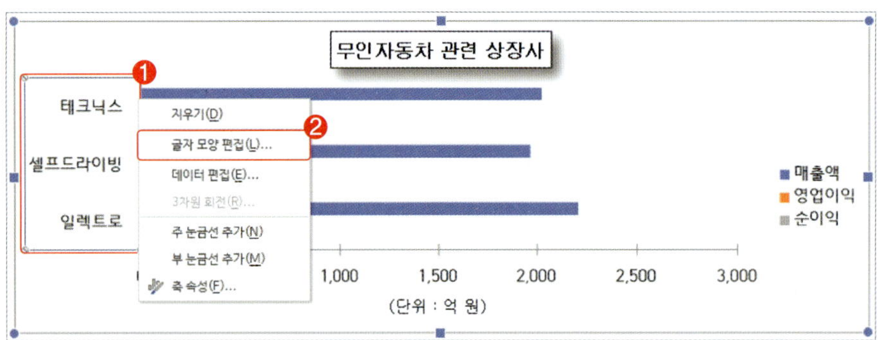

② [차트 글자 모양] 대화상자가 나타나면 [한글 글꼴], [영어 글꼴]에 '굴림', [속성]에서 크기 '10pt'를 설정한다.

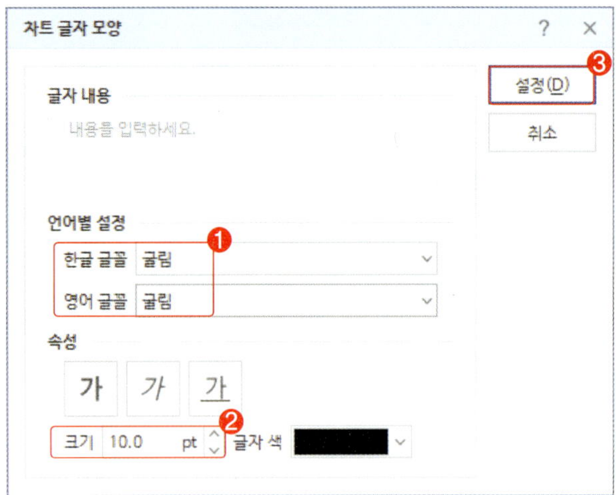

③ 같은 방법으로 값 축과 범례도 [글자 모양 편집]을 이용하여 '굴림', '10pt'를 설정한다.

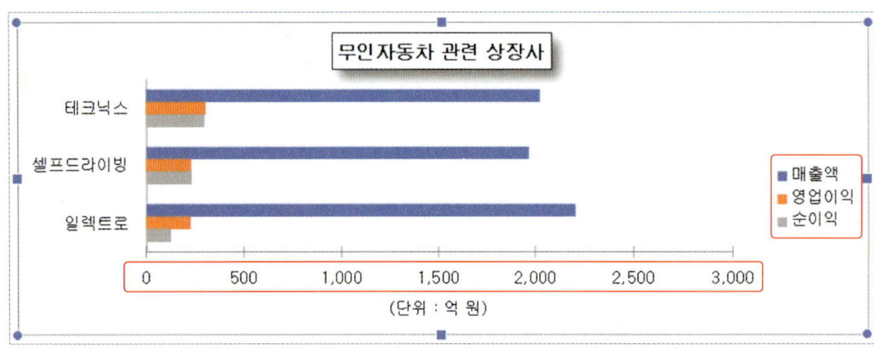

① '범례'를 더블 클릭하거나 마우스 오른쪽 클릭하여 [범례 속성]을 클릭한다.

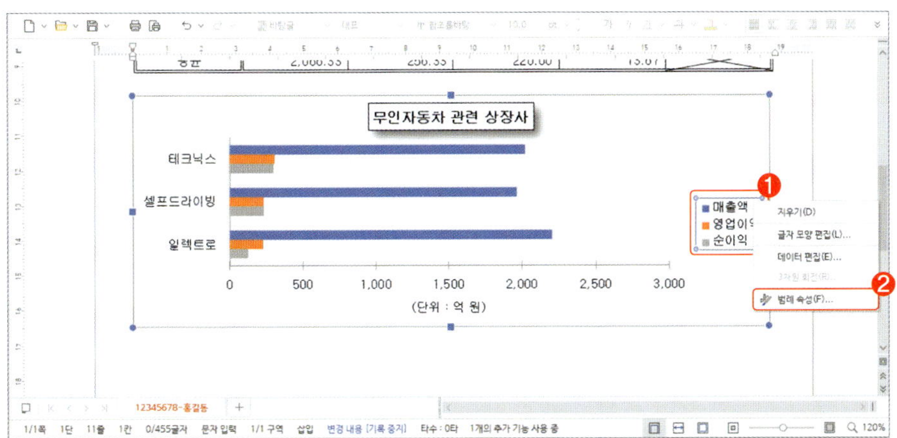

② [개체 속성] 작업 창이 열리면 [그리기 속성](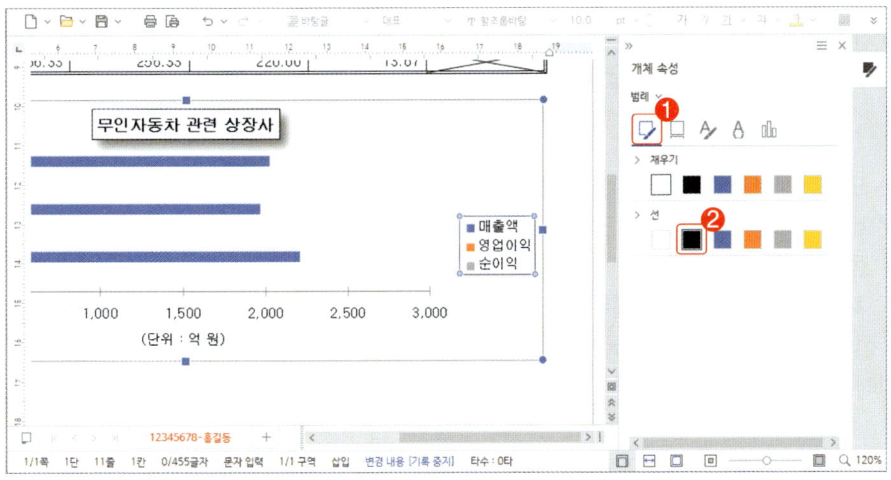)에서 [선]에 '어두운 색'을 지정하고 작업 창을 닫는다.

③ 조절점을 마우스 드래그하여 범례의 크기와 위치를 조절한다.

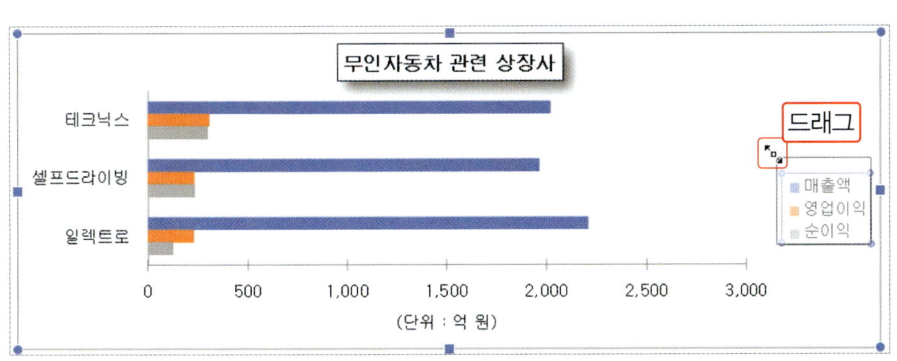

기적의 TIP

차트의 글자처럼 취급
[차트 서식] 탭에서 [글자처럼 취급]에 체크한 상태에서는 차트 요소들의 크기와 위치 조절이 어려우니 체크 해제 후 조절한다.

문제유형 ❷-1

표 조건	
표 조건	(1) 표 전체(표, 캡션) – 굴림, 10pt (2) 정렬 – 문자 : 가운데 정렬, 숫자 : 오른쪽 정렬 (3) 셀 배경(면색) : 노랑 (4) 한글의 계산 기능을 이용하여 빈칸에 합계를 구하고, 캡션 기능 사용할 것 (5) 선 모양은 ≪출력형태≫와 동일하게 처리할 것

출력형태

개최 연도별 전시장 참관(단위 : 명)

전시 영역	2015년	2016년	2017년	2018년	2019년
산업용	27,476	31,575	32,191	31,524	34,514
모의실험용	32,741	34,874	37,447	41,782	43,527
홈오토	22,659	24,487	27,185	26,171	29,948
초미립자	19,431	21,311	24,943	23,004	24,256
디바이스	12,397	14,589	13,826	17,383	18,359
합 계					

차트 조건

(1) 차트 데이터는 표 내용에서 산업용, 홈오토, 초미립자, 디바이스의 2015년, 2017년, 2019년 값만 이용할 것
(2) 종류 – 〈묶은 세로 막대형〉으로 작업할 것
(3) 제목 – 글꼴 : 돋움, 진하게, 12pt
　　　　　속성 : 채우기(밝은 색 : 하양), 테두리, 그림자(바깥쪽 : 대각선 오른쪽 아래)
(4) 제목 이외의 전체 글꼴 – 돋움, 보통, 10pt
(5) 축 제목과 범례는 ≪출력형태≫와 동일하게 처리할 것

출력형태

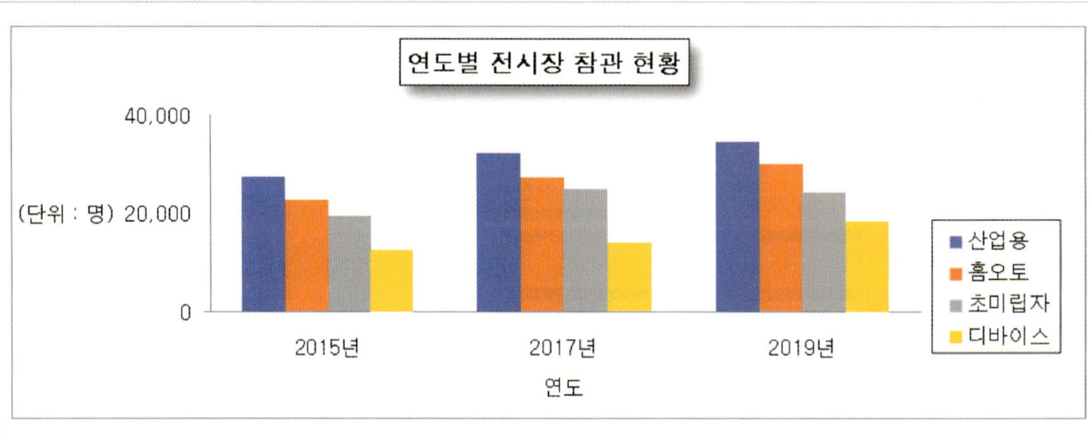

| 표 조건 | (1) 표 전체(표, 캡션) – 돋움, 10pt
(2) 정렬 – 문자 : 가운데 정렬, 숫자 : 오른쪽 정렬
(3) 셀 배경(면색) : 노랑
(4) 한글의 계산 기능을 이용하여 빈칸에 평균(소수 두 자리)을 구하고, 캡션 기능 사용할 것
(5) 선 모양은 ≪출력형태≫와 동일하게 처리할 것 |

출력형태

공기업 대상 NCSI 추이

연도별 국가고객만족도 지수					증감률(%)
기관명	2017년	2018년	2019년	2020년	기준년도대비
농수산식품유통공사	77	86	83	86	34.3
한국관광공사	72	78	82	85	27.1
한국광물자원공사	77	81	82	82	22.4
한국석유공사	78	83	79	83	36.6
대한석탄공사	71	78	83	81	25.7
평균					✕

| 차트 조건 | (1) 차트 데이터는 표 내용에서 연도별 한국관광공사, 한국석유공사 값만 이용할 것
(2) 종류 – 〈묶은 가로 막대형〉으로 작업할 것
(3) 제목 – 글꼴 : 궁서, 진하게, 12pt
　　　　속성 : 채우기(밝은 색 : 하양), 테두리, 그림자(바깥쪽 : 아래쪽)
(4) 제목 이외의 전체 글꼴 – 궁서, 보통, 10pt
(5) 축 제목과 범례는 ≪출력형태≫와 동일하게 처리할 것 |

출력형태

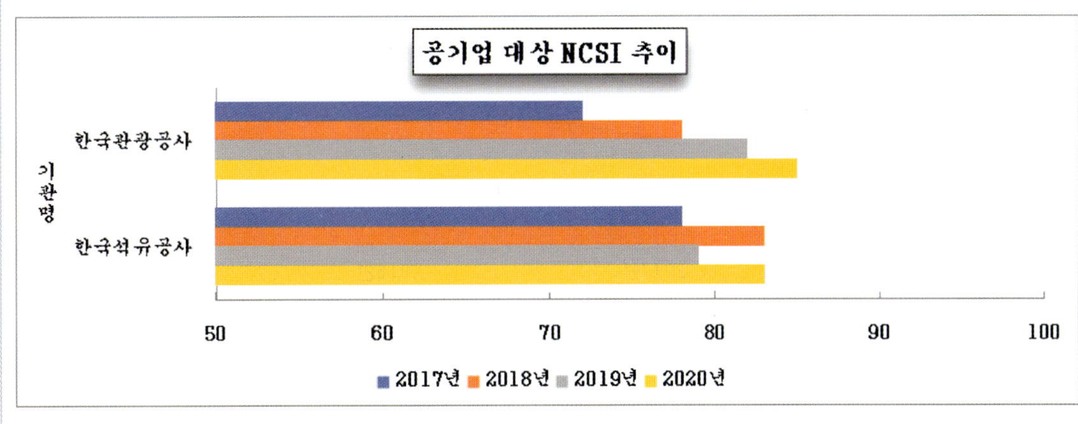

| 표 조건 | (1) 표 전체(표, 캡션) – 돋움, 10pt
(2) 정렬 – 문자 : 가운데 정렬, 숫자 : 오른쪽 정렬
(3) 셀 배경(면색) : 노랑
(4) 한글의 계산 기능을 이용하여 빈칸에 합계를 구하고, 캡션 기능 사용할 것
(5) 선 모양은 ≪출력형태≫와 동일하게 처리할 것 |

출력형태

연도별 전시회 관심분야 참관 현황(단위 : 명)

관심분야	2017년	2018년	2019년	2020년
가공식품	3,978	3,916	4,781	5,958
농수축산물	2,973	3,709	2,616	4,958
제과제빵	2,961	4,352	2,253	3,056
커피류	2,612	1,621	4,303	2,347
합계				

| 차트 조건 | (1) 차트 데이터는 표 내용에서 관심분야별 2017년, 2018년, 2019년 값만 이용할 것
(2) 종류 – 〈꺾은선형〉으로 작업할 것
(3) 제목 – 글꼴 : 굴림, 진하게 12pt
　　　 속성 : 채우기(밝은 색 : 하양), 테두리, 그림자(바깥쪽 : 대각선 오른쪽 아래)
(4) 제목 이외의 전체 글꼴 – 굴림, 보통, 10pt
(5) 축 제목과 범례는 ≪출력형태≫와 동일하게 처리할 것 |

출력형태

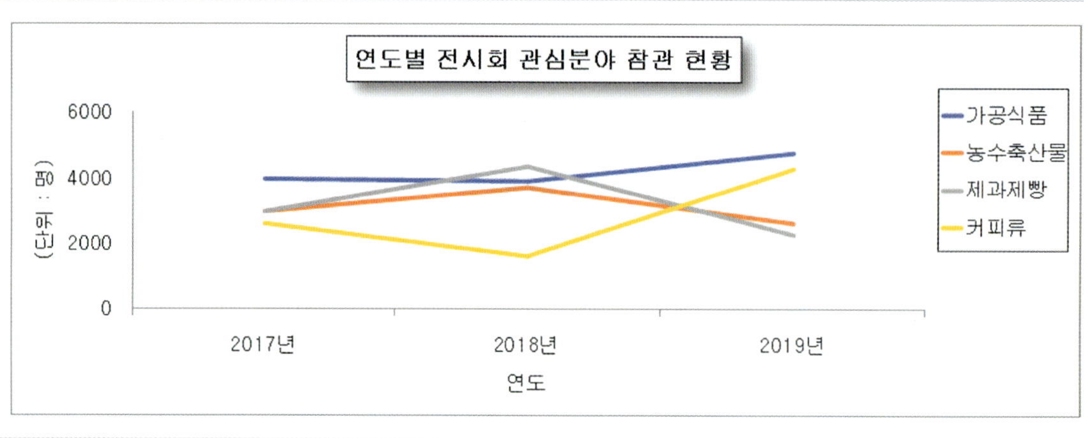

기능평가 II

배점 **150점** │ A등급 목표점수 **130점**

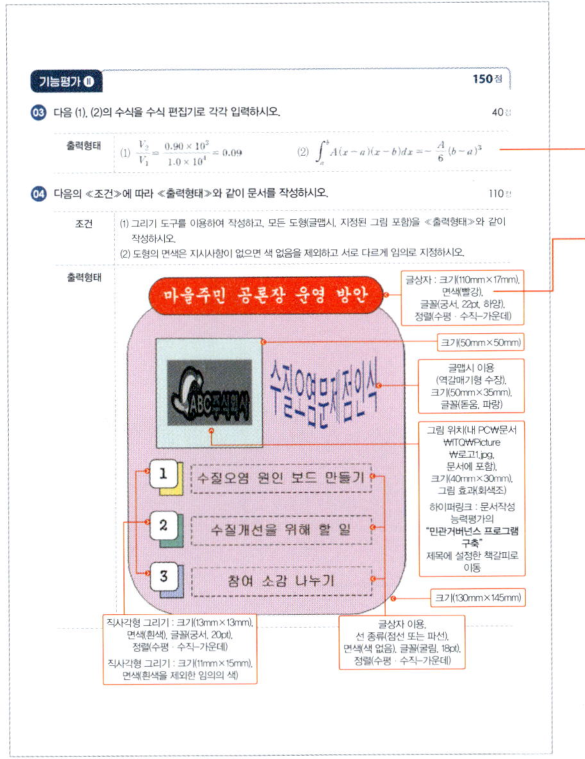

CHAPTER 05 수식 만들기

CHAPTER 06 그리기 도구 작업

출제포인트

수식 작성 · 도형 그리기 · 글상자 · 글맵시 · 그림 삽입 · 책갈피 · 하이퍼링크

출제기준

① 수식 편집기를 이용한 수식 작성능력, ② 그리기 도구의 다양한 기능을 통합한 문서 작성 응용능력을 평가합니다.

A등급 TIP

기능평가 II에는 ① 수식 편집기, ② 그림 그리기의 두 문제가 출제됩니다. 특히 그리기 도구 작업은 다양한 기능이 통합되어 출제되므로 모든 기능을 익힐 수 있도록 반복 학습을 해 보세요.

[기능평가 II] **수식 만들기**

▶ 합격 강의

정답파일 PART 01 시험 유형 따라하기₩시험 유형 따라하기.hwpx

문제보기

출력형태

$$(1) \quad K_f(1+r)^n = \frac{a(\sqrt{1+r}-b)}{r} \qquad (2) \quad (a\,b\,c)\begin{pmatrix} x \\ y \\ z \end{pmatrix} = (ab+by+cz)$$

핵심기능

기능	바로 가기	메뉴
수식 만들기	$\sqrt{x}$, Ctrl+N, M	[입력]-[수식]

과정 한눈에 보기 왼쪽부터 순서대로 수식 입력

🏳 **기적**의 TIP

[수식 편집기] 화면

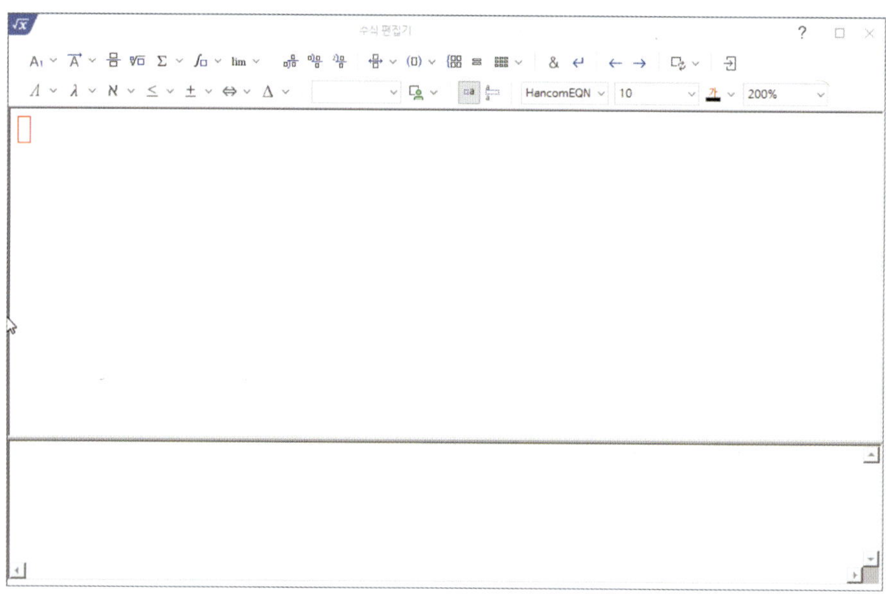

[수식 편집기] 기능 자세히 보기

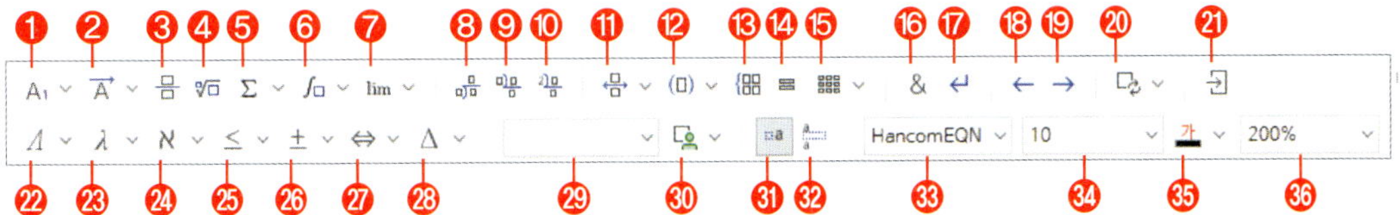

① 첨자

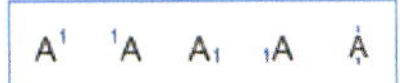

② 장식 기호

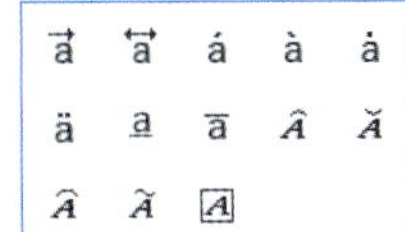

③ 분수

④ 근호

⑤ 합

⑥ 적분

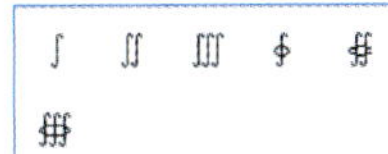

⑦ 극한

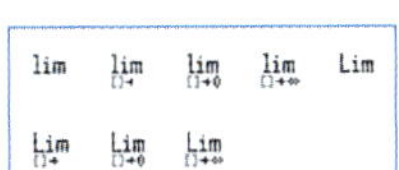

⑧ 세로 나눗셈

⑨ 최소공배수/최대공약수

⑩ 2진수로 변환

⑪ 상호 관계

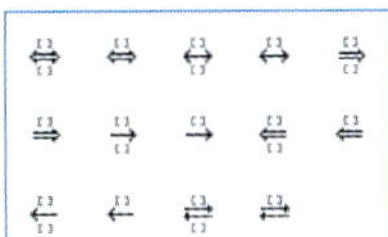

⑫ 괄호

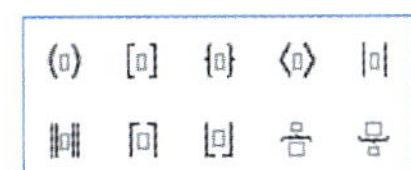

⑬ 경우

⑭ 세로 쌓기

⑮ 행렬

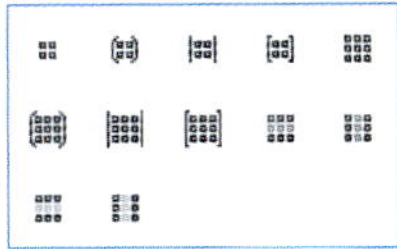

⑯ 줄 맞춤

⑰ 줄 바꿈

⑱ 이전 항목

⑲ 다음 항목

⑳ 수식 형식 변경

㉑ 넣기

㉒ 그리스 대문자

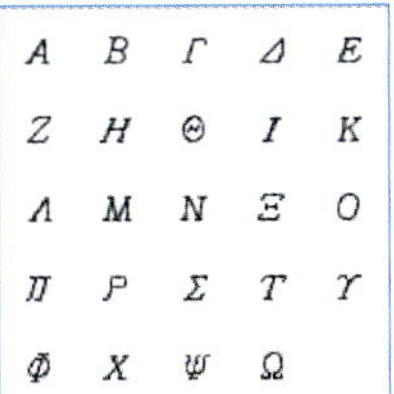

㉓ 그리스 소문자

㉔ 그리스 기호

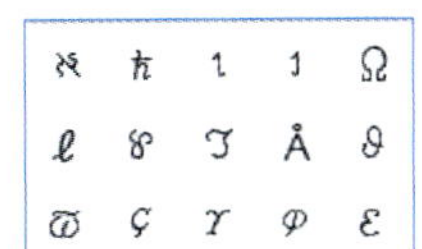

㉕ 합, 집합 기호

㉖ 연산, 논리 기호

㉗ 화살표

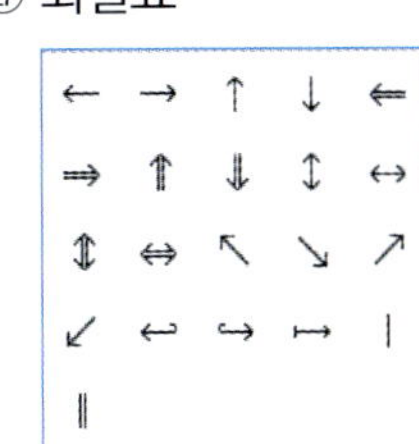

㉘ 기타 기호

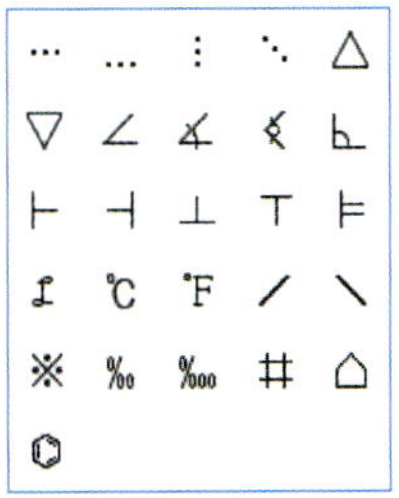

㉙ 명령어 입력

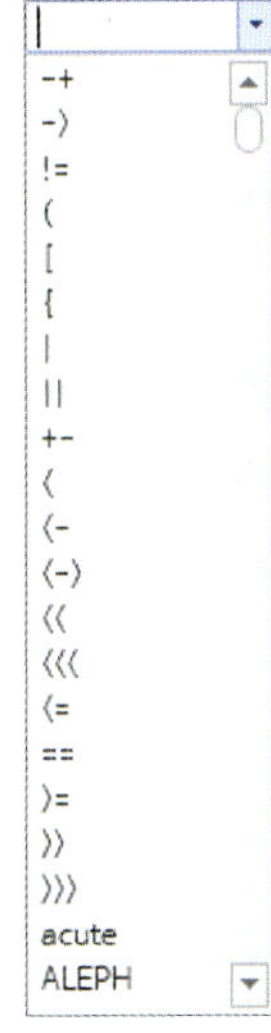

㉚ 수식 매크로

㉛ 글자 단위 영역

㉜ 줄 단위 영역

㉝ 글꼴

㉞ 글자 크기

㉟ 글자 색

㊱ 화면 확대

① 입력한 문제 번호 「3.」 다음 줄에 「(1) 」을 입력한다.

→ [입력] 탭 – [수식](√x)을 선택한다.

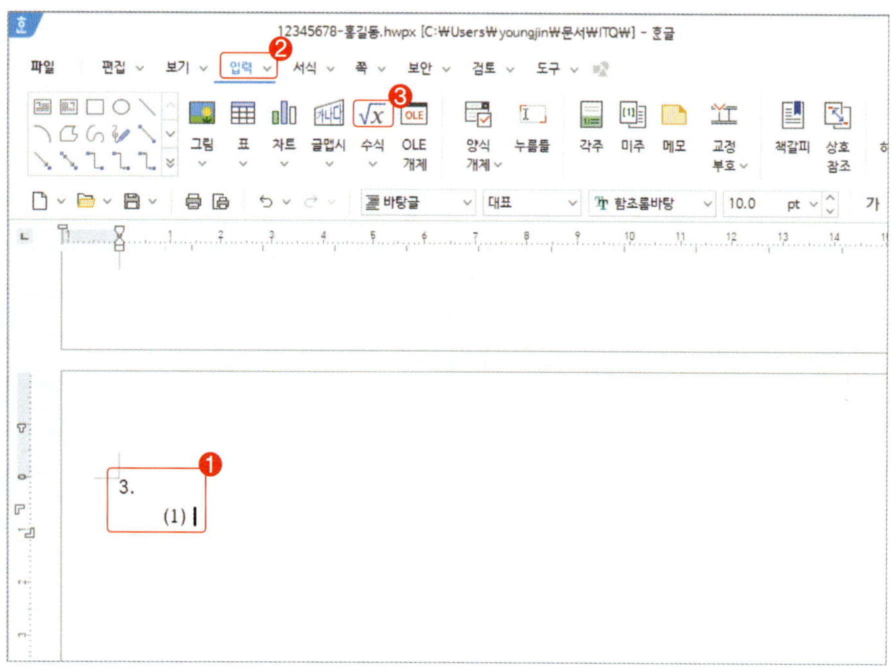

> **기적의 TIP**
>
> **수식 문제의 채점 기준**
> 수식 문제는 한 글자라도 오타가 있을 경우 0점 처리된다.

② [수식 편집기] 창에서 「K」를 입력한다.

→ [아래첨자](A₁)를 클릭하여 「f」를 입력하고 방향키(→)를 한 번 눌러 아래첨자 구역에서 빠져나온다.

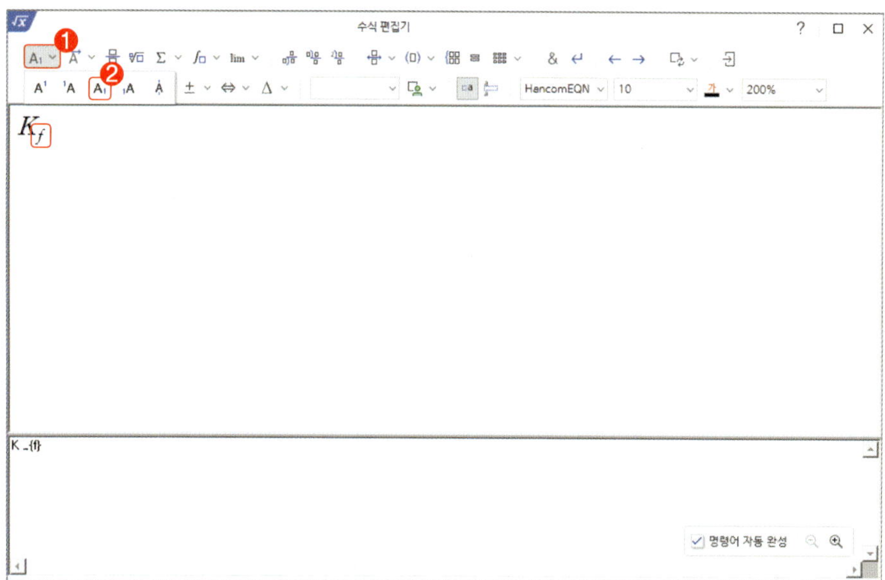

> **기적의 TIP**
>
> 방향키 또는 [다음 항목](→)을 눌러 커서를 이동시킬수 있다.

③ 이어서 「(1+r)」을 입력한 뒤 [위첨자](A^1)를 클릭하여 「n」을 입력하고 방향키($\rightarrow$)를 한 번 누른다.

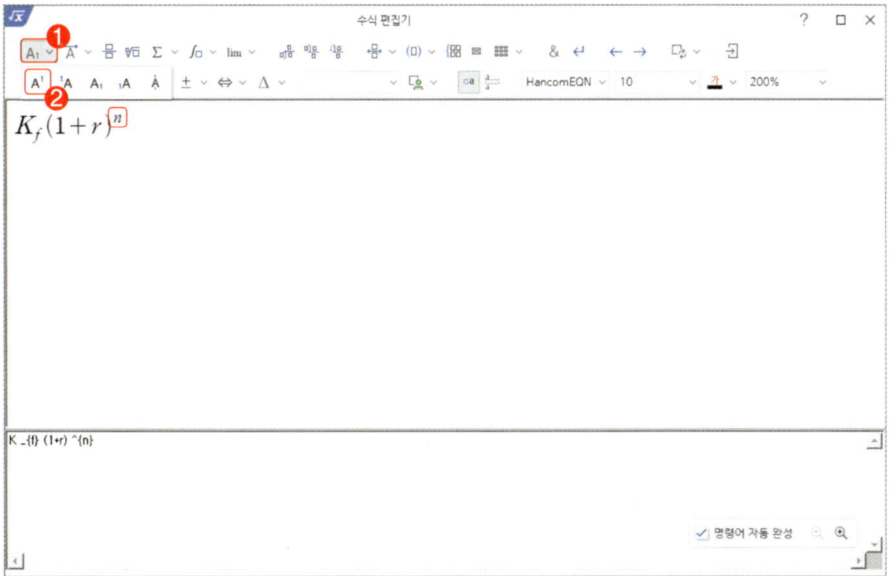

④ 「=」를 입력한 후 [분수]($\frac{\square}{\square}$)를 클릭한다.

→ 분자에 「a(」를 입력하고 [근호]($\sqrt{\square}$)를 클릭한다.

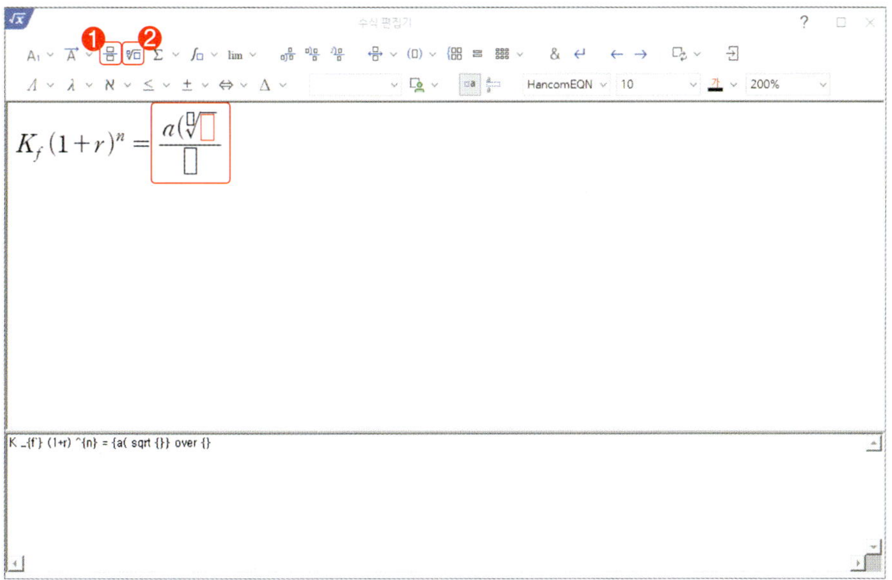

⑤ 근호 안에 「1+r」을 입력하고 방향키(→)를 한 번 누른다.

　　→ 「−b)」를 이어서 입력한다.

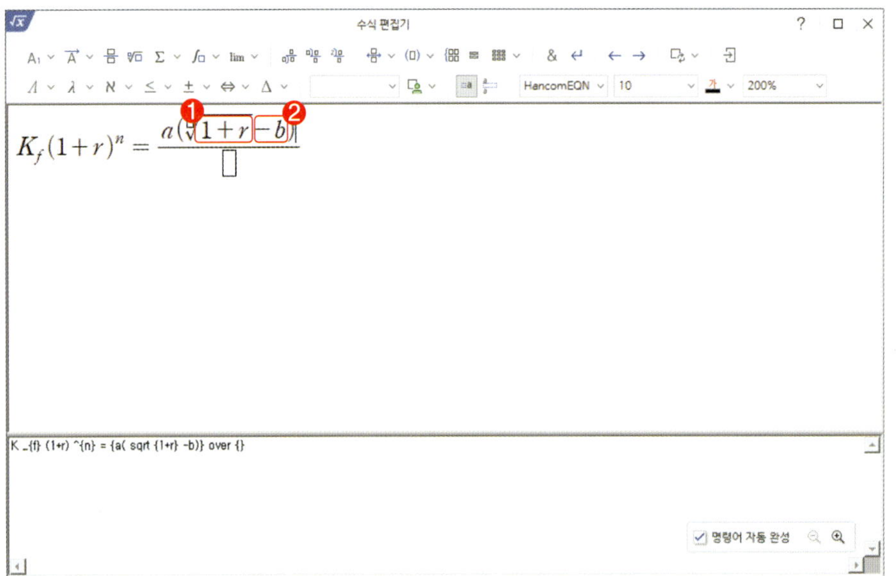

⑥ 분모에 「r」을 입력한다.

　　→ [넣기](⇥)를 클릭하여 수식을 완성한다.

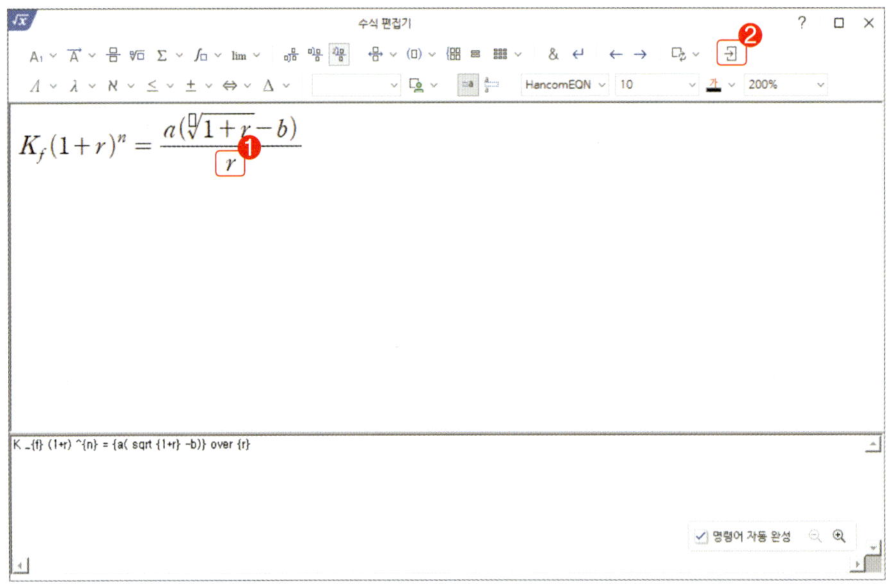

기적의 TIP

입력한 수식 수정
입력 완료한 수식을 더블 클릭하면 [수식 편집기] 창이 나타나며 수정할 수 있다.

① 완성한 (1) 수식 옆에 [Space Bar]를 이용해 적당한 공백을 삽입한다.
　→「(2) 」를 입력하고 [입력] 탭 – [수식]($\sqrt{x}$)을 선택한다.

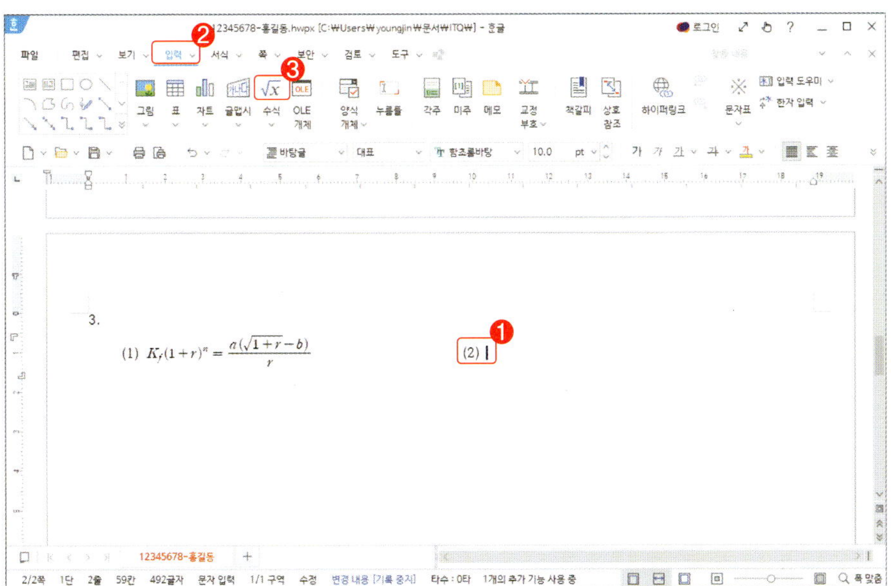

② [수식 편집기] 창에서 괄호가 있는 3×3 행렬(▦)을 클릭한다.

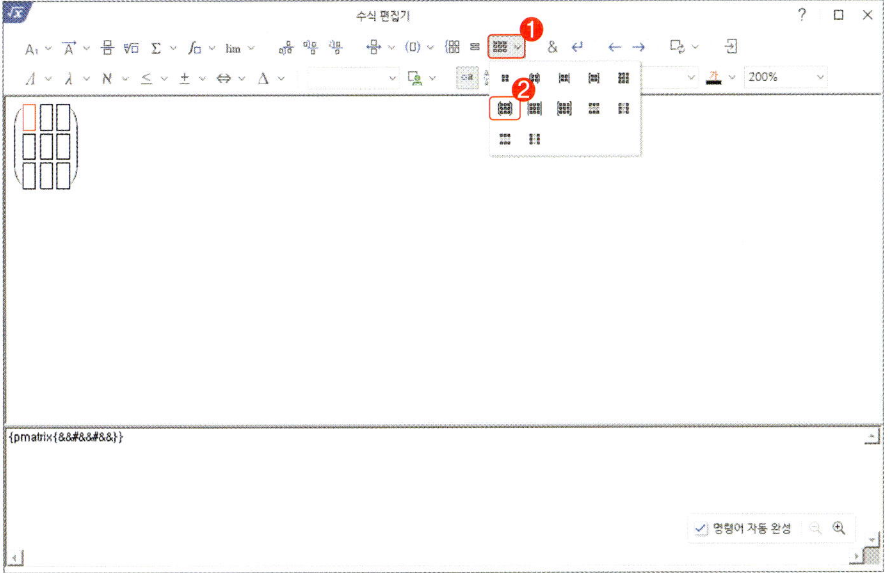

③ [행 삭제](▦)를 두 번 클릭하여 행 하나만 남긴다.

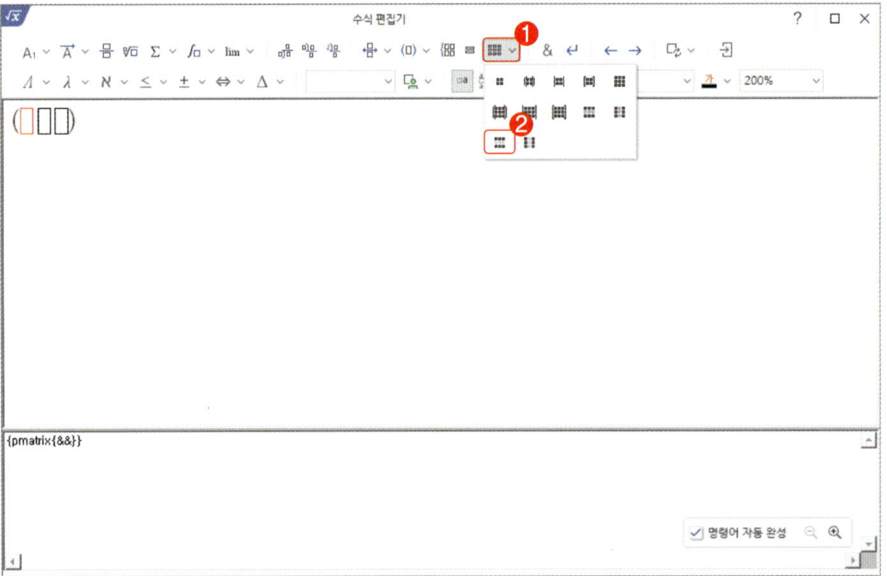

④ 각 칸에 「a b c」를 입력한다.

→ 이어서 괄호가 있는 3×3 행렬(▦)을 다시 만든다.

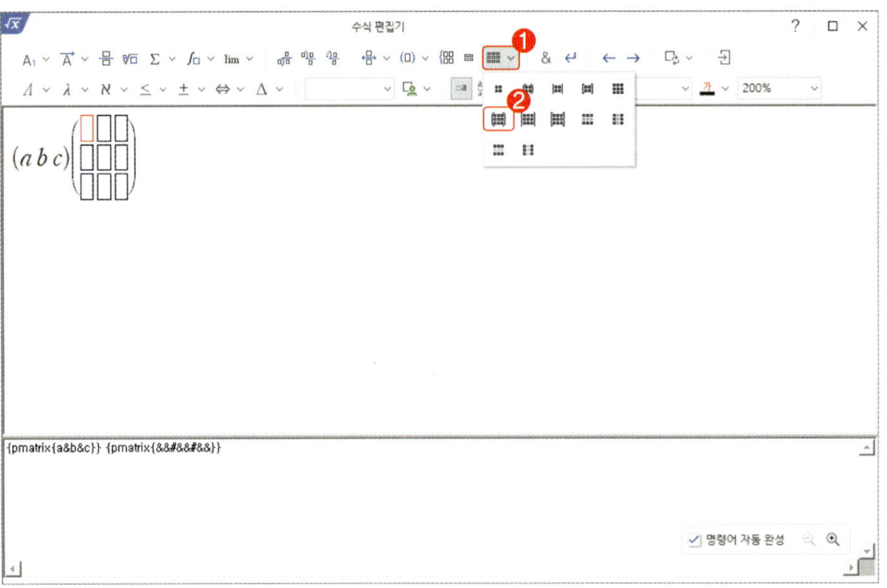

⑤ [열 삭제]()를 두 번 클릭하여 열 하나만 남긴다.

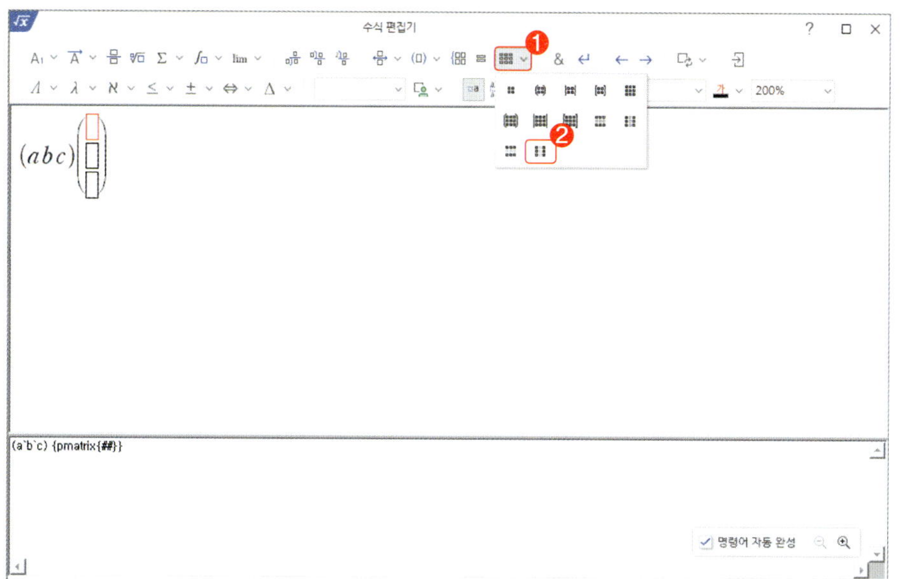

⑥ 각 칸에 「x y z」를 입력하고, 방향키(→)를 눌러 커서를 끝에 위치시킨다.

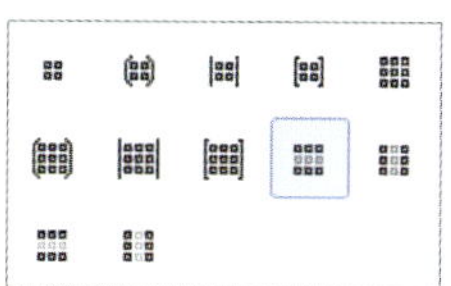
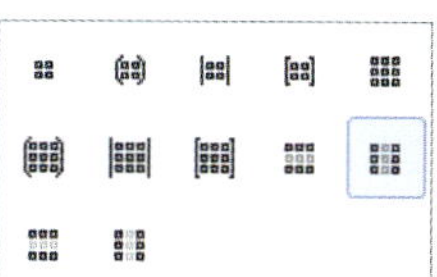
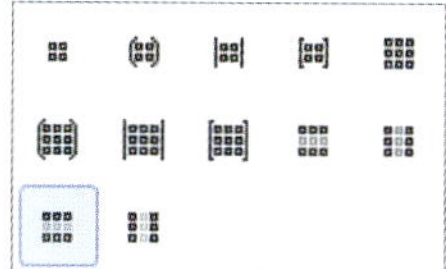
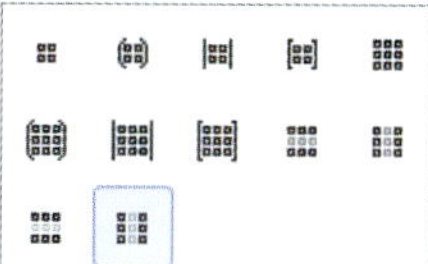

⑦ 「=(ab+by+cz)」를 입력한다.

→ [넣기]( )를 클릭하여 수식을 완성한다.

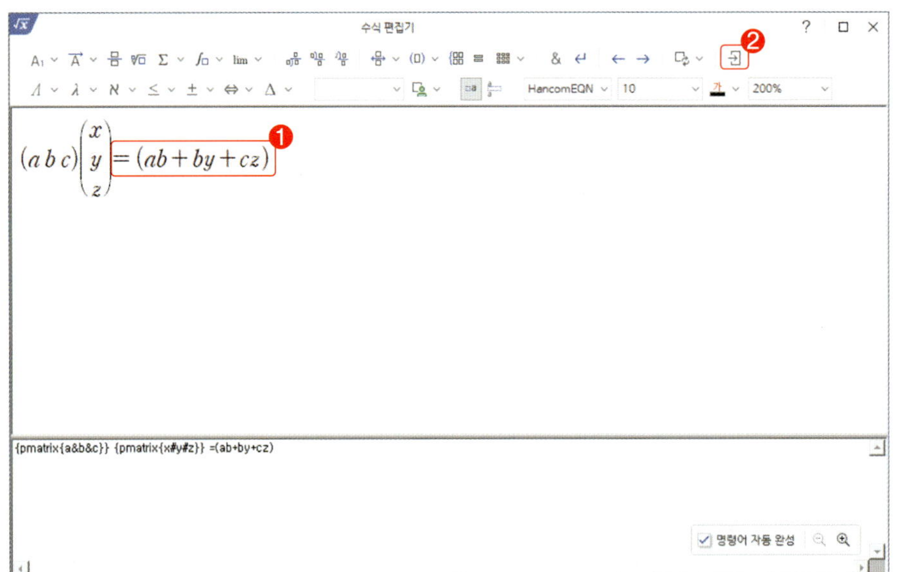

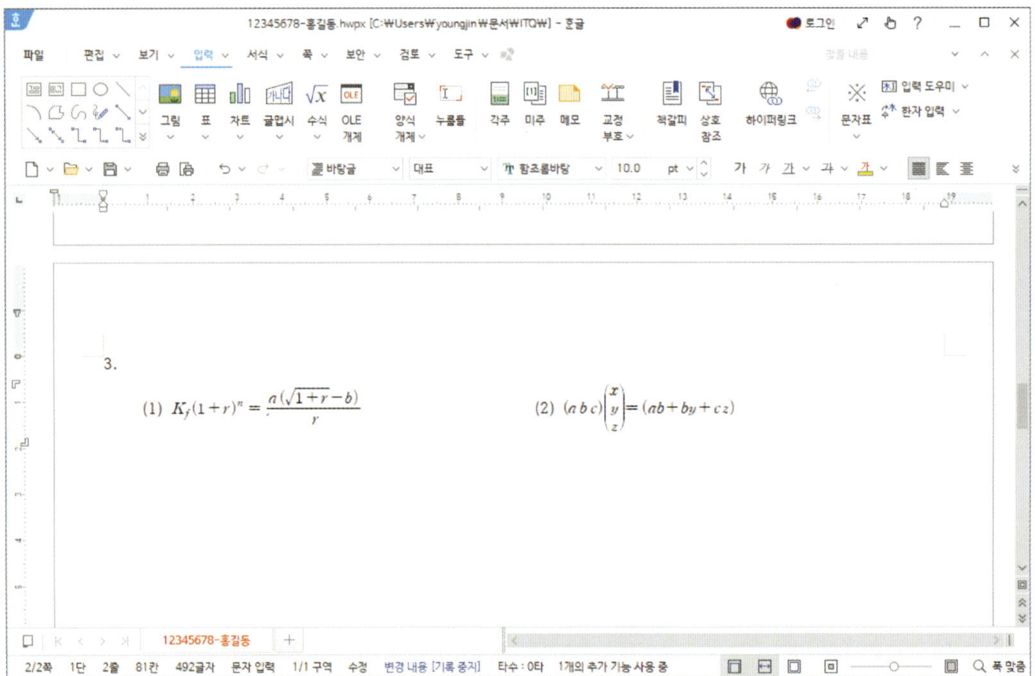

정답파일 PART 01 시험 유형 따라하기₩유형3번_정답.hwpx

문제유형 ❸-1

$$\sqrt{a^2} = |a| = \begin{cases} a & (a \geq 0) \\ -a & (a < 0) \end{cases}$$

문제유형 ❸-2

$$\frac{c}{\sqrt[3]{a} \pm \sqrt[3]{b}} = \frac{c(\sqrt[3]{a^2} \mp \sqrt[3]{ab} + \sqrt[3]{b^2})}{a \pm b}$$

문제유형 ❸-3

$$\overline{AB} = \sqrt{(x_2 - x_1)^2 + (y_2 - y_1)^2}$$

문제유형 ❸-4

$$\tan A = \frac{1}{\tan(90° - A)} = \frac{1}{\tan\theta}$$

문제유형 ❸-5

$$\sum_{k=1}^{n} k^2 = 1^2 + 2^2 + 3^2 + \cdots + n^2 = \frac{1}{6}n(n+1)(2n+1)$$

문제유형 ❸-6

$$f'(x) = \lim_{\Delta x \to 0} \frac{\Delta y}{\Delta x} = \lim_{\Delta x \to 0} \frac{f(x + \Delta x) + f(x)}{\Delta x}$$

[기능평가 II] **그리기 도구 작업**

정답파일 PART 01 시험 유형 따라하기\시험 유형 따라하기.hwpx

문제보기

조건

(1) 그리기 도구를 이용하여 작성하고, 모든 도형(글맵시, 지정된 그림 포함)을 ≪출력형태≫와 같이 작성하시오.
(2) 도형의 면색은 지시사항이 없으면 색 없음을 제외하고 서로 다르게 임의로 지정하시오.

출력형태

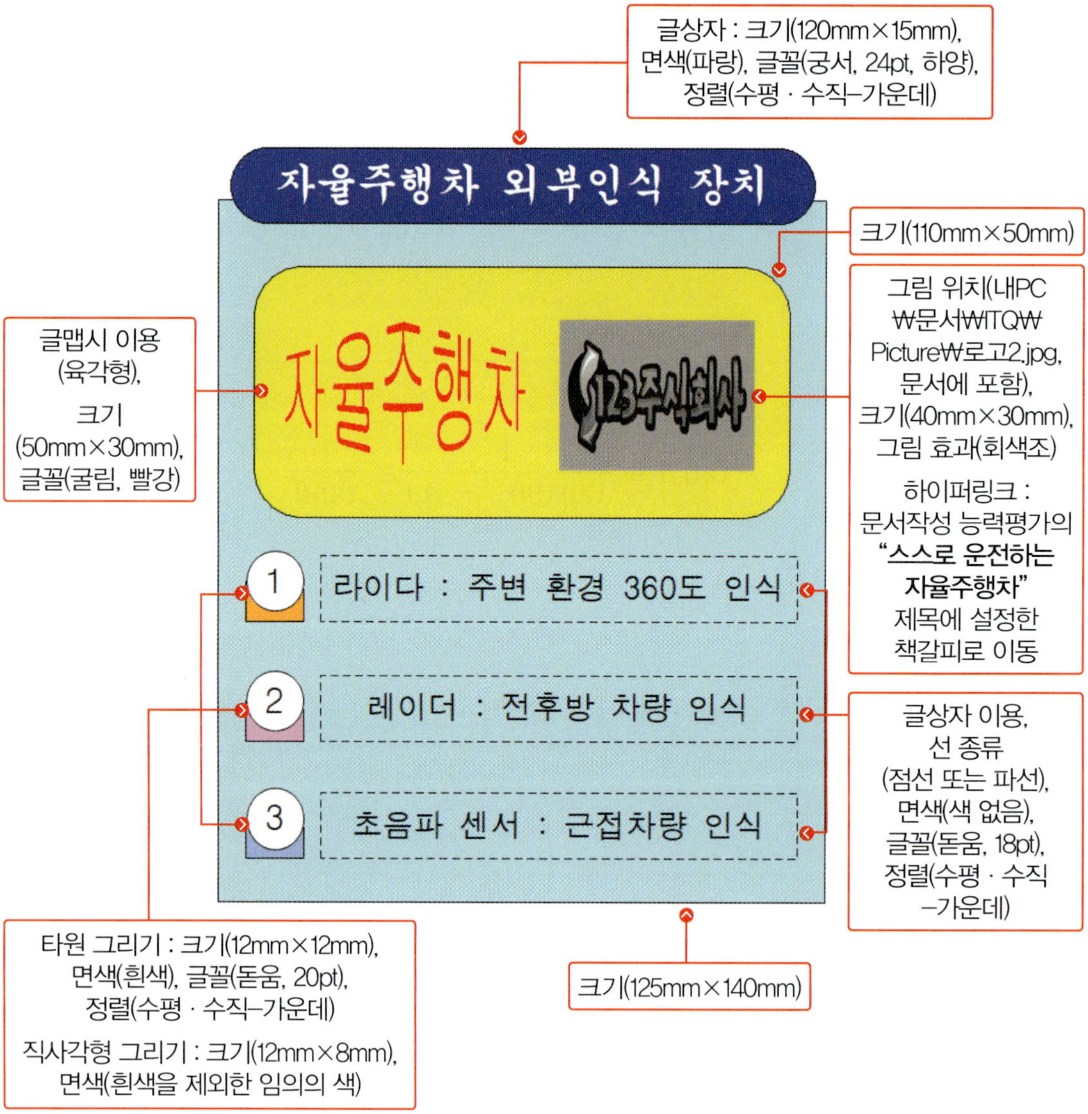

기능	바로 가기	메뉴
그리기 도구		[입력]–[도형]
도형 여러 개 선택	Shift +클릭	
글상자	目, Ctrl + N , B	[입력]–[글상자]
도형 회전		
도형 면 색 지정		
도형 복사	Ctrl +드래그	
그림 삽입	, Ctrl + N , I	[입력]–[그림]–[그림]
글맵시		[입력]–[개체]–[글맵시]
하이퍼링크	, Ctrl + K , H	[입력]–[하이퍼링크]
책갈피	, Ctrl + K , B	[입력]–[책갈피]

과정 한눈에 보기

바탕 도형 그리기 ➡ 제목 글상자 ➡ 글맵시 ➡ 그림 삽입 ➡ 책갈피/하이퍼링크 ➡ 도형 그리기 ➡ 도형 복사

① 문제 번호 「4.」 다음 줄에 커서를 위치시킨다.

② [입력] 탭에서 [직사각형](☐)을 클릭하여 사각형을 임의의 크기로 그린다.
→ 사각형을 더블 클릭하거나 마우스 오른쪽 클릭하여 [개체 속성]을 클릭한다.

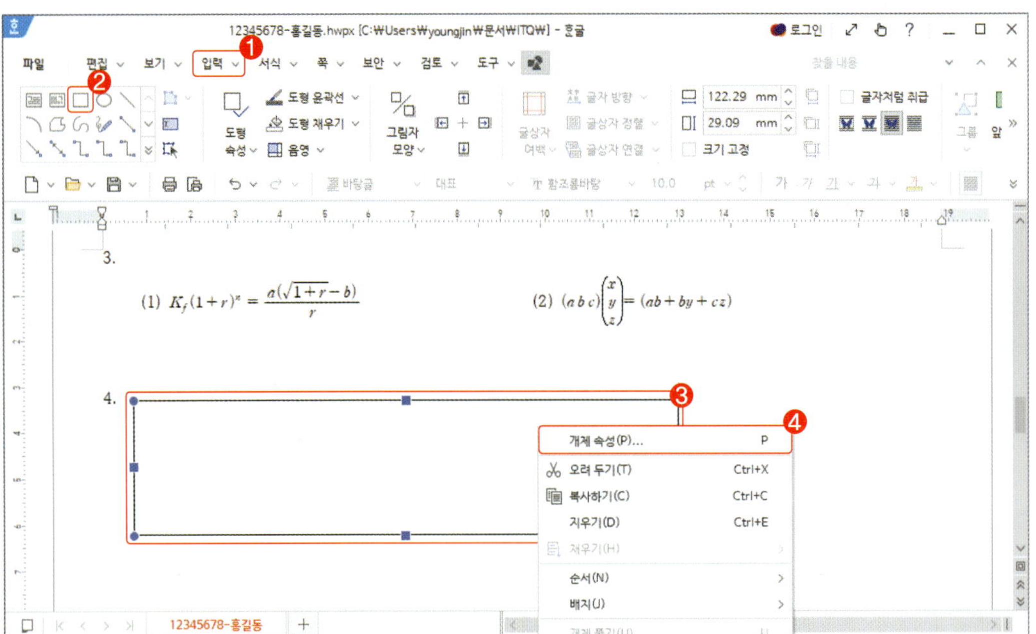

③ [개체 속성] 대화상자의 [기본] 탭 – [크기]에서 너비 「125mm」, 높이 「140mm」로 입력하고, '크기 고정'에 체크한다.

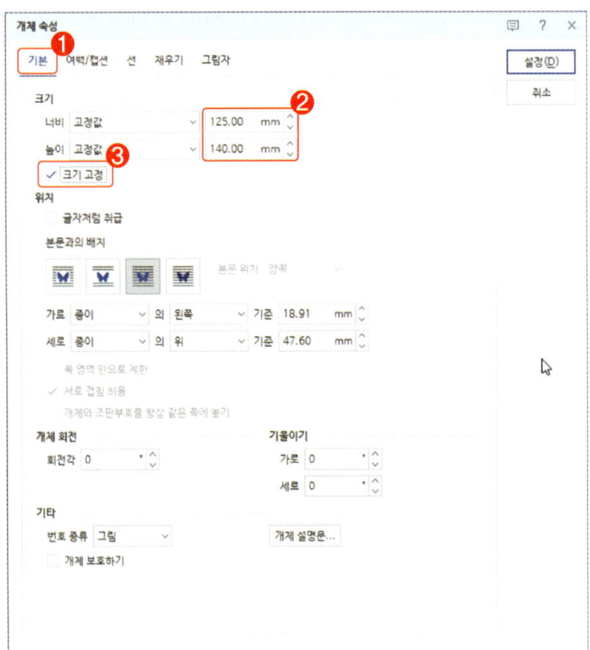

기적의 TIP

도형이나 그림 작성 시 '크기 고정'에 체크하면 문서 작성 과정에서 개체의 크기가 변경되는 것을 막을 수 있다.

④ [선] 탭에서 선 모양을 설정한다.

→ [채우기] 탭에서 면 색을 임의로 설정한다.

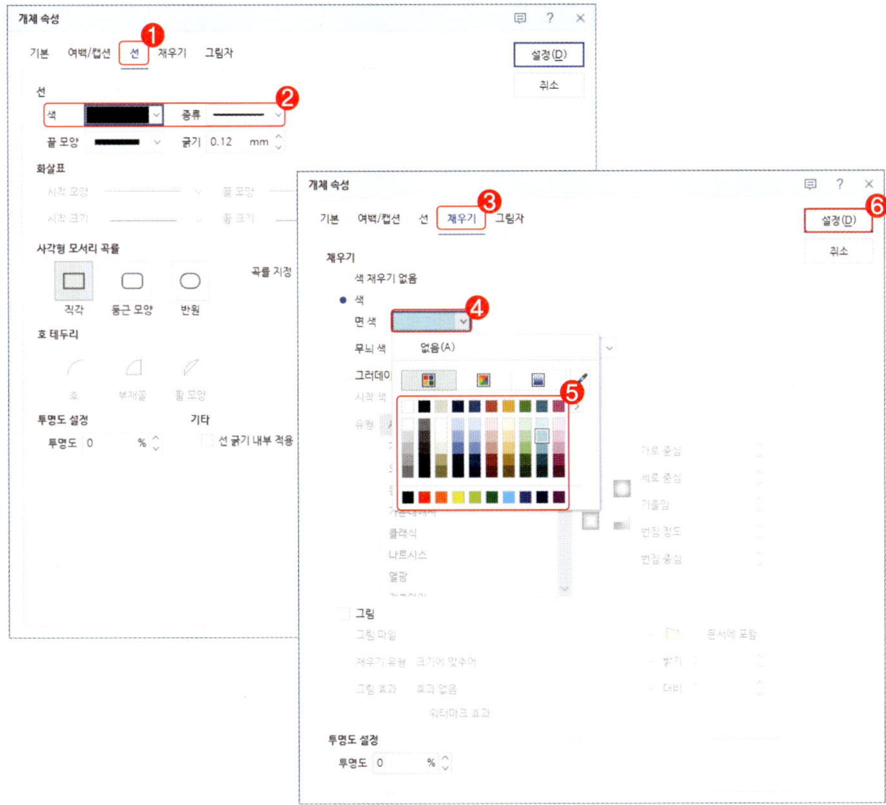

⑤ 다시 [입력] 탭에서 [직사각형](□)을 클릭하여 사각형을 그린다.

→ 마우스 오른쪽 클릭하여 [개체 속성]을 클릭한다.

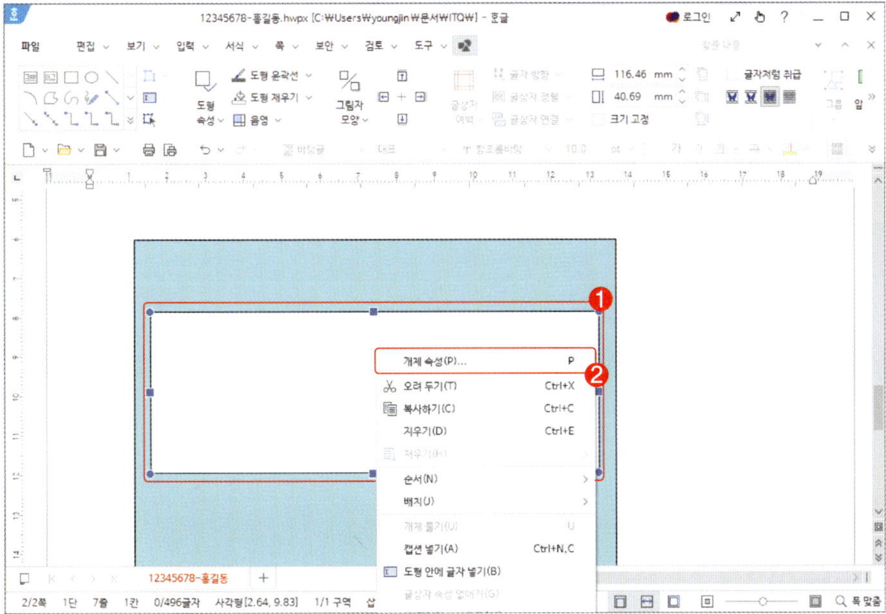

⑥ [개체 속성] 대화상자의 [기본] 탭 – [크기]에서 너비 「110mm」, 높이 「50mm」로 입력하고, '크기 고정'에 체크한다.

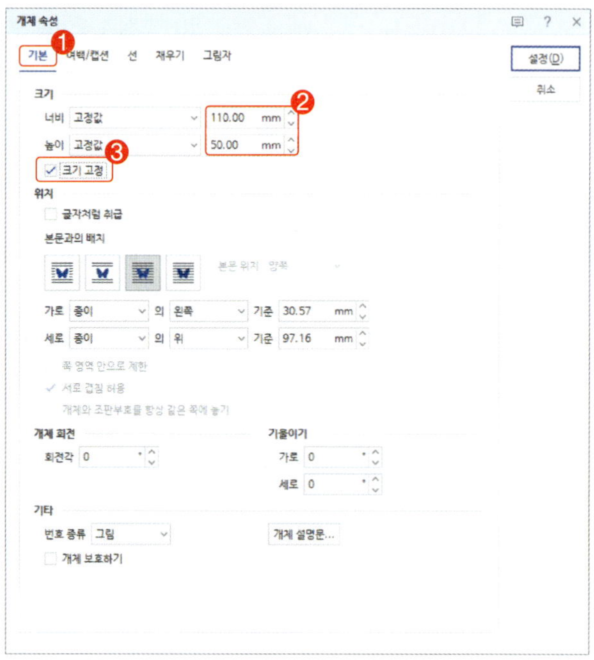

⑦ [선] 탭 – [사각형 모서리 곡률]에서 '둥근 모양'을 선택한다.
　→ [채우기] 탭에서 면 색을 임의로 설정한다.

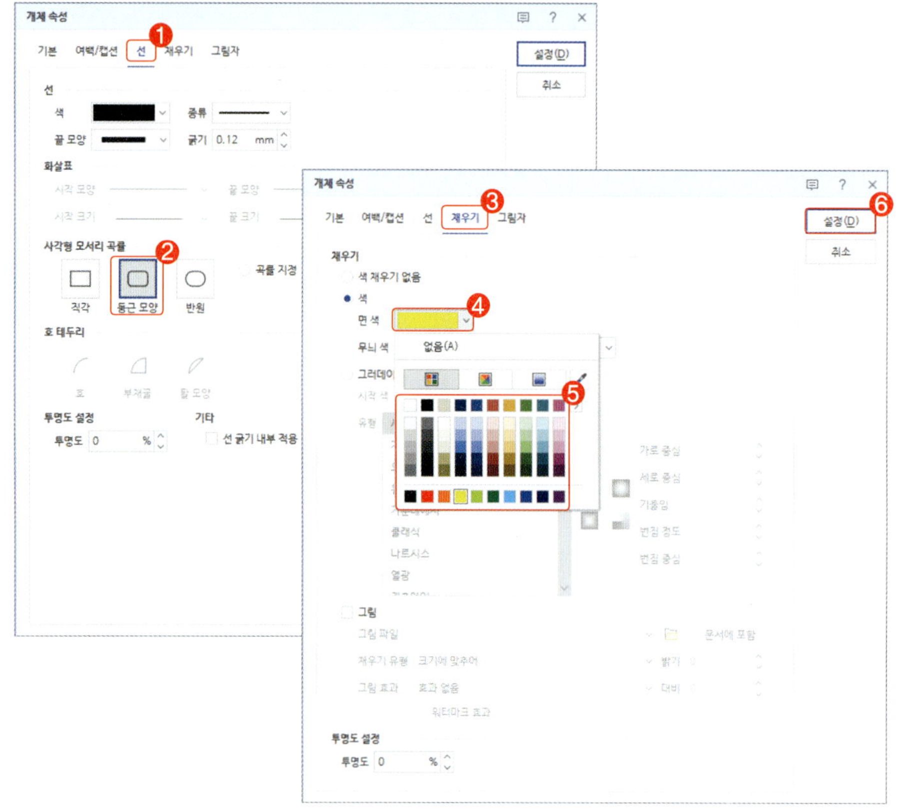

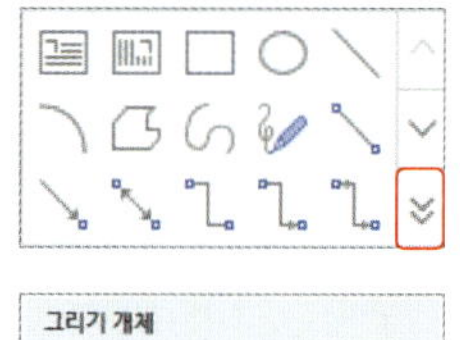

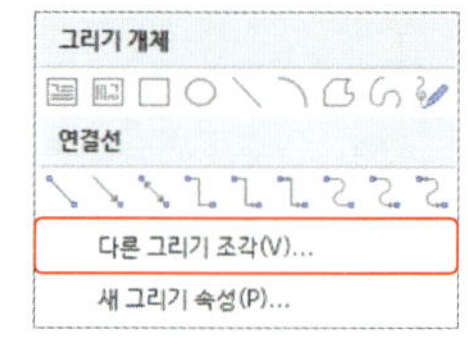

그리기마당 대화상자를 이용해 쉽게 여러 모양의 도형을 선택하여 그릴 수 있다.

⑧ ≪출력형태≫를 참고하여 도형의 위치를 조절한다.

 제목 글상자

① [입력] 탭에서 [가로 글상자](▤)를 클릭하여 임의의 크기로 그린다.
   → 글상자에 마우스 오른쪽 클릭하여 [개체 속성]을 클릭한다.

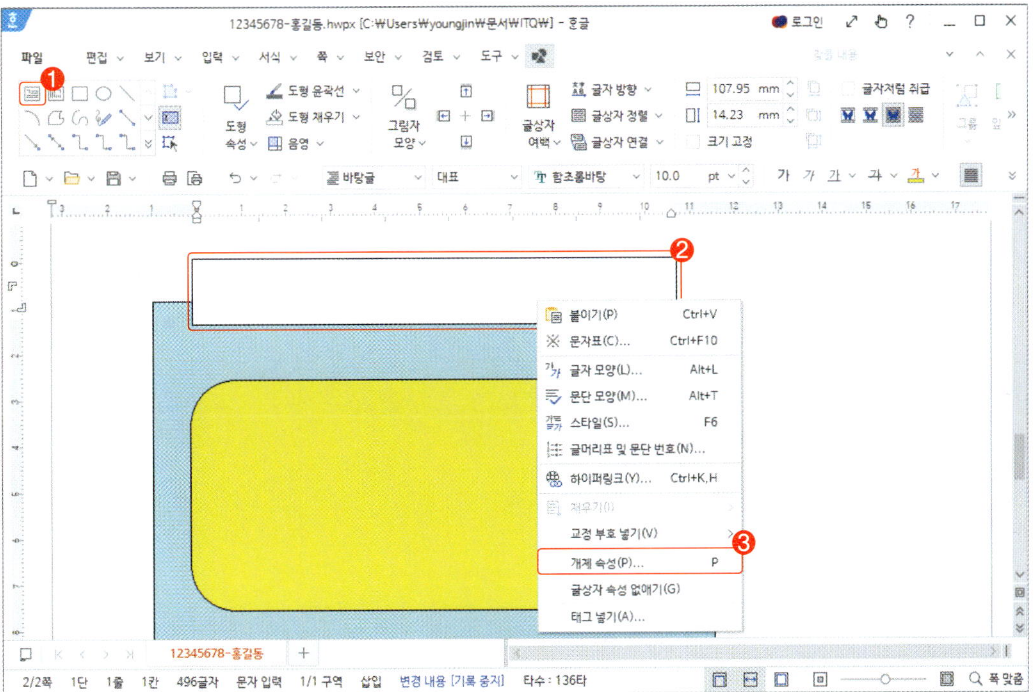

② [개체 속성] 대화상자의 [기본] 탭 – [크기]에서 너비 「120mm」, 높이 「15mm」로 입력하고, '크기 고정'에 체크한다.

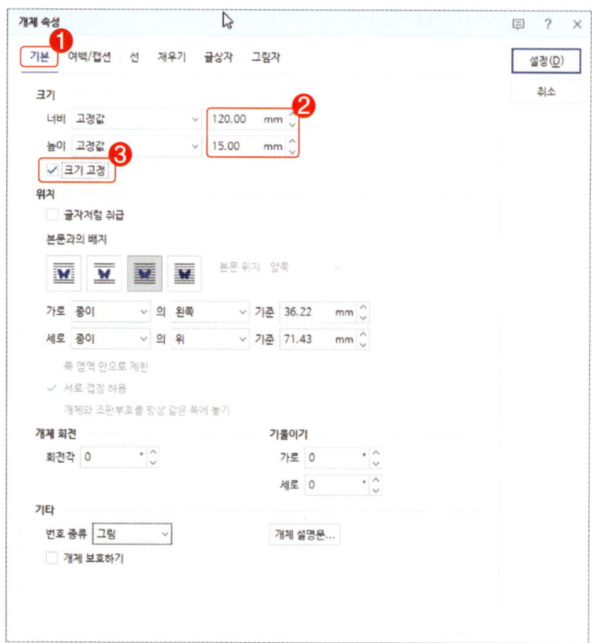

③ [선] 탭 – [사각형 모서리 곡률]에서 '반원'을 선택한다.
  → [채우기] 탭에서 면 색 '파랑'을 설정한다.

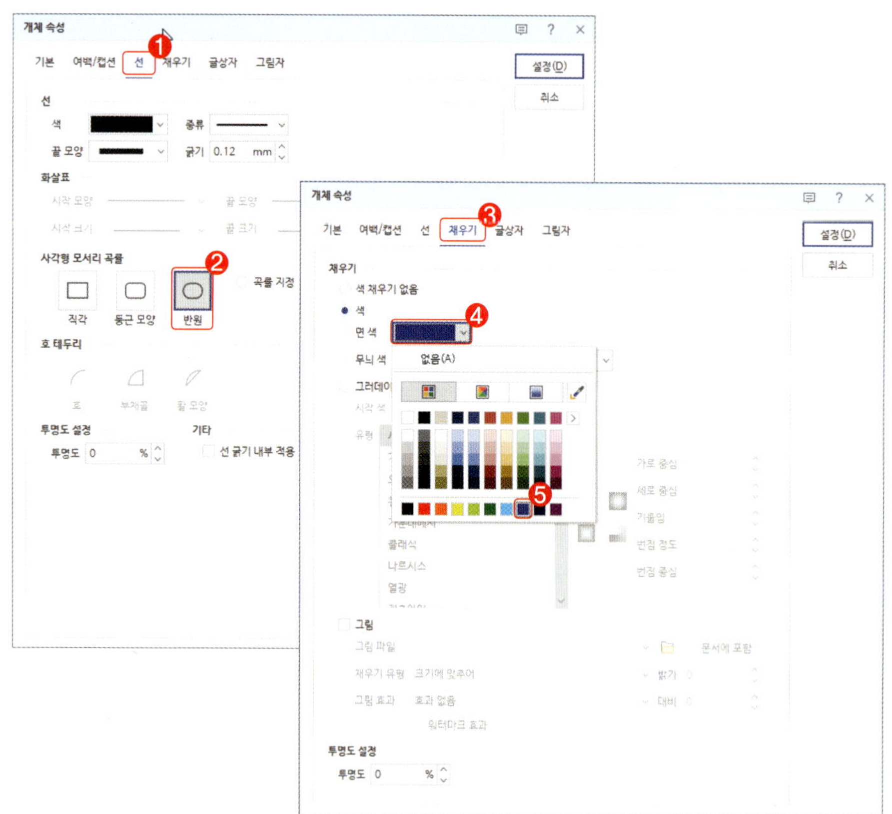

④ 글상자에 「자율주행차 외부인식 장치」를 입력한다.

⑤ 입력한 글을 블록 설정하고, 글꼴 '궁서', '24pt', 글자색 '하양', [가운데 정렬](≡)을 설정한다.

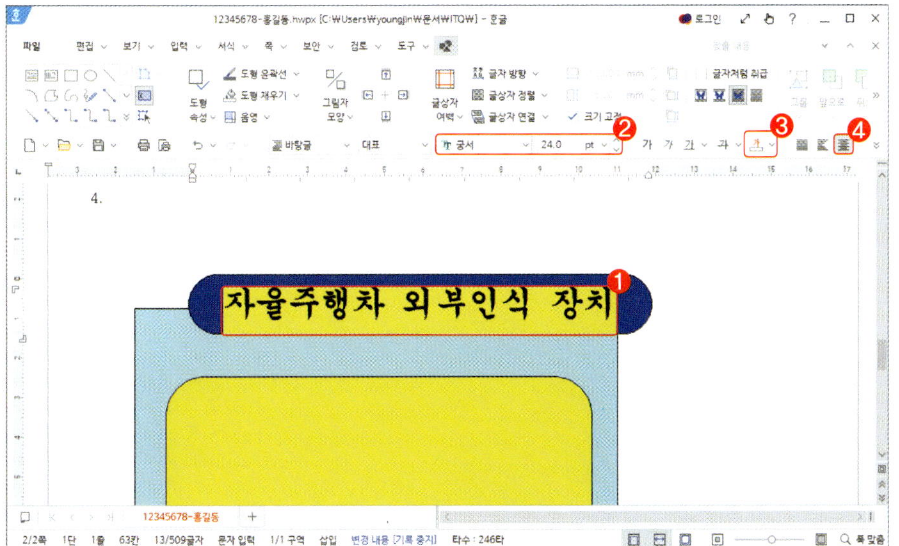

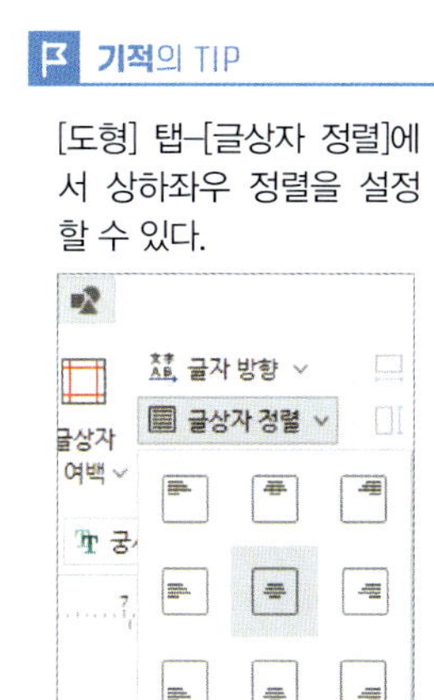

⑥ ≪출력형태≫를 참고하여 도형의 위치를 조절한다.

SECTION 03 글맵시

① [입력] 탭 – [글맵시](가나다)를 클릭한다.

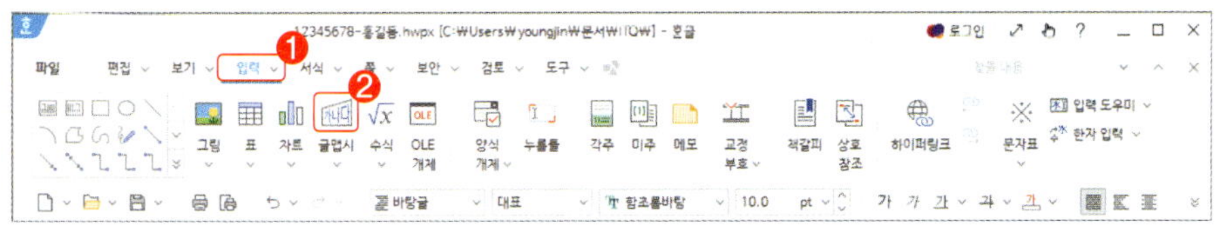

② [글맵시 만들기] 대화상자의 [내용]에 「자율주행차」를 입력한다.
  → 글꼴 '굴림', 글맵시 모양 '육각형'(⬡)을 설정한다.

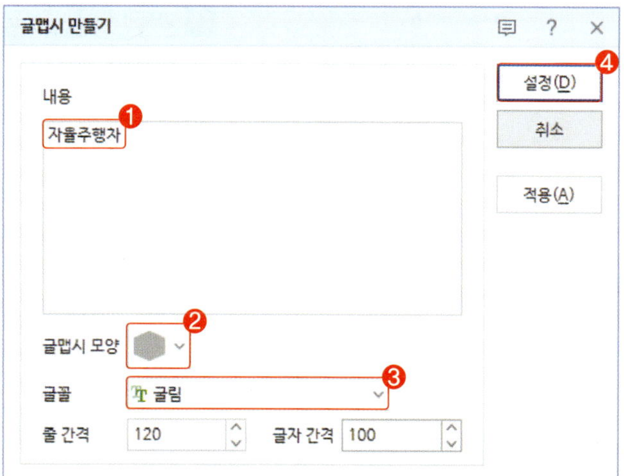

③ [글맵시] 탭(🅰)에서 [글맵시 채우기]를 클릭하여 '빨강'으로 설정한다.
  → 너비 「50mm」, 높이 「30mm」로 입력하고 '크기 고정'에 체크한다.

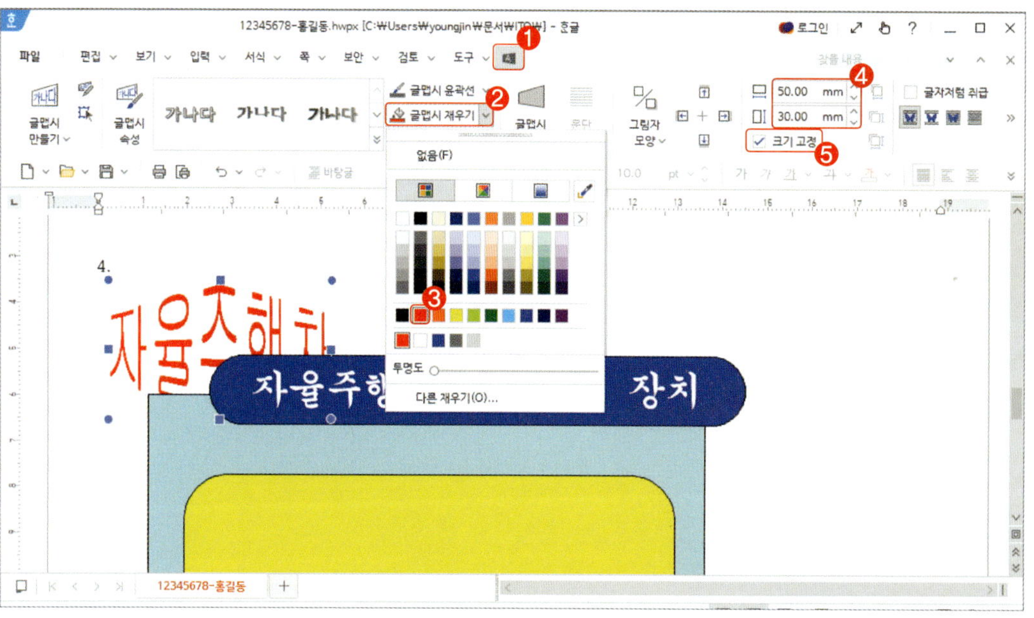

④ 입력한 글맵시에 마우스 오른쪽 클릭하여 [배치] – [글 앞으로](▤)를 선
택한 후, ≪출력형태≫를 참고하여 글맵시의 위치를 조절한다.

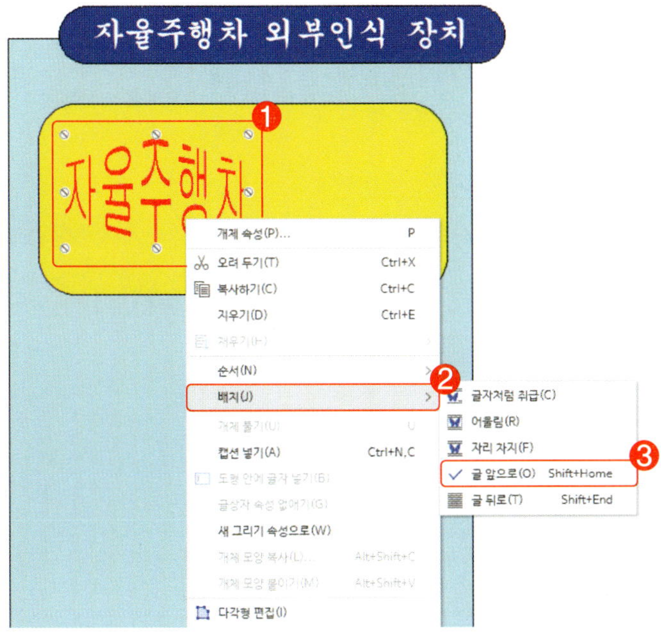

 그림 삽입

① [입력] 탭 – [그림](🌄)을 클릭한다.

② '내 PC₩문서₩ITQ₩Picture' 폴더에서 '로고2.jpg'를 선택한 뒤 '문서에
포함'에 체크하고 [열기]를 클릭한다.
→ 마우스로 여백에 드래그하면 그림이 삽입된다.

③ 삽입된 그림에 마우스 오른쪽 클릭하여 [개체 속성]을 클릭한다.
→ [개체 속성] 대화상자의 [기본] 탭 – [크기]에서 너비 「40mm」, 높이 「30mm」로 입력한다.
→ '크기 고정'에 체크하고 [본문과의 배치]는 '글 앞으로'를 설정한다.

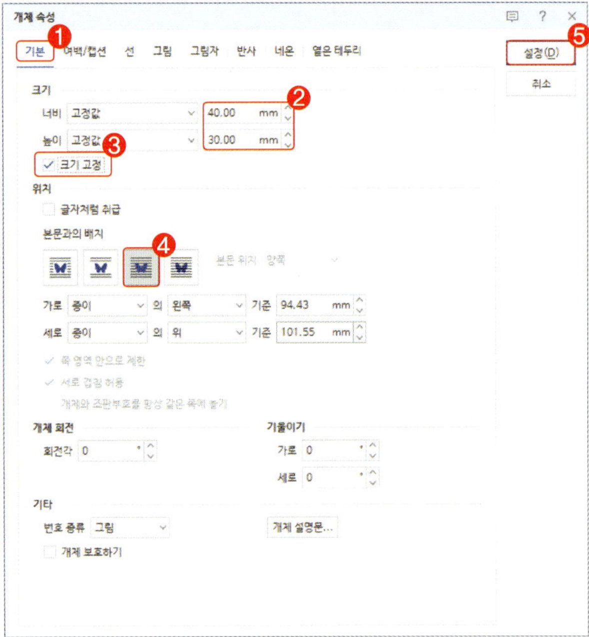

④ [그림] 탭( ) – [색조 조정] – [회색조]( )를 클릭한다.
→ ≪출력형태≫를 참고하여 그림의 위치를 조절한다.

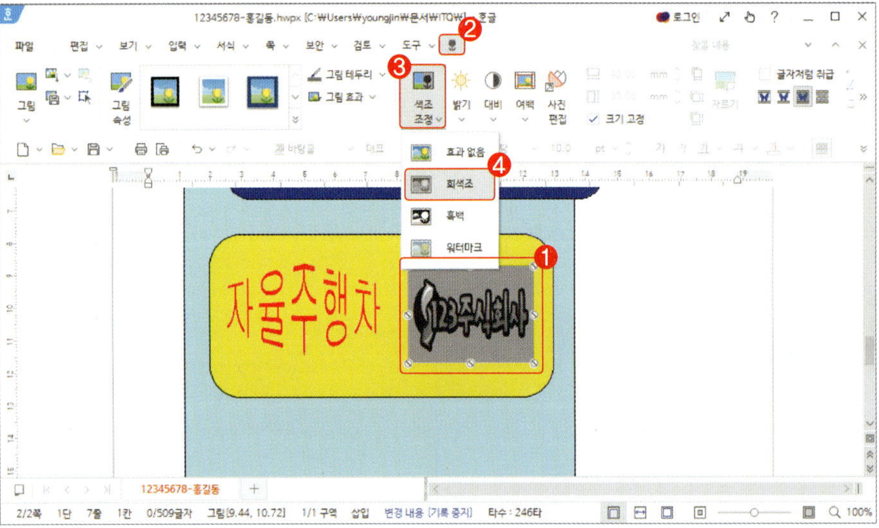

그림 삽입
- 그림 삽입 시 반드시 문제에서 제시한 파일명의 그림을 선택한다.
- 본문과의 배치는 '글 앞으로'를 설정한다.

① 3페이지의 첫 줄에 「스스로 운전하는 자율주행차」를 입력한다.

→ 커서를 맨 앞에 위치시키고 [입력] 탭 – [책갈피](📑)를 클릭한다.

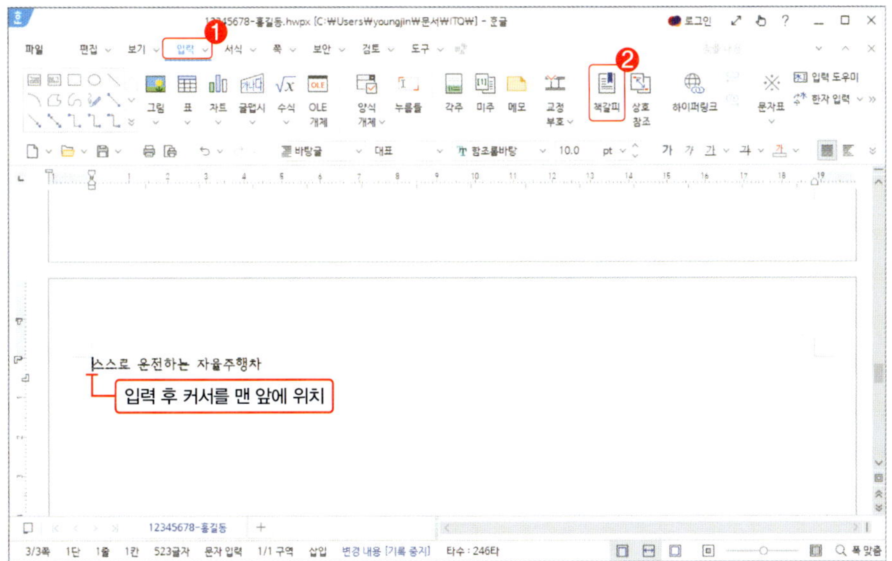

기적의 TIP

하이퍼링크를 지정하기 전에 책갈피가 먼저 설정되어 있어야 한다. 책갈피 설정 시 3페이지 작업의 제목부터 먼저 입력하고 진행하면 쉽다.

② [책갈피] 대화상자에서 [책갈피 이름]에 「자율주행」을 입력하고 [넣기]를 클릭한다.

기적의 TIP

입력된 책갈피 확인하기
[보기] 탭–[조판 부호]에 체크하면 책갈피가 적용되었는지 표시된다.

③ 하이퍼링크를 설정할 그림을 클릭하고 [입력] 탭 – [하이퍼링크](⊕)를 클릭한다.

④ [하이퍼링크] 대화상자에서 [연결 대상] – [한글 문서]를 클릭한다.
　→ '자율주행'을 선택하고 [넣기]를 클릭한다.

⑤ 그림 선택을 해제한다. 다시 그림에 Ctrl 을 누른 상태로 마우스 포인터를 가져다 놓으면 포인터의 모양이 손 모양으로 바뀌는 것을 확인할 수 있다.

  도형 그리기

① [입력] 탭에서 [직사각형](□)을 클릭하여 임의의 크기로 그린 뒤, 마우스 오른쪽 클릭하여 [개체 속성]을 클릭한다.

② [개체 속성] 대화상자의 [기본] 탭 – [크기]에서 너비 「12mm」, 높이 「8mm」로 입력한다.
  → '크기 고정'에 체크하고 [본문과의 배치]는 '글 앞으로'를 지정한다.
  → [채우기] 탭에서 면 색을 흰 색을 제외한 임의의 색으로 설정한다.

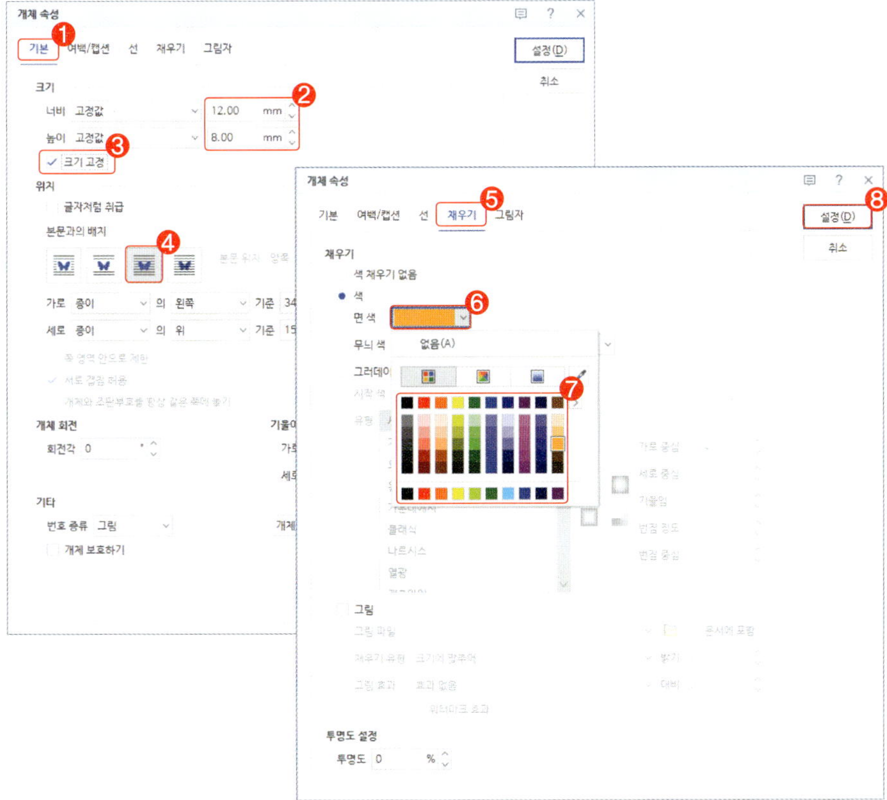

③ [입력] 탭에서 [타원](◯)을 클릭하여 임의의 크기로 그린 뒤, 마우스 오른쪽 클릭하여 [개체 속성]을 클릭한다.

④ [개체 속성] 대화상자의 [기본] 탭 – [크기]에서 너비 「12mm」, 높이 「12mm」로 입력한다.
　→ '크기 고정'에 체크하고 [본문과의 배치]는 '글 앞으로'를 지정한다.
　→ [채우기] 탭에서 면 색을 '하양'으로 설정한다.

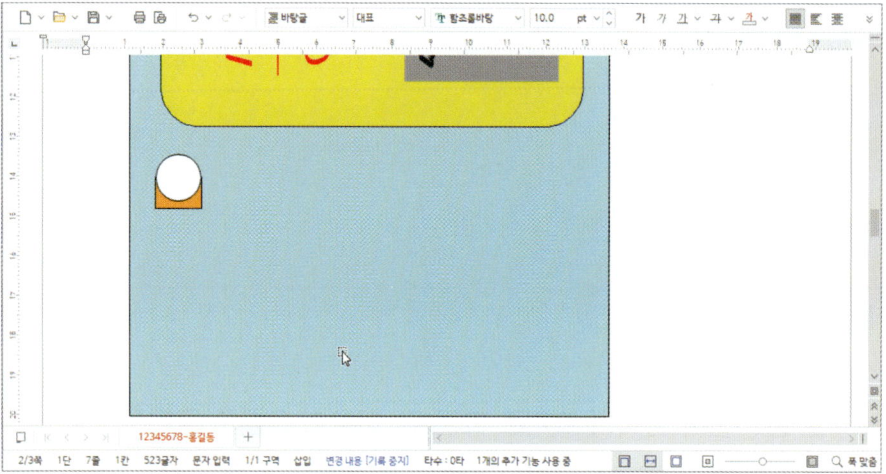

⑤ 타원 도형이 선택된 상태에서 [도형] 탭 – [글자 넣기](▣)를 클릭하고 「1」을 입력한다.

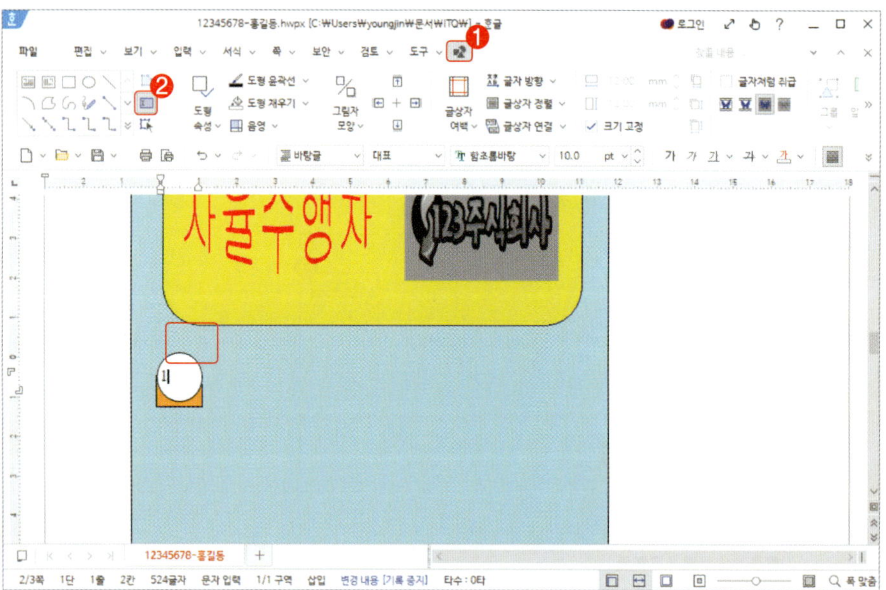

⑥ 입력한 글자를 블록 설정하고 글꼴 '돋움', '20pt', [가운데 정렬](≡)을 설정한다.

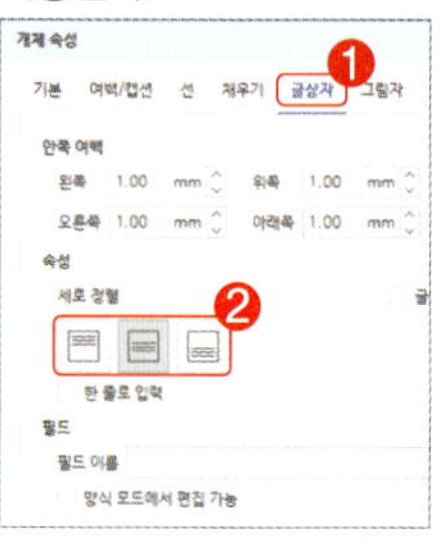

⑦ [입력] 탭 – [가로 글상자](▤)를 클릭하고 ≪출력형태≫를 참고하여 적당한 크기의 글상자를 그린다.

→ [도형] 탭(▣) – [도형 윤곽선] – [선 종류] – [파선](━ ━ ━ ━ ━)으로 설정한다.

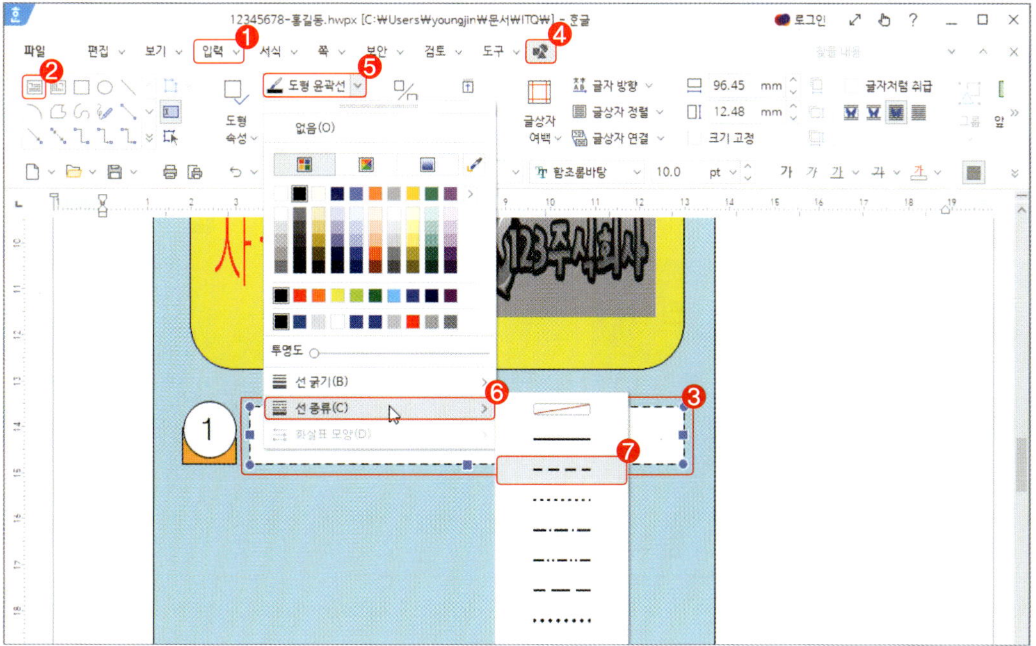

⑧ 글상자에 내용을 입력하고 글꼴 '돋움', '18pt', [가운데 정렬](▤)을 설정한다.

→ [도형] 탭(▣) – [도형 채우기]에서 '없음'으로 설정한다.

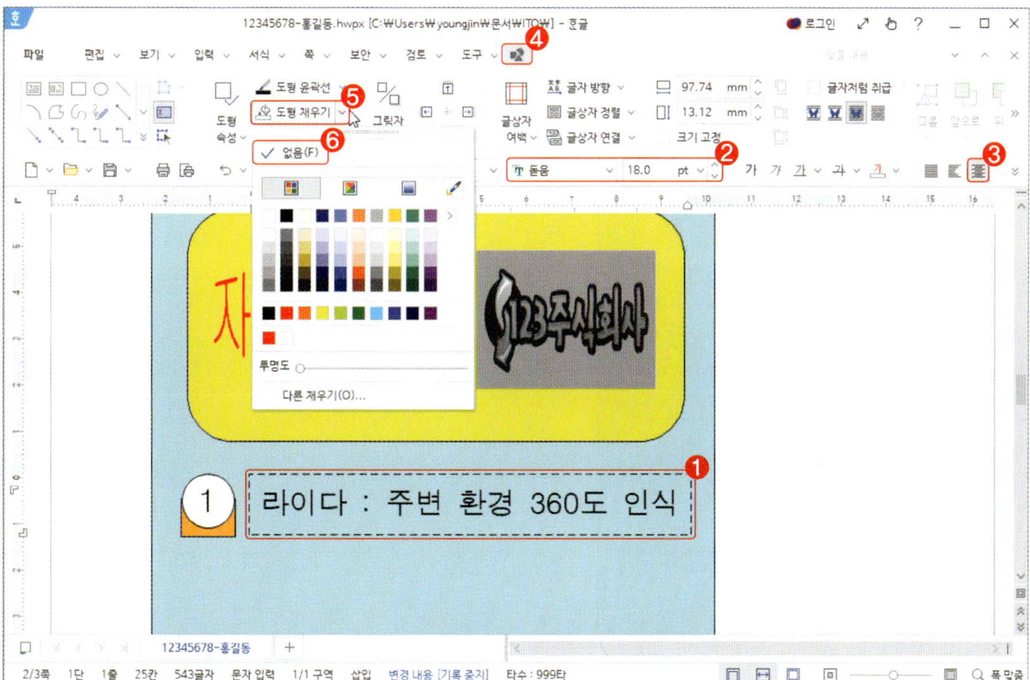

① 작성된 도형들과 글상자를 Shift 를 누른 채 클릭하여 모두 선택한다.

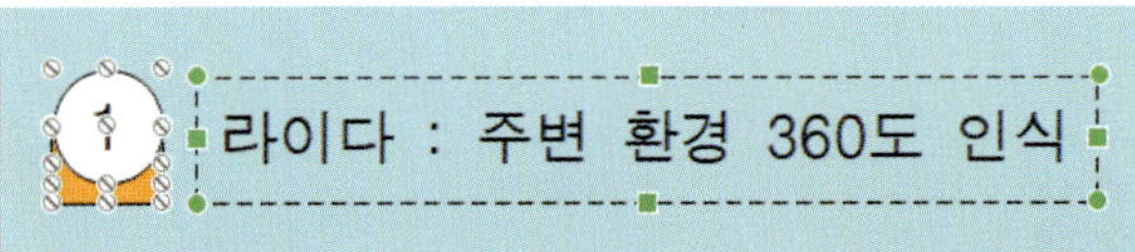

② Ctrl + Shift 를 누른 채 아래로 드래그하여 복사한다.

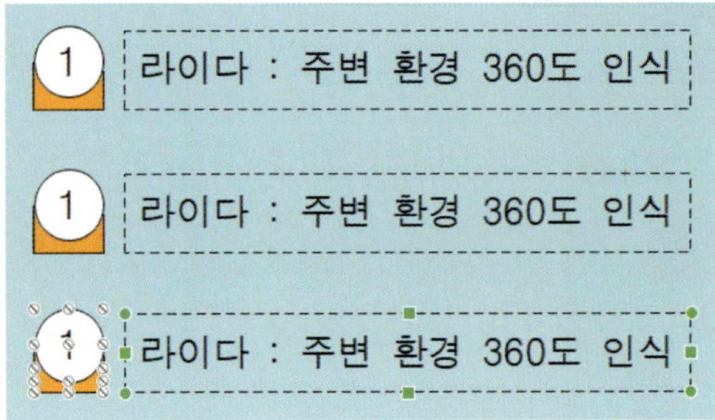

> **기적의 TIP**
>
> - Ctrl +드래그 : 복사
> - Shift +드래그 : 수직 · 수평 이동
> - Ctrl + Shift +드래그 : 수직 · 수평으로 복사

③ 복사된 개체의 색, 내용을 ≪출력형태≫를 참고하여 수정한다.

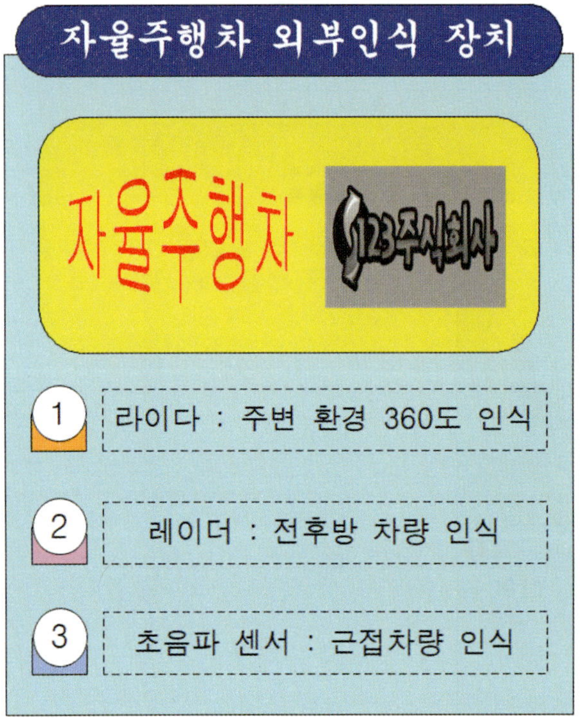

> **기적의 TIP**
>
> **도형의 면 색**
> 지시되지 않은 면 색은 서로 다르게 임의로 지정하면 된다.

기출문제

정답파일 PART 01 시험 유형 따라하기₩유형4-1번_정답.hwpx

조건

(1) 그리기 도구를 이용하여 작성하고, 모든 도형(글맵시, 지정된 그림 포함)을 ≪출력형태≫와 같이 작성하시오.

(2) 도형의 면색은 지시사항이 없으면 색 없음을 제외하고 서로 다르게 임의로 지정하시오.

출력형태

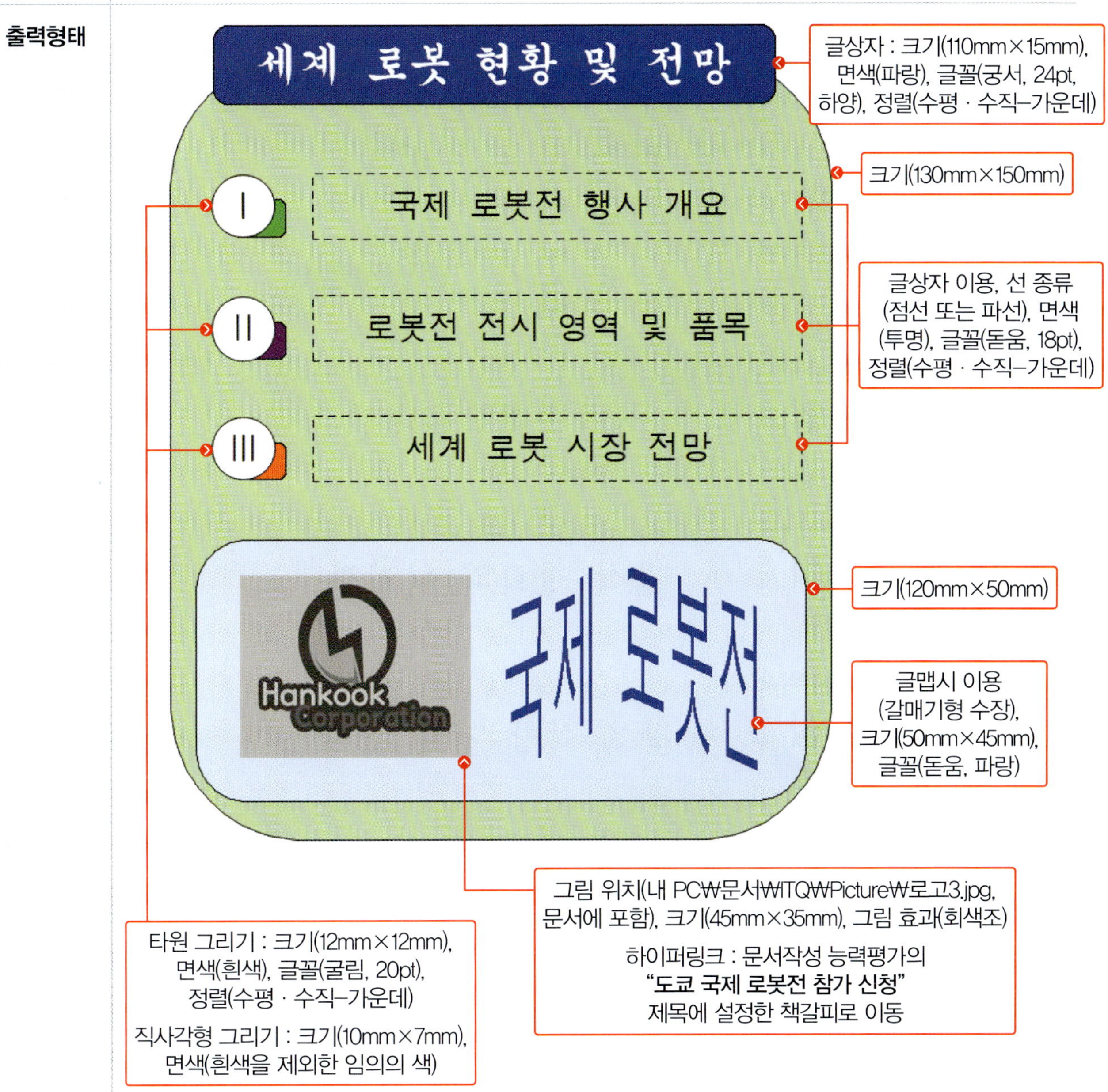

글상자 : 크기(110mm×15mm), 면색(파랑), 글꼴(궁서, 24pt, 하양), 정렬(수평ㆍ수직-가운데)

크기(130mm×150mm)

글상자 이용, 선 종류(점선 또는 파선), 면색(투명), 글꼴(돋움, 18pt), 정렬(수평ㆍ수직-가운데)

크기(120mm×50mm)

글맵시 이용(갈매기형 수장), 크기(50mm×45mm), 글꼴(돋움, 파랑)

그림 위치(내 PC₩문서₩ITQ₩Picture₩로고3.jpg, 문서에 포함), 크기(45mm×35mm), 그림 효과(회색조)

하이퍼링크 : 문서작성 능력평가의 **"도쿄 국제 로봇전 참가 신청"** 제목에 설정한 책갈피로 이동

타원 그리기 : 크기(12mm×12mm), 면색(흰색), 글꼴(굴림, 20pt), 정렬(수평ㆍ수직-가운데)

직사각형 그리기 : 크기(10mm×7mm), 면색(흰색을 제외한 임의의 색)

조건

(1) 그리기 도구를 이용하여 작성하고, 모든 도형(글맵시, 지정된 그림 포함)을 ≪출력형태≫와 같이 작성하시오.

(2) 도형의 면색은 지시사항이 없으면 색 없음을 제외하고 서로 다르게 임의로 지정하시오.

출력형태

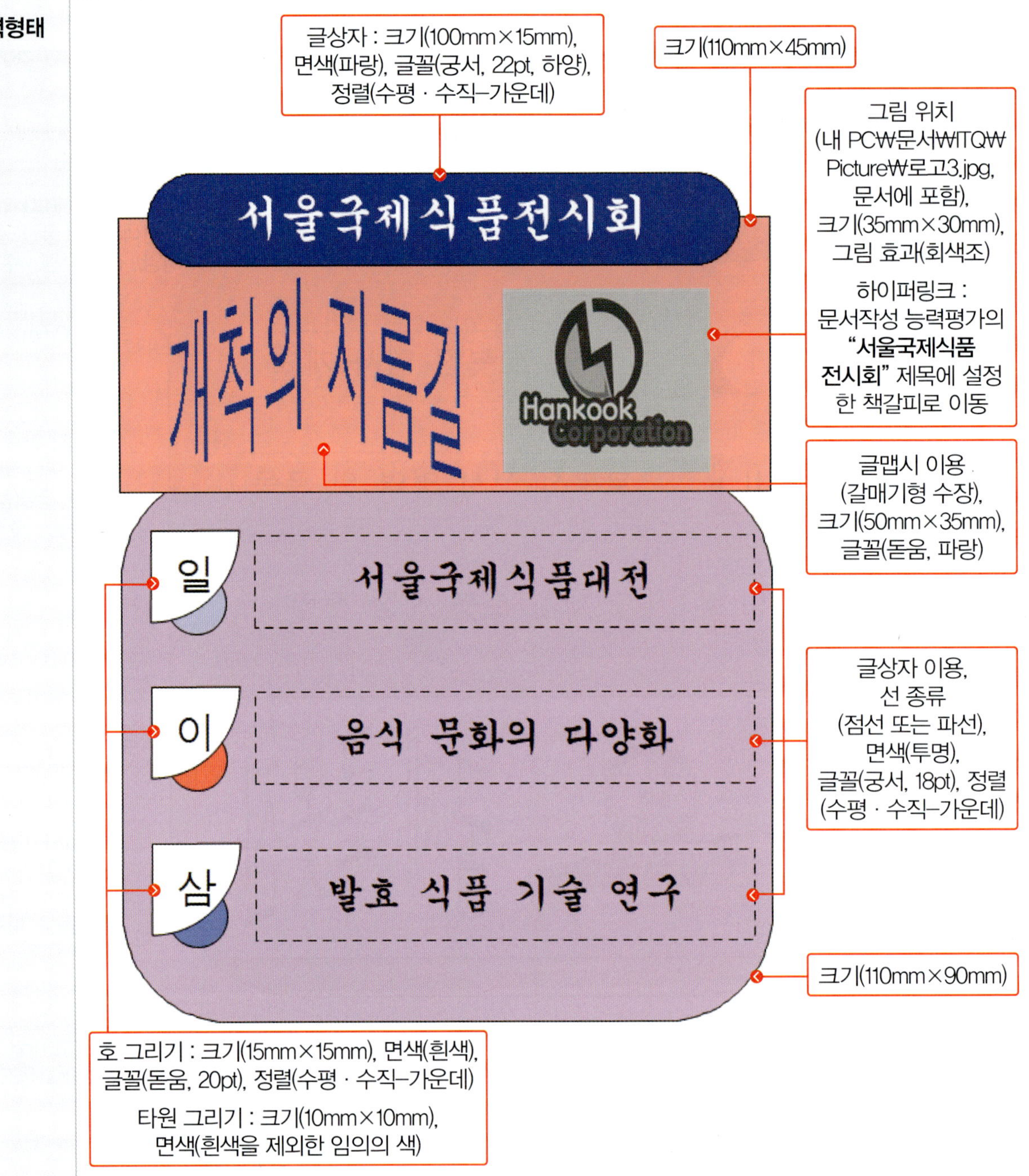

문서작성 능력평가

배점 **200점** │ A등급 목표점수 **170점**

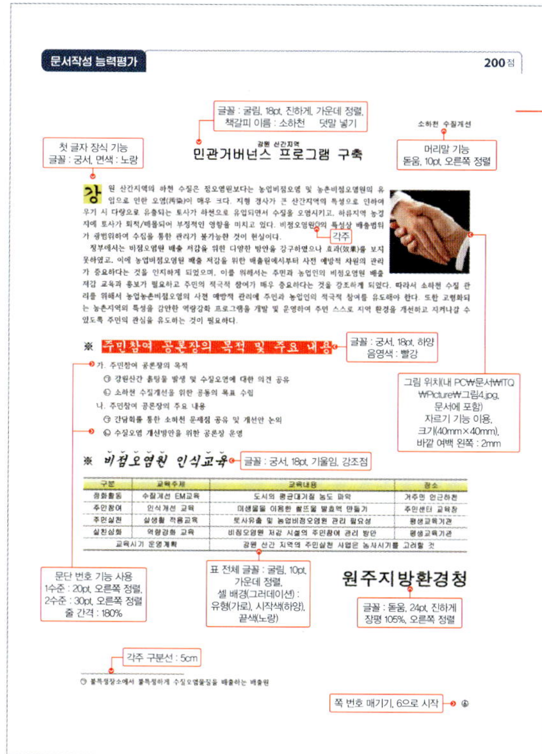

CHAPTER 07 문서 작성

출제포인트

데이터 입력 및 편집 · 머리말 · 덧말 · 제목 · 첫 글자 장식 · 각주 · 들여쓰기 · 그림 삽입 · 문단 번호 · 쪽 번호

출제기준

문서 작성에 필요한 여러 가지 능력을 평가하는 문항입니다.

A등급 TIP

가장 배점이 높은 문항으로 한글 문서 작성에 필요한 다양한 기능의 활용능력을 요구합니다. 여러 기능을 차근차근 따라 하며 익히고, 문서 내용도 정확하게 입력할 수 있도록 집중해서 작성해 보세요.

[문서작성 능력평가] **문서 작성**

▶합격 강의

정답파일 PART 01 시험 유형 따라하기\시험 유형 따라하기.hwpx

문제보기 **출력형태**

글꼴 : 궁서, 18pt, 진하게, 가운데 정렬,
책갈피 이름 : 자율주행 덧말 넣기

자율주행

머리말 기능
굴림, 10pt, 오른쪽 정렬

문단 첫 글자 장식 기능
글꼴 : 돋움, 면색 : 노랑

도로위의 혁신
스스로 운전하는 자율주행차

자 율주행 자동차란 운전자의 개입 없이 주변 환경을 인식하고, 주행 상황을 판단하여 차량을 제어(制御)함으로써 스스로 주어진 목적지까지 주행하는 자동차를 말한다. 최근에는 이러한 자율주행 자동차가 교통사고ⓐ를 줄이고, 교통 효율성을 높이며, 연료를 절감하고, 운전을 대신 해줌으로써 편의를 증대시킬 수 있는 미래의 개인 교통수단으로 주목(注目)받고 있다.

각주

　자율주행 자동차 기술로는 운전자 보조 기술, 자동주행 기술, 무인자동차 또는 자율주행 기술이 있다. 운전자 보조 기술은 종방향 또는 횡방향 중 한 가지에 대해서 운전자에게 경고하거나 제어를 도와주는 기술을 말한다. 자동주행 기술은 종횡 방향 모두에 대해 제어를 도와주는 기술을 말한다. 단, 항상 운전자가 주변 상황을 계속 모니터링하고 있다가 언제든지 개입할 수 있다는 가정을 가지고 있다. 자동주행과 자율주행의 차이는 운전자가 항상 개입을 할 수 있도록 준비해야 하는지 아닌지에 따라 구별한다. 자율주행 차량의 경우 운전자가 신문을 보거나 잠을 자도 상관없이 차량이 자율로 주행하는 개념이다.

★ 자율주행 프로세스

글꼴 : 굴림, 18pt, 하양,
음영 색 : 파랑

　A. 인지
　　ⓐ 각종 센서를 이용하여 차선 및 차량에 관한 정보 인지
　　ⓑ 경로 선택, 차량 간 통신을 통해 주변 도로 및 상황 정보 획득
　B. 판단 및 제어
　　ⓐ 주행상황 판단 및 주행전략 결정, 주행경로 생성
　　ⓑ 목표 조향각/토크, 목표 가감속

그림위치(내 PC\문서\ITQ
\Picture\그림4.jpg,
문서에 포함),
자르기 기능 이용,
크기(40mm×35mm),
바깥 여백 왼쪽 : 2mm

★ *자율주행 진행 단계*

글꼴 : 굴림, 18pt, 기울임,
강조점

단계	특징	내용	모니터링
1단계	운전자 지원	조향 또는 가속 및 감속 중 하나를 수행	운전자
2단계	부분 자동화	조향 또는 가속 및 감속 모두 수행하는 주행보조 기술	운전자
3단계	조건부 자동화	차량 제어와 주행환경을 인식하지만 운전자가 적절하게 제어	자율주행 시스템
4단계	고도 자동화	모든 측면을 시스템이 수행하지만 전적으로 제어하는 것은 아님	자율주행 시스템

문단 번호 기능 사용
1수준 : 20pt, 오른쪽 정렬,
2수준 : 30pt, 오른쪽 정렬
줄 간격 : 180%

글꼴 : 굴림, 24pt, 진하게,
장평 95%, 오른쪽 정렬

한국전자통신연구원

표 전체 글꼴 : 돋움, 10pt, 가운데 정렬,
셀 배경(그러데이션) : 유형(왼쪽 대각선),
시작색(하양), 끝색(노랑)

각주 구분선 : 5cm

ⓐ 94%에 이르는 대부분의 교통사고는 운전자의 부주의로 인해 발생

쪽 번호 매기기, 5로 시작 ▶E

기능	바로 가기	메뉴
덧말 넣기	덧말가나	[입력]-[덧말 넣기]
머리말/꼬리말	▢, Ctrl+N, H	[쪽]-[머리말/꼬리말]
책갈피	▤, Ctrl+K, B	[입력]-[책갈피]
문단 첫 글자 장식	가믈	[서식]-[문단 첫 글자 장식]
그림 삽입	▦, Ctrl+N, I	[입력]-[그림]
한자 입력	한자, 한자 또는 F9	[입력]-[한자 입력]-[한자로 바꾸기]
각주	▢, Ctrl+N, N	[입력]-[주석]-[각주]
문자표	※, Ctrl+F10	[입력]-[문자표]
문단 번호	▤, Ctrl+K, N	[서식]-[문단 번호 모양]
문단 모양	▤✓, Alt+T	[서식]-[문단 모양]
글자 모양	가가, Alt+L	[서식]-[글자 모양]
표	▦, Ctrl+N, T	[입력]-[표]
쪽 번호 매기기	▫, Ctrl+N, P	[쪽]-[쪽 번호 매기기]
새 번호로 시작	번호	[쪽]-[새 번호로 시작]

과정 한눈에 보기

문서 입력 ➡ 머리말 ➡ 제목 ➡ 문단 첫 글자 장식 ➡ 각주 ➡ 한자 ➡ 들여쓰기 ➡ 그림 삽입 ➡ 중간 제목 1 ➡ 문단 번호 ➡ 중간 제목 2 ➡ 표 작성 ➡ 기관명 ➡ 쪽 번호 매기기 ➡ 파일 저장

자율주행

① 3페이지 첫 줄에 입력되어 있는 제목 아래에 본문의 내용을 오타에 주의하여 입력한다.

② [쪽] 탭 – [머리말](📄) – [위쪽] – [양쪽] – [모양 없음]을 클릭한다.

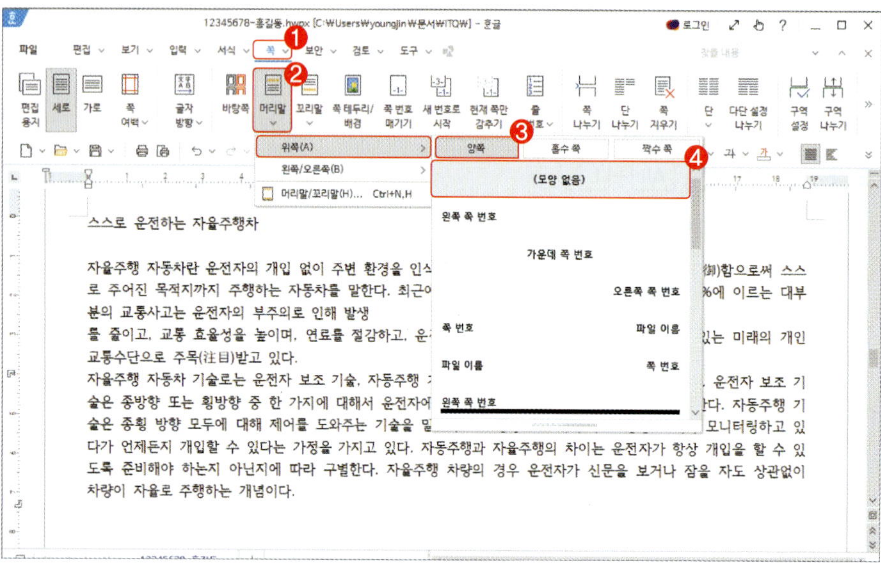

③ 머리말 영역이 표시되면 「자율주행」을 입력한다.

→ 텍스트를 블록 설정하여 글꼴 '굴림', '10pt', [오른쪽 정렬](▤)을 설정하고, [머리말/꼬리말] 탭 – [닫기](⊗)를 클릭한다.

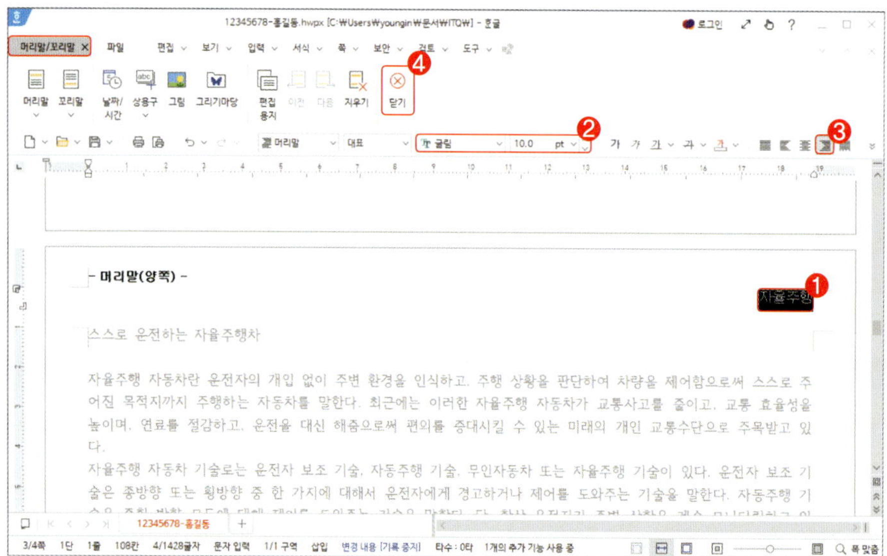

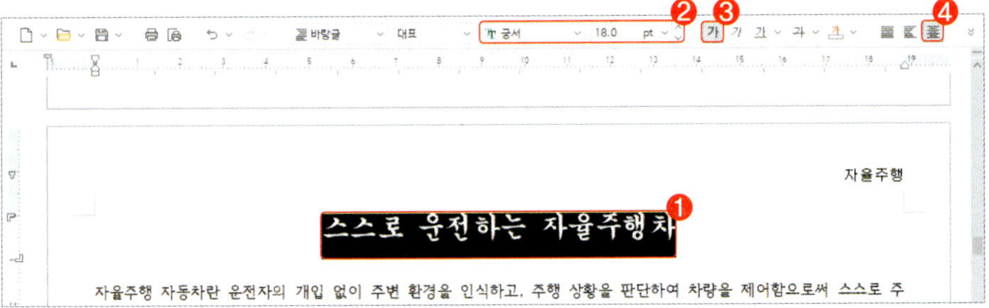

① 제목을 블록 설정하고 글꼴 '궁서', '18pt', '진하게', [가운데 정렬](▤)을 지정한다.

② [입력] 메뉴 – [덧말 넣기](덧말가나)를 클릭한다.

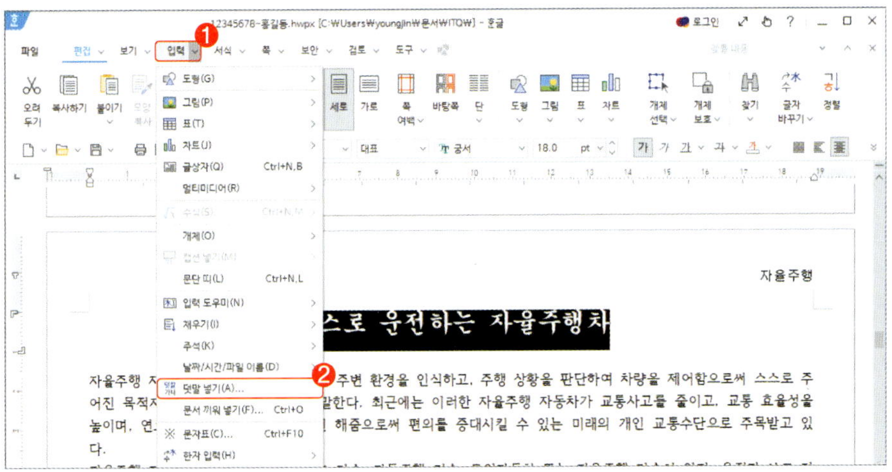

기적의 TIP

덧말은 본말의 글자 속성에 따라 글꼴, 크기, 색 등이 자동으로 변경되며 본말의 가운데로 정렬된다.

③ [덧말 넣기] 대화상자의 [덧말]에 「도로위의 혁신」을 입력하고 [덧말 위치]를 '위'로 설정한다.

기적의 TIP

덧말의 수정
덧말을 더블 클릭하거나 [편집] 메뉴–[고치기]를 클릭한다.

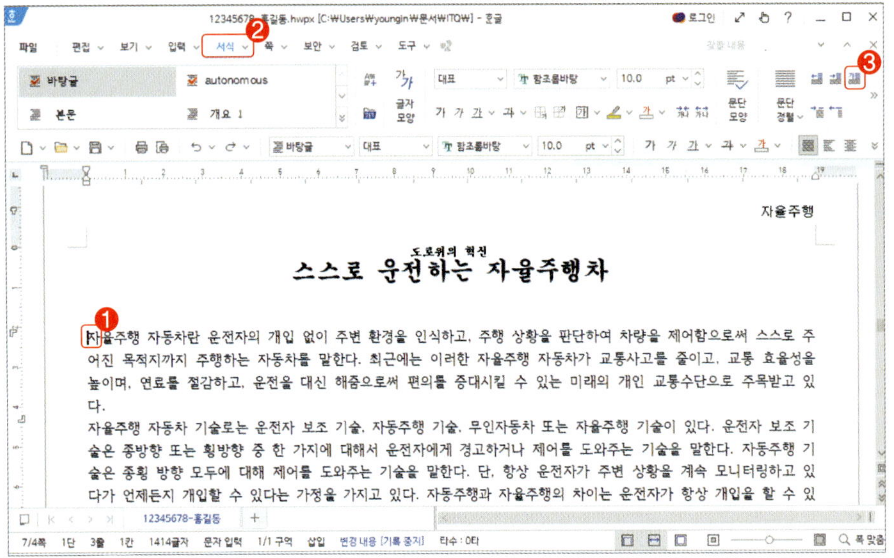

① 첫 번째 문단에 커서를 놓고 [서식] 탭 – [문단 첫 글자 장식]([개글])을 클릭한다.

② [문단 첫 글자 장식] 대화상자에서 [모양] '2줄', 글꼴 '돋움', 면 색 '노랑'을 설정한다.

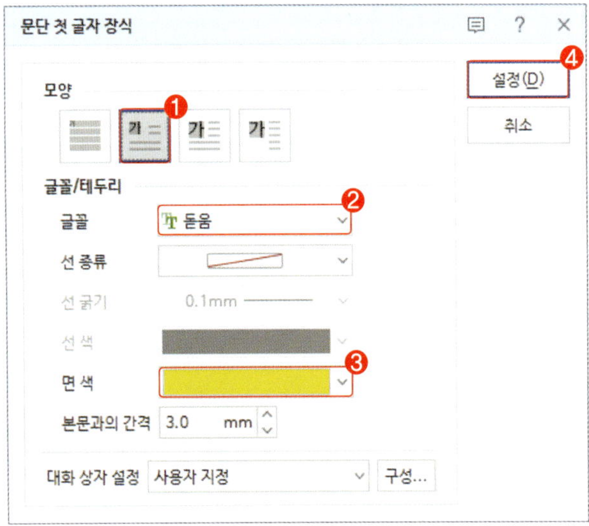

💡 **해결 TIP**

문단 첫 글자 장식을 지우고 싶어요!

문단에 커서를 놓고 [문단 첫 글자 장식] 대화상자를 열어 [모양]에서 '없음'을 설정한다.

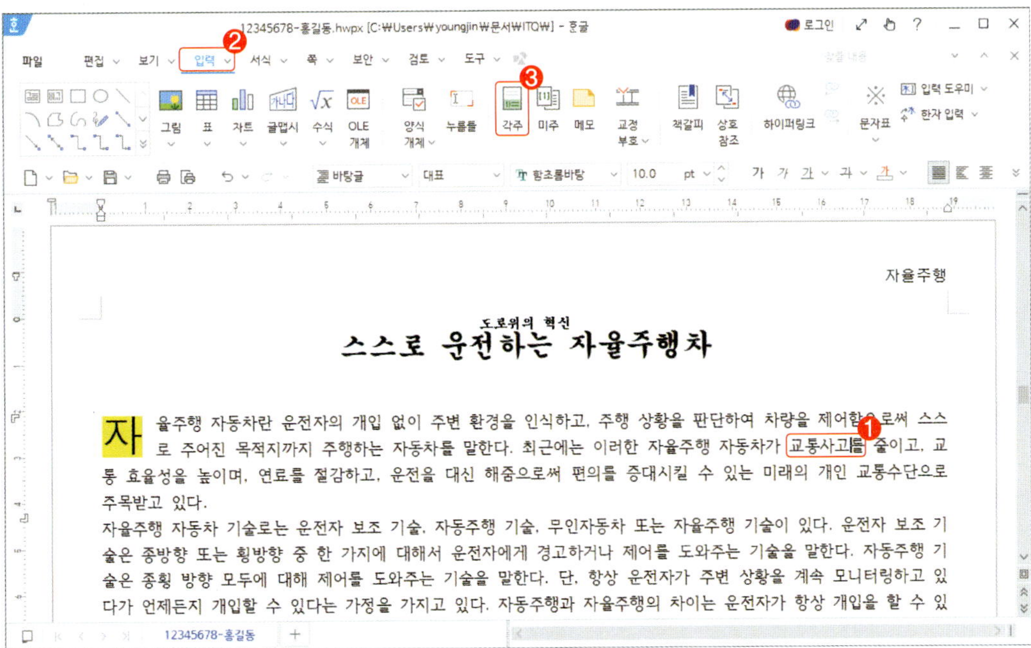

① 각주를 표시할 단어 뒤에 커서를 놓고, [입력] 탭 – [각주](📑)를 클릭한다.

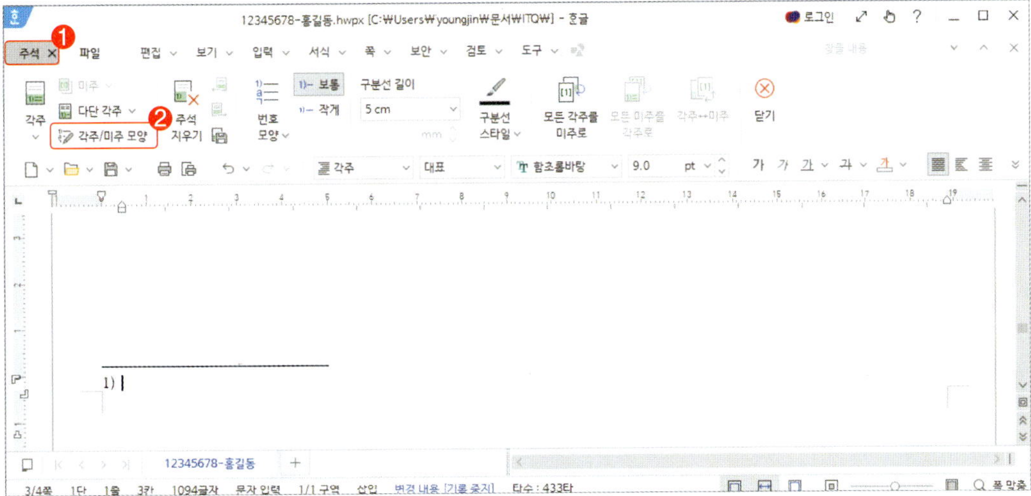

② 각주 입력 화면이 나타나면 [주석] 탭 – [각주/미주 모양](📝)을 클릭한다.

③ [주석 모양] 대화상자에서 번호 모양 'Ⓐ, Ⓑ, Ⓒ'를 선택한다.

→ 구분선 넣기를 체크하고 길이 '5cm'로 설정한다.

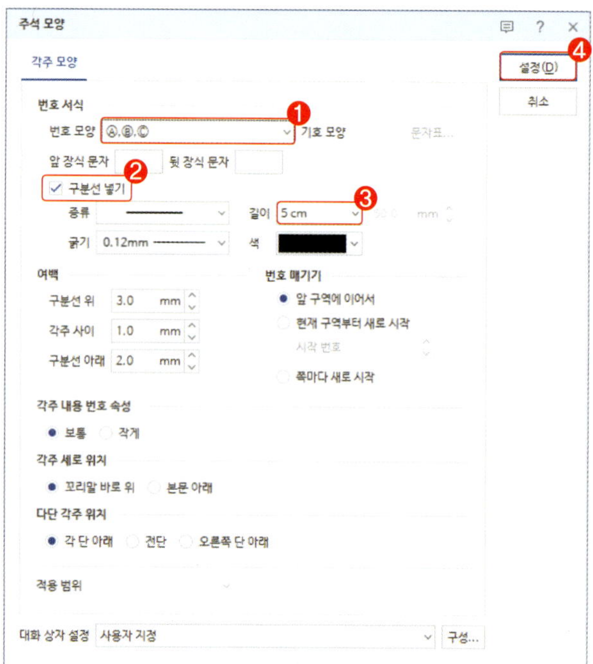

④ 각주 내용을 입력하고, [주석] 탭 – [닫기](⊗)를 클릭한다.

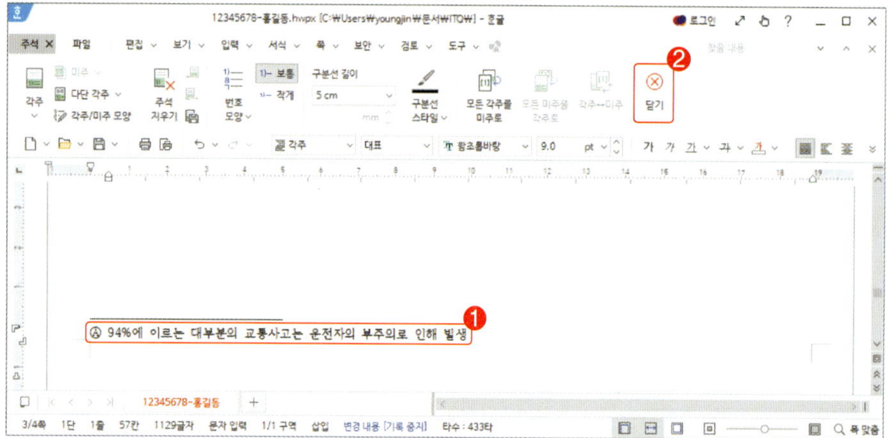

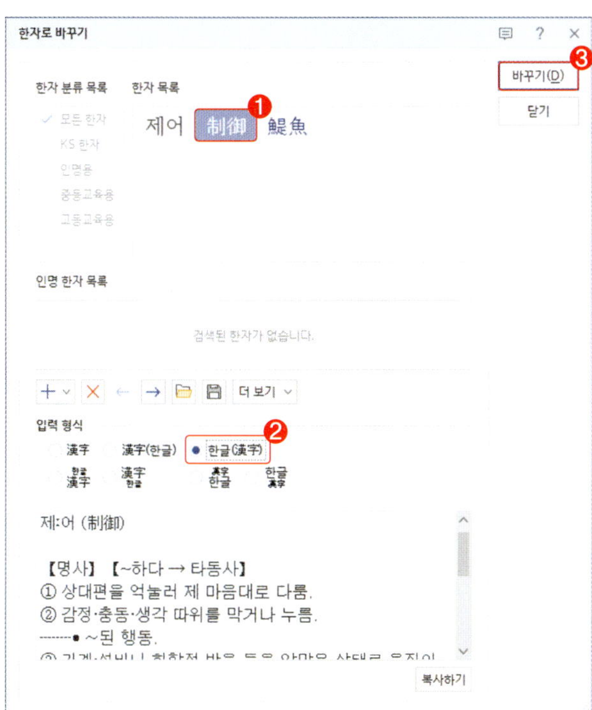

① 한자로 변환할 단어 뒤에 커서를 놓고 [입력] 탭 – [한자 입력](📝)을 클릭하거나 한자 또는 F9를 누른다.

② [한자로 바꾸기] 대화상자의 한자 목록에서 변경할 한자를 선택한다.
→ 입력 형식을 '한글(漢字)'로 선택하고 [바꾸기]를 클릭한다.

기적의 TIP

문서작성 능력평가에서 한자는 두 개 단어가 출제되고 있다.

기적의 TIP

[입력 형식]에 따른 한자 표현이 다양하므로 적절한 것을 선택한다.

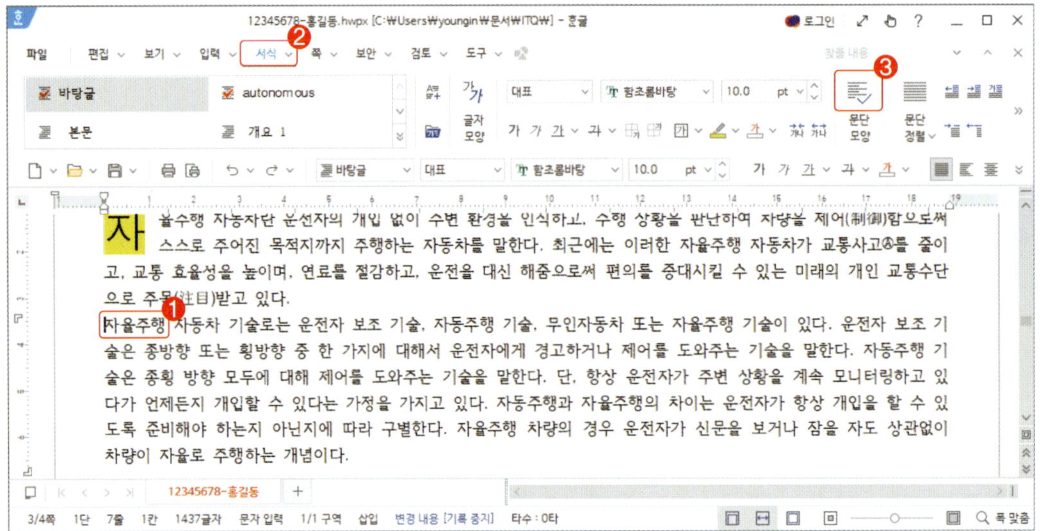

① 들여쓰기할 부분에서 [서식] 탭 – [문단 모양](▦)을 클릭한다.

② [기본] 탭에서 [첫 줄] 들여쓰기를 '10pt'로 설정한다.

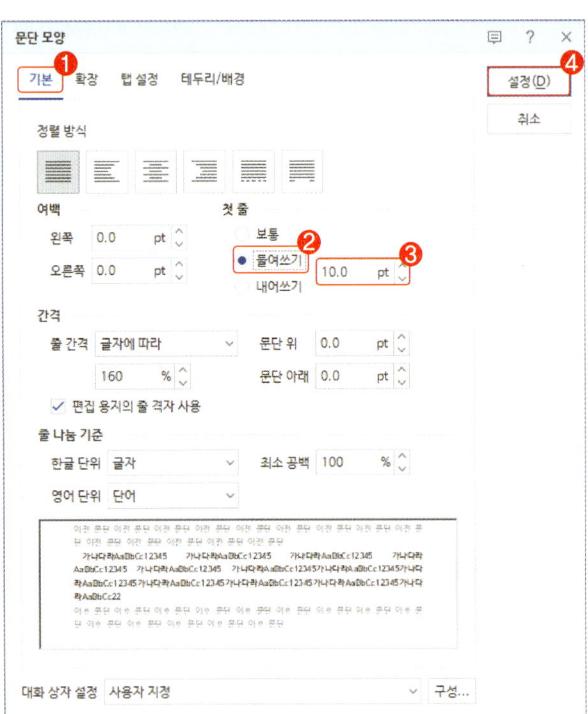

기적의 TIP

[첫 줄] 들여쓰기 기능 대신 Space Bar 를 두 번 눌러 공간을 띄어도 된다.

① [입력 탭] – [그림]( )을 클릭한다.

② '내 PC₩문서₩ITQ₩Picture' 폴더에서 '그림4.jpg'를 선택한 뒤, '문서에 포함'에 체크하고 [열기]를 클릭한다.

→ 마우스로 여백에 클릭하면 그림이 삽입된다.

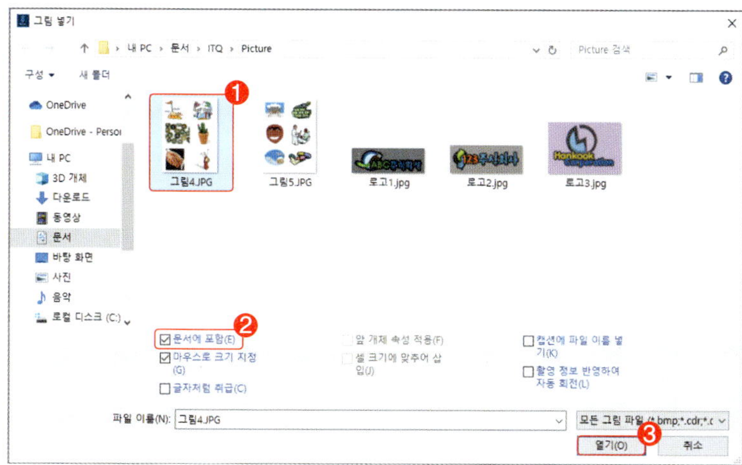

③ 그림을 삽입하고 [그림] 탭 – [자르기]( )를 클릭한다.

→ 마우스로 조절점을 드래그하여 그림을 자른다.

기적의 TIP

[자르기]( ) 대신 [Shift]를 누른 상태에서 마우스로 조절점을 드래그해도 바로 그림을 자를 수 있다.

④ 삽입된 그림에 마우스 오른쪽 클릭하여 [개체 속성]을 클릭한다.

　→ [개체 속성] 대화상자의 [기본] 탭 – [크기]에서 너비 「40mm」, 높이 「35mm」
　　로 입력한다.

　→ '크기 고정'에 체크하고 [본문과의 배치]는 '어울림'을 클릭한다.

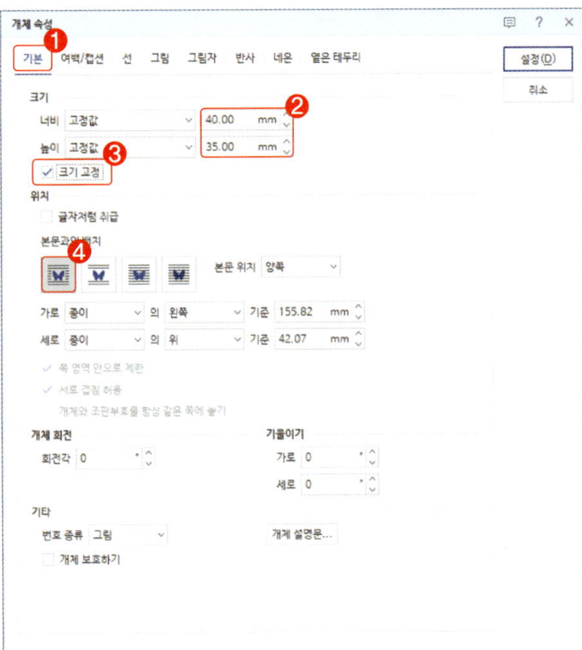

⑤ [여백/캡션] 탭에서 [바깥 여백] 왼쪽 '2mm'를 설정한다.

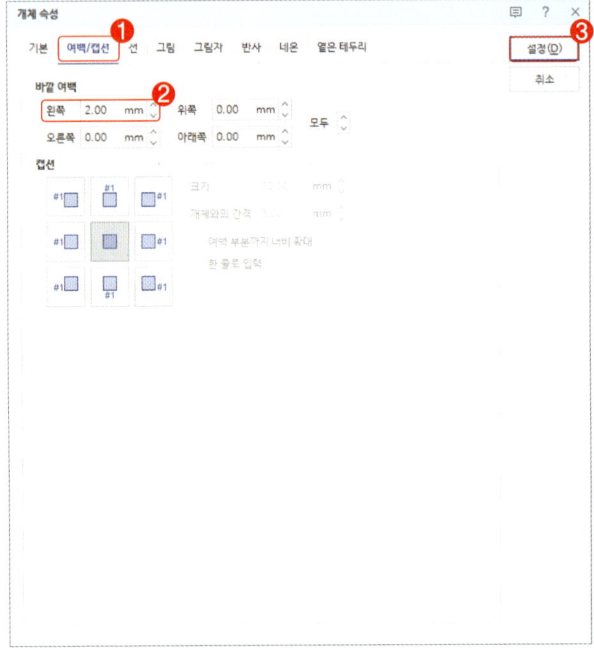

⑥ ≪출력형태≫를 참고하여 그림의 위치를 조절한다.

방향키를 이용하면 세밀한
조절이 가능하다.

① 문자표가 필요한 위치에 커서를 놓고 [입력] 탭 – [문자표](※)를 클릭한다.

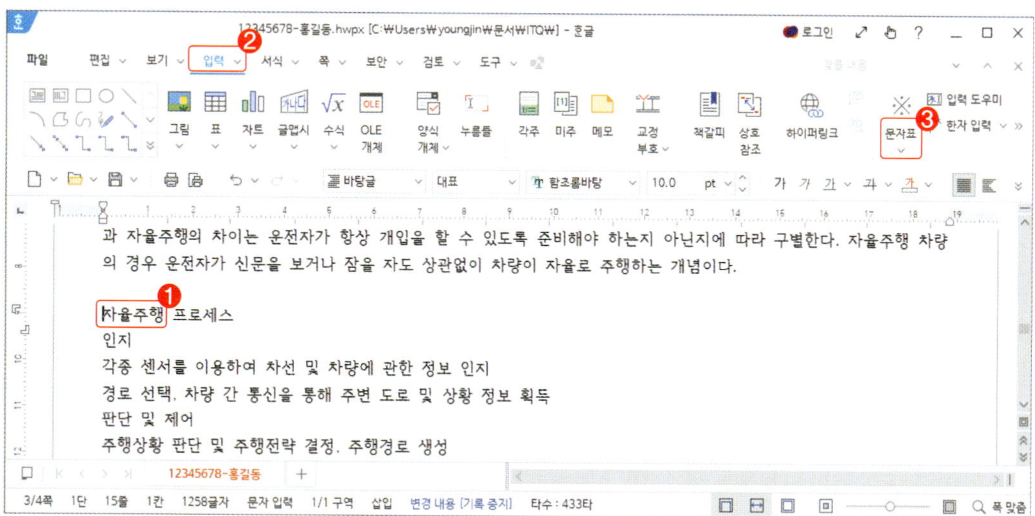

② [문자표] 대화상자에서 '★'를 선택하여 넣는다.

③ 문자표를 포함해서 제목에 블록 설정한다.
→ 글꼴 '굴림', '18pt'를 설정한다.

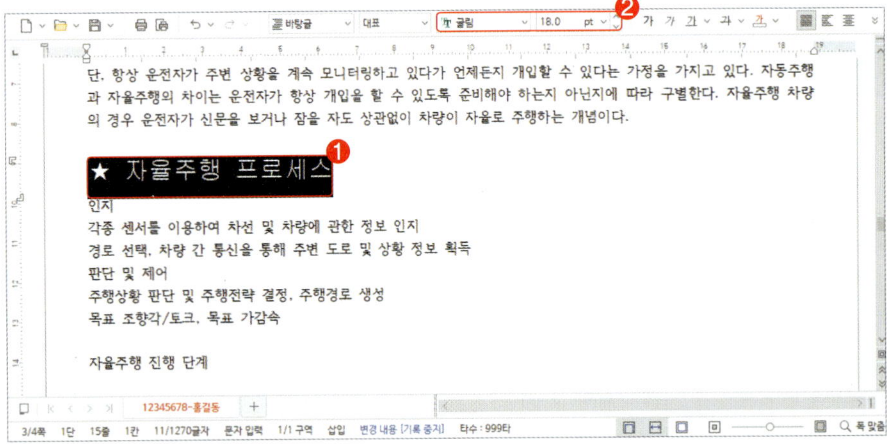

④ 문자표를 제외하고 제목에 블록 설정한다.
→ [서식] 탭 – [글자 모양](가가)을 클릭한다.
→ 글자 색 '하양', 음영 색 '파랑'을 설정한다.

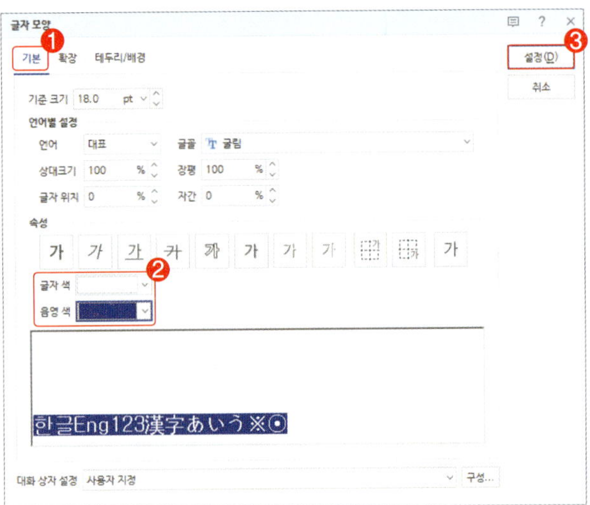

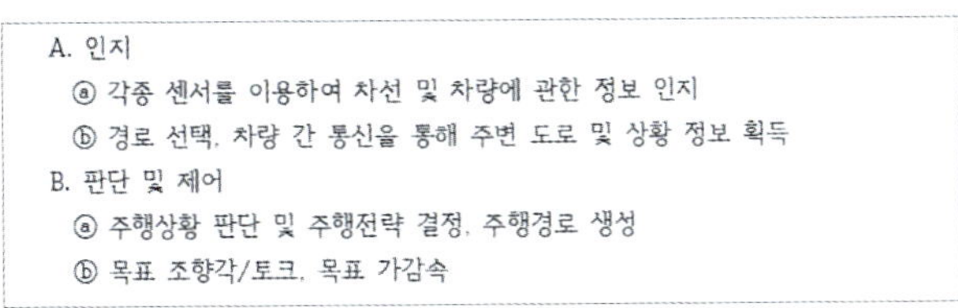

① 문단 번호를 지정할 부분을 블록 설정한다.

→ [서식] 탭 – [문단 번호]의 드롭다운 단추를 클릭하고 [문단 번호 모양]
　을 클릭한다.

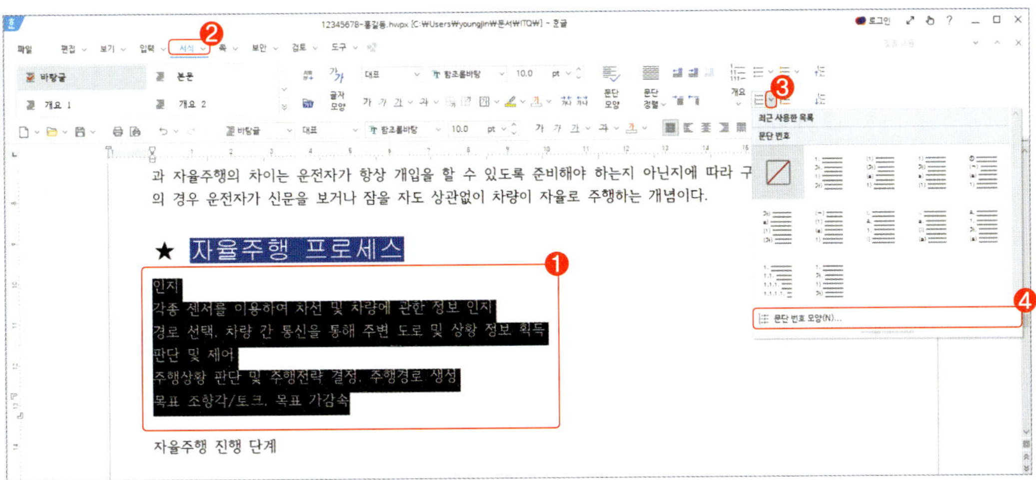

② [글머리표 및 문단 번호] 대화상자의 [문단 번호 모양]에서 'A.'가 첫 줄에
　있는 모양을 선택하고 [사용자 정의]를 클릭한다.

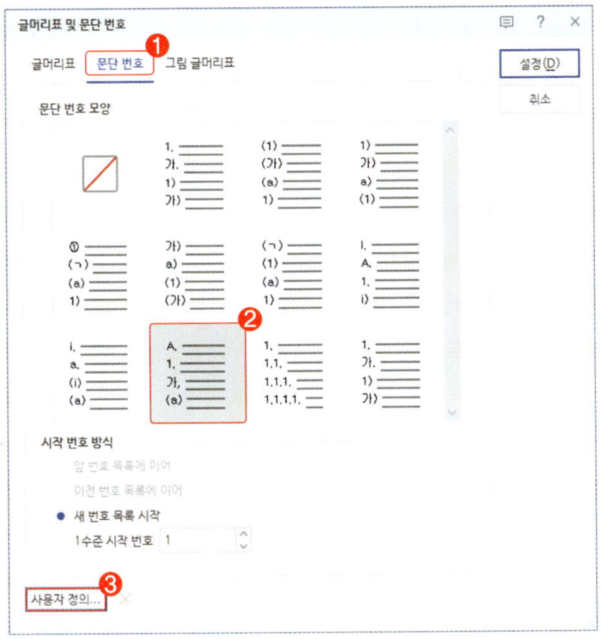

🔎 **해결 TIP**

**문제에 맞는 문단 번호가
없어요.**

문단 번호 모양 목록에서
가장 비슷한 모양을 선택
한 후 [사용자 정의] 단추를
클릭하여 수준별 번호 서식
모양을 변경한다.

③ 1 수준에서 번호 서식 「^1.」, 너비 조정 '20pt', 정렬 '오른쪽'을 선택한다.
→ 2 수준을 클릭하고 번호 서식 「^2」, 번호 모양 'ⓐ,ⓑ,ⓒ', 너비 조정 '30pt', 정렬 '오른쪽'을 설정한다.

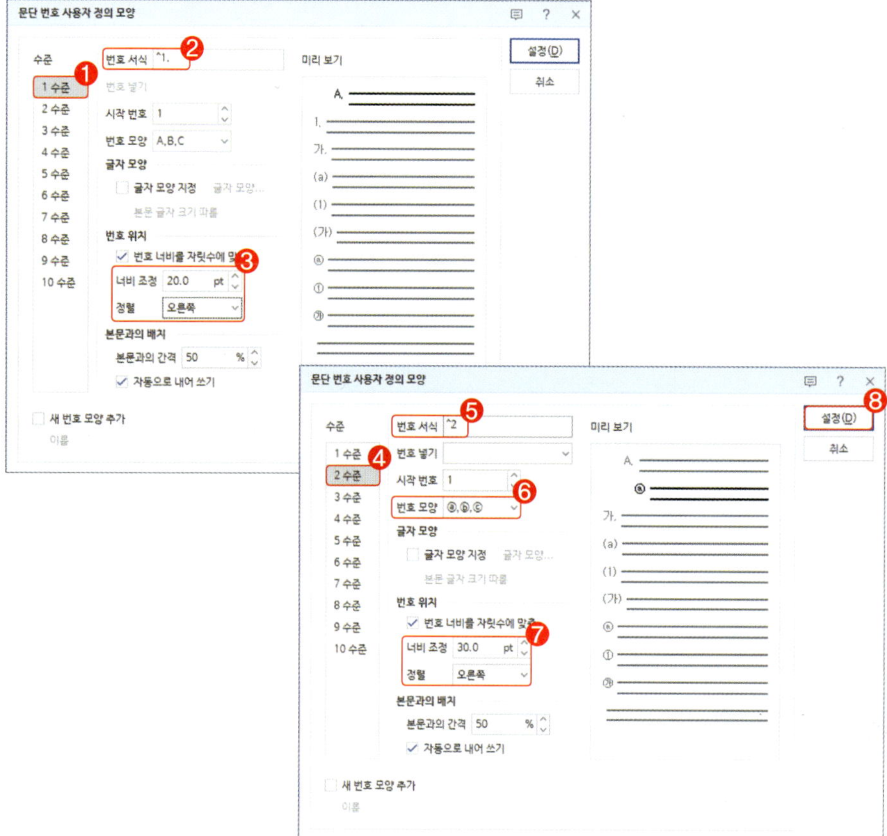

④ [글머리표 및 문단 번호] 대화상자에서 [문단 번호 모양]이 '사용자 정의'로 선택되어 있는 것을 확인하고 [설정]을 클릭한다.

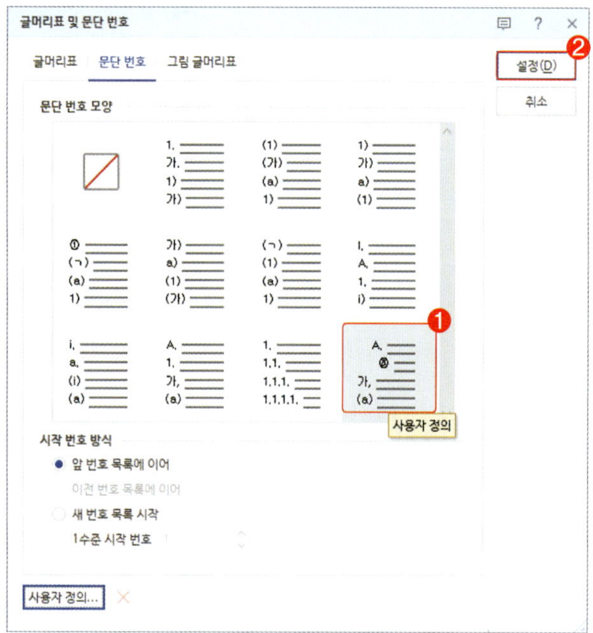

⑤ 2 수준이 적용될 부분을 블록 설정한다.

→ [서식] 탭 – [한 수준 감소]()를 클릭한다.

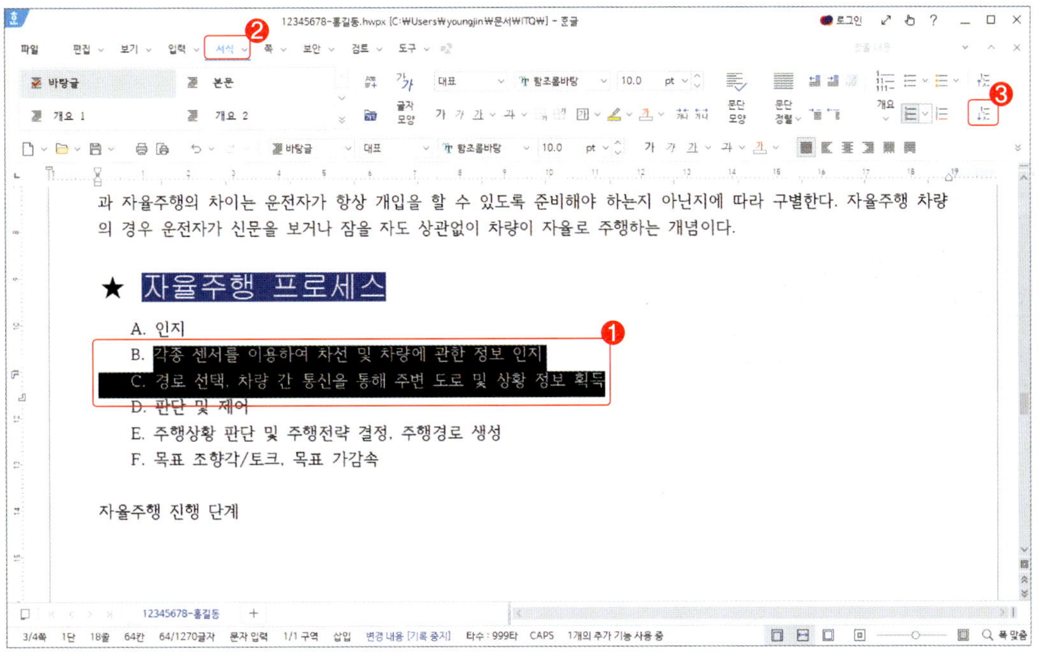

⑥ 나머지 2 수준이 적용될 부분을 블록 설정한다.

→ [서식] 탭 – [한 수준 감소]()를 클릭한다.

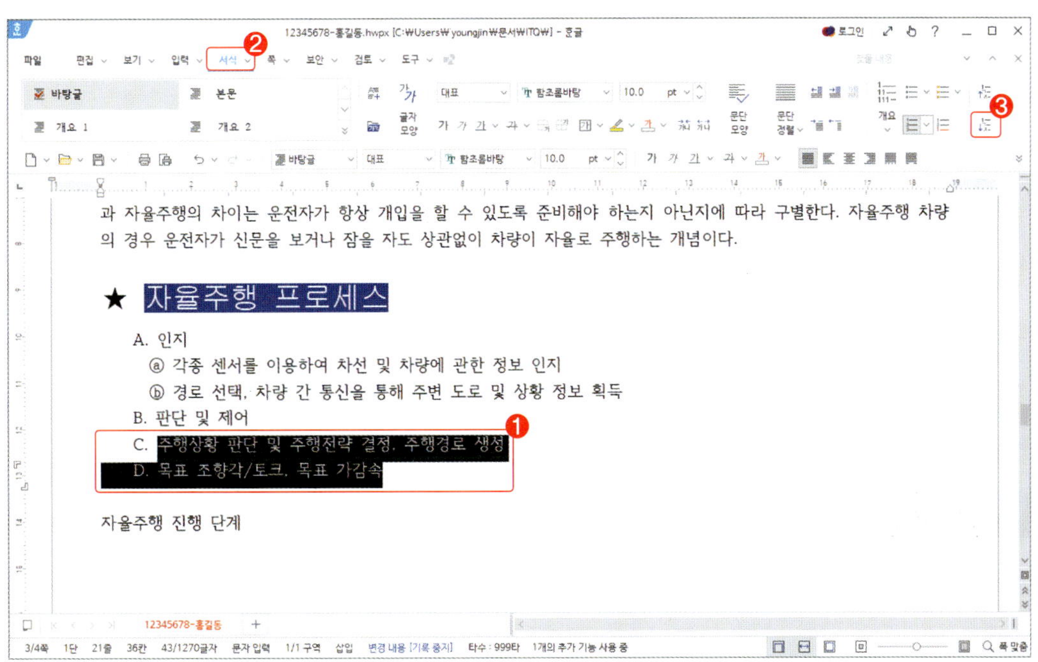

⑦ 문단 번호를 지정한 부분을 모두 블록 설정한다.

→ 줄 간격 '180%'를 설정한다.

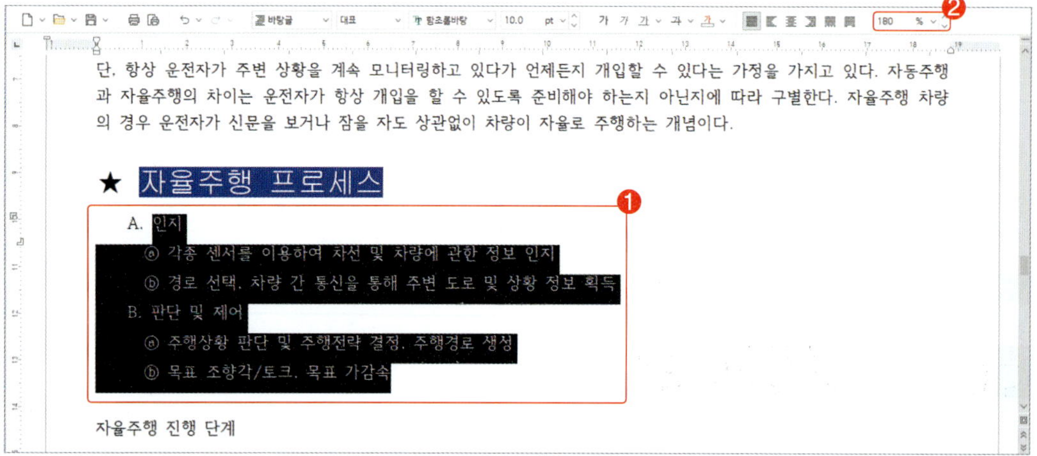

★ *자율주행 진행 단계*

① 앞서 작업한 중간 제목 1과 같이 [입력] 탭 – [문자표](※)에서 '★'를 선택하여 넣는다.

② 문자표를 포함해서 제목에 블록 설정한다.

→ 글꼴 '굴림', '18pt'를 설정한다.

→ 문자표를 제외하고 다시 블록 설정하여 [기울임](가)을 설정한다.

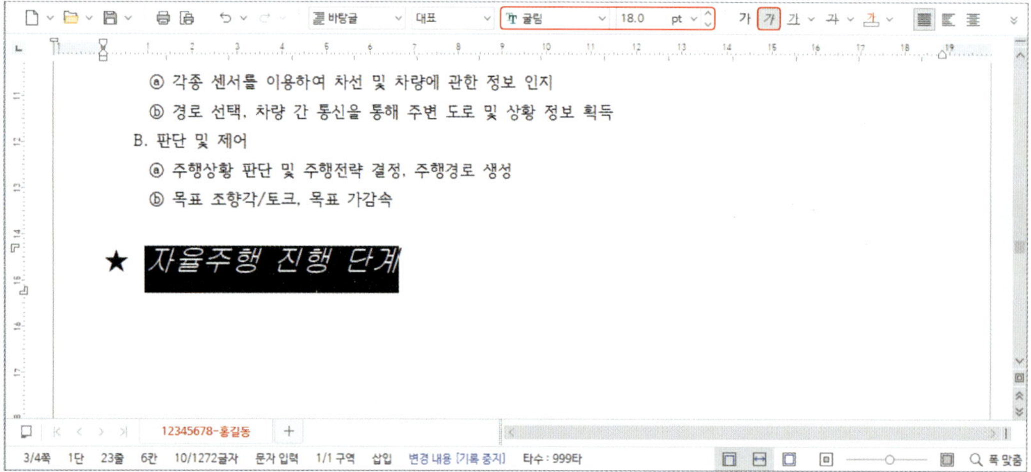

③ '자율주행'을 블록 설정한다.

→ [서식] 탭 – [글자 모양](가)을 클릭하고, [확장] 탭에서 강조점 '⊙'을 설정한다.

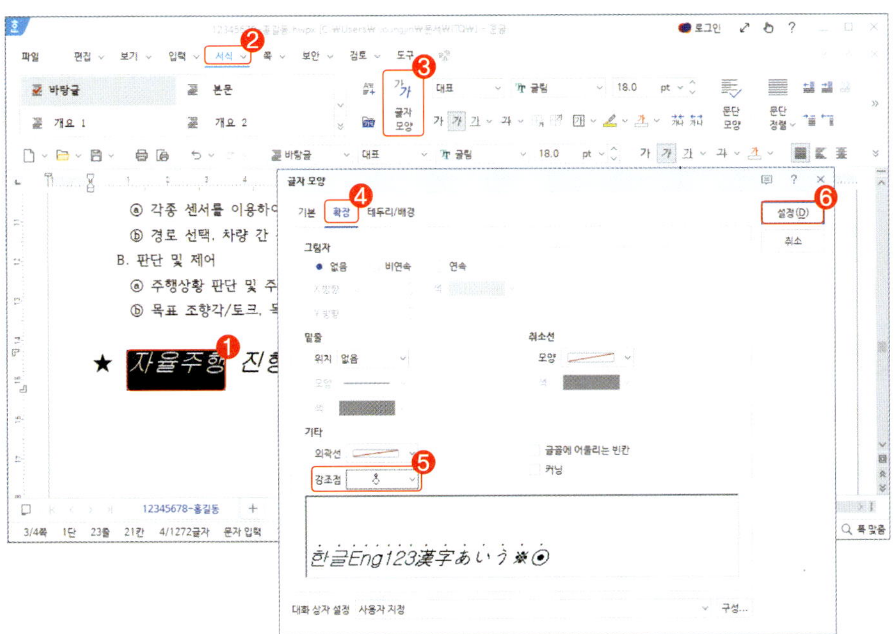

④ 같은 방법으로 '단계'를 블록 설정하여 강조점 '⊙'을 설정한다.

SECTION 11 표

단계	특징	내용	모니터링
1단계	운전자 지원	조향 또는 가속 및 감속 중 하나를 수행	운전자
2단계	부분 자동화	조향 또는 가속 및 감속 모두 수행하는 주행보조 기술	운전자
3단계	조건부 자동화	차량 제어와 주행환경을 인식하지만 운전자가 적절하게 제어	자율주행 시스템
4단계	고도 자동화	모든 측면을 시스템이 수행하지만 전적으로 제어하는 것은 아님	자율주행 시스템

① [입력] 탭 – 표(▦)를 클릭한 뒤, [표 만들기] 대화상자에서 줄 개수 '5', 칸 개수 '4', 글자처럼 취급에 체크하고 [만들기]를 클릭한다.

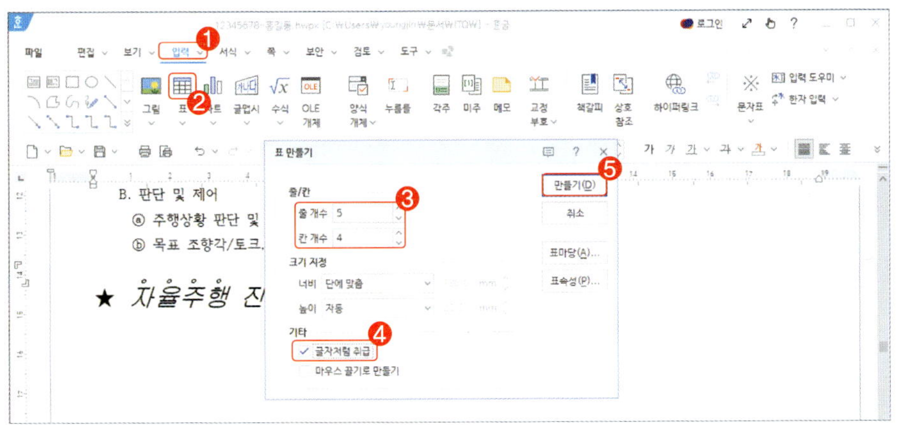

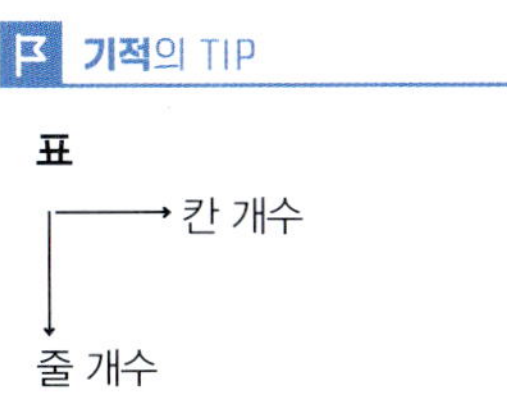

기적의 TIP

표
→ 칸 개수
↓ 줄 개수

② 표 앞에 커서를 놓고 [가운데 정렬](三)을 설정한다.

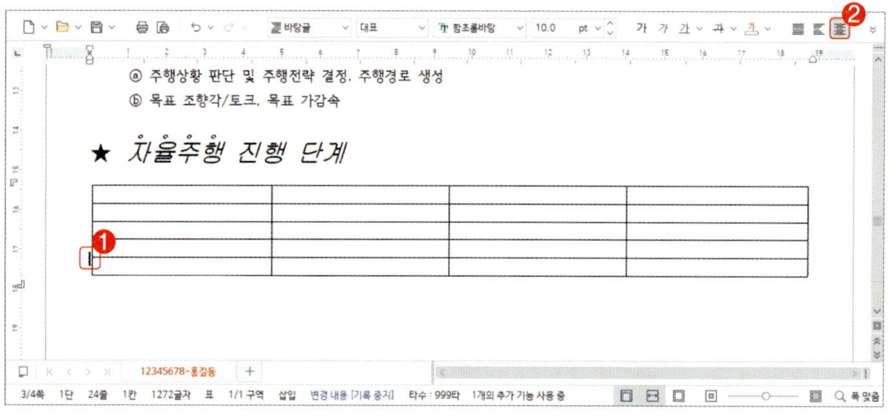

③ 4번째 칸에서 2, 3번째 줄을 블록 설정한다.

→ [표 레이아웃] 탭 – [셀 합치기](田)를 클릭한다.

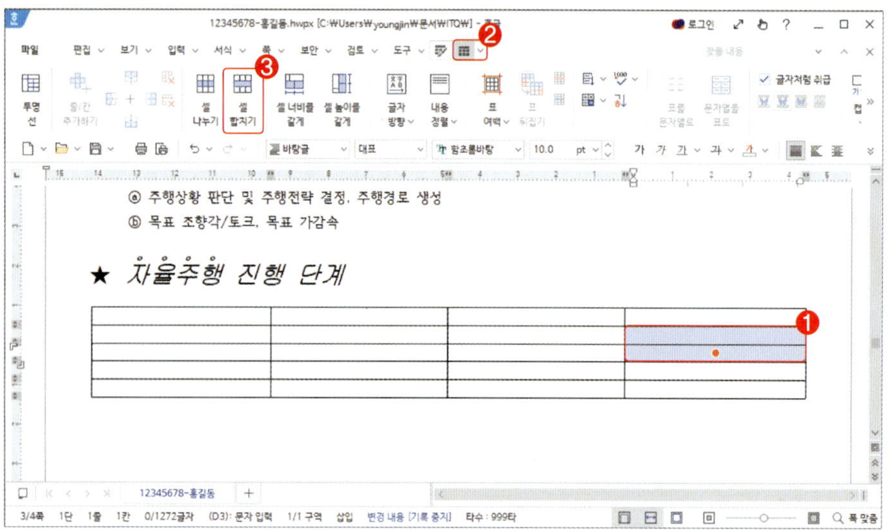

④ 4번째 칸의 4, 5번째 줄도 블록 설정하여 셀을 합친다.

⑤ 표에 내용을 입력하고, 셀 경계선 부분을 드래그하여 너비를 조절한다.

단계	특징	내용	모니터링
1단계	운전자 지원	조향 또는 가속 및 감속 중 하나를 수행	운전자
2단계	부분 자동화	조향 또는 가속 및 감속 모두 수행하는 주행보조 기술	
3단계	조건부 자동화	차량 제어와 주행환경을 인식하지만 운전자가 적절하게 제어	자율주행 시스템
4단계	고도 자동화	모든 측면을 시스템이 수행하지만 전적으로 제어하는 것은 아님	

⑥ 표 전체를 블록 설정(F5 세 번)하고 글꼴 '돋움', '10pt', [가운데 정렬](≡)
을 설정한다.

→ 블록 설정된 상태에서 Ctrl을 누른 채 ↓ 방향키를 눌러 높이를 조절
한다.

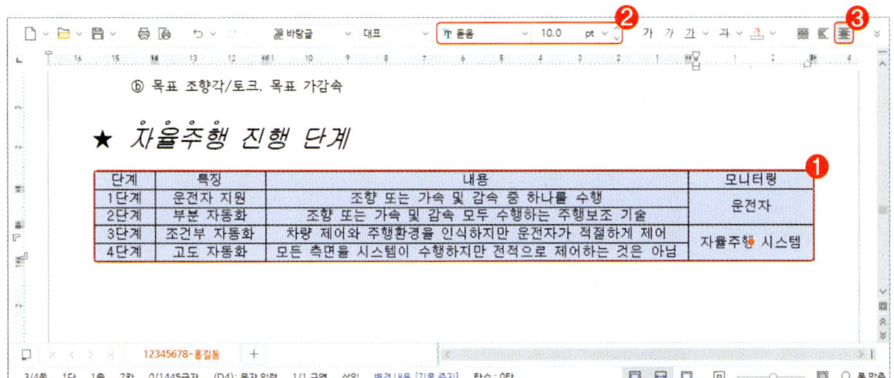

⑦ 첫째 줄을 블록 설정하고, 마우스 오른쪽 클릭하여 [셀 테두리/배경] −
[각 셀마다 적용]을 클릭하여 [셀 테두리/배경] 대화상자를 연다.

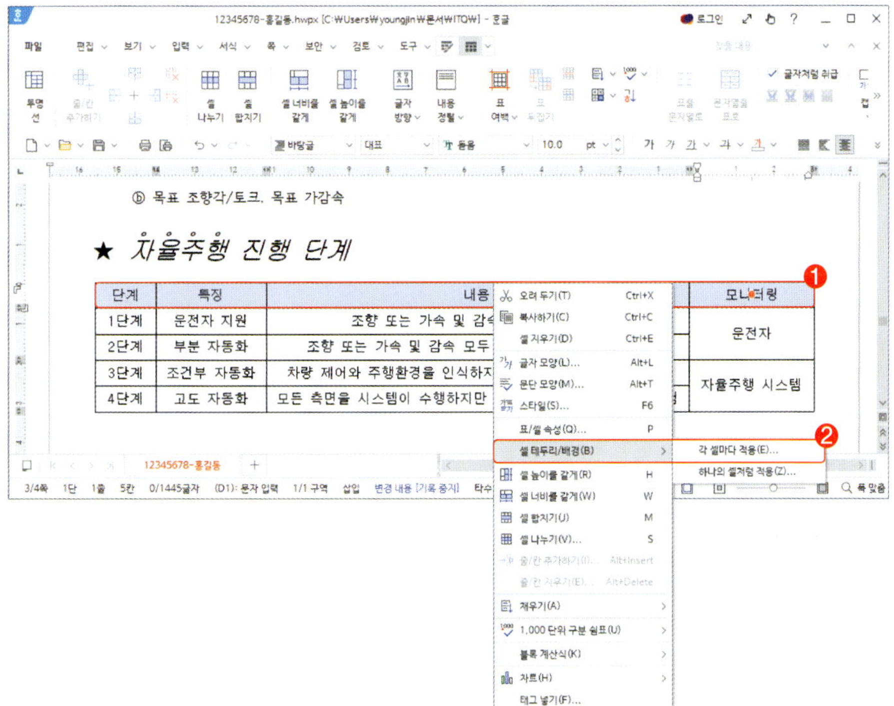

⑧ [테두리] 탭에서 종류 '이중 실선'으로 지정하고 '위쪽 테두리', '아래쪽 테두리'를 클릭한다.

⑨ [배경] 탭에서 그러데이션을 클릭한다.

→ 시작 색 '하양', 끝 색 '노랑', 유형 '왼쪽 대각선'으로 설정한다.

⑩ 가장 아랫줄을 블록 설정하고 [셀 테두리/배경] 대화상자를 열어 '이중 실선'을 '아래쪽 테두리'에 설정한다.

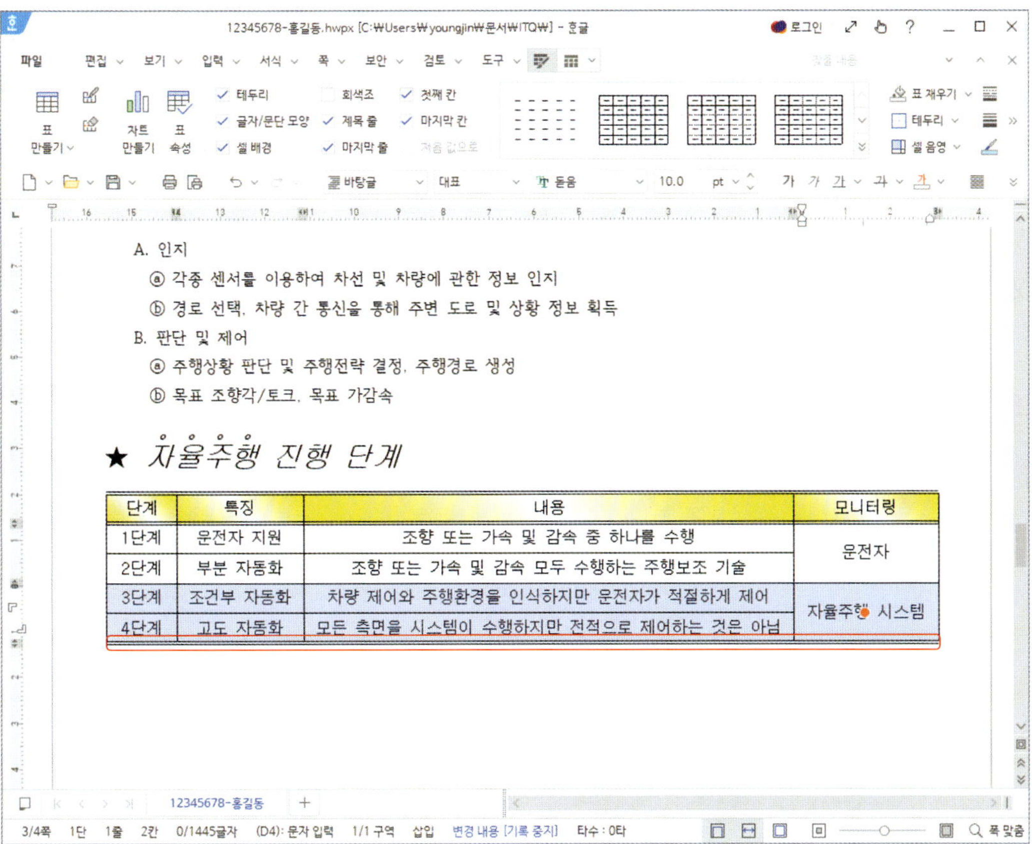

⑪ 표 전체를 블록 설정하고 [셀 테두리/배경] 대화상자를 연다.

→ [테두리] 탭에서 '선 없음'을 '왼쪽 테두리', '오른쪽 테두리'에 설정한다.

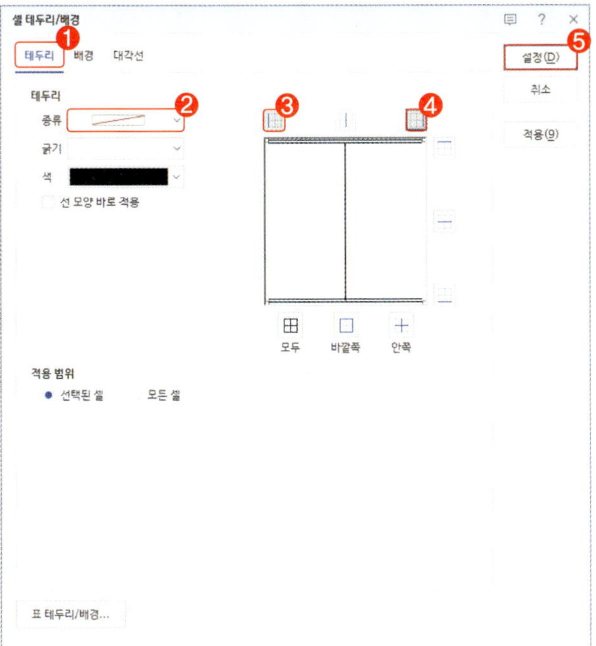

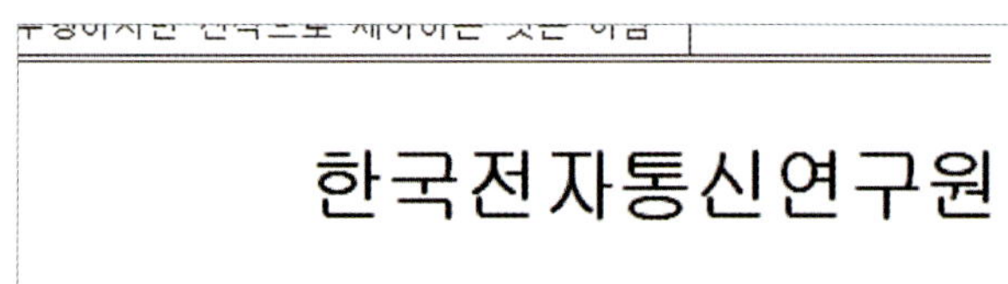

① 「한국전자통신연구원」을 입력 후 블록 설정하여 [편집] 탭 – [글자 모양](가가)을 클릭한다.

   → [기본] 탭에서 기준 크기 '24pt', 글꼴 '굴림', 장평 '95%', '진하게'를 설정한다.

② 입력한 텍스트에 [오른쪽 정렬](≡)을 설정한다.

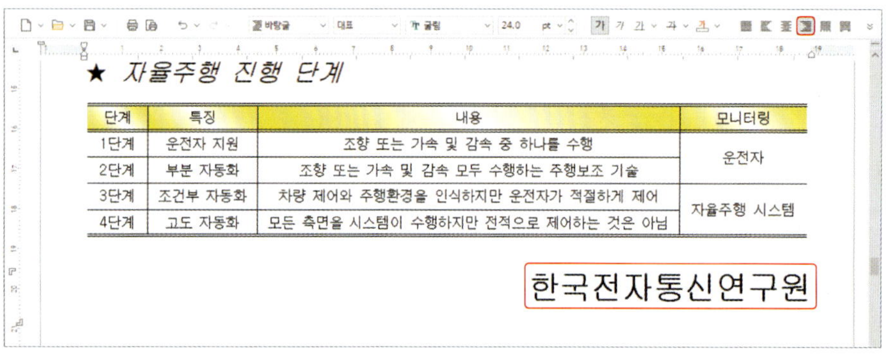

① [쪽] 탭 – [쪽 번호 매기기]( )를 클릭한다.

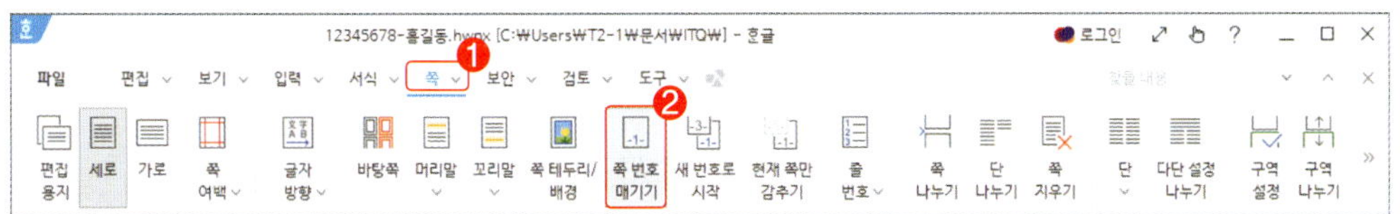

② [쪽 번호 매기기] 대화상자에서 번호 위치 '오른쪽 아래', 번호 모양 'A,B,C', 줄표 넣기를 체크 해제, 시작 번호 '5'를 설정하여 [넣기]를 클릭한다.

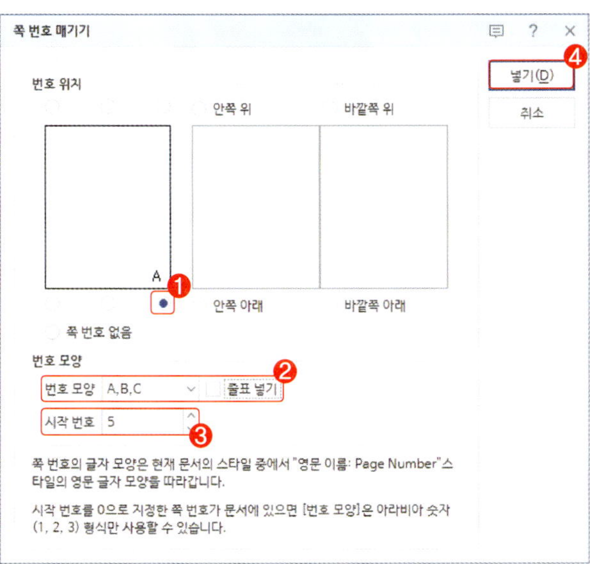

> **기적의 TIP**
>
> 쪽 번호의 글꼴, 크기는 채점 대상이 아니므로 기본값을 유지한다.

> **기적의 TIP**
>
> **현재 쪽만 감추기**
> [쪽] 탭–[현재 쪽만 감추기] ( )에서 머리말, 쪽 번호 등의 요소를 선택하여 감출 수 있다.

① [파일] 탭 – [저장하기]( )를 클릭하여 완성된 문서를 저장한다.

② 저장 경로(내 PC₩문서₩ITQ)와 파일명(수험번호 – 성명)이 맞게 되어 있는지 확인한다.

문제유형 ❺-1

정답파일 PART 01 시험 유형 따라하기₩유형5-1번_정답.hwpx

글꼴 : 굴림, 18pt, 진하게, 가운데 정렬
책갈피 이름 : 환경　덧말 넣기

그린패키징 전략

문단 첫 글자 장식 기능
글꼴 : 궁서, 면색 : 노랑

환경연구소
그린패키징 디자인 전략과 시사점

머리말 기능
돋움, 10pt, 오른쪽 정렬

각주

그린패키징은 생분해성의 식물 유래 플라스틱이나 재생재료, 사용된 비닐봉지 등 지속 가능한 재료를 사용하는 환경친화*적인 포장방식을 의미하며 기존 포장에 비해 이산화탄소 배출량과 제조 공정에서 발생하는 폐기물량이 적다는 장점이 있다. 환경부(2009)에 의하면 친환경포장을 감량, 재사용, 재활용, 열회수, 폐기처리 등에 주안점을 두어 설계(設計)하도록 선언하고 있다.

　포장재료를 기준으로 그린패키징의 유형을 구분한다. 재활용 포장재는 화학적으로 재가공하는 재료를 사용하는 방법으로서 종이, 비닐 등 재료에 의한 포장을 포함한다. 재사용 포장재는 재료를 세척(洗滌)하여 새 라벨 부착 등으로 다시 사용하는 방법으로서 섬유봉투, 유리병 등 포장재를 포함한다. 비재생 자원 제조의 플라스틱 포장재는 석유 등 비재생자원으로부터 제조한 포장재로서 사용 후 생분해 가능한 바이오 플라스틱 포장재이다. 바이오메탄 제조의 플라스틱 포장재는 신재생자원인 바이오메탄으로 제조하였으며 사용 후 생분해 불가능한 포장재이다. 바이오메탄 이외 신재생자원으로 제조한 생분해성 플라스틱 포장재는 콩단백질 등으로부터 제조하며, 사용 후 생분해 가능한 포장재이다.

♣ **그린패키징 설계 기준**

글꼴 : 궁서, 18pt, 하양
음영색 : 파랑

그림위치(내 PC₩문서₩ITQ₩Picture₩그림4.jpg, 문서에 포함), 자르기 기능 이용, 크기(40mm×40mm), 바깥 여백 왼쪽 : 2mm

가. 포장 재료의 감량
　　㉠ 불필요한 두께, 무게가 감량되도록 설계
　　㉡ 재활용, 열 회수, 폐기처리 저해 소재 배제
나. 포장 재료의 재활용
　　㉠ 금속, 유리, 플라스틱 등 재활용 가능한 단일 포장 재료 설계
　　㉡ 라벨을 부착할 경우 포장재와 동일한 재질 선택

♣ *지속가능 패키징 디자인 전략*

글꼴 : 궁서, 18pt, 기울임, 강조점

구분	목표	주요 전략 사례
전통적 정의	기술적	전체 패키징 시스템 고려, 새로운 기술 연구
	규제 준수	규제 준수를 위한 디자인, 제품표시 요건 준수
확장된 정의	자원 최적화	원자재 절감 실천, 재활용 원자재 사용
	공정 조달	환경 모범사례 및 신재생 원자재에 의한 디자인
원자재 건강성		패키징 라이프사이클 전주기에 걸친 잠재적인 건강, 환경 영향 숙지

문단 번호 기능 사용,
1수준 : 20pt, 오른쪽 정렬,
2수준 : 30pt, 오른쪽 정렬
줄 간격 : 180%

표 전체 글꼴 : 굴림, 10pt,
가운데 정렬,
셀 배경(그러데이션) : 유형(가로),
시작색(하양), 끝색(노랑)

그린패키징연구소

글꼴 : 돋움, 24pt, 진하게
장평 105%, 오른쪽 정렬

㉠ 자연환경을 오염하지 않고 자연 그대로의 환경과 잘 어울리는 것

각주 구분선 : 5cm

쪽 번호 매기기, 5로 시작　⑤

글꼴 : 궁서, 18pt, 진하게, 가운데 정렬
책갈피 이름 : 국기 덧말 넣기

대한민국의 상징

머리말 기능
돋움, 10pt, 오른쪽 정렬

문단 첫 글자 장식 기능
글꼴 : 굴림, 면색 : 노랑

태극기

국민통합과 자긍심의 상징

각주

우리나라의 국기⑦ 제정은 1882년(고종 19년) 5월 22일 체결된 조미수호통상조약 조인식이 직접적인 계기가 되었다고 한다. 하지만 아쉽게도 당시 조인식 때 계양된 국기의 형태에 대해서는 현재 정확한 기록이 남아 있지 않다. 태극기(太極旗)는 흰색 바탕에 가운데 태극 문양과 네 모서리의 건곤감리 그리고 4괘로 구성되어 있다. 태극기의 흰 바탕은 밝음과 순수, 그리고 전통적으로 평화를 사랑하는 우리의 민족성을 나타내고 있다. 가운데의 태극 문양은 음(파란색)과 양(빨간색)의 조화를 상징하는 것으로 우주 만물이 음양의 상호 작용에 의해 생성되고 발전한다는 대자연의 진리를 형상화한 것이다. 네 모서리의 4괘는 음과 양이 서로 변화하고 발전하는 모습을 효의 조합을 통해 구체적으로 나타낸 것이다. 우주 만물 중에서 건괘는 하늘을, 곤괘는 땅을, 감괘는 물을, 이괘는 불을 상징한다.

예로부터 우리 선조들이 생활 속에서 즐겨 사용하던 태극 문양을 중심으로 만들어진 태극기는 우주와 더불어 끝없이 창조와 번영을 희구하는 한민족(韓民族)의 이상을 담고 있다. 따라서 우리는 태극기에 담긴 이러한 정신과 뜻을 이어받아 민족의 화합과 통일을 이룩하고, 인류의 행복과 평화에 이바지해야 할 것이다.

그림위치(내 PC\문서\ITQ
\Picture\그림4.jpg,
문서에 포함),
자르기 기능 이용,
크기(40mm×30mm),
바깥 여백 왼쪽 : 2mm

♠ 국기 게양 방법

글꼴 : 굴림, 18pt, 하양,
음영색 : 빨강

가) 국기 다는 시간
   a) 매일 24시간 달 수 있으나 야간에는 적절한 조명을 해야 한다.
   b) 학교나 군부대는 낮에만 단다.
나) 국기를 매일 계양 및 강하하는 경우
   a) 다는 시각 : 오전 7시
   b) 내리는 시각 : 3월-10월(오후 6시), 11월-2월(오후 5시)

♠ 국기를 게양하는 날

글꼴 : 굴림, 18pt, 기울임, 강조점

구분	다는 날	날짜	다는 방법	조기 게양
5대 국경일	3.1절	3월 1일	깃봉과 깃면의 사이를 떼지 않고 닮	현충일(6월 6일)
	제헌절	7월 17일		국장기간
	광복절	8월 15일		국민장
	개천절	10월 3일		정부지정일
	한글날	10월 9일		
기념일	국군의 날	10월 1일		

문단 번호 기능 사용,
1수준 : 20pt, 오른쪽 정렬,
2수준 : 30pt, 오른쪽 정렬
줄 간격 : 180%

표 전체 글꼴 : 돋움, 10pt,
가운데 정렬
셀 배경(그러데이션) : 유형(세로),
시작색(하양), 끝색(노랑)

행정안전부

글꼴 : 궁서, 24pt, 진하게
장평 110%, 오른쪽 정렬

⑦ 국가의 전통과 이상을 특정한 빛깔과 모양으로 나타낸 기

각주 구분선 : 5cm

쪽 번호 매기기, 4로 시작 ▶ iv

글꼴 : 궁서, 18pt, 진하게, 가운데 정렬
책갈피 이름 : 저작권   덧말 넣기

저작권 보호

머리말 기능
굴림, 10pt 오른쪽 정렬

문단 첫 글자 장식 기능
글꼴 : 돋움, 면색 : 노랑

올바른 문화 ^{저작권 보호} 향유와 저작권

인터넷의 기능과 정보 사회의 발전(發展)을 보장하기 위해서 다양한 정보를 연결해 주는 링크는 자유롭게 설정될 수 있어야 한다. 링크의 자유는 특히 표현의 자유나 정보의 자유와 같은 헌법상 기본권을 보장하는 데 중요한 역할을 하고 있기 때문이다. 하지만 타인의 권리, 특히 타인의 저작권을 침해하면서까지 링크의 자유가 무한정 보장될 수는 없을 것이다. 저작권이란 소설이나 시. 음악, 미술 등과 같은 저작물을 창작한 사람이 자신의 창작물을 복제, 공연, 전시, 방송 또는 전송하는 등 법이 정하고 있는 일정한 방식으로 스스로 이용하거나 다른 사람이 그러한 방식으로 이용하는 것을 허락할 수 있는 권리를 말한다. 저작권은 저작자Ⓐ가 경제적 부담 없이 창작 활동에 전념할 수 있도록 동기를 부여함으로써 결과적으로 우리나라의 문화와 관련 산업의 발전을 도모하며 나아가 인류 문화유산의 축적에 기여할 수 있다.

각주

문화의 발전을 위해서는 다양한 문학과 예술 작품이 창작(創作)되고 사회 일반에 의해 폭넓게 재창작되어야 한다. 이를 위해 문화체육관광부는 저작권에 대한 국민적 인식을 정립하고 저작권 침해를 방지하고자 매월 26일을 저작권 보호의 날로 지정하여 홍보와 계도를 계속하고 있다.

그림위치(내 PC₩문서₩ITQ₩Picture₩그림5.jpg, 문서에 포함), 자르기 기능 이용, 크기(40mm×30mm), 바깥 여백 왼쪽 : 2mm

♥ 저작권의 종류와 개념

글꼴 : 궁서, 18pt, 하양
음영색 : 파랑

- A. 저작인격권
  1. 공표권 : 자신의 저작물을 공중에게 공표 여부를 결정할 권리
  2. 성명표시권 : 저작물에 자신의 이름을 표시할 권리
- B. 저작재산권
  1. 복제권 : 사진, 복사 등의 방법으로 고정 또는 유형물로 다시 제작
  2. 공중송신 : 전송, 방송, 디지털음성송신 등

♥ *지식재산권 보호 관련 업무*

글꼴 : 궁서, 18pt, 기울임, 강조점

권리	소관부처	주요 업무	세부 추진사항
산업재산권	특허청	특허, 상표 및 디자인 등 국내외 보호활동	특허심판 및 위조 상품 단속
저작권	문화체육관광부	국내외 저작권 보호활동	저작권 침해 단속, ICOP 운영
단속 및	검찰청, 경찰청	지식재산권 침해물의 불법복제 및 유통 단속	수사 인력의 전문성 강화
수사 집행	무역위원회	지식재산권 침해 등 불공정무역행위 조사	원산지표시 위반 등 조사

문단 번호 기능 사용,
1수준 : 20pt, 오른쪽 정렬,
2수준 : 30pt, 오른쪽 정렬
줄 간격 : 180%

표 전체 글꼴 : 돋움, 10pt,
가운데 정렬
셀 배경(그러데이션) : 유형(왼쪽 대각선),
시작색(하양), 끝색(노랑)

한국저작권위원회

글꼴 : 굴림, 24pt, 진하게
장평 105%, 오른쪽 정렬

Ⓐ 생각이나 감정을 창작적인 것으로 표현한 저작물을 만든 사람

각주 구분선 : 5cm

쪽 번호 매기기, 5로 시작 ➡ 마

대표 기출 따라하기

대표 기출 따라하기

과목	코드	문제유형	시험시간	수험번호	성명
아래한글	1111	A	60분		

수험자 유의사항

- 수험자는 문제지를 받는 즉시 문제지와 **수험표상의 시험과목(프로그램)이 동일한지 반드시 확인**하여야 합니다.
- 파일명은 본인의 "수험번호–성명"으로 입력하여 답안폴더(내 PC₩문서₩ITQ)에 하나의 파일로 저장해야 하며, 답안문서 파일명이 "수험번호–성명"과 일치하지 않거나, 답안파일을 전송하지 않아 미제출로 처리될 경우 실격 처리합니다(예:12345678–홍길동.hwpx).
- 답안 작성을 마치면 파일을 저장하고, '답안 전송' 버튼을 선택하여 감독위원 PC로 답안을 전송하십시오. 수험생 정보와 저장한 파일명이 다를 경우 전송되지 않으므로 주의하시기 바랍니다.
- 답안 작성 중에도 **주기적으로 저장하고, '답안 전송'**하여야 문제 발생을 줄일 수 있습니다. 작업한 내용을 저장하지 않고 전송할 경우 이전에 저장된 내용이 전송되니 이점 유의하시기 바랍니다.
- 답안문서는 지정된 경로 외의 다른 보조기억장치에 저장하는 경우, 지정된 시험 시간 외에 작성된 파일을 활용할 경우, 기타 통신수단 (이메일, 메신저, 네트워크 등)을 이용하여 타인에게 전달 또는 외부 반출하는 경우는 부정 처리합니다.
- 시험 중 부주의 또는 고의로 시스템을 파손한 경우는 수험자가 변상해야 하며, 〈수험자 유의사항〉에 기재된 방법대로 이행하지 않아 생기는 불이익은 수험생 당사자의 책임임을 알려 드립니다.
- 문제의 조건은 한컴오피스 2022 버전으로 설정되어 있으니 유의하시기 바랍니다.
- 시험을 완료한 수험자는 답안파일이 전송되었는지 확인한 후 감독위원의 지시에 따라 문제지를 제출하고 퇴실합니다.

답안 작성요령

- **온라인 답안 작성 절차**
  수험자 등록 ⇒ 시험 시작 ⇒ 답안파일 저장 ⇒ 답안 전송 ⇒ 시험 종료
- **공통 부문**
  - 글꼴에 대한 기본설정은 함초롬바탕, 10포인트, 검정, 줄간격 160%, 양쪽정렬로 합니다.
  - 색상은 조건의 색을 적용하고 색의 구분이 안 될 경우에는 RGB 값을 적용하십시오
    (빨강 255,0,0 / 파랑 0,0,255 / 노랑 255,255,0).
  - 각 문항에 주어진 ≪조건≫에 따라 작성하고 언급하지 않은 조건은 ≪출력형태≫와 같이 작성합니다.
  - 용지여백은 왼쪽·오른쪽 11mm, 위쪽·아래쪽·머리말·꼬리말 10mm, 제본 0mm로 합니다.
  - 그림 삽입 문제의 경우 「내 PC₩문서₩ITQ₩Picture」 폴더에서 지정된 파일을 선택하여 삽입하십시오.
  - 삽입한 그림은 반드시 문서에 포함하여 저장해야 합니다(미포함 시 감점 처리).
  - 각 항목은 지정된 페이지에 출력형태와 같이 정확히 작성하시기 바라며, 그렇지 않을 경우에 해당 항목은 0점 처리됩니다.
    ※ 페이지구분 : 1페이지 – 기능평가 l (문제번호 표시 : 1. 2.),
    　　　　　　　　 2페이지 – 기능평가 ll (문제번호 표시 : 3. 4.),
    　　　　　　　　 3페이지 – 문서작성 능력평가
- **기능평가**
  - 문제와 ≪조건≫은 입력하지 않으며 문제번호와 답(≪출력형태≫)만 작성합니다.
  - 4번 문제는 묶기를 했을 경우 0점 처리됩니다.
- **문서작성 능력평가**
  - A4 용지(210mm×297mm) 1매 크기, 세로 서식 문서로 작성합니다.
  - ▭ 표시는 문서작성에 대한 지시사항이므로 작성하지 않습니다.

01 다음의 ≪조건≫에 따라 스타일 기능을 적용하여 ≪출력형태≫와 같이 작성하시오.   50점

조건	(1) 스타일 이름 – governance (2) 문단 모양 – 왼쪽 여백 : 15pt, 문단 아래 간격 : 10pt (3) 글자 모양 – 글꼴 : 한글(돋움)/영문(굴림), 크기 : 10pt, 장평 : 95%, 자간 : 5%
출력형태	Create a framework for governance that forms a private council that links local resources and improves the water quality of private small rivers, centered on local residents. 소하천 지역 주민과 농업인율 중심으로 하는 민간 소하천 수질개선 지역공동체 구성과 지역자원율 연계한 민간 협의체를 구성하는 거버넌스 프레임 워크를 만듭니다.

02 다음 ≪조건≫에 따라 ≪출력형태≫와 같이 표와 차트를 작성하시오.   100점

표 조건	(1) 표 전체(표, 캡션) – 돋움, 10pt (2) 정렬 – 문자 : 가운데 정렬, 숫자 : 오른쪽 정렬 (3) 셀 배경(면색) : 노랑 (4) 한글의 계산 기능을 이용하여 빈칸에 합계를 구하고, 캡션 기능 사용할 것 (5) 선 모양은 ≪출력형태≫와 동일하게 처리할 것

전국 수계 수질개선 지역공동체 현황(단위 : 개)

구분	한강	낙동강	금강	섬진강	합계
환경시민단체	21	13	18	10	
지역마을주민	34	21	16	9	
교육기관	45	28	15	11	
정화시설	9	5	3	2	

차트 조건	(1) 차트 데이터는 표 내용에서 구분별 환경시민단체, 지역마을주민, 교육기관의 값만 이용할 것 (2) 종류 – 〈묶은 세로 막대형〉으로 작업할 것 (3) 제목 – 글꼴 : 돋움, 진하게, 12pt 　　　　속성 : 채우기(밝은 색 : 하양), 테두리, 그림자(바깥쪽 : 대각선 오른쪽 아래) (4) 제목 이외의 전체 글꼴 – 돋움, 보통, 10pt (5) 축제목과 범례는 ≪출력형태≫와 동일하게 처리할 것

출력형태

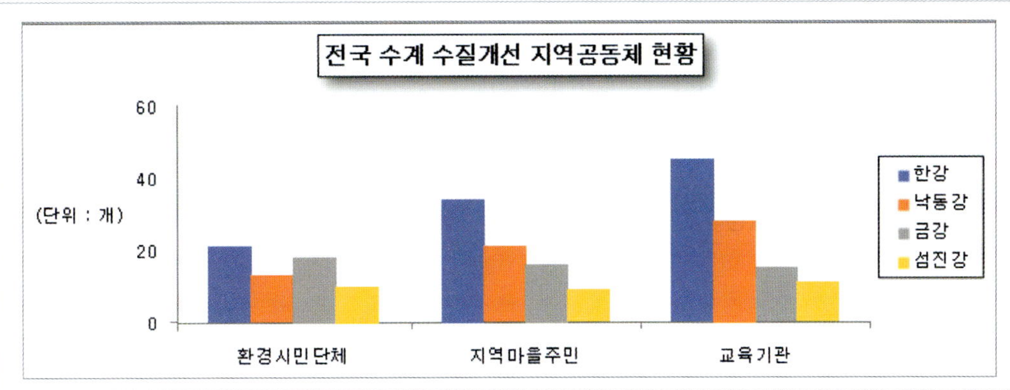

03 다음 (1), (2)의 수식을 수식 편집기로 각각 입력하시오.   40점

출력형태	
$(1)\ \dfrac{V_2}{V_1} = \dfrac{0.90 \times 10^3}{1.0 \times 10^4} = 0.09$	$(2)\ \displaystyle\int_a^b A(x-a)(x-b)\,dx = -\dfrac{A}{6}(b-a)^3$

04 다음의 ≪조건≫에 따라 ≪출력형태≫와 같이 문서를 작성하시오.   110점

조건

(1) 그리기 도구를 이용하여 작성하고, 모든 도형(글맵시, 지정된 그림 포함)을 ≪출력형태≫와 같이 작성하시오.

(2) 도형의 면색은 지시사항이 없으면 색 없음을 제외하고 서로 다르게 임의로 지정하시오.

출력형태

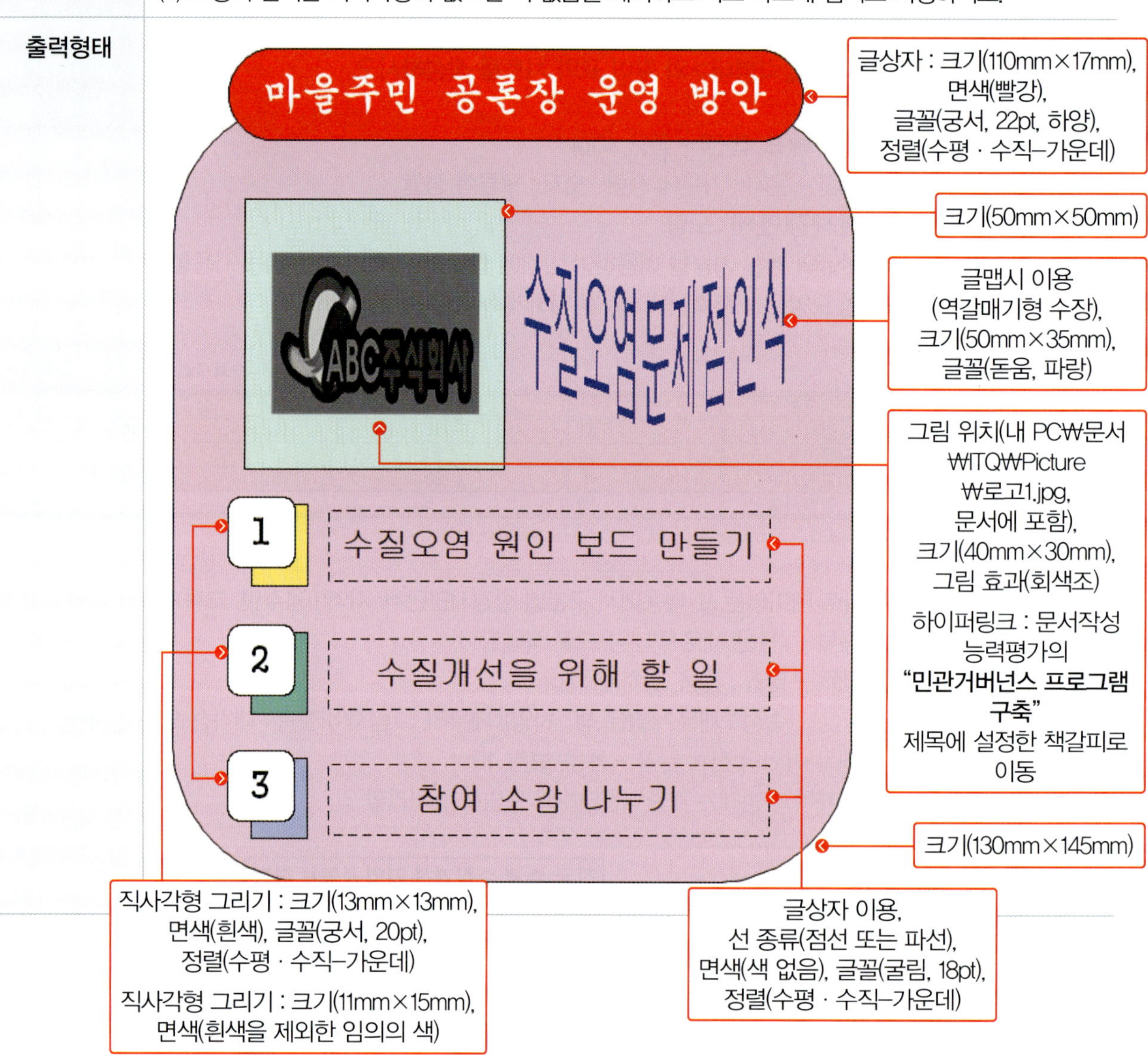

글상자 : 크기(110mm×17mm), 면색(빨강), 글꼴(궁서, 22pt, 하양), 정렬(수평·수직-가운데)

크기(50mm×50mm)

글맵시 이용 (역갈매기형 수장), 크기(50mm×35mm), 글꼴(돋움, 파랑)

그림 위치(내 PC₩문서 ₩ITQ₩Picture ₩로고1.jpg, 문서에 포함), 크기(40mm×30mm), 그림 효과(회색조)

하이퍼링크 : 문서작성 능력평가의 **"민관거버넌스 프로그램 구축"** 제목에 설정한 책갈피로 이동

크기(130mm×145mm)

직사각형 그리기 : 크기(13mm×13mm), 면색(흰색), 글꼴(궁서, 20pt), 정렬(수평·수직-가운데)

직사각형 그리기 : 크기(11mm×15mm), 면색(흰색을 제외한 임의의 색)

글상자 이용, 선 종류(점선 또는 파선), 면색(색 없음), 글꼴(굴림, 18pt), 정렬(수평·수직-가운데)

글꼴 : 굴림, 18pt, 진하게, 가운데 정렬,
책갈피 이름 : 소하천　덧말 넣기

첫 글자 장식 기능
글꼴 : 궁서, 면색 : 노랑

소하천 수질개선

머리말 기능
돋움, 10pt, 오른쪽 정렬

강원 산간지역
민관거버넌스 프로그램 구축

강원 산간지역의 하천 수질은 점오염원보다는 농업비점오염 및 농촌비점오염원의 유입으로 인한 오염(汚染)이 매우 크다. 지형 경사가 큰 산간지역의 특성으로 인하여 우기 시 다량으로 유출되는 토사가 하천으로 유입되면서 수질을 오염시키고, 하류지역 농경지에 토사가 퇴적/매몰되어 부정적인 영향을 미치고 있다. 비점오염원㉠의 특성상 배출범위가 광범위하여 수집을 통한 관리가 불가능한 것이 현실이다.

각주

　정부에서는 비점오염원 배출 저감을 위한 다양한 방안을 강구하였으나 효과(效果)를 보지 못하였고, 이에 농업비점오염원 배출 저감을 위한 배출원에서부터 사전 예방적 차원의 관리가 중요하다는 것을 인지하게 되었으며, 이를 위해서는 주민과 농업인의 비점오염원 배출 저감 교육과 홍보가 필요하고 주민의 적극적 참여가 매우 중요하다는 것을 강조하게 되었다. 따라서 소하천 수질 관리를 위해서 농업농촌비점오염의 사전 예방적 관리에 주민과 농업인의 적극적 참여를 유도해야 한다. 또한 고령화되는 농촌지역의 특성을 감안한 역량강화 프로그램을 개발 및 운영하여 주민 스스로 지역 환경을 개선하고 지켜나갈 수 있도록 주민의 관심을 유도하는 것이 필요하다.

※ **주민참여 공론장의 목적 및 주요 내용**

글꼴 : 궁서, 18pt, 하양
음영색 : 빨강

그림 위치(내 PC\문서\ITQ \Picture\그림4.jpg, 문서에 포함)
자르기 기능 이용,
크기(40mm×40mm),
바깥 여백 왼쪽 : 2mm

　가. 주민참여 공론장의 목적
　　　㉠ 강원산간 흙탕물 발생 및 수질오염에 대한 의견 공유
　　　㉡ 소하천 수질개선을 위한 공동의 목표 수립
　나. 주민참여 공론장의 주요 내용
　　　㉠ 간담회를 통한 소하천 문제점 공유 및 개선안 논의
　　　㉡ 수질오염 개선방안을 위한 공론장 운영

※ *비점오염원 인식교육*

글꼴 : 궁서, 18pt, 기울임, 강조점

구분	교육주제	교육내용	장소
정화활동	수질개선 EM교육	도시의 평균대기질 농도 파악	거주민 인근하천
주민참여	인식개선 교육	미생물을 이용한 쌀뜨물 발효액 만들기	주민센터 교육장
주민실천	실생활 적용교육	토사유출 및 농업비점오염원 관리 필요성	평생교육기관
실천심화	역량강화 교육	비점오염원 저감 시설의 주민참여 관리 방안	평생교육기관
교육시기 운영계획		강원 산간 지역의 주민실천 사업은 농사시기를 고려할 것	

문단 번호 기능 사용
1수준 : 20pt, 오른쪽 정렬,
2수준 : 30pt, 오른쪽 정렬
줄 간격 : 180%

표 전체 글꼴 : 굴림, 10pt,
가운데 정렬,
셀 배경(그러데이션) :
유형(가로), 시작색(하양),
끝색(노랑)

원주지방환경청

글꼴 : 돋움, 24pt, 진하게
장평 105%, 오른쪽 정렬

각주 구분선 : 5cm

㉠ 불특정장소에서 불특정하게 수질오염물질을 배출하는 배출원

쪽 번호 매기기, 6으로 시작　⑥

답안 작성요령	• 파일명은 본인의 "수험번호–성명"으로 입력하여 답안폴더(내 PC₩문서₩ITQ)에 하나의 파일로 저장해야 하며, 답안문서 파일명이 "수험번호–성명"과 일치하지 않거나, 답안파일을 전송하지 않아 미제출로 처리될 경우 실격 처리합니다(예 12345678–홍길동.hwpx). • 글꼴에 대한 기본설정은 함초롬바탕, 10포인트, 검정, 줄간격 160%, 양쪽정렬로 합니다. • 색상은 조건의 색을 적용하고 색의 구분이 안 될 경우에는 RGB 값을 적용하십시오 (빨강 255,0,0 / 파랑 0,0,255 / 노랑 255,255,0). • 용지여백은 왼쪽·오른쪽 11mm, 위쪽·아래쪽·머리말·꼬리말 10mm, 제본 0mm로 합니다. • 페이지구분 : 1페이지 – 기능평가 I (문제번호 표시 : 1. 2.), 　　　　　　　　2페이지 – 기능평가 II (문제번호 표시 : 3. 4.), 　　　　　　　　3페이지 – 문서작성 능력평가

SECTION 01　문서 환경 설정

① 글꼴 '함초롬바탕', '10pt'를 설정하고, [폭 맞춤]을 설정한다.

기적의 TIP

배율은 각자 편한 수치로
설정한다.

② [파일] 메뉴 – [편집 용지]를 클릭한다.
  → [용지 종류] A4를 확인하고 왼쪽 · 오른쪽 '11mm', 위쪽 · 아래쪽 · 머리말 · 꼬리말 '10mm', 제본 '0mm'를 설정한다.

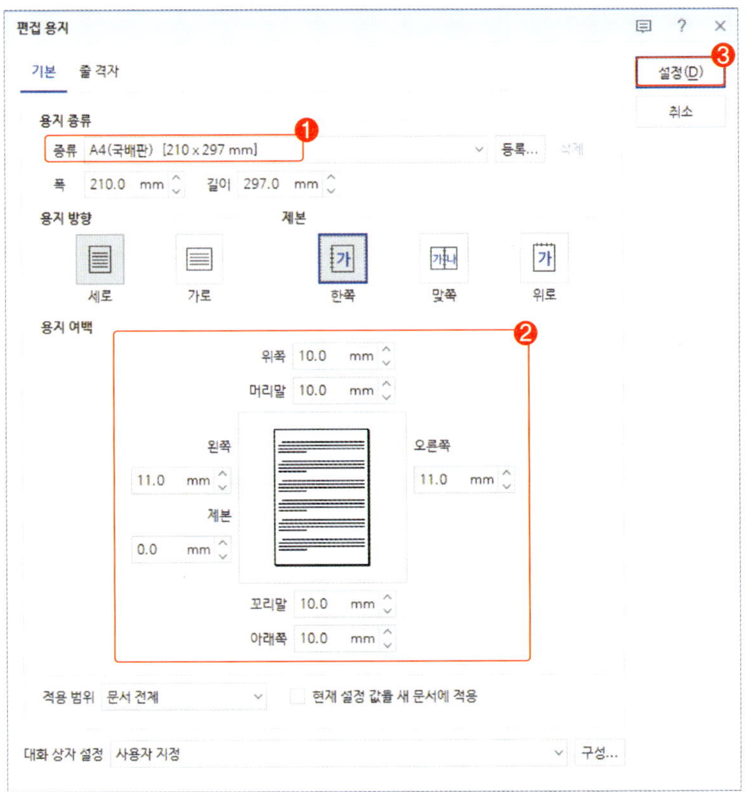

③ 문제 번호 「1.」을 입력하고 [Enter]를 세 번, 「2.」를 입력하고 [Enter]를 한 번 누른다.

④ [쪽] 탭 – [구역 나누기](▯)를 클릭하여 페이지를 구분한다.

F 기적의 TIP

편집 용지
단축키 [F7]

구역 나누기
단축키 [Alt] + [Shift] + [Enter]

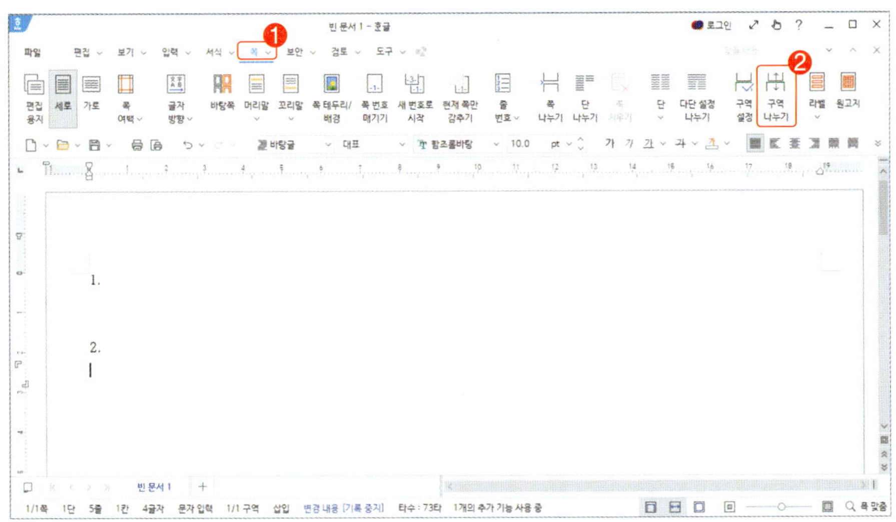

⑤ 두 번째 페이지로 이동되면 문제 번호 「3.」, 「4.」를 앞 페이지처럼 입력한 후 [구역 나누기](⊞)를 클릭한다.

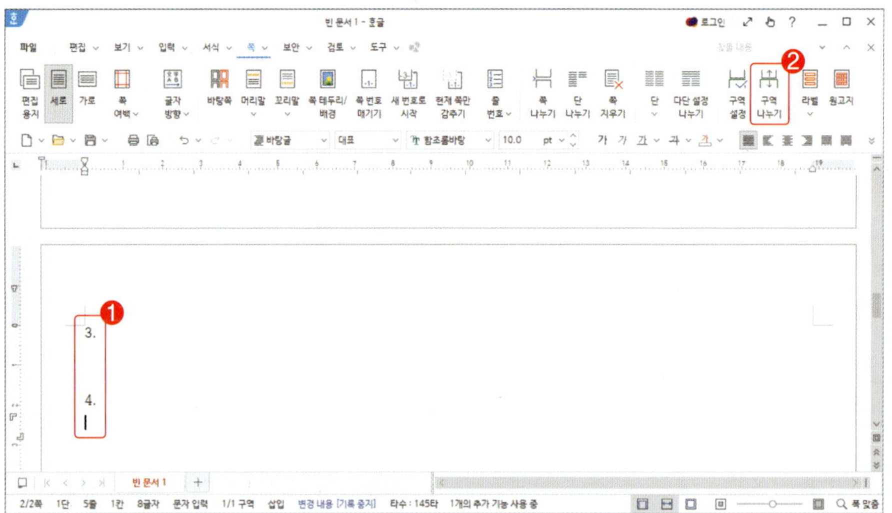

⑥ [파일] 메뉴 – [저장하기](💾)를 클릭한다.
→ '내 PC₩문서₩ITQ' 폴더로 이동하여 파일 이름 '수험번호 – 이름.hwpx' 로 저장한다.

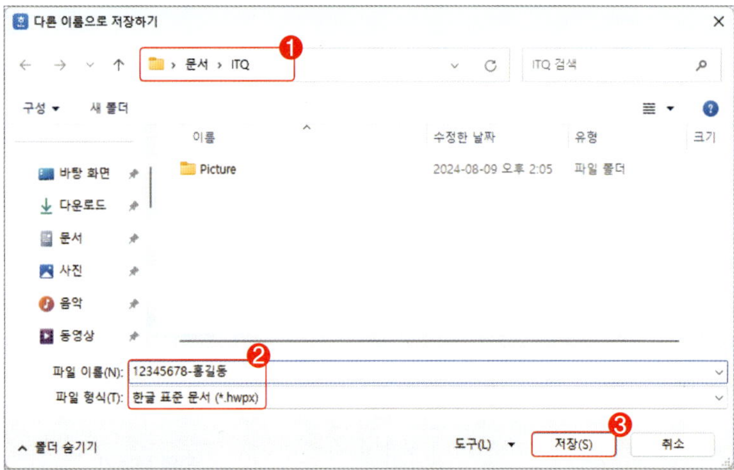

기능평가 I의 문제 1번은 영문과 한글에 '스타일' 기능을 적용하는 문제이며 영문/한글 두 문단이 출제된다. 오타 없이 내용을 입력한 후 '문단 모양'과 '글자 모양'을 '스타일'로 지정하여 적용한다.

조건	(1) 스타일 이름 – governance (2) 문단 모양 – 왼쪽 여백 : 15pt, 문단 아래 간격 : 10pt (3) 글자 모양 – 글꼴 : 한글(돋움)/영문(굴림), 크기 : 10pt, 장평 : 95%, 자간 : 5%
출력형태	Create a framework for governance that forms a private council that links local resources and improves the water quality of private small rivers, centered on local residents. 소하천 지역 주민과 농업인을 중심으로 하는 민간 소하천 수질개선 지역공동체 구성과 지역자원을 연계한 민간 협의체를 구성하는 거버넌스 프레임 워크를 만듭니다.

SECTION 01   글자 입력 및 스타일 지정

① 문제 번호 다음 줄에 내용을 입력한다.

> 1.
> Create a framework for governance that forms a private council that links local resources and improves the water quality of private small rivers, centered on local residents.
> 소하천 지역 주민과 농업인을 중심으로 하는 민간 소하천 수질개선 지역공동체 구성과 지역자원을 연계한 민간 협의체를 구성하는 거버넌스 프레임 워크를 만듭니다.

② [서식] 탭 – [스타일 추가하기](⬛)를 클릭한다.
→ [스타일 이름]에 「governance」를 입력하고 [문단 모양]을 클릭한다.

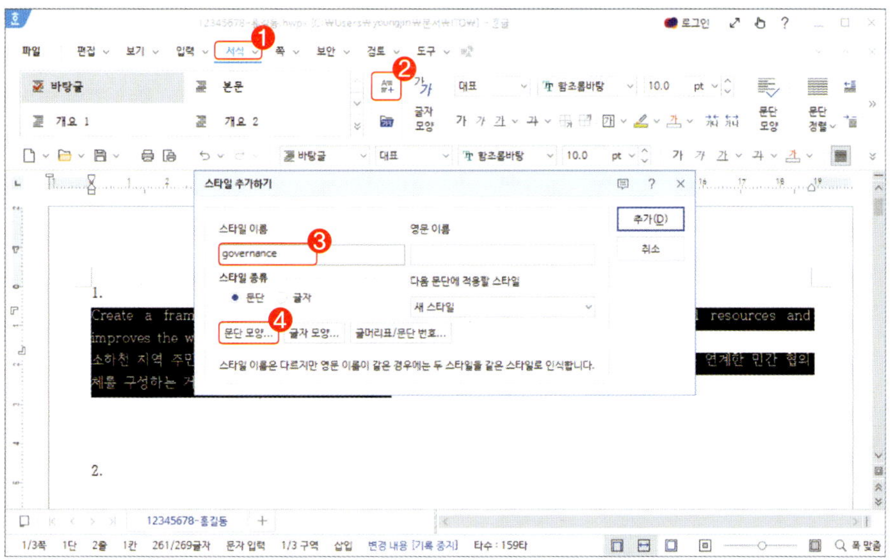

③ [문단 모양] 대화상자에서 지시사항대로 왼쪽 여백 '15pt', 문단 아래 간격 '10pt'를 설정한다.

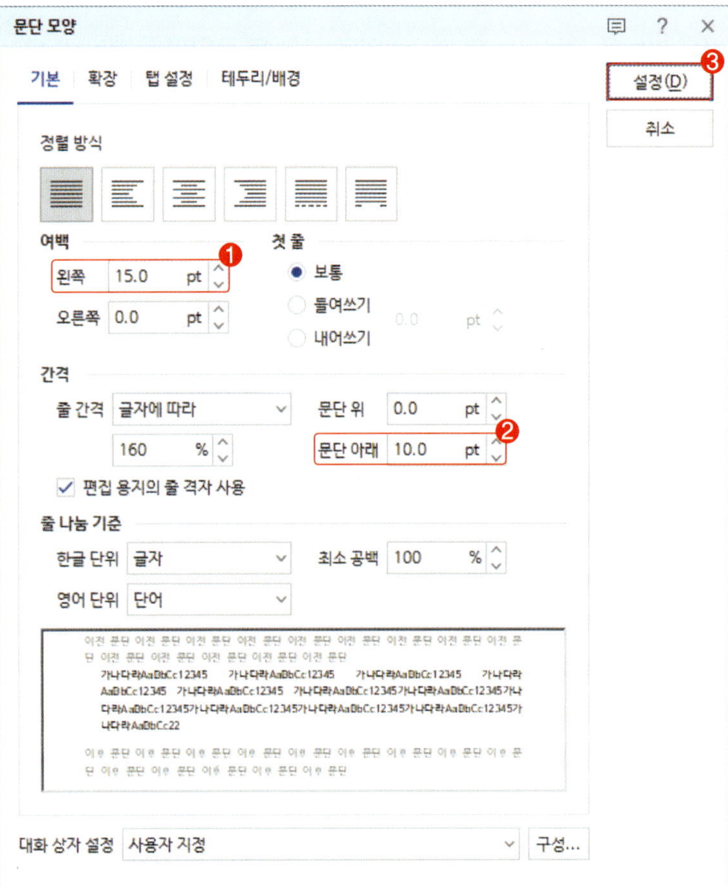

④ [스타일 추가하기] 대화상자에서 [글자 모양]을 클릭한다.

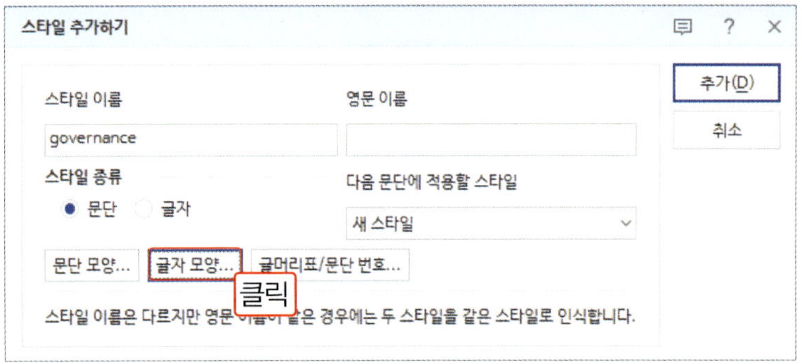

⑤ [글자 모양] 대화상자에서 지시사항대로 기준 크기 '10pt', 언어 '한글', 글꼴 '돋움', 장평 '95%', 자간 '5%'를 지정한다.

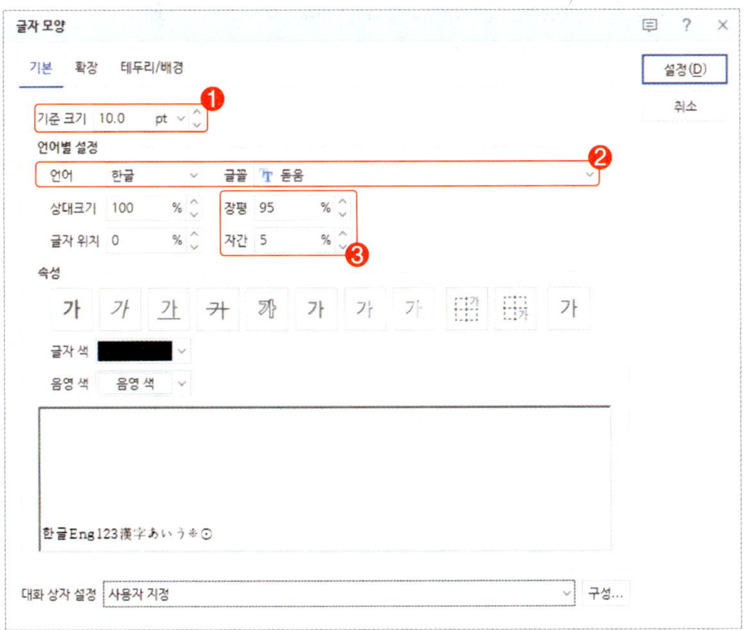

⑥ 언어를 '영문'으로 지정하고, 글꼴 '굴림', 장평 '95%', 자간 '5%'를 설정한다.
→ 다시 [스타일 추가하기] 대화상자가 나타나면 [추가]를 클릭한다.

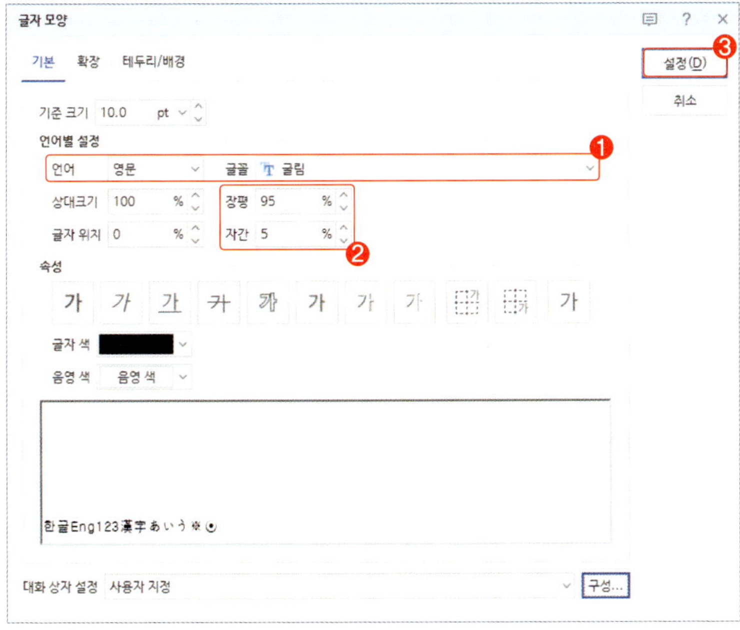

⑦ [서식] 탭에서 'governance'로 정의된 스타일이 추가되어 있는 것을 확인할 수 있다.

→ 스타일을 적용하려는 부분에 블록 설정하여 [governance]를 클릭한다.

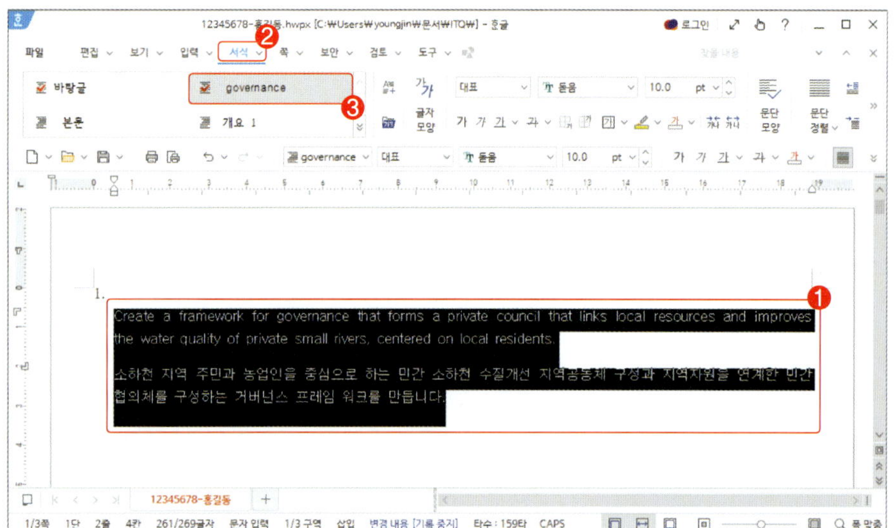

기능평가 ❶ **표 작성하기** **50점**

기능평가 I의 문제 2번 표 작성은 일반적으로 5∼6개 줄/칸의 형태로 출제된다. 표를 만들어 내용을 입력하고 글꼴, 정렬, 배경색 등의 조건을 설정한 후 블록 계산과 캡션 기능을 사용하도록 한다.

표 조건	(1) 표 전체(표, 캡션) – 돋움, 10pt (2) 정렬 – 문자 : 가운데 정렬, 숫자 : 오른쪽 정렬 (3) 셀 배경(면색) : 노랑 (4) 한글의 계산 기능을 이용하여 빈칸에 합계를 구하고, 캡션 기능 사용할 것 (5) 선 모양은 ≪출력형태≫와 동일하게 처리할 것

출력형태

전국 수계 수질개선 지역공동체 현황(단위: 개)

구분	한강	낙동강	금강	섬진강	합계
환경시민단체	21	13	18	10	
지역마을주민	34	21	16	9	
교육기관	45	28	15	11	
정화시설	9	5	3	2	

① 문제 번호 「2.」 다음 줄에 커서를 위치시키고 [입력] 탭 – 표(▦)를 클릭한다.
→ [표 만들기] 대화상자에서 줄 개수 '5', 칸 개수 '6', 글자처럼 취급에 체크하고 [만들기]를 클릭한다.

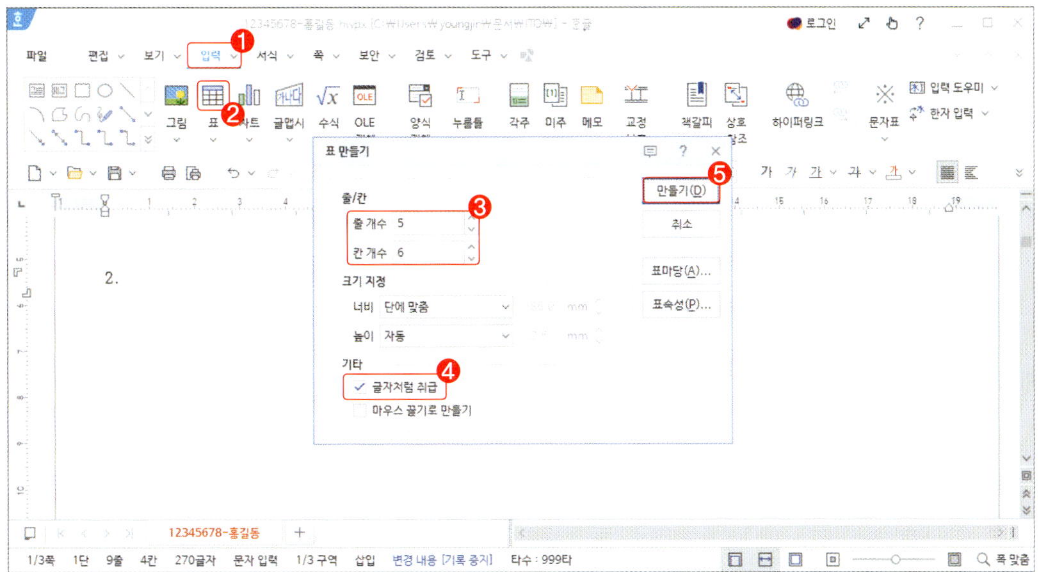

② 표에 내용을 입력한다.

구분	한강	낙동강	금강	섬진강	합계
환경시민단체	21	13	18	10	
지역마을주민	34	21	16	9	
교육기관	45	28	15	11	
정화시설	9	5	3	2	

③ 표 전체를 블록 설정(F5 세 번)하고 글꼴 '돋움', '10pt', [가운데 정렬](▤)을 설정한다.

④ 숫자 부분을 블록 설정하고 [오른쪽 정렬](▤)을 지정한다.

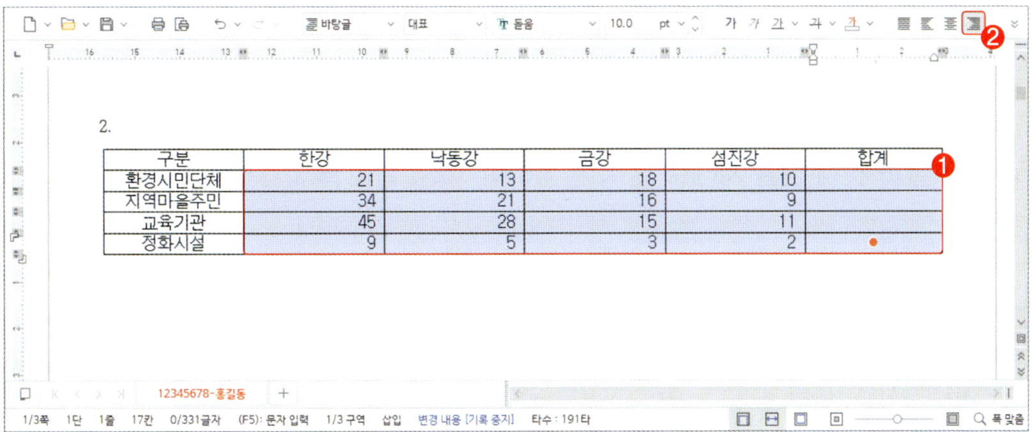

① 표 전체를 블록 설정(F5 세 번)한다.

　→ 마우스 오른쪽 클릭하여 [셀 테두리/배경] – [각 셀마다 적용]을 클릭한다.

② [테두리] 탭에서 '이중 실선'을 '바깥쪽'에 설정한다.

③ 같은 방법으로 첫째 줄과 첫째 칸을 차례로 블록 설정하며 '이중 실선'을 '바깥쪽'에 설정한다.

구분	한강	낙동강	금강	섬진강	합계
환경시민단체	21	13	18	10	
지역마을주민	34	21	16	9	
교육기관	45	28	15	11	
정화시설	9	5	3	2	

↓

구분	한강	낙동강	금강	섬진강	합계
환경시민단체	21	13	18	10	
지역마을주민	34	21	16	9	
교육기관	45	28	15	11	
정화시설	9	5	3	2	

④ 대각선이 들어가는 셀에 마우스 오른쪽 클릭하여 [셀 테두리/배경] – [각 셀마다 적용]을 클릭한다.

⑤ [대각선] 탭을 선택하고 ◻과 ◻를 클릭하여 설정한다.

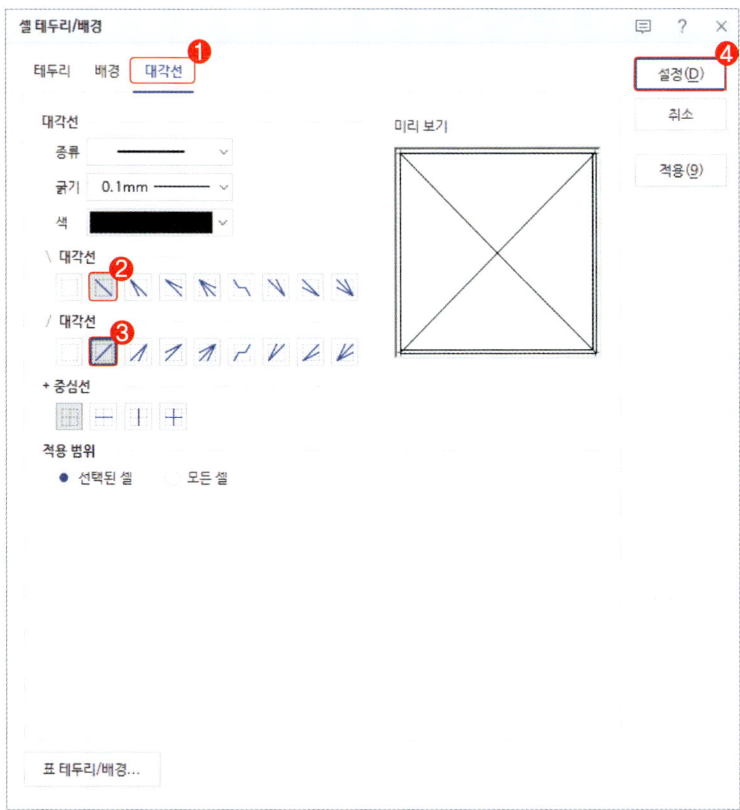

⑥ 배경색을 지정할 부분을 블록 설정한다.
→ [표 디자인] 탭 – [표 채우기]의 드롭다운 단추를 클릭하여 '노랑'을 선택한다.

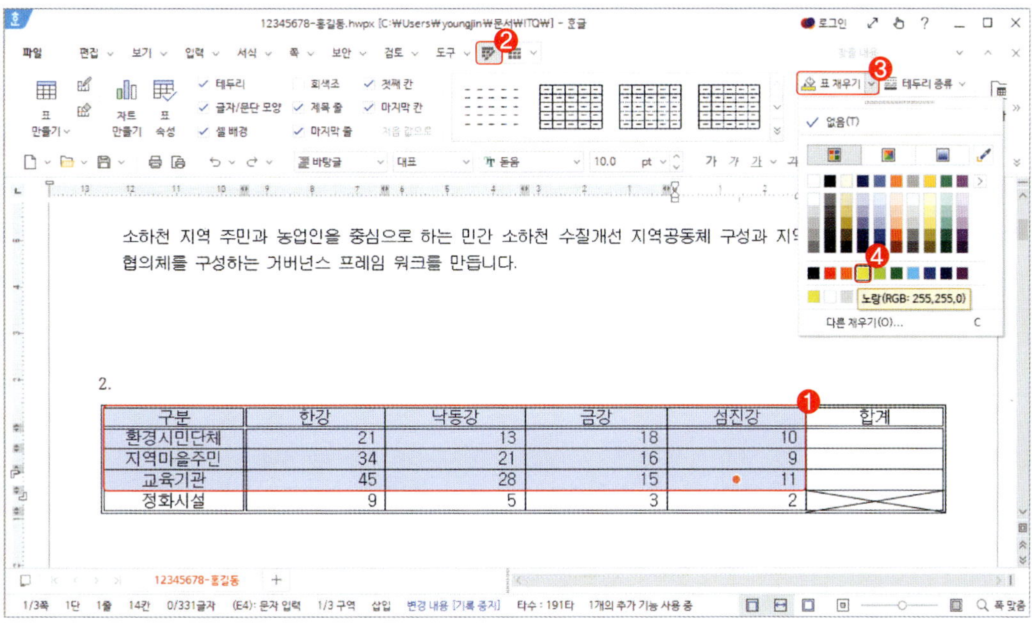

① 계산식이 이루어지는 부분을 블록 설정한다.
→ [표 레이아웃] 탭 – [계산식](▦) – [블록 합계]를 클릭한다.

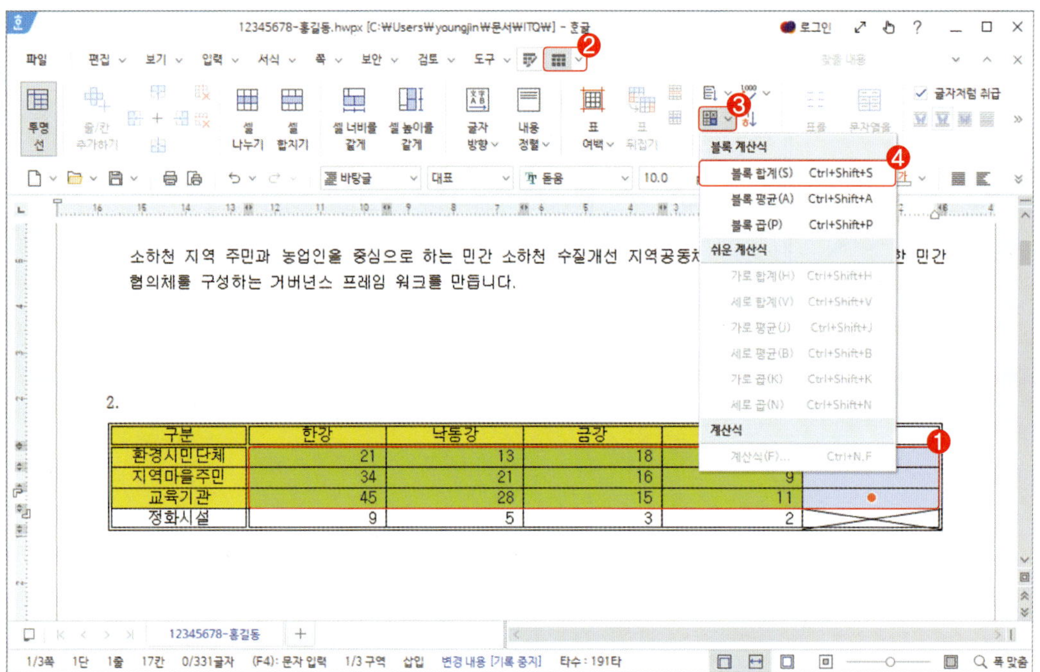

② 캡션을 달기 위해 먼저 표를 선택하거나 표 안에 커서를 위치시킨다.
→ [표 레이아웃] 탭 – [캡션](가1)의 드롭다운 단추를 클릭한 후 [위]를 선택한다.

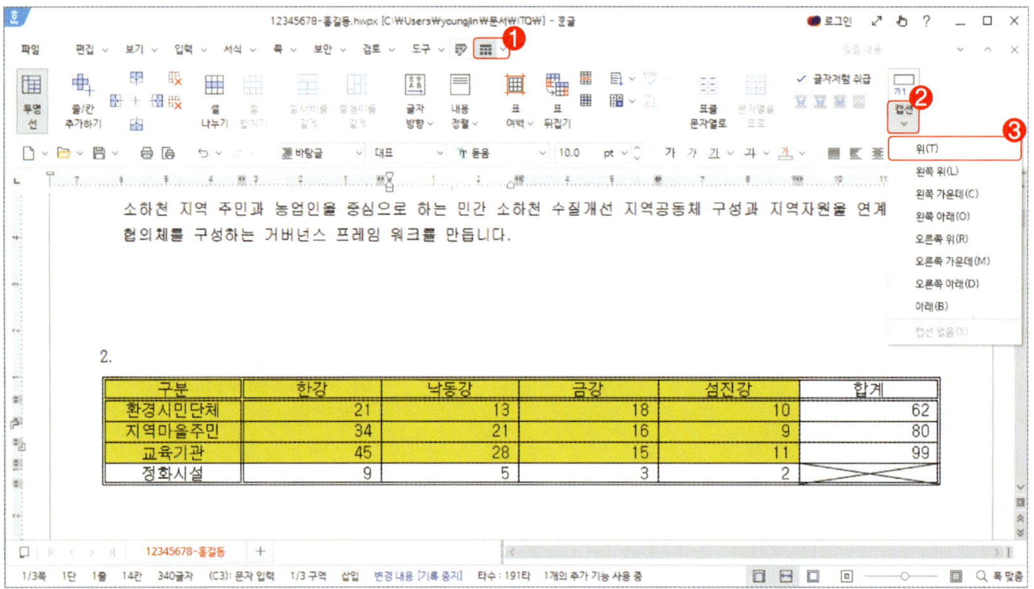

③ 캡션 '표 1'이 만들어지면 지우고 「전국 수계 수질개선 지역공동체 현황
(단위: 개)」를 입력한다.

표 Ⅱ					
구분	한강	낙동강	금강	섬진강	합계
환경시민단체	21	13	18	10	62
지역마을주민	34	21	16	9	80
교육기관	45	28	15	11	99
정화시설	9	5	3	2	

↓

전국 수계 수질개선 지역공동체 현황(단위: 개)					
구분	한강	낙동강	금강	섬진강	합계
환경시민단체	21	13	18	10	62
지역마을주민	34	21	16	9	80
교육기관	45	28	15	11	99
정화시설	9	5	3	2	

④ 캡션 부분을 블록 설정하고 글꼴 '돋움', '10pt', [오른쪽 정렬](▤)을 설정
한다.

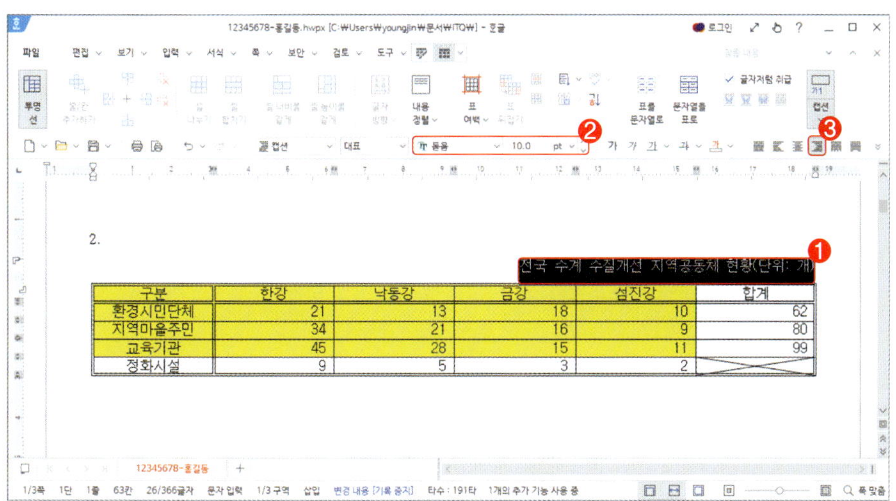

⑤ 줄, 칸 너비 조절이 필요한지 확인한다. 셀을 블록 설정한 상태에서 [Ctrl]
+방향키로 조절할 수 있다.

전국 수계 수질개선 지역공동체 현황(단위: 개)

구분	한강	낙동강	금강	섬진강	합계
환경시민단체	21	13	18	10	62
지역마을주민	34	21	16	9	80
교육기관	45	28	15	11	99
정화시설	9	5	3	2	

기능평가 I의 문제 2번 차트 작성은 앞서 작성한 표의 일부 데이터를 이용하는 형태로, 일반적으로 표에서 셀 배경 색을 지정한 부분을 데이터로 사용한다. 차트 각 요소들의 글꼴 설정에 주의하도록 한다.

차트 조건	(1) 차트 데이터는 표 내용에서 구분별 환경시민단체, 지역마을주민, 교육기관의 값만 이용할 것 (2) 종류 – 〈묶은 세로 막대형〉으로 작업할 것 (3) 제목 – 글꼴 : 돋움, 진하게, 12pt 　　　　속성 : 채우기(밝은 색 : 하양), 테두리, 그림자(바깥쪽 : 대각선 오른쪽 아래) (4) 제목 이외의 전체 글꼴 – 돋움, 보통, 10pt (5) 축제목과 범례는 ≪출력형태≫와 동일하게 처리할 것
출력형태	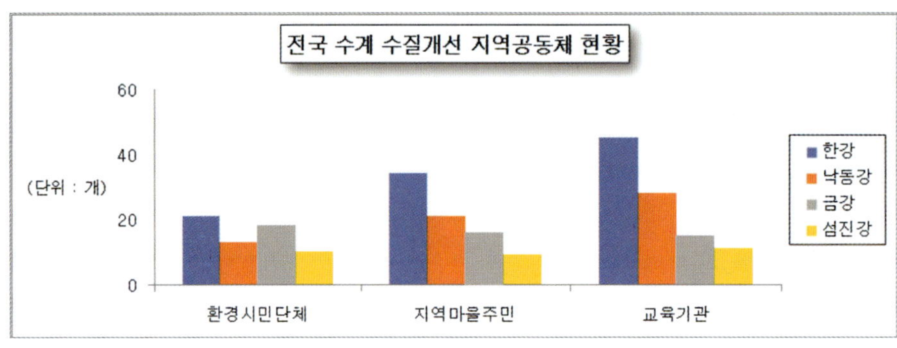

SECTION 01   차트 만들기

① 표에서 차트에 반영되는 영역만 블록 설정한다.

→ [입력] 탭 – [차트](📊)를 클릭하고 '묶은 세로 막대형'을 선택한다.

> 📕 기적의 TIP
>
> 셀 배경(면색)을 설정한 부분으로 차트를 만드는 유형이 주로 출제된다.

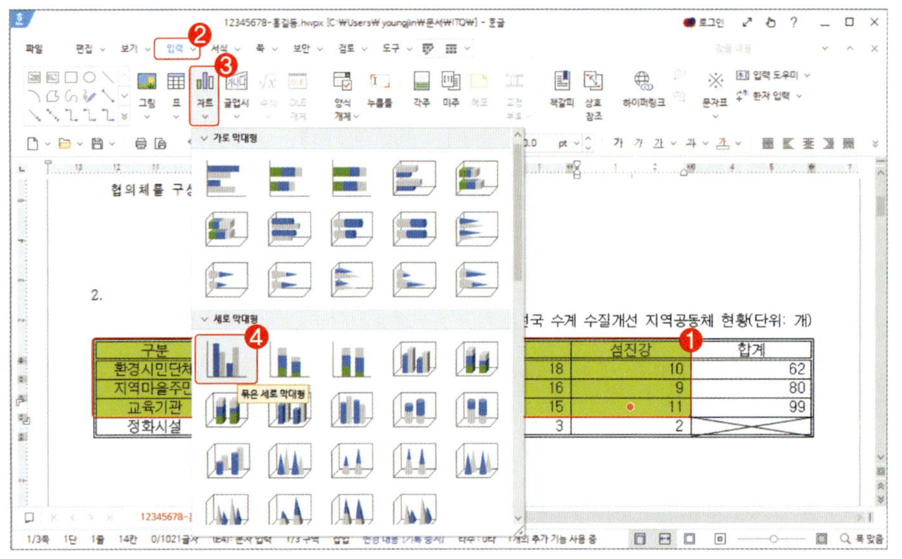

② [차트 데이터 편집] 대화상자가 나타나면 닫는다.

③ 차트를 선택하고 마우스 드래그하여 표 아래로 이동한다.

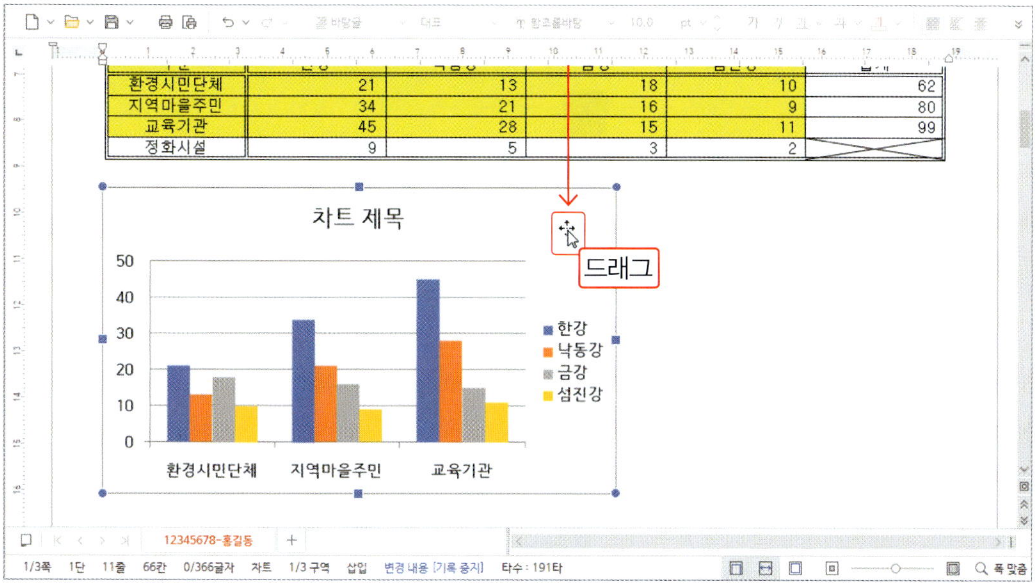

④ 차트의 크기 조절점을 드래그하여 표의 너비와 비슷하게 조절한다.

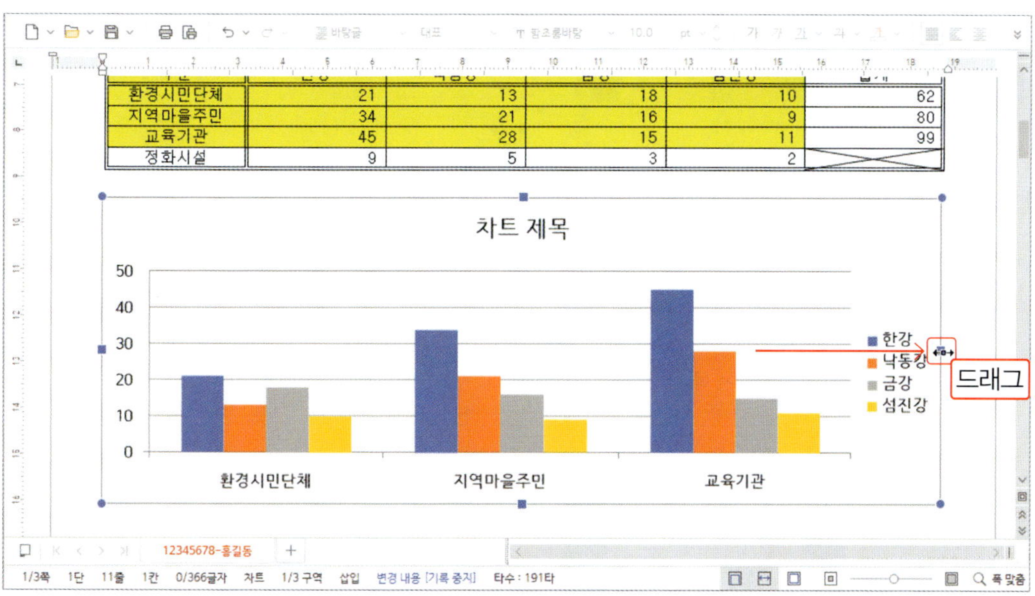

⑤ 차트의 값 축을 클릭하여 선택하고, 마우스 오른쪽 클릭한 후 [축 속성]을
클릭한다.

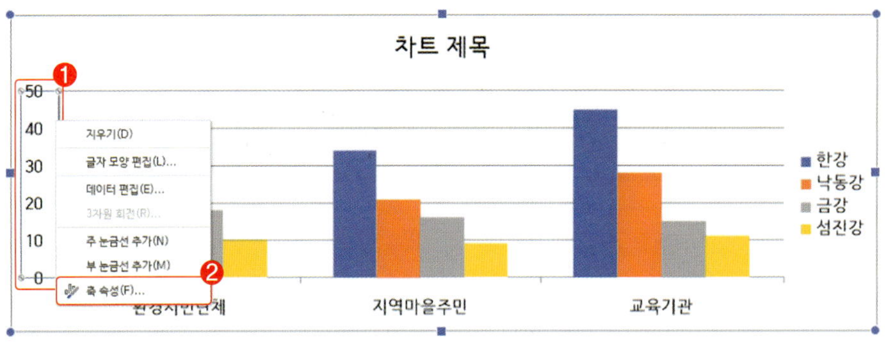

⑥ [경계] – [최솟값]에 「0」, [최댓값]에 「60」, [단위] – [주]에 「20」을 입력하
고 작업 창을 닫는다.

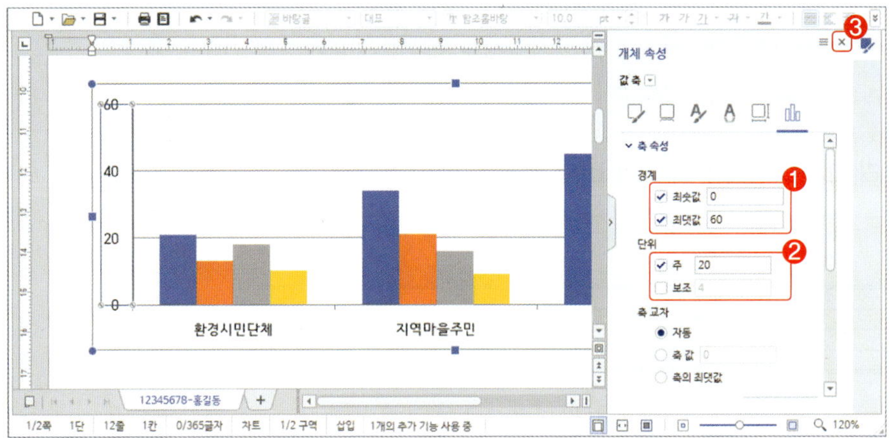

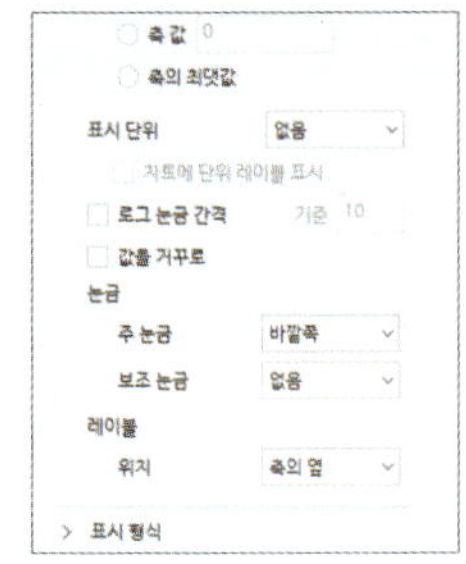

⑦ 차트의 눈금선을 클릭하여 선택하고, Delete 를 눌러 삭제한다.

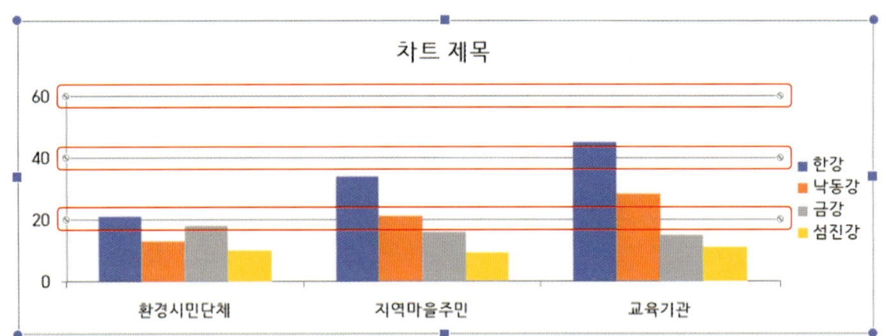

① '차트 제목'을 클릭하여 선택한 뒤 마우스 오른쪽 클릭하여 [제목 편집]을 클릭한다.

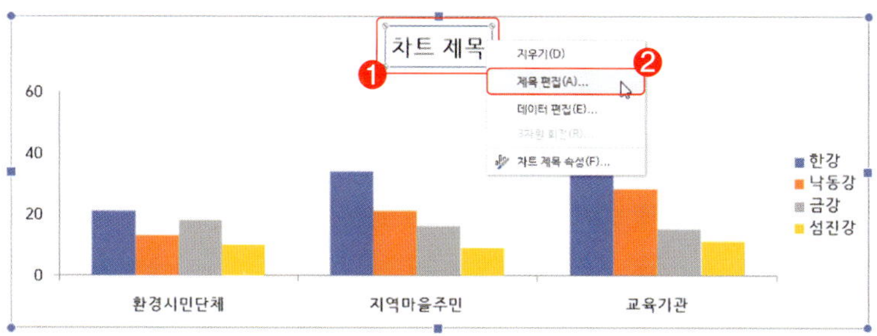

② [차트 글자 모양] 대화상자가 나타나면 [글자 내용]에 「전국 수계 수질개선 지역공동체 현황」을 입력한다.

→ 글꼴 '돋움', '진하게', '12pt'를 설정한다.

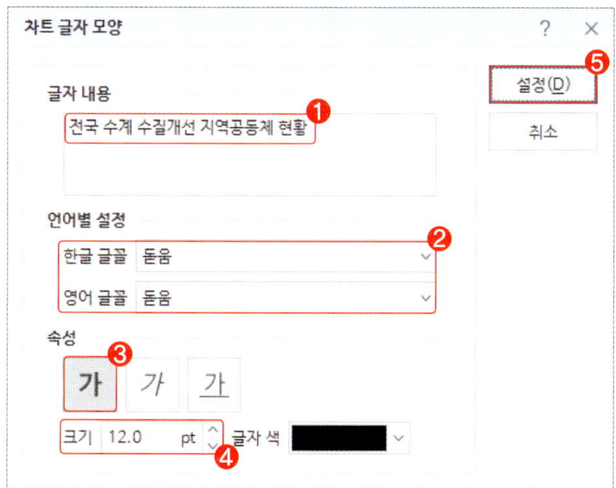

③ 다시 '차트 제목'에서 마우스 오른쪽 클릭하여 [차트 제목 속성]을 클릭한다.

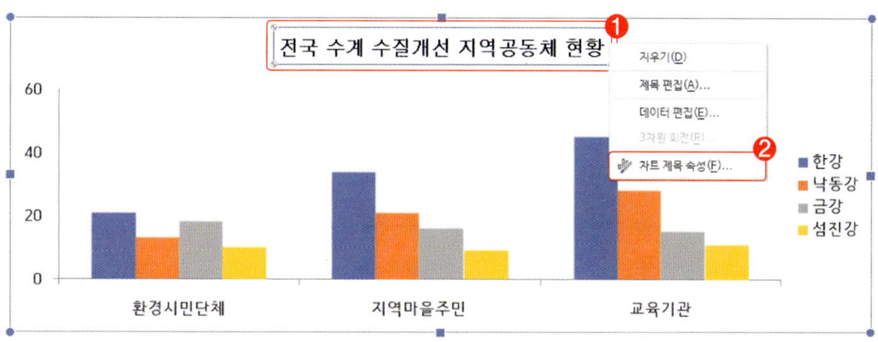

④ [개체 속성] 작업 창이 열리면 [그리기 속성]에서 [채우기]는 '밝은 색', [선]은 '어두운 색'을 지정한다.
→ [효과]에서 [그림자]를 '대각선 오른쪽 아래'로 설정하고 작업 창을 닫는다.

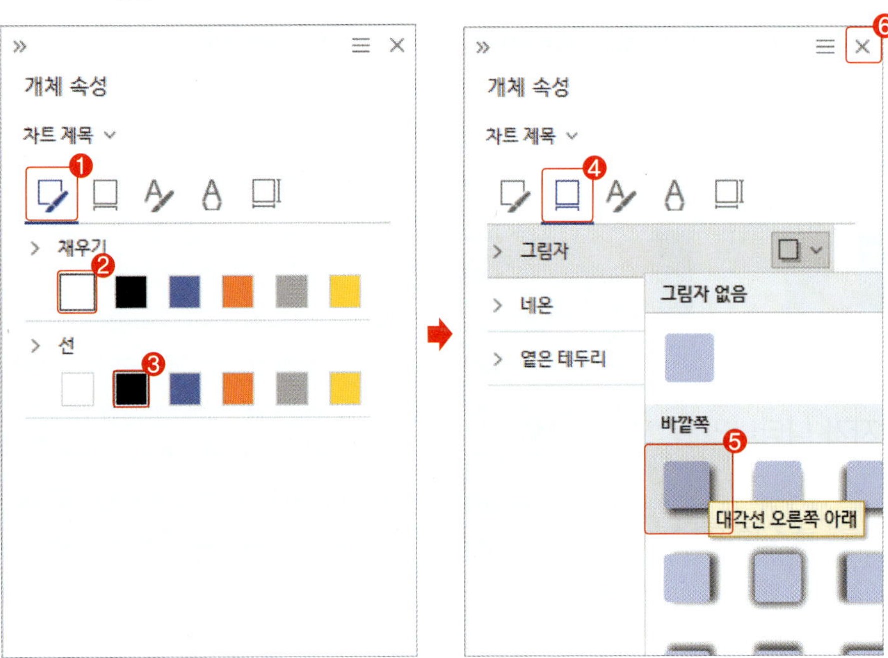

SECTION 03 **축 제목 추가**

① [차트 디자인] 탭에서 [차트 구성 추가] – [축 제목] – [기본 세로]를 선택한다.

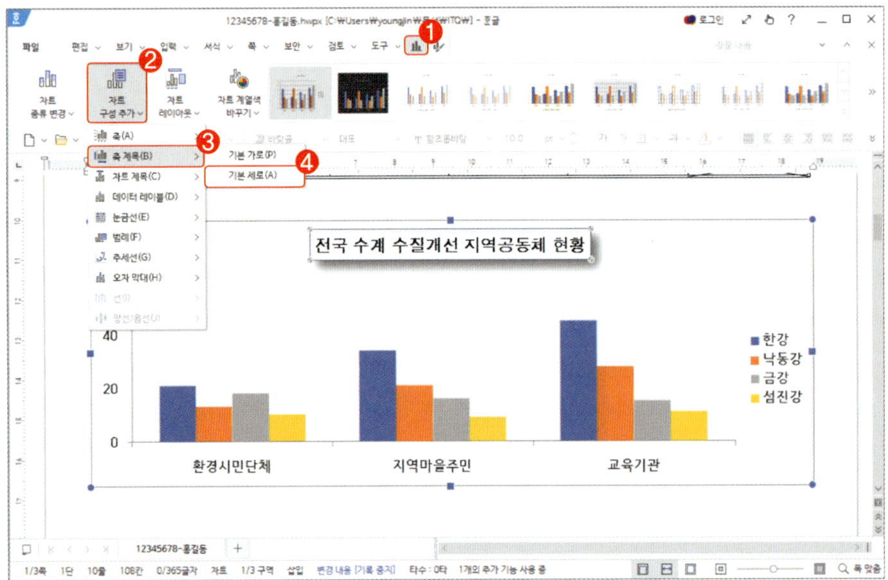

② **'축 제목'**을 클릭하여 선택한다.

→ 마우스 오른쪽 클릭하여 [제목 편집]을 클릭한다.

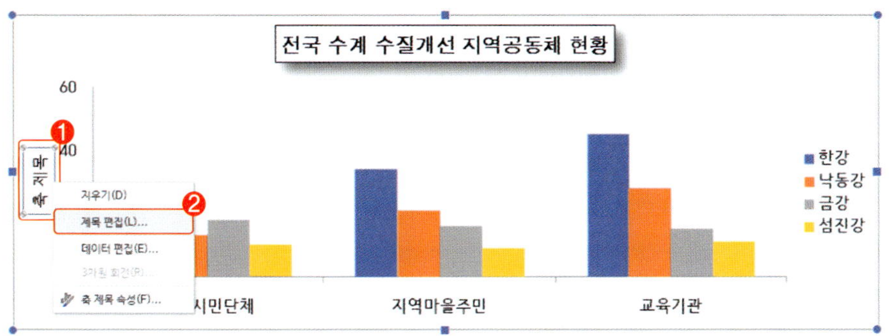

③ [차트 글자 모양] 대화상자가 나타나면 [글자 내용]에 「(단위 : 개)」를 입력하고, 글꼴 '돋움', '10pt'를 설정한다.

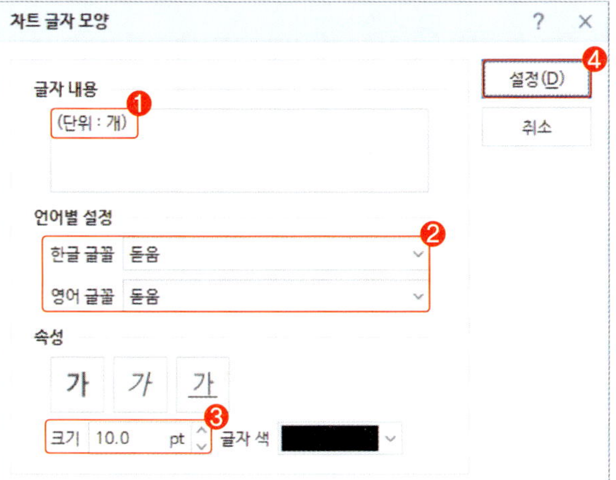

기적의 TIP

괄호, 콜론 등의 특수문자는 영어 글꼴로 인식하는 것에 유의한다.

④ 다시 **'축 제목'**에서 마우스 오른쪽 클릭하여 [축 제목 속성]을 클릭한다.

⑤ [개체 속성] 작업 창이 열리면 [크기 및 속성](▢)에서 [글상자] – [글자 방향]을 '가로'로 설정하고 작업 창을 닫는다.

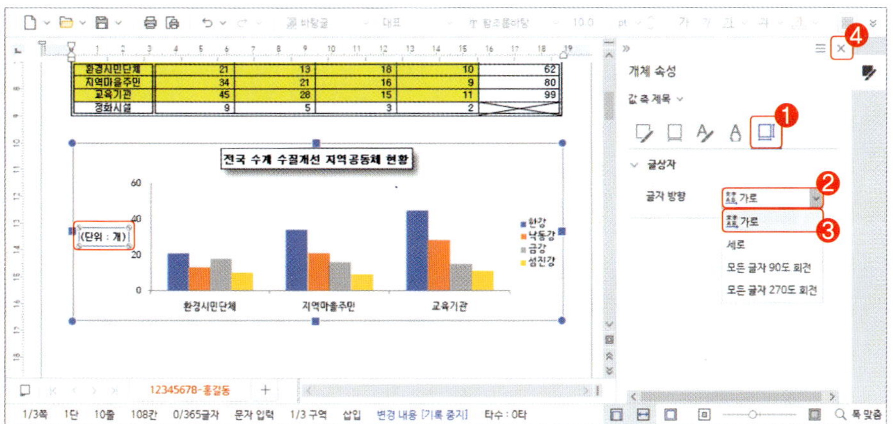

① 차트의 값 축을 클릭하여 선택한다.
→ 마우스 오른쪽 클릭한 후 [글자 모양 편집]을 클릭한다.

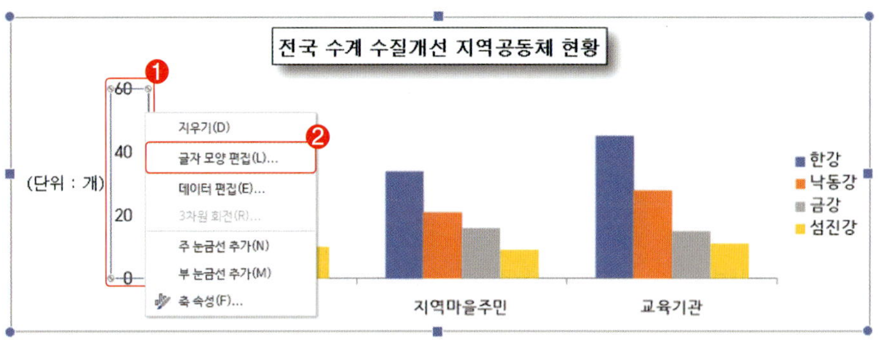

② [차트 글자 모양] 대화상자가 나타나면 글꼴 '돋움', 크기 '10pt'를 설정한다.

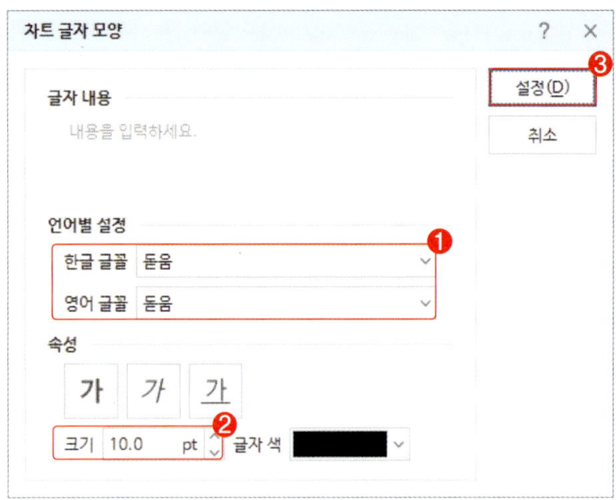

③ 같은 방법으로 항목 축과 범례도 [글자 모양 편집]을 이용하여 '돋움', '10pt'를 설정한다.

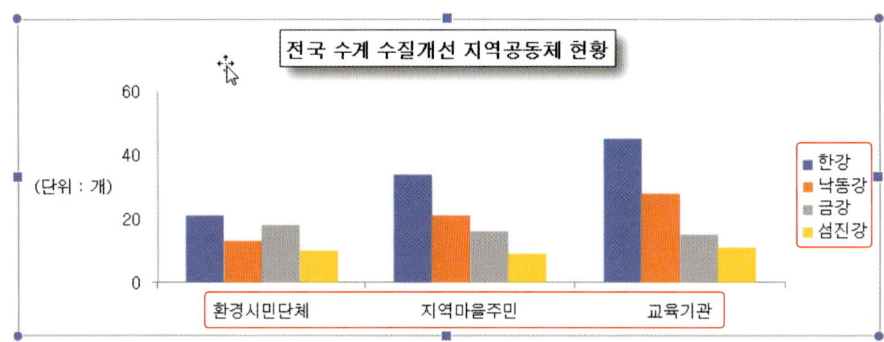

① '범례'를 더블 클릭하거나 마우스 오른쪽 클릭하여 [범례 속성]을 클릭한다.

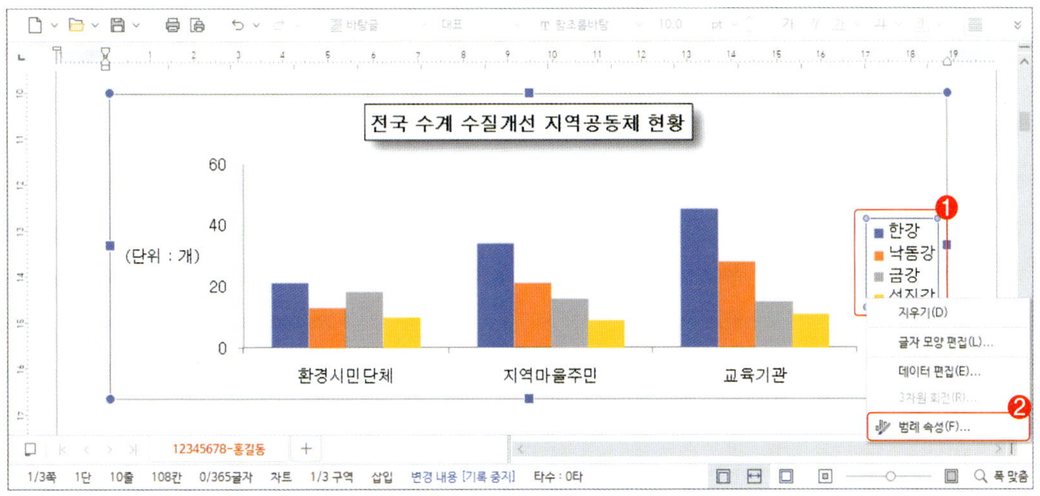

② [개체 속성] 작업 창이 열리면 [그리기 속성](✎)에서 [선]에 '어두운 색'을 지정하고 작업 창을 닫는다.

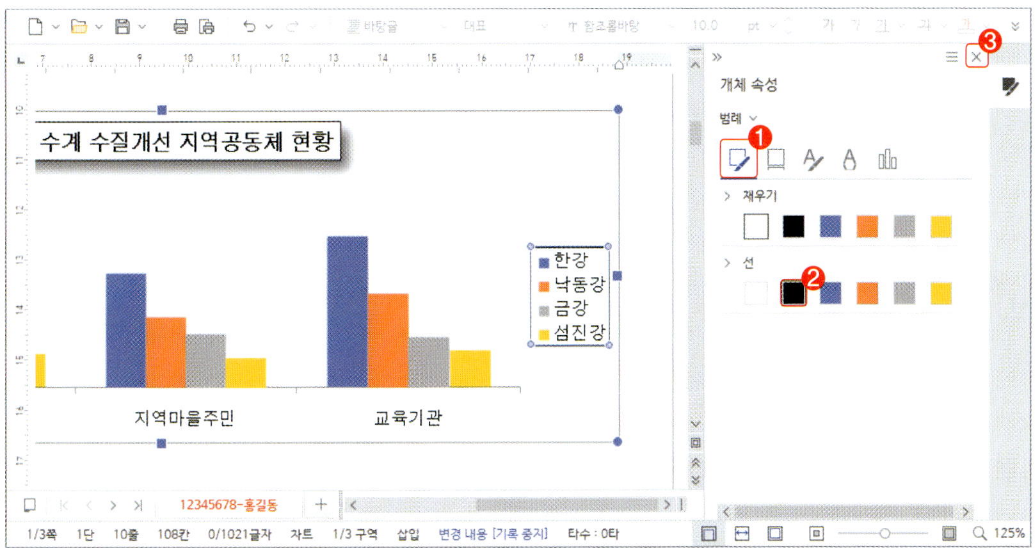

③ 조절점을 마우스 드래그하여 범례의 크기와 위치를 조절한다.

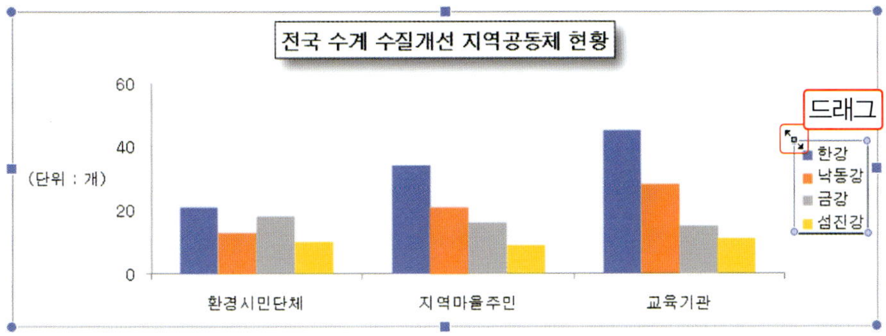

기능평가 Ⅱ의 문제 3번은 수식 편집기를 이용하여 수식을 작성해야 한다. 수식을 입력할 때는 커서의 위치를 잘 확인하며 진행하고, 자주 출제되는 기호와 연산자를 익혀두는 것이 중요하다.

출력형태	
$(1)\ \dfrac{V_2}{V_1}=\dfrac{0.90\times10^3}{1.0\times10^4}=0.09$	$(2)\ \displaystyle\int_a^b A(x-a)(x-b)dx=-\dfrac{A}{6}(b-a)^3$

SECTION 01　수식 입력 (1)

① 입력한 문제 번호 3. 다음 줄에 「(1) 」을 입력하고, [입력] 탭 – [수식]($\sqrt{x}$)을 선택한다.

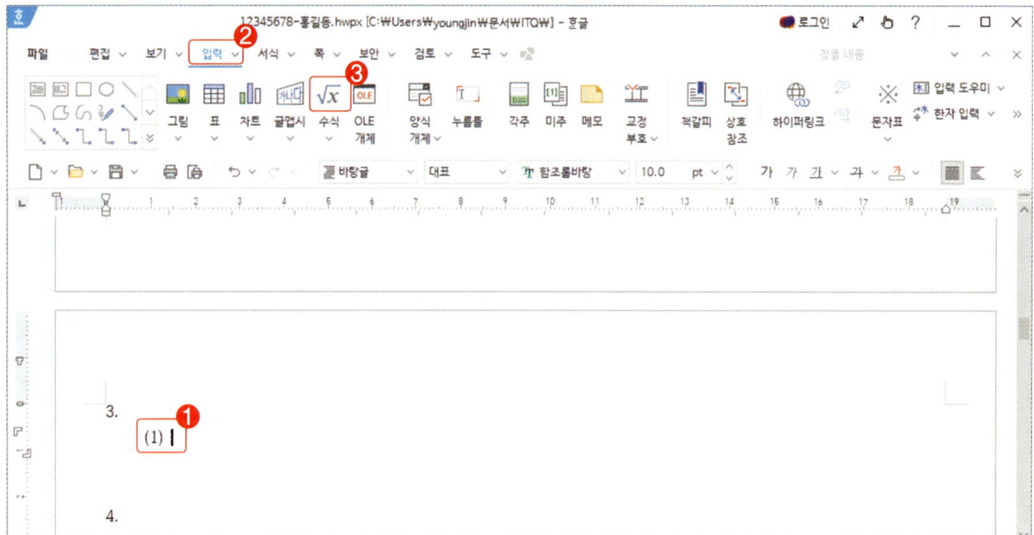

② [분수]($\square\!\!\!\diagup\square$)를 클릭한 뒤 분자에 커서가 위치하면 「V」를 입력하고 [아래첨자](A_1)를 클릭한 후 「2」를 입력한다.

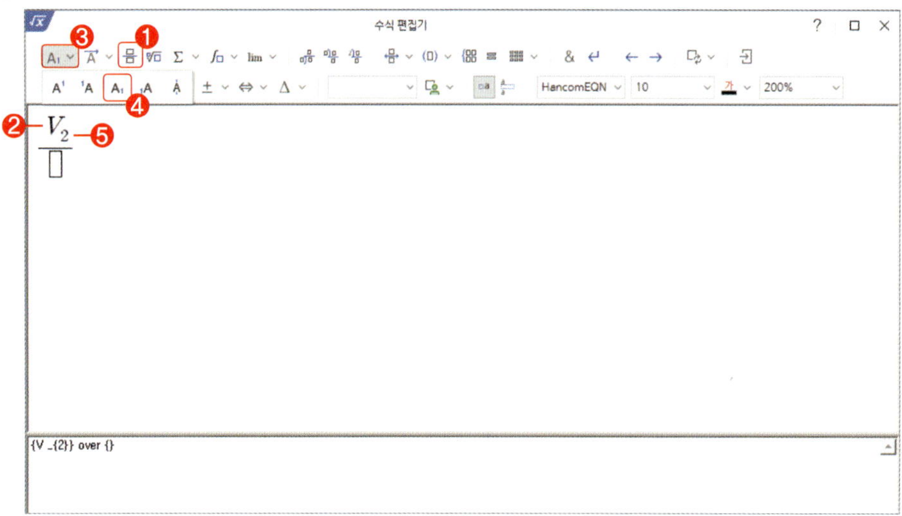

③ 분모에 커서를 위치시키고 같은 방법으로 「V₁」을 입력한다.

④ 입력한 분수 다음에 커서를 위치시키고 「=」를 입력한 뒤 [분수](몸)를 클릭한다.

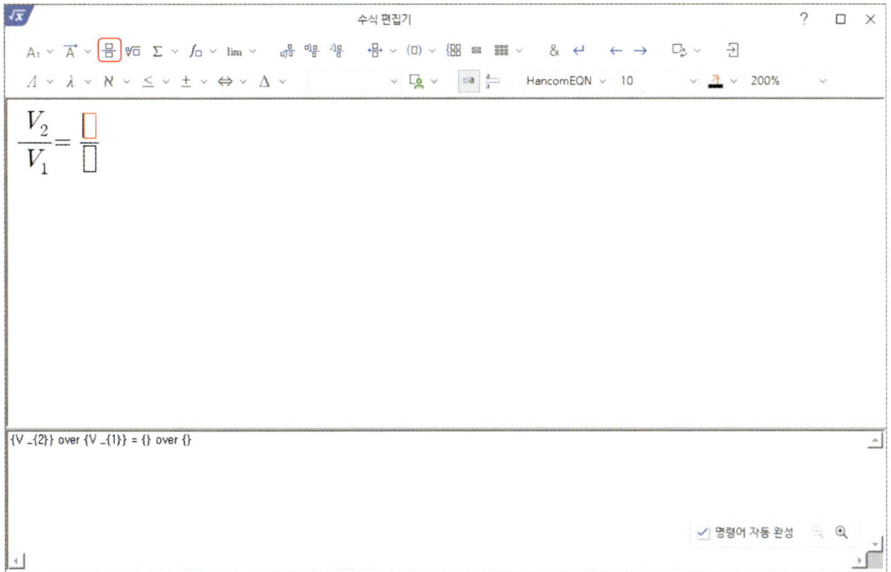

⑤ 분자에 「0.90」을 입력하고 [연산, 논리 기호](±)를 클릭하여 곱셈 기호(×)를 삽입한다.

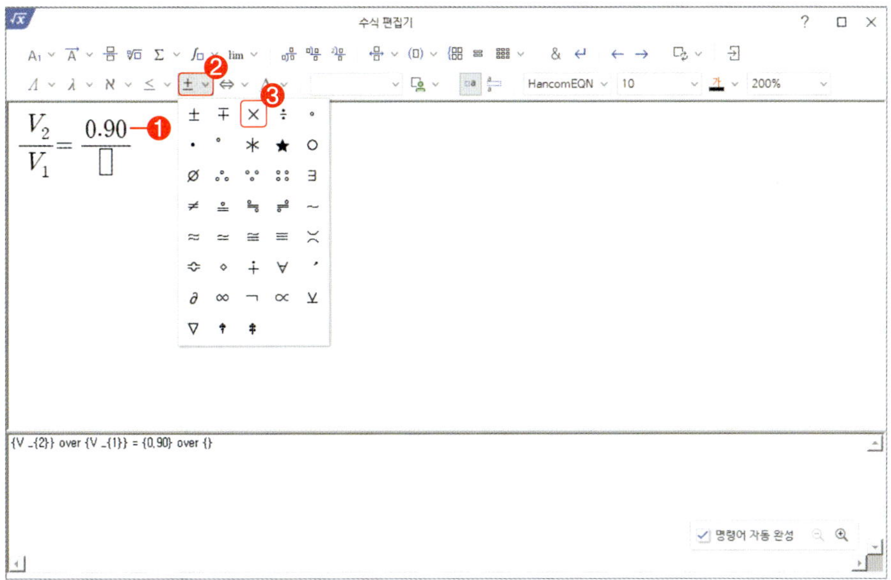

⑥ 이어서 「10」을 입력하고 [위첨자](A^1)를 클릭한 후 「3」을 입력한다.

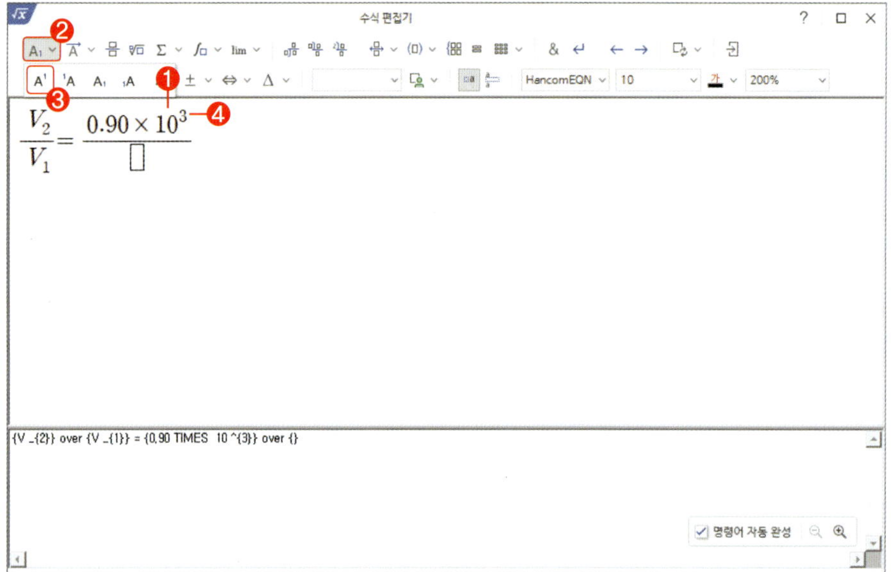

⑦ 분자와 같은 방법으로 분모를 입력하고 나머지 부분 「=0.09」를 입력한 후 [넣기]()를 클릭한다.

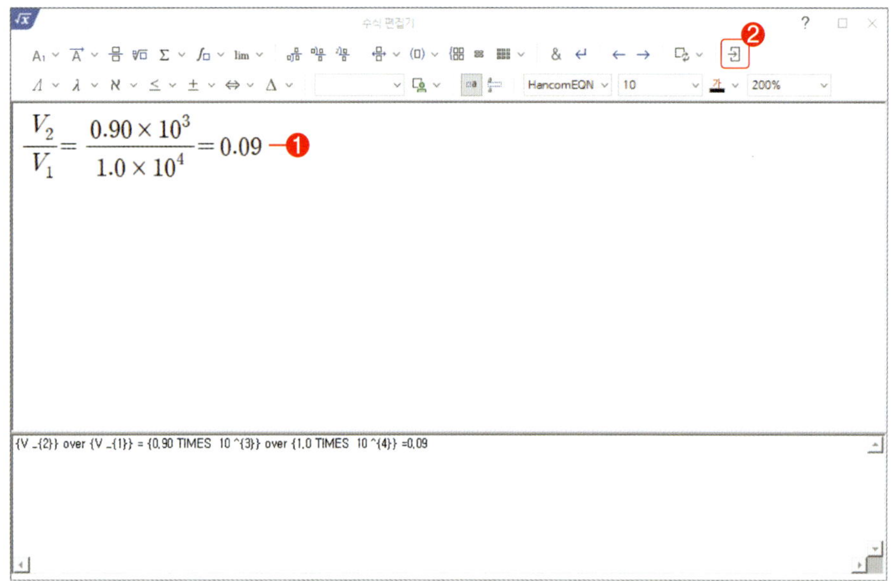

기적의 TIP

입력한 수식 수정
입력 완료한 수식을 더블 클릭하면 [수식 편집기] 창이 나타나며 수정할 수 있다

① 완성한 (1) 수식 옆에 `Space Bar`를 이용해 적당한 공백을 삽입한다.

→ 「(2) 」를 입력하고 [입력] 탭 – [수식]($\sqrt{x}$)을 선택한다.

② [적분]($\int_{\square}$)을 클릭하여 기호를 삽입하고 「a」, 「b」를 각 위치에 입력한다.

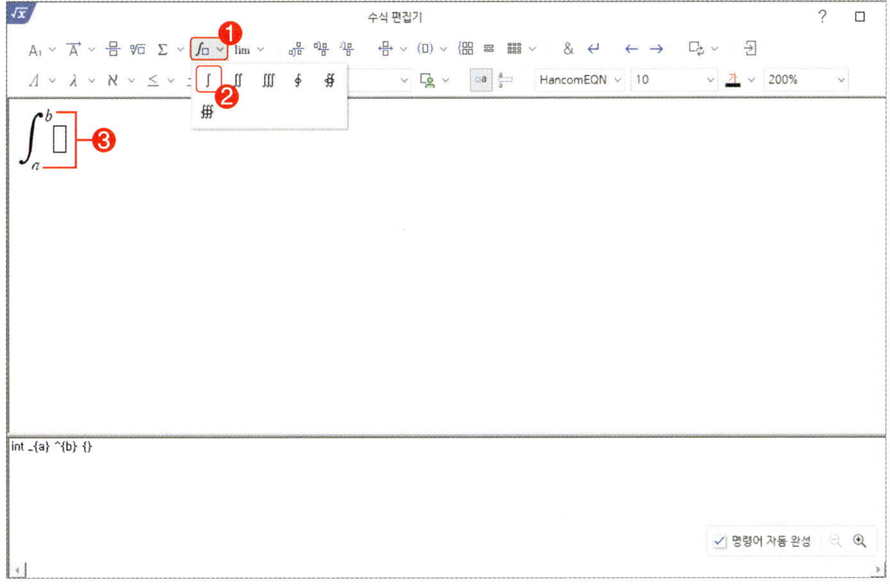

③ ≪출력형태≫를 참고하여 입력하고 [분수](몸)와 [위첨자](A¹)를 이용하여 완성한 다음 [넣기](⊡)를 클릭한다.

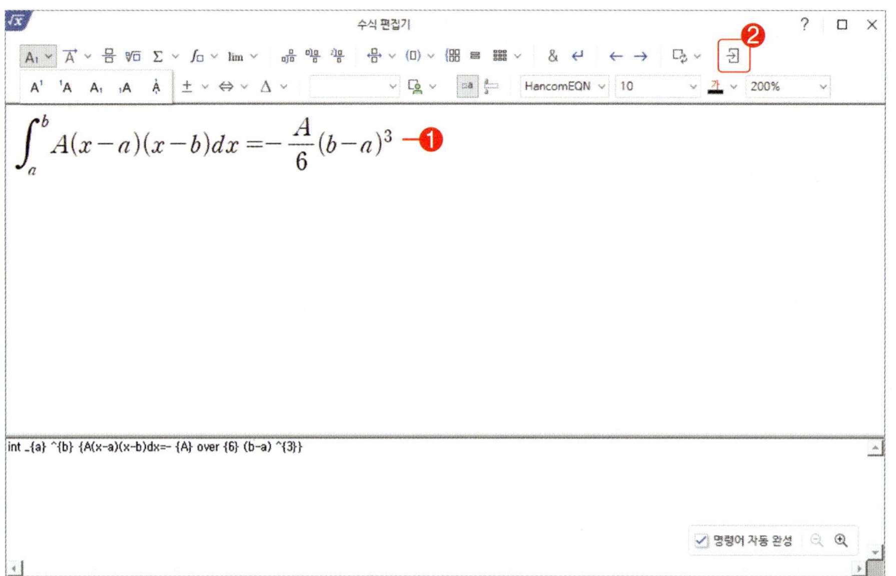

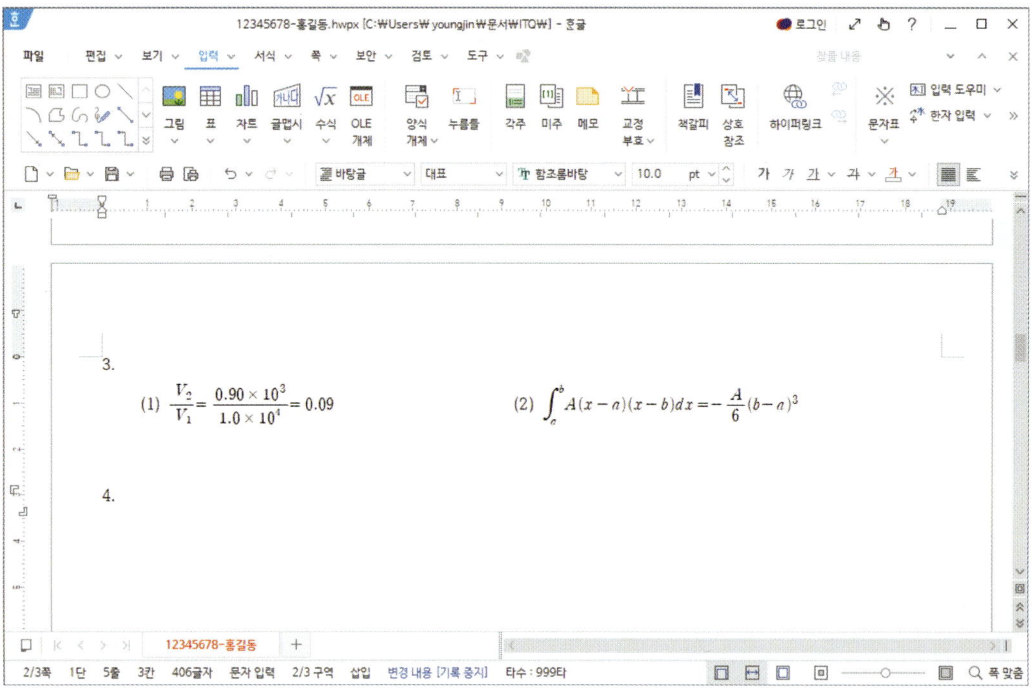

기능평가 Ⅱ의 문제 4번은 그리기 도구를 이용하여 주어진 조건대로 작성해야 한다. 도형 및 글상자, 글맵시, 하이퍼링크 설정 등을 연습하여 대비하도록 한다.

조건	(1) 그리기 도구를 이용하여 작성하고, 모든 도형(글맵시, 지정된 그림 포함)을 ≪출력형태≫와 같이 작성하시오. (2) 도형의 면색은 지시사항이 없으면 색 없음을 제외하고 서로 다르게 임의로 지정하시오.

출력형태

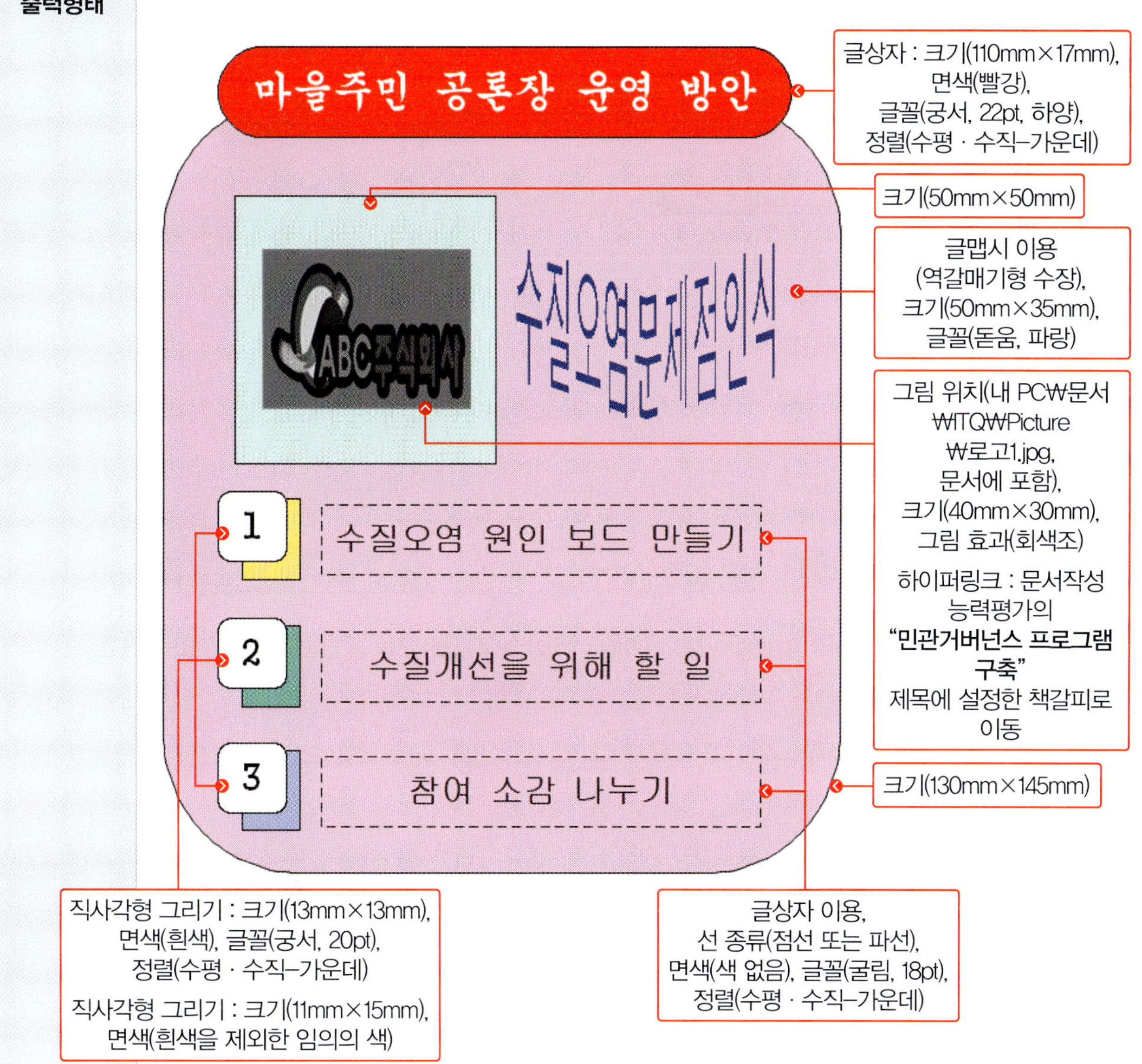

① 문제 번호 「4.」 다음 줄에 커서를 위치시킨다.

② [입력] 탭에서 [직사각형](▢)을 클릭하여 사각형을 임의의 크기로 그린다.
　→ 사각형을 더블 클릭하거나 마우스 오른쪽 클릭하여 [개체 속성]을 클릭한다.

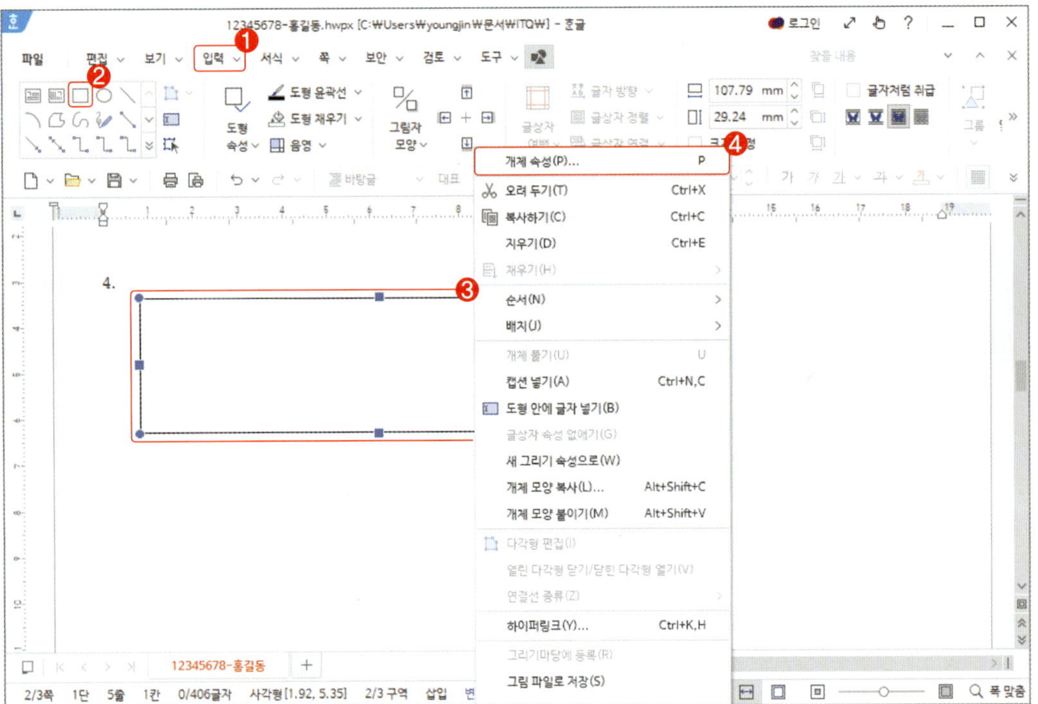

③ [개체 속성] 대화상자의 [기본] 탭 – [크기]에서 너비 「130mm」, 높이 「145mm」로 입력하고, '크기 고정'에 체크한다.

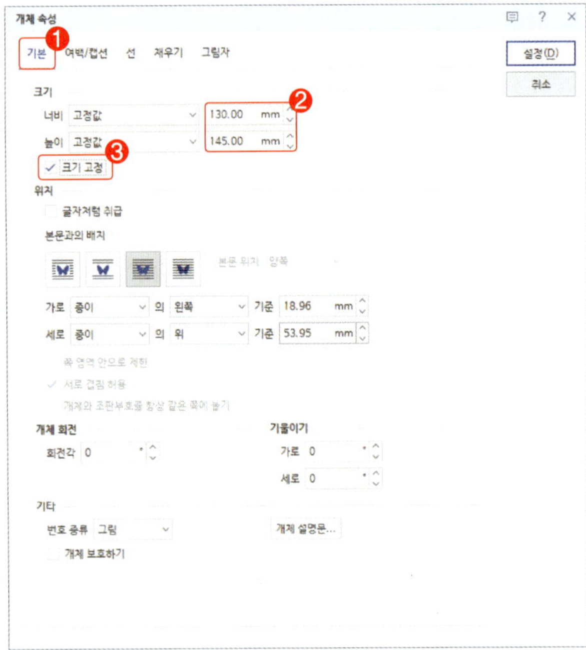

④ [선] 탭 – [사각형 모서리 곡률]에서 '둥근 모양'을 선택한다.
→ [채우기] 탭에서 면 색을 임의로 설정한다.

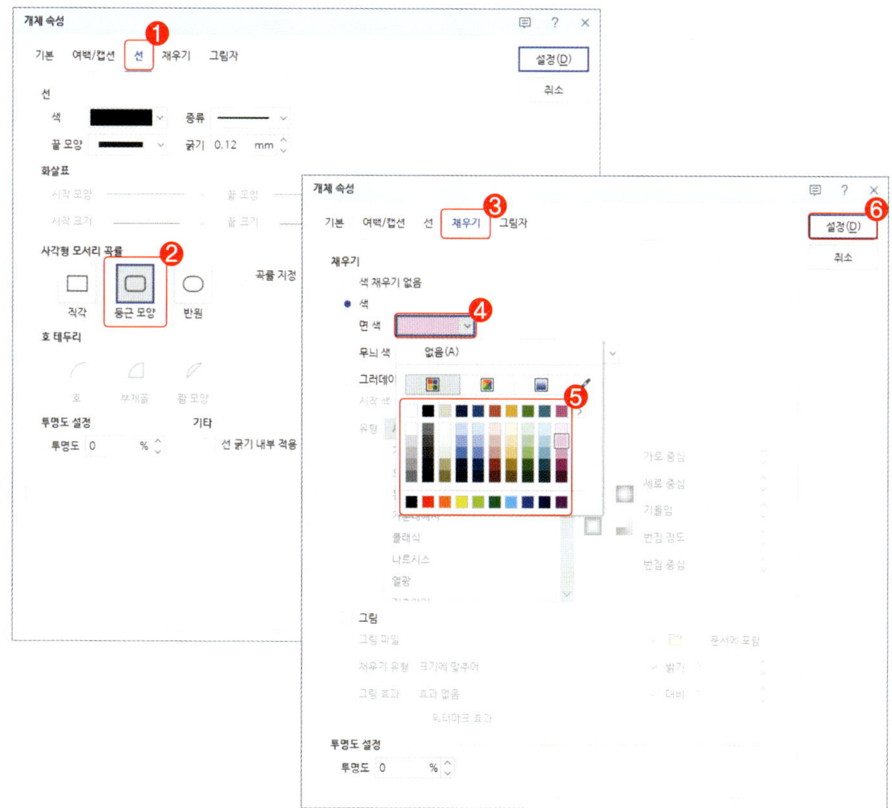

⑤ 다시 [입력] 탭에서 [직사각형](□)을 클릭하여 사각형을 그린다.
→ [도형] 탭(📷)에서 너비 「50mm」, 높이 「50mm」로 입력하고 '크기 고정'에 체크한다.
→ [도형 채우기]에서 면 색을 임의로 설정한다.

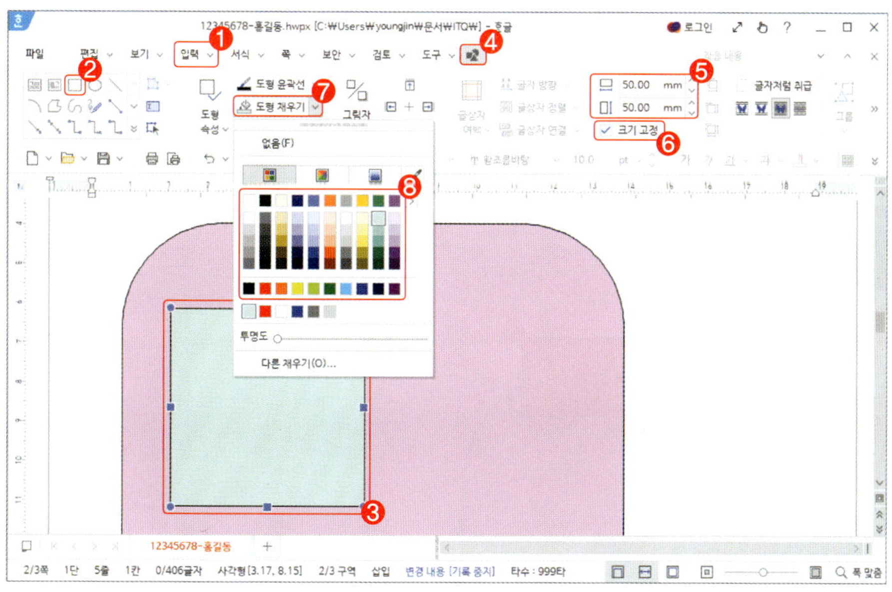

⑥ ≪출력형태≫를 참고하여 도형의 위치를 조절한다.

SECTION 02 **제목 글상자**

① [입력] 탭에서 [가로 글상자](▤)를 클릭하여 임의의 크기로 그린다.
→ [도형] 탭(▨)에서 너비 「110mm」, 높이 「17mm」로 입력하고 '크기 고정'에 체크한다.
→ [도형 채우기]에서 면 색을 '빨강'으로 설정한다.

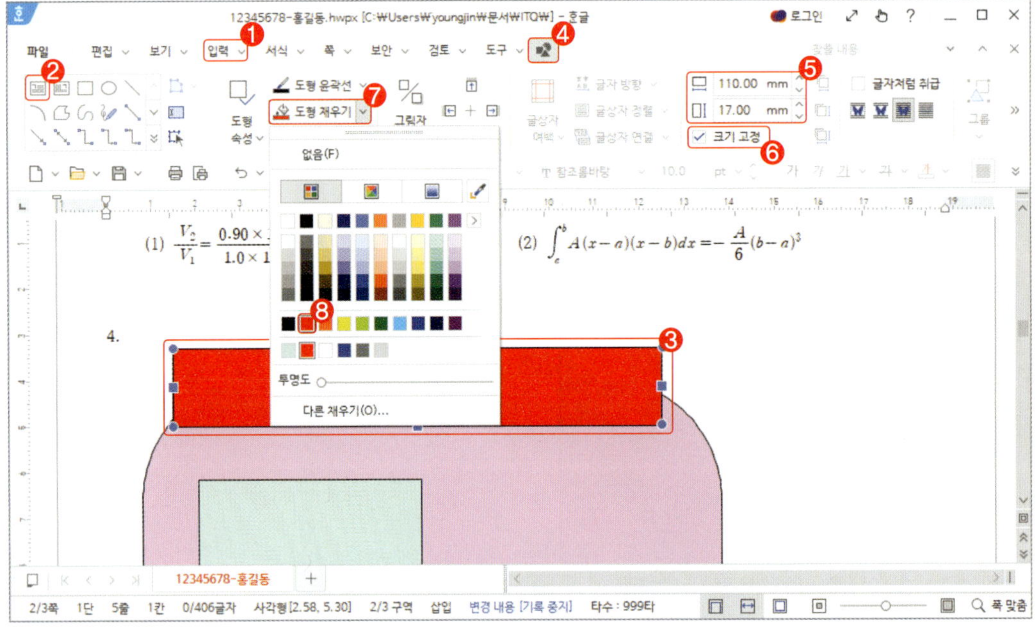

② 마우스 오른쪽 클릭하여 [개체 속성]을 클릭한다.
→ [선] 탭 – [사각형 모서리 곡률]에서 '반원'을 설정한다.

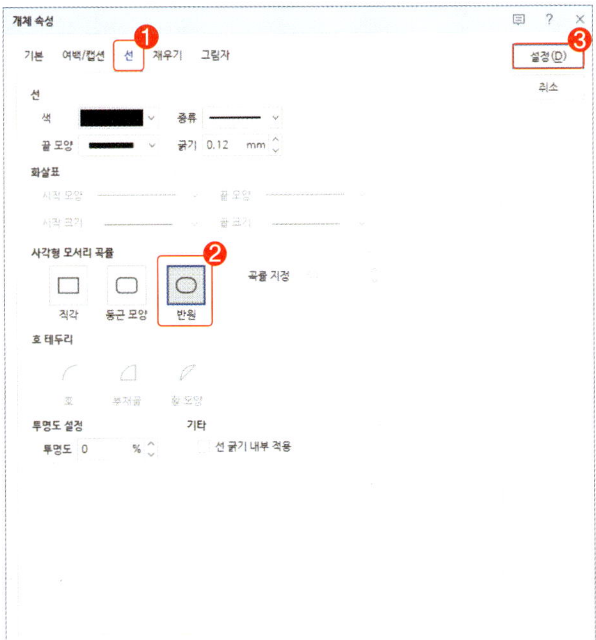

③ 글상자에 「마을주민 공론장 운영 방안」을 입력한다.
→ 글꼴 '궁서', '22pt', 글자색 '하양', [가운데 정렬](≣)을 설정한다.

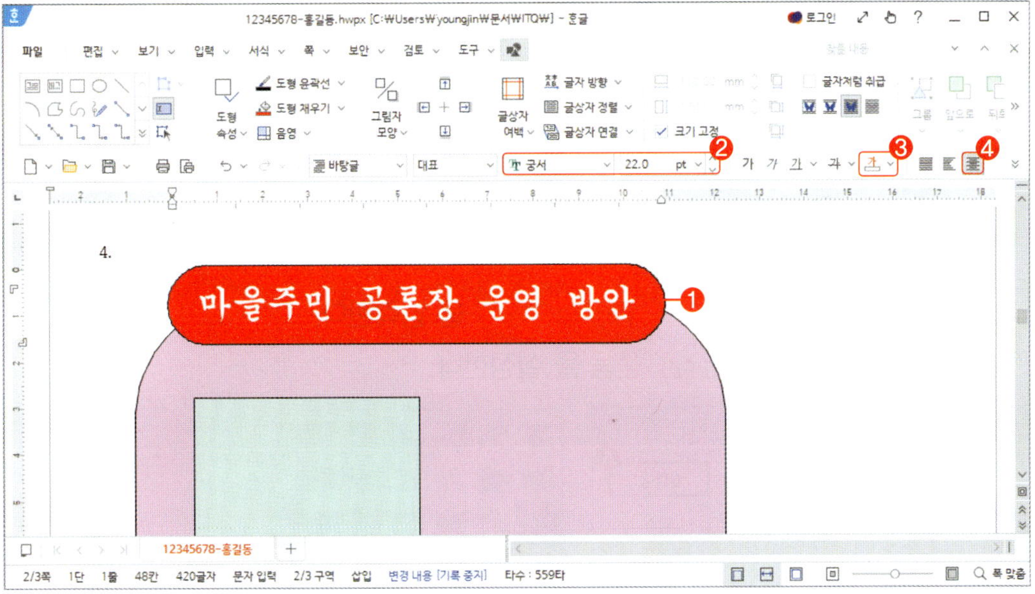

④ 《출력형태》를 참고하여 도형의 위치를 조절한다.

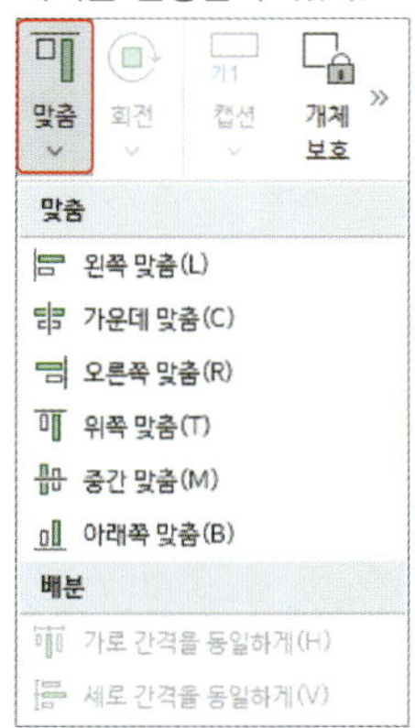

SECTION 03　글맵시

① [입력] 탭 – [글맵시](가나다)를 클릭한다.

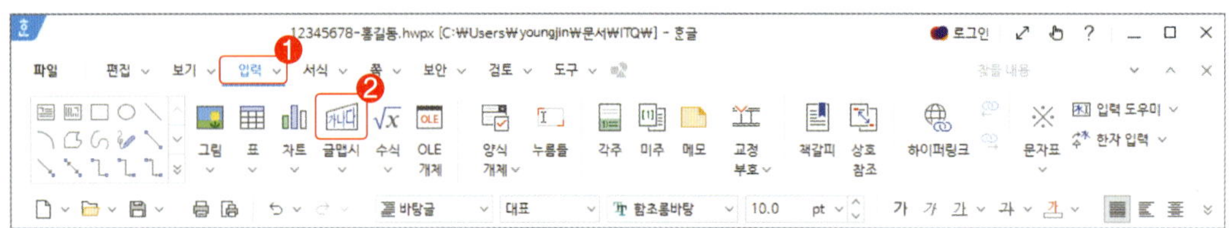

② [글맵시 만들기] 대화상자의 [내용]에 「수질오염문제점인식」을 입력한다.
　→ 글맵시 모양 '역갈매기형 수장'(▨), 글꼴 '돋움'을 설정한다.

③ [글맵시] 탭(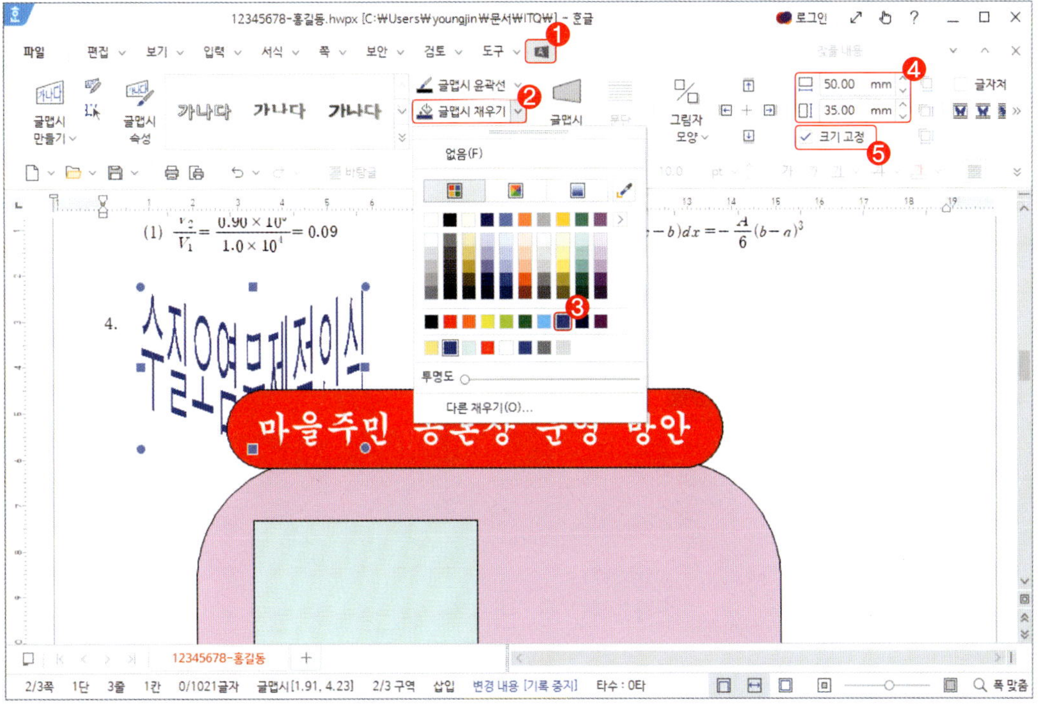)에서 [글맵시 채우기]를 클릭하여 '파랑'으로 설정한다.

→ 너비 「50mm」, 높이 「35mm」로 입력하고 '크기 고정'에 체크한다.

④ 입력한 글맵시에 마우스 오른쪽 클릭하여 [배치] – [글 앞으로]()를 선택한다.

→ 《출력형태》를 참고하여 글맵시의 위치를 조절한다.

① [입력] 탭 – [그림](　)을 클릭한다.

② '내 PC₩문서₩ITQ₩Picture' 폴더에서 '로고1.jpg'를 선택한 뒤 '문서에 포함'에 체크하고 [열기]를 클릭한다.
　→ 마우스로 여백에 드래그하면 그림이 삽입된다.

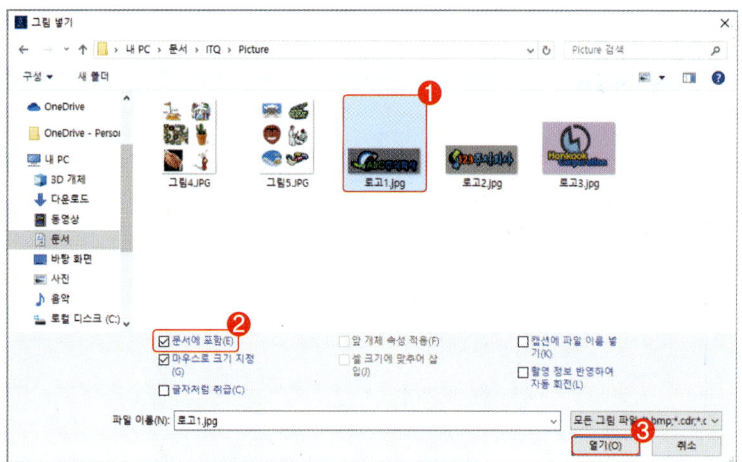

③ 삽입된 그림에 마우스 오른쪽 클릭하여 [개체 속성]을 클릭한다.
　→ [개체 속성] 대화상자의 [기본] 탭 – [크기]에서 너비 「40mm」, 높이 「30mm」로 입력한다.
　→ '크기 고정'에 체크하고 [본문과의 배치]는 '글 앞으로'를 설정한다.

기적의 TIP

그림 삽입
· 그림 삽입 시 반드시 문제에서 제시한 파일명의 그림을 선택한다.
· 본문과의 배치는 '글 앞으로'를 설정한다.

④ [그림] 탭(🌷) – [색조 조정] – [회색조](▣)를 클릭한다.

→ ≪출력형태≫를 참고하여 그림의 위치를 조절한다.

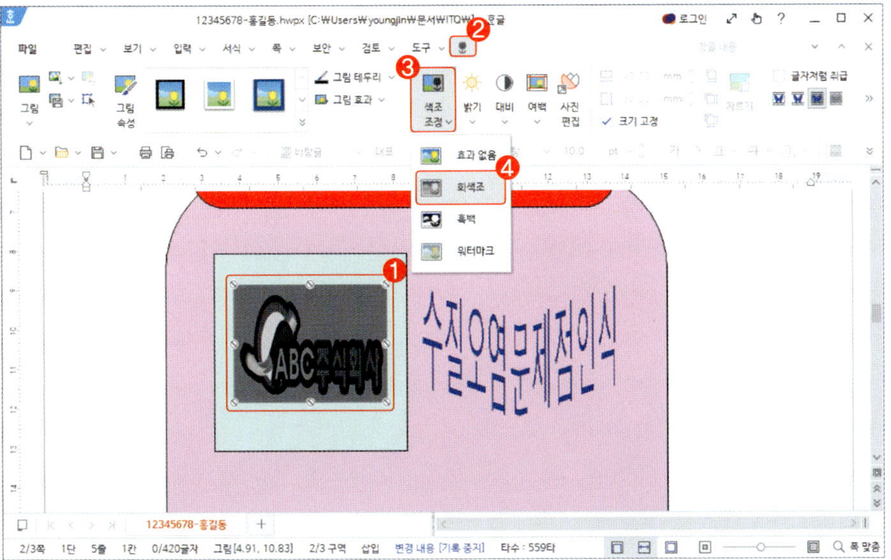

 책갈피, 하이퍼링크

① 3페이지의 첫 줄에 「민관거버넌스 프로그램 구축」을 입력한다.

→ 커서를 맨 앞에 위치시키고 [입력] 탭 – [책갈피](📖)를 클릭한다.

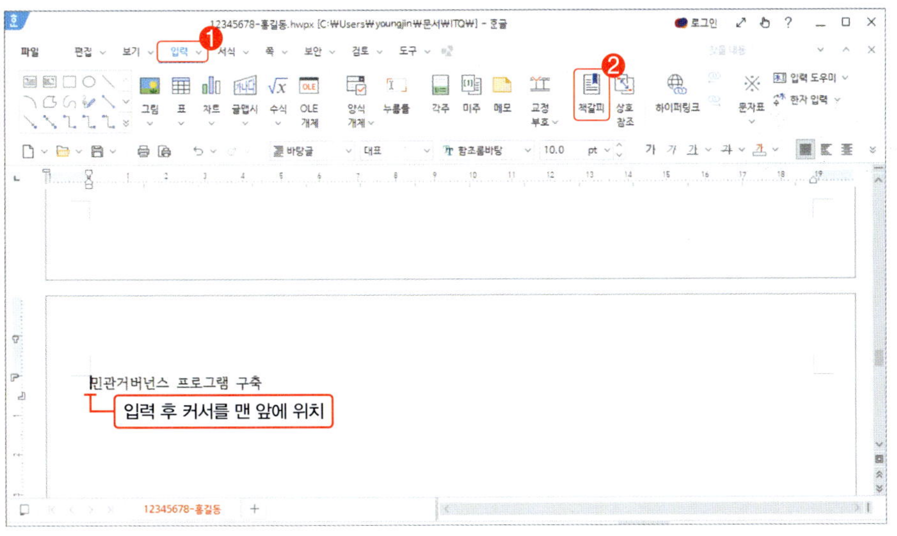

기적의 TIP

하이퍼링크를 지정하기 전에 책갈피가 먼저 설정되어 있어야 한다. 책갈피 설정 시 3페이지 작업의 제목부터 먼저 입력하고 진행하면 쉽다.

기적의 TIP

책갈피를 글자에 직접 지정하면 덧말 넣기를 할 때 책갈피가 해제될 수 있다.

② [책갈피] 대화상자에서 [책갈피 이름]에 「소하천」을 입력하고 [넣기]를 클릭한다.

③ 하이퍼링크를 설정할 그림을 클릭하고 [입력] 탭 – [하이퍼링크](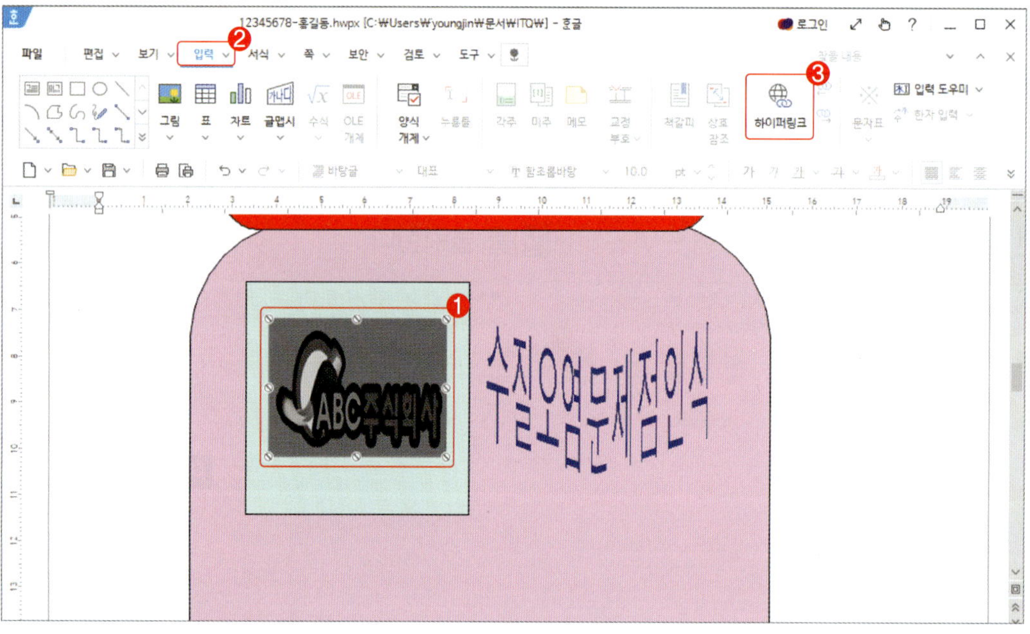)를 클릭한다.

④ [하이퍼링크] 대화상자에서 [연결 대상] – [흔글 문서]를 클릭한다.

→ '소하천'을 선택하고 [넣기]를 클릭한다.

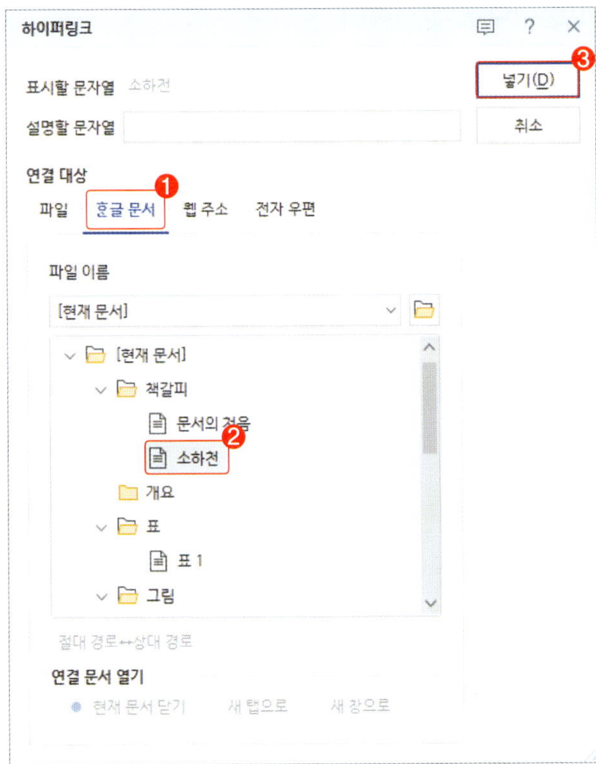

⑤ 그림 선택을 해제한다. 다시 그림에 Ctrl 을 누른 상태로 마우스 포인터를 가져다 놓으면 포인터의 모양이 손 모양으로 바뀌는 것을 확인할 수 있다.

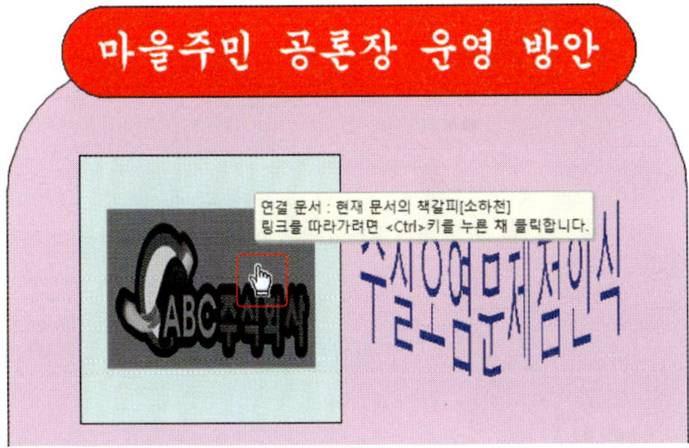

SECTION 06 도형 그리기

① [입력] 탭에서 [직사각형](□)을 클릭하여 임의의 크기로 그린다.

② [도형] 탭( )에서 너비 「11mm」, 높이 「15mm」로 입력하고 '크기 고정'에 체크한다.

　→ [본문과의 배치]는 '글 앞으로'를 지정한다.

　→ [도형 채우기]에서 면 색을 흰색을 제외한 임의의 색으로 설정한다.

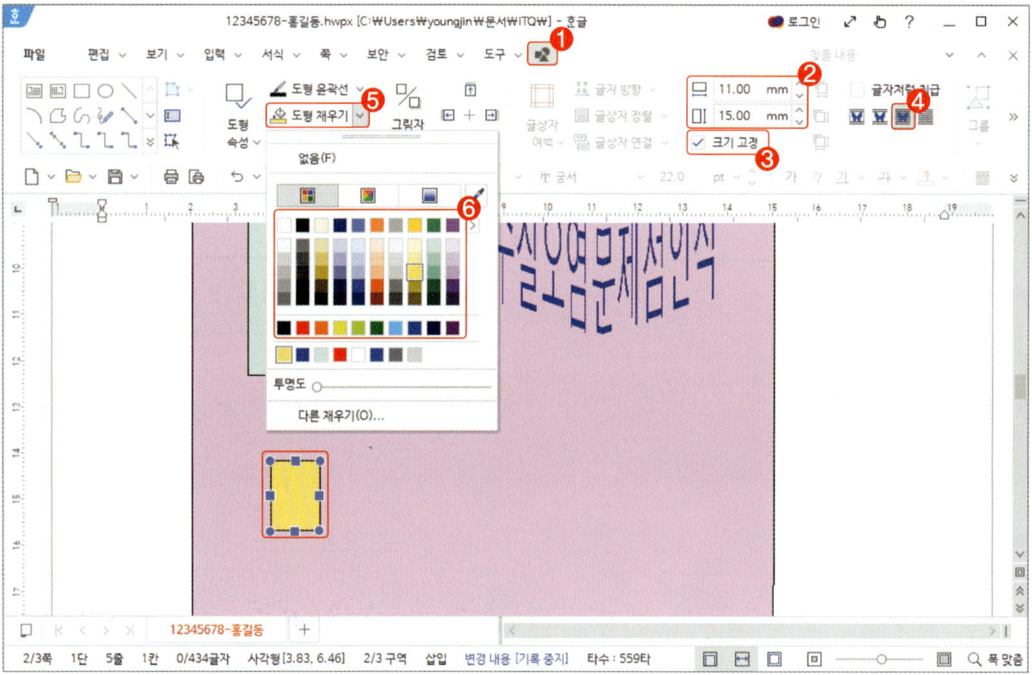

③ 다시 [입력] 탭에서 [직사각형](□)을 클릭하여 임의의 크기로 그린다.

④ [도형] 탭(□)에서 너비 「13mm」, 높이 「13mm」로 입력하고 '크기 고정'에 체크한다.

　→ [본문과의 배치]는 '글 앞으로'를 지정한다.

　→ [도형 채우기]에서 면 색을 '하양'으로 설정한다.

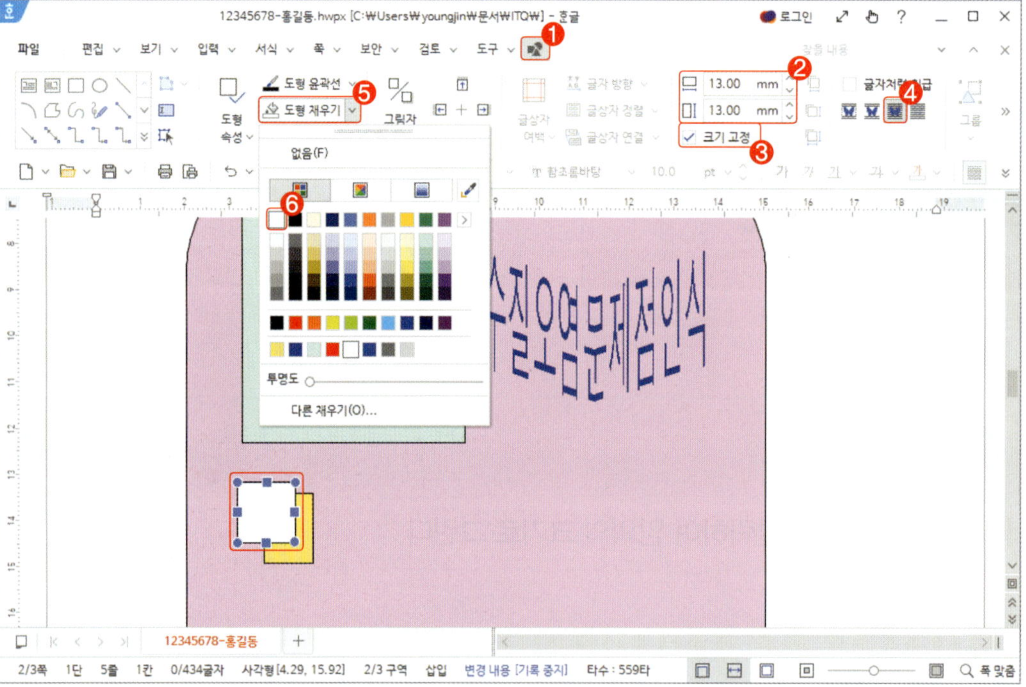

⑤ 도형에 마우스 오른쪽 클릭하여 [개체 속성]을 클릭한다.

　→ [선] 탭 – [사각형 모서리 곡률]에서 '둥근 모양'을 설정한다.

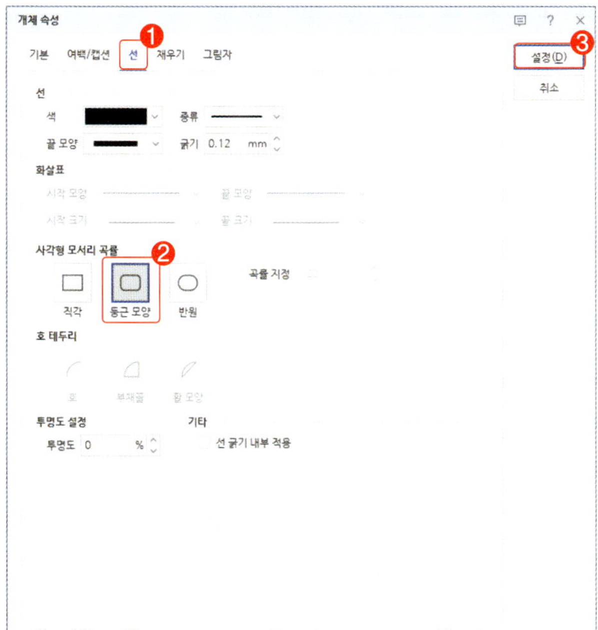

⑥ 도형이 선택된 상태에서 [도형] 탭 – [글자 넣기](🄸)를 클릭하고 「1」을 입력한다.

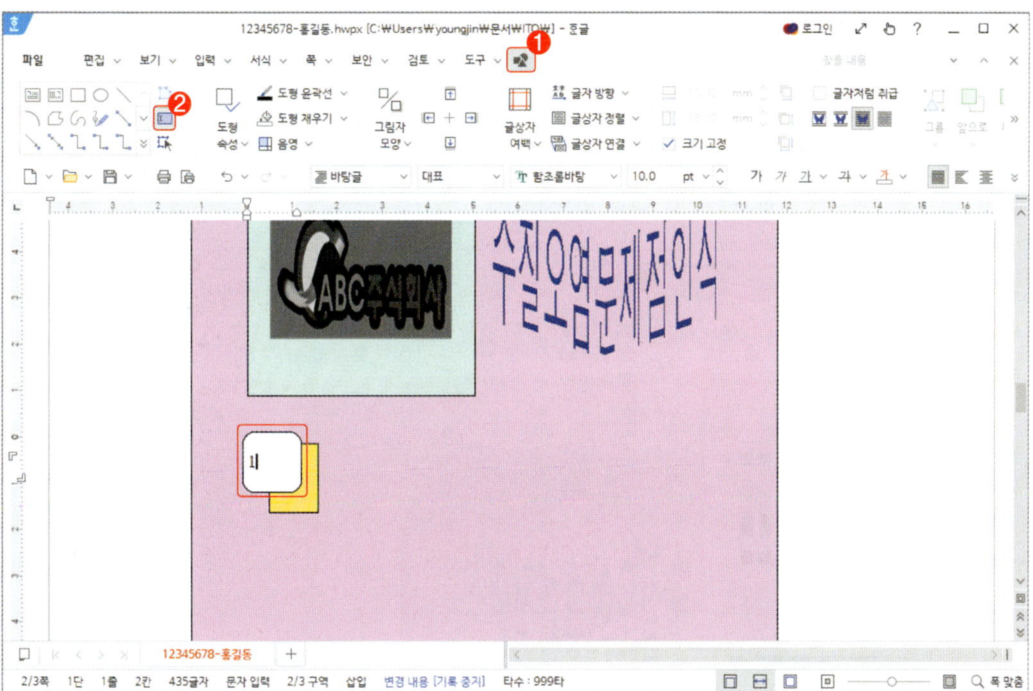

⑦ 입력한 글자를 블록 설정하고 글꼴 '궁서', '20pt', [가운데 정렬](🖺)을 설정한다.

⑧ [입력] 탭 – [가로 글상자](▤)를 클릭하고 ≪출력형태≫를 참고하여 적당한 크기의 글 상자를 그린다.

→ [도형] 탭(▨) – [도형 윤곽선] – [선 종류] – [파선](― ― ― ―)으로 설정한다.

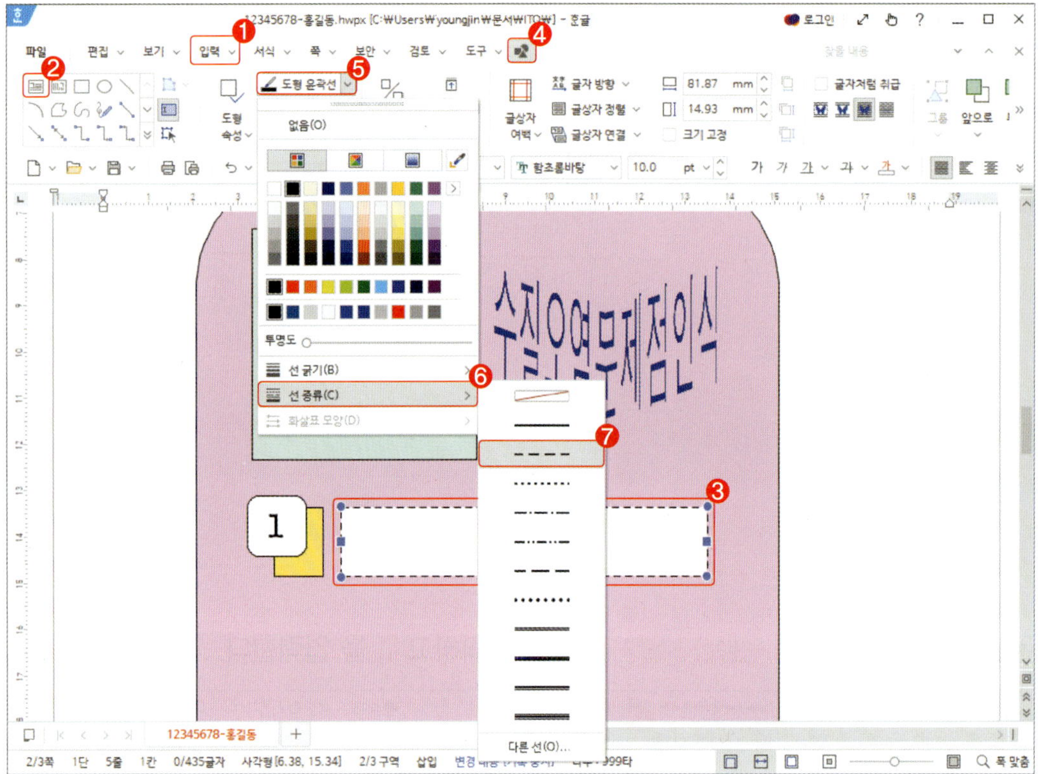

⑨ 글상자에 내용을 입력하고 글꼴 '굴림', '18pt', [가운데 정렬](▤)을 설정한다.

→ [도형] 탭(▨) – [도형 채우기]에서 '없음'으로 설정한다.

① 작성된 도형들과 글상자를 Shift 를 누른 채 클릭하여 모두 선택한다.

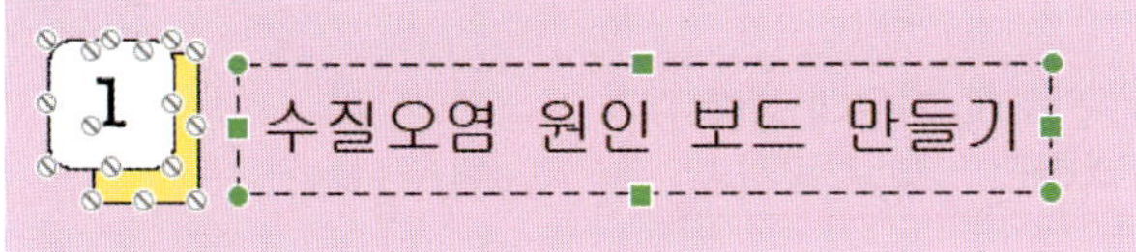

② Ctrl + Shift 를 누른 채 아래로 드래그하여 복사한다.

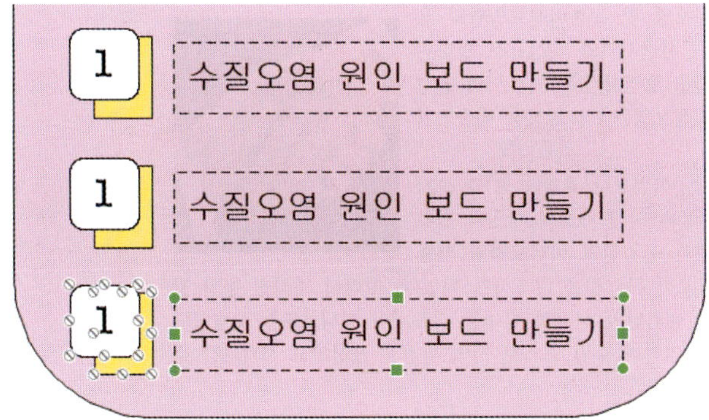

③ 복사된 개체의 색, 내용을 ≪출력형태≫를 참고하여 수정한다.

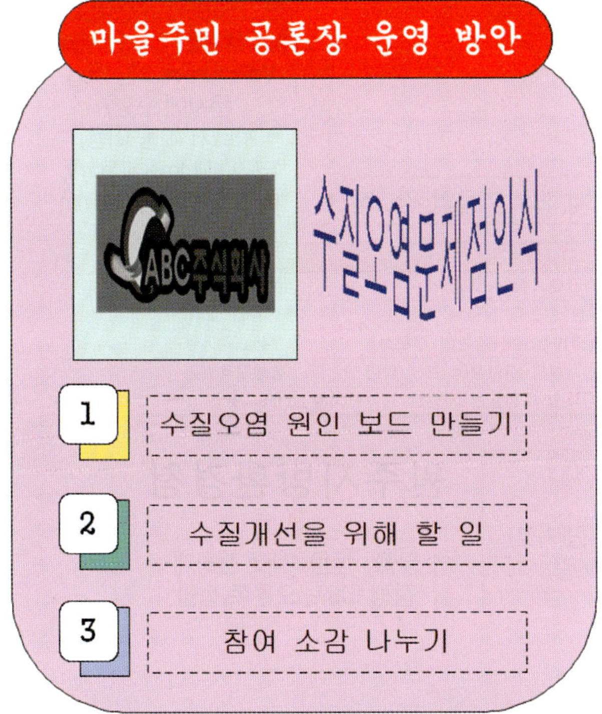

문서작성 능력평가는 여러 기능을 사용하여 문서를 작성하는 문제이다. 머리말, 쪽 번호, 문단 첫 글자 장식, 문단 번호, 각주, 문자표 입력, 강조점 설정 등의 각 기능들을 확실히 알아두도록 한다.

글꼴 : 굴림, 18pt, 진하게, 가운데 정렬,
책갈피 이름 : 소하천   덧말 넣기

소하천 수질개선

첫 글자 장식 기능
글꼴 : 궁서, 면색 : 노랑

강원 산간지역
민관거버넌스 프로그램 구축

머리말 기능
돋움, 10pt, 오른쪽 정렬

강 원 산간지역의 하천 수질은 점오염원보다는 농업비점오염 및 농촌비점오염원의 유입으로 인한 오염(汚染)이 매우 크다. 지형 경사가 큰 산간지역의 특성으로 인하여 우기 시 다량으로 유출되는 토사가 하천으로 유입되면서 수질을 오염시키고, 하류지역 농경지에 토사가 퇴적/매몰되어 부정적인 영향을 미치고 있다. 비점오염원①의 특성상 배출범위가 광범위하여 수집을 통한 관리가 불가능한 것이 현실이다.

각주

정부에서는 비점오염원 배출 저감을 위한 다양한 방안을 강구하였으나 효과(效果)를 보지 못하였고, 이에 농업비점오염원 배출 저감을 위한 배출원에서부터 사전 예방적 차원의 관리가 중요하다는 것을 인지하게 되었으며, 이를 위해서는 주민과 농업인의 비점오염원 배출 저감 교육과 홍보가 필요하고 주민의 적극적 참여가 매우 중요하다는 것을 강조하게 되었다. 따라서 소하천 수질 관리를 위해서 농업농촌비점오염의 사전 예방적 관리에 주민과 농업인의 적극적 참여를 유도해야 한다. 또한 고령화되는 농촌지역의 특성을 감안한 역량강화 프로그램을 개발 및 운영하여 주민 스스로 지역 환경을 개선하고 지켜나갈 수 있도록 주민의 관심을 유도하는 것이 필요하다.

※ **주민참여 공론장의 목적 및 주요 내용**

글꼴 : 궁서, 18pt, 하양
음영색 : 빨강

가. 주민참여 공론장의 목적
　　㉠ 강원산간 흙탕물 발생 및 수질오염에 대한 의견 공유
　　㉡ 소하천 수질개선을 위한 공동의 목표 수립
나. 주민참여 공론장의 주요 내용
　　㉠ 간담회를 통한 소하천 문제점 공유 및 개선안 논의
　　㉡ 수질오염 개선방안을 위한 공론장 운영

그림 위치(내 PC₩문서₩ITQ ₩Picture₩그림4.jpg, 문서에 포함) 자르기 기능 이용, 크기(40mm×40mm), 바깥 여백 왼쪽 : 2mm

※ *비점오염원 인식교육*

글꼴 : 궁서, 18pt, 기울임, 강조점

구분	교육주제	교육내용	장소
정화활동	수질개선 EM교육	도시의 평균대기질 농도 파악	거주민 인근하천
주민참여	인식개선 교육	미생물을 이용한 쌀뜨물 발효액 만들기	주민센터 교육장
주민실천	실생활 적용교육	토사유출 및 농업비점오염원 관리 필요성	평생교육기관
실천심화	역량강화 교육	비점오염원 저감 시설의 주민참여 관리 방안	평생교육기관
교육시기 운영계획		강원 산간 지역의 주민실천 사업은 농사시기를 고려할 것	

표 전체 글꼴 : 굴림, 10pt, 가운데 정렬, 셀 배경(그러데이션) : 유형(가로), 시작색(하양), 끝색(노랑)

원주지방환경청

문단 번호 기능 사용
1수준 : 20pt, 오른쪽 정렬,
2수준 : 30pt, 오른쪽 정렬
줄 간격 : 180%

글꼴 : 돋움, 24pt, 진하게
장평 105%, 오른쪽 정렬

각주 구분선 : 5cm

① 불특정장소에서 불특정하게 수질오염물질을 배출하는 배출원

쪽 번호 매기기, 6으로 시작　⑥

① 3페이지 첫 줄에 입력되어 있는 제목「민관거버넌스 프로그램 구축」아래에 본문의 내용을 오타에 주의하여 입력한다.

② [쪽] 탭 – [머리말](☰) – [위쪽] – [양쪽] – [모양 없음]을 선택한다.

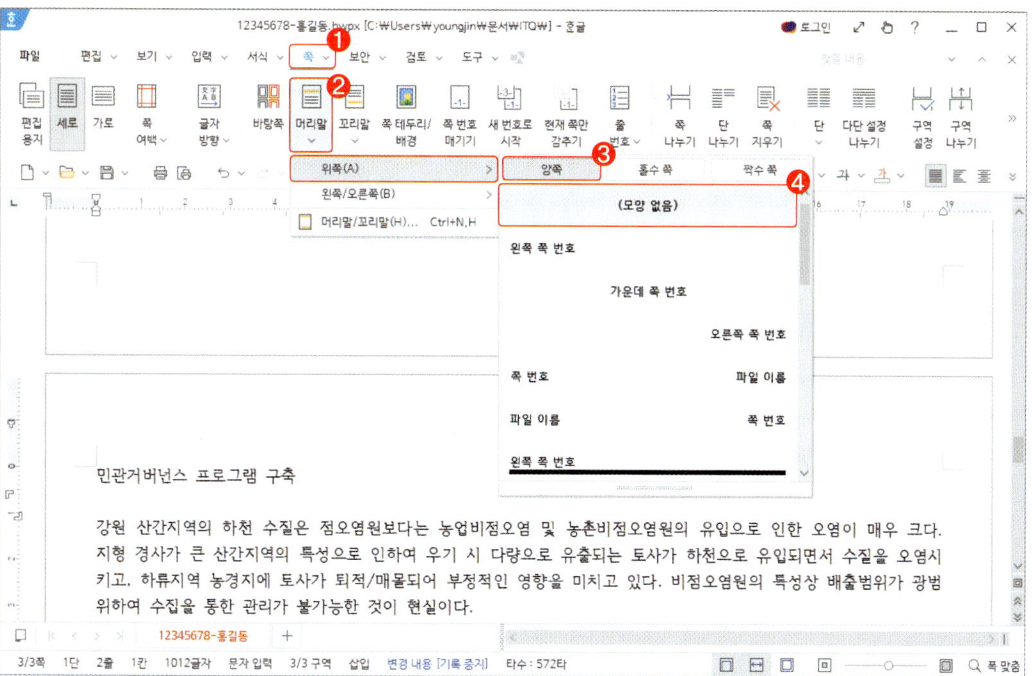

③ 머리말 영역이 표시되면「소하천 수질개선」을 입력한다.

→ 텍스트를 블록 설정하여 글꼴 '돋움', '10pt', [오른쪽 정렬](☰)을 설정하고, [머리말/꼬리말] 탭 – [닫기](⊗)를 클릭한다.

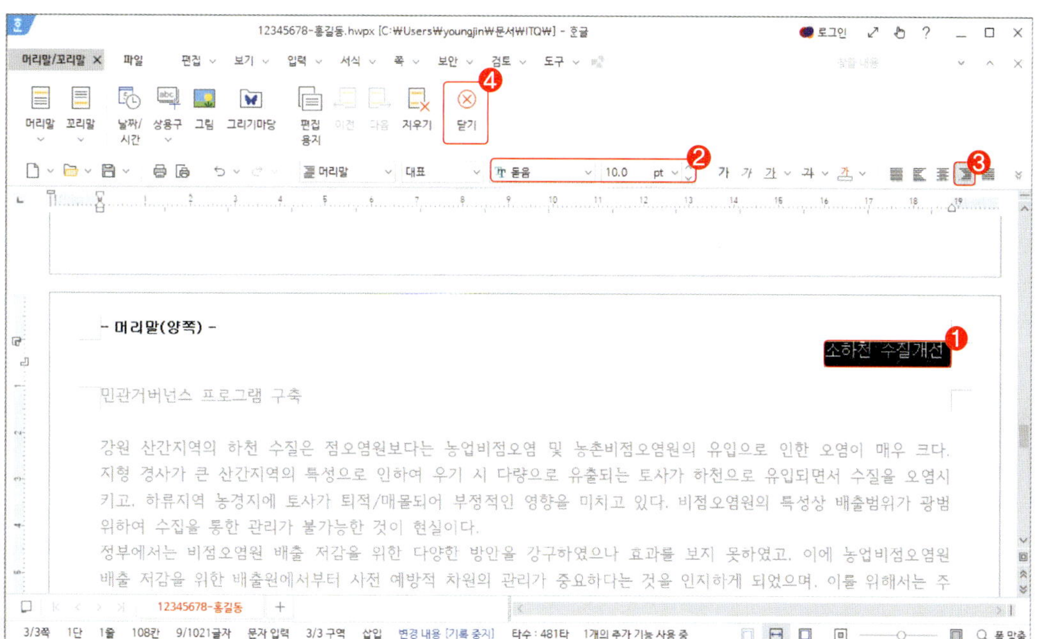

① 제목을 블록 설정하고 글꼴 '굴림', '18pt', '진하게', [가운데 정렬](☰)을 지정한다.

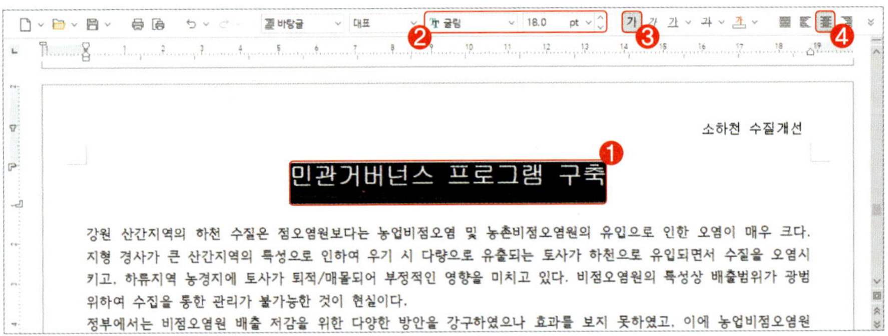

② [입력] 메뉴 – [덧말 넣기](덧말 가나)를 클릭한다.

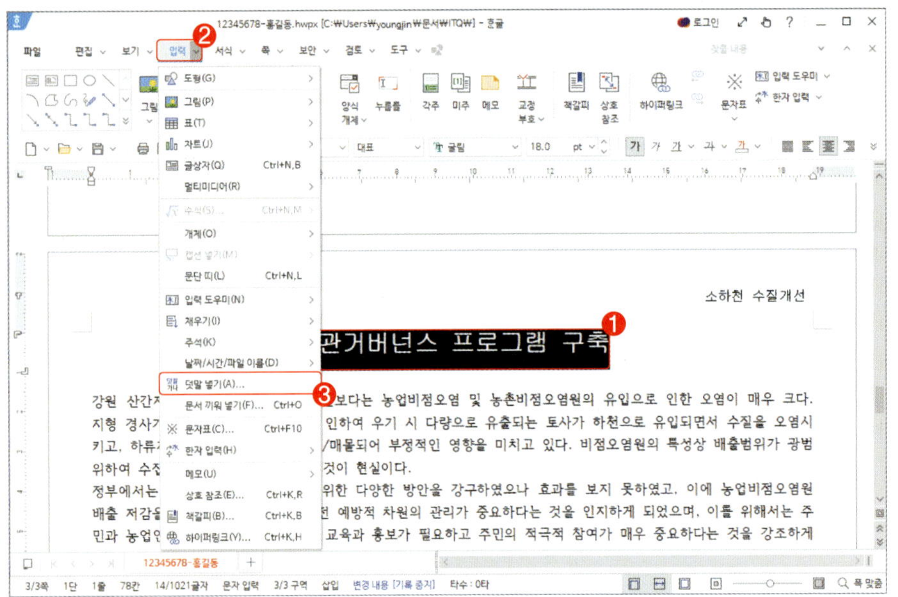

③ [덧말 넣기] 대화상자의 [덧말]에 「강원 산간지역」을 입력하고 [덧말 위치]를 '위'로 설정한다.

기적의 TIP

덧말의 수정
덧말을 더블 클릭하거나 [편집] 메뉴–[고치기]를 클릭한다.

① 첫 번째 문단에 커서를 놓고 [서식] 탭 – [문단 첫 글자 장식]()을 선택한다.

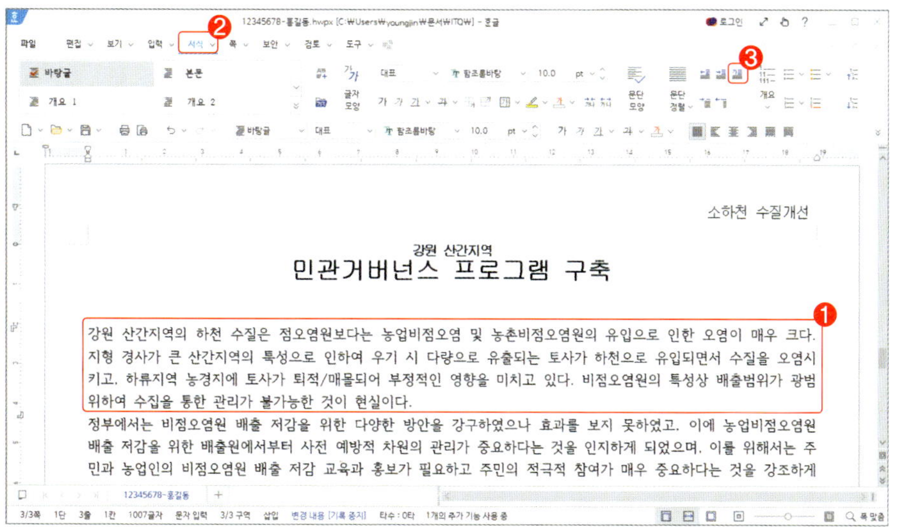

② [문단 첫 글자 장식] 대화상자에서 [모양] '2줄', 글꼴 '궁서', 면 색 '노랑'을 설정한다.

해결 TIP

문단 첫 글자 장식을 지우고 싶어요!

문단에 커서를 놓고 [문단 첫 글자 장식] 대화상자를 열어 [모양]에서 '없음'을 설정한다.

① 한자로 변환할 단어 「오염」 뒤에 커서를 놓고 [입력] 탭 – [한자 입력]( )을 클릭하거나 ^{한자} 또는 F9 를 누른다.

② [한자로 바꾸기] 대화상자의 한자 목록에서 변경할 한자를 선택한다.
　→ 입력 형식을 '한글(漢字)'로 선택하고 [바꾸기]를 클릭한다.

기적의 TIP

문서작성 능력평가에서 한자는 두 개 단어가 출제되고 있다.

③ 같은 방법으로 「효과(效果)」도 한자 변환한다.

① 각주를 표시할 단어 뒤에 커서를 놓고, [입력] 탭 – [각주](📑)를 선택한다.

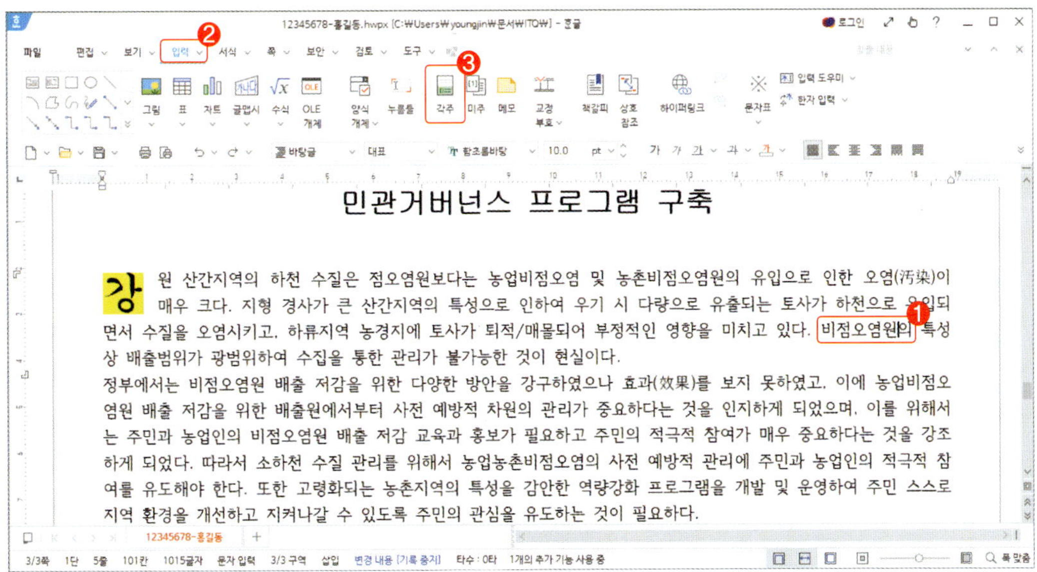

② 각주 입력 화면이 나타나면 [주석] 탭 – [각주/미주 모양](📝)을 클릭한다.

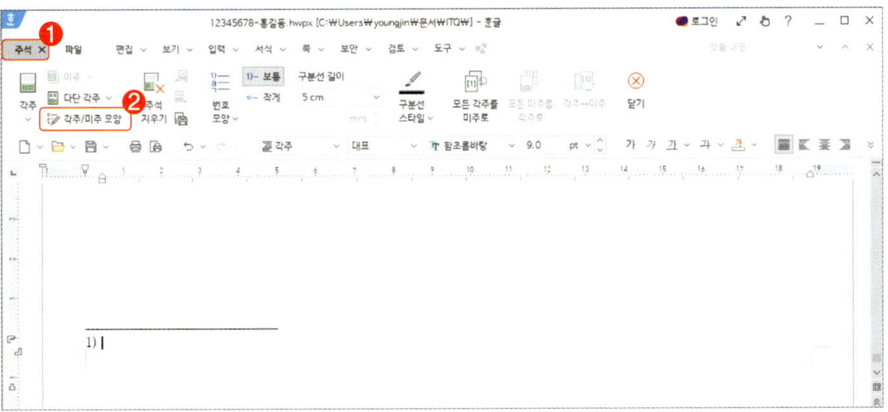

③ [주석 모양] 대화상자에서 번호 모양 'ⓐ, ⓑ, ⓒ'를 선택한다.
→ 구분선 넣기를 체크하고 길이 '5cm'로 설정한다.

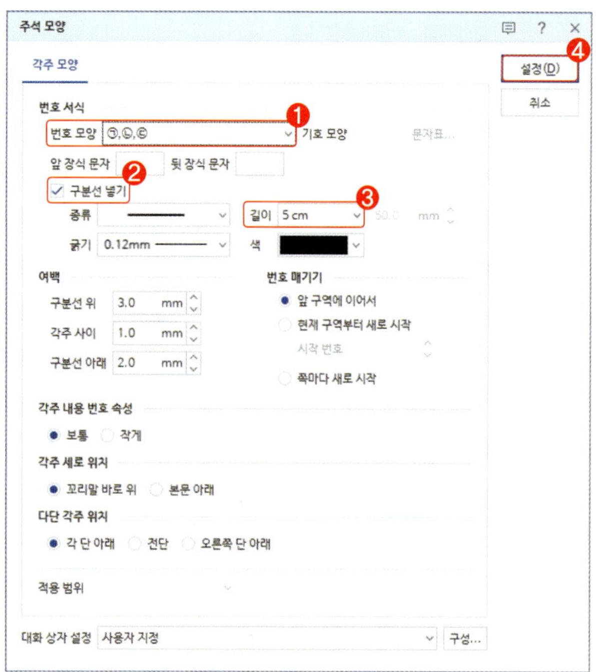

④ 각주 내용을 입력하고, [주석] 탭 – [닫기](⊗)를 클릭한다.

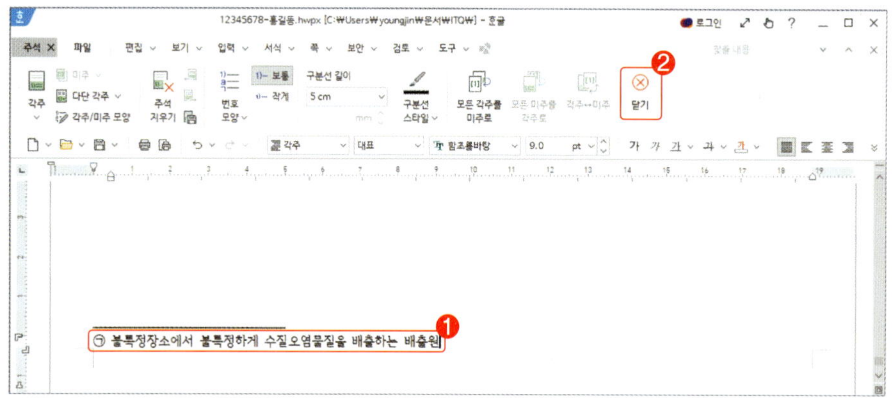

① 들여쓰기할 부분에서 [서식] 탭 – [문단 모양](▣)을 클릭한다.

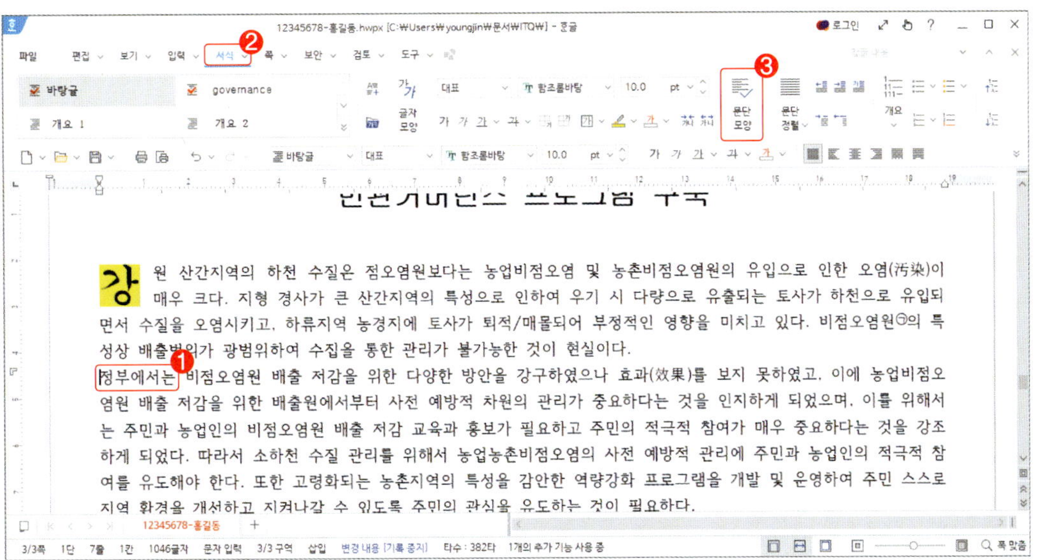

② [기본] 탭에서 [첫 줄] 들여쓰기를 '10pt'로 설정한다.

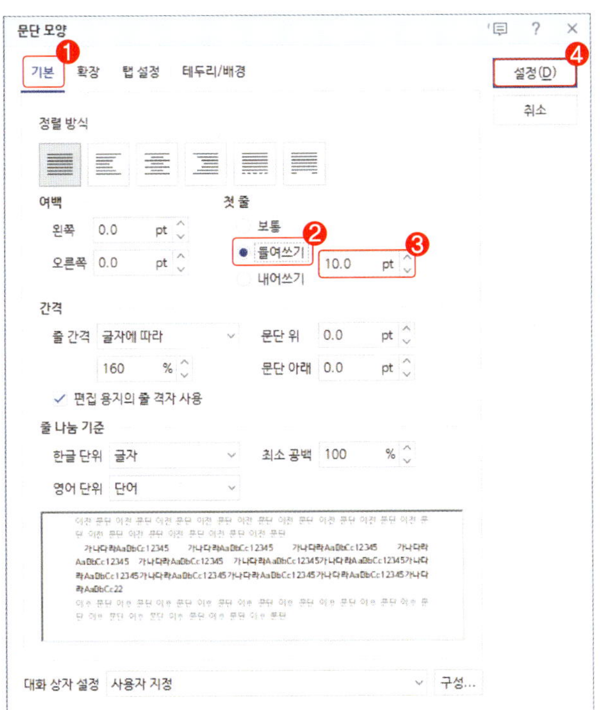

기적의 TIP

[첫 줄] 들여쓰기 기능 대신 Space Bar 를 두 번 눌러 공간을 띄어도 된다.

① [입력 탭] – [그림](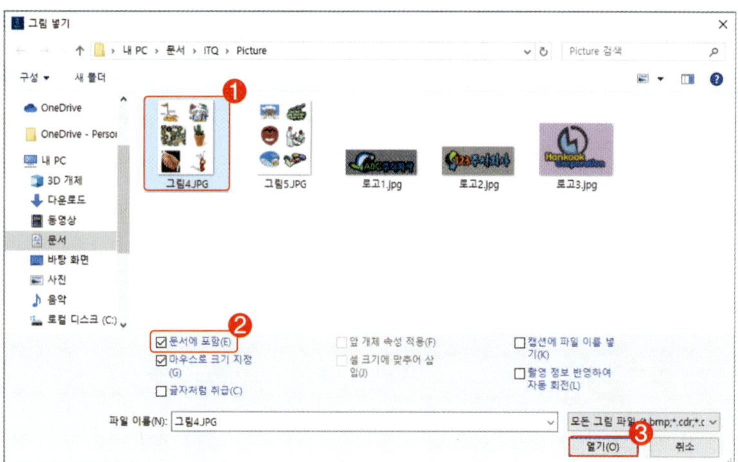)을 클릭한다.

② '내 PC₩문서₩ITQ₩Picture' 폴더에서 '그림4.jpg'를 선택한 뒤,
　'문서에 포함'에 체크하고 [열기]를 클릭한다.
　→ 마우스로 여백에 클릭하면 그림이 삽입된다.

③ 그림을 삽입하고 [그림] 탭(　) – [자르기](　)를 클릭한다.
　→ 마우스로 조절점을 드래그하여 그림을 자른다.

　기적의 TIP

　[자르기](　) 대신 Shift 를
　누른 상태에서 마우스로 조
　절점을 드래그해도 바로 그
　림을 자를 수 있다.

④ [그림] 탭( )에서 너비 「40mm」, 높이 「40mm」로 입력한다.
→ '크기 고정'에 체크하고 [본문과의 배치]는 '어울림'을 설정한다.

⑤ 삽입된 그림에 마우스 오른쪽 클릭하여 [개체 속성]을 클릭한다.
→ [여백/캡션] 탭에서 [바깥 여백] 왼쪽 '2mm'를 설정한다.

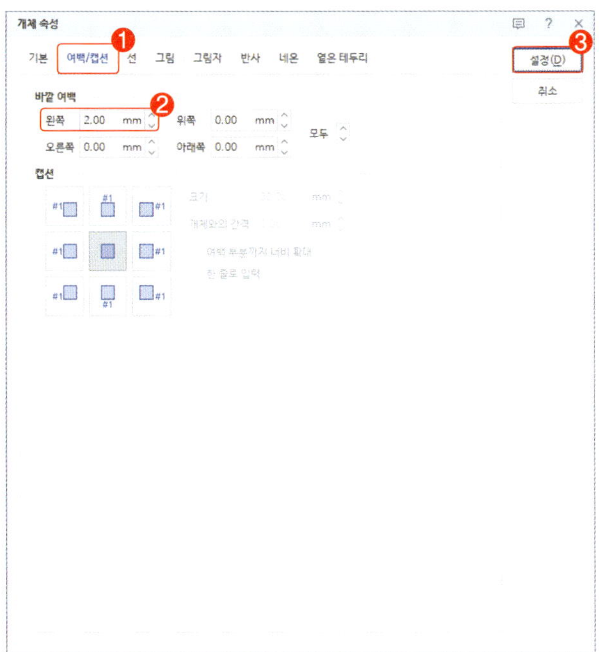

⑥ ≪출력형태≫를 참고하여 그림의 위치를 조절한다.

① 문자표가 필요한 위치에 커서를 놓고 [입력] 탭 – [문자표](※)를 클릭한다.

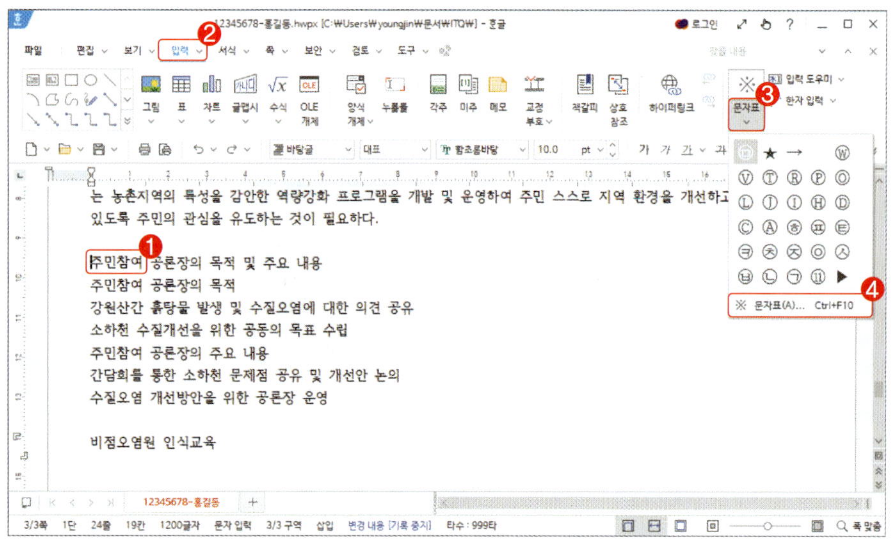

② [문자표] 대화상자에서 '※'를 선택하여 넣는다.

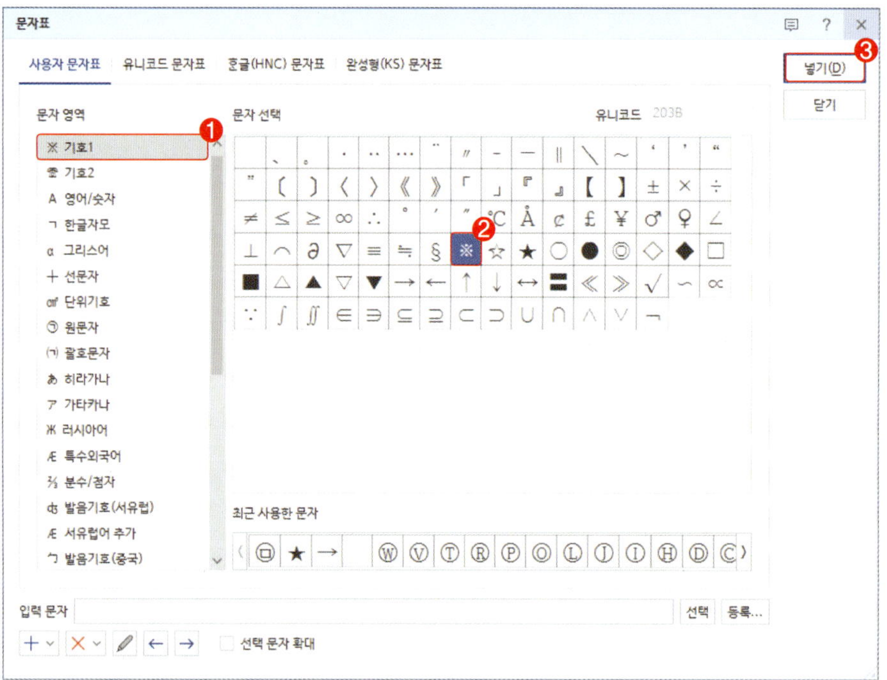

③ 문자표를 포함해서 제목에 블록 설정한다.
→ 글꼴 '궁서', '18pt'를 설정한다.

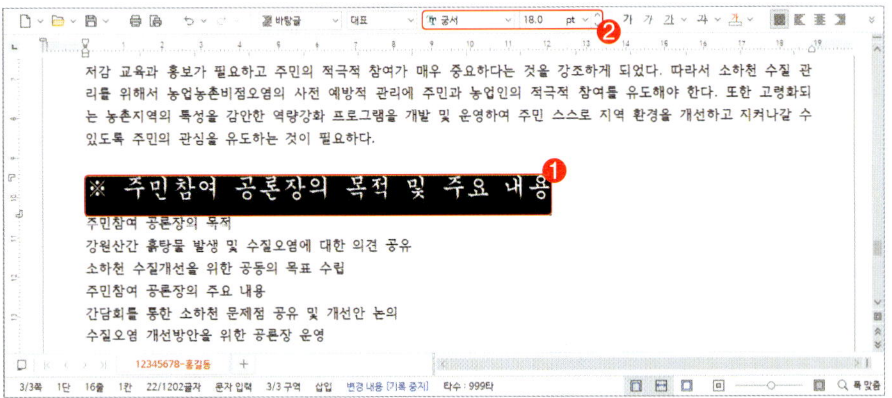

④ 문자표를 제외하고 제목에 블록 설정한다.
→ [서식] 탭 – [글자 모양](가)을 클릭한다.
→ 글자 색 '하양', 음영 색 '빨강'을 설정한다.

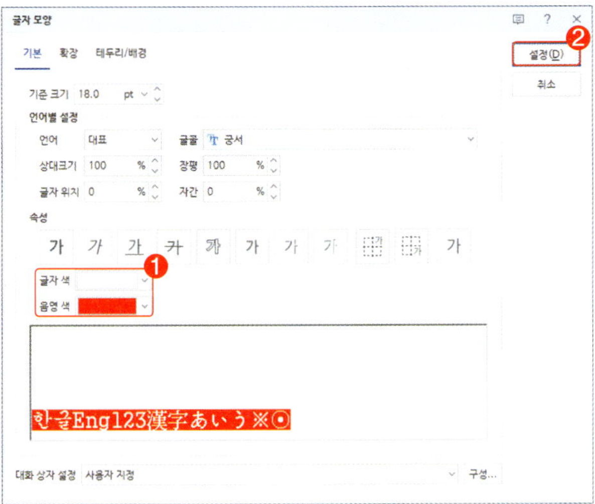

① 문단 번호를 지정할 부분을 블록 설정한다.

→ [서식] 탭 – [문단 번호]의 드롭다운 단추를 클릭하고 [문단 번호 모양]을 클릭한다.

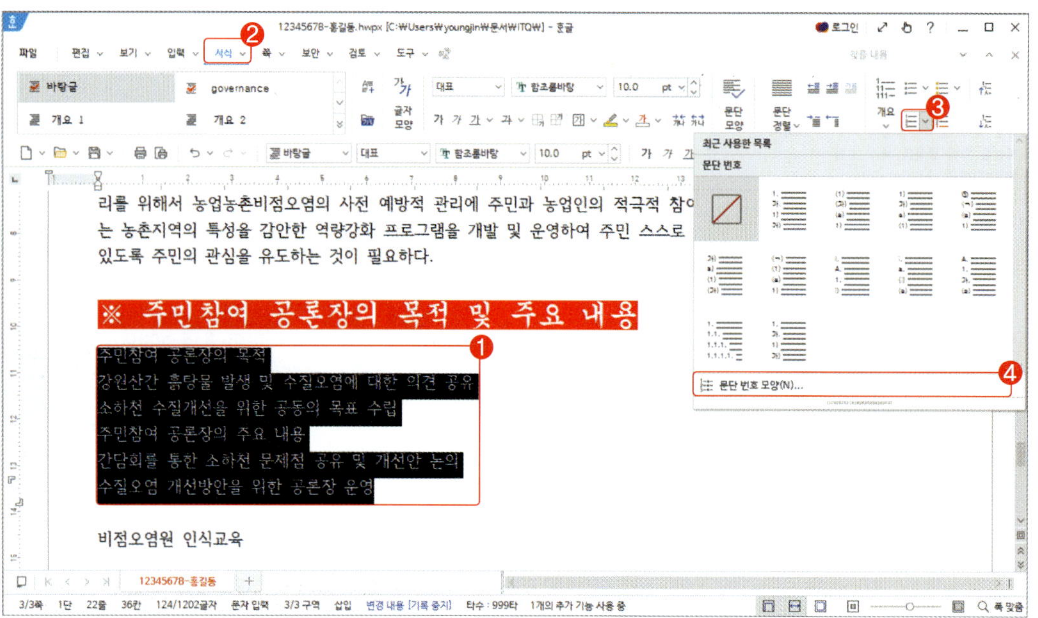

② [글머리표 및 문단 번호] 대화상자의 [문단 번호 모양]에서 '1.'이 첫 줄에 있는 모양을 선택하고 [사용자 정의]를 클릭한다.

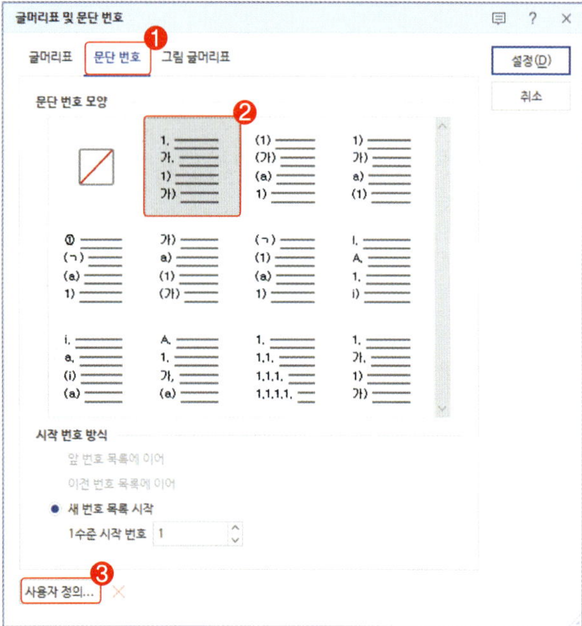

③ 1 수준의 번호 서식 「^1.」, 번호 모양 '가,나,다', 너비 조정 '20pt', 정렬 '오른쪽'을 선택한다.

→ 2 수준을 클릭하고 번호 서식 「^2」, 번호 모양 'ㄱ,ㄴ,ㄷ', 너비 조정 '30pt', 정렬 '오른쪽'을 설정한다.

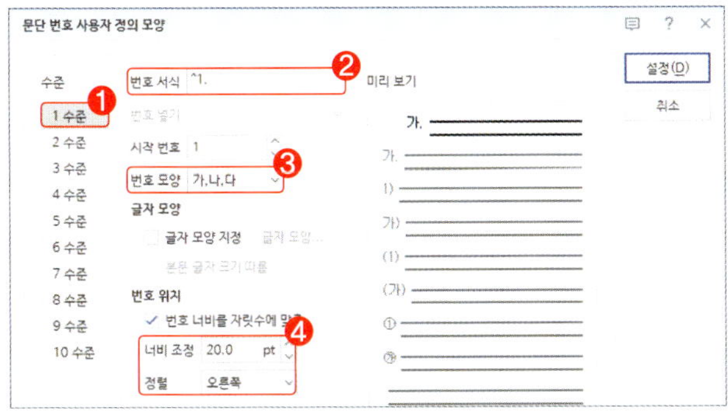

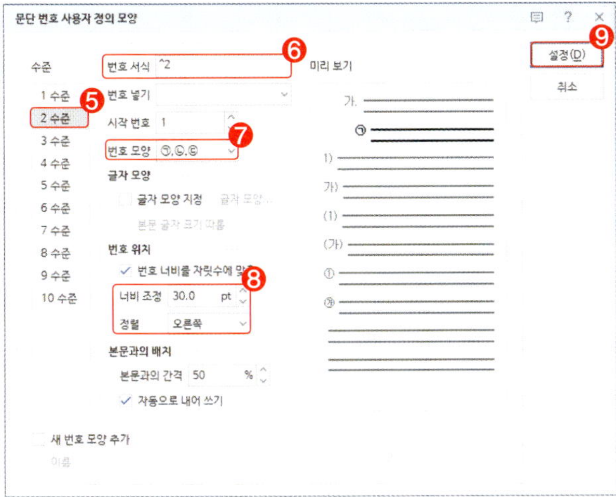

④ [글머리표 및 문단 번호] 대화상자에서 [문단 번호 모양]이 '사용자 정의'로 선택되어 있는 것을 확인하고 [설정]을 클릭한다.

⑤ 2 수준이 적용될 부분을 블록 설정하고 [서식] 탭 – [한 수준 감소](아이콘)를 클릭한다.

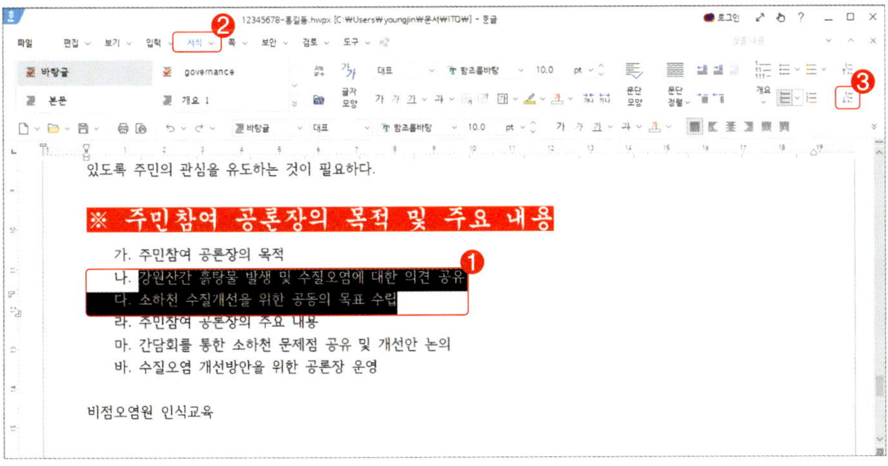

⑥ 나머지 2 수준이 적용될 부분을 블록 설정한다.

→ [서식] 탭 – [한 수준 감소]( )를 클릭한다.

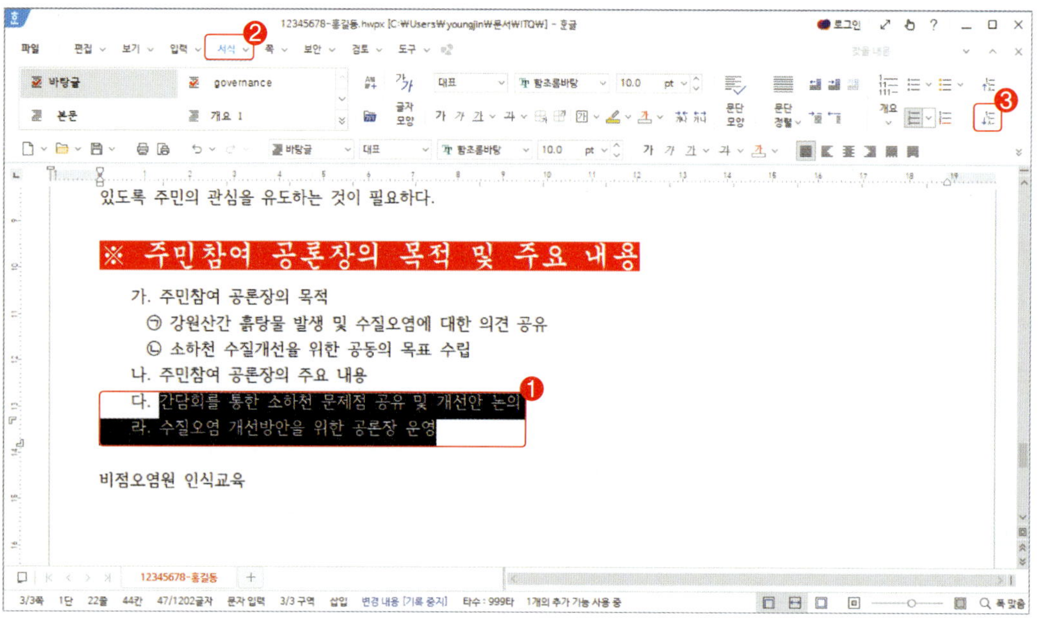

⑦ 문단 번호를 지정한 부분을 모두 블록 설정한다.

→ 줄 간격 '180%'를 설정한다.

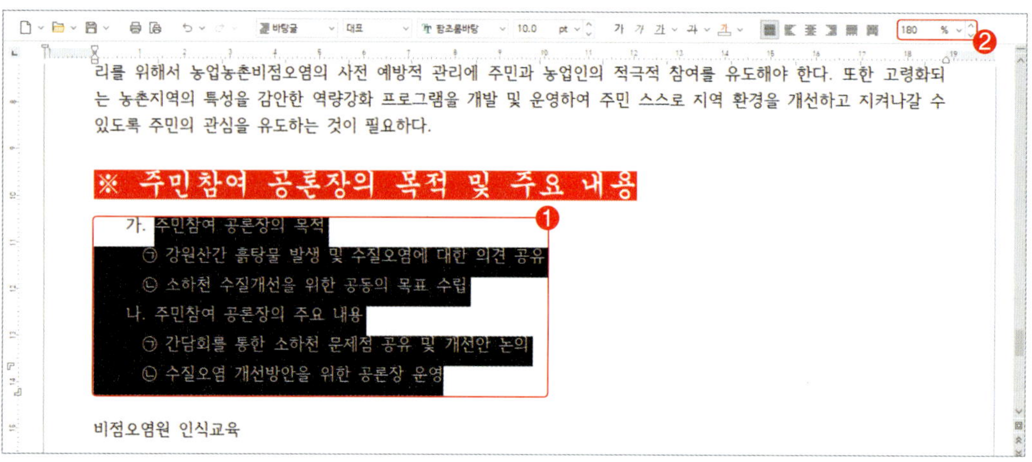

① 앞서 작업한 중간 제목 1과 같이 [입력] 탭 – [문자표](※)에서 '※'를 선택하여 넣는다.

② 문자표를 포함해서 제목에 블록 설정하여 글꼴 '궁서', '18pt'를 설정한다.
→ 문자표를 제외하고 다시 블록 설정하여 [기울임](가)을 설정한다.

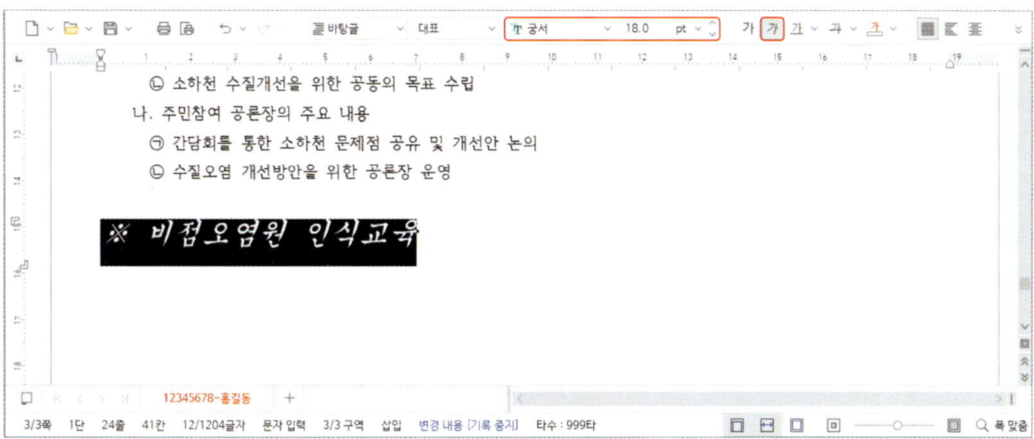

③ '비점오염원'을 블록 설정하고 [서식] 탭 – [글자 모양](가가)을 클릭한다.
→ [확장] 탭에서 강조점 '⋮'을 설정한다.

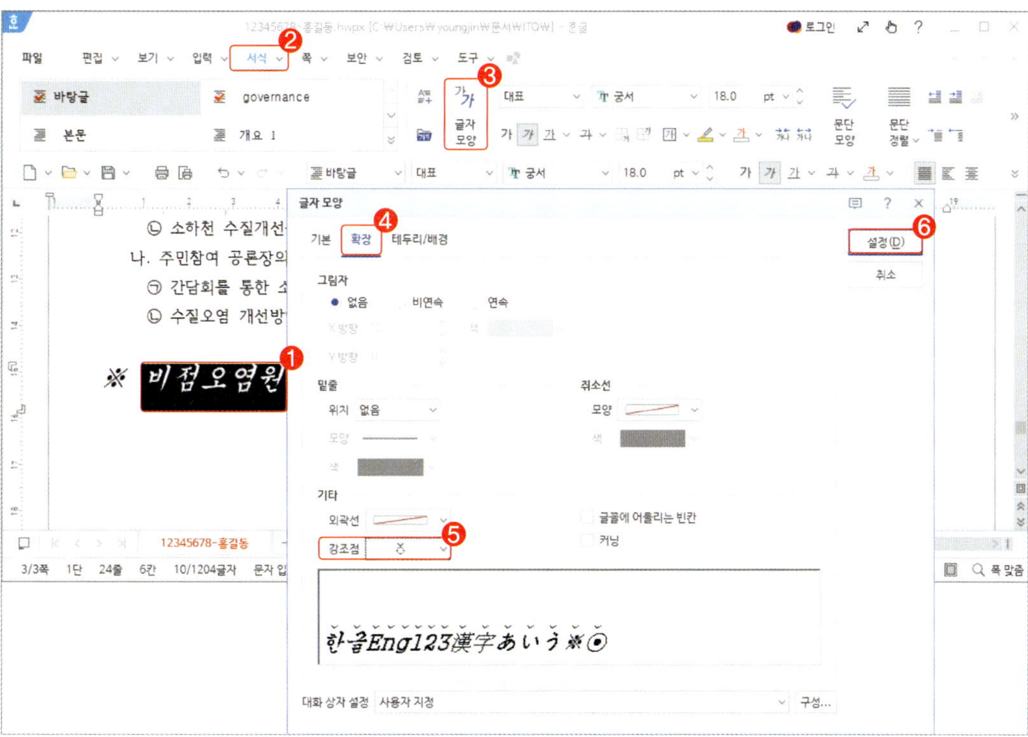

④ 같은 방법으로 '교육'을 블록 설정하여 강조점 '⋮'을 설정한다.

① [입력] 탭 – 표(▦)를 클릭한 뒤, [표 만들기] 대화상자에서 줄 개수 '6', 칸 개수 '4', 글자처럼 취급에 체크하고 [만들기]를 클릭한다.

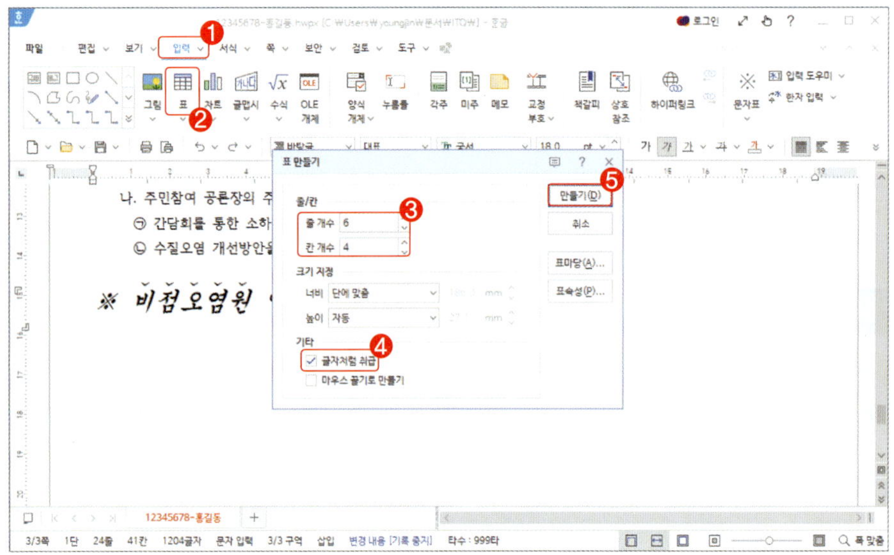

② 표 앞에 커서를 놓고 [가운데 정렬](≡)을 설정한다.

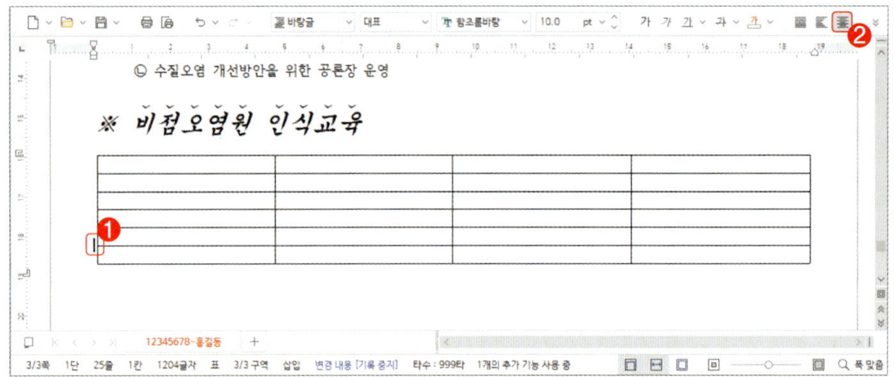

③ 합칠 셀들을 블록 설정하여 [표 레이아웃] 탭 – [셀 합치기](▦)를 클릭하고 아래와 같은 형태로 만든다.

④ 표에 내용을 입력하고 셀 경계선 부분을 드래그하여 너비를 조절한다.

→ 표 전체를 블록 설정(F5 세 번)하고 글꼴 '굴림', '10pt', [가운데 정렬]
(三)을 설정한다.

구분	교육주제	교육내용	장소
정화활동	수질개선 EM교육	도시의 평균대기질 농도 파악	거주민 인근하천
주민참여	인식개선 교육	미생물을 이용한 쌀뜨물 발효액 만들기	주민센터 교육장
주민실천	실생활 적용교육	토사유출 및 농업비점오염원 관리 필요성	평생교육기관
실천심화	역량강화 교육	비점오염원 저감 시설의 주민참여 관리 방안	평생교육기관
교육시기 운영계획		강원 산간 지역의 주민실천 사업은 농사시기를 고려할 것	

⑤ 표 전체가 블록 설정된 상태에서 마우스 오른쪽 클릭하여 [셀 테두리/
배경] – [각 셀마다 적용]을 클릭한다.

→ '선 없음'을 '왼쪽 테두리', '오른쪽 테두리'에 적용한다.

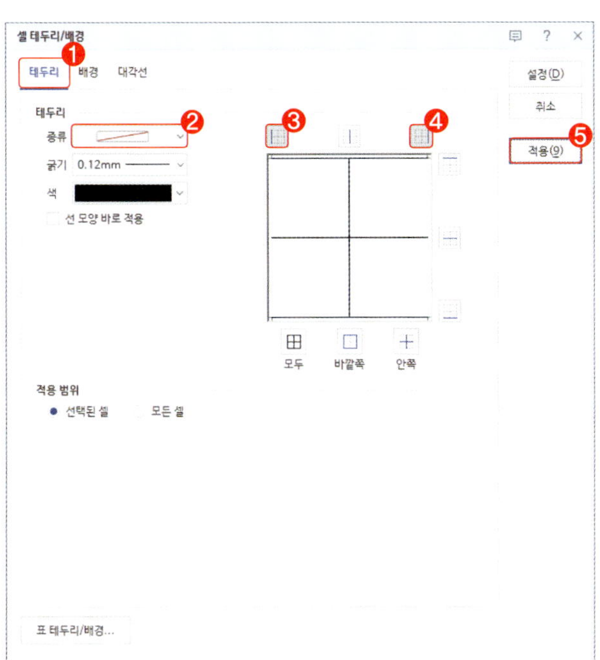

블록 설정된 상태에서 Ctrl
을 누른 채 ↑, ↓를 눌러
높이를 조절한다.

기적의 TIP

셀 테두리/배경 대화상자
블록 설정 후 단축키 L

해결 TIP

**테두리에 '선 없음'을 적용
했는데 빨간색 점선이 보
여요!**

선 없음 기능으로 설정된
투명선은 편집할 때 빨간색
점선으로 보이는데, 이는
표 내부에 커서가 있을 때
만 나타나는 것이므로 채점
시 감점 요인이 아니다.

⑥ 계속해서 '이중 실선'을 '위쪽 테두리', '아래쪽 테두리'에 설정한다.

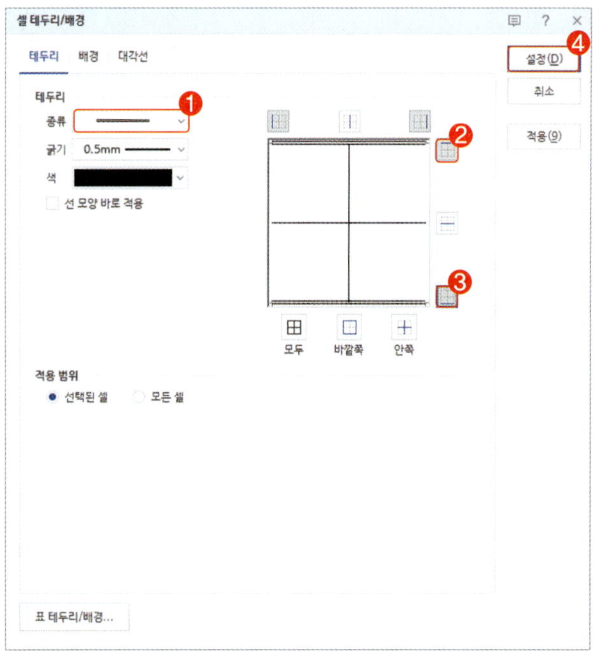

⑦ 첫째 줄을 블록 설정하고 Ⓛ을 눌러 [셀 테두리/배경] 대화상자에서 '이중 실선'을 '아래쪽 테두리'에 적용한다.

구분	교육주제	교육내용	장소
정화활동	수질개선 EM교육	도시의 평균대기질 농도 파악	거주민 인근하천
주민참여	인식개선 교육	미생물을 이용한 쌀뜨물 발효액 만들기	주민센터 교육장
주민실천	실생활 적용교육	토사유출 및 농업비점오염원 관리 필요성	평생교육기관
실천심화	역량강화 교육	비점오염원 저감 시설의 주민참여 관리 방안	평생교육기관
교육시기 운영계획		강원 산간 지역의 주민실천 사업은 농사시기를 고려할 것	

⑧ [셀 테두리/배경] 대화상자의 [배경] 탭에서 그러데이션을 클릭한다.
→ 시작 색 '하양', 끝 색 '노랑', 유형 '가로'로 설정한다.

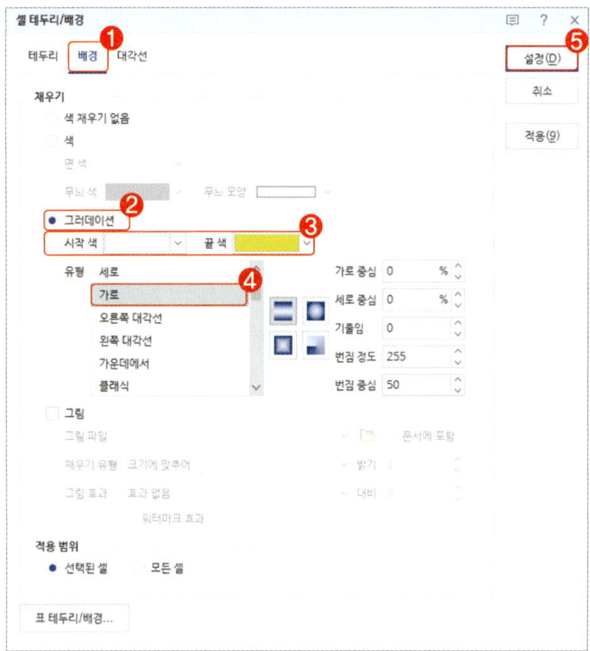

① 「원주지방환경청」을 입력 후 블록 설정하여 [편집] 탭 – [글자 모양]( )을 클릭한다.
　→ [기본] 탭에서 기준 크기 '24pt', 글꼴 '돋움', 장평 '105%', '진하게'를 설정한다.

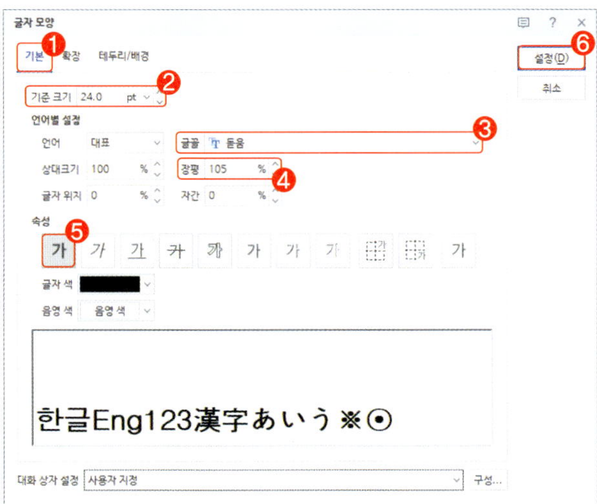

② 입력한 텍스트에 [오른쪽 정렬]( )을 설정한다.

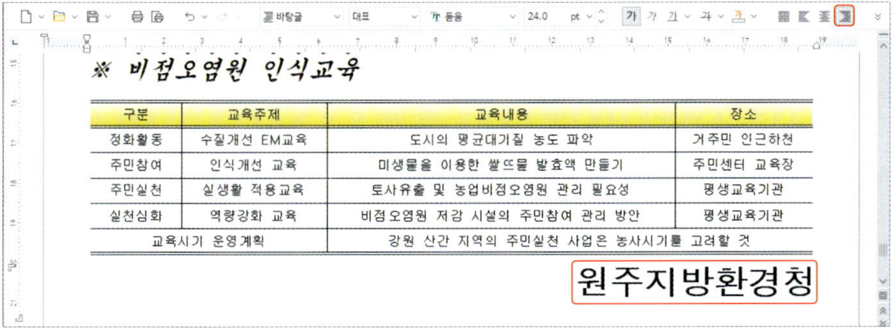

① [쪽] 탭 – [쪽 번호 매기기]( )를 클릭한다.

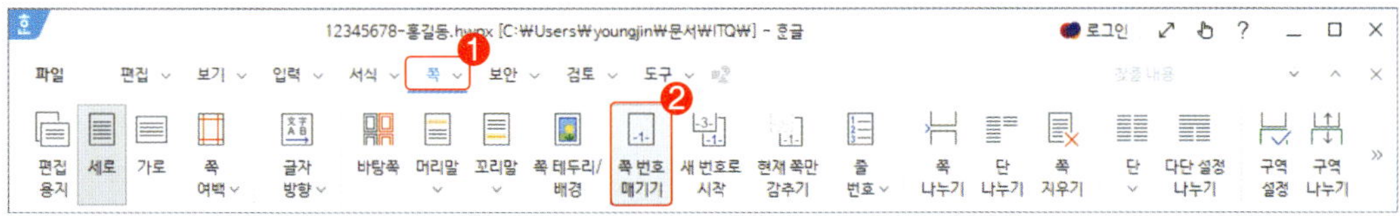

② [쪽 번호 매기기] 대화상자에서 번호 위치 '오른쪽 아래', 번호 모양 '①,②, ③', 줄표 넣기를 체크 해제, 시작 번호 '6'을 설정하여 [넣기]를 클릭한다.

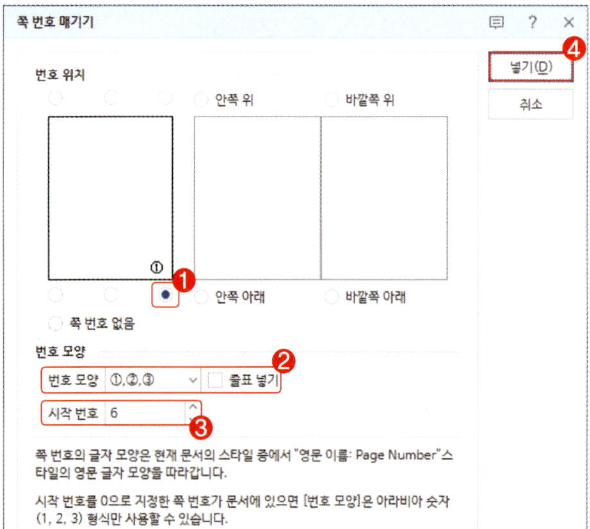

SECTION 14 파일 저장

① [파일] 탭 – [저장하기](🖫)를 클릭하여 완성된 문서를 저장한다.

② 저장 경로(내 PC₩문서₩ITQ)와 파일명(수험번호 – 성명)이 맞게 되어 있는지 확인한다.

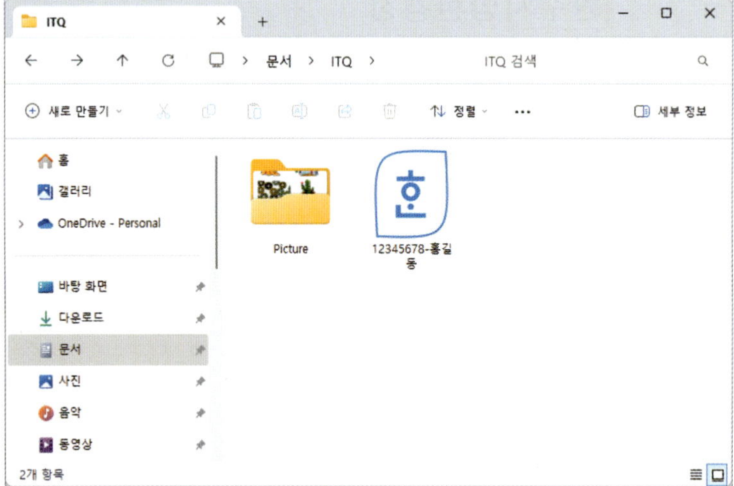

최신 기출문제

정보기술자격(ITQ) 시험

한컴오피스

과목	코드	문제유형	시험시간	수험번호	성명
아래한글	1111	A	60분		

※ 최신 기출문제 01~10회 학습 시 답안 작성요령을 동일하게 적용하세요.

수험자 유의사항

- 수험자는 문제지를 받는 즉시 문제지와 **수험표상의 시험과목(프로그램)이 동일한지 반드시 확인**하여야 합니다.
- 파일명은 본인의 "수험번호–성명"으로 입력하여 답안폴더(내 PC₩문서₩ITQ)에 하나의 파일로 저장해야 하며, 답안문서 파일명이 "수험번호–성명"과 일치하지 않거나, 답안파일을 전송하지 않아 미제출로 처리될 경우 실격 처리합니다(예:12345678–홍길동.hwpx).
- 답안 작성을 마치면 파일을 저장하고, '답안 전송' 버튼을 선택하여 감독위원 PC로 답안을 전송하십시오. 수험생 정보와 저장한 파일명이 다를 경우 전송되지 않으므로 주의하시기 바랍니다.
- 답안 작성 중에도 **주기적으로 저장하고, '답안 전송'**하여야 문제 발생을 줄일 수 있습니다. 작업한 내용을 저장하지 않고 전송할 경우 이전에 저장된 내용이 전송되니 이점 유의하시기 바랍니다.
- 답안문서는 지정된 경로 외의 다른 보조기억장치에 저장하는 경우, 지정된 시험 시간 외에 작성된 파일을 활용할 경우, 기타 통신수단 (이메일, 메신저, 네트워크 등)을 이용하여 타인에게 전달 또는 외부 반출하는 경우는 부정 처리합니다.
- 시험 중 부주의 또는 고의로 시스템을 파손한 경우는 수험자가 변상해야 하며, 〈수험자 유의사항〉에 기재된 방법대로 이행하지 않아 생기는 불이익은 수험생 당사자의 책임임을 알려 드립니다.
- 문제의 조건은 한컴오피스 2022 버전으로 설정되어 있으니 유의하시기 바랍니다.
- 시험을 완료한 수험자는 답안파일이 전송되었는지 확인한 후 감독위원의 지시에 따라 문제지를 제출하고 퇴실합니다.

답안 작성요령

- **온라인 답안 작성 절차**
  수험자 등록 ⇒ 시험 시작 ⇒ 답안파일 저장 ⇒ 답안 전송 ⇒ 시험 종료
- **공통 부문**
  - 글꼴에 대한 기본설정은 함초롬바탕, 10포인트, 검정, 줄간격 160%, 양쪽정렬로 합니다.
  - 색상은 조건의 색을 적용하고 색의 구분이 안 될 경우에는 RGB 값을 적용하십시오.
    (빨강 255,0,0 / 파랑 0,0,255 / 노랑 255,255,0).
  - 각 문항에 주어진 ≪조건≫에 따라 작성하고 언급하지 않은 조건은 ≪출력형태≫와 같이 작성합니다.
  - 용지여백은 왼쪽·오른쪽 11mm, 위쪽·아래쪽·머리말·꼬리말 10mm, 제본 0mm로 합니다.
  - 그림 삽입 문제의 경우 「내 PC₩문서₩ITQ₩Picture」 폴더에서 지정된 파일을 선택하여 삽입하십시오.
  - 삽입한 그림은 반드시 문서에 포함하여 저장해야 합니다(미포함 시 감점 처리).
  - 각 항목은 지정된 페이지에 출력형태와 같이 정확히 작성하시기 바라며, 그렇지 않을 경우에 해당 항목은 0점 처리됩니다.
    ※ 페이지구분 : 1페이지 – 기능평가 I (문제번호 표시 : 1. 2.),
    　　　　　　　 2페이지 – 기능평가 II (문제번호 표시 : 3. 4.),
    　　　　　　　 3페이지 – 문서작성 능력평가
- **기능평가**
  - 문제와 ≪조건≫은 입력하지 않으며 문제번호와 답(≪출력형태≫)만 작성합니다.
  - 4번 문제는 묶기를 했을 경우 0점 처리됩니다.
- **문서작성 능력평가**
  - A4 용지(210mm×297mm) 1매 크기, 세로 서식 문서로 작성합니다.
  - ▢ 표시는 문서작성에 대한 지시사항이므로 작성하지 않습니다.

최신 기출문제 01회

수험번호 20261001　　**정답파일** PART 03 최신 기출문제\최신01회_정답.hwpx

기능평가 ❶　　　　　　　　　　　　　　　　　　　　　**150**점

01 다음의 ≪조건≫에 따라 스타일 기능을 적용하여 ≪출력형태≫와 같이 작성하시오.　　50점

조건	(1) 스타일 이름 – ev (2) 문단 모양 – 첫 줄 들여쓰기 : 10pt, 문단 아래 간격 : 10pt (3) 글자 모양 – 글꼴 : 한글(돋움)/영문(궁서), 크기 : 10pt, 장평 : 95%, 자간 : 5%
출력형태	International Electric Vehicle Expo will be a significant foundation for Jeju Island's green roadmap aimed at becoming an island free of harmful substances like carbon. 국제전기자동차엑스포는 녹색공동체 지구를 만드는 징검다리 역할을 수행하고 동시에 유해물질인 탄소가 없는 섬을 지향하는 제주도 그린 로드맵의 큰 밑받침이 될 것입니다.

02 다음의 ≪조건≫에 따라 ≪출력형태≫와 같이 표와 차트를 작성하시오.　　100점

표 조건	(1) 표 전체(표, 캡션) – 돋움, 10pt (2) 정렬 – 문자 : 가운데 정렬, 숫자 : 오른쪽 정렬　　(3) 셀 배경(면색) : 노랑 (4) 한글의 계산 기능을 이용하여 빈칸에 합계를 구하고, 캡션 기능 사용할 것 (5) 선 모양은 ≪출력형태≫와 동일하게 처리할 것

출력형태

전기자동차엑스포 참가 현황(단위 : 사, 명, 국)

구분	아시아지역	유럽지역	미주지역	아프리카지역	합계
참가회사	12,715	15,812	13,215	14,005	
협력사	13,351	12,692	13,837	12,035	
참관객	39,450	25,489	20,789	16,725	
참가국	57	47	34	35	

차트 조건	(1) 차트 데이터는 표 내용에서 지역별 참가회사, 협력사, 참관객의 값만 이용할 것 (2) 종류 – 〈묶은 세로 막대형〉으로 작업할 것 (3) 제목 – 굴림, 진하게, 12pt 　　　속성 – 채우기(밝은 색 : 하양), 테두리, 그림자(바깥쪽 : 대각선 오른쪽 아래) (4) 제목 이외의 전체 글꼴 – 굴림, 보통, 10pt (5) 축제목과 범례는 ≪출력형태≫와 동일하게 처리할 것

출력형태

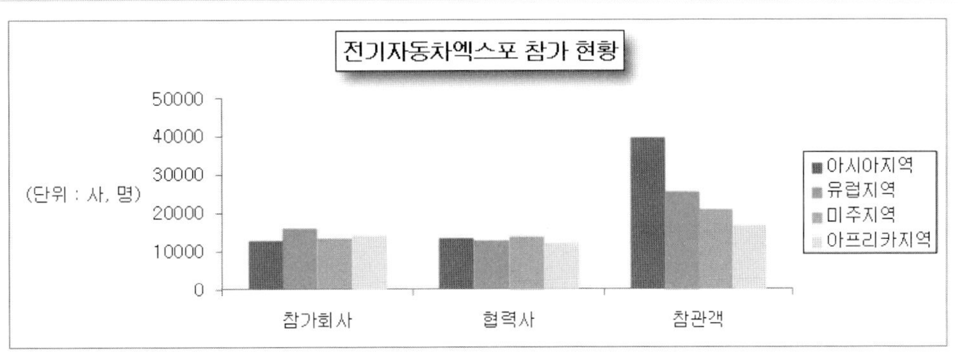

03 다음 (1), (2)의 수식을 수식 편집기로 각각 입력하시오.   40점

출력형태

$$(1)\ \sum_{k=1}^{n} k^2 = \frac{1}{6} n\,(n+1)(2n+1) \qquad (2)\ \frac{k_x}{2h} \times (-2mk_x) = -\frac{mk^2}{h}$$

04 다음의 ≪조건≫에 따라 ≪출력형태≫와 같이 문서를 작성하시오.   110점

조건

(1) 그리기 도구를 이용하여 작성하고, 모든 도형(글맵시, 지정된 그림 포함)을 ≪출력형태≫와 같이 작성하시오.

(2) 도형의 면색은 지시사항이 없으면 색 없음을 제외하고 서로 다르게 임의로 지정하시오.

출력형태

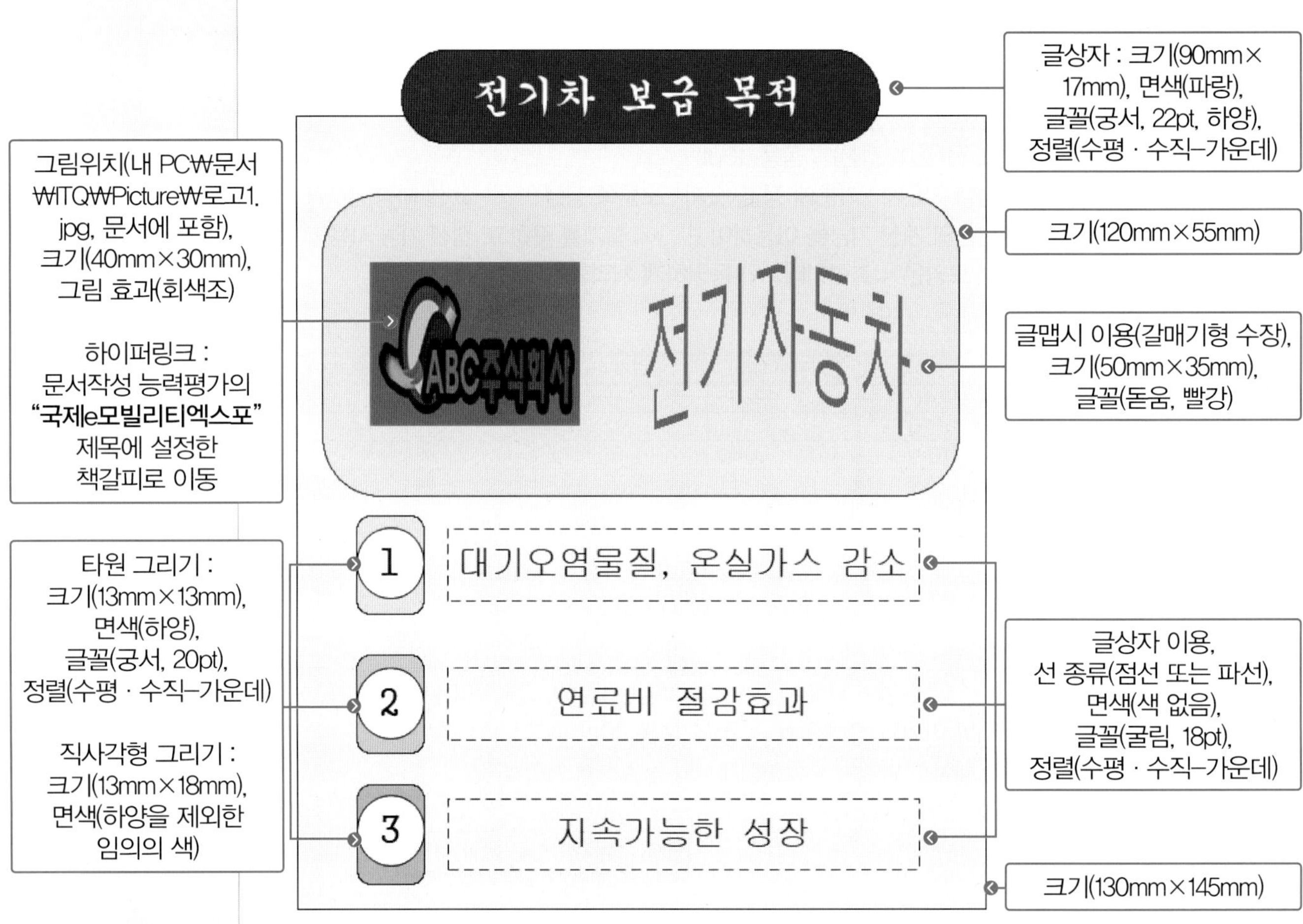

글꼴 : 굴림, 18pt, 진하게, 가운데 정렬
책갈피 이름 : 전기　　　　　덧말 넣기

문단 첫 글자 장식 기능
글꼴 : 궁서, 면색 : 노랑

각주

전기자동차

머리말 기능
돋움, 10pt, 오른쪽 정렬

순수전기차
국제e모빌리티엑스포

국　제전기자동차엑스포㉠는 올해 '안전, 청정, 글로벌 엑스포'로 혁신작업을 가속화하고 있다. 12월 9일부터 11일까지 제주국제컨벤션센터에서 열리는 엑스포 본 행사에 맞춰 가상전시와 드라이브 스루 관람, 퍼레이드, 차박 등 특화된 프로그램을 도입한다. 이는 전 지구적 과제인 지속가능한 성장과 생활환경을 이루는 데 필수적인 전기이동장치와 녹색 공동체를 이루는 징검다리가 될 것이다. 세계적인 명성을 가진 전기자동차, 전기오토바이, 전기자전거, 배터리 제조사 등 수많은 기업들이 참가하여 제품을 소개하고 홍보하는 본 전시회는 세계 전기자동차 시장의 흐름을 한눈에 확인할 수 있는 자리가 될 것이다.

　전 세계의 EV 전문가들이 참가하여 전기차 산업의 발전방향과 기술 국제 표준화에 대한 토론을 진행하고, 앞으로 EV 산업이 나아갈 방향을 모색(摸索)하는 콘퍼런스도 개최된다. 이는 한국의 전기자동차 기업들이 EV와 관련한 새로운 정보를 교환하고 획득하여 기술 선점(先占)을 유도하고, 아시아 및 세계의 관련 협회 업체들과 네트워크를 구축하여 국제 경쟁력을 강화함으로써 세계 전기자동차 산업 시장 진출을 위한 기반을 마련하는 바탕이 될 것이다.

♠ 전기차 충전속도에 따른 충전기

글꼴 : 궁서, 18pt, 하양, 음영색 : 빨강

가. 전기차 급속 충전기
　　㉠ 완전방전상태에서 80%충전까지 30분이 소요됨
　　㉡ 주로 고속도로 휴게소, 공공기관 등 외부장소에 설치
나. 전기차 완속 충전기
　　㉠ 완전방전상태에서 완전충전까지 4~5시간이 소요됨
　　㉡ 주택이나 아파트에 설치, 전기요금은 100kWh당 약 1,100원

그림위치(내 PC\문서\ITQ\Picture\그림4.jpg, 문서에 포함) 자르기 기능 이용, 크기(40mm×35mm), 바깥 여백 왼쪽 : 2mm

♠ 국제e모빌리티엑스포 행사일정

글꼴 : 궁서, 18pt, 기울임, 강조점

행사일	내용	장소
4월 7일(월)	세계전기차협의회 포럼 – 화재 및 급발진, 안전	한라룸
4월 8일(화)	에너지 대전환 시대와 e모빌리티, 세계 ESG 포럼(AI시대 ESG와 반도체)	한라룸
4월 9일(수)	실리콘밸리 투자유치 비즈니스 포럼	영실룸
4월 10일(목)	창업도시 제주를 위한 비즈니스 네트워킹 워크숍	한라룸
4월 11일(금)	전기차 및 충전기 보급 활성화를 위한 정책 설명회	한라룸

문단 번호 기능 사용
1수준 : 20pt, 오른쪽 정렬,
2수준 : 30pt, 오른쪽 정렬
줄 간격 : 180%

표 전체 글꼴 : 굴림, 10pt, 가운데 정렬
셀 배경(그러데이션) : 유형(가로),
시작색(하양), 끝색(노랑)

국제전기자동차엑스포

글꼴 : 돋움, 22pt, 진하게
장평 105%, 오른쪽 정렬

㉠ 녹색지구를 만들어가는 그린 페스티벌의 장

각주 구분선 : 5cm

쪽 번호 매기기, 7로 시작　⑦

최신 기출문제 02회

수험번호 20261002　　**정답파일** PART 03 최신 기출문제₩최신02회_정답.hwpx

▶ 합격 강의

기능평가 ❶

150점

01 다음의 ≪조건≫에 따라 스타일 기능을 적용하여 ≪출력형태≫와 같이 작성하시오.　　50점

조건	(1) 스타일 이름 – environment (2) 문단 모양 – 왼쪽 여백 : 15pt, 문단 아래 간격 : 10pt (3) 글자 모양 – 글꼴 : 한글(돋움)/영문(굴림), 크기 : 10pt, 장평 : 105%, 자간 : 5%
출력형태	The Ministry of Environment has actively participated in bilateral and multilateral environmental conferences bodies to share knowledge on various environmental issues with the world. 환경부는 전 세계와 다양한 환경 문제에 대한 지식을 공유하기 위해 양자 및 다자간 환경 회의와 협의체에 적극적으로 참여하고 해결책을 제시하고 있다.

02 다음의 ≪조건≫에 따라 ≪출력형태≫와 같이 표와 차트를 작성하시오.　　100점

표 조건	(1) 표 전체(표, 캡션) – 굴림, 10pt (2) 정렬 – 문자 : 가운데 정렬, 숫자 : 오른쪽 정렬　　(3) 셀 배경(면색) : 노랑 (4) 한글의 계산 기능을 이용하여 빈칸에 합계를 구하고, 캡션 기능 사용할 것 (5) 선 모양은 ≪출력형태≫와 동일하게 처리할 것

국내 해안 쓰레기 모니터링 통계(단위 : 100kg)

연도	2020년	2021년	2022년	2023년	합계
플라스틱	25.9	29.1	21.4	20.8	
금속	1.8	1.9	1.7	0.8	
목재	11.5	12.4	10.1	7.1	
기타 재질	0.6	4.2	1.1	0.9	

차트 조건	(1) 차트 데이터는 표 내용에서 연도별 플라스틱, 금속, 목재의 값만 이용할 것 (2) 종류 – 〈묶은 세로 막대형〉으로 작업할 것 (3) 제목 – 글꼴 : 돋움, 진하게, 12pt, 　　　　 속성 : 채우기(밝은 색 : 하양), 테두리, 그림자(바깥쪽 : 대각선 오른쪽 아래) (4) 제목 이외의 전체 글꼴 – 돋움, 보통, 10pt (5) 축제목과 범례는 ≪출력형태≫와 동일하게 처리할 것

출력형태

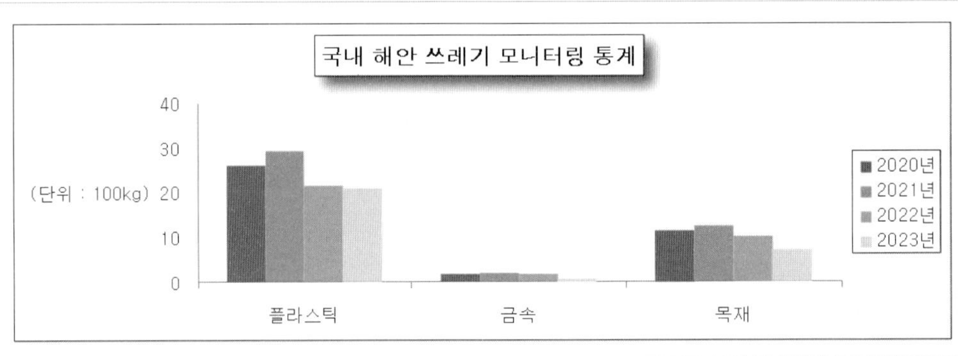

03　다음 (1), (2)의 수식을 수식 편집기로 각각 입력하시오.　　　　　　40점

| 출력형태 | $(1)\ \dfrac{A}{B} \div \dfrac{C}{D} = \dfrac{A}{B} \times \dfrac{D}{C} = \dfrac{E^2}{F^3}$　　　　　　$(2)\ \displaystyle\int_0^3 \dfrac{\sqrt{6t^2 - 18t + 12}}{5}\,dt = 11$ |

04　다음의 ≪조건≫에 따라 ≪출력형태≫와 같이 문서를 작성하시오.　　　　110점

조건　(1) 그리기 도구를 이용하여 작성하고, 모든 도형(글맵시, 지정된 그림 포함)을 ≪출력형태≫와 같이 작성하시오.
　　　(2) 도형의 면색은 지시사항이 없으면 색 없음을 제외하고 서로 다르게 임의로 지정하시오.

출력형태

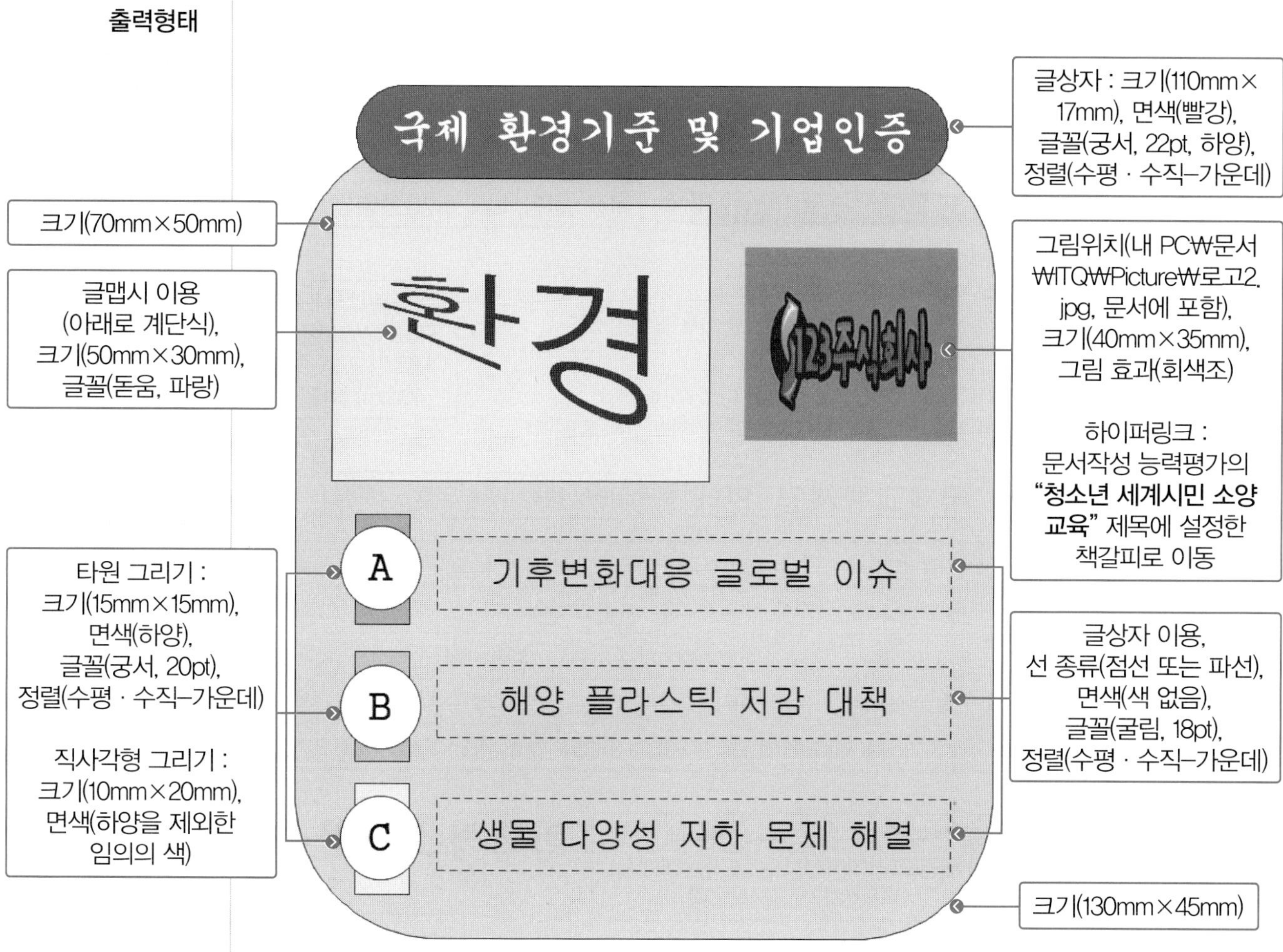

글꼴 : 굴림, 18pt, 진하게, 가운데 정렬
책갈피 이름 : 시민교육　　덧말 넣기

글로벌 연대협력

머리말 기능
돋움, 10pt, 오른쪽 정렬

국제 환경기준
청소년 세계시민 소양교육

문단 첫 글자 장식 기능
글꼴 : 궁서, 면색 : 노랑

각주

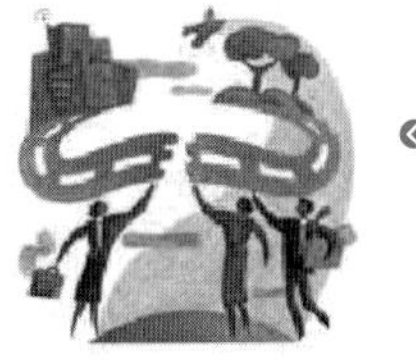

유엔, 정부, 기업, 국회, 시민사회 등이 지속가능개발 목표 달성의 핵심 관계자들이다. 국제비정부기구⑦는 분야별 세부 목표를 이행하기 위해 노력하고 있으며 정부는 다양성을 존중하고, 사회 불평등을 감소하기 위한 정책을 마련한다. 다양한 이해관계자들이 일치된 목표 아래 참여할 수 있도록 참여체계를 제도화해야 하고 시민사회(市民社會)는 범국민의 세계시민 교육을 알기 쉽게 정확하게 전달하며 확대해나갈 필요가 있다. 기업은 지속가능개발 목표 실천의 주된 동력으로 불리고 있다. 민간재원을 확보시키면서 강화된 기업의 역할과 기능은 사회문제 해결에 있어 중요한 역할을 한다. 글로벌 차원에서 경제적 가치와 사회적 가치를 동시에 이루기 위해 지속가능개발 목표의 지표를 활용해 사회공헌 활동을 펼치고 있기에 세계 청소년들에게 글로벌 이슈에 대한 소양 교육이 필요하다.

　　이해관계자들의 지속가능개발 목표 이행을 위한 노력을 통해 사회에 선순환구조를 구축해야 한다. 빈곤, 인권, 환경, 평화 등의 글로벌 이슈에 관해 관심을 가지고 함께 살아가고 있는 사람들에 대해 공감력을 높여야 하고 세계시민으로서 공동의 문제를 해결하며 청소년을 위한 더 나은 세계를 만들기 위한 교육과 책임감(責任感)이 필요하다.

♣ 지속가능개발 목표의 이행

글꼴 : 돋움, 18pt, 하양, 음영색 : 파랑

가. 유엔 193개 회원국 고위급 정치 포럼
　　㉠ 매년 7월 국가별 이행 현황 자발적 보고
　　㉡ 주요 목표에 대한 논의 및 각국의 관련 이행 평가 진행
나. 유엔총회 주요 심의
　　㉠ 정책 입안 및 심의 등 유일한 보편적인 대표성을 지님
　　㉡ 매년 9월 뉴욕 본부에서 연례 회의 및 가시적인 일반 토론 개최

그림위치(내 PC₩문서₩ITQ₩
Picture₩그림4.jpg, 문서에 포함)
자르기 기능 이용, 크기(40mm×
40mm), 바깥 여백 왼쪽 : 2mm

♣ 청소년 국제교류사업 안내

글꼴 : 돋움, 18pt, 밑줄, 강조점

사업명	해외자원 봉사단	국가 간 청소년 교류	국제회의 및 행사파견	글로벌 서밋
대상	만 15세-만 20세	만 16세-만 24세		만 18세-만 24세
규모	약 140여명	300명 내외	33명 내외	10여 개국 200명
시기	4월-11월(10일 내외)	7월-8월(10일 내외)	연중(15일 내외)	7월-8월(8박 9일 내외)
근거	청소년활동 진흥법 제54조(여성가족부 추진, 국제 청소년교류활동)			

문단 번호 기능 사용
1수준 : 20pt,
오른쪽 정렬,
2수준 : 30pt,
오른쪽 정렬
줄 간격 : 180%

표 전체 글꼴 : 돋움, 10pt, 가운데 정렬
셀 배경(그러데이션) : 유형(가운데에서),
시작색(하양), 끝색(노랑)

한국청소년활동진흥원

글꼴 : 궁서, 24pt, 진하게
장평 95%, 오른쪽 정렬

㉠ 정부와 관련 없는 민간 주도로 조직된 자발적인 비영리 시민 단체

각주 구분선 : 5cm

쪽 번호 매기기, 5로 시작 ⑤

최신 기출문제 03회

수험번호 20261003 **정답파일** PART 03 최신 기출문제\\최신03회_정답.hwpx

▶ 합격 강의

기능평가 ❶ **150**점

01 다음의 ≪조건≫에 따라 스타일 기능을 적용하여 ≪출력형태≫와 같이 작성하시오. 50점

조건	(1) 스타일 이름 – welfare (2) 문단 모양 – 왼쪽 여백 : 15pt, 문단 아래 간격 : 10pt (3) 글자 모양 – 글꼴 : 한글(궁서)/영문(돋움), 크기 : 10pt, 장평 : 95%, 자간 : 5%
출력형태	The Ministry of Health and Welfare is making best efforts to formulate policies based on statistical evidence with a view to realize our vision. 복지란 좋은 건강, 윤택한 생활, 안락한 환경 등이 어우러져 행복하게 살아가는 삶의 질에 대한 기준을 말하는 것으로 국민 전체가 행복하게 살 수 있도록 하는 데 중점을 두어 노력하는 정책이다.

02 다음의 ≪조건≫에 따라 ≪출력형태≫와 같이 표와 차트를 작성하시오. 100점

표 조건	(1) 표 전체(표, 캡션) – 돋움, 10pt (2) 정렬 – 문자 : 가운데 정렬, 숫자 : 오른쪽 정렬 (3) 셀 배경(면색) : 노랑 (4) 한글의 계산 기능을 이용하여 빈칸에 평균(소수점 두 자리)을 구하고, 캡션 기능 사용할 것 (5) 선 모양은 ≪출력형태≫와 동일하게 처리할 것

출력형태

급여종류별 수급자 선정기준(단위 : 천 명)

구분	1인 가구	2인 가구	3인 가구	4인 가구	평균
생계급여	713	1,178	1,508	1,834	
의료급여	891	1,473	1,885	2,294	
주거급여	1,069	1,767	2,263	2,750	
교육급여	1,114	1,841	2,357	2,864	

차트 조건	(1) 차트 데이터는 표 내용에서 가구별 생계급여, 의료급여, 주거급여의 값만 이용할 것 (2) 종류 – 〈묶은 세로 막대형〉으로 작업할 것 (3) 제목 – 굴림, 진하게, 12pt 속성 – 채우기(밝은 색 : 하양), 테두리, 그림자(바깥쪽 : 대각선 오른쪽 아래) (4) 제목 이외의 전체 글꼴 – 굴림, 보통, 10pt (5) 축제목과 범례는 ≪출력형태≫와 동일하게 처리할 것

출력형태

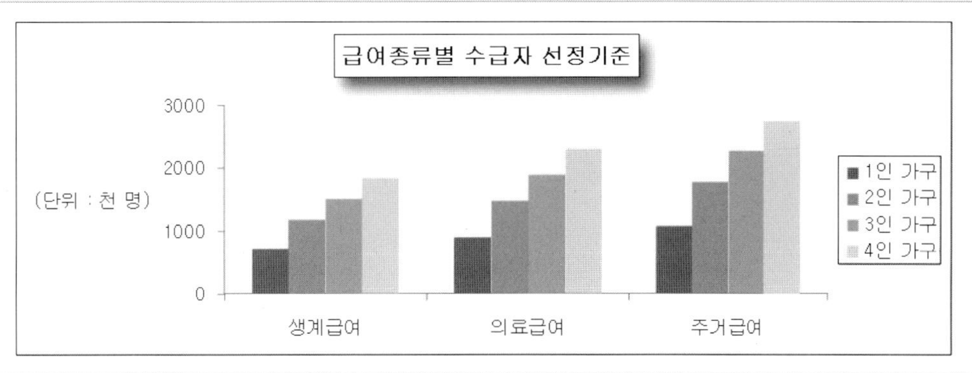

03 다음 (1), (2)의 수식을 수식 편집기로 각각 입력하시오.   40점

출력형태	(1) $\dfrac{F}{h_2} = t_2 k_1 \dfrac{t_1}{d} = 2 \times 10^{-7} \dfrac{t_1 t_2}{d}$ (2) $\dfrac{V_2}{V_1} = \dfrac{0.9 \times 10^3}{1.0 \times 10^2} = 0.8$

04 다음의 ≪조건≫에 따라 ≪출력형태≫와 같이 문서를 작성하시오.   110점

조건	(1) 그리기 도구를 이용하여 작성하고, 모든 도형(글맵시, 지정된 그림 포함)을 ≪출력형태≫와 같이 작성하시오. (2) 도형의 면색은 지시사항이 없으면 색 없음을 제외하고 서로 다르게 임의로 지정하시오.

출력형태

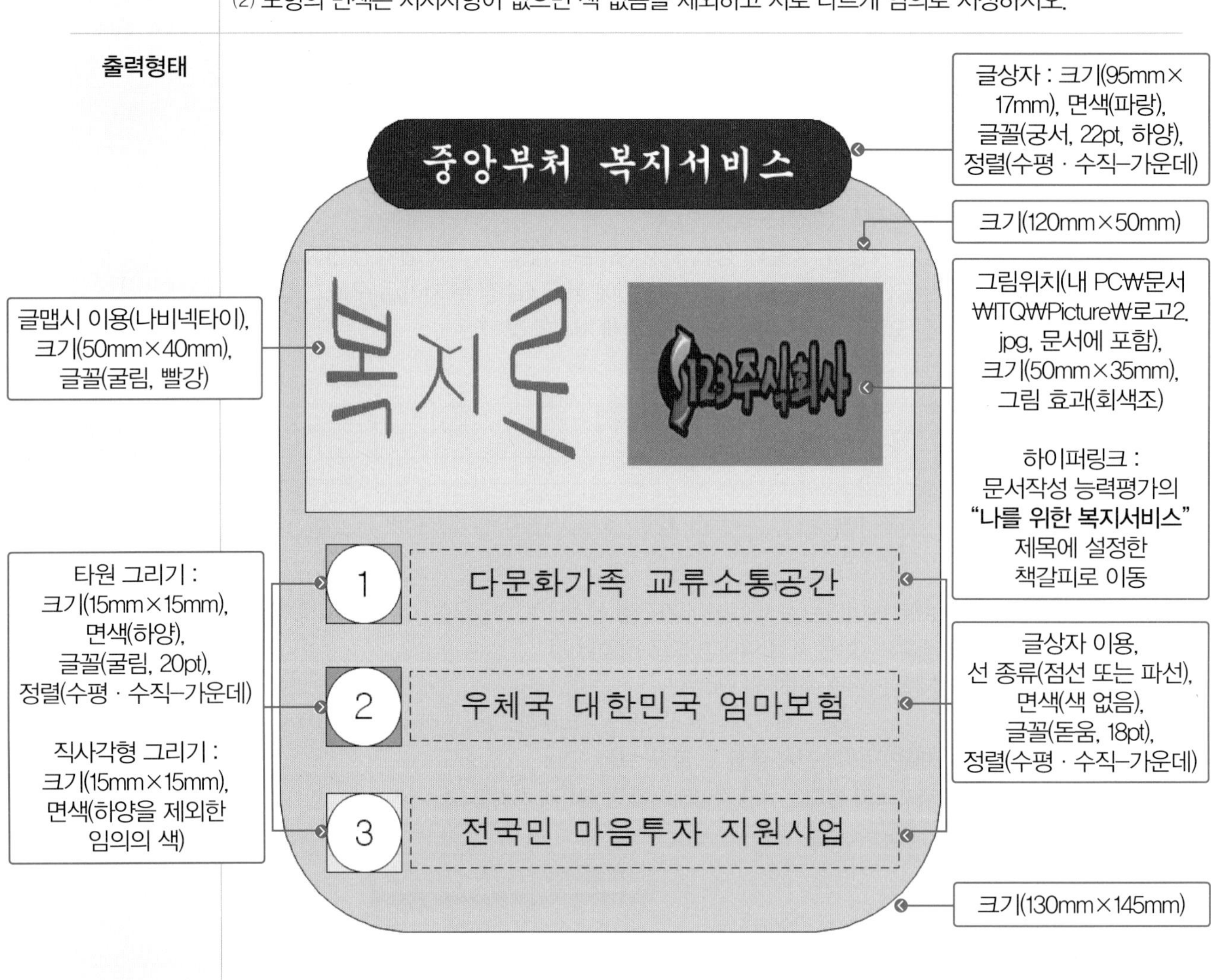

글꼴 : 돋움, 18pt, 진하게, 가운데 정렬
책갈피 이름 : 복지   덧말 넣기

복지서비스

문단 첫 글자 장식 기능
글꼴 : 굴림, 면색 : 노랑

복지로 희망찾기
나를 위한 복지서비스

머리말 기능
궁서, 10pt, 오른쪽 정렬

복 지국가의 정책 목표는 다양하게 설정될 수 있다. 그 가운데 이론의 여지가 없는 정책 목표는 사회 구성원들 간의 연대와 통합, 즉 사회 통합이다. 소득, 연령, 성별, 근로능력 여부, 인종 등에 따른 어떠한 차별과 불평등도 용인하지 않는 이상적인 사회 통합은 복지국가가 결코 외면할 수 없는 궁극적인 정책 목표인 것이다. 실제로 서구 선진복지국가의 발전 과정을 추적(追跡)해 보면, 소득불평등의 완화를 필두로 그 사회에 만연해 있던 다양한 정치, 사회, 경제적 부문에서 불평등 문제를 해결(解決)해 나가는 과정이라 할 수 있다. 이렇듯 복지국가가 불평등 완화에 집중하는 이유는 사회구성원 간의 연대감 강화와 이를 기반으로 하는 사회 통합을 이루고자 함이다.

빈곤, 실직과 사업 실패, 장애와 고령, 갑작스러운 사고와 건강 악화까지 이 모든 어려움으로부터 안심할 수 있는 사람은 많지 않다. 이러한 경우에 도움을 받을 수 있는 다양한 복지서비스가 가까이에 있다. 알면 알수록 힘이 되는 다양한 복지서비스㉠를 만나보길 바란다.

각주

※ 긴급복지 지원 대상

글꼴 : 굴림 , 18pt, 하양, 음영색 : 빨강

1. 갑작스러운 위기 상황
    ① 주 소득자의 사망, 가출, 행방불명 등으로 소득이 없는 경우
    ② 중한 질병, 부상을 당한 경우
2. 생계유지가 어려운 저소득 가구
    ① 가족으로부터 방임 또는 버려지거나 학대 등을 당한 경우
    ② 화재 등으로 주택 또는 건물에서 생활하기 곤란한 경우

그림위치(내 PC₩문서₩ITQ
₩Picture₩그림5.jpg, 문서에 포함)
자르기 기능 이용, 크기(40mm×
40mm), 바깥 여백 왼쪽 : 2mm

※ 사회서비스 전자바우처사업 현황

글꼴 : 굴림, 18pt, 밑줄, 강조점

사업명		선정기준	지원수준
장애아동 가족지원	발달재활 서비스	기준중위소득 120%이하(소득별 차등지원)	월 14~22만원 포인트 지급
	언어발달 지원	시도별 상이	
임신출산 진료비 지원		임신확인서로 임신이 확진된 건강보험 가입자	임신 1회당 60만원
기저귀 조제분유 지원		만 2세 미만 영아를 둔 저소득층 가구	기저귀(월 64,000원), 분유(월 86,000원)

문단 번호 기능 사용
1수준 : 20pt, 오른쪽 정렬,
2수준 : 30pt, 오른쪽 정렬,
줄 간격 : 180%

표 전체 글꼴 : 돋움, 10pt, 가운데 정렬
셀 배경(그러데이션) : 유형(가로),
시작색(노랑), 끝색(하양)

복지서비스

글꼴 : 돋움, 24pt, 진하게
장평 105%, 오른쪽 정렬

㉠ 도움이 필요한 모든 국민에게 정상적인 생활이 가능하도록 지원하는 제도

각주 구분선 : 5cm

쪽 번호 매기기, 5로 시작 ➡ 마

최신 기출문제 04회

수험번호 20261004 **정답파일** PART 03 최신 기출문제\최신04회_정답.hwpx

기능평가 ❶

150점

01 다음의 ≪조건≫에 따라 스타일 기능을 적용하여 ≪출력형태≫와 같이 작성하시오.　　50점

조건	(1) 스타일 이름 – prompt (2) 문단 모양 – 왼쪽 여백 : 15pt, 문단 아래 간격 : 10pt (3) 글자 모양 – 글꼴 : 한글(궁서)/영문(돋움), 크기 : 10pt, 장평 : 95%, 자간 : 5%
출력형태	AI Prompt Operational Technology is a qualification for future talent that assesses the ability to use generative AI through both theoretical and practical exams on how to write prompts. 인공지능 프롬프트 활용능력은 프롬프트 작성 방법에 관한 이론 및 실기형 시험을 통해 생성형 인공지능의 활용 능력을 평가하는 미래 인재를 위한 자격입니다.

02 다음의 ≪조건≫에 따라 ≪출력형태≫와 같이 표와 차트를 작성하시오.　　100점

표 조건	(1) 표 전체(표, 캡션) – 돋움, 10pt (2) 정렬 – 문자 : 가운데 정렬, 숫자 : 오른쪽 정렬　　(3) 셀 배경(면색) : 노랑 (4) 한글의 계산 기능을 이용하여 빈칸에 평균(소수점 두 자리)을 구하고, 캡션 기능 사용할 것 (5) 선 모양은 ≪출력형태≫와 동일하게 처리할 것

출력형태

인공지능 관련 투자액 주요국 비중(단위 : %)

연도	미국	중국	EU	이스라엘	기타
2019년	53.0	24.2	5.7	3.9	13.4
2020년	50.9	27.8	5.9	4.7	10.7
2021년	56.8	17.8	7.1	5.6	12.7
평균					

차트 조건	(1) 차트 데이터는 표 내용에서 주요국별 2019년, 2020년, 2021년의 값만 이용할 것 (2) 종류 – 〈묶은 세로 막대형〉으로 작업할 것 (3) 제목 – 굴림, 진하게, 12pt 　　　속성 – 채우기(밝은 색 : 하양), 테두리, 그림자(바깥쪽 : 대각선 오른쪽 아래) (4) 제목 이외의 전체 글꼴 – 굴림, 보통, 10pt (5) 축제목과 범례는 ≪출력형태≫와 동일하게 처리할 것

출력형태

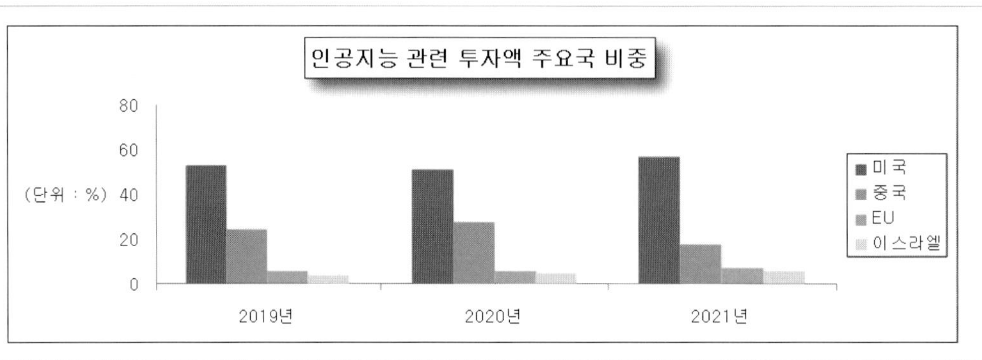

03 다음 (1), (2)의 수식을 수식 편집기로 각각 입력하시오.   40점

출력형태

$$(1)\ \ \varDelta W = \frac{1}{2}m(f_x)^2 + \frac{1}{2}m(f_y)^2 \qquad\qquad (2)\ \ E = \sqrt{\frac{GM}{R} \cdot \frac{R^3}{T^2}} = \frac{GM}{4\pi^2}$$

04 다음의 ≪조건≫에 따라 ≪출력형태≫와 같이 문서를 작성하시오.   110점

조건

(1) 그리기 도구를 이용하여 작성하고, 모든 도형(글맵시, 지정된 그림 포함)을 ≪출력형태≫와 같이 작성하시오.

(2) 도형의 면색은 지시사항이 없으면 색 없음을 제외하고 서로 다르게 임의로 지정하시오.

출력형태

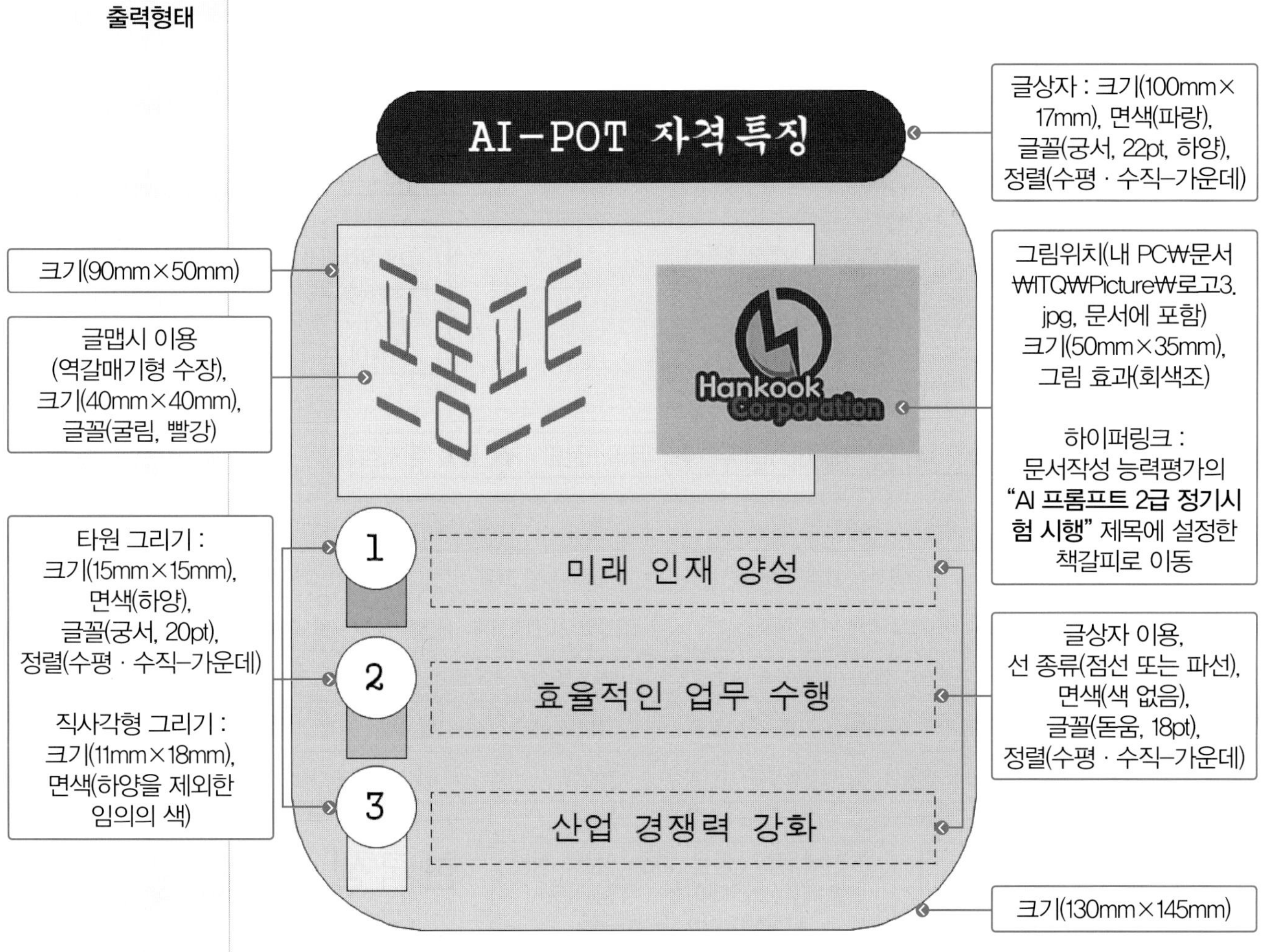

글꼴 : 돋움, 18pt, 진하게, 가운데 정렬
책갈피 이름 : 프롬프트　　　덧말 넣기

문단 첫 글자 장식 기능
글꼴 : 굴림, 면색 : 노랑

생성형 AI 자격

머리말 기능
궁서, 10pt, 오른쪽 정렬

한국생산성본부
AI 프롬프트 2급 정기시험 시행

한국생산성본부(이하 KPC)는 제1회 AI-POT(AI 프롬프트 활용능력) 2급 정기시험이 지난 21일 전국 44개 고사장에서 시행됐다고 23일 밝혔다. AI 산업에서의 실무 인재 양성을 목표(目標)로 만든 AI-POT자격은 인공지능 분야의 전문성을 검증하는 실습형 시험으로, 이번 첫 정기시험에서 44개 고사장에서 총 660여명의 응시자가 참여했다. AI-POT 2급 자격시험은 생성형 AI 기술의 이해와 활용 능력을 평가하는 시험(試驗)이다. 인공지능 기초 이론, 생성형 AI 기초이론, 프롬프트 엔지니어링 기술기초, 프롬프트 엔지니어링 기술기초 활용, 프롬프트 엔지니어링ⓐ 업무활용과 윤리의식 등 5개 영역에서 30문항을 CBT(컴퓨터 기반 전형) 방식으로 진행했다.

각주

시험 결과는 내달 10일 발표 예정이다. 오는 11월 9일 제2회 자격시험(2급)이 예정돼 있으며, 내년 하반기부터는 1급 시험까지 확대 운영할 계획이다. KPC 자격검정센터 센터장은 "제1회 AI-POT 시험이 성공적으로 마무리된 것을 기쁘게 생각하며, AI 분야 인재양성을 위한 다양한 교육과 자격 프로그램을 제공하겠다."고 말했다.

♣ AI-POT 2급 문제형식 및 문항배점

글꼴 : 굴림 , 18pt, 하양, 음영색 : 파랑

그림위치(내 PC₩문서₩ITQ₩Picture₩그림4.jpg, 문서에 포함) 자르기 기능 이용, 크기(40mm×40mm), 바깥 여백 왼쪽 : 2mm

1. 문제 수 및 문항형식
　① 문제 수 : 총 5개 과목, 총 30문항 출제
　② 문항형식 : 이론형 20문항, 실습형 10문항
2. 문항 배점
　① 이론형 : 20문항 각 3점(60점)
　② 실습형 : 10문항 각 4점(40점)

♣ AI-POT 시험 출제 범위

글꼴 : 굴림, 18pt, 밑줄, 강조점

급수	검정과목	분야 또는 영역	배점
2급	인공지능 기초 이론	인공지능의 기원, 역사, 알고리즘, 성능평가	18
	생성형 AI 기초 이론	생성형 AI 기초원리, 필수요소, 초대형 언어모델	9
	프롬프트 엔지니어링 기술 기초	프롬프트 엔지니어링 개념, 학습도구, 작성원칙	24
	프롬프트 엔지니어링 기술 기초 활용	프롬프트 설계전략, 모델 실습, 확장 프로그램	40
	프롬프트 엔지니어링 업무활용과 윤리의식	생성형 AI 비즈니스 적용, 저작권, 윤리원칙	9

문단 번호 기능 사용
1수준 : 20pt, 오른쪽 정렬,
2수준 : 30pt, 오른쪽 정렬,
줄 간격 : 180%

표 전체 글꼴 : 돋움, 10pt, 가운데 정렬
셀 배경(그러데이션) : 유형(가로),
시작색(하양), 끝색(노랑)

한국생산성본부

글꼴 : 돋움, 24pt, 진하게
장평 105%, 오른쪽 정렬

ⓐ 실용적 지식을 활용하여 새로운 제품 및 시설 등을 만드는 것에 관한 학문

각주 구분선 : 5cm

쪽 번호 매기기, 6으로 시작 ⑥

최신 기출문제 05회

수험번호 20261005 　**정답파일** PART 03 최신 기출문제₩최신05회_정답.hwpx

▶ 합격 강의

기능평가 ❶　　　　　　　　　　　　　　　　　　　　　　　　　　　　　　　150점

01 다음의 ≪조건≫에 따라 스타일 기능을 적용하여 ≪출력형태≫와 같이 작성하시오.　　50점

조건	(1) 스타일 이름 – abuse (2) 문단 모양 – 왼쪽 여백 : 15pt, 문단 아래 간격 : 10pt (3) 글자 모양 – 글꼴 : 한글(돋움)/영문(굴림), 크기 : 10pt, 장평 : 105%, 자간 : 5%
출력형태	Child abuse is when a parent or care giver, whether through action or failing to act, causes injury, death, emotional harm or risk of serious harm to a child. 신체적 학대와 방임은 아동의 생명과 안전을 직접적으로 위협하며, 정서적 학대와 성적 학대는 아동의 정신 건강과 성 발달에 치명적인 영향을 미칩니다.

02 다음의 ≪조건≫에 따라 ≪출력형태≫와 같이 표와 차트를 작성하시오.　　100점

표 조건	(1) 표 전체(표, 캡션) – 굴림, 10pt (2) 정렬 – 문자 : 가운데 정렬, 숫자 : 오른쪽 정렬　　　(3) 셀 배경(면색) : 노랑 (4) 한글의 계산 기능을 이용하여 빈칸에 합계를 구하고, 캡션 기능 사용할 것 (5) 선 모양은 ≪출력형태≫와 동일하게 처리할 것

출력형태

유형별 아동학대사례 건수(단위 : 건)

관계	신체학대	정서학대	성학대	방임	합계
부모	9,863	16,058	184	2,629	
친인척	435	464	33	68	
대리양육자	928	1,257	247	136	
기타	250	561	344	6	

차트 조건	(1) 차트 데이터는 표 내용에서 유형별 부모, 친인척, 대리양육자의 값만 이용할 것 (2) 종류 – 〈묶은 세로 막대형〉으로 작업할 것 (3) 제목 – 글꼴 : 돋움, 진하게, 12pt, 　　　　　속성 : 채우기(밝은 색 : 하양), 테두리, 그림자(바깥쪽 : 대각선 오른쪽 아래) (4) 제목 이외의 전체 글꼴 – 돋움, 보통, 10pt (5) 축제목과 범례는 ≪출력형태≫와 동일하게 처리할 것

출력형태

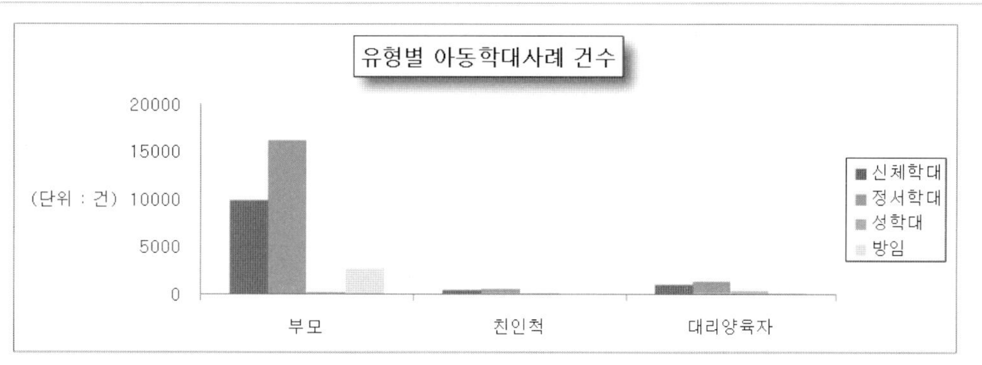

03 다음 (1), (2)의 수식을 수식 편집기로 각각 입력하시오.   40점

출력형태	
$(1)\ \ T = \dfrac{b^2}{a} + 2\pi \sqrt{\dfrac{r^3}{GM}}$	$(2)\ \ \displaystyle\sum_{k=1}^{10}(k^3 + 6k^2 + 4k + 3) = 256$

04 다음의 ≪조건≫에 따라 ≪출력형태≫와 같이 문서를 작성하시오.   110점

조건	
	(1) 그리기 도구를 이용하여 작성하고, 모든 도형(글맵시, 지정된 그림 포함)을 ≪출력형태≫와 같이 작성하시오.
	(2) 도형의 면색은 지시사항이 없으면 색 없음을 제외하고 서로 다르게 임의로 지정하시오.

출력형태

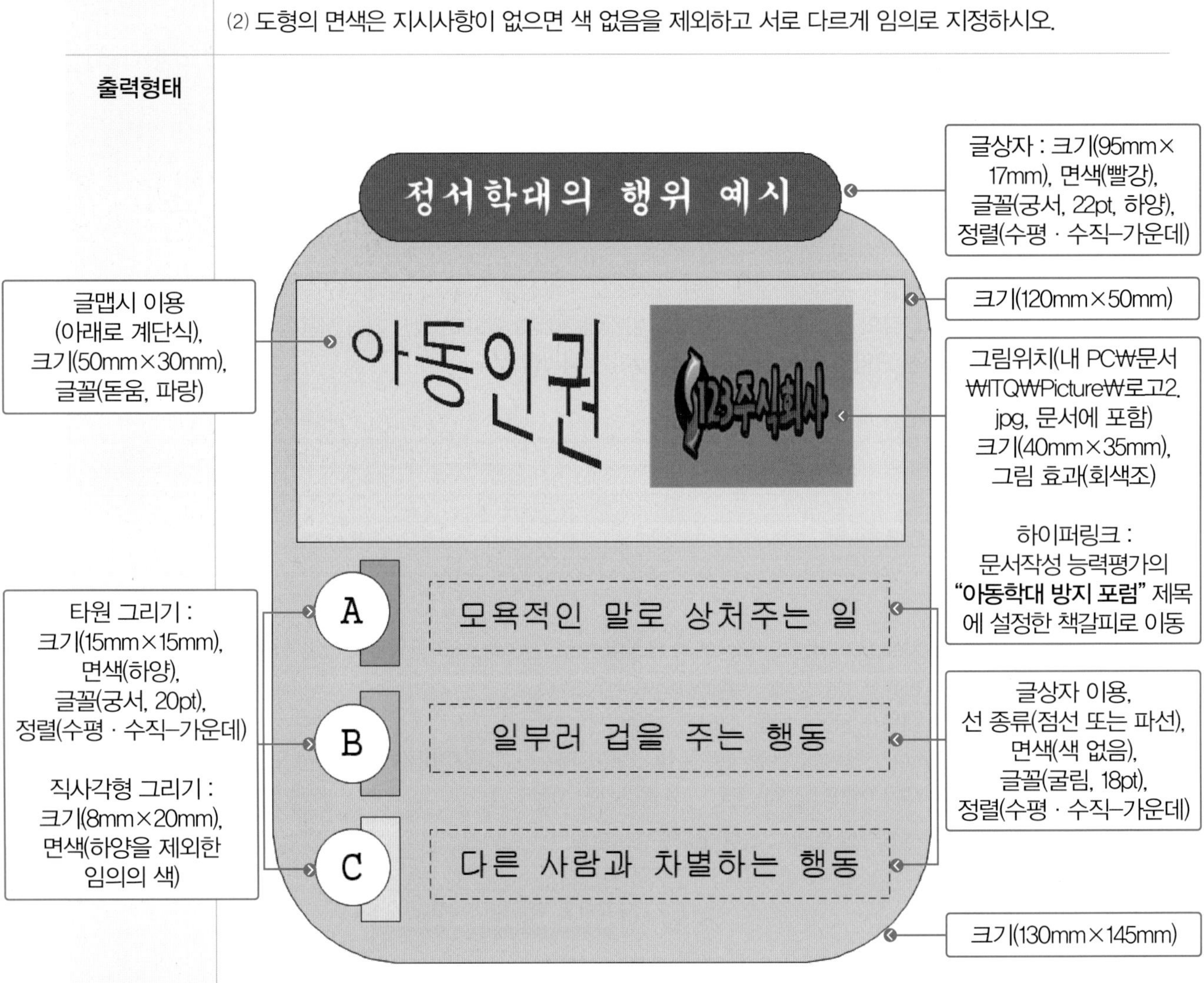

글꼴 : 굴림, 18pt, 진하게, 가운데 정렬
책갈피 이름 : 아동학대　　덧말 넣기

문단 첫 글자 장식 기능
글꼴 : 궁서, 면색 : 노랑

아동권리

머리말 기능
돋움, 10pt, 오른쪽 정렬

아동학대 예방
아동학대 방지 포럼

각주

보 건복지부는 아동학대 예방의 날을 맞아 아동학대㉠에 대한 국민적 관심을 끌기 위한 정책 포럼을 개최한다. 이번 포럼은 교육부, 법무부, 여성가족부와 함께 공동 개최하고 아동보호 관련 기관 종사자, 아동보호전문기관 상담원 등 500여 명이 참석할 예정이다. 사랑과 관심을 통한 아동인권 존중이라는 포럼 주제와 함께 '부모의 눈높이에서 가르치려고만 하기보다, 아이의 눈높이에서 아이를 이해하고 아이와 소통하는 부모가 되자'라는 세부 주제는 아동학대 예방 및 양육(養育)에 대한 인식 개선을 촉구하는 의미를 담고 있다. 또한, 유엔아동권리협약에 담긴 아동의 권리를 온전히 실현하고 아동이 보다 나은 삶을 살 수 있도록 국민이 참여하는 토크 콘서트도 진행할 계획이다. 토크 콘서트는 '부모-자녀의 입장에서 진솔한 대화'라는 주제로 서로의 생각과 경험을 나누며 이해하고 차이를 좁힐 방법을 모색한다.

　정부는 아동학대 건수 증가를 심각하게 인식하고 '사랑과 관심'이라는 키워드로 아동학대 방지 정책 포럼을 기획한다고 밝혔다. 정부 부처 외에도 아이사랑어린이재단이 공동 주최하는 본 행사는 아동학대의 심각성을 알리고 모든 아동에 대한 국가와 사회의 책무를 알리는 뜻깊은 행사(行事)로 진행될 계획이다.

◆ 방임의 정의와 유형

글꼴 : 돋움, 18pt, 하양, 음영색 : 파랑

가. 방임의 정의
　㉠ 보호자가 아동을 보호하지 않고 위험한 환경에 처하게 하는 행위
　㉡ 아동에게 의식주, 의무교육 등을 제공하지 않는 행위
나. 방임의 유형
　㉠ 물리적 방임 : 기본적인 의식주를 제공하지 않는 행위
　㉡ 교육적 방임 : 특별한 사유 없이 학교에 보내지 않고 방치하는 행위

그림위치(내 PC\ 문서\ITQ\Picture\그림4.jpg, 문서에 포함)
자르기 기능 이용, 크기(40mm×30mm), 바깥 여백 왼쪽 : 2mm

◆ 아동학대 방지 포럼 주제

글꼴 : 돋움, 18pt, 밑줄, 강조점

시간	2월 26일	2월 27일	2월 28일	비고
09:00-09:50	등록 및 개회	유엔아동권리협약	아동학대의 예방법	대강당 1A
10:00-11:50	정책 포럼 안내	아동학대의 심각성	바람직한 양육관	소강당 2B
12:00-13:00	오찬			
13:10-16:00	토크 콘서트 1부	토크 콘서트 2부	폐회	소강당 1B

문단 번호 기능 사용
1수준 : 20pt, 오른쪽 정렬,
2수준 : 30pt, 오른쪽 정렬,
줄 간격 : 180%

표 전체 글꼴 : 돋움, 10pt, 가운데 정렬
셀 배경(그러데이션) : 유형(가운데에서),
시작색(하양), 끝색(노랑)

아동권리보장원

글꼴 : 궁서, 24pt, 진하게
장평 95%, 오른쪽 정렬

㉠ 상대방을 혹사하거나 소홀히 대하는 행동 또는 위협하는 행동

각주 구분선 : 5cm

쪽 번호 매기기, 6으로 시작　→　F

이기적과 함께 또, 기적
또, 합격

**이기적 강의는
무조건 0원!**

이기적 영진닷컴

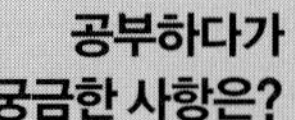

**공부하다가
궁금한 사항은?**

이기적 스터디 카페

정보기술자격(ITQ) 시험

한컴오피스

과목	코드	문제유형	시험시간	수험번호	성명
아래한글	1111	A	60분		

※ 실전 모의고사 01~10회 학습 시 답안 작성요령을 동일하게 적용하세요.

수험자 유의사항

- 수험자는 문제지를 받는 즉시 문제지와 **수험표상의 시험과목(프로그램)이 동일한지 반드시 확인**하여야 합니다.
- 파일명은 본인의 "수험번호-성명"으로 입력하여 답안폴더(내 PC₩문서₩ITQ)에 하나의 파일로 저장해야 하며, 답안문서 파일명이 "수험번호-성명"과 일치하지 않거나, 답안파일을 전송하지 않아 미제출로 처리될 경우 실격 처리합니다(예:12345678-홍길동.hwpx).
- 답안 작성을 마치면 파일을 저장하고, '답안 전송' 버튼을 선택하여 감독위원 PC로 답안을 전송하십시오. 수험생 정보와 저장한 파일명이 다를 경우 전송되지 않으므로 주의하시기 바랍니다.
- 답안 작성 중에도 **주기적으로 저장하고, '답안 전송'**하여야 문제 발생을 줄일 수 있습니다. 작업한 내용을 저장하지 않고 전송할 경우 이전에 저장된 내용이 전송되니 이점 유의하시기 바랍니다.
- 답안문서는 지정된 경로 외의 다른 보조기억장치에 저장하는 경우, 지정된 시험 시간 외에 작성된 파일을 활용할 경우, 기타 통신수단 (이메일, 메신저, 네트워크 등)을 이용하여 타인에게 전달 또는 외부 반출하는 경우는 부정 처리합니다.
- 시험 중 부주의 또는 고의로 시스템을 파손한 경우는 수험자가 변상해야 하며, 〈수험자 유의사항〉에 기재된 방법대로 이행하지 않아 생기는 불이익은 수험생 당사자의 책임임을 알려 드립니다.
- 문제의 조건은 한컴오피스 2022 버전으로 설정되어 있으니 유의하시기 바랍니다.
- 시험을 완료한 수험자는 답안파일이 전송되었는지 확인한 후 감독위원의 지시에 따라 문제지를 제출하고 퇴실합니다.

답안 작성요령

- **온라인 답안 작성 절차**
  수험자 등록 ⇒ 시험 시작 ⇒ 답안파일 저장 ⇒ 답안 전송 ⇒ 시험 종료
- **공통 부문**
  - 글꼴에 대한 기본설정은 함초롬바탕, 10포인트, 검정, 줄간격 160%, 양쪽정렬로 합니다.
  - 색상은 조건의 색을 적용하고 색의 구분이 안 될 경우에는 RGB 값을 적용하십시오.
    (빨강 255,0,0 / 파랑 0,0,255 / 노랑 255,255,0).
  - 각 문항에 주어진 ≪조건≫에 따라 작성하고 언급하지 않은 조건은 ≪출력형태≫와 같이 작성합니다.
  - 용지여백은 왼쪽·오른쪽 11mm, 위쪽·아래쪽·머리말·꼬리말 10mm, 제본 0mm로 합니다.
  - 그림 삽입 문제의 경우 「내 PC₩문서₩ITQ₩Picture」 폴더에서 지정된 파일을 선택하여 삽입하십시오.
  - 삽입한 그림은 반드시 문서에 포함하여 저장해야 합니다(미포함 시 감점 처리).
  - 각 항목은 지정된 페이지에 출력형태와 같이 정확히 작성하시기 바라며, 그렇지 않을 경우에 해당 항목은 0점 처리됩니다.
    ※ 페이지구분 : 1페이지 – 기능평가 I (문제번호 표시 : 1. 2.),
    　　　　　　　　 2페이지 – 기능평가 II (문제번호 표시 : 3. 4.),
    　　　　　　　　 3페이지 – 문서작성 능력평가
- **기능평가**
  - 문제와 ≪조건≫은 입력하지 않으며 문제번호와 답(≪출력형태≫)만 작성합니다.
  - 4번 문제는 묶기를 했을 경우 0점 처리됩니다.
- **문서작성 능력평가**
  - A4 용지(210mm×297mm) 1매 크기, 세로 서식 문서로 작성합니다.
  - ▢ 표시는 문서작성에 대한 지시사항이므로 작성하지 않습니다.

실전 모의고사 01회

수험번호 20261011　　**정답파일** PART 04 실전 모의고사₩실전01회_정답.hwpx

기능평가 ❶　　　　　　　　　　　　　　　　　　　　　　150점

01 다음의 ≪조건≫에 따라 스타일 기능을 적용하여 ≪출력형태≫와 같이 작성하시오.　　50점

조건	(1) 스타일 이름 – global (2) 문단 모양 – 왼쪽 여백 : 15pt, 문단 아래 간격 : 10pt (3) 글자 모양 – 글꼴 : 한글(굴림)/영문(돋움), 크기 : 10pt, 장평 : 95%, 자간 : −5%
출력형태	Since its establishment in 2008, it has been commissioned by the Korea Youth Activity Promotion Agency and has operated various international exchange programs to help teenagers grow into global leaders. 청소년들이 글로벌 리더로 성장하도록 다양한 국제교류 프로그램을 운영하고 있으며, 2008년 설치 이후 2013년부터 현재까지 한국청소년활동진흥원에서 위탁 운영하고 있다.

02 다음의 ≪조건≫에 따라 ≪출력형태≫와 같이 표와 차트를 작성하시오.　　100점

표 조건	(1) 표 전체(표, 캡션) – 굴림, 10pt (2) 정렬 – 문자 : 가운데 정렬, 숫자 : 오른쪽 정렬　　(3) 셀 배경(면색) : 노랑 (4) 한글의 계산 기능을 이용하여 빈칸에 평균(소수점 두 자리)을 구하고, 캡션 기능 사용할 것 (5) 선 모양은 ≪출력형태≫와 동일하게 처리할 것

출력형태

청소년국제교류 사업 효과성 변화(단위 : 점)

연도	2020년	2021년	2022년	2023년	평균
이해증진도	2.8	3.1	3.3	3.5	
시민의식	4.2	4.1	4.3	4.1	
가치관	3.6	4.2	4.7	4.1	
문화 개방성	3.5	4.1	4.4	4.9	

차트 조건	(1) 차트 데이터는 표 내용에서 연도별 이해증진도, 시민의식, 가치관의 값만 이용할 것 (2) 종류 – 〈묶은 세로 막대형〉으로 작업할 것 (3) 제목 – 글꼴 : 돋움, 진하게, 12pt 　　　속성 : 채우기(밝은 색 : 하양), 테두리, 그림자(바깥쪽 : 대각선 오른쪽 아래) (4) 제목 이외의 전체 글꼴 – 돋움, 보통, 10pt (5) 축제목과 범례는 ≪출력형태≫와 동일하게 처리할 것

출력형태

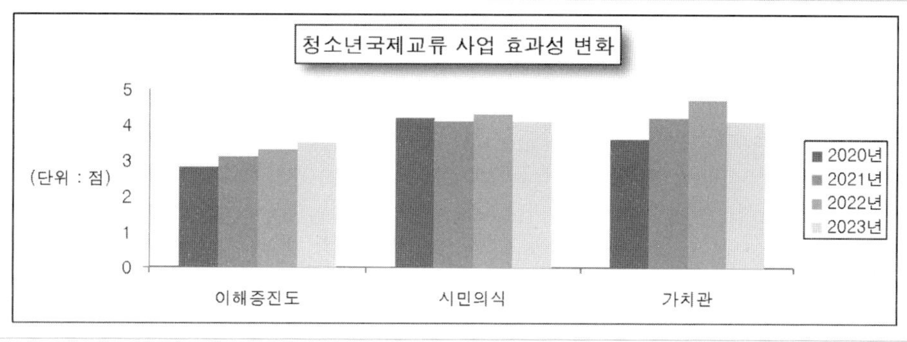

03 다음 (1), (2)의 수식을 수식 편집기로 각각 입력하시오.

40점

출력형태	$(1)\ 1+\sqrt{3}=\dfrac{x^3-(2x+5)^2}{x^3-(x-2)}$ $(2)\ \Delta W=\dfrac{1}{2}m(f_x)^2+\dfrac{1}{2}m(f_y)^2$

04 다음의 ≪조건≫에 따라 ≪출력형태≫와 같이 문서를 작성하시오.

110점

조건	(1) 그리기 도구를 이용하여 작성하고, 모든 도형(글맵시, 지정된 그림 포함)을 ≪출력형태≫와 같이 작성하시오. (2) 도형의 면색은 지시사항이 없으면 색 없음을 제외하고 서로 다르게 임의로 지정하시오.

출력형태

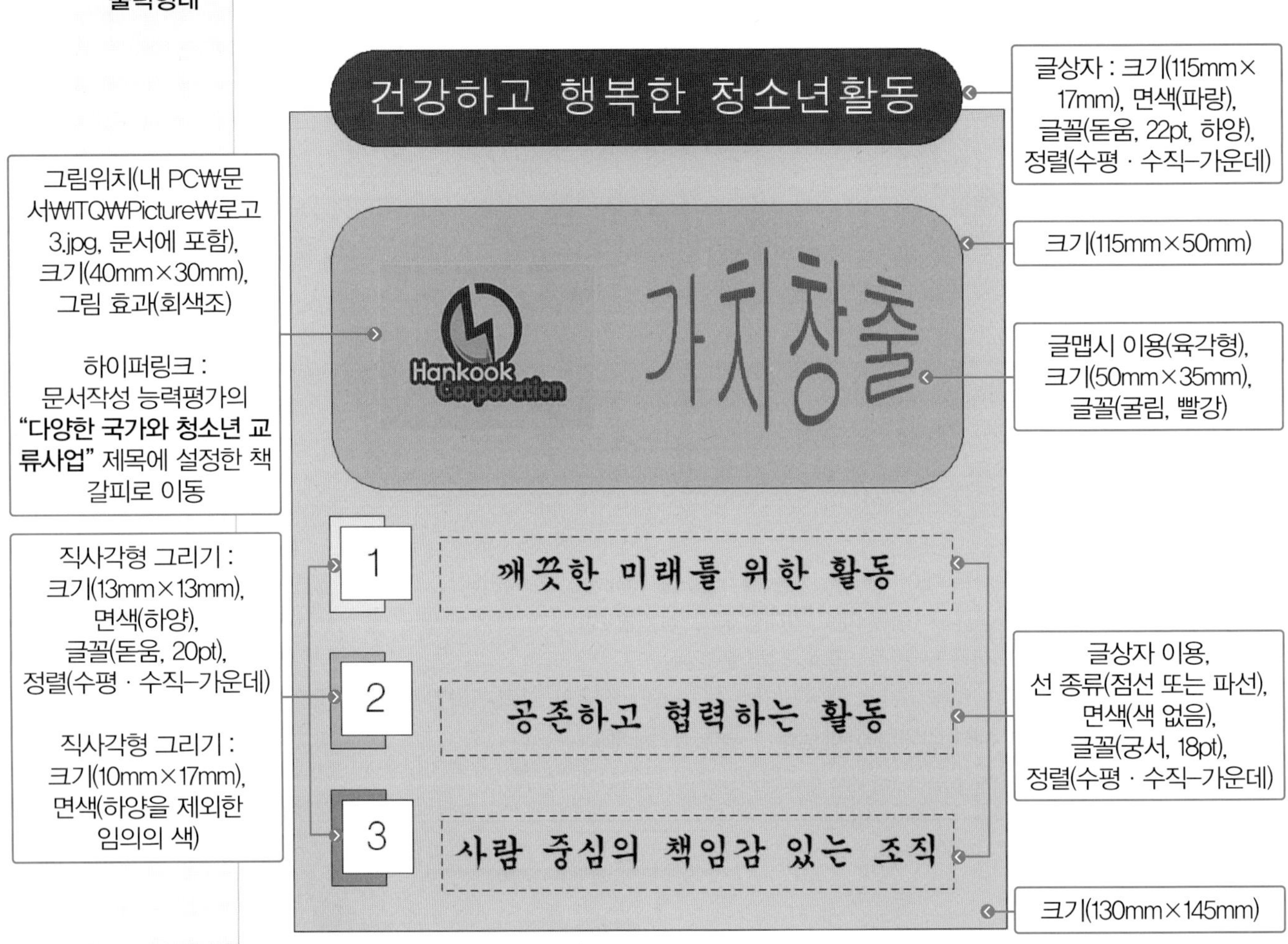

글상자 : 크기(115mm×17mm), 면색(파랑), 글꼴(돋움, 22pt, 하양), 정렬(수평 · 수직–가운데)

그림위치(내 PC₩문서₩ITQ₩Picture₩로고3.jpg, 문서에 포함), 크기(40mm×30mm), 그림 효과(회색조)

하이퍼링크 : 문서작성 능력평가의 **"다양한 국가와 청소년 교류사업"** 제목에 설정한 책갈피로 이동

크기(115mm×50mm)

글맵시 이용(육각형), 크기(50mm×35mm), 글꼴(굴림, 빨강)

직사각형 그리기 : 크기(13mm×13mm), 면색(하양), 글꼴(돋움, 20pt), 정렬(수평 · 수직–가운데)

직사각형 그리기 : 크기(10mm×17mm), 면색(하양을 제외한 임의의 색)

글상자 이용, 선 종류(점선 또는 파선), 면색(색 없음), 글꼴(궁서, 18pt), 정렬(수평 · 수직–가운데)

크기(130mm×145mm)

글꼴 : 궁서, 18pt, 진하게, 가운데 정렬
책갈피 이름 : 국제의식　덧말 넣기

청소년 국제교류

머리말 기능
굴림, 10pt, 오른쪽 정렬

문단 첫 글자 장식 기능
글꼴 : 돋움, 면색 : 노랑

글로벌 리더십
다양한 국가와 청소년 교류사업

우리 사회가 점점 세계화 되어감에 따라 서로 다른 문화(文化) 배경을 지닌 사람들에 대하여 서로의 문화를 존중하고 공감할 줄 아는 능력이 점차 중요한 사회적 역량으로 대두되고 있다. 특히 청소년(靑少年)들은 우리 사회의 미래를 이끌어 나갈 것이므로 우리의 청소년들이 국제교류 활동을 통하여 국제 감각을 갖춘 글로벌 인재로 성장할 수 있는 환경을 조성하는 일은 더더욱 중요한 과제이다. 청소년의 국제 감각 함양 및 글로벌 역량 강화에 대한 중요성은 일찍이 인식되었다.

외교부의 국제교류사업은 매우 방대하며 특정 나이, 대상은 없다. 주로 한국국제협력단㉠을 중심으로 이루어지고 있으며 지역이나 주제, 프로그램의 유형별로 기획이 되는데. 그중 청소년과 직접적으로 관련 있는 사업으로는 글로벌 인재 양성 사업이라고 볼 수 있다. 그간 활발히 추진되어 온 청소년 국제교류사업이 최근 들어 나타난 코로나 사태로 인하여 기존의 청소년 국제교류 활동을 위축시키는 결과를 낳았고, 기존의 방식과 같은 교류국 방문 형태의 교류가 사실상 어렵게 됨에 따라, 이에 대한 대응의 차원에서도 새로운 국제교류 운영방안이 필요한 실정이다.

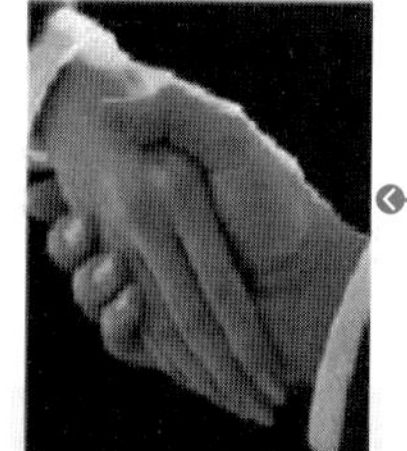

각주

♣ 청소년 교류센터의 역할

글꼴 : 굴림, 18pt, 하양, 음영색 : 빨강

A. 사업추진 방향
ⓐ 청소년의 국제이해 증진 및 세계시민으로서 역량 강화
ⓑ 국내외 청소년의 교류 다양화를 통한 상호이해와 신뢰 증진 등
B. 주요 기능
ⓐ 국제활동 중장기 계획 수립 및 연구
ⓑ 국내외 청소년 교류활동 운영 및 협력에 관한 사항 등

그림위치(내 PC\문서\ITQ\Picture\그림4.jpg, 문서에 포함) 자르기 기능 이용, 크기(35mm×45mm), 바깥 여백 왼쪽 : 2mm

♣ 청소년 국제교류사업 개요

글꼴 : 굴림, 18pt, 기울임, 강조점

사업명	대상	규모	근거
국가 간 청소년교류	만 16세 – 만 24세	초청 150명, 파견 150명	청소년활동 진흥법 제54조 (국제 청소년교류 활동의 지원)
국제회의 및 행사 파견	만 16세 – 만 24세	33명 내외	청소년활동 진흥법 제54조 (국제 청소년교류 활동의 지원)
해외자원 봉사단	만 15세 – 만 20세	약 140명	청소년활동 진흥법 제54조 (국제 청소년교류 활동의 지원)
국제 청소년 포럼	만 18세 – 만 24세	10여 개국 200명	청소년활동 진흥법 제54조 (국제 청소년교류 활동의 지원)
국제 청소년 캠페스트	초중고 청소년 및 지도자	20여 개국 5,000명	청소년활동 진흥법 제54조 (국제 청소년교류 활동의 지원)

문단 번호 기능 사용
1수준 : 20pt, 오른쪽 정렬,
2수준 : 30pt, 오른쪽 정렬
줄 간격 : 180%

표 전체 글꼴 : 돋움, 10pt, 가운데 정렬
셀 배경(그러데이션) : 유형(가로),
시작색(하양), 끝색(노랑)

청소년 교류센터

글꼴 : 궁서, 24pt, 진하게
장평 105%, 오른쪽 정렬

㉠ KOICA : 대한민국의 국제개발 사업을 주관하는 외교부 산하 위탁집행형 준정부기관

각주 구분선 : 5cm

쪽 번호 매기기 5로 시작　⑤

실전 모의고사 02회

수험번호 20261012 　　**정답파일** PART 04 실전 모의고사₩실전02회_정답.hwpx

기능평가 ❶　　　　　　　　　　　　　　　　　　　　　　　　**150**점

01 다음의 ≪조건≫에 따라 스타일 기능을 적용하여 ≪출력형태≫와 같이 작성하시오.　　50점

조건	(1) 스타일 이름 – pumba (2) 문단 모양 – 왼쪽 여백 : 15pt, 문단 아래 간격 : 10pt (3) 글자 모양 – 글꼴 : 한글(굴림)/영문(돋움), 크기 : 10pt, 장평 : 95%, 자간 : −5%
출력형태	The Eumseong Pumba Festival is a festival that combines the benevolence of Pumba and grandfather Choi Gwi-dong, which are hardened like the pronouns of traditional a traveling marketeer. 거지 성자로 불리는 최귀동 할아버지의 숭고한 삶에서 비롯된 음성 지역의 품바축제는 삭막한 현대인들의 가슴에 따뜻한 나눔의 의미를 깊이 새기고 있다.

02 다음의 ≪조건≫에 따라 ≪출력형태≫와 같이 표와 차트를 작성하시오.　　100점

표 조건	(1) 표 전체(표, 캡션) – 굴림, 10pt (2) 정렬 – 문자 : 가운데 정렬, 숫자 : 오른쪽 정렬　　(3) 셀 배경(면색) : 노랑 (4) 한글의 계산 기능을 이용하여 빈칸에 평균(소수점 두 자리)을 구하고, 캡션 기능 사용할 것 (5) 선 모양은 ≪출력형태≫와 동일하게 처리할 것

출력형태

품바축제 관람객 현황(단위 : 천 명)

구분	2020년	2021년	2022년	2023년	평균
품바래퍼	437	378	349	416	
품바패션	325	397	118	597	
품바왕	321	253	406	463	
천인의 엇치기	264	328	384	451	

차트 조건	(1) 차트 데이터는 표 내용에서 연도별 품바래퍼, 품바패션, 품바왕의 값만 이용할 것 (2) 종류 – 〈묶은 세로 막대형〉으로 작업할 것 (3) 제목 – 글꼴 : 돋움, 진하게, 12pt 　　　　　속성 : 채우기(밝은 색 : 하양), 테두리, 그림자(바깥쪽 : 대각선 오른쪽 아래) (4) 제목 이외의 전체 글꼴 – 돋움, 보통, 10pt (5) 축제목과 범례는 ≪출력형태≫와 동일하게 처리할 것

출력형태

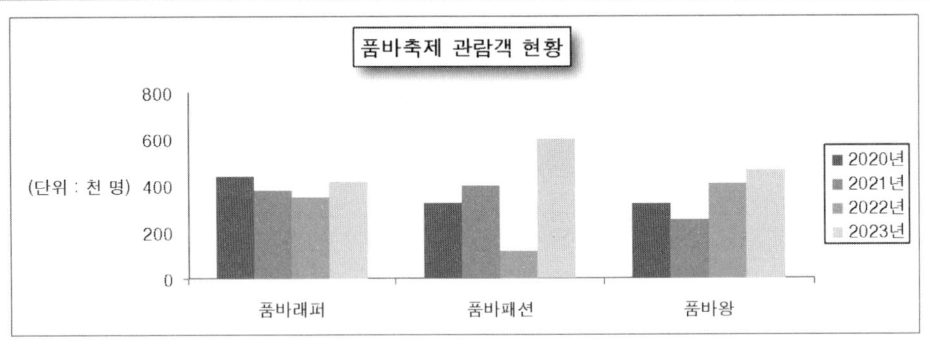

03 다음 (1), (2)의 수식을 수식 편집기로 각각 입력하시오.   40점

출력형태	
(1) $A(1+r)^n = \dfrac{a((1+r)^n - 1)}{r}$	(2) $F = \dfrac{4\pi^2}{T^2} - 1 = 4\pi^2 K \dfrac{m}{r^2}$

04 다음의 ≪조건≫에 따라 ≪출력형태≫와 같이 문서를 작성하시오.   110점

조건

(1) 그리기 도구를 이용하여 작성하고, 모든 도형(글맵시, 지정된 그림 포함)을 ≪출력형태≫와 같이 작성하시오.

(2) 도형의 면색은 지시사항이 없으면 색 없음을 제외하고 서로 다르게 임의로 지정하시오.

출력형태

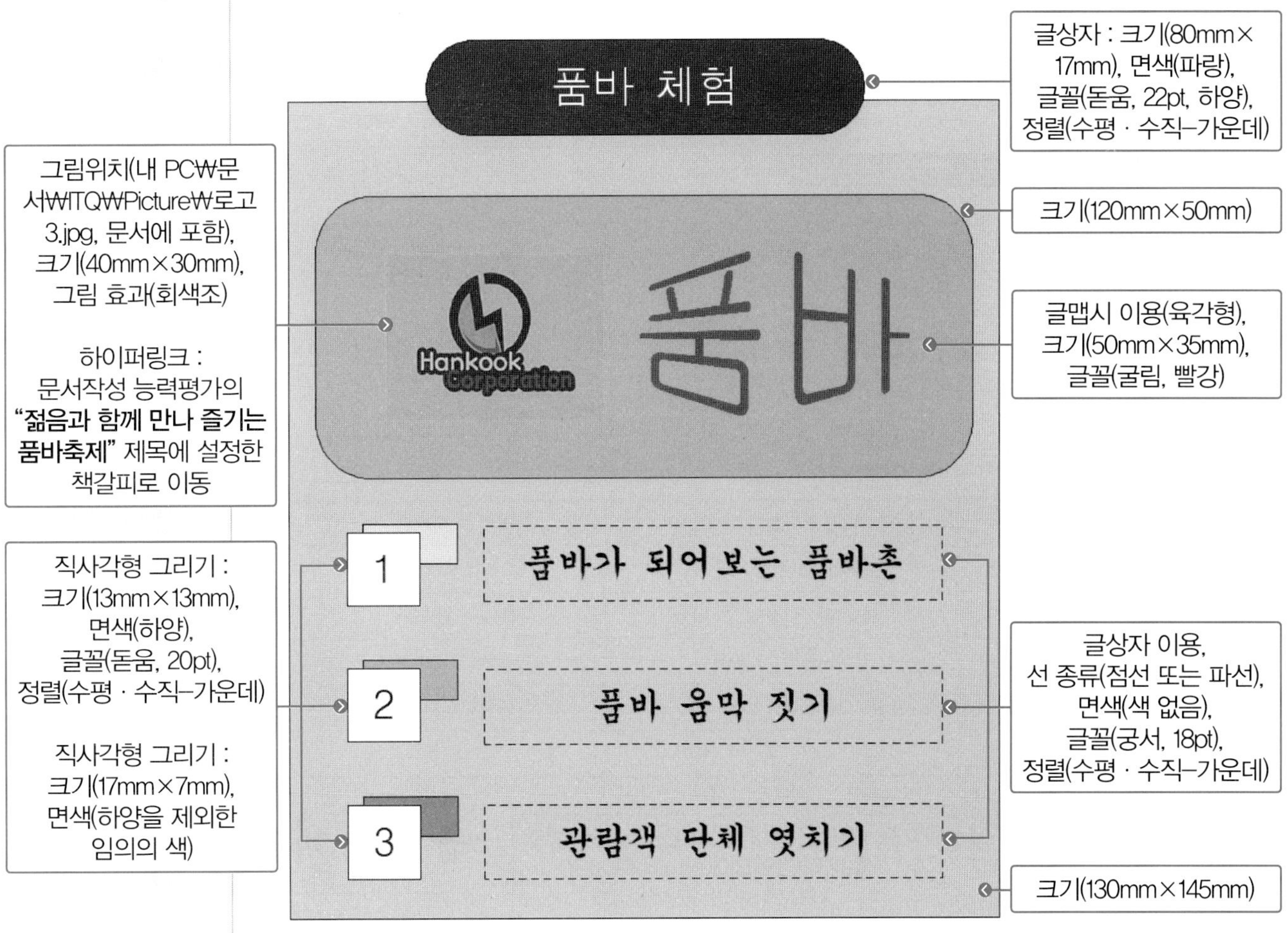

글상자 : 크기(80mm×17mm), 면색(파랑), 글꼴(돋움, 22pt, 하양), 정렬(수평 · 수직–가운데)

그림위치(내 PC\문서\ITQ\Picture\로고3.jpg, 문서에 포함), 크기(40mm×30mm), 그림 효과(회색조)

하이퍼링크 : 문서작성 능력평가의 **"젊음과 함께 만나 즐기는 품바축제"** 제목에 설정한 책갈피로 이동

크기(120mm×50mm)

글맵시 이용(육각형), 크기(50mm×35mm), 글꼴(굴림, 빨강)

직사각형 그리기 : 크기(13mm×13mm), 면색(하양), 글꼴(돋움, 20pt), 정렬(수평 · 수직–가운데)

직사각형 그리기 : 크기(17mm×7mm), 면색(하양을 제외한 임의의 색)

글상자 이용, 선 종류(점선 또는 파선), 면색(색 없음), 글꼴(궁서, 18pt), 정렬(수평 · 수직–가운데)

크기(130mm×145mm)

글꼴 : 궁서, 18pt, 진하게, 가운데 정렬
책갈피 이름 : 품바   덧말 넣기

풍자와 해학

문단 첫 글자 장식 기능
글꼴 : 돋움, 면색 : 노랑

사랑과 나눔
젊음과 함께 만나 즐기는 품바축제

머리말 기능
굴림, 10pt, 오른쪽 정렬

품 바축제의 근간은 거지 성자로 불리는 최귀동 할아버지의 숭고한 삶에서 비롯되었다. 일제 강점기 때 심한 고문으로 장애를 얻은 그는 자신도 오갈 데 없는 처지임에도 불구하고 금왕읍 무극리 일대를 돌며 동냥으로 얻어 온 음식을 거동조차 힘든 다른 걸인들에게 나누어 주었다고 한다.

각주

품바라는 낱말이 처음 등장한 역사적 문헌(文獻)㉠의 한국 판소리 전집에 수록된 변강쇠가인데, 여기에서는 타령의 장단을 맞추는 소리라 하여 입장고로 기술되어 있다. 품바에 대한 설은 이외에도 다양한 형태로 전해지고 있다. 각설이 타령의 후렴구에 사용되는 일종의 장단 구실을 하는 의성어로 풀이되기도 하였으나 현재는 걸인들의 대명사로 일반화되었다. 품바를 현대적으로 해석하자면 '사랑을 베푼 자만이 희망을 가질 수 있다'라는 의미를 함축하고 있다. 이러한 뜻에 걸맞게 2000년부터 음성예총에서는 새 천년을 맞아 최귀동 할아버지의 숭고한 뜻을 본받고자 품바축제를 개최하게 되었다. 물질만능주의와 이기주의로 풍요 속 빈곤(貧困)을 겪고 있는 현대인들의 삶에 해학과 풍자를 통한 따뜻한 사랑의 나눔 정신을 심어 주고자 품바축제가 탄생하게 된 것이다.

◆ 2024 음성품바축제

글꼴 : 굴림, 18pt, 하양, 음영색 : 빨강

가) 기간 및 장소
    1. 기간 : 2024. 5. 22(수) - 5. 26(일) 5일간
    2. 장소 : 음성 설성공원 및 꽃동네 일원
나) 공연 프로그램
    1. 품바 플래시몹, 전국 품바 길놀이 퍼레이드
    2. 관광객과 함께하는 품바라이브 공연, 품바 뮤지컬

그림위치(내 PC₩문서₩ITQ ₩Picture₩그림4.jpg, 문서에 포함) 자르기 기능 이용, 크기(35mm× 40mm), 바깥 여백 왼쪽 : 2mm

◆ *품바공연단 및 공연 일정*

글꼴 : 굴림, 18pt, 기울임, 강조점

공연단명	단원	참여공연 축제명	장소
깐돌이공연단	깐돌이, 칠봉이, 꽃나비	토속음식축제	강원도
금빛예술단	순심이, 하늘이, 허야	정선 아리랑 축제	강원도
꾼품바공연단	청이, 금왕수, 방글이	무안 해넘이맞이공연	전라남도
뉴스토리공연단	나출세, 팔순이, 월매, 이기둥	장성 황룡강노란꽃잔치	전라남도
산적품바	산적, 최민, 고구마, 혜미	양산 삼량 및 문화축전	경상남도

문단 번호 기능 사용
1수준 : 20pt, 오른쪽 정렬,
2수준 : 30pt, 오른쪽 정렬
줄 간격 : 180%

표 전체 글꼴 : 돋움, 10pt, 가운데 정렬
셀 배경(그러데이션) : 유형(가로),
    시작색(하양), 끝색(노랑)

품바축제위원회

글꼴 : 궁서, 24pt, 진하게
장평 105%, 오른쪽 정렬

㉠ 조선 고종 때의 판소리 작가로 광대 소리를 통일하여 판소리 사설을 정리한 인물

각주 구분선 : 5cm

쪽 번호 매기기 4로 시작   iv

실전 모의고사 03회

▶ 합격 강의

기능평가 ❶　　　　　　　　　　　　　　　　　　　　　　　　　　**150**점

01 다음의 ≪조건≫에 따라 스타일 기능을 적용하여 ≪출력형태≫와 같이 작성하시오.　　　50점

조건	(1) 스타일 이름 – metaverse (2) 문단 모양 – 왼쪽 여백 : 15pt, 문단 아래 간격 : 10pt (3) 글자 모양 – 글꼴 : 한글(돋움)/영문(굴림), 크기 : 10pt, 장평 : 95%, 자간 : 5%
출력형태	In order to revitalize and continue to grow various industrial ecosystems, it is necessary to establish leading governance and establish and operate a metaverse partnership organization that can lead. 다양한 산업 생태계의 활성화와 지속적인 성장을 위해서는 선도적 거버넌스의 정립이 필요하며 견인할 수 있는 메타버스 파트너십 기구를 설치하고 운영할 필요가 있다.

02 다음의 ≪조건≫에 따라 ≪출력형태≫와 같이 표와 차트를 작성하시오.　　　100점

표 조건	(1) 표 전체(표, 캡션) – 돋움, 10pt (2) 정렬 – 문자 : 가운데 정렬, 숫자 : 오른쪽 정렬　　　(3) 셀 배경(면색) : 노랑 (4) 한글의 계산 기능을 이용하여 빈칸에 합계를 구하고, 캡션 기능 사용할 것 (5) 선 모양은 ≪출력형태≫와 동일하게 처리할 것

출력형태

글로벌 메타버스 시장 전망(단위 : 10억 달러)

구분	2022	2023	2024	2025	합계
가상현실(VR)	13.4	27.8	79.4	138.3	
증강현실(AR)	33.0	67.9	193.8	338.1	
VR+AR	46.5	95.7	273.2	476.4	
기타	7.5	9.2	21.4	85.3	

차트 조건	(1) 차트 데이터는 표 내용에서 연도별 가상현실(VR), 증강현실(AR), VR+AR의 값만 이용할 것 (2) 종류 – 〈묶은 세로 막대형〉으로 작업할 것 (3) 제목 – 글꼴 : 굴림, 진하게, 12pt 　　　　　속성 : 채우기(밝은 색 : 하양), 테두리, 그림자(바깥쪽 : 대각선 오른쪽 아래) (4) 제목 이외의 전체 글꼴 – 굴림, 보통, 10pt (5) 축제목과 범례는 ≪출력형태≫와 동일하게 처리할 것

출력형태

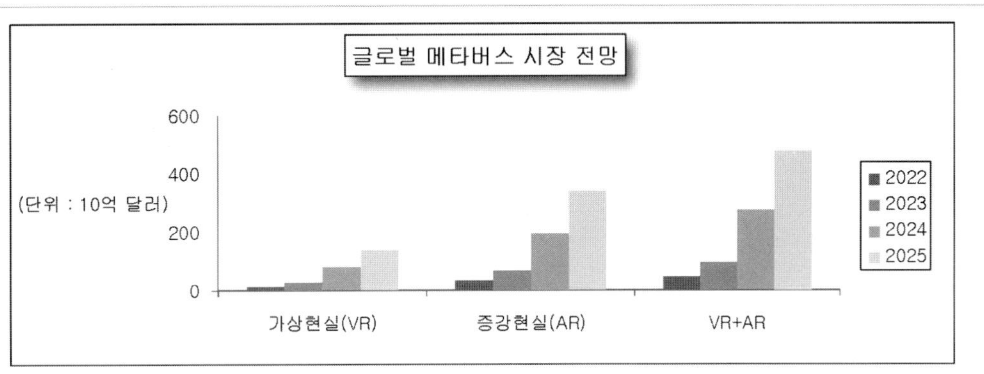

03 다음 (1), (2)의 수식을 수식 편집기로 각각 입력하시오. 40점

출력형태

$$(1)\ K = \frac{a(1+r)((1+r)^n - 1)}{r} \qquad (2)\ \int_a^b x f(x)dx = \frac{1}{b-a}\int_a^b x dx = \frac{a+b}{2}$$

04 다음의 ≪조건≫에 따라 ≪출력형태≫와 같이 문서를 작성하시오. 110점

조건

(1) 그리기 도구를 이용하여 작성하고, 모든 도형(글맵시, 지정된 그림 포함)을 ≪출력형태≫와 같이 작성하시오.

(2) 도형의 면색은 지시사항이 없으면 색 없음을 제외하고 서로 다르게 임의로 지정하시오.

출력형태

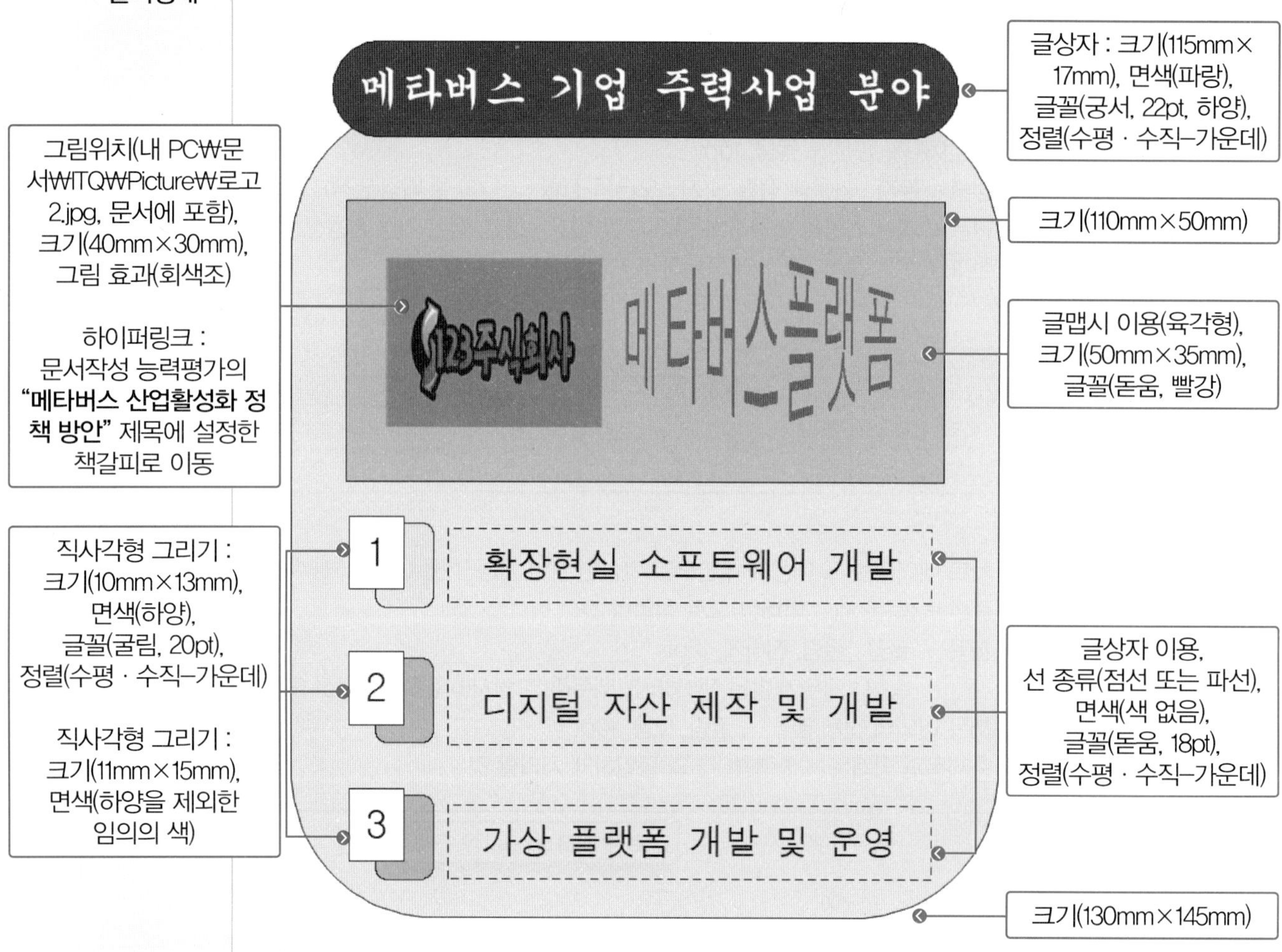

글꼴 : 궁서, 18pt, 진하게, 가운데 정렬
책갈피 이름 : 메타버스　　　덧말 넣기

문단 첫 글자 장식 기능
글꼴 : 굴림, 면색 : 노랑

메타버스 산업육성

머리말 기능
돋움, 10pt, 오른쪽 정렬

서울연구원
메타버스 산업활성화 정책 방안

메 타버스 산업활성화를 견인(牽引)하는 정책 거버넌스 확립을 위해 다원화된 주체가 참여하고 다양한 부문의 기업이 연계(連繫)하는 메타버스와 같은 산업에서는 산업발전을 선도하는 거버넌스가 긴요하다. 다양한 가치와 이해관계를 지닌 다수의 주체가 메타버스 세계에 참여해 콘텐츠 및 서비스 생산과 활용, 소비와 거래에 관여한다. 민관협력체계를 구축하여 메타버스 산업 활성화에 기여하고자 정부 주도의 메타버스 관련 거버넌스 기구로 '메타버스 얼라이언스'ⓐ가 설치되어 운영 중이다.

각주

　메타버스 얼라이언스는 운영위원회와 분과 및 프로젝트 그룹 운영 등을 통해 기업의 의견수렴과 신규과제 발굴, 협력활동을 지원하는 등의 역할을 수행한다. 메타버스 산업의 중심성 및 선도성을 지닌 서울시도 산업발전을 견인할 수 있는 자체적인 정책 거버넌스 확립이 필요하다. 다양한 정책 방안을 추진하기 위해서는 메타버스 산업육성 및 활성화를 뒷받침하는 조례의 마련, 메타버스 이용 활성화를 위한 제도적 환경의 재정비이다. 메타버스 이용을 제약할 수 있는 불합리한 요소를 최소화하고 이용을 촉진할 수 있는 적극적 환경을 조성하기 위한 관련 조례 제정, 법률 및 제도 정비, 공용플랫폼의 건전한 이용 환경 조성이 있다.

◆ 서울시 메타버스 산업 전략적 방안

글꼴 : 굴림, 18pt, 하양
음영색 : 빨강

가. 산업생태계 육성 및 기업 경쟁력 강화
　㉠ 생태계에 속한 부문이나 업종의 균형적 성장
　㉡ 기업들의 경쟁력 강화 지원
나. 메타버스 우수 인적자원 개발 지원
　㉠ 메타버스 크리에이터 양성과정 설치 운영
　㉡ 교육 훈련 과정을 이수한 인적자원 DB 구축

그림위치(내 PC\문서\ITQ\Picture\그림4.jpg, 문서에 포함)
자르기 기능 이용, 크기(40mm×40mm), 바깥 여백 왼쪽 : 2mm

◆ *조사분석에 활용한 자료원*

글꼴 : 굴림, 18pt, 기울임, 강조점

자료원	보유기관	자료원의 설명	기업 수
메타버스	얼라이언스	2021년 5월에 출범, 프로젝트 단위로 기업과 유관기관 참여 중	654개
	산업협회	가상현실산업협회와 모바일산업협회 공동 출범으로 회원사 모집	약 80개
	허브 입주기업	콘텐츠, 플랫폼, 디바이스 솔루션 기업 인큐베이팅 공간 입주	46개
스타트업	혁신의 숲	'메타버스/AR/VR' 관련 사업 등록된 스타트업 데이터베이스 활용	148개
서울경제진흥원		유관기관 협력을 통해 서울XR실증센터 운영	39개

문단 번호 기능 사용
1수준 : 20pt, 오른쪽 정렬,
2수준 : 30pt, 오른쪽 정렬
줄 간격 : 180%

표 전체 글꼴 : 돋움, 10pt, 가운데 정렬
셀 배경(그러데이션) : 유형(가로),
　시작색(하양), 끝색(노랑)

경제연구실

글꼴 : 궁서, 24pt, 진하게
장평 105%, 오른쪽 정렬

ⓐ 정부 주도 민관협력체계 구축, 메타버스 산업 활성화 기여하고자 출범한 기구

각주 구분선 : 5cm

쪽 번호 매기기 6으로 시작　⑥

실전 모의고사 04회

수험번호 20261014 **정답파일** PART 04 실전 모의고사\실전04회_정답.hwpx

기능평가 ❶   150점

01 다음의 ≪조건≫에 따라 스타일 기능을 적용하여 ≪출력형태≫와 같이 작성하시오.   50점

조건	(1) 스타일 이름 – credit (2) 문단 모양 – 왼쪽 여백 : 15pt, 문단 아래 간격 : 10pt (3) 글자 모양 – 글꼴 : 한글(돋움)/영문(굴림), 크기 : 10pt, 장평 : 95%, 자간 : 5%
출력형태	A high school credit system is a system in which students select courses, attend classes, and complete the necessary credits for graduation. 고교학점제란 대학처럼 학생들이 적성과 희망 진로에 따라 교과를 선택하고 강의실을 다니며 수업을 듣고 졸업에 필요한 학점을 이수하는 제도를 말한다.

02 다음의 ≪조건≫에 따라 ≪출력형태≫와 같이 표와 차트를 작성하시오.   100점

표 조건	(1) 표 전체(표, 캡션) – 돋움, 10pt (2) 정렬 – 문자 : 가운데 정렬, 숫자 : 오른쪽 정렬 (3) 셀 배경(면색) : 노랑 (4) 한글의 계산 기능을 이용하여 빈칸에 평균(소수점 두 자리)을 구하고, 캡션 기능 사용할 것 (5) 선 모양은 ≪출력형태≫와 동일하게 처리할 것

출력형태

제도 개선 사항 설문 응답(단위 : 명)

구분	교원연수	제도홍보	조직개편	업무경감	평균
학생	21,634	8,566	7,572	8,334	
학부모	1,589	1,587	1,127	2,942	
교사	2,967	2,235	2,181	4,825	
교수	694	829	967	894	

차트 조건	(1) 차트 데이터는 표 내용에서 구분별 학생, 학부모, 교사의 값만 이용할 것 (2) 종류 – 〈묶은 세로 막대형〉으로 작업할 것 (3) 제목 – 글꼴 : 굴림, 진하게, 12pt 속성 : 채우기(밝은 색 : 하양), 테두리, 그림자(바깥쪽 : 대각선 오른쪽 아래) (4) 제목 이외의 전체 글꼴 – 굴림, 보통, 10pt (5) 축제목과 범례는 ≪출력형태≫와 동일하게 처리할 것

출력형태

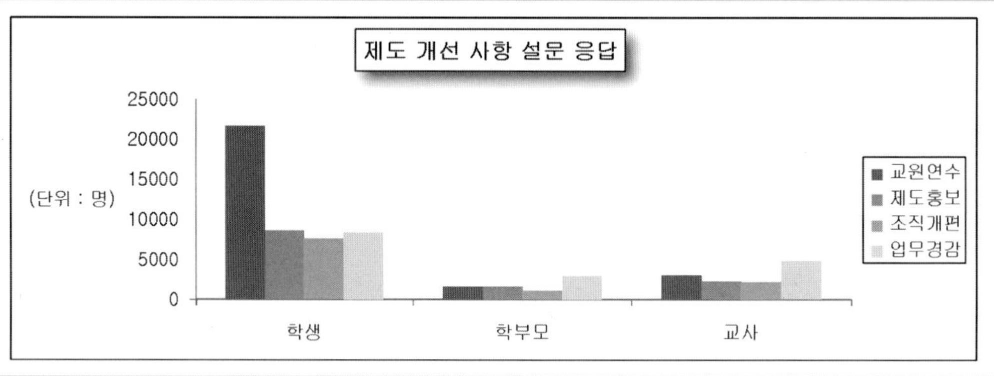

---

03 다음 (1), (2)의 수식을 수식 편집기로 각각 입력하시오.   40점

출력형태	$(1)\ H_n = \dfrac{a(r^n - 1)}{r - 1} = \dfrac{a(1 + r^n)}{1 - r}\,(r \neq 1)$ $(2)\ \displaystyle\sum_{k=1}^{n}(k^4 + 1) - \sum_{k=3}^{n}(k^4 + 1) = 19$

04 다음의 ≪조건≫에 따라 ≪출력형태≫와 같이 문서를 작성하시오.   110점

조건	(1) 그리기 도구를 이용하여 작성하고, 모든 도형(글맵시, 지정된 그림 포함)을 ≪출력형태≫와 같이 작성하시오. (2) 도형의 면색은 지시사항이 없으면 색 없음을 제외하고 서로 다르게 임의로 지정하시오.

출력형태

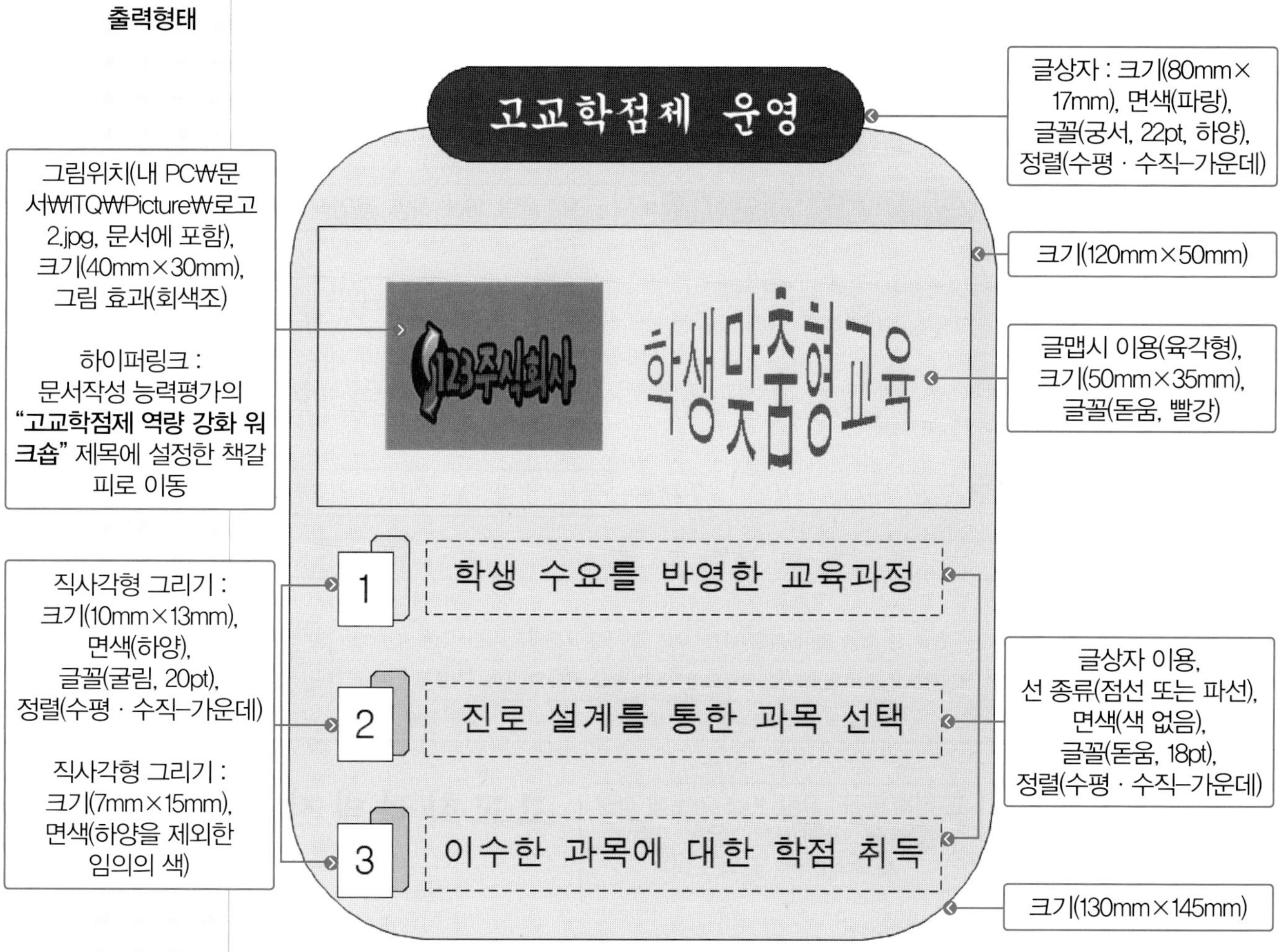

글꼴 : 굴림, 18pt, 진하게, 가운데 정렬
책갈피 이름 : 학점　　　　덧말 넣기

문단 첫 글자 장식 기능
글꼴 : 궁서, 면색 : 노랑

미래를 여는 선택

머리말 기능
돋움, 10pt, 오른쪽 정렬

학교가 나에게 맞추다
고교학점제 역량 강화 워크숍

각주

고교학점제는 학교 교육과정의 유연성(柔軟性) 확보를 통해 학생들의 진로 역량을 강화함과 동시에 교원들에게 다양한 교육과정 운영 및 수업 역량ⓐ 강화를 요구하고 있는 정책이다. 하지만 이를 지원하는 정책 및 법제 장치가 미흡하여 학점제 도입에 대한 기대감과 함께 현장 교사, 학부모, 학생 등 교육 관계자의 불안감이 커지고 있는 상황이다. 이에 교육부, 국가교육회의, 한국직업능력개발원에서는 고교학점제 교사 역량 강화 워크숍을 통해 현장 교사의 역량 개발을 지원하고 현재 고교학점제 정책에 대한 문제점과 요구사항 파악을 통해 정책 개선 방안을 도출(導出)하고자 준비하고 있다.

특히, 정부는 고교학점제 정책을 시행함에 있어 학생의 올바른 과목 선택을 가능하게 하는 것은 학생들의 진로 설정 역량과 '선택에 따른 책임' 인식이라는 사실을 바탕으로 워크숍을 기획하고 있다. 한편, 교육부는 고교학점제 도입을 위한 중장기 로드맵을 설정하고 2020년 마이스터고 전면 도입 이후 2022년 모든 직업계고등학교에 도입하고 2025년에는 종합고등학교를 포함한 일반계고등학교에 도입을 계획하고 있으며 학부모 진로지도 역량 강화를 위하여 '온라인 학부모 진로교육' 연수 과정과 '자녀공감 학부모교육' 대면연수 과정을 운영한다.

◆ 고교학점제 교사 연수 개요

글꼴 : 굴림, 18pt, 하양, 음영색 : 빨강

I. 주제 및 기간
　A. 주제 : 고교학점제의 이해, 선택과 책임
　B. 기간 : 2024. 3. 15(금) 10:00-16:50
II. 주최 및 장소
　A. 주최 : 교육부, 국가교육회의, 한국직업능력개발원
　B. 장소 : 세종 컨벤션홀

그림위치(내 PC\문서\ITQ\Picture\그림4.jpg, 문서에 포함) 자르기 기능 이용, 크기(40mm×35mm), 바깥 여백 왼쪽 : 2mm

◆ *고교학점제 교사 연수 주제*

글꼴 : 굴림, 18pt, 기울임, 강조점

시간	주제	강사	비고
10:00-10:50	학점제 정책 추진 방향	이은주 연구사	기타 자세한 사항은 센터 홈페이지를 참고하기 바랍니다.
11:00-11:50	학교 간 연계 및 협력을 통한 학교 간 공동교육과정	정현숙 박사	
13:00-14:50	고교학점제가 효율적으로 운영되기 위한 학교 공간의 변화	문지영 박사	
15:00-16:50	권역별 커뮤니티 구성 및 논의	전영희 연구원	

문단 번호 기능 사용
1수준 : 20pt,
오른쪽 정렬,
2수준 : 30pt,
오른쪽 정렬
줄 간격 : 180%

표 전체 글꼴 : 굴림, 10pt, 가운데 정렬
셀 배경(그러데이션) : 유형(가로),
시작색(하양), 끝색(노랑)

고교학점제 지원센터

글꼴 : 궁서, 24pt, 진하게
장평 105%, 오른쪽 정렬

ⓐ 조직 구성원이 해당 업무를 수행할 수 있는 전반적인 능력을 의미함

각주 구분선 : 5cm

쪽 번호 매기기 5로 시작　　E

수험번호 20261015 **정답파일** PART 04 실전 모의고사₩실전05회_정답.hwpx

기능평가 ❶ — 150점

01 다음의 ≪조건≫에 따라 스타일 기능을 적용하여 ≪출력형태≫와 같이 작성하시오. — 50점

조건
(1) 스타일 이름 – intelligence
(2) 문단 모양 – 왼쪽 여백 : 15pt, 문단 아래 간격 : 10pt
(3) 글자 모양 – 글꼴 : 한글(돋움)/영문(굴림), 크기 : 10pt, 장평 : 95%, 자간 : 5%

출력형태
Current artificial intelligence is considered as life and culture, beyond the industry. Discussing life in the future will be impossible without mentioning artificial intelligence.

현재의 인공지능은 산업을 넘어 삶과 문화로 여겨지고 있다. 미래의 삶에 대한 논의는 인공지능에 대한 언급 없이는 불가능할 것이다.

02 다음의 ≪조건≫에 따라 ≪출력형태≫와 같이 표와 차트를 작성하시오. — 100점

표 조건
(1) 표 전체(표, 캡션) – 굴림, 10pt
(2) 정렬 – 문자 : 가운데 정렬, 숫자 : 오른쪽 정렬   (3) 셀 배경(면색) : 노랑
(4) 한글의 계산 기능을 이용하여 빈칸에 합계를 구하고, 캡션 기능 사용할 것
(5) 선 모양은 ≪출력형태≫와 동일하게 처리할 것

출력형태

SW 신기술 인공지능 분야 활용 현황(단위 : %)

산업분류	서비스 개선	프로세스 관리	업무 효율화	고객 관리	합계
정보통신업	54.2	50.2	45.8	21.5	
금융 및 보험업	57.5	68.3	49.5	26.0	
광업 및 제조업	50.6	49.3	46.8	49.7	
건설업	79.9	94.1	20.1	4.8	

차트 조건
(1) 차트 데이터는 표 내용에서 분야별 정보통신업, 금융 및 보험업, 광업 및 제조업의 값만 이용할 것
(2) 종류 – 〈묶은 세로 막대형〉으로 작업할 것
(3) 제목 – 글꼴 : 돋움, 진하게, 12pt
　　　　속성 : 채우기(밝은 색 : 하양), 테두리, 그림자(바깥쪽 : 대각선 오른쪽 아래)
(4) 제목 이외의 전체 글꼴 – 돋움, 보통, 10pt
(5) 축제목과 범례는 ≪출력형태≫와 동일하게 처리할 것

출력형태

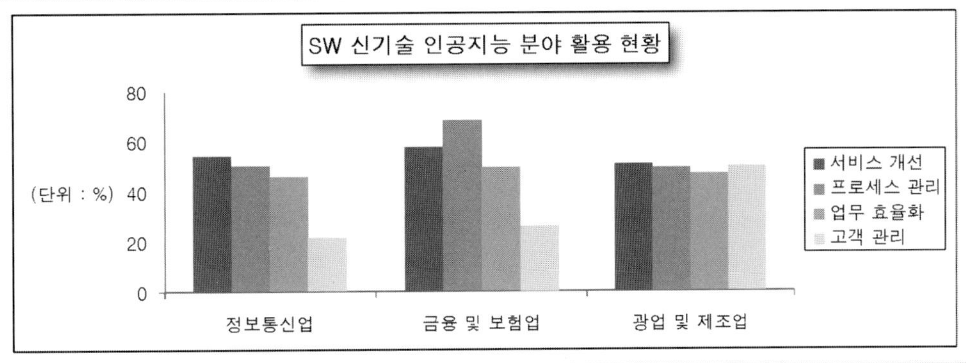

03 다음 (1), (2)의 수식을 수식 편집기로 각각 입력하시오. 40점

출력형태	
(1) $\vec{F} = -\dfrac{4\pi^2 m}{T^2} + \dfrac{m}{T^3}$	(2) $\overline{AB} = \sqrt{(x_2 - x_1)^2 + (y_2 - y_1)^2}$

04 다음의 ≪조건≫에 따라 ≪출력형태≫와 같이 문서를 작성하시오. 110점

조건
(1) 그리기 도구를 이용하여 작성하고, 모든 도형(글맵시, 지정된 그림 포함)을 ≪출력형태≫와 같이 작성하시오.
(2) 도형의 면색은 지시사항이 없으면 색 없음을 제외하고 서로 다르게 임의로 지정하시오.

출력형태

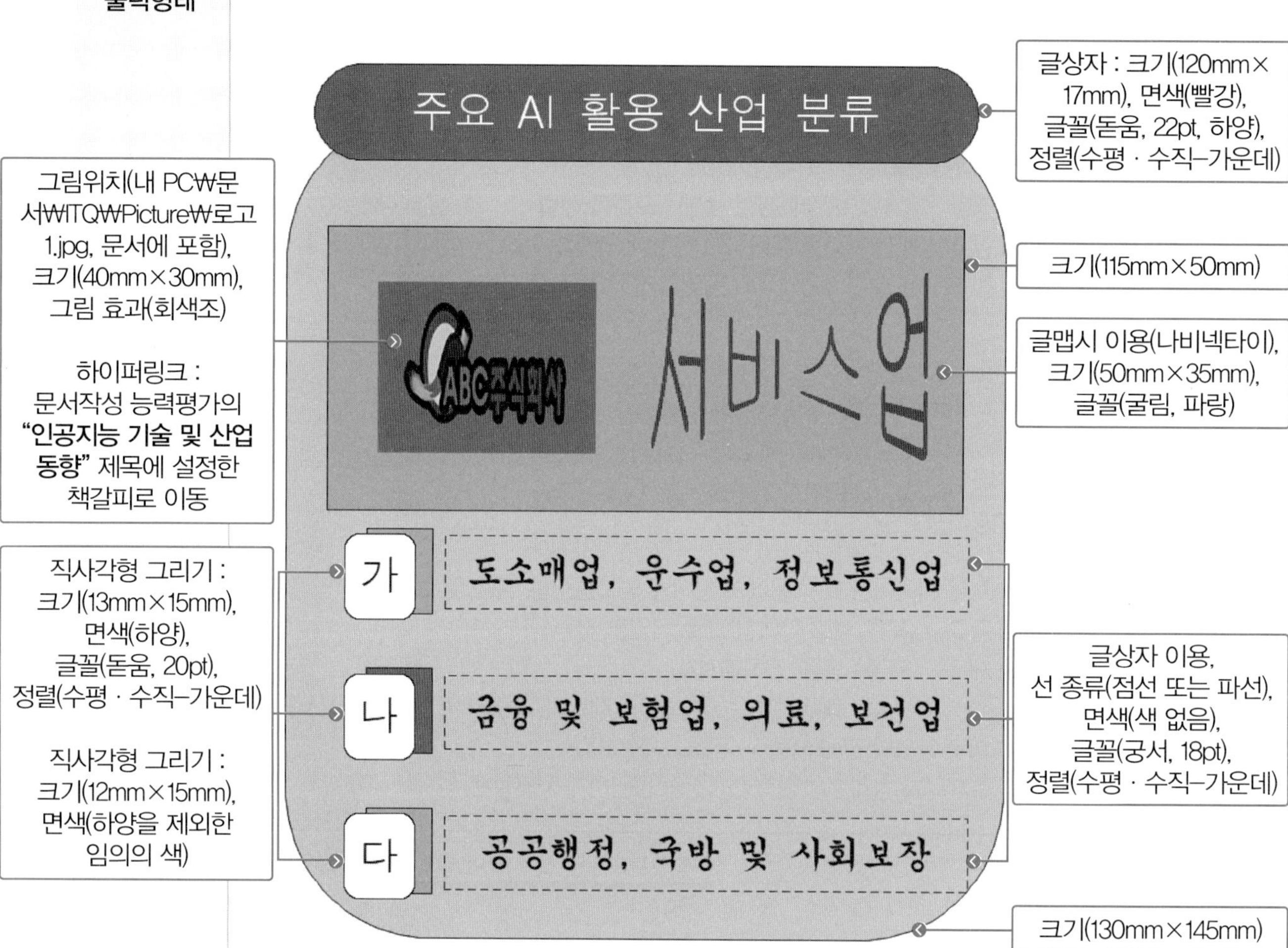

글꼴 : 굴림, 18pt, 진하게, 가운데 정렬
책갈피 이름 : 인간중심   덧말 넣기

문단 첫 글자 장식 기능
글꼴 : 궁서, 면색 : 노랑

인공지능 서비스

머리말 기능
돋움, 10pt, 오른쪽 정렬

초거대 인공지능
인공지능 기술 및 산업 동향

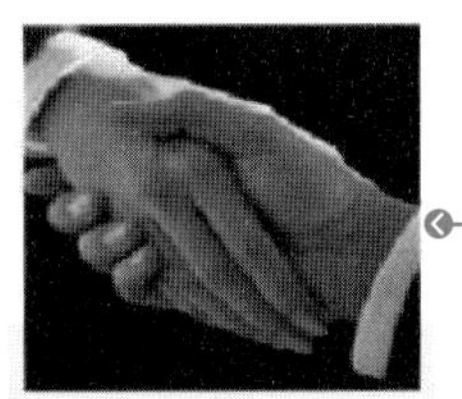

미국의 오픈AI는 GPT-3으로 불리는 초거대 인공지능을 공개하며 많은 관심을 받았다. 특정 상황이 아닌 범용적으로 사용이 가능한 인공 일반지능을 목표로 국내외 기업들의 초거대 인공지능(人工知能) 개발 경쟁이 지속되고 있다.

네이버의 경우 자체 개발한 초대규모 인공지능 하이퍼클로바의 성능을 향상시키고 있으며, 음성검색, 번역뿐만 아니라 서비스 범위를 확대해 가고 있다. LG AI 연구원은 엑사원을 통해 6,000억 개 이상의 말뭉치, 텍스트와 결합된 고해상도 이미지 2억 5,000만 장 이상을 학습하여 제조, 연구, 교육, 통신, 금융 등 전 산업 분야에서 최고 전문가의 지능 확보를 목표로 하고 있다. 카카오브레인은 2021년 11월 GPT-3 모델의 한국어 초거대 인공지능 언어모델 KoGPT를 공개했다. 긴 문장 요약, 문장 추론을 통한 결론 예측, 질문 문맥(文脈) 이해 등 모든 종류의 언어 과제 수행이 가능하며, 오픈소스ⓐ로 개방함으로써 접근성을 높이고자 하였다. KT도 초거대 인공지능 컴퓨팅 인프라를 클라우드 기반으로 구성하고 주요 인공지능 모델을 원클릭으로 손쉽게 구성하고 활용이 가능하도록 서비스하고 있다.

각주

글꼴 : 돋움, 18pt, 하양
음영색 : 파랑

◆ 해외 주요국의 분야별 AI 적용 사례

가. 미국
    ⓐ 우즈홀 해양학 연구소 : 자율주행 로봇을 통한 심층 해양 탐사
    ⓑ 국립암연구소 : 암 영상 검사를 위한 AI 연구
나. 독일
    ⓐ 막스 플랑크 지능시스템 연구소 : AI 기반 로봇 터치 감지 개선
    ⓑ 드레스덴 대학 연구팀 : 질병 조기 발견 및 치료를 위한 이식형 AI 시스템

그림위치(내 PC\문서\ITQ
\Picture\그림4.jpg, 문서에 포함)
자르기 기능 이용, 크기(40mm×
35mm), 바깥 여백 왼쪽 : 2mm

◆ OECD의 주요 AI 적용 산업 및 영역

글꼴 : 돋움, 18pt, 밑줄, 강조점

구분	산업분류	주요 AI 적용 영역	핵심 내용
1	정보통신업	광고, AR, VR, 네트워크 보안, 소프트웨어 생산	OECD(2022) 정책 관점에서 AI 시스템 평가를 위한 도구 개발
2	건설업	3D 빌딩 정보 모델링, 건물 시뮬레이터	
3	제조업	제품 조립, 공급망 관리 및 계획	
4	교육	AI를 활용한 개인 학습, 챗봇, 시험 또는 채점 구성	
5	숙박 및 음식점업	AI 기반 챗봇, 고객 피드백 데이터 분석	

문단 번호 기능 사용
1수준 : 20pt,
오른쪽 정렬,
2수준 : 30pt,
오른쪽 정렬
줄 간격 : 180%

표 전체 글꼴 :
굴림, 10pt, 가운데 정렬
셀 배경(그러데이션) :
유형(가로),시작색(하양),
끝색(노랑)

한국지능정보사회진흥원

글꼴 : 궁서, 24pt, 진하게
장평 105%, 오른쪽 정렬

ⓐ 소스 프로그램이 공개되어 자유롭게 수정하고 재배포할 수 있는 프로그램

각주 구분선 : 5cm

쪽 번호 매기기 5로 시작 ⑤

MEMO

MEMO

MEMO

MEMO

이기적 강의는
무조건 0원!

이기적 영진닷컴

이기적 유튜브 채널

유튜브에서 이기적 영진닷컴을 검색해보세요!

정보처리기능사 실기 기본서

이렇게 기막힌 적중률

프로그래밍 언어 활용

▶ 무료

교재 연계 동영상 강의

저자 직강 무료 강의

시험 관련 특별 강의

그 밖의 다양한 콘텐츠

구독자 수
약 15만 명

업로드 영상
약 9천 개

이기적

이기적 영진닷컴
@ydot0789

구독자 14.4만명 · 동영상 9천개

컴퓨터활용능력, 정보처리기사 등 다양한 수험서 및 실용서를 출간하고 있는 영진닷컴의 "이기적 수험서 공식 채널"입니다. ...더보기

license.youngjin.com 외 링크 7개

🔔 구독중 ∨

누적 조회수
약 5500만 회

이기적 영진닷컴 🔍

한번에 합격, 자격증은 이기적

이기적 스터디 카페

합격 전담 마크! 추가 자료부터
1:1 Q&A까지 다양한 혜택 받기

365 이벤트

매일 쏟아지는 이벤트!
기출 복원, 리뷰, 합격 후기, 정오표

100% 무료 강의

QR 하나로 교재와 연계된
고퀄리티 강의 100% 무료

실습 파일

보다 더 편리하게!
작업 및 정답 파일 제공

🔍 이기적 스터디 카페

홈페이지 : license.youngjin.com
질문/답변 : cafe.naver.com/yjbooks

🔍 이기적 유튜브 채널

@ydot0789 채널을 구독해 주세요!
15만 구독자와 약 10,000개의 동영상으로 합격을 준비하세요!

🔍 이기적 카카오톡 플러스친구

@이기적 친구를 추가해 주세요!
합격을 부르는 소식, 카톡으로 먼저 받아보고 혜택을 챙기세요!